ENCYCLOPÉDIE THÉORIQUE & PRATIQUE DES CONNAISSANCES CIVILES & MILITAIRES

(Publiée sous le patronage de la Réunion des Officiers)

PARTIE CIVILE

COURS DE CONSTRUCTION

Publié sous la direction de

G. OSLET, INGÉNIEUR DES ARTS ET MANUFACTURES

QUATRIÈME PARTIE

TRAITÉ

DE

SERRURERIE, QUINCAILLERIE

ET

PETITE CHARPENTERIE EN FER

PAR

GUSTAVE OSLET

Ingénieur des Arts et Manufactures, Chef des travaux graphiques à l'École centrale.

PARIS

FANCHON ET ARTUS, ÉDITEURS

25, RUE DE GRENELLE, 25

Droits de traduction et de reproduction réservés.

TRAITÉ

DE

SERRURERIE, QUINCAILLERIE

ET

PETITE CHARPENTERIE EN FER

TOURS. — IMPRIMERIE DESLIS FRÈRES, RUE GAMBETTA, 6.

ENCYCLOPÉDIE THÉORIQUE & PRATIQUE DES CONNAISSANCES CIVILES & MILITAIRES

(Publiée sous le patronage de la Réunion des Officiers)

PARTIE CIVILE

COURS DE CONSTRUCTION

Publié sous la direction de

G. OSLET, INGÉNIEUR DES ARTS ET MANUFACTURES

QUATRIÈME PARTIE

TRAITÉ

DE

SERRURERIE, QUINCAILLERIE

ET

PETITE CHARPENTERIE EN FER

PAR

GUSTAVE OSLET

Ingénieur des Arts et Manufactures, Chef des travaux graphiques à l'École centrale.

PARIS

FANCHON ET ARTUS, ÉDITEURS

25, RUE DE GRENELLE, 25

—

Droits de traduction et de reproduction réservés

COURS DE CONSTRUCTION
QUATRIÈME PARTIE

TRAITÉ DE SERRURERIE
DE QUINCAILLERIE ET DE PETITE CHARPENTERIE EN FER

III. — SERRURERIE ET QUINCAILLERIE

INTRODUCTION

1. La serrurerie comprend, d'une manière générale, les ouvrages en fer forgé qui s'emploient dans les constructions, la mécanique, etc., autres que ceux qui constituent les machines proprement dites.

2. Le serrurier mécanicien doit avoir des connaissances plus étendues que le simple serrurier de bâtiment; il doit connaître : l'art du tourneur, de l'ajusteur, du fondeur, du dessinateur.

Il fait presque tout lui-même, il confectionne une grande partie de ses outils, il les trempe suivant ses besoins, il tourne ses cylindres, ses arbres, ses pivots ; il fond ses cuivres, ce qui exige pour lui des notions suffisantes de moulage. Il doit avoir aussi des notions assez étendues de géométrie et de trigonométrie.

3. Le serrurier de bâtiment est plus spécialiste, son travail est bien déterminé et ne s'écarte en rien des notions qui lui ont été données pendant son apprentissage.

4. Les matières premières employées par le serrurier sont : le fer, l'acier, le cuivre, le laiton, la houille, le charbon de bois et quelquefois le coke. Ces substances, sur lesquelles le serrurier de bâtiment doit posséder quelques notions, ont été longuement traitées dans la première partie du *Cours de construction*, nous n'avons donc pas à y revenir en détail.

Avant d'employer le fer, le serrurier doit s'assurer de sa qualité et faire bien attention aux fonctions que ce fer doit remplir. Si le fer doit porter des fardeaux et résister à des pressions, ce fer devra être fort et dur ; si, au contraire, il doit résister à des efforts de traction il devra être doux.

5. Les ouvrages de serrurerie de bâtiment dont nous nous occuperons spécialement peuvent se diviser ainsi :

1° Les *ouvrages en fonte* tels que plaques de contre-cœur de cheminées, réchauds, tuyaux, barres d'appui, balcons, panneaux de portes, colonnes et, en général, toutes les grosses fontes pour le bâtiment, pour conduites d'eau, trottoirs, égouts, fumisterie, etc.;

2° Les *gros fers* ou les fers de bâtiments comprenant tous les fers tels que chaînes, ancres, tirants, harpons, etc..., dont le travail se réduit à celui de la forge sans passer par le travail de l'établi;

3° Les articles de *quincaillerie* dont la plus grande partie, tels que anneaux, agrafes, crampons, équerres, espagnolettes, crémones, fiches, gâches, gonds, loquets, pivots, cadenas, serrures, etc., sont faits en fabrique et ajustés par les serruriers qui n'ont, comme travail, qu'à en effectuer la pose et à en faire les réparations.

6. Le travail du fer nous est maintenant bien connu.

7. Le travail de l'acier diffère peu de

celui du fer, seulement il se forge à plus basse température. Quand on forge l'acier, il faut avoir soin de jeter souvent du grès pilé dans le feu et sur la pièce, afin de la couvrir d'un vernis de silicate fondu qui empêche l'action directe du feu et détermine la fusion de la surface du métal. Lorsque l'acier est à l'état voulu d'incandescence, on le frappe à petits coups comme le fer.

8. Le travail de la fonte se réduit à peu de chose. Elle est livrée toute fondue, suivant modèle, par les fonderies ; il ne reste donc pour l'employer qu'à la tarauder, la percer ou la limer suivant les besoins.

Pour couper la fonte on emploie la scie, même pour la fonte dure. La pièce doit, pour être sciée, être portée au rouge afin de se couper plus facilement.

9. Dans cette quatrième partie du *Cours de construction* nous donnerons tous les détails pouvant intéresser non seulement les serruriers de profession mais aussi les amateurs qui s'occupent, par distraction, de divers petits travaux d'intérieur pour lesquels il n'est pas toujours nécessaire d'appeler un spécialiste.

CHAPITRE PREMIER

§ I. — *DÉFINITIONS ET NOTIONS GÉNÉRALES*

10. Le mot *serrurerie* paraît s'appliquer spécialement à la fabrication des *serrures* mais nous savons qu'on lui donne aujourd'hui une plus grande signification et que l'art du serrurier forme une branche complète de la construction dans laquelle les ouvriers emploient indistinctement la fonte, le fer forgé, la tôle et même le cuivre pour obtenir tous les objets courants de nos besoins et des objets d'art et de décoration.

L'emploi du fer et du cuivre dans les constructions était connu des Romains qui en faisaient usage pour consolider leurs travaux, à l'état de crampons, agrafes, boulons, étriers, équerres, etc.

Au moyen âge, à partir du XIIe siècle, on exécuta des grilles, des croix, des reliquaires, des portes de tabernacle, des pupitres, des coffrets, des plaques de serrures, des ferrures de portes, des pentures, etc., qui sont des chefs-d'œuvre de serrurerie et des merveilles d'art au point de vue de l'exécution technique et de la composition décorative.

L'époque de la Renaissance fut très florissante pour la serrurerie d'art ; il nous reste en France des produits d'un dessin et d'un fini remarquables.

La serrurerie moderne n'est plus considérée comme un art mais comme une industrie permettant, avec la force et les outils perfectionnés et puissants dont on dispose, d'exécuter non seulement les petites pièces mais aussi la grosse ferronnerie et la grosse serrurerie qui n'étaient pas connues anciennement.

On comprend quelquefois, mais à tort, sous le nom général de serrurerie les gros ouvrages en fer tels que : solives, poutres, combles, pans de fer, serres, ponts métalliques qui, comme nous le savons, trouvent mieux leur place dans la charpente en fer ou dans la petite charpenterie.

On donne, au contraire, le nom de *quincaillerie* à la partie de la serrurerie qui comprend les menus ouvrages, tels que serrures, verrous, targettes, charnières, paumelles, etc., exécutés en fabrique et servant à divers usages et surtout à la fermeture des baies de nos habitations.

11. On donne le nom général de *serrurier* à celui qui entreprend ou exécute les ouvrages de serrurerie.

Ce nom de serrurier comprend :
1° Le *serrurier en bâtiments* ;
2° Le *serrurier charron* ;
3° Le *serrurier mécanicien*.

Le premier fait tous les ouvrages en fer forgé qui s'emploient dans les bâtiments ;
Le second fait ceux qui servent au ferrage des voitures ;
Le troisième enfin, exécute d'après les dessins qu'on lui remet, toutes les pièces en fer forgé qui entrent dans la composition des machines.

Ces trois classes de serruriers, bien que s'occupant de la fabrication d'objets différents, rentrent cependant l'une dans l'autre ; par exemple les serruriers en bâtiments travaillent dans les ateliers des serruriers charrons et réciproquement. Cependant les forgerons charrons et les tourneurs travaillent exclusivement : les premiers, chez les serruriers charrons ; les seconds, chez les serruriers mécaniciens.

12. Nous nous occuperons spécialement, dans ce qui va suivre, du serrurier en bâtiments, partie qui comprend :

1° Les *forgerons*, ouvriers dont le travail se fait sur l'enclume et à l'atelier ;
2° Les *ajusteurs*, ouvriers qui, à l'atelier, préparent l'ouvrage pour la pose ;
3° Les *ferreurs*, ouvriers qui exécutent la pose des pièces dans les bâtiments ;
4° Les *compagnons de ville*, chargés des menus ouvrages en dehors de l'atelier ;
5° Les *aides serruriers* comprenant : le *tireur de soufflet*, le *frappeur*, le *perceur* et *l'homme de peine* ;
6° Le *poseur de sonnettes*, ouvrier considéré par les autres comme un ouvrier spécialiste.

Les forgerons se distinguent en forgerons de grande forge qui, à Paris, sont payés $0^f,85$ l'heure et forgerons de petite forge qui ne reçoivent que $0^f,70$ de l'heure. Viennent ensuite les ajusteurs, les ferreurs, les charpentiers en fer, les hommes de ville, etc., qui sont payés $0^f,725$ l'heure.

Les frappeurs et tireurs de soufflet de grande forge ont $0^f,55$ par heure ; les mêmes pour petite forge ne touchent que $0^f,50$ par heure.

Enfin, les perceurs et les hommes de peine reçoivent $0^f,525$ par heure.

Le poseur de sonnettes est payé un peu moins que le forgeron de grande forge.

§ II. — ÉNUMÉRATION COMPLÈTE DES EXPRESSIONS EMPLOYÉES PAR LES OUVRIERS SERRURIERS ET DES PIÈCES DÉTACHÉES DE SERRURERIE ET DE QUINCAILLERIE.

Abâtardissage. Opération qui consiste à abâtardir une pièce de fer, c'est-à-dire à enlever les traits laissés dessus par une trop grosse lime avec une autre lime plus fine nommée *bâtarde*.

Accessoires. On donne, en serrurerie, le nom d'accessoires aux pièces qui suivent ou qui accompagnent une pièce principale. On dit, par exemple : accessoires de crémones, d'espagnolettes, de loquets, de petits bois en fer, de serrures, de vasistas, etc.

Achat. Ce mot s'applique à l'achat des fers. Nous avons donné, dans la première partie du *Cours de construction*, les principaux renseignements pour l'achat des fers, il nous reste à indiquer l'application des divers prix aux travaux de serrurerie.

Comme nous le savons, on range les fers en quatre classes, si nous supposons pour chacune d'elles les prix ci-dessous :

1re classe : $14^f,50$ les 100 kilos.
2e classe : $15^f,50$ »
3e classe : $16^f,50$ »
4e classe : $17^f,50$ »
Ensemble : $64^f,00$ »

nous aurons, comme prix moyen, 16 francs les 100 kilogrammes.

Échelle mobile. — Les prix des ouvrages, au kilogramme des séries sont par exemple établis d'après les prix d'achat élémentaire ci-dessus, c'est-à-dire suivant les cours des fers à une époque déterminée. S'il survient des changements d'une certaine importance, soit en augmentation, soit en diminution, il y aurait lieu d'augmenter ou de diminuer les prix des travaux de 0^f,011 par kilogramme pour chaque franc de déboursé en plus ou en moins. C'est ce qu'on appelle appliquer l'échelle mobile.

Il ne faut donc pas oublier, en traitant des travaux avec un serrurier ou avec un charpentier en fer de convenir d'avance si, oui ou non, on appliquera l'échelle mobile.

Acides. Nous savons qu'on nomme acide un composé d'un corps simple avec l'oxygène ou avec l'hydrogène, d'une saveur piquante et faisant passer au rouge la teinture de tournesol. Il est bon de rappeler ici que les acides trempent mieux les métaux que l'eau ; l'acide nitrique surtout donne une très grande dureté à l'acier.

Acier. On donne le nom d'acier au fer combiné avec une faible proportion de carbone et de silicium. C'est un métal intermédiaire entre le fer et la fonte. Le carbone entre dans sa composition pour 5 à 7 $^0/_{00}$ et la quantité de silice est presque négligeable.

On distingue facilement le fer de l'acier en mettant sur ce dernier une goutte d'acide nitrique, il se produit une tache noire qui ne paraîtrait pas sur le fer. Nous renvoyons nos lecteurs à la première partie du *Cours de construction* où ils trouveront tous les détails désirables sur ce métal.

Aciérage du fer. Un morceau de fer forgé trempé quelque temps dans de la fonte en fusion prend la dureté de l'acier ; une barre de fer chauffée au rouge, mise ensuite dans un bain de poussier de charbon puis trempée en sortant de ce bain devient semblable à l'acier et durcit fortement.

Affinage. Opération qui consiste à transformer la fonte en fer en lui enlevant du carbone. Le fer obtenu par l'affinage de la fonte est rarement pur ; il retient, après l'opération, de la silice qui rend le fer cassant à froid et du soufre qui rend le fer cassant à chaud.

Affinité. Tendance des corps à s'unir. De tous les métaux c'est le fer qui a le plus d'affinité pour le soufre.

Agrafe. On désigne sous le nom d'agrafe une pièce de fer ou de cuivre destinée à maintenir ou à consolider.

On désigne aussi sous ce nom des crampons de bronze ou de fer dont on se servait dans les constructions pour relier ensemble de gros blocs ou des assises de maçonnerie et qu'on nommait, d'après Vitruve, *ansae* ou *ancon*. On les employait

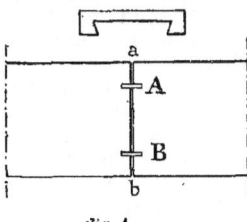

Fig. 1.

au lieu de mortier dans les bâtiments importants et ils expliquent la quantité de trous qu'on remarque dans la maçonnerie des anciens édifices d'où l'on a retiré les crampons au moyen âge pour s'emparer du métal.

Nous donnons (*fig.* 1) la forme de ces crampons et leur position en A et B sur

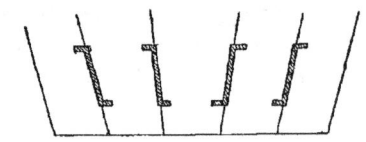

Fig. 2.

deux pierres dont le joint est suivant la ligne *ab*. La figure 2 nous montre un autre emploi de ces crampons.

On donne aussi, en serrurerie, le nom d'*agrafe* ou de contre-panneton à une boucle en fer fixée à un volet d'intérieur, ainsi qu'aux pièces C et D (*fig.* 3) réunissant haut et bas deux fers ⊥ du commerce.

Aigreur. Un fer aigre est celui dont la texture est cristalline, grenue, les molécules sont distinctes et séparées. Il est ordinairement cassant et fragile.

Aiguille. On donne le nom d'*aiguille pendante* à la tige verticale ou tringle en fer qui, s'attachant au faîtage d'un comble, soulage l'entrait. Nous en avons donné plusieurs exemples dans la charpente en fer.

On donne aussi, en serrurerie, le nom d'aiguille à une broche en fil de fer recourbé (*fig.* 4) servant à faire passer dans un trou préparé le fil de tirage d'une sonnette.

Ailerons. Nom donné aux ailes d'une fiche. Ce sont aussi de petits tenons nommés *pannetons* qui servent à tenir les volets fermés.

Ailes. On donne, comme nous le savons, le nom d'*ailes* aux parties A et B (*fig.* 5) d'un fer ⊥. On dit aussi *ailes ordinaires* lorsque les dimensions de ces parties sont relativement étroites par rapport à la hauteur du fer, et *larges ailes*, lorsqu'elles

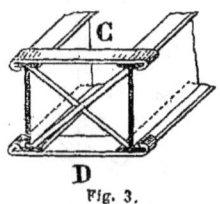

Fig. 3.

sont grandes comparées à cette même hauteur.

On donne le nom d'*aile de mouche* (*fig.* 6) au mouvement de sonnette en forme de branche de bascule. On donne aussi ce nom aux ancres des têtes de cheminées en briques et aux scellements très fendus.

Aimantation. D'après certains savants, des barres de fer, placées horizontalement et dans la direction des pôles, ont la propriété de prendre la vertu magnétique. Le magnétisme s'acquiert à froid et par un long séjour en repos en même temps que la texture cristalline.

Le magnétisme peut être produit instantanément par la percussion.

Les vibrations favorisent la cristallisation et le magnétisme du fer.

Ajustage. Action de fixer dans la place qu'elles doivent occuper les différentes pièces d'un ensemble. On dit qu'on *ajuste* ou qu'on fait l'*ajustement* des différentes pièces d'un ouvrage quand on les dispose de manière qu'elles soient bien en rapport les unes avec les autres. L'ouvrier ainsi chargé de préparer les pièces avant le montage se nomme *ajusteur*.

Alésage. Aléser c'est creuser cylindriquement une pièce de fer ou d'un métal quelconque; c'est aussi agrandir un trou cylindrique, un tuyau, etc.

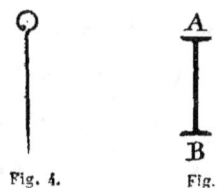

Fig. 4.   Fig.

Les outils employés à cet usage se nomment *alésoirs*.

Allégir. On dit aussi *élégir*; opération qui consiste à amincir une pièce.

Alliage. Nom donné à la combinaison des métaux par fusion.

Allongement. Augmentation de longueur

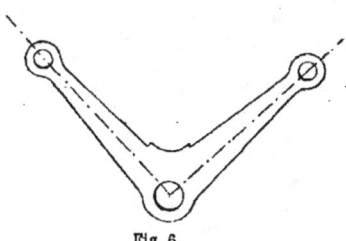

Fig. 6.

que peut prendre une barre de fer soumise à une forte charge.

Ame. On donne, comme nous le savons, le nom d'*âme* à la partie verticale d'un fer ⊥ ou d'une poutre composée; dans cette dernière, l'âme est formée par une tôle de fer.

On désigne aussi sous le nom d'*âme* le corps d'une serrure.

Amorcer. Amorcer le fer c'est, à l'endroit même qu'on va l'entamer pour le perçage, faire une entaille avec un poinçon nommé *langue de carpe*. On prépare aussi le fer pour la soudure, on dit:

amorce de soudure, ou simplement amorçage.

Deux morceaux de fer ou d'acier qu'on veut souder doivent être amorcés, c'est-à-dire forgés ou limés en biseaux afin de bien s'appliquer l'un sur l'autre. L'amorce s'opère sur chaque pièce à part, puis on réunit les deux becs de flûte ainsi formés après avoir recouvert les surfaces intérieures de *borax* et d'un peu *d'ammoniaque* afin d'éviter l'oxydation; on chauffe et on martelle sur l'enclume pour terminer la soudure.

Analogie. Terme employé dans les séries de prix. On dit: comparer un ouvrage non prévu à la série par analogie avec un autre prix d'ouvrage prévu et ayant quelque analogie avec celui qu'on compare.

Ancrage. Nom général donné au système d'attaches des extrémités des solives ou des poutres en fer sur les murs qui les supportent.

On applique aussi le mot ancrage au chaînage des murs.

Ancre. Pièce de fer le plus souvent en S dans les anciennes constructions, parfois aussi en forme de chiffres ou de rinceaux et qui, appliquée verticalement sur la paroi d'une muraille, est reliée, par un tirant, à des pièces de charpente horizontales.

L'ancre sert à combattre la poussée au vide et entre dans l'œil du tirant.

Ancrure. Ce nom désigne à la fois l'œil du tirant et l'ancre qu'on y place.

Anneau. On donne généralement le nom d'*anneau* à un morceau de fer ployé et soudé, de forme ronde ou ovale. On fait aussi des anneaux en fonte, ils sont alors fondus.

A l'extrémité d'un *loqueteau* de persienne, on met un anneau qui a ordinairement 0^m,034 de diamètre; aux fenêtres d'écurie on met aussi des anneaux dont les dimensions varient de 0,05 à 0^m,11 de diamètre; aux pierres de fosses, aux auges, aux mangeoires, etc. Le plus souvent l'anneau se fait sur la *bigorne* et son centre est évidé.

Anse. On donne le nom *d'anse* à la partie demi-circulaire d'un *cadenas*.

L'*anse de panier* est une courbe connue à trois ou à cinq centres.

Aplatis. Nom donné à de petits fers plats du commerce destinés à construire des cercles de tonneaux ou autres.

Appentis. Nous avons vu, dans la charpente en fer, qu'on désigne ainsi un comble à un seul *pan*.

Appuis. On donne le nom *d'appuis* aux pièces métalliques placées au droit des fenêtres. On nomme *barres d'appuis*, des appuis de croisées de très faible hauteur.

Arasement. Action d'araser, de mettre de niveau. On dit araser une pièce métallique.

Arbalétriers. Pièces principales d'une ferme en fer servant à porter les pannes.

Arc-boutant. Nom donné dans une grille au montant renforcé d'une jambe de force

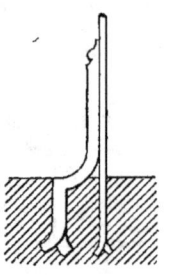

Fig. 7.

ayant la même épaisseur que le montant de grille et une largeur double. Il est, comme le montre le croquis (*fig.* 7), coudé, contre-coudé et scellé à la demande.

Archet. Outil très employé par les ouvriers serruriers et qui est formé d'une tige d'acier flexible pourvue d'un manche en bois à l'une de ses extrémités et qui est tendue en arc par une corde à boyau ou mieux par une corde métallique. A l'aide d'un va-et-vient on communique un mouvement rapide à une tige d'acier trempé destinée à perforer. On lui donne aussi le nom *d'arçon à forer*.

Arêtiers. On donne, dans une charpente métallique, le nom d'arêtiers aux arbalétriers de croupes et de noues.

Argenture. Couche d'argent appliquée sur un métal. On donne aussi ce nom au procédé qui consiste à recouvrir certains objets de blanc de plomb, puis d'argenter en feuilles, enfin les brunir et les recouvrir d'un vernis à l'alcool.

Armature. On donne ce nom à toute garniture en fer destinée à consolider.

Armure. On donne ce nom à la plaque de fer attachée à un aimant.

Aronde. Ancien nom donné aux hirondelles. Il désigne aussi un assemblage métallique en forme de queue d'hirondelle.

Arrêt. On désigne ainsi un objet servant à circonscrire le mouvement d'une ferrure, d'un vantail de porte, de persienne ou de volet. On distingue : l'arrêt d'un pêne dans une serrure, petit talon entrant dans l'encoche du pêne et servant à limiter sa course; les arrêts de porte dont nous verrons plusieurs types; les arrêts de persiennes, à broches, à bascule, à tourniquet, à anneaux, à paillettes avec boîtes, ou entaillées, à queue de poireau, etc.

On donne aussi le nom d'arrêt de persienne à un crochet fixé au dormant de la fenêtre.

Arrêter. Mot qui signifie fixer à demeure. On dit arrêter une solive, c'est-à-dire la sceller; arrêter une menuiserie, c'est-à-dire la fixer à l'aide de pattes, crampons, vis, clous, etc.

Arrondi. Se dit des pièces métalliques qui, au lieu d'être représentées suivant leur assiette ordinaire, sont contournées en cercle ou en volute. Se dit aussi de l'enlèvement de l'arête sur un angle, angle arrondi, etc.

Artichauts. Défenses en fer ou en fonte placées aux pilastres des grilles, des barrières, des murs, etc., pour empêcher d'escalader ou d'approcher trop près. On dit aussi *dards* ou *chardons*, suivant la forme qu'ils prennent.

Aspic. Nom donné à un outil de serrurier, en forme de langue d'aspic. Forme spéciale donnée au taillant d'un foret.

Assemblages. Noms donnés aux différentes manières de réunir deux ou plusieurs parties métalliques.

Assiette. Manière dont un corps est posé; on dit l'assiette d'une poutre.

Astragale. Nom donné à l'anneau ou bague en cuivre ou en fonte qui orne les chapiteaux de rampes ou de balcons.

C'est aussi une moulure composée d'une baguette et d'un listel placés au-dessous d'un chapiteau sur le fût d'une colonne.

Atelier. On nomme ainsi un emplacement clos et couvert où travaillent les forgerons et les serruriers.

L'atelier, pour être bien aménagé doit remplir certaines conditions :

1° Être assez vaste pour contenir au moins deux forges;
2° L'éclairage le plus fort doit être dirigé sur les établis;
3° Un jour moyen sur les enclumes;
4° Mettre les forges dans l'endroit le plus sombre afin de bien juger la couleur du fer porté au rouge.

Auberon. Nom donné à une des pièces composant un cadenas. Petit crampon à double tenon *a* (*fig.* 8) rivé sur une *auberonnière* et qui entre dans une ouverture

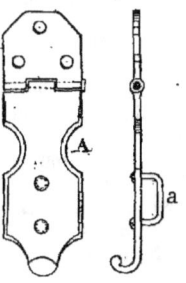

Fig. 8.

de la plaque d'une serrure pour recevoir le pêne.

Auberonnière. Nom donné à une plaque A (*fig.* 9) de fer ou de cuivre portant *l'auberon* à une extrémité et dont l'autre extrémité est à charnière. Une serrure comportant cette fermeture se nomme aussi *auberonnière*.

Auvent. Nom donné à un léger abri formant toiture inclinée en *appentis* et destinée à servir d'abri contre la pluie, et aussi fermeture de baie composée de volets en bois à panneaux pleins.

Attachements. Désignation des relevés et notes prises par un ouvrier ou un métreur pendant le courant des travaux et permettant de rédiger le mémoire des travaux exécutés.

Bâches. On donne, en serrurerie, le nom de *bâches* à des abris vitrés où *couches* employés dans nos jardins, ou aux serres enterrées en grande partie dans le sol. D'où les noms : de *bâches de couche*, coffres larges à un ou à deux versants couverts, comme le montre le croquis (*fig.* 9) par une ou deux rangées de châssis vitrés ; *bâche hollandaise*, espèce de serre creusée dans le sol (*fig.* 10) et couverte en fer et verre sans pieds-droits ; enfin, *bâche hollandaise avec pieds-droits*, représentée (*fig.* 11) et

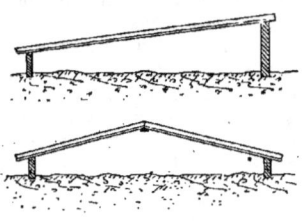

Fig. 9.

qui nécessite de véritables fermettes métalliques afin de ne pas pousser les pieds-droits au vide.

On donne aussi le nom de *bâche* à un réservoir de bois ou de métal placé dans un chantier et servant aux ouvriers pendant la construction.

Badours. Nom donné à une tenaille,

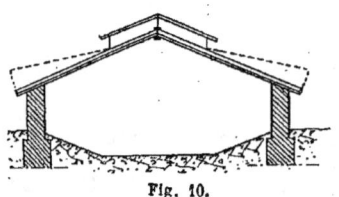

Fig. 10.

de dimensions moyennes, employée par les forgerons.

Bague. Nom donné à une moulure formant anneau autour d'une colonne. Dans certains cas, cette bague prend la forme d'un véritable collier qu'on peut sceller.

On donne aussi, en serrurerie, le nom de bague à *l'astragale* d'un barreau de rampe. On dit aussi la *bague* d'une *paumelle;* c'est alors une rondelle, le plus souvent en cuivre, servant à rendre les frottements plus doux.

Baguettes. On donne le nom de *baguettes* à des moulures en bois recouvertes de cuivre laminé (*fig.* 12). Ces baguettes servent à faire, dans les devantures par exemple, l'encadrement des glaces. On fait aussi des baguettes en fer laminé ou autres servant à la confection des châssis.

Balancement. Opération qui, dans un

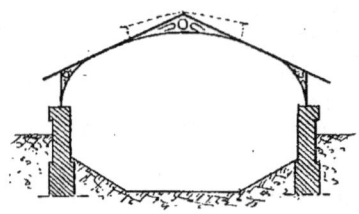

Fig. 11.

escalier en fer, consiste à faire la répartition de la diminution de largeur des marches du côté de la rampe, c'est-à-dire au collet.

Balcons. On donne en serrurerie, le nom de balcons à des garde-fous ou garde-corps posés à hauteur d'appui (1 mètre du sol du parquet ou du carrelage) et qui s'exécutent en fonte et plus rarement en fer forgé.

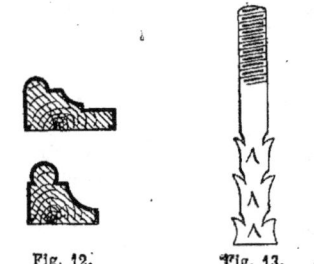

Fig. 12.   Fig. 13.

On les divise ordinairement en : grands balcons, balcons de croisées, appuis de croisées et barres d'appui. On les nomme *balcons à ratelier* lorsqu'ils sont formés de barreaux de remplissage régulièrement espacés et dans certains cas surmontés d'une frise courante entre deux traverses. Souvent les balcons en fonte sont formés de panneaux fondus et placés dans des châssis en fer surmontés d'une main courante en fers profilés.

Balustrade. Nom donné aux balcons en fonte ou en fer forgé et, en général, à toute clôture ajourée et à hauteur d'appui.

Balustres. On donne ce nom à des pièces de fonte ou de cuivre fondues et terminées sur le tour. Les rampes d'escaliers, les balustrades se font quelquefois avec des balustres en fer ou en bronze fondus et ciselés formant de véritables petites colonnettes. Le *pilastre* ou le *balustre* d'une rampe d'escalier est aussi le dernier barreau qui termine cette rampe par le bas. Certains boutons et divers objets de quincaillerie sont quelquefois profilés en forme de balustres.

Bandage. Nom généralement donné au cercle en fer qui entoure une roue.

Bande. Nom donné à une barre de fer méplat unie et plus longue que large. En serrurerie on dit : *bande de linteau*, barre de fer carré servant de linteau dans les baies ; *bande de trémie*, fer carré contour-

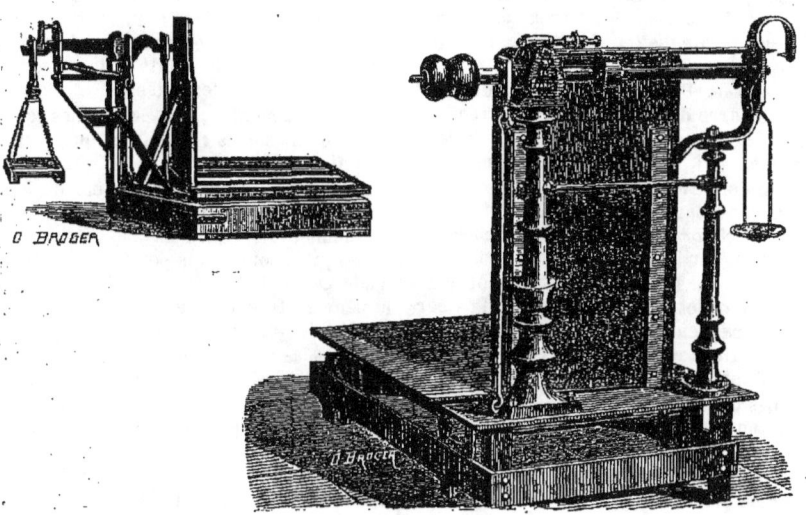

Fig. 14.

né et s'accrochant aux solives d'enchevêtrure.

Bandelette. Nom donné aux fers plats de petit échantillon. On donne aussi le nom de bandelette au fer plat qui reçoit la main courante en bois dans un escalier ($0^m,005$ à $0^m,009$ d'épaisseur et $0^m,016$ à $0^m,018$ de largeur).

Bander. Ce mot signifie tendre, donner de la force ; on dit, en serrurerie, bander un ressort.

Barbes. On donne le nom de *barbes* à de petites saillies en forme de dents ménagées sur le côté d'un pêne, d'où le nom de *barbe de pêne* et contre lesquelles s'engage le *panneton* de la clé qui, en tournant, fait avancer ou reculer ce pêne. Il y a autant de barbes que de tours nécessaires pour fermer complètement la serrure.

Il y a, dans certains cas assez rares, des barbes volantes ou mobiles qui descendent ou qui montent en ne faisant pas corps avec le pêne mais qui y sont ajustées.

Barbelé. Nom donné à une pièce de fer sur laquelle on fait des entailles avec un burin. Les boulons à scellement ont leur extrémité barbelée pour mieux se relier à la maçonnerie (*fig.* 13).

Barillet. Boîte renfermant le ressort d'un loqueteau.

Barres. Nom général donné à une pièce métallique longue, étroite et de faible épaisseur. On distingue : les *barres d'appui*, barres de fer scellées dans les tableaux d'une baie et recevant généralement une autre barre, en bois mouluré ; les *barres de fermeture*, bandes de fer plat contournées à la demande s'engageant dans des gâches et maintenues à l'aide de boulons spéciaux à clavettes ; on dit aussi : *barres de fourneaux*, *barres de trémie*, *barres de languettes*, *barres de linteaux*, *barres d'écurie*, etc...

Barreau. Petite barre. Nom donné à toute barre de fer ronde ou carrée employée comme clôture ; on dit : *barreaux de soupirail*, *barreaux de grille*, etc...

On donne le nom de *barreau montant de côtière* au barreau qui soutient une porte en fer, et *barreau montant de battement* au barreau sur lequel on fixe la serrure.

Barrières. Noms donnés aux clôtures à claire-voie et à hauteur d'appui. Ces barrières peuvent être à un ou à deux vantaux, glissantes, tournantes, roulantes, pivotantes, etc.

Les plus importantes sont celles exécutées en fer pour les passages à niveau.

Bascule. On donne le nom de bascule à un instrument de pesage (*fig.* 14) employé par les serruriers pour peser les fers, les fontes, etc...

On donne, dans une serrure, le nom de bascule à la partie que le *foliot* fait mouvoir et qui sert à ouvrir le demi-tour.

On désigne, sous le nom de *bascule de sonnette*, une pièce en fer à deux branches employée pour la construction et la pose des sonnettes. On distingue la bascule verticale et la bascule horizontale.

Le nom de bascule s'applique aussi à la fermeture d'une porte charretière, *bascule de porte charretière*. On dit aussi *bascule de fermeture*, *bascule à pignon*, *bascule à loquet*.

D'une manière générale, on dit qu'une pièce de fer est placée en bascule quand elle est posée en équilibre, de manière qu'on puisse lever ou baisser ses extrémités au moyen d'un point d'appui.

Base. Nom donné à la partie inférieure d'une colonne en fer ou en fonte. C'est, en général, un empatement destiné à donner plus d'assiette à la colonne et contribuant en même temps à sa décoration.

Bâtarde. Nom donné à une lime et aussi aux portes fermant l'entrée d'une maison et trop étroites pour laisser passer les voitures.

Battement. Tringle saillante contre laquelle s'applique le battant d'une porte ou d'une fenêtre. Les battements ou arrêts pour portes-cochères se nomment *butoirs* ; on dit aussi *battée*. C'est aussi une bande de fer rapportée sur le montant d'une grille en fer et formant feuillure.

Les battements pour persiennes sont de plusieurs sortes : à pointes ou à scellement.

Bec-de-cane. On donne le nom de *bec-de-cane* à une serrure qui n'a qu'un pêne de demi-tour, taillé en chanfrein, de sorte qu'en poussant la porte elle se ferme d'elle-même. Le bec-de-cane n'a pas de clé, le pêne s'ouvre à l'aide de *boutons* simples ou doubles ou de *béquilles*.

Bec-de-corbin. Petites pinces à main dont les serres ou mordants sont ronds ou pointus. Le bec-de-corbin (*fig.* 15) sert à contourner les petits fers et surtout les fils de fer. C'est la pince ronde de Paris.

Bédane. On dit aussi *bec-d'âne*. Le bec-d'âne du serrurier est de deux sortes : l'un est une sorte de burin très acéré servant à refendre les clés et à faire les cannelures et les mortaises ; l'autre est un instrument plat, coupant sur son épaisseur, servant à travailler les fers doux, les menues pièces et à faire les mortaises dans les bois de croisées ou autres pour y mettre les lames ou feuilles des fiches.

Belvédère. Terrasse couverte, sorte de pavillon métallique s'élevant au sommet de la toiture d'un édifice, de façon à dominer et à permettre au spectateur qui y est placé de jouir d'une vue d'une grande étendue.

On place aussi des belvédères dans les parcs et dans les jardins, ils se composent alors d'une seule pièce de forme polygonale, ovale ou circulaire, ouverte de tous côtés.

Bénarde. Nom donné à une clé non forée. On dit aussi une *serrure bénarde* ; cette serrure n'a point de *broche*, les garnitures sont semblables dessus et dessous ; les entailles de la clé sont pareilles et symétriques.

Bénéfice. Ordinairement l'usage veut qu'on accorde aux entrepreneurs un bénéfice fixé au dixième de la dépense.

Béquille. Poignée coudée en fer ou en cuivre qu'on place sur les becs-de-cane

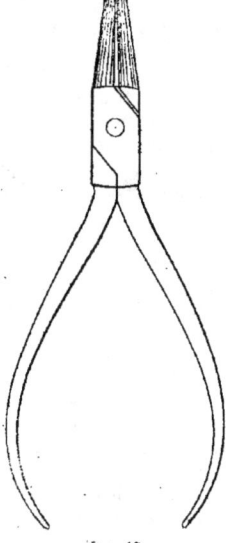

Fig. 15.

ou sur les serrures à *foliot* pour remplacer les boutons et servant à faire mouvoir le pêne. Les béquilles sont principalement utilisées pour les portes des devantures de boutiques.

Il y a plusieurs espèces de béquilles : simples, doubles, à anneaux, à boules, à volute, à col de cygne, etc.

Berceaux. On donne, en serrurerie, le nom de *berceaux* à de petites constructions en fer nommées aussi *tonnelles* qu'on établit dans les jardins et après lesquelles on fait monter des plantes grimpantes. On peut aussi les garnir de grillages à grandes mailles pour permettre au feuillage de mieux s'attacher.

Bielle. Nom donné aux contrefiches d'un comble Polonceau. On désigne aussi sous ce nom l'accessoire d'une bascule de porte charretière.

Bigorne. Nom donné à une *enclume* dont chacun des bouts est terminé en pointe. Souvent, l'une des pointes, ou *corne*, est conique et l'autre pyramidale.

Bigorneau. Petite bigorne d'établi à mains (*fig.* 16) que les ouvriers serruriers placent sur l'enclume pour casser ou pour couder les fers.

Bigorner. Mot qui veut dire arrondir sur la pointe de la bigorne.

Billot. Pièce sur laquelle reposent les enclumes ; on dit aussi *stock*. On donne le

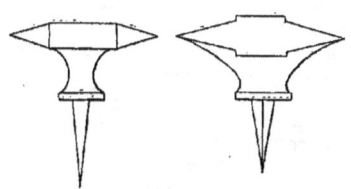

Fig. 16.

nom de *billot à chantourner* à un billot en fer sur lequel les serruriers chantournent les petits fers ou *brindilles* employées pour les grilles et les rampes.

Blanchissage. Expression qui veut dire *blanchir* une pièce métallique (fer ou cuivre) à l'aide de la lime ou de la meule de manière à la rendre unie et brillante. On dit aussi *blanchiment à la lime*.

Blanc-soudant. La soudure s'effectue à la chaleur blanche, c'est pour cela qu'on l'appelle le *blanc-soudant* ou *chaude portée*. Le fer pur se soude vers 99 degrés ; le fer cassant à froid à 95 degrés et le fer tendre à 92 degrés.

Bois à limer. Morceau de bois nommé aussi *estibois* ou *entibois* qu'on place dans les mâchoires d'un étau pour y appuyer la pièce qu'on veut limer quand elle doit se mouvoir sous la lime.

Boîte. On donne ce nom : à la partie d'une fiche dans laquelle entre la cheville et qui remplace le mamelon d'un gond ; au petit coffre en tôle recouvrant la bascule d'une sonnette ; à la pièce de bois perforée qui reçoit le foret d'un archet ; enfin, à diverses pièces de fonte telles que sabots, etc.

Boiteuse. Nom donné à une paumelle dont les branches sont d'inégale grandeur. On dit aussi une *solive boiteuse* ; c'est celle qui d'un côté se scelle dans un mur et de l'autre s'assemble sur un chevêtre.

Borax. Nom donné à un sel de soude ayant la propriété de dissoudre les oxydes métalliques. Il est employé pour souder le fer et le plomb, rendant nettes et non oxydées les deux surfaces des parties à souder.

Bouchon. On nomme ainsi le nœud ou calotte sphérique des paumelles qu'on dit être à *nœud bouché*.

Boucle. Anneau de métal avec traverse portant un ou plusieurs *ardillons* (l'ardillon est la pointe de métal placée au milieu d'une boucle).

On donne aussi le nom de boucle à un anneau de fer scellé dans un mur pour amarrer les bateaux.

Boule. On donne ordinairement le nom de *boule* à une pièce creuse de forme sphéroïdale ou ovoïde, en fonte, en cuivre, en cristal, en ivoire ou en imitation et terminant le pilastre de départ d'une rampe, d'où le nom de *boule de rampe*. On désigne sous le nom de *boule de gibecière* un heurtoir ou marteau de porte cochère dont les contours étudiés, ciselés et bien travaillés rappellent ceux d'une gibecière.

On dit aussi : *boule d'écurie* ou *boule de stalle* pour désigner les boules couronnant les poteaux des stalles dans une écurie.

On donne le nom de *ferrures à boule* aux pièces de quincaillerie telles que pivots, fiches, paumelles, etc., comportant des boules.

Boulons. On donne le nom de *boulon* à une tige de fer rond portant à l'une des extrémités ou aux deux une partie filetée destinée à recevoir les *écrous*. Quelquefois l'un des écrous fait corps avec la tige, l'autre étant mobile. (Voir dans le *Traité de charpente en fer* l'étude complète qui a été faite sur les différents types de boulons.)

Boulonnage. Se dit de la pose des boulons dans une charpente métallique.

Bourdonnière. Pièce qui reçoit le chardonnet des grosses portes. C'est aussi une penture de fer qui entre dans un gond renversé ; c'est aussi la pièce qui reçoit un tourillon.

Borne. Nom donné à de véritables chasse-roues en pierre bardés de cercles en fer, — peu usités aujourd'hui.

Bouter. Ce mot veut dire buter, — arrondir l'extrémité d'une clé bénarde avec une lime nommée *lime à bouter*.

Bouterolles. On donne le nom de *bouterolles* à des secteurs employés dans la garniture d'une serrure attachés au palastre et qui entrent dans une entaille faite au panneton d'une clé. L'entaille faite dans la clé qu'on nomme aussi bouterolle peut être plus ou moins compliquée suivant l'idée du serrurier qui exécute la serrure.

Les entailles de bouterolle dans une clé se font avec une lime à refendre.

Boutons. Nom donné aux pièces de différentes formes en bois, en ivoire, en métal ou en cristal, placées aux extrémités d'une tige métallique et servant à faire mouvoir différentes pièces de fermeture.

On distingue : *les boutons à bascule, les boutons à écrou, à coulisse, les boutons de fermeture simples ou doubles*, les boutons à olive, ovales, ronds à l'antique, camards, à boîte d'horloge, les boutons de barres de fermeture, les boutons de tirage, etc.

Boutonnière. Nom donné à une petite gâche ou platine évidée se plaçant sur les lames des persiennes et recevant un bouton.

Bow-windows. Mot anglais qui veut dire fenêtre en saillie. On donne, en serrurerie, ce nom à des balcons vitrés à ossature métallique pouvant recevoir des vitraux de faïence, de terre cuite, etc., se mariant bien avec le fer apparent. Ces bow-windows sont aujourd'hui très employés pour les baies de salle à manger, salles de billard, etc.

Branche. On désigne ainsi la partie

d'une *penture* allant du collet à l'extrémité de cette penture. On dit aussi les branches d'une équerre, branches de charnières, branches de bascule, branches de mouvement (installation des sonnettes), etc.

Branle. Nom donné aux mâchoires des *étaux*.

Branloire. On nomme ainsi la corde ou la *chaîne* attachée au levier du soufflet de forge et servant à le faire mouvoir. C'est presque toujours un apprenti forgeron qui est chargé de ce travail.

Braser. C'est souder ensemble deux pièces de fer ou d'acier en se servant d'un alliage de laiton et de zinc fondant à une température moins élevée que les corps à réunir.

Brasure. D'une manière générale, la *brasure* est l'opération ayant pour but de réunir deux pièces d'un même métal ou deux métaux différents à l'aide d'un troisième métal interposé servant d'intermédiaire.

Il y a trois espèces de brasures : la brasure de cuivre; la brasure d'argent et la brasure d'étain.

La brasure de cuivre se fait dans les trois proportions suivantes :

Mélange de { Cuivre 5 parties |3 parties|2 parties
            { Zinc.. 1 partie |1 partie |1 partie

La première est la brasure forte, la seconde la brasure ordinaire et la troisième la brasure aigre.

Pour la brasure d'argent on dit qu'elle est au 1/3, 1/4, 1/6, suivant que la quantité de cuivre employée est le 1/3, le 1/4 ou le 1/6 de l'argent.

La brasure au 1/4 est celle qui sert le plus souvent.

On fait aussi de la brasure d'or comprenant : or 1 partie, argent 2 parties, cuivre 1 partie.

Brides. Armatures en fer méplat servant à relier deux pièces de bois ou de fer. Ce nom s'applique aussi aux saillies placées à l'extrémité des tuyaux de fonte et permettant leur assemblage à l'aide de boulons.

Brindilles. Ornements faits avec des fers plats enroulés en forme de feuilles, de volutes. etc., et employés dans les panneaux de grilles de balcons, etc...

Broche. On donne, dans une serrure, le nom de *broche* à une tige fixée sur le *palastre*, adapté sur une plaque de cuivre ou de tôle, qu'on nomme le *faux-plafond*

Fig. 17.

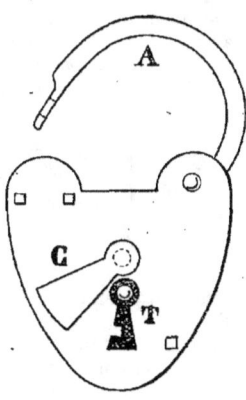

Fig. 18.

La broche entre dans la forure de la clé. La broche d'une *fiche* ou d'une charnière est la tige en fer qui en relie les deux parties. On nomme aussi broche d'arrêt une pièce munie d'un œil et faisant partie de l'arrêt à broche d'une persienne.

Broquette. Clou pointu et effilé à tête large servant à fixer les *platines* des *verrous* et des *targettes*.

Brunissoir. Instrument d'acier, arrondi, recourbé en demi-crosse, trempé, servant à brunir.

Burin. Outil du serrurier, à double biseau, servant à couper les métaux.

Butoirs. Nom donné à une pièce de fer,

sur laquelle vient buter par le bas le vantail d'une porte cochère, d'une grille, etc. C'est un véritable arrêt.

Cache-entrée. Petite pièce C (*fig.* 17) de fer ou de cuivre plus ou moins décorée, mobile autour d'un goujon fixé sur le palastre d'une serrure S et dont la fonction est, soit d'empêcher d'ouvrir, soit d'empêcher de voir dans la pièce voisine par le trou T de la serrure. Les cache-entrées des cadenas ont des formes spéciales plus simples encore que pour les serrures nous en indiquons un type en C (*fig.* 18).

Cadenas. On donne le nom de *cadenas* à une serrure mobile, portative, s'accrochant et se décrochant à volonté et servant à fermer les portes, les malles, les coffres, etc...

L'usage du cadenas remonte à la plus haute antiquité; on le nommait (d'après M. Rich, *Antiquités romaines et grecques*) *sera*, c'est-à-dire serrure faite pour être suspendue à un piton ou passée dans l'anneau d'une chaîne, de manière qu'elle serve à fermer, comme notre cadenas moderne. Que la *sera* n'ait pas été une serrure fixe, mais mobile, comme notre cadenas, c'est ce que démontrent plusieurs textes où on la voit tantôt mise, tantôt retirée; d'autres fois se détachant et tombant à terre; ailleurs on voit qu'elle était employée avec une chaîne. Quand elle servait à fermer les portes, elle était passée dans un piton, où maintenue en place au moyen de quelque autre pièce du même genre, elle-même attachée aux montants de la porte (*postis*), d'où les expressions *inserta posti será*, qui indiquent que la porte est fermée; *excute poste seram*, qui désignent l'opération contraire, celle de l'ouvrir. La figure 19 représente une serrure mobile en fer du genre de celles que nous venons de décrire, trouvée avec la clé à Rome, dans un tombeau; et on conserve maintenant, parmi les antiquités romaines du musée Britannique, le corps, le cylindre d'un cadenas tout à fait de la même forme, avec sa clé rouillée restée dans le trou de la serrure.

La plaque que l'on voit à gauche forme le dessus du cylindre; elle est détachée pour plus de clarté; on y distingue le trou de la clé et un orifice par lequel entrait dans le cadenas, quand on le fermait, une branche recourbée pareille à celle de droite; elle est maintenant brisée et a disparu. Le spécimen conservé au musée Britannique a perdu cette pièce tout entière.

Cage. Espace vide compris entre les murailles d'un édifice et réservé pour y loger un escalier en bois, en fer ou en pierre.

Cales. On désigne sous le nom de *cales* de petits morceaux de fer qu'on place sous une pièce métallique, sous une

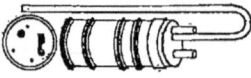

Fig. 19.

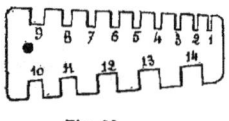

Fig. 20.

poutre ou sous une solive pour la mettre de niveau.

Caler. Mot qui, en serrurerie, veut dire poser des *cales*.

Calcul. Le calcul du poids d'une barre de fer ou d'une pièce métallique quelconque se fait, comme nous le savons, en cubant bien exactement la pièce, en prenant le centimètre pour unité, et sachant qu'un mètre cube de fer par exemple ou 1 000 000 de centimètres cubes pèsent 7 788 kilogrammes. Si donc nous désignons par V le volume en centimètres cubes de la pièce dont on désire connaître le poids, on aura :

$$\frac{V \times 7{,}788}{1\,000\,000} = P$$

Poids cherché.

Calibre. Nom donné à une broche en fer dont les ouvriers serruriers se servent pour vérifier les dimensions des trous; c'est aussi une plaque de tôle (*fig.* 20) portant des *encoches* de largeurs différentes et servant à vérifier le diamètre des fils et des tiges en fer.

Camard. Nom donné par les ouvriers serruriers à un bouton ayant la forme d'une olive, — *bouton camard*.

Campanile. Construction en charpente et à jour terminant un comble, destiné ordinairement à recevoir le clocher de l'horloge. Il y a des campaniles de très grande dimension, tel est le campanile de l'Hôtel de Ville de Paris.

Canon. On donne le nom de *canon* à la tige forée d'une clé; c'est aussi un petit conduit cylindrique fixé sur le palastre d'une serrure à broche et recevant la clé. On fait le canon d'une clé au mandrin; c'est dans l'axe de ce canon qu'on place la broche de la serrure, broche qui, comme nous le savons, est rivée en travers du palastre ou du pied de broche.

Carillons. Petits fers carrés ayant au maximum 0^m,02 de côté et servant pour soutenir les hourdis des planchers. On dit aussi *fentons*.

Carré. Nom donné au trou carré fait dans le *foliot* d'une serrure et qui reçoit le bouton; on dit *carré de foliot*.

Carreau. On désigne ainsi une grosse lime à section rectangulaire servant à dégrossir les pièces.

Carrelet. Lime en fer moins forte que le carreau et dont la section est triangulaire. Lorsque cette lime est très petite on la nomme aussi *carrelette*.

Cartouche. Motifs en tôle découpée, galbée ou repoussée et servant de décoration aux chéneaux, bandeaux, etc. On complète ces cartouches par des clous, des rosaces, etc..., et il faut avoir soin d'éviter soigneusement les plats.

Casse-fer. Le casse-fer est une pièce de fer formant point d'appui, enfoncée par une queue dans le trou carré d'une enclume et employée pour faire porter à faux le fer qu'on veut casser à froid.

Ceinture. Dans certains cas, autour des cheminées en briques, on place une ceinture en fer plat; ces ceintures peuvent être : à boulons, à *pattes* ou à *scellement*. Dans la construction des fourneaux de cuisine on emploie aussi les ceintures en fer plat, reliées au mur et y fixant le fourneau.

Cendreux. On dit qu'un fer est *cendreux* quand, après le polissage, il semble piqué par des matières étrangères.

Cément. Nom donné à la matière dont on entoure un corps métallique pour déterminer une combinaison, par exemple au mélange (quatre parties de suie et une partie de sel marin) destiné à rendre à l'acier amolli le carbone qui lui a été enlevé par un premier recuit.

On a indiqué une grande quantité de céments qu'on a cru propres à augmenter la bonté de la trempe, mais aujourd'hui on considère le charbon de bois comme le meilleur cément.

Cémentation. Action de cémenter un métal. On cémente souvent le dessus des enclumes pour les convertir en acier et les rendre plus dures. Cette cémentation se fait à l'aide du poussier de charbon.

Chaînage. On donne le nom de *chaînage* aux différents moyens employés pour empêcher les murs d'une construction de s'écarter.

Les chaînages en fer furent employés à partir du XIIe siècle. Un chaînage bien étudié doit comprendre : sur tous les murs et à des niveaux déterminés suivant la hauteur de la construction et suivant leur axe un cours de plates-bandes en fer ancrées aux extrémités; des plates-bandes transversales en travers des solives et maintenant aussi les murs ; enfin, l'ancrage des poutres ou des solives utilisées comme chaînes.

On donne le nom de *chaînage à lanterne* à celui qui est utilisé dans les combles Polonceau. Nous avons étudié les différents types de chaînage dans la charpente en fer, nous n'y reviendrons pas.

Chaîne. On donne, en serrurerie, le nom de chaîne aux bandes de fer plat servant à chaîner un bâtiment ; c'est aussi un lien formé d'une suite d'anneaux ou maillons en fer de forme elliptique passés les uns dans les autres et remplissant le même but qu'une corde. On en fait de différentes formes, exemple : les chaînes de Gall, les chaînes de Vaucanson, etc...

Chaînette. Petite chaîne employée dans l'arrêt d'une persienne pour retenir la broche.

Chaîner. C'est mettre en place les chaînages d'un bâtiment.

Chaînon. Nom donné aux *anneaux* (nommés quelquefois maillons) d'une chaîne; c'est aussi la bride qui embrasse les queues des tenailles.

Chambranle. On fait aujourd'hui des chambranles en fonte pour les baies des croisées; nous en donnons un exemple (*fig.* 21).

Ces baies métalliques en fonte se composent de la partie intérieure formant les tableaux et d'un cadre de moulures extérieures, le tout d'une seule pièce se scellant dans le mur par des pattes se trouvant sur la paroi extérieure des tableaux et faisant corps avec elle.

La pose de la fenêtre, des persiennes et des barres d'appui se fait comme dans les cas ordinaires. Ces chambranles mé-

 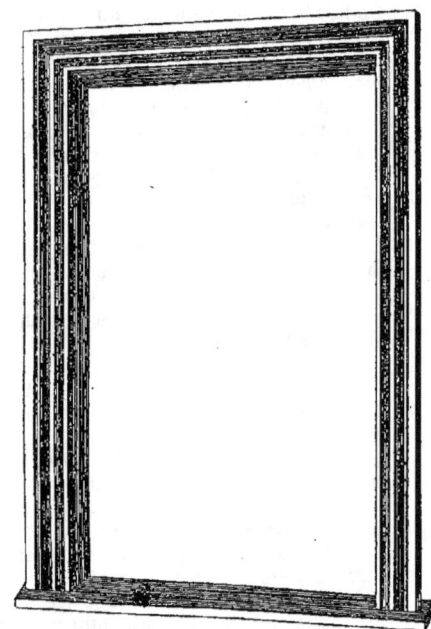

Fig. 21.

talliques sont préférables aux chambranles en plâtre qu'on exécute le plus souvent dans nos maisons d'habitation; une couche de peinture ton pierre leur donne un très bon aspect.

Chanceau. Nom donné aux barreaux d'une grille d'enceinte.

Chanfrein Signifie arête abattue; on dit: *abattre un chanfrein;* on dit aussi *chanfrein*

d'un pêne pour la tête abattue d'un pêne demi-tour.

Chanfreiner. C'est remplacer une arête vive par un petit pan coupé nommé *chanfrein*.

Changement de texture. Les effets de la dilatation combinée avec la tendance qu'a le métal à la cristallisation; suffisent pour expliquer le changement de texture du fer même à l'état de repos. Ainsi une barre, de fibreuse qu'elle était, peut devenir cristalline ; elle devient en même temps magnétique. Les chocs répétés favorisent le changement de texture du fer.

Chantignolle. On dit aussi *échantignolle*. C'est une sorte de tasseau en forme de coin que l'on cloue pour empêcher le glissement des pièces qui soutiendront les chevrons.

Chantournement. Se dit du profil courbe donné à une pièce de métal ou à un évidement qu'on pratique à l'intérieur ; on dit : *chantourner une pièce*, c'est tordre cette pièce de manière qu'elle se présente en partie dans le sens plat et en partie de champ.

Chapeau. Nom donné à la partie supérieure d'une colonne recevant directement les solives ou les poutres et ordinairement soutenue par des consoles.

Chapiteau. Motif d'ornement comprenant diverses moulures formant saillie et placé au sommet d'une colonne, d'un pilier ou d'un pilastre.

Charbon. L'ouvrier qui emploie le charbon doit bien en connaître la qualité afin de ne pas grésiller le fer.

Chardons. Fers aiguisés en pointe en forme de *dards* ou de flammes, recourbés, surmontant des grilles ou bordant des revêtements de fossés, de façon à défendre une entrée. Au XVIIIe siècle, l'emploi des chardons était très répandu. Au XVe siècle, on nommait aussi chardons des ornements qui entraient dans la décoration des chapiteaux.

Charnières. Pièces de métal (fer ou cuivre) à ailettes mobiles autour d'un axe commun ou *charnon* qui leur permet de décrire un mouvement de rotation et qui sert à la ferrure des portes, croisées, abattants, etc...

Les charnières ne diffèrent des fiches à bouton qu'en ce qu'elles ne sont point soudées ; les lames en sont percées de trous pour y placer des vis ou des clous. Une goupille nommée *broche* réunit les deux branches des charnières et sert au battant d'axe de rotation.

Il existe un grand nombre d'espèces de charnières dont nous ne donnerons ici que les noms : *charnière carrée longue ordinaire, charnière carrée longue ren-*
forcée, charnière toute carrée, charnière coudée, charnière à pans, charnière à nœuds carrés, charnière à section droite, charnière à hélice, charnière à nœuds à boules tournées, charnière à briquet, charnière longue à nœuds soudés, charnière à nœuds de compas, etc.

Charnons. Nom donné aux petits cylindres creux placés sur les lames ou ailes des charnières et recevant les goupilles ou broches qui relient les deux parties.

Charpente. Nom donné à l'ossature métallique de toutes les constructions en général, qu'elles soient fixes ou provisoires. On nomme *charpente en fer* les constructions dans lesquelles le fer fondu et le fer forgé se trouvent quelquefois associés.

Charpenterie. Art de la charpente, c'est aussi la mise en œuvre des charpentes diverses, les ouvriers chargés de ce travail se nomment *charpentiers*.

Chas. Plaque carrée (cuivre ou fer) percée en son milieu et recevant le fil d'un *plomb*.

Chasse. Outil du serrurier servant à refouler le fer. On en distingue plusieurs espèces : la *chasse carrée, ronde*, la *chasse à percer* et le *dégorgeoir*. Ces différents types ont été étudiés au commencement de la charpente en fer, nous n'avons donc pas à y revenir. On se sert aussi de la *chasse à biseau*, ressemblant à la chasse carrée, mais dont la tête acérée est en pente. On donne le nom de *chasse à biseau à main* à un outil méplat dont l'extrémité acérée est taillée à deux biseaux.

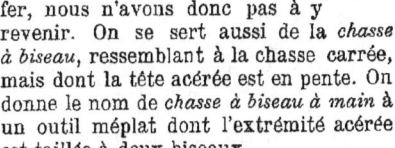

Fig. 22.

Chasse-pointe. On dit aussi *chasse-clou*. C'est un outil en fer ou en acier (*fig.* 22), servant à enfoncer les clous plus profondément qu'avec le marteau. Le chasse-pointe sert aussi aux ouvriers poseurs de sonnettes pour reconnaître les substances qui s'opposent à la mèche lorsqu'ils percent un trou dans un mur pour y passer le fil de tirage d'une sonnette.

Chasser. Expression employée par les ouvriers pour désigner l'action d'enfoncer un clou, une cheville, etc... à l'aide d'un marteau, d'un chasse-pointe ou de tout autre outil analogue.

Chasse-roue. Borne en fonte ou pièce de fer ou de fonte contournée, scellée en bas dans un dé en pierre complètement enterré, et verticalement dans les murs à l'entrée des portes cochères à la hauteur d'une marche de trottoir, et destinée à éloigner les roues de voiture des arêtes, à protéger les embrasures des portes et des battants ouverts de ces mêmes portes.

Les chasse-roues métalliques actuels remplacent les anciennes bornes en pierre quelquefois cerclées de fer, comme on en rencontre encore près des grilles d'entrée des vieux châteaux.

Châssis. Nom donné à l'encadrement en fer d'une porte ou d'une baie quelconque, d'une grille, d'un balcon, etc. On dit aussi *châssis à tabatière*, plus spécialement posé par les couvreurs; *châssis à fiches* fixés par des charnières à l'intérieur d'un châssis dormant; *châssis de couche*, *châssis d'aérage*, *châssis de cour vitrée*, etc., exécutés le plus souvent avec de petites cornières et de petits fers T du commerce connus par les serruriers sous le nom de *petits bois* lorsqu'ils servent de division pour la vitrerie, *châssis à guillotine*, châssis de fenêtre glissant de bas en haut dans des rainures verticales; telles étaient les fenêtres des anciennes maisons d'habitation et telles sont encore les fenêtres de certaines habitations anglaises.

Châssis dormant. Encadrement fixe et placé à demeure dans une ouverture.

Chaude. On désigne sous le nom de *chaude* le degré de température auquel on élève le fer pour le forger.

Les ouvriers disent: *petite chaude*, *bonne chaude* et *chaude suante*, ou bien: le rouge brun, le rouge cerise, le rouge blanc, la chaude suante.

Pour le recuit on distingue sept chaudes:

Jaune paille, jaune rouge, rouge, violet, bleu, vert d'eau et gris.

Les deux principales sont le jaune paille et le bleu foncé.

Chef. Nom donné au chef d'un atelier. On dit: *chef d'atelier*.

Chemin. On désigne ainsi les espaces réservés sur les serres pour faire le service des claies, des paillassons, etc... Ces chemins sont munis de rampes ou garde-fous. On établit aussi des chemins sur les combles de nos habitations et des monuments publics.

Chéneau. Réservoir destiné à recueillir les eaux pluviales à la base d'une toiture et à les diriger vers un tuyau de descente.

Certaines églises du moyen âge possèdent des chéneaux placés en surplomb des façades et que soutiennent des arcades saillantes.

A partir du xiiie siècle, les chéneaux sont pourvus de gargouilles saillantes et quelques-uns déversent les eaux par des conduits pratiqués sur les arcs-boutants reliant les contreforts.

Les serruriers exécutent des chéneaux en tôle et cornières, employés principalement pour les marquises, auvents, etc...

Cherche-fiche. Nom donné à un poinçon qu'on emploie pour chercher les trous des ailes des fiches afin de les pointer et de les arrêter au moyen de pointes.

Chevêtre. Nom donné à une solive en fer I reliée à l'aide de cornières à deux solives d'enchevêtrure.

Cheville. Tige en fer ayant une tête en goutte de suif ou en tronc de cône et employée par les ouvriers serruriers pour le montage.

Cheviller. C'est assembler des pièces métalliques à l'aide de chevilles.

Chevillette. Petite cheville servant aussi au montage.

Chevron. Pièce de charpente soutenant les lattes ou les voliges sur lesquelles on pose les tuiles, les ardoises ou le zinc d'une toiture.

Chevronnage. Se dit de l'ensemble des chevrons d'un comble.

Chien. Le chien est un outil servant surtout aux tonneliers, mais que les serruriers emploient aussi.

Chiffre. Nom donné aux initiales en tôle découpée, repoussée, emboutie, etc., qu'on place comme motif décoratif sur les vérandahs, les chéneaux, les grilles, etc.

Choc. Le choc réitéré est presque toujours cause d'un changement de texture du fer. Une barre de fer tombant verticalement et choquant le pavé par une de ses extrémités perd tout à la fois et instantanément la vertu magnétique et la texture cristalline.

Ciment. Nom donné à une composition avec laquelle on peut réunir ou souder à froid les pièces de fonte ou de fer.

Ce ciment se compose : limaille de fer, 16 kilogrammes ; sel ammoniac, 2 kilogrammes ; soufre en fleur, 1 kilogramme.

Le tout doit être broyé en poudre fine et mélangé au moment de l'emploi à 10 ou 12 kilogrammes de limaille fraîche par kilogramme de poudre ; on délaie dans l'eau, puis on fait bouillir jusqu'à consistance pâteuse. C'est cette pâte qu'on applique sur les deux pièces à réunir, puis on laisse refroidir.

Ce ciment devient aussi dur que le métal lui-même.

Cintre. On donne le nom de *cintre* aux courbures des voûtes ou arcades intérieures ; c'est aussi un échafaudage en charpente destiné à la construction d'une voûte.

Cintrer. C'est donner une forme courbe à une pièce métallique.

Cisailles. On donne le nom de *cisailles* à de grands ciseaux servant à couper les feuilles métalliques (tôle ou fer de fenderie), dont les lames sont courtes et les branches très longues. On fixe quelquefois l'une des branches soit dans un étau, soit dans un trou de l'établi, et on fait agir l'autre comme un levier qui a d'autant plus de force qu'il est plus long. La cisaille porte, dans ce cas, un coude comme l'indique le croquis (*fig.* 98 de la *charpente en fer*).

Il existe aussi de grandes cisailles mues mécaniquement.

Ciseau. Instrument tranchant en fer ou en acier aiguisé en biseau et servant à couper, percer, marquer, etc... Le ciseau est tranchant d'un côté et se termine de l'autre par une tête plate sur laquelle l'ouvrier frappe à coups de marteau.

On distingue : les *ciseaux à chaud* servant à couper le fer rouge ; ce contact le détrempe très vite. On le jette à l'eau dès qu'il a servi et on le retrempe de temps en temps.

Les *ciseaux à froid* servent à couper le fer sans le chauffer ; ils exigent du très bon acier nerveux, trempé assez dur mais ne cassant pas sous les coups répétés du marteau. Le *burin* et le *bédane* sont des ciseaux à froid.

Les *ciseaux à ferrer* dont nous donnons le croquis (*fig.* 23) sont, ou taillés comme les bédanes ou à lame large et plate ; ils sont acérés, trempés et bien aiguisés. Les ouvriers se servent de cet outil pour placer les ferrures et faire les entailles dans le bois.

Classification des fers. On peut classer les fers soit d'après leurs qualités, soit d'après les différentes formes qu'ils prennent dans le commerce. La classification des fers a été étudiée en détails, pages 232 et suivantes de la première partie du *Cours de construction*, nous y renvoyons nos lecteurs.

Clavette. Tige métallique ou cheville C en fer plat à tête recourbée (*fig.* 24) ser-

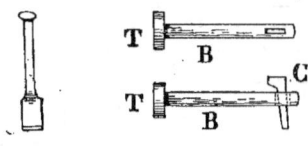

Fig. 23.   Fig. 24.

vant à maintenir et à fixer un boulon B qui n'a pas d'écrou et qui est terminé à une extrémité par une tête arrondie T. Ce genre de boulon à clavette est utilisé pour la fermeture des volets de boutiques.

On désigne aussi sous le nom de clavette une pièce métallique P (*fig.* 25) et sous le nom de *contre-clavette* une autre pièce Q même figure). On donne aussi en architecture ce nom à des tiges passant à travers des pitons servant à serrer les barres des panneaux contre les traverses sans fêler les verres. Leur extrémité supérieure se termine parfois en crosse afin de les enlever plus facilement.

Clef. On donne le nom de *clef* à un instrument de fer destiné à ouvrir et à fermer les serrures et les cadenas.

Quelle que soit sa forme, une clef se compose de trois parties : l'anneau A, la tige B, le panneton C (*fig.* 26).

La partie moulurée D se nomme embase.

Nous parlerons plus longuement des différents types de clefs dans un chapitre spécial.

L'usage des clefs était connu des anciens; on présume que cet usage a été introduit en Grèce par les Egyptiens. Les clefs furent employées en Egypte après la conquête romaine.

Les clefs nommées *clavis* (M. Rich, *Antiquités romaines et grecques*) étaient employées pour ouvrir une serrure régulière à gardes, pour lever un loquet ou pousser un simple verrou; elles comprenaient toutes les variétés de forme, de grandeur ou d'emploi, dont les croquis suivants offrent des spécimens.

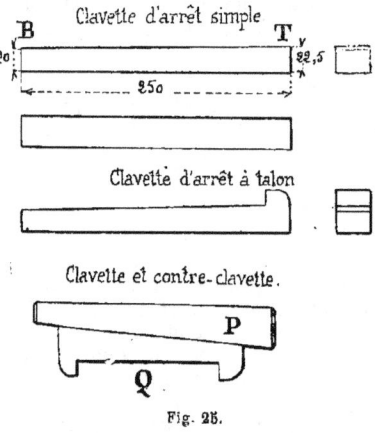

Fig. 25.

1° *Clef de porte* (*fig.* 27) faite avec des gardes régulières, comme celles dont on se sert maintenant, ainsi qu'on le voit dans le croquis ci-dessus, d'après un modèle trouvé à Pompéi. C'étaient les plus grandes et on les employait pour fermer les portes d'une ville, d'une maison ou d'un autre édifice qui donnaient sur le dehors, les caves, les magasins, etc.; elles étaient portées par les agents ou les esclaves à qui ce soin était confié; on les portait suspendues à une ceinture, ce qui est indiqué par la languette et l'œil du croquis précédent;

2° Petite clef que portait la maîtresse de la maison (*fig* 28), et dont on se servait pour fermer des cabinets, des armoires, des écrins, des cassettes; pour les livres ou pour l'argent;

3° *Clavis Laconica*, espèce particulière de clef probablement inventée en Egypte, quoique les Grecs en attribuent la découverte aux habitants de la Laconie; on suppose qu'elle avait trois dents comme le croquis (*fig.* 29) pris sur un original égyptien qu'on conserve au musée britannique. Elle était introduite à l'inté-

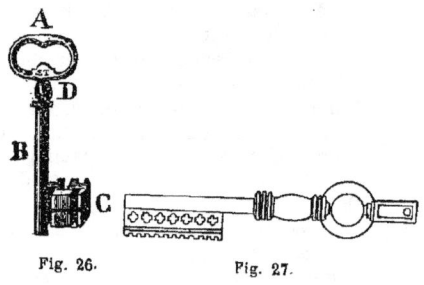

Fig. 26. Fig. 27.

rieur de la porte par une personne placée au dehors qui passait son bras par un trou fait dans la porte à cet effet et levait ensuite le loquet au moyen des dents saillantes;

4° *Clavis clausa*, petite clef sans gorge ou bascule (*fig.* 30), d'après un original re-

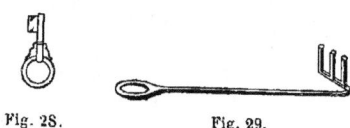

Fig. 28. Fig. 29.

produit dans la *Dactyliotheca* de Gorlæus et qui, par conséquent, ne devait servir que pour lever les loquets ou ouvrir des serrures petites et faciles; de plus, quand elle était introduite dans la serrure ou dans la porte, elle devait y être presque cachée.

On donne également aujourd'hui le nom de *clefs* à des leviers servant à serrer et à desserrer les vis à tête plate, tête forée, tête carrée ou autres, ainsi que les écrous carrés, hexagonaux, octogonaux, etc.; nous en avons donné les principaux types en commençant la *Charpente en fer.*

L'instrument qui sert à faire monter et descendre les devantures en fer des magasins et que nous représentons en croquis (*fig.* 31) se nomme aussi clef. L'outil servant à ouvrir et à fermer les robinets des bouches de distribution d'eau et représenté (*fig.* 32) se nomme également clef en forme de T, ou *clef à douille*.

Clenche. Nom donné à la pièce principale d'un loquet ; cette pièce est reçue par le mentonnet et tient la porte fermée.

Cliquet. Le cliquet est, comme nous le savons, un instrument qu'on substitue au vilbrequin ordinaire parce qu'il est plus fort, nous en avons donné un croquis

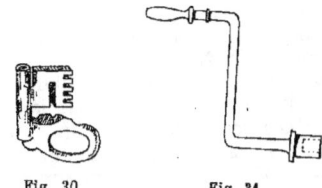

Fig. 30.   Fig. 31.

fig. 139 et 140 de la *Charpente en fer*. Ci-dessous (*fig* 33), nous représentons les cliquets perfectionnés par M. Chouanard, dits universels droite et gauche. Ils ont l'avantage d'être simples, à l'abri de toute détérioration, d'une fabrication soignée, rochet et chien en acier.

Ces cliquets n'ont aucun organe apparent ; le rochet, le chien et le ressort qui le fait agir sont à l'abri de tout choc ; la chambre renfermant ces organes simples est enlevée dans la masse du fer

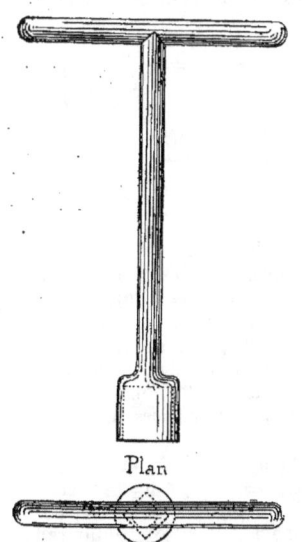

Fig. 32.

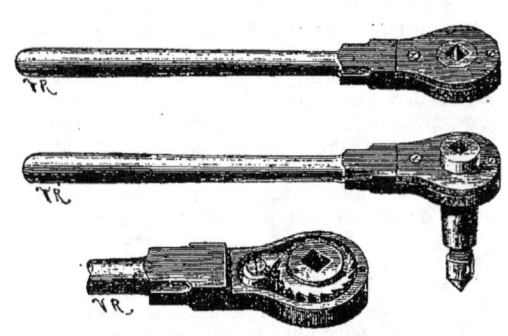

Fig. 33.

et offre une résistance absolue ; pour obtenir le cliquet à droite ou à gauche, il suffit dans le cliquet à canon d'enlever la plaque de recouvrement et de changer la position du chien. Dans le cliquet à canon, le rochet porte des dents symétriques.

Clôture. Nom donné à une enceinte métallique pleine ou à claire voie qui entoure un clos, un terrain, une construction ou une partie quelconque d'un édifice.

Cloison. On donne le nom de cloison à l'une des parties extérieures d'une serrure. Le palastre, la couverture et la cloison forment tout l'extérieur d'une serrure. Le côté de la cloison est traversé par le pêne et le rebord.

Clou. On donne le nom de *clou* à un

morceau de métal long, effilé à une de ses extrémités et généralement terminé à l'autre par une tête sur laquelle on frappe.

Dans un clou on distingue quatre parties : la tête, la pointe, le corps ou tige et le collet ; ce dernier est placé au-dessous de la tête.

Les clous sont en fer, en cuivre ou en zinc ; ils servent, comme nous le savons à lier deux corps ensemble. On en fait de plusieurs grandeurs ou grosseurs.

Les différents noms donnés aux clous sont :

Les *clous à bâtiments*, servant à fixer les gros fers en place ;

Les *clous à bateaux*, employés par les maçons ;

Les *clous mariniers*, servant à fixer les plates-bandes en fer ;

Les *clous à latter*, à *plafonner*, servant à fixer les lattes ;

Les *clous d'épingle* ont des tiges cylindriques, la tête plate, la pointe quadrangulaire. On les divise en *clous à chevrons, clous fins* et *semence*.

Il y a encore les *clous d'ardoises*, les *clous rivés*, les *clous à pentures*, les *clous ou broches à parquet*, les *broquettes*, les *clous ou chevilles barbelés* afin qu'on ne puisse les arracher quand ils sont placés ; les *clous à crochet* etc.

Les clous sont aussi employés dans la décoration des vantaux de portes, ils se font alors de toutes formes : ronds, demi-sphériques, coniques en pointe de diamant en forme de quatre feuilles ou composés de plusieurs pièces ; on les nomme alors *clous ornés*. On interpose souvent une rondelle ou platine métallique entre le bois de la porte et le clou.

Cloutière. Nom donné à une plaque (*fig. 34*) percée de trous de différentes formes et servant à faire une tête aux clous. La cloutière sert aussi aux serruriers en bâtiment pour faire la tête des chevilles et des boulons.

Pour faire une tête à un clou on passe la tige du clou par la pointe dans la cloutière et on frappe sur l'extrémité du clou. La partie serrée par le trou de la cloutière se nomme le *collet*.

Coins. On donne ce nom à une pièce de fer ou d'acier ayant la forme d'un prisme triangulaire ou quadrangulaire (*fig. 35*) et servant à séparer et à diviser les corps.

Dans certains cas particuliers les serruriers se servent de ces petits coins triangulaires en fer pour remplacer les ciseaux à froid.

Colcotar. Poudre rouge vendue dans le commerce sous le nom de *terre à polir*.

Colimaçon. Nom donné à une volute soudée à l'extrémité d'une main courante de rampe d'escalier et couronnant le pilastre ; c'est sur cette volute qu'on place la boule de rampe.

Collet. Nom qui désigne la portion d'une *penture* la plus voisine de l'œil, ou du renflement qui reçoit le *gond*.

Collier. On désigne ainsi un lien cintré en fer plat servant ordinairement à main-

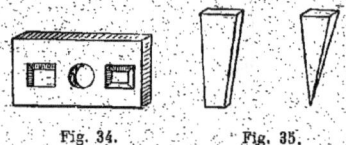

Fig. 34. Fig. 35.

tenir le long des murs les tuyaux de descente des eaux pluviales et ménagères. On distingue : les *colliers de tuyaux* (*fig. 36*) ; les *colliers de grilles*, ferrures maintenant le montant pivot d'une grille et lui permettant d'exécuter un mouvement de rotation, nous en donnons plusieurs types (*fig. 37*) enfin, les *colliers de colonnes* (*fig. 38*).

Colonne. Nom donné à un support métallique (fer ou fonte) le plus généralement cylindrique, plein ou creux, posé verticalement et formé presque toujours de trois parties : une *base*, un *fût* ou partie cylindrique et un *chapiteau*.

On donne le nom de *colonnes accouplées* ou *couplées* aux colonnes placées deux par deux, l'une à côté de l'autre, sans tenir compte des règles qui fixent la dimension des entre-colonnements. Cette disposition a pour but, non seulement d'augmenter en certains endroits la résistance réelle des supports, mais aussi de rendre cette résistance plus apparente.

Dans certains cas le *tailloir* se prolonge au-dessus des deux chapiteaux.

On dit que des colonnes sont *adossées* lorsqu'elles sont en partie noyées dans le mur contre lequel elles sont placées. On dit aussi *colonnes engagées* ou *colonnes liées* et spécialement *demi-colonnes* lorsque la colonne est engagée jusqu'au centre et que la saillie se mesure par la demi-circonférence.

Nous avons, dans la première partie du Cours de construction et dans la Charpente en fer, parlé assez longuement des colonnes métalliques pour qu'il soit inutile d'y revenir ici.

Colonnettes. Petites colonnes. C'est aussi des colonnes dont le diamètre proportionnellement à la hauteur est très petit. Elles peuvent être isolées ou accouplées. Dans les marquises, les vérandahs, etc., on emploie des colonnettes métalliques.

Combinaison. On désigne ainsi certains mécanismes spéciaux, adaptés à des serrures ou à des cadenas, et dont les

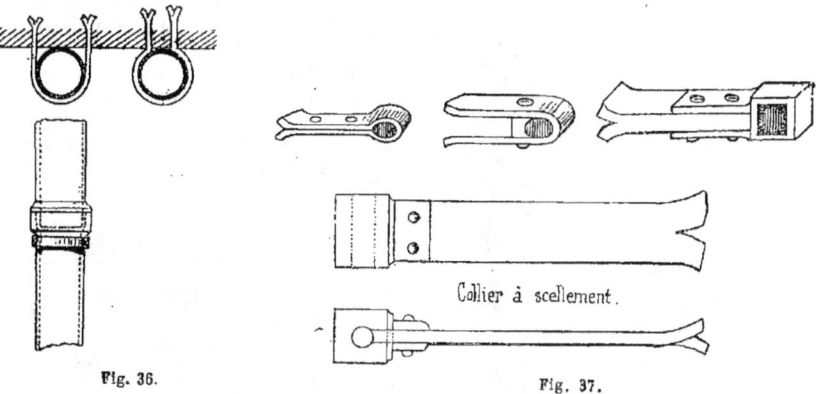

Fig. 36.   Collier à scellement.   Fig. 37.

différentes parties doivent avoir une certaine position pour permettre d'ouvrir.

Les serrures de coffres-forts sont souvent à combinaisons ; certains cadenas présentent aussi des combinaisons.

Comble. On donne le nom de comble à l'ensemble de la charpente ou de l'ossature métallique supportant une toiture.

Combustibles. Les combustibles utiles aux serruriers sont : le charbon de bois, la tourbe et son charbon, la houille ou charbon de terre.

Compagnons. Nom souvent donné aux ouvriers serruriers ; ils ont un aide pour les servir.

Compas. Instrument servant à mesurer les dimensions et à décrire des courbes. Les serruriers emploient des compas de différentes formes déjà décrites dans la Charpente en fer et aussi le compas quart de cercle représenté en croquis (*fig. 39*).

Compression. Propriété de résister dans de bonnes conditions à des efforts dirigés dans le sens de la longueur des pièces

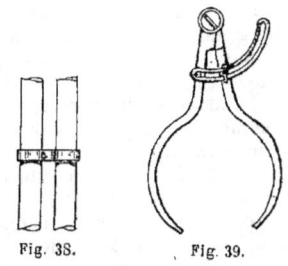

Fig. 38.   Fig. 39.

La fonte et le fer forgé sont les métaux qu'on emploie le plus dans les constructions pour résister à des efforts de compression.

Concert. Dans certains cas, deux ouvriers de corps d'état différents sont obligés de s'entendre pour terminer un ouvrage : par exemple le menuisier et le serrurier, le premier fait une menuiserie et le serrurier est chargé après coup de la ferrer. On dit alors que ces ouvriers travaillent de concert.

Conducteur. Nom donné à un employé qui, sous les ordres de l'ingénieur ou de l'architecte, est chargé de la conduite des travaux. On donne aussi le nom de conducteur à une barre de fer ou corde métallique employée dans la construction des paratonnerres.

Conduit. Le conduit de sonnette est une petite agrafe (*fig.* 40) fixée dans un mur sur le parcours d'un fil de sonnette et destiné à le maintenir dans une position voulue.

On donne aussi, dans un verrou, le nom de conduit au *crampon* qui sert de conducteur à la tige.

Le conduit de billot ou tube de longe représenté en croquis (*fig.* 41) est un tuyau en fonte employé dans les écuries et dans lequel passe la corde qui sert à attacher les chevaux.

Conduite. Nom donné aux tuyaux en fonte ou en tôle employés pour les eaux, le gaz, etc...

Congé. Nom donné au raccord entre deux surfaces de saillie différente, obtenue à l'aide d'une partie concave ayant généralement pour profil un quart de cercle (*fig.* 42).

Il y a aussi des congés, formés d'une courbe très allongée à laquelle on donne le nom d'adoucissement.

Conscience. Pièce de fer ou de bois garnie de fer représentée en croquis (*fig.* 134 de la *Charpente en fer*), que l'ouvrier serrurier pose sur sa poitrine pour soutenir et pousser le foret qu'il fait mouvoir avec l'archet.

Console. On donne le nom de console à des supports ou espèce de potences métalliques (fer ou fonte) servant à soutenir un balcon, une galerie, un arbalétrier, une corniche, une lanterne à gaz, une colonne suspendue, un vase, une statue, etc...

Constructeur. Celui qui, d'après les plans étudiés et dressés par l'architecte, dirige l'exécution d'une construction quelconque est nommé *constructeur.*

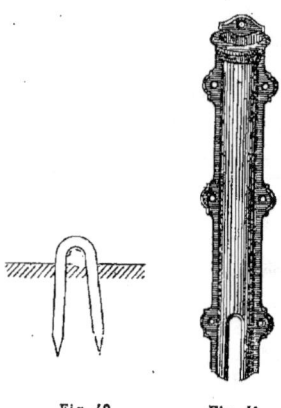
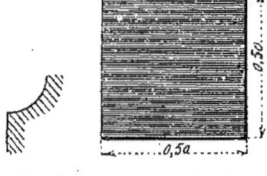

Fig. 40   Fig. 41.   Fig. 42.   Fig. 43.

Construction. Art d'employer les matériaux suivant leur qualité et leur nature, de façon à réunir dans un édifice la solidité et la convenance.

On donne aussi ce nom à tout édifice public ou privé. Exemple : constructions urbaines, suburbaines, rurales, civiles, religieuses, militaires, monastiques, etc...

Contracture. Manière de désigner la diminution ou le rétrécissement continu d'une colonne à sa partie supérieure.

Contre-bouter. On dit aussi *contre-buter*, c'est-à-dire maintenir la poussée d'un arc, l'écartement d'un mur à l'aide d'un *arc-boutant*, d'un *contre-fort*, d'un *étai*, etc...

Contre-calquer. C'est reproduire un dessin à l'aide d'un calque, mais en sens contraire de l'original. On dit aussi *décalquer.*

Contre-clavette. Seconde clavette d'une

forme spéciale placée contre la première et servant à compléter le serrage.

Contre-cœur. Plaque de métal (fonte unie ou ornée) posée au fond de l'âtre d'une cheminée et dont nous donnons un croquis (fig. 43).

Ces plaques, qu'on nomme aussi *plaques de foyer*, ont ordinairement les dimensions suivantes :

0,45 × 0,45 poids 15 kilogrammes
0,45 × 0,50 — 18 —
0,50 × 0,50 — 20 —
0,50 × 0,55 — 24 —
0,55 × 0,55 — 25 —
0,56 × 0,60 — 30 —

Contre-coudé. Pièce présentant plusieurs courbes en sens inverse ; une barre peut être coudée en A (fig. 44) et contre-coudée en B (même figure).

Contre-fiches. Pièces qui, dans une charpente métallique, soulagent les arbalétriers. Dans les combles Polonceau on les désigne sous le nom de *bielles*.

Contre-fort. On désigne ainsi les arcs-boutants employés dans la construction et la consolidation des grilles.

Contre-heurtoir. Plaque de métal sur laquelle frappe le *heurtoir*.

Contremaître. Nom donné à celui qui sur un chantier dirige les ouvriers. Il est quelquefois nommé chef d'atelier ou chef de chantier.

Contre-marche. Nom donné à la surface verticale déterminée par la hauteur des marches et formant le devant de ces marches. On fait des escaliers dont les marches sont en bois et les contre-marches en tôle. On en fait aussi tout en fer, comme nous l'avons vu dans la *Charpenterie en fer*.

Contre-panneton. Nom donné à une agrafe fixée à un volet d'intérieur.

Contre-rivure. Plaque de fer de petites dimensions qu'on met sous la tête d'un clou rivé entre le bois et la rivure pour lui donner plus de prise sur le bois.

Contrevent. Volet de bois ou de fer destiné à fermer une ouverture.

On donne aussi ce nom aux pièces de charpente reliant les fermes d'un comble en le consolidant.

Coq. Nom donné à un arrêt de *charnière-briquet*.

Corbeau. Support métallique scellé en deux points dans un mur ; ce sont aussi de petites consoles.

Cordeau. Ficelle enroulée sur une bobine et servant au tracé des ouvrages.

Cordelière. Nom donné à un ancien loquet (loquet à la cordelière) qui était très employé dans les couvents.

Cordon. Nom donné aux conduits de sonnettes ; on dit : cordons de sonnettes. C'est, en un mot, l'ensemble de toutes les pièces permettant le tirage d'une sonnette. On dit aussi cordon de tirage.

Corne. Nom donné à un tube, recourbé (fig. 45) employé dans les forges d'atelier. On dit : *Corne de forge*.

Cornette. Nom donné au fer méplat qu'on place à l'angle d'un bâtiment pour

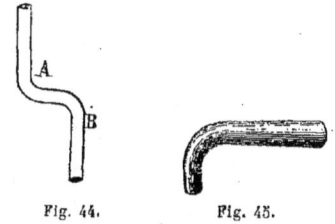

Fig. 44.   Fig. 45.

le garantir contre les chocs des roues de voitures.

Cornier. Nom donné au poteau d'angle d'un pan de fer.

Cornière. Barre de fer laminé ayant comme section la forme d'un V, servant à la construction des poutres métalliques et aussi à consolider les angles formés par des pièces de bois ou de fer posées à angle droit. Les faces extérieures se rencontrent soit à angle droit, à angle aigu ou à angle obtus.

Corvée. Nom donné à un travail de peu d'importance en réparation et n'occupant souvent les ouvriers que pendant quelques heures.

Cotes. Indications précisant une longueur, une altitude, des dimensions, écrites en chiffres sur un croquis ou sur un plan dessiné à une échelle connue.

Lorsque les cotes d'un plan précisent des longueurs on place les chiffres écrits à l'encre noire au milieu d'une ligne pointillée ou d'un trait à l'encre rouge dont les extrémités sont terminées par de petites flèches à l'encre noire indiquant les limites des longueurs.

Côte. Saillie divisant verticalement la surface convexe ou concave d'un dôme ou d'une voûte. C'est aussi le listel formant intervalle entre les cannelures d'une colonne.

Côte de vache. Nom donné à un petit fer carré en verge, rude, grossier, se vendant en bottes et servant, dans la construction des planchers, à maintenir les hourdis. On les emploie aussi pour la

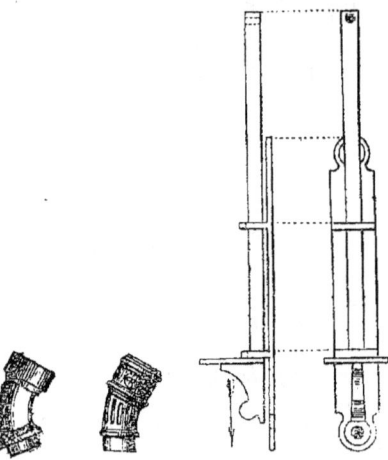

Fig. 46.   Fig. 47.

construction des paillasses et des hottes de fourneaux de cuisine.

Coter. C'est mettre les cotes sur un plan.

Coterie. Désignation que les ouvriers du bâtiment se donnent entre eux pour s'interpeler. On entend souvent dire dans un chantier : « par ici la coterie. »

Coude. Nom donné à des bouts de tuyaux formant un certain angle (*fig.* 46) et servant à changer une conduite de direction. Les coudes comme les tuyaux se mesurent en dedans du petit bout. Il existe dans le commerce des coudes pour toutes les grosseurs de tuyaux.

On nomme fer coudé celui qui est plié le plus souvent à angle droit.

Couder. C'est contourner en coude un tuyau, une barre métallique, etc. ; c'est aussi fixer les différentes parties d'un treillage avec du fil de fer. On dit aussi barreaux coudés en col de cygne.

Couler. C'est sceller des crampons en fer ou en bronze avec du soufre ou avec du plomb.

Coulisse. Nom donné à la place que reçoivent les charnons d'une charnière. On nomme bouton à coulisse celui qui est

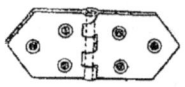

Fig. 48.

placé sur la cloison d'une serrure et qui sert à ouvrir le demi-tour.

Coulisseau. On désigne ainsi un mouvement de tirage monté sur platine et servant à faire mouvoir une sonnette.

On distingue : le *coulisseau à poncier* (*fig.* 47), le *coulisseau à pompe*, le *coulisseau à bascule*, le *coulisseau de crémone*.

Coupage. Désigne l'opération qui consiste à couper dans un étau avec un burin.

Couplet. Nom donné à des charnières servant de pentures aux portes et aux

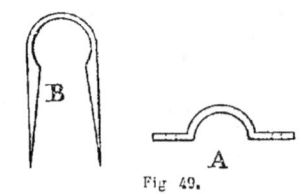

Fig. 49.

fenêtres, ayant beaucoup plus de longueur que de hauteur (*fig.* 48); c'est aussi l'assemblage de deux pièces en fer à l'aide de charnières et de rivures.

Courçon. Fers du Berry ordinairement à pans et de faible longueur.

Courge. Nom donné à un corbeau de fer portant le faux manteau dans les anciennes cheminées.

Couronnement. Nom donné au motif décoratif placé en haut d'une grille ; on dit : le couronnement d'une grille.

Course. Chemin que fait le pêne pour entrer ou pour sortir d'une serrure. On dit : course d'un pêne.

Couverture. Nom donné dans une serrure à la plaque de tôle placée parallèlement au palastre et qui cache tout l'intérieur de la serrure. On dit : la couverture d'une serrure. Dans certains cas elle peut être remplacée par un *foncet*.

Crampe. Morceau de fer A (*fig.* 49) coudé circulairement en son milieu. Les deux

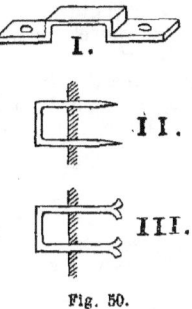

Fig. 50.

bouts ont leurs branches percées pour plusieurs clous avec lesquels on attache fortement la *crampe* sur une pièce de bois. Dans certains cas, en B (même figure) ce sont deux branches se terminant en

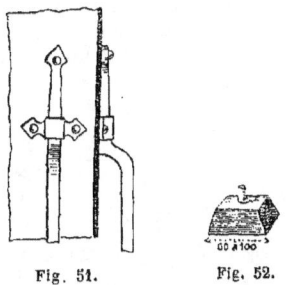

Fig. 51.   Fig. 52.

pointe. La crampe sert à enlever ou à traîner de lourds fardeaux.

Crampon. Pièce de fer noyée dans la maçonnerie et servant à relier des pierres superposées ou juxtaposées ; on dit aussi *agrafe*.

On donne également ce nom à un morceau de fer plié en carré (*fig.* 50) et servant de gâche aux targettes. Ces pièces peuvent être à pattes I, à pointes II ou à scellements III.

On dit aussi (*fig.* 51) d'un barreau de rampe qu'il est monté à crampon.

Cramponnet. La pièce de la serrure qui

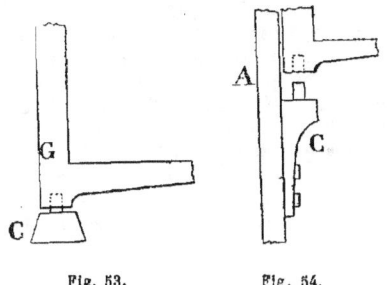

Fig. 53.   Fig. 54.

embrasse la queue du pêne et dans laquelle il fait sa course se nomme *cramponnet*.

Le cramponnet est rivé sur le palastre, dans les serrures de prix il est à pattes et est retenu par des vis. Aujourd'hui on le

Fig. 55.

nomme *picolet* lorsqu'il s'agit d'une serrure mais on dit encore le *cramponnet de targette*.

Crapaud. Nom donné à une sorte de *loqueteau*.

Crapaudine. Nom donné à une pièce de métal (fer, fonte, bronze ou acier) (*fig.* 52) percée en son milieu pour recevoir le tourillon d'un pivot ou portant elle-même ce tourillon.

Les goujons ont 16 et 18 millimètres de diamètre. Les crapaudines qu'on trouve dans le commerce ont : 6, 7, 8, 9 et 10 centimètres à la base et pèsent 1^k,3, 2 kilogrammes, 2^k,5, 3 kilogrammes, et 3^k,5.

Les crapaudines de grilles sont de deux espèces : en fonte (*fig.* 53), s'il s'agit d'une grille ouvrante placée entre deux piliers en pierre et en fer rivé sur le montant A (*fig.* 54), si le pilastre soutenant la grille est en fer.

Crèche. Nom donné à l'appareil servant à recevoir les aliments destinés aux bœufs et aux moutons.

Crémaillère. Disposition spéciale d'un escalier en fer. On dit : un escalier à crémaillère (voir l'étude des escaliers en fer dans la *Charpente en fer*). En serrurerie, une crémaillère est aussi une tige verticale en fer dentelée et faisant partie d'un cric, d'une vanne, etc...; elle est mue par un *pignon;* c'est encore une tige en fer méplat percée de plusieurs trous ou crans et fixée à un châssis à tabatière pour en régler l'ouverture; on désigne encore sous ce nom un ancien ustensile de cuisine placé dans les grandes cheminées et servant à accrocher les marmites.

Crémone. La crémone, que nous étudierons en détails, est un double verrou mû par une poignée à bascule en forme de bouton et remplaçant aujourd'hui l'espagnolette ; c'est un appareil de fermeture ap-

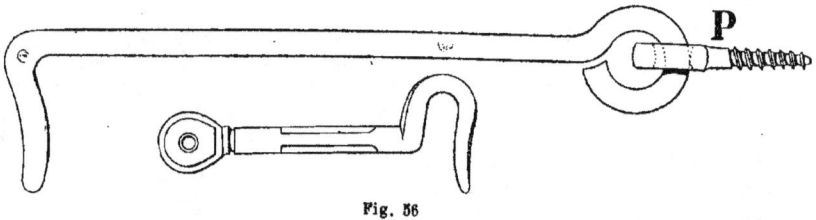

Fig. 56

pliqué aux portes et aux fenêtres et dont la simplicité et la richesse peuvent varier à l'infini.

Cric. Appareil que tout le monde connaît et qui est destiné à soulever de fortes charges ; nous en rappelons la forme (*fig.* 55).

Crochet. En serrurerie, le crochet est une barre de fer formant croc d'un côté (*fig.* 56), à œil de l'autre et entrant dans les pitons. On donne aussi le nom de crochet à la *fausse-clef* ou rossignol indiquée en croquis (*fig.* 57).

L'extrémité des chaînes se termine souvent par un crochet (*fig.* 58). On connaît aussi les crochets de rappel des espagnolettes, les clous à crochets, etc.

Croisée. Nom donné à un système spécial de fermeture en fer ou en fonte destiné à clore une fenêtre ou une baie et dont nous verrons plusieurs types.

Croisillons. Nom donné aux barres transversales dans les poutres en treillis; on désigne de même sous ce nom les morceaux de fer disposés diagonalement pour maintenir l'écartement de deux solives formant un poitrail. Dans les grilles et les

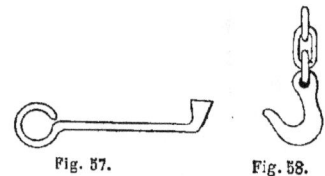

Fig. 57. Fig. 58.

balustrades (*fig.* 59) il y a quelquefois des croisillons.

Croissant. Nom donné à l'évidement fait dans la platine d'une targette, d'un loqueteau ou d'un verrou à ressort.

Croix. On donne ce nom à un ornement ou à une pièce métallique ayant la forme de l'instrument de supplice du même nom et en usage chez les Romains.

Les croix se font fréquemment en fer forgé ; les beaux exemples en sont fréquents surtout au moyen âge.

Croquis. Relevé ou dessin fait à main levée sans échelle ni compas et comportant les cotes nécessaires, soit à l'exécution d'un ouvrage, soit à la confection des mémoires.

Cuisse. Les ouvriers serruriers désignent sous le nom de *cuisses de grenouille* des anneaux de clefs limés et arrondis d'une certaine manière.

Cuivre. Métal rouge brillant dont se servent quelquefois les serruriers et dont nous avons donné tous les détails dans la première partie du *Cours de construction*.

Cul de chapeau. Nom donné à l'extrémité de la platine d'une targette ou d'un verrou taillé en demi-rond.

Cul de poul. Désigne un renflement réservé sur la tringle d'une espagnolette

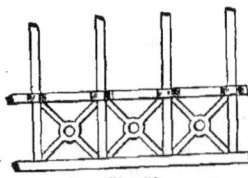

Fig. 59.

et qui est percé d'un trou devant recevoir la tige de la poignée.

Culotte. Nom donné à un bout de tuyau (*fig.* 60) généralement en fonte servant à réunir plusieurs tuyaux en une même conduite et ayant une extrémité terminée par deux ou trois branches : I. *culotte simple*, II. *culotte double*. Les culottes simples et doubles se font de 54 millimètres à 245 millimètres comme les tuyaux.

Elles se mesurent, comme ces derniers, en dedans du petit bout.

Elles sont faites pour recevoir à chaque embranchement des tuyaux de même grosseur.

Cure-feu. Nom donné à un instrument servant à attiser le feu d'une forge ; on dit aussi pour le même usage : *fourgon* et *tisonnier*, droit ou à crochet.

Cygne. *Col de cygne*, disposition spéciale donnée à la partie inférieure des barreaux d'une rampe d'escalier et aussi aux béquilles de porte ayant la forme du cou de cet oiseau.

Cylindre. Solide obtenu par la révolution d'une ligne droite (génératrice) se

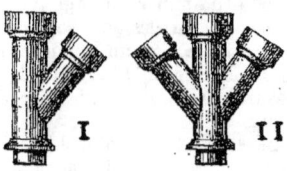

Fig. 60.

mouvant parallèlement à elle-même et s'appuyant sur une autre ligne courbe (directrice).

Cylindrique. Qui a la forme d'un cylindre. On dit aussi, mais très rarement, *cylindriforme*.

Dalle. Nom donné à des plaques de fonte servant, dans certains cas, à faire le dallage ou revêtement sur le sol, des chambres de machines à vapeur.

Les dalles en fonte sont aussi employées, comme nous le savons, pour garnir le fond des âtres de cheminées.

Damasser. On fabrique à Damas des satins rayés que la serrurerie imite dans

Fig. 61.   Fig. 62.

son poli ; c'est ce que les serruriers nomment le *trait picard*.

Au lieu du mot *damasser* ou *satiner*, les ouvriers disent souvent *friser*.

Damier. On donne le nom de damier à une série de petits carrés de même grandeur alternativement saillants et creux. Les plaques de fonte recouvrant les gargouilles et les caniveaux présentant cette disposition sont quelquefois nommées *plaques à damier*.

Dansante. Nom donné aux marches des escaliers balancés, escalier en spirale ou en limaçon. Les *marches dansantes* sont plus étroites du côté du limon que du côté du mur de la cage.

Danser. On désigne sous le nom de *maître à danser* un compas dont nous donnons le croquis (*fig.* 61) et qui sert à mesurer le diamètre intérieur des objets creux.

Dard. On donne en architecture le nom de dard à un motif d'ornement en forme de flèche acérée, séparant deux oves consécutives. Parfois ces dards sont légèrement fleuronnés. Les barreaux des grilles sont quelquefois refendus en deux *dards* écartés (*fig.* 62). On confond souvent dans

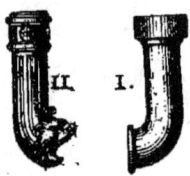

Fig. 63.

l'étude des grilles et défenses placées sur les murs les noms de *dards, chardons, artichauts*, etc..., dont nous connaissons l'usage.

Dauphin. On désigne ainsi l'extrémité inférieure et recourbée d'un tuyau de descente en fonte. Les uns sont en fonte unie (*fig.* 63) I, les autres II. sont ornés de cannelures et présentent à la partie inférieure une tête de *dauphin*, la gueule ouverte. Les dauphins sont aussi usités, le corps est alors entier, dans la décoration des fontaines.

Décaler. Signifie enlever les *cales* lorsqu'une pièce est bien en place.

Décalque. Décalquer, c'est reporter le calque d'un dessin sur une nouvelle surface. On peut cependant décalquer, sans avoir fait le calque préalable, en mettant une matière noire ou autre derrière un dessin et en en suivant les contours à l'aide d'une pointe en acier ou un crayon bien taillé, après avoir placé ce dessin sur une feuille de papier blanc.

Décamètre. Mesure de dix mètres, ruban ou chaîne en fer servant plus aux arpenteurs qu'aux serruriers. On en fait en acier ou en fil, nous en donnons deux exemples (*fig.* 64).

Décaper. C'est nettoyer une surface métallique au moyen d'un acide, sulfurique ou nitrique; ce travail se fait avant le polissage ou avant la pose d'une peinture

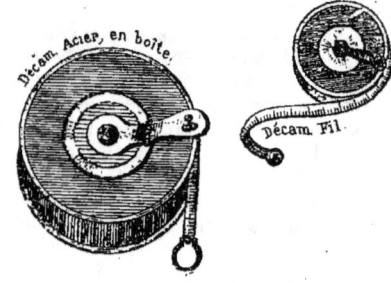

Fig. 64.

ou d'un vernis sur un objet métallique. Lorsqu'on veut décaper une pièce qu'on va travailler on peut employer la lime ; mais, dans les grandes forges, on décape la tôle avec des moyens chimiques, soit le muriate d'ammoniaque ou les acides décrits ci-dessus. On fait le *décapage* avant de faire la dorure sur les métaux.

Décharge. Désigne une pièce de fer posée obliquement dans l'assemblage d'une

Fig. 65.

grille. On se sert aussi de pièces de décharge dans la charpente en fer.

Décheviller. Opération qui consiste à enlever les chevilles d'un assemblage.

Décimètre. Petit instrument connu de tout le monde et qui sert pour les études sur le papier. Le *double décimètre* représenté en croquis (*fig.* 65) est plus employé que le décimètre simple. C'est une règle divisée en centimètres (de 1 à 20) et en millimètres, taillée en biseau et munie à son milieu d'un petit bouton saillant qui la rend plus maniable. On les fait en bois, en ivoire, en acier, etc...

Décintrement. Enlèvement des cintres qui ont servi à la construction des voûtes.

Décoration. Application sur un chéneau, une porte ou sur une partie métallique quelconque de moulures, rosaces, macarons, etc... On dit : décoration de chéneaux, de portes, etc...

Découpage. Art de découper des feuilles minces de métaux divers (fer, cuivre, zinc, etc...) suivant des profils et des dessins donnés, de façon à en former des motifs de décoration. Depuis quelques années le découpage des métaux joue un certain rôle dans la décoration. Nous en donnons (*fig* 66, 67 et 68) trois exemples tirés de l'album de la maison Reynard et Cⁱᵉ. Le premier (*fig.* 66) représente des panneaux de porte bâtarde en métal découpé, le second (*fig.* 67) nous montre comment se fait l'application de métaux découpés à un escalier ; le troisième (*fig.* 68) nous indique les découpures utilisées pour cacher les jalousies de nos croisées.

Découpures. Noms donnés aux ornements à jour (*fig.* 68) pratiqués à la scie dans des feuilles métalliques pour lambrequins, frises, etc...

Décrottoir. On désigne ainsi un appareil généralement en fonte avec lame en fer, placé à l'entrée des maisons et servant à décrotter les pieds. On dit aussi *gratte-pieds* (*fig.* 69).

Défenses. Nom donné aux grilles en fer placées dans le tableau d'une fenêtre. Les défenses de fenêtres sont souvent faites d'un grillage en fer forgé, formé de motifs quelconques enchâssés dans un châssis solide ou bien de forts rinceaux en fer carré ou plat, comme dans les grandes grilles. C'est aussi, dans certains cas, un simple barreaudage monté sur traverses scellées ou à pattes.

Dégauchir. C'est dresser une pièce de charpente métallique, de manière à obtenir une surface plane.

Dégauchissement. Terme d'atelier qui veut dire *dresser*.

Dégonder. C'est enlever les gonds à une porte ou à une persienne pour la réparer ou pour la peindre.

Dégorgement. Désigne un petit tampon (tampon de dégorgement), ou boîte en cuivre, ordinairement placé sur un tuyau de descente pour en permettre facilement le dégorgement lorsqu'il est obstrué.

Dégorgeoir. Nom donné à une sorte de ciseau à taillant creux. Le dégorgeoir ressemble à la langue de carpe ; c'est une vraie *gouge* que les serruriers emploient pour couper le fer à chaud ; ils s'en

Fig. 66.

servent aussi à la forge pour détacher certaines parties arrondies ou donner certaines formes qui réclament l'emploi d'un instrument tranchant.

Demande. En serrurerie on dit qu'un mémoire est fait en demande lorsque les prix marqués dans ce mémoire sont augmentés du cinquième. C'est une coutume passée dans nos habitudes et qui, certainement, est ridicule puisque dans la vérification on est obligé de rabattre ce cinquième.

Demi-ferme d'arêtier. Moitié d'une ferme

de comble placée dans le plan de l'arétier.

Demi-ferme de croupe. Moitié d'une ferme de comble placée au milieu de la croupe.

Demi-lame. Nom donné au fer méplat servant à ferrer les bornes et les seuils des portes de nos habitations.

Demi-livre allongée. Nom donné à de petits clous à tête plate employés par les tapissiers et aussi par les treillageurs.

Demi-ronde. Nom donné à une lime plate d'un côté et en arc de cercle de l'autre.

Demi-tour. Nom donné à l'une des parties constituantes d'une serrure. On dit : pêne du demi-tour, serrure pêne dormant et demi-tour, serrure pêne dormant et demi-tour à traînette, serrure pêne dormant et demi-tour avec verrou, serrure pêne dormant et demi-tour en large,

Fig. 67.

Fig. 68.

serrure pêne dormant et demi-tour avec renfort et ève, serrure de grille pêne dormant demi-tour à foliot, etc...

Démontage. Démonter c'est séparer les différentes pièces, primitivement mises en place et assemblées.

Densité. Rapport de la masse d'un corps à son volume ; la densité des corps est proportionnelle à leur poids spécifique.

Dent. On désigne ainsi des fentes qu'on pratique sur le museau du panneton d'une clef pour faciliter le passage des gardes d'une serrure.

Dent de loup. Gros clou employé plus en charpente en bois qu'en serrurerie. C'est aussi un croc en fer monté sur une barre plate et employé pour accrocher des ustensiles de cuisine, de la viande, les cordes des châssis à tabatière etc.

Dépose. Se dit de l'enlèvement d'un objet fixé à demeure : dépose d'une serrure, d'une targette, d'une crémone, etc.

Dépouille. Terme de serrurerie : c'est chanfreiner légèrement une pièce pour qu'elle porte bien dans une entaille ; on dit ; *limer en dépouille.*

Nous avons vu ce que veut dire le mot dépouille dans la première partie du *Cours de construction*.

Désassembler. Ce mot signifie enlever avec précaution les différentes pièces d'une charpente primitivement assemblées et mises en place.

Desceller. C'est enlever une ferrure scellée dans un mur, une pierre, etc..

Descriptif. On donne le nom de *Devis descriptif* à un devis de serrurerie qui comporte tous les détails de l'exécution d'un ouvrage sans estimation de prix.

Dessin. C'est la représentation graphique à une échelle convenue et à l'aide de traits ou de lignes d'un ouvrage ou de pièces de serrurerie quelconque. On dit d'une pièce de serrurerie ou d'un édifice qu'il a été construit d'après les dessins de tel ou tel architecte pour indiquer que l'édifice a été construit sur les plans tracés par cet architecte. Le *dessin à main levée*, se dit de dessins d'édifices, d'ornements, etc... exécutés sans le secours de la règle ni du compas et traités parfois avec une grande liberté de main, soit à la plume, soit au crayon. Le *dessin au trait* est celui qui ne représente que les contours des objets en n'indiquant pas leur modelé ou relief à l'intérieur du contour par des effets d'ombre et de lumière.

Dessinateur. Artiste qui exécute des dessins, des modèles décoratifs pour divers genres d'industrie.

Détails. En architecture on désigne sous le nom de détails les motifs d'ornementation exécutés d'après les dessins de l'architecte et qui donnent du caractère à l'ensemble. Les détails d'exécution sont donnés par l'architecte à l'entrepreneur chargé de les exécuter. On désigne par *sous-détails* le résumé des dépenses faites pour exécuter un ouvrage et servant à établir un prix de revient

Détente. Pièce employée en serrurerie pour retenir un mécanisme, une fermeture, etc. C'est une pièce faite spécialement ou de façon, comme disent les ouvriers.

Détrempage. Le frottement d'un outil contre une pièce qu'on tourne produit assez souvent une chaleur assez forte pour détremper l'acier; il faut avoir soin, pour éviter ce *détrempage*, de mouiller continuellement les pièces en contact.

Devanture. Façade d'un édifice ou d'une partie quelconque d'une construction. On dit devanture de boutique, devant d'un appui, d'une mangeoire, d'un siège d'aisances, etc.

Devis. Description détaillée, faite par l'architecte, des travaux et estimation des dépenses nécessaires pour édifier une construction, exécuter un travail. On distingue les *devis descriptifs* et les *devis estimatifs*. Ces pièces sont acceptées et signées par les entrepreneurs et les propriétaires et annexées aux marchés ou contrats par lesquels les entrepreneurs s'engagent à l'exécution du travail détaillé et estimé dans ces devis.

Dilatation. Propriété qu'ont les corps et principalement les métaux d'augmenter de volume sous l'influence d'une élévation de température. La dilatation de l'acier est beaucoup plus grande que celle du fer. Les constructeurs doivent, en exécutant des ouvrages métalliques, prendre toutes les précautions possibles pour éviter les désordres qui peuvent résulter d'un changement de température.

Diminution des colonnes. Forme conique que prennent les fûts de colonnes dont le diamètre, à la hauteur du chapiteau, est moindre que le diamètre à la base.

Distyle. Ordonnance de deux colonnes de front.

Docks. Magasins dont les combles et les planchers sont exécutés en fer et les colonnes en fonte afin d'éviter les chances d'incendie.

Doigtiers. Nom donné à de petits fourreaux de fer ou de cuir que les ouvriers grillageurs se mettent au bout des doigts pour travailler.

Dôme. Construction en fer de forme spéciale dont nous avons parlé dans la *Charpente en fer*.

Dorique. Ordre d'architecture le plus ancien que les Grecs nous ont laissé. Le dorique romain est beaucoup plus lourd que le dorique grec. On dit: *colonne dorique*.

Dormant. Assemblage de pièces de serrurerie ou de menuiserie fixées à demeure dans les feuillures d'une baie et auquel on attache, au moyen de *fiches* ou de *paumelles*, les battants d'une croisée ou les vantaux d'une porte.

On désigne sous le nom de *châssis dormant* les châssis fixés dans un encadrement et ne pouvant s'ouvrir.

En serrurerie, on donne le nom de *pêne dormant* à celui qui n'est pas chanfreiné, qui n'est pas poussé hors de la serrure par un ressort et ne fonctionne qu'au moyen d'une clef. Une serrure qui n'a que ce pêne est connue sous le nom de serrure à *pêne dormant*.

Dorure. C'est l'art d'appliquer sur les métaux l'or en feuille et l'or moulu.

On distingue trois sortes de dorure sur métaux : la *dorure au mercure*, la *dorure au trempé* ou par *immersion* et la dorure *galvanique*.

Double-forure. Opération qui consiste à faire entrer une douille cylindrique dans

être prises dans le fer lorsqu'elles ne dépassent pas sa section ou nécessiter à l'extrémité de la barre un refoulement du fer permettant de trouver une masse suffisante pour les exécuter. On peut aussi souder à l'extrémité du fer une autre pièce servant à faire un enroulement quelconque.

Douille. Partie d'un jalon en fer se terminant en pointe pour être plus facilement enfoncée dans le sol ; c'est aussi le nom donné à la partie de *l'arçon* emmanché dans la bobine et sur laquelle est fixé le foret de *l'arçon*.

Dresser. C'est planer, aplanir, rendre

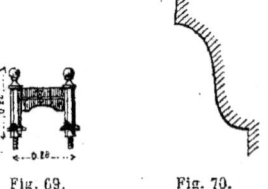

Fig. 69.   Fig. 70.

Fig. 71.

la première forure d'une clef, de telle sorte qu'il y ait tout autour de cette douille un vide parfaitement égal.

Doublons. Nom donné aux feuilles de tôle appliquées l'une sur l'autre et qui se tiennent seulement par une de leurs extrémités.

Doucine. Moulure formée de deux portions de cercle (*fig.* 70), la portion concave occupant la partie supérieure de la moulure et la partie convexe la partie inférieure. La doucine, qui porte aussi le nom de *petite onde* à cause de sa forme onduleuse, est une moulure fréquemment employée dans l'ornementation. La *doucine renversée* est celle où la portion de cercle convexe occupe la partie supérieure.

Le mot doucine s'emploie aussi en serrurerie pour indiquer que l'extrémité d'un fer est profilée (*fig.* 71). Les doucines se font toujours à chaud ; elles peuvent

planes toutes les faces d'une pièce de fer, soit à chaud avec le marteau, soit à froid avec une lime. On dit aussi faire le *dressement*.

Drille. On désigne ainsi une verge en fer pourvue, à l'une de ses extrémités, d'un foret qui sert à percer les métaux.

Ductilité. Propriété que possèdent les métaux de se laisser étirer en fils plus ou moins fins sans se rompre.

Duplicata. Veut dire le double d'un mémoire, d'un dessin, etc.

Dureté. Propriété qui permet à certains métaux de résister aux efforts tendant à entamer leur surface. La dureté des métaux est très variable ; elle augmente avec la présence de petites quantités de charbon, d'arsenic et de phosphore.

Eau. Nom donné à un liquide transparent sans odeur ni saveur et dont l'emploi est fréquent dans tous les corps d'état de la construction.

Les ouvriers se servent aussi d'un autre liquide nommé *eau forte* qui est de l'acide nitrique très étendu d'eau.

Ébarber. C'est, au moyen du burin ou de la lime, enlever les *balèvres* ou *barbes* du fer sur les rives d'une barre de manière qu'elle soit bien droite et d'égale hauteur avec l'objet sur lequel on la pose.

Ébauchage. L'ébauchage des pièces peut, en serrurerie, se faire au tour ; lorsque la pièce est petite on peut l'ébaucher au burin, mais, le plus ordinairement, on ébauche ou on dégrossit le fer et l'acier avec un crochet (*fig.* 72), outil à manche long afin d'avoir un levier plus fort capable d'opposer une force plus grande à la densité et à la compacité du métal et on finit l'ébauchage au burin, outil avec lequel on tourne parfaitement rond et qui permet d'obtenir des moulures, des gorges, des rainures, etc...

Ébaucher. C'est mettre une pièce au premier trait, au premier tracé, au premier dessin, c'est un premier dégrossissement.

Ébauchoir. Outil dont nous avons parlé plus haut et qui sert à ébaucher.

Ébroudir. Opération qui consiste à passer un fil métallique à travers une filière. On dit aussi *ébroudage*. L'ouvrier qui fait ce travail se nomme *ébroudeur*.

Écacher. Opération qui consiste à dresser sur la meule les faulx, faucilles, croissants, etc...

Échafaud. Nous savons que les échafauds sont des charpentes provisoires fixes ou mobiles servant à porter les ouvriers et les matériaux dans la construction ou la réparation des bâtiments.

Le serrurier fait souvent usage d'une échelle double pour la pose des sonnettes par exemple ; cependant il est quelquefois obligé de faire des travaux en dehors

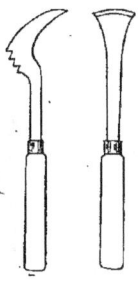

Fig. 72.

Fig. 73.

des murs d'une construction, il se sert alors d'échafaudages volants, mais c'est assez rare. Le serrurier et le charpentier en fer emploient presque toujours les échafaudages construits et installés par les maçons.

Échafauder. C'est élever les échafaudages nécessaires à la construction d'un édifice, on dit aussi qu'un étage *s'échafaude*

Échantignolle. On dit également *chantignolle*. Nous savons que dans la charpente en bois c'est une sorte de tasseau cloué sur l'arbalétrier ; dans la charpente en fer ou en serrurerie c'est ordinairement une large cornière rivée ou boulonnée sur l'arbalétrier et dont le but est, comme nous le savons, de fixer la panne sur l'arbalétrier et d'empêcher son glissement. Nous avons, dans la *Charpente en fer* (*fig.* 1239 et suivantes), donné de nombreux exemples de l'emploi des échantignolles.

Échappée. Espace vertical compris entre le dessus d'une marche et le dessous de la marche exactement correspondante placée à l'étage supérieur ou à la révolution suivante.

Dans les descentes de cave il faut au moins quatorze marches pour obtenir une porte de 2 mètres de hauteur. La hauteur de l'échappée ne doit pas être inférieure à $2^m,20$; au-dessous de cette dimension il est très difficile de monter des meubles dans un escalier sans en dégrader la cage. On dit aussi *échappement*.

Échelle. On donne le nom d'échelle à un

véritable escalier portatif qui peut se faire en bois ou en fer et qui se compose de deux montants réunis entre eux par une série de barres transversales nommées *échelons*. Ce sont des engins indispensables dans les chantiers de construction; on les distingue en *échelles simples* et *échelles doubles*. On donne aussi le nom *d'échelle de réduction* ou *d'agrandissement* (*fig.* 73) à la proportion adoptée pour exécuter une réduction et, dans certains cas, un agrandissement. C'est une ligne droite tracée sur le papier, graduée et contenant les multiples et les sous-multiples d'une unité de

certaines échelles presque universellement adoptées par l'usage. Ainsi, pour les plans des études de détails, on exécute les dessins au cinquième, au dixième ou au vingtième, c'est-à-dire que, dans le premier cas, une longueur de 1 mètre est représentée sur le plan par 20 centimètres ou 1/5, dans le second par dix ou 1/10, enfin par cinq ou 1/20. Pour les plans d'ensemble d'un bâtiment, on exécute les dessins à l'échelle de 1/100 ou 1 centimètre par mètre. Pour les plans généraux on adopte aussi une échelle de 1/500.

Pour soutenir les *tinettes* on se sert d'une échelle spéciale (*fig.* 74) en fer forgé. Pour monter sur les serres on se sert

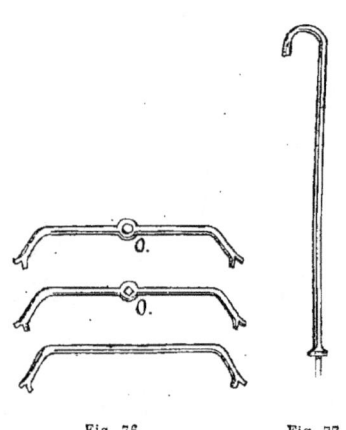

Fig. 74.   Fig. 75.   Fig. 76.   Fig. 77.

longueur que l'on choisit, plus petite ou plus grande que l'unité métrique, suivant que l'on veut reproduire les objets en réduction ou en agrandissement.

L'**échelle de proportion** est une règle de buis, d'ivoire ou de cuivre, portant des divisions ou simplement un trait horizontal tracé dans un angle du dessin et sur lequel on établit l'échelle servant à rapporter, c'est-à-dire à transformer les longueurs réelles des objets, en les représentant par un certain nombre de divisions. L'échelle de proportion peut être simple ou progressive.

On désigne sous le nom *d'échelles usuelles*

aussi d'échelles légères (*fig.* 75) construites en fer en U, pour les montants et en fer rond pour les barreaux.

Échelons. Nom donné aux tiges cylindriques ou barres transversales reliant les montants d'une échelle. Pour descendre dans les égouts on emploie des échelons en fer galvanisé dont nous donnons la forme (*fig.* 76). Les échelons de la partie haute portent en leur milieu O un œil servant à y placer une *crosse* (*fig.* 77) permettant de se tenir pour commencer à descendre.

Les serruriers font aussi des échelons spéciaux dont nous donnons les croquis (*fig.* 78) et qui sont employés dans les cheminées d'usines ou en scellement le long des murs mitoyens et permettant d'arriver facilement sur le toit pour la réparation des souches de cheminées.

Écheneau. Les fondeurs en bronze désignent ainsi une rigole destinée à conduire au moule le métal en fusion. L'*écheneau* est le nom donné pendant l'opération de la fonte d'une statue au bassin recevant le métal liquide et le communiquant aux jets de la figure à couler.

Échiffre. Mur soutenant un escalier c'est aussi la charpente en fer d'un escalier formant limon et supportant la rampe.

Échine. On désigne ainsi (*fig.* 79) une moulure saillante placée sous le tailloir du chapiteau dorique grec, décrivant une courbe très peu renflée et d'un profil con-

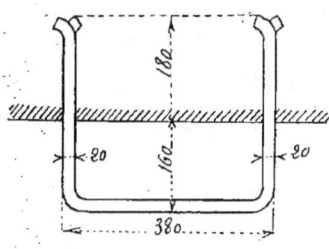

Fig 78.

vexe très délicat et formé dans sa plus grande partie d'une portion de courbe à grand rayon. On dit aussi : *ove*.

L'échine du chapiteau romain est plus arrondie mais d'un aspect plus lourd.

Échoppe. Nom donné à un ciseau de serrurier servant à graver grossièrement sur le fer.

Éclisse. Nom donné à des bandes de fer plat, souvent jumelles, percées de trous pour le passage de boulons et servant à relier deux pièces métalliques, des rails, par exemple.

Écluse. Ouvrage en bois ou en métal destiné à retenir les eaux et dont nous donnerons plusieurs types dans un chapitre spécial ; on dit : *écluses à sas*, *portes d'écluses*, etc.

Écornure. Ce mot veut dire aussi *épaufrure*, dont nous parlerons plus loin.

Écouvette. Brosse ou balai dont se servent les forgerons pour réunir et mouiller le charbon sur la forge. On l'appelle quelquefois *goupillon* ou *manillette* (voir *fig.* 31 de la *Charpente en fer*).

Écran. Les serruriers se servent d'une plaque de fer suspendue devant la forge pour garantir leur figure ; cette plaque porte le nom d'*écran*. Anciennement ils mettaient des masques en fil de fer.

Écrasement. On désigne par *résistance*

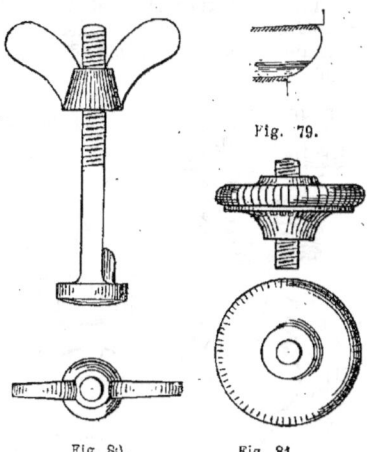

Fig. 79.

Fig. 80. Fig. 81.

à l'écrasement la résistance maxima que présentent certains métaux soumis à des efforts de compression qui tendent à les rompre.

Écrevisse Nom donné à une grande tenaille en fer employée par les serruriers pour traîner les grosses pièces de fer de la forge à l'enclume.

Écrier. C'est nettoyer le fil de fer lorsqu'il a été oxydé par la chaleur.

Écrou. Nom donné à une pièce de fer découpée ou forgée percée d'un trou cylindrique fileté à l'intérieur. Les écrous employés dans la serrurerie peuvent prendre plusieurs formes dont nous avons parlé longuement dans la *Charpente en fer*. On emploie encore les *écrous à oreilles* (*fig.* 80), les *écrous à mollette* (*fig.* 81) enfin les *écrous à entailles* (*fig.* 82) et les *écrous à trous* (*fig.* 83).

Écrouissement. Nous savons que l'*écrouissement* ou martelage à froid peut produire du fer cristallin à grains serrés.

Écru. Un fer *écru* est un fer qui a été brûlé ou mal corroyé et qui, par suite, est mêlé de *crasses*.

Écurée. Une garniture de serrure est dite *écurée* lorsqu'elle a été *brasée* et mise sur le tour pour être *dressée*.

Écusson. Cartouche ou tablette destinée à recevoir des armoiries, des inscriptions ou parfois de simples motifs d'ornementation. Les serruriers donnent le nom d'*écusson* à de petites pièces de fer ou platines ayant la forme d'un écu d'armoiries.

Nous savons ce que c'est que la *limite d'élasticité*.

Éléments. En serrurerie on donne le nom d'*éléments des prix composés* aux prix prévus à la série et servant, par certains arrangements connus des métreurs vérificateurs, à établir les prix composés de certains ouvrages.

Élévation. Nom conventionnel pour désigner une façade; on dit : *élévation de face*, ou vue de face d'un bâtiment, ou aussi d'un objet quelconque, et *élévation de côté* ou vue de côté.

Ellipse. Nom donné à une courbe plane dont chaque point a cette propriété que la somme des distances de ce point aux deux foyers de l'ellipse est constante, quelle que soit la position du point. L'ellipse, qui est un cercle allongé, résulte de la section d'un cône droit par un plan oblique, par rapport à l'axe.

Elliptique. Qui représente la forme d'une ellipse.

Émail. L'émail est, en général, une matière vitrifiée, rendue plus ou moins opaque et diversement colorée par l'ins-

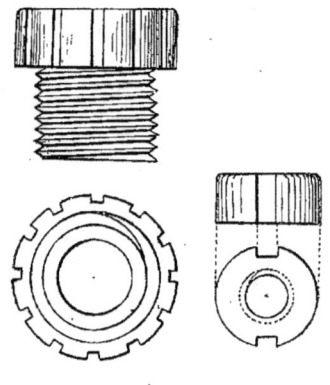

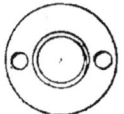

Fig. 82.   Fig. 83.   Fig. 84.

troduction de diverses chaux ou oxydes métalliques. L'application de l'émail sur les métaux est aujourd'hui une fabrication courante et l'ouvrier serrurier a souvent à effectuer la pose de pièces émaillées.

Embase. On donne le nom d'embase au petit socle (*fig.* 84) d'un barreau de rampe, de grille ou de balcon. L'embase est aussi une moulure, partie renflée, saillante, servant à séparer deux surfaces juxtaposées. Exemple l'*embase d'une clef* est une petite moulure placée au sommet de la tige près de l'anneau. On désigne aussi sous le nom d'embase une partie saillante et profilée ayant l'aspect d'un renflement sur la tige d'une espagnolette au droit des lacets qui maintiennent cette tige sur le montant de la croisée.

Écuyer. Nom donné à une main courante placée le long d'un mur et soutenue par des crampons en fer scellés dans ce mur.

Édifice. Nom donné aux constructions monumentales telles que palais, églises, etc.

Égrène. Clous en fer dont se servent les emballeurs et les layetiers.

Égrener. Expression employée en dorure. Polir une pièce passée au jaune, en faire disparaître le grain, les aspérités, etc.

Élasticité. Propriété permettant à certains corps de changer de forme et de volume sous l'influence de causes diverses et qui reprennent leur forme primitive lorsque ces causes ont cessé d'agir.

Embauchage. C'est l'enrôlement d'ouvriers pour l'exécution d'un travail. Souvent en passant devant les ateliers on voit, près de la porte d'entrée, une pancarte sur laquelle on peut lire : *on n'embauche pas.*

Emboîter. C'est ajuster deux tuyaux de façon qu'ils entrent l'un dans l'autre.

Emboutir. C'est travailler une feuille de métal, généralement la tôle, avec le marteau sur une petite enclume appelée *tas* ou sur le mandrin pour la rendre concave sur une face et convexe sur l'autre.

Embrassure. On désigne ainsi une barre de fer formant ceinture autour d'un tuyau de cheminée ou d'une poutre.

Émeri. Nom donné à un minéral, formé d'alumine et de fer et assez dur pour pouvoir, réduit en poudre fine, polir les métaux. On se sert aussi du *papier d'émeri* qu'on trouve en feuilles dans le commerce et de différentes grosseurs; ce papier est employé pour dérouiller.

Emmarchement. C'est, dans une marche d'escalier, la longueur comprise entre l'intérieur de la cage et la face de l'échiffre ou limon du côté de l'assemblage des marches.

Empanons. Pièces qui, dans un comble, relient l'arêtier aux sablières.

Empattement. Élargissement d'une pièce de quincaillerie ou de serrurerie, de manière à augmenter sa résistance ou à permettre d'y placer des vis, boulons, etc… On dit : l'empattement d'un verrou, d'une barre, l'empattement à té d'un gond.

Empênage. Désigne la mortaise destinée à recevoir le pêne d'une fermeture.

Empenoir. Nom donné à un ciseau dont se servent les serruriers pour faire, dans le bois, les entailles nécessaires pour placer les serrures.

Encharner. Terme qui, en serrurerie, veut dire poser des charnières.

Enchâsser. C'est encastrer, faire un encastrement d'une pièce.

Encliquetage. Mécanisme servant à empêcher le mouvement rétrograde d'une roue qui marche dans un sens déterminé.

Enclume. Masse de fer ou d'acier sur laquelle on appuie une pièce de métal pour la travailler à coups de marteau ou à l'aide d'instruments propres à lui donner la forme qu'on désire.

On distingue trois parties dans une enclume : le corps C (*fig.* 85), la table T, et les bigornes B. Le trou *t*, réservé sur la table d'une enclume, sert à placer les outils servant à couper le fer.

Encoche. Nom donné à une entaille faite sur le pêne ou sur la gâchette d'une serrure pour former arrêt.

Encolure. Faire une encolure, c'est souder au marteau deux pièces de fer entre elles.

Encorbellement. On prévoit souvent dans les constructions des solives en fer en encorbellement destinées à recevoir des bow-windows ou des balcons de diverses sortes en saillie sur le nu d'une façade.

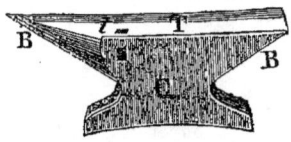

Fig. 85.

Engin. Nom général donné à un grand nombre de machines ; c'est de ce mot qu'est venu le mot *ingénieur*, c'est-à-dire constructeur d'engins.

Enrayure. Assemblage de pièces métalliques placées horizontalement et sur lesquelles s'appuie la charpente d'un comble.

Enroulement. Motif d'ornementation, formé de volutes ou de feuillages enroulés en spirales, de cartouches dont les découpures s'enroulent sur elles-mêmes en sens divers. Les chapiteaux ioniques et corinthiens, les rinceaux antiques et beaucoup de consoles sont décorés d'enroulements. Les supports des anciennes enseignes offrent de nombreux exemples d'enroulements; en général il en est de même de toutes les œuvres de ferronnerie. Les *entrelacs* sont aussi des ornements formés de feuilles, de fleurs, de rinceaux, etc., décrivant des lignes courbes et se croisant entre eux.

Enseigne. Véritable potence en fer forgé employée au moyen âge et sous la Renaissance, pour supporter une plaque de tôle sur laquelle se trouvait une inscription. Certaines de ces enseignes étaient de véritables chefs-d'œuvre d'exécution.

Enseuillement. Nom donné à l'appui d'une croisée placée à 1 mètre au-dessus du sol.

Entablement. Partie horizontale composée, dans les ordres antiques, d'une architrave, d'une frise et d'une corniche.

Entaille. Les serruriers font, dans certains cas, des entailles dans les pièces de charpente pour y faire affleurer des pièces métalliques telles que fils et chaînes de tirage pour l'ouverture des portes cochères.

Les pièces ainsi posées sont dites *entaillées* et sous *platine*, car on les recouvre d'une platine en tôle placée à fleur de la charpente ou aussi d'un mur.

Entailler. C'est faire une entaille pour y loger un objet quelconque, soit charnière, fiche, entrée de serrure, paumelle, etc.

Entourages. Nom donné aux pièces métalliques, fonte ou fer forgé, qui entourent les tombes. Les dimensions ordinaires de ces entourages sont d'environ $1^m,90 \times 0^m,90$ et $0^m,70$ de hauteur.

Entrait. Pièce horizontale d'un comble reliant les deux arbalétriers à leurs pieds.

Entrecolonnement. Intervalle qui existe entre deux colonnes. L'entrecolonnement se mesure de l'axe d'une colonne à l'axe de la colonne suivante et varie suivant chaque ordre d'architecture.

Entrée. Se dit des plaques de fer ou de cuivre découpées ou richement ornementées et entourant dans une serrure l'ouverture par laquelle on introduit la clef. C'est quelquefois aussi le simple trou ménagé sur la couverture ou au foncet d'une serrure pour recevoir la clef. On dit : *entrée rosette, entrée à cuvette*, etc.

Il y a aussi les entrées pour boîtes aux lettres, journaux, etc.

Entrepreneur. On donne ce nom à celui qui, suivant les plans qu'il reçoit de l'architecte, fait exécuter un ouvrage le concernant. On dit : un entrepreneur de charpente en fer, un entrepreneur de serrurerie.

Entretoise. Pièce métallique destinée à relier en travers deux autres pièces de fer.

Épi. Crochet de fer fixé sur un mur de clôture et servant de défense ; c'est aussi un ornement en fer forgé, mais plus souvent en zinc, en plomb ou en terre cuite, qui couronne un poinçon, les extrémités d'un faîtage, etc.

Épingles. Sortes de clous connus sous le nom de *clous d'épingle*.

Éperons. Noms souvent donné aux *arcsboutants*.

Épreuve. Opération qu'on fait subir à froid et à chaud aux fers avant de les employer. On dit : faire l'épreuve des fers.

Épure. Tracé graphique de serrurerie qui sert de guide à l'ouvrier chargé de l'exécution d'un travail. Les serruriers font peu d'épures ; les charpentiers en fer en font beaucoup plus.

Équarrir. C'est tailler carrément ; c'est aussi, en serrurerie, régulariser un trou en l'agrandissant avec *l'équarrissoir*.

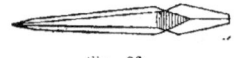

Fig. 86.

Équarrissoir. Poinçon à section polygonale servant à agrandir les trous percés dans un métal (fig. 86).

Équerre. Instrument de métal dont se servent les serruriers pour élever des perpendiculaires, tracer et vérifier des angles droits. On désigne encore sous le nom *d'équerres* des pièces de tôles coudées à angle droit servant à consolider les divers assemblages de menuiserie. On distingue *l'équerre simple, l'équerre double, l'équerre à té*, etc. On nomme aussi équerre, dans une serrure, une pièce attachée par le sommet sur la queue du pêne dormant à peu de distance du dos.

Équipage. Ensemble de tous les outils servant à la construction d'un édifice et au transport des matériaux.

Équipe. Réunion d'un certain nombre d'ouvriers devant s'occuper du même travail.

Escalier. Assemblage de marches ou de degrés servant à relier des appartements de niveaux différents et permettant d'y accéder.

Escargot. Nom donné aux petits escaliers à noyau plein employés dans les endroits où l'espace est restreint.

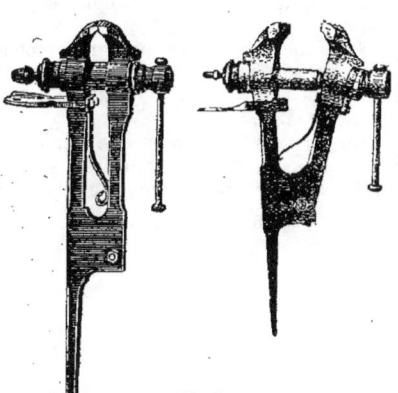

Fig. 87.

Escape. Partie d'un fût de colonne voisine de la base.

Espacer. C'est ranger des solives en laissant entre elles un intervalle. On dit *espacer* régulièrement les solives d'un plancher.

Espagnolette. Appareil de fermeture pour les croisées et remplacé aujourd'hui par les crémones. L'espagnolette est ordinairement formée d'une tringle en fer munie de crochets à ses deux extrémités et que l'on meut à l'intérieur au moyen d'une poignée, de façon à retirer ou à

Fig. 88.

introduire les crochets dans les gâches pratiquées en haut et en bas des châssis, selon qu'on veut ouvrir ou fermer la fenêtre.

Le mot espagnolette vient d'Espagne.

Essai. Opération qui consiste à se rendre compte de la qualité d'un métal.

Esse. Nom donné à une pièce ou cro-

Fig. 89.

chet en fer ou en cuivre contournée en S et servant à accrocher ou à suspendre.

Esselier. On dit aussi *aisselier*, pièce de charpente.

Estampage. Procédé à l'aide duquel on peut obtenir des reliefs sur une plaque de métal. L'estampage se fait mécaniquement.

Estampille. Petite plaque de cuivre représentant la marque de fabrique des quincaillers et placée sur les serrures. Ces marques servent à fixer le prix d'une serrure quand on règle les mémoires.

Estimatif. C'est la description d'un ouvrage avec les prix détaillés de chaque partie. On dit : *devis estimatif*.

Étage. On donne le nom d'étage à l'espace compris entre deux planchers.

Étain. Métal gris blanc ressemblant beaucoup au zinc et très employé pour *l'étamage*.

Étamage. Opération consistant à recouvrir la surface d'un métal facilement oxydable d'une couche d'un autre métal non oxydable.

On *étame* le fer au moyen de l'étain.

Étampe. Matrice en fer aciéré.

Étau. On donne le nom d'étau à une machine en fer destinée à saisir, serrer, fixer solidement tout ce qu'on peut mettre dans ses mâchoires. C'est certainement l'un des principaux outils servant à travailler le fer et les métaux en général.

On en distingue plusieurs espèces : les *étaux à chaud* (*fig.* 87) qui sont ainsi nommés parce qu'ils peuvent servir à façonner au marteau des pièces de fer ou d'acier portées au rouge ; ils pèsent de 50 à 250 kilogrammes ;

Fig. 90.

Les étaux à *agrafe* ou à griffe qu'on peut fixer sur le bord de l'établi à l'aide d'une vis de pression ;

Les étaux à mains, ce sont de véritables pinces ayant la forme d'un étau et dont nous donnons un exemple (*fig.* 88). On connaît encore les *étaux parallèles* plus rarement employés ; dans ces étaux l'une des branches reste fixe, l'autre s'écarte parallèlement à elle-même.

Dans les grands ateliers on se sert aussi

ÉNUMÉRATION DES EXPRESSIONS EMPLOYÉES PAR LES SERRURIERS.

d'étaux limeurs dont nous donnons deux types (*fig.* 89 et 90.)

Le premier (*fig.* 89) est un étau limeur à retour rapide mû à bras et au moteur.

L'outil est fixe. La machine comprend un étau parallèle pouvant se fixer sur l'équerre, cône de transmission, clefs nécessaires, mouvement automatique transversal de l'équerre portant les pièces.

Le second (*fig.* 90) est un étau limeur à retour rapide mais à deux tables. C'est une machine très robuste, à outil mobile, à simple et à double mouvement d'engrenage, segment denté au porte-outil, table mobile, étau parallèle se fixant sur la table, mouvement circulaire, cône de transmission et clefs; ces étaux servent à raboter les métaux.

Étirer. C'est forger le fer dans le sens de sa longueur ; on allonge le fer en le forgeant à chaud. Cette opération augmente les qualités du fer, lui donne du nerf.

Étoffe. On désigne ainsi de la tôle obtenue par la soudure de feuilles de fer et d'acier commun.

Étoquiaux. Petits arrêts en fer servant à porter ou à fixer d'autres pièces.

Le palastre d'une serrure est réuni à la cloison par des étoquiaux.

Étrier. On donne le nom d'étrier à une barre de fer plat coudé, contre-coudé et à talon de chaque bout, qui embrasse la pièce de bois pour la suspendre. Dans les planchers en bois les chevêtres en fer reçoivent à leurs extrémités, reposant sur les solives, la forme en *étrier*.

Évider. C'est enlever avec un ciseau à froid ou autrement des morceaux dans une plaque pour y faire des jours ; on évide une *entrée*, on évide des ornements dans leur pourtour, etc.

Expert. Nom donné à la personne chargée de faire une expertise et pourvue de connaissances spéciales dans l'art auquel appartient l'objet en litige.

Expertise. Opération qui consiste à mettre d'accord deux personnes qui ne peuvent s'entendre ou qui ne veulent pas transiger sur l'objet de constestation élevé entre eux. On connaît : *l'expertise amiable* ou *arbitrage* et *l'expertise judiciaire* ou expertise proprement dite.

Dans le premier cas, on nomme un ou plusieurs *arbitres*, dans le second un ou plusieurs *experts*.

Façon. On dit aussi *main-d'œuvre*. Le travail à façon est celui qui est fait par un entrepreneur en lui fournissant les matériaux. Les ouvriers serruriers disent souvent c'est une *pièce de façon*, c'est-à-dire faite exprès pour un but déterminé. Ces pièces sont évidemment d'un prix plus élevé que celles qu'on trouve dans le commerce.

Faîtage. Pièce de charpente recevant les chevrons et formant la partie supérieure d'un comble ; on dit aussi *faîte*.

On donne le nom de *crête de faîtage* à une suite d'ornements découpés placés sur un faîtage.

Fantons. On écrit souvent *fentons* ; ce sont de petits fers *carillons* nommés aussi côtes de vache et qui, dans les planchers hourdés, sont posés sur les entretoises et se trouvent noyés dans le hourdis ; leur écartement d'axe en axe varie de 0^m,20 à 0^m,25 et leur équarrissage ordinaire est de 9 à 15 millimètres.

Faucillon. On donne le nom de *faucillon* à une petite lime qui, dans le *panneton* d'une *clef*, sert à achever le passage des *gardes* de la serrure. C'est aussi un petit cran qu'on ajoute au rouet d'une serrure et correspondant à une échancrure du panneton perpendiculaire à celle du rouet. Dans le croquis (*fig.* 91) la fente verticale *a* se nomme *rouet* et la fente horizontale *b* se nomme *faucillon*. Si le faucillon est tourné vers la tige on dit qu'il est renversé en dedans ; dans l'autre cas, il est renversé en dehors.

Fausse-dorure. C'est l'imitation de la dorure à l'aide d'une peinture d'un jaune doré qu'on appelle *or couleur* ; on fait aussi de la fausse dorure avec des feuilles de laiton battu.

Fausse-équerre. Nom donné à une équerre en bois ou en métal dont les deux branches sont mobiles ; on dit aussi *équerre mobile*.

Fausse-lame. Nom donné, dans une persienne en bois ou en fer, à l'imitation des lames sur une partie pleine.

Faux (porte à). Se dit de parties de constructions qui ne portent pas d'aplomb sur la partie inférieure ; on dit : en porte à faux, un porte à faux, une façade en porte à faux. Les windows sont souvent établis en porte à faux.

Faux-chevêtre. Pièce de bois ou de fer de section moindre que le chevêtre et servant de remplissage entre un chevêtre et un mur. Le faux chevêtre s'assemble d'un côté dans une solive d'enchevêtrure et se scelle dans le mur à l'autre extrémité ; il peut aussi s'assembler dans deux solives d'enchevêtrure.

Faux-comble. C'est, comme nous l'avons vu dans la *Charpente en fer*, la partie supérieure d'un comble brisé à la mansard.

Faux-fond. On donne ce nom à une plaque de fer ou de cuivre fixée sur le *palastre* d'une *serrure* et sur laquelle on rive la *broche*.

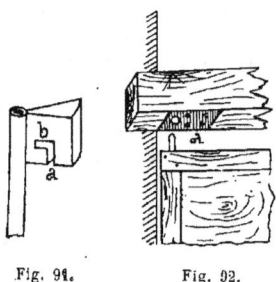

Fig. 91.   Fig. 92.

Quand elle fait une forte saillie et qu'elle porte des moulures on nomme cette plaque *faux-fond* en *cul-de-lampe*.

Faux-frais. On nomme ainsi les dépenses faites par un entrepreneur en dehors des frais de main-d'œuvre, par exemple : le loyer, les impôts, les fournitures d'outils, d'équipage, l'éclairage, les pourboires, etc..., sont les faux frais que les entrepreneurs subissent généralement et qui entrent pour une certaine part dans la composition des prix d'application.

Faux-limon. C'est une pièce de métal découpée servant à recevoir les marches d'un escalier au passage d'une baie ou contre une cloison légère ne pouvant à elle seule supporter le poids d'une partie de l'escalier.

Faux-plancher. Nom donné au plancher du dernier étage d'une maison et séparant ce dernier étage du grenier. On le fait souvent avec des bastaings par économie.

Femelle. On donne ce nom à la partie d'une ferrure brisée portant deux *charnons*. C'est aussi en *a* (*fig.* 92) un morceau de fer plat percé d'un trou devant recevoir le mamelon d'une *bourdonnière* ou le tourillon du pivot supérieur d'un vantail de porte,

Fenêtre. Ouverture destinée à faire pénétrer la lumière et l'air dans un édifice. On donne aussi le nom de *fenêtre* ou de *croisée* au châssis vitré qu'on place dans cette ouverture. On fait aujourd'hui des croisées en fer et en fonte ; nous en donnerons plusieurs types.

Fer. Le fer est le métal le plus employé par les serruriers ; c'est à notre époque l'élément de construction par excellence se prêtant à toutes les formes et à toutes les exigences des travaux.

C'est de tous les métaux le plus tenace. Son emploi remonte à la plus haute antiquité. Nous avons donné, dans la première partie du *Cours de construction*, tous les renseignements sur ce métal pour qu'il soit inutile d'y revenir.

Fers creux. Depuis plusieurs années on emploie en serrurerie les fers creux pour faire de petites colonnes de marquises, etc. ; les colonnettes en fer creux sont quelquefois utilisées comme tuyaux de descente des eaux pluviales, mais à la condition d'y placer à l'intérieur un tuyau de plomb.

Les tubes en fer creux formés de tôles soudées et étirées servent aussi à faire des rouleaux de store, des barreaux de grille, de balcons, de rampes, etc...

Fer à cheval. Se dit d'un contour circulaire formé de plus d'une demi-circonférence. On fait des escaliers métalliques en fer à cheval.

Fer blanc. Nom donné à des tôles minces étamées, c'est-à-dire recouvertes, sur les deux faces d'une couche d'étain.

Nous avons donné dans la première partie du *Cours de construction*, tous les renseignements désirables sur ce produit.

Ferme. Assemblage de pièces métalliques portant le faîtage d'un comble par l'intermédiaire de pièces longitudinales appelées *pannes*, placées parallèlement les unes aux autres.

Ferme-persienne et **ferme-porte**. Appareils spéciaux servant mécaniquement soit à refermer une porte d'elle-même, soit à manœuvrer de l'intérieur des volets extérieurs, nous en verrons plusieurs types.

Fermette. Nom donné à de petites fermes employées pour les combles légers, les lucarnes, etc...

Fermeture. On désigne ainsi les objets de quincaillerie servant à fermer, tels que verrous, serrures, targettes, etc... Une serrure peut être à une ou deux fermetures suivant qu'elle a un ou deux pênes. On donne aussi le nom de fermetures aux parties métalliques de divers systèmes employées à clore les boutiques ; nous en étudierons plus loin les différents types.

Fermoir. C'est un fort et gros ciseau dont on se sert comme coin, levier, etc., pour séparer, enlever ou joindre. Les menuisiers s'en servent beaucoup mais il est employé par les serruriers pour faire les entailles.

Ferraille. On donne le nom de ferraille à des coupes ou à des débris de fers neufs ou vieux. Cette ferraille est souvent utilisée pour faire les paquets destinés à la fabrication du fer laminé.

Ferrements. Noms donnés aux gros fers servant, dans les constructions, sous le nom de chaînages, ancres, équerres, plates-bandes, etc..., à ferrer ou à chaîner un bâtiment.

Ferrer. C'est garnir une porte, une croisée, un châssis, etc..., de différentes ferrures ou pièces de quincaillerie, telles que charnières, équerres, fiches, gonds, pentures, espagnolettes, crémones, serrures, verrous, etc... L'ouvrier chargé de la pose et de l'ajustement de ces différentes pièces se nomme souvent *ferreur*.

Ferrière. On désigne ainsi le sac en cuir muni d'une courroie et servant aux ouvriers serruriers pour mettre leurs outils.

Ferronnerie Se dit en général des objets en fer ; on distingue la ferronnerie ordinaire comprenant les gros ouvrages métalliques, poutres, solives et charpentes diverses en fer, entrant dans la construction d'un édifice et la ferronnerie d'art.

Cette dernière a produit, surtout au moyen âge, de véritables merveilles.

Ferrure. Pièce de fer destinée à servir de charnière à une porte et aussi à garnir, ferrer, consolider un objet en menuiserie. Les ferrures des portes des églises gothiques sont des chefs-d'œuvre d'art industriel et, parmi ces ferrures, il faut placer au premier rang celles des portes de Notre-Dame de Paris.

Festons. On donne, en serrurerie, le nom de *festons* à des motifs d'ornementation courante (*fig*. 93) séparés par de petits montants. On les rive les uns à côté des autres sur une bandelette ; ces festons servent à la décoration des chéneaux, des faîtages, des grilles, etc.

Feuillages. Nom donné à un système d'ornementation en tôle repoussée sous forme de *feuilles* de divers types, employées dans les rampes, grilles, balcons, etc... Les feuilles servant à l'ornementation des grilles se font aussi en fonte ou en bronze. Les feuilles repoussées se font aussi en cuivre rouge, le métal a de 8 à 15 dixièmes de millimètre d'épaisseur, généralement on prend 1 millimètre. Les feuilles en fonte se vendent toutes préparées dans le commerce. Les feuilles en bronze ciselé sont réservées pour les beaux travaux.

Feuillard. Nom donné à de petits fers plats du commerce très employés en serrurerie pour divers usages.

Feuille (de jauge). Nom donné à une lime demi-ronde très plate.

Fibreux. État moléculaire que présente ordinairement le fer laminé ; on dit du fer fibreux c'est-à-dire présentant des filaments dans sa cassure.

Fiche. Nom donné à une espèce de charnière ou de gond. On distingue les *fiches rivées, de brisure ou à nœud*, les *fiches à vase*, charnière en fer dont la tige se termine par une sorte de bouton à profil d'urne ; lorsque le bouton est parfaitement sphérique, on dit aussi *fiches à bouton*. Les portes, les armoires, les ouvrages en menuiserie du siècle dernier offrent des fiches à vase d'un dessin remarquablement élégant et décorées d'urnes avec socle et support d'un joli profil et parfois de grande dimension.

Les *fiches à gond*, les *fiches à chapelet*,

les *fiches chanteau*, etc., nous indiquerons plus loin les différents modèles du commerce.

Fil. On donne, en serrurerie, le nom de fil au métal étiré à la filière; on connaît, le fil de fer, le fil de zinc, le fil de laiton, etc.

Le fil de fer est employé pour faire des clous, des vis, des pitons, des cordons de sonnettes, des treillages (dans ce cas il est souvent galvanisé). Pour le rendre plus doux et plus flexible on le recuit.

Filet. Nom donné à l'assemblage de deux fer ⊥ servant de linteau (voir *Charpente en fer*). C'est aussi un ornement en forme de congé fait sur l'épaisseur d'un boulon. *Filet de vis*, partie saillante à section carrée ou triangulaire tournant en hélice autour d'un cylindre et formant une vis.

Fileté. On dit qu'une tige de fer, qu'une vis ou qu'un boulon sont filetés lorsque leur extrémité comporte un filet en hélice.

Filière. On donne le nom de *filière* à des bandes de fer plat ou mieux d'acier servant à étirer un métal et dans lesquelles on perce des trous coniques disposés en échiquier et échelonnés par diamètres, de manière que le dernier soit égal au fil qu'on désire obtenir.

Fléau. On désigne ainsi une barre de fer à section rectangulaire mobile autour d'un bouton et servant à fermer les portes charretières, les volets de persiennes, les portes de remise, de grange, etc.; nous en donnons un exemple (*fig. 94*).

Flexion. On désigne sous le nom de flexion plane la résistance qu'un solide de forme prismatique oppose à un effort qui tend à le fléchir sans le tordre. On dit qu'une barre résiste à la flexion quand

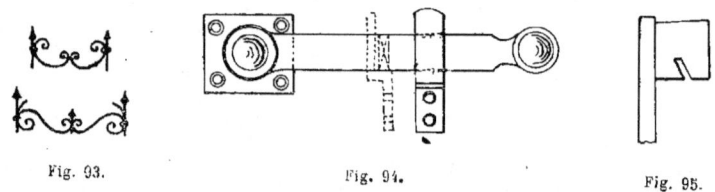

Fig. 93.　　　Fig. 94.　　　Fig. 95.

elle peut supporter un certain poids sans fléchir.

Foliot. Le foliot, que beaucoup de serruriers nomment *fourpan*, est une pièce de fer ou de cuivre ayant la forme d'une bascule à deux branches faisant mouvoir le pêne demi-tour d'une serrure à l'aide de la tige carrée d'un bouton double passant au travers.

Foncet. Nom donné à la pièce de fer qui forme la couverture d'une serrure; on le fixe au palastre au moyen de pattes ou de tenons. Le foncet est percé pour l'entrée de la clef et porte le canon, s'il y a lieu.

Fond (de cuve). Nom donné par les serruriers à une forme spéciale de *rouet* servant de garniture à une serrure. Ainsi, un rouet est à fond de cuve, quand il est incliné vers la tige; c'est le fond de cuve en dedans; s'il est incliné vers le museau, il est rouet à fond de cuve, en dehors.

La figure 95 représente l'entaille d'un fond de cuve en dedans. Se dit en architecture d'un angle rentrant et arrondi.

Fonderie. Établissement où l'on coule les pièces de fonte ou de bronze, employées en construction. Nous avons, dans la première partie du *Cours de construction*, parlé longuement des fonderies pour fonte de fer.

Fonte. On désigne ainsi un carbure de fer moins malléable et plus cassant que le fer, ne pouvant se forger ni à chaud ni à froid, et ne se soudant pas. On emploie ce métal fondu et coulé dans des moules représentant l'objet qu'on désire reproduire (voir tous les détails donnés sur ce métal dans la première partie du *Cours de construction*).

Force. La résistance d'une pièce de fer à l'écrasement se nomme *force portante*; la résistance de cette pièce à l'extension se nomme *force tirante*; enfin, la résistance de cette pièce au cisaillement se nomme *force transversale*.

Forée. Nom donné à une clef dont la tige est creusée pour recevoir une broche. On dit : *clef forée*.

Forer. C'est percer une pièce métallique avec un outil ou une machine spéciale connue sous le nom de machine à forer ou à percer.

Forerie. Nom qu'on donne quelquefois aux machines à percer employées par les serruriers.

Foret. Outil d'acier taillant par un bout et trempé dur servant à percer les métaux. On désigne aussi sous le nom de *foret* la mèche d'acier qui s'emmanche dans le fût d'un vilebrequin.

Forfait. On désigne ainsi un travail de serrurerie ou de quincaillerie fait à prix convenu. On dit : ce travail sera exécuté à forfait ; marché à forfait, etc...

Forge. Nom donné à l'atelier ou à la partie d'un atelier dans laquelle on forge le fer chauffé au rouge au moyen du marteau. On désigne aussi sous ce nom le fourneau de forme spéciale établi pour ce travail.

Forgeage. Opération qui consiste à forger une pièce, c'est-à-dire à façonner à chaud sur l'enclume avec le marteau. Celui qui dirige le forgeage est le maître ou il en fait l'office ; il tient la pièce de la main gauche. Si elle est trop petite, il la soude au bout d'un ringard ou il la prend avec une tenaille. Il la pose alors sur l'enclume pour la frapper de la main droite avec un marteau à main.

Forger. C'est travailler les métaux à la forge en les exposant à l'action du feu et en les frappant du marteau. Il existe des pièces de fer forgé qui sont considérées comme des chefs-d'œuvre d'art décoratif. Forger à froid, c'est forger sans le secours du feu.

Forure. Opération qui consiste à forer une clef c'est-à-dire à percer un trou cylindrique dans la tige pour recevoir la broche de la serrure. Dans certains cas elle est forée à jour quand la forure traverse la clef dans toute sa longueur. Lorsqu'une clef doit être forée on s'occupe du forage avant de faire le limage.

Il y a aussi des doubles forures ; pour la double forure tout peut consister à faire entrer une douille cylindrique dans la première forure, de telle sorte qu'il y ait tout autour de cette douille un vide parfaitement égal.

On désigne aussi sous le nom de forure un trou percé dans une pièce de métal.

Foulée (ligne de). C'est la ligne formée par les girons successifs d'un escalier. Cette ligne est tracée sur la projection horizontale d'un escalier parallèlement à la projection de la rampe et à une distance de 0^m,50. C'est sur cette ligne qu'on porte en plan, la largeur des marches.

Fourchette. Nom qu'on donne quelquefois à l'étrier servant, dans les combles en fer, à relier le pied de l'arbalétrier à l'extrémité d'un tirant. On dit : *assemblage à fourchette*.

Fourchu. Nom donné à un pêne à deux têtes employé dans les serrures de sûreté. On dit : *pêne fourchu*.

Fourgon. Espèce de *ringard* servant à attiser les feux de forge.

Fournitures. Nom donné aux différentes pièces ou objets nécessaires aux travaux de construction ; on dit : matériaux fournis, fers fournis par le propriétaire, etc... Dans ce cas, l'entrepreneur est payé du prix de façon, plus le bénéfice auquel il a droit.

Fourreau. Tube cylindrique en fer, en tôle, en fer blanc ou en cuivre dans lequel on ajuste une bascule de sonnette par exemple ; il y a aussi des fourreaux en fonte.

Fourrure. Nom donné à des *cales* en fer employées pour mettre de niveau une solive ; ce sont aussi des languettes de métal servant à racheter des différences de hauteur dans les ajustements.

Foyer. On donne, dans une forge, le nom de foyer à la partie dans laquelle est percé le trou de passage de la tuyère.

Fraise. Outil ayant une forme conique striée et servant à évaser un trou pour permettre d'y faire entrer une vis dont la tête affleure le métal. On dit alors vis à tête fraisée.

On distingue les *fraises à chaud*, les *fraises taillées*, les *fraises longues*, etc...

Frette. Bandes de fer plat de forme circulaire, carrée ou polygonale servant soit à armer la tête des pilotis, soit à réunir deux pièces métalliques.

Frise. Ornement le plus souvent en fonte qui se trouve entre deux traverses d'une grille, d'un balcon, d'une rampe d'appui etc...

Frisons. Nom donné à des rainures de tôle.

Fronton. Nom donné aux motifs décoratifs en fer forgé ou en fonte surmontant une grille.

Frottement. Résistance éprouvée par deux corps frottant l'un sur l'autre ; ce frottement est proportionnel à la pression normale, indépendant de l'étendue des surfaces en contact, indépendant de la vitesse ; il diminue avec la régularité des sur-

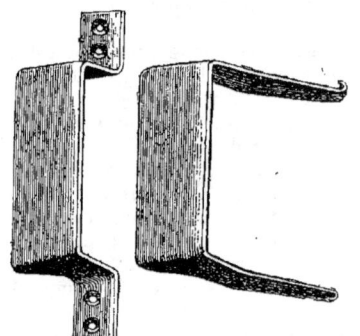

Fig. 96 et 97.

faces et, par suite, de l'interposition de matières isolantes.

Les différents coefficients de frottement qui occupent le serrurier sont :

Fer sur bois de chêne dans le sens des fibres, mouillées d'eau.	0,26
Fer sur chêne dans le sens des fibres, savonnées à sec.	0,21
Fonte sur chêne dans le sens des fibres, sans enduit.	0,49
Fonte sur chêne dans le sens des fibres, mouillées d'eau.	0,22
Fonte sur chêne dans le sens des fibres, savonnées à sec.	0,19
Fer sur fonte et sur bronze, sans enduit.	0,18
Fonte sur fonte et sur bronze, sans enduit.	0,15
Bronze sur bronze, sans enduit.	0,20
Bronze sur fonte.	0,22
Bronze sur fer.	0,16

Fusion (température de). Nous ne donnerons cette température que pour les métaux pouvant être utilisés par le serrurier.

Étain	230 degrés
Plomb	334 »
Zinc	360 »
Bronze	900 »
Fonte blanche	1050 à 1100 »
Fonte grise	1100 à 1200 »
Fonte manganésée	1250 »
Aciers	1300 à 1400 »
Fer doux français	1500 »
Fer martelé anglais	1600 »

Fût. On désigne ainsi la partie d'une colonne comprise entre la base et le chapiteau.

Gâche. On donne le nom de gâche à une pièce de fer fixée le plus souvent sur le bâti

 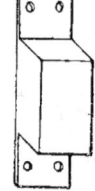

Fig. 98.   Fig. 99.

ou au chambranle d'une porte et recevant, dans un trou nommé *empénage*, le pêne d'un verrou, d'une targette, d'une serrure, etc.., pour maintenir la porte fermée. Cette pièce est plus ou moins compliquée selon le degré de force et de sûreté qu'on désire lui donner. On en connaît plusieurs types que nous ne ferons qu'énumérer pour les étudier plus loin.

La *gâche ordinaire*, d'épaisseur ou à pattes (*fig.* 96);

La *gâche à pointe* (*fig.* 97);

La *gâche encloisonnée* (*fig.* 98);

La *gâche de répétition* (*fig.* 99); la *gâche à scellement*, la *gâche à mentonnet*, la *gâche coulante*, la *gâche à soupape*, etc...

Certaines pièces (*fig.* 100) recevant les

crochets des espagnolettes ou des crémones se nomment aussi gâches.

On donne également, mais improprement, le nom de gâche à des pièces de fer destinées à retenir un corps contre un autre, tuyaux de descente, boîtes de lanterne, etc...

La partie de la gâche recevant le demi-tour est garnie d'un biseau qui reçoit celui du pêne, le fait glisser facilement ; c'est ce qu'on nomme *sautillon*.

Gâchette. Nom donné à une petite pièce de fer fixée au palastre d'une serrure sous le pêne, composée de deux pièces : un ressort rivé sur le palastre, à l'une de ses extrémités, par un petit tenon et de la gâchette proprement dite. La gâchette sert d'arrêt au pêne à chaque tour de clef.

Galbe. Se dit d'une ligne, d'un contour, d'un profil, d'un édifice, d'une figure, d'un chapiteau, d'un balustre, d'un vase, d'une console, du fût d'une colonne, etc...

Une colonne est dite *galbée* quand la génératrice du fût au lieu d'être rectiligne présente une ligne convexe à l'extérieur.

Galbé. Se dit d'une colonne dont le fût est renflé à la partie médiane.

Galerie. Ornement courant en métal découpé placé au-dessus d'un chéneau, d'une marquise, d'un auvent, etc...

On désigne aussi sous le nom de galerie les balcons en encorbellement placés au pourtour d'une salle de théâtre. Les galeries sont aussi des passages couverts servant à faire communiquer deux rues en traversant des bâtiments. On dit aussi *promenoir*.

Galet. On donne le nom de galet à des roulettes en fer, en fonte ou en cuivre avec ou sans gorge, employées pour les portes roulantes.

Galvanisation. Galvaniser le fer c'est le recouvrir d'une couche de zinc pour le préserver de l'oxydation. On commence par *décaper* le fer dans un acide ; on le sèche, puis on le trempe dans le métal en fusion d'où il est retiré zingué. La galvanisation rend de très grands services pour les travaux en fer exposés à l'air et à l'eau.

Galvanoplastie. Procédé qui consiste à reproduire des objets en relief par des moulages en creux sur lesquels on dépose une couche de métal, au moyen d'un courant électrique, de manière à obtenir un relief dont l'épaisseur et la solidité sont proportionnelles au temps pendant lequel l'objet a été plongé dans le bain (bain galvanique). On emploie aussi les procédés galvano-plastiques pour superposer intimement deux métaux l'un sur l'autre.

On dit aussi par abréviation un *galvano* pour désigner une reproduction par la galvanoplastie.

Garantie. Les architectes et les entrepreneurs restent pendant un certain nombre d'années (ordinairement dix ans) garants et responsables envers les propriétaires des travaux qu'ils exécutent pour leur compte.

Garçon. On donne souvent le nom de garçon à l'aide d'un ouvrier compagnon.

Garde-corps. On dit aussi *garde-fou*. Nom donné aux balustrades à hauteur

Fig. 100.

d'appui placées sur les ponts, le long d'un fossé, d'un quai, d'un palier d'escalier, d'une terrasse, d'une lucarne, etc.... pour empêcher de tomber. Nous étudierons en détails les différents types.

Gardes. Les *gardes* ou les *garnitures* d'une serrure sont des pièces placées dans son intérieur pour s'opposer au mouvement de toute autre clef que celle dont le panneton est fendu pour laisser passer les gardes ; on leur donne divers noms tels que : *pertuis, planches, râteaux, rouets*, etc... ; la première de ces garnitures se nomme *bouterolle*, c'est une cloison circulaire passée sur le palastre à l'endroit où porte l'extrémité des pannetons, près de la tige.

Gargouille. Tuyaux de fonte (*fig.* 101) encastrés dans un trottoir, striés à leur partie supérieure et percés d'une fente servant à les nettoyer. Nous en verrons les différents types dans les fontes du commerce.

Garnitures. Les garnitures de serrure sont, comme nous venons de le dire, les râteaux, les rouets, les rouets croisés, les bouterolles, les planches, etc...

Genouillère. Nom donné à une pièce brisée s'ajustant dans les foliots de serrure et faisant ouvrir simultanément une double porte.

Géométral. Se dit d'un plan, d'un dessin fait à la règle, à l'équerre et au compas par projection orthogonale et représentant un objet en plan, coupe ou élévation à une échelle choisie.

Giron. On nomme *giron*, dans un escalier droit, la largeur de chaque marche prise au milieu de sa longueur. Dans les escaliers balancés, ou à marches dansantes, ayant plus de 1 mètre d'emmarchement la largeur du giron est, comme nous le savons, prise parallèlement à la projection horizontale de la rampe à 0^m,50 de distance de celle-ci. On dit : *giron droit, giron triangulaire.*

Girouette. Nom donné à une feuille de métal découpé placée au sommet d'une toiture, autour d'une tige verticale, mobile et indiquant la direction du vent. Certaines girouettes dominent une rose des vents. Au moyen âge, les girouettes carrées étaient réservées aux châteaux des chevaliers bannerets ; les simples chevaliers n'avaient droit qu'à une girouette en pointe. On donne souvent à ces girouettes des formes très gracieuses.

Girouetté. Surmonté d'une girouette, qui porte une girouette ; on dit : un pavillon girouetté.

Glissière. Nom donné à des plaques de fonte servant de coussinets aux tabliers métalliques d'un pont.

Gloriettes. Petites constructions en fer léger nommées aussi *tonnelles* qu'on établit dans les jardins et après lesquelles on fait monter des plantes grimpantes.

Gobelet. Nom donné à une espèce de lanterne métallique placée au faîtage d'un comble conique ou pyramidal et recevant les assemblages de tous les chevrons et fermettes formant le comble.

Gond. Le gond est une ferrure qui suspend une porte et sur laquelle elle pivote sur un mamelon qui entre dans une *penture*; on distingue le *gond à scellement*, I (*fig.* 102) ; le *gond à pointe*, II (*fig.* 102); le *gond à pattes* ; III (*fig.* 102) ; le *gond à écrou*; le *gond à repos* ; le *gond à vis* ; les *paumelles à gond* etc...

Le gond I se scelle ordinairement dans les murs; le gond II s'enfonce à coups de masse ; le gond III se visse sur les huisseries en bois ; les gonds ne s'appliquent qu'aux fortes portes, les autres se ferrent avec des *fiches*.

Gorge. Nom donné à une pièce de serrure présentant deux branches courbes et adaptée sur le grand ressort. Le museau du panneton de la clef soulève la gorge tout en accrochant les barbes du pêne.

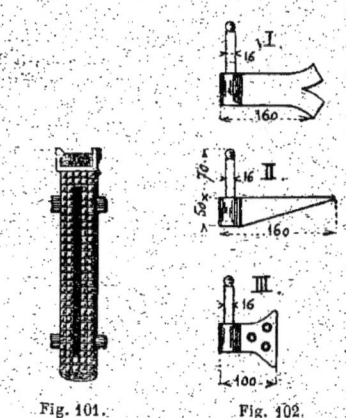

Fig. 101.   Fig. 102.

Goujon. Cheville en fer servant à relier deux pièces superposées.

Goulues. Nom donné aux tenailles employées par les serruriers pour fabriquer de petits globes ou boutons pour l'ornementation de différentes pièces de serrurerie.

Goupille. Petite broche en fer employée dans les assemblages de serrurerie ; elles servent aussi à fixer les boutons de porte sur leur tige.

Goussets. On donne le nom de *goussets* à des plaques de tôle servant à assembler des pièces d'angle ou autres. Les goussets en tôle sont très employés dans la construction des poutres métalliques.

Gradins. Marches, degrés s'élevant graduellement les uns au-dessus des autres. Se dit aussi en général de constructions, d'étages, de galeries, d'édifices placés en retrait les uns au-dessus des autres.

Dans les serres, les gradins sont destinés à porter les petits pots contenant les boutures; ils ont 0^m,15 de hauteur et 0^m,15 de largeur et sont en nombre variable avec l'importance de la serre.

Grain. Nom donné au fer dont la texture est grenue, on dit: fer à grains; le fer à grains est inférieur au fer à nerfs ou à lamelles. On donne aussi le nom de *grains* aux menus débris de ferrailles servant à garnir les trous des scellements qu'on fait au plomb.

Grain-d'orge. Ciseau que les ouvriers serruriers emploient pour faire des trous dans la pierre; il est en acier à tige carrée et à pointe courte.

Graisse. Nom donné à une partie de cuivre rapportée dans une pièce de fer au point où elle porte un tourillon; on adoucit ainsi le frottement.

Gratte-pieds. Nom qu'on donne souvent aux *décrottoirs* en fonte ou en fer.

Grecque. Motif d'ornementation formé de lignes brisées à angle droit, et décrivant des portions de carrés ou de rectangles non fermés, reliés entre eux par des portions de lignes droites. La grecque également découpée est assez décorative, les combinaisons en sont très variées; elle se prête à toutes les dimensions et peut être garnie de rosaces. On s'en sert comme motif d'ornementation de *chéneau*.

Grelot. Se dit d'une petite sphère en cuivre munie d'une fente, et renfermant une petite balle de fer servant à faire résonner le métal de cette sphère quand on l'agite. On le nomme aussi *grillet* ou *grillot*. Les grelots sont employés dans les sonneries électriques comme variante des *clochettes* et du *timbre* ordinaire.

Grenaille. Nom donné à de petits fragments ou débris de fer. On dit *grenaille de fer*.

Grenouille. En serrurerie on dit qu'une pièce est en *cuisse de grenouille* lorsqu'elle affecte la forme des membres inférieurs de cet animal.

Griffe. Tige plus ou moins longue à la tête de laquelle sont deux forts tenons très saillants et carrés qui servent à cintrer, couder et chantourner le fer on désigne aussi sous ce nom la petite fourchette à pointe, à patte, ou à scellement qui sert à maintenir ou à retenir la corde des châssis à tabatière.

Grillage. On donne ce nom à un *treillis* de fil de fer, de cuivre ou de laiton à mailles plus ou moins grandes disposées en losange ou en carré et formant une clôture ajourée.

Grillageur. Nom donné à l'ouvrier serrurier spécialement chargé de la construction des grillages en fer.

Grille. Clôture à jour formée de barreaux de fer plus ou moins richement ornementés de pièces en fer, en fonte ou en cuivre. Dès le xiie siècle on fabriquait des grilles en fer très ornées dont les motifs principaux d'ornementation consistaient surtout en rinceaux dont les brindilles étaient soudées à des embases et maintenues contre les montants par des embrasses contournées à chaud.

Aujourd'hui les grilles sont souvent surmontées de couronnements d'une grande richesse.

Grisé. Mot qui, en serrurerie, désigne un ouvrage limé en gros sans être passé sur la meule; les targettes, les platines, les verrous, etc., sont des pièces grisées.

Gros fers. On désigne ainsi, en serrurerie, les fers se payant au kilogramme et qui n'ont été travaillés qu'à la forge. Ils comprennent: les linteaux, les tirants, ancres, chevêtres, bandes de trémie, chaînes, harpons, queues de carpes, plates-bandes, ceintures, étriers, chapeaux, mantaux, semelles, coins, cales, etc.; en un mot, les fers à charpente et à plâtre.

Gros-œuvre. Le gros-œuvre est l'ensemble des murs principaux d'une construction, sur lesquels reposent les planchers en fers.

Gros-pêne. Nom donné au pêne dormant d'une serrure de sûreté.

Grosse. Ce mot désigne douze douzaines d'un objet de serrurerie ou de quincaillerie; on dit: une grosse de clous, de vis, de pitons, etc.

Grue. Appareil de levage disposé dans

un atelier pour soulever et déplacer les pièces lourdes.

Guichet. Se dit d'une porte de petite dimension placée non loin ou dans une porte plus grande. Les grandes portes ou grilles ont parfois des guichets pratiqués dans leur propre ouverture. Le guichet a ordinairement de 0ᵐ,90 à 1 mètre de largeur et 2ᵐ,20 à 2ᵐ,30 de hauteur.

Guide-lime. On dit aussi *pradel*. Appareil servant aux apprentis serruriers pour limer droit, c'est-à-dire à tailler à la lime une surface plane dans un morceau de métal placé dans l'étau.

Guillotine. Nom donné à un type de fenêtre à coulisse manœuvrant de bas en haut et arrêtée à l'aide d'un taquet en bois.

Guirlande. Ornement d'architecture comprenant des feuilles, des fleurs, des fruits et des petites branches liées par un cordon.

Habillure. Sorte de joint fait en flûte. Terme d'ouvrier treillageur.

Hachard. Ciseau servant à couper le fer et employé par les ouvriers forgerons.

Hache. L'ouvrier se sert souvent d'une petite hache pour les besoins de la pose de ses ferrures.

Hachures. Lignes parallèles placées obliquement et faisant le plus souvent un angle de 45 degrés avec la verticale et servant, dans un plan, à indiquer les parties coupées lorsque ce plan n'est pas teinté.

Hall. Nom donné à une salle de grande dimension éclairée ordinairement par un plafond vitré et servant de salle d'attente ou de salle de pas perdus dans les établissements publics ou privés. La charpente de ces grandes salles est presque toujours métallique.

Halle. Nom donné à un grand hangar fermé ou non, presque toujours, couvert par une charpente métallique et destiné à servir de marché.

Les halles centrales de Paris sont le véritable type de ce genre de construction.

Hameçon. On désigne quelquefois ainsi l'archet servant au serrurier.

Hangars. Constructions légères, généralement ouvertes, mais pouvant être garnies au pourtour de clôtures mobiles et servant d'abri, de dépôt, etc...

Ils sont à deux pentes ou en appentis et se font en bois ou en fer. Lorsqu'ils sont construits en fer ils sont légers et exécutés avec des fers cornières ou des fers T. On peut aussi employer, pour les construire, les fers I.

Happe. Espèce de crampon en fer reliant deux pierres ou deux pièces de charpente juxtaposées.

Harpons. On nomme *harpons* (*fig.* 103) des barres de fer plat coudées, chantournées, terminées par un talon ou par un scellement et servant à consolider ou à relier solidement l'un à l'autre deux murs ou deux pièces de charpente.

Haubans. On désigne ainsi les tringles en fer employées pour retenir les marquises et les petits appentis.

Haster. C'est couder légèrement un fer; c'est aussi garnir de lances les extrémités des barreaux d'une grille.

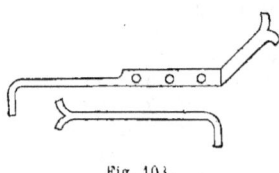

Fig. 103.

Hâtée. Nom donné à une barre de fer coudée et contre-coudée d'équerre.

Hature. On désigne sous le nom d'*hature* le morceau de fer qui, présentant une saillie en forme d'équerre, aboutit à un verrou ou à la tête d'un pêne. C'est aussi le crochet en fer dont se servent les serruriers pour forcer les serrures.

Hausse. Nom donné à un tablier métallique employé dans les barrages.

Hauteur. Dimension d'un objet mesurée suivant une ligne verticale. On désigne, sous le nom de *hauteur d'appui*, la hauteur ordinaire des balustrades et des appuis de fenêtre dont le maximum est de 1 mètre. En serrurerie, ce mot est employé pour dire qu'une clef est faite d'une ou de deux hauteurs ; qu'une gâche encloisonnée est d'une hauteur ou d'une hauteur et demie.

Haut-Fourneau. Appareil métallurgique servant à produire la fonte. (Voir dans la première partie du *Cours de Construction* les détails complets).

Have. On dit aussi *hayve*. C'est une petite éminence, filet ou relief, exécuté dans le panneton des clefs à bouton des serrures bénardes, et dont le but est d'empêcher la clef de traverser la seconde entrée de la serrure.

Hèlement. Désigne le mot d'appel employé par les compagnons pour correspondre avec leurs garçons ou aides.

Hélice. C'est la courbe que décrit, à la surface d'un cylindre, un point s'élevant en tournant autour de ce cylindre. Les escaliers placés à l'intérieur des cages circulaires et présentant à leur centre un espace vide et cylindrique sont une application de l'hélice. On dit : escaliers en hélice, limaçon ou escargot, pieux à vis ou en hélice, etc.

Hélicoïde. En forme d'hélice.

Hémisphère. Moitié d'une sphère. Les coupoles à ossature métallique offrent souvent l'aspect d'un hémisphère au sommet duquel est parfois pratiquée une ouverture circulaire.

Hérisson. Nom donné à des défenses ou obstacles qu'on désigne aussi sous le nom de *chardons*, *artichauts*, etc.

Herse. Nom donné aux grilles de fer placées dans des rainures verticales et servant à fermer l'entrée des châteaux forts du moyen âge.

Chez les Romains, les herses suspendues à des chaînes et qu'on laissait tomber pour fermer le chemin aux ennemis portaient le nom de *cataracta*.

Heurtoir. On désigne sous ce nom les marteaux de portes destinés à indiquer aux gens de l'intérieur qu'un visiteur désire pénétrer.

Ils sont aujourd'hui employés comme décoration et sont remplacés par les sonnettes, les timbres et les sonneries électriques.

Certains heurtoirs du moyen âge et de la renaissance sont de véritables merveilles de composition et d'exécution. Ils étaient en bronze, en cuivre, en fer, souvent motivés par des figures chimères ou têtes de lion mordant un anneau, quelquefois des têtes et même des figurines entières.

On donne aussi le nom de heurtoir au goujon métallique servant à arrêter la course d'une partie ouvrante. C'est dans ce cas un *arrêt* ou *butoir* placé ordinairement dans le seuil des portes cochères par exemple.

Hexagone. Polygone à six côtés.

Hippodrome. Nom donné à un cirque de grande dimension et de forme oblongue terminé aux deux extrémités par des hemicycles et disposé pour les exercices équestres. Nous avons donné *fig.* 1458 et suivantes de la *Charpente en fer* les détails de l'hippodrome de Paris qui peut être considéré comme un type de ce genre de construction.

Hironde. Assemblage de forme spéciale en queue d'hirondelle ; on dit aussi *aronde*.

Hotte. Manteau de cheminée apparent et de forme pyramidale dont le serrurier doit fournir les ferrements servant à la consolider.

Houille. Combustible dont se servent les forgerons.

La houille grasse dite *maréchale* est la plus propre à la forge, notamment pour la soudure du fer ; elle donne un coke très boursouflé, se coagule avec facilité et permet à l'ouvrier de bien envelopper son fer et de former voûte au dessus de manière à le protéger contre l'oxydation.

La houille maigre ou flambante est celle qui réchauffe le plus vite et le plus facilement le fer ; mais elle est réservée pour d'autres usages.

La houille sèche n'est d'aucun usage pour le serrurier.

Hourdis. Nom donné au remplissage fait par les maçons entre les solives en fer d'un plancher ; le serrurier fournit les entretoises et fers divers à placer dans ces hourdis.

Hypoténuse. Côté d'un triangle rectangle opposé à l'angle droit.

Impériale. Se dit d'un comble en forme de dôme dont le profil représente un talon renversé. Les courbes de ce comble se réunissent de façon à former un angle assez aigu et l'ensemble rappelle la couronne d'empereur. On dit : *comble en impériale*.

Imposte. Nom donné, en serrurerie, aux

panneaux en fonte ou en fer forgé placés à la partie haute des portes pleines servant de clôture et aussi à garantir une partie vitrée destinée à éclairer un vestibule, un corridor, etc...

Inclinaison. Pentes diverses données aux appentis et aux combles à deux égouts pour faciliter l'écoulement des eaux pluviales. Les toitures les plus inclinées sont les meilleures au point de vue de l'étanchéité.

Ingénieur. Nom donné aujourd'hui à celui qui conduit et dirige de grands travaux où il trouve l'application des connaissances spéciales exigées pour l'obtention de son diplôme.

Inoxydable. On désigne sous le nom de métaux inoxydables ceux qui ne sont pas sujets à l'oxydation au contact de l'air et de l'humidité. Le zinc et l'étain, par exemple sont employés pour recouvrir le fer qui est un métal très oxydable.

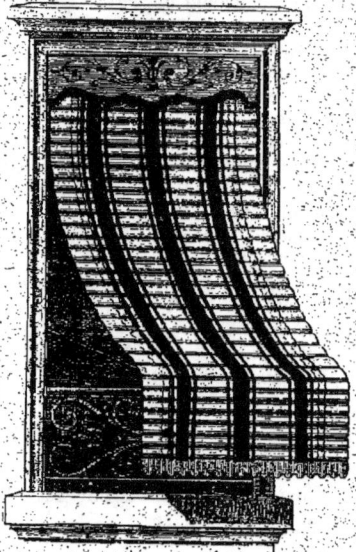 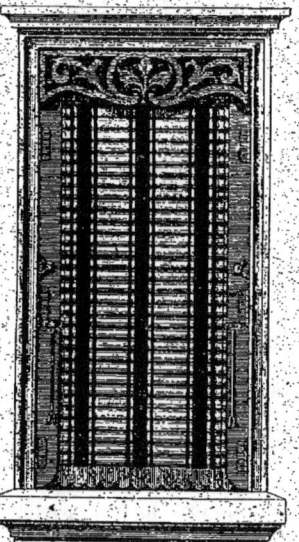

Jalousie Relevée à l'Italienne — Jalousie formant fermeture hermétique

Fig. 107

Inspecteur. Dans les travaux importants les architectes prennent, pour les seconder, des *inspecteurs* chargés de veiller à la construction des édifices, à vérifier la qualité et la quantité des matériaux employés, à faire exécuter bien exactement les plans dressés par l'architecte, etc...

Ionique. Se dit d'un ordre antique dont le chapiteau est orné de volutes.

Isocèle. Nom donné à un triangle lorsqu'il a deux de ses côtés égaux entre eux.

Isolateur. Crochets employés pour fixer aux murs les fils des sonneries électriques.

Isolé. On dit d'une colonne qu'elle est isolée pour indiquer qu'elle se détache d'un ensemble et est placée à un plan différent de cet ensemble.

Jalousie. Nom donné à un volet ajouré formé d'une série de lames de bois ou de tôle reliées entre elles et ayant une grande mobilité.

Ces jalousies se placent dans les baies de croisées et, lorsqu'elles sont relevées, elles sont cachées par une planchette en bois découpé nommée *pavillon*.

Nous donnons (*fig.* 104) deux types de jalousies ou stores en fer (système A. Vion) formés de lames mobiles aussi légères à manœuvrer qu'un store en coutil.

Au moyen d'une armature en fer se manœuvrant de l'intérieur on peut assujettir toutes les lames qui forment alors un véritable rideau en tôle.

Lorsque ces jalousies sont placées devant des baies d'un accès difficile un mécanisme spécial permet de les manœuvrer de l'intérieur.

On donne le nom de *jalousie-store* à celle qui a des bras de store servant à l'éloigner des tableaux de la baie.

Jambe. Pièce de fer renforçant une pièce de charpente en diminuant la portée.

Jambette. Petite pièce de charpente renforçant un arbalétrier, un faîtage, soutenant la portée, augmentant la résistance d'une poutre.

Les jambettes sont en réalité de petites jambes de force.

Jardin d'hiver. C'est ou une annexe à une habitation ou une construction isolée. C'est dans les deux cas, une serre de luxe plus ou moins ornée servant à abriter les plantes rares et d'agrément et à faire un véritable salon vitré.

Jauge. On donne, en serrurerie, le nom de *jauge* à un disque d'acier sur la circonférence duquel on a fait des entailles rectangulaires marquées chacune d'un numéro servant à évaluer le diamètre des fils de fer du commerce. La *jauge de Paris* contient trente numéros correspondant à des fils dont le diamètre va en croissant.

Nous donnons ci-après le tableau des grosseurs des fils de fer du commerce (Roret, serrurerie) avec le poids, numéros à la jauge et diamètres.

TABLEAU DES FILS DE FER DU COMMERCE

NUMÉROS des fils	DIAMÈTRES en millimètres	POIDS de 100 mètres de longueur	LONGUEUR d'un kilog. pesant	NUMÉROS des fils	DIAMÈTRES en millimètres	POIDS de 100 mètres de longueur	LONGUEUR d'un kilog. pesant
		kil.	m.			kil.	m.
30	14.00	115.500	0.64	8	1.17	0.819	122
29	12.50	92.072	1.08	7	1.09	0.700	143
28	11.00	71.303	1.40	6	1.02	0.612	163
27	9.65	54.706	1.80	5	0.95	0.533	187
26	8.55	42.763	2.30	4	0.88	0.468	213
25	7.70	34.915	2.80	3	0.81	0.386	259
24	7.00	28.875	3.40	2	0.74	0.332	301
23	6.35	23.838	4.20	1	0.68	0.272	364
22	5.70	19.611	5.10	Passe-perle	0.62	0.226	442
21	5.10	15.321	6.50	0	0.56	0.187	533
20	4.50	11.877	8.40	1	0.51	0.152	658
19	3.90	8.580	11.60	2	0.46	0.128	785
18	3.40	6.4.9	15.60	3	0.415	0.105	952
17	2.90	4.950	20.20	4	0.37	0.086	1 102
16	2.50	2.667	27.50	5	0.33	0.068	1 470
15	2.20	2.852	35.00	6	0.29	0 053	1 887
14	1.98	2.381	42.00	7	0.25	0.043	2 326
13	1.80	1.905	52.40	8	0.22	0.031	2 941
12	1.64	1.596	62.70	9	0 20	0.027	3 704
11	1.56	1.324	75.50	10	0.185	0.020	5 000
10	1.38	1..69	85.50	11	0.17	0.015	6 666
9	1.27	0.949	105.40	12	0.16	0.010	10 000

Jet d'eau. On nomme ainsi la traverse inférieure du châssis mobile d'une fenêtre ; cette pièce vient battre sur l'appui qui lui-même est pourvu d'un jet d'eau.

La pièce d'appui des portes et des fenêtres se fait souvent aujourd'hui en fonte douce et d'une seule pièce, système Guipet, comme nous le montrent les deux croquis (*fig.* 105 et 106). Ces deux croquis donnent la coupe de l'appui d'une croisée en I et du seuil d'une porte en II ; par les deux conduits qui les traversent et qui partent du canal intérieur, l'eau et la buée sont ramenées extérieurement sur la courbe qui, par sa forme même, est un obstacle insurmontable à l'eau de pluie. Aux deux extrémités sont ménagées deux entailles pour recevoir le bâti ou dormant de la fenêtre. Chaque appui a sept centimètres en plus de chaque côté pour le bâti et le scellement dans les tableaux de la baie.

Jouer. C'est avoir du jeu, c'est-à-dire se mouvoir facilement. On dit en serrurerie qu'une serrure ne joue pas ou joue mal.

Jour. Se dit, pour un escalier, du vide

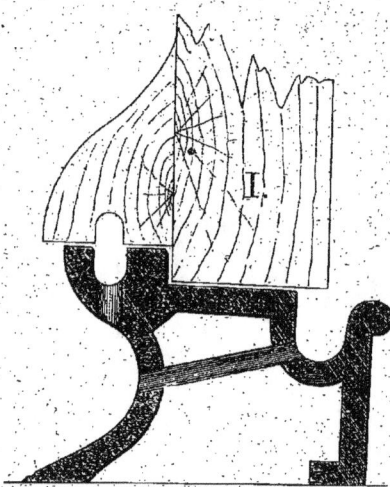

Fig. 105.

qui existe entre les limons. On dit : *jour d'escalier.*

Journée. Désigne le nombre d'heures de travail d'un ouvrier. En serrurerie la durée du travail effectif de la journée habituelle, soit en été, soit en hiver, est de dix heures.

Les heures supplémentaires sont payées le même prix que les heures de jour.

Les heures de nuit, de huit heures du soir à six heures du matin, sont payées le double des heures de jour.

Judas. Ouvertures pratiquées dans les panneaux de tôle des portes pleines. Ces ouvertures ont, le plus souvent, 0,20 × 0,12 et sont garanties par un grillage en fer forgé. Leur but est de permettre à la personne qui vient ouvrir de se rendre compte à qui elle va ouvrir.

Jumelles. Se dit, en serrurerie, de deux pièces de fer semblables placées l'une à côté de l'autre et réunies ou non par le même lien. On dit : deux poutres jumelles ; on dit aussi les deux jumelles d'un étau, etc...

Kiosque. Mot d'origine turque. On désigne ordinairement sous le nom de kiosque de petites constructions généralement ouvertes et composées d'une toiture pyramidale ou conique reposant sur quatre, six, huit ou douze colonnettes, ou colon-

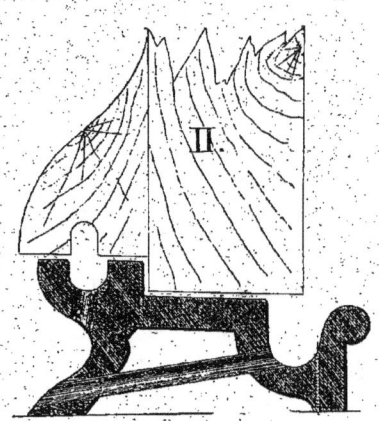

Fig. 106.

nes. On distingue : les kiosques points de vue, les kiosques à journaux, les kiosques de parcs, les kiosques à musique, etc...

Lacet. On donne le nom de *lacet* à un collier à écrou destiné à soutenir et dans lequel tourne la tige d'une espagnolette. Le lacet se forge à part. On désigne aussi sous le nom de lacet la petite broche qui relie les deux parties d'une charnière ; c'est aussi un piton à double branche sur lequel on monte une poignée, un anneau, une boucle, un moraillon, etc..., il peut être à pointe, à scellement ou à vis.

Laiton. Cuivre jaune formé d'un alliage

très ductile de cuivre et de zinc auquel on ajoute parfois un peu d'étain ou de plomb. Sa composition ordinaire est de 70 parties de cuivre pour 30 de zinc. Le laiton est utilisé dans le bâtiment pour faire certaines pièces de serrurerie mais son emploi principal est la robineterie.

Lambourdes. Les lambourdes employées dans le bâtiment sont presque toujours en bois, on a cependant essayé de se servir de lambourdes métalliques pour arriver à supprimer les scellements au plâtre et rendre les planchers plus légers.

Lambrequins. On donne le nom de *lambrequins* à des ornements métalliques, pendants et continus, qu'on place verticalement sous un chéneau ou comme couronnement d'une marquise, d'un pavillon, d'un appentis, etc...

Les lambrequins se font ordinairement en zinc estampé, en tôle découpée, en fer ou en fonte malléable; on en fait aussi, mais plus rarement, en verre ordinaire, dépoli ou de différentes couleurs et en cuivre rouge comme lambrequin de cheminée.

Lame. On désigne ainsi la partie d'une fiche qui entre dans une mortaise pratiquée dans le bois et qui y est fixée par des pointes. Les lames de persienne sont de petites tringles de bois ou de fer plat un peu inclinées pour se recouvrir l'une l'autre et placées entre les montants des persiennes. On fait aussi des persiennes à lames mobiles; le but de cette mobilité est de donner aux lames plus ou moins d'inclinaison afin d'augmenter ou de diminuer le courant d'air ou la lumière.

Dans certaines persiennes on fait aussi des fausses lames.

Laminer. C'est réduire un métal en feuille ou en barres de différents profils à l'aide d'un appareil nommé laminoir. Les fers à T, à I, les rails, etc..., sont des fers laminés.

Laminoir. Machine à laminer dont les parties essentielles sont deux cylindres en fonte ou en acier placés l'un au-dessus de l'autre et dont l'écartement peut varier (voir dans la première partie du *Cours de Construction* les détails relatifs au laminage des métaux).

Lance. Nom donné aux ornements généralement en fonte, terminant les barreaux d'une grille. On connaît : les lances quadrangulaires, les lances ornées de glands. Les barreaux qui se terminent en fuseau par le bas se nomment *espontons*.

Les grilles du XVIIe et du XVIIIe siècle offrent de très beaux exemples de fers de lance. A Paris, les barreaux des grilles du Palais-Royal, du jardin des Tuileries, etc..., se terminent en forme de lance.

Landiers. Les landiers sont des *chenets* de grandes dimensions souvent couronnés de corbeilles destinées à recevoir les plats pour conserver chaud les aliments ; des anneaux sont distribués sur la hauteur et servent à suspendre des ustensiles de ménage. Le moyen âge et la renaissance nous ont laissé des chenets et des landiers qui sont de magnifiques pièces de forge.

Langue. On donne le nom de *langue de carpe* à un ciseau qui sert à faire des entailles dans le fer, à serrer les goujons et à retenir un ornement de barreau en place en faisant une encoche à renflement formant arrêt. Son tranchant, très acéré et trempé dur, est à double biseau et arrondi en demi-cercle. Cet outil présente comme ensemble la forme d'un losange allongé.

On donne aussi ce nom à un foret. On dit aussi *langue d'aspic* pour désigner un foret de forme spéciale (voir dans la *Charpente en fer* les détails sur ce genre de foret).

Lanterne. Nom donné à l'amortissement en forme de dôme vitré, de campanile ajouré ou de belvédère, élevé au sommet d'un édifice. Exemple : les lanternes de Saint-Pierre de Rome et du Panthéon à Paris.

On donne aussi le nom de lanternes : 1° aux charpentes à jour construites au-dessus des combles, des halles, marchés et hangars ; 2° aux petites cages vitrées portées par des consoles en fer forgé ou en fonte, destinées à abriter une flamme des courants d'air; 3° aux candélabres à gaz surmontés de lanternes carrées ou cylindriques ; 4° aux pièces en fer forgé composées de deux écrous reliés par des fers plats soudés aux dits écrous ; le manchon évidé est taraudé dans les deux sens, de manière à pouvoir faire appel et régler très exactement la longueur du tirant.

Lanterneau. Nom donné anciennement à un *lanternon*.

Lanternon. On désigne ainsi une petite lanterne établie au sommet d'une coupole, d'une cage d'escalier ou servant d'amortissement.

Lardon. Morceau de fer ou d'acier qu'on met dans les crevasses qui se forment aux pièces de fer en les forgeant. Il sert à rapprocher les parties écartées et à les souder.

Lattis. Petites pièces métalliques placées perpendiculairement aux chevrons, dans un comble en fer, et servant à retenir les tuiles. Nous avons donné dans la *Charpente en fer*, n° 574 et suivan's, tous les détails sur les lattis en fer, employés en construction.

Levier. On donne le nom de *levier* à des pinces en fer dont se servent les ouvriers pour soulever les pièces lourdes.

Lien. Tige de fer méplat coudée en forme d'U et servant à assembler ou à consolider deux pièces dont l'une supporte l'autre; c'est aussi une espèce d'étrier.

Limaçon. Se dit des tracés en spirale suivant lesquels on édifie des voûtes, des escaliers, etc.., On dit aussi : caracol, colimaçon, escaliers à vis, etc...

Limage. C'est pour le serrurier, le forgeron, le coutelier et en général pour tout ouvrier qui emploie le fer, l'opération par laquelle on diminue, on polit ou on coupe les métaux ou les autres corps durs.

Limaille. Nom donné aux particules métalliques détachées des métaux par le limage ou travail à la lime.

Limailleuse. On désigne ainsi des fontes chargées de graphite et qui fondent plus difficilement que les fontes grises.

Lime. La lime est une tige ou barre d'acier trempé dont la surface nommée verge est formée d'aspérités ou de dents servant à user les métaux. A l'une de ses extrémités, la lime est terminée par une partie pointue nommée *soie* et qui entre dans un manche en bois.

Une bonne lime doit avoir une teinte grise, d'un blanc pâle bien uniforme ; la nuance du talon doit être plus blanche. Lorsque les aspérités sont peu sensibles, la lime est dite *douce, demi-douce, très-douce, extra-douce ;* elle est *rude*, au contraire, si elles sont fortement saillantes ; entre ces deux extrêmes, la lime porte le nom de *bâtarde*.

Il existe un grand nombre de formes de limes ; les principales sont : les limes plates à main et les limes plates pointues, la lime ronde pointue ou queue de rat, la lime ronde cylindrique, la lime demi-ronde, la lime feuille de sauge, le carrelet et le tiers point. On connaît encore : les limes rapes, le faucillon, les limes d'entrée, les limes fendantes, etc...

Limer. C'est travailler un objet avec la lime.

Limon. Le limon est la partie d'un escalier qui reçoit les marches du côté du vide et sur laquelle on pose les barreaux de rampe. On fait beaucoup de limons métalliques. Ce genre de limon peut se faire d'une tôle absolument nue, armée seulement des cornières, indispensables pour recevoir les marches et contre-marches, ou ornées d'une moulure en haut et d'un demi-rond en bas.

Linçoir. Pièce de charpente supportant les solives à l'endroit d'une baie ou les chevrons interrompus pour le passage d'une toiture de lucarne. Les linçoirs, dans un plancher, s'assemblent avec les solives d'enchevêtrure et reçoivent les abouts des solives du plancher dites solives de remplissage.

Lingotière. Moule dans lequel on coule les métaux en fusion.

Linteau. On désigne ainsi la pièce transversale qu'on place au-dessus d'une baie en appuyant chacune de ses extrémités sur les trumeaux. Les linteaux en fer ont été suffisamment étudiés dans la *Charpente en fer* pour que nous n'ayons pas besoin d'y revenir.

Longrine. Pièces métalliques employées dans les chemins de fer pour supporter les rails.

Loquet. Le loquet est une fermeture qu'on met aux portes qui n'ont point de serrure ou à celles dont les serrures sont dormantes. On distingue : le *loquet à bou-*

ton simple ou à battant, *le loquet à poucier, le loquet à bascule, le loquet à vielle.*

Loqueteau. Le loqueteau est un petit loquet à ressort qu'on attache au haut des croisées à des endroits où la main ne peut atteindre et qu'on ouvre en tirant un cordon attaché à sa bascule. On se sert des loqueteaux pour fermer des châssis, des vasistas, des persiennes, etc... On connaît : le *loqueteau à pompe,* le *loqueteau à pompe avec mentonnet* en fer et anneau ; le *loqueteau à panneton,* le *loqueteau à bascule,* le *loqueteau à queue droite et ressort intérieur,* le *loqueteau à queue coudée,* le *loqueteau à pincette,* le *loqueteau à douille,* le *loqueteau à chapeau,* le *loqueteau à croissant blanchi,* le *loqueteau à feuille,* le *loqueteau à panache,* le *loqueteau à coulisse.*

Lucarne. Ouverture pratiquée dans le rampant des combles et qu'on fait aujourd'hui en fonte comme les croisées dont nous avons donné des exemples.

Lucarnon. Nom donné aux petites lucarnes, chattières etc....

Lunette. Le mot lunette a, dans les voûtes métalliques, la même signification que dans les voûtes en maçonnerie.

Lutrins. On donne le nom de *pupitres-lutrins* aux supports en fer forgé qui existent dans presque toutes les églises et destinés à y placer un livre pour lire étant debout.

Mâchefer. Produit résultant du travail du fer à la forge, au fourneau ou battu rouge sur l'enclume.

Machine. On donne en général le nom de machine aux instruments employés dans les ateliers pour remplacer le travail à la main. On donne aussi ce nom aux différents engins employés sur les chantiers, tels que *chèvres, grues, locomobiles,* etc... Les *machines à vapeur* sont employées dans les grands ateliers pour mettre en mouvement les différentes *machines-outils,* dont se servent les serruriers et les charpentiers en fer

Machinerie. On donne souvent le nom de *machinerie* à l'ensemble des engins qui servent à la construction d'un bâtiment.

Mâchoire. Nom donné à chacune des parties d'un étau, d'une tenaille. On dit : les mâchoires d'un étau, les mâchoires d'une tenaille pour indiquer les parties de ces outils servant à assujettir les objets qu'on désire travailler, soit à l'établi, soit à la main.

Magnétisme. Tout ce qui regarde les propriétés de l'aimant ; agent auquel l'aimant doit sa propriété d'attirer le fer et qu'on a identifié avec l'électricité.

Mail. Espèce de gros marteau servant à battre les loupes de fer pour en chasser les *scories* et le *laitier.*

Maille. On désigne souvent ainsi les anneaux d'une chaîne ou les compartiments, carrés ou en losange, d'un treillage métallique.

Maillé. Nom donné au fil de fer disposé en treillis ; on dit : *fil de fer maillé* ; il est employé pour les jours de souffrance percés dans les murs mitoyens.

Maillon. Nom donné aux anneaux des chaînes.

Main. C'est une pièce de fer recourbée le plus souvent en S, servant à accrocher

Fig. 107.

un fardeau pour l'enlever. On s'en sert dans les chèvres et dans les grues.

Main-courante. C'est, dans une rampe, la partie sur laquelle glisse la main. On exécute des mains-courantes en fer laminé présentant divers profils dont le demi-rond est le plus simple. Ces mains-courantes se fixent avec des vis sur la bandelette en fer reliant tous les barreaux d'une rampe à leur partie haute ; on dit aussi, mais plus rarement, *porte-main.*

Main-d'œuvre. On désigne ainsi la façon donnée à une pièce ou travail de l'ouvrier. Le prix de la main-d'œuvre sert de point de départ pour l'établissement d'un prix.

Maître-compagnon. Nom donné à celui qui dirige une équipe d'ouvriers.

Mâle. Désigne, en serrurerie, un objet qui entre dans un autre. Nous savons qu'on dit : *soudure mâle et femelle.*

Malfaçon. Faire une malfaçon c'est, en

serrurerie, se servir de fers de mauvaise qualité, aigres, cendreux, pailleux, etc...; c'est aussi mal exécuter un travail.

Malléabilité. Propriété que possèdent à divers degrés les métaux de pouvoir s'étendre et s'élargir sous l'action du marteau ou d'un laminoir.

Mamelon. On désigne ainsi la partie cylindrique ou espèce de goujon appartenant à un gond ou à une paumelle.

Manche. Poignée par laquelle on saisit un outil pour s'en servir. On donne le nom de *manche coudé* à un outil de serrurier permettant de limer un objet posé à plat.

Manchon. Tube employé dans le montage des cordons de sonnettes; on appelle aussi *manchons* les lanternes placées à la partie basse des aiguilles pendantes, dans les combles Polonceau.

Mandrin. Le mandrin est l'opposé de la

Fig. 108.

matrice. C'est un calibre, tige ou coin, à section circulaire ou carré avec lequel on perce des trous d'une grandeur déterminée; c'est sur le mandrin qu'on fait une douille, etc... Il sert aussi à agrandir un trou après qu'il a été percé.

Mangeoire. C'est une *auge* dans laquelle on met la nourriture des animaux. Les anciennes mangeoires étaient en bois ou en pierre, aujourd'hui on en fait beaucoup en fonte émaillée. Nous en rappelons les formes principales (*fig.* 107 et 108).

Manivelle. Nom donné à une pièce de fer coudée deux fois à angle droit servant à communiquer un mouvement de rotation à l'axe d'une machine, à l'axe du cylindre d'un treuil, etc...

Manteau. On désigne souvent ainsi la barre de fer placée sur les jambages et supportant la plate-bande qui forme le manteau d'une cheminée.

Marchand. On désigne, dans le commerce, sous le nom de fers *marchands* ceux qui se trouvent en magasin sans avoir besoin de les faire exécuter sur commande.

Marchandage. Lorsqu'un entrepreneur est adjudicataire de grands travaux il arrive souvent qu'il fait exécuter une partie de ces travaux par un *tâcheron* ou *marchandeur*. On appelle ce travail, *travail à la tâche* et l'opération se nomme *marchandage*.

Marche. On donne, dans un escalier, le nom de marche à la partie horizontale sur laquelle on pose le pied, soit en montant, soit en descendant. Les marches en fer, composées de pièces de métal assemblées entre elles de diverses manières, sont aujourd'hui très employées dans les divers escaliers; nous en avons donné plusieurs exemples dans la charpente en fer au chapitre *Escaliers*.

Marché. Lieu public où l'on vend les denrées et autres objets servant à notre alimentation. Les marchés métalliques ont été étudiés en détails dans la *Charpente en fer*.

Marque. Signe placé sur divers objets de serrurerie ou de quincaillerie et servant à retrouver le nom du fabricant.

Marquise. Toiture légère ou auvent, formant abri au pourtour d'un édifice, au sommet d'un perron. La plupart des magasins, cafés, théâtres, etc., possèdent sur leurs façades principales d'une assez grande longueur. Généralement les toitures de ces marquises sont vitrées.

Marteau. C'est un outil de percussion se composant presque toujours d'une masse de fer aciéré placée à l'extrémité d'un assez long manche.

Parmi les marteaux employés par les serruriers on distingue : les *marteaux à devant* nommés aussi *gros marteaux*, les *marteaux à main* ou marteaux du forgeron et les *rivoirs* ou marteaux d'établi.

On connaît encore : les *marteaux à bigorner*, les *chasses*, les *tranches*, etc.

On désigne aussi sous le nom de *marteau* le battant de métal fixé au vantail d'une porte. On les nomme aussi *heurtoir*.

Suivant les époques les formes des

marteaux ont beaucoup varié ; à l'époque gothique, ils offraient souvent l'aspect d'un animal fantastique ; pendant la renaissance, ils étaient parfois composés, forgés et très finement ciselés.

Martelage. Mode de fabrication, au marteau et à froid, de certains ornements en métal, découpés dans des plaques planes suivant des profils déterminés et auxquelles on donne à l'aide du marteau du relief et du modelé.

Martelé. Travaillé au marteau. Anciennement beaucoup d'objets se faisaient au marteau.

Marteler. C'est frapper le fer avec la *panne* d'un marteau. Nous rappelons que la panne d'un marteau est la partie large, à section rectangulaire et opposée à la tête.

Martoire. C'est un marteau à deux *pannes* employé par les serruriers.

Masse. Enlever une ferrure à la masse c'est, en serrurerie, découper à froid dans un morceau de fer.

Matériaux. Se dit de tout ce qui est nécessaire à la construction d'un édifice.

Mâtir. C'est, en serrurerie, faire disparaître la ligne ou raie qui indique la jonction de deux pièces de fer soudées.

Matoir. Espèce de marteau servant à river les clous en les resserrant et en refoulant la matière préalablement chauffée à une haute température.

Matrice. Moules en creux employés pour frapper des ornements de métal, pour les redresser ou obtenir des épreuves en relief.

Maximum. Le plus haut degré qu'une chose puisse atteindre.

On dit par exemple : le maximum de résistance du fer, d'une pierre, etc. On dit aussi un *forfait au maximum*, pour indiquer que le chiffre peut en être réduit mais pas augmenté.

Mèche. La mèche d'un foret et surtout celle d'une vrille est la partie qui entre la première dans le corps qu'on perce.

La mèche est, en général, un outil aciéré se plaçant dans le trou carré d'un vilebrequin et servant à percer le bois. Les ouvriers s'en servent souvent.

Mémoire. État détaillé avec les prix des divers travaux de serrurerie et de quincaillerie exécutés dans un bâtiment. Ces mémoires s'établissent le plus souvent par des *métreurs* et sont réglés par les architectes.

Le mémoire est fait *en demande* lorsque tous les prix de série sont augmentés du cinquième ; il est, au contraire, fait *en règlement* lorsqu'il comporte les prix au juste de la série.

Mentonnet. On écrit aussi *mantonnet*. Le mentonnet est une pièce de fer ou de cuivre qui reçoit le bout des battants des loquets et loqueteaux pour tenir une porte, un châssis, etc... fermés ; on le fixe dans l'embrasure d'une porte ou sur le montant de cette porte ; on distingue : les *mentonnets à pattes*, à *pointe*, à *vis*, à *scellement*, etc. Dans les armoires, les ressorts sont retenus par des mentonnets. Les *gâches à mentonnet* sont celles qui portent un mentonnet et reçoivent les pênes de becs-de cane à loquets.

Méplat. Nom donné aux fers du commerce ayant plus de largeur que d'épaisseur. On dit : *fers méplats* ou *fers en bande*.

Merlin. Le merlin qui sert quelquefois aux serruriers n'est autre chose qu'un *coin* emmanché.

Mètre. Règle en bois ou en métal servant à mesurer les longueurs. Les ouvriers se servent de mètres pliants en section de 10 ou 20 centimètres ; ces mètres font partie de leur outillage.

Métré. On dit qu'un travail est fait au métré lorsque les prix de ce travail seront ensuite vérifiés par l'architecte après avoir été évalués par un métreur.

Métrer. C'est mesurer, relever des dimensions à l'aide du mètre.

Métreur. C'est celui qui fait le métrage, les devis, les états généralement pour le compte des entrepreneurs.

Mettre. On dit mettre un travail en chantier c'est le commencer.

Meule. Instrument qui existe dans tous les chantiers ou ateliers et qui, comme nous le savons, sert à aiguiser les outils.

Minerai. Matière première servant à la fabrication du fer. Le minerai de fer est un oxyde de fer, c'est-à-dire une combinaison de l'oxygène de l'air avec le métal élémentaire dit fer.

Minute. Nom donné à un dessin origi-

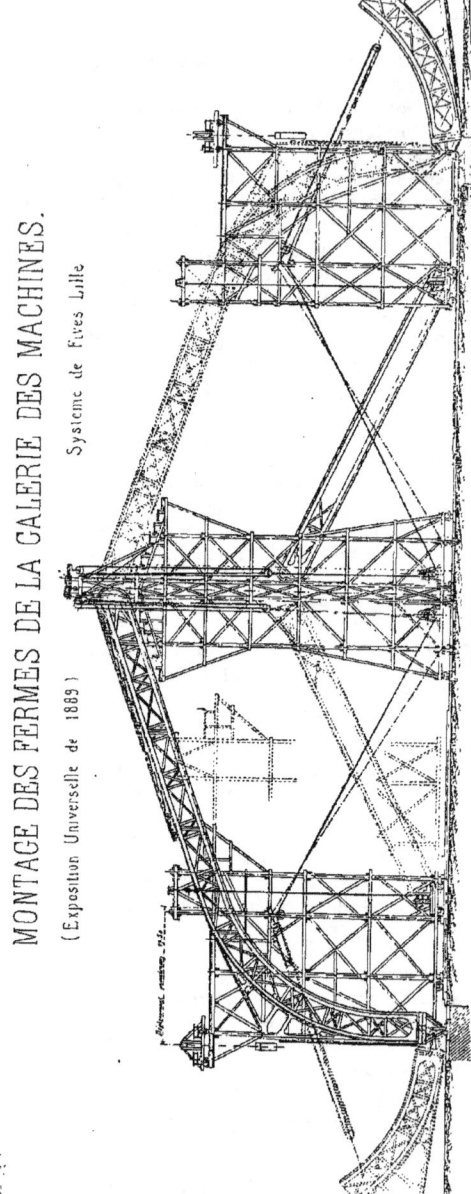

MONTAGE DES FERMES DE LA GALERIE DES MACHINES.
(Exposition Universelle de 1889.)
Système de Fives Lille
Fig. 109.

nal fait par l'architecte et dont on fait des copies pour les divers corps d'état. Les mémoires dont les entrepreneurs conservent le premier relevé se nomment minutes; c'est d'après ces mémoires minutes que les expéditionnaires dressent les mémoires remis aux propriétaires.

Mipoux. Nom donné par les ouvriers serruriers au sous-borate de soude servant à braser le fer.

Mise. On donne ce nom au morceau de fer ou d'acier qu'on ajoute, en le soudant à l'endroit d'un ouvrage pour le renforcer.

Mitraille. On donne souvent ce nom à des débris de fer. Ce sont en général de petits morceaux ou débris de laiton employés comme soudure des pièces de fer qu'on désire braser.

Modèles. Pièces de bois servant au moulage et représentant bien exactement l'objet qu'on désire obtenir par la fonte d'un métal.

Moise. Assemblage de deux pièces de fer nommées elles-mêmes moises. Dans les grilles on peut très bien moiser les barreaux haut et bas par deux pièces de fer plat fixées sur chacune des barres.

Montage. Nom donné à l'opération qui consiste à élever, à l'aide d'engins spéciaux, les matériaux à l'endroit même où ils doivent être employés. Nous avons, dans la *Charpente en fer*, parlé du montage au point de vue de l'assemblage de différentes pièces entre elles ; nous avons également donné quelques détails sur le levage des fermes métalliques au moyen de chèvres ; il nous reste, pour compléter ces documents, à dire quelques mots du montage des grandes charpentes métalliques.

Les figures 109 et 110 nous donnent les deux moyens proposés pour mettre au levage et opérer le montage des grandes fermes métalliques de la salle des machines à l'Exposition universelle de 1889.

La figure 109 a été proposée par la Société de Fives-Lille et comprend une série de pylones en charpente fortement construits et permettant la manœuvre de chariots, treuils et autres engins destinés au montage. Ces pylones sont mobiles sur des rails et peuvent se déplacer avec facilité. Comme le montre ce croquis les

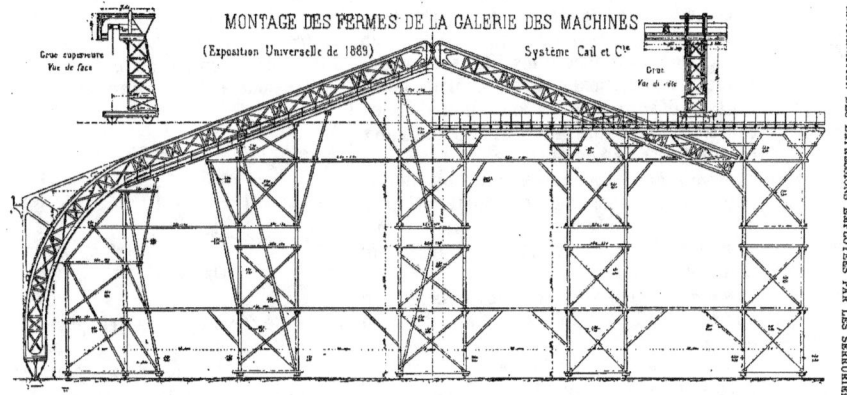

Fig. 110.

fermes se composent de quatre parties montées chacune séparément ; la disposition est facile à comprendre, nous n'insisterons pas davantage.

La figure 110 nous représente un autre système proposé par la maison Cail et C¹ᵉ.

Dans cet exemple il y a encore de grands pylônes supportant un chemin de roulement ayant toute la largeur de la salle des machines ; c'est sur ce chemin que se meuvent les grues nécessaires au montage des différentes parties de chaque ferme. L'ensemble se comprend aussi très facilement en examinant le croquis.

Montant. On désigne ainsi une pièce de fer posée verticalement dans un ouvrage de serrurerie et qui sert de pièce de soutien ou de remplissage.

Dans les pans de fer on emploie les montants qui sont ordinairement exécutés en fer **I**, seuls ou accouplés. Dans la construction des grilles on se sert aussi de montants qui sont simples ou en arcs-boutants ; on dit aussi montants principaux et montants de remplissage.

Monte-charge. Appareils plus ou moins compliqués et servant, en construction, à monter les matériaux. Nous en verrons plusieurs types dans l'étude de la petite charpenterie.

Montée. On désigne souvent sous le nom de *montée*, l'ensemble des marches d'un escalier.

Monte-plat. Appareils servant à monter les aliments d'une cuisine placée en sous-sol à une salle à manger ou à un office situé à un autre étage.

Monter. C'est réunir ou assembler les différentes parties devant composer un ensemble. On dit : monter une charpente. C'est aussi faire le montage des matériaux.

Moraillon. Le moraillon est un morceau de fer plat généralement à charnière, dont l'extrémité est évidée pour laisser passer un anneau, et qui sert à fermer une malle ou une caisse à l'aide d'un cadenas. Le moraillon de serrure porte un *auberon* au lieu d'être percé.

Mordache. On donne ce nom à des pièces de bois, de plomb ou de cuivre (*fig.* 114) qu'on place dans les mâchoires d'un étau pour saisir les pièces qu'on craint d'endommager avec les mâchoires en fer.

Morfil. Aspérités nommées *barbes* que présente le tranchant d'un outil qui vient d'être aiguisé sur la meule. Les pierres fines sur lesquelles on passe les outils après la meule enlèvent le morfil.

Mors. On désigne souvent ainsi les mâchoires d'un étau.

Mortaise. On nomme, dans une serrure, mortaise d'empênage, l'entaille qui reçoit le pêne.

Motifs. On désigne ainsi différentes pièces détachées employées dans un ensemble. On dit : motifs d'amortissement de rampes, motifs d'ornementation de chéneau, motifs d'ornementation de grilles, de marquises, etc...

Moufle. C'est l'assemblage de plusieurs poulies dans une même chape. On se sert de moufle pour monter les matériaux. La figure 212 de la *Charpente en fer* nous donne un exemple de moufle.

Mouvement. On donne ce nom à une

Fig. 111.   Fig. 112.

pièce de fer ou de cuivre posée en bascule et servant à changer la direction du fil de tirage d'une sonnette. On connaît : le mouvement de sonnette simple, à deux branches ou ailes de mouches, le mouvement à charnière ou pied de biche, à congé sur support à patte, à scellement monté sur ou sous platine entaillée, etc...

On dit également mouvement de tirage nommé aussi *coulisseaux* ou *tirages*.

Museau. On nomme museau de la clef le petit évasement *e* (*fig.* 112), qui termine le panneton. Les entailles qui donnent passage aux râteaux sont faites dans le museau.

Musoir. Nom donné à la tête d'une écluse, à l'extrémité d'une digue.

Nerf. Structure spéciale du fer dont les grains ont été écrasés, allongés et soudés par le laminage et transformés en fibres. On dit : *fer nerveux* ou *fer fibreux*. Ce fer rendu nerveux par le laminage est moins cassant que le fer à grains.

Nerveux. Qui présente la structure de molécules allongées placées parallèlement, comme le sont les nerfs.

Nervure. On désigne ainsi, en serrurerie, des côtes, filets ou arêtes saillantes réservées sur une pièce pour lui donner de la raideur et de la force. On dit aussi : *pêne à nervure*, pour celui dont le chanfrein est renforcé de deux filets ; *assemblage à nervure*, formé d'une nervure et d'une rainure servant à la recevoir.

Nickel. Métal aujourd'hui très employé, blanc, légèrement grisâtre, malléable, presque aussi ductile que l'argent, pouvant se laminer et se tirer en fils, ne s'oxydant pas à l'air, ce qui le rapproche des métaux précieux. Présente sensiblement la même dureté et la même ténacité que le fer, prend facilement un beau poli inaltérable. Fondu, sa densité est de 8,402 ; forgé et écroui, elle est de 8,882.

Nickelé. Se dit de différentes pièces ou ornements en métal particulièrement en fer, en cuivre, en laiton ou en fonte, recouverts, par les procédés électro-métalliques, d'une couche de nickel qui les préserve de la rouille, des altérations causées par l'air et par l'humidité et qui leur donne un aspect brillant. En serrurerie on se sert de beaucoup d'objets nickelés.

Nille. Nom donné à de petits pitons en fer carré dans lesquels on fait passer des clavettes pour maintenir et fixer les panneaux des vitraux.

Niveau. On donne le nom de *niveau* à un instrument servant à vérifier l'horizontalité d'une pièce, d'une surface, etc...

Le niveau est souvent utile au serrurier pour tracer et surtout pour poser les pièces ; il remplace souvent le niveau d'eau par une règle bien droite en acier sur laquelle il pose un niveau ordinaire avec fil à plomb.

Nœud. On désigne ainsi la partie roulée ou soudée formant saillie et recevant la broche dans une fiche, une charnière, etc...

Noir. En serrurerie, on dit qu'un objet est noir lorsqu'il est brut, qu'il n'a reçu aucun poli, qu'il n'a été ni limé ni passé à la meule.

Noue. Angle rentrant formé par l'intersection de deux combles inclinés en sens inverse.

Noulet. On désigne ainsi l'assemblage de pièces de charpente placées à l'intersection de deux combles de hauteur différente. Le noulet est dit droit lorsque les lignes de faîtage des deux combles sont perpendiculaires entre elles ; il est dit biais, dans le cas contraire.

Noyau. Nom souvent donné à la partie centrale d'un escalier. C'est aussi la capacité intérieure d'un moule destiné à l'opération de la fonte d'un métal.

Noyure. Nom donné au trou tronconique dans lequel on loge la tête d'une vis.

Œil. On désigne ainsi l'ouverture pratiquée dans le fer d'un outil, marteau, pioche, etc., et devant recevoir le manche. C'est aussi le trou ménagé à l'extrémité d'une tringle, d'une penture, d'une charnière, d'un chaînage, etc... On désigne sous le nom d'œil-de-bœuf des ouvertures circulaires ou ovales de petites dimensions destinées à éclairer des pièces secondaires, et souvent garnies de grilles en fonte ou en fer forgé.

Œuvre. Mot souvent employé en construction, comme synonyme de construction, bâtisse, etc... On dit : le gros œuvre, mettre en œuvre, dans œuvre, hors œuvre, reprendre en sous œuvre, à pied d'œuvre, main-d'œuvre, etc...

Ogival. Dans les combles métalliques on emploie souvent la forme ogivale qui se prête bien à la décoration.

Or. Métal jaune, très brillant, susceptible d'un beau poli, poids spécifique : 19,50, très malléable, ductile, peut se réduire en feuilles très minces, très employé dans la serrurerie d'art.

Orangerie. C'est un bâtiment composé d'un rez-de-chaussée ayant un plafond en terrasse avec larges ouvertures placées au midi et munies de portes métalliques vitrées.

Ornements. Nom donné à des pièces détachées servant à décorer par exemple : les feuilles, les rinceaux, les volutes, les fleurons, les rosaces, les palmettes, les consoles, etc...

Ossature. Nom donné à la carcasse métallique d'une charpente.

Outil. On donne le nom d'outil aux différents instruments employés par les ouvriers pour leur travail. Chaque corps d'état à ses outils spéciaux; nous avons parlé longuement dans la *Charpente en fer* des outils du serrurier, du forgeron, etc...

Outillage. C'est l'ensemble des engins et outils nécessaires à l'exécution d'un ouvrage.

Ouvrier. On désigne ainsi celui qui, moyennant salaire, exécute manuellement un travail quelconque. Nous savons qu'en serrurerie les ouvriers se nomment: forgeron, frappeur, ajusteur, perceur, poseur, etc...

Oxydation. On dit qu'un métal s'oxyde, le fer par exemple, lorsqu'il se recouvre de rouille.

Oxyde. On donne le nom d'oxyde à la combinaison d'un métal avec l'oxygène.

Paillasse (ceinture de). Bande de fer plat entourant la *paillasse* d'un fourneau de cuisine et se scellant dans le mur à ses deux extrémités.

Pailles. Les pailles sont, dans le fer, de petites lamelles faiblement reliées à la masse et qui, généralement, se détachent au forgeage.

Lorsque les pailles ont de grandes dimensions elles forment de véritables écailles qui se trouvent à la surface du fer et proviennent d'un manque de soudure. Les pailles se rencontrent plus souvent sur les tôles que sur les autres fers laminés.

Paillette. Nom donné à une lance d'acier placée entre la tige et la platine d'un *verrou* d'armoire ou autre menuiserie et qui, faisant l'office de ressort, maintient la tige levée. On dit aussi un *arrêt à paillette*.

Pailleux. Nom donné à un métal qui contient des pailles. On dit: un fer pailleux.

Palan. On donne le nom de *palan* à un appareil permettant à un homme de soulever des poids assez forts; il y a un très grand nombre de palans, c'est presque toujours deux systèmes de poulies moufflées, comme nous en avons donné deux exemples dans la *Charpente en fer*.

Palastre. On donne le nom de *palastre* à la platine ou plaque de tôle portant à l'une de ses extrémités un rebord percé des mortaises nécessaires au passage des pênes et formant l'un des côtés de la boîte d'une serrure.

Palette. On désigne ainsi la plaque de fer, nommée aussi conscience, que l'ouvrier serrurier applique sur sa poitrine pour manœuvrer le foret. On dit: *palette à forer*.

Paliers. Ce sont des plates-formes ordinairement placées à chaque étage d'un escalier et donnant accès aux logements ou appartements desservis par l'escalier. On dit aussi demi-palier pour celui qui, étant situé à mi-étage, a comme dimensions un carré ayant pour côté la largeur même des marches.

Les paliers les plus petits doivent avoir au moins 0ᵐ,80 et ne jamais être, dans

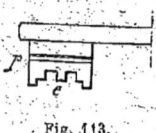

Fig. 113.

tous les cas, inférieurs à la somme de trois marches mesurées au giron. Il est bon de donner aux paliers la plus grande largeur possible. On distingue : le *palier droit*, le *palier de repos*, le *palier biais*, le *palier sur montants verticaux*, le *palier sur solives d'encorbellement*, etc...

Palme. Motif d'ornementation en forme de feuille de palmier entrant fréquemment dans la composition des trophées, sur les panneaux de porte en bronze, etc...

Palmette. Nom qu'on donne quelquefois aux petites palmes ; ce sont aussi des ornements présentant l'aspect de feuilles de palmier réunies à leur base dans un culot.

Pâmage. Dans l'opération de la trempe les ouvriers disent souvent que les surfaces limées se *pâment*, c'est-à-dire se désaciérent par la combustion du carbone qui s'y trouve, ce qui rend l'acier de la surface souvent plus mou que celui du centre. Afin d'éviter cet inconvénient on préserve l'acier du contact du feu en l'enveloppant d'un cément; on dit alors qu'on trempe en paquet.

Pan. Dans le limage, le *pan vif* ou à vive arête présente quelques difficultés et réclame l'habileté d'une main sûre et exercée.

On donne le nom de *pan de fer* à une construction métallique remplaçant un mur tout en maçonnerie et se composant ordinairement de montants, de sablières, d'entretoises et autres pièces servant à les réunir. Nous avons, dans la *Charpente en fer*, donné tous les détails de ce genre de construction.

Pan coupé. Surface remplaçant l'angle formé par l'intersection de deux autres surfaces et qu'on aurait abattu.

Panache. On donne ce nom à d'anciennes quincailleries telles que *loqueteau, targette, poignée*, dont la platine est découpée en forme de panache. On dit : poignée à panache, etc.

Pannes. Pièces de fer horizontales posées ou assemblées sur les arbalétriers d'un comble et servant à soutenir les chevrons et à relier les fermes entre elles. Elles prennent plusieurs noms, suivant leur position. La panne supérieure se nomme panne de faîtage ou faîtière ; les intermédiaires se nomment simplement pannes ou pannes courantes et les inférieures prennent le nom de sablières ou pannes sablières.

Panneau. On donne le nom de *panneaux* aux grillages en fer forgé ou en fonte formés de motifs quelconques, enchâssés dans un châssis solide et servant de défense à une ouverture. On dit : un panneau de porte, un panneau d'imposte, etc.

Panneton. On désigne sous le nom de *panneton* la partie d'une clef qui fait mouvoir les pièces mobiles de l'intérieur d'une serrure, ressorts, pênes et demi-tours. Dans le panneton on distingue : le *museau*, partie qui touche le pêne de la serrure ; le *corps*, partie qui est entre la tige et le museau ; enfin la *hayve*, sorte de petit filet parallèle à la tige et qui se fait aux clefs des serrures bénardes. Le panneton comporte aussi des entailles disposées de différentes manières, destinées à laisser passer les *garnitures* ou *gardes* de la serrure. Les clefs des serrures à gorge ont le museau de leur panneton p garni d'entailles e, comme le montre le croquis (*fig.* 113).

On désigne aussi sous le nom de panneton une sorte de tenon fixé sur la tige d'une espagnolette et servant à maintenir fermés les volets intérieurs.

Panse. On donne le nom de panse à la partie inférieure et renflée du fût d'un balustre.

Parage. On dit parer une pièce, c'est lui donner de l'œil. Quand une pièce de forge est refroidie, la parer, c'est effacer les inégalités à petits coups de marteau.

Paratonnerre. Nom donné à l'appareil destiné à protéger un édifice contre les effets de la foudre. Un *paratonnerre*, qu'on désigne aussi sous le nom de *parafoudre*, se compose de deux parties principales : une tige ou pointe s'élevant au-dessus du faîtage des bâtiments et un conducteur qui n'est que le prolongement de la tige et la met directement en communication avec le sol.

Pas. On donne dans une vis le nom de pas à la distance qui sépare deux arêtes ou filets de cette vis. Le pas d'un engrenage est la distance comprise entre les axes de deux dents consécutives. Le pas d'une porte est le seuil ou pierre un peu élevée au-dessus du sol ; ce pas peut être métallique.

Passage. On donne ce nom aux galeries couvertes par des charpentes métalliques largement vitrées. Ces passages, ouverts au public, doivent être fermés à chaque extrémité par une porte ou par une grille.

Passe-partout. On désigne ainsi une clef faite pour plusieurs serrures ; le panneton de cette clef est évidé de manière à laisser passer les garnitures.

Passe-perle. C'est le plus petit échantillon des fils de fer du commerce ; on lui donne ordinairement 1/4 de millimètre de diamètre.

Passerelle. Les passerelles sont de petits ponts servant au passage des piétons et des cavaliers. Leur largeur varie de 0ᵐ,90 à 1ᵐ,50 ; leur longueur peut être quelconque. On emploie beaucoup les passerelles dans les parcs et dans les jardins, on leur donne alors une décoration spéciale, soit dans l'ensemble, soit dans les garde-corps.

Pâté. Nom donné au paquet de menus fers soudés et corroyés pour obtenir du fer doux.

Patère. On donne le nom de patère à des rosettes pleines en cuivre, tournées et profilées de différentes manières ; elles sont employées comme ornementation ; on donne aussi ce nom à des rosaces de forme circulaire rappelant les coupes antiques destinées aux libations et aux pièces destinées à recevoir les vêtements ou autres objets. Dans ce dernier exemple

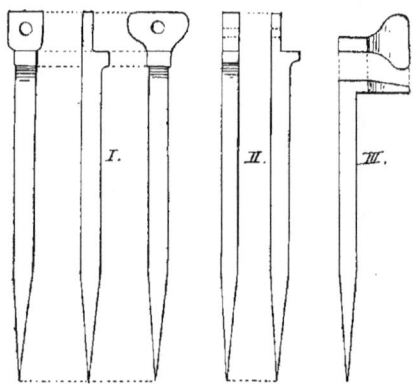

Fig. 114.

on peut les exécuter en fer forgé, en fonte, en bronze, etc...

Patin. On désigne ainsi la cale en fer qui reçoit la partie d'un poitrail, d'une solive ou la base d'une colonne. On dit aussi *semelle*.

Patine. Couleur spéciale que prend un métal avec le temps. Le bronze prend la *patine antique*, c'est-à-dire une couleur verte due à l'espèce de rouille qui se forme à sa surface et qui préserve le reste du métal de l'action de l'air et de l'humidité. Cette patine antique présente des reflets verts et bleus laissant apercevoir de grandes surfaces brunes et des points brillants de métal. On a cherché à l'obtenir artificiellement par un bain d'acide acétique, de chlorure de sodium et de sulfhydrate d'ammoniaque.

La brillante rouille verte qui vient au bronze par le temps, distinguée de la rouille brune du fer, était nommée *ærugo* par les Romains.

Plus le bronze veillit plus la couleur devient brillante et belle et plus le bronze a de valeur.

Patron. Nom donné par les ouvriers à leur maître ou au chef de leur atelier.

Patte. On donne le nom de *patte* aux morceaux de fer de forme spéciale servant à fixer les menuiseries, les glaces, dalles, etc...

On distingue : les *pattes à pointes* dont nous donnons (*fig.* 114) les trois principales dispositions : en I, patte percée ;

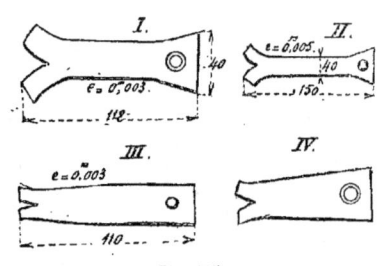

Fig. 115.

en II, clous à patte ; en III, pattes à crochets ; les *pattes à scellement* dont nous donnons les principaux types (*fig.* 115) : en I, la patte à scellement, connue aussi sous le nom de patte à queue d'aronde, se fixe sur le bâtis des menuiseries et se scelle dans la maçonnerie. Les dimensions données, soit : longueur, $0^m,112$; largeur à l'extrémité, $0^m,040$, et l'épaisseur, $0^m,003$, conviennent pour des portes d'armoires ; le même type pour croisées aurait les dimensions suivantes : longueur, $0^m,120$; largeur du corps de la patte, $0^m,030$; épaisseur, $0^m,005$. En II nous voyons un autre type de patte en fer plat de 40×5 du même genre mais plus forte et qu'on peut employer pour portes d'écurie, de remise, etc. En III nous indiquons la patte à scellement ordinaire en tôle de $0^m,003$ d'épaisseur et employée pour les portes intérieures à un ou à deux vantaux.

Les pattes peuvent aussi prendre la forme IV et se nomment *pattes fraisées*.

Il existe également des *pattes à vis*, droites ou coudées.

On donne aussi le nom de *patte de canon* ou *patte de foncet* au morceau de fer en forme de queue d'hironde sur lequel est monté le foncet d'une serrure.

Paumelle. On désigne ainsi des ferrures de portes, de persiennes, de volets ou de croisées que nous étudierons plus longuement en traitant les objets de quincaillerie. On distingue : les *paumelles simples*, les *paumelles doubles*, les *paumelles simples à équerre*, les *paumelles doubles* à boules, à nœuds bouché à olive, laminés, à nœuds rabotés, boiteuses, etc...

Dans certains cas, les paumelles sont munies de *bagues en cuivre*.

l'âme d'une serrure. Le pêne est retenu par un ressort se plaçant dans une encoche pratiquée dans le dos du pêne.

Le plus souvent le pêne est composé : d'une *tête* T (*fig.* 116), souvent chanfreinée et sortant de la serrure ; d'une *queue* Q à l'extrémité opposée de la première ; enfin d'un *corps* C placé entre ces deux parties.

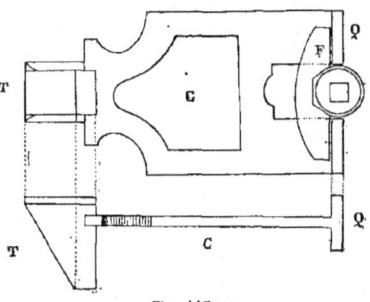

Fig. 117.

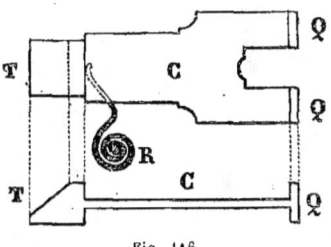

Fig. 116.

Pavillon. Se dit des lames de fer ou des planches en bois découpé (*fig.* 104) servant à protéger les persiennes à lames, les jalousies ou les stores roulés à la partie supérieure d'une fenêtre.

On donne aussi le nom de pavillon à un bâtiment carré ou circulaire isolé, formant milieu ou ayant pour parallèle un bâtiment de même dimension. Ce sont aussi de petits abris, des constructions pittoresques installés dans les parcs et dans les jardins.

Peigne. Instrument denté servant à faire le pas de vis sur le tour.

Le serrurier remplace cet instrument par des filières qu'il trouve dans le commerce.

Pêne. On donne le nom de pêne à la pièce principale d'une serrure mue directement par la clef, c'est pour ainsi dire

Le ressort à boudin R agit sur le pêne pour le tenir fermé.

La figure 117 nous donne un exemple du pêne d'un bec de cane ; nous avons encore : la tête T, la queue Q et le corps C qui, dans cet exemple, est évidé au milieu. Ce pêne est mû par un *foliot* F

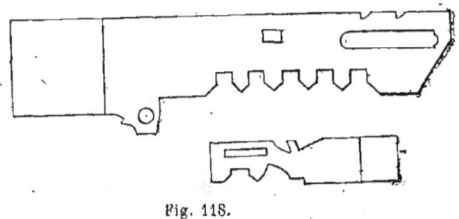

Fig. 118.

sur lequel on fixe un bouton double permettant de le faire tourner.

La figure 118 nous montre deux exemples un peu plus compliqués de pênes de serrures de sûreté ; nous y reviendrons en parlant des serrures.

Le pêne dormant a une tête méplate, sa tige est élégie, il est guidé par un arrêt à coulisse ; comme il n'a de mouvement que celui qu'il reçoit de la clef, il porte à cet effet des barbes.

Le pêne à demi-tour est presque toujours taillé en biseau pour que la porte se ferme seule ; il est poussé par un ressort que la clef repousse en faisant un demi-tour.

Le pêne fourchu est un pêne dormant ayant deux têtes sur la même tige.

Le pêne d'un verrou de nuit a une tête méplate, il est mû par un bouton de coulisse et est guidé et maintenu par un *picolet*.

On connaît aussi le *pêne à pignon*, mû par un pignon qui agit sur plusieurs à la fois.

Les targettes, les loqueteaux, les verrous, etc., ont des pênes ronds, carrés, plats, à mentonnet, etc., sur lesquels on agit au moyen de boutons ou de tirages.

Penture. La penture est une pièce de quincaillerie comprise dans les ferrements de portes et se compose d'une branche ou bande de fer méplat simple ou ornée terminée par un *œil* lui permettant de pivoter sur un gond. L'œil de la penture peut être formé par l'extrémité du fer

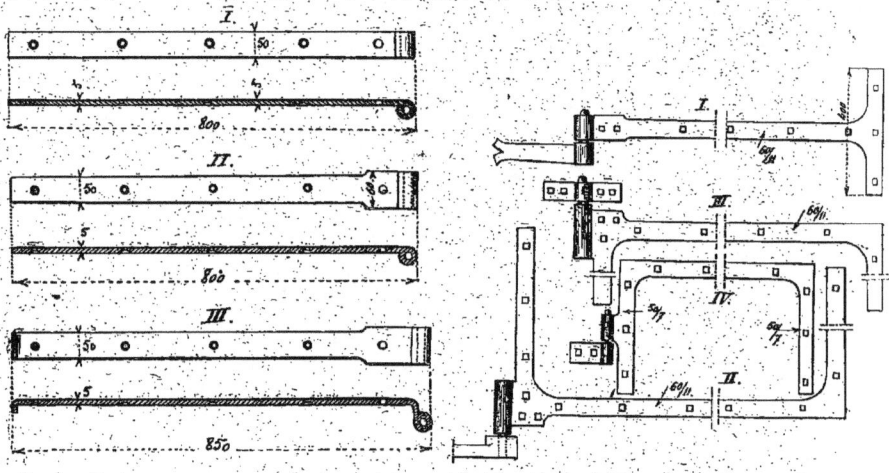

Fig. 119. Fig. 120.

plat retourné ou rapporté et soudé à l'extrémité de la penture.

Les pentures en fer forgé des portes de l'abbaye de Saint-Denis et de la cathédrale de Paris sont des chefs-d'œuvre de fer forgé.

Les pentures sont, sur leur longueur, percées de trous et fixées sur le vantail à l'aide de vis, de clous ou de boulons ; les planches du vantail se trouvent ainsi fortement consolidées. Dans certains cas plus rares la penture a la forme d'un véritable étrier servant à faire mouvoir le vantail et à consolider l'assemblage des planches des deux côtés.

Les pentures sont des pièces de quincaillerie qu'on trouve toutes faites dans le commerce depuis 0^m,30 jusqu'à 1 mètre de longueur ; les trous placés sur la branche sont fraisés à 6 millimètres pour recevoir les vis ; le trou plus grand placé près de l'œil est foré sans fraisure à 8 millimètres pour recevoir un rivet.

Les trois types de pentures donnés (*fig.* 119) sont employés pour ferrer les portes de caves ; l'œil de ces pentures entre dans l'un des types de gonds pour pentures donnés précédemment (*fig.* 102).

En I, nous indiquons la *penture ordinaire* extérieure, construite en fer brut ;

En II, la *penture à collet élargi*, dite aussi à *entaille extérieure* ; elle est ordinairement limée, dressée et entaillée dans le bois ;

En III, la *penture à entailler*, coudée intérieurement.

La figure 120 nous montre encore d'autres types de pentures. En I la *penture à équerre à* T avec gond qui, comme celles qui suivent, sont employées pour ferrements de portes de granges, de portes charretières, etc... ;

En II, la penture à équerre double inférieure ;

En III, la penture à équerre double supérieure ;

En IV, la penture à patte à équerre double pour guichet de grande porte.

Toutes ces pentures sont ordinairement fixées aux portes par des boulons de 10 millimètres avec écrous carrés.

Indépendamment des pentures simples en fer plat il existe beaucoup d'autres types de pentures riches, pentures fleuronnées, pentures à enroulements ; elles peuvent être décorées par des clous, des rosaces, des engravures, des chanfreins, des encoches, etc...

On se sert aussi de *fausses pentures ;* ce sont alors des appliques purement décoratives et ne contribuant en rien à la solidité du vantail. Elles sont souvent exécutées en fortes tôles découpées, chanfreinées et ornées de clous.

On a aussi cherché à imiter les pentures en fer forgé en les exécutant en fonte malléable, mais c'est toujours un travail médiocre.

Percer. C'est faire des trous dans le fer, l'acier ou un métal quelconque ; on se sert à cet effet de forets, de machines à percer, etc., étudiées dans la *Charpente en fer*. On perce le fer à froid et à chaud ; le perçage à chaud sur l'enclume et avec un poinçon ne se fait que pour les pièces peu délicates ; on réserve le perçage à froid pour les autres.

Percerette. On désigne ainsi une sorte de foret ou vrille très fine.

Perçoir. C'est une plaque de fer évidée en son milieu et servant pour percer à chaud ou à froid les fers peu épais en se servant d'un poinçon et de l'enclume.

Perd-fluide. Nom donnée à une fourche en fer (*fig.* 121) servant à disséminer l'électricité dans le sol.

Périer. Longue barre de fer permettant de manœuvrer le tampon fermant l'issue par laquelle le métal en fusion s'écoule des fourneaux au moment de la fonte.

Perron. Nom donné aux marches extérieures d'une habitation donnant accès à un palier couvert ou découvert. Certains de ces perrons peuvent se faire en fer ou en fonte, mais le plus ordinairement on les exécute en pierre.

Il est défendu de construire des perrons

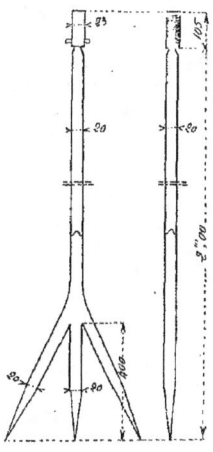

Fig. 121.

sur la voie publique (Ordonnance du 23 janvier 1824).

Persienne. On donne le nom général de persiennes à des contrevents extérieurs ajourés et permettant de laisser passer dans l'intérieur un peu d'air et de lumière. C'est aussi un ensemble de lamelles de bois ou de fer espacées les unes des autres, maintenues et dirigées à l'aide de chaînettes qui se déploient et se replient à la façon des stores. On dit aussi jalousies. Il existe des persiennes en bois, ferrées par le serrurier, et aussi des persiennes toutes en fer dont nous verrons les principaux types dans un chapitre spécial.

Persil. Souvent les platines des targettes, des espagnolettes et des verrous anciens étaient découpées en feuille de persil.

Pertuis. Nom donné à une forte garniture placée sur la planche d'une serrure et à laquelle on donne différentes formes : il y a des pertuis ronds, carrés ou creux, en trèfles, etc... C'est aussi un évidement du panneton correspondant au pertuis d'une serrure.

Pesanteur. On dit *pesanteur spécifique* du fer ou densité du fer.

C'est le poids des matériaux sous l'unité de volume.

On adopte, dans les calculs du poids des fers, le chiffre trouvé par Lavoisier, 7,788, qui est le poids d'un décimètre cube. On peut très facilement trouver le poids d'un fer plat ayant les dimensions suivantes : $0^m,80$ de longueur ; 12 centimètres de largeur et 1 centimètre d'épaisseur.

On a : $80 \times 12 \times 1 = 960$ centimètres cubes.

Le mètre cube contenant 1 000 000 centimètres cubes pèse 7 788 kilogrammes, ce qui nous permettra d'écrire :

$$\frac{960 \times 7,788}{1\ 000\ 000} = 7,48 \text{ poids cherché.}$$

Petit bois. On donne, en serrurerie, ce nom aux petits fers T ou fers à vitrages servant de montant de traverses ou de divisions quelconques d'une croisée, d'une porte ou d'un châssis vitré. On dit aussi *petits fers*, ce qui est plus exact.

Phare. Tour construite en pierre ou en fer sur un point élevé et dans laquelle on installe une forte lanterne destinée à guider la marche des navires pendant la nuit.

Picolet. Nom donné à un crampon à tenon ou à pattes fixé sur le palastre d'une serrure et maintenant le pêne en le guidant dans sa course.

Pièce. Une pièce est une partie ou une portion d'un ensemble. On dit : une *pièce d'appui* pour désigner la traverse inférieure du dormant d'une croisée ; *pièce rapportée*, etc.

Pied. On désigne ainsi la partie basse d'un objet, d'une colonne, etc... Le *pied de biche* est un outil dont le bout en chanfrein fendu sert à arracher du bois les clous et les pointes. C'est aussi une barre de fer qui ferme, en arc-boutant, les portes cochères.

On donne, dans une serrure, le nom de *pied de broche* à une plaque de fer qui se met en dehors du palastre ou en dehors de la couverture de cette serrure pour consolider le pied de la broche et l'attacher solidement.

Pieux. On dit aussi : *pilots* ou *pilotis*. Nom donné à de grosses pièces de bois armées de fer et servant dans les fondations de ponts ou autres édifices. On se sert aussi de *pieux à vis* formés d'un tube creux rempli à son extrémité par une pointe en fer forgé et portant au-dessus de cette pointe un plateau en tôle refendu en quatre ou six endroits, relevé en hélice et fixé sur le pieu, au moyen de deux bagues en fonte ayant, en section, la forme d'une cornière.

Pige. Nom donné à une grande latte de 2 et même 4 mètres de longueur servant

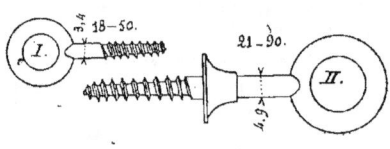

Fig. 122.

aux ouvriers comme jauge ou instrument de mesure.

Pignon. Nom donné, dans une serrure, à une pièce munie de dents s'engrenant dans des crans du pêne. En général le pignon est un cylindre cannelé dont les cannelures s'engrènent avec les dents d'un corps voisin, quand la grosseur de ces dents est égale aux intervalles des cannelures. On s'en sert dans la construction des verrous. Les pignons font souvent marcher des crémaillères.

Pilastre. On donne, dans une rampe d'escalier, le nom de *pilastre* au dernier barreau qui la termine par le bas. C'est aussi, en serrurerie, un montant à jour placé de distance en distance dans une grille, un balcon, marquant les travées et augmentant la solidité de l'ensemble.

Les grilles sont ordinairement placées

entre deux pilastres en fer sur lesquels elle est montée à colliers.

Pièce. On désigne ainsi une barre de fer servant de levier pour manœuvrer des pièces lourdes.

Pipe. Petite cale servant à serrer une barre de fer passant dans une autre.

Piquer. C'est dessiner sur le plâtre avec une pointe, l'emplacement de toute la garniture; c'est ce qu'on nomme mettre au trait.

On dit aussi *piquer un dessin*. En serrurerie, piquer c'est tracer avec une pointe sur le palastre d'une serrure les lignes et le contour des pièces composant la serrure.

Piton. Nom donné à un objet de quincaillerie dont nous indiquons le croquis (*fig.* 122) et dont on se sert souvent pour tenir un crochet, une tringle, une corde, etc... En I, *piton ordinaire* se faisant en fer ou en cuivre; en II, *piton à embase*. Dans ces deux exemples, le premier chiffre indique, pour le commerce, le numéro de la jauge décimale auquel correspond le diamètre ; le second indique la longueur de la pièce en millimètres. La tige d'un piton peut être à vis, à patte, à pointe ou a scellement suivant l'endroit où il doit être posé. Les *tirefonds* et les *lacets* sont des pitons de formes spéciales.

On donne le nom de *piton de rampe* à un objet de fonte ornée recevant l'extrémité inférieure d'un barreau de rampe et se vissant sur le limon d'un escalier.

Pivot. On désigne ainsi une pièce métallique qui tourne sur son axe. On s'en sert généralement pour les portes cochères ou pour les portes qu'on veut faire fermer seules. Les pivots tournent ordinairement dans une *crapaudine* dont nous connaissons la forme.

Les Romains se servaient de pivots en bronze et en fer et confondaient sous la dénomination de *cardo* ou *cardinatus* tout ce qui dépendait du pivot. Les Grecs, au contraire, distinguaient chacune de ces parties par des mots distincts: ils appelaient *stophyx* le pivot, et *stophens*, la crapaudine dans laquelle le pivot jouait.

Les deux croquis (*fig* 123), montrent une paire de plaques d'about en bronze tirées de modèles égyptiens du Musée britannique (Rich, *Antiquités romaines et grecques*); elles étaient fixées au haut et au bas d'un battant de porte pour faire l'office de pivots; les axes de bois étaient revêtus de bronze pour supporter le frottement.

Les deux croquis (*fig.* 124) représentent des pièces creusées qu'on introduisait dans le seuil et dans le linteau de la porte pour faire l'office de crapaudines dans lesquelles les pivots tournaient.

Nous aurons l'occasion d'étudier les pivots en détails en parlant des grilles et autres grandes portes.

Pivotant. Indique un objet ou une machine tournant autour de son axe ; on dit : une *grue pivotante*, etc.

Placard. On donne ce nom à une armoire creusée dans un mur : le serrurier doit faire la pose des ferrements de cette partie. La fermeture a lieu au moyen de serrures simples nommées serrures d'ar-

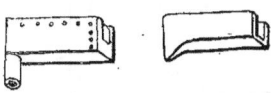

Fig. 123.

moires ; les autres ferrements sont: un *ressort d'armoire* avec *mentonnet* qui s'emploie pour fermer le vantail de la gâche, ou un crochet d'armoire avec son piton, (le ressort est préférable) des pattes à scellement de 0^m,11 et de 0^m,003 d'épaisseur ; des charnières longues en fer employées en feuillure pour les bâtis en chêne, et des charnières carrées en fer employées à plat pour les bâtis en sapin.

Plafond. On emploie souvent les plafonds vitrés, dans les combles, pour éviter la vue du lanterneau. Ces plafonds sont construits avec des petits fers T ou des fers à vitrages et présentent divers dessins. Ils ne sont pas toujours horizontaux mais souvent cintrés de différentes manières.

Plain-Pied. Expression souvent employée pour montrer que deux pièces, ou un palier et une pièce sont au même niveau.

Plan. On nomme ainsi les dessins à une échelle déterminée que l'architecte remet à l'entrepreneur pour l'exécution d'un travail.

On dit aussi *faire un plan* pour indiquer un relevé sur place d'une construction existante ; c'est faire *un lever de plan*. Les ouvriers disent souvent : j'ai le *plan par-terre* de la construction, pour indiquer qu'ils ont une coupe horizontale de cette construction à élever, cette coupe étant faite au ras du sol.

Planche. On donne le nom de planche à une feuille de tôle mince formant garniture dans une serrure. Cette planche, parallèle au pilastre, y est fixée par deux pieds à pattes rivées. Elle est destinée à empêcher de tourner toute clef qui n'est pas entaillée pour elle. La planche n'est pas toujours simple et plate ; on y adapte un petit filet qui prend le nom de *pertuis*. Elle partage le panneton *p* en deux parties égales (*fig.*

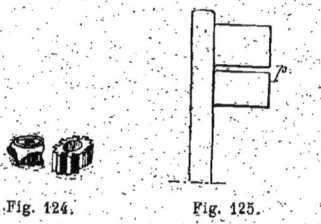

Fig. 124.   Fig. 125.

125). On distingue les planches comme suit :

Planches *foncées*, *hastées* et renversées en dehors ; planches *foncées* et *hastées* en crochet ; planches *foncées* en fût de vilebrequin, etc. Les planches à dessin sont des panneaux en bois encadrés sur lesquels on colle le papier pour dessiner.

Plancher. On donne le nom de plancher à un assemblage de pièces de fer supportant l'aire horizontale d'un étage dans une construction ; ces planchers sont le plus souvent composés de poutres ou filets, de solives, de chevêtres, etc. (Voir la *Charpente en fer* pour tous les détails sur les planchers en fer.)

Planer. C'est, en serrurerie, dresser des feuilles de tôle ou de cuivre en les battant à froid avec un marteau à tête large.

Plaque. On distingue, en serrurerie, plusieurs espèces de plaques :

1° Les *plaques d'inscription*, ce sont des feuilles de tôle ou de cuivre ou des plaques de fonte, émaillées ou non et portant certaines inscriptions, des traits de niveau, des numéros de maison ou toute autre indication ;

2° Les *plaques* pour foyer, en fonte ou en tôle, dont nous avons déjà parlé ;

3° Les *plaques de recouvrement*, servant à boucher le vide dans lequel on loge un mouvement de sonnette par exemple ;

4° Les *plaques d'assemblage* employées comme couvre-joints dans la construction

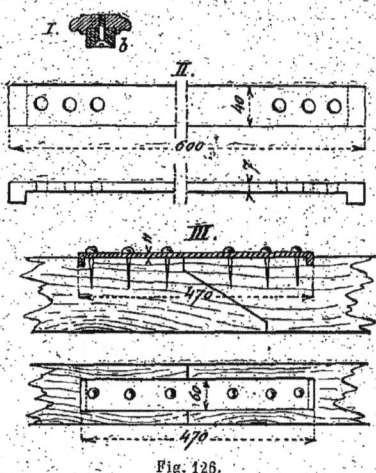

Fig. 126.

des poutres ; les *plaques d'entrée* employées dans les serrures, etc.

Plats. Nom donné aux fers du commerce beaucoup plus larges qu'épais ; on dit *fers plats* ou fers *méplats*.

Plate-Bande. On désigne ainsi une bande de fer plat servant à réunir deux pièces jointives ; on s'en sert dans les planchers en bois, dans les pans de bois, dans l'assemblage de deux parties de limon, etc. La bandelette en fer placée à la partie haute des barreaux d'une rampe et recouverte par une main courante en chêne, noyer, acajou ou autre bois est une plate-bande.

Nous donnons (*fig.* 126) : en I, la coupe d'une bandelette *b*, avec l'indication de la main courante fixée avec une vis ; en II, le croquis d'une plate-bande en fer servant à relier des pièces de bois situées dans un même plan ou les deux parties d'une pièce coupée dans sa longueur; c'est comme le montre ce croquis, un fer plat de 40 × 7 avec talon à chaque extrémité. Ces plates-bandes sont fixées sur le bois avec des clous mariniers ; en III, nous voyons le croquis d'une plate-bande fixée dans le bois avec des tirefonds ou de gros clous et servant à l'assemblage de deux pannes sur un arbalétrier. Pour assembler deux parties de limon, la plate-bande employée est en fer plat de 40 × 7 et a 0ᵐ,60 de longueur ; elle couvre chaque assemblage et est fixée avec vis.

Platine. On donne le nom de platine à un morceau de fer plat sur lequel on attache une pièce quelconque, verrou, targette, loqueteau ; cette platine est évidée suivant différentes formes ; on dit qu'un verrou, qu'une targette, etc., sont montés sur platines.

Plomb. C'est un métal gris bleuâtre dont la coupe et très brillante, se laissant entailler par l'ongle, très malléable, peu ductile, et peu tenace, fond vers 340 degrés, poids spécifique, 11,35 ; peu employé par le serrurier. On donne aussi le nom de plomb aux petites pièces, généralement en cuivre, qu'on attache à l'extrémité d'une ficelle pour vérifier si un objet quelconque est bien vertical (fil à plomb).

Plomber. C'est se servir du fil à plomb.

Plus-value. Dans cerains cas, l'architecte accorde dans les prix portés dans un mémoire des plus-values pour certains objets ou travaux d'une nature spéciale exigeant plus de façon ou de main-d'œuvre que les articles similaires prévus à la série.

Poids. On désigne ainsi l'effet qu'exerce un corps, en vertu de la pesanteur, sur l'obstacle qui le soutient. On désigne, sous le nom de *poids spécifique* d'un corps, le poids de l'unité de volume de ce corps.

Pour les principaux métaux employés par le serrurier nous aurons :

Fer fondu . . . 7 200ᵏ,00 le mètre cube
Fer forgé . . . 7 788 ,00 —
Acier non trempé 7 829 ,00 —
Acier trempé . 7 819 ,00 —
Cuivre fondu . 8 850 ,00 —
Cuiv. lam. ou forgé 8 250ᵏ,00 le mètre cube
Bronze . . . . 8 620 ,00 —
Etain . . . . . 7 290 ,00 —
Plomb . . . . . 11 350 ,00 —
Zinc fondu . . 6 860 ,00 —
Zinc laminé . 7 200 ,00 —

Poignée. Nom donné à une pièce de quincaillerie en fer, fonte, bronze, etc., qui sert en la prenant dans la main à enlever, tirer, ouvrir divers objets. On distingue : les *poignées d'espagnolettes*, les *poignées de crémone*, les poignées à *pointes molles* et *poignées à pattes*, les poignées *brisées* ou *à tourillons*, les *poignées de robinet*, etc...

Poinçon. Le poinçon est une pièce de charpente dont nous avons vu l'usage dans la *Charpente en fer* et sur lequel nous ne reviendrons pas. C'est aussi, en serrurerie, un outil qui sert à faire un trou dans le fer en frappant avec un marteau. Celui qui perce le fer à chaud se nomme *poinçon à chaud* ; il est souvent emmanché ; celui qui perce à froid se nomme simplement *poinçon*. Il peut être de forme prismatique, carrée ou méplate ; il y en a aussi de ronds et d'ovales, selon la forme qu'on désire donner au trou.

Il est acéré et trempé, il doit être d'acier doux pour ne pas s'égrainer.

Pointe. Nom donné à tout objet dont l'extrémité est aiguë et piquante. On dit : cet objet est terminé en pointe. On donne quelquefois le nom de *pointe* à certains clous ; on dit : pointes de Paris. Une *pointe molle* c'est l'extrémité aiguë d'un piton, d'une poignée, etc., qui peut facilement se courber ou se river. Une *pointe carrée* est un outil emmanché dont se servent les serruriers, pour commencer le trou où doit entrer une vis. Le *cherche-pointe* est également un outil du serrurier lui servant à chercher les trous des ailes des fiches. La *pointe à tracer* sert à marquer des points de repère sur les métaux.

Pointeau. On donne ce nom à une espèce de petit poinçon servant à marquer sur le fer à la place d'un trou ou de tout autre objet. Il se termine en pointe conique ; on frappe sur le pointeau avec le marteau.

Poire. Nom donné à une boîte en bois ayant la forme d'une poire, et placée à l'extrémité d'un cordon de sonnette électrique.

Poitrail. Fortes pièces métalliques placées horizontalement sur des piliers, sur des massifs de maçonnerie, etc., et destinées à supporter parfois de fortes charges. Les *filets* et les *poitrails* ont la même composition que les linteaux et ne diffèrent que par leurs dimensions.

A Paris, un poitrail employé en façade ne doit pas avoir plus de 3 mètres de portée sans point d'appui, colonne ou pile.

Les *poitrails* sont, le plus souvent, composés de deux ou d'un plus grand nombre de fer à I reliés entre eux par des brides ou par des boulons à quatre écrous ; lorsqu'on emploie les brides, on maintient leur écartement par des croisillons.

On fait aussi des poitrails en poutres composées de tôles et de cornières.

Voir les détails des poitrails et de leurs assemblages dans la *charpente en fer*.

Polastre. On désigne ainsi un réchaud composé de deux plaques de fer réunies au moyen de boulons et servant à recevoir des tuyaux de fer ou de cuivre qu'on désire réparer en les soudant.

Poli. Polir une surface c'est la rendre unie et brillante ; certaines pièces de serrurerie finies sont polies à la lime ; après l'emploi de la lime on termine, pour les pièces soignées, avec le papier d'émeri fin.

Pommelle. Ferrure de porte. On écrit plus souvent *paumelle*.

Ponceaux. On donne ce nom à des passerelles ou à de petits ponts ayant 4 à 5 mètres d'ouverture.

Pont. Construction formée d'arches ou de tabliers en fer et servant à franchir un fleuve, une rivière, ou à relier deux points séparés par une dépression de terrain. On nomme *pont biais* celui qui est établi obliquement par rapport à la direction de l'axe du fleuve ou de la route qu'il traverse.

Pontet. On donne le nom de pontet à la partie basse d'un barreau de grille. Cette extrémité des barreaux d'une grille peut être arrondie, terminée en pointe quadrangulaire, ou recevoir des pièces rapportées plus ou moins ornées.

Porte. On désigne ainsi une ouverture pour entrer et sortir ; c'est aussi le nom qu'on donne au châssis plein ou ajouré servant à fermer cette ouverture. En serrurerie, on construit en fer : des portes-roulantes, des portes servant à fermer l'entrée des cours ou qui forment les parties ouvrantes d'une grille ; nous donnerons tous les détails de ces portes dans un chapitre spécial.

Porte-à-faux. Se dit d'une construction qui n'est pas d'aplomb. On dit aussi qu'une solive est en porte-à-faux lorsqu'on la fait dépasser le mur où elle devrait être scellée, par exemple pour soutenir un balcon.

Porte-enseignes. Ce sont des consoles en fonte ou mieux en fer forgé destinées à porter suspendus des écriteaux ou figures en saillie sur les façades pour indiquer aux passants une hôtellerie ou un commerce quelconque.

Porte-foret. Nom donné à des instruments servant à remplacer l'archet, les drilles par exemple.

Porte-lanternes. Nom donné à des crosses ou potences devant supporter un système d'éclairage quelconque. On rencontre encore dans certaines campagnes des porte-lanternes en fer forgé et de style.

Portée. Se dit de la longueur d'une pièce de bois ou de fer, posée horizontalement et soutenue à ses deux extrémités par des supports. On dit souvent aussi : un fer à tant de portée, pour désigner la longueur de son scellement dans le mur.

Porte-lumière. Supports métalliques en fonte, fer forgé ou bronze appliqués contre un mur et destinés à recevoir des lampes.

Porte-manteaux. On désigne ainsi des *patères* isolées ou réunies sur une plaque de tôle ou de cuivre et destinées à recevoir les vêtements ou les objets portatifs dont on se débarrasse en rentrant chez soi ou dans un lieu quelconque.

Porter. Expression employée par les ouvriers pour dire qu'une pièce a tant de longueur et tant de largeur. On dit : telle pièce porte une longueur sur une largeur et une hauteur de...

On dit aussi *porter à faux*, expression déjà définie ci-dessus.

Pose. C'est la mise en place d'objets quelconques. On dit : la pose d'un plancher, la pose d'une charpente, la pose d'une serrure, etc.

Poser. C'est faire la pose ou la mise en

place d'un objet. On dit : poser de champ, poser à plat, poser en décharge, etc.

Poseur. Nom donné aux ouvriers chargés de la pose. Exemple : le poseur de sonnettes. Le *contre-poseur* est un ouvrier qui aide le poseur.

Position. Se dit de la manière de se tenir pour un ouvrier qui travaille. Ainsi le limeur doit être debout, près de son établi, la jambe gauche sous l'étau, la jambe droite quelques centimètres en arrière ; cette dernière lui sert de point d'appui et augmente sa force. En donnant le coup de lime, en poussant, il raidit la jambe gauche et étend les bras ; la force doit partir seulement des épaules, le corps ne fait que de petits mouvements, la tête est droite sans raideur et sans gêne.

Postes. Ornements employés dans les grilles et dans les frises de balcons et placés entre la barre d'appui et la première traverse horizontale ou dans les grilles, entre deux traverses horizontales.

Poteau. On donne le nom de *poteau cornier* au montant qui forme l'angle d'un pan de fer ; il se compose, le plus souvent, de deux fers ⊥ et d'une cornière réunis par une pièce en fer placée à l'intérieur des fers. Nous en avons vu des exemples dans la *Charpente en fer* à l'article *pans de fer*.

Potence. Nom donné à des consoles ou supports en fonte ou en fer forgé et servant à soutenir un balcon, une enseigne, une poulie de puits, une lanterne, etc...

Poucier. Nom donné à une petite plaque de fer ou de cuivre qu'on manœuvre avec le pouce. Dans le *loquet à poucier* cette pièce bascule et soulève la tige du loquet pour l'enlever de son *mentonnet*. On fait des coulisseaux et des verrous à poucier.

Poulie. Nom donné à une petite roue en métal pleine ou évidée présentant une gorge ou canal sur sa circonférence permettant d'y loger une corde ou une chainette. Les poulies sont très employées dans la construction mécanique.

Pousse-fiche. Outil du serrurier servant à faire sortir les broches des fiches. C'est simplement un morceau de fer ou d'acier cylindrique un peu aminci à l'une de ses extrémités et sur lequel on frappe avec un marteau.

Poutre. Nom donné aux solives ou pièces de fer destinées à former un plancher ou à soutenir les matériaux placés au-dessus d'une baie de grande dimension. Les poutres remplacent les points d'appui dans les grandes portées libres. Les poutres, si la portée est trop grande, peuvent être soulagées par des colonnes (Voir dans la *charpente en fer* les différents types de poutres).

Poutrelle. On désigne ainsi de petites poutres. C'est le nom souvent donné par les ouvriers aux solives d'un plancher.

Pratique. On dit qu'un ouvrier a de la pratique pour indiquer qu'il connaît bien son métier, qu'il travaille depuis longtemps dans la même partie.

Présenter. C'est mettre une pièce en place sans la fixer, pour se rendre compte si elle a bien les dimensions voulues ; on présente une porte, une fenêtre, un châssis, etc..., dans la baie où ils seront fixés. On présente une serrure, une charnière, etc...

Prix. On désigne ainsi la valeur d'une chose. On dit : prix de revient, prix en demande, prix en règlement, prix de base, etc..

Projet. Nom donné à un dessin à l'échelle représentant l'ensemble, les plans, coupes et élévations d'une construction ou d'un objet quelconque conçu suivant un programme déterminé et servant d'étude préliminaire.

Propriété. Qualité que présentent certains métaux ; ainsi : le fer jouit de la singulière propriété de se souder à lui-même à une haute température (1 200 à 1 400 degrés). Le fer jouit de la propriété magnétique, etc..

Puits (armature de). Nom donné aux petites constructions en fer forgé qu'on place au-dessus de la margelle d'un puits servant à fixer la poulie.

Punaise. Sorte de petite pointe acérée très courte, à tête large, dont on se sert pour fixer des feuilles de papier sur des planches, des cartons, etc...

Pupitre. On dit : pupitre-lutrin. C'est un support en fer forgé porté sur un trépied et servant à mettre un livre et permettre la lecture debout.

78 SERRURERIE.

Quadrangulaire. Qui a quatre angles; on dit aussi *quadrangulé*.

Quadrilatère. Polygone à quatre côtés.

Qualité. En serrurerie on emploie sou-

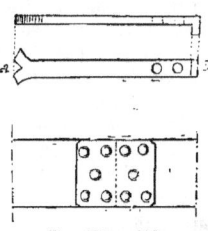

Fig. 127 et 128.

vent l'expression: les matériaux utilisés seront de première qualité.

Queue. On donne le nom de *queue-de-carpe* (*fig.* 127) à une pièce de fer faisant partie des gros fers d'un bâtiment ; c'est une patte en fer forgé dont une extrémité *a* est fendue pour se sceller dans la maçonnerie et l'autre *b* est souvent terminée par un talon.

On donne le nom de *queue-de-rat* à une lime ayant une section circulaire ;

On désigne sous le nom de *queue-de-cochon* une espèce de pointe vrillée.

Quincaillerie. Nom donné aux différentes pièces métalliques qu'on trouve dans le commerce et qui sont utilisées par les serruriers.

Quinconce. Dans les assemblages on dispose souvent les rivets en *quinconce*, comme nous l'indiquons (*fig.* 128).

Rabais. C'est une diminution de prix qu'on impose à l'entrepreneur ou qu'il consent à faire sur un travail. On dit aussi *adjudication au rabais* pour désigner que l'entrepreneur choisi sera celui qui fera le plus de rabais pour l'exécution d'un travail.

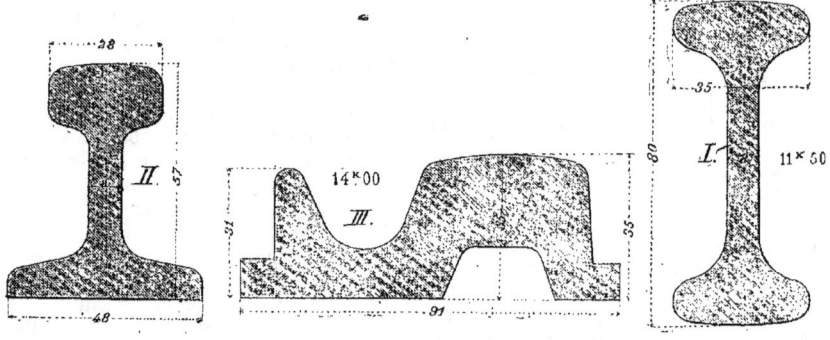

Fig. 129.

Rabattre. C'est régler à la forge les coups de marteau à devant ; c'est aussi effacer à petits coups de marteau sur une pièce forgée les inégalités produites par les grands coups de marteau. C'est en serrurerie le synonyme de *parer*.

Racage. Nom donné à un collier en fer reliant deux pièces de charpente.

Raccorder. C'est faire un raccord ; faire un raccordement.

Racheter. C'est corriger, redresser, régulariser, etc.

Rail. On donne le nom de *rail* (*fig.* 129), à une barre de fer ou d'acier laminé qui sert de support et de guide aux roues d'un wagon, d'un wagonnet, d'une locomotive, etc., roulant sur la *voie*. Les rails, les plus connus, sont les rails I à *double champignon* et les rails II à *simple champignon*, nommés aussi rails à *patin* ou rails vignole. Les rails III creusés en gorge servent, dans les rues des grandes villes, à la circulation des tramways. Dans certains cas, pour les portes roulantes et

ÉNUMÉRATION DES EXPRESSIONS EMPLOYÉES PAR LES SERRURIERS.

les ponts roulants d'ateliers, on se sert de rails simplement formés d'un fer plat posé verticalement.

Les rails de chemin de fer à double champignon, à champignon et patin sont quelquefois employés dans la construction des planchers (vieux rails hors de service). On s'en sert alors pour les petites portées et pour la construction des linteaux ; ils ne seraient donc pas avantageux pour les grandes portées, car pour leur peu de hauteur ils sont très lourds et chargeraient inutilement les murs.

Raffinage. On supplée à l'irrégularité de tissu de l'acier par le *raffinage* et le *corroyage* ; c'est le moyen de lui donner du corps et une densité uniforme quand on ne peut le refondre.

Rainer. C'est pratiquer une *rainure* dans une pièce de fer, de cuivre ou d'acier.

Rampe. Balustrade d'escalier en bois ou en fer disposée pour servir d'appui.

La rampe ou main-courante d'un escalier doit avoir une hauteur de 1 mètre mesurée verticalement du dessus de la marche jusqu'au-dessus de la main-courante. Les rampes de $0^m,90$ sont une limite inférieure.

L'écartement des barreaux doit être au maximum de 0,160 d'axe en axe.

Ordinairement les rampes se font à *barreaux* ou à *remplissage*, à *l'anglaise en saillie*, ou à *la française*, c'est-à-dire posée sur le limon.

Les rampes, dont les montants s'emmanchent dans le limon ou dans les marches par leur extrémité pointue, se nomment

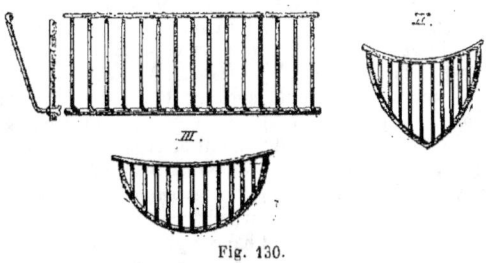

Fig. 130.

rampe à pointe ou à *rappointis*. On connaît encore : les *rampes à col de cygne*, les *rampes à pitons*, les *rampes à panneaux*, etc., dont nous verrons plusieurs exemples dans un chapitre spécial.

Les rampes d'escalier, qui servent de garde-corps, sont des ouvrages de serrurerie qui demandent un certain soin, et qui, anciennement, exigeaient beaucoup de travail et de goût de la part des ouvriers. Aujourd'hui, pour les ouvrages ordinaires, on se conforme le plus possible à la simplicité et à la ligne droite dans la confection des balcons ou rampes d'escalier.

Rampiste. Nom donné à l'ouvrier qui fait des rampes et plus spécialement les mains-courantes.

Rangette. Nom donné à une espèce de tôle commune et mince employée pour certains ouvrages et spécialement pour les tuyaux de poêle.

Râpe. Indépendamment de la lime ronde ou *queue-de-rat*, le serrurier fait aussi usage d'une grosse râpe queue-de-rat pour la pose des serrures et autres ferrements.

Rappel. Nom donné à un ressort d'une forme spéciale, *ressort de rappel* employé pour ramener un objet à sa place ; on s'en sert beaucoup dans la pose des sonnettes.

Rappointis. Espèces de broches en fer pointues à une extrémité très employées par les maçons et fournies par les serruriers.

Rapport. On dit : *pièce de rapport, pièce rapportée* pour désigner un objet fixé sur un autre ou à côté d'un autre pour boucher un vide, l'emplacement d'une gâche, d'une serrure, d'une charnière, etc.

Rapporteur. Demi-cercle en cuivre ayant la forme d'un demi-disque ajouré, divisé en 180 degrés et servant à mesurer et à tracer les angles sur le papier ou sur une pièce quelconque.

Râteau. Nom donné à une ancienne garniture de serrure ayant la forme d'un râteau de jardinage ; les dents de ce râteau entraient dans les entailles pratiquées sur le museau des clefs. Ces entailles avaient l'inconvénient d'affaiblir beaucoup le museau de la clef.

Râtelier. Espèce d'échelles ou de corbeilles métalliques placées le long des murs d'une écurie et servant à maintenir le foin et les fourrages servant à la nourriture des animaux, principalement des chevaux.

Les trois principaux types de râteliers en fer qu'on place dans les écuries ou dans les boxes d'élevage sont indiqués en croquis (*fig*. 130). En I nous représentons le râtelier droit en fer ; en II, le râtelier corbeille ronde ; enfin en III, le râtelier d'angle.

On nomme aussi râtelier la planche placée sur le côté d'un établi et servant à placer les outils à manche.

Ravaler. En serrurerie on dit : *ravaler l'anneau d'une clef*, c'est la faire passer, à l'aide d'une espèce de mandrin nommé *racloir*, de la forme *ronde* à la forme *ovale*.

Rayon. Distance constante qui existe entre le centre et un point quelconque d'une circonférence ou de la surface d'une sphère.

Rebord. Nom donné au côté d'une cloison de serrure traversé par le pêne et nommé aussi *têtière*.

Réception. Faire la réception des matériaux c'est, lorsqu'ils arrivent sur le chantier, les recevoir après en avoir reconnu la bonne qualité. Faire la réception des travaux, c'est faire avec les entrepreneurs une revue générale des travaux et les accepter.

Réclamation. Lorsqu'un mémoire a été réglé il arrive souvent qu'un entrepreneur fait une réclamation sur certains articles qu'il juge mal évalués par les vérificateurs.

Réconfortatif. Se dit, en serrurerie, des travaux exécutés en vue d'une consolidation d'un plancher, d'une charpente, etc. On dit aussi : *travaux confortatifs*.

Reconnaître. C'est vérifier l'exactitude d'un *attachement*.

Rectangle. Se dit des figures à angle droit : un triangle rectangle, un parallélogramme rectangle ; se dit particulièrement d'un quadrilatère dont les quatre angles sont droits et les côtés égaux deux à deux.

Rectangulaire. Qui a ses angles droits. Un parallélipipède à base rectangulaire.

Recuire. C'est chauffer au rouge une pièce d'acier trempé trop dur pour l'adoucir. C'est aussi chauffer du fer écroui pour lui rendre sa ductilité.

Récusation. Terme employé pour *expertise*.

Redorer. Dorer à nouveau.

Réduire. C'est reproduire un dessin ou un objet quelconque à une échelle ou à des dimensions plus petites.

Réduit. Terme employé par les métreurs-vérificateurs pour indiquer une moyenne. On dit : 1^m,50 réduit par exemple, cette dimension étant la moyenne de deux ou trois longueurs.

Réfection. C'est la réparation complète d'un ouvrage nécessitée par une mal-façon, la vétusté ou un accident.

Refend. Murailles ou clôtures légères servant de cloison à l'intérieur d'un édifice. Lorsqu'on désire gagner de la place on fait souvent ces murs ou cloisons de refend en pans de fer.

Refendre. C'est couper avec la tranche, une barre de fer plat chauffée en plusieurs barres plus étroites. C'est aussi faire, dans un panneton de clef, les fentes nécessaires au passage des garnitures d'une serrure.

Réflecteur. Miroir métallique, nickelé ou argenté, servant à renvoyer la lumière dans un endroit sombre.

Refouler. C'est une opération de forge qui consiste à marteler un fer rouge par le bout pour le faire rentrer en lui-même. On peut aussi refouler le fer en le frappant directement sur le *tas* ou sur l'enclume sans le secours du marteau. On refoule avant d'amorcer pour souder.

Refouloir. Nom donné au ressort en fer forgé servant à repousser un guichet pratiqué dans une grille, une porte-cochère, etc.

Regard. Nom donné à différents types de plaques de fonte employées pour fermer diverses ouvertures. On dit : *regard d'égout*.

Règle. Tringle de fer mince et graduée servant à mesurer et à tracer des lignes.

Règlement. Faire le règlement d'un mémoire c'est mettre à l'encre rouge les prix de la série, lorsque le mémoire est fait en demande ; lorsque ce mémoire est fait en règlement, il suffit de vérifier les calculs et de contrôler les prix de série.

Les prix de règlement se composent : du déboursé, des faux frais, du bénéfice, des avances de fonds, quantités variables suivant les corps d'état.

Les entrepreneurs doivent aussi se conformer aux *règlements de police* relatifs aux constructions. On dit aussi *règlements d'administration publique* comprenant les lois, ordonnances, décrets, etc.

Il y a aussi les règlements d'épreuves des ponts.

Régner. Ce mot est employé pour indiquer que deux pièces sont à la même hauteur. On dit : ce filet règne avec le bandeau pour indiquer qu'il est placé au même niveau et qu'il a même hauteur.

Relever. Ce mot, en serrurerie, est le synonyme de repousser.

Remettre. C'est en serrurerie, replacer, rajuster une pièce quelconque. On dit : remettre un mouvement de sonnette, une bascule, etc., sur leur tirage.

Remonter. C'est remettre en place toutes les pièces d'un objet de quincaillerie ou de serrurerie qu'on a démonté pour le nettoyer ou pour le réparer ; c'est aussi assembler toutes les pièces d'une grue, d'une chèvre ou d'un engin quelconque.

Remplissage. On donne le nom de poteau ou solive de remplissage aux fers qui, dans un pan de fer ou dans un plancher, sont assemblés avec les pièces principales pour remplir les vides, mais ne contribuent pas d'une manière essentielle à la solidité.

Rendre. On dit rendre un dessin, faire un rendu ; c'est le terminer au trait ou au lavis. On dit : le rendu d'un projet.

Renflement. On donne ce nom à l'augmentation de diamètre d'une colonne ; on dit aussi *galbe*.

Renforcé. On désigne ainsi les pièces de quincaillerie plus fortes que celles dont on se sert le plus souvent ; on dit : une charnière renforcée, une équerre renforcée, etc.

Renforcer. C'est donner plus de solidité, plus de force, soit par une épaisseur plus forte donnée à l'objet, soit par l'addition d'armatures, etc.

Renfort. Pièce de fer soudée sur un ouvrage en fer pour le fortifier.

Rentrant. On dit un angle rentrant, c'est le contraire d'un angle saillant.

Renvoi. Terme employé dans les mouvements de sonnette ; c'est une pièce de fer ou de cuivre fixée au mur par un clou et transmettant le mouvement d'un cordon à une sonnette.

Réparation. C'est la remise en état d'un objet détérioré.

Réparer. C'est faire la réparation d'un objet de quincaillerie ou de serrurerie.

Répétition. Se dit en serrurerie d'une série de rinceaux, d'enroulements, d'entrelacs se répétant pour former une frise, un bandeau, un listel, etc.

Repère. Se dit des points, des marques fixes ayant pour objet de fournir des indications pendant la durée d'un travail.

On donne aussi le nom de repère à des plaques de fonte scellées sur les murs d'un édifice ou d'une habitation particulière et sur lesquelles sont gravées l'indication de la différence qui existe entre le niveau moyen de la mer et le niveau où la plaque est posée.

Repos. On désigne ainsi en serrurerie les parties réservées dans une pièce pour y former arrêt.

Reposer. C'est remettre en place une serrure, une porte, etc. Ce terme est très fréquemment employé dans les ouvrages en réparation.

Repousser. C'est relever au marteau un ornement de serrurerie.

Réservoir. Ce sont des récipients en tôle renfermant de l'eau pour divers usages ; on en fait des simples et des doubles ; ils ont le plus souvent la forme circulaire qui est la plus résistante et qui ne réclame aucune armature spéciale. On fait des réservoirs à ossature métallique et ciment, nous en verrons plusieurs types dans un chapitre spécial.

Résiliation. C'est annuler un bail, un marché, etc. On dit : résilier un bail, résilier un marché, etc.

Résistance. C'est la propriété que les corps possèdent de résister aux différents

Sciences générales.

efforts auxquels on les soumet. On dit : *résistance des matériaux*.

Cette résistance nécessite, surtout pour les métaux, une étude longue et minutieuse.

Nous savons qu'on range les différentes résistances de la manière suivante :

1° Résistance à la compression, résistance à l'écrasement ou force portante ;

2° Résistance à la traction, résistance à l'extension ou force tirante ;

3° Résistance au cisaillement ou force transverse ;

4° Résistance à la flexion ou force ployante.

L'acier, le fer, le cuivre, le bois, etc., sont des matériaux propres au travail à la traction.

L'acier, le fer, le bois et même la pierre, etc., peuvent être employés à la flexion et au cisaillement.

Tous les matériaux peuvent, dans

Fig. 131.

des proportions différentes, travailler à la compression.

La résistance des métaux a été longuement étudiée dans la première partie du *Cours de construction* et dans la *Charpente en fer*.

Responsabilité. L'architecte, l'entrepreneur et, dans certains cas, les ouvriers sont responsables des travaux qu'ils exécutent ou qu'ils font exécuter.

Ressort. On donne ce nom à un corps qui se déforme par l'action d'une force et qui reprend sa forme première quand la force cesse d'agir. C'est ordinairement une bande ou fil métallique, presque toujours en acier, contourné et disposé de façon à utiliser son élasticité et sa flexibilité.

Il existe un très grand nombre de ressorts ; nous n'indiquerons que les principaux.

1° Le *ressort simple* (*fig.* 131) souvent employé pour fermer, dans une armoire, le vantail de la gache ;

2° Le *ressort à boudin* (fil ou lame enroulée en spirale) dont nous verrons des exemples dans l'installation des sonnettes et dans les serrures pour retenir et faire mouvoir le pêne à chanfrein ;

3° Le *ressort de rappel* (*fig.* 132) servant à tendre le fil de fer d'une sonnette ;

4° Le *ressort de sonnette* ;

5° Le *ressort à pompe* ou à *cylindre* ;

6° Le *ressort à chien* ;

7° Le *ressort à pied* ;

8° Le *ressort à foliot* ;

9° Le *ressort à torsion*, etc.

Retaille. Lorsqu'une lime est usée on la retaille souvent ; on dit aussi repiquer une lime.

Retombée. On dit la retombée d'un arc, la retombée d'un arbalétrier, etc., pour indiquer l'endroit où il repose sur un pied-droit ou sur un mur. On confond souvent ce mot avec le mot naissance.

Retour. On désigne ainsi le coin ou l'ex-

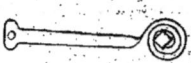

Fig. 132.

trémité d'une pièce qui change brusquement de direction. On dit souvent un retour d'équerre lorsque la pièce est coudée à angle droit.

Retourner. On dit retourner d'équerre ; retourner le chanfrein d'un pêne, c'est souder à ce pêne une nouvelle tête et faire le chanfrein dans le sens opposé.

Retrait. C'est la contraction subie par un métal fondu lorsqu'il se refroidit. On dit : le retrait de la fonte. Il faut, dans le moulage, tenir compte du retrait du métal.

La fonte, en se refroidissant, se retire de $0^{mm},011$ par mètre.

Rez-de-chaussée. C'est la partie d'une construction qui est au ras du sol. Se dit aussi des étages situés au-dessus du sol, à une hauteur inférieure à 2 mètres environ. Un rez-de-chaussée élevé de plusieurs marches.

Rideau. Nom quelquefois donné au tablier métallique d'un pont.

Rifloir. Lime employée par les serruriers

pour dresser le cuivre et dégrossir les ornements en bronze ; cette lime est taillée douce par le bout.

Rigole. Nom souvent donné à de petits canaux en fonte de différentes formes.

Rinceau. Ornement composé de tiges fleuries disposées par enroulement. Les rinceaux sont employés comme motifs de décoration dans tous les styles.

Ringard. Outil du forgeron.

River. C'est rabattre la pointe d'un clou pour l'empêcher de lâcher prise. On dit : river une cheville, un tenon, etc., c'est frapper à petits coups, d'abord avec la *panne*, ensuite avec la *tête* d'un marteau sur le bout de la cheville et refouler le fer de manière à lui former une tête.

Rivet. Clou à tête ronde dont l'extrémité a été aplatie de façon à former une seconde tête. Les charpentes en fer sont assemblées à l'aide de rivets chauffés au rouge blanc et martelés. On exécute le rivetage à froid pour les petits travaux. On trouve dans le commerce des clous rivés : I, à têtes rondes, et II, à têtes plates (*fig.* 133).

Rivoir. Marteaux dont la *panne* sert à river.

Rivure. On désigne ainsi l'opération qui consiste à faire et à poser un rivet.

Rocaille. Ornements employés sous le règne de Louis XV et dont les enroulements, rappelant des feuillages, des coquilles sont d'un contour et d'une forme très caractéristique.

Rochet. Nom donné à une roue d'encliquetage dont les dents sont crochues et qui reçoit le *cliquet* d'arrêt d'une machine. On dit : *roue à rochet*.

Rochoir. Nom donné par les ouvriers serruriers à la boîte qui renferme le *borax* leur servant à souder.

Rodage. Ce mot signifie *roder*, c'est frotter l'une sur l'autre deux pièces métalliques pour qu'elles s'adaptent bien exactement.

Rondelle. Petit disque de métal percé d'une ouverture circulaire.

Rosace. Motif d'ornementation de forme circulaire. On donne le nom de *roses* aux rosaces de petites dimensions. Les rosaces employées en serrurerie sont généralement en fonte ou en tôle estampée ou repoussée. On en trouve un choix considérable dans le commerce.

Rosette. Petite plaque de tôle découpée se plaçant sous un bouton de tirage.

Rossignol. Instrument dont se sert le serrurier pour ouvrir une serrure dont la clef est perdue ; c'est une sorte de crochet qu'il passe entre les garnitures de la serrure pour attraper le ressort et les barres du pêne.

Roue. On dit : *roue à rochet* pour indiquer le rochet dont nous avons parlé précédemment.

Rouet. Garde ou garniture de serrure formée d'un morceau de tôle en arc de cercle entrant dans une fente ménagée dans le panneton d'une clef. Cette fente prend aussi le nom de rouet.

On distingue : le *rouet simple*, le *rouet*

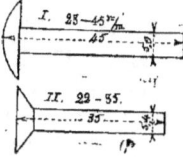

Fig. 133.

à *fond de cuve*, le *rouet foncé*, le *rouet à faucillon*, etc.

Rouille. C'est un hydrate d'oxyde de fer dont se recouvre ce métal lorsqu'il est exposé à l'air humide.

Roulette. Petit disque de métal ; c'est aussi un instrument de mesure servant à lever les plans.

Roulons. Nom donné aux barreaux ou échelons d'un râtelier.

Rouverain. Fer cassant à chaud. On dit : *fer rouverain*.

Rupture. On dit résistance à la rupture. (Voir la *Charpente en fer.*)

Rustique. Dans les petites passerelles métalliques des jardins, on imite souvent le *genre rustique*.

Sablière. On donne le nom de *sablières* aux pièces métalliques placées sur un mur et recevant l'about des chevrons.

Sabot. On nomme ainsi une pièce métallique enveloppant l'extrémité d'une pièce de charpente pilots ou arbalétriers et dont la forme varie suivant les besoins. Dans certains cas, à l'endroit où un arbalétrier de ferme retombe sur le mur, le sabot se compose d'un plateau en forte tôle de 0^m,014 rabattue de chaque côté pour agripper le mur, et l'arbalétrier porte deux plaques ayant la forme de cornières rivées à chaud dans le plateau et boulonnées avec le pied de l'arbalétrier. On fait aussi des sabots en fonte fixés sur les murs par des boulons à scellement ; ces sabots présentent un canal dans lequel pénètre l'arbalétrier, nous avons vu, dans la charpente en fer, différents exemples de sabots en fer et en fonte.

On donne aussi le nom de sabot à la partie G (*fig.* 53) formant l'extrémité inférieure du montant pivot d'une grille.

Saillie. On désigne sous le nom de *saillie* l'avance que fait sur le nu d'un mur une pièce métallique quelconque. Exemple, les chevrons d'un comble peuvent faire saillie sur le nu du mur, les balcons, colonnes, etc., peuvent aussi faire saillie sur le nu d'un mur. Il y a sur les saillies certains règlements que le constructeur en fer devra connaître pour ne pas s'exposer à des mécomptes.

Salle. Nom donné à une très grande pièce d'habitation. On désigne sous le nom de *salle des pas perdus*, une grande galerie publique ou grande salle précédant les salles d'audience dans un palais, les salles d'attente dans une gare, etc....

Salon. Pièce de réception dans un appartement. *Salon à l'italienne*, salon d'une hauteur de deux étages, éclairé par un plafond vitré ou une coupole.

Sanguine. C'est un minerai de fer ou fer oxydé rouge, dont l'une des variétés nous fournit le crayon d'un rouge brun dont se servent souvent les ouvriers pour faire les tracés en argent.

Sapine. Longues pièces de sapin servant à composer la charpente nécessaire au montage des matériaux dans une maison en construction. Les serruriers se servent des sapines installées par les maçons pour monter leurs fers aux différents étages.

Sauterelle. Nom donné à une fausse équerre ; c'est aussi un crochet de forme spéciale employé pour la suspension des barres d'écurie.

On donne également le nom de sauterelle à la branche de bascule droite d'un mouvement de sonnette servant à faire un ressaut au fil de fer ou cordon de tirage.

Sautillon. La partie de la gâche qui reçoit le demi-tour et qui, garnie d'un biseau recevant celui du pêne le fait glisser facilement, se nomme sautillon.

Scaphandre. Appareil employé pour exécuter des travaux sous l'eau.

Scellement. On donne le nom de scellement à la partie d'une pièce de serrurerie ou de quincaillerie disposée pour être scellée. Le scellement peut être *roulé*, à *queue de carpe*, *dentelé*, etc.. En architecture le scellement est l'action de sceller, de fixer dans la pierre à l'aide de plâtre, de soufre, de mastic de fonte, de ciment romain ou de plomb, des pièces de bois,

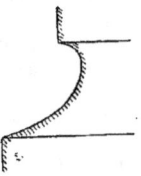

Fig. 134.

de marbre ou de métal. Les trous pour scellement ont ordinairement de 0^m,08 à 0^m,09 dans la pierre dure et 0^m,10 à 0^m,15 dans la pierre demi-dure. Dans les grilles on donne ordinairement aux scellements cinq fois la plus grande largeur du fer. Les extrémités des traverses se scellent au plâtre et les montants se scellent au ciment.

Le scellement au plomb est le meilleur si la pièce scellée doit recevoir des chocs. Pour les consoles en fer le scellement varie de 0^m,15 à 0^m,25; pour les solives en fer on met de 0^m,20 à 0^m,25 de scellement dans les murs ; pour les poutres il est préférable de leur donner, comme scellement, presque la totalité de l'épaisseur du mur.

Sceller. C'est fixer dans un mur ou dans une pierre des pièces métalliques.

Sciage. Lorsqu'une pièce métallique ne

peut ni se chauffer ni se couper à coups de marteau on fait alors usage, pour la sectionner, d'une scie, sorte de lime très mince striée sur les deux faces plates et consolidée par un dosseret.

Scie. La scie est un outil formé d'une lame mince en acier, dentelée sur l'un de ses bords, qu'on aiguise à la lime et qui, lorsqu'elle est trempée très dur, sert à scier le cuivre et le fer doux non trempé. On se sert quelquefois pour faire des limes à métaux, de ressorts d'horlogerie qui sont bien trempés et bien recuits, le serrurier fait sur ces ressorts les dents avec l'angle d'une lime.

La *scie à guichet* est une petite lime scie en forme de couteau dentelé.

La *scie à refendre* du serrurier est une véritable lime très mince avec des dents de chaque côté et servant à refendre les clés dans leurs pannetons.

Dans les ateliers métallurgiques on se sert de *scies circulaires* pour métaux ayant une grande puissance ; nous en avons vu des exemples dans la première partie du cours de construction.

Scier. Opération qui consiste à couper un corps avec une scie.

Scories. Nom qu'on donne aux *crasses* ou *mâchefer* provenant de la fabrication du fer. On donne aussi le nom de scories aux matières vitreuses qui nagent à la surface des métaux en fusion.

Scotie. Moulure à profil concave (*fig.* 134) formée de deux portions de courbes. On lui donne aussi les noms de rond creux de nacelle. Cette moulure doit son nom à l'ombre obscure que répandait sur elle la saillie convexe du *torus* supérieur de la base d'une colonne ; elle était aussi désignée sous le nom de trochyle.

Seconde. On dit que la fonte est de *seconde fusion* lorsque, fondue une première fois dans le haut-fourneau, c'est alors la fonte de première fusion, elle est refondue une ou plusieurs fois dans des moules creux.

Secret. On désigne souvent ainsi, en serrurerie, un objet de façon cachant l'entrée d'une serrure, d'un cadenas etc... Il y a des serrures à secret, des cadenas à secret. Les coffres-forts sont souvent à secrets ; ce sont alors des combinaisons spéciales dans la serrure.

Secteur. On donne le nom de secteur à la portion de cercle comprise entre deux rayons (*fig.* 135) et un arc de cercle. La surface d'un secteur peut s'exprimer ainsi :

$$S = \frac{l \times R}{2},$$

relation dans laquelle : S est la surface du secteur, l la longueur de l'arc et R le rayon du cercle.

On donne le nom de secteur sphérique au volume engendré par la rotation d'un secteur suivant un diamètre comme axe.

Section. On emploi souvent le mot section pour le synonyme de coupe.

Segment. Portion de cercle comprise entre un arc de cercle et sa corde (*fig.* 136). On donne le nom de segment sphérique à une portion de sphère comprise entre une surface courbe et un plan sécant.

Sémaphore. Nom donné à un porte-signal

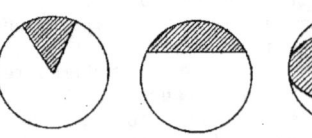

Fig. 135 à 137.

très employé dans les chemins de fer et souvent construit avec de petites poutres métalliques en treillis.

Semelle. On donne le nom de *semelle* à la pièce d'acier ébauchée et préparée pour faire une lime ; la mise en semelle d'une barre d'acier pour faire une lime se fait au marteau ou au laminoir et présente quelques difficultés.

On donne aussi le nom de *semelle* aux pièces métalliques, fer ou fonte, recevant un poitrail ou une autre pièce de charpente.

Sergent. Nom donné par corruption au *serre-joint*. Cet instrument sert à rapprocher avec force et à tenir fortement réunis deux objets qu'on veut joindre ; c'est une barre de fer portant à une extrémité une branche d'équerre et à l'autre une partie mobile de même forme. C'est un instrument très employé par le menuisier, le serrurier s'en sert dans la pose.

Série. On donne le nom de *série de prix* à un tarif des prix appliqués aux travaux du bâtiment et servant à régler les mémoires. Chaque corps d'état a sa série spéciale.

Serre. On donne le nom de serre à un lieu couvert ou l'on abrite les plantes qui redoutent le froid.

On distingue : la *serre froide*, ainsi nommée parce que la température peu descendre jusqu'à zéro degrés mais jamais au dessous ; la *serre tempérée* dans laquelle la température doit être de 15 à 20 degrés dans le jour et de 12 à 15 degrés la nuit ; la *serre chaude* ou la température est constamment maintenue entre 25 et 30 degrés ; enfin les *aquariums* qu'on peut considérer comme des serres pour les plantes aquatiques ; l'eau de ces aquariums peut atteindre une certaine température à l'aide de tuyaux en serpentins placés à leur partie inférieure.

Sous le rapport de la forme les serres peuvent se classer comme suit :

La serre à vigne adossée sans pied-droit ; la serre adossée avec pied-droit ; la serre adossée avec pied-droit et comble cintré ; la serre adossée parabolique ; la serre hollandaise avec pied-droit et comble droit ; la serre hollandaise avec pied-droit et comble cintré ; la serre hollandaise parabolique ; l'orangerie. Nous donnerons, dans un chapitre spécial, les différents types de serres, leur mode de construction, de chauffage, etc.

Serrure. On donne le nom de serrure au mécanisme en fer ou en cuivre servant à fermer les portes, les armoires, les coffres les tiroirs, les meubles et se composant de trois parties importantes : la *serrure* proprement dite, la *clef* et la *gâche*. Nous étudierons en détails ces différentes parties. Les serrures les plus connues sont les suivantes : les serrures becs-de-cane ; les serrures tour et demi ; la serrure à deux pênes, pêne dormant demi-tour et bouton double ; la serrure à pêne dormant, un seul pêne, deux tours; les serrures de sûreté ; les serrures dites de précision, à secret ou à combinaisons. En serrurerie on distingue les *serrures ordinaires* et les *serrures marquées* ou *estampillées*.

Serrurerie. Art du serrurier comprenant d'une manière générale le travail du fer, de l'acier et de la fonte pour obtenir les divers objets employés en construction. La serrurerie comprend : les gros ouvrages tels que poutres, solives, combles, pans de fer, ponts, serres, etc... les ouvrages de forges, grilles, chaines, rampes balcons, étriers, pentures, etc. ; les ouvrages provenant des fabriques, serrures, targettes, verrous, paumelles, charnières, etc.

Il y a des grilles, des pentures de différentes époques qui sont des chefs-d'œuvre de serrurerie et des merveilles d'art au point de vue d'exécution technique et de la composition décorative. Aujourd'hui la serrurerie est devenue une industrie et il existe peu de maisons ayant conservé la perfection ancienne, le consommateur voulant du beau au plus bas prix possible.

Serrurier. Nom donné à celui qui entreprend ou qui exécute les ouvrages de serrurerie.

Servante. Nom donné à la *chambrière* destinée à soutenir l'extrémité d'une longue pièce de fer dont l'autre extrémité est dans le feu de forge ou dans les mâchoires d'un étau.

Seuil. On donne le nom de seuil à une pierre ou pièce de bois placée en travers et au bas de l'ouverture d'une porte. Nous avons vu (*fig.* 106), qu'on pouvait faire aussi des seuils en fonte.

Sifflet. Appareil employé comme mode d'avertissement à l'extrémité de cordons, acoustiques.

Situation. Pendant le courant des travaux l'entrepreneur fait souvent relever un *état de situation* des travaux exécutés lui permettant d'obtenir un acompte. Dans les travaux administratifs les entrepreneurs ne touchent des acomptes que sur des états de situation dressés par l'architecte.

Socle. Nom donné à la bande de tôle rapportée sur le sommier d'une grille. C'est aussi l'empatement, en forme de congé, ménagé à la partie inférieure d'un montant de grille, d'un arc-boutant ou d'une console.

Soffite. Plafond, dessous d'un larmier, d'une corniche. Les soffites sont le plus souvent formés par des poutres en saillie ; il y a des soffites décorés de rosaces avec une grande richesse.

Solive. Se dit des pièces de charpente placées horizontalement et soutenant un plancher. On dit indifféremment, *solives* ou *poutrelles* en fer.

Sommation. Signification faite par l'architecte à un entrepreneur pour l'obliger à tenir ses engagements et à se conformer pour l'exécution des travaux dont il est chargé, aux clauses et conditions du cahier des charges générales et particulières.

Sommier. Dans une grille, on appelle sommier la traverse inférieure en fer carré venant s'assembler au montant-pivot par un goujon et s'appuyer sur le sabot ; à l'autre extrémité elle porte le montant-battement. Le sommier est percé de trous pour y placer les barreaux de la grille ou disposé pour recevoir l'assemblage des panneaux inférieurs en tôle.

On donne quelquefois le nom de sommier à une forte pièce de charpente reposant sur deux poteaux ou sur deux pieds-droits ; c'est aussi la planche posée à la partie supérieure d'une jalousie et sur laquelle sont placées les poulies et les cordes.

Sondage. Reconnaissance d'un terrain à l'aide d'appareils spéciaux dont le principal est la *sonde*.

Sonnerie. Appareils servant à établir des communications ou à appeler une personne éloignée du point où l'on se trouve.

L'appareil le plus simple de ce genre est la sonnette ordinaire ; viennent ensuite les sonneries électriques, aujourd'hui très employées dans les chemins de fer et dans nos habitations particulières. Nous en étudierons les principales dispositions dans un chapitre spécial.

Sonnette. Appareil servant à l'enfoncement des pieux ou pilotis pour la construction des piles de pont ou autres travaux hydrauliques ; c'est aussi une petite cloche montée sur un ressort dont on se sert dans les appartements.

Souder. C'est réunir ou relier deux pièces de métal au moyen de la soudure.

Soudure. Composition métallique en fusion, dont on se sert pour unir des pièces de métal ; travail de celui qui soude ; endroit soudé.

Soufflet. On donne le nom de soufflet et aussi de machine soufflante à toute machine ou appareil à l'aide duquel on lance dans l'intérieur d'un fourneau de l'air recueilli au dehors. Le plus simple de ces appareils est le soufflet de forge ; il y a aussi le soufflet à double vent, ou à deux vents dont se sert aujourd'hui le serrurier.

Soufre. C'est, comme nous le savons, une substance minérale jaune friable employée par les serruriers pour faire des scellements.

Souffrance (Jour de). Ouvertures pratiquées dans les murs mitoyens et comportant des barreaux posés par les serruriers.

Soulager. On dit qu'on soulage une poutre ou un poitrail supportant une forte charge en plaçant dessous une ou plusieurs colonnes en fonte.

Soupape. Pièce de fer ronde ou carrée montée à bascule et servant à boucher l'ouverture d'une gâche.

Soupirail. Ouverture destinée à donner de l'air et du jour à des caves, des sous-sols ou à des appartements souterrains.

Les soupiraux sont souvent garnis soit d'un ou de deux fers carrés, soit d'un seul barreau avec un rinceau ou autres ornements en fer ou en fonte, soit de panneaux, soit enfin de fermetures de baies ordinaires, lorsqu'ils jouent le rôle de croisées de petites dimensions.

Sous-détail. On désigne ainsi le résumé des dépenses que fait l'entrepreneur pour se rendre compte du prix de revient d'un travail de construction.

Sous-œuvre. On dit reprendre une construction en sous-œuvre ; placer un poitrail, une filet, une colonne, etc., en sous-œuvre, c'est-à-dire consolider une partie de construction existante.

Sphère. C'est le solide engendré par une demi-circonférence tournant autour de son diamètre comme axe.

La surface de la sphère est $4\pi R^2$ ou πD^2 en appelant R le rayon ou D le diamètre. Le volume de la sphère est donné par l'expression

$$\frac{4}{3}\pi R^3 = \frac{\pi D^3}{6}.$$

On donne aussi le nom de sphère aux globes représentant la surface de la terre. On surmonte souvent les pilastres de la première marche des escaliers de sphères creuses en cuivre posées par les serruriers.

Sphéroïde. Qui a la forme d'une sphère aplatie (*fig.* 137). C'est le volume engendré par une demi-ellipse tournant autour de de l'un de ses axes. Un sphéroïde allongé. Un corps de forme sphéroïdale.

Stalle. Nom donné aux séparations fixes en bois avec armatures en fer (*fig.* 138), servant de division dans une écurie. La *stalle volante* prend le nom de *bat-flancs.*

Store. Longue bande d'étoffe s'enroulant à l'une de ses extrémités sur un rouleau en bois garni de viroles et de poulies en cuivre et servant à protéger une fenêtre de l'ardeur du soleil et de la vivacité de la lumière; on les manœuvre au moyen de cordelettes et de fils de tension.

Les stores relevés à l'extérieur portent le nom de stores à l'italienne. On place aussi des stores intérieurs pour atténuer le trop vif éclat de la lumière. On fait aussi des stores métalliques composés de lames de tôle s'enroulant sur un cylindre et servant à fermer les petites ouvertures.

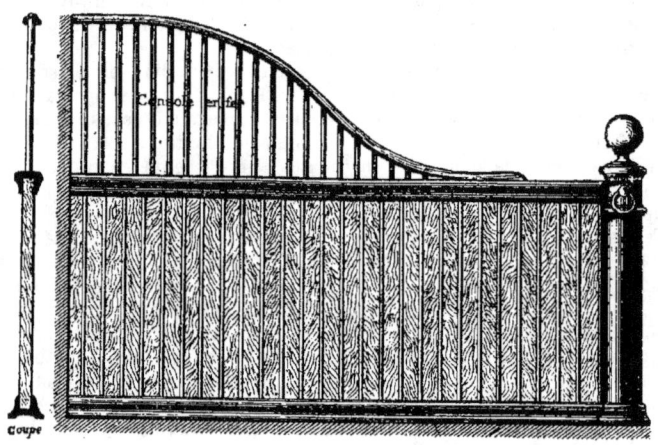

Fig. 138.

Ces stores sont posés par le serrurier. Les stores pour devantures de boutiques sont plus importants ; ils exigent une étude spéciale et un mécanisme particulier que nous étudierons en parlant des devantures.

Strie. Se dit des plaques de fonte employées pour recouvrir les gargouilles placées sur les trottoirs ; ces plaques sont striées pour empêcher le glissement.

Structure. Mot souvent employé pour désigner qu'une construction est bien construite, de bonne structure, exécutée avec hardiesse, etc.

La structure est aussi le caractère physique d'un métal ou l'agencement des molécules dont il est formé. On dit : structure compacte, fibreuse, lamellaire, grossière, saccharoïde, cellulaire, etc.

Suante. Se dit du fer chauffé au blanc ou à la *chaleur suante*, à cet état il commence à fondre.

Support. Nom donné à tout ce qui porte un poids ou une charge quelconque, qui sert d'arrêt, qui maintient, qui soutient, etc.

On dit : support de cloche, support d'espagnolette, support à fourchette, support de sonnette, support de paratonnerre, etc.

Surcharge. Excès de charge sur un

plancher. Dans les ponts on calcule les poutres principales avec des surcharges accidentelles.

Surface. Il est indispensable que l'ouvrier serrurier connaisse la surface et la mesure des corps qu'il emploie souvent. Nous allons les résumer :

1° *Triangle*. — La surface d'un triangle est égale à la moitié du produit de la base par la hauteur ;

2° *Parallélogramme*. — La surface d'un parallélogramme quelconque est égale au produit de sa base par la hauteur ;

3° *Losange*. — La surface du losange s'obtient en multipliant l'une de ses diagonales par la moitié de l'autre ;

4° *Trapèze*. — La surface du trapèze est égale au produit de la demi-somme des deux côtés parallèles par la hauteur prise entre ces côtés ;

5° *Polygone régulier*. — La surface d'un polygone régulier se trouve en multipliant la moitié du produit de son périmètre par le rayon du cercle inscrit ;

6° *Cercle*. — Le cercle a pour mesure la moitié du produit de la circonférence par le rayon, ou le produit du carré du rayon par le rapport de la circonférence au diamètre ;

7° *Ellipse*. — La surface d'une ellipse est égale à la superficie d'un cercle ayant pour rayon la racine du produit des axes de cette ellipse ;

8° *Pyramide*. — La base non comprise la pyramide régulière a pour mesure la moitié du produit du périmètre de cette base par la perpendiculaire abaissée du sommet sur un des côtés ;

9° *Cône droit*. — Il a pour mesure le produit de la moitié de la circonférence du cercle à sa base par sa génératrice ;

10° *Cylindre*. — Il a pour mesure la circonférence du cercle de la base par la hauteur ;

11° *Sphère*. — C'est le produit de la circonférence d'un grand cercle par son diamètre, ou le carré du diamètre par le nombre π, ou quatre fois la surface d'un grand cercle ;

12° *Calotte sphérique*. — La calotte sphérique ou *zone de sphère* a pour mesure sa hauteur multipliée par la circonférence d'un grand cercle ;

13° *Segment*. — Le segment de sphère a pour mesure le produit de la plus grande hauteur par le grand diamètre de la sphère multipliée par π ;

14° *Tronc de cône*. — La surface du tronc de cône est égale à la demi-somme des circonférences des deux bases multipliée par la plus courte distance de ces deux bases.

Afin de rendre plus facile l'étude des surfaces de ces différents corps nous les résumons ci-après sous forme de tableau.

T (Règle en forme de). Nous savons tous que le T se compose d'une règle plate fixée perpendiculairement à une pièce de bois qu'une rainure permet d'appliquer sur le bord d'une planchette. En faisant glisser de la main gauche cette partie du T, la lame ou règle plate sert à tracer des lignes horizontales d'un parallélisme absolu pourvu que le bord de la planchette soit bien dressé.

Tabatière. Nom donné à une rosace double en fonte ou en cuivre servant habituellement à orner les croisillons de poutres formant croix de Saint-André.

Tablettes. On désigne souvent ainsi les *gradins* placés dans les serres et sur lesquels on pose les pots de fleurs.

Tablier. On donne ce nom à l'ensemble des poutres ou plate-forme qui constitue le plancher d'un pont fixe ou suspendu et sur lequel passe la voie nécessaire à la circulation. On donne aussi le nom de tablier à la partie d'une forge où l'on fait le feu.

Tâche. Lorsqu'un entrepreneur fait exécuter un travail à des ouvriers en convenant à l'avance du prix on dit que le travail se fait à la tâche. C'est un marchandage.

Tâcheron. Le tâcheron est l'ouvrier qui marchande un ouvrage à un entrepreneur.

Taillant. On désigne ainsi le tranchant d'un outil.

Tailloir. Se dit de *l'abaque* des chapiteaux. Nous rappelons que l'abaque est la tablette qui couronne le chapiteau d'une colonne en augmentant la saillie et par suite la renforce pour supporter l'architrave où les corps de moulures placés au-dessus de cette colonne.

Talon. Moulure formée de deux arcs

de cercle, l'un convexe, l'autre concave (*fig.* 139); le premier, placé à la partie supérieure de la moulure, le second à la partie inférieure. Dans le cas contraire, cette moulure prend le nom de *talon renversé* ou *doucine*.

En serrurerie on donne le nom de talon aux coudes ou saillies pratiquées à l'extrémité d'une pièce pour la retenir ou la fixer. Le pêne des serrures porte un talon; les plates-bandes, les harpons, les pentures portent aussi des talons dont nous connaissons l'usage.

Tampon. On donne le nom de *tampons* aux plaques de fonte dont la surface est striée et servant à recouvrir les égouts et l'extraction des fosses d'aisances.

Tamponner. C'est boucher un orifice à l'aide d'un tampon ; c'est aussi poser des tampons en bois dans un mur pour permettre d'y placer des clous ou des vis.

Tamponnier. Nom donné à l'outil en fer aciéré servant à faire les trous dans la pierre pour y placer des tampons en bois.

Taraud. Le taraud est un cylindre acéré sur lequel on a creusé des pas de vis pour faire des écrous. La tête du taraud, ordinairement méplate, est disposée pour obéir au *tourne-à-gauche*.

Le serrurier doit posséder un assortiment de tarauds dont les pas et les grosseurs seront gradués et déterminés par les besoins de son travail.

Le taraud, dont nous donnons un croquis (*fig.* 140), se compose : d'une tête *a* qui est prise dans le tourne-à-gauche ou dans l'étau ; d'un collet *b* ; d'une partie filetée *c*. C'est la partie filetée qui constitue le taraud proprement dit, lequel s'enfonce dans le trou rond qui porte le nom d'*écrou*.

Tarauder. C'est se servir du taraud; c'est aussi fileter un objet, une vis, par exemple, à l'aide de la filière.

Targette. On donne ce nom à de petits *verrous* horizontaux, fixés sur platine, en fer ou en cuivre fonctionnant entre deux *picolets* ou dans une boîte. On en fait aussi en fer forgé sur platines découpées.

Il y en a plusieurs types que nous étudierons dans un chapitre spécial :

Les targettes en fer peuvent être : ordinaires, renforcées, à patère ou à piédouche ; les targettes en cuivre sont : à pêne couvert, à pêne rond, etc.

TABLEAU DE LA SURFACE DES DIFFÉRENTS CORPS

Croquis	Surfaces	Désignation des corps	Observations
	$S = C^2$	Carré	Dans ces différentes surfaces les lettres représentent :
	$S = B \times \frac{H}{2}$	Triangle	S — Surface. S lat. — Surface latérale. P — Périmètre.
	$S = BH$	Rectangle	B — Base. H — Hauteur.
	$S = BH$	Parallélogramme	C — Côtés. D — Diamètre.
	$S = BH$ ou $\frac{D \times D'}{2}$	Losange	A — Apothème. n — Nombre de degrés.
	$S = \frac{B+b}{2} \times H$	Trapèze	a — Angle. R — Rayon. r — Rayon.
	S lat. $= 2\pi R \frac{A}{2}$	Cône	b — Base. π — 3,1416
	S lat. $= 2\pi R A$	Cylindre	
	$S = \pi R^2$ ou $G \pi \times \frac{A}{2}$	Cercle	Circonférence du cercle $= 2\pi R$. Arc de cercle $MN = \frac{\pi R n}{180}$
	$S = \pi(R^2 - r^2)$	Couronne	
	$S = \frac{\pi R^2 n}{360}$	Secteur	
	$S =$ Secteur moins triangle$1,2,3$	Segment	La surface du segment peut s'écrire : $S = \frac{\pi R^2 n}{360} - \frac{R^2}{2}(R-f)$
	$S = 4\pi R^2$	Sphère	
	$S = 2\pi RH$	Zone	La calotte sphérique X a la même valeur comme expression de la surface.
	$S = \pi a b$	Ellipse	Ellipse partielle : $S = \frac{b}{a}[x \sin a + x\sqrt{a^2 - x^2}]$
	$S = B \times \frac{H}{2}$	Triangle Scalène	
	$S = P \times \frac{A}{2}$	Polygones réguliers	

La targette ordinaire horizontale se conduit à la main par un bouton :

Tarif. Non donné quelquefois à la série de prix de la ville de Paris ; c'est le tableau des prix de certains ouvrages.

Tas. Le tas est un petit cube de fer dont la face supérieure est acérée ; c'est une espèce de petite enclume qu'on place assez souvent sur l'établi. Certains tas, de formes différentes, se mettent dans l'étau et servent à river.

Ténacité. Résistance que certains corps offrent plus que d'autres à la rupture. Le fer est le plus tenace des métaux.

Tenaille. C'est un outil composé de deux branches de fer dont la tête est différemment faite pour saisir de diverses manières.

Les différents types de tenailles employées par les serruriers et les forgerons ont été étudiées en détails dans la charpente en fer.

Tendeur. Nom donné, dans un comble

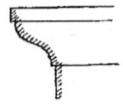

Fig. 139.

en fer, à la bride réunissant les deux parties d'un tirant.

Tenir. On dit *tenir coup* terme employé dans la rivure ; c'est supporter la percussion du marteau du côté opposé à celui où l'on rive.

Tenon. Pièces de fer taillées spécialement pour faire des assemblages solides ; dans les grilles massives les barreaux s'ajustent souvent dans les traverses au moyen d'un tenon traversé par une goupille en fer.

Tête de clou. Motif d'ornementation présentant souvent l'aspect de pointes de diamant. C'est aussi la partie d'un clou sur laquelle on frappe avec le marteau.

Tête de marteau. Partie carrée ou ronde opposée à la pointe ou panne d'un marteau.

Tête de pêne. C'est la partie du pêne rentrant dans la gâche.

Tête de palastre. Partie de la serrure qui affleure l'épaisseur de la porte et dans laquelle on pratique le passage du pêne.

Tête de capucin. Outil à extrémité recourbée servant à tourner les barreaux de grille pour les fixer en place.

Têtière. C'est la tête de la cloison de la serrure dans laquelle passe le pêne.

Téton. Saillie qui porte les lames de certains forets ou fraises. On dit : fraises ou forets à tétons.

Tétraèdre. Se dit, en géométrie, d'un solide à quatre faces planes. Une pyramide tétraèdre.

Texture. Forme affectée par les métaux, on dit : texture cristalline ou grenue ; texture fibreuse, etc.

Tiers-point. Lime triangulaire servant à affuter les dents de scie.

Tige. Se dit, dans quelques motifs d'ornementation et dans certains rinceaux, des branchages cylindriques d'où sortent les feuillages. Nom qu'on donne quelquefois aux fûts de colonnes ; c'est aussi la partie allongée et cylindrique de certains objets

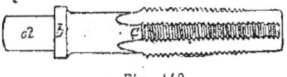

Fig. 140.

de quincaillerie. On dit : la tige d'un clou, d'une clef, d'un bouton, etc.

Timbre. Cloche métallique employée dans les sonneries électriques ou autres et remplaçant les sonnettes.

Tirage. On donne ce nom au fil de fer qui sert à manœuvrer un loqueteau, à faire agir une sonnette, etc.

On dit aussi *bouton de tirage, mouvement de tirage,* etc.

Tirant. Pièce horizontale d'une ferme destinée à combattre la poussée des arbalétriers. Le tirant est suspendu au poinçon ou aiguille pendante en son milieu afin de diminuer sa flexion.

On donne aussi le nom de tirant à une barre de fer qui retient deux poutres ou deux murs afin d'empêcher leur écartement ; cette barre est, le plus souvent, retenue par deux ancres.

Tire-ligne. Instrument formé de deux lames plates qu'une vis de pression permet de rapprocher et qui, rempli d'encre de chine, sert à tracer des lignes d'une largeur absolument régulière.

Tirer. Action d'étirer les métaux au banc ou à la filière.

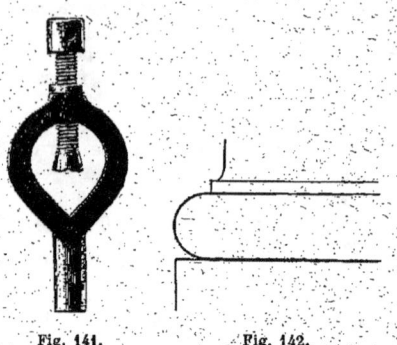

Fig. 141.   Fig. 142.

Tisonnier. Tige de fer, droite ou recourbée, servant à attiser le feu de forge.

Tocs. — Les tocs sont des outils employés dans les tours. Les tocs, dont nous donnons un croquis (*fig.* 141), sont très renforcés ; le touret en acier trempé évite par sa forme spéciale l'emploi des cales et la détérioration des pièces déjà tournées et que l'on a à serrer au *toc* ; la vis est en acier.

Toiture. L'ouvrier serrurier ayant à construire des combles en fer et des appentis doit connaître les différentes pentes à donner aux couvertures afin de placer les arbalétriers avec une inclinaison convenable et en rapport avec le genre de couverture. On admet généralement :

Couverture en tuiles plates, de 0^m,50 à 0^m,67 de pente par mètre ;

Couverture en tuiles plates à crochets, de 0^m,65 à 1 mètre de pente par mètre ;

Couverture en tuiles creuses posées à sec, de 0^m,38 à 0^m,50 de pente par mètre ;

Couverture en tuiles creuses maçonnées, de 0^m,50 à 0^m,60 de pente par mètre ;

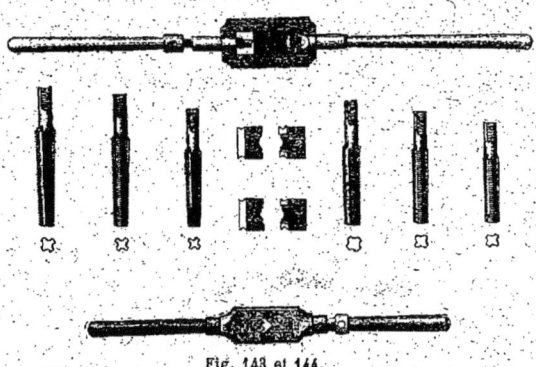

Fig. 143 et 144.

Couverture en tuiles à emboîtements, de 0^m,40 à 0^m,45 de pente par mètre ;

Couverture en ardoises à emboîtements, de 0^m,65 à 1 mètre de pente par mètre ;

Couverture métallique à emboîtements, de 0^m,32 à 0^m,38 de pente par mètre ;

Couvertures diverses, mastic, bitumineux, carton bitumé, toile goudronnée, etc..., le 0^m,32 à 0^m,38 de pente par mètre.

Tôle. Nom donné au fer ou à l'acier qui a été réduit en feuilles sous un laminoir (Voir les détails dans la première partie du *Cours de construction*).

Tombe (entourage de). Ces entourages se font en fer forgé ou en fonte, ils sont ordinairement fournis et posés par les serruriers. On leur donne le plus souvent 1^m,90 sur 0^m,90 et 0^m,70 de hauteur ; les croisillons se font en fer carré de 0^m,014 à 0^m,016 et les montants en fer carré de 0^m,020. On en construit en fer forgé formés de *montants*, *bases*, *pontets*, *traverses* et *rinceaux*. Les montants sont en fer carré de 0,025 ; les traverses en fer carré de 0,022, et les rinceaux ont 0,020 × 0,009 et 0,020 × 0,007.

Tonnelles. Ce sont des *berceaux* en fers rustiques ou autres qu'on établit dans les jardins et qu'on entoure de feuillage en y faisant monter des plantes grimpantes.

Tore. Moulure à profil convexe (*fig*. 142). Ce profil est ordinairement formé d'une demi-circonférence ; cependant, dans l'architecture gothique, il existe des tores à profil elliptique, ou dont le profil est formé de deux portions de cercle se coupant à angle aigu.

Toron. Nom donné à une moulure ayant la forme d'un gros tore et qu'on emploie beaucoup dans l'architecture égyptienne.

Torsade. Motif d'ornementation en forme de spirale, imitant une sorte de gros câble tordu, dont on décore certaines moulures.

Torse (colonne). Se dit d'une colonne dont le fût est contourné en spirale.

Torsion. Nous avons vu, dans la *Charpente en fer*, ce que c'est que la résistance à la torsion, nous n'y reviendrons pas. On donne le nom de *ressort de torsion* au fil de métal passant dans l'œil ou le nœud d'une ferrure de porte et servant à la refermer seule.

Tour. Nom donné à une machine-outil dont se servent les serruriers pour tourner les métaux ; le tour existe dans tous les ateliers bien installés.

Tourbe. C'est un combustible peu employé par le serrurier. La tourbe compacte, dite tourbe de montagne, est la seule qui puisse l'intéresser. Le stère de cette tourbe pèse 300 kilogrammes.

Tourillon. Pièce cylindrique de fer ou de cuivre permettant un mouvement de rotation autour de son axe. On dit : pivot à tourillon.

Tournage. Action de tourner. Le cuivre est beaucoup plus facile à tourner que le fer.

Tournant. On dit, en serrurerie, *escalier tournant*, pour celui qui, dans la hauteur d'une révolution, revient sur lui-même ; *quartier tournant*, etc.

Tourne-à-gauche. Le tourne-à-gauche dont se sert le serrurier est employé à dégauchir ou à chantourner le fer.

On nomme également tourne-à-gauche un outil dont nous rappelons la forme (*fig*. 143). Cette même figure nous montre aussi une série de tarauds cannelés permettant d'obtenir des écrous de 5 à 30 millimètres de diamètre.

La figure 144 nous montre un autre genre de tourne-à-gauche nommé tourne-à-gauche à coussinet.

Tournevis. C'est un outil acéré très connu (*fig*. 145), en forme de ciseau, mais sans tranchant. Son tranchant s'introduit dans la tête de la vis pour la tourner, pour la serrer ou pour la desserrer.

Tourniquet. Nom donné à une petite pièce de serrurerie servant à tenir une

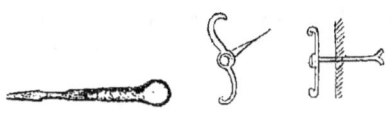

Fig. 145.   Fig. 146.

persienne ouverte. C'est ordinairement une plate-bande en fer sur laquelle est rivée une tige, sans être serrée et qui garde son mouvement giratoire. Le tourniquet peut prendre les deux formes indiquées (*fig*. 146) ; la broche en fer qui le traverse peut être à pointe ou à scellement suivant l'endroit où elle doit être posée.

Tracé. Mot souvent employé comme synonyme de dessiné ; on dit : faire un tracé.

Tranchant. Nom donné à la partie aiguisée d'un outil et destinée à couper. On dit aussi le *fil d'un outil*. Un tranchant d'outil peut être à un ou à deux biseaux.

Tranche. Nom donné à l'outil de serrurier servant à couper les métaux à chaud et à froid. C'est sur cet outil, emmanché à l'extrémité d'un manche en bois, qu'on frappe avec le *marteau à devant*.

Trapan. On nomme ainsi le haut d'un escalier où finit la rampe.

Trapèze. Quadrilatère (*fig. 147*) dont deux côtés sont inégaux et parallèles.

On donne le nom de trapézoèdre à un solide dont les faces ont la forme du trapèze.

Trapézoïdal. En forme de trapèze. On dit aussi une forme trapézoïdale.

Trappe. Ouverture pratiquée dans les

Fig 147

planchers ou plafonds et fermée de portes, de grilles ou de volets.

Travailler. Lorsque certains métaux sont soumis à des efforts de compression ou de traction par exemple, on dit qu'ils *travaillent*, c'est-à-dire qu'ils résistent à ces efforts.

On dit aussi : *travailler à la tâche*, c'est exécuter un ouvrage pour un prix convenu ; *travailler à la pièce*, *travailler à la journée*, etc.

On dit également qu'un plancher en fer travaille lorsque, par suite des charges qu'il reçoit, il se produit des mouvements dans son ensemble pouvant inquiéter le constructeur.

Travaux. Nom général donné à toutes les parties d'une construction. On dit : travaux de peinture, travaux de menuiserie, etc...

On dit aussi : travaux particuliers, travaux de construction, travaux publics, travaux départementaux, travaux communaux, etc...

Chacun d'eux sont soumis à des règlements de voirie qu'il sera bon de consulter avant de les commencer.

Travée. En serrurerie, on donne le nom de *travée* au solivage placé entre deux maîtresses poutres ; c'est aussi, pour les ouvriers, l'intervalle entre deux solives consécutives.

Dans le style gothique on donne le nom de travées aux divisions formées par les

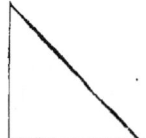  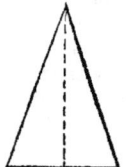 

Fig. 148 à 151.

arcades d'une nef, d'un cloître, d'une galerie. Se dit aussi dans l'architecture classique de l'intervalle compris entre deux pilastres.

On dit encore : *travée de pont*, partie comprise entre deux piles, *travée de comble*, partie comprise entre deux fermes ; *travée de balustres*, *travée de grille*, etc...

Traverse. Nom donné, en serrurerie, à une barre de fer percée de mortaises et reliant, par le haut et par le bas les montants d'un vantail de porte ou d'une grille. Dans les balcons on dit aussi travée de frise.

Treillage. Nom donné aux clôtures de jardins faites en fils de fer galvanisé ou peint, exécutées en carrés, losanges, etc... On distingue les treillages simples et les treillages ornés.

Treillageur. Ouvrier spécialiste qui exécute les treillages.

Treille. Nom donné aux *tonnelles* ou *berceaux* construits en treillage et recevant des plantes grimpantes.

Treillis. Nom donné aux clôtures composées de mailles de fer serrées. C'est aussi la série des croisillons dans une *poutre en treillis* (Voir dans la *Charpente en fer* les détails des poutres en treillis).

Trémie (bande de). La *trémie* ou *bande de trémie* est ordinairement un fer plat, aboutissant sur les solives en bois qui bordent le foyer des cheminées. Cette bande de trémie soutient l'âtre ; nous en avons donné tous les détails dans la *Charpente en bois*. Il y a sur les bandes de trémie des règlements administratifs que le constructeur fera bien de consulter.

Trémion. Nom donné à la bande de fer qui soutient la hotte d'une cheminée.

Trempe. La trempe est une opération qui a pour but de donner de la dureté. On donne à l'acier la trempe que l'on veut, c'est-à-dire on le trempe au degré de dureté qu'on désire. La trempe ordinaire consiste à faire passer l'acier d'une très haute température à une température très basse de manière à en resserrer les pores.

Dans la trempe on reconnaît la température de la chaude par la couleur. Exemple :

Le rouge brun correspond à . . . 408 degrés Réaumur
Le rouge cerise correspond à . . 2 300 à 2 875 —
Le rouge blanc correspond à . . 4 600 à 5 110 —
La chaude suante correspond à . . 5 750 à 6 070 —

On peut tremper : dans les acides, dans l'eau, dans le sable, la terre, les cendres, à l'air (trempe de Damas), dans un bain métallique (*plomb, bismuth, antimoine, mercure*), dans l'huile, etc.

Trépidation. La trépidation prolongée peut transformer le fer ou l'acier à nerf en fer ou en acier à grains et occasionner des accidents par la rupture de certaines pièces telles que les essieux des voitures, etc...

Trépan. On désigne ainsi un outil portant une mèche comme un vilebrequin et servant à percer des trous.

Treuil. Nom donné à une machine devant transformer un mouvement continu de rotation autour d'un axe en un mouvement continu de translation perpendiculaire à cet axe. Le treuil sert ordinairement à élever ou à tirer des fardeaux.

Triage. Se dit du rangement des matériaux d'une construction suivant leur nature.

Triangle. Nom donné à une figure géométrique qui a trois côtés et trois angles. Un triangle est *rectangle* (*fig.* 148) lorsqu'il a un angle droit ; *équilatéral* quand ses trois côtés et ses trois angles sont égaux (*fig.* 149) ; *isocèle* quand il a deux côtés égaux (*fig.* 150), et *scalène* quand ses trois côtés sont inégaux (*fig.* 151).

Tringle. Nom donné à une tige de fer étirée à la forge ou à la filière, souvent dressée et blanchie pour y passer les anneaux de rideaux. C'est aussi une petite moulure placée à la base des triglyphes doriques ; une baguette longue et étroite servant à former les moulures ; une aiguille pendante de comble en fer, etc...

Trochyle. Moulure à profil concave séparant ordinairement deux tores (*fig.* 152)

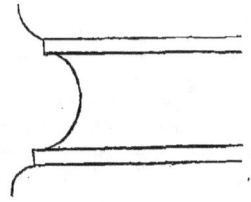

Fig. 152.

ou moulures convexes. C'est une scotie d'un profil spécial.

Trous. Nom donné (trous renflés) aux vides préparés dans les traverses d'une grille pour recevoir les barreaux. Ces trous se font souvent au poinçon, ce qui nécessite des renflements dans les pièces percées.

Trumeau. C'est l'espace compris entre deux portes, entre deux fenêtres et aussi, par extension, les panneaux placés au-dessus d'une glace de cheminée. Un trumeau de faible largeur, surtout dans les rez-de-chaussée, prend le nom de *pile*.

Tubes. Nom donné à des fers creux de différentes dimensions qu'on trouve dans le commerce et qui font l'objet d'une industrie spéciale. Ces fers creux sont étirés à chaud.

Tuyaux. Le serrurier est quelquefois appelé à fournir des tuyaux ordinairement posés par les plombiers, mais c'est l'exception. Lorsque ces tuyaux sont en fonte ils sont souvent fournis par le serrurier et posés par les maçons ou mieux par les couvreurs.

Tuyère. On donne ce nom au tuyau ou à la plaque en fer ou en fonte par laquelle le vent du soufflet arrive à la forge. Il y en a différents types dont les principaux sont (*fig.* 153) : en I, tuyères en fonte rondes; en II, tuyères en fonte carrées (*fig.* 154) ; en I tuyères pour forges (dites du Nord); en II, tuyères de forge à régulateur et à réservoir d'air (système Bisénius).

Enfin (*fig.* 155) un nouveau système de tuyères de forges à buses interchangeables (M. J. Chouanard et fils, à Paris).

Fig. 153.   Fig. 154.

Cette *nouvelle tuyère* à vent vertical, étudiée avec le plus grand soin, présente les avantages suivants :

1° Elle permet le montage, sur le même corps de tuyère, de tous les systèmes de buses consacrés par la pratique; elle donne ainsi satisfaction à toutes les demandes, quels que soient les genres de travaux, les habitudes ou les goûts des ouvriers ;

2° Elle permet le remplacement d'une buse usée par une buse neuve du même type ou d'un des autres types ; elle est donc économique ;

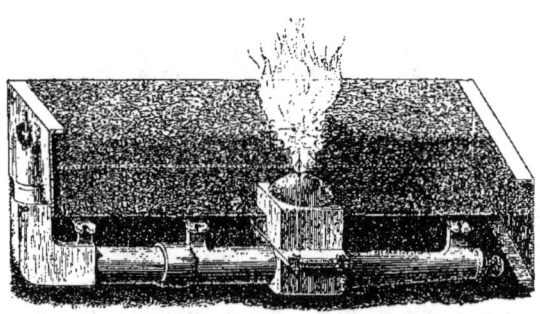 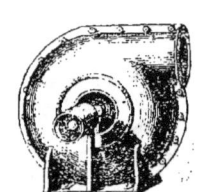

Fig. 155.   Fig. 156.

3° Elle s'adapte à tous les bâtis : en briques, en plâtre, en fonte, en tôle, etc., que le foyer soit à droite ou à gauche ;

4° Elle fonctionne au soufflet comme au ventilateur ;

5° Elle n'a pas de trappe à coulisse laissant toujours échapper beaucoup de vent ; la sortie du fraisil est bouchée par un tampon ;

6° Elle a ses boulons d'assemblage de la buse sur le corps, placés assez loin du foyer pour ne jamais se brûler ;

7° Elle peut se raccorder économiquement pour le vent par les tuyaux en fonte dits de descente, du commerce.

Uni. En général se dit de tout ce qui est plan, sans ressauts, ni sculptures, ni moulures, etc.

Urne. Forme particulière de vase antique, le plus souvent de grandes dimensions, à col étroit et à corps renflé.

Usine. On désigne ainsi les lieux de fabrication, où l'on met en œuvre la matière première.

Vacation. Honoraires alloués aux architectes pour les déplacements qu'ils font pour un client et ne dépassant pas trois heures.

Vache (côtes de). Nom qu'on donne souvent aux fentons employés dans les planchers en fer. Ces fers se vendent en bottes.

Va-et-vient. On donne ce nom à des ferrures spéciales servant à donner à une porte un mouvement d'aller et de retour. On dit : une porte va-et-vient; pivot va-et-vient, etc.

Vagonnet. C'est un petit wagon métallique souvent employé dans les constructions pour le transport des matériaux.

Vaisseau. Nom souvent donné, par assimilation, à l'intérieur d'une grande salle, d'une église, d'une galerie, etc.

Valet. Outil en fer que le serrurier fait souvent pour lui-même et qui sert à tenir une pièce sur l'établi; il est parfois utile aux ferreurs, mais est plus employé par le menuisier. C'est aussi un petit pêne ou verrou à coulisse des targettes à valet.

Vanne. Panneau de bois ou de métal servant à retenir les eaux dans les écluses.

Vantail. Battant d'une porte ou d'une fenêtre; le vantail peut être simple ou double, plein ou garni de verres. On dit : une porte ouvre à un vantail ou à deux vantaux.

Vase. C'est, en serrurerie, un petit ornement placé au sommet et au bas d'une flèche qu'on nomme pour cette raison flèche à vase.

Vasistas. Nom donné à un châssis mobile en fer rainé ou profilé à feuillure faisant partie d'une croisée et destiné à recevoir une vitre. On fait des vasistas fonctionnant à soufflet, en abattant, à coulisse, etc.

Ventelle. Nom donné à de petites *vannes*.

Ventilateur. On désigne ainsi une machine soufflante puisant l'air dans l'atmosphère et le conduisant à un foyer de combustion. La figure 156 nous montre un ventilateur pour forge et fonderie marchant sans bruit.

Vérandahs. Nom donné à des galeries légères, le plus souvent vitrées, dont les ouvertures, à air libre, peuvent être garnies de stores. Les habitations de l'Extrême-Orient possèdent des vérandahs qui règnent parfois sur toute la largeur de leurs façades. Aux Indes ce sont des galeries établies sur la façade des habitations pour communiquer d'une pièce à l'autre à l'abri du soleil. Dans nos constructions modernes les vérandahs forment des serres extérieures, des vestibules vitrés, etc.; ce sont de petites annexes en fer et verre qu'on place aussi souvent au droit d'un salon ou d'une salle à manger, au rez-de-chaussée. Nous en étudierons les différents types dans un chapitre spécial.

Verboquet. On désigne ainsi le cordage servant à guider un fardeau pour l'empêcher, dans le montage, de toucher les saillies d'un bâtiment ou des échafauds.

Verges. Nom donné aux fers du commerce ayant de $0^m,005$ à $0,025$ de largeur et $0^m,006$ à $0^m,014$ d'épaisseur.

Vérificateur. On désigne ainsi celui qui vérifie les mémoires; il y a des vérificateurs spéciaux pour chacune des branches de la construction, il y en a aussi qui font indifféremment la vérification de tous les corps d'état.

Vérification. C'est l'opération qui consiste à examiner sur place ou d'après des attachements si les dimensions des ouvrages portés sur le mémoire sont exactes et si les prix appliqués sont conformes à la série qui a été choisie pour la vérification.

La vérification des mémoires appartient à l'architecte, il reçoit pour cette vérification 2 0/0 sur le montant du règlement.

Vérin. On dit aussi *verrin*. On désigne ainsi une machine servant à soulever des fardeaux et aussi, en se servant d'étais, à supporter le poids d'une partie de construction, pendant qu'on travaille en sous-œuvre. On se sert des vérins pour le décintrement des ponts.

Vernier. C'est un instrument inventé au XVIIe siècle par le géomètre Vernier et consistant en une petite règle graduée permettant d'évaluer les plus petites dimensions. C'est l'appendice indispensable des

règles divisées, il s'étend ordinairement sur une longueur de 0^m,009 millimètres; chacun d'eux est divisé en dix parties égales, ce qui permet d'évaluer même les fractions de dixième de millimètre.

Verrou. C'est une pièce de ferrure de porte servant à la fermeture. C'est aussi un pêne glissant dans des *guides* ou *picolets* montés soit directement sur le vantail, soit sur une *platine*. Les *targettes* sont de petits verrous horizontaux ; on donne le nom de *crémones* aux verrous haut et bas, posés verticalement et servant à fermer les châssis de grandes dimensions.

On donne aussi le nom de *verrou de sûreté* à une serrure de forme spéciale placée au-dessus de la serrure d'une porte.

Il existe un très grand nombre d'espèces de verrous que nous étudierons spécialement et parmi lesquels nous pouvons ci-

Fig. 157.

ter : les verrous ordinaires, les verrous à ressort, verrous légers, quart-placard, demi-placard, à arrêt, à vis, sur champ, à tige demi-ronde, à boîte ou socle en cuivre ou en fonte, etc.

Il y a aussi : le verrou à la capucine, le verrou entaillé à cuvette, le verrou en laiton, le verrou à ressort, etc.

Vertevelle. Sorte de verrou à longue tige, pourvu d'une serrure percée d'une ouverture nommée *auberonnière*.

C'est aussi un collier à piton à double patte servant de gâche ou de picolet à un verrou, à un crochet d'arc-boutant, etc.

Vertical. C'est une abréviation servant à désigner le *plan vertical* de projection. On dit : du parement d'un mur qu'il est vertical, c'est-à-dire construit suivant la direction du fil à plomb.

Viaduc. Pont à piles espacées, reliées par un tablier en fer ou arcades, servant au passage d'une voie ferrée, franchissant un fleuve, une dépression de terrain, etc.

Vice. On dit qu'il y a des vices dans une construction pour indiquer qu'elle n'a pas été construite suivant toutes les règles de l'art et que sa stabilité peut, à un moment donné, être compromise. L'architecte et l'entrepreneur sont responsables, dans une certaine mesure, des vices de construction.

Vielle. Nom donné à un *loquet* de forme spéciale. On dit : *loquet à vielle*.

Vilebrequin. C'est un instrument qui sert à faire tourner une mèche qu'on nommait autrefois *brequin*, *fût*, ou *trépan* ; nous en rappelons la forme. (*fig.* 157).

Vindas. C'est un treuil vertical manœuvré à l'aide de leviers horizontaux. *Cabestan*.

Violon. On désigne ainsi un outil du serrurier et du treillageur servant à percer des trous dans le métal.

Virole. Cercle de métal servant à assujettir deux objets l'un sur l'autre. Dans les manches d'outils, on place souvent des viroles en fer ou en cuivre pour que ces manches ne se fendent pas.

Vis. Tige métallique de forme cylindrique dont la surface est entaillée en hélice d'une rainure triangulaire ou rectangulaire.

La saillie hélicoïdale se nomme *filet* et la vis est dite à *filet triangulaire* ou à *filet carré*. La distance entre deux des rainures se nomme le pas de la vis.

Les vis peuvent être traitées par les mêmes procédés que les *écrous*, on peut les disposer avec des têtes ornées.

Vitrage. Surface verticale, horizontale, oblique ou courbe recouverte de vitres ; c'est aussi l'action de vitrer.

Vitrail. On donne ce nom aux châssis en fer dans lesquels sont placés des panneaux de verre de couleur montés en plomb. Les vitraux d'église sont disposés par grands carreaux d'assemblage, contenus dans un châssis qui s'emboîte et s'attache lui-même dans le grand châssis, c'est-à-dire dans la grande grille à carreaux qui occupe toute la baie et qui est scellée dans la maçonnerie.

Vitrerie. Dans la construction des serres la vitrerie a une grande importance, elle en constitue les parois et le fer ne sert qu'à la porter.

Vive arête. Arête ou intersection de surface à angle droit ou à angle aigu, dont la ligne est franche, nette, sans avaries, ni émoussée, ni arrondie.

Voilure. Dans certains cas les limes, en se trempant, s'infléchissent et se voilent ; on se sert, pour les redresser, la lime étant encore chaude, d'un maillet en bois. Lorsque l'acier est trempé brusquement, c'est-à-dire quand il parcourt trop rapidement l'échelle des différentes températures, il se tourmente, se voile, se déforme à la trempe.

Voirie. On désigne ainsi tout ce qui regarde la police des voies par terre et par eau ; elle a dans son ressort tout ce qui concerne la construction, et, à cet effet, on a établi une série de décrets et d'ordonnances que le constructeur doit consulter pour construire. On distingue : la *petite voirie* comprenant les communications d'intérêt local, chemins vicinaux, communaux, etc. ; la *grande voirie* comprenant les grandes routes, etc. *Droits de voirie* (Arrêté du préfet de la Seine du 25 août 1874).

Volée. C'est la partie d'un escalier qui se projette horizontalement, en ligne droite. C'est aussi une série de coups de *mouton* donnés sur la tête des pieux, ou la hauteur à laquelle on élève ce mouton.

Volet. Assemblage de lames pleines en bois ou en fer servant à la fermeture d'une baie ; nous en étudierons les différents types.

Les grilles sont souvent, à 1m,90 ou 2 mètres de hauteur, garnies de volets en tôle de 0m,0025 environ d'épaisseur, avec découpage simple entre chacun des barreaux. On fait actuellement des persiennes à volets ou à feuilles qui se placent extérieurement et qui se replient dans le tableau de la baie.

Volières. Petites constructions métalliques faisant partie de la décoration des parcs et des jardins et dans lesquelles on met les oiseaux rares. Elles se font de dimensions très variables ; leurs formes peuvent aussi varier à l'infini.

Volume des corps. Nous allons, dans ce qui va suivre, rappeler la manière de trouver le volume des corps dont le serrurier se sert le plus souvent.

1° *Pyramide et cône.* — Ces corps se mesurent en multipliant le produit de la superficie de la base par le tiers de la perpendiculaire qui tombe du sommet sur cette base ;

2° *Sphère.* — Le volume de la sphère est égal à la surface multipliée par le tiers du rayon ou à la surface de son grand cercle multipliée par les deux tiers du diamètre. Si V est ce volume, on peut écrire

$$V = \frac{4\pi R^3}{3} ;$$

3° *Secteur sphérique.* — Surface du segment sur lequel il s'appuie multipliée par le tiers du rayon ;

4° *Sphéroïde.* — Le volume de ce corps est quadruple de celui d'un cône dont la base a pour diamètre le petit axe et pour hauteur la moitié du grand axe de ce sphéroïde ;

5° *Tronc de prisme triangulaire.* — Le volume est le même que celui de trois pyramides ayant même base que le prisme et dont les sommets seraient aux extrémités des trois arêtes ;

6° *Tronc de pyramide ayant des bases parallèles.* — Le volume est égal au volume de trois pyramides ayant pour hauteur commune la hauteur du tronc et, pour bases : l'une, la base supérieure, l'autre, la base inférieure, et la troisième, la racine du produit de ces deux bases ;

7° *Anneau.* — Le volume d'un anneau s'obtient en multipliant par π le produit du diamètre moyen par la largeur et par l'épaisseur de l'anneau.

Volute. C'est en général un motif d'ornement formé d'un enroulement en spirale très en usage dans les chapiteaux ioniques et corinthiens. Le tracé de la volute étant donné dans presque tous les livres de géométrie nous ne l'indiquerons pas.

Vrille. Motifs d'ornementation rappelant les enroulements en spirale des filaments de la vigne. Les ferronneries anciennes comportent souvent des vrilles aux extrémités des rinceaux.

La vrille, que tout le monde connaît, est un outil servant à percer le bois pour y fixer des vis ou pour amorcer un autre outil ; cette vrille fait partie de l'outillage du serrurier.

Vrillon. Petite tarrière dont le fer est terminé en forme de vrille.

Wagon. Nom donné à des véhicules en fer et bois montés sur quatre roues et circulant sur des rails.

Xyste. Salles et portiques où s'exerçaient les athlètes grecs et romains.

Zigzag. Ligne brisée formant alternativement des angles rentrants et saillants. Certaines moulures d'architecture sont décorées en zigzags ; pendant la période romane on s'est beaucoup servi de ce genre de décoration.

Zinc. Métal blanc bleuâtre, possédant une odeur et une saveur particulières, dont la texture lamelleuse se gerce sous le marteau. Chauffé à plus de 100 degrés, il devient malléable et ductile, peut se réduire facilement en feuilles très minces et s'étirer en fils. A 200 degrés il est cassant, il fond à 374 degrés. Métal peu tenace, moins mou que le plomb et que l'étain. Fondu, sa densité est 6,86 ; laminé, elle atteint 7,20. Sa dilatation linéaire est très sensible ; de 0 à 100 degrés elle varie de 0,0029 à 0,0031.

Zone. Portion de la surface d'une sphère comprise entre deux plans parallèles. La calotte sphérique est une zone à une seule base.

Zoophore. Terme par lequel Vitruve désignait les frises décorées de rinceaux avec figures d'animaux.

Zoophorique. S'applique à tout support de figure d'animal.

CHAPITRE II

FERREMENTS DIVERS EMPLOYÉS EN CONSTRUCTION

§ I. — *FERREMENTS DES PERSIENNES EN BOIS*

13. Avant d'étudier en détails les ferrements des persiennes en bois tels qu'on les exécute aujourd'hui dans nos habitations, il est nécessaire d'indiquer comment on opérait autrefois.

Nous représentons en croquis (*fig.* 158) les ferrements des volets V de forme ancienne mais dont une partie des ferrures se retrouvent encore de nos jours avec des modifications.

14. Ces ferrements comprennent :

En R, quatre *pentures* ordinaires en fer brut ; en L, un *loqueteau à queue coudée* ; en F un petit *fléau* de forme spéciale et sa *gâche* ; en P, une poignée ; en A, un arrêt assez bizarre comme système ; enfin, en O, deux tirefonds recevant un crochet double.

15. Les pentures R n'ont rien de particulier, elles sont fixées sur les planches des volets V à l'aide de clous rivés à tête carrée d'un côté et en *goutte de suif* de l'autre.

16. Le loqueteau L est indiqué en détail (*fig.* 159) ; c'est un loqueteau dont le battant est debout et à mentonnet ; il porte une queue par le bas à laquelle on attache un fil de tirage G. Ce loqueteau est soumis à l'action d'un ressort extérieur *r* ; une *gâche g* limite sa course. Le tout est fixé sur une platine *p* plus ou moins bien découpée et fixée sur le volet à l'aide d'un nombre suffisant de vis.

Cette platine porte souvent une date ou des découpures, comme nous l'indiquons en L' dans la même figure.

Le ressort ne se trouvant pas abrité se détériorait assez rapidement ; on a modifié cette disposition en le renfermant dans une boîte, comme l'indiquent les deux croquis de la figure 160.

17. Le petit *fléau* F est indiqué en détail (*fig.* 161) ; il se fixe sur l'un des battants à l'aide d'une vis et retient l'autre en se plaçant dans une gâche spéciale K.

18. La poignée en fer P donnée en croquis (*fig.* 162), est connue sous le nom de *poignée à pointes molles* ; elle est fixée sur le bois par ses deux branches dont on recourbe les extrémités lorsqu'elles ont traversé le bois.

19. Les arrêts A, dont les détails sont donnés (*fig.* 163), se composent : d'une platine *p* fixée avec vis sur le volet ; d'une *poignée brisée* ou à *tourillons x* ; d'un véritable *loquet l* terminé par une *queue* ; une *gâche g* ; enfin, un *mentonnet à pointe a* fixé dans le mur et passant par le trou *t* percé dans le volet.

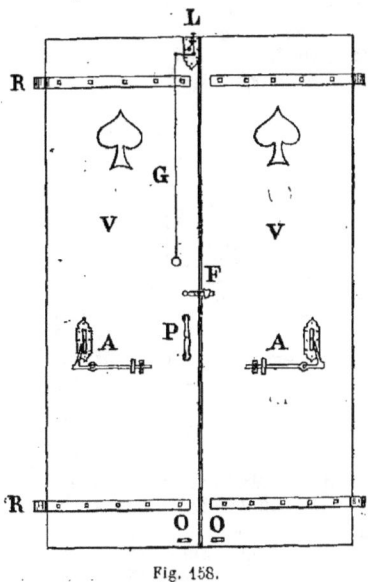

Fig. 158.

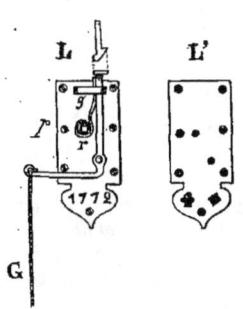

Fig. 159.

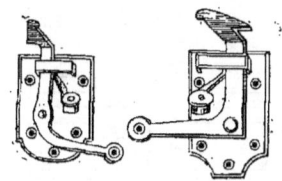

Fig. 160.

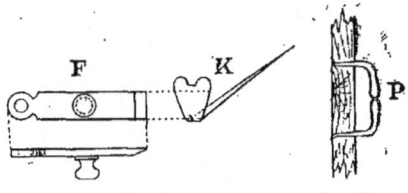

Fig. 161.   Fig. 162.

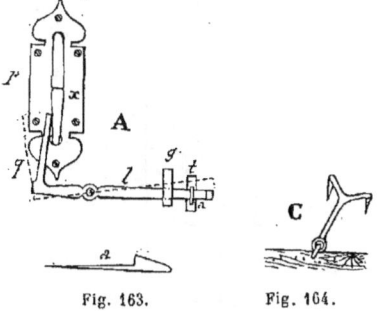

Fig. 163.   Fig. 164.

La manœuvre en est très simple : en tournant la poignée x vers la gauche on agit sur la queue du loquet et on lui fait

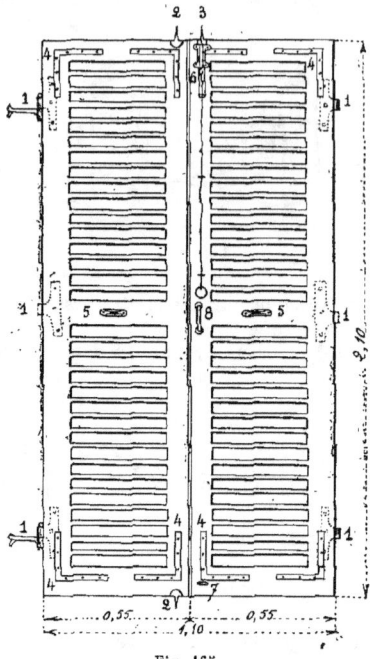

Fig. 165.

prendre la position indiquée en pointillé, il se dégage alors du mentonnet.

20. Les *tirefonds* ou *pitons* O (*fig.* 158)

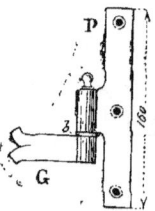

Fig. 166.

reçoivent un crochet spécial C à deux branches indiqué en croquis (*fig.* 164) ; ce crochet est fixé sur l'appui fixe de la croisée.

Ferrements des persiennes ordinaires.

21. Il existe un grand nombre de ferrements utilisés pour les persiennes ordinaires de nos habitations ; nous en étudierons les principaux.

22. 1re *disposition.* — Une paire de persiennes comprend les ferrures suivantes :

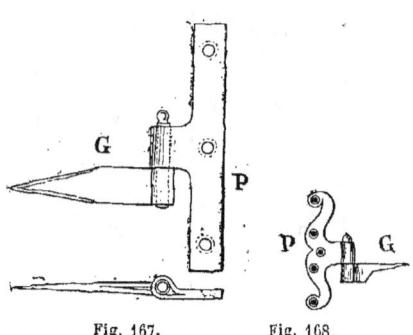

Fig. 167.   Fig. 168.

Quatre ou six paumelles simples à **T** de 0,16 avec gonds à scellements ;
Deux battements à pointe ;
Un battement coudé ;
Huit équerres en fer feuillard de 0,19, entaillées et posées avec vis à bois ;

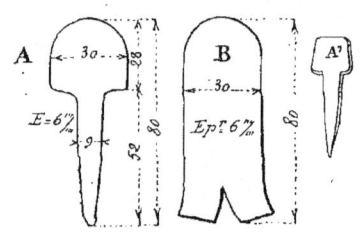

Fig. 169.

Deux arrêts à paillette et leurs gâches ou crampons à scellement ;
Un loqueteau à pompe, boîte fonte, mentonnet cuivre, anneau rond, tirage cordelé, etc.
Un crochet rond de 0,14 et ses deux tirefonds ;
Une poignée à pattes.

23. *Paumelles simples à* **T**. — Les paumelles simples à **T**, indiquées en 1 (*fig.* 165), employées pour persiennes en bois sont composées de deux branches formant T et diffèrent des pentures en ce que la branche, fixée sur le vantail mobile, est posée verticalement. Il existe, dans ces paumelles, deux parties ; un gond G à pointe ou à scellement et la paumelle à T proprement dite P (*fig.* 166 et 167).

On peut donner à ces paumelles des formes plus ou moins découpées, comme la figure 168 nous en montre un exemple.

Les paumelles destinées aux menuiseries extérieures sont fixées avec des clous rivés.

24. *Battements.* — Les battements, employés pour les persiennes, sont de différentes espèces ; ce sont :

1° Les *battements à pointe* qui peuvent

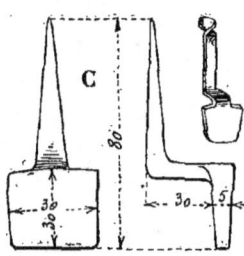

Fig. 170.

être ronds comme en A (*fig.* 169) et en *a* (*fig.* 171), ou droits, comme en A' (*fig.* 169).

Ces battements s'enfoncent directement dans le plâtre à travers le zinc qui recouvre l'appui de la croisée, ou *mieux* comme on le fait dans la pierre, dans un *trou tamponné* ;

2° Les *battements ronds à scellement*, dont nous donnons le type et les principales dimensions en B (*fig.* 169) ;

3° Les *battements coudés*, qui sont de deux formes comme les représentent les croquis C (*fig.* 170) et D (*fig.* 171).

Dans la persienne qui nous occupe (*fig.* 165) nous avons supposé en 2 deux battements ronds à pointe, type A (*fig.* 169), contre lesquels s'arrête le vantail de gauche de la persienne. En 3 (*fig.* 165) se trouve indiqué un battement coudé à pointe dont le type est représenté en

C (*fig.* 170) et sur lequel vient s'agrafer le *mentonnet* du *loqueteau*.

25. — *Équerres.* Le type des équerres employées pour ferrer les persiennes est représenté en croquis (*fig.* 172) ; elles se trouvent toutes fabriquées dans le commerce et sont généralement exécutées avec du fer feuillard ayant 2 millimètres

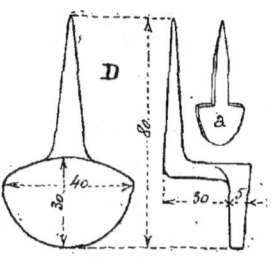

Fig. 171.

d'épaisseur. Elles sont entaillées dans le bois de toute leur épaisseur. Ces entailles, faites le plus souvent par des apprentis serruriers, sont exécutées d'une façon déplorable et le bois de la persienne est pour ainsi dire massacré. Pour obtenir un bon travail il serait préférable de faire

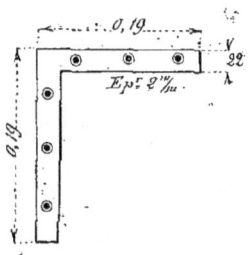

Fig. 172.

faire, dans le bois, les entailles des ferrures par le menuisier lui-même, il ajustera beaucoup mieux ses ferrures et prendra toutes les précautions pour ne pas détruire la solidité de son bois.

Une autre pratique condamnable à tous points de vue, c'est la manière *dont* les serruriers retiennent les équerres sur les persiennes à l'aide de fausses vis ou *vis à* garnir enfoncées à coups de marteau, on obtient ainsi un mauvais travail ; il serait préférable d'obliger les serruriers à y mettre de véritables vis enfoncées au tourne-vis. Cette pratique les oblige, il est vrai, à refraiser les trous qu'ils trouvent dans les équerres du commerce mais on assure ainsi entièrement la solidité de l'ouvrage.

On trouve aujourd'hui dans les bâtiments exécutés à forfait ou *clés en mains*, comme disent les entrepreneurs, ou lorsqu'on exige d'eux de trop forts rabais, des menuiseries ferrées d'une façon pitoyable, les ouvriers comptant sur le mastic du peintre pour boucher les entailles trop grandes et fixant avec des pointes ou avec des clous les éclats qu'ils ont enlevés au bois en donnant des coups de ciseaux avec maladresse.

26. *Arrêt à paillette.* — On donne le nom d'*arrêt à paillette* à une pièce métallique

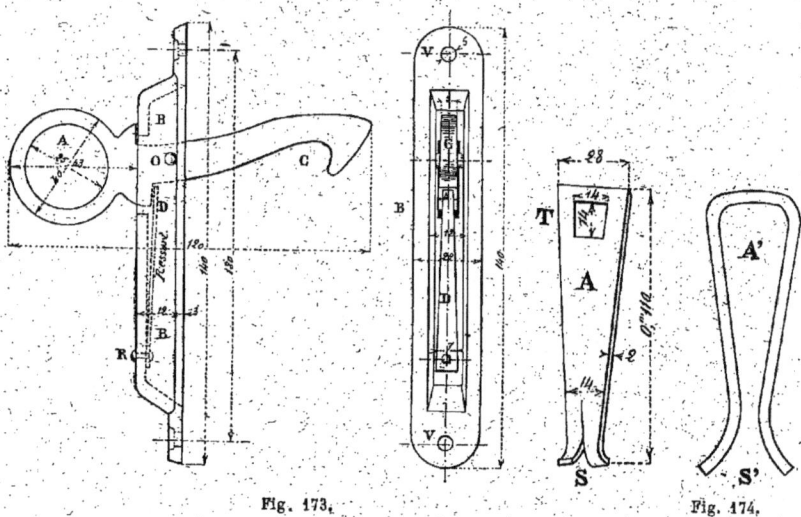

Fig. 173.   Fig. 174.

dont l'ensemble est représenté en croquis (*fig.* 173) par une vue de face et une vue de côté.

Il se compose : d'une *boîte* en fonte B, sur laquelle un *mentonnet* ou *arrêt* C est fixé en Q à l'aide d'une goupille et est terminé à l'autre extrémité par un anneau A ; en D, un ressort nommé *paillette* agit sur l'arrêt AC et le maintient horizontal.

Cet ensemble est fixé sur la persienne en 5 (*fig.* 165), par deux fortes vis à bois ; pour maintenir les persiennes ouvertes, le crochet C de l'arrêt vient s'agrafer dans une gâche spéciale scellée dans la maçonnerie et qui, dans nos constructions, prend l'une des deux formes représentées en A et en A′ (*fig.* 174). La première A est en fer plat, elle présente en T le trou nécessaire au passage du crochet et se termine en queue de carpe S pour se sceller dans

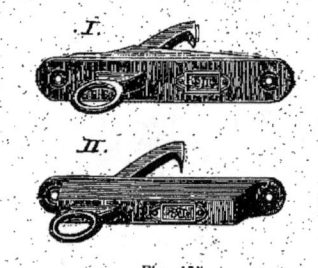

Fig. 175.

la maçonnerie ; la seconde A′ est en fer rond de 2 millimètres de diamètre et se scelle également dans la maçonnerie, ses deux extrémités en S' sont recourbées pour mieux se sceller.

En I et en II (*fig.* 175) nous donnons la vue perspective des arrêts à paillette les plus employés ; en I est indiqué l'arrêt de persienne en fonte à paillette à entailler, les mentonnets ayant de 40 à 110 millimètres ; en II est représenté l'arrêt de persienne en fonte à paillette encloisonnée

tions à faire lorsqu'on le prend de mauvaise qualité. Il se compose : d'une boîte en fonte B, maintenue sur le battant de la persienne à l'aide de quatre vis passant dans des trous V ; d'un mentonnet en cuivre Q sur lequel est vissée une tige T

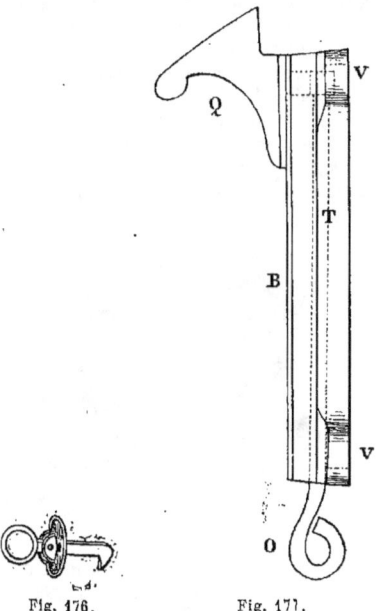

Fig. 176.   Fig. 177.

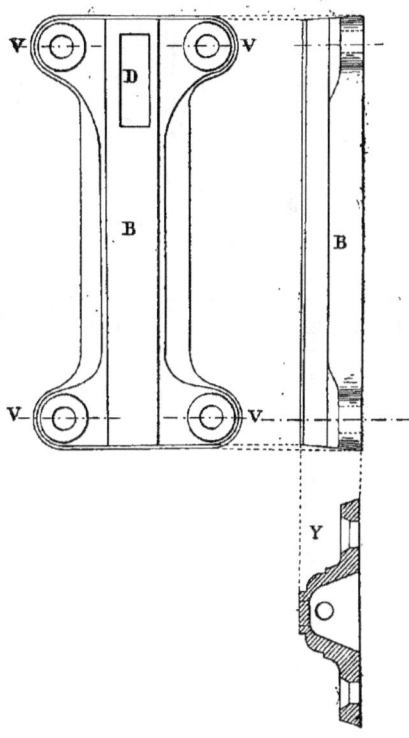

Fig. 178.

dont les mentonnets se font de 45 à 90 millimètres de longueur.

On se sert encore dans les ferrements de nos persiennes de l'*arrêt* à anneau représenté en croquis (*fig.* 176). Cet arrêt qui bascule autour d'une goupille, est fixé sur une traverse de la persienne à l'aide d'une plaque vissée ; la pointe accroche un crampon scellé dans le mur.

27. *Loqueteau.* — Le loqueteau à pompe dont nous donnons la vue de côté (*fig.* 177) est aujourd'hui le plus employé ; c'est un ferrement se détraquant très facilement et auquel il y a très souvent des répara-

terminée par un œil O, sur lequel on fixe le fil de tirage. Sur toute la longueur de cette tige T, à l'intérieur de la boîte en fonte, il existe un ressort à boudin en cuivre qui ramène constamment le mentonnet Q dans la même position.

Comme nous le verrons plus loin, le loqueteau à pompe et le crochet placé au bas des persiennes sont avantageusement remplacés, dans nos persiennes ordinaires, par des crémones ou par des espagnolettes.

Les figures 178, 179, 180 et 181 nous montrent les détails complets aux 2/3 d'exécution des différentes pièces d'un loqueteau à pompe.

La figure 178 nous indique en élévation

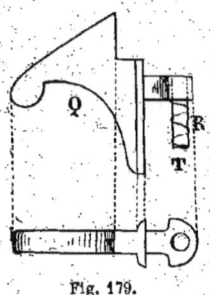
Fig. 179.

en vue de côté et en coupe transversale les détails de la boîte en fonte B avec

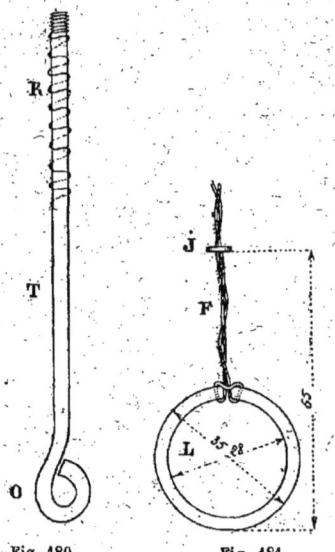
Fig. 180.   Fig. 181.

l'indication des trous V pour le passage des vis et de l'entaille D nécessaire pour permettre le mouvement au mentonnet; la figure 179 nous représente le mentonnet Q en élévation et en plan avec le mode d'attache en R de la tige T; la figure 180 représente la tige T; avec la position du ressort qui l'entoure, l'une des extrémités de cette tige est filetée et se visse dans la queue du mentonnet, l'autre est terminée par un anneau recevant le fil de fer servant de tirage; enfin, la figure 181 nous montre le fil de fer galvanisé F terminé par un anneau de tirage L et maintenu sur la persienne à l'aide de petits crampons spéciaux J.

28. Nous donnons (*fig.* 182) la vue perspective d'un loqueteau en fonte avec mentonnet en cuivre pour persiennes et ayant 103 sur 52 millimètres.

La figure 183 donne le croquis d'un loqueteau à entailler à plat avec mentonnet en cuivre également pour persiennes, de 0^m,10 $\times$ 0,042.

29. *Crochet.* — Les crochets C, nom-

Fig. 182.   Fig. 183.

més aussi *crochets ronds*, dont nous donnons un croquis (*fig.* 184) sont exécutés en fer rond de 5 à 8 millimètres de diamètre et ont environ 0^m,140 de longueur. Ils servent aussi comme arrêts de persiennes et sont fixés par un piton P, nommé quelquefois *tirefond*, sur la traverse d'appui de la fenêtre et leur partie recourbée O entre dans un autre piton P', placé en 7 (*fig.* 165) sur le vantail de la persienne qui porte le loqueteau.

30. *Poignée.* — La *poignée à pattes* dont nous donnons un croquis (*fig.* 185) sert à tirer la persienne pour amener le mentonnet du loqueteau dans le battement qui sert à l'arrêter.

Ces *poignées*, dont les dimensions sont variables, se font en fer rond P et sont

FERREMENTS DIVERS EMPLOYÉS EN CONSTRUCTION.   107

terminées par deux parties élargies ou pattes O servant à les fixer sur la persienne par deux vis à bois. Cette poignée est indiquée en 8 dans l'ensemble de la per-

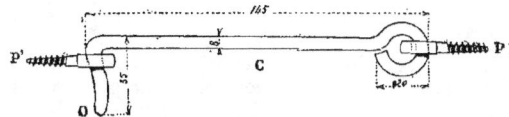

Fig. 184.

sienne (*fig.* 165); cette persienne est, comme celles qui vont suivre, vue de l'intérieur.

L'ensemble des ferrements d'une paire de persiennes dans ces conditions coûte de 9 à 12 francs.

31. 2ᵉ *disposition*. — On peut, dans la

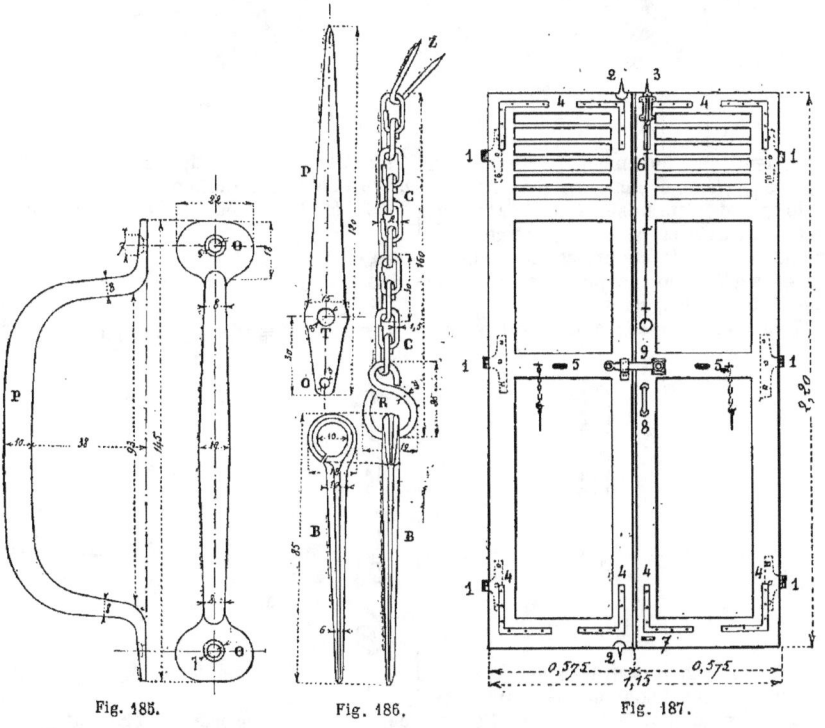

Fig. 185.   Fig. 186.   Fig. 187.

disposition précédente, tout en conservant les ferrements, remplacer les arrêts à paillette par deux forts arrêts à *broche* et *chaînette* dont nous donnons un croquis (*fig.* 186). La broche B est retenue à l'ex- trémité d'une chaînette C par un crochet R; cette chaînette est fixée sur la traverse du vantail à l'aide d'un crampon Z. Une patte de fer P, à pointe ou à scellement, est fixée dans le mur et correspond à une ouverture quadrangulaire pratiquée dans la persienne; cette patte fait une saillie suffisante sur la persienne pour permettre de placer, dans l'œil T, la broche B. Nous verrons plus loin l'utilité du petit trou O pratiqué dans cette patte.

32. 3ᵉ *disposition.* — Lorsque les persiennes sont à rez-de-chaussée, indépen-

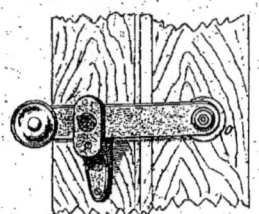

Fig. 188.

damment des ferrements ci-dessus, on ajoute un *fléau*, comme nous le montre en 9 le croquis d'ensemble (*fig.* 187). On peut même remplacer ce fléau par une véritable barre de fermeture en fer analogue à celles qu'on emploie pour les volets des boutiques ou magasins.

Dans cette troisième disposition tous

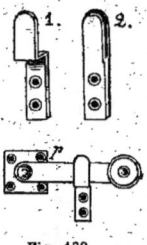

Fig. 189.

les ferrements restent les mêmes sauf le fléau dont nous donnons les deux principaux types (*fig.* 188 et 189). Comme le montrent ces croquis le fléau est une barre de fer méplat mobile autour de l'une de ses extrémités, montée sur une rondelle *o* ou sur platine *p*; elle tient à l'une des persiennes et se ferme dans un support (1 ou 2 *fig.* 189) entaillé et fixé à l'aide de vis sur l'autre vantail. Les fléaux les plus employés ont 0ᵐ,16; 0ᵐ,19 ou 0ᵐ,22 de longueur. On en fait aussi qui ont la forme d'une poignée d'espagnolette.

33. *Nota.* — Pour les persiennes à rez-de-chaussée on place souvent l'arrêt à la partie inférieure, comme nous le montrons pour l'arrêt à broche et chaînette, (*fig.* 190). Dans ce cas, la chaînette se fixe,

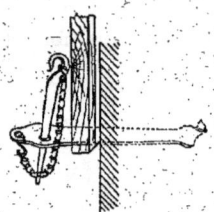

Fig. 190.

d'un côté dans le petit trou O (*fig.* 186) placé à l'extrémité de la patte et de l'autre dans l'œil de la broche. Indépendamment

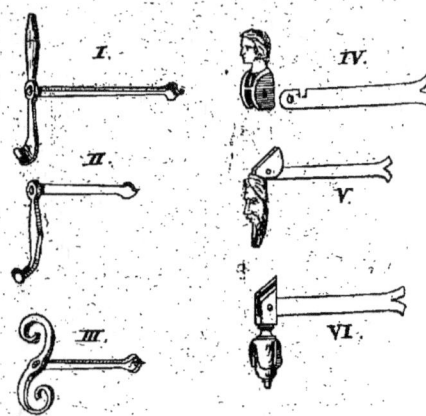

Fig. 191.

de cet arrêt à broche et chaînette, on emploie aussi les *arrêts à tourniquets* dont nous donnons en I, II et III (*fig.* 191) les trois types les plus communément employés. D'autres arrêts IV, V et VI nommés *arrêts à bascule* se voient aussi souvent; ils sont formés d'une patte à scellement en fer avec tête mobile en fonte représentant : un vase, une tête de turc etc.

34. 4ᵉ *disposition*. — Comme quatrième disposition de ferrements de persiennes, nous donnons (*fig.* 192) l'emploi de la crémone qui, à tous les points de vue, est préférable comme solidité et comme fermeture sérieuse. La crémone pour persiennes est une crémone ordinaire dont accrocher les mentonnets de l'espagnolette.

35. 5ᵉ *disposition*. — Comme cinquième disposition possible, nous donnons (*fig.* 193) l'emploi de verrous haut et bas indiqués en 6 dans cette figure. On peut aussi mettre un verrou en bas et un loqueteau en haut et faire ainsi différentes variantes suivant les besoins.

36. 6ᵉ *disposition*. — Comme dernier

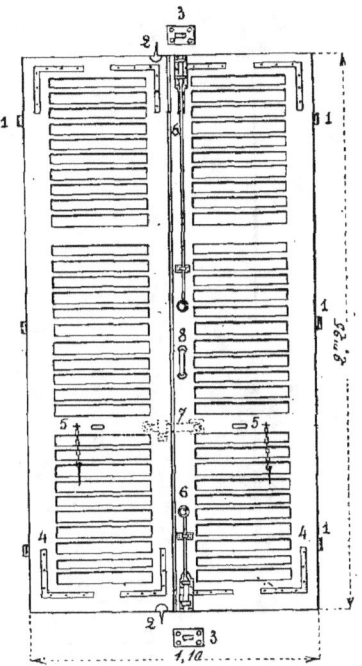

Fig. 192. Fig. 193.

nous donnerons les détails en parlant des croisées, mais dans laquelle les gâches sont remplacées par des platines haut et bas fixées à l'aide de vis dans des trous tamponnés. Le reste des ferrements rentre dans ceux qui ont été examinés précédemment.

Au lieu de crémones, on se sert aussi d'espagnolettes ; dans ce cas, les platines sont remplacées par des broches en saillie scellées dans la maçonnerie et servent à type de ferrements de persiennes ordinaires nous indiquons (*fig.* 194) une disposition spéciale connue sous le nom de *loqueteau* ou de *ferme-persiennes Cudruc*. Cette installation comprend :

A la partie haute un loqueteau ordinaire L orné ou non orné ; à la partie inférieure un autre loqueteau L' renversé. Ces deux loqueteaux sont reliés par une tige T continuée par un cordon de tirage F et ses guides.

La manœuvre de ces ferme-persiennes est des plus simples : la tige T est libre dans une poignée O qui est solidement fixée, par quatre vis, sur l'un des vantaux ; à peu de distance, au-dessus de cette poignée, se trouve une traverse horizontale P munie d'un emplacement D per-

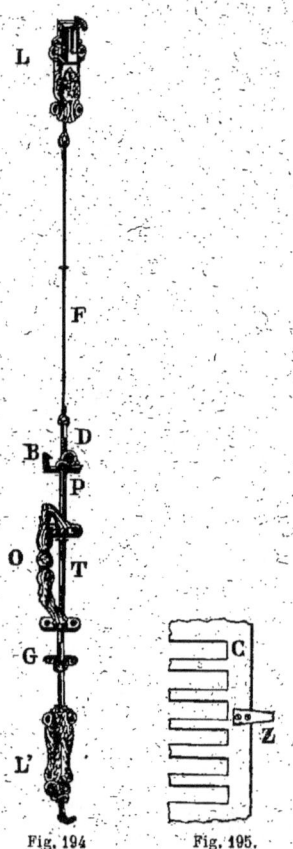

Fig. 194.   Fig. 195.

mettant au pouce qu'on place sur la partie horizontale ou *poucier* de ne pas frotter contre la tige T ; enfin un mentonnement B.

Pour ouvrir la persienne on prend la poignée O dans une main et on place le pouce de cette main sur le poucier P ; en agissant verticalement de haut en bas les deux loqueteaux se dégagent en même temps de leurs arrêts. Lorsqu'on cesse d'agir sur le poucier les ressorts des loqueteaux les ramènent dans leur première position.

Avec ce système la fermeture se fait en une seule fois, et un enfant peut, sans efforts, ouvrir ou fermer une persienne. Cette persienne se trouve maintenue en haut et en bas par les deux loqueteaux et au milieu B par un mentonnet faisant corps avec le poucier et qui vient se fixer contre une patte Z (*fig.* 195) maintenue par des vis sur le montant C du vantail ne comportant pas les loqueteaux.

Les loqueteaux L et L', la poignée O et le guide G sont fixés à demeure sur les persiennes ; le poucier P, fixé sur la tige T,

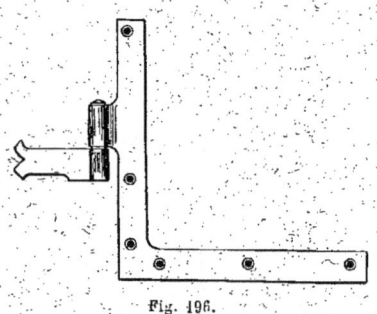

Fig. 196.

monte et descend en même temps que cette tige et le fil F, seules pièces mobiles de l'ensemble.

37. *Nota.* — Lorsque les persiennes sont grandes et, par conséquent, lourdes, on remplace souvent les équerres ordinaires (*fig.* 172) et les paumelles simples à T (*fig.* 166) par une seule pièce (*fig.* 196) nommée *paumelle simple à équerre, gond à scellement*.

Les dimensions de cette paumelle simple sont proportionnées au poids et aux dimensions de la persienne.

Ferrements des persiennes brisées en bois posées en tableau

38. Avant d'étudier les ferrements des persiennes brisées posées en tableau, il est

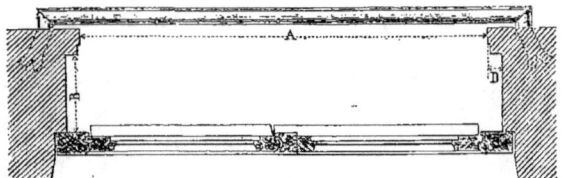

Fig. 197.

bon de donner les indications nécessaires à la prise des mesures de ces persiennes afin d'éviter les erreurs assez fréquentes dans les bâtiments en construction.

Nous supposerons deux types :

1° Persiennes ferrées sur cornières au bord extérieur des tableaux refouillés ou non refouillés ; la figure 197 donne le plan de cette disposition et la figure 198 nous indique la coupe verticale ;

2° Persiennes ferrées sur les bâtis dormants des croisées ou sur des *tapées* comme disent les ouvriers ; la figure 199 représente le plan de cette disposition et la figure 200 la coupe verticale.

39. Dans ces différentes figures les cotes indispensables à donner au constructeur sont les suivantes :

A, Largeur des baies entre les tableaux ;

B, Largeur des tableaux avec ou sans refouillement ;

C, Saillie des dormants, ou distance qui doit séparer ces dormants ou ces tapées ;

D, Profondeur du refouillement ;

E, Hauteur totale des baies, prise auprès de la croisée, à la partie la plus élevée de l'appui ;

F, Hauteur du dessus de l'appui au-dessous de la traverse d'imposte lorsqu'il existe (nécessaire pour les persiennes ferrées sur les dormants des croisées) ;

G, Hauteur du parquet au-dessous de la croisée, mesure indispensable pour placer la poignée de l'espagnolette à une hauteur convenable.

40. *Nota.* — Les parties relevées des zincs ou plombs recouvrant les appuis des croisées doivent être entaillées dans les tableaux et ne former aucune saillie afin de ne pas gêner le reploiement de la persienne.

Pour les persiennes ferrées sur les

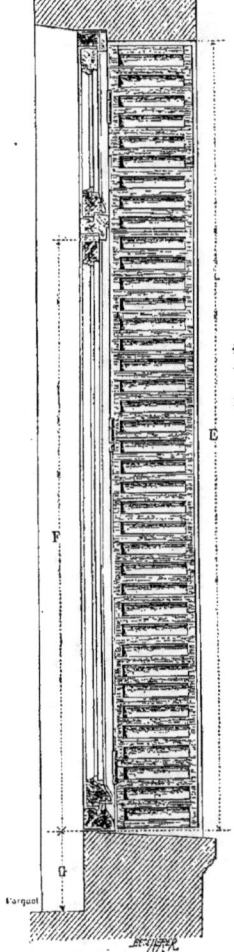

Fig. 198.

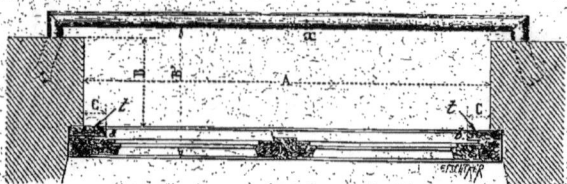

Fig. 199.

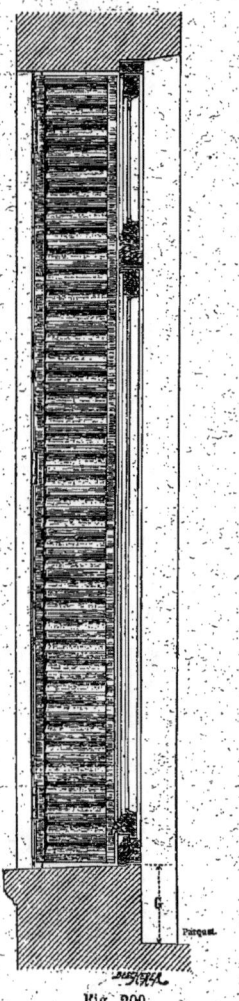

Fig. 200.

croisées, le dormant sur lequel se ferre la persienne doit se retourner par le haut et descendre de 0^m,03 en contre-bas de la pierre pour recevoir la battue de la persienne.

Lorsque les baies ont des appuis sur balustres et que les persiennes sont ferrées sur les dormants des croisées la rive intérieure des appuis doit toucher les dormants pour recevoir les battements des persiennes;

41. Dans le plan (*fig.* 199) la barre d'appui x se trouve placée à l'extérieur et à une certaine distance B' du bord intérieur de la croisée; il en résulte qu'une personne désirant s'appuyer sur cette barre d'appui est obligée de s'allonger beaucoup et ses genoux, se buttant contre l'appui inférieur de la croisée, il en résulte une fatigue qu'on peut éviter en ne mettant pas cette barre d'appui à l'extérieur mais en la fixant, de a en b, entre les deux tapées t, auxquelles on donnera 0^m,041 d'épaisseur au lieu de 0^m,27 comme on le fait ordinairement. Les persiennes venant battre contre ces tapées ne gênent en rien la pose de cette barre d'appui.

42. 1re *disposition.* — La figure 201 nous montre la disposition des ferrements d'une paire de persiennes brisées en bois ferrées sur tapées.

Ces ferrements se composent :

43. De six fiches F de 0^m,14; de six charnières C de 0^m,110 (les fiches remplacent avantageusement ces charnières); d'équerres E en fer plat de 0^m,002 d'épaisseur entaillées et fixées avec vis; d'un loqueteau L et ses accessoires; de battements B et B', si cela est nécessaire; d'un piton ou tire-fond O recevant un crochet fixé sur le dormant inférieur de la croisée.

FERREMENTS DIVERS EMPLOYÉS EN CONSTRUCTION. 113

Lorsqu'il y a plus de deux vantaux on se sert de *charnières coudées* ou de *fiches spéciales*.

44. Dans l'exemple que nous exami- nons, les vantaux P se repliant contre les tableaux Z n'y sont généralement pas maintenus ; cependant, si on désire les y maintenir, on pourra le faire, soit avec

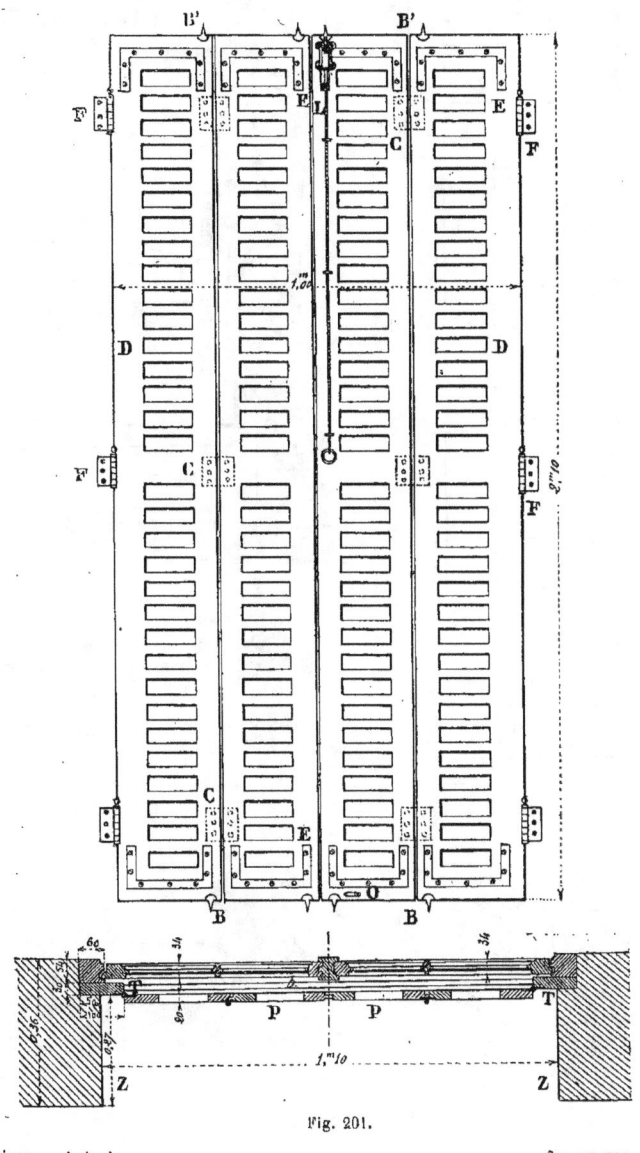

Fig. 201.

Sciences générales.   SERRURERIE. — 8.

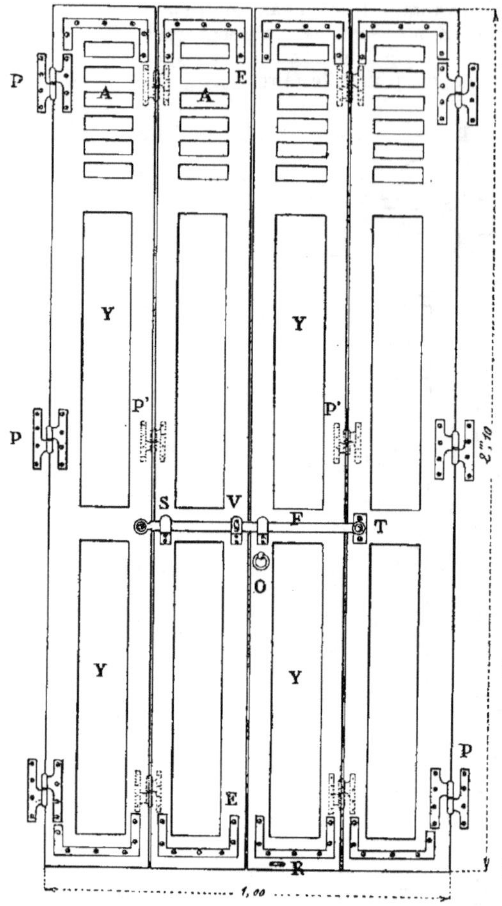

114 SERRURERIE.

Fig. 202.

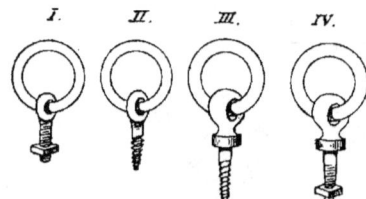
Fig. 203.

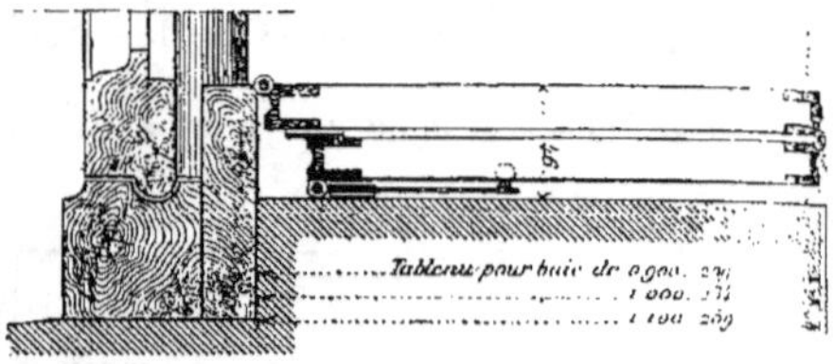

Fig. 204.

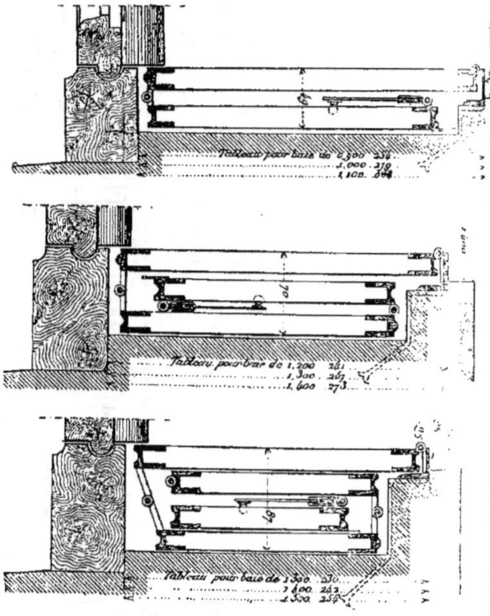

Fig. 205.

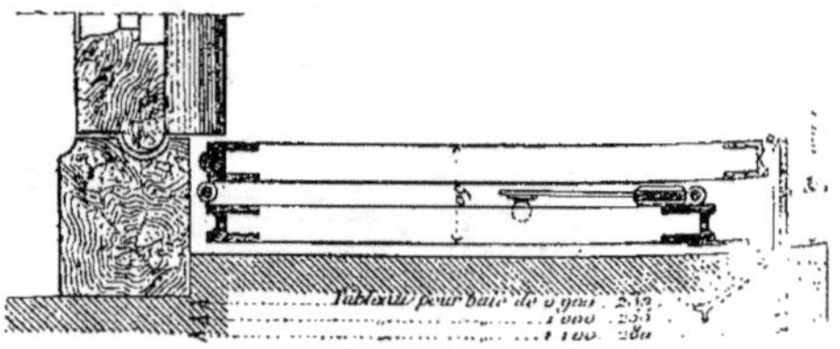

Fig. 206.

un crochet et des tire-fonds, soit avec des verrous à tige ronde, soit enfin avec des arrêts à broche et chaînette placés au milieu de la hauteur des persiennes brisées.

45. Dans ce croquis la barre d'appui, qu'on peut fixer entre les tapées T, est indiquée en b par deux traits parallèles.

46. 2° *disposition*. — La figure 202 nous donne la disposition d'une paire de persiennes brisées, employées pour les croisées du rez-de-chaussée. Dans ce cas, il n'y a, à la partie supérieure, que quelques lames A, le reste Y étant en parties pleines.

Les ferrements se composent :

47. De six paumelles P de 0^m,14 ; de six paumelles P' de 0^m,12 de branches ; d'équerres E analogues aux précédentes ; d'un tire-fond R recevant un crochet fixé sur l'appui de la croisée ; enfin, d'un grand *fléau* F fixé en T et reposant dans des supports S.

En V une vis traverse le support et maintient en place le fléau lorsqu'il est placé horizontalement, de manière qu'on ne puisse le soulever du dehors en passant une lame mince dans le joint des deux parties.

Un anneau O, qui peut prendre les différentes formes I, II, III, IV, du croquis (*fig.* 203), sert à tirer les persiennes pour permettre au fléau de descendre dans ses supports.

Persiennes brisées en bois et fer.

48. 1° *disposition*. — Afin de donner plus de solidité aux persiennes brisées en bois on a pensé qu'il serait préférable de les encadrer par des fers spéciaux évidés, formant noix, rabotés sur les rives et maintenant des lames en chêne ou en pitch-pin.

Plusieurs constructeurs, notamment MM. Baudet, Jomain, Chedeville et Dufrêne, en font aujourd'hui de très heureuses applications. Les dispositions que nous représentons en croquis (*fig.* 204, 205 et 206) sont dues à M. Baudet.

La figure 204 représente une paire de persiennes brisées en fer spécial évidé à gorge et à noix, lames en chêne ou en pitch-pin, ferrées sur tapées ou bâtis dormants des croisées ; c'est le type à quatre vantaux, mais qui se fait également à six et à huit vantaux.

La figure 205 nous montre trois types (4, 6 et 8 vantaux) de persiennes en fer spécial à gorge et à noix, lames en chêne ou en pitch-pin sur dormant en fer, cornière pour fermer au-devant des tableaux refouillés. (La cornière de 0,025 de côté forme encadrement en trois sens, les deux côtés verticaux des tableaux et la partie horizontale supérieure.)

Enfin, la figure 206 nous indique une troisième disposition, les persiennes étant ferrées sur un dormant en fer plat pour fermer au-devant des tableaux.

Les ferrures sont des paumelles en fer, à nœuds bouchés permettant à un ouvrier quelconque de les démonter facilement.

49. *Détails de construction.* — Il y a quelques détails de construction assez intéressants à signaler.

La figure 207 nous montre, à grande échelle, la coupe des fers d'encadrement F et F' des persiennes avec les principales dimensions et le mode d'assemblage des lames L et L' à l'aide de tenons T et T' remplissant les vides laissés par les fers.

La coupe AB (*fig.* 208) nous indique la disposition des lames par rapport aux fers spéciaux.

50. La fermeture est une espagnolette plate (*fig.* 209) fermant haut et bas, fonctionnant sans engrenages ni ressorts ; elle maintient les persiennes dans toute leur hauteur et n'est pas susceptible d'être dérangée par la peinture.

Elle se compose :

D'un fer plat R de 25 ×5 ayant toute la hauteur de la persienne et sur la longueur duquel il existe trois charnières spéciales U et un fléau L, dont l'élévation et la coupe AB font facilement comprendre la disposition.

À la partie basse se trouve une pièce K servant de crochet et venant se fixer dans un arrêt spécial en bas et en haut de l'espagnolette.

La figure 210 nous montre une coupe suivant XY de la figure 209. Elle indique comment se trouve placée cette espagnolette par rapport aux fers spéciaux E et E' ;

SERRURERIE.

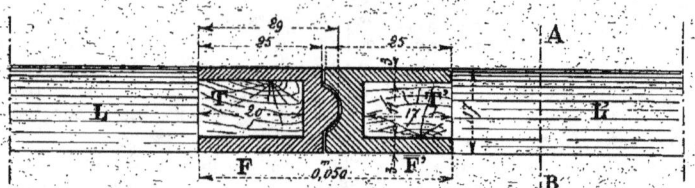

Fig. 207.

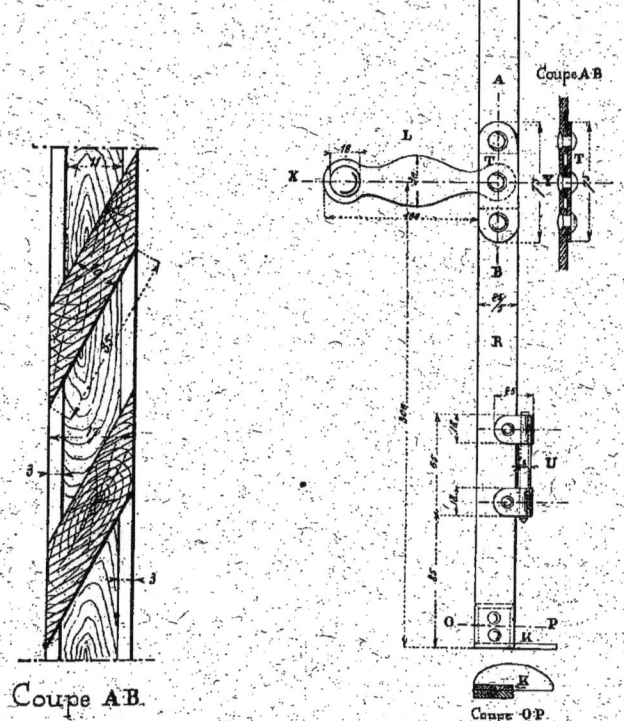

Coupe AB.
Fig. 208.

Fig. 209.

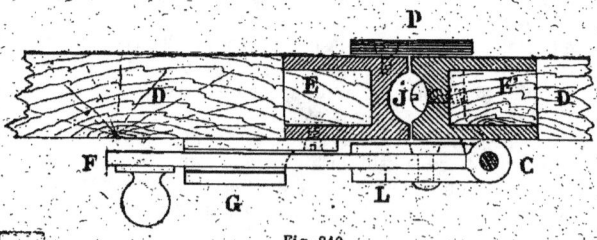

Fig. 210.

Fig. 211.

sur l'un de ces fers E se trouve vissée une plaque P ayant toute la hauteur des persiennes et formant couvre-joint; elle est fixée avec des vis. Sur l'autre vantail s'attache l'espagnolette, mobile autour du point C, centre des charnières. En G se trouve la gâche du fléau de l'espagnolette fixée avec vis sur le fer E. Cette coupe nous indique également la disposition à la rencontre des deux vantaux du milieu.

Sur l'un des vantaux se trouve un anneau de tirage dont nous connaissons le but.

Les figures 211 et 212 nous indiquent les deux types de battements employés dans ce genre de persiennes; le premier

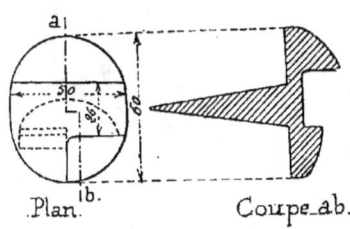

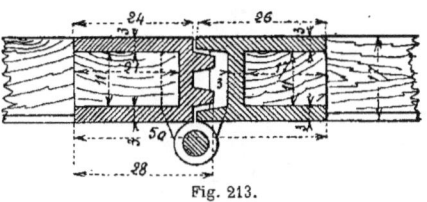

Fig. 212. Fig. 213.

(fig. 211) est un battement courant et le deuxième (fig. 212) est le battement se plaçant au milieu J des deux vantaux (fig. 210); il reçoit, comme nous l'indiquons en pointillé, la pièce spéciale K de la figure 209. Ces battements peuvent se faire en fonte mais de préférence en fer.

51. La figure 213 nous représente une coupe horizontale des fers spéciaux employés par M. Jomain avec les principales dimensions qu'on leur donne ordinairement.

Les figures 214, 215, 216 et 217 nous indiquent les principales applications qu'on peut obtenir avec ces fers spéciaux.

Dans le premier exemple (fig. 214) la

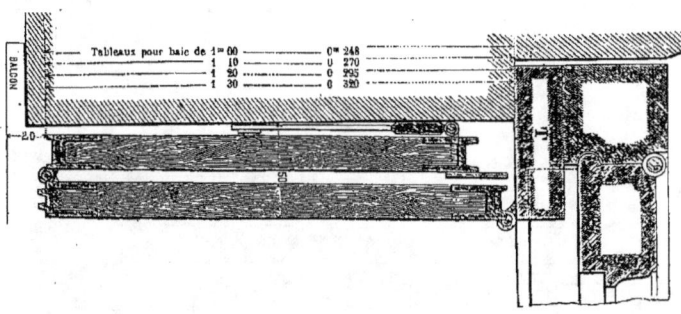

Fig. 214.

persienne est ferrée sur une tapée T. Pour les persiennes à rez-de-chaussée n'ayant que 1/3 ou 1/4 de lames dans le haut on peut, pour la sécurité, faire les panneaux pleins du bas en tôle. Ces persiennes se ferment par une espagnolette plate ou par une crémone.

La figure 215 nous montre une paire de persiennes ferrée sur cornière au bord extérieur des tableaux refouillés.

Dans la figure 216 la persienne est ferrée sur un fer plat placé dans le tableau.

Enfin, la figure 217 nous donne le moyen de fixer une persienne en bois avec encadrement en fer évidé à gorge et à noix ferrée sur cornières C et se posant

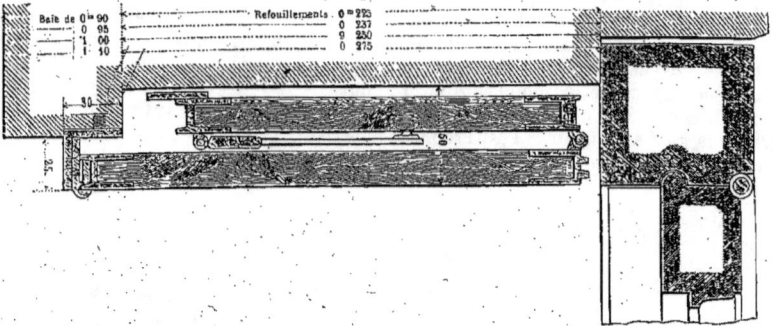

Fig. 215.

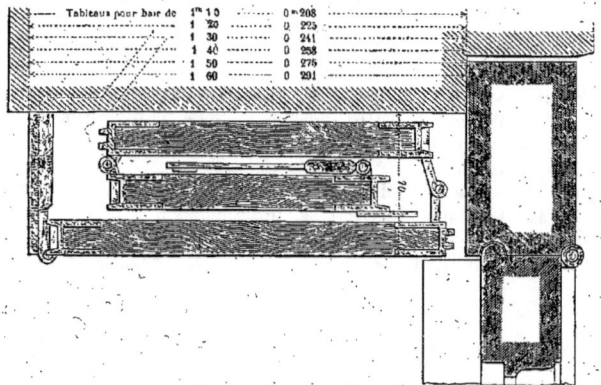

Fig. 216.

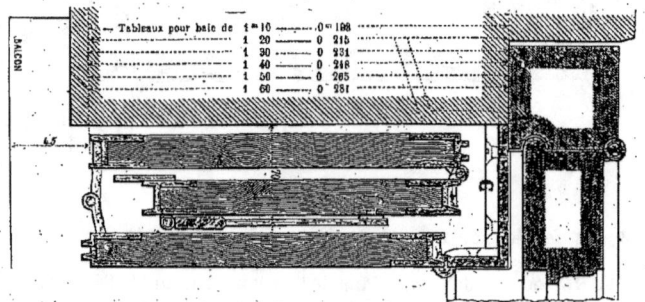

Fig. 217.

contre des croisées n'ayant pas été disposées pour recevoir des persiennes.

Tous ces types se font en quatre, six ou huit feuilles.

FERREMENTS DIVERS EMPLOYÉS EN CONSTRUCTION.

La figure 218 nous montre une coupe de fers spéciaux F et de lames de chêne

Fig. 218.   Fig. 219.

verticale d'une persienne brisée composée ou de pitchpin L ; ce croquis nous indique comment la persienne étant fermée, vient s'appliquer contre la tapée T ce qui supprime ainsi l'usage des battements. Elle se trouve arrêtée dans cette position, par le petit fléau plat dont nous avons déjà parlé.

La figure 219 nous représente la coupe verticale d'une persienne brisée semblable à la précédente, mais ferrée sur une cornière C et venant battre à la partie inférieure, dans un battement spécial A.

En J nous indiquons l'arrêt de l'espagnolette qui est simplement formé par un morceau de cornière de 3 à 4 centimètres de longueur rivé sur la cornière d'encadrement C.

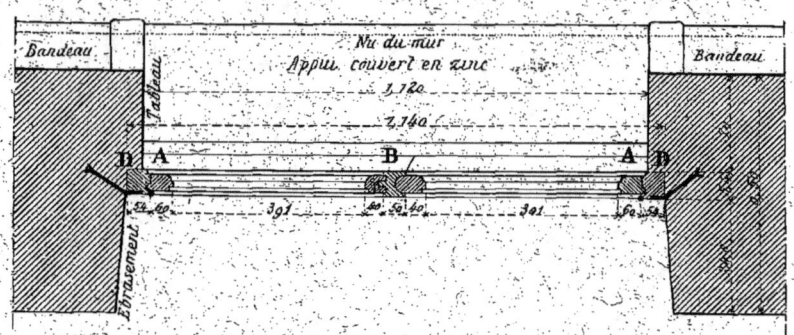

Fig. 220.

Ferrements des croisées en bois.

52. Avant de commencer l'étude des ferrements des croisées à deux vantaux de nos habitations, il est utile de rappeler ce qu'on entend par les mots *fenêtre* et *croisée*.

La fenêtre est la baie pratiquée dans un mur pour donner de l'air et du jour à l'intérieur d'une habitation ; la *croisée*

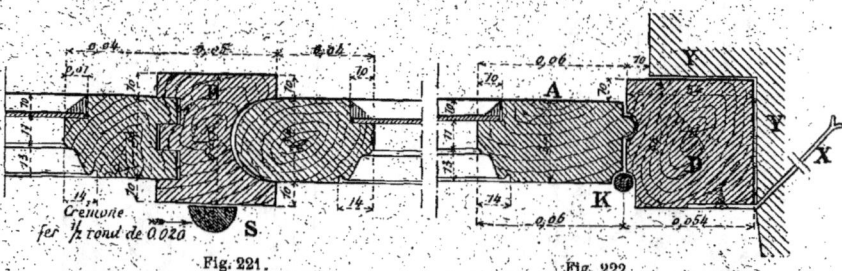

Fig. 221.   Fig. 222.

est l'ouvrage de menuiserie (en bois, en bois et fer ou même tout en fer) servant à clore une fenêtre tout en laissant pénétrer le jour.

53. Le plus souvent, les croisées de nos habitations comportent un *bâti dormant* et un ou plusieurs châssis vitrés mobiles avec ou sans *petits bois*. Ce bâti dormant se fixe dans une feuillure réservée dans la baie au moyen de *pattes à scellement*.

Les montants se nomment *battants* ; ceux qui s'appuient contre le bâti dormant se nomment *battants de noix*, et ceux qui se touchent, quand la fenêtre est fermée, se nomment *battants meneaux*.

FERREMENTS DIVERS EMPLOYÉS EN CONSTRUCTION.

54. Le croquis (*fig.* 220) nous indique le plan d'une croisée ordinaire à deux vantaux placée dans un mur en maçonnerie.

55. La figure 221 nous montre le détail de l'assemblage de fermeture (dite à gueule de loup) au milieu de la croisée.

56. La figure 222 représente la position du dormant D dans la feuillure en maçonnerie avec l'indication des pattes à scellement X servant à le maintenir.

57. Enfin le croquis (*fig.* 223) nous donne la coupe verticale de la croisée avec la section d'un petit bois E.

58. Dans ces figures, les différentes lettres représentent :

A, battants de noix ;
B, battants meneaux ;
C, coupe de la traverse supérieure de chaque vantail venant battre dans le dormant D ;
D, dormant ;
E, coupe d'un petit bois ;
F, traverse inférieure ou jet d'eau ;
G, appui de la croisée ;
K, fiche ou paumelle ;
S, position de la crémone en plan ;
X, pattes à scellement ;
Y, feuillure ;
Z, équerres en fer consolidant la menuiserie.

59. *Observations*. — Dans les croisées on peut mettre une seule ou plusieurs rangées de petits bois horizontaux divisant la hauteur et, dans certains cas, d'autres petits bois verticaux.

On adopte assez généralement une disposition qui consiste à mettre un seul petit bois placé à la hauteur de la barre d'appui, ce qui permet d'avoir au bas de chaque vantail un petit carreau et au-dessus un carreau de plus grande dimension et même des glaces.

Le petit bois placé ainsi à hauteur de la barre d'appui, non visible du dehors, fait supposer une seule glace de toute la hauteur de la croisée.

Quand les croisées sont trop grandes on ne les fait ouvrir que jusqu'à une certaine hauteur et on place à la partie haute un imposte qui s'assemble dans les dormants.

60. Le plus généralement les ferre-

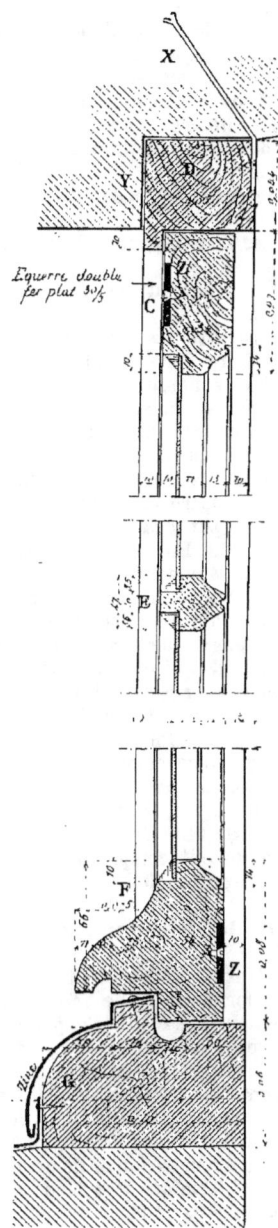

Fig. 223.

ments des croisées comprennent : 6 fiches à bouton ou 6 fiches Chanteau ou 6 petites paumelles, 8 équerres, une espagnolette ou une crémone.

Le détail complet des ferrements d'une croisée ordinaire à deux vantaux employée dans nos habitations peut se résumer ainsi :

8 équerres de $0^m,19$ entaillées et posées avec fausses vis;

7 pattes à scellement de $0^m,14$ entaillées avec vis;

6 fiches Chanteau de $0^m,12$ ou de $0^m,14$ entaillées.

Nota. Nous représentons (*fig.* 224) la disposition d'une fiche Chanteau de $0^m,120$, ces fiches sont aujourd'hui très employées parce qu'elles sont d'un prix moindre que les paumelles. Cette fiche se compose : de deux lames L en fer plat de 1 millimètre d'épaisseur contournées comme le montre la coupe *ab* et réunies entre elles par des rivets R ne faisant aucune saillie. En T les trous nécessaires pour le passage des vis; en P et en P' les deux broches pleines en fer; enfin, en I, l'indication de deux coups de poinçon donnés dans le fer plat pour empêcher les broches de quitter les lames.

1 crémone fer 1/2 rond de $0^m,018$ marquée R. G., première qualité; vis, gâches et garnitures en fonte.

Le prix de l'ensemble de ces ferrements est de $9^f,95$ environ.

En remplaçant les fiches par des paumelles de $0^m,11$ et les équerres avec vis tournées, le tout, compris plus-value, vaudrait environ $13^f,80$.

Emploi des espagnolettes.

61. L'espagnolette, dont nous rappelons la forme ancienne (*fig.* 225), sert, comme nous le savons, d'appareil de fermeture pour les croisées. Elle est aujourd'hui peu en usage : à Paris, on la remplace par la *crémone*. Cette espagnolette se compose : d'une tige verticale T, en fer rond, ayant généralement $0^m,016$, $0^m,018$ ou $0^m,020$ de diamètre (qu'on nommait autrefois *verge*), terminée à ses deux extrémités par des *crochets* de forme spéciale venant s'engager dans des *gâches* G fixées sur le dormant de la croisée; d'une poignée en fer B de 0,16 à 0,19 de longueur pleine ou évidée en feuilles de persil ou de toute autre manière; d'un support à charnière S dans lequel vient reposer la poignée; de *lacets* ou *colliers* C servant à fixer la tige sur le montant de la croisée et dans lesquels la tige T peut tourner et est maintenue en position par des *embases*; de pannetons

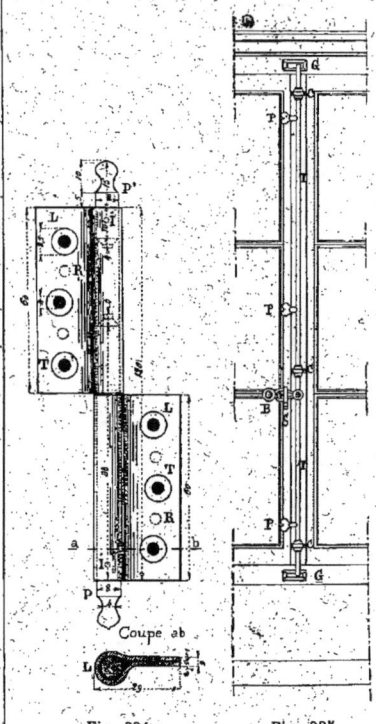

Fig. 224.   Fig. 225.

ou *ailerons* P servant à tenir les volets intérieurs fermés, en sorte que cette ferrure, nommée espagnolette, retient tout et d'un seul coup de main on ouvre la croisée et les volets.

62. Comme, dans nos habitations, les ouvriers serruriers peuvent rencontrer des espagnolettes dont ils auront à faire les réparations, il n'est pas inutile d'en donner les principaux détails.

63. *Première disposition.* — La figure 226 nous montre l'élévation d'une croisée

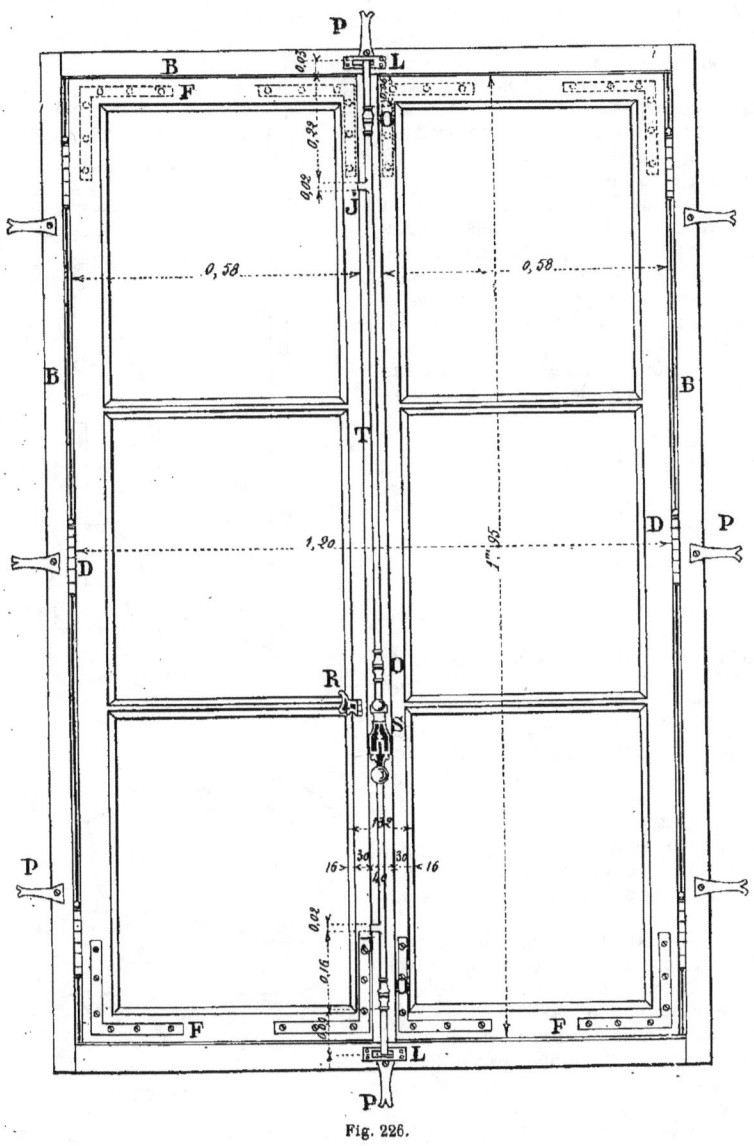

Fig. 226.

avec l'indication de tous les ferrements indispensables pour la fixer dans un mur, pour la consolider et pour assurer son fonctionnement.

Ces ferrements se composent :

De six pattes à scellement P de $0^m,120 \times 0^m,03 \times 0^m,005$ servant à fixer le bâtis dormant B dans la maçonnerie ;

De six fiches à bouton D de $0^m,12$ posées en feuillure dont nous donnons les principales cotes et le croquis (*fig.* 227) (ces fiches à bouton sont aujourd'hui avantageusement remplacées par les fiches Chanteau ou mieux encore par des paumelles) ; de huit équerres F en fer feuillard dont nous avons donné les principales dimensions (*fig.* 172) ; d'une espagnolette avec tous ses accessoires, savoir : la poignée S, le support à charnières R, les gâches L, la tige T, les pannetons J, les colliers O fixés entre deux embases.

64. *Détails de construction.* — La figure 228 nous représente le détail de la poignée

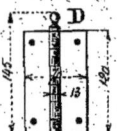

Fig. 227.

S de la figure 226. Cette poignée est entièrement en fer et peut se faire pleine ou ajourée, comme le montre aussi le croquis (*fig.* 225), elle est terminée à la partie inférieure par un bouton H (*fig.* 228) qu'on tient dans la main pour fermer ou pour ouvrir la croisée. Cette poignée est, en N, mobile sur la tige T.

65. Nous reproduisons (*fig.* 229) les principaux types de poignées de ce genre qu'on peut encore trouver dans le commerce.

La figure 230 nous indique le détail du support à charnière R de la figure 226. Ce support, qui est en fer, est ajouré et mobile autour d'un axe C. La partie filetée K se visse dans le montant de la croisée et y est maintenue par un écrou Z complètement entaillé dans l'épaisseur du bois. Ce support, dans lequel vient se placer l'extrémité de la poignée S, peut, suivant les cas, prendre les diverses formes indiquées en croquis (*fig.* 231). Les trois premiers types I, II et III sont fixes, les trois autres IV, V et VI sont mobiles. Le type IV est à simple tourillon et le type VI est à double tourillon.

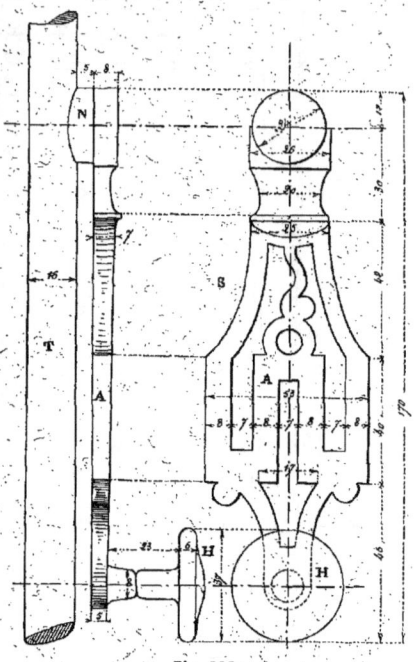

Fig. 228.

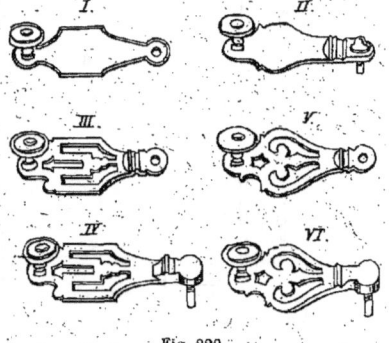

Fig. 229.

La figure 232 nous montre sur la tige T les embases E entre lesquelles on place le collier O dont le croquis est donné (*fig.* 233).

FERREMENTS DIVERS EMPLOYÉS EN CONSTRUCTION. 125

Les colliers O se fixent dans le bois de la même manière que le support à charnière ; une vis Y traverse le bois et reçoit un écrou V complètement entaillé.

La figure 234 nous représente le détail des gâches L de la figure 226.

La figure 235 nous donne en plan la disposition des crochets G placés à chaque extrémité de la tige T et venant

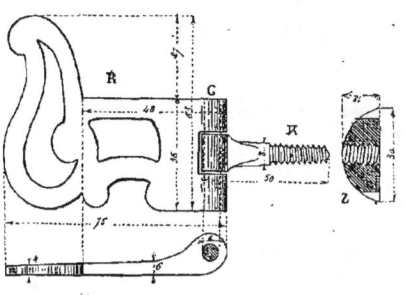

Fig. 230.

se mettre dans les gâches L (*fig.* 226). Enfin, pour terminer ces détails sur l'espagnolette, nous indiquons (*fig.* 236) diverses dispositions de crochets C, d'embases *a*, de pannetons *s*, de colliers *o*, de supports ou points d'attache des poignées *p*,

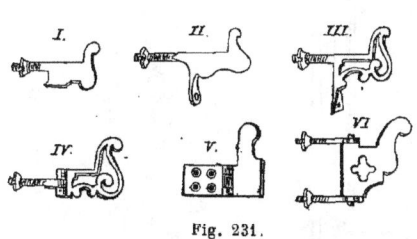

Fig. 231.

qu'on nommait autrefois *cul de poule*, etc..., qu'on rencontre souvent dans les espagnolettes du commerce.

66. *Deuxième disposition.* — La figure 237 nous montre une deuxième disposition de croisée fermée par une espagnolette qui peut être considérée comme le passage de l'espagnolette ancienne à la crémone moderne. Nous voyons en effet que cette deuxième disposition comprend une tringle T en fer rond de 16, 18, 20 ou même 22 millimètres de diamètre des conduits C, une gâche G, toutes pièces que nous retrouverons dans la crémone ordinaire ; seule, la poignée milieu V et l'attache B de la partie basse diffèrent un peu.

67. *Détails de construction.* La poignée V

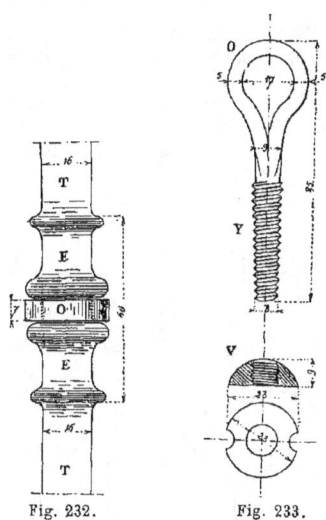

Fig. 232.   Fig. 233.

dont nous donnons la disposition en croquis (*fig.* 238) se compose d'une boîte en fonte fixée sur le montant O de la croisée

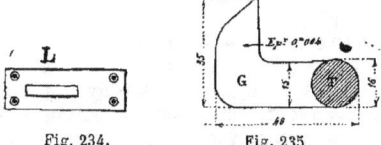

Fig. 234.   Fig. 235.

par quatre fortes vis, cette boîte est traversée par la tringle T qui reçoit son mouvement de montée et de descente à l'aide de la poignée Z qui, le plus souvent, est en fonte et représente une figure ou un animal quelconque. Cette tringle T forme crémaillère comme le montre en T' le croquis, et cette crémaillère, est mue par un pignon P. C'est précisément à l'extrémité de ce pignon que se trouve la poignée Z.

La fermeture haute indiquée en D (*fig.* 239) se fait dans une gâche C (*fig.* 237) comme dans les crémones ordinaires.

La fermeture basse est indiquée en détails dans la figure 239; elle se compose: d'un crochet S rivé à l'extrémité de la tringle T et vient s'accrocher dans une platine B dont nous voyons l'élévation et la coupe dans cette figure. Cette platine présente une ouverture et est vissée à l'aide de quatre vis *v* sur la pièce d'appui G de la croisée dans laquelle on a fait à l'avance l'entaille nécessaire pour le passage du crochet.

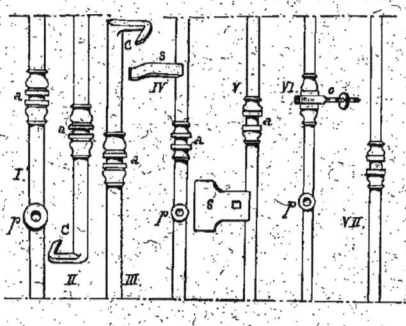

Fig. 236.

En S' nous indiquons la position du crochet lorsqu'on ouvre la croisée et en S sa nouvelle position quand la croisée est fermée.

68. *Observation.* — Aujourd'hui les espagnolettes qu'on emploie sont, le plus souvent, des modèles riches soit avec garnitures en fonte et poignée en cuivre, soit avec garnitures, et poignée en cuivre. Nous donnons (*fig.* 240) un exemple d'espagnolette à poignée verticale ST garnitures en fonte unie, tringle ronde, poignée en cuivre ou en fonte avec deux embases et crochets de rappel haut et bas. Les espagnolettes pour portes cochères sont beaucoup plus fortes; on emploie pour les construire des tringles rondes de 22, 25, 30 et même 40 millimètres de diamètre.

Emploi des crémones.

69. Nous savons qu'une crémone est un appareil de fermeture pour croisée remplaçant aujourd'hui l'espagnolette, c'est en

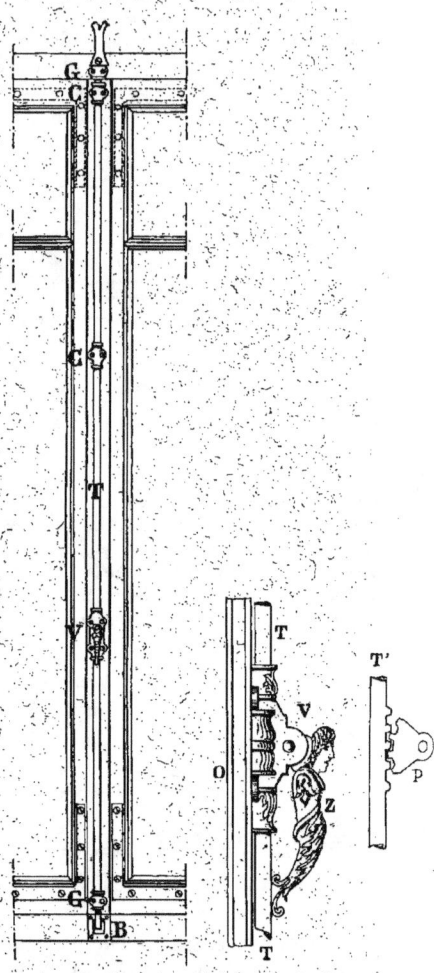

Fig. 237.   Fig. 238.

réalité un double verrou mû par une poignée à bascule en forme de bouton.

Il existe une très grande variété de crémones dont nous reparlerons dans la quincaillerie; nous nous contenterons, ici,

FERREMENTS DIVERS EMPLOYÉS EN CONSTRUCTION.

de donner quelques détails sur les types les plus employés.

Toute crémone dite à double mouvement et dont nous indiquons le croquis schématique (*fig.* 241) se compose : d'une tige ou tringle T en fer demi-rond de 14, 16, 18 ou 20 millimètres ; d'une *boîte* ou *boîtier* S sur lequel est montée la *poignée* ou *bouton* P ; d'un ou plusieurs *conduits* ou *coulisseaux* C ; de deux *chapiteaux* C' ; enfin, de deux *gâches* G.

La tige d'une crémone peut, comme l'espagnolette, recevoir des pannetons.

Cette tige est toujours en fer, les autres accessoires peuvent être en fonte unie ou ornée ou en cuivre uni, ciselé, argenté, doré, etc.

70. La maison Sterlin exécute des crémones perfectionnées à tringles indépendantes et disposées pour être expédiées sans tringles 1/2 rondes dans les pays où l'on peut se procurer facilement ce genre de fer, et pour éviter les frais du transport.

71. Pour faire les commandes de crémones avec tringles 1/2 rondes ou des espagnolettes avec tringles rondes, il est indispensable d'indiquer au fabricant :

1° La mesure totale de la partie ouvrante, entre les traverses du haut et du bas ;

2° La mesure du bas de cette partie ouvrante, au point où l'on désire l'axe du bouton de la crémone ou celui de la poignée d'espagnolette ;

3° Indiquer s'il y a des volets intérieurs.

Le frottement des tiges 1/2 rondes sur le bois s'évite, en fixant à vis quatre rondelles en tôle, chacune à 4 centimètres des bouts de ces tringles, comme le montre en A, B, C, D la figure 242.

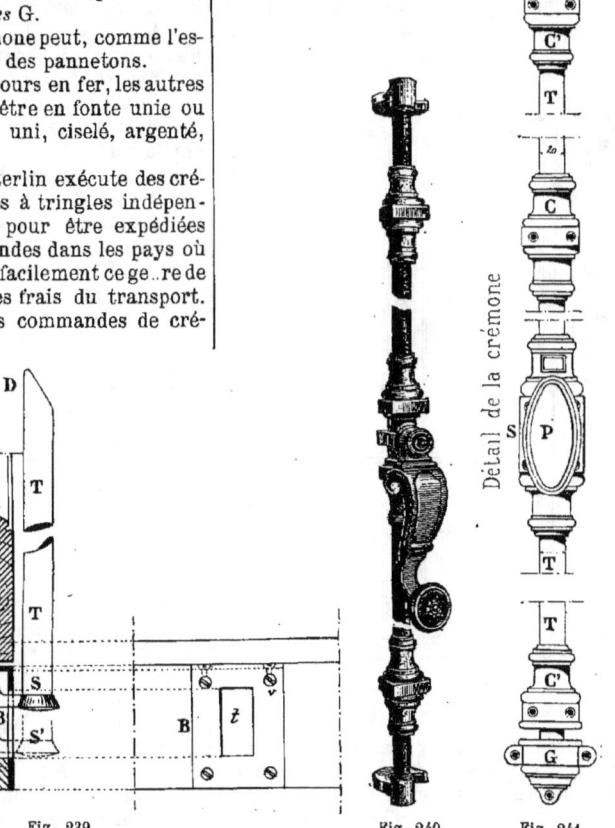

Fig. 239. — Fig. 240. — Fig. 241.

La côte d'une croisée doit avoir 5 centimètres de largeur, pour recevoir indistinctement tous les modèles de crémones ou d'espagnolettes.

Si les traverses haut et bas ne s'affleurent pas avec la côte de la partie ouvrante, on devra indiquer la saillie de cette côte sur les traverses pour y conformer la saillie des gâches.

72. La figure 243 représente l'élévation d'une croisée avec l'emploi d'une crémone en fer demi rond de $0^m,020$

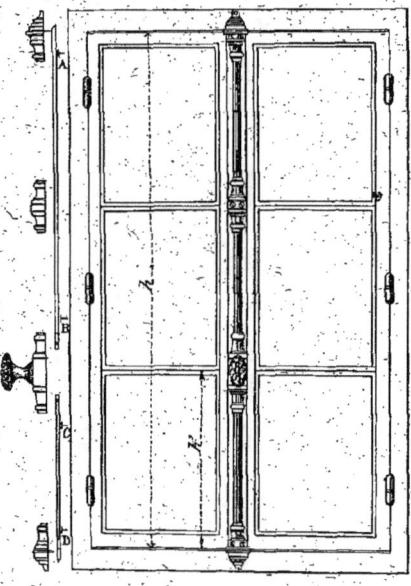

Fig. 242.

comprenant, comme il est dit ci-dessus : la tringle T, les conduits C, les gâches G, etc.; les autres ferrements de cette croisée sont : huit pattes à scellement P pour le bâtis dormant ($120 \times 30 \times 5$), six paumelles B de $0^m,11$, et huit équerres doubles L.

Ces équerres doubles consolident fortement les bois et valent beaucoup mieux que les équerres simples qu'on emploie fréquemment.

73. La figure 244 nous montre en plan la position des paumelles et les entailles à faire dans le bois des croisées pour les poser.

En I nous avons une paumelle à gauche dont les branches sont fixées dans le dormant et dans le bois de la croisée par deux fortes vis à bois; en II nous indiquons la disposition pour paumelle à droite; enfin en III la disposition et l'emploi d'une paumelle à trois lames permettant d'avoir des volets intérieurs.

74. Ces paumelles à trois lames, dont nous donnons le croquis (fig. 245), sont en fer forgé mécaniquement. La lame du bas doit être ferrée sur le dormant, celle du milieu sur la croisée et celle du haut sur le volet.

Les dimensions les plus courantes sont : $0,10 \times 0,046$; $0,10 \times 0,06$; $0,12 \times 0,06$; enfin, $0,14 \times 0,065$.

75. *Crémone à came de rappel.* — La crémone ST à came de rappel et gâche à rouleau dont nous représentons le croquis (fig. 246) est destinée à être appliquée très utilement aux fenêtres élevées au-dessus du sol, comme il y en a souvent dans les collèges, casernes, hôpitaux, etc. Les crémones ordinaires ont souvent le grave inconvénient de ne pas fermer le haut des fenêtres si elles ont le moindre gauche, ce qui arrive toujours avec des fenêtres élevées.

La *came* ou mécanisme de rappel contenu dans le chapiteau du haut permet de fermer la croisée, même si elle bâille de 35 millimètres et, comme le levier peut être placé presque en bas de la croisée, il est très facile de la fermer avec une seule main d'une manière absolument hermétique.

76. Nous donnons (fig. 247) un autre exemple de crémone ST avec chapiteau du haut à came de rappel. Au moyen du chapiteau à came de rappel ajouté aux crémones existantes, il devient très facile de fermer une fenêtre de grande hauteur même si elle bâille de 35 millimètres. Ce système diffère du crochet de rappel déjà connu en ce sens qu'il n'entaille ni la croisée, ni la traverse dormante et qu'il est applicable aux crémones à bouton à double mouvement.

77. Pour terminer ces quelques notions générales sur les ferrements des croisées, nous donnons (fig. 248) le croquis d'un arrêt en fonte malléable (ST) à ressort extenseur sur platine en fer avec gâche qu'on pourra employer avec succès lorsqu'une croisée ouvrira très près d'un mur.

78. La figure 249 représente un arrêt

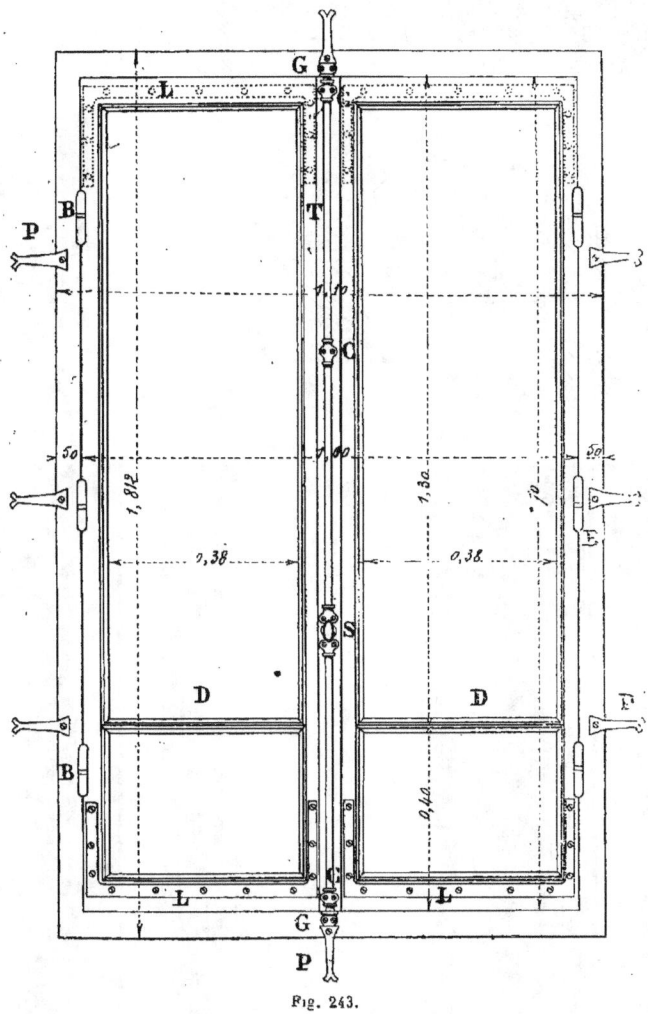

Fig. 243.

à ressort extenseur sur platine en fer avec gâche en fonte malléable avec scellement.

79. La figure 250 nous montre un butoir en cuivre avec boule en caoutchouc et vis à bois.

80. Enfin la figure 251 nous indique

Sciences générales. SERRURERIE. — 9

130   SERRURERIE.

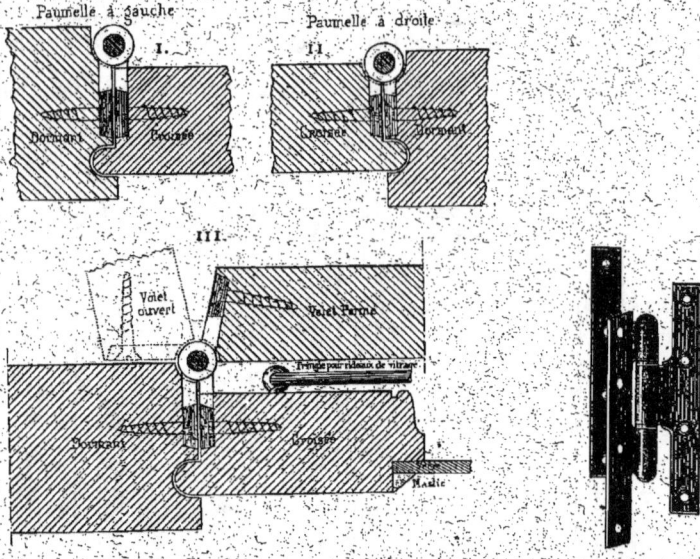

Fig. 244.   Fig. 245.

Fig. 246.

Fig. 247.

FERREMENTS DIVERS EMPLOYÉS EN CONSTRUCTION. 131

l'arrêt en fonte se plaçant sur le jet d'eau des croisées pour les maintenir ouvertes.

Ferrements des portes intérieures.

81. Avant de donner les différents moyens de ferrer les portes intérieures,

Fig. 248.

il est utile de rappeler quelques observations indispensables et de préciser les termes à employer pour désigner exactement les mains des serrures de portes à un seul vantail ou à deux vantaux, se fermant à droite ou à gauche avec chanfrein en tirant ou en poussant. Les mains et chanfreins des serrures se prennent en regardant la porte du côté opposé à la serrure en fermant la porte et non en l'ouvrant.

82. Les mains droite et gauche des pau-

Fig. 249.

melles et de toutes les ferrures pivotantes posées en feuillure, pour portes comme

Fig. 250.

pour croisées, se prennent de la même manière.

Fig. 251.

Pour permettre au constructeur de livrer une commande à un bâtiment, il faut lui indiquer :

1° Le sens de fermeture des portes qui

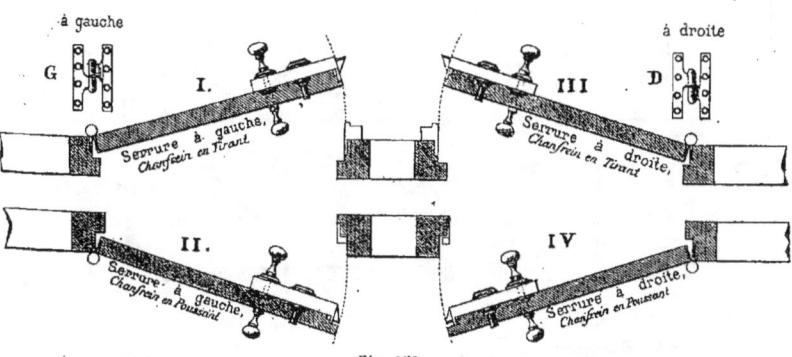

Fig. 252.

peuvent être de quatre manières, comme l'indique le croquis (*fig.* 252).

2° Les épaisseurs des portes pour la longueur à donner aux clefs.

132 SERRURERIE.

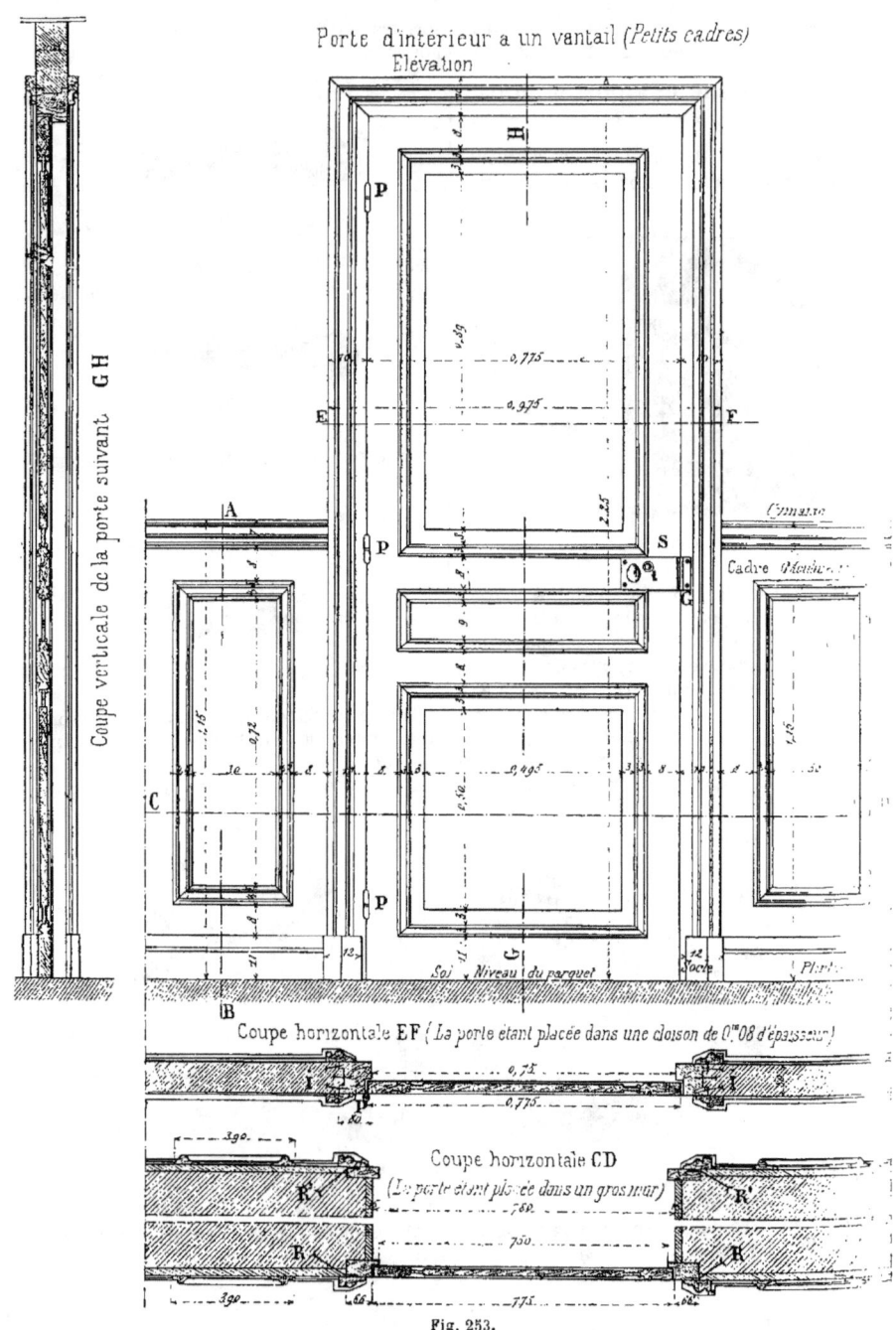

Fig. 253.

FERREMENTS DIVERS EMPLOYÉS EN CONSTRUCTION. 133

A une porte à droite tirant il faut des paumelles à droite D (*fig.* 252).

A une porte à gauche tirant il faut des paumelles à gauche G (*fig.* 232).

Pour avoir la longueur du verrou du haut d'une porte à deux vantaux il faut retrancher 1^m,70 de la hauteur totale de cette porte.

Portes à un vantail.

83. On peut ferrer une porte à un vantail de différentes manières, mais la plus généralement employée est la suivante :

Trois paumelles doubles de 0^m,11 laminées ;

Une serrure deux pênes de 0^m,14 clef bénarde, entrée et gâche à baguette ;

Un bouton double cuivre creux n° 4 ;

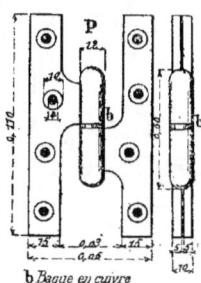

Fig. 254.

Sept pattes à scellement de 0^m,11 de longueur, 3 millimètres d'épaisseur ou quatorze pattes à chambranle suivant les cas. Les ferrements d'une porte dans ces conditions coûtent environ 12 francs.

84. *Observations.* — On se sert aussi, au lieu de paumelles et par économie, de fiches Chanteau ou de fiches à broches ordinaires de 0^m,12 ou de 0^m,14 entaillées en feuillure.

85. On peut également, lorsqu'il n'y a pas nécessité absolue de fermer une porte à clef, employer les mêmes ferrements que ci-dessus mais avec bec de cane de 0^m,11, vis, rosette et gâche au lieu d'une serrure ; le prix se réduit alors à 8^f,50 environ.

86. Lorsque la porte à un vantail est placée dans une cloison en briques de faible épaisseur ou en carreaux de plâtre de 0^m,08 les huisseries sont nervées pour se relier avec les cloisons. Afin de rendre cette liaison plus grande, on larde les huisseries, du côté de la maçonnerie, de clous à bateau correspondant aux joints des briques ou des carreaux de plâtre.

87. Quand le mur est plus épais et que l'installation de la porte réclame un bâtis et un contre-bâtis, ils sont scellés

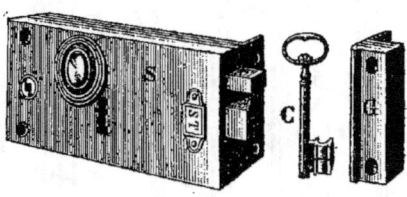

Fig. 255.

dans le mur au moyen de pattes à scellement en tôle de 3 à 4 millimètres d'épaisseur et de 0^m,08 à 0^m,12 de longueur.

88. Les portes d'intérieur pour chambres à coucher peuvent être munies d'une targette ou mieux d'une serrure avec verrou de nuit.

Les boutons doubles en cuivre creux

Fig. 256.

ci-dessus indiqués peuvent être remplacés par des boutons en fonte émaillée, imitation ivoire, cristal ou autres.

89. Il est indispensable de spécifier dans le cahier des charges et devis descriptifs que les serrures à employer seront marquées ; bien indiquer la marque choisie et l'exiger du serrurier qui doit en faire la pose.

Les portes intérieures des cuisines étant souvent vitrées, il faut alors pré-

134 SERRURERIE.

voir, suivant la largeur, un ou plusieurs petits bois moulurés en fer **T** et ajouter

Fig. 257.

aux prix ci-dessus 4 francs par chaque petit fer de 1ᵐ,00 de longueur.

Les portes de W. C. comporteront trois paumelles ou trois fiches, un bec de cane de 0,11 et une targette munie de son crampon. On peut aussi aux becs de cane de W. C. mettre un verrou de nuit à bouton de coulisse.

90. Pour un hôtel particulier par exemple où les ferrures doivent être plus soignées et où les portes ont généralement plus de hauteur que dans les habitations ordinaires, on pourra, pour une porte à un vantail, prendre trois paumelles doubles à nœuds bouchés de 0,16 avec bagues en cuivre et une serrure pène dormant, demi-tour de 14 centimètres avec gâche et bouton double en cuivre ciselé et doré au four ou verni. Dans le

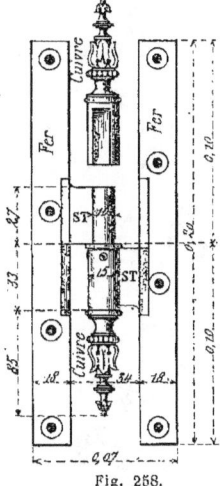

Fig. 258.

cas où le serrurier est obligé de déposer différentes pièces pour le vernissage ou pour la dorure, on doit lui en tenir compte dans le prix.

Nous donnons (*fig.* 253) l'élévation d'une porte d'intérieur à un vantail avec l'indication des ferrements.

En P trois paumelles de $0^m,11$ dont la figure 254 nous donne les principales cotes ; ces paumelles comportent souvent une bague B en cuivre dont le but est d'adoucir le frottement des deux parties l'une sur l'autre. On peut en augmenter les dimensions suivant la hauteur et le poids de la porte.

En S (*fig.* 253) l'indication d'une serrure à deux pènes marquée ST, et, en G, sa gâche. La figure 255 nous montre en perspective la serrure S, la clef C et la gâche G.

91. La coupe horizontale EF (*fig.* 253) nous montre une porte à un vantail posée dans une cloison de $0^m,08$ d'épaisseur.

En I sont indiqués les clous à bateau

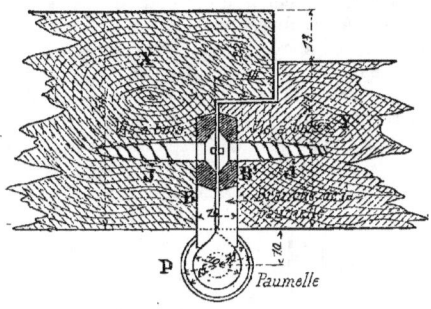

Fig. 259.

reliant les huisseries aux carreaux de plâtre ; en P, la position des paumelles.

92. La coupe horizontale CD (même figure) représente une porte à un vantail posée dans un mur épais. Les bâtis sont retenus dans ce mur par des pattes à scellement R dont le détail est donné par le croquis (*fig.* 256). Les contre-bâtis sont

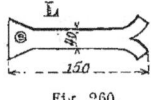

Fig. 260.

également reliés au mur par des pattes R' des mêmes dimensions que les pattes R.

Portes à deux vantaux.

93. On peut ferrer une porte d'intérieur à deux vantaux de différentes manières, nous indiquerons la plus simple et la plus souvent employée :

Six paumelles doubles de $0^m,11$;
Une serrure deux pènes de $0^m,14$;

Un bouton double, rond, imitation ivoire ;

Une paire de verrous, boîte fonte de 0,032, deux gâches, pattes de chambranle, etc...

L'ensemble de ces ferrements coûte 25ᶠ,50 environ.

94. *Observations.* — En remplaçant les verrous par une crémone de 0ᵐ,018, les mêmes ferrements ne coûtent que 22 francs et sont certainement d'un meilleur usage.

Les mêmes ferrements avec crémone et bec de cane au lieu de serrure reviennent à 18ᶠ,50.

95. *Première disposition.* — La figure 257 nous donne un exemple d'une porte à deux vantaux ferrée de six pau-

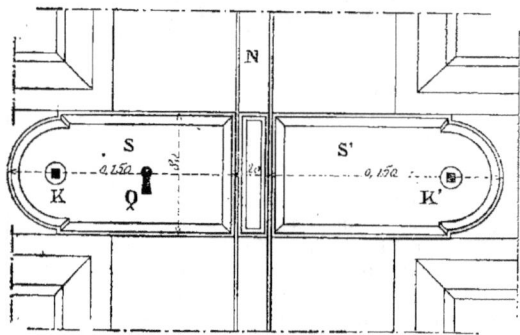

Fig. 261.

melles en fer P de 0ᵐ,20 de longueur de branche avec ornements en cuivre ciselé se démontant pour le décor. Les principales dimensions de ces paumelles sont représentées en croquis (*fig.* 258.).

La figure 259 nous montre, à grande échelle, comment se fait l'assemblage de ces paumelles P avec le bâtis X et le montant Y de la porte. Les branches B et B' de la paumelle sont entaillées dans chacun de ces bois et maintenues avec de fortes vis J.

Le bâtis (*fig.* 257) est solidement relié au mur par de fortes pattes à scellement L dont la figure 260 donne les principales dimensions.

La serrure S (*fig.* 257) est une serrure à deux pênes marquée ST à cadre à mou-

lure unie, à cul de chapeau de 0ᵐ,15 × 0ᵐ,08 portant, comme le montre le croquis (*fig.* 261), un entre deux N de 20 milli-

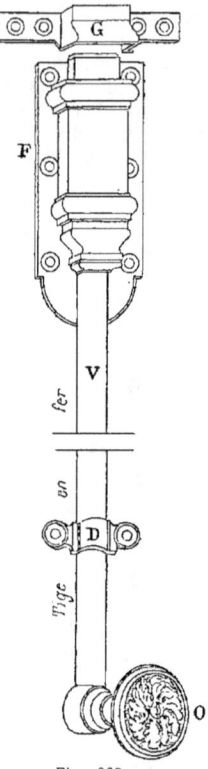

Fig. 262.

mètres et à gâche de répétition S'. En K et en K' sont indiqués les trous des boutons et, en Q, l'entrée de la clef.

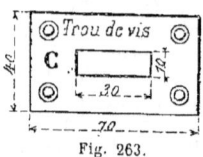

Fig. 263.

En V (*fig.* 257) le verrou du haut est composé d'une tige demi-ronde, d'une gâche G, d'une platine F percée de trous et servant

FERREMENTS DIVERS EMPLOYÉS EN CONSTRUCTION.   137

à le fixer sur le montant de la porte et sur laquelle se place la boîte en cuivre ciselé; d'un conduit D; enfin, d'un bouton O, tourné en cuivre.

Fig. 264.   Fig. 265.

FERREMENTS DIVERS EMPLOYÉS EN CONSTRUCTION.

d'une serrure à deux pênes marquée ST, à cadre, à moulure unie, à cul de chapeau de 0^m,15 × 0^m,08 à gâche de répétition, portant entre-deux de 52 millimètres à bascules au centre et tringles indépendantes fermant haut et bas.

Avec cette disposition des tringles au centre de la porte, l'ensemble est symétrique. Il faut que la porte soit faite en vue de ce système, le vantail dormant doit porter une partie milieu de 52 millimètres de large.

Les mesures doivent être données comme pour la deuxième disposition ci-dessus moins la largeur du montant qui est remplacée par l'entre-deux de 52 millimètres.

Nota : Les serrures ST avec gâche de répétition à bascules ont l'avantage de

Fig. 268.

Fig. 269.

permettre d'ouvrir très rapidement les portes à deux vantaux en usage dans les pièces de réception.

La serrure fermée paralyse le mouvement des tringles et empêche d'ouvrir le vantail dormant à l'intérieur, comme cela peut se faire avec les verrous.

101. La figure 266 nous montre le croquis de serrures à deux pênes pour portes à deux vantaux marquées ST à rondelles, chanfrein de 32 degrés, avec gâche de répétition à bascule sur le côté, à tringle 1/2 ronde, fermant haut et bas le vantail dormant, garniture en fonte unie. Les dimensions des serrures sont : 0^m,14 × 0,08, cloison de 20, tringle 1/2 ronde de 0,018. On fait aussi des serrures de 0,16 × 0,095 cloison de 27, tringle 1/2 ronde de 20 millimètres.

102. La figure 267 nous indique la disposition pour portes à deux vantaux faite avec une partie milieu de 52 millimètres de large. C'est encore une serrure à deux pênes ST, à rondelles chanfrein de 32 degrés avec gâche de 0,14 × 0,08, répétition à bascule au centre portant entre-deux de 52 millimètres, garniture en fonte unie, tringle 1/2 ronde de 18 millimètres.

103. La figure 268 nous montre, en perspective, le croquis d'une gâche de répétition ordinaire pour serrure ST ; on les fait ordinairement de 0,14 × 0,08 de 0,16 × 0,08 et de 0,16 × 0,95.

104. La figure 269 nous indique le croquis d'une gâche à baguette ST, variable suivant le tassement que peut prendre la porte.

105. La figure 270 nous représente les trois principales dispositions adoptées pour arrêts de portes :

En I, l'arrêt de porte ST à douille carrée ; en II, l'arrêt de porte à douille

Fig. 270.

bague en caoutchouc ; enfin, en III, l'arrêt de porte ST, 1/2 boule en caoutchouc, montée dans un cercle en cuivre avec sous-plaque de 54 millimètres de diamètre.

106. *Observation.* — Nous avons dit précédemment que le loqueteau à pompe nécessitait souvent des réparations et que, faute de mieux, il était aujourd'hui presque exclusivement employé pour la fermeture des persiennes de nos habitations.

107. Un de nos grands industriels de Sains-du-Nord, M. Clovis Stavaux, a fait exécuter, dans ses ateliers et pour son usage particulier, un genre de loqueteau qui mérite d'être mentionné parce qu'il est simple, pratique et que, mis en place, il est à l'abri des nombreuses réparations qu'on est obligé de faire au loqueteau à pompe.

140 SERRURERIE.

108. Ce loqueteau, représenté (*fig.* 271) vu de face et vu de côté, se compose :

1° A la partie basse de la persienne, d'une plaque de tôle P de 50 millimètres carrés et de 3 millimètres et demi d'épais-

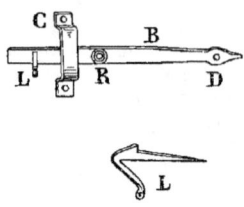

Fig. 272.

seur fixée par quatre vis V sur le montant de la persienne (cette plaque, comme le montre le croquis, présente en

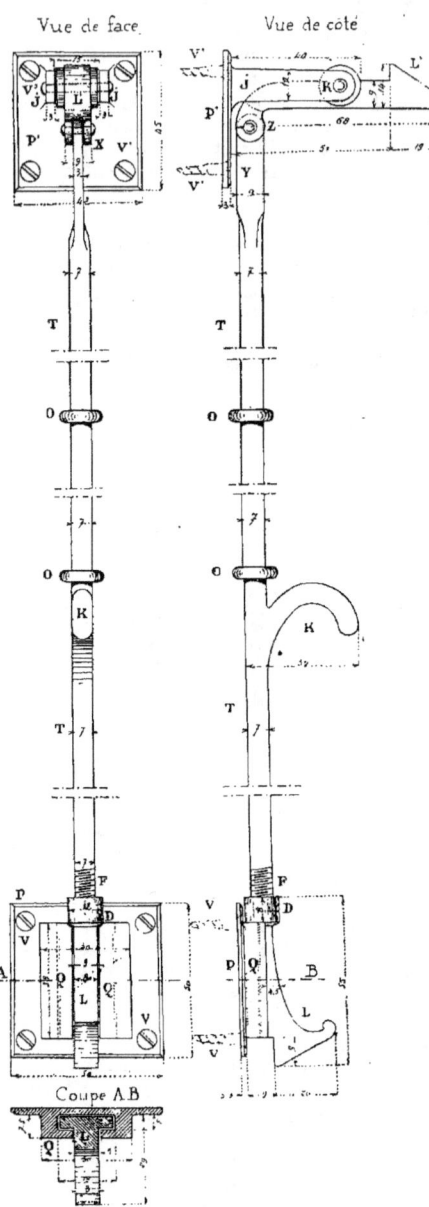

Fig. 271.

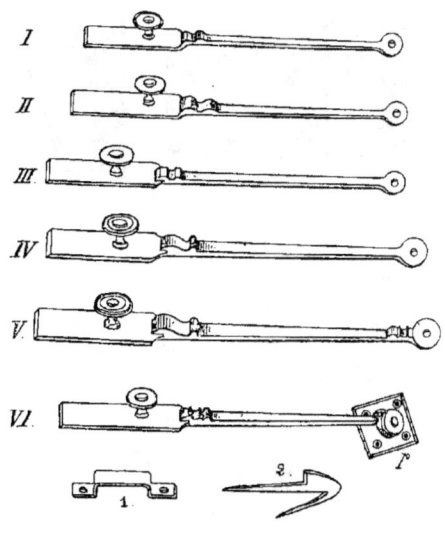

Fig. 273.

son milieu une surépaisseur dans laquelle on a fait une rainure spéciale servant de guide au mentonnet); d'un mentonnet L, portant, de chaque côté, une joue entrant dans la rainure décrite ci-dessus ; d'une douille D, placée à la partie haute du mentonnet et dans laquelle vient se visser l'extrémité inférieure F de la tige T servant à relier les deux loqueteaux; d'un crochet K servant, comme nous le verrons plus loin, à la manœuvre des deux loqueteaux; d'un nombre suffisant de tirefonds O destinés à bien maintenir et à guider la tige T;

2° A la partie haute de la persienne, un autre loqueteau ayant une disposition différente et se composant; d'une plaque de tôle P' fixée comme la précédente sur le montant de la persienne par quatre vis V' (sur cette plaque se trouvent soudées deux joues J recevant en R le mentonnet L' du loqueteau supérieur); d'un mentonnet L' de forme spéciale présentant à sa base deux joues X servant à le relier en Z à l'extrémité Y de la tige T (cette

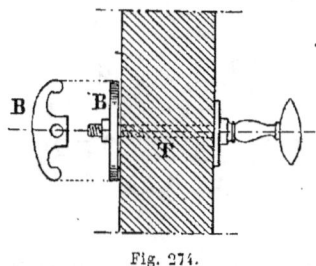

Fig. 274.

tige T qui sur la hauteur de la persienne est cylindrique se termine en Y, par une partie plate).

109. La manœuvre de ces deux loqueteaux est très simples : pour fermer la persienne il suffit de pousser le ventail sans le moindre effort et les deux mentonnets L et L' viennent se fixer dans les battements qui doivent les recevoir.

Pour ouvrir la persienne on soulève légèrement le crochet K, le mentonnet L s'élève et le mentonnet L' s'abaisse ; ils sont alors tous les deux dégagés des battements, il suffit ensuite de pousser la persienne pour l'ouvrir.

110. Le type de loqueteau que nous venons d'étudier est entièrement construit en fer, ce qui certainement en augmente le prix, mais on pourrait très bien, par économie, en exécuter les différentes parties en fonte malléable, produit qui permet aujourd'hui d'obtenir de petits objets d'une assez grande finesse.

On peut aussi modifier la forme du crochet K et le remplacer par une petite poignée plus ou moins décorée selon l'usage et la décoration exigée par la construction.

111. Emploi des loquets. — Nous savons, d'après la définition donnée dans le vocabulaire des expressions employées par les ouvriers serruriers, que le mot *loquet* s'applique au mode de fermeture d'une porte consistant en une tige de fer qui retombe par son propre poids ou à

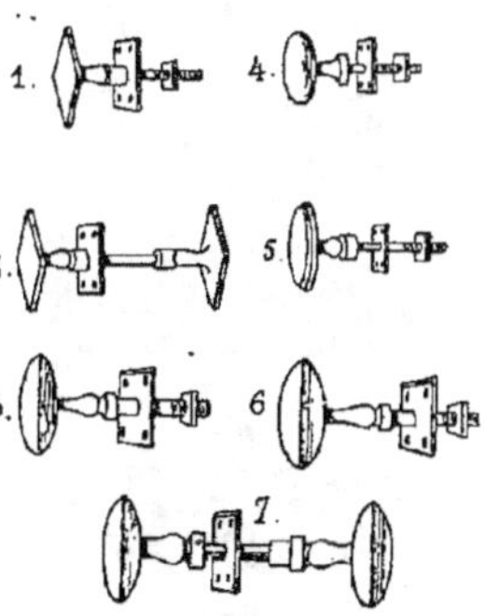

Fig. 275.

l'aide d'un ressort dans une *gâche* ou *mentonnière* placée pour le recevoir.

Il existe plusieurs espèces de loquets qui sont : le *loquet à bouton simple* ou à *battant*, le *loquet à bascule*, le *loquet à poucier*, enfin le *loquet à vielle*.

112. 1° *Loquet à bouton simple.* — Le loquet à bouton simple, dont nous donnons un croquis schématique (*fig. 272*), se compose : d'un *battant* B quelquefois nommé *clenche* dans quelques provinces, c'est en général une petite barre de fer plat qui, tournant autour d'un axe D, se meut en se levant et en s'abaissant par un bout, ce battant est fixé sur la porte même par une vis; d'un bouton R monté sur le battant lui-même; d'un crampon C qui, empêchant le battant de s'écarter de la porte, limite sa course en lui laissant le jeu nécessaire; d'un mentonnet L fixé sur le bâtis dormant de la porte, quelquefois, enfoncé directement dans le mur il reçoit le gros bout ou extrémité libre du battant.

113. La figure 273 nous représente les différents types de *battants de loquet* qu'on rencontre dans le commerce. Les types I, II, III, IV et V sont les modèles courants ; le type VI est spécial, il comprend une *platine p* fixée sur la porte avec quatre vis et sur laquelle se trouve une boîte à ressort agissant sur le battant pour le maintenir fermé dans le mentonnet.

En 1, dans la même figure, nous indiquons le crampon, et, en 2, le mentonnet de ces différents types de battants.

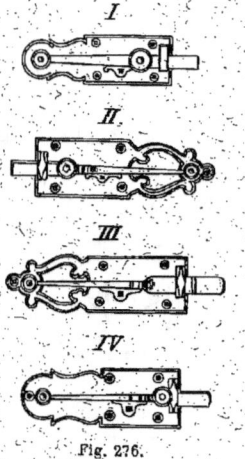

Fig. 276.

114. 2° *Loquet à bascule.* — Le loquet à bascule diffère peu du précédent : il a seulement en plus une petite bascule B (*fig.* 274), placée sous le battant et destinée à le lever ; cette bascule est fixée à l'extrémité de la tige à écrou T, laquelle est munie d'un bouton rond, en olive ou de toute autre forme, en fer, en fonte ou en cuivre, servant à manœuvrer le loquet du dehors.

La figure 275 nous représente les différents modèles de boutons à employer pour cet usage à l'exception toutefois des deux types 2 et 7 qui sont des boutons doubles servant pour des clenches de forme spéciale.

Ces boutons sont connus dans le commerce par la désignation suivante :

1. Olive plate ;
2. Olive plate double ;
3. Olive ronde ;
4. Olive antique ;
5. Olive ovale ;
6. Olive creuse ;
7. Olive ronde double.

115. La *clenche*, qu'on nomme aussi *clenchette* ou *clinche*, est la pièce principale d'un loquet reçu dans le mentonnet et tenant la porte fermée. On appelle ainsi, dans certains pays, le loquet en entier.

Ces clenches sont souvent posées sur des platines simples ou découpées et fixées sur la porte par de fortes vis.

Nous en donnons les diverses dispositions (*fig.* 276).

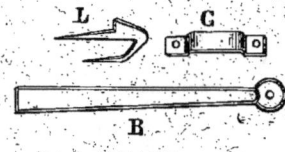

Fig. 277.

En I, III et IV on les nomme clenches à droite ;

En II, clenche à gauche.

La clenche III ne comporte pas de bouton sur le battant elle est mue par un bouton double 2 ou 7, fig. 275.

116. 3° *Loquet à poucier.* — Dans le loquet à poucier il existe, comme nous allons le voir, une bascule qui traverse la porte et qu'on fait mouvoir du dehors avec le pouce en la faisant s'appuyer sur une petite plaque de tôle comme axe.

L'ensemble d'un loquet à poucier comprend, comme les précédents : un *battant* B, un *crampon* C et un *mentonnet* L donnés en croquis (*fig.* 277).

117. Le *poucier* est une petite plaque de fer ou de cuivre qui se meut lorsqu'on y pose le pouce. Dans le loquet à poucier, cette pièce en basculant soulève la tige du loquet pour la dégager du mentonnet.

FERREMENTS DIVERS EMPLOYÉS EN CONSTRUCTION.   143

118. Nous donnons (*fig.* 278) en élévation et en vue de côté le croquis d'un loquet ancien à poucier qui existe au château de Contournat (1) (Puy-de-Dôme), propriété de M. Charles Priestley.

Ce loquet se compose : d'une platine découpée P prolongée par une poignée à pointe molle J (cette platine est fixée sur la porte Q par un fort clou X et à la partie inférieure par la pointe molle Y fortement repliée sur le bois de la porte); d'un poucier P basculant sur une petite plaque

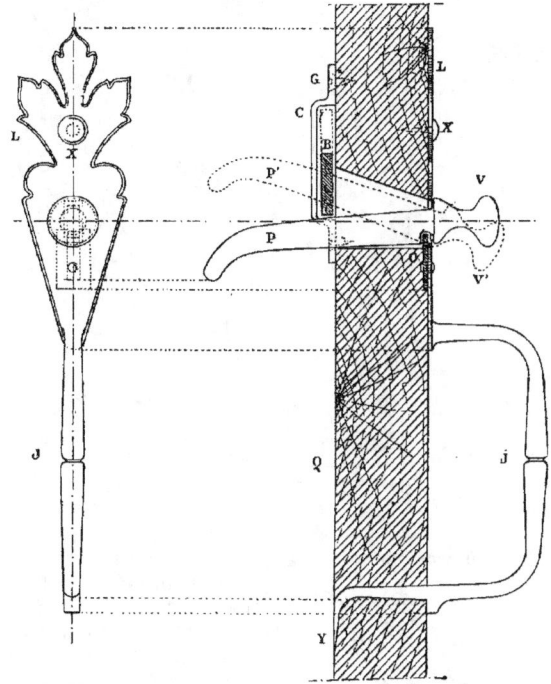

Fig. 278.

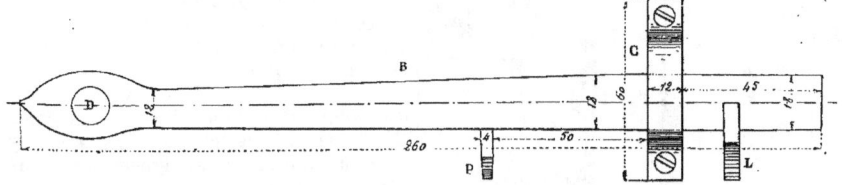

Fig. 279.

(1) Le dictionnaire historique du Puy-de-Dôme par Ambroise Tardieu nous permet, par ce qui va suivre, de déterminer la date exacte de l'emploi de ce genre de loquet.

Contournat, village commune de Saint-Julien de Coppel. Fief avec château Contornac (1548). Noble Antoine Baudry était seigneur en 1548. François du Lac écuyer seigneur de Contournat, 1666-69, fils de Jacques du Lac avait un domicile à Ronzières dans la paroisse de Saint-Julien de Coppel. Autre Jacques du Lac donataire de Marguerite Pochon sa mère rendit foi hommage au roi 1669-1676 pour le fief de Contournat et le château dudit lieu. Il reste quelques ruines du château de Contournat.

métallique O; d'un battant B; d'un crampon C fixé sur la porte par deux fortes vis G.

La figure 279 nous montre la disposition des différentes pièces : en B, le battant du loquet mobile autour du point D;

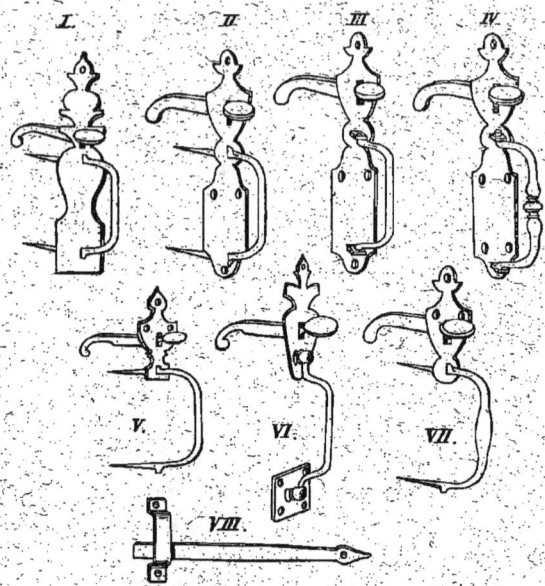

Fig. 280.

en C, la vue de face du crampon; en L, la

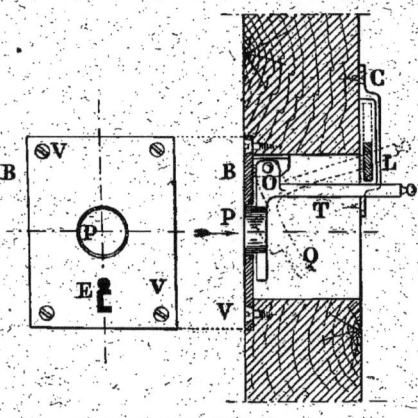

Fig. 281.

vue en bout du mentonnet; enfin, en P, la vue en bout du poucier.

Dans la figure 278 nous voyons en P'V' par le pointillé la position du poucier lorsqu'il soulève le battant du loquet pour le dégager du mentonnet.

119. Les pouciers et les plaques qui servent à les fixer sur les portes peuvent prendre les différentes formes indiquées par le croquis (fig. 280).

Les types I et II comportent une platine, un poucier et une poignée à pointes molles.

Dans les modèles III et IV la poignée est mobile. Enfin, dans les trois exemples V, VI et VII la plaque ne prend pas toute la hauteur et la poignée en est pour ainsi dire isolée.

En VIII, dans le même croquis, nous représentons le battant et le crampon à employer pour ces divers loquets.

120. 4° *Loquet à vielle.* — Le loquet à vielle, dont nous représentons la forme dans le croquis (fig. 281), est formé d'une tige T munie d'une plaque P qu'on pousse avec le doigt dans le sens indiqué par la flèche. Cette tige et cette plaque prennent alors un mouvement de bascule autour d'un point O qui permet de soulever le battant L du loquet placé dans le crampon C.

La plaque de tôle B est fixée sur la porte par quatre vis V et souvent, pour compléter l'ornementation de cette plaque et lui donner l'aspect d'une serrure, on y perce un trou de clé E. On peut même, par cette ouverture, introduire une clé

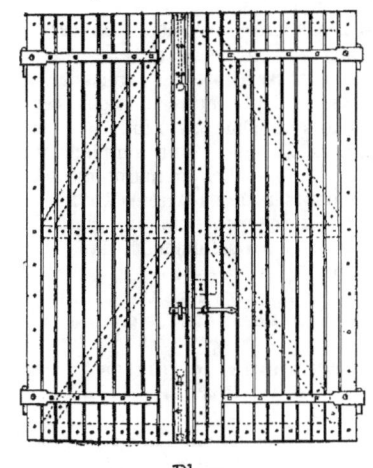

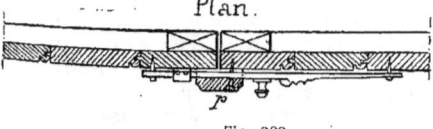

Fig. 282.

plate qui fait lever la petite manivelle dont la queue, qui est la tige T, soulève le battant.

Nous indiquons en Q, dans le même croquis, et en pointillé, la position que prend la tige T et l'ensemble de cet appareil quand il soulève le battant du loquet.

121. La figure 282 nous montre en croquis l'application d'un loquet ordinaire à une porte à deux vantaux. Cette porte de 4 mètres de hauteur sur 3 mètres de largeur peut être composée de bâtis et d'écharpes en chêne de 0,041 d'épaisseur.

Les panneaux sont en sapin par frises de $0^m,034$ et de 0,14 environ de largeur.

Le tout est boulonné avec des boulons de 0,010 apparents sur le bois.

Le reste des ferrements comprend : des pentures, des verrous en haut et en bas et une grosse serrure indiquée en pointillé dans le croquis.

Les loquets ordinaires s'appliquent aussi et même plus souvent encore aux portes à un seul vantail, la pose en est alors très simple et n'a pas besoin d'être expliquée.

La figure 282 nous indique également

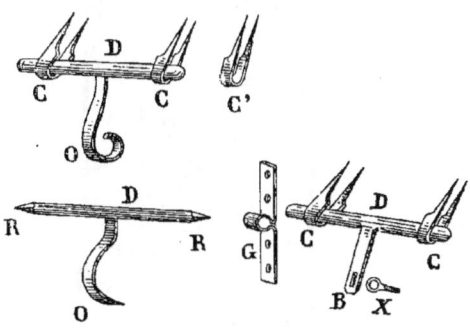

Fig. 283.

en plan la position du loquet par rapport aux différents bois composant la porte. Comme le montre ce croquis la pièce de bois p, formant feuillure, est fixée sur le vantail de droite de la porte et est entaillée pour laisser passer le battant du loquet. L'entaille est assez grande en hauteur pour laisser au loquet tout le développement nécessaire.

122. *Emploi des verrous à tourillons.* — Dans les campagnes on fait souvent usage, pour la fermeture des portes de porcheries, basses-cours ou autres endroits, de verrous à tourillons dont nous rappelons (*fig.* 283) les différentes formes.

C'est en général un fer rond horizontal D long de $0^m,33$ au milieu duquel on fend une ouverture dans laquelle on soude ou on rive une branche de fer plat O de 0^m,22 à 0^m,28 de développement, droite ou contournée.

Cette branche sert de manche ou de poignée au verrou.

Ce verrou glisse dans deux crampons C enfoncés dans la porte à la distance d'une course des deux extrémités. L'un des bouts de ce tourillon s'engage, en se fermant,

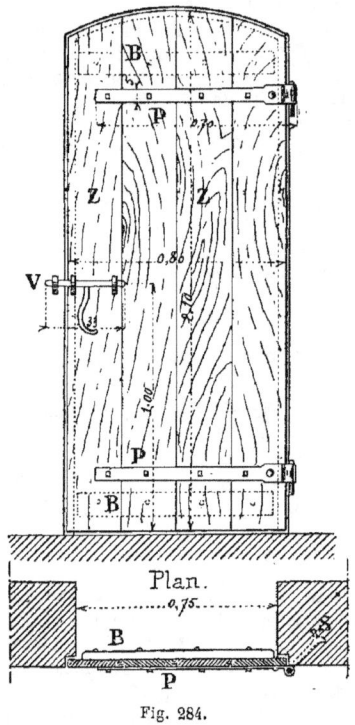

Fig. 284.

dans un crampon C', dans un piton ou dans une gâche G de forme spéciale fixée sur la partie dormante de la porte ou directement dans la muraille.

Dans certains cas on termine en pointe les deux extrémités R pour permettre une entrée plus facile dans les gâches.

123. Pour obtenir une fermeture que tout le monde ne puisse pas ouvrir à volonté on termine la queue B en *morail-lon* percé d'un trou dans lequel passe l'œil d'un piton X, puis on y met un cadenas.

Cette fermeture est aussi employée dans les prisons ; on fait alors la queue du tourillon toute droite, on y rive un fort *auberon* qui vient entrer dans une serrure plate dont le pêne le tient fermé.

124. La figure 284 nous montre en élévation et en plan l'application d'un verrou à tourillons à une porte grossière en chêne de 0^m,027 d'épaisseur rainée avec barres B en chêne de 34×90, clouées. Le verrou est, dans ce croquis, indiqué par la lettre V et se comprend à la seule inspection de la figure.

125. Les autres ferrements de cette porte sont des pentures P connues sous le nom de pentures à entailles extérieures. Dans l'exemple que nous donnons ces pentures ne sont même pas entaillées dans les planches Z, elles sont simplement posées sur ces planches et maintenues à l'aide de petits boulons à têtes carrées. Les pentures tournent sur un gond à scellement S fixé solidement dans la maçonnerie.

La porte vient battre dans une feuillure réservée en trois sens dans le mur.

Ferrements de portes d'armoires.

126. On donne le nom d'*armoire* à un ouvrage de menuiserie composé de tablettes et d'une devanture, qu'on place entre la partie saillante d'un coffre de cheminée et un mur de face ou de refend ; on dit plus généralement *placard*.

127. Le placard est donc un ensemble de pièces de menuiserie formant la porte d'une armoire. Par extension, ce mot s'emploie pour désigner l'armoire même creusée dans un mur.

128. On distingue deux sortes de placards :

1° Les placards sous tenture, affleurant un coffre de cheminée et en dissimulant la saillie ;

2° Les placards posés avec moulures visibles.

Les ferrements de ces deux types sont les mêmes.

On ne peut établir un placard dans un

mur mitoyen sans l'autorisation du voisin.

129. Les armoires de cuisines sont ordinairement des meubles mobiles dont les ferrements sont les mêmes que ceux des placards ordinaires sous tenture. Elles seront étudiées dans la partie du *Cours de Construction*, traitant de la *Menuiserie*.

130. Les ferrements ordinaires d'une porte d'armoire à un vantail, comportent :

Trois charnières de $0^m,11$;

Une serrure polie à canon de $0^m,07$ encloisonnée.

Le prix de ces ferrements est d'environ $4^f,90$.

Lorsqu'il y a deux vantaux il faut :

Six charnières de $0^m,11$;

Une serrure polie à canon de $0^m,07$ encloisonnée avec clefs, gâche et accessoires;

Un ressort de vantail en acier, garni (mentonnet, vis, etc...).

Le prix de ces ferrements est d'environ $6^f,80$.

Dans certains cas on remplace le ressort ou crochet fermant le deuxième vantail par deux verrous ordinaires connus dans le commerce sous le nom de verrous 1/4 placard.

131. *Observations.* — Lorsque les bâtis des armoires sont en sapin on emploie généralement les charnières carrées en fer posées directement à plat ; lorsque ces bâtis sont en chêne on donne la préférence aux charnières en fer longues et étroites posées en feuillure.

Il est souvent utile, pour fixer dans le mur les bâtis (chêne ou sapin), d'employer des *pattes à scellement* de $0^m,110$ de longueur, exécutées avec de la tôle de $0^m,003$ d'épaisseur.

On devra mettre six pattes pour une armoire à un vantail et sept pattes pour une armoire à deux vantaux.

La valeur de ces pattes, pose comprise, est à ajouter aux chiffres donnés ci-dessus.

132. Les armoires ordinaires de nos habitations, posées sous tenture, sont presque toujours formées d'un lambris arrasé au dehors, à glace au dedans avec bâtis de $0^m,027$ et panneaux de $0^m,018$.

Le ressort d'armoire avec mentonnet, dont nous donnons plus loin le croquis,

s'emploie pour fermer le vantail de la gâche; le crochet d'armoire avec son

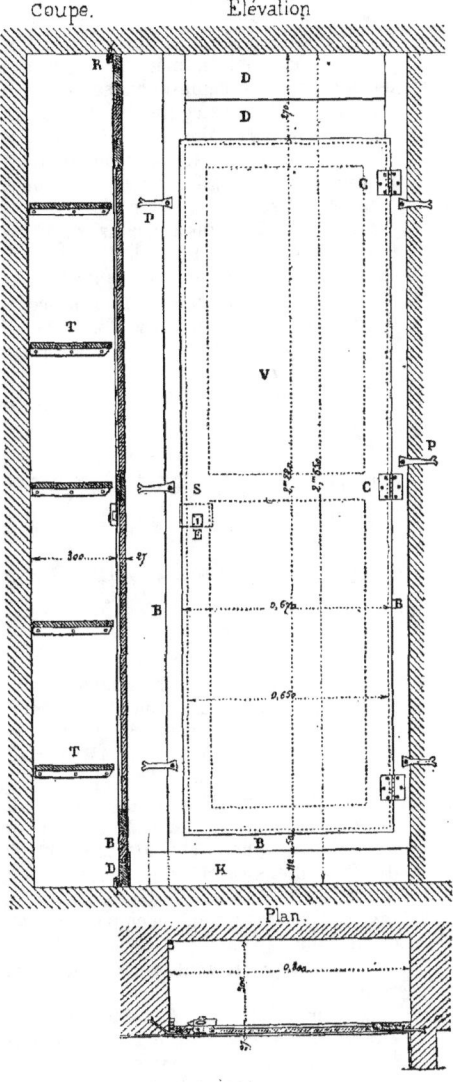

Fig. 285.

piton est utilisé pour le même usage que le ressort mais ce dernier lui est préférable.

Les verrous haut et bas, qui sont souvent utilisés, sont aussi d'un très bon usage.

133. Comme serrures on se sert le plus généralement : de serrures d'armoires à canon et encloisonnées ; de serrures d'armoires sans canon encloisonnées ; de serrures d'armoires à entailles et à gorges ; enfin, de serrures d'armoires à entailler.

134. Dans la face des portes d'armoires il faut aussi prévoir une *entrée* pour la clef et ses accessoires.

135. Dans certains cas, pour les petites armoires ne réclamant pas de serrures, on y met les ferrements suivants :

Six charnières simples ou renforcées de $0^m,095$; un ressort et son mentonnet si elles sont à deux vantaux ; enfin un bouton à *boîte d'horloge*.

136. Pour les petites armoires sous

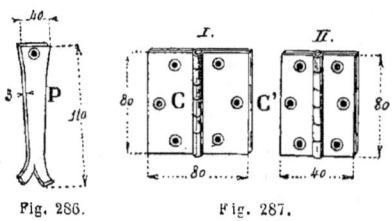

Fig. 286.   Fig. 287.

évier on emploie : quatre charnières de $0^m,095$; un ressort et son mentonnet ; une targette cuivre pêne rond de $0^m,045$. Ces ferrements pour une armoire à deux vantaux, coûtent environ $3^f,55$.

137. Dans certains cas, pour une petite armoire sous évier à un seul vantail, on se contente de deux charnières en fer de $0^m,095$ et d'une targette également en fer.

138. 1er *Exemple*. — Nous donnons (*fig.* 288), en élévation, en coupe verticale et en plan, le croquis d'un placard sous tenture à un seul vantail. Ce placard se compose :

D'un bâtis B en sapin solidement relié aux murs de la construction par six pattes à scellement P ; d'une porte V en lambris arrasé au dehors et à glace à l'intérieur ; de planches de remplissage D ; d'un nombre suffisant de tablettes T reposant sur des tasseaux fixés dans le mur avec des clous.

Sur la partie inférieure de ce placard passe la plinthe courante K placée le long des murs de la pièce et servant de calfeutrement pour le parquet.

En haut et en bas se trouvent des tringles de bois R clouées et sur lesquelles viennent butter les planches du placard.

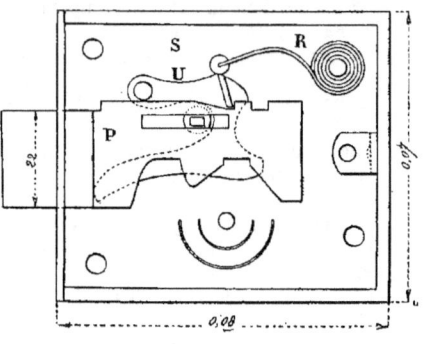

Fig. 288.

139. *Détails d'exécution*. — Comme nous le voyons dans ce croquis les ferrements de ce type de placard comprennent :

Six pattes à scellement P ;
Trois charnières larges C pour sapin ;
Une serrure à canon S ;

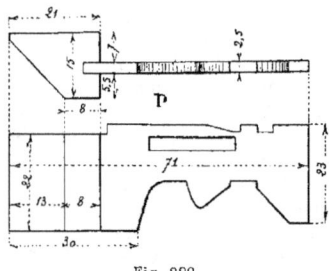

Fig. 289.

Enfin, une entrée de clef E posée sur le montant de la porte à l'aide de vis à garnir.

140. La figure 286 nous donne le détail et les principales cotes des pattes P à employer pour maintenir le bâtis dans le mur. Ces pattes sont exécutées en tôle

FERREMENTS DIVERS EMPLOYÉS EN CONSTRUCTION. 149

de 3 millimètres d'épaisseur et terminées en queue d'hironde d'un côté et en queue de carpe de l'autre.

141. La figure 287 nous montre les deux types de charnière C et C' à employer pour ferrer les portes de ce genre de placard.

Le type I est celui qui est indiqué dans le croquis (fig. 285) ; c'est une charnière large posée à plat et maintenue par six vis.

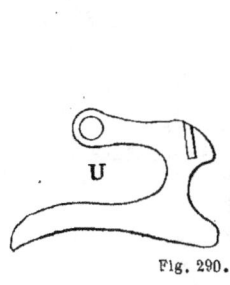

Fig. 290.

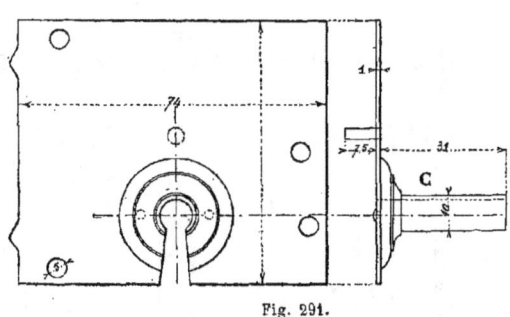

Fig. 291.

142. Les figures 288, 289, 290 et 291 nous représentent tous les détails de la serrure d'armoire à employer dans l'exemple qui nous occupe.

La figure 288 nous montre la vue de face de l'intérieur d'une serrure d'armoire tour et demi avec toutes les pièces en place, pène P, ressort R, etc.

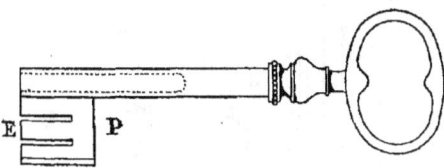

Fig. 292.

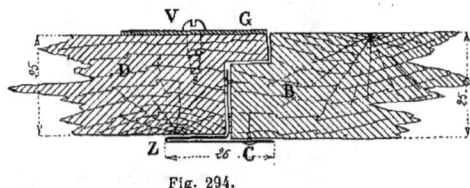

Fig. 294.

La figure 289 nous indique le détail, vu de face et en plan du pène ; celui-ci est muni de *barbes* et est maintenu dans son mouvement de glissement par un arrêt fixé sur le palastre.

La figure 290 nous représente une *gorge* U en cuivre placée derrière le pène et sur laquelle appuie le ressort R ; l'une des branches recourbées est pourvue à son extrémité d'un œil qui permet de la fixer à l'aide d'une vis sur le palastre.

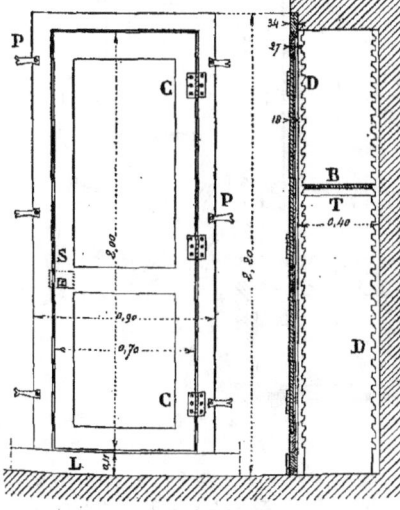

Fig. 293.

Enfin, la figure 291 donne le détail de

150 SERRURERIE.

la tôle, *couverture* ou *foncet* fermant la serrure avec l'indication du canon C recevant la clef. Cette clef, dont nous indiquons la forme (*fig.* 292), est forée et guidée par le canon C et la *bouterolle* qu'on voit en place dans la partie basse de la figure 288. Le panneton P de cette clef est fendu parallèlement à la tige pour

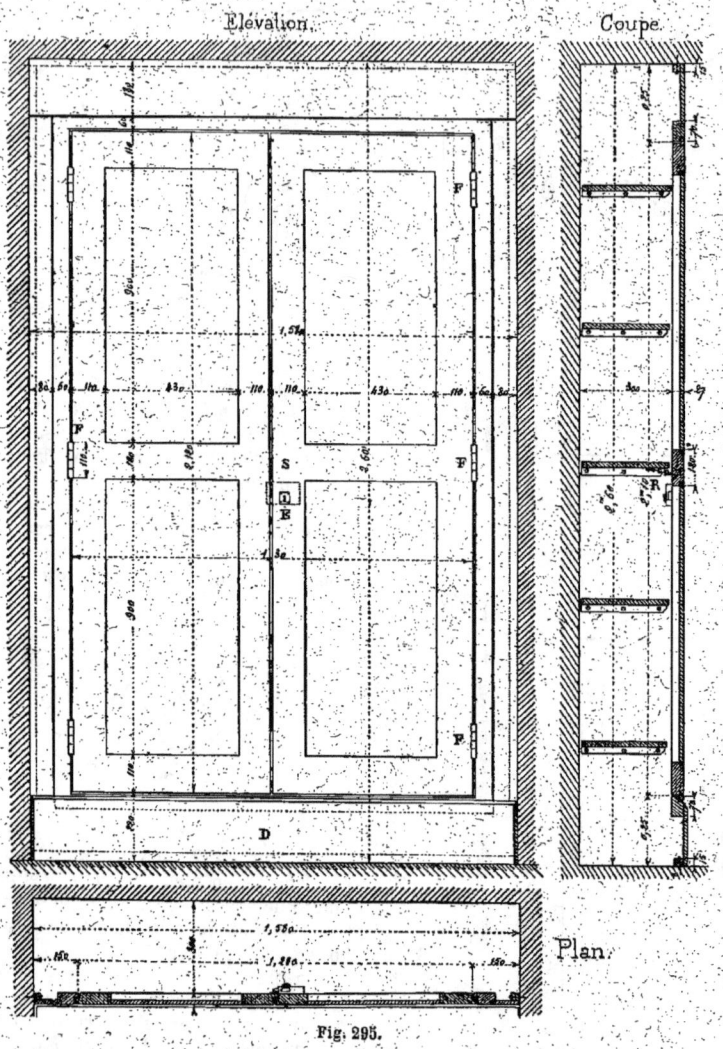

Fig. 295.

donner passage au *rouet* ou garnitures demi-circulaires dont on voit la projection dans la figure 288.

143. 2ᵉ *Exemple.* — La figure 293 nous donne un deuxième exemple d'un placard à un vantail comprenant les mêmes ferrements que dans l'exemple précédent mais dans lequel les planches B sont posées sur des tasseaux T qui reposent directement par leurs deux extrémités sur des crémaillères D clouées dans les quatre angles du placard.

Cette disposition permet de mettre très facilement les planches à hauteur conve-

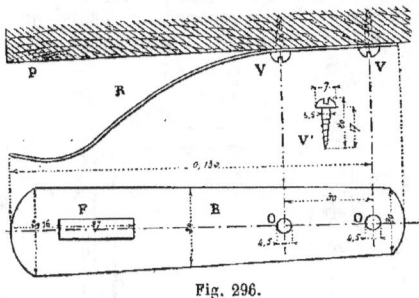

Fig. 296.

nable sans avoir constamment à clouer et à déclouer des tasseaux dans les murs; on évite ainsi la détérioration des plâtres.

144. Les crémaillères se font aujourd'hui mécaniquement et reviennent relativement bon marché, aussi nous insistons et nous conseillons leur emploi dans les placards.

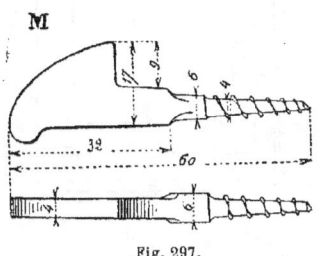

Fig. 297.

145. La figure 294 nous indique le moyen employé, dans tous les placards sous tenture, pour la fermeture soit d'un vantail sur l'autre, soit, comme dans le croquis (fig. 294), d'un battant B sur le dormant D.

On contourne une feuille de zinc Z de manière à la fixer par des clous C en deux endroits et à lui permettre de faire recouvrement, comme le montre le croquis.

Cette figure indique aussi la position de la gâche G de la serrure fixée sur le dormant D pour un placard à un vantail ou sur le deuxième vantail dans le cas d'un placard à deux vantaux.

Cette gâche, qui est une simple plaque de tôle de 35 $\times$ 50 millimètres et de 1 millimètre d'épaisseur, est fixée par deux vis à tête ronde V.

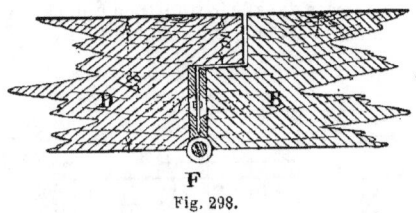

Fig. 298.

146. 3° *Exemple.* — La figure 295 donne en plan, coupe et élévation la disposition d'un placard à deux vantaux placé sous tenture.

Ce placard comprend les mêmes boiseries que le placard à un vantail et ses ferrements se composent :

De six charnières F de 110 millimètres de longueur posées en feuillure; d'une serrure à canon S dont nous avons donné

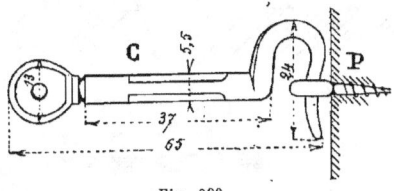

Fig. 299.

précédemment le détail; d'une entrée de clef E en tôle; d'un ressort R et de son mentonnet.

147. *Détails d'exécution.* — La figure 296 nous représente en détail le ressort en acier à employer pour maintenir fermé le vantail de la gâche.

Ce ressort R est indiqué en plan et en élévation; il est fixé sous la planche du placard par deux vis à tête ronde V dont nous donnons les détails et les principales cotes en V' (même figure).

En F se trouve l'encoche dans laquelle passe le mentonnet M fixé sur le second vantail; enfin, en O, les deux trous servant au passage des vis V.

La figure 297 nous donne la forme du mentonnet M à employer; il est simplement vissé sur le battant du vantail de la gâche.

La figure 298 nous montre comment se fait, en feuillure, la pose des charnières F vissées dans le battant B d'une part et dans le dormant D de l'autre.

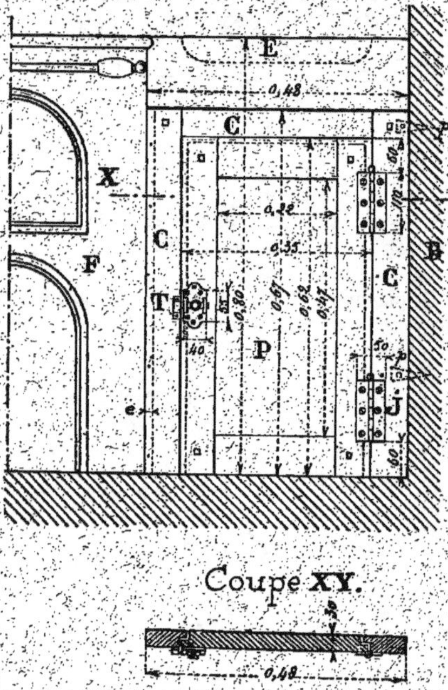

pierre d'évier E entre un fourneau en fonte F et un mur B. Elle se compose : d'un cadre en bois C portant en trois sens une feuillure destinée à recevoir la porte P; d'une porte P; le tout en sapin, mais qu'on ferait bien d'exécuter en chêne.

Le cadre C est maintenu en haut par la pièce d'évier, à gauche contre une planche dont nous voyons en e l'épaisseur et qui est placée sur toute la largeur du

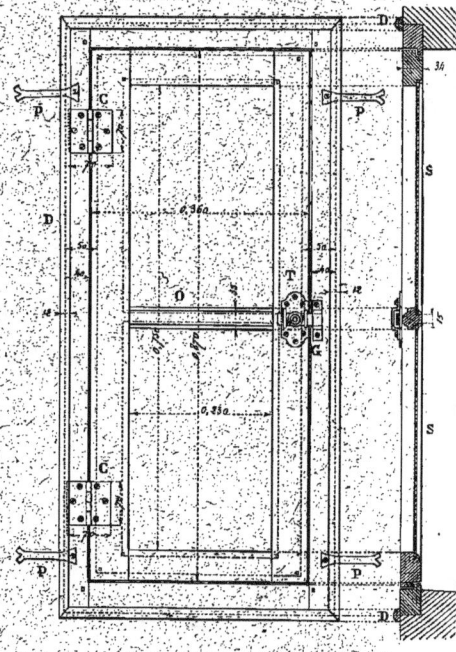

Fig. 300.

Fig. 301.

148. Dans certains cas on remplace le ressort et son mentonnet par un crochet C et son piton P (*fig.* 299), mais c'est moins bon; il est préférable, lorsqu'on le peut, de se servir de deux verrous placés en haut et en bas du vantail de la gâche.

149. La figure 300 nous donne un exemple des ferrements à employer pour une porte d'armoire sous évier à un seul vantail. Cette armoire est placée sous une

fourneau; du côté du mur B on peut le maintenir en place par des pattes à pointe p.

Les ferrements sont : deux charnières en fer J de 0^m,11 et une targette T également en fer.

150. *Nota.* — Il sera bien préférable, les ferrements de ces portes étant toujours exposés à l'humidité, d'employer des charnières et une targette en cuivre.

Nous avons vu précédemment les fer-

FERREMENTS DIVERS EMPLOYÉS EN CONSTRUCTION. 153

rements à employer dans le cas où l'armoire aurait deux vantaux.

Ferrements des châssis verticaux.

151. En menuiserie, les châssis peuvent être fixes ou mobiles.

Lorsqu'ils sont fixes les ferrements sont très simples et comprennent des pattes à scellement servant à les maintenir dans les feuillures devant les recevoir.

Lorsqu'ils sont mobiles ce sont généralement de petites croisées à un vantail qui s'ouvrent : soit comme une croisée ordinaire, soit en se développant à soufflet, en abatant ou à coulisse.

Les châssis en *abatant*, particulièrement applicables aux fenêtres d'écuries, aux impostes des portes de magasins, boutiques, aux salles d'écoles, etc., seront

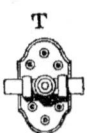 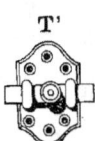

Fig. 302.

étudiés dans un chapitre spécial; nous ne nous occuperons, dans ce qui va suivre, que des châssis verticaux employés dans nos habitations.

152. 1er *Exemple*. — La figure 301 nous représente la coupe et l'élévation d'un châssis de W. C. dont les ferrements, très simples, comprennent :

Quatre pattes à scellement P ;
Deux charnières carrées C dont nous avons déjà donné les détails ;
D'une targette T et sa gâche G.

Cette targette peut prendre les deux formes indiquées par le croquis (*fig.* 302) suivant la largeur du montant et la résistance à obtenir.

Le châssis (*fig.* 301) est tout en chêne de 34 millimètres d'épaisseur, une traverse O divise sa hauteur en deux parties égales permettant d'avoir deux carreaux S de moindre surface.

Afin de cacher le joint entre le bâti et le plâtre on place en D, au pourtour du châssis, une baguette demi-ronde clouée.

153. 2e *Exemple*. — La figure 303 nous montre un deuxième exemple de ferrements de châssis comprenant :

Quatre pattes à scellement P ;
Deux fiches Chanteau F de 0m,120 ;
Un loqueteau en fer et son mentonnet ;
Une cordelette T en fil de fer galvanisé ;
Un anneau de tirage O.

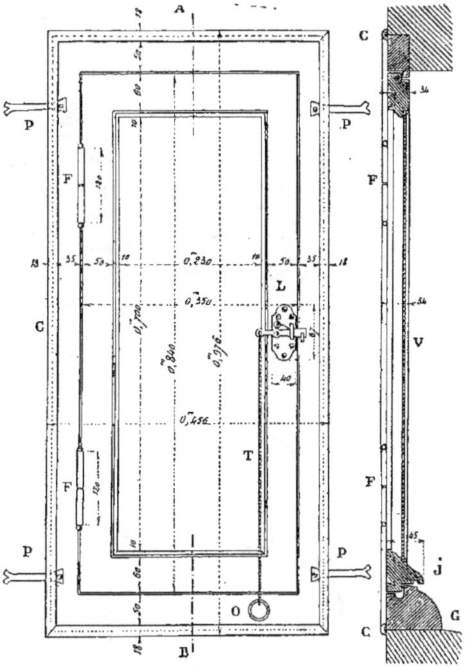

Fig. 303.

Cette disposition est employée lorsque le châssis étant placé trop haut, on ne pourrait facilement faire mouvoir une targette.

Ce châssis construit entièrement en chêne comporte, en plus du précédent, une pièce d'appui G et un jet d'eau J.

154. La figure 304 nous montre les détails du loqueteau à queue droite à ressort extérieur et du mentonnet avec les différentes cotes nécessaires.

Ce loqueteau se compose : d'une platine P en tôle de 1 millimètre et demi d'épaisseur fixée sur le montant du châssis par six vis V ; d'une queue droite L mobile autour du point D et mue par un tirage T et son anneau O.

Cette queue L passe dans une gâche G et reçoit l'action d'un ressort R dont la boîte I est fixée sur la platine P.

En K, dans la même figure, nous voyons le mentonnet recevant l'extrémité de la queue L.

Ferrements des portes de cave.

155. Les portes de cave, dont nous représentons les deux principaux types (*fig.* 305 et 306) se font presque toujours

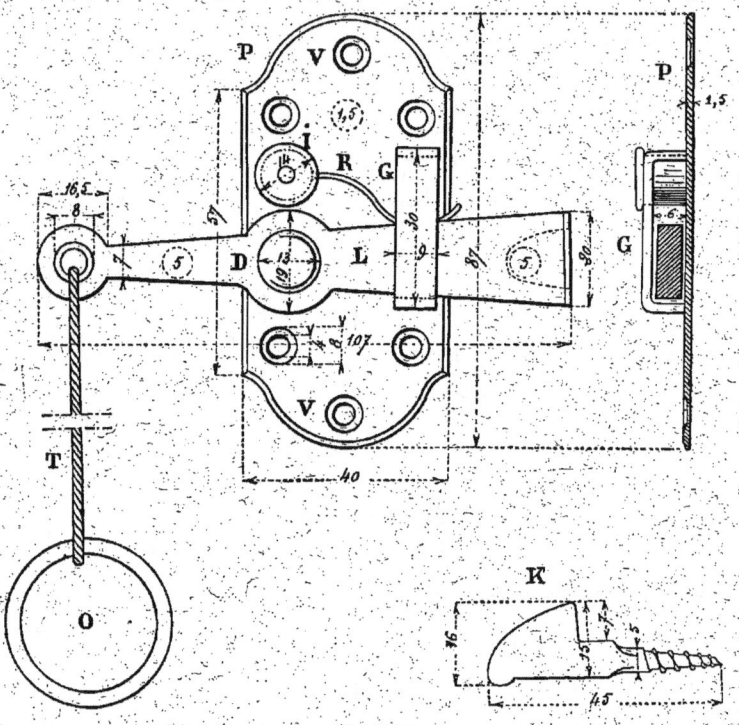

Fig. 304.

en chêne de $0^m,027$ d'épaisseur rainé comme dans la figure 305 ou à claire-voie comme dans le croquis (*fig.* 306).

Dans les deux cas on place, pour bien maintenir les planches sur la hauteur de la porte, une série de barres (B, *fig.* 305 et T, *fig.* 306) en chêne de 90×34 millimètres simplement clouées ou boulonnées.

156. Les ferrures employées pour ces portes sont :

1° *Pour les suspendre :* les pentures, dont nous avons donné les principaux types (*fig.* 119) ; les gonds pour pentures également indiqués (*fig.* 102).

On remplace quelquefois les pentures par des charnières de formes spéciales dont nous donnons le croquis (*fig.* 307).

On s'est aussi servi de simples paumelles grossières (*fig.* 308) appliquées directement, comme le montre le croquis

FERREMENTS DIVERS EMPLOYÉS EN CONSTRUCTION.

(*fig.* 309), sur la porte C et sur le poteau P. 2° *Pour fermer ces portes*, la manière

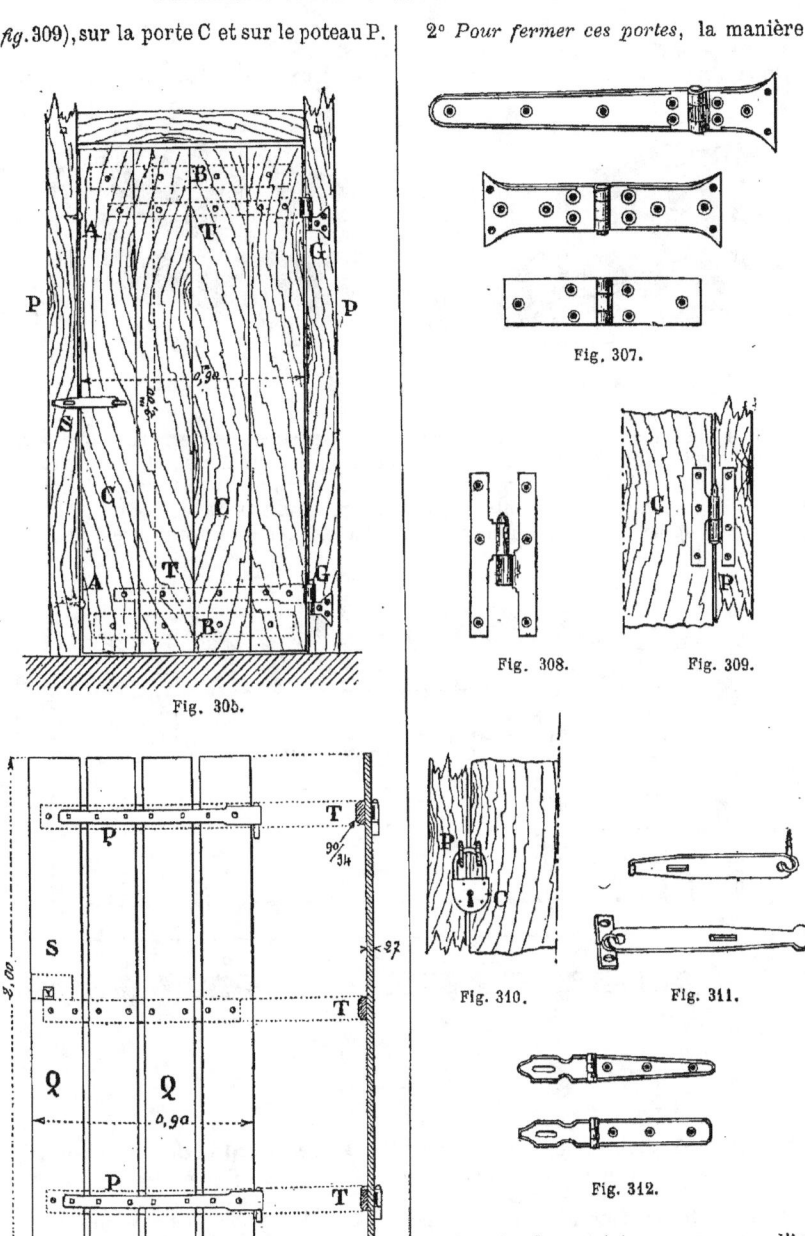

Fig. 305.

Fig. 306.

Fig. 307.

Fig. 308. Fig. 309.

Fig. 310. Fig. 311.

Fig. 312.

la plus simple consiste, comme nous l'indiquons (*fig.* 310), à fixer un piton P sur le poteau et un sur la porte et de réunir ces deux pitons par un cadenas C.

On se sert également de moraillons S

le nom de serrures de cave pène dormant noir de 0ᵐ,16.

Les deux figures 313 et 314 représentent

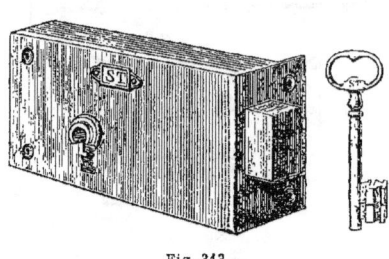

Fig. 313.

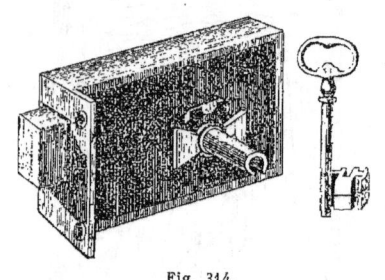

Fig. 314.

(*fig.* 305) dont nous donnons les formes les plus usuelles (*fig.* 311 et 312).

Enfin, ce qui est de beaucoup préférable, on emploie, comme nous le montre le croquis (*fig.* 306), les serrures connues sous

en perspective des serrures pour portes de cave. La première est une serrure à pène dormant noir ST avec clef forgée en fer, deux tours avec bouterolle.

La seconde est une serrure à pène dor-

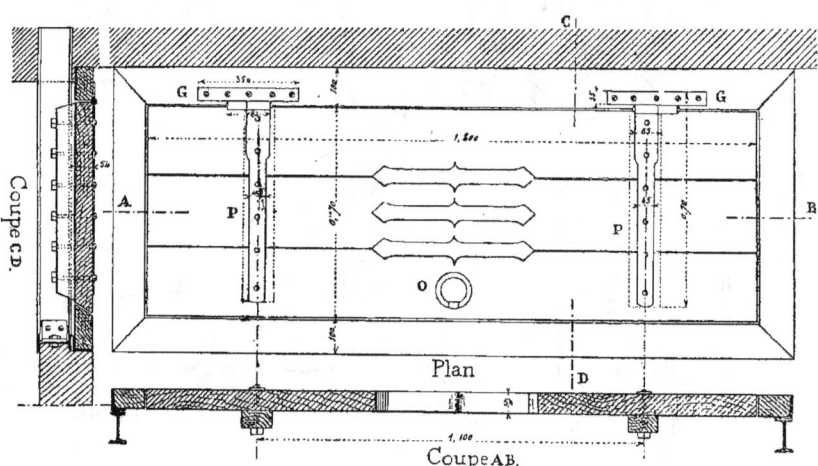

Fig. 315.

mant noir ST clef en fer, deux tours avec barbes et empénages en bronze employée pour les endroits humides.

Afin d'éviter les détériorations causées par l'humidité on fait aujourd'hui des serrures de cave entièrement en bronze.

Ferrements des trappes de cave.

157. Les trappes de cave, qu'on place souvent au niveau des planchers, sont ordinairement de fortes portes en chêne construites comme l'indique le croquis (*fig.* 315).

Les ferrements comprennent :

Des gonds à paumelles G fixés chacun sur une planche dormante avec cinq fortes vis ;

Des pentures P de 0,007 d'épaisseur élargies au collet, renforcées et fixées soit directement sur les planches avec cinq vis et un clou rivé au collet, soit, comme le montre le croquis, avec des tirefonds servant également à maintenir les barres en chêne placées sous les planches ;

Fig. 316.

D'un anneau O à boulon servant à lever la trappe.

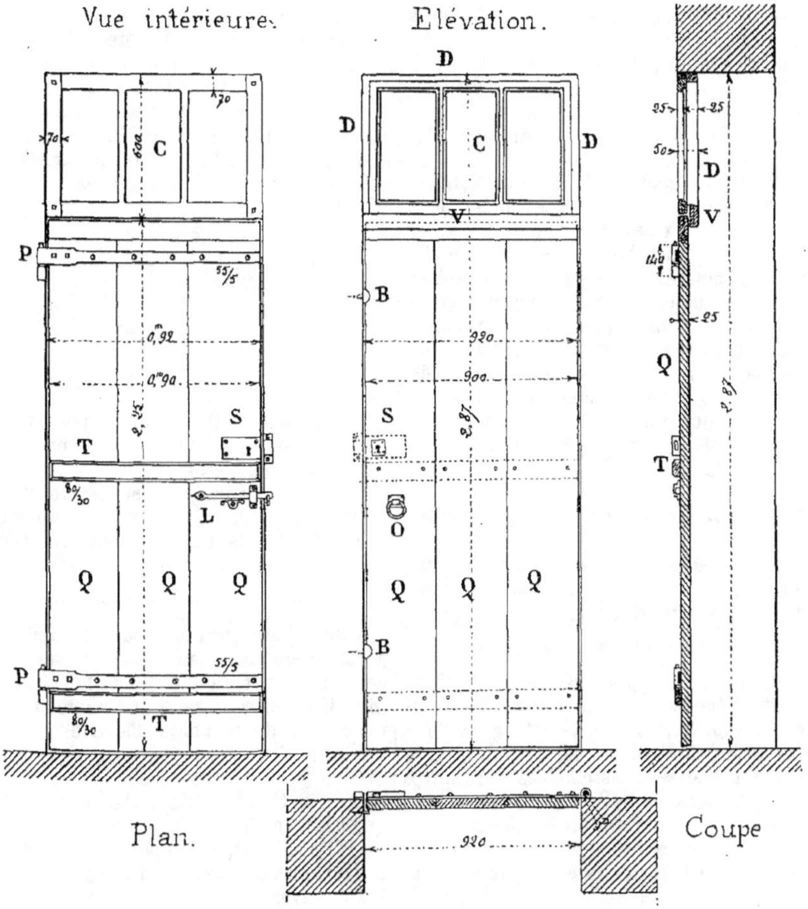

Fig. 317.

Cette trappe, lorsqu'elle est levée, peut être maintenue le long du mur soit à l'aide d'un tirefond et d'un simple crochet, soit par un arrêt spécial.

158. L'anneau à boulon est représenté en croquis (*fig.* 316); il est entaillé dans l'épaisseur du bois pour ne pas gêner lorsqu'on marche sur la trappe.

159. Les trappes de fosse à fumier comprennent ordinairement les ferrements suivants :

À chaque partie ouvrante deux charnières en fer à trappe à empattement de 65 centimètres de branche, en scellement dans le châssis en pierre, les scellements faits en plomb;

Quatre équerres renforcées de 22 centimètres, posées sur les joints avec vis fraisées;

Des anneaux entaillés pour lever ces trappes.

160. On comprend souvent sous le nom de trappes de cave des portes donnant accès aux caves et qui sont placées à l'extérieur des bâtiments sur de petits murets inclinés. Ce sont alors de solides portes en chêne dont les ferrures comprennent: de fortes paumelles; un solide crochet et son piton pour retenir l'un des vantaux; une serrure de cave ordinaire. Tous ces ferrements, y compris les tourniquets d'arrêt des vantaux, sont, comme dimensions, proportionnés au poids de la trappe.

Ferrements d'une porte d'écurie.

161. Les portes d'écurie peuvent être à un ou à deux vantaux; nous étudierons séparément les deux cas.

1° Porte d'écurie à un vantail.

162. Le croquis très simple d'une porte d'écurie à un seul vantail est indiqué (*fig.* 317). La porte est en chêne et composée de trois fortes planches Q de 0,025 d'épaisseur assemblées à rainures et languettes, emboîtées par le haut dans une traverse horizontale de même épaisseur; ces planches sont reliées en leur milieu et à leur partie basse par des traverses en chêne T de 80 sur 30 millimètres.

À la partie haute se trouve un châssis fixe C vitré de trois carreaux. Pour maintenir ce châssis, on place en trois sens un cadre D en chêne de 25 × 25 solidement relié au mur par de petites pattes à scellement. Une traverse V, formant le quatrième côté de ce cadre sert de feuillure au haut de la porte.

163. Les ferrements de cette porte sont très simples et comprennent :

Deux pentures P dont nous avons déjà donné des exemples;

Deux battements ronds B dont le croquis est donné en A (*fig.* 169);

Une serrure S pêne dormant noir de 0,16 avec sa gâche à pattes;

Un loquet L semblable à ceux qui ont été examinés précédemment, sauf la poignée O qui est un peu différente. C'est un anneau rond ou ovale, comme le montre le croquis (*fig.* 318), et qu'on emploie très souvent pour ce genre de portes.

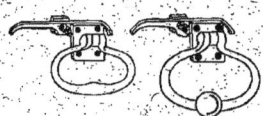

Fig. 318.

164. *Nota.* — Dans bien des portes d'écuries on se contente de mettre une serrure comme fermeture, mais nous croyons l'emploi du loquet indispensable pour permettre, pendant le jour, une allée et venue facile, la serrure étant réservée pour la fermeture de nuit.

2° Porte d'écurie à deux vantaux.

165. Dans certains cas, on fait les portes d'écuries à deux vantaux, nous en donnons un exemple dans le croquis (*fig.* 319) qui représente la vue de la face intérieure d'une porte d'écurie à deux vantaux.

Cette porte se compose:

D'un bâtis en chêne B de 70 × 60 d'équarrissage;

De deux vantaux de porte formés d'encadrements en chêne de 120 × 50;

De traverses horizontales de 100 × 25;

De planches de remplissage Q en chêne

FERREMENTS DIVERS EMPLOYÉS EN CONSTRUCTION.

de 25 millimètres d'épaisseur assemblées à rainures et languettes.

Les ferrements comprennent :

Neuf fortes pattes à scellement P en fer plat de 40 × 5 ayant 0^m,150 de longueur et fixées sur le bâtis dormant B par de fortes vis ; la figure 320 nous donne le

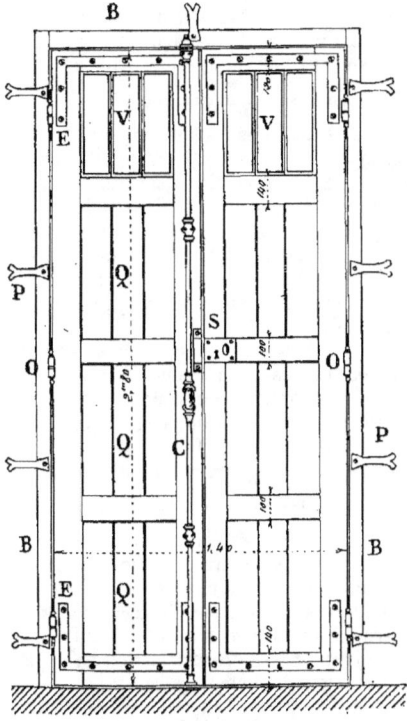

Fig. 319.

croquis de ces pattes à scellement avec les dimensions principales ;

Quatre équerres doubles E en fer plat de 40 × 6, entaillées et fixées avec des vis ; la figure 321 nous indique la forme et les dimensions de ces équerres.

D'une serrure S pène dormant noir de 0,16 avec gâche à pattes, on peut remplacer cette serrure par une serrure à bouton double en fonte pour la facilité du service et pour éviter l'emploi d'un loquet ;

D'une crémone C de 22 millimètres en fer rond et ses accessoires ;

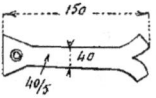

Fig. 320.

De six paumelles à boule O entaillées en feuillure et fixées par des vis.

La figure 322 nous en montre la forme et les principales cotes.

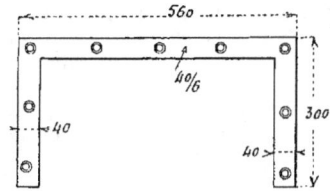

Fig. 321.

Ces paumelles sont exécutées avec du fer plat de 3 millimètres d'épaisseur, leur longueur est variable avec le poids des vantaux à supporter ; elles ont, pour des

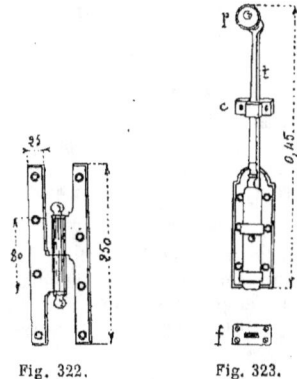

Fig. 322.　　　　Fig. 323.

portes ordinaires, de 0,25 à 0,27 de longueur de branches et 0,08 à 0,085 de longueur à la partie milieu.

166. *Nota :* Dans certains cas on remplace la crémone par de simples verrous haut et bas, mais c'est moins bon.

La figure 323 nous montre le croquis du verrou du bas. Ce verrou de 0^m,45 de longueur est un verrou à arrêt à vis, pêne de 0,034 sur 0,11 ; il est muni de sa poignée p, de sa tige t et de son conduit c.

Dans le seuil en roche dure on pose une platine en tôle f entaillée et fixée par des vis tamponnées.

Le verrou du haut aurait 1 mètre de longueur, son pêne entrerait dans une gâche à pattes fixée dans le dormant B de la figure 319 ; il a, comme le précédent, une poignée, une tige et un conduit.

167. Dans les hôtels particuliers les portes d'écurie et de sellerie sont ordinairement ferrées comme nous allons l'indiquer.

Porte d'écurie, huit paumelles, porte de sellerie trois paumelles doubles à boucles à équerre cinquante-soixante.

Pour fermetures, des serrures pêne dormant de 0,14 à bouterolle, loquets et boucles d'abatants. A la porte d'écurie, deux verrous à tige demi-ronde, bouton tourné à patère ; pêne de 0,032.

Pour fixer entre elles les parties ouvrantes, deux targettes en fer très fortes, polies ; boutons à piédouche de 0,07 ou autres fermetures analogues.

168. Il existe, dans un bâtiment, d'autres ferrements secondaires que nous nous contenterons d'indiquer.

Crochet de cave.

169. Pour la descente des pièces on place souvent, à l'entrée des descentes de cave, un crochet en fer rond de 0.035 de diamètre avec fort scellement en T.

Châssis de caves.

170. Les châssis d'aération entre les caves sont souvent garnis de forts barreaux à scellement des deux bouts, en fer rond de 0,018, espacés de 0,16 entre barreaux.

Boîte de compteur.

171. Les boîtes de compteurs sont ordinairement ferrées de quatre charnières, un ressort en acier et une serrure de 0,07 avec clefs et accessoires.

Boîte aux journaux.

172. Les boîtes aux journaux sont ferrées de deux charnières et d'une petite serrure ; pour le service de cette boîte, une entrée en cuivre doré ou argenté placée à l'extérieur sur l'un des appuis d'une des croisées de la loge du concierge.

Siège d'aisances.

173. Chaque abattant de siège est ordinairement ferré de deux pivots en cuivre et un bouton aussi en cuivre.

Boîtes à charbon.

174. Les boîtes à charbon dont nous donnons un croquis (*fig.* 324), en élévation et en coupe verticale sont ordinairement construites en bois de sapin de 0,015 d'épaisseur ; leurs dimensions sont variables avec l'emplacement dont on dispose en dessous des fourneaux de cuisine.

Les ferrements en sont très simples et comprennent :

Des galets G au nombre de quatre fixés sur des traverses en chêne T qui sont, comme le montre le croquis (*fig.* 325), à moitié encastré en O dans la traverse T placée sous la boîte à charbon et une poignée P servant à tirer la boîte.

Détails d'exécution.

175. Les galets se font souvent en bois dur de gayac ou autre essence analogue, les dimensions sont indiquées dans le croquis (*fig.* 326). Au centre de ces galets se trouve un petit coussinet en cuivre e dans lequel passe un petit essieu en fer E indiqué dans la même figure.

On remplace quelquefois ces galets en bois par des galets en fonte L dont nous donnons la coupe (*fig.* 327), mais ce qui est préférable c'est de se servir de petits galets spéciaux (*fig.* 328) placés immédiatement en dessous d'une platine qu'on peut fixer sous la boîte à charbon avec quatre vis.

La figure 329 nous montre le moyen le plus souvent employé pour fixer le galet G sous la traverse T ; l'essieu E est maintenu en place par deux crampons C fortement enfoncés dans la traverse en chêne T.

La figure 330 nous indique les principales cotes et la disposition donnée à la poignée P servant à tirer la boîte à charbon. C'est une poignée brisée à tourillons; les branches de cette poignée entrant dans des lacets de forme olive qui sont montés eux-mêmes sur platine.

176. Pour terminer cette première série de ferrements simples il nous reste à dire quelques mots des ferrements employés pour les *portes sur paliers*, les *portes de vestibules*, les *portes cochères*, les *portes de remises*, les *portes de fermes*, etc...., nous réservant de revenir sur les détails de ces ferrements dans d'autres chapitres.

177. 1° *Portes sur paliers.* — Les portes d'entrée pour appartements peuvent être à un ou à deux vantaux. Lorsqu'elles sont à un vantail, les ferrements les plus ordinaires comprennent :

Trois paumelles doubles laminées de 0ᵐ,16 à nœuds rabotés, bagues cuivre entaillées à vis ;

Une serrure sûreté six gorges bénarde de 0,14 avec clefs, entrée et gâche à baguette ;

Un bouton de tirage rond en cuivre creux de 0,06, garni de sa rosette et de son écrou ;

Sept pattes de 0,16.

L'ensemble de ces ferrements coûte environ 21ᶠ,50.

Sciences générales.

Lorsqu'elles ont deux vantaux, on emploie :

Six paumelles doubles à nœuds bouchés de 0,16 ;

Une serrure six gorges de 0,14 ;

Une paire de verrous renforcés tige demi-ronde, boîte fonte de 0,032, gâches et conduits ;

Deux boutons de tirage cuivre creux.

L'ensemble de ces ferrements coûte environ 33ᶠ,56.

178. *Portes d'entrée principale ou de vestibules.* — Les portes bâtardes des vestibules comprennent ordinairement,

Lorsqu'elles sont à un vantail et ferrées sur bâtis :

Une paumelle double de façon, nœud raboté de 0,30 ;

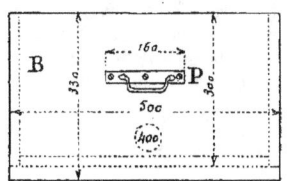

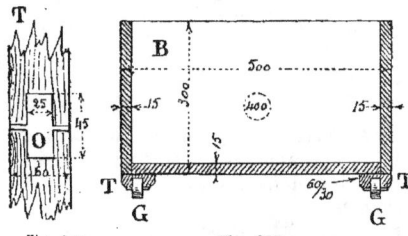

Fig. 324.   Fig. 325.

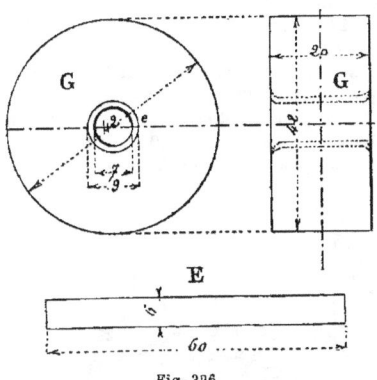

Fig. 326.

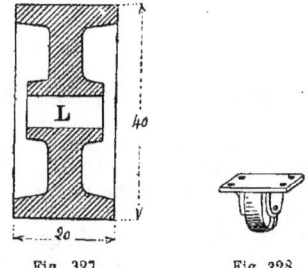

Fig. 327.   Fig. 328.

SERRURERIE. — 11

Deux paumelles doubles de façon équerres doubles fer 0,040 × 0,009 ;
Une serrure demi-tour cordon ;
Une poignée cuivre bâton de maréchal n° 2 ;
Sept pattes forgées pour le bâtis.
L'ensemble de ces ferrements coûte environ 55ᶠ,30.

179. Lorsqu'il y a deux vantaux on peut employer :
Deux paumelles doubles de façon, nœuds rabotés, de 0,30 ;
Quatre paumelles doubles de façon à équerres doubles, fer 0,040 × 0,009 ;
Une crémone tringle ronde, fermant

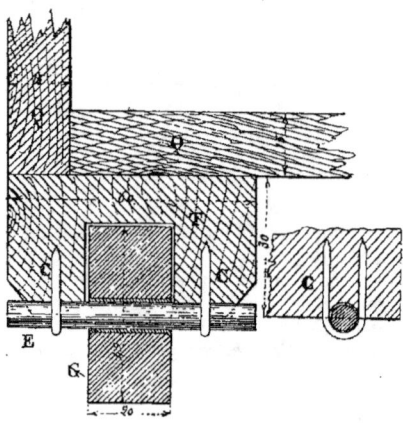

Fig. 329.

à clef, deux gâches et une platine haut et bas ;
Deux poignées bâton de maréchal ;
Douze pattes forgées pour le bâtis.
L'ensemble de ces ferrements coûte environ 109 francs.

180. On peut, avec les ferrements ci-dessus, mettre quatre pivots à congé fer de 0,060 × 0,014 et avoir une plus-value de 22 francs ;
Un panneau en fonte orné, plus-value 8 francs par panneau ;
Un vasistas rainé de 0,014, plus-value 17ᶠ,50.
Un cordon et une sonnette d'annonce, plus-value environ 200 francs.

181. On peut aussi, pour une porte de vestibule à deux vantaux, employer les ferrements suivants :
Sept pattes à scellement de 0,16 ;
Six paumelles doubles à boules renforcées de façon de 0,22 ;
Quatre équerres doubles en fer plat 35 × 7 ;
Une serrure de sûreté à gorges et à foliot de 0,14 marquée union ;
Un bouton double cuivre n° 5 ;
Deux boutons de tirage cuivre de 0,08 ;
Une crémone d'allée, tringle demi-ronde de 25 millimètres.

182. 3° *Portes cochères*. — Les portes cochères comprennent ordinairement quatre très forts pivots en forme d'équerre, avec collet élargi ayant, de branches, toute la longueur des vantaux, lesdits entaillés de leur épaisseur, fixés par

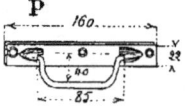

Fig. 330.

de très fortes vis, reposant par le bas sur des crapaudines en fonte et roulant par le haut dans des tourillons en fer à scellement.
Sur les battants, équerres doubles en fer de 8 millimètres sur 60 de largeur, de 70 de branches verticales, blanchies à la lime, entaillées avec soin et maintenues par des vis fraisées de 40 millimètres.

183. Pour fermeture, une crémone Charbonnier, modèle supérieur ; garnitures en fonte ornée, tige en fer de 30 millimètres de diamètre, serrure de fermeture pour cette crémone et tous accessoires.

184. Le guichet de cette porte pourra être ferré par trois paumelles à boule de force appropriée, deux équerres doubles de 70 de branches verticales et une serrure à gorge de 18 centimètres, dite à à cordon, avec gros pêne de sûreté, demitour et double clef. Sur la traverse basse du vantail portant le guichet une bande en fer plat de 7 millimètres d'épaisseur, fixée par de fortes vis fraisées.

185. Pour le service de ce guichet, un cordon correspondant à la loge du concierge, établi avec toute la perfection possible, avec fils placés dans des tubes entaillés, plaques de recouvrement, bascules, mouvements, ressorts de rappel et deux ou trois tirages placés dans la loge.

186. Dans les tableaux extérieurs de la porte, un coulisseau à bascule, en cuivre, ciselé, argenté ou doré, sur plaque en marbre de 11 centimètres, avec fils, tubes entaillés, boucles, mouvements et ressorts correspondant à un fort timbre placé dans la loge du concierge.

187. Sur l'extérieur de la porte cochère, deux boutons de tirage ou poignées en cuivre argenté, posés sur tablettes en marbre.

A l'intérieur du guichet, poignée de tirage, à pattes, de 18 centimètres, de façon.

188. 4° *Portes de remises.* — Une porte de remise s'ouvrant extérieurement, en bois de chêne ayant 2^m,50 de largeur, à deux vantaux et 2^m,80 de hauteur, comprend les ferrements suivants :

Quatre équerres simples, en fer plat, de 0^m,030 × 0^m,009, de 0^m,40 × 0^m,50 de longueur de branches ;

Deux paumelles simples à gonds de 0^m,50 de longueur de branches, fer plat de 50 × 9 ;

Deux paumelles simples à équerre, fer plat de 50 × 9, de 0^m,40 et 0^m,50 de longueur de branches ; le gond à scellement est coudé et entaillé dans le bâtis et fixé avec une vis ;

Deux verrous analogues à ceux décrits précédemment pour la porte d'écurie à deux vantaux (ces verrous seront remplacés avantageusement par une crémone fer rond de 22 millimètres et ses accessoires) ;

Une serrure pêne dormant, noire, de 0^m,16, gâches à pattes.

189. 5° *Portes de fermes.* — Une porte de ferme composée de bâtis et d'écharpes en chêne de 0^m,041 d'épaisseur, panneaux sapin en frises de 0,034 d'épaisseur et de 0^m,15 de largeur, le tout boulonné avec petits boulons apparents de 0^m,10, comprend comme ferrements des pentures analogues à celles indiquées précédemment (*fig.* 120), plus une crémone en fer rond de 22 millimètres.

Lorsqu'il y a un guichet, il est presque toujours fermé par un loquet.

CHAPITRE III

ÉTUDE DÉTAILLÉE DE LA SERRURERIE D'INTÉRIEUR

§ I. — SERRURES. — DIFFÉRENTS TYPES

Définitions et notions générales.

190. On donne le nom général de *serrure* au mécanisme en fer, en fer et cuivre, ou tout en cuivre servant à fermer les portes, les armoires, les coffres, les tiroirs, les meubles, etc...

L'usage des fermetures à l'aide de serrures paraît fort ancien ; les quelques types qui ont été trouvés comprenaient, comme nos serrures actuelles, un palastre, un pêne, un foncet, etc..., mais le tout en bronze. Aujourd'hui l'emploi des serrures est général et leur fabrication est devenue une véritable industrie. Autrefois chaque serrurier fabriquait lui-même les serrures dont il avait besoin, il prenait du bon fer et le traitait pour obtenir un travail sérieux ; aujourd'hui, bon nombre de serruriers, pour ne pas dire tous, achètent directement les serrures aux fabricants et n'ont qu'à en exécuter la pose.

Or, pour soutenir la concurrence, les fabricants ont été obligés de fabriquer vite et à bon marché, c'est pourquoi nous trouvons dans le commerce des serrures neuves qui ne valent même pas la pose ; une grande partie des organes qui les composent sont en fonte aussi, lorsque ces pièces se détraquent, la serrure ne valant pas la réparation, le constructeur préfère la remplacer par une neuve que d'entreprendre ce travail.

Dans ce qui va suivre, nous ne croyons donc pas utile de décrire comment on fait une serrure mais simplement de rappeler les différentes pièces qui la composent en indiquant leur fonctionnement.

191. Une serrure se compose de trois parties principales :

1° La *serrure* proprement dite, presque toujours formée d'une boîte métallique renfermant le *pêne*, qui est l'âme de la serrure, et les diverses pièces plus ou moins compliquées qui accompagnent ce pêne ;

2° La *clef*, qui sert à faire mouvoir le pêne et dont le *panneton* est, suivant les cas, plus ou moins entaillé pour passer librement dans les *garnitures* ;

3° La *gâche*, pièce métallique servant à loger le pêne lorsqu'il est hors de la serrure ; cette gâche est presque toujours fixée au moyen de vis sur le bâtis de la porte ou, dans certains cas, scellée directement.

192. En quincaillerie et surtout à Paris, on classe les serrures en deux catégories :

1° Les serrures ordinaires ;

2° Les serrures marquées ou estampillées.

193. Nous savons que la *marque* ou *estampille* est une petite plaque ordinairement en cuivre que les constructeurs fixent sur les serrures pour en indiquer la provenance ; c'est, en réalité, une marque de fabrique.

La marque la plus estimée est celle de la maison Bricard, maison dans laquelle on fabrique toutes les pièces intérieures et les clefs en fer forgé (en rappelant bien d'autres constructeurs font des clefs en fonte et bien des pièces d'intérieur de serrures également en fonte).

La marque Bricard est ST ; les autres marques connues sont : JPM, FT, AG, etc.

On dit que les serrures du commerce

sont *poussées* lorsqu'elles ne sont que blanchies extérieurement ; les autres peuvent être *noires*, *polies* ou *moirées*.

Étude des types ordinaires de serrures les plus employées dans nos habitations.

Boîte d'une serrure.

194. La boîte rectangulaire qui renferme le mécanisme d'une serrure se compose, comme l'indique le croquis (*fig.* 331), les pièces intérieures étant enlevées :

1° D'un fond F formé d'une plaque de tôle rectangulaire qu'on nomme le *palastre*.

La largeur et la hauteur de ce palastre sont égales à celles de la serrure. A l'une de ses extrémités, il porte un *coude* ou *rebord* C' percé de mortaises V et V' pour le passage des pênes. Suivant la forme et la décoration qu'on donne aux serrures, on distingue : les palastres à cul de chapeau, palastres ornés, ciselés, etc... ;

2° De trois côtés C formant la cloison et d'un quatrième C' plus saillant dépendant, comme nous le savons, du palastre et qu'on nomme *rebord*, *tête* ou *têtière*.

195. Les trous circulaires T et T', percés les uns dans le rebord, les autres dans le palastre, servent à fixer la serrure,

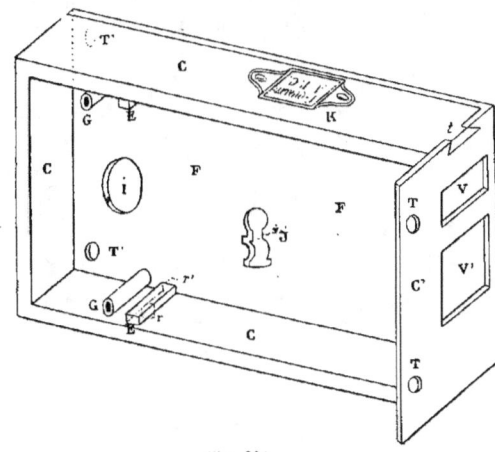

Fig. 331.

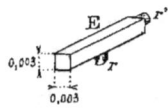

Fig. 332.

au moyen de vis, dans l'épaisseur de la porte.

192. La réunion du palastre aux côtés et l'assemblage des différents côtés entre eux se font de la manière suivante :

Pour relier le palastre F aux côtés C, on se sert d'*étoquiaux* E, fraisés et rivés avec le plus grand soin, et dont nous donnons le croquis (*fig.* 332). Ce sont de petites tiges de fer à section carrée, portant deux rivets, l'un *r* qui se rive dans l'un des côtés C, l'autre *r'* qui se rive sur le palastre.

Les cloisons ou côtés de la boîte se réunissent entre eux à l'aide de petits *tenons* en forme de queue d'hironde,

comme nous le voyons en *t* (*fig.* 331) pour l'assemblage du côté C avec le rebord C'.

197. D'autres petits étoquiaux cylindriques G rivés sur le palastre maintiennent, à l'aide de vis, la *couverture* ou *fond* cet dont nous parlerons plus loin.

198. En I nous indiquons le trou circulaire fait dans le palastre pour le passage d'un bouton double ; en J, le trou pour le passage de la clef ; enfin, en K, l'emplacement de l'*estampille* faisant connaître la marque de fabrique. Cette estampille est fixée sur le côté C de la boîte à l'aide de deux petits rivets en cuivre.

Nota.

199. Les étoquiaux E sont souvent

arrêtés un peu en retrait du bord extérieur des côtés C, ce qui permet au foncet de s'appuyer dessus. La boîte dont nous avons donné le croquis (*fig.* 331) est celle d'une serrure à deux pênes, pêne dormant, demi-tour et bouton double.

C'est sur le palastre d'une serrure qu'on place ordinairement les différentes pièces qui la composent et qui sont : les *pênes dormants*, les *pênes à demi-tour*, les *gros pênes*, les *pênes à verrou de nuit*, les *ressorts à gorges*, les *équerres*, les *foliots*, les *picolets*, les *ressorts à boudin*, les *planches*, etc.

Ces pièces sont montées sur le palastre à l'aide d'*étoquiaux*, d'*arrêts*, de *vis*, etc.

Couverture ou foncet.

200. Lorsque la boîte de la serrure contient toutes les pièces du mécanisme,

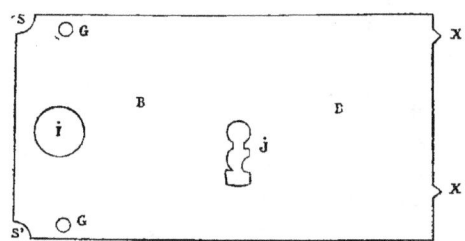

Fig. 333.

mises en place, on la ferme à l'aide d'une feuille de tôle B (*fig.* 333) placée parallèlement au palastre et qu'on nomme *couverture*. Le *foncet* est aussi la pièce de fer formant la couverture d'une serrure; il peut être fixé au palastre par des pattes ou par des tenons; il porte le *canon*, s'il y a lieu, et est percé d'un trou pour l'entrée de la clef.

Cette pièce de tôle, qui a généralement 1 millimètre d'épaisseur, a exactement les dimensions intérieures de la boîte.

Du côté du rebord C' (*fig.* 331), on lui ménage deux petits *tenons* X (*fig.* 333) qui entrent dans ce rebord en l'affleurant extérieurement.

En S et en S' on réserve deux encoches permettant le passage facile aux vis servant à fixer la serrure sur la porte.

En J se trouve le trou donnant passage à la clef ; en I, le trou de passage du bouton double.

Les *étoquiaux* de la cloison soutiennent le foncet, mais, pour le relier au palastre, on fixe sur ce dernier un ou deux étoquiaux pouvant recevoir des vis qui traversent le foncet en G (*fig.* 333).

Dans d'autres cas on rive, sur la partie de la cloison C opposée au rebord (*fig.* 331), un petit tenon dans lequel on taraude un pas de vis devant recevoir la vis traversant le foncet.

201. La boîte de la serrure étant ainsi fermée, il existe encore un certain nombre de pièces extérieures telles que :

1° *Cache-entrée* qui est, comme nous le verrons plus loin, une petite plaque de

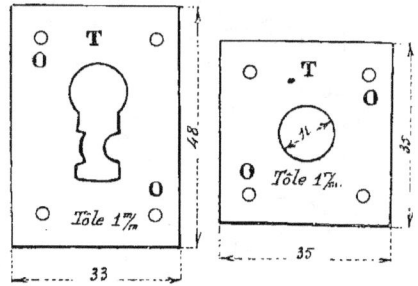

Fig. 334 et 335.

cuivre généralement de forme circulaire, mobile autour d'un goujon fixé sur le palastre. Cette pièce sert, comme son nom l'indique, à cacher l'entrée de la serrure ;

2° Les *boutons de coulisse* qui servent, dans une serrure, à ouvrir le pêne demi-tour et qu'on remplace souvent par le *bouton coudé* ;

3° Les *boutons doubles* dont nous étudierons les principales formes dans un chapitre spécial ;

4° Le *faux-fond* dans lequel la *broche* d'une serrure est ajustée, rivée ou brasée. Ce faux-fond est une sorte d'embase fixée en dehors du palastre par des vis à tête fraisées à l'intérieur.

202. Il existe encore d'autres pièces en tôle T (*fig.* 334 et 335) servant pour les entrées de clef (*fig.* 334) et fixées sur le

ÉTUDE DÉTAILLÉE DE LA SERRURERIE D'INTÉRIEUR.

bois de la porte du côté opposé à la serrure ou pour les boutons doubles (*fig.* 335). Ces plaques de tôle de 1 millimètre d'épaisseur sont fixées sur la porte à l'aide de quatre vis passant dans des trous O.

Serrures simples.

1° BEC-DE-CANE ANCIEN

203. Le bec-de-cane ancien dont nous donnons un croquis (*fig.* 336) est une serrure encloisonnée dont toutes les pièces sont en fer.

Il se compose d'une boîte rectangulaire ABCD fermée au fond par le palastre S et renfermant les pièces suivantes :

Un *pêne coudé* formé d'une *tête* I sor-

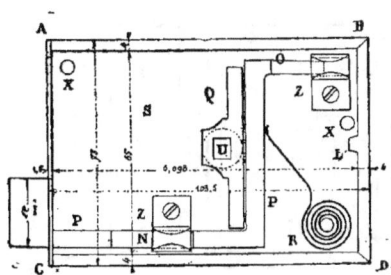

Fig. 336.

tant du bec-de-cane, d'un corps à deux coudes P et d'une *queue* O entrant dans un *picolet* Z ;

Un *foliot* U, pièce de fer ayant la forme d'une bascule à deux branches Q et qui, au moyen de la tige carrée d'un bouton double qui passe au travers dans un trou carré, fait mouvoir le pêne ;

Deux *picolets*, espèces de crampons Z, à patte d'un côté et à tenon de l'autre, fixés sur le palastre du bec-de-cane et servant à maintenir et à guider le pêne dans sa course ;

Un *ressort* R, quelquefois nommé ressort à foliot, monté sur un *étoquiau* et servant à ramener le pêne en dehors lorsqu'on cesse d'agir sur lui à l'aide du foliot ;

De trous X pour le passage des vis fixant le bec-de-cane ;

D'étoquiaux tels que L servant à relier le palastre à la boîte.

Détails des pièces principales.

204. La figure 337 nous montre le pêne coudé en élévation et en plan ; en I, se trouve la tête de ce pêne ; en P, le corps. L'encoche N se place dans le picolet Z (*fig.* 336).

205. La figure 338 nous indique trois

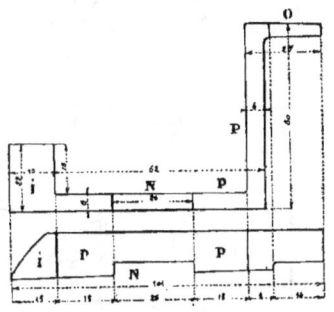

Fig. 337.

vues des picolets Z. La patte Y sert, à l'aide d'une vis, à les fixer sur le palastre ; la saillie J vient se river sur le palastre, de telle sorte qu'il reste un rectangle N

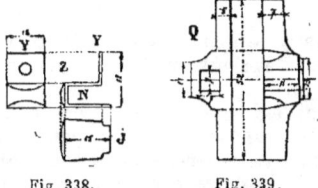

Fig. 338.   Fig. 339.

dans lequel peut glisser la branche horizontale N et la queue O du pêne P (*fig.* 336).

206. La figure 339 nous montre une élévation et une vue de côté du foliot Q.

207. La figure 340 représente l'une des parties du bouton double, faisant fonctionner ce bec-de-cane. En O, la poignée en forme d'olive ; en T, la tige terminée par une partie carrée Q entrant dans le foliot et servant à manœuvrer le pêne.

Cette partie du bouton ayant traversé le bec-de-cane, on place la partie symétrique et on goupille ensemble les deux moitiés du bouton double.

BEC-DE-CANE ORDINAIRE, POLI, A CLOISON ACTUELLEMENT EMPLOYÉ.

208. Les serrures employées aujour-

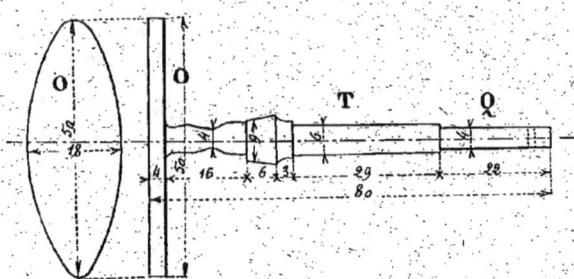

Fig. 340.

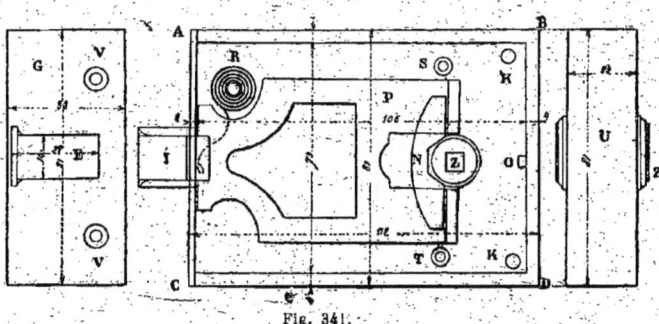

Fig. 341.

d'hui sous le nom *bec-de-cane* fonctionnent sans clef et s'ouvrent à l'aide de boutons doubles.

Dans les becs-de-cane le pêne à *demi-tour* est taillé en *chanfrein*, pour que la porte puisse se fermer en la poussant.

Ce genre de serrures sert à la fermeture des portes intérieures de nos appartements n'exigeant pas de fermeture à clef.

La figure 341 nous montre l'intérieur d'un bec-de-cane dans lequel la plaque de foncet a été enlevée.

209. Les différentes pièces composant ce bec-de-cane sont :

Une boîte ABCD ayant comme fond une tôle rectangulaire qu'on nomme *palastre*; un pêne *demi-tour* P dont la tête I sort de la boîte ABCD ; un *foliot* N qui n'est

autre qu'une bascule à deux branches en

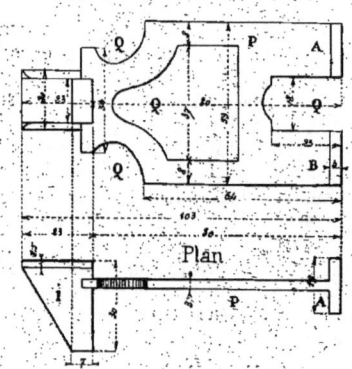

Fig. 342.

cuivre présentant, au milieu, une tige cylindrique percée d'un trou carré Z dans lequel on introduit une tige également carrée terminée à chaque extrémité par un bouton ; un *ressort à boudin* R qui, appuyant sur le rebord du pêne, le maintient en dehors du rebord de la gâche ; des trous K pour le passage des vis servant à fixer le bec-de-cane ; des *étoquiaux*

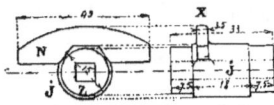

Fig. 343.

cylindriques S et T dans lesquels on retient, à l'aide de vis, la plaque de foncet ; en O, l'étoquiau servant à relier le palastre au côté BD de la boîte.

Sur la gauche de la figure nous indiquons la vue de côté de la gâche G dans laquelle le trou d'empénage E reçoit la tête I du pêne ; cette gâche se fixe à l'aide de vis placées dans des trous fraisés V.

Sur la droite de la figure nous montrons une vue de côté U du bec-de-cane et, en Z, les *rondelles* en cuivre placées l'une sur le palastre, l'autre sur le foncet et servant à renforcer ces deux plaques de tôle à la sortie du bouton double. On devrait, dans

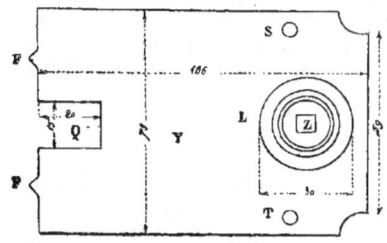

Fig. 344.

toutes les serrures, mettre ces rondelles, mais malheureusement l'économie, avec laquelle il faut trop souvent compter, s'y oppose.

Détails des principales pièces.

210. La figure 342 nous montre en élévation et en plan les détails du pêne

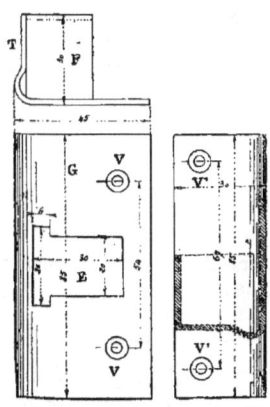

Fig. 345.

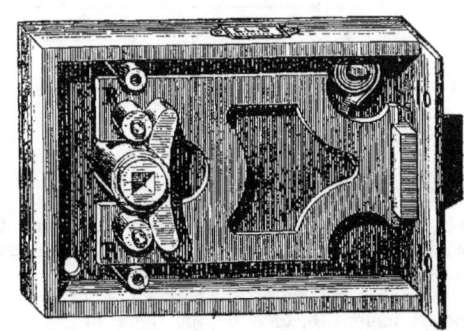

Fig. 345 *bis*.

d'un bec-de-cane. Ce pêne est composé d'une tête I chanfreinée qui sort de la serrure, d'une queue AB, extrémité opposée à la première, et d'un corps P ou partie moyenne entre la tête et la queue.

Presque toujours le pêne du-bec-de cane est évidé comme en Q (*fig.* 342).

La figure 343 nous indique la forme du foliot ou pignon qui, dans cette serrure, est une pièce toute en cuivre.

La figure 344 nous représente en Y la couverture ou plaque de foncet présentant en F les tenons venant dans le rebord AC (*fig.* 341); l'entaille Q est faite pour laisser passer une partie du pêne; en L, la rondelle en cuivre dont nous avons déjà parlé; en S et en T, les trous recevant deux vis servant à retenir le foncet en place.

La figure 345 nous représente trois vues de la gâche avec les principales dimensions.

Nota.

211. Dans les becs-de-cane et dans les serrures pêne dormant demi-tour, le foliot ou pignon est la pièce qui s'use et qui fatigue le plus à cause des frottements continuels; bon nombre de constructeurs ont alors cherché, sans toutefois augmenter le prix de ces serrures, à remédier à cet inconvénient en modifiant la forme de ces foliots; nous en donnons un exemple (*fig.* 345 bis), en représentant

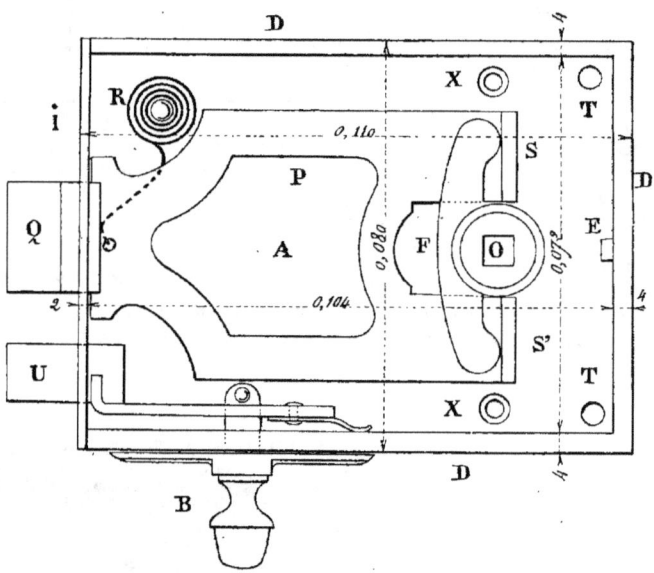

Fig. 346.

un bec-de-cane marqué C. L. D avec foliot à roulettes.

Les roulettes R ainsi placées derrière les branches du foliot en rendent son fonctionnement beaucoup plus doux et l'usure est moins grande.

La maison Sterlin trouvant que le foliot ou pignon qu'on exécutait et qu'on exécute encore aujourd'hui en cuivre jaune, s'usait trop vite, a pensé à le fabriquer en bronze comprimé mécaniquement pour obtenir une matière plus résistante et plus durable; en outre, ils ont donné à ce foliot des formes que nous verrons plus loin et qui en rendent les mouvements plus doux et plus faciles.

BEC-DE-CANE A VERROU.

212. Dans certains cas, on ajoute au bec-de-cane ordinaire, que nous venons d'étudier, soit en haut, soit en bas un second pêne ou verrou de nuit à bouton de coulisse, comme le montre le croquis (*fig.* 346).

Dans ce croquis la couverture ou foncet a été supposé enlevé.

Nous avons encore dans cet exemple:

En D, la boîte renfermant tout le mécanisme ;

En A, le palastre ;

En Q, la tête du pêne demi-tour ; P, le corps évidé de ce pêne ; S et S', la queue de ce pêne ;

En F, le foliot mobile autour du point O

En E est indiqué l'étoquiau réunissant le palastre au côté D de la boîte. En T, les trous de vis fixant le bec-de-cane sur la porte. Enfin, en X, les deux étoquiaux cylindriques recevant les vis fixant le foncet.

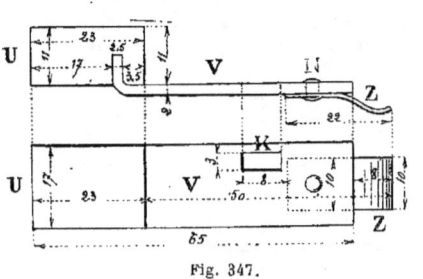

Fig. 347.

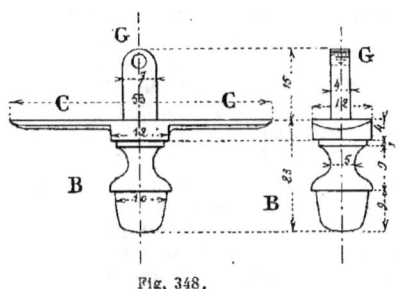

Fig. 348.

et qui présente une forme un peu différente du précédent ;

En R, le ressort qui agit sur la tête du pêne.

Le deuxième pêne est indiqué en U ; il est, comme nous le savons, mû par un bouton B qu'on pousse à gauche pour le fermer et à droite pour l'ouvrir.

Détails des pièces principales.

213. La figure 347 nous donne en croquis le détail du verrou de nuit à bouton de coulisse en élévation et en plan.

Sur le pêne U on fixe une lame de fer V à l'extrémité de laquelle on place un ressort Z maintenu par un rivet N.

En K, l'ouverture nécessaire pour laisser

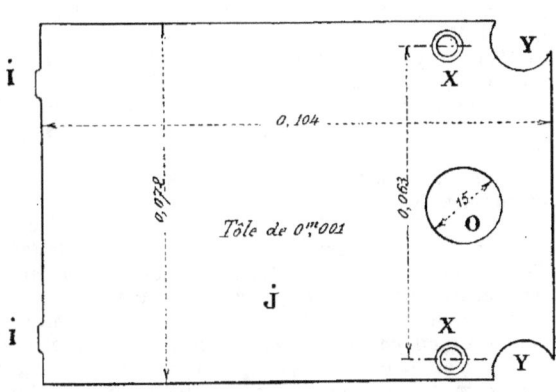

Fig. 349.

passer la tige verticale du bouton à coulisse.

Ce bouton à coulisse est représenté en élévation et en vue de côté (*fig.* 348). La tige verticale G entre dans l'encoche K de la figure 347 et y est fixée par une goupille.

Le ressort Z appuie sur le côté D de la boîte (*fig.* 346) et donne au pêne V une certaine résistance.

La figure 349 nous montre en détail la forme de la couverture ou foncet de ce bec-de-cane ; c'est, comme nous le voyons, une feuille de tôle J de $0^m,001$ d'épaisseur portant en I les petits tenons venant se placer dans le rebord de la boîte ; en X les trous fraisés recevant les vis servant à la fixer ; en O, le trou pour le passage du bouton double ; enfin, en Y, les encoches réservées pour le passage des vis le fixant sur la porte, trous qui, en même temps, permettent de soulever le foncet lorsqu'on désire réparer l'intérieur du bec-de-cane.

214. La figure 350 nous indique en plan H, en élévation H′ et en vue de côté H″ les détails complets de la gâche ; elle ressemble beaucoup à la gâche du bec-de-cane ordinaire (*fig.* 343), mais nous y indiquons en L comment à l'aide de queues d'hironde on fait l'attache de différentes pièces entre elles.

Les quatre vis V servent à la fixer sur le montant ou bâtis de la porte ; en Q et en U nous voyons les ouvertures, qu'on nomme empênage, laissant passer les têtes des pênes Q et U.

Il existe encore d'autres types de becs-de-cane, par exemple le bec-de-cane à arrêt, etc., mais qui sont moins couramment employés.

En F, nous indiquons le trou de la clef ; en D, l'étoquiau fixé sur le palastre et servant à la fois de guide au corps P du pêne et à retenir le foncet à l'aide d'une vis ; en T, les trous pour le passage des vis fixant la serrure sur la porte ; en Y, les rivets d'attache de l'estampille ; en I, le rivet maintenant le cache-entrée.

Cette serrure étant fermée, il faut, pour l'ouvrir, agir simplement sur le bou-

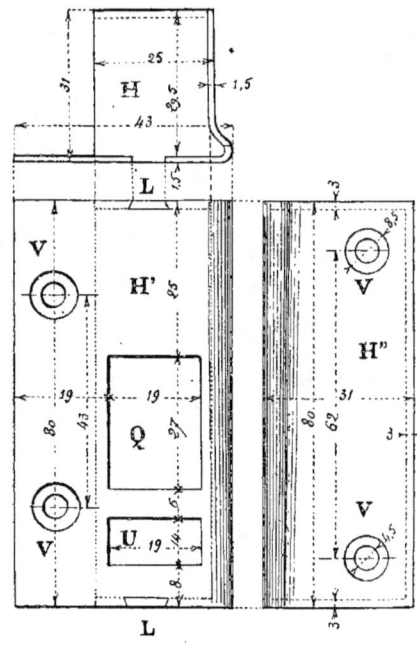

Fig. 350.

ton de coulisse. Si on désire la fermer à clef, il suffit de tourner cette clef vers la gauche, on soulève alors la gorge L, qui la déclanche de l'encoche *e* pour la faire venir dans l'encoche *x* et on agit en même temps sur la barbe *b* du pêne, pour le faire avancer ; pour ouvrir, il faut faire l'opération inverse.

On donne aussi à cette serrure le nom de *serrure bénarde*, parce qu'elle ne possède pas de broche et qu'elle a une ouverture des deux côtés pour la clef ; on peut,

SERRURE A TOUR ET DEMI, POUSSÉE, A BOUTON DE COULISSE EN CUIVRE

215. Ce genre de serrure est indiqué en croquis (*fig.* 351), elle se compose : d'une boîte B, au fond de laquelle se trouve le *palastre* ; d'un pêne P, dont la tête Q sort de la boîte ; d'une gorge L en cuivre, retenue en S sur le palastre et mobile autour de ce dernier point ; d'un bouton de coulisse placé à l'extérieur et venant se fixer sur le pêne P à l'aide d'une goupille V ; d'un ressort R agissant sur la queue du pêne ; d'une planche Z servant de garniture.

ÉTUDE DÉTAILLÉE DE LA SERRURERIE D'INTÉRIEUR.   173

dès lors, avec la même clef, ouvrir en dehors et en dedans.

Détails des pièces principales.

216. La figure 352 nous montre en croquis la disposition de la plaque de foncet K en tôle de 1 millimètre d'épaisseur, comportant aussi les tenons X dont nous connaissons l'usage, les trous T recevant les vis pour fixer la serrure sur la porte ; en D, le trou correspondant à la pièce D (*fig.* 351) et sur laquelle on fixe la couverture à l'aide d'une vis. Enfin, en C, un *canon* en cuivre fixé sur le foncet et servant à guider la clef.

La figure 353 nous montre la face de la serrure, côté du palastre :

En T, les quatre vis servant à la fixer ; en Q, le pêne ; en F, le trou de clef ; en D, le cache-entrée tournant autour de la

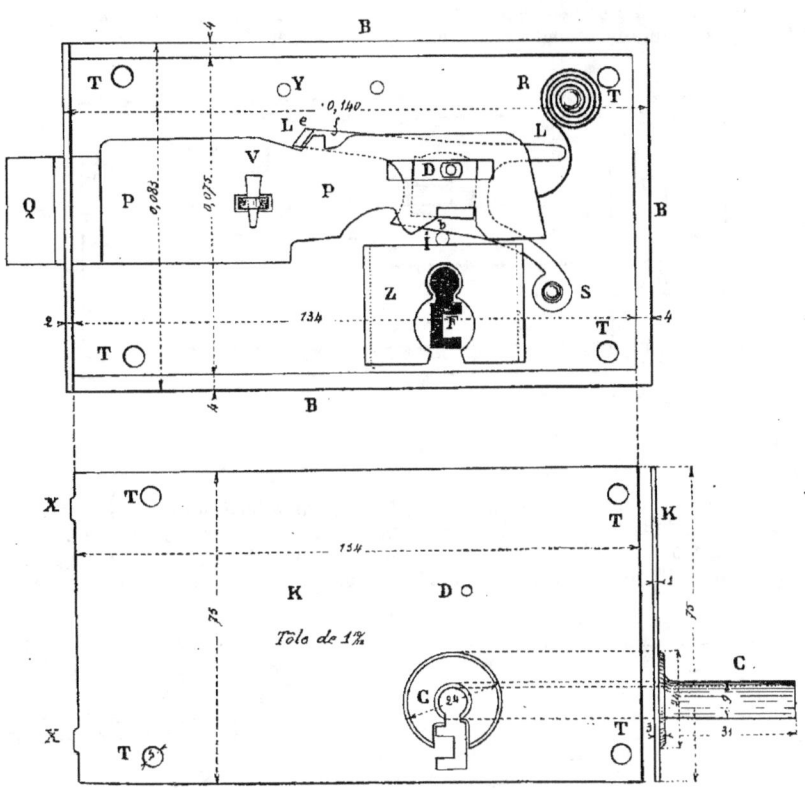

Fig. 351 et 352.

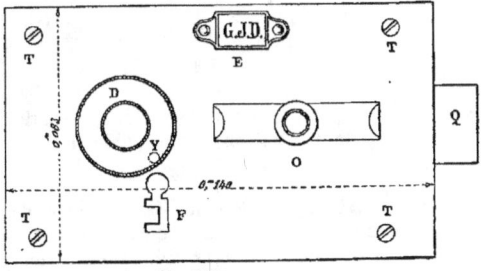

Fig. 353.

goupille Y; en O, le bouton de coulisse en cuivre; enfin, en E, l'estampille.

La figure 354 nous indique en élévation et en plan la forme et la disposition du pêne; Q est la tête de ce pêne; P, le corps.

En L, les encoches dans lesquelles se place l'une des extrémités de la gorge L (*fig.* 354).

En D, l'entaille ou *rainure* servant à guider le pêne.

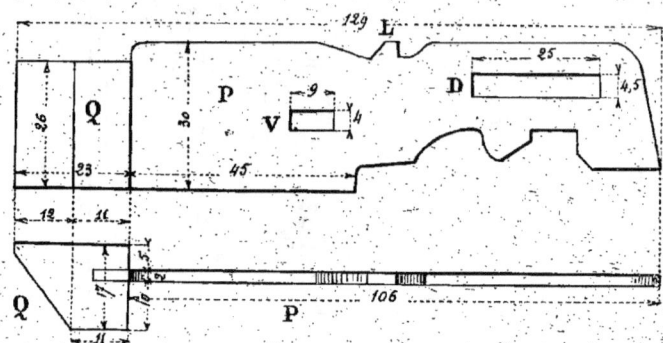

Fig. 354.

La figure 355 nous montre en détails la disposition de la gorge L, évidée en U pour la rendre plus légère.

La figure 356 nous représente en élé-

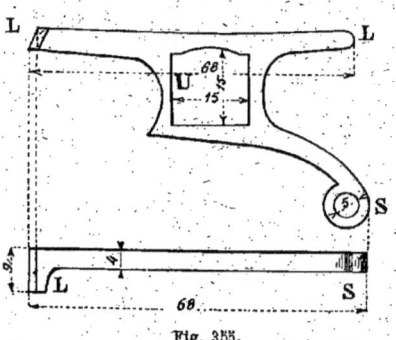

Fig. 355.

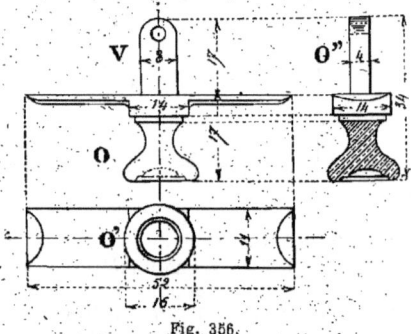

Fig. 356.

vation O, en plan O' et en coupe verticale O'', la disposition du bouton de coulisse.

Nota.

217. La planche Z, employée dans cette serrure comme garniture, est une feuille de tôle assez mince parallèle au palastre; elle est destinée à empêcher de tourner toute clef qui n'est pas entaillée pour elle; on la place au milieu de la profondeur de la boîte, ainsi elle coupera le panneton en deux parties égales. Elle peut être fixée au palastre soit sur deux étoquiaux, soit, plus simplement, après avoir coudé cette planche en la rivant directement sur le palastre.

SERRURE A DEUX PÊNES, PÊNE DORMANT DEMI-TOUR ET BOUTON DOUBLE

218. Cette serrure dont nous mon-

ÉTUDE DÉTAILLÉE DE LA SERRURERIE D'INTÉRIEUR.

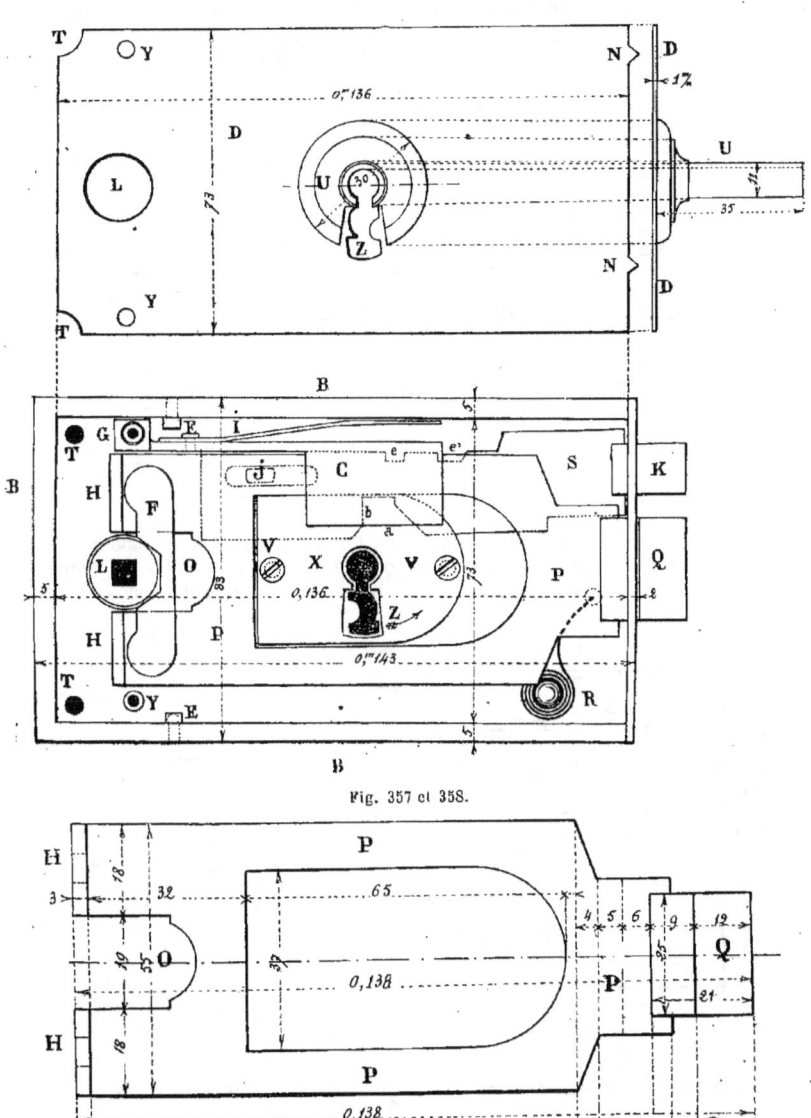

Fig. 357 et 358.

Fig. 359.

trons la vue intérieure (*fig.* 357) se compose :

D'une boîte B dont le fond est formé par le palastre ;

D'un pêne dormant S qu'une clef bénarde ouvre à demi-tour en soulevant une gorge en cuivre C ;

D'un pêne coulant dont la tête est indiquée en Q, le corps en P et la queue en H ; ce pêne est évidé en O et au milieu pour

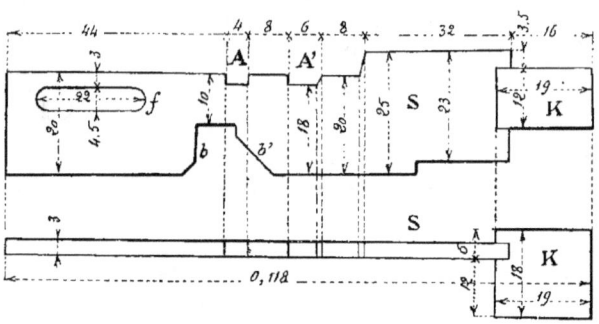

Fig. 360.

le rendre plus léger il se meut, comme nous le savons, au moyen d'un foliot F dans lequel passe un bouton double ;

D'une gorge en cuivre C pouvant tourner autour d'un point G et comportant un ressort à lame d'acier I destiné à

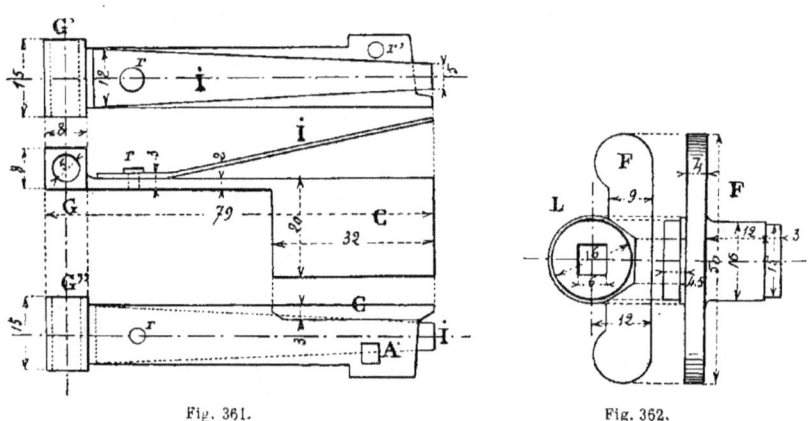

Fig. 361.   Fig. 362.

ramener le petit tenon de cette gorge dans les encoches e et $é$ du pêne dormant ;

D'un foliot F percé d'un trou carré L servant, à l'aide d'un bouton double, à manœuvrer le pêne coulant Q ;

D'une planche X de 1 millimètre d'épaisseur fixée par deux vis V sur des étoquiaux cylindriques servant comme garniture ;

D'une entrée de clef Z percée dans le palastre ;

D'un ressort R maintenu sur le palastre par un étoquiau et qui sert à ramener le pêne Q lorsqu'on cesse d'agir sur lui ;

De deux étoquiaux E servant à fixer le palastre sur la boîte ;

De trous T pour la mise en place de la serrure ;

D'un étoquian J servant à guider la marche du pêne dormant ;

De deux étoquiaux cylindriques G et Y fixés sur le palastre et recevant les deux vis maintenant en place le foncet ou couverture.

La manœuvre de cette serrure est très simple : le pêne coulant Q est mû comme un simple bec-de-cane à l'aide d'un foliot F.

Le pêne dormant est mû au moyen d'une clef bénarde dont le croquis ci-après (fig. 364) nous montre la forme.

Ce pêne étant, dans le croquis (fig. 357), supposé fermé pour l'ouvrir, il suffit de tourner la clef dans le sens de la flèche ; on soulève la gorge G au point a, ce qui

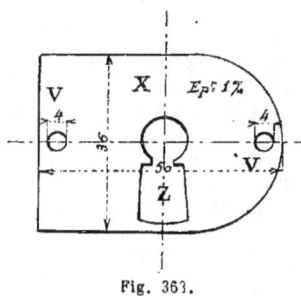

Fig. 363.

permet de dégager en e le tenon qui retient le pêne ; en même temps, on agit sur la

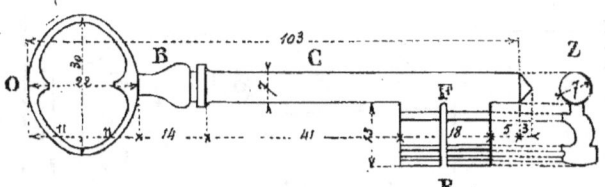

Fig. 364.

barbe b du pêne et ce dernier rentre entièrement dans la boîte de la serrure. Dans ce mouvement, le tenon de la gorge qui était en e passe en e' et se trouve ramené au fond de cette encoche par le ressort I.

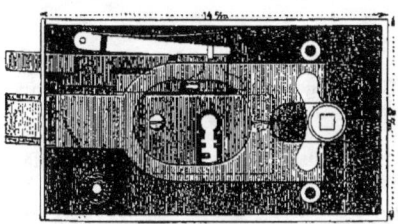

Fig. 364 bis.

Détails des pièces principales.

219. La figure 358 nous montre en croquis la disposition de la plaque de foncet D de cette serrure, rien de particulier à en dire.

La figure 359 nous représente le croquis du pêne coulant P en élévation et en plan avec les principales cotes indiquant ses dimensions ; il n'offre rien de particulier et ressemble au pêne d'un bec-de-cane ordinaire.

La figure 360 nous montre le pêne dormant K. En A et en A', sont les encoches indiquées en e et en e' dans la figure 357 et dans lesquelles se loge le tenon A de la gorge, tenon qui, comme nous le verrons plus loin, est indiqué en croquis (fig. 361).

En f (fig. 360) existe l'encoche ou rainure passant dans l'étoquiau J (fig. 357) et servant à guider le pêne dormant.

En b, la barbe du pêne sur laquelle agit la clef pour ouvrir ; pour fermer la clef agit de l'autre côté en b'.

La figure 361 nous représente en plan G en vue en dessus G' et en vue en dessous G'' les détails de la gorge G de la figure 357. Cette gorge, sauf le ressort I,

Sciences générales. SERRURERIE. — 12.

qui est en acier, est toute en bronze ; elle peut tourner autour d'un étoquiau cylindrique placé en G dans la figure 357. Le petit tenon A se place dans les encoches e et e' de la figure 357.

La figure 362 montre la vue de face et la vue de côté du foliot F.

La figure 363 indique la disposition de la planche X servant de garniture ; en V, les trous pour la fixer avec des vis ; en Z, le trou d'entrée de la clef.

La figure 364 nous représente la clef bénarde à employer pour cette serrure ; ce croquis nous en donne les principales dimensions et en Z la vue en bout. En O se trouve l'anneau de la clef ; en C, la tige ; en R, le panneton ; en B, l'embase.

C'est la fente F, faite dans le panneton R, qui passe dans la planche X servant de garniture.

Nota.

220. Nous donnons (*fig.* 364 *bis*) le croquis d'une serrure à deux pênes ST de 0^m,14 sur 0^m,08, chanfrein de 32 degrés et foliot de forme spéciale, en bronze comprimé.

Cette serrure, de très bonne qualité,

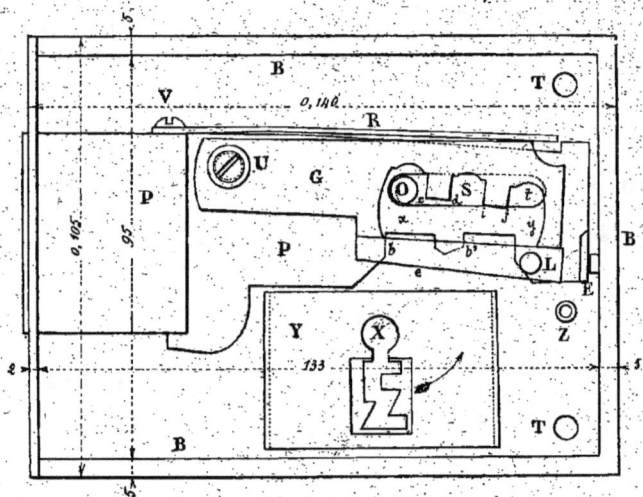

Fig. 365.

est employée avec avantage pour les portes intérieures de nos appartements.

SERRURE A PÊNE DORMANT NOIRE, UN SEUL PÊNE, DEUX TOURS

221. Ce genre de serrure, dont nous donnons un croquis (*fig.* 365), est employé spécialement pour portes de cave.

Elle se compose :

D'une boîte B dont le fond est formé par le palastre ;

D'un pêne P portant à sa partie supérieure un ressort R fixé sur le pêne par une vis V ;

Une gorge en cuivre G mobile autour du point U ;

Un trou X pour l'entrée de clef ;

Un étoquiau E fixant le palastre à la boîte ; un autre étoquiau cylindrique Z sur lequel on maintient le foncet à l'aide d'une vis ;

Enfin, deux trous T servant à mettre la serrure en place.

Dans le croquis (*fig.* 365) le gros pêne dormant est rentré dans la serrure ; pour le faire sortir, c'est-à-dire pour fermer la porte, on fait tourner la clef dans le sens de la flèche, on soulève la gorge en

ÉTUDE DÉTAILLÉE DE LA SERRURERIE D'INTÉRIEUR.

e et la clef, appuyant en *b* sur la barbe du pêne, le fait avancer.

Dans ce mouvement la gorge G est assez remontée vers le haut de la serrure

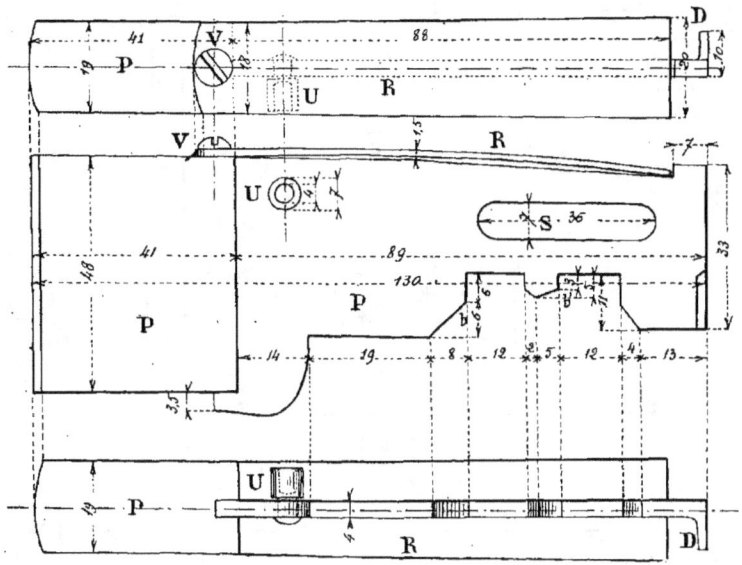

Fig. 366.

pour permettre à la partie *cd*, *ij* d'échapper l'étoquiau O, lequel est engagé dans l'encoche longitudinale *xy*.

Lorsqu'on ferme le premier tour, l'étoquiau O se trouve placé dans la dernière encoche *t*.

Pour faire rentrer le pêne, c'est-à-dire pour ouvrir la porte, il faut faire l'opération inverse.

Détails des principales pièces.

222. La figure 366 nous donne en plan en vue en dessus et en vue en dessous les détails du pêne avec les cotes principales et le ressort fixé sur lui. En S une encoche, dans laquelle se place l'étoquiau O de la figure 365, sert de guidage au pêne.

En U se trouve la douille sur laquelle on fixe l'extrémité de la gorge.

La figure 367 nous montre la gorge en cuivre placée dans la serrure directement sur le pêne.

La figure 368 nous représente le détail de la plaque de foncet K.

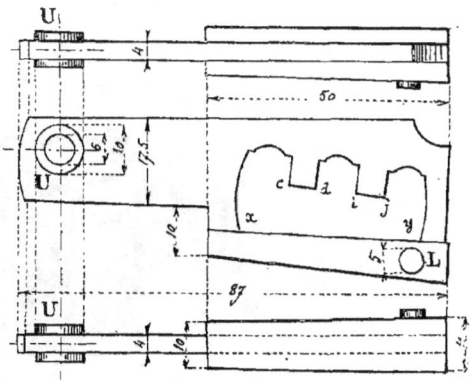

Fig. 367.

Sur cette plaque est fixé un *canon à pattes* C ; les pattes U de ce canon sont ri-

480   SERRURERIE.

vées sur la plaque de foncet et augmentent la rigidité de cette plaque.

En T les trous servant à fixer la serrure sur les portes de caves; en S les tenons entrant dans le rebord; en D, la rondelle en cuivre entourant le canon;

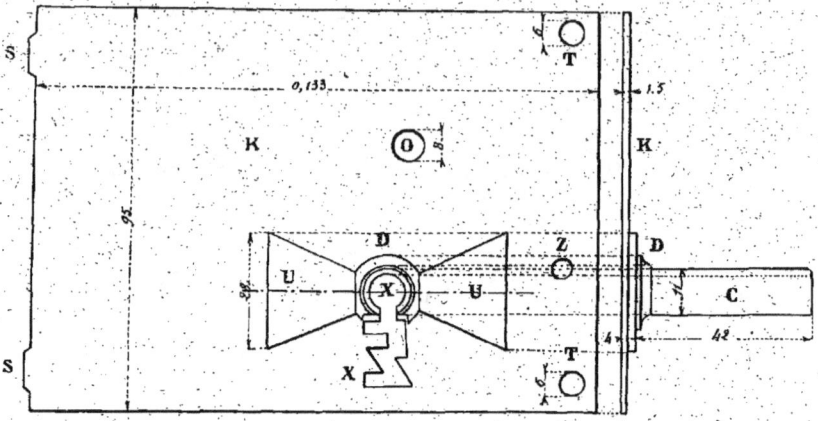

Fig. 368.

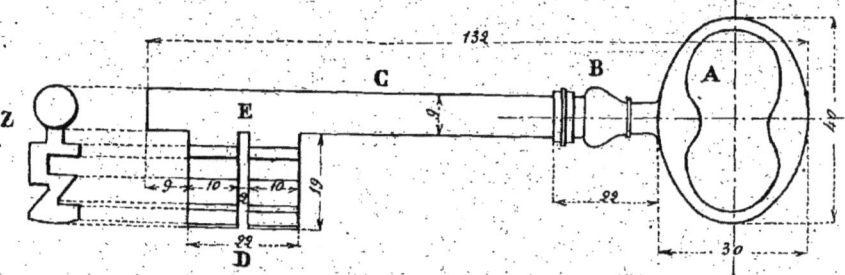

Fig. 369.

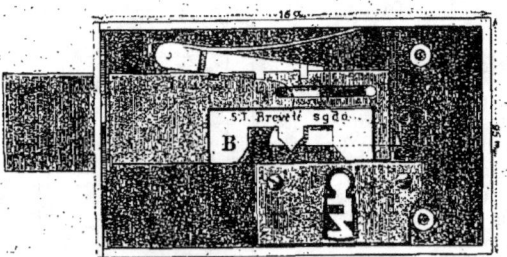

Fig. 370.

enfin, en O, l'étoquiau traversant le foncet et servant de guide au pêne dormant.

La figure 369 nous indique le croquis de la grosse clef bénarde à employer pour

ÉTUDE DÉTAILLÉE DE LA SERRURERIE D'INTÉRIEUR.

ce genre de serrure. Cette clef est formée comme toutes les clefs de ce type d'un anneau A, d'une embase B ; d'une tige C, d'un panneton D. En Z nous voyons la vue en bout nous montrant la forme exacte de la section de cette clef.

Le panneton D est fendu en E de manière à passer dans la planche servant de garniture.

Nota.

223. Pour éviter l'oxydation et l'usure dans les serrures à pêne dormant pour caves et endroits humides, la maison Sterlin fabrique les barbes B du pêne (*fig.* 370) et l'empênage en bronze comprimé.

Ce croquis représente la vue intérieure d'une serrure ST de 16 centimètres de longueur sur 95 millimètres de largeur avec barbes et empênage en bronze comprimé.

Il n'est pas alors utile de se servir d'une serrure toute en bronze pour éviter l'usure et surtout l'oxydation.

Serrure à tour et demi à bouton de coulisse en fer.

Variante de la disposition (*fig.* 351)

224. Nous donnons en croquis (*fig.* 371) une disposition de serrure à tour et demi à bouton de coulisse en fer d'une forme différente de celle qui a été représentée figure 351.

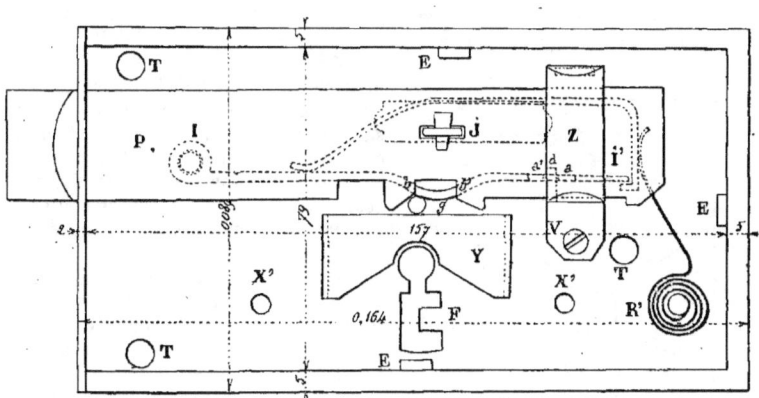

Fig. 371.

Cette serrure comprend, comme celles examinées précédemment, une boîte solide en fer dans laquelle se place le pêne P qui, comme nous allons le voir, présente une disposition particulière. Les différentes parties de cette boîte sont réunies à la manière ordinaire par de petits tenons en forme de queue d'hironde et par des étoquiaux E.

Le pêne est maintenu d'une part par le rebord de la boîte et de l'autre par un picolet Z fixé par une vis V sur le palastre.

En T se trouvent les trous laissant libre passage aux vis maintenant la serrure en place ; en F l'entrée de clef ; en Y une planche servant de garniture ; en J l'attache du bouton de coulisse ; enfin, en R', le ressort agissant sur la queue du pêne P.

Détails des pièces principales.

225. Dans cette serrure, la pièce principale à examiner est le pêne, qui présente ici une disposition particulière assez curieuse ; ce pêne est indiqué en élévation et en vue en dessus par le croquis (*fig.* 372).

L'élévation nous montre les barbes ordinaires qu'on rencontre toujours dans une serrure de ce genre ; derrière ce pêne se trouve une gorge G de forme spéciale, fixée en I sur le pêne et reposant à son autre extrémité en I' dans le prolongement du ressort R (*fig.* 372) rivé lui-même à son

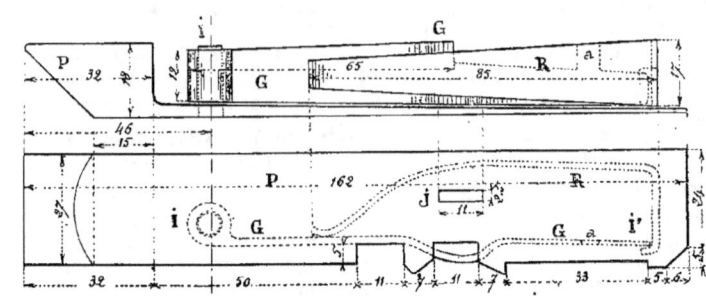

Fig. 372.

extrémité I' sur le pêne. Le but de ce ressort est de ramener la gorge G dans sa

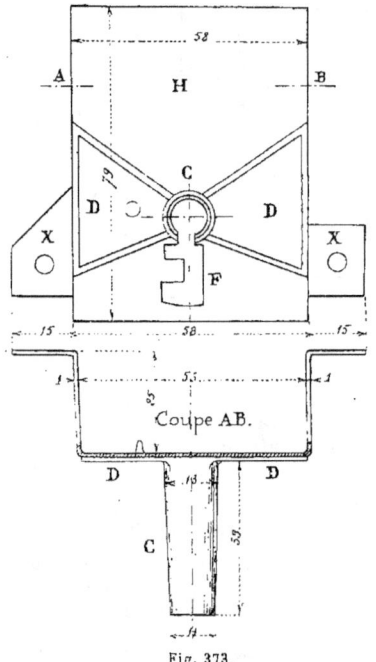

Fig. 373.

position primitive lorsque le panneton de la clef n'agit plus sur elle

Marche des différentes pièces pour fermer ou pour ouvrir la serrure.

226. La serrure, telle que nous le montre le croquis (*fig.* 371), est fermée au demi-tour. Pour ouvrir ce demi-tour nous savons qu'il suffit de pousser le bouton de coulisse vers la droite; le pêne rentre alors entièrement dans cette boîte. Lorsqu'on cesse d'agir sur ce bouton de coulisse, le ressort R' ramène le pêne P dans sa position primitive.

Pour fermer le tour et demi on introduit la clef dans le canon fixé sur la couverture, la fente faite dans le panneton passant dans la planche Y, on tourne et on soulève en g la gorge, puis on rencontre en b la barbe du pêne sur laquelle on agit avec le panneton; ce pêne avance alors librement et ferme le tour et demi.

Dans ce mouvement, l'arrêt a, représenté dans le croquis (*fig.* 372) en plan et en élévation, passe au-dessus de l'étoquiau d fixé contre le picolet Z et vient se placer en a'; dès lors on ne peut plus, sans le secours de la clef, faire rentrer le pêne qui se trouve calé par la gorge contre cet étoquiau d.

Pour ouvrir, on soulève encore la gorge g en faisant tourner le panneton vers la gauche, on agit sur la barbe b' et on fait repasser l'arrêt a' dans sa position primitive a. Le bouton de coulisse peut alors agir et ouvrir le demi-tour.

Plaque de foncet.

227. La plaque de foncet H prend,

ÉTUDE DÉTAILLÉE DE LA SERRURERIE D'INTÉRIEUR.

dans cet exemple, une forme particulière que nous indiquons en croquis (*fig.* 373).

Comme le montre ce croquis, elle ne recouvre pas entièrement la boîte de la serrure; elle se fixe sur le palastre par deux pattes X directement retenues sur ce palastre en X' (*fig.* 371) par deux fortes vis à tête ronde.

Cette plaque de foncet comporte un *canon* O muni de pattes D servant à le fixer.

Nota.

228. Parmi les serrures simples, nous pouvons encore citer : serrure pêne dormant et demi-tour façon Jacquemart; serrure pêne dormant et demi-tour à traînette; serrure pêne dormant et demi-tour avec verrou de nuit ; serrure pêne dormant et demi-tour en large; serrure de grille pêne dormant, demi-tour à foliot; serrures de porte cochère, etc... dont les

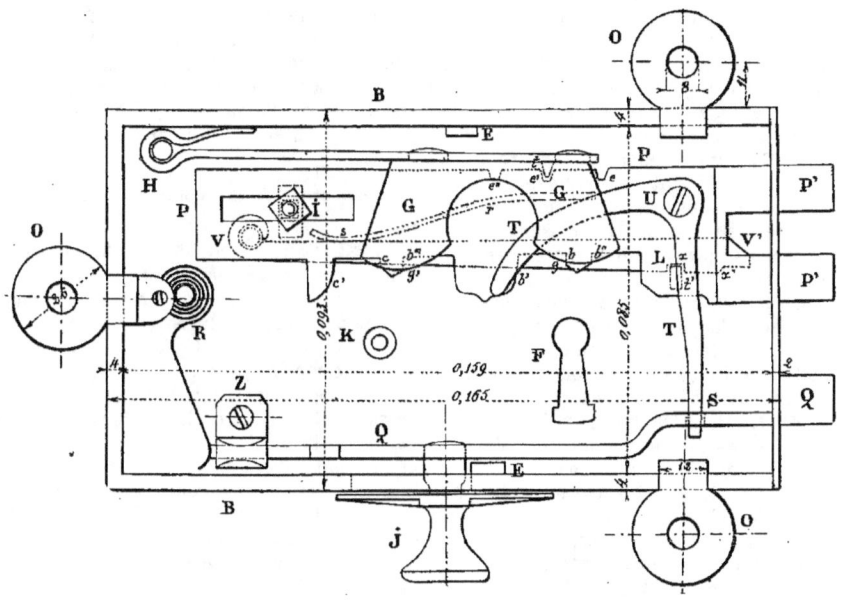

Fig. 374.

différentes pièces ressemblent beaucoup à celles que nous venons d'examiner et que nous aurons l'occasion de rappeler.

Serrures de sûreté anciennes.

229. Avant de donner les types de serrures de sûreté actuellement très employées, nous indiquerons quelques types anciens nous permettant d'étudier et de voir les transformations faites pour arriver à nos serrures actuelles en rappelant, qu'en général, les anciennes serrures de

sûreté se distinguent surtout des nouvelles par la complication des garnitures.

1ᵉʳ Exemple

230. Nous représentons en croquis (*fig.* 374) la vue intérieure d'une serrure ancienne à deux pênes (serrure de sûreté à deux tours et demi, clef forée).

Cette serrure se compose : d'une boîte B retenue au palastre par des étoquiaux E ; de trois pattes circulaires O rivées sur les côtés de la boîte et percées de trous permettant, avec de fortes vis, de fixer la serrure sur la menuiserie qui doit la recevoir; d'un pêne P muni de ses barbes et dont la tête P' est fendue en son milieu; d'un second pêne Q mû par le bouton de coulisse J ou par un levier coudé T agissant sur lui en S; d'un ressort R et d'un picolet Z dont nous ne connaissons l'usage; d'une gorge G, terminée à sa gauche par un ressort et mobile en H sur le palastre; d'une gâchette VV' dont nous allons parler; enfin, de deux entrées de clef différentes K et F. Ces deux entrées, l'une en dehors et l'autre en dedans, sont assez éloignées l'une de l'autre pour que l'entrée de dehors F, la seule qui ordinairement ait des garnitures, puisse les avoir bien établies sans gêner la seconde entrée.

231. Dans ce genre de serrure à deux entrées, qui sont relativement soignées comme exécution, on attache presque toujours au-dessous du ressort H agissant sur le pêne P une gorge avec deux rivures.

On fait cette gorge G à deux branches afin que la clef en rencontre une dans chaque entrée. Le *museau* doit toucher et soulever la gorge un moment avant de toucher la barbe du pêne.

232. Dans les serrures ordinaires, cette gorge est le seul moyen d'arrêter le pêne mais, dans les bonnes serrures, on ajoute sous le pêne une pièce VV' (*fig.* 374) nommée *gâchette*, composée de deux pièces, savoir: d'un ressort *r* rivé sur le palastre à l'une de ses extrémités par un tenon, et de la gâchette proprement dite dont nous donnons ci-après le croquis.

Cette gâchette est une tige plate portant un œil en V entrant dans un étoquiau circulaire fixé sur le palastre et, dans certains cas, retenu par une vis lui laissant la liberté de se mouvoir facilement; son autre extrémité V' se prolonge jusqu'après le mouvement de rotation de la clef.

Dans quelques serrures cette extrémité V' est libre, dans d'autres, elle est retenue dans un cramponnet dans lequel elle se meut.

La pression du ressort *r* qui agit en *s* près de l'œil de la gâchette laisse à cette gâchette la faculté de se lever sans effort quand la clef se soulève et suffit pour la rabattre dès que la clef l'abandonne. Cette gâchette est entaillée d'encoches dans lesquelles entrent de petits tenons ménagés sous le pêne à chacun de ses repos; leur intervalle est par conséquent égal à la course de chaque tour.

La clef, dans les deux entrées, soulève également la gâchette; c'est l'une des pièces les plus inviolables de la serrure car elle se trouve sous le pêne et est garantie par lui.

Avec une fausse clef ou avec un crochet on peut soulever le ressort H hors des encoches du pêne, mais ce pêne ne marchera pas si, en même temps, on ne soulève par la gâchette; sa position la rend très difficile à ouvrir avec un crochet.

Marche des différentes pièces pour ouvrir ou pour fermer la serrure.

233. Dans le croquis (*fig.* 374) la serrure est supposée fermée à un tour.

Pour fermer le second tour, la clef entrant par la couverture extérieure F par exemple: le museau de la clef soulève en même temps en *g* la gâchette et la gorge G, par ce mouvement, le tenon *t* fixé au ressort H en haut de la gorge G est soulevé de l'encoche *e'* en même temps que l'encoche *x* de la gâchette se soulève du tenon *t'* fixé sur le pêne P. Ceci fait, le museau de la clef agit sur la barbe *b* du pêne qui, se trouvant libre et dégagé, avance vers la droite et ferme le second tour.

Dans ce mouvement, le tenon *t'* est venu dans l'encoche *x'* et le tenon *t* se place dans la troisième encoche du pêne *e"*.

La serrure étant fermée à deux tours, il faut, pour l'ouvrir, toujours agir en même temps avec le museau de la clef sur la gâchette et sur la gorge G et successivement sur la barbe *b'* pour ouvrir un tour et sur la barbe *b"* pour ouvrir le second tour.

Si on agissait de l'intérieur en mettant la clef dans la broche K le mouvement serait le même en agissant en *g'* sur la gâchette et la gorge et sur les autres barbes du pêne.

La manœuvre du second pêne Q est

ÉTUDE DÉTAILLÉE DE LA SERRURERIE D'INTÉRIEUR

Détails des pièces principales.

234. Le pêne, dont nous donnons (*fig.* 375) une élévation et une vue en dessus, n'offre rien de particulier sauf la tête qui est fendue de manière à présenter deux véritables pênes P'.

En U le point d'attache du levier coudé T de la figure 374;

En I l'entaille dans laquelle entre l'éto-

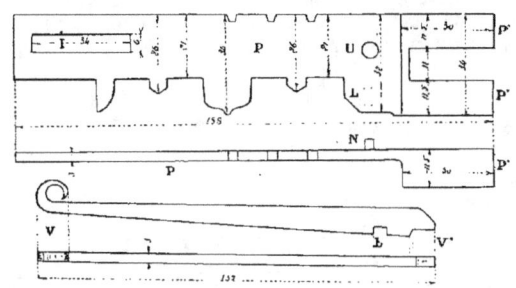

Fig. 375 et 376.

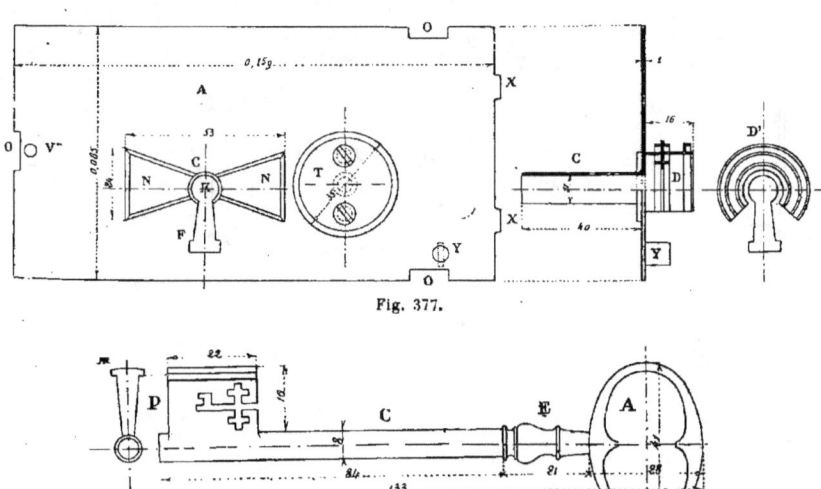

Fig. 377.

Fig. 378.

quiau I de la figure 374 et qui sert à guider le pêne dans sa course;

En L et en N la position du tenon dans lequel vient s'engager la gâchette.

La figure 376 nous donne en croquis deux vues de cette gâchette dont nous avons parlé précédemment; en L l'encoche entrant dans le tenon réservé sous le pêne.

La figure 377 nous donne en A les détails de la plaque de foncet; O sont les ouvertures laissant passer les saillies des

suffisamment connue pour que nous n'ayons pas besoin d'y revenir.

oreilles O de la figure 374 ; en V" le trou dans lequel on place les vis retenant le foncet sur la serrure.

En C le canon dont les pattes N sont rivées sur la plaque de foncet ; en K l'entrée de clef.

En Y un petit tenon reposant sur le pêne Q lorsque la couverture est en place et qui sert de guide à ce pêne.

En D les garnitures fixées sur la plaque de foncet et dont la section, marquée en coupe, représente exactement les découpures faites dans le panneton de la clef.

En D' nous voyons la vue de face de ces garnitures avec leur position par rapport à l'entrée de clef.

La figure 378 nous montre en croquis la forme de la clef qui se compose : d'un *anneau* A ; d'une partie moulurée E qu'on nomme *embase* ; d'une tige ou corps de la

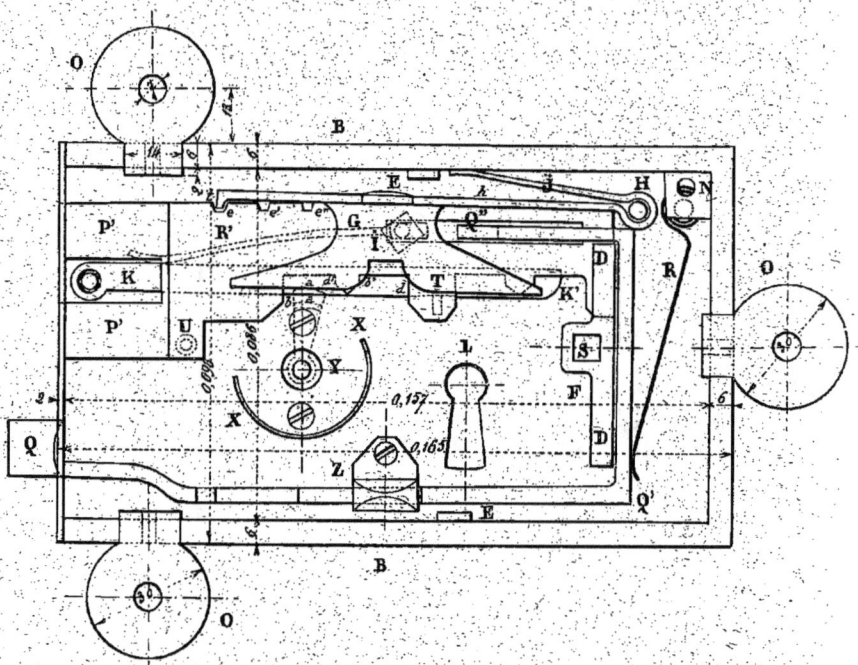

Fig. 379.

clef C ; d'un panneton P muni de son *museau m* (voir ce mot) comme on les exécutait souvent autrefois.

Cette clef est forée et entre dans une *broche* (voir ce mot) représentée en K dans l'ensemble (*fig.* 374) et en T (*fig.* 377).

2ᵐᵉ **Exemple.**

235. Nous représentons (*fig.* 379) un deuxième exemple de serrure de sûreté à deux pênes avec l'application d'un bouton double remplaçant le bouton de coulisse de l'exemple précédent.

Cette serrure se compose : d'une forte boîte B dont le fond est terminé par le palastre d'un pêne dormant dont la tête P' est fendue ; d'un pêne QQ'Q" mû par un bouton double ; d'un foliot F ; d'une gorge G munie à sa partie supérieure de sa gâchette ; d'une autre gâchette KK' placée sous le pêne et dont nous connaissons l'usage ; d'une bouterolle XX placée sur

ÉTUDE DÉTAILLÉE DE LA SERRURERIE D'INTÉRIEUR.

le palastre; d'un ressort R agissant en Q' sur la queue du pêne et d'un autre ressort R' agissant sur la gâchette KK'; d'étoquiaux E; d'un picolet Z; de pattes O servant à fixer la serrure en place; enfin de deux entrées de clef L et Y.

Marche des différentes pièces pour fermer et pour ouvrir la serrure.

236. Dans l'exemple que nous examinons la serrure est supposée ouverte. Pour fermer les deux tours, la clef étant introduite dans l'entrée Y on agit en a pour soulever la gâchette KK' et pour soulever en même temps la gorge G. Dans ce mouvement le tenon t se dégage de l'encoche e, le pêne rendu libre prend un mouvement vers la gauche, lorsque le panneton continuant sa course rencontre en b la barbe du pêne. Ce panneton ayant fait un tour complet rencontre ensuite la barbe b' du pêne, la gâchette et la gorge se trouvent de nouveau soulevées, le tenon qui, dans le mouvement précédent, était venu en e' passe en e'' et le pêne sort du rebord d'une quantité correspondante au deuxième tour.

237. Pour ouvrir on fait la même opération mais alors le panneton agit en d pour faire rentrer le premier tour et en d' pour le second.

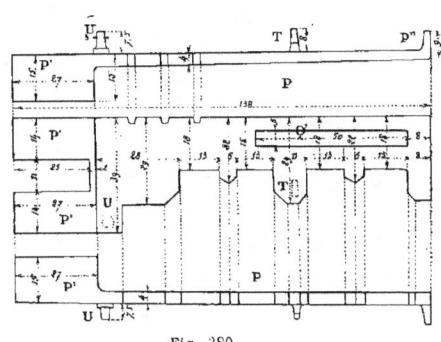

Fig. 380.

La manœuvre du pêne Q nous est bien connue; on agit sur la queue de ce pêne à l'aide des deux branches D du foliot, ce

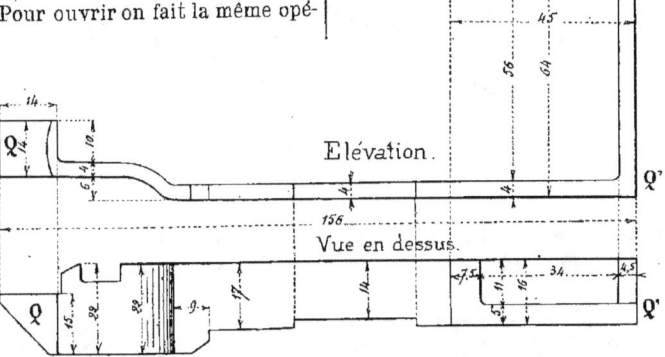

Fig. 381.

pêne rentre alors dans la boîte de la serrure; lorsqu'on cesse d'agir sur lui avec le foliot, le ressort R le ramène à sa position primitive.

En N on fixe à l'aide d'une vis, la plaque de foncet sur la boîte; en U se trouve un petit étoquiau fixé sous le pêne et qui sert, en s'appuyant sur le palastre, à rattraper l'épaisseur de la gâchette et aussi à bien guider et à maintenir ce pêne.

Détails des pièces principales.

238. La figure 380 nous montre le pêne dormant en élévation vu en dessus et en plan. Rien de particulier à en dire, les différentes lettres servent à repérer les pièces qu'on retrouve dans l'ensemble (*fig.* 379).

239. La figure 381 nous représente le pêne à trois branches du bouton double. En Q″ ce pêne comporte un retour d'équerre venant s'engager dans l'entaille

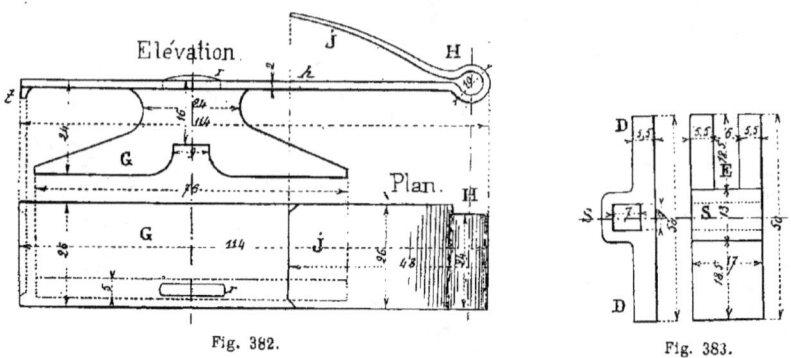

Fig. 382.   Fig. 383.

Q′ de la figure 380 et servant de guide à ce pêne.

240. La figure 382 nous donne le croquis, en plan et en élévation, de la gorge

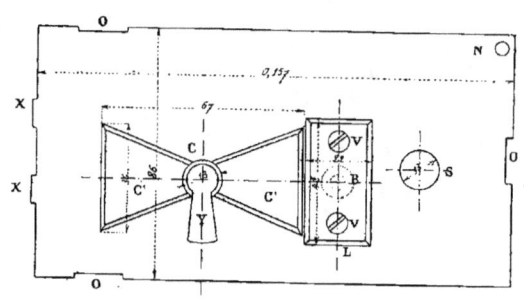

Fig. 384.

G et de la gâchette H qui la surmonte. Cette gorge G est en r rivée sur la gâchette. En J un ressort servant à ramener la gorge dans sa position primitive ; en t le

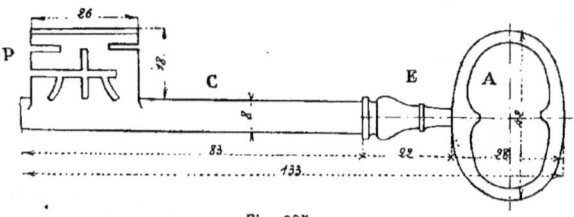

Fig. 385.

tenon s'engageant dans les entailles du pêne.

Dans les serrures anciennes toutes ces pièces sont en fer.

241. La figure 383 indique la forme spéciale du foliot S à deux branches D ; en E l'entaille indispensable faite dans ce foliot pour permettre le passage de la queue du pêne dormant.

242. La figure 384 nous représente la plaque de foncet ou couverture de la serrure ; en X les tenons ouvrant dans le rebord de cette serrure ; en Y l'entrée de clef ; en C le canon à pattes C'; en L une solide plaque retenue sur le foncet par deux vis fraisées V; en B la broche ; en S l'entaille dans le foncet pour le passage du bouton double ; en O les entailles laissant passer les tenons des pattes ; en N le trou dans lequel se place la vis retenant le foncet sur la boîte.

243. La figure 385 donne le croquis de la clef forée de cette serrure, qui ne présente rien de particulier à signaler.

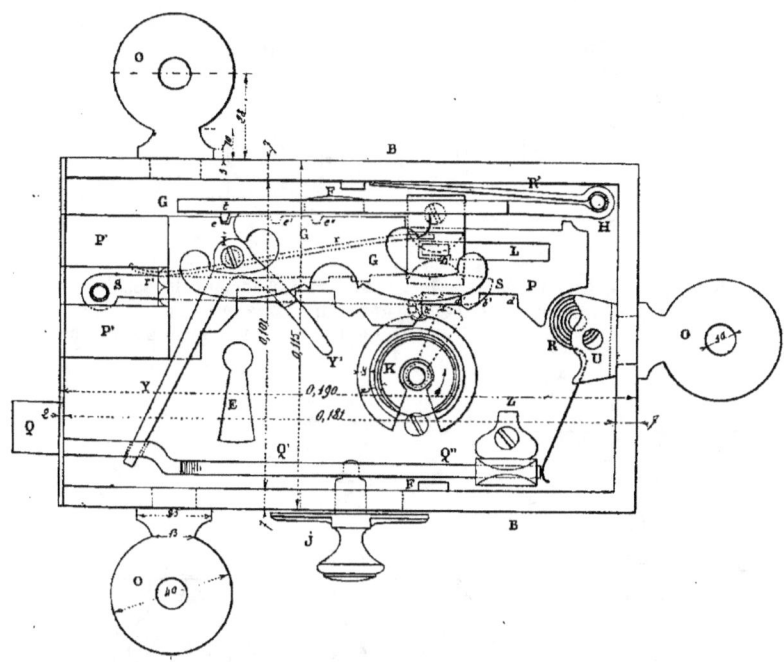

Fig. 386.

Son panneton P est découpé pour entrer dans les différentes garnitures.

3ᵐᵉ Exemple.

244. Comme troisième exemple de serrure de sûreté ancienne, nous donnons (*fig.* 386) un type d'une forte serrure dont les différentes pièces, sur lesquelles nous ne reviendrons pas, se trouvent les mêmes que celles des serrures précédemment décrites. Ce type est utile à étudier, parce qu'il nous donne un exemple de serrure, où les *garnitures* sont assez compliquées (voir les mots *gardes* et *garnitures*). C'est une serrure de sûreté à deux tours et demi, clef forée.

245. Avant de donner les détails des différentes pièces, rappelons succinctement la marche qu'elles prennent pour fermer la serrure à deux tours.

Cette serrure étant, comme dans le croquis d'ensemble, supposée ouverte, il faut

pour la fermer de l'extérieur tourner la clef dans le sens de la flèche. Le panneton de cette clef soulève en a et en même temps la gorge G et la gâchette S et dégage ainsi, comme nous le savons, le petit tenon t de l'encoche e du pêne; ce panneton continuant son mouvement de rotation rencontre la barbe b du pêne et le

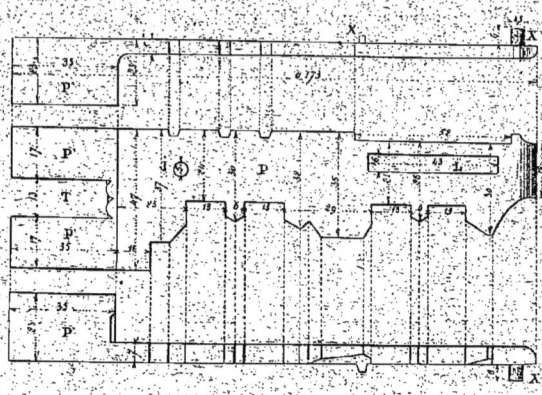

Fig. 387.

pousse vers la gauche, jusqu'à ce que le petit tenon t vienne se placer dans l'encoche e'.

246. Pour fermer le second tour, le panneton agit alors sur la barbe b' du pêne, qui est venue prendre, par suite du

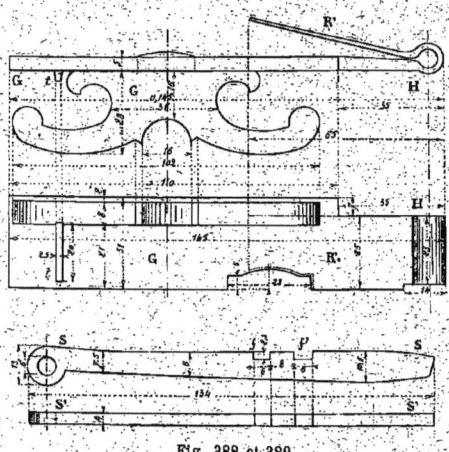

Fig. 388 et 389.

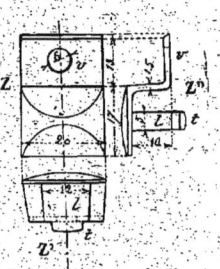

Fig. 390.

mouvement d'avancement, la position de la barbe primitive b.

Lorsque la serrure est fermée à double tour, le tenon t est placé dans l'encoche e''.

247. Pour ouvrir, on agit en d pour le premier tour en tournant vers la droite et en d' pour le second tour.

Dans cette serrure, où toutes les pièces sont en fer, les garnitures n'existent que du côté de l'extérieur; à l'intérieur, du côté du trou de clef E (*fig.* 386), il n'existe qu'une simple broche.

Détails des pièces principales

248. La figure 387 nous donne trois vues du pêne dormant P pour lequel il n'y a rien de particulier à signaler.

249. La figure 388 nous montre en détails la disposition de la gorge G dont nous avons eu plusieurs fois l'occasion de rappeler le fonctionnement.

250. La figure 389 nous indique la forme de la gâchette employée dans cette serrure.

251. La figure 390 nous représente le picolet Z' de la figure 386. Ce picolet, de forme spéciale, indiqué en trois projections Z, Z' et Z" (*fig.* 390), a une forme un peu différente de ceux qui ont été étudiés précédemment. Il porte, au milieu de sa longueur, une lame l terminée par un petit tenon t.

Cette lame passe dans l'encoche L du pêne (*fig.* 387) et vient se fixer par son tenon dans le palastre de la serrure.

Ce picolet sert, par la lame l, de guide au pêne dormant. On le fixe aussi comme le picolet Z (*fig.* 386) sur le palastre par une forte vis à tête ronde traversant la patte du picolet.

252. La figure 391 nous montre la plaque de foncet de cette serrure et en K l'indication des garnitures fixées sur cette plaque et faisant suite au canon à pattes C; en K' nous voyons la vue de face de ces garnitures avec l'indication de l'entrée de clef.

253. La figure 392 nous montre la clef forée de cette serrure avec les entailles compliquées du panneton.

En introduisant la clef par le canon C (*fig.* 391), c'est la partie hachurée de la clef qui est engagée dans les garnitures indiquées en coupe en K (*fig.* 391). La partie des garnitures de la clef non hachurée entre dans d'autres garnitures fixées en K sur le palastre de la serrure (*fig.* 386). La partie x de ces garnitures occupe le trèfle représenté sur le panneton de la clef et la partie y est occupée par le reste des entailles du panneton. Les différentes lettres indiquées sur le panneton de la clef et sur la coupe K de la figure 391 rendent suffisamment compte de la disposition adoptée.

Serrures de sûreté actuellement employées

254. Après avoir examiné quelques

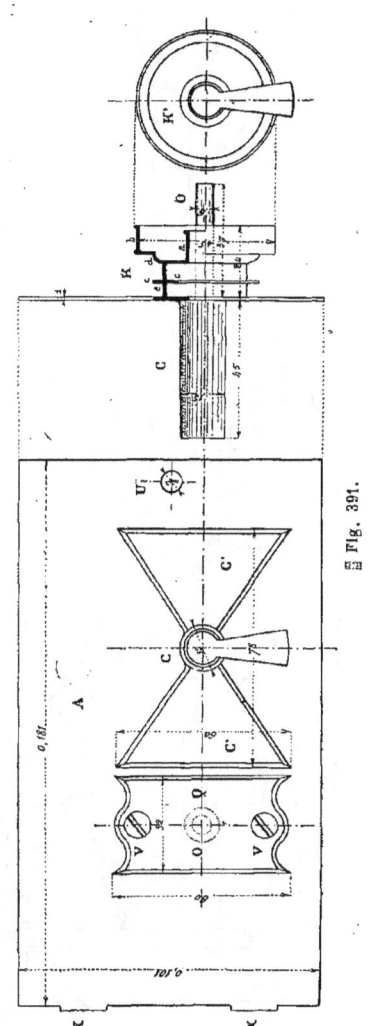

Fig. 391.

types de serrures de sûreté anciennes, occupons-nous, dans ce qui va suivre, des

192   SERRURERIE.

serrures de sûreté actuellement utilisées dans nos habitations.

1ᵘ Exemple

255. Nous commencerons cette étude par une serrure de sûreté à deux tours et demi avec clef forée servant de transition entre la serrure ancienne que nous venons de décrire et la serrure de sûreté à quatre ou à six gorges mobiles presque exclusivement employée aujourd'hui.

256. Cette serrure, dont nous représentons la vue intérieure en B (*fig.* 393) (la couverture ou foncet étant enlevé), est armée de deux pênes indépendants P et Q. Le premier, qui est carré au bout, sert pour les deux tours; le second, en bec-de-cane, qui peut être mû comme dans l'exemple que nous examinons, par un bouton de coulisse J ou par un bouton coudé placé à l'extrémité de la queue du pêne Q, sert pour le demi-tour.

Sous le pêne P il existe une gorge G en cuivre mobile autour du point G' et ramenée dans sa position primitive par un ressort R'. Sur ce pêne dormant P se trouve fixé un levier coudé Y Y' Y'' dont le centre de rotation est en V; l'extrémité Y'' de ce levier fait rentrer la tête Q' du pêne Q dans le palastre.

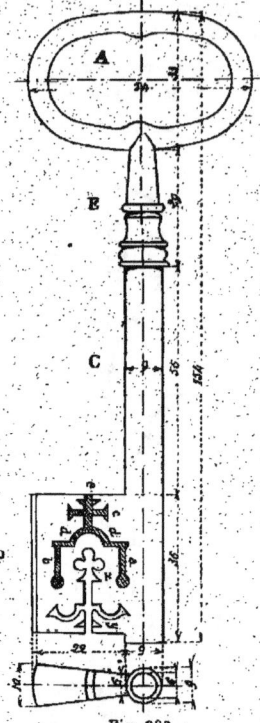

Fig. 392.

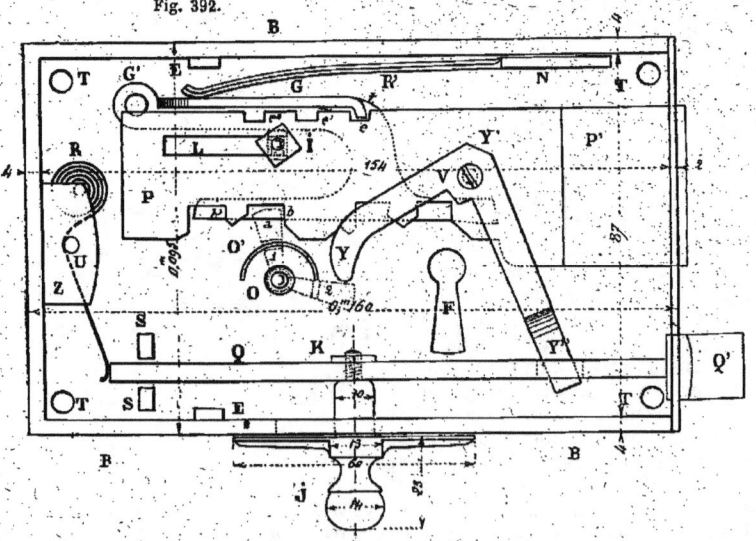

Fig. 393.

Le pêne Q dont la figure 393 nous montre la disposition, n'est pas, dans cette serrure, guidé par un picolet mais passe entre deux étoquiaux S rivés sur le palastre.

Cette serrure ne comporte plus les oreilles O des serrures précédentes, on la fixe, sur la porte, à l'aide de quatre vis à bois passant dans les trous T de la figure 393. La plaque de foncet est fixée sur la boîte par une vis passant dans un trou U percé dans une petite platine horizontale Z.

Le ressort R qui pousse le pêne Q et le fait saillir au dehors et le bouton de coulisse J assurent la manœuvre du pêne Q faisant le demi-tour.

Marche des différentes pièces de cette serrure.

257. La serrure (*fig.* 393) étant supposée, ouverte pour fermer à double tour, il faut introduire la clef par l'ouverture O, faire prendre au panneton de cette clef la position 1 représentée en pointillé dans la figure ; ce panneton soulève en *a* la gorge en cuivre placée derrière le pêne, cette gorge comporte une pièce horizontale supérieure munie d'un tenon *t*, qu'on nomme aussi *gâchette* pour rappeler celle

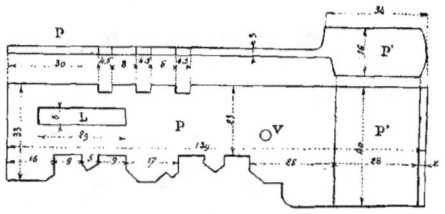

Fig. 394.

dont nous avons parlé dans le premier exemple des serrures anciennes.

Le panneton attaque ensuite en *b* la première barbe du pêne ; à ce moment l'extrémité recourbée *t* de la gâchette se trouve dégagée de son encoche et le pêne

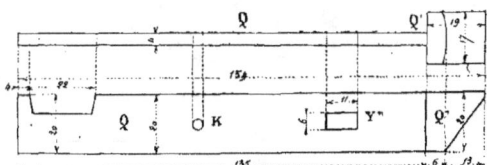

Fig. 395.

ne trouvant plus d'obstacles entre d'un cran dans la gâche.

Sous la pression du ressort R', fixé en N en haut du palastre, l'extrémité *t* de la gâchette, après ce premier mouvement du pêne, tombe dans l'encoche suivante *e'*.

En même temps que le pêne l'équerre ou levier coudé Y, Y', Y" marche aussi en avant et d'une quantité telle que son bras Y ne peut plus être rencontré par la clef.

En faisant faire à la clef un second tour, on soulève encore la gorge, on agit sur la barbe *b'* qui est venue en *b* et la partie recourbée *t* de la gâchette vient dans la troisième encoche *e"* ; le pêne avance encore dans la gâche et le second tour est fait.

Pour l'ouvrir il suffit de faire l'opération inverse ce qui ramène le tout dans la position actuelle de la figure 393.

L'équerre Y Y'Y" ayant repris sa position primitive on peut, par un troisième tour de clef, le panneton occupant la position pointillée 2 et attaquant le bras Y du levier faire rentrer le bec-de-cane ou second pêne Q et ouvrir la porte.

Détails des pièces principales.

258. La figure 394 nous représente les détails du pêne dormant de cette serrure et la figure 395 le croquis du pêne du demi-tour; rien de particulier à signaler dans la disposition de ces deux pênes.

259. La figure 396 nous montre la forme de la gorge en cuivre G placée sous le pêne et le petit tenon t qui s'engage dans les encoches ménagées sur le pêne dormant.

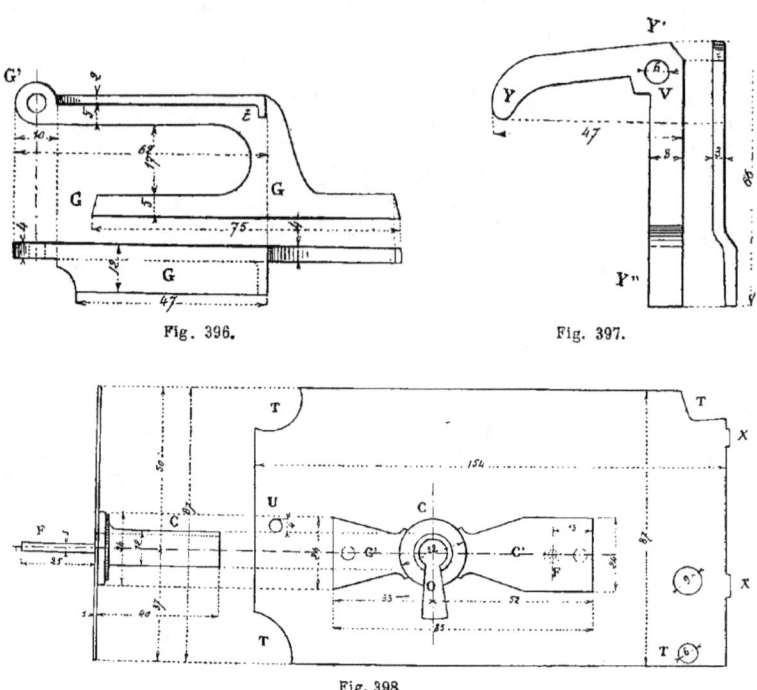

Fig. 396. Fig. 397.

Fig. 398.

260. La figure 397 indique la forme de l'équerre ou levier Y Y' et Y", de la figure 393; ce levier est en fer et son extrémité Y" entre dans l'encoche Y" pratiquée dans le pêne Q (*fig.* 393).

261. La figure 398 nous représente la

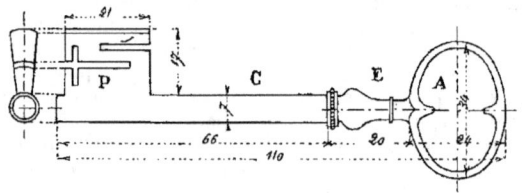

Fig. 399.

plaque de foncet, n'ayant rien de particulier à signaler.

262. Enfin la figure 399 nous indique la forme de la clef forée ouvrant cette serrure.

Serrures de sûreté à gorges mobiles.

263. Les premières de ces serrures, dont la sûreté est fondée sur l'emploi des gorges mobiles, sont dues à Baron, serrurier anglais, dont la patente date de 1774. Dans son système, il n'y avait que deux plaques ; les ergots étaient attachés sur

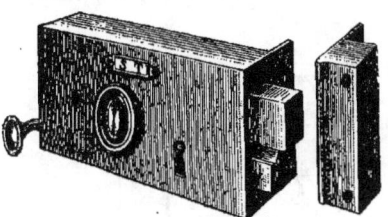

Fig. 400.

elles et pénétraient dans des encoches pratiquées dans le pêne, ou bien ils étaient disposés à l'inverse comme cela se voit encore dans certaines serrures.

Fig. 401.

En 1790, Bird eut l'idée du système des découpures intérieures des plaques, tel qu'il est appliqué aujourd'hui; il employait quatre garnitures.

Fig. 402.

264. Les serrures de sûreté pour portes d'entrées à garnitures blanchies, à gorges mobiles et aussi à pompe, se fabriquent ordinairement en trois dispositions différentes, savoir :

1° Serrure de sûreté à queue pour n'être ouverte de l'extérieur qu'avec la clef (*fig.* 400);

Fig. 403.

2° Serrure de sûreté à foliot à rondelles

Fig. 404.

pour recevoir un bouton double (*fig* 401);

Fig. 405.

3° Serrure de sûreté à pêne dormant pour être ouverte de l'extérieur et de l'intérieur avec la clef (*fig.* 402).

265. Nous rappelons (*fig.* 403) une serrure de sûreté qu'on emploie aussi bien souvent pour chambres de domestiques. C'est une serrure de sûreté à tour et demi, à bouton de coulisse et à verrou ; une clef forée en fer et une gâche à baguette complétant cette serrure sont également représentés dans ce croquis.

266. Nous indiquons aussi (*fig.* 404) ce que, dans une serrure, on entend par

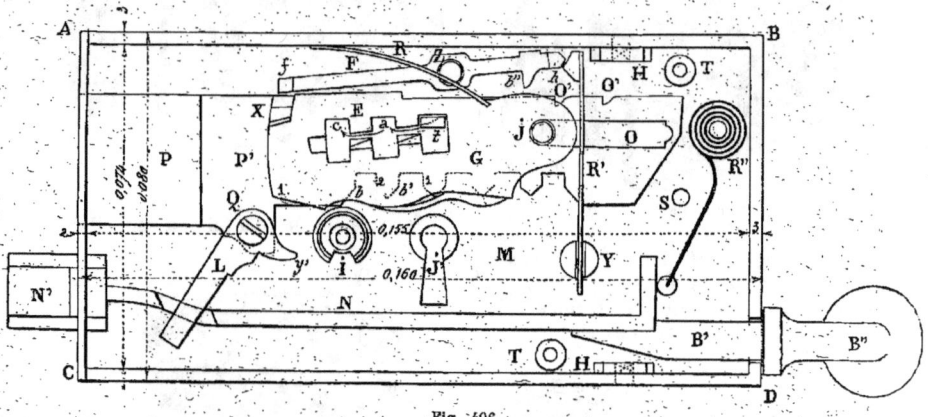

Fig. 406.

foncet saillant; c'est la plaque *p*, qui à l'endroit du canon de la serrure, double et renforce le foncet.

267. La figure 405 nous montre une disposition nouvelle de serrures ST sur passe-partout, que nous croyons utile de

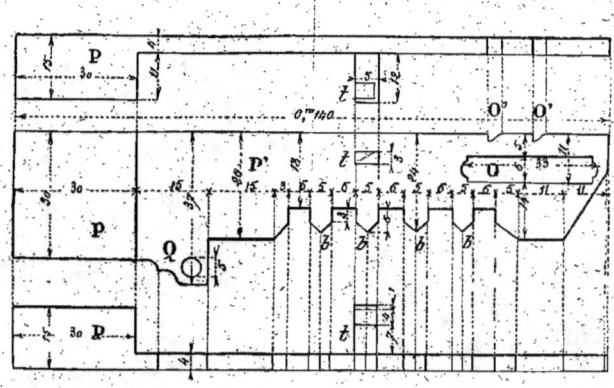

Fig. 407.

rappeler. Ce genre de serrures comporte une entrée horizontale pour passe-partout et une entrée verticale pour la clef particulière ; les deux clefs passant par le même canon.

Premier exemple de serrure de sûreté à gorges mobiles.

268. Il y a une infinité de modèles de ces serrures, mais toutes ont le même principe qui est le suivant : la clef, avant de rencontrer les barbes du pêne pour faire avancer ou reculer ce dernier, doit écarter ou soulever une série d'obstacles mobiles ingénieusement disposés et de telle manière qu'il est impossible d'en apprécier la disposition de l'extérieur. Nous prendrons comme premier exemple une serrure à deux tours et demi, c'est-à-dire comprenant, comme nous le savons, un pêne dormant à deux tours et un bec-de-cane. Les serrures à garnitures mobiles, surtout bien fabriquées comme elles le sont dans la maison Bricard, sont de véritables instruments de précision ne permettant pas facilement la fabrication d'une fausse clef, même sur modèle, et rendant impossible la prise d'empreintes intérieures.

269. Le croquis (*fig.* 406) nous montre la disposition intérieure d'une serrure de sûreté de la maison Bricard et qui est composée des pièces suivantes :

En A, B, C, D la boîte de la serrure fermée au fond par le palastre M ;

En P le pêne dont nous indiquerons la forme dans ce qui va suivre ;

En G les garnitures mobiles avec leurs ressorts R ;

En F un mécanisme spécial nommé *délateur* et dont nous donnerons en détails le fonctionnement ;

En R' le ressort du délateur ;

En L le levier, fixé sur le pêne à mouvement de rotation, qui permet de manœuvrer, avec la clef, le bec-de-cane de l'extérieur ;

En N le bec-de-cane avec son bouton de manœuvre, son ressort R'' et tous ses accessoires ;

En H les étoquiaux fixant le palastre sur les cloisons de la serrure ;

En I et en J les deux entrées de clef ; l'entrée I comporte seule des gardes ou garnitures ;

Enfin, en S, le trou permettant le passage d'une vis maintenant la serrure en place.

Détails des pièces principales.

270. Avant d'indiquer le fonctionnement de chacune de ces pièces, pour

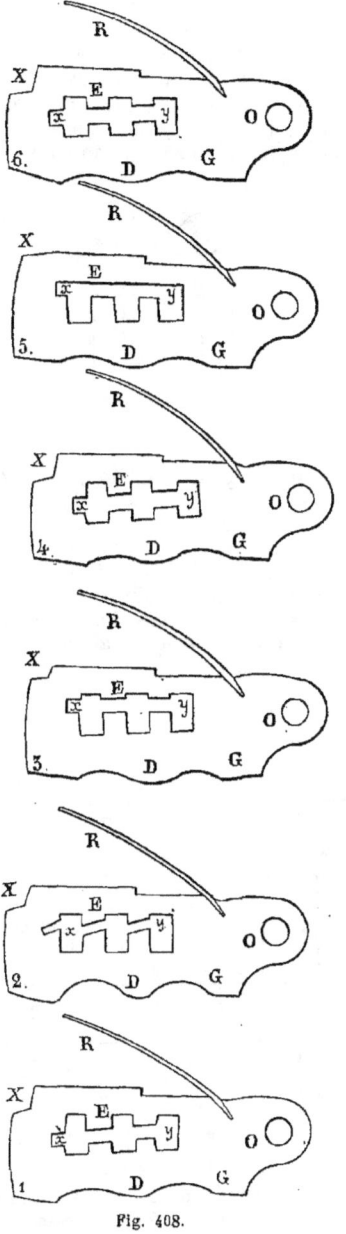

Fig. 408.

Pêne.

271. Le pêne, dont nous donnons trois projections dans le croquis (*fig.* 407), se comprend facilement à l'inspection de cette figure, il comporte : un *ergot t* venant se placer dans les découpures prati-

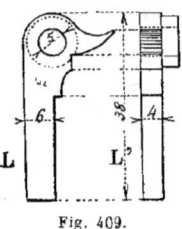

Fig. 409.

quées sur les gardes mobiles ; des *barbes b* sur lesquelles on agit avec le panneton de la clef ; une encoche O dans laquelle passe l'étoquiau J de la figure 406, servant à le guider dans sa course ; d'encoches O' recevant la barbe *b"* du *délateur* ; enfin, d'une saillie Q percée d'un trou dans lequel on fixe le levier L faisant mouvoir le bec-de-cane.

Garnitures mobiles.

272. Dans les serrures de sûreté à gorges mobiles, on désigne sous le nom de *gorges* de petites plaques de cuivre G, indiquées en croquis (*fig.* 408), au nombre de six lorsque la serrure est à six gorges et de quatre lorsque la serrure est désignée sous le nom de serrure de sûreté à quatre gorges ; ces plaques, qui ont environ 2 millimètres d'épaisseur, sont superposées. Elles comportent toutes un *œil* O venant se placer dans un étoquiau J, fixé sur le palastre ; ce qui leur permet de prendre un mouvement de rotation autour de ce point commun J qui sert en même temps de guide à la queue du pêne ; elles sont, à leur partie inférieure en D, découpées suivant des profils différents correspondant à des entailles faites dans le panneton de la clef.

Sur la surface de ces plaques il existe en E des encoches et des crans d'arrêt servant à régler la marche du pêne dormant P.

Un ergot *t* (*fig.* 406), rivé sur la queue P' du pêne P, passe, à chaque tour de clef, entre les réduits des gorges pour tomber dans les encoches voisines.

A la partie haute de ces gorges, se trouve une petite lame d'acier R fixée par entaille sur chaque gorge et formant ressort.

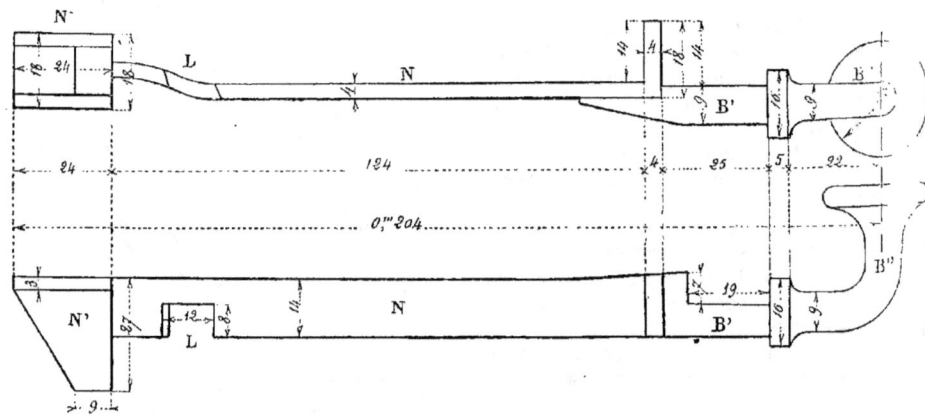

Fig. 410.

Ces petites lames ont, dans les serrures de sûreté, l'inconvénient de se briser facilement et leur fragilité est souvent un inconvénient à l'emploi de ces serrures.

Ces gorges sont, comme le montre le croquis d'ensemble (*fig.* 406), maintenues dans leur position normale appuyées, d'une part, sur leur axe de rotation J, de l'autre, sur l'ergot du pêne au moyen des ressorts en acier R, dont nous venons de parler.

Les garnitures mobiles G (*fig.* 408), portent en X une encoche dans laquelle peut se loger le crochet d'équerre du délateur.

Levier.

273. La figure 409 nous montre en deux projections L et L' les détails du levier L de la figure 406. Nous connaissons maintenant suffisamment la manœuvre de ce levier pour que nous n'ayons pas besoin d'y revenir.

Bec-de-cane.

274. Le bec-de-cane de la serrure que nous étudions est représenté en élévation et en plan (*fig.* 410). Le pêne N' de ce bec-

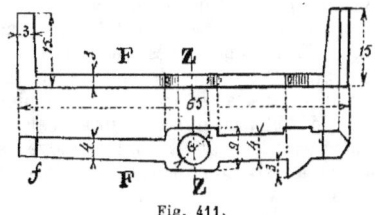

Fig. 411.

de-cane est à chanfrein ; ce pêne et la tige N sont en fer, le bouton B″ et sa queue B' sont en cuivre.

En L se trouve indiquée l'encoche recevant la branche du levier L précédemment décrit.

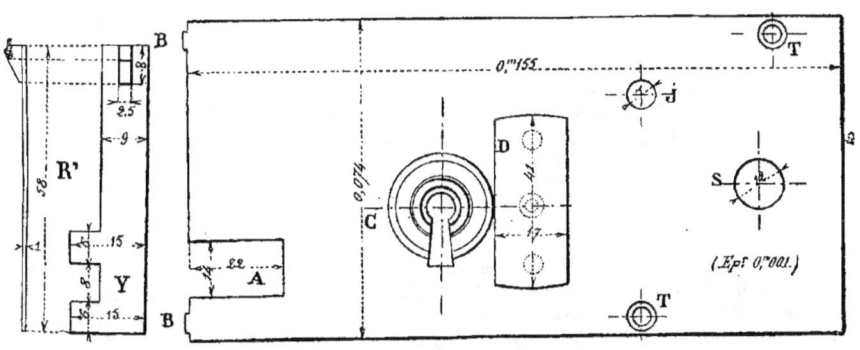

Fig. 412.   Fig. 413.

Délateur.

275. La figure 411 nous montre en deux projections la forme du délateur dont nous voyons la position dans l'ensemble (*fig.* 406). La figure 412 nous indique la forme du ressort R' de ce délateur, ressort maintenu en Y (*fig.* 406) sur un étoquiau cylindrique fixé sur le palastre de la serrure.

Plaque de foncet.

276. La figure 413 nous représente la forme de la plaque de foncet dans une serrure de sûreté à six gorges. C'est comme nous le savons, une plaque de tôle d'environ 1 millimètre d'épaisseur sur laquelle se fixe le canon C de l'une des entrées ; la plaque D comportant la broche de l'autre entrée ; le trou J recevant l'extrémité J de l'étoquiau de la figure 406 ; le trou S par lequel passe la vis fixant la serrure sur la porte ; de deux trous T dans lesquels on place les vis retenant la plaque de foncet sur la serrure ; d'une ouverture A pour la manœuvre facile du pêne à chanfrein du bec-de-cane ; enfin,

Clef.

277. La figure 414 nous montre la forme de la clef forée employée pour ouvrir ou pour fermer cette serrure.

Le panneton de cette clef est découpé par redans offrant sept degrés que nous avons numérotés. C'est celui, lorsque la clef est introduite dans la serrure, qui est le plus voisin de la cloison qui agit sur les barbes du pêne ; les six autres sont employés à soulever les six garnitures en cuivre G de la figure 406.

En g se trouvent les gardes dont le profil donne en creux, ce que nous retrouvons en saillie dans les garnitures indiquées en I, dans la vue d'ensemble de la serrure.

Marche des différentes pièces pour fermer ou pour ouvrir la serrure.

278. Dans le croquis d'ensemble que nous avons donné (*fig.* 406), la serrure est supposée ouverte. Voyons les pièces qui sont à mettre en jeu pour fermer à deux tours le pêne dormant P.

En introduisant la clef dans l'entrée J, par exemple, il est évident que, pour que le pêne P puisse se mouvoir, il faut que l'ergot t cesse d'être arrêté par les saillies des découpures des gardes mobiles, et puisse glisser dans les intervalles étroits ménagés entre les trois échancrures principales de ces découpures.

Ces découpures étant variées de forme, comme nous pouvons nous en rendre compte par les différents croquis de la figure 408, il faut donc que chacune des plaques soit soulevée à une hauteur différente pour que, au moment précis où le panneton vient rencontrer la barbe du pêne, les six intervalles se trouvent tous en regard et livrent simultanément passage à l'ergot t fixé sur le pêne P.

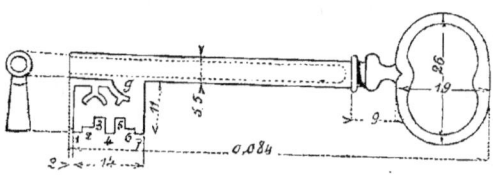

Fig. 414.

La clef étant, comme nous l'avons vu précédemment, entaillée pour rencontrer dans son mouvement de rotation toutes les plaques mobiles, les entailles du panneton portant les numéros 2, 3, 4, 5, 6 et 7 soulèveront en même temps et d'une quantité suffisante toutes les garnitures mobiles. Pendant ce temps, le redans N° 1 de la clef agira en b (*fig.* 406) sur la barbe du pêne et le fera avancer d'un tour.

Pour fermer le second tour, la clef soulevant en même temps toutes les garnitures mobiles, le redans N° 1 agira sur la barbe b' du pêne.

Pour ouvrir un tour, le N° 1 du panneton agira en 1 sur la barbe du pêne et en 2 pour le second tour.

Pendant le temps de fermeture du premier tour, l'ergot t se place en a, et au second tour il vient en c en suivant le mouvement indiqué par les flèches.

La clef ouvre le bec-de-cane en agissant sur l'extrémité y du levier L.

L'ouverture de clef J′ ne sert que pour fermer la porte à double tour de l'intérieur ; dans ce cas, nous savons qu'on agit directement sur le bec-de-cane à l'aide du bouton coudé B″.

Rôle du délateur dans les serrures de sûreté à six gorges.

279. Nous avons vu, dans la description qui précède, qu'il n'a été nullement question du fonctionnement du *délateur*.

Ce délateur, introduit pour la première fois dans les serrures de sûreté par Mitchell et Lawton, en 1815, est un mécanisme spécial qui n'a reçu sa forme définitive qu'en 1818 par M. Chubb ; il ajoute une garantie de plus à la sûreté de la serrure.

Supposons, en effet, la serrure de sûreté fermée à double tour et qu'on essaie de forcer cette serrure, le délateur permet, dans ce cas, de prévenir qu'il y a eu tentative d'effraction, et son but est de s'opposer à tout mouvement du pêne même lorsqu'avec l'aide d'un instrument tranchant introduit par l'entrée de clef I on arriverait à détruire les garnitures en cuivre.

Ce délateur se compose, comme nous pouvons le voir (*fig*. 406), d'un petit levier F en cuivre dont l'axe de rotation est en Z, milieu de sa longueur; il se termine en *f*, par un crochet d'équerre (voir *fig*. 411) et en *h* en ergot biseauté. Il est maintenu dans sa position habituelle par un ressort vertical R', muni également d'une plaque en cuivre biseautée contre laquelle vient buter l'ergot *h*.

Lorsqu'on essayera d'ouvrir la serrure avec une fausse clef ou tout autre instrument, en soulevant les garnitures mobiles G leurs extrémités X soulèveront le crochet *f* du délateur ; on dégagera alors ce délateur de l'action du ressort R' et on fera tomber son extrémité *h* sur la queue du pêne dormant P, de telle manière que, ce pêne étant fermé à deux tours et les encoches O' O' ayant avancé d'une quantité correspondante à ces deux tours, la barbe *b''* du délateur tombera dans la seconde encoche O' placée près de l'extrémité du pêne. Par suite de cet obstacle, le pêne ne pourra plus, quoi qu'on fasse, faire aucun mouvement.

Lorsqu'on introduira la véritable clef pour ouvrir la porte, on éprouvera une certaine résistance et presqu'une impossibilité d'ouvrir; on sera alors prévenu de la tentative d'effraction et, pour remettre le tout en état, il suffira, en retournant la clef, d'essayer de fermer un peu plus que les deux tours ; par ce simple mouvement en arrière le levier du délateur reprendra sa position primitive, sera de nouveau maintenu par le ressort R', et sa barbe *b''* se trouvera dégagée de l'encoche O' du pêne.

Nota.

280. Dans tout ce qui précède nous avons toujours supposé que le bec-de-cane des serrures était mû par un levier fixé sur le pêne dormant et sur lequel la clef agissait après avoir fermé les deux tours. Cette disposition permet, lorsque la serrure est simplement fermée au bec-de-cane, de s'introduire dans l'appartement en ouvrant ce bec-de-cane, à l'aide d'une fausse clef, et cela très facilement.

Pour éviter ce désagrément, la maison Sterlin a imaginé de faire ouvrir le bec-de-cane par le pêne lui-même, comme nous pouvons le voir dans le croquis (*fig*. 415) qui représente une serrure de sûreté, ST, à gorges mobiles, à demi-tour incrochetable, marchant par le pêne dormant à

Serrure fermée.

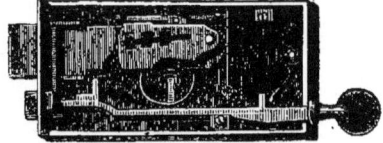

Serrure ouverte.

Fig. 415.

queue, avec gâche à baguette. Le pêne dormant *p* porte à sa partie inférieure une queue qui dans son mouvement entraîne le bec-de-cane à l'aide d'une équerre soudée directement sur la branche du bec-de-cane.

Deuxième exemple.

281. Comme deuxième exemple de serrure de sûreté à six gorges nous représentons en croquis (*fig*. 416) une vue d'ensemble des pièces intérieures d'une serrure marquée F.T. première qualité, et dans laquelle nous retrouvons tous les organes de la figure 406, mais avec quelques modifications qu'il est bon de signaler.

282. Cette serrure n'a qu'une seule

SERRURERIE.

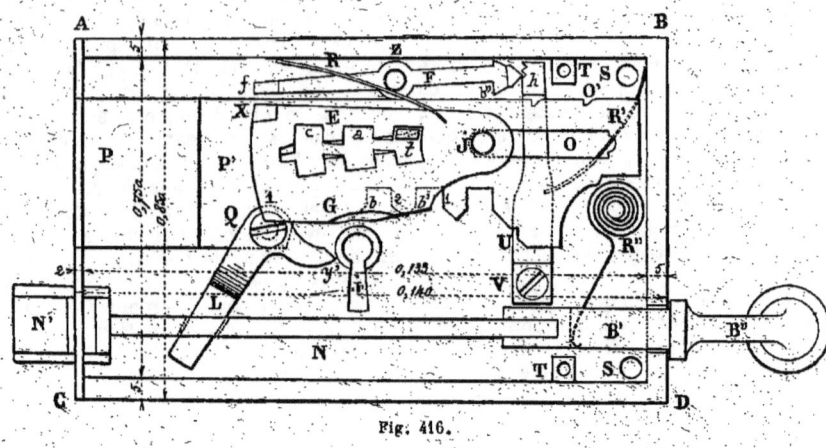

Fig. 416.

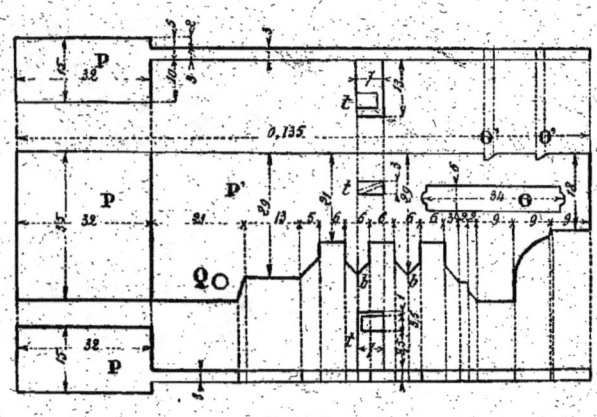

Fig. 417.

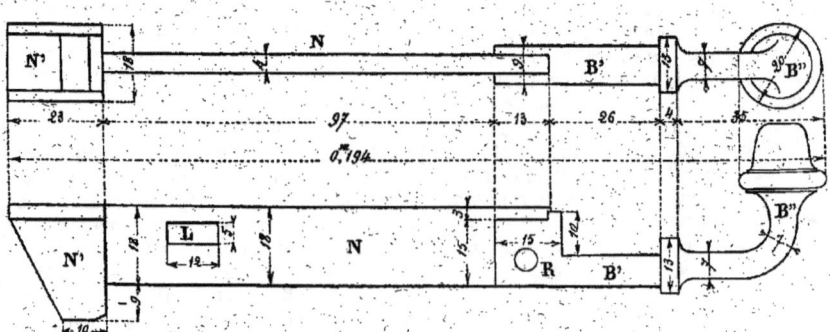

Fig. 418.

entrée I, ce qui simplifie beaucoup la construction du pêne ; la clef est bénarde, il n'y a pas de garnitures spéciales autour de son entrée. Le ressort du délateur est disposé un peu différemment : il se compose d'une pièce U en cuivre fixée sur le palastre en V à l'aide d'une forte vis, il comporte un ressort R' s'appuyant sur la cloison et se termine en h par une plaque à rainure dans laquelle s'engage l'arête en biseau du levier.

283. Nous avons, dans cette figure et

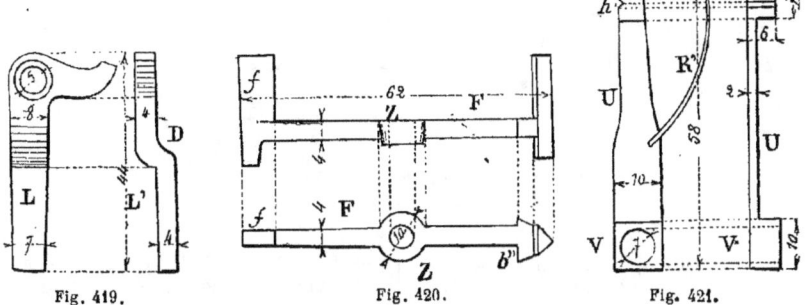

Fig. 419.   Fig. 420.   Fig. 421.

dans les suivantes, rappelé les mêmes lettres que dans l'exemple précédent, ce qui permettra au lecteur de se rendre compte de la marche des pièces sans nous obliger à des redites.

Détails des pièces principales.

Pêne.

284. Le pêne de cette serrure est indiqué en détails (*fig.* 417) ; en le comparant

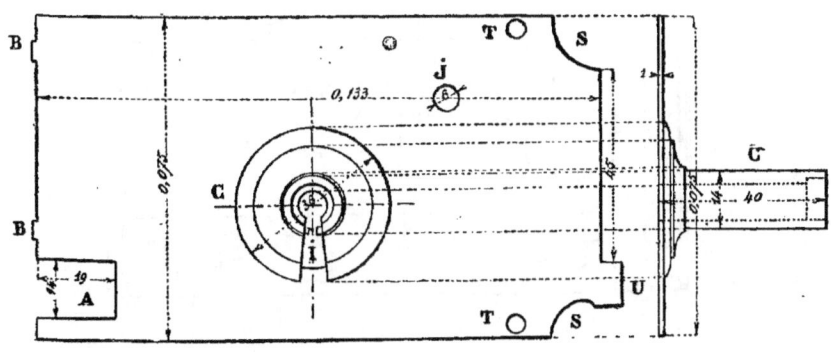

Fig. 422.

à celui de la figure 407, nous voyons qu'il est plus simple de construction, mais qu'il présente avec ce dernier une grande analogie.

Bec-de-cane.

285. Le bec-de-cane, représenté (*fig.* 418) est aussi un peu différent de celui de la figure 410 mais ses fonctions sont les mêmes.

Levier.

286. Le levier L, comme nous le montre la figure 419, est coudé en D pour se rapprocher du palastre en entrant dans la tige N du bec-de-cane.

Délateur.

287. Le délateur (*fig.* 420) a beaucoup d'analogie avec celui de la figure 411. Le ressort de ce délateur est indiqué (*fig.* 421) en deux projections faisant facilement comprendre sa disposition ; cette pièce, comme on peut le voir (*fig.* 416), est placée sous le pêne dormant P.

Foncet.

288. La figure 422 nous montre la plaque de foncet avec l'entrée de clef à canon C. En S se trouvent des encoches pour le passage des vis fixant la serrure ; en U, un prolongement de la plaque recouvrant la queue B' du bec-de-cane.

Clef.

289. La clef est représentée en cro-

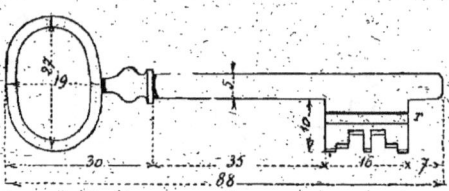

Fig. 423.

quis (*fig.* 423) ; c'est une clef bénarde présentant comme la précédente, un panneton découpé par redans offrant sept degrés, six pour les garnitures mobiles G et un pour les barbes du pêne. Sur le panneton il existe une rainure *r* passant

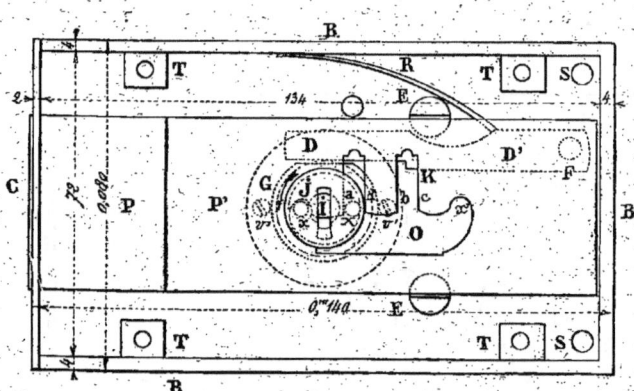

Fig. 424.

dans une saillie *r* qu'on peut voir dans l'entrée I (*fig.* 422).

Troisième exemple.

290. Comme troisième exemple de serrure de sûreté nous allons décrire une serrure à pêne dormant deux tours pour être ouverte de l'extérieur et de l'intérieur avec la clef. Le genre de serrure que nous allons examiner est connu dans le commerce sous le nom de *serrure à pompe*.

291. Dans les serrures à pompe le mécanisme compliqué se trouve dans le canon fixé sur la plaque de foncet. Nous diviserons donc l'étude de cette serrure en deux parties :

1° La serrure proprement dite comprenant le pêne et ses accessoires ;

2° La plaque de foncet avec l'entrée à canon comportant les garnitures spéciales.

La figure 424 nous montre les pièces renfermées dans la boîte B de la serrure et qui sont : le pêne P, qui présente une disposition particulière ; une pièce DD' en cuivre placée sous le pêne, mobile autour d'un œil F passant dans un étoquiau cylindrique fixé sur le palastre. Cette pièce est constamment maintenue au contact d'une autre pièce G, également en cuivre, par l'action d'un ressort R s'appuyant sur la boîte de la serrure.

Une troisième pièce J en fer, présen-

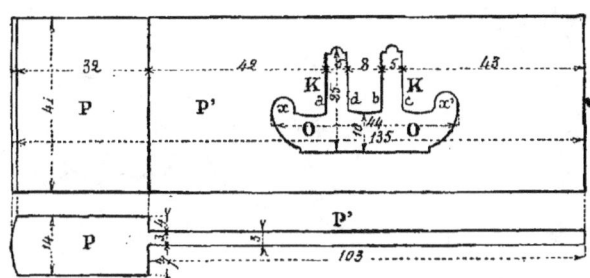

Fig. 425.

tant en son milieu une ouverture rectangulaire I, se place au-dessus du pêne et entre dans la pièce G par deux petits tenons indiqués en x et en X (fig. 424).

La queue P' du pêne P est guidée dans son mouvement par deux étoquiaux cylindriques E fixés sur le palastre.

En T se trouvent les petits étoquiaux sur lesquels repose la plaque de foncet qu'on maintient par quatre vis ; en S, les

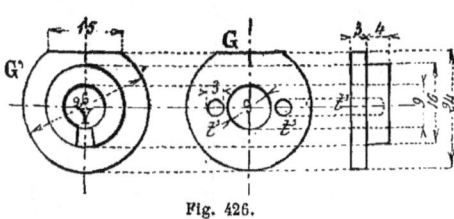

Fig. 426.

Fig. 427.

trous dans lesquels passent les vis fixant la serrure.

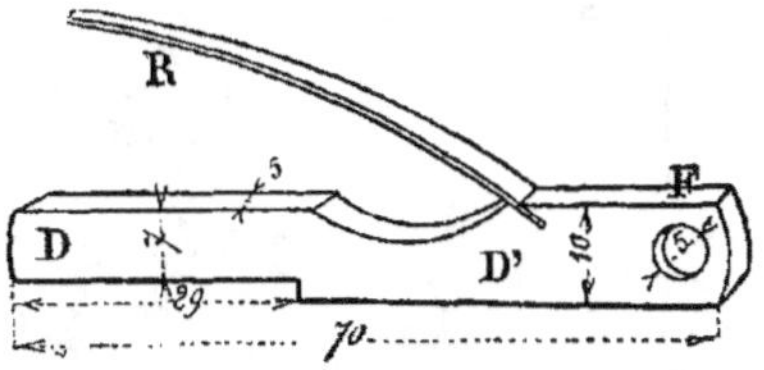

Détails des pièces principales.

1° Pêne.

292. La figure 425 nous montre la disposition du pêne de cette serrure. Il se compose d'une tête P suivie par une queue P' ; au lieu de comporter des barbes, comme dans les exemples précédents, il est simplement entaillé en O de toute son épaisseur et suivant un profil spécial avec des entailles verticales K. C'est en faisant tourner dans ces entailles les deux petits cylindres x et X, dont nous parlerons plus loin, qu'on obtient le mouvement d'avancement ou de reculement du pêne.

293. Sous ce pêne se place la pièce G de la figure 426 dans la position indiquée en G même figure ; l'autre vue G' est celle qui entre dans l'encoche C de la figure 429 dont nous parlerons plus loin.

C'est en t' que doivent entrer les petits tenons t de la figure 428. Sur la partie horizontale de cette pièce G repose la partie D d'une autre pièce représentée en croquis (*fig.* 427) et, lorsque la pièce G se soulève par suite du mouvement venant de la clef, cette pièce D la suit dans son mouvement.

294. La figure 428 nous indique la forme exacte avec les dimensions de la pièce J de la figure 424 ; c'est sur cette pièce qu'on agit pour faire marcher le pêne.

295. La figure 429 nous montre la disposition de la rondelle fixée sur le palastre et servant d'entrée de clef de

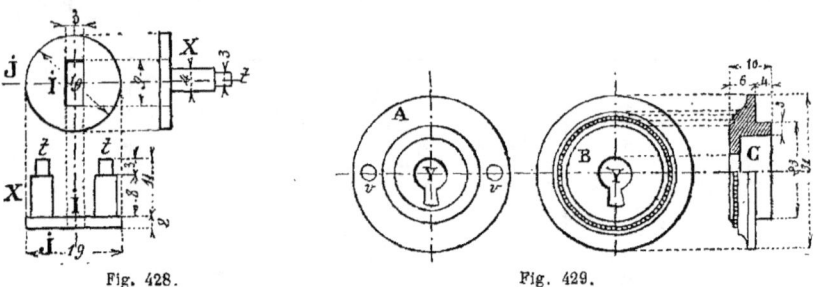

Fig. 428. — Fig. 429.

l'intérieur de l'appartement. En A, la vue de cette rondelle de l'intérieur de la serrure ; en B, la vue extérieure ; enfin, en C la coupe de cette rondelle. Elle est fixée sur le palastre par deux vis à métaux v' (*fig.* 424) entrant dans les trous v (*fig.* 429).

296. La figure 430 nous montre une

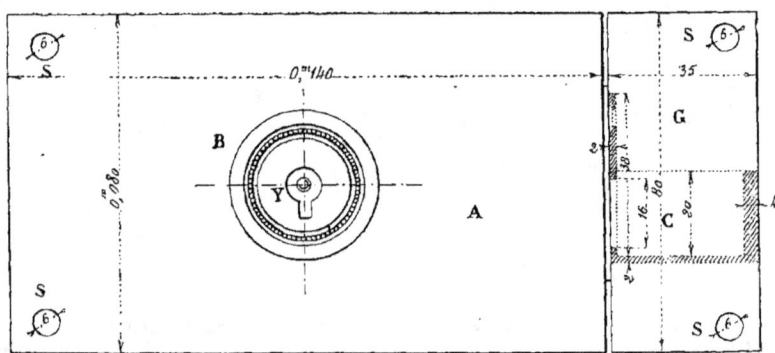

Fig. 430.

élévation de la serrure à pompe à un seul pêne vue de l'intérieur avec sa gâche G mise en place. En C nous représentons une coupe de cette gâche avec l'indication des différentes épaisseurs qu'on lui donne ordinairement.

297. L'idée-mère de la serrure à pompe est due à Joseph Bramah, mécanicien anglais qui perfectionna pour ainsi dire la première serrure à combinaisons connue qui fut une serrure égyptienne remarquable par sa simplicité et sa sûreté. Nous ne décrirons pas cette serrure ancienne, nous étudierons seulement, en

ÉTUDE DÉTAILLÉE DE LA SERRURERIE D'INTÉRIEUR.

parlant de la serrure à pompe actuelle-employée, l'une des mille applications qui en ont été faites.

298. Après avoir décrit l'intérieur de cette serrure, nous parlerons de la plaque de foncet et surtout des complications qu'on rencontre dans le canon fixé sur ce foncet.

2° **Plaque de foncet.**

299. La figure 431 nous représente la plaque de foncet recouvrant la boîte de

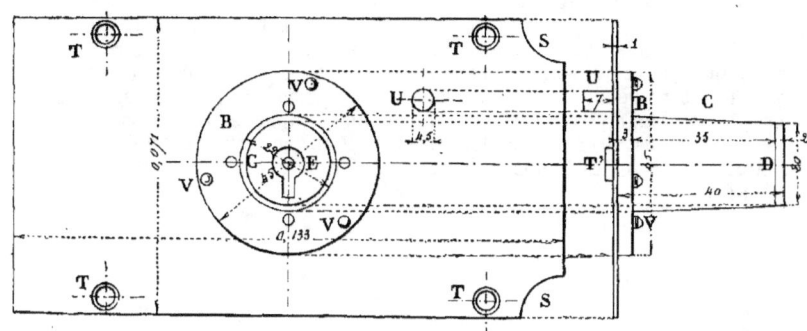

Fig. 431.

cette serrure. Cette plaque, qui est une simple tôle de 1 millimètre d'épaisseur, comporte en son milieu un canon en cuivre C élargi à sa base B et fixé sur le foncet par quatre vis V ; en E, l'entrée de la clef ; en U, un étoquiau s'appuyant sur le pêne et servant à le maintenir bien en place ; en T, les trous servant à fixer le foncet sur la boîte de la serrure.

L'extrémité du canon comporte une

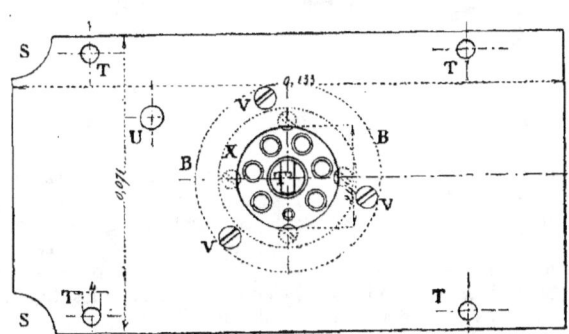

Fig. 432.

rondelle en fer D servant d'entrée de clef et résistant beaucoup mieux à l'usage que le cuivre.

300. Comme nous le verrons dans ce qui va suivre, la partie importante à étudier est le mécanisme, relativement compliqué, qui se trouve enfermé dans le ca-non C et dont le but est d'arriver à faire tourner, au moyen d'une clef *ad hoc* et présentant toute garantie de sûreté, le tenon T' indiqué dans le croquis (*fig.* 431).

301. La figure 432 nous montre la plaque de foncet vue en dessous, c'est-à-dire nous représente la face de cette plaque qui regarde l'intérieur de la serrure. Nous y indiquons les différentes pièces par les mêmes lettres que dans la figure précédente afin d'en faciliter la compréhension.

Étude du canon spécial d'une serrure à pompe.

302. Afin de bien faire comprendre les différentes pièces qui existent dans le canon d'une serrure à pompe nous indiquons (*fig.* 433) une coupe schématique de ce canon, nous réservant de donner, dans ce qui va suivre, les détails de toutes ces pièces.

Dans ce croquis, nous représentons :

En C, le canon ou boîte en cuivre qui recouvre l'ensemble du mécanisme et qui se fixe sur la plaque de foncet au moyen d'une large rondelle formant embase ;

En E, milieu de cette boîte ou canon, se trouve le trou d'introduction de la clef ;

En F, un cylindre ou *barillet*, qui est la partie mobile et qui doit entrer à frottement doux dans la boîte. Il doit pouvoir tourner dans son intérieur sans ballottements et s'appuyer par le bas sur le plateau P qui porte la broche B et, à l'autre extrémité, le tenon T' dont nous avons déjà parlé.

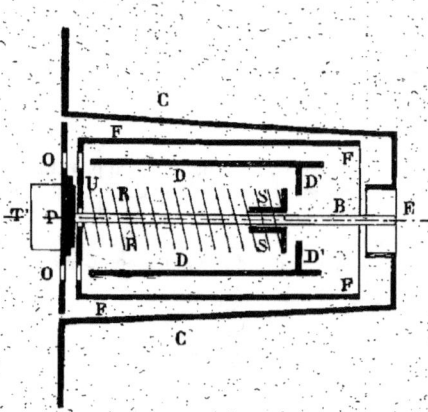

Fig. 433.

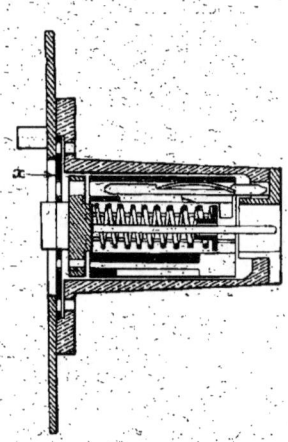

Fig. 434.

Ce cylindre ou barillet est creux et doit recevoir dans son intérieur :
1° La broche B ;
2° Le ressort à boudin R ;
3° Une rondelle S, laquelle glisse sur la broche en montant et en descendant et est maintenue dans ce mouvement par une collerette ou douille ajustée sur la broche qui est rodée à cet effet à l'endroit du frottement. La broche, le plateau et le ressort à boudin sont en acier ;
4° Six petites tiges d'acier DD' réparties sur la circonférence du barillet dont nous donnerons plus loin le croquis et qui constituent le jeu du mécanisme.

Ces six petites tiges d'acier s'appuient, par un talon D', placé à leur partie inférieure, sur le dessus de la rondelle S ; sur la tige de la clef se trouvent des fentes de différentes hauteurs dans lesquelles viennent se placer les talons D' décrits ci-dessus.

303. Il faut, comme nous l'avons indiqué précédemment, arriver à faire tourner le tenon T' (*fig.* 433) fixé à l'extrémité de la broche sur le plateau P.

En introduisant et poussant la clef par l'entrée E tous les talons D' viendront se placer dans les entailles faites dans cette clef pour les recevoir et de manière que

ÉTUDE DÉTAILLÉE DE LA SERRURERIE D'INTÉRIEUR.

leurs extrémités opposées soient dans un même plan ; par suite de cette légère pression sur les talons D', pression qui sera transmise à la rondelle S, on comprimera le ressort R, les tiges d'acier D avanceront d'une certaine quantité et, se plaçant dans les deux ouvertures O situées en regard l'une de l'autre, rendront solidaires le barillet et la plaque P portant le tenon T'. Il sera alors facile, le panneton p de la clef ayant dépassé le conduit E et se trouvant placé dans une encoche du barillet, de faire tourner ce dernier qui entraînera avec lui le plateau P et par suite le tenon T'.

Cette solidarité des deux pièces durera tant qu'on exercera, avec la clef, une pression sur le ressort R et que le panneton sera engagé dans l'encoche spéciale qui lui est réservée dans le barillet.

En retirant la clef, le ressort R ramène le tout dans la position primitive.

304. La figure 434 nous montre une coupe du canon dans laquelle toutes les pièces décrites ci-dessus se trouvent en place.

305. La figure 435 nous représente le plateau P, la broche B et le tenon T'. Comme l'indique cette figure, le plateau P

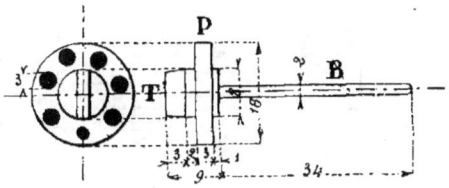

Fig. 435.

présente les mêmes trous que le barillet (*fig.* 433).

306. La figure 436 nous donne la forme et les dimensions du barillet avec les vues F' et F" des deux extrémités.

307. La figure 437 nous indique tous les détails des six tiges d'acier entrant

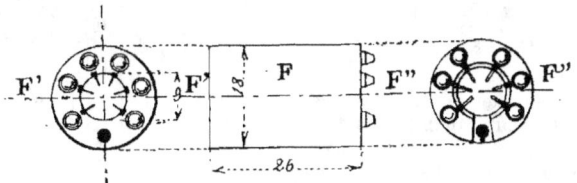

Fig. 436.

dans le barillet et dont l'ensemble (*fig.* 434) nous montre la position dans ce barillet.

308. La figure 438 représente le ressort d'acier R et la rondelle S de la figure 433.

309. La figure 439 nous donne le croquis de la rondelle X indiquée dans la figure 432 et en *x* dans la coupe d'ensemble (*fig.* 434).

310. Enfin, la figure 440 nous montre la forme et toutes les cotes de la clef.

311. On appelle *clef à pompe*, celle dont le panneton p très petit est placé à une hauteur à déterminer pour chaque serrure de ce genre et dont la tige est refendue à son extrémité par des entailles *e* dites à *barrettes*, plus ou moins profondes, parallèles à la tige et fonctionnant comme le piston d'une pompe. Ces clefs servent spécialement à ouvrir les serrures dites à *gorge* et à *pompe*.

312. On voit, d'après les explications que nous venons de donner de la partie principale d'une serrure à pompe, qu'elle peut être considérée comme à peu près incrochetable ; il est impossible d'y introduire un rossignol, la véritable clef seule peut entrer.

Pour qu'un malfaiteur parvînt à l'ouvrir il faudrait :

1° Qu'il eût une clef forée d'un trou égal à la grosseur de la broche et tel qu'il lui restât assez de profondeur après que la clef s'est appuyée sur la rondelle pour

Sciences générales.   SERRURERIE. — 14.

enfoncer toutes les tiges d'acier suffisamment afin que les extrémités de toutes ces tiges soient dans un même plan ;

2° Qu'il devinât où doit être placé le panneton p de la clef pour qu'en l'enfonçant les entailles qu'il aurait faites au bas

Fig. 437.

de cette clef pussent recevoir les extrémités des talons ; mais ce panneton peut être placé à tous les points de la circonférence du bas de la clef. Il faudrait en outre qu'il devinât quel est l'enfoncement

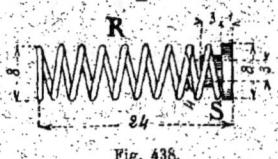
Fig. 438.

indispensable à donner à chacune des entailles de la clef pour ramener l'entaille de chaque tige d'acier dans le plan convenable. Et comment le connaîtra-t-il cet enfoncement ?

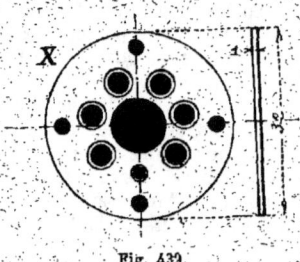
Fig. 439.

Il n'aurait qu'un seul moyen à sa disposition, ce serait de fabriquer une collection complète de clefs dont chacune lui présenterait une des nombreuses solutions qui peuvent se présenter. En outre, il faut

supposer qu'on ne lui laissera pas le temps d'essayer toutes ces clefs.

313. Nous avons vu comment nous pouvions arriver à faire tourner le tenon T' ; voyons maintenant comment nous pourrons transmettre au pêne dormant P (fig. 424) le mouvement donné par la clef à ce tenon T'.

Lorsqu'on replace la plaque de foncet (fig. 431) sur la boîte de la serrure, le tenon T' entre dans une mortaise I (fig. 424), devant le recevoir. Si donc ce tenon tourne dans un sens ou dans l'autre, il

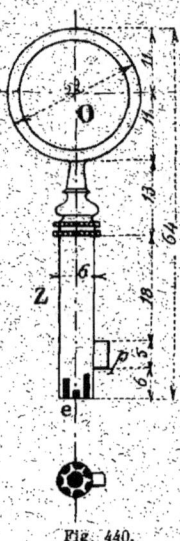
Fig. 440.

entraînera avec lui la pièce J dont nous avons donné le détail (fig. 428). Cette pièce portant deux tenons X se plaçant dans les entailles du pêne, il suffira pour faire mouvoir ce pêne et fermer les deux tours, par exemple, de faire tourner la pièce J dans le sens de la flèche (fig. 424) ; le tenon X appuie en a sur le pêne et, continuant à tourner, le fait avancer d'un tour. Après ce premier tour fermé le second tenon x vient prendre le pêne en b et ferme le second tour. Pour ouvrir, les deux tenons x et X agiront alors en c et en d.

Dans ces mouvements la pièce J, qui est liée à la pièce G par les petits tenons t, entraîne cette dernière avec elle; cette pièce G est, comme nous le savons, guidée et maintenue par une pièce DD' sur laquelle agit un ressort R.

Pour ouvrir ou pour fermer de l'intérieur on agit directement sur le pêne par l'intermédiaire de la pièce G.

Serrure de sûreté à pompe.

4° exemple.

314. Comme quatrième exemple de serrure de sûreté occupons-nous d'une serrure à pompe de 0^m,14 avec bec de cane dont MM. Picard frères ont bien voulu nous communiquer un modèle.

Cette serrure est marquée A.P.C. marque depuis longtemps reçue au tarif de la ville et dont nos serruriers ont souvent l'occasion d'apprécier les qualités.

315. Cette serrure, dont l'ensemble est représenté (*fig.* 441), la plaque de foncet enlevée, comporte deux pênes : l'un PP' se ferme à deux tours, l'autre, QQ'Q" est un simple bec-de-cane dont nous connaissons maintenant le fonctionnement.

Le pêne P présente, à sa partie infé-

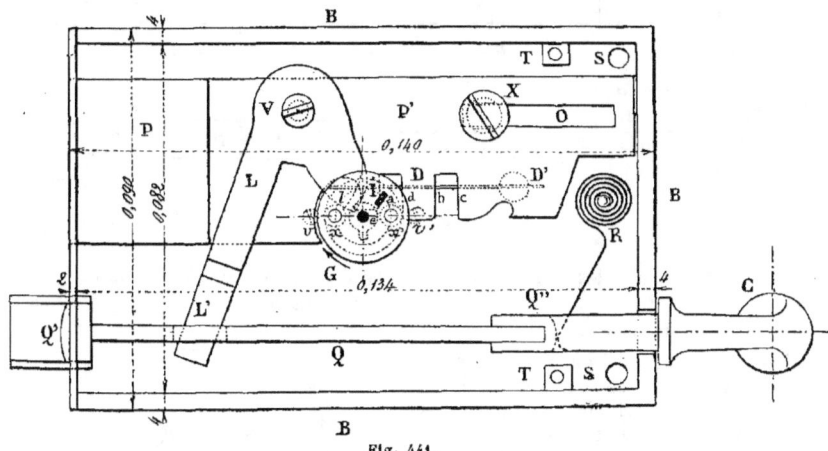

Fig. 441.

rieure, des entailles dans lesquelles se meuvent de petits tenons x et x' pour permettre l'avancement ou le reculement du pêne.

La marche de ce pêne est en tout analogue à celle de la serrure précédente (*fig.* 424) il est donc inutile d'y revenir.

La pièce DD' de la figure 424 est ici remplacée par un simple ressort D maintenu en D' sur le foncet.

En V se trouve le point d'attache du levier LL' servant à la manœuvre du bec-de-cane Q'Q.

316. Dans la position représentée par la figure, le pêne P étant rentré, il suffit pour ouvrir le bec-de-cane, de faire tourner la pièce G dans le sens de la flèche; le petit tenon x, dont nous verrons plus loin la disposition agissant sur la partie l du levier LL' le soulève et fait rentrer la tête Q' du bec-de-cane dans la boîte de la serrure.

Lorsqu'on cesse d'agir sur ce bec de cane le ressort R le ramène dans sa position primitive.

Pêne.

317. La figure 442 nous montre en élévation et en plan la disposition du pêne de cette serrure. Les tenons x et x' de la figure 441 agissent en a, b, c, d pour ou-

212 SERRURERIE.

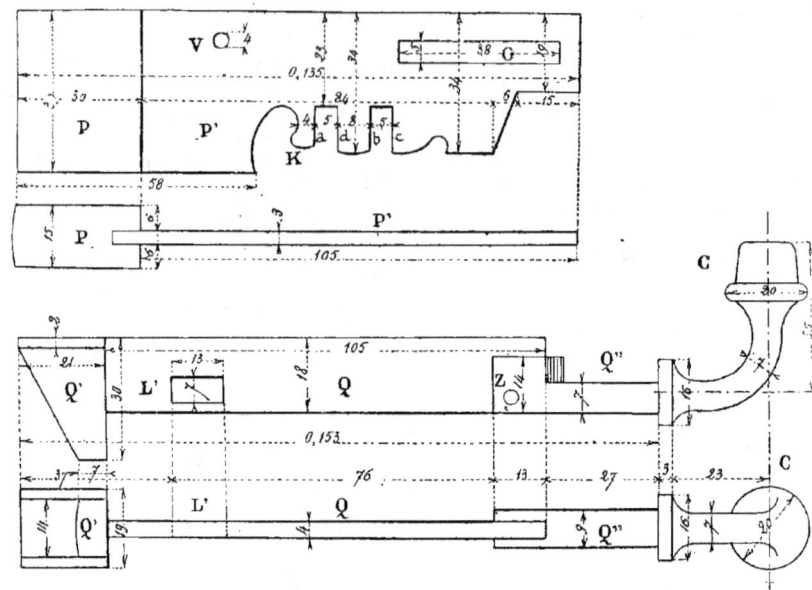

Fig. 442 et 443.

vrir ou pour fermer les deux tours du pêne P.

Bec de cane.

318. La figure 443 nous indique comment s'exécute le bec-de-cane de cette serrure avec les principales dimensions utiles à connaître. Le bouton coudé CQ″, qui permet de faire mouvoir le demi-tour est en cuivre, le reste est en fer.

319. La figure 444 nous représente la pièce G de la figure 441 servant à faire mouvoir le pêne P. Cette pièce correspond aux deux pièces (*fig.* 426 et 428), de la serrure précédente; elles sont, dans l'exemple actuel, réunies.

Levier.

320. La figure 445 nous montre en deux projections le levier manœuvrant le pêne du demi-tour ; ce levier est coudé en U pour rentrer plus facilement en L′ dans une encoche réservée dans le corps du pêne Q (*fig.* 441).

Plaque de foncet.

321. Nous savons d'après l'exemple précédent que c'est la plaque de foncet, comportant le canon, la partie de cette

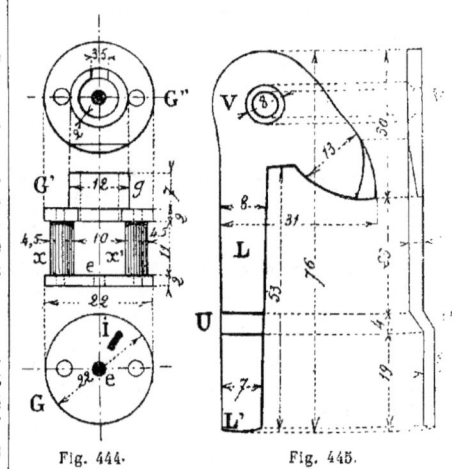

Fig. 444.   Fig. 445.

serrure la plus intéressante à étudier ; comme cette partie est un peu différente de

ÉTUDE DÉTAILLÉE DE LA SERRURERIE D'INTÉRIEUR.

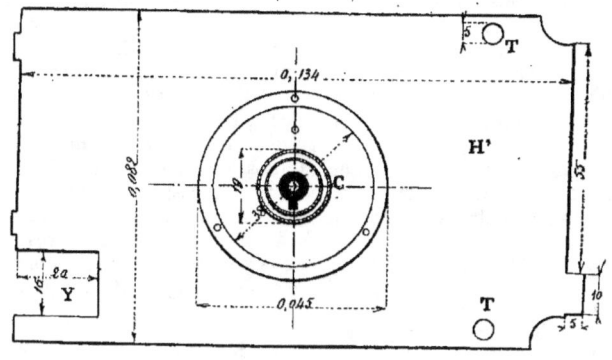

Fig. 446.

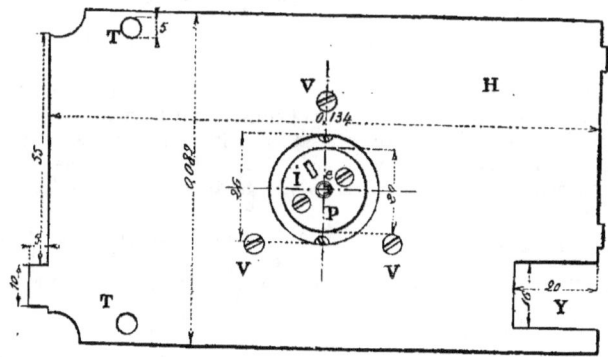

Fig. 447.

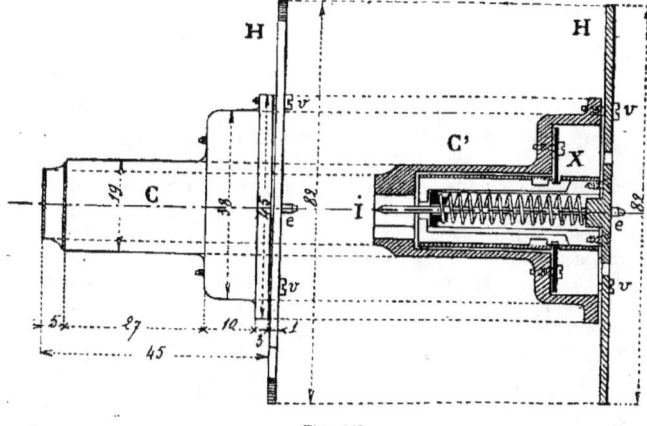

Fig. 448.

la précédente il est bon d'en dire quelques mots.

La figure 446 nous montre la plaque de foncet vue de l'extérieur ; la figure 447 nous représente cette même plaque du côté où elle regarde l'intérieur de la serrure.

Dans cette dernière figure nous voyons, en P, l'une des extrémités du barillet portant une entaille I par laquelle sort un

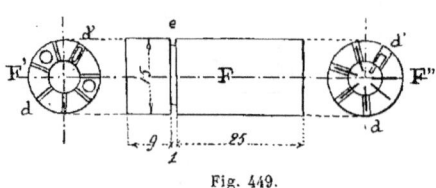

Fig. 449.

petit tenon servant à faire mouvoir la pièce G de la figure 441. En e, (fig. 447), se voit également un petit tenon faisant suite à la broche du canon et venant se placer dans l'encoche e de la figure 441, centre de la pièce G.

Canon de la serrure.

322. La figure 448 nous indique en élévation et en coupe la disposition du

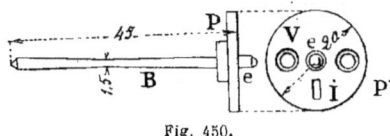

Fig. 450.

canon C de cette serrure et comment il est fixé sur la plaque de foncet H à l'aide de vis v.

323. Un cylindre, dont nous donnons la forme en trois projections F, F' et F" (fig. 449) est ajusté à frottement doux dans une masse de laiton CC' (fig. 448) servant de couvercle à tout le mécanisme.

Au milieu de ce cylindre qu'on nomme *barillet*, et dans le sens de son axe, est creusé un trou cylindrique capable de recevoir la broche B (fig. 450) avec son plateau P, le ressort R et la rondelle S représentés (fig. 451).

La rondelle S peut glisser librement et sans jeu le long de la broche qui est bien cylindrique et polie. Le ressort R tend continuellement à pousser le plateau ou rondelle S vers le bord de la broche B et c'est par le mouvement de compression que la clef lui imprime qu'elle met en prise toutes les pièces D et D' (fig. 452) qui composent l'appareil afin d'en obtenir les effets assurés qu'on en attend.

En F" (fig. 449) est représenté le plan de la partie supérieure du barillet sans la broche B. On y voit les sept lames d'acier

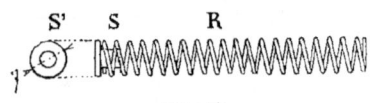

Fig. 451.

d et d' indiquées en D et en D' (fig. 452) qui constituent tout le jeu de la machine.

Ces sept lames montrées en croquis (fig. 452) et en élévation dans la coupe C (fig. 448) appuient par un talon ménagé dans leur partie supérieure sur le dessus de la rondelle ou plateau S et l'on voit sur chacune d'elles des entailles e (fig. 452) placées à différentes hauteurs.

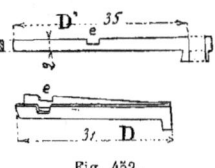

Fig. 452.

Ce sont ces lames qui empêchent le barillet de tourner autour de la broche B à moins que les entailles de chacune d'elles ne se trouvent dans le plan de la pièce d'acier donnée en détail (fig. 453) et en X (fig. 448).

Ce sont les encoches faites au bout de la clef en e (fig. 454) en sens inverse de la distance où elles se trouvent de la plaque d'acier X lorsqu'elles sont toutes élevées à la même hauteur par l'effet de la réaction du ressort à boudin ; ce sont ces encoches qui ramènent toutes les entailles

ÉTUDE DÉTAILLÉE DE LA SERRURERIE D'INTÉRIEUR.

dans le plan de la plaque circulaire X par l'effet de la pression du bout de la clef sur la rondelle S en comprimant le ressort à boudin R jusqu'à ce que le panneton p de la clef ait fait un tour entier en avant ou qu'elle retourne en arrière pour se présenter devant la seule issue qui lui est ménagée et alors, le ressort à boudin R réagissant librement, la repousse fortement et la fait sortir d'elle-même de l'entrée I de la serrure.

Lorsque les six lames d'acier D (*fig.* 452) sont amenées par la clef dans le plan de la plaque X la septième D', même figure, qui est plus forte et plus longue, dépasse

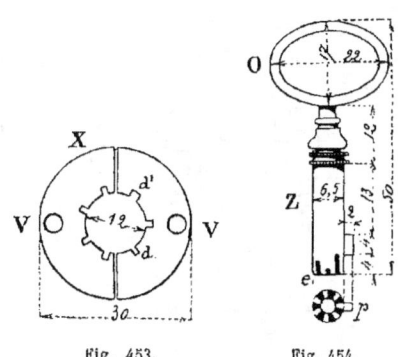

Fig. 453.   Fig. 454.

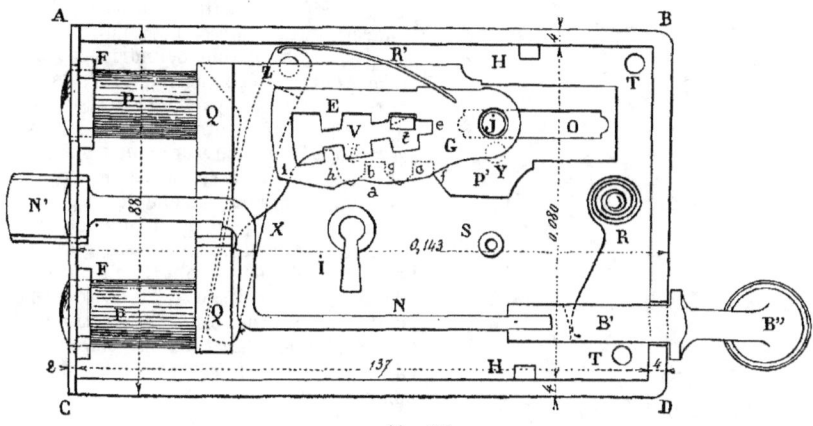

Fig. 455.

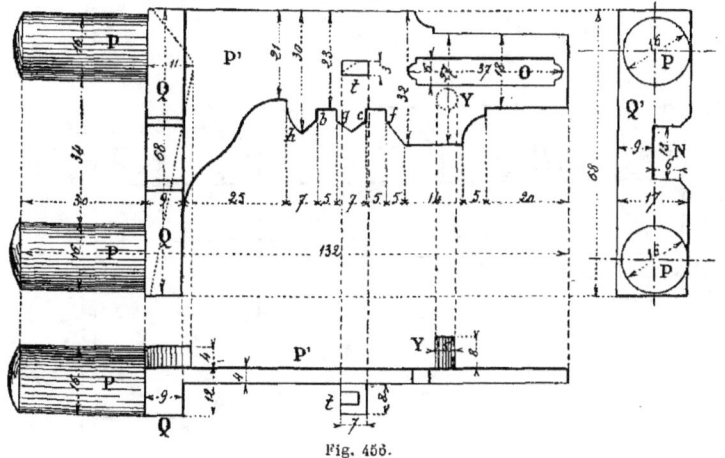

Fig. 456.

216 SERRURERIE.

le barillet, sort de l'encoche d' (*fig.* 449) le barillet peut alors tourner et communiquer son mouvement au pêne P par l'intermédiaire de la pièce G.

5° Exemple.

SERRURE A QUATRE GORGES, PÊNE ROND, DEMI-TOUR INCROCHETABLE MARQUÉE J. P. M. PREMIÈRE PARTIE.

324. Cette serrure est représentée en croquis figure 455 la plaque de foncet supposée enlevée. Elle se compose : d'une solide boîte en fer ABCD dont les coins B et D ont été arrondis afin d'éviter les angles vifs, présentant souvent, à cet endroit, des désagréments; d'un pêne PP' dont les têtes P sont cylindriques; d'un demi-tour N'N occupant, dans cette serrure, une position particulière et terminé en B'B' par un bouton coudé en cuivre servant à le manœuvrer; d'une pièce XZ, placée sous le pêne suivant le mouvement des deux pênes et ramenée à sa position primitive par le pêne demi-tour lorsqu'on cesse d'agir sur lui ; de quatre gorges G dont nous donnerons plus loin les détails; d'un ressort R agissant sur le bec-de-cane ; d'une entrée de clef I ; d'étoquiaux H pour fixer le foncet sur la boîte; d'un étoquiau cylindrique S servant à fixer la plaque de foncet.

En F et fixées sur la cloison se trouvent deux rondelles en cuivre dans lesquelles passent les deux têtes rondes du pêne.

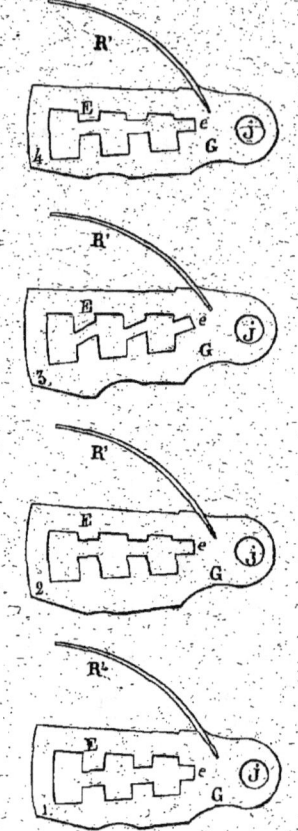

Fig. 457.

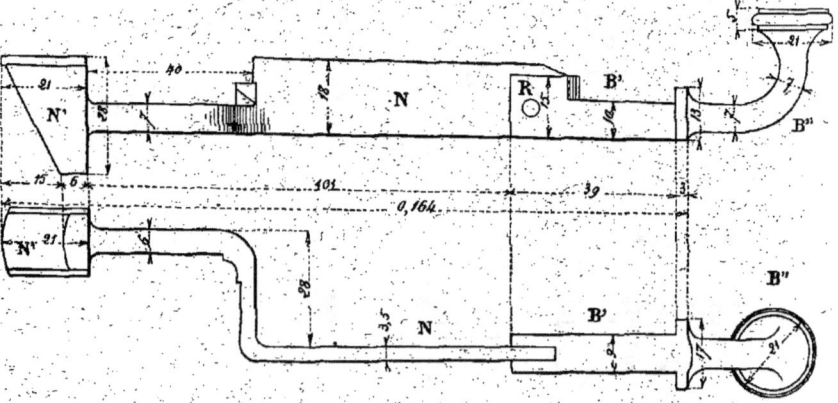

Fig. 458.

Détails des pièces principales.

Pêne.

325. Le pêne de cette serrure est indiqué en trois projections (*fig.* 456). Les deux têtes cylindriques P sont fixées sur une plaque Q dont la vue en bout Q' nous montre l'encoche N dans laquelle passe le pêne de demi-tour. Le corps P' du pêne comporte : 1° une encoche O dans laquelle

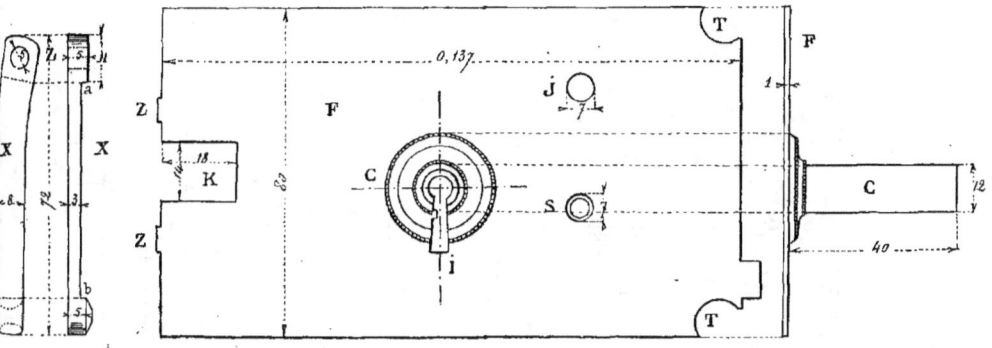

Fig. 459.   Fig. 460.

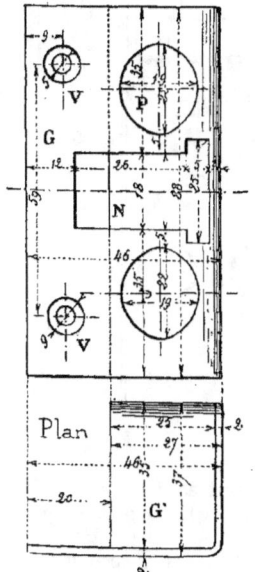

Fig. 461.

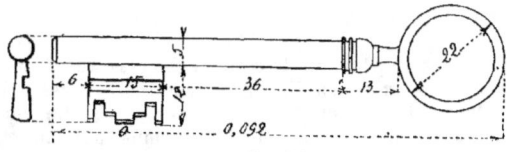

Fig. 462.

se place l'étoquiau J, fixé sur le palastre et recevant les gorges G ; 2° le tenon t qui passe dans les entailles des gorges ; 3° un étoquiau Y placé sous le pêne et lui servant de guide ; 4° les barbes nécessaires pour la manœuvre des deux pênes.

Gorges.

326. La figure 457 nous donne la forme des quatre gorges de cette serrure (on peut aussi faire cette serrure à six gorges) ; nous connaissons déjà l'usage qu'on peut faire de ces gorges, il nous suffit de remarquer que celles-ci comportent une encoche supplémentaire e dans laquelle vient se loger le petit tenon t lorsque la clef agit sur le demi-tour ; le pêne rond rentre un peu dans la boîte pour permettre le mouvement du bec-de-cane.

Bec-de-cane.

327. Le bec-de-cane est représenté en deux projections (*fig.* 458) ; il présente, comme nous pouvons le voir, une disposition un peu différente de ceux que nous avons examinés précédemment.

328. La figure 459 nous montre la forme de la pièce en fer, placée sous les pênes.

329. La figure 460 nous représente la plaque de foncet n'ayant rien de particulier à signaler.

330. La figure 461 nous indique la forme spéciale que prend la gâche pour recevoir en N le bec-de-cane et en P les

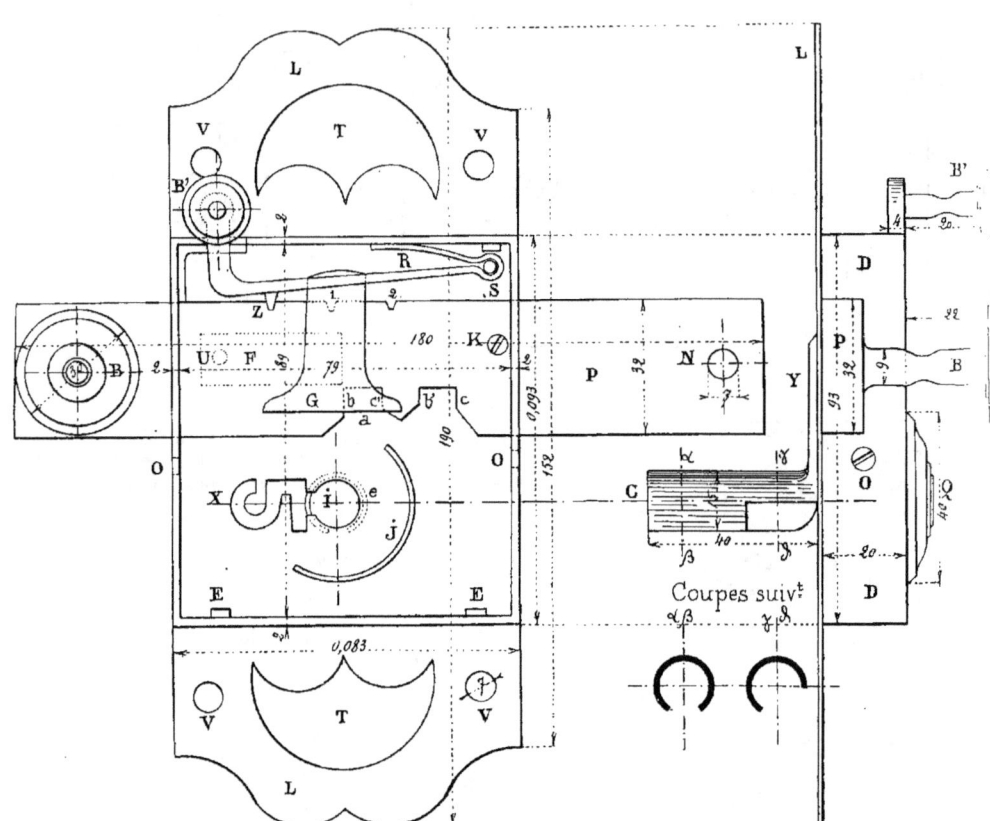

Fig. 463.

deux têtes du pêne rond ; cette gâche est fixée par deux vis en V, sur la menuiserie devant le recevoir.

331. Enfin, la figure 462 nous donne la forme de la clef de cette serrure.

Marche des différentes pièces pour ouvrir ou pour fermer la serrure.

332. La clef, entrant par la seule entrée I (*fig.* 455), agit en a sur les quatre gorges puis rencontre la barbe b du pêne quelle pousse pour fermer un tour ; en agissant en c on fermera le second tour.

Pour ouvrir il suffit de faire l'opération inverse.

Pour ouvrir le bec-de-cane la partie milieu o de la clef agit en h sur la barbe du pêne, entraine ce pêne puis la pièce ZX qui tourne autour du point Z et par

ÉTUDE DÉTAILLÉE DE LA SERRURERIE D'INTÉRIEUR.

suite le bec-de-cane ; le ressort R ramène ce bec-de-cane dans la position actuelle de la figure lorsqu'on cesse d'agir.

Verrous de sûreté.

333. On donne en général le nom de *verrou de sûreté* à une sorte de serrure composée d'un seul pêne, qu'on fait mouvoir du dedans sans le secours de la clef. C'est le complément indispensable d'une serrure de sûreté pour les portes extérieures et les portes de nos appartements ayant accès direct sur les paliers. On en fait de plusieurs types que nous étudierons en détails dans ce qui va suivre.

Verrous de sûreté anciens.

Premier exemple.

334. La figure 463 nous représente en élévation et en vue de côté la disposition d'un verrou ancien comme on en rencontre encore aujourd'hui sur les portes des vieux hôtels.

335. Ce verrou se compose : d'une platine en fer T plus ou moins découpée suivant le style et sur laquelle se fixe, au

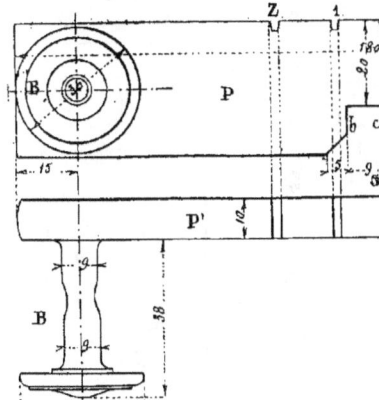

Fig. 464.

moyen d'étoquiaux E, la boîte du verrou ; d'un pêne P muni de son bouton B, de ses encoches Z, de son arrêt K et de ses barbes (en N un second trou permettant de changer de place le bouton B et de faire marcher le pêne dans un autre sens) ; d'un ressort en acier F placé sous le pêne, maintenu en U par un rivet et servant à donner au pêne une certaine résistance pour son ouverture ou pour sa fermeture ; une gorge G mobile en S et comportant un ressort R, un bouton B' et un tenon Z entrant dans les encoches du pêne ; une entrée de clef I et une bouterolle J complètent cette disposition.

336. Dans la vue de côté les deux coupes $\alpha\beta$ et $\gamma\lambda$ nous indiquent la forme spéciale donnée au canon C et permettant lorsqu'on a fait entrer le panneton de la clef verticalement de le faire tourner de 90 degrés pour qu'il pénètre horizontalement dans la boîte du verrou.

En O se trouvent les vis fixant le foncet sur les côtés D de la boîte ; en Q est indiqué le faux-fond recevant la broche.

Détails des pièces principales.

Pêne.

337. Le pêne de ce verrou est indiqué en élévation et en plan (*fig.* 464), rien de particulier à en dire, ces figures faisant facilement comprendre sa disposition.

338. La figure 465 nous montre la face L de la platine directement appliquée sur la menuiserie recevant le verrou. La clef entrant d'abord verticalement suivant le tracé pointillé se retourne de 90 degrés et pénètre dans la boîte du verrou par l'entrée X ; le sens des flèches indique la direction à lui faire prendre pour ouvrir

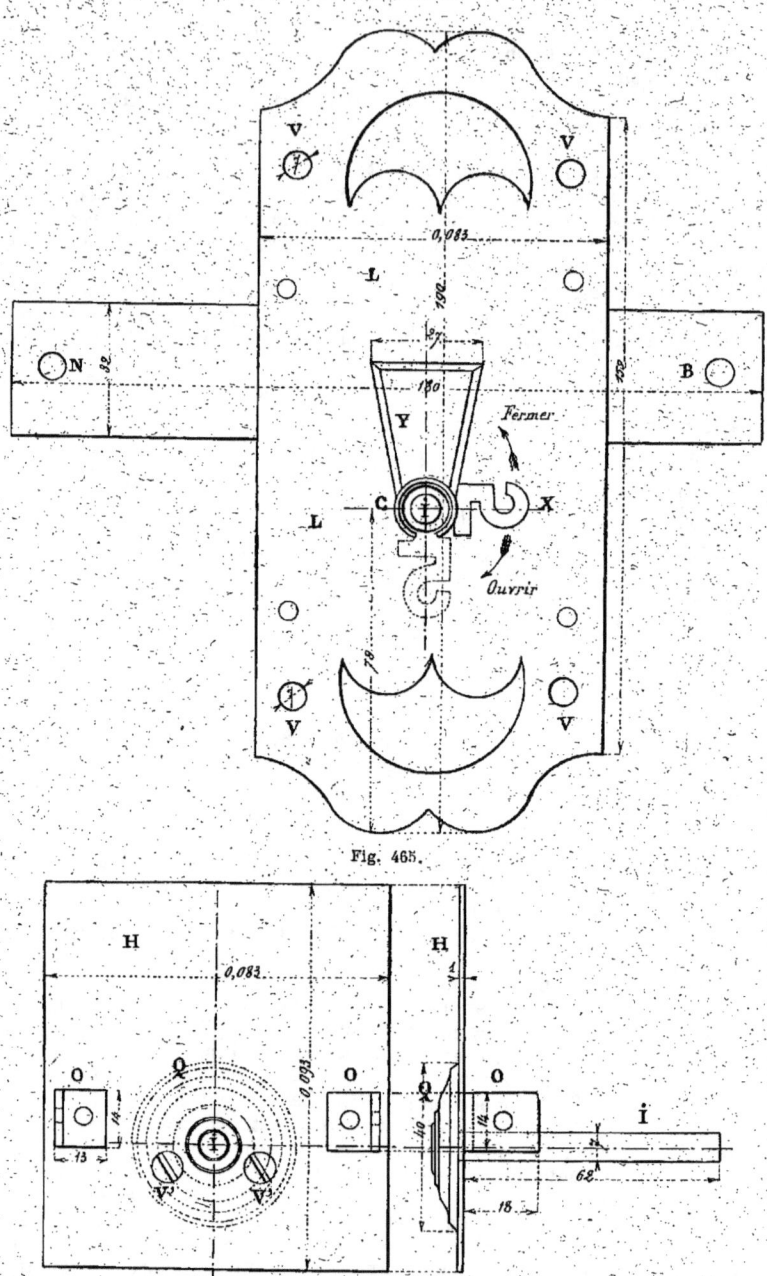

Fig. 465.

Fig. 466.

ou pour fermer ce verrou. En I la broche ; en C le canon ; enfin, en Y, la patte renforcée servant à retenir ce canon sur la platine L.

339. La figure 466 nous montre la plaque de foncet H recouvrant la boîte du verrou ; la broche I passe dans l'ouverture I de la figure 463 ; les équerres O servent à fixer cette plaque sur la boîte ; les vis V' sont employées pour retenir le faux-fond sur le foncet.

Clef.

340. La figure 467 nous représente la clef servant à ouvrir ce verrou. C'est, comme le montre ce croquis, une grosse clef forée dont le panneton P est découpé comme le chiffre 5 (voir la vue de côté Q).

Ce panneton est fendu en e pour permettre le passage de la bouterolle J de la figure 463. Cette clef (*fig.* 467), comporte, comme toutes celles du même genre, un anneau allongé A, une embase E, une tige C et un panneton P.

Marche des différentes pièces pour ouvrir ou pour fermer le verrou.

341. Dans la position actuelle de la figure 463, le verrou est supposé fermé à deux tours ; pour l'ouvrir, on agit avec le panneton de la clef au point a de la gorge G. Cette gorge étant soulevée dégage le tenon Z de l'encoche dans laquelle il était logé, le panneton rencontre ensuite en b la

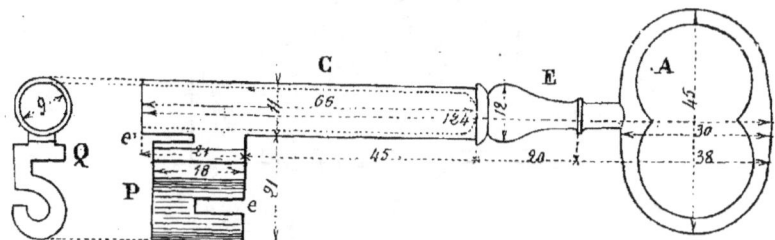

Fig. 467.

barbe du pêne et ouvre un tour en appuyant vers la gauche. Ce premier tour ouvert, le tenon Z étant venu dans l'encoche 1 on recommence, le panneton agissant toujours en a sur la gorge G rencontre le pêne en b' et ouvre le second tour ; le tenon Z, après ce deuxième mouvement, vient dans l'encoche 2 du pêne.

342. Pour fermer du dehors on agit de même en a, en c et en c'. Cette manœuvre est très simple et se comprend facilement.

343. Pour fermer le verrou de l'intérieur il suffit de soulever le bouton B', on dégage alors le tenon Z des encoches du pêne et on ferme directement les deux tours en poussant sur le bouton B vers la droite ; pour l'ouvrir de l'intérieur c'est la même opération mais en tirant le bouton B vers la gauche.

2ᵉ Exemple.

344. La figure 468 nous donne un deuxième exemple de verrou de sûreté ancien, se composant : d'une platine évidée T sur laquelle se trouve fixée, au moyen détoquiaux E, la boîte du verrou ; d'un pêne P muni de son bouton B, de deux arrêts K et K' et présentant les barbes nécessaires à son fonctionnement ainsi que les crans Z dont nous connaissons l'usage ; d'une *gâchette* UU' assurant l'inviolabilité du pêne et dont nous expliquerons plus loin la manœuvre ; d'une gorge G mobile autour du point S munie de son ressort R et d'un bouton de manœuvre B' ; d'un ressort R' agissant sur le dos de la gâchette UU' ; d'une entrée de clef H' de forme spéciale ; d'une bouterolle J ; d'un ressort R'' placé sur la plaque de foncet et présentant en L un ar-

222 SERRURERIE.

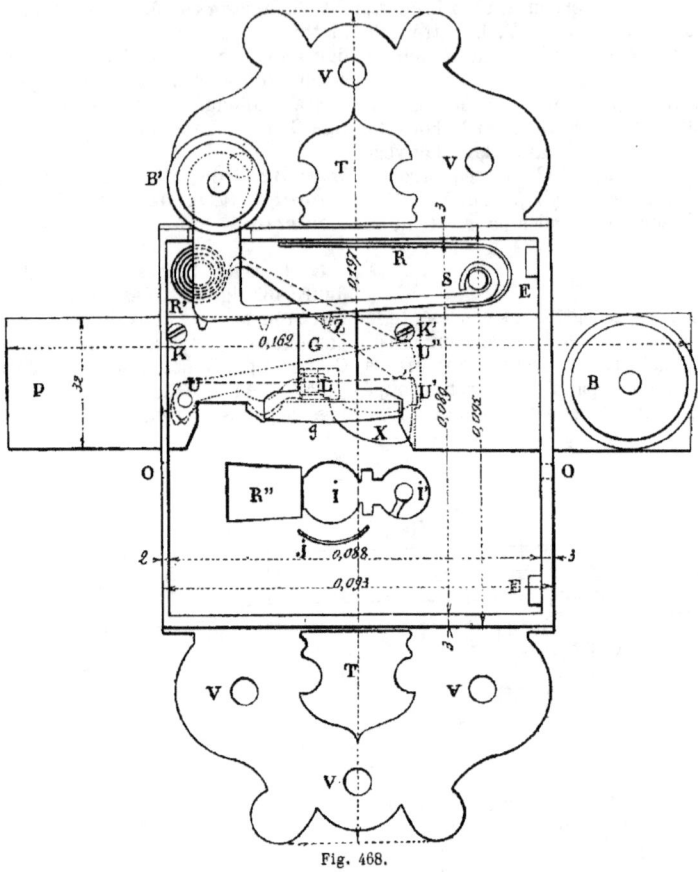

Fig. 468.

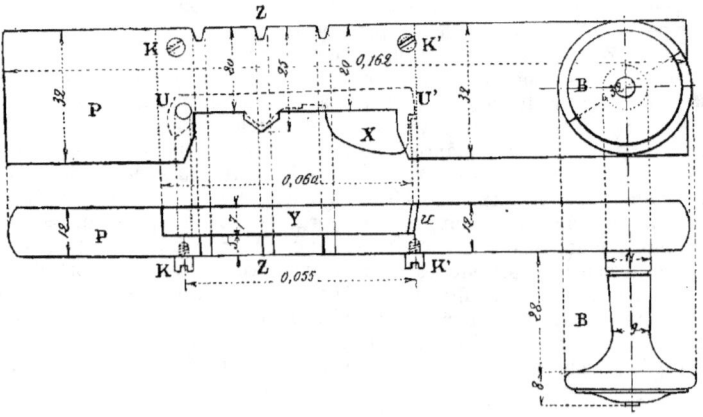

Fig. 469.

ÉTUDE DÉTAILLÉE DE LA SERRURERIE D'INTÉRIEUR.

rêt permettant de maintenir élevée la gâchette UU'.

La platine de ce verrou comporte six trous V permettant de la fixer solidement sur la porte à l'aide de six fortes vis.

Détails des pièces principales.

Pêne.

345. Le pêne est la partie importante de ce verrou, nous le représentons en deux projections (*fig.* 469). Comme le montre ce croquis, ce pêne est, en Y, évidé pour permettre d'y placer la gâchette UU'.

Cette gâchette est mobile autour d'un étoquiau cylindrique U et repose en U' sur

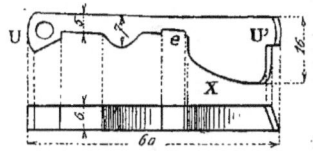

Fig. 470.

une encoche u réservée sur le pêne même et limitant sa course inférieurement. Sur

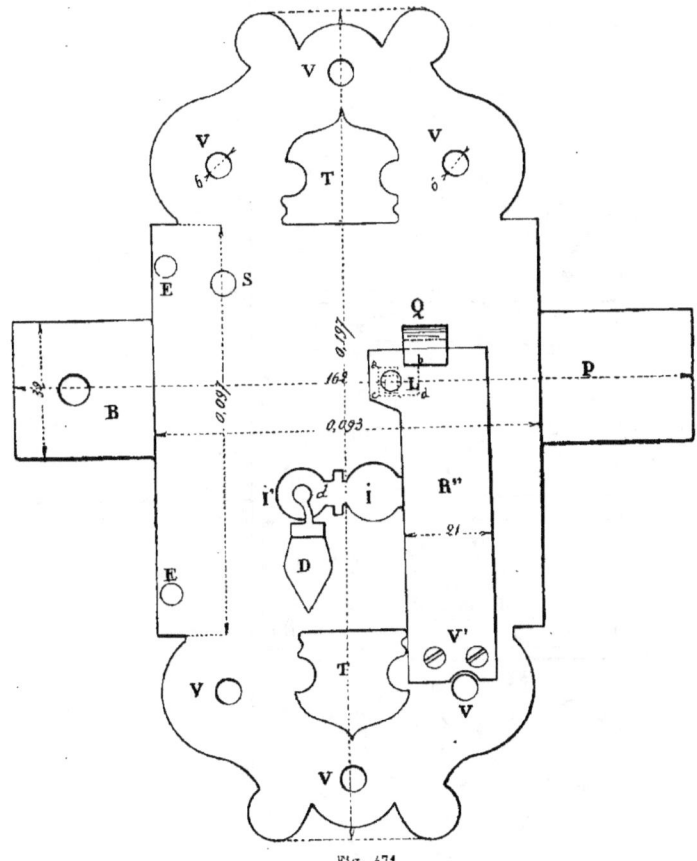

Fig. 471.

224 SERRURERIE.

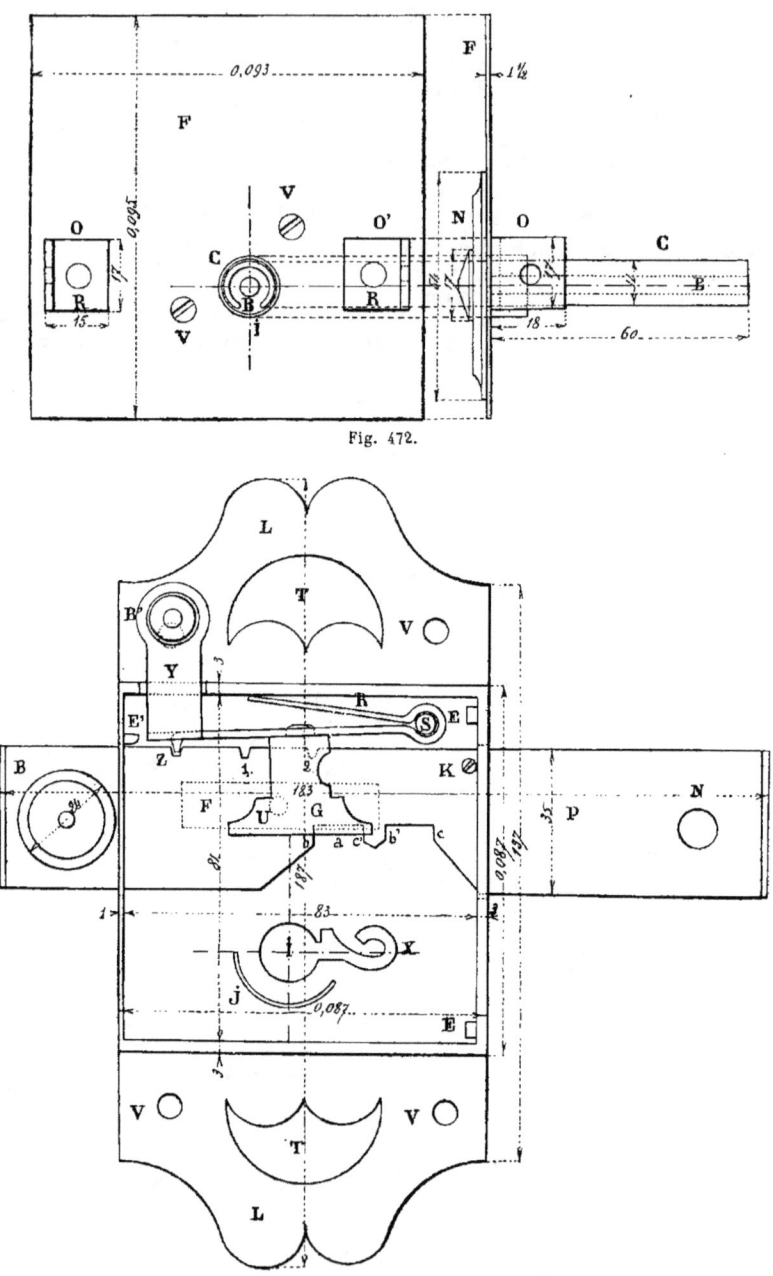

Fig. 472.

Fig. 473.

ÉTUDE DÉTAILLÉE DE LA SERRURERIE D'INTÉRIEUR.

une certaine partie de sa longueur cette gâchette prend sensiblement la forme des barbes du pêne et, en X, elle dépasse en dessous pour permettre à la clef de la rencontrer dans son mouvement circulaire.

Gâchette.

346. La gâchette est indiquée en plan et en élévation (*fig.* 470), elle n'offre rien de particulier à signaler.

Gorge.

347. La gorge G de la figure 468 est simple et se rapproche de celles qui ont été étudiées précédemment dans les serrures.

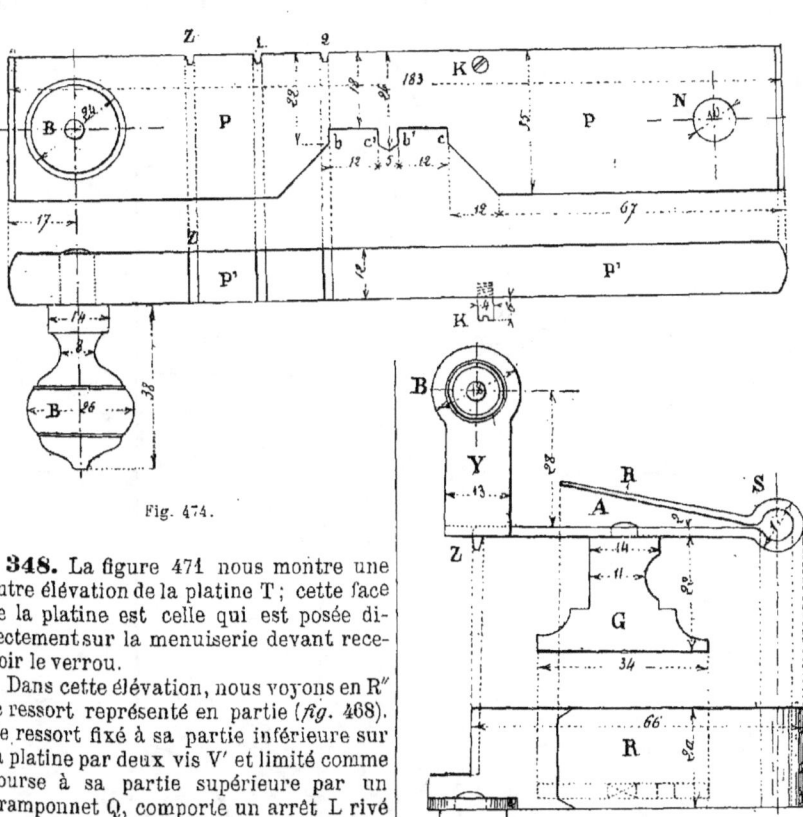

Fig. 474.

Fig. 475.

348. La figure 471 nous montre une autre élévation de la platine T ; cette face de la platine est celle qui est posée directement sur la menuiserie devant recevoir le verrou.

Dans cette élévation, nous voyons en R″ le ressort représenté en partie (*fig.* 468). Ce ressort fixé à sa partie inférieure sur la platine par deux vis V' et limité comme course à sa partie supérieure par un cramponnet Q, comporte un arrêt L rivé sur le ressort et passant dans un trou rectangulaire *abcd* percé sur la platine. Cet arrêt sert comme nous le verrons à maintenir soulevée la gâchette UU' et à empêcher tout mouvement du pêne.

En I et I' se trouve l'entrée de clef ; en D un renfort pour maintenir une petite broche *d* de très peu de longueur. En E les rivets des étoquiaux, en S le rivet servant de pivot à la gorge G (*fig.* 468).

349. La figure 472 nous donne les détails de la plaque de foncet F de ce verrou ; cette plaque, de 1 millimètre 1/2 d'épaisseur, reçoit en O et en O' deux petites équerres servant à la fixer sur la boîte de la serrure. Ces deux petites

Sciences générales. SERRURERIE. — 15.

équerres sont maintenues sur le foncet par des rivets R. En V sont les vis qui maintiennent en place le faux-fond N; en C le canon; en I une rondelle dans laquelle le canon mobile peut se mouvoir et prendre toutes les positions; en B une broche; enfin, en N, le faux-fond dont nous avons vu précédemment la disposition.

Marche des différentes pièces pour ouvrir ou pour fermer le verrou.

350. La marche du pêne nous est maintenant connue, il nous suffira d'indiquer le but de la gâchette UU' placée sous ce pêne. Quand on ferme le verrou la gâchette UU' est rencontrée par la clef

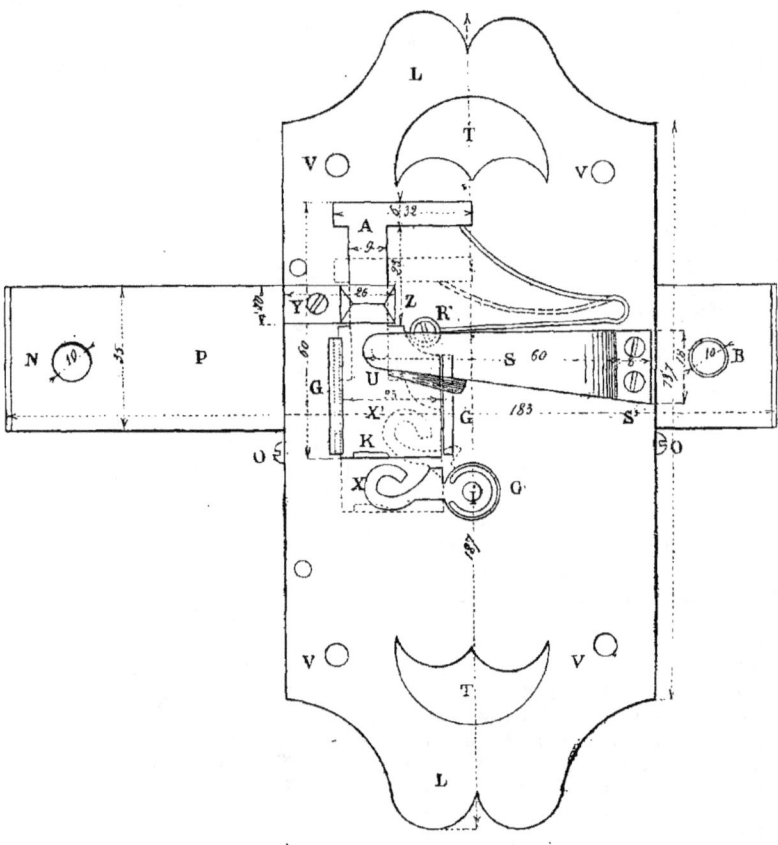

Fig. 476.

qui agit en X et lui fait prendre la position UU", cette gâchette étant ainsi remontée est maintenue en l'air par l'arrêt L qui entre dans l'encoche e (*fig.* 470); cette gâchette est alors complètement immobile et comme elle est liée au pêne en U ce pêne ne peut ni avancer ni reculer. Lorsqu'on ouvre avec la clef on agit avec le panneton sur le ressort R" on déclanche l'arrêt L et la gâchette reprenant sa posi-

ÉTUDE DÉTAILLÉE DE LA SERRURERIE D'INTÉRIEUR.

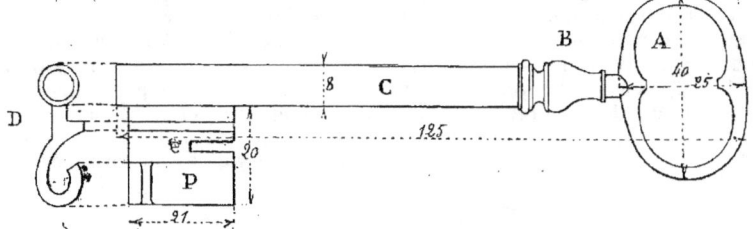

Fig. 477.

tion primitive UU' il est alors très facile d'ouvrir le verrou sans la moindre difficulté.

C'est, comme nous le voyons, un petit secret qu'il faut connaître pour pouvoir ouvrir le verrou sans cela, même avec la clef, on ne pourrait y arriver.

3ᵉ Exemple

351. Comme troisième exemple de verrou de sûreté ancien, nous représentons (*fig.* 473) la vue intérieure d'un verrou présentant une grande analogie de forme avec le type de la figure 463 ; nous n'insisterons pas sur sa marche et nous ferons simplement remarquer ce qu'il a de particulier.

352. La figure 474 nous donne en croquis les détails du pêne.

353. La figure 475 nous représente la gorge G, son ressort R et son bouton de tirage B.

354. La figure 476 nous indique en croquis une disposition particulière de platine qu'il est intéressant d'étudier.

Lorsqu'on vient extérieurement de fermer le verrou avec la clef, dont nous donnons les détails (*fig.* 477), on cache l'entrée de clef avec une plaque de tôle A d'une forme spéciale. Cette plaque est guidée dans son mouvement par deux conduits G et par un picolet Z fixé sur la platine par une vis Y.

Un ressort fixé en R' maintient cette plaque A dans la position marquée en traits pleins sur le croquis ; un autre ressort S fixé en S' par deux vis, appuie sur la platine A à l'aide d'un petit tenon U et maintient la plaque A contre la platine.

Lorsqu'on vient de fermer, à deux tours, le verrou de l'extérieur en sortant la clef, on fait prendre au panneton la

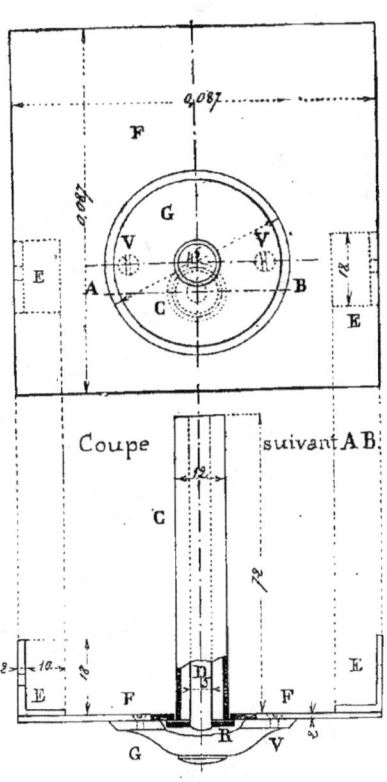

Fig. 478.

position en pointillé de la figure puis, en appuyant sur un talon K on fait descendre l'ensemble X en X de manière à cacher l'entrée de clef ; le canon mobile C et la broche I sont alors les seules pièces visibles.

Pour ouvrir, avant d'enfoncer entièrement la clef, on agit avec le panneton en dessous du talon K et on replace le tout dans la position en traits pleins de la figure.

C'est ce petit système qui en un mot fait la sûreté du verrou.

355. La figure 478 nous montre le mode d'attache du canon mobile C sur la plaque de foncet F avec une coupe des différentes pièces à l'endroit du faux-fond.

356. Enfin, la figure 479 nous représente une élévation d'ensemble de ce genre

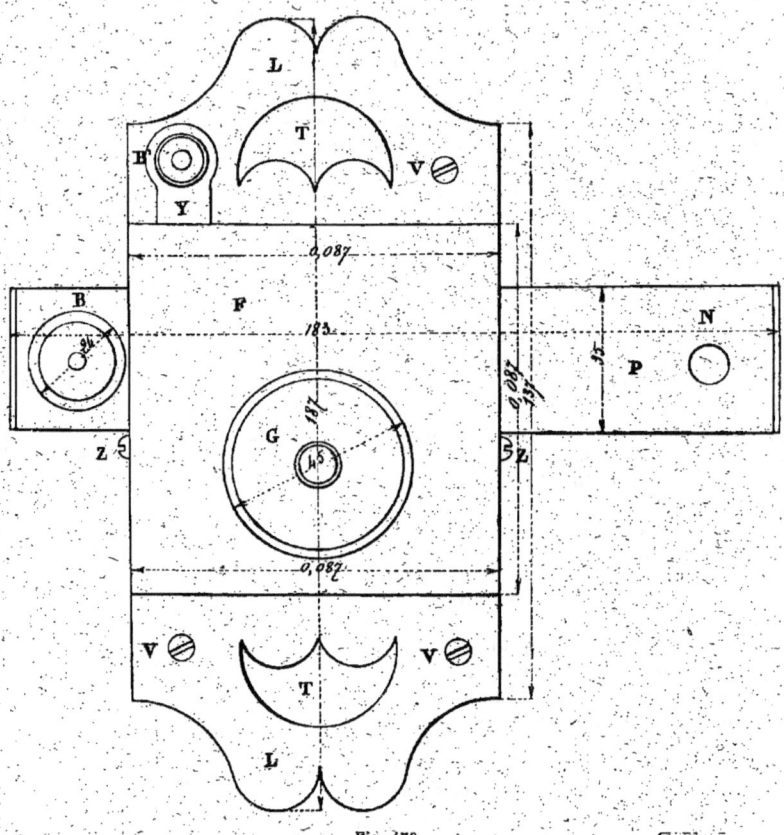

Fig. 479.

de verrou ancien, la plaque de foncet F mise en place.

Nota.

357. Nous avons, dans ce qui précède, montré trois des principaux types de verrous anciens qu'on peut encore rencontrer dans bien des habitations, il est évident qu'on a pu varier à l'infini les différentes combinaisons possibles, mais les types se ressemblent en général, comme principe.

358. Ces exemples servent à nous montrer, en les comparant avec les verrous modernes que nous allons étudier, quels sont les progrès qui ont été tentés

ÉTUDE DÉTAILLÉE DE LA SERRURERIE D'INTÉRIEUR.

pour améliorer ces solutions coûteuses et peu en rapport avec les goûts du jour.

Verrous de sûreté actuellement employés.

359. Il y a, aujourd'hui, en usage, un très grand nombre de verrous de sûreté ; on peut même dire que chaque fabricant cherche à apporter une amélioration et à créer un type nouveau. Nous n'étudierons, dans ce qui va suivre, que les types principaux qu'on peut considérer comme le plus souvent adoptés.

Premier exemple.

360. Le verrou le plus simple est indiqué en croquis (*fig.* 480). Il se compose

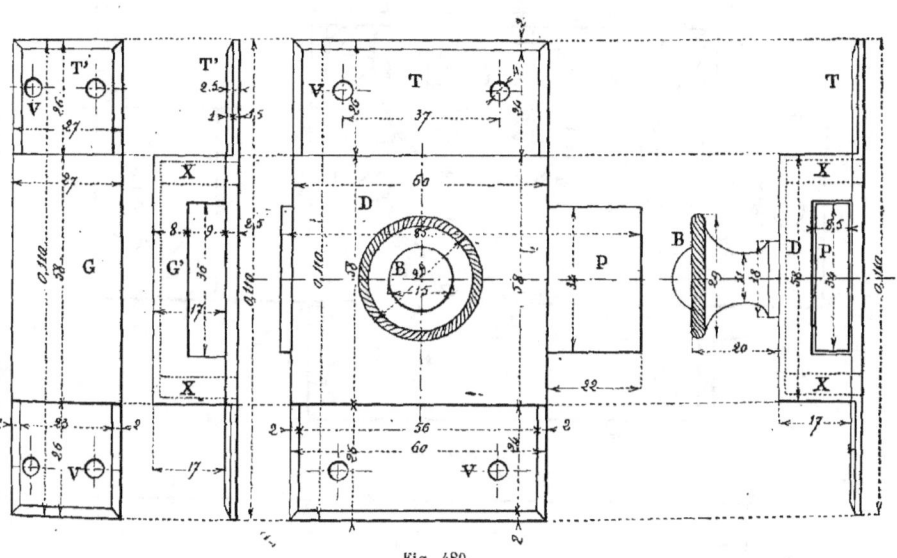

Fig. 480.

d'une boîte D en cuivre rivée sur une platine en fer T et comportant un bouton B en cuivre qui fait mouvoir un pêne P soit dans un sens, soit dans l'autre. Ce genre de verrou, qui, en réalité, n'est qu'une grosse targette, est aussi connu dans le commerce sous le nom de targette de sûreté de 60 millimètres encloisonnée à bouton tournant. Elle s'applique sur le montant d'une porte et ne peut se manœuvrer que de l'intérieur ; la gâche de ce verrou, dont nous donnons la forme en deux projections G et G', se fixe sur le dormant à l'aide de quatre vis V. Les tenons X servent, dans le verrou et dans la gâche, à relier la boîte à la platine.

Deuxième exemple.

361. La forme habituelle de nos verrous de sûreté et de leur gâche est celle représentée en perspective (fig. 481). Ce

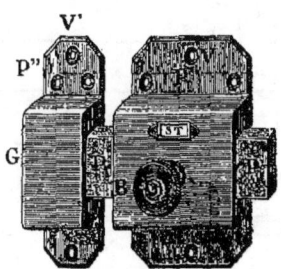

Fig. 481.

sont, généralement, des verrous de sûreté à coffre en fer ou en cuivre à gorges mobiles ou à pompe, à bouton tournant, clef en fer forgé, gâche à pattes, en fer ou en cuivre, de 7 centimètres de largeur.

Verrrou de sûreté à quatre gorges mobiles.

362. La figure 482 nous représente la

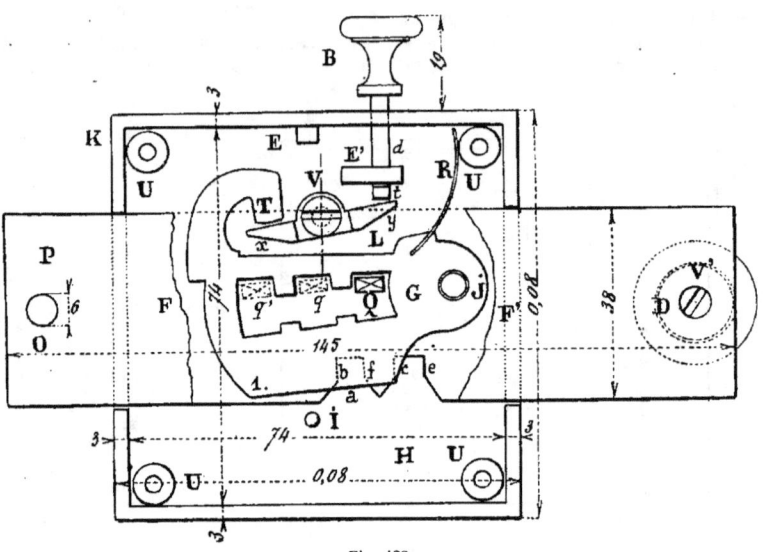

Fig. 482.

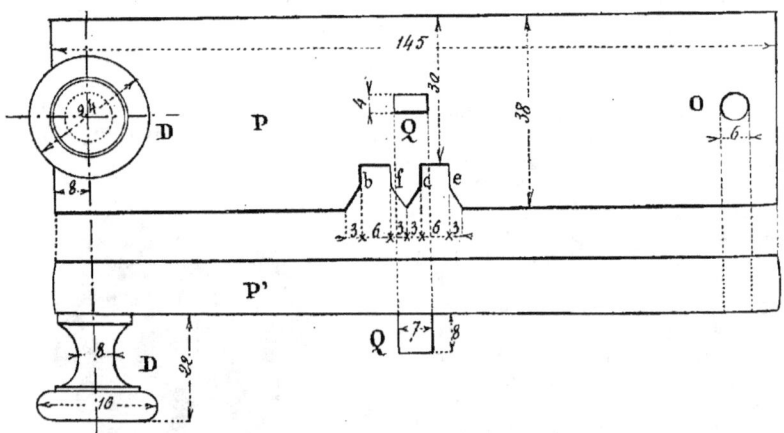

Fig. 483.

vue intérieure d'un verrou de sûreté à quatre gorges aujourd'hui très employé dans nos maisons d'habitation.

Ce verrou se compose : d'une boîte en fer K présentant quatre étoquiaux cylindriques U permettant de la fixer sur une

ÉTUDE DÉTAILLÉE DE LA SERRURERIE D'INTÉRIEUR.

platine à l'aide de quatre vis à métaux; d'étoquiaux E, servant à relier le palastre ressorts R; d'un levier à bascule L mobile en V et retenu sur le palastre en ce point; d'un bouton B en cuivre à talon t passant dans un picolet E'; enfin, d'une broche I entrant dans le canon et servant de guide à la clef.

Nota :

363. Dans cette figure les différentes pièces étant cachées par le pêne, nous avons supposé celui-ci enlevé sur une certaine partie pour bien faire comprendre le mécanisme intérieur.

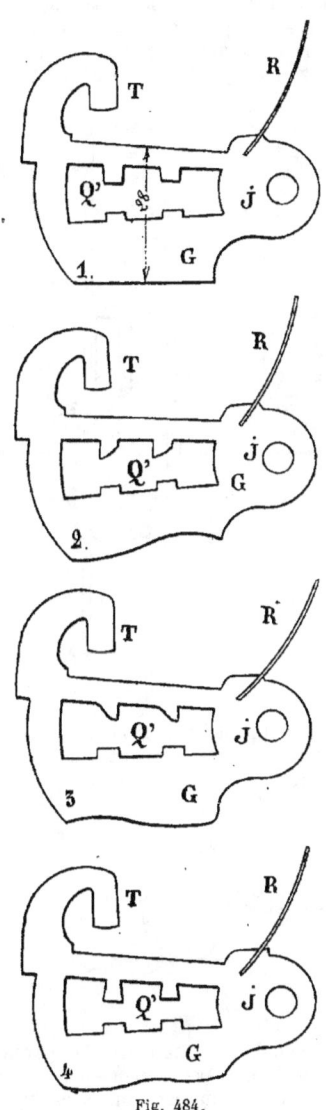

Fig. 484.

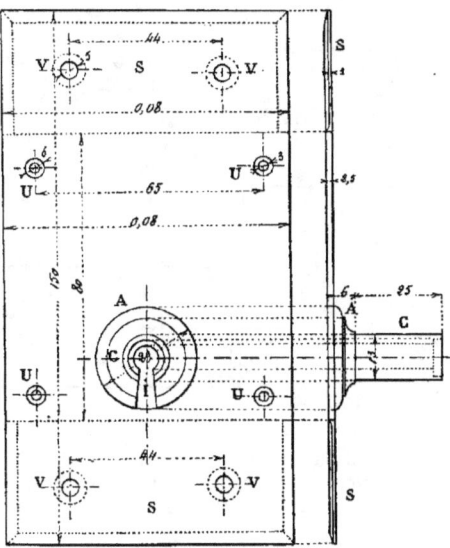

Fig. 485.

Détails des pièces principales.
Pêne.

364. Le pêne indiqué en deux projections P et P' (*fig.* 483), comporte les barbes $ecfb$ nécessaires à son fonctionnement; un tenon Q venant se placer dans les redents et les encoches des gorges ; d'un bouton D servant à le manœuvrer facilement; d'un trou O servant à changer la place de ce bouton, si cela est nécessaire.

Gorges.

365. Les quatre gorges en cuivre de ce verrou sont représentées en croquis

aux côtés de la boîte ; d'un pêne P dont nous verrons plus loin les détails ; de quatre gorges en cuivre G munies de leurs (*fig.* 484); elles ont, comme le montre cette figure, une forme spéciale, outre les encoches et les crans d'arrêt, elles présentent en plus un talon recourbé T dont nous verrons l'usage dans ce qui va suivre.

Plaque de foncet.

366. La plaque de foncet S qui sert, en même temps, de platine au verrou est indiquée en croquis (*fig.* 485) ; elle ne présente rien de particulier à signaler.

367. La figure 486 nous montre une

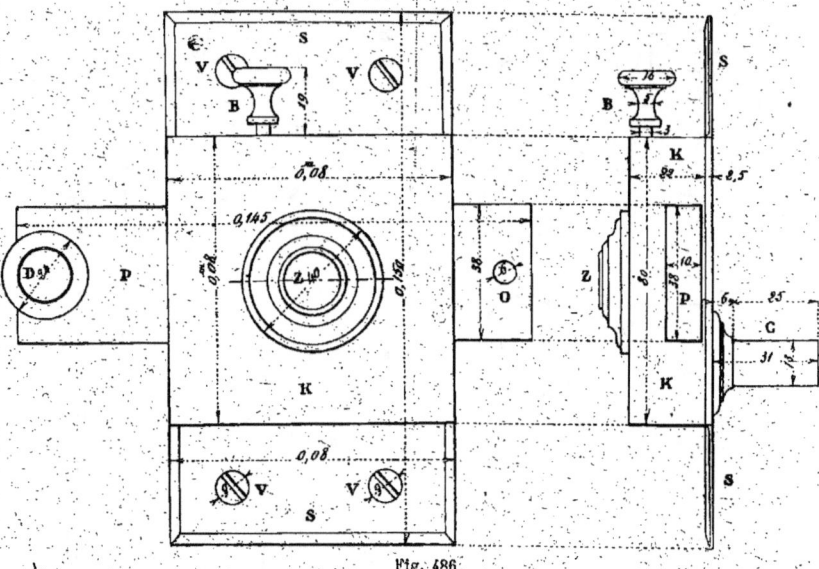

Fig. 486.

élévation d'ensemble et une vue de côté du verrou permettant d'indiquer la disposition du faux-fond Z.

368. Enfin, la figure 487 nous représente la forme de la clef servant à manœuvrer ce verrou.

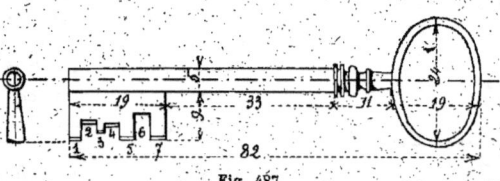

Fig. 487.

Marche des différentes pièces pour ouvrir ou pour fermer le verrou.

369. Etant à l'extérieur, pour fermer le verrou, on introduit la clef dans le canon et par suite dans la broche T (*fig.* 482), on tourne de droite à gauche, et le panneton de cette clef soulève en même temps en a les quatre gorges, puis agit sur la barbe b du pêne ; on ferme ainsi un premier tour ; pour fermer le second, on soulève encore les quatre gorges en a, et on agit en c sur le pêne. Pendant ce temps le tenon Q est

ÉTUDE DÉTAILLÉE DE LA SERRURERIE D'INTÉRIEUR.

venu prendre les deux positions q et q' indiquées dans la figure.

370. Pour ouvrir, on agit encore sur les gorges en a et successivement sur les deux faces des barbes e et f.

371. La manœuvre de l'intérieur se fait sans clef, soit pour fermer, soit pour ouvrir ; il suffit de pousser sur le bouton B, par l'intermédiaire de la tige d, le bouton appuie avec le talon t en y sur l'extré-

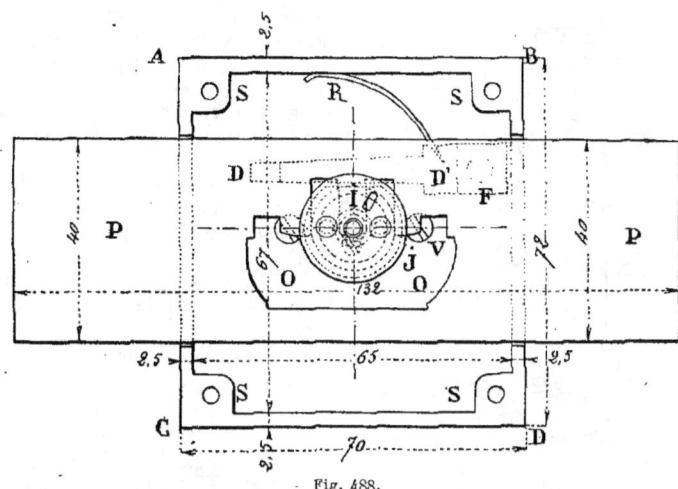

Fig. 488.

mité du levier V, le fait basculer et par sa branche x ; soulève en même temps tous les talons T des gorges, ce qui per- met au talon Q du pêne de passer librement dans les encoches et les redents des gorges. Lorsqu'on cesse d'agir sur le bou-

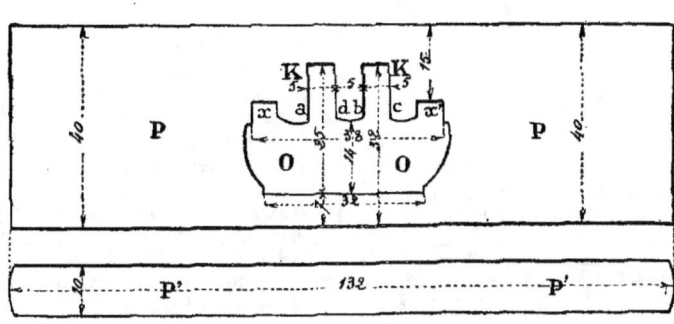

Fig. 489.

ton B, celui-ci se relève de lui-même, et tout se place dans la position primitive.

Verrou de sûreté à pompe.
Troisième exemple.

372. Comme troisième exemple de verrou de sûreté, nous allons nous occuper d'un verrou à pompe marqué APC, fabriqué par MM. Picard frères. Ce verrou ayant une très grande analogie avec les serrures à pompe décrites précédemment, nous en parlerons très succinctement.

373. La figure 488 nous montre la boîte ABCD de ce verrou renfermant le pêne dont la figure 489 nous indique des projections P et P'; une pièce J, dont le

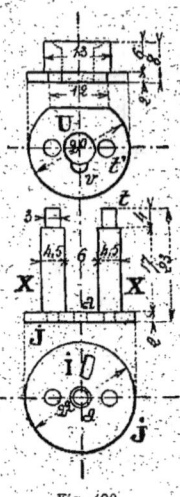

Fig. 490.

croquis (*fig.* 490) nous rappelle la forme, et que nous connaissons comme usage; une autre pièce DD' représentée (*fig.* 491)

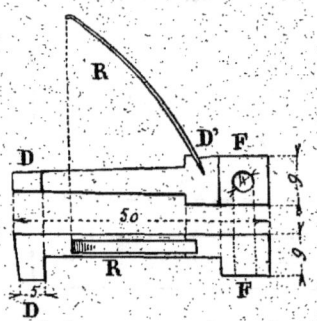

Fig. 491.

avec ses principales dimensions et dont la manœuvre nous est connue.

374. Nous rappelons qu'il s'agit d'introduire en I (*fig.* 488) un petit tenon venant du canon, et recevant son mouvement circulaire de la clef pour le transmettre à la pièce J, qui le communique au pêne.

375. La figure 492 nous montre le bouton en cuivre placé sur la boîte du verrou, et servant à le manœuvrer de l'intérieur; ce bouton se trouve fixé sur la pièce U (*fig.* 490), laquelle est reliée à la pièce J de la même figure.

Il suffira donc, pour ouvrir ou pour fermer le verrou de l'intérieur, d'agir soit dans un sens, soit dans l'autre, sur le bouton B.

376. Pour ouvrir ou pour fermer de l'extérieur, la manœuvre est la même que pour la serrure à pompe décrite précédemment.

377. La figure 493 nous montre la platine H servant de plaque de foncet au verrou.

378. La figure 494 nous représente

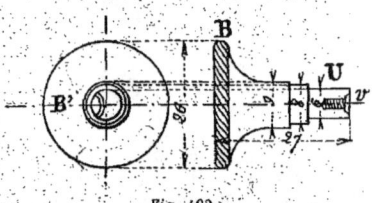

Fig. 492.

une autre vue de la plaque de foncet, avec l'indication du canon C du verrou. Ces deux dernières figures ayant une grande analogie avec celles décrites précédemment (*fig.* 447 et 448), nous y renvoyons nos lecteurs pour éviter les répétitions.

379. La figure 495 nous donne une vue d'ensemble du verrou et de sa gâche G.

380. La figure 496 nous montre en deux projections la disposition et les principales cotes de la gâche.

381. Enfin, la figure 497 nous représente la clef de ce verrou, clef que nous connaissons maintenant.

Quatrième exemple.

382. Comme quatrième et dernier exemple de verrou de sûreté nous nous occuperons d'un verrou d'origine russe excessivement simple et très curieux.

ÉTUDE DÉTAILLÉE DE LA SERRURERIE D'INTÉRIEUR.

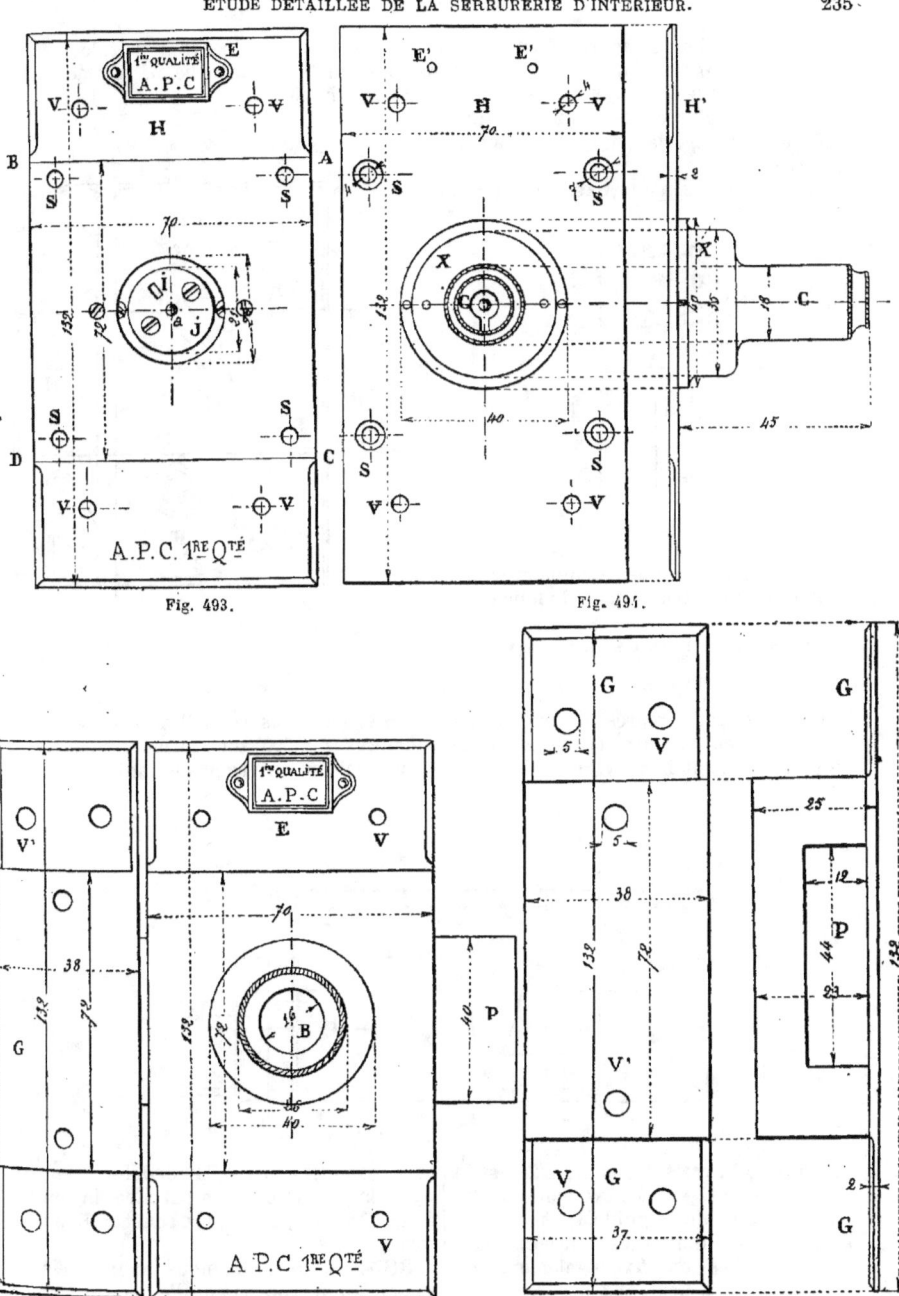

Fig. 493.

Fig. 494.

Fig. 495.

Fig. 496.

Ce verrou, dont nous représentons la coupe (*fig.* 498), se compose : d'un pêne P, de trois rondelles projetées en R″ dont nous verrons plus loin le croquis, et d'une clef O de forme spéciale ne quittant jamais le verrou.

En T les trous pour fixer le verrou sur une porte ; en S les étoquiaux cylindriques servant à maintenir le foncet. en X, un étoquiau servant à guider le pêne, et en O une encoche où se place le panneton de la clef.

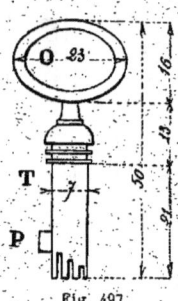

Fig. 497.

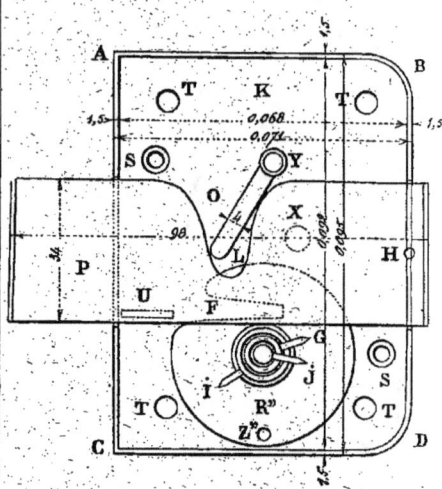

Fig. 498.

Détails des pièces principales.

Pêne.

383. Le pêne représenté en croquis (*fig.* 499) vu en trois projections comporte un tenon U dont nous verrons l'usage ;

Rondelles.

384. Les trois rondelles R, R′ et R″ indiquées (*fig.* 500) sont formées chacune d'un cercle en cuivre présentant une en-

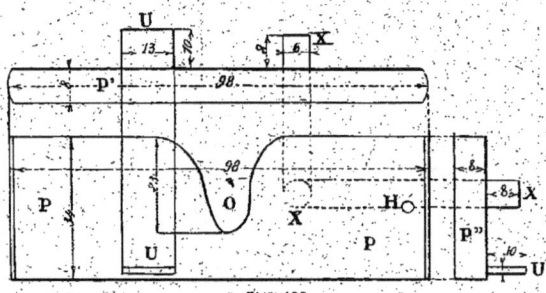

Fig. 499.

coche FF′F″ ; trois trous Z, Z′Z″, et la première une tige J′ à l'extrémité de laquelle on fixe une aiguille J, et les deux autres des douilles G′ et I′ aux extrémités desquelles on fixe également des aiguilles G et I. Ces rondelles se placent les unes sur les autres, la rondelle R étant posée la première sur le palastre, la rondelle R′ dessus, et enfin la rondelle R″ encore au dessus.

385. La figure 501 nous montre l'élévation du verrou vu de l'extérieur. En

ÉTUDE DÉTAILLÉE DE LA SERRURERIE D'INTÉRIEUR.

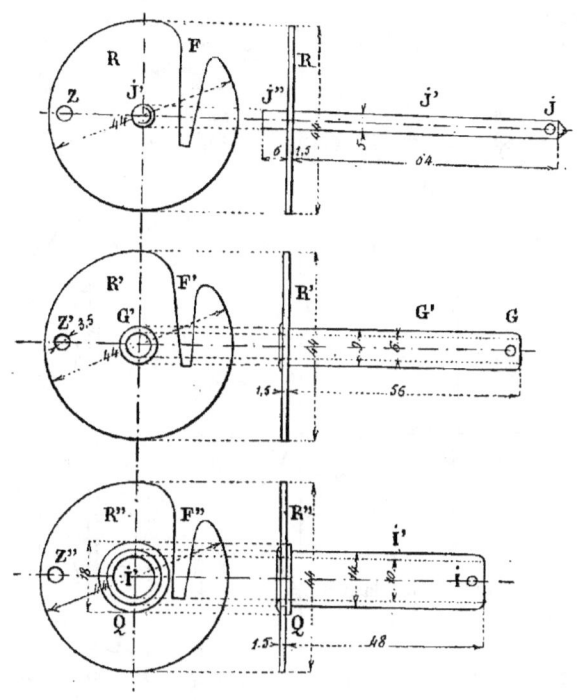

Fig. 500.

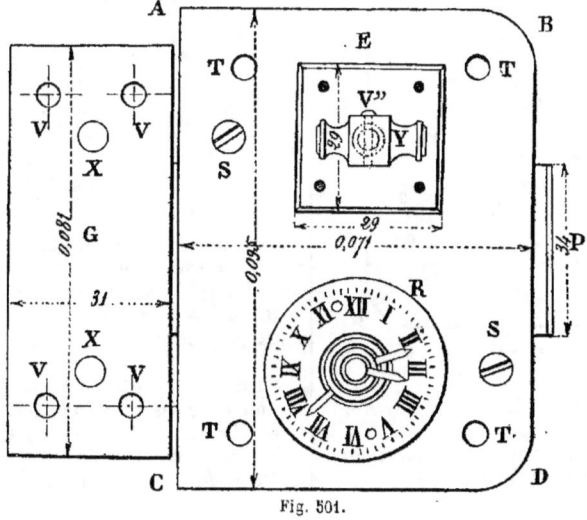

Fig. 501.

G la gâche; en R un cadran sur lequel se meuvent les trois aiguilles I, J et G de la figure 498; en E une entrée de clef

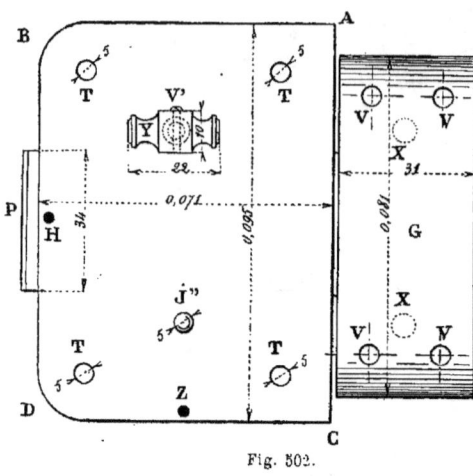

Fig. 502.

en cuivre; en V″ la poignée de la clef; enfin, en P le pêne.

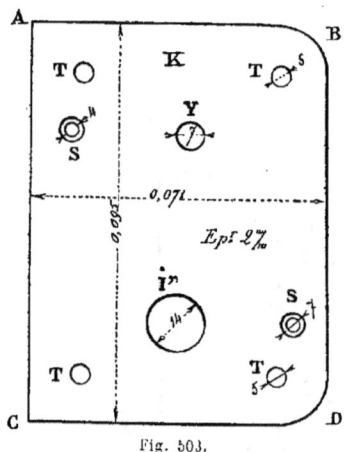

Fig. 503.

386. La figure 502 nous représente la vue opposée du verrou, c'est-à-dire le verrou vu de l'intérieur de l'appartement; en G la gâche, et en V′ la clef.

387. La figure 503 nous indique la forme de la plaque de foncet avec les diverses ouvertures nécessaires.

388. La figure 504 nous montre comment on fixe ce verrou sur une porte N: en R le cadran; en E l'entrée de clef; en V′V″ la clef; en I, J, G les trois aiguilles

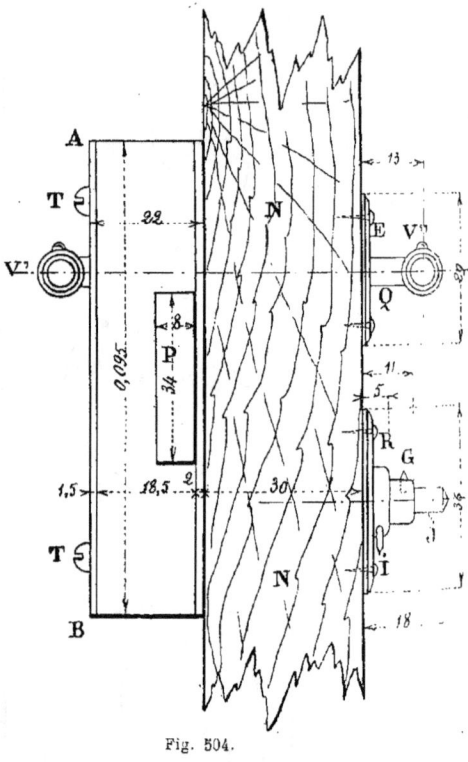

Fig. 504.

des rondelles de la figure 500; en P la vue en bout du pêne; enfin, en T les vis servant à fixer le verrou sur la porte.

389. La figure 505 nous représente deux projections de la gâche de ce verrou.

390. La figure 506 nous montre la clef en fer avec ses deux poignées en cuivre V et V′ rivées en R sur la tige Q, et le panneton de forme spéciale L.

391. Enfin, la figure 507 nous donne

ÉTUDE DÉTAILLÉE DE LA SERRURERIE D'INTÉRIEUR.   239

le détail et les principales cotes de l'entrée de clef E de la figure 501.

Moyen d'ouvrir et de fermer ce verrou.

392. Pour ouvrir le verrou il faut placer (*fig.* 501) les trois aiguilles indiquées sur le cadran R sur des heures connues à l'avance et telles, que les trois encoches F, F' et F" des rondelles (*fig.* 500) se superposent, comme nous l'indiquons (*fig.* 498). Ceci étant, on agit sur la clef de gauche à droite, et le talon U du pêne pouvant entrer librement dans les encoches F, ce pêne pourra prendre son mouvement.

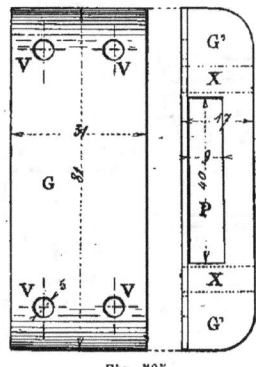

Fig. 505.

Si on dérange les aiguilles, et qu'on les place n'importe comment sur le cadran, il en résulte que les encoches F, F' et F" ayant diverses positions et la partie pleine des rondelles se trouvant placée devant le tenon du pêne, ces dernières empêchent le passage de ce tenon, et par suite tout mouvement du pêne.

393. Pour fermer de l'extérieur on place encore les aiguilles comme ci-dessus, on agit sur la clef en sens inverse, et lorsque le verrou est fermé, on change les aiguilles de place.

394. Nous donnons cet exemple comme simple curiosité et pour montrer qu'on peut, à l'infini, varier les dispositions des verrous.

Nota.

395. Il existe encore des verrous de sûreté où le bouton intérieur est remplacée par une entrée de clef; on peut dès

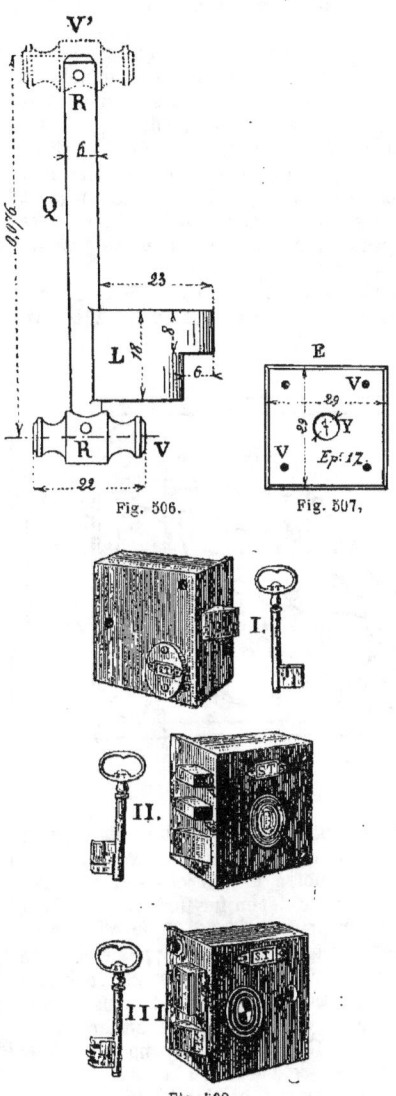

Fig. 506.   Fig. 507.

Fig. 508.

lors ouvrir ou fermer le verrou de l'extérieur ou de l'intérieur avec la clef; les mécanismes étant les mêmes, nous en parlons simplement pour mémoire.

Serrures d'armoires.

396. Les serrures d'armoires sont ordinairement des serrures très simples à *tour et demi*, nommées aussi *serrures encloisonnées* avec ou sans canon; on fait également des serrures d'armoires dites à entailler qui peuvent comprendre une planche comme garniture, une gorge et un ressort à pincettes, ou bien à plusieurs gorges en cuivre, et constituer alors une serrure de sûreté, etc.

397. Les trois formes de serrures d'armoires encloisonnées qu'on rencontre le plus souvent sont indiquées en croquis (*fig.* 508). En I est représentée une serrure d'armoire à tour et demi poussée, à canon avec clef en fer forgé, et se faisant ordinairement de 55, 60, 70, 80 et 110 millimètres; en II un autre type de serrure pour armoire à argenterie, et tiroirs de caisse; c'est une serrure à trois pênes, garniture blanchie et clef en fer forgé; enfin, en III, nous indiquons le croquis d'une serrure d'armoire à gorges mobiles, à pêne dormant, et demi-tour se faisant de 7 à 8 centimètres, clef en fer forgé.

Premier exemple.

398. La figure 509 nous représente en ABCD la vue intérieure d'une serrure d'armoire, la plaque de foncet supposée enlevée. Dans ce croquis nous voyons en P le pêne muni de ses barbes et maintenu dans son mouvement de glissement par un arrêt L fixé sur le palastre; immédiatement sur ce pêne se place une gorge en cuivre G comportant un œil F, qui permet de la fixer sur le palastre, soit à l'aide d'une vis, soit sur un simple étoquiau cylindrique.

En I la broche entrant dans le canon de la serrure et servant à guider la clef; en J les garnitures circulaires; en T les trous pour le passage des vis servant à fixer la serrure sur le battant de l'armoire; en R un ressort appuyant en même temps sur la gorge en Q, et sur la queue du pêne en P'; en S, un talon placé à mi-hauteur de la cloison sert à fixer à l'aide d'une vis la plaque de foncet.

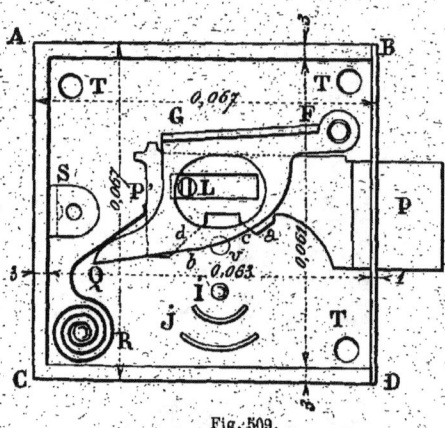

Fig. 509.

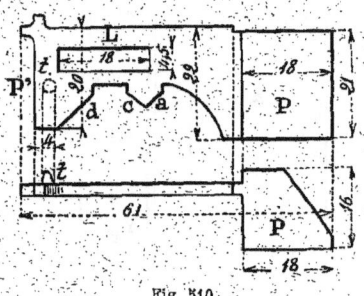

Fig. 510.

Détails des pièces principales.

Pêne.

399. Le pêne est représenté en deux projections par la figure 510; en a, c, d se trouvent les barbes sur lesquelles agit la clef; en L l'encoche laissant passer l'étoquiau L de la figure 509; enfin, en t un petit tenon s'appuyant sur le palastre, et servant à maintenir le pêne dans sa marche.

Gorge.

400. La figure 511 nous indique en élévation et en plan la forme de la gorge en

ÉTUDE DÉTAILLÉE DE LA SERRURERIE D'INTÉRIEUR.

cuivre placée sur le pêne ; cette gorge, évidée en O, comporte un œil F servant à la maintenir sur le palastre. En U se trouve un tenon, venant en G (*fig.* 509), butter contre un arrêt placé à l'arrière du pêne P.

Plaque de foncet.

401. La plaque de foncet K comportant le canon est représentée en croquis (*fig.* 512) ; rien de particulier à signaler.

402. La figure 513 nous montre l'en-

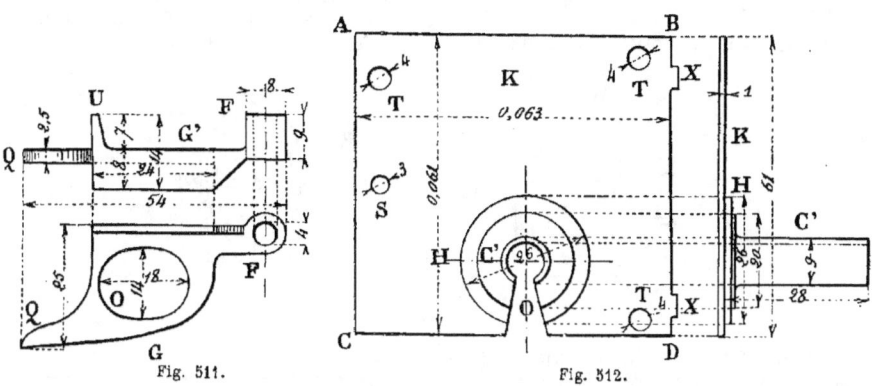

Fig. 511.   Fig. 512.

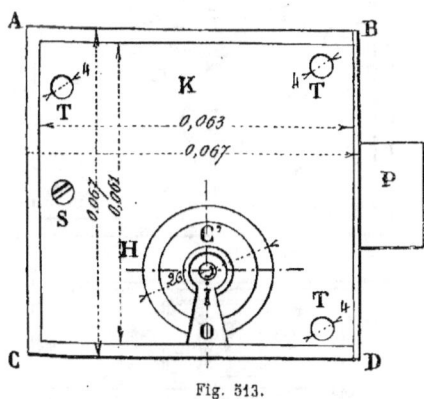

Fig. 513.

semble de la serrure la plaque de foncet mise en place et maintenue en S par une vis ; cette face de la serrure, est celle qui est directement placée sur le montant de la porte d'armoire lequel est entaillé pour laisser passer le canon.

403. La figure 514 nous indique en élévation et en plan l'ensemble de la serrure, côté qui regarde l'intérieur de l'armoire, la porte étant fermée. Enfin, la figure 515 nous montre la disposition de

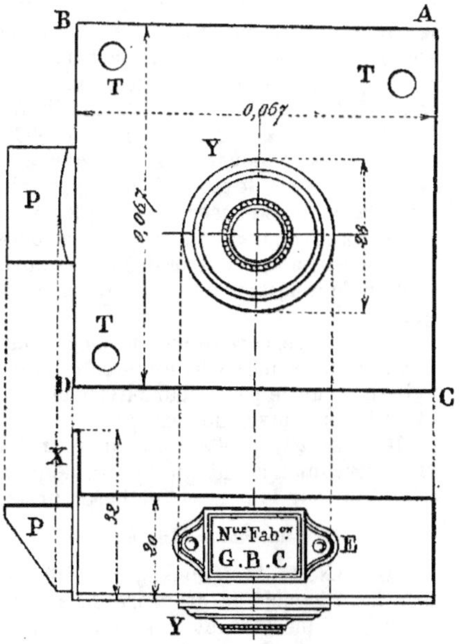

Fig. 514.

la clef forée servant à ouvrir cette serrure.

Sciences générales.   SERRURERIE. — 16.

404. Le panneton P de cette clef est fendu parallèlement à la tige T pour donner passage aux garnitures demi-circulaires qu'on peut voir en J (*fig.* 509).

Marche des différentes pièces pour ouvrir ou pour fermer la serrure.

405. Dans la position actuelle de la figure 509, la tête P du pêne est en partie sortie de la boîte, et engagée dans la gâche ; il suffit, après avoir introduit la clef dans la broche I, de la faire tourner de droite à gauche ; son panneton rencontre en *a* la barbe du pêne, soulève en *c* la gorge G, et permet, en faisant rentrer la tête du pêne dans la boîte, d'ouvrir la porte de l'armoire.

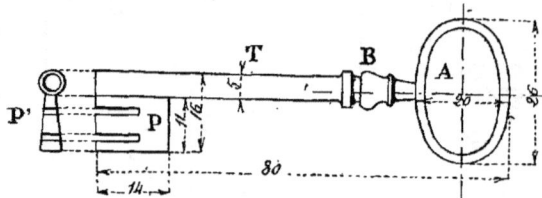

Fig. 515.

406. La serrure étant toujours dans la position de la figure 509, si on désire la fermer à un tour et demi, on fait alors agir la clef de gauche à droite : le panneton rencontre la gorge en *b*, la soulève, puis agit en *c* sur la barbe du pêne opposée à *a*. Dans ce mouvement, le tenon U (*fig.* 511) passe au-dessus du talon G placé à l'extrémité du pêne (*fig.* 509), et le ressort R, poussant sur la queue Q de la gorge, force le tenon U de cette gorge à se placer dans l'encoche pratiquée à la partie haute de la queue du pêne ; ce dernier ne peut alors rentrer dans la serrure sans qu'on agisse de nouveau sur la gorge.

407. La serrure étant fermée, pour l'ouvrir, on soulève la gorge en *c*, et on agit en *d* sur le pêne pour ouvrir le tour et en *a* pour ouvrir le demi-tour.

408. En *v* (*fig.* 509), se trouve le petit rivet servant à maintenir le faux-fond Y (*fig.* 514) sur le palastre de la serrure.

Deuxième exemple.

409. Nous indiquons (*fig.* 516) un deuxième modèle de ce genre de serrures où les pièces sont disposées un peu différemment. Dans cet exemple le ressort R, agissant sur la gorge, est fixé sur le palastre à la partie supérieure de la serrure.

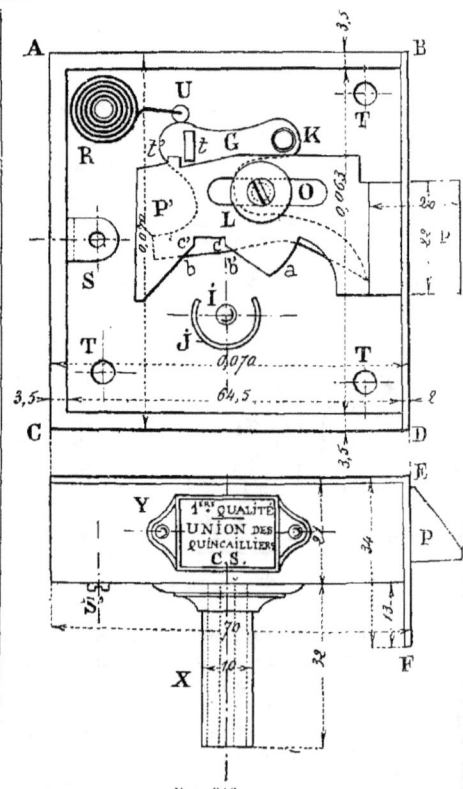

Fig. 516.

410. Le pêne P présente une entaille O permettant, comme dans l'exemple précédent, le passage d'un étoquiau cylindrique L ; lorsque le pêne est en place, on le maintient à l'aide d'une rondelle en

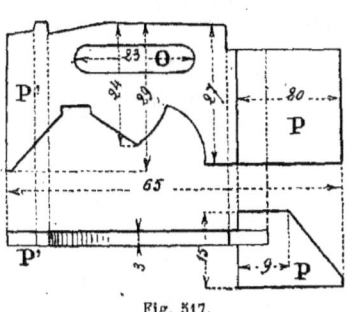

Fig. 517.

cuivre fixée sur l'étoquiau, par une vis à métaux.

411. La gorge en cuivre G est ici placée au-dessous du pêne et est mobile autour du point K. En T se trouvent les trous de passage des vis ; en S le talon sur lequel se fixe la plaque de foncet ; en I la broche servant à guider la clef ; enfin, en J, la bouterolle ou garniture demi-circulaire.

412. La même figure nous montre le

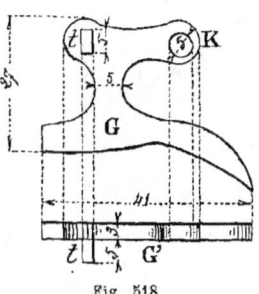

Fig. 518.

plan de la serrure avec l'indication du canon X et de l'estampille Y.

Détails des pièces principales.

Pêne.

413. Le pêne, représenté (*fig.* 517), n'offre rien de particulier à signaler, il

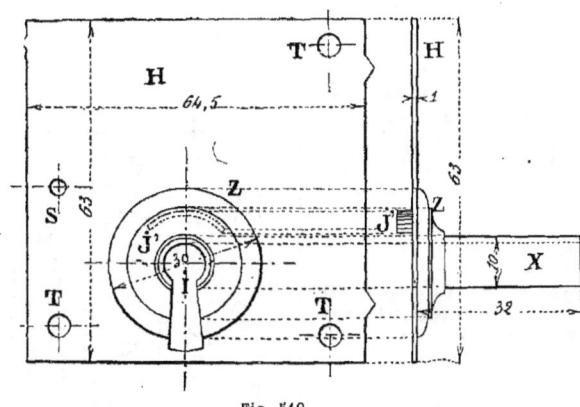

Fig. 519.

rentre, comme forme d'ensemble, dans les types examinés précédemment.

Gorge.

414. La gorge en cuivre de cette serrure est indiquée en croquis (*fig.* 518) ; elle est évidée et comporte en *t* un tenon dont nous connaissons l'usage.

Plaque de foncet.

415. La plaque de foncet H (*fig.* 519), est un peu différente de la précédente ;

elle comporte en J' une bouterolle rivée directement sur la plaque de foncet H. Le canon X est aussi rivé sur la plaque de foncet par son embase Z.

Clef.

416. La clef forée est indiquée en croquis (*fig.* 520); son panneton est entaillé en J et en J' pour le passage des deux bouterolles, l'une J sur le palastre (*fig.* 516), l'autre J' sur la plaque de foncet.

Marche des différentes pièces.

417. Pour ouvrir le demi-tour, le panneton de la clef agit en a sur la barbe du pêne (*fig.* 516). Pour fermer à tour et demi, le panneton de cette clef agit en c après avoir soulevé la gorge G en b; dans ce mouvement le tenon t de la gorge passe en t'. Pour ouvrir, c'est l'inverse, le panneton agit en c' après avoir soulevé la gorge en b'.

418. Le ressort R agit en U sur la gorge G; comme le montre ce croquis, ce ressort est terminé par un petit cylindre en cuivre reposant constamment sur la partie supérieure de la gorge G.

419. La figure 521 nous montre la

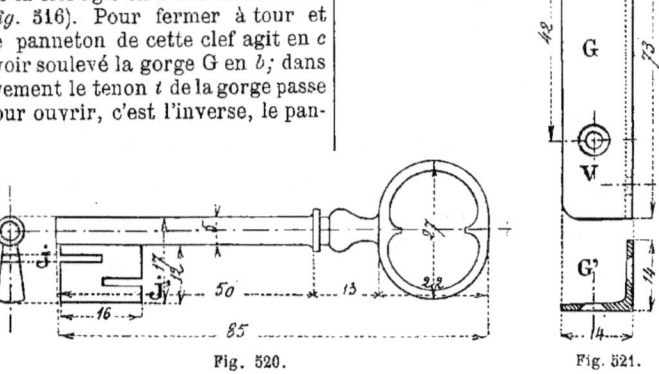

Fig. 520.   Fig. 521.

disposition des gâches ordinairement utilisées pour ce genre de serrures. C'est une petite cornière G, en fer, fixée à l'aide de quatre vis à bois V. La partie G' nous montre une coupe de cette variété de gâche.

Troisième exemple.

Serrure d'armoire à canon, pêne dormant, encloisonnée, abâtardie, de 70 millimètres, deux tours.

420. Nous voyons (*fig.* 522) l'intérieur de cette serrure qui comprend :

Un pêne PP'; une gorge G munie de son ressort à pincette R ; une planche K comme garniture et faisant l'office de plaque de foncet; une entrée de clef I munie de son canon e et de sa broche b.

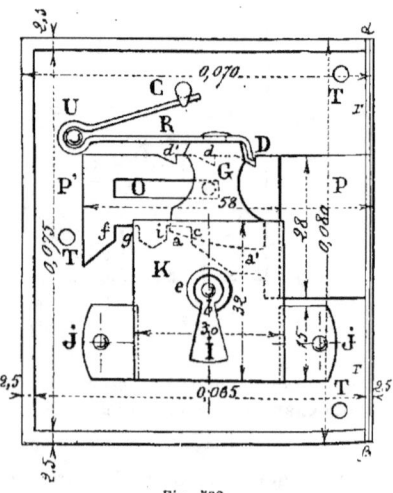

Fig. 522.

ÉTUDE DÉTAILLÉE DE LA SERRURERIE D'INTÉRIEUR.

La boîte de la serrure est, comme construction, analogue à celles qui ont été étudiées précédemment sauf, cependant, un petit détail pour la cloison ou rebord $\alpha\beta$ qui est doublé extérieurement d'une plaque de cuivre retenue par des rivets r.

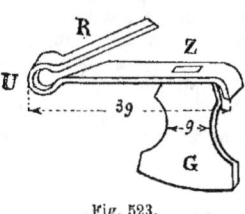

Fig. 523.

La gorge G est mobile autour de l'axe U ; la planche K est fixée sur le palastre à l'aide de deux pattes J ; en T sont indiqués

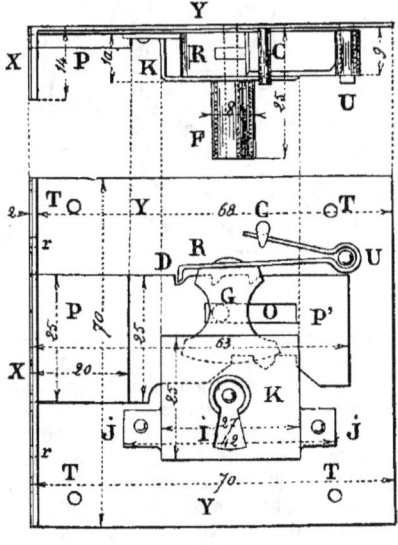

Fig. 524.

les trous pour le passage des vis servant à maintenir la serrure en place.

Détails des principales pièces.

421. Les différentes pièces de cette serrure nous sont connues ; seule, la gorge G présentant pour nous une forme nouvelle, est représentée en croquis (fig. 523). La partie G est seule en cuivre, le reste RUZ est en fer. La clef n'offre rien de particulier à signaler.

Marche des différentes pièces pour ouvrir ou pour fermer la serrure.

422. La figure 522 nous montre la serrure ouverte. Pour la fermer, il faut, après avoir introduit la clef dans l'entrée I,

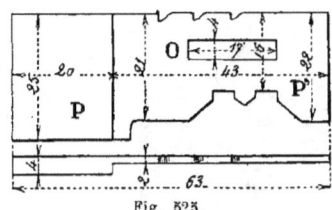

Fig. 525.

faire tourner son panneton vers la gauche. Ce panneton soulève en a la gorge G, dégage en même temps le tenon D de l'encoche du pêne, et, agissant en c sur la barbe du pêne P, le fait avancer d'un tour. Pour fermer le second tour, le panneton soulève encore la gorge G et agit en g sur le pêne. Pour ouvrir, on soulève la gorge en a', puis on agit en f et en i sur les barbes du pêne. Dans ces mouve-

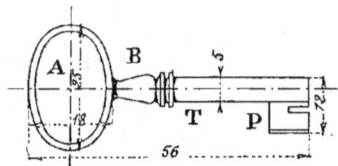

Fig. 526.

ments, le tenon D passe successivement dans les encoches d et d'.

Quatrième exemple.

Serrure d'armoire à canon, pêne dormant, à entailler abâtardie, de 70 millimètres, deux tours.

423. La figure 524 nous montre, en deux projections, une serrure d'armoire ayant avec la précédente une grande analogie ; toutes les pièces sont identiques et désignées par les mêmes lettres ; la seule différence, c'est que cette serrure est disposée pour être entaillée dans le montant de la porte d'armoire sur laquelle on doit la fixer, et, par ce fait, ne comporte qu'une plaque de palastre V et un rebord X également doublé extérieurement, comme la précédente, d'une plaque de cuivre retenue par deux rivets *r* sur le rebord X.

424. Les deux pièces importantes à signaler sont : le pêne P, indiqué en deux projections (*fig.* 525), et la clef, dont le croquis (*fig.* 526) nous montre la forme.

425. La marche des différentes pièces pour l'ouverture et la fermeture de la serrure est identique à celle de l'exemple précédent.

Cinquième exemple.

Serrure universelle à canon, pêne dormant, encloisonnée, demi-polie à rouet et galet, 70 millimètres, deux tours.

426. Ce type de serrure, dont nous représentons la vue intérieure (*fig.* 527), peut être considéré comme une modification importante apportée dans les deux exemples précédents. Signalons de suite ces modifications :

1° La gorge G est remplacée par un galet S ; or, cette gorge G, par suite de mouvements souvent répétés au même endroit, s'usait très rapidement et était vite hors d'usage ; le galet étant mobile autour d'un point L ne présente pas constamment la même surface à l'action du panneton de la clef, ce qui permet une usure régulière non plus en un point mais également répartie sur la circonférence du galet ;

2° Ces serrures comportent une *planche* K retenue sur le foncet par deux vis V ;

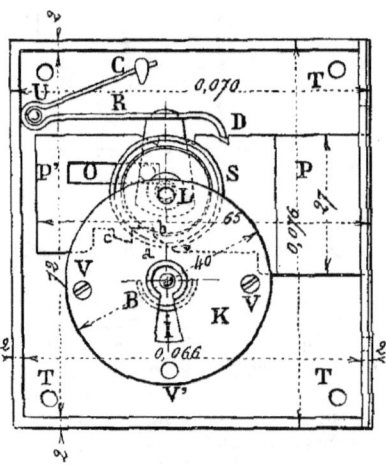

Fig. 527.

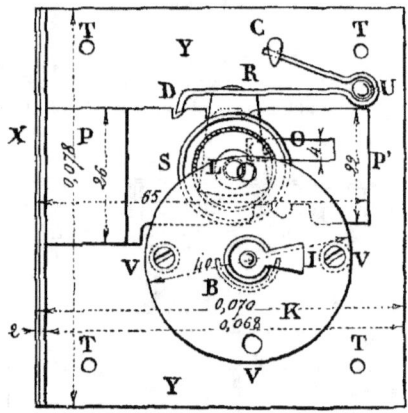

Fig. 528.

dans la position actuelle de la figure 527 l'entrée de la clef I est placée verticalement et la serrure peut s'appliquer à une armoire ; si, pour une raison quelconque, on désire l'appliquer au tiroir d'un meuble, il suffira de changer l'entrée de clef et de la placer horizontalement, ce qui est très facile en changeant la planche K et utilisant alors le trou V' pour la fixer sur le palastre.

Marche des différentes pièces.

427. La serrure figure 527 étant supposée ouverte, il suffit, pour la fermer, d'agir avec le panneton de la clef en *a* sur le galet qu'on soulève, et en *b* et *c* sur les barbes du pêne ; le reste de la manœuvre

ÉTUDE DÉTAILLÉE DE LA SERRURERIE D'INTÉRIEUR

nous est maintenant familier. En B une bouterolle sert de garniture.

Sixième exemple.

Serrure universelle à canon, pêne dormant à entailler, demi-polie, à rouet et galet, 70 millimètres, deux tours.

428. La figure 528 nous montre une serrure analogue à la précédente, mais à entailler au lieu d'être encloisonnée et dans laquelle la planche K est disposée pour permettre l'utilisation de cette serrure pour le tiroir d'un meuble, l'entrée de clef, étant, en effet parallèle au pêne. Nous savons qu'en opérant le changement

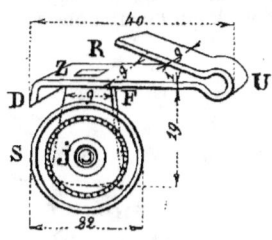
Fig. 529.

indiqué ci-dessus nous pourrions très bien l'utiliser pour une armoire.

Les différentes pièces étant les mêmes que dans la figure précédente, nous n'insisterons pas.

429. La figure 529 nous montre une vue perspective du galet en cuivre S mobile en J sur une plaque spéciale F, et munie de son ressort à pincette R.

430. La figure 530 nous représente la planche K, et en C' et C" les deux vues du canon rivé sur cette planche.

La manœuvre des différentes pièces est très simple et se comprend à la seule inspection du croquis.

Septième exemple.

Serrure universelle, tour et demi, encloisonnée, demi-polie, rouet et galet, 70 millimètres.

431. Cette serrure, dont nous donnons un croquis (*fig.* 531), est une variante des deux précédentes; elle est surtout

intéressante par la forme de la pièce G portant le galet S et par le double rôle qu'elle joue, comme nous allons le voir. Dans ce croquis la pièce G et le galet sont entièrement en cuivre.

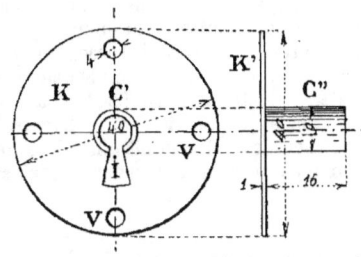
Fig. 530.

Manœuvre des différentes pièces pour ouvrir ou pour fermer la serrure.

432. Pour ouvrir le demi-tour, on agit avec le panneton de la clef sur la

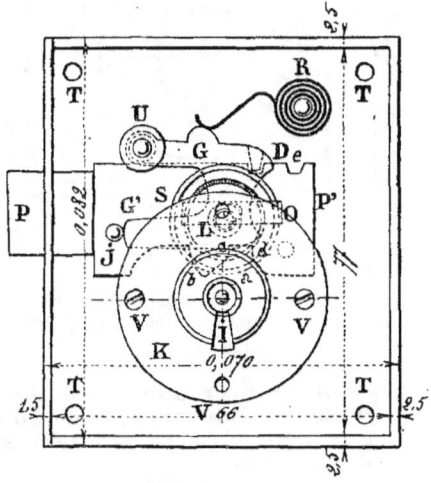
Fig. 531.

barbe *b* du pêne P ; le pêne, en rentrant, force le talon J, fixé sur lui, à agir à l'extrémité G' de la gorge G, et par suite dégage le talon D de l'encoche du pêne dans laquelle il se trouvait.

Lorsqu'on n'agit plus sur la barbe b du pêne, le ressort R ramène le tout dans la position primitive.

Pour fermer à tour et demi, on agit avec le panneton de la clef en a sur le galet, et en c sur la barbe du pêne ; le talon D passe alors dans l'encoche e placée à l'extrémité de la queue du pêne. Pour ouvrir on agira inversement en d pour un tour, et en b, pour le demi-tour.

433. Cette serrure se fait aussi à entailler et s'emploie pour armoire ou pour meubles ; elle se désigne alors dans le commerce de la manière suivante : ser-

D'une boîte rectangulaire analogue aux précédentes ; d'un pêne P dont la queue P' est fendue pour permettre le

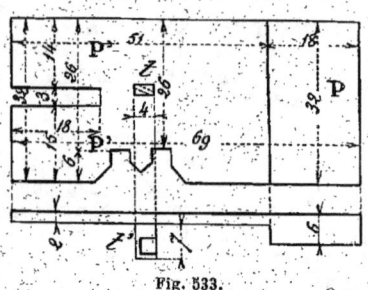

Fig. 533.

passage d'un étoquiau O ; ce pêne est muni d'un talon t dont nous connaissons

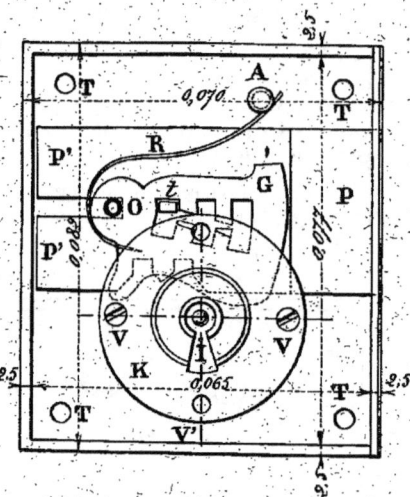

Fig. 532.

rure universelle, tour et demi, à entailler, demi-polie, rouet et galet, 70 millimètres.

Huitième exemple.

Serrure universelle, pêne dormant, encloisonnée, trois gorges, deux clés, 70 millimètres, deux tours.

434. Les serrures d'armoires que nous allons examiner dans ce qui va suivre, sont des serrures de sûreté.

Le premier exemple est indiqué en croquis (fig. 532). Cette serrure se compose :

l'usage ; de trois gorges en cuivre G mobiles autour du point O, et munies de leurs ressorts R ; d'une planche K ser-

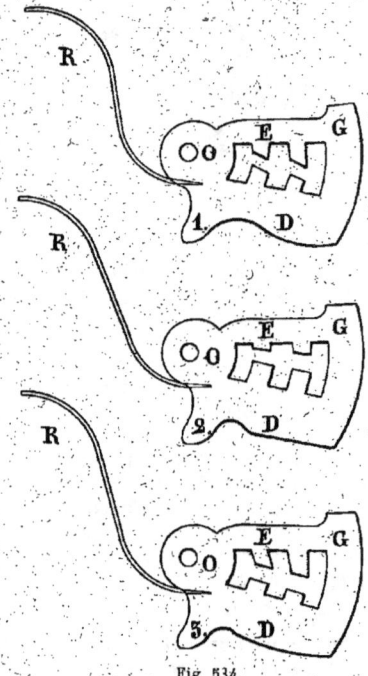

Fig. 534.

ÉTUDE DÉTAILLÉE DE LA SERRURERIE D'INTÉRIEUR.

vant de garniture et permettant, comme nous le savons, un double emploi à cette serrure.

435. La manœuvre de ce genre de serrures à gorges nous est connue sans que nous ayons besoin d'y revenir.

Détails des principales pièces.

436. La figure 533 nous montre en

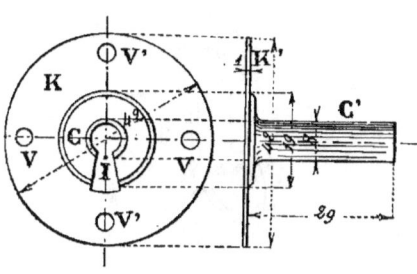

Fig. 535.

deux projections la disposition du pêne de cette serrure.

437. La figure 534 nous indique la forme de chacune des gorges en cuivre employées dans cette serrure ; rien de particulier à en dire.

438. La figure 535 nous représente deux projections de la planche K avec la position du canon CC'.

439. Enfin, la figure 536 nous donne

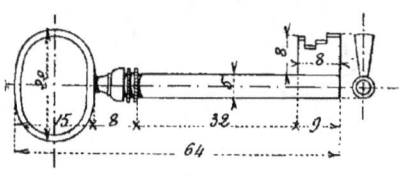

Fig. 536.

la forme de la clef à employer pour ouvrir ou pour fermer cette serrure.

440. On peut aussi faire cette serrure à entailler ; elle se désigne alors dans le commerce de la manière suivante : serrure universelle, pêne dormant à entailler, trois gorges, deux clés, 70 millimètres, deux tours.

Neuvième exemple.

Serrure universelle, pêne à chanfrein, tour et demi, encloisonnée, trois gorges, deux clés, 70 millimètres.

441. Cette serrure, dont nous représentons un croquis (*fig.* 537), est une variante de la précédente, elle comprend :

Un pêne P à chanfrein comme le sont les pênes demi-tour ; une pièce spéciale en cuivre XY placée sous le pêne et dont

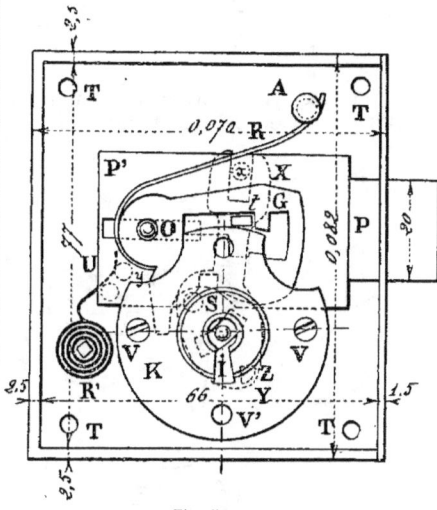

Fig. 537.

nous verrons plus loin le but ; trois gorges en cuivre G avec leurs ressorts R ; une planche K présentant ici une forme un peu différente de celles que nous avons étudiées précédemment ; un ressort R' agissant sur un talon y placé sous le pêne et fixé sur lui.

Détails des pièces principales.

442. La figure 538 nous représente le pêne vu en deux projections : en O l'ouverture pour le passage d'un étoquiau fixé sur le palastre, en t le tenon passant dans les encoches des gorges ; en x un petit tenon entrant dans la fourche X de la pièce principale ; en y l'étoquiau sur lequel agit le ressort R' de la figure 537 ; enfin en *b* les barbes du pêne.

443. La figure 539 nous montre la

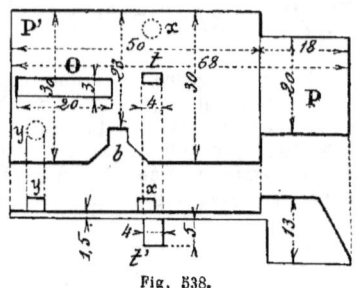

Fig. 538.

forme des trois gorges en cuivre G employées dans cette serrure ; elles com-

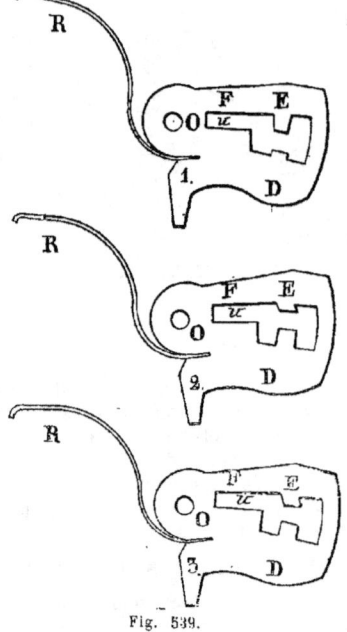

Fig. 539.

portent : un ressort R ; des encoches E dont une *u* est prolongée et sert de refuge au tenon *t* de la figure 537 lors-

qu'on agit simplement sur le demi-tour ; d'entailles D dans lesquelles se logent les découpures faites dans le panneton de la clé.

444. La figure 540 nous indique la forme et les principales dimensions de la pièce spéciale en cuivre XY placée sous le pêne (*fig.* 537).

Cette pièce est mobile en S sur un

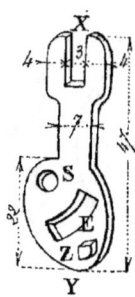

Fig. 540.

étoquiau fixé sur le palastre de la serrure ; elle comporte une rainure circulaire E dans laquelle s'engage la broche :

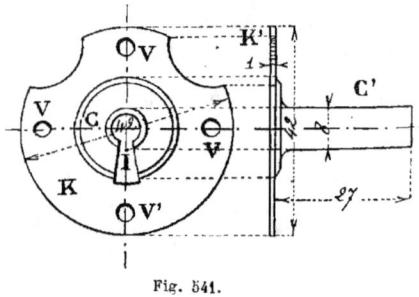

Fig. 541.

en Z elle présente un petit tenon en fer contre lequel agit le panneton de la clé pour ouvrir le demi-tour.

La figure 541 nous montre la forme spéciale de la planche K. et la position du canon C sur cette planche.

445. Enfin, la figure 542 nous représente la clef forée à employer pour ouvrir cette serrure.

Marche des différentes pièces pour ouvrir ou pour fermer cette serrure.

446. Pour faire rentrer le demi-tour dans la boîte de la serrure, on agit, après avoir introduit la clé dans le canon, sur le petit tenon Z (*fig.* 537) qu'on pousse vers la droite avec le panneton de la clé.

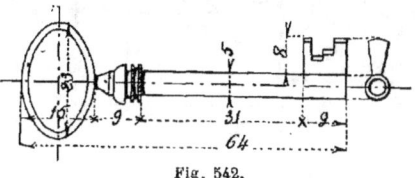

Fig. 542.

la pièce XZ prend alors, autour du centre S, un mouvement de rotation vers la gauche, et la fourche X entraîne dans son mouvement le petit tenon x fixé sur

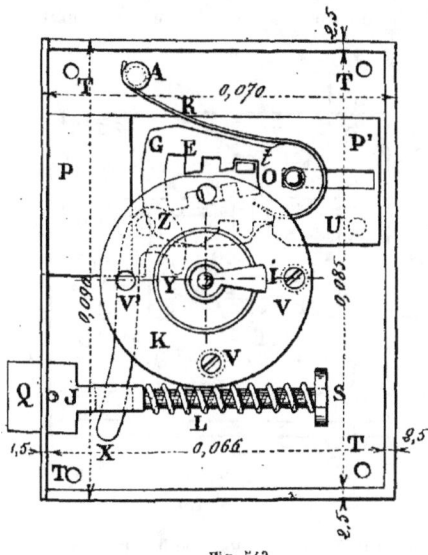

Fig. 543.

le pêne et par suite fait rentrer ce pêne dans la boîte de la serrure.

Pendant ce mouvement le tenon t du pêne se meut dans la grande encoche longitudinale percée dans les gorges G.

Lorsqu'on cesse d'agir en Z, le ressort R' ramène tout dans la position primitive.

447. Pour fermer à tour et demi on agit à la manière ordinaire sur les trois gorges avec les entailles de la clef, et sur les barbes du pêne.

448. Cette serrure se fait aussi pour être entaillée, elle se désigne alors comme suit : serrure universelle, pêne à chanfrein, tour et demi à entailler, trois gorges, deux clés, 70 millimètres.

Dixième exemple.

Serrure universelle, pêne dormant et pêne demi-tour, trois gorges, deux clés, 70 millimètres.

449. Comme dixième exemple nous représentons (*fig.* 543) une serrure à deux

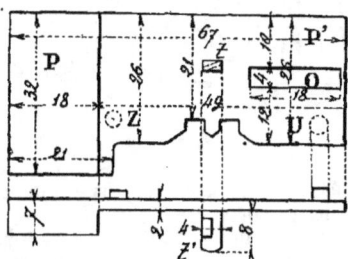

Fig. 544.

pênes se composant : d'un pêne P fermant à deux tours, et dont nous avons déjà vu des exemples ; d'un pêne Q fermant à demi-tour, comportant un arrêt J, un ressort à boudin L entourant la queue du pêne, et un picolet S lui servant de guide ; des gorges en cuivre G munies de leurs ressorts R ; d'un levier XZ servant, comme nous le savons, à manœuvrer le pêne Q directement avec la clef en agissant en Y ; d'une planche K analogue à celles qui ont été étudiées précédemment.

Détails des pièces principales.

450. La figure 544 nous montre le pêne en deux projections ; en Z le point où vient se placer la partie haute du levier ZX (*fig.* 543) ; en U un étoquiau servant à guider le pêne; en t le tenon fonctionnant dans les gorges G.

451. La figure 545 nous indique la forme des trois gorges en cuivre em-

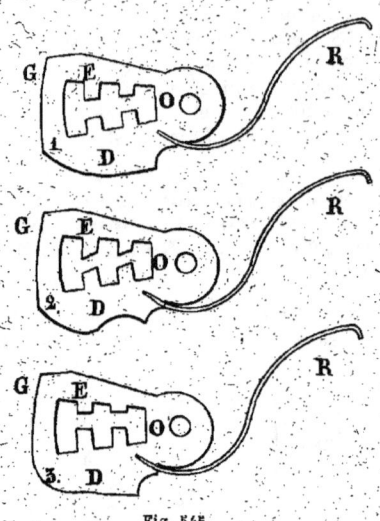

Fig. 545.

ployées dans cette serrure avec l'indication des ressorts.

452. La figure 546 nous représente le levier en fer, servant à ouvrir le demi-tour.

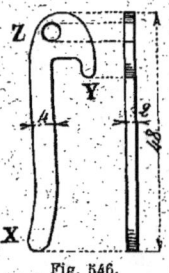

Fig. 546.

453. Enfin, la figure 547 nous donne la forme de la clé de cette serrure.

La marche des différentes pièces nous étant maintenant connue, nous n'insisterons pas.

454. On fait aussi cette serrure pour être entaillée, elle prend alors la désignation suivante : serrure universelle de 70 millimètres, pêne dormant et pêne demi-tour à entailler, trois gorges, deux clés.

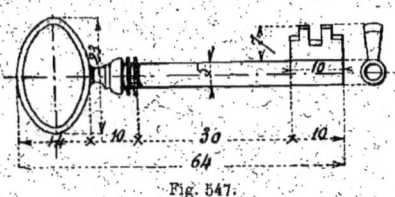

Fig. 547.

Onzième exemple.

Serrure d'armoire tour et demi poussée, marquée APC à canon et à râteau mobile, de 70 millimètres.

455. Nous donnons, comme onzième exemple, une serrure nouvelle dont

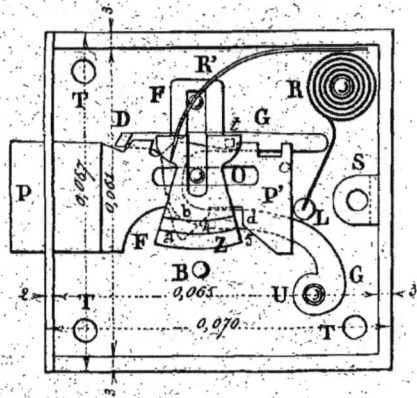

Fig. 548.

MM. Picard frères ont bien voulu nous communiquer un modèle, et dans laquelle les gorges en cuivre des précédentes serrures sont remplacées par un râteau F en cuivre (*fig.* 548), présentant en Z trois encoches permettant le passage aux entailles faites dans le panneton de la clef.

ÉTUDE DÉTAILLÉE DE LA SERRURERIE D'INTÉRIEUR.

Cette serrure nouvelle, dont la figure 548 nous montre la disposition intérieure, se compose : d'un pêne P à chanfrein ; d'une gorge en cuivre G placée sous ce pêne et pouvant prendre un mouvement de rotation autour d'un étoquiau U fixé sur le palastre ; d'un ressort R agissant en L sur la queue du pêne ; d'un râteau en cuivre F évidé en son milieu, muni de son ressort R' et faisant fonction de gorges. Ce râteau porte un petit tenon t, qui, par suite des mouvements du pêne, se place dans les entailles réservées pour le recevoir.

Détails des pièces principales.

Pêne.

456. La figure 549 nous montre en

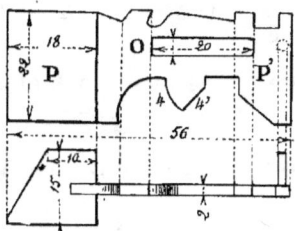

Fig. 549.

croquis le pêne de cette serrure ne présentant rien de particulier à signaler.

Gorge.

457. La figure 550 nous indique la gorge en cuivre placée sous le pêne et dont nous avons déjà eu l'occasion de parler dans d'autres types de serrures.

Râteau.

458. La figure 551 nous représente en deux projections le râteau en cuivre remplaçant les gorges et muni de son ressort R'.

Clef.

459. La figure 552 nous montre la clef de cette serrure ne présentant rien de particulier à signaler.

Marche des différentes pièces.

460. Pour ouvrir le demi-tour, le panneton de la clef agit en a sur les barbes du pêne, et, en s'engageant dans les entailles Z du râteau, soulève en b la gorge G de manière à dégager en même temps le tenon t qui glisse le long du plan

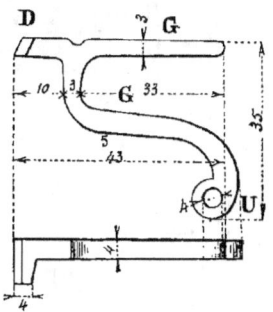

Fig. 550.

incliné et le tenon D qui se dégage de l'encoche du pêne.

Le ressort R, lorsqu'on cesse d'agir

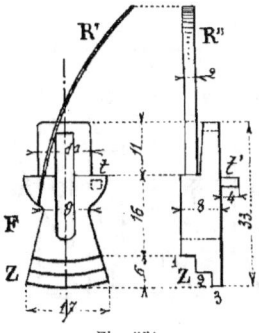

Fig. 551.

avec le panneton, ramène le tout dans la position de la figure.

461. Pour fermer à tour et demi les différentes entailles 1, 2, 3, 4 et 5 du panneton de la clef (*fig.* 552), agissent : 1, 2 et 3 sur les trois entailles 1, 2, 3 du râteau (*fig.* 551) ; 4 agit en 4 (*fig.* 549) sur la barbe du pêne ; enfin 5 agit en 5 (*fig.* 550) sur la gorge G.

462. Pour ouvrir on fait l'inverse : on agit en *d* pour le tour et en *a* pour le demi-tour.

463. Nous remarquerons dans cette serrure que même pour ouvrir le demi-tour il faut que la clef soulève le râteau, ce qui en augmente la sûreté.

464. Cette serrure comporte une plaque de foncet analogue à celles décrites précédemment et ne présente rien de

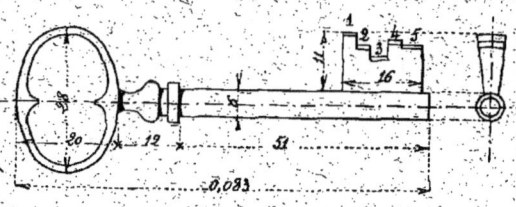

Fig. 552.

particulier à signaler ; cette plaque se fixe en S à l'aide d'une vis.

Douzième exemple.

Serrure pêne dormant, à quatre gorges, à entailler, deux clés.

465. La figure 553 nous donne un croquis d'une serrure à quatre gorges à entailler pouvant être utilisée pour tiroirs

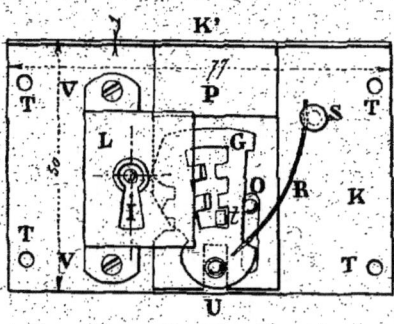

Fig. 553.

ou autres meubles. Elle se compose : d'une plaque de palastre K en cuivre avec un rebord K' dans lequel passe le pêne ; d'un pêne P ; de quatre gorges en cuivre G, munies de leur ressort R et mobiles autour d'un centre U ; d'une planche L servant de garniture et retenue

sur la plaque K par deux vis V ; d'un étoquiau S contre lequel viennent s'appuyer les ressorts R des gorges.

Cette serrure se fixe à l'aide de quatre vis passant dans les trous T percés dans la plaque K.

Détails des pièces principales.

Pêne.

466. Le pêne, dont nous donnons

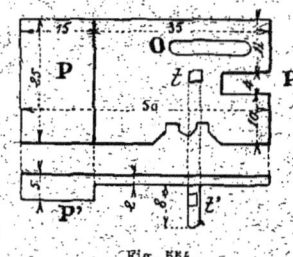

Fig. 554.

deux vues en P et en P' (*fig.* 554), ne présente rien de particulier à signaler.

Gorges.

467. Les gorges, dont le croquis (*fig.* 555) nous montre la forme, se comprennent facilement à la seule inspection de la figure.

Pour pouvoir, en cas de réparations, remettre ces gorges facilement à leur

ÉTUDE DÉTAILLÉE DE LA SERRURERIE D'INTÉRIEUR.

place sans tâtonnements, on fait à leur extrémité à l'aide de deux traits de

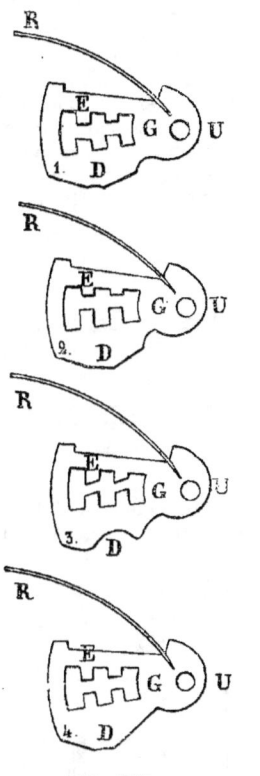

Fig. 555.

lime S (*fig.* 556) une marque permettant

Fig. 556

de les replacer dans l'ordre qu'elles doivent occuper dans la serrure.

Clef.

468. La clef de ce genre de serrure est indiquée en croquis (*fig.* 557) avec les diverses entailles nécessaires pour le passage des encoches D des gorges.

469. Le fonctionnement de cette serrure nous est maintenant suffisamment

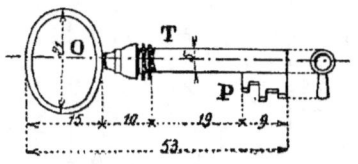

Fig. 557

connu pour que nous n'ayons pas besoin d'y revenir.

Treizième exemple.

Serrure d'armoire à deux pênes de forme spéciale.

470. Ce genre de serrure, employé pour fermer haut et bas, une porte d'armoire, de bibliothèque, etc., est indiqué en croquis (*fig.* 558), et se compose : d'une platine en cuivre P comportant les trous nécessaires pour la fixer sur le montant du meuble à l'aide de quatre vis à bois V ; de deux tiges T et U, ayant ensemble la hauteur totale du meuble, sont terminées sur la platine P en forme de pêne dont l'un comporte des barbes, et dont l'autre reçoit son mouvement par une rondelle spéciale Q dont nous reparlerons ; d'une planche K formant garniture et fixée sur la platine à l'aide de deux vis V' ; cette planche comporte le canon et l'entrée de clef I ; d'une gorge G munie de son ressort à pincette R, cette gorge est mobile autour du point S. En L se trouvent des picolets servant à guider les tiges T et U, et à les maintenir sur la platine P.

471. La partie droite de la figure nous montre une vue de la platine prise de l'intérieur du meuble.

Marche des différentes pièces.

472. La marche des différentes pièces est très simple, il s'agit de faire mouvoir les deux pênes en même temps dans des sens différents indiqués par des flèches. Les flèches en traits pleins pour fermer, et les flèches en traits pointillés pour ouvrir.

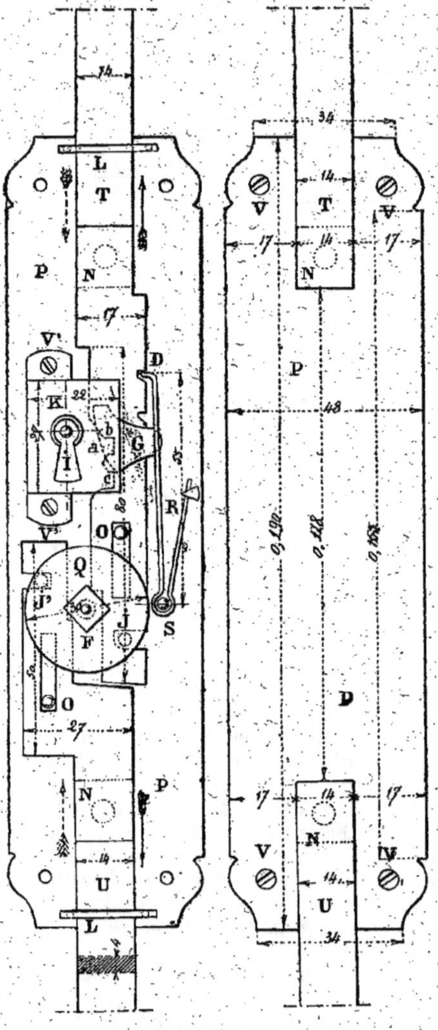

Si par exemple nous voulons fermer les deux tours après avoir introduit la clef dans l'entrée I, on agit sur la gorge en a et en b et c sur les barbes du pêne; dans ce mouvement, l'étoquiau J monte, et comme il est fixé sur une rondelle Q tournant autour de son centre F, il entraîne, dans ce mouvement, le point J', dans une direction contraire et ferme

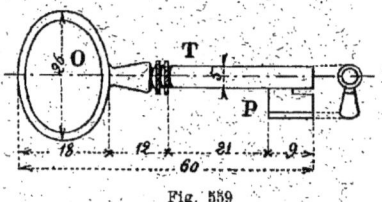

Fig. 559.

aussi à deux tours le pêne U. Pour ouvrir on fait l'opération inverse. La manœuvre

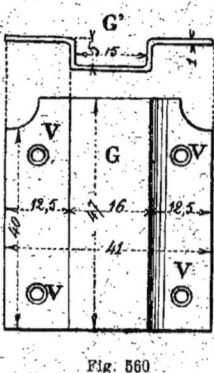

Fig. 560.

de ces deux tiges T et U se comprend très facilement à la seule inspection du croquis.

473. La figure 599 nous donne le croquis de la clef à employer pour la manœuvre de cette serrure.

474. La figure 560 nous montre la

Fig. 558.

forme des conduits en cuivre placés en haut et en bas du meuble, c'est-à-dire à chaque extrémité des tiges T et U.

Ces tiges viennent se placer dans des gâches en cuivre P (*fig.* 561) entaillées en

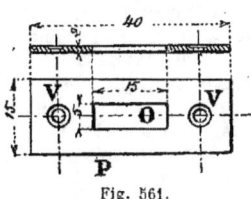
Fig. 561.

haut et en bas dans les traverses du meuble.

Serrures de meubles.

475. Les meubles dont nous nous servons journellement sont, le plus souvent, fermés par des serrures de très médiocre qualité, achetées en gros, à très bas prix par le fabricant de meubles et

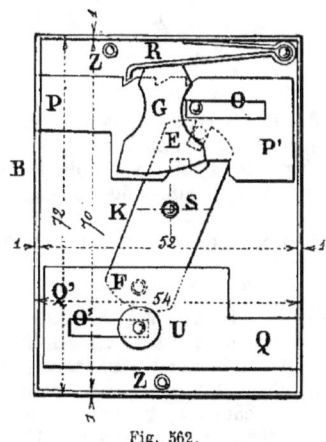
Fig. 562.

placées par l'ouvrier même qui termine le meuble. Aussi n'est-il pas rare, après un peu d'usure, d'ouvrir toutes ces serrures disloquées avec la même clef. L'ouvrier serrurier aura donc bien rarement l'occasion de réparer ce genre de serrures

Sciences générales.

qu'il est préférable, lorsqu'elles sont usées, de mettre de suite au rebus et de remplacer par d'autres de bonne qualité avec quatre ou six gorges en cuivre comme celles qui ont été étudiées précédemment.

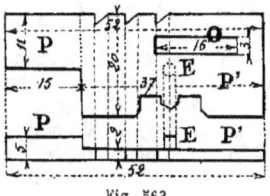
Fig. 563.

476. Afin de renseigner le lecteur, nous en donnerons quelques types sans cependant nous y arrêter longuement.

Serrures de buffet de salle à manger.

477. Le plus ordinairement un buffet à crédence comporte deux genres de serrures pour leur fermeture :

1° Les portes vitrées du haut et les portes pleines du bas se ferment avec des serrures à entailler dont nous avons donné précédemment plusieurs exemples (*fig.* 524, 528, etc.) ;

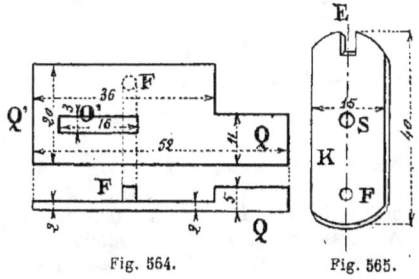
Fig. 564.   Fig. 565.

2° Les deux tiroirs du milieu se ferment avec une serrure de forme spéciale dont il est bon de dire quelques mots.

Premier exemple.

478. Cette serrure, dont la figure 562 nous montre l'un des types, doit être disposée de manière à pouvoir fermer à la

SERRURERIE. — 17.

fois et en même temps les deux tiroirs ; elle doit donc comprendre deux pênes P et Q agissant dans des directions opposées. Le pêne P, dont la figure 563 nous représente deux projections, porte des barbes sur lesquelles agit le panneton de la clef, une gorge G et un ressort à pincette R complètent les accessoires de ce pêne (1).

479. La manœuvre de ce pêne nous est maintenant suffisamment connue pour que nous n'ayons pas besoin d'insister. Ce pêne P peut donc, par le mouvement de la clef, fermer le tiroir de gauche ; pour fermer le tiroir de droite, on se sert du

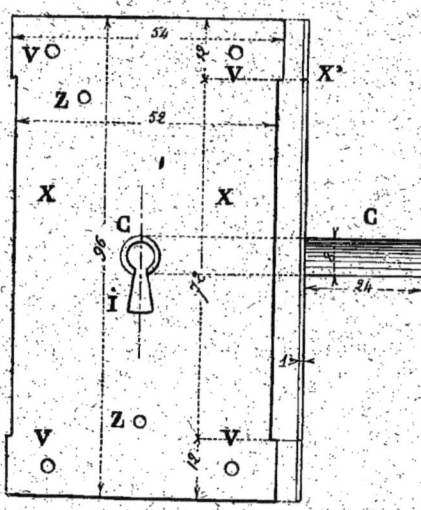

Fig. 566.

pêne Q indiqué en croquis (fig. 564), situé au bas de la serrure (fig. 562) et sortant de la boîte B vers la droite ; il faut donc transmettre à ce pêne le mouvement donné par le panneton de la clef au pêne P. A cet effet, on se sert d'une pièce spéciale K (fig. 565) mobile en S sur le palastre de la serrure et rendue solidaire du pêne P à l'aide d'un petit tenon F rentrant dans une encoche E pratiquée en haut de cette

(1) Il est évident qu'on peut remplacer cette gorge G et ce ressort à pincettes R par des gorges en cuivre et qu'on obtiendra ainsi une serrure de sûreté de beaucoup préférable au type que nous présentons.

pièce. Le pêne P, ayant (fig. 562), un mouvement vers la gauche entraîne avec lui la pièce K, et comme cette pièce tourne autour du point S et qu'elle est reliée en F au pêne Q, un mouvement vers la gauche du pêne P produira un mouvement vers la droite du pêne Q, ce qui permettra de fermer en même temps et avec la même clef les deux tiroirs.

480. La boîte B (fig. 562) se fixe à l'aide de rivets Z sur une platine XX' (fig. 566), laquelle porte le canon C et l'entrée de clef I. On la fixe sur le meuble à l'aide de quatre vis passant dans les trous V préparés à l'avance sur la platine.

481. La figure 567 nous montre la forme des clefs, le plus souvent en fonte malléable, qu'on livre avec ce genre de serrure, clef de riche apparence, mais de très médiocre qualité.

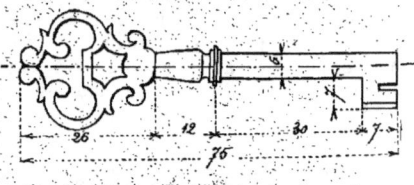

Fig. 567.

482. Cette serrure, dont nous venons d'indiquer la construction, sert également pour fermer les tiroirs des tables à desservir et autres meubles du même genre.

Serrures d'armoires à glace.

Deuxième exemple.

483. Les armoires à glace nécessitent trois espèces de serrures : la première sert à fermer la porte sur laquelle est fixée la glace. Elle comporte, comme le montrent la coupe verticale et la vue de côté (fig. 568), un pêne fourchu P, une planche Q servant de garniture, une gorge G et un ressort à pincette R. Sa manœuvre est très simple et se comprend à la seule inspection de la figure. On peut aussi faire ces serrures à rouet et galet comme les précédentes et aussi à gorges. La figure 568 bis nous représente la dis-

ÉTUDE DÉTAILLÉE DE LA SERRURERIE D'INTÉRIEUR

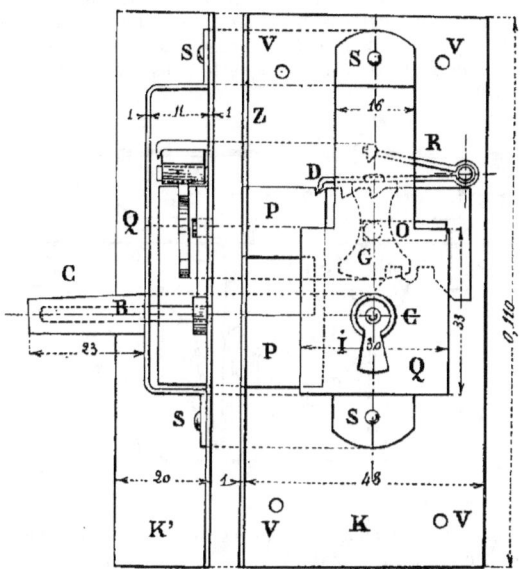

Fig. 568.

position du pêne fourchu à employer pour ce type de serrures.

484. La figure 569 nous montre la forme

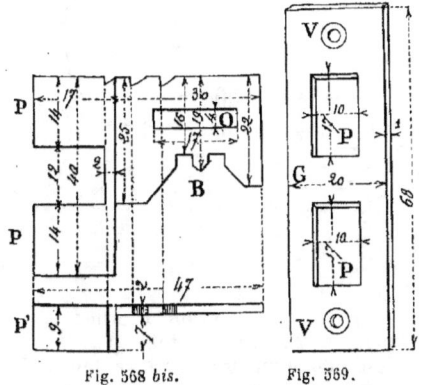

Fig. 568 bis.   Fig. 569.

de la gâche à utiliser pour ce genre de serrure. La seconde est une serrure à entailler rentrant dans les exemples précédemment cités et servant à fermer les tiroirs placés dans l'intérieur.

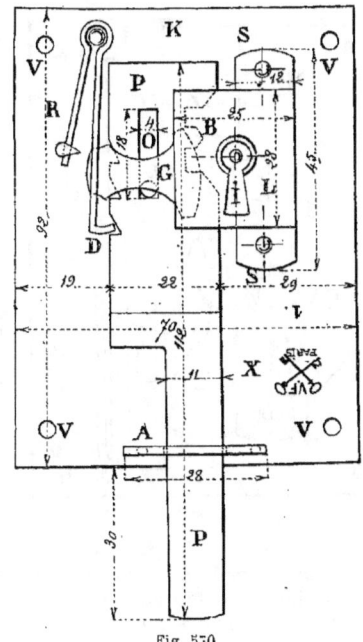

Fig. 570.

485. La troisième, qui sert à fermer le premier tiroir du bas a une forme spéciale, dont le croquis (*fig.* 570) nous rend très bien compte. Le pêne P est très long et passe dans un picolet A lui servant de guide ; ce pêne vient se loger dans la traverse basse du meuble. Le mécanisme de cette troisième serrure nous est main-

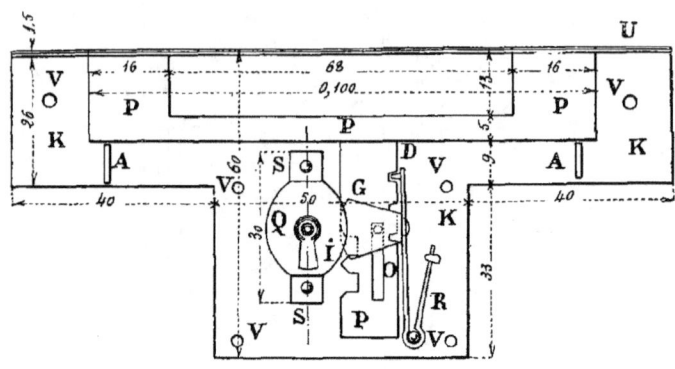

Fig. 571.

tenant assez connu pour que nous n'ayons pas besoin d'insister. On peut aussi, dans cette serrure, remplacer la gorge G et le ressort à pincette R soit par un rouet et un galet, soit par quatre gorges en cuivre, ce qui augmentera l'inviolabilité.

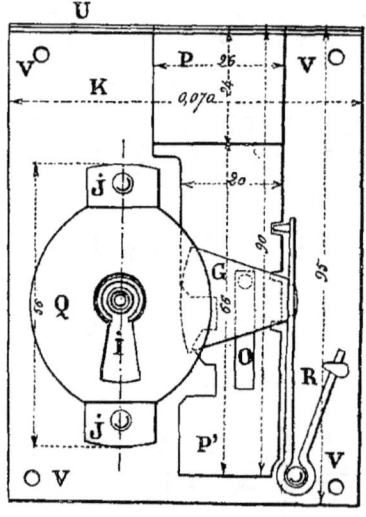

Fig. 572.

Serrures de secrétaires ou de bureaux.

Troisième exemple.

486. Les secrétaires ou les bureaux comportent deux espèces de serrures : l'une à pêne fourchu P (*fig.* 571), traver-

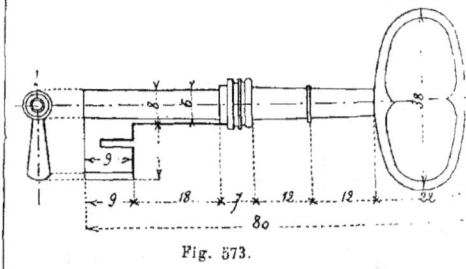

Fig. 573.

sant le rebord U et servant à fermer le bureau lui-même ou le secrétaire ; l'autre, qui n'est qu'une simple serrure à entailler (*fig.* 572), sert à fermer les tiroirs de ces meubles.

487. Dans la figure 571 le pêne, arrivé au bas de sa course, repose en A sur deux petits taquets rivés sur le palastre K ; son mouvement lui est donné par la clef agissant sur les barbes placées sur

ÉTUDE DÉTAILLÉE DE LA SERRURERIE D'INTÉRIEUR.

la queue P du pêne ; une planche Q ; une gorge G et un ressort à pincette R complètent l'ensemble de cette serrure.

488. La figure 572 nous montre la disposition pour la serrure des tiroirs ; rien de particulier à en dire, elle rentre dans le type examiné précédemment.

489. La figure 573 nous donne les détails de la clef à employer pour ouvrir ces serrures, elle est un peu plus compliquée que celles des autres serrures parce qu'elle comporte une double forure, ce qui nécessite une disposition spéciale de la broche placée dans l'entrée I des deux serrures.

Serrures de meubles se fermant en abattant.

490. Ce genre de serrure mérite d'être décrit parce qu'il nous montre un mouvement particulier du pêne que nous ne connaissons pas encore. La figure 574 nous représente trois projections de cette disposition, c'est une serrure à entailler ayant des dimensions appropriées au meuble auquel on la destine.

En N une platine en cuivre comportant un rebord F permettant d'entailler cette serrure dans le bois du meuble.

En L une planche, fixée sur la platine N, à l'aide de deux vis S, sert de garniture ; immédiatement sous cette planche une gorge en cuivre G munie de son ressort R ; sous cette gorge un pêne muni des barbes nécessaires à sa manœuvre et permettant de transmettre son mouvement à un autre pêne Q, par l'intermédiaire d'une pièce spéciale K. C'est à l'aide de cette pièce K qu'on transforme facilement le mou-

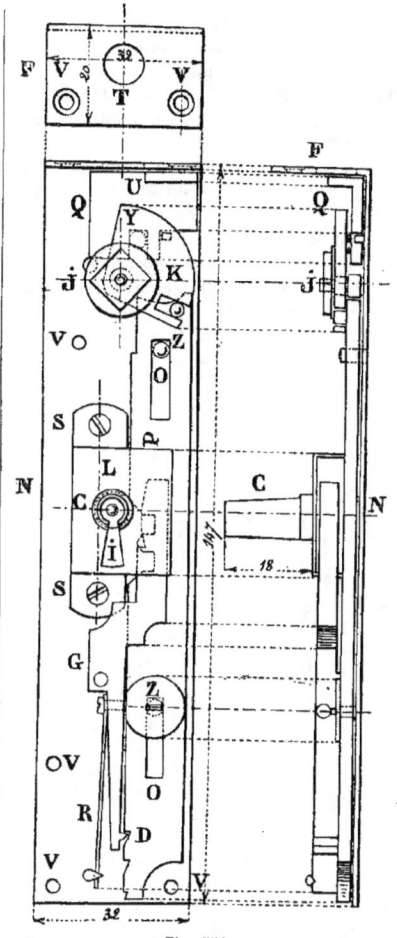

Fig. 574.

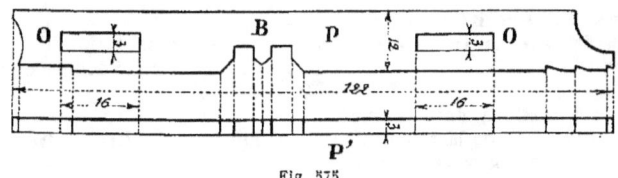

Fig. 575.

vement vertical du pêne P en un mouvement horizontal du pêne Q.

491. La figure 575 nous montre tous les détails du pêne P avec les cotes principales.

492. La figure 576 nous représente

deux projections de la gorge en cuivre G et ses principales dimensions.

493. La figure 577 nous indique la forme de la pièce en fer K.

494. La figure 578 donne la forme du pêne Q qui doit glisser horizontalement le long du rebord F (*fig.* 574).

495. La figure 579 nous montre la forme de la rondelle en cuivre J qui retient en place la pièce K à l'aide d'un écrou carré (*fig.* 574).

496. Enfin, la figure 580 nous donne trois projections de la gâche en cuivre entrant dans le trou T (*fig.* 574), et permettant au pêne Q de se loger dans

certaine quantité. Dans ce mouvement la pièce K qui est reliée au pêne P par un petit tenon Z tourne autour de son centre J, et comme elle est aussi reliée en Y avec le pêne Q, ce mouvement circulaire de la pièce K permet un mouvement horizontal du pêne Q et par suite le fait entrer dans l'encoche U de la figure 580.

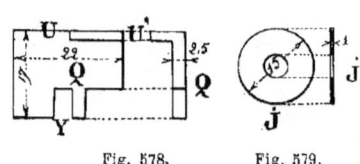

Fig. 578.   Fig. 579.

En renouvelant cette opération une deuxième fois on ferme la serrure à deux tours, et le tenon de l'extrémité D de la gorge passe successivement dans les différentes encoches du pêne P. Pour ouvrir on fait, ensuite, l'opération inverse.

498. La clef de cette serrure n'a rien

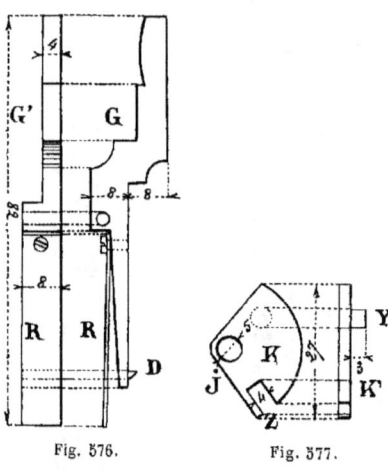

Fig. 576.   Fig. 577.

l'entaille U qui lui est réservée. Cette gâche comporte deux pointes H s'enfonçant dans le bois et est solidement fixée sur l'abattant par des vis V.

Marche des différentes pièces pour ouvrir ou pour fermer cette serrure.

497. Après avoir introduit la clef dans l'entrée I (*fig.* 574), on la tourne de manière à soulever la gorge G et en la faisant tourner autour du point fixe G, à dégager le tenon de l'encoche D sur le pêne P ; en même temps on agit sur les barbes du pêne P, et celui-ci monte d'une

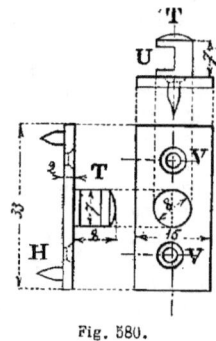

Fig. 580.

de particulier et peut très bien se comparer à celle qui a été donnée en croquis (*fig.* 559).

Serrures de bibliothèques

499. Les bibliothèques sont presque toujours formées de deux grandes portes exigeant des serrures spéciales pour leur fermeture. Le type le plus généralement adopté a été donné (fig. 558 et suivantes) nous n'y reviendrons pas.

Serrures de cartonniers.

500. Comme nous le savons, les cartonniers exigent des serrures permettant de fermer à la fois tous les cartons. Elles sont, pour cela, posées sur une tringle verticale en bois, fixée sur le meuble à

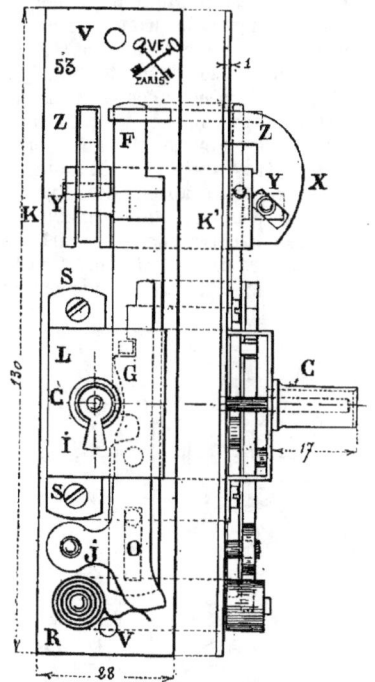

Fig. 581.

l'aide de charnières en fer ou mieux en cuivre. La tringle maintient tous les cartons et la serrure, placée au milieu de sa longueur, permet de fermer d'un seul coup tous les cartons.

501. Ce genre de serrure est indiqué en croquis par deux projections (fig. 581). Nous rencontrons encore dans cet exemple un mouvement particulier du pêne qu'il est intéressant de signaler.

Cette serrure est toute en fer et comprend : une planche L fixée sur la platine K, par des vis S ; une gorge G mobile en

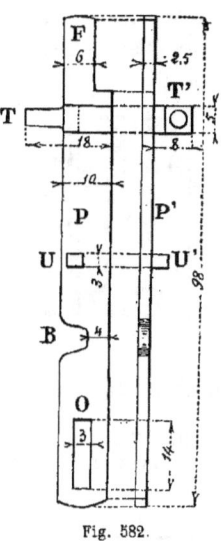

Fig. 582.

J et placée immédiatement sous la planche L ; un pêne F comportant à sa partie haute un tourillon entrant dans une pièce spé-

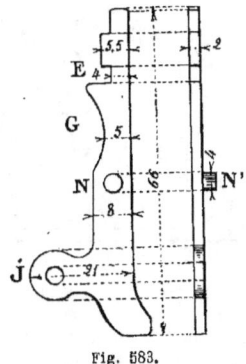

Fig. 583.

ciale X qui est le pêne proprement dit. Ce pêne X est mobile sur un axe Y qui traverse deux picolets. Dans cet exemple on transformera un mouvement vertical du pêne F en un mouvement circulaire du pêne X. Le ressort R agit sur la queue de la gorge G.

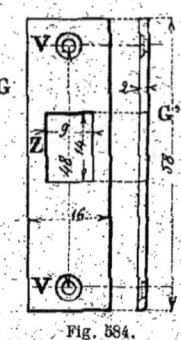

Fig. 584.

502. La figure 582 nous montre la forme du pêne F.

503. La figure 583 nous représente en deux projections la gorge G avec le tenon NN' venant s'engager dans l'encoche O du pêne F.

504. La figure 584 nous indique la forme de la gâche en fer à employer dans ce cas.

Marche des différentes pièces pour fermer ou pour ouvrir la serrure.

505. Après avoir introduit la clef dans l'entrée I par l'intermédiaire du canon en cuivre C, il faut, pour fermer, tourner la clef vers la droite ; le panneton de cette clef soulève la gorge G, l'encoche E (*fig.* 583) se dégage du petit tenon placé sur le pêne et, en agissant sur la seule barbe de ce pêne, le fait monter d'une certaine quantité. Dans ce mouvement, le centre Y de la pièce X monte, et cette pièce tournant autour du deuxième axe placé un peu plus haut permet à l'extrémité Z de pénétrer dans la gâche de manière à faire occuper une position horizontale au pêne X. Un mouvement inverse de la clef ramène le tout dans la position actuelle de la figure.

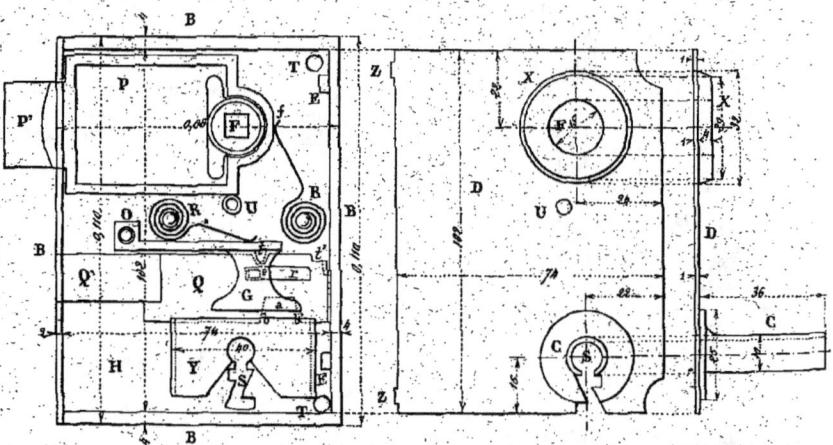

Fig 585.

Fermeture des portes de boutiques.

506. Autrefois, en outre des verrous, targettes, barres de fermeture, etc., presque toutes les portes des boutiques étaient fermées par des serrures pêne dormant et demi-tour en large, ou par des serrures de sûreté en large à quatre gorges et foliot.

Ces serrures étaient ainsi nommées *en large* parce qu'elles sont plus hautes que larges afin d'être posées sur des parties étroites comme le battant d'une porte vitrée, par exemple.

Aujourd'hui, comme nous le verrons plus loin, on supprime presque partout ce genre de serrures et on les remplace

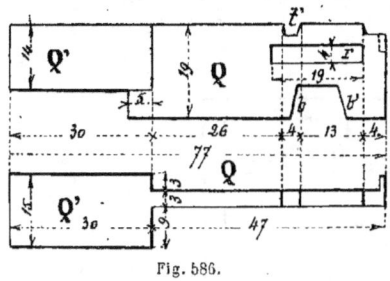

Fig. 586.

avantageusement par d'autres plus simples et plus solides; cependant, comme on en trouve encore dans le commerce, il est utile de faire connaître leur fonctionnement, l'ouvrier serrurier ayant, dans certains cas, à en faire les réparations.

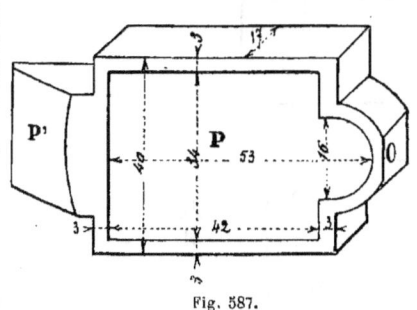

Fig. 587.

Premier exemple.

Serrure pêne dormant et demi-tour en large pour portes de boutiques.

507. Cette serrure, comme le montre le croquis (*fig.* 585), comporte deux pênes :

Le premier PP' est un simple bec-de-cane mû par un foliot F sur lequel on monte un bouton double ou mieux une béquille. La tête P' de ce pêne est cons-

tamment ramenée hors du rebord de la serrure par l'action d'un ressort R agissant en *f*.

Le second QQ' est mû par une clef qu'on introduit dans l'entrée S et dont le panneton agit sur la gorge G et sur les barbes du pêne.

A droite de la figure est indiquée la plaque de foncet.

508. La figure 586 nous donne tous

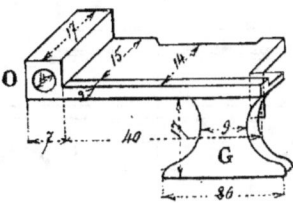

Fig. 588.

les détails du pêne QQ'; la figure 587 nous montre, en perspective cavalière, la disposition du pêne PP'.

509. La gorge G est indiquée en croquis (*fig.* 588), le foliot (*fig.* 589); enfin, la clef servant à ouvrir cette serrure est représentée en détails (*fig.* 590).

510. Pour augmenter la sûreté de cette serrure on peut très bien supposer, dans

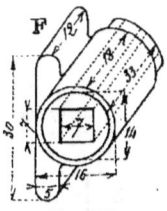

Fig. 589.

le croquis (*fig.* 585), qu'on remplace la gorge G par quatre gorges en cuivre munies de leurs ressorts et que la clef bénarde de la figure 590 est remplacée par une clef de sûreté; on obtiendra alors la serrure de sûreté en large à quatre gorges et foliot qu'on rencontre encore souvent dans les anciennes fermetures.

511. Aujourd'hui la fermeture d'une

266 SERRURERIE.

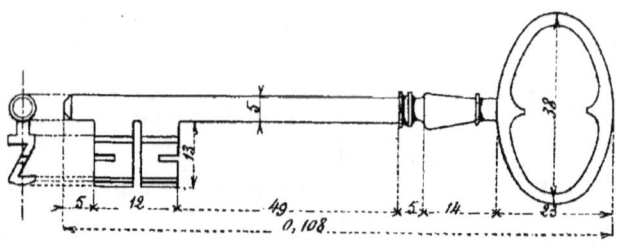

Fig. 590.

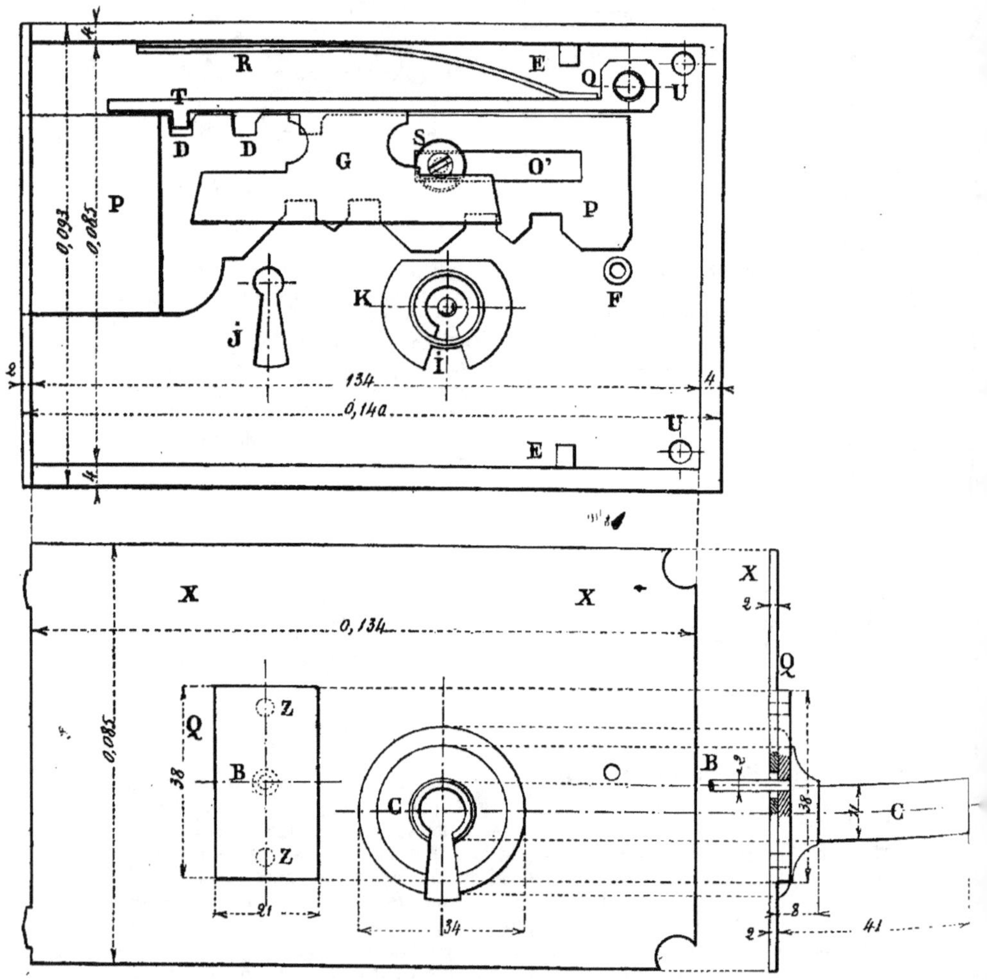

Fig. 591.

ÉTUDE DÉTAILLÉE DE LA SERRURERIE D'INTÉRIEUR.

porte de boutique comprend : deux verrous, haut et bas placés sur le battant fixe de la porte ; dans la partie pleine du bas une forte serrure pêne dormant de sûreté, poussée, avec ou sans gorges, et à hauteur convenable un bec-de-cane système Gollot, dont nous reparlerons dans ce qui va suivre.

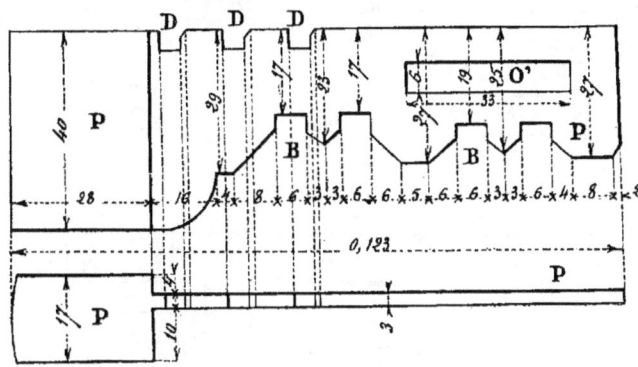

Fig. 592.

Serrure pêne dormant de sûreté, poussée, marquée APC de 0ᵐ,14.

512. Cette serrure, qu'on emploie fréquemment pour la fermeture des portes de boutiques, est indiquée en croquis (*fig.* 591). Elle se compose : d'une solide boîte en fer renfermant un pêne P, une gorge en cuivre G munie de son ressort R et mobile autour du point O ; deux entrées de clef, l'une J pour l'intérieur,

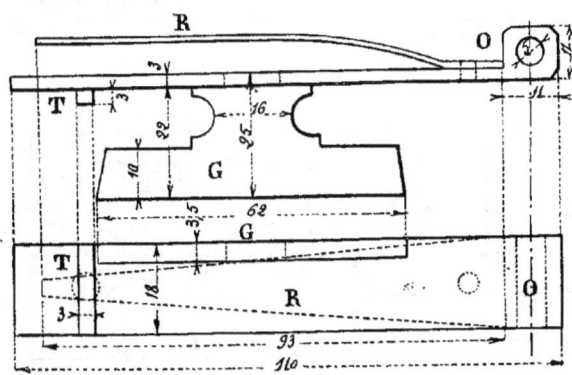

Fig. 593.

l'autre I comportant des garnitures est réservée pour l'extérieur.

En dessous nous voyons la plaque de foncet X comportant une plaque Q servant à renforcer l'endroit où s'attache la broche B, un canon C et ses accessoires.

513. La figure 592 nous donne tous les détails du pêne P ; la figure 593 nous montre la forme de la gorge G ; enfin, la figure 594 nous représente la clef forée

268 SERRURERIE.

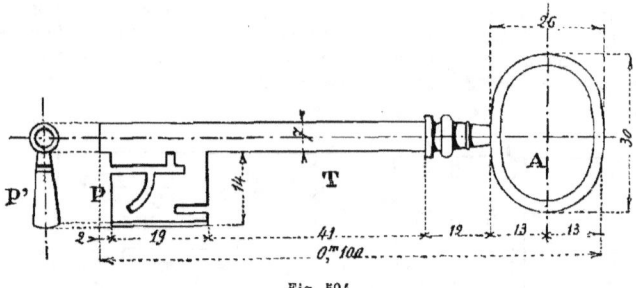

Fig. 591.

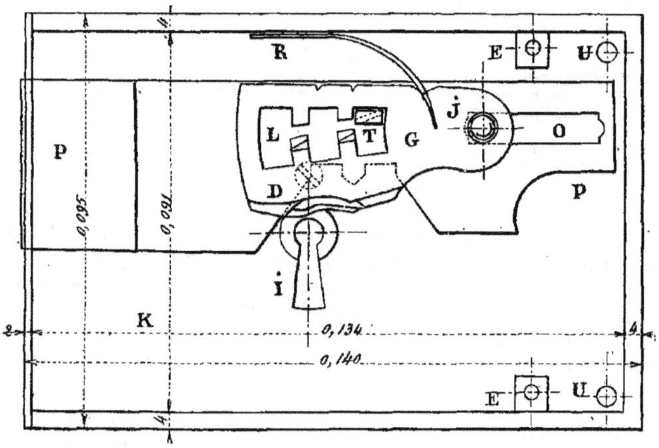

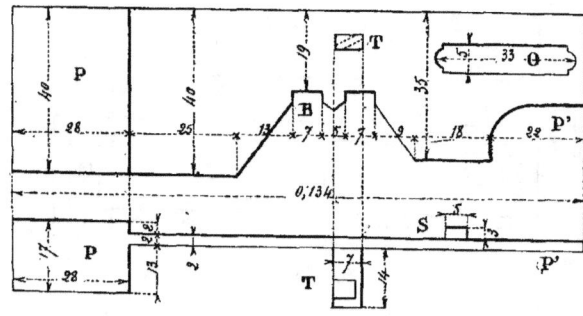

Fig. 595.

Fig. 596.

dont le panneton est entaillé de manière à passer dans les garnitures K de la figure 591.

514. La marche des différentes pièces de cette serrure étant très simple, nous ne nous y arrêtons pas plus longuement.

ÉTUDE DÉTAILLÉE DE LA SERRURERIE D'INTÉRIEUR. 269

Serrure pêne dormant de sûreté, à six gorges, clef bénarde, marquée APC, de 0ᵐ,14.

515. La figure 595 nous montre une coupe de cette serrure dans laquelle nous voyons un fort pêne P, six gorges en cuivre G munies de leurs ressorts R ; une seule entrée de clef I, etc.

516. La figure 596 nous indique tous les détails du pêne, et la figure 597 la forme de chacune des six gorges de cette serrure.

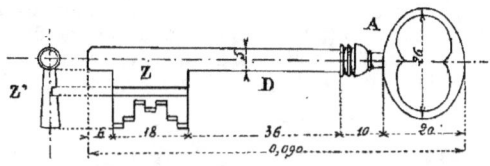

Fig. 597 bis.

La figure 597 *bis* nous donne la forme de la clef de cette serrure avec ses principales dimensions.

517. Pour le fonctionnement il suffit

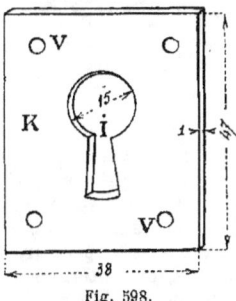

Fig. 598.

de nous reporter aux serrures de sûreté précédemment décrites.

518. Les deux serrures qui précèdent sont munies chacune d'une forte gâche sur le battant fixe de la porte posée n'ayant rien de bien intéressant à signaler. Au dehors on place, entaillée dans la menuiserie, une entrée de clef K en fer ou en cuivre dont la figure 598 nous donne la forme et qu'on fixe à l'aide de quatre vis passant dans les trous V.

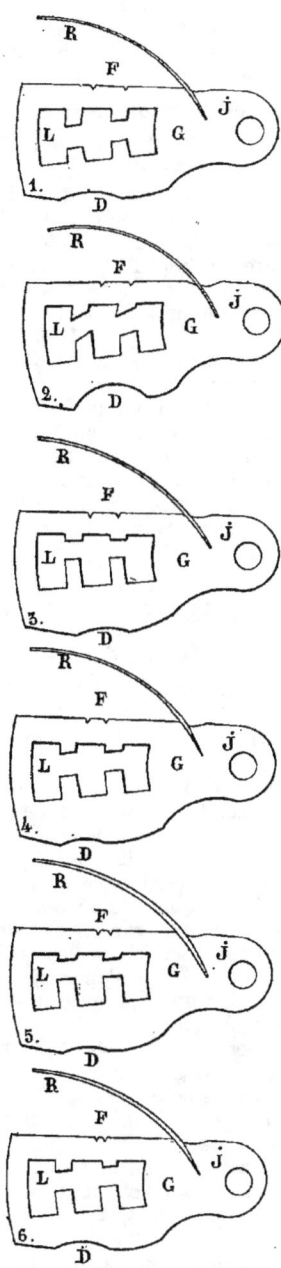

Fig. 597.

Emploi des becs-de-cane et des serrures système Gollot frères, à Paris.

519. Pour remplacer avantageusement la serrure en large dont nous venons de parler et qui est représentée en croquis figure 588, on se sert aujourd'hui presque exclusivement du bec-de-cane système Gollot frères, dont presque toutes les portes de boutiques sont maintenant munies. Ce bec-de-cane, dont la figure 599 nous montre une élévation, est établi dans d'excellentes conditions de solidité et de bon fonctionnement ; il se pose très facilement sur le battant d'une porte au moyen de deux fortes vis passant dans les trous O. La boîte B de ce bec-de-cane peut être

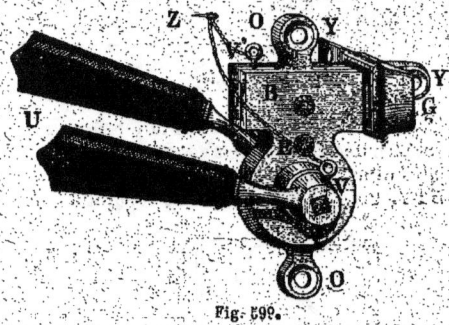

Fig. 599.

en fonte malléable, en cuivre ou même en métal blanc ; elle est traversée par une tige en fer réunissant les deux béquilles U ; une goupille V maintient en place ces deux béquilles, une autre goupille V' se place dans la partie supérieure de la boîte B et permet, de l'intérieur, d'arrêter tout mouvement du pêne. Ces deux goupilles sont réunies par une chaînette fixée sur le montant de la porte par un piton Z.

En E se trouve l'estampille du fabricant dont nous donnons à plus grande échelle (fig. 600) la disposition.

En G est indiquée la gâche de ce bec-de-cane fixée sur l'autre battant par de fortes vis passant dans les trous Y.

520. MM. Gollot frères exécutent dans leurs ateliers des becs-de-cane pour portes en bois et des becs-de-cane pour portes en fer. Nous donnerons, dns cea qui va suivre, les différentes dispositions les plus en usage.

Becs-de-cane pour portes en bois.

Premier Exemple.

521. Comme premier exemple nous indiquons (fig. 601) une élévation et une coupe verticale nous montrant l'intérieur de la serrure. Le foliot F, qui porte dans sa partie renflée un trou carré recevant la tige des deux béquilles, est commandé par un solide ressort en spirale R analogue à un ressort d'horlogerie logé dans la partie inférieure de la boîte B. Ce foliot est en bronze, et sa tête vient butter sur une entaille pratiquée dans le pêne P.

En exerçant une pression sur les béquilles, on déterminera un mouvement du foliot dont la tête fera glisser horizontalement le pêne d'avant en arrière en

Fig. 600.

agissant en I ; le ressort R est alors comprimé.

Quand la pression exercée sur les béquilles aura cessé, le ressort laissé libre se détendra et ramènera le foliot à sa position primitive ; par suite les béquilles seront rappelées horizontalement et maintenues par l'action du même ressort.

Quant au pêne, il est ramené au dehors par un petit ressort à boudin disposé derrière lui et roulé autour d'un goujon horizontal qui, faisant corps avec le pêne, en assure le guidage.

Quand on ferme la porte, le pêne rentre sans effort dans la gâche et est repoussé en dehors par le petit ressort à boudin sans que les béquilles aient à subir la moindre secousse.

Dans ce bec-de-cane, la seule partie susceptible de se fatiguer est la tête du bras de levier qui s'engage dans l'entaille du pêne.

L'usure produite est compensée par

ÉTUDE DÉTAILLÉE DE LA SERRURERIE D'INTÉRIEUR.

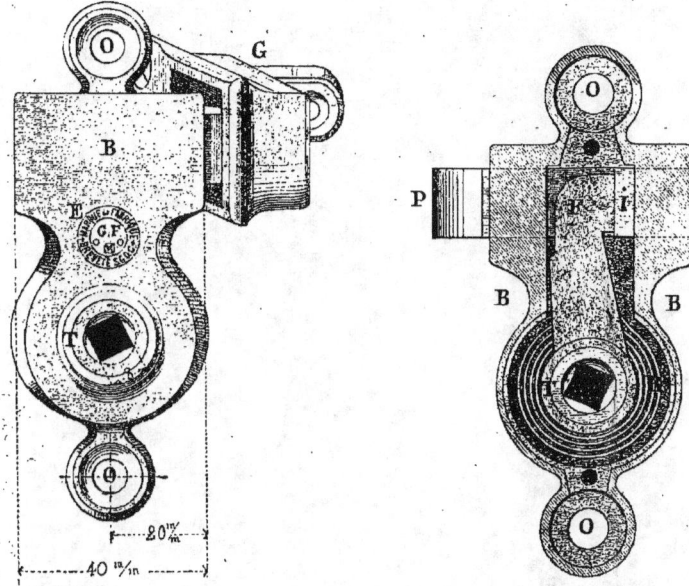

Fig. 601.

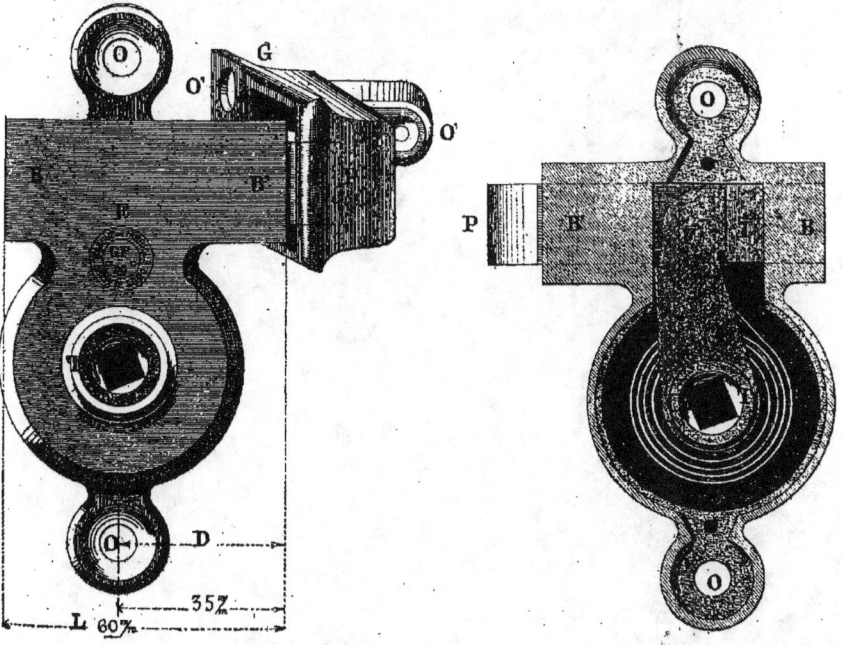

Fig. 602.

ÉTUDE DÉTAILLÉE DE LA SERRURERIE D'INTÉRIEUR.

Le trou carré T a 6, 8 ou 12 millimètres de côté.

Ce genre de becs-de-cane et de serrures se font en tirant et en poussant.

Troisième exemple.

Serrure à condamnation pour portes en bois.

524. On fait également, pour portes en bois, des serrures becs-de-cane munies de deux clefs connues aussi sous le nom de *serrures à condamnation* et dont nous donnons un exemple figure 603.

525. La partie inférieure de la boîte en fonte B comporte un bec-de-cane en tout semblable à ceux décrits ci-dessus. La partie supérieure est une véritable serrure à gorges K (munies de leurs ressorts) dont le pêne Q, mû par le panne-

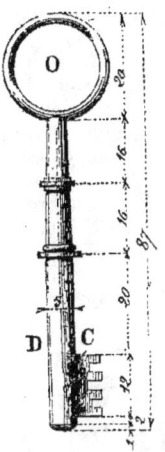

Fig. 603.

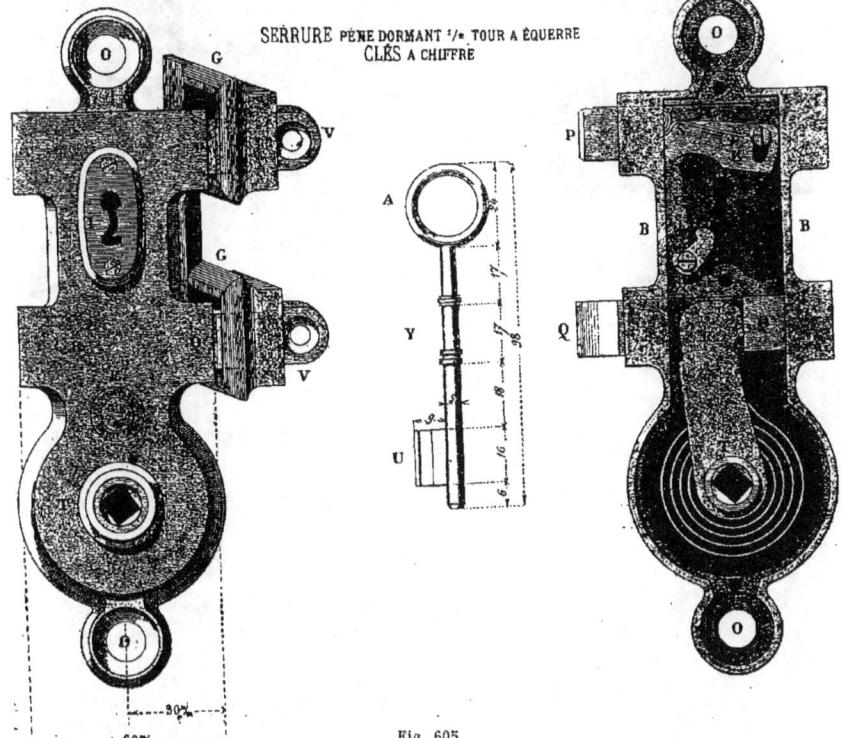

Fig. 605.

Sciences générales.

ton de la clef entrant dans l'ouverture J, vient s'intercaler en I entre l'extrémité F du foliot et la partie B de la boîte de la serrure et condamner ce foliot à rester dans la position actuelle de la figure.

C'est, comme nous le voyons, une serrure de sûreté. Le pêne Q est guidé dans sa course contre les étoquiaux L.

526. Dans la même figure nous voyons l'élévation et la disposition de la gâche G de ce genre de serrures.

527. La figure 604 nous indique la forme spéciale de clef à employer avec ses principales dimensions.

Quatrième exemple.
Serrure pêne dormant demi-tour, à équerre. Clefs à chiffres.

528. Ce genre de serrure, dont la figure 605 nous montre une élévation, une coupe verticale et le détail de la clef,

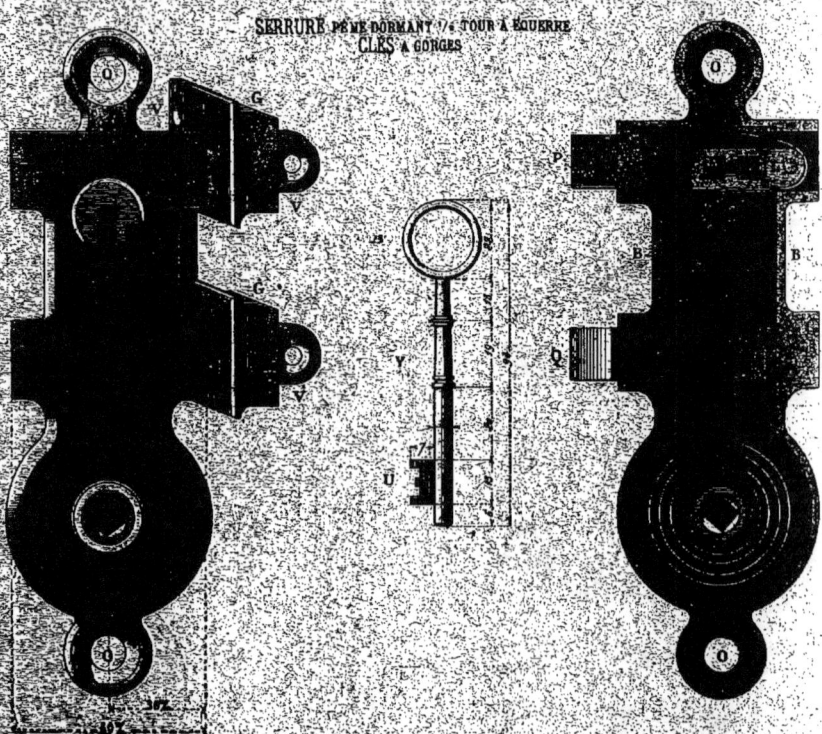

Fig. 605.

comporte deux pênes : l'un QQ' mû par le foliot F, l'autre P mû par une clef introduite dans l'entrée I. Une came X et une pièce verticale J, en correspondance avec la pièce C, permettent d'agir sur le pêne QQ'.

Cinquième exemple.
Serrure pêne dormant demi-tour, à équerre, clefs à gorges.

529. La figure 606 nous représente une variante de la disposition précé-

ÉTUDE DÉTAILLÉE DE LA SERRURERIE D'INTÉRIEUR.

dente dans laquelle la gorge ordinaire est remplacée par des gorges L munies de leurs ressorts, ce qui, comme nous le savons, augmente l'inviolabilité.

Dans cet exemple comme dans le précédent nous avons l'indication de la forme de clef à employer et la disposition de la gâche G, se fixant à l'aide de fortes vis passant dans les trous V.

Sixième exemple.
Bec-de-cane à larder pour béquille double.

530. Indépendamment des becs-de-

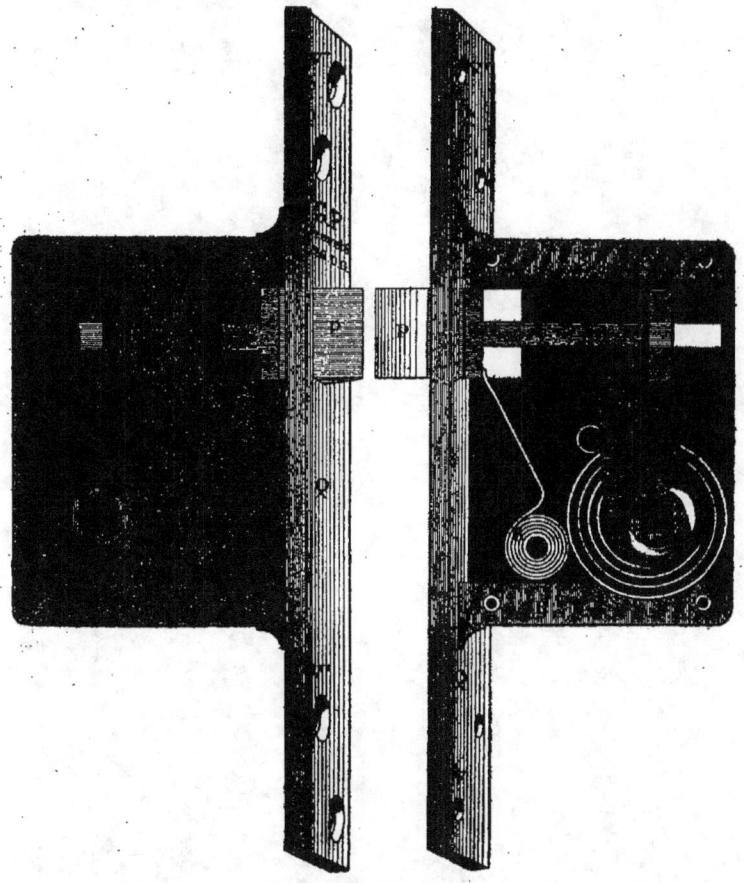

Fig. 607.

cane ordinaires, dont nous avons parlé ci-dessus, la maison Gollot fabrique aussi un autre genre de serrures, dont nous allons donner quelques types.

Le premier (fig. 607) représente un bec-de-cane dont le principe est le même que le précédent. Un foliot F est mis en mouvement par une béquille ou par un bouton double entrant dans l'ouverture T, il communique ce mouve-

ÉTUDE DÉTAILLÉE DE LA SERRURERIE D'INTÉRIEUR.

montrent d'autres formes avec l'emploi de gorges en cuivre G et clefs de sûreté.

533. Dans le premier exemple le bec-de-cane est relié au pêne par un levier L, ce qui permet d'ouvrir ce pêne P ainsi

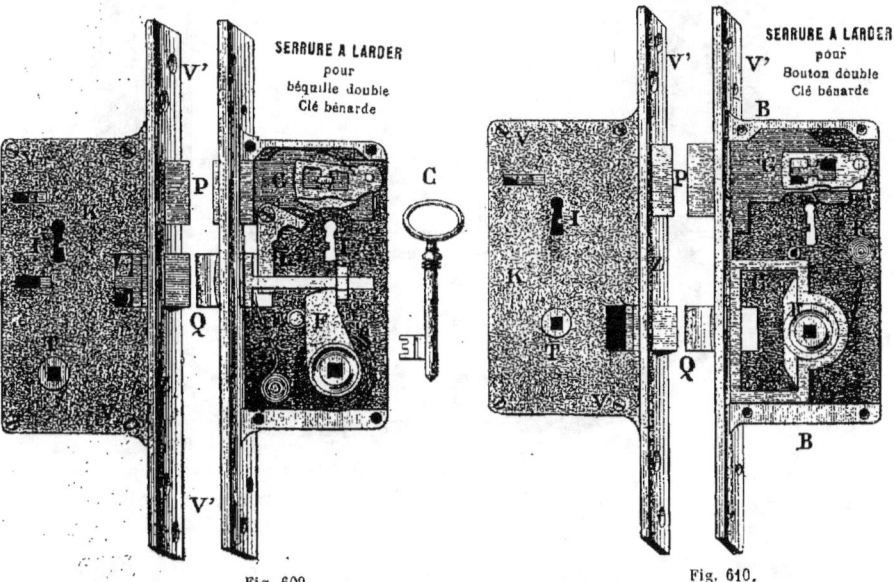

Fig. 609. Fig. 610.

que le pêne Q du bec-de-cane sans avoir à agir sur le foliot F. En C nous voyons le type de clef à employer dans ce cas.

534. La figure 610 est une variante dans laquelle les deux pênes sont absolument indépendants ; leur manœuvre se comprend d'ailleurs très facilement à la seule inspection du croquis.

535. Les deux figures 611 et 612 nous montrent une gâche et une entrée de clef à employer pour ce genre de serrures.

Béquilles et boutons doubles.

536. Les différents types de becs-de-cane et de serrures à larder que nous venons d'examiner se meuvent à l'aide de béquilles ou de boutons doubles dont nous allons parler.

Premier exemple.

537. La figure 613 nous représente la forme des béquilles doubles pour becs-de-cane et serrures à larder.

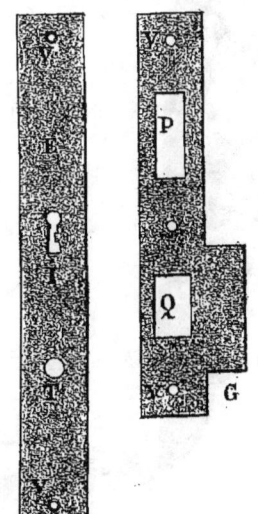

Fig. 611. et 612.

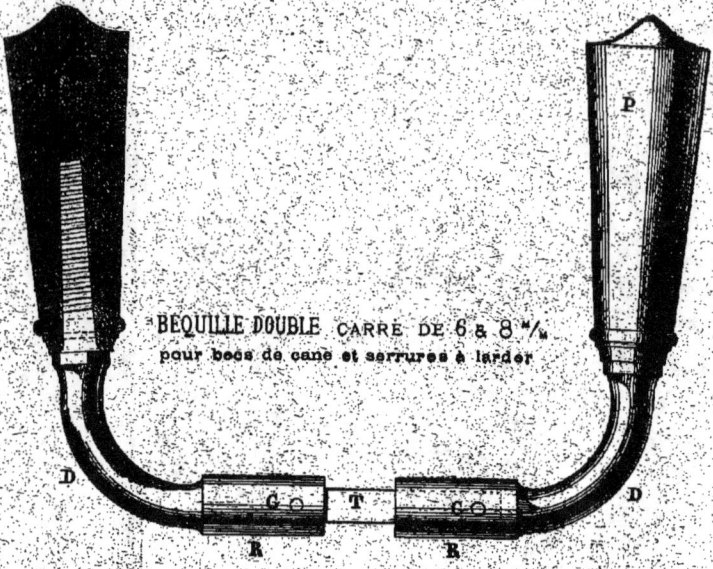

Fig. 613.

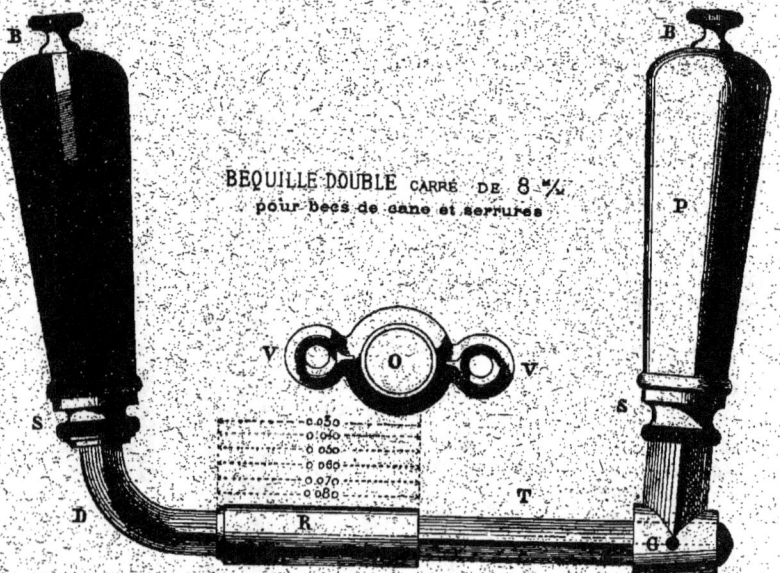

Fig. 614.

Les montures D de ces béquilles peuvent se faire en fer, en cuivre ou en métal blanc. La tige T, qui est en fer, est un carré de 6, 8 ou 12 millimètres de côté. Les manches ou poignées P se font en buffle, en ivoire, en céramique ou en toute autre matière.

Lorsqu'on n'indique pas sur une commande l'épaisseur du battant de la porte, le constructeur livre toujours une béquille

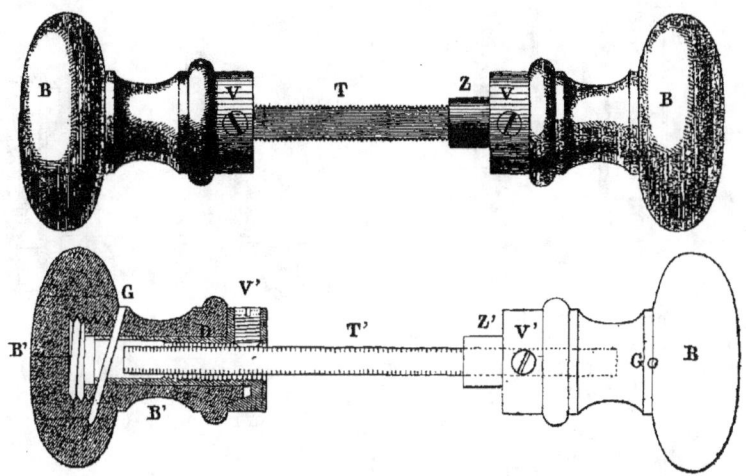

Fig. 615.

de 50 millimètres qui peut aller sur une épaisseur de bois de 50 millimètres et au-dessous.

538. Dans l'exemple (*fig.* 613), la tige T est maintenue sur la monture D par deux goupilles G traversant les parties renflées R ; l'extrémité de la monture D se termine par une vis V qui entre entièrement dans les poignées P.

Deuxième exemple.

539. La figure 614 nous indique une autre forme de béquille double avec carré T de 8 millimètres pour becs-de-cane et serrures. En O se trouve l'entrée placée à l'opposé de la serrure et fixée sur le battant de la porte à l'aide de deux fortes vis passant dans les trous V. La monture D, dans cet exemple, est prolongée par une tige non filetée et retenue immobile, dans les manches P, à l'aide d'une vis B.

Troisième exemple.

540. La figure 615 nous montre un exemple de boutons doubles breveté S. G. D. G., ces deux boutons étant mobiles.

Dans cette figure, la coupe nous montre

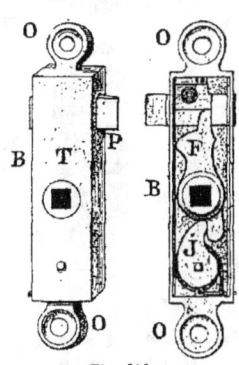

Fig. 616.

la disposition de l'intérieur de chaque bouton.

Dans le bouton B', qui est en deux parties vissées l'une sur l'autre, on introduit une douille D de forme spéciale retenue sur le bouton par une goupille G; la tige T, qui se visse dans cette douille, y est maintenue par une vis V.

Sur la droite, il existe une partie Z' non symétrique de la partie V'.

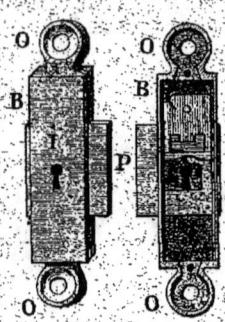

Fig. 617.

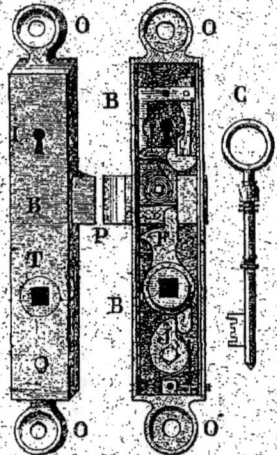

Fig. 618.

Becs-de-cane et serrures pour portes en fer.

541. Les portes en fer présentant des montants beaucoup moins larges que les portes ordinaires en bois, il a fallu donner aux serrures de ces portes des dispositions spéciales que nous allons examiner succinctement.

Premier exemple.

542. La figure 616 nous montre le croquis d'un bec-de-cane, pour portes en

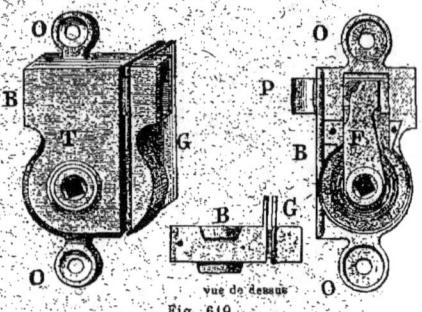

vue de dessus
Fig. 619.

fer, qui se compose d'une boîte B fixée en O par des vis et comportant une béquille ou un bouton double se plaçant

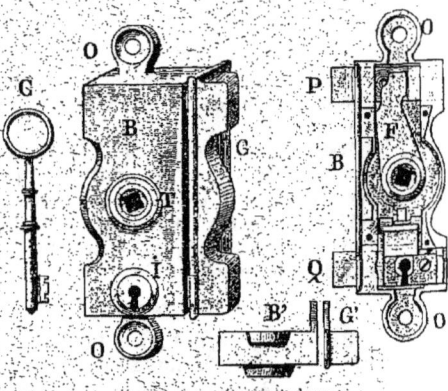

vue de dessus
Fig. 620.

sur une couverture T et, à l'aide du foliot F, agissant sur l'arrière du pêne P; une came J sur laquelle agit un ressort ramène le foliot.

Deuxième exemple.

543. La figure 617 nous représente un pêne dormant pour porte en fer, rien de particulier à signaler.

ÉTUDE DÉTAILLÉE DE LA SERRURERIE D'INTÉRIEUR.

Troisième exemple.

544. La figure 618 nous indique le type de serrure à condamnation à utiliser pour porte en fer; c'est, comme le montre ce croquis, une variante des deux types précédents.

Quatrième et cinquième exemple.

545. Enfin, les deux figures 619 et 620

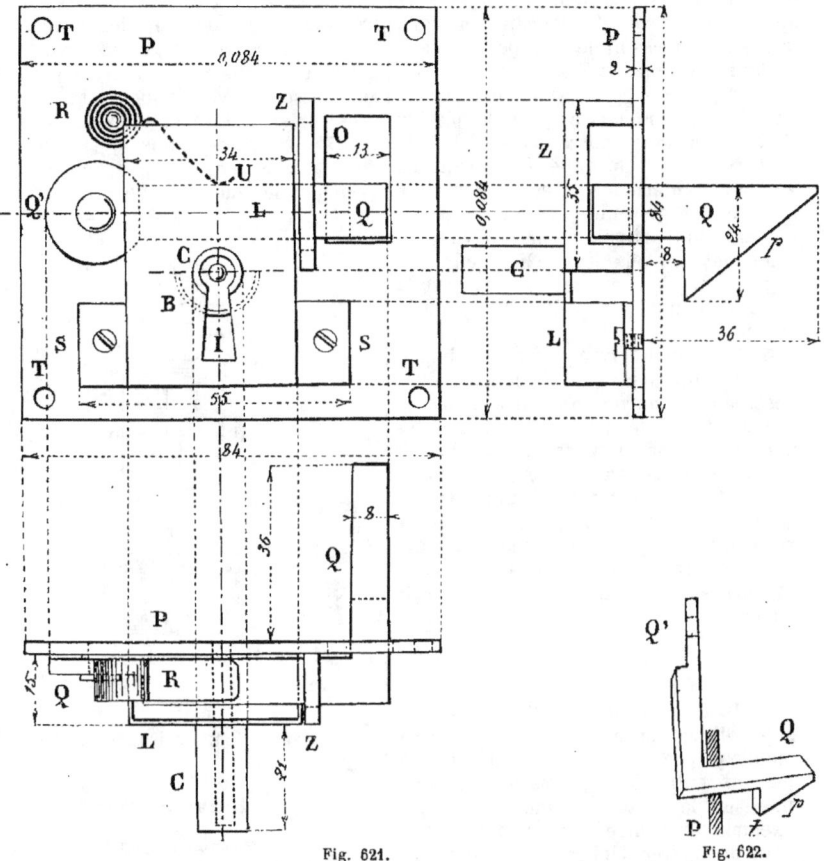

Fig. 621. Fig. 622.

nous donnent : la figure 619, un exemple de bec-de-cane pour porte en fer, se rapprochant comme forme du bec-de-cane pour porte en bois, la gâche est cependant un peu différente.

La figure 620 nous indique la disposition d'une serrure pêne dormant demi-tour, pour porte en fer; rien de particulier à en dire.

Serrures pour caissons de boutiques.

546. La figure 621 nous montre, en trois projections, la disposition généralement adoptée pour les serrures devant fermer les caissons des boutiques, caissons dans lesquels on place les volets de fermeture.

547. Ce genre de serrure, très simple de construction, comprend : une platine en fer P percée de quatre trous T servant à la fixer sur le volet mobile du caisson ; un pêne QQ′ dont le croquis schématique (*fig.* 622) nous représente la forme vue en dessus ; un ressort R dont l'extrémité U appuie sur le pêne Q et le maintient dans la position horizontale qu'il occupe dans la figure ; un picolet Z servant à maintenir et à guider le pêne ; une planche L, fixée en SS par deux vis sur la platine P et comportant l'entrée de clef I et le canon C ; une bouterolle B servant de garniture intérieure. C'est, comme le montre le croquis, une serrure à entailler n'ayant de particulier que la forme du pêne dont le talon t (*fig.* 622), vient s'engager, lorsqu'on pousse le volet avec la main, dans une gâche disposée pour le recevoir.

548. La manœuvre en est très simple. On introduit la clef par le canon C dans l'entrée I, on tourne de droite à gauche et le panneton de la clef, agissant directement en-dessous du pêne Q, le soulève et le dégage de la gâche dans laquelle il était retenu. Pour fermer il suffit de pousser sur le volet le plan incliné p du pêne rencontrant la gâche. Ce pêne se soulève en tournant autour de son axe Q′ et le talon t se place de lui-même dans la gâche.

Cadenas.

549. Le cadenas, tel qu'il est employé aujourd'hui, est une espèce de serrure mobile et portative, pourvue d'une anse passant entre deux pitons dont l'un est fixé sur le battant d'une porte, par exemple, et l'autre sur le dormant. Il peut donc, très facilement, s'accrocher ou se décrocher. Un cadenas est, pour le serrurier, un objet dont il a peu à s'occuper, car il ne le fait jamais et, vu son bon marché, il ne vaut pas la réparation qu'on pourrait y faire. Cependant le serrurier peut, dans certains cas, être appelé pour ouvrir un cadenas dont le propriétaire aurait égaré momentanément la clef ; il est donc utile qu'il connaisse au moins la composition des quelques types les plus répandus afin d'éviter des tâtonnements et arriver vite à les ouvrir.

550. Comme nous l'avons indiqué, page 14 du *Vocabulaire*, son usage remonte à la plus haute antiquité. Il en existe de plusieurs espèces, à ressort, à combinaisons, etc... Leur forme est aussi très variable, on en fait des ronds, des longs ; d'autres ovales, carrés, rectangulaires, en triangles, en cœurs, en boules, en écussons, cylindriques, etc... Leur grosseur est aussi très variable.

551. Avant de donner quelques types des cadenas modernes, rappelons deux exemples de cadenas anciens afin de nous

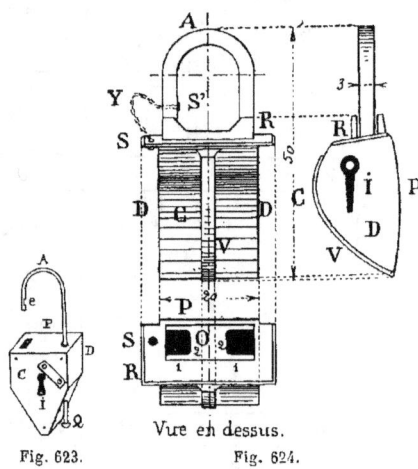

Fig. 623.   Vue en dessus. Fig. 624.

permettre la comparaison et les progrès réalisés.

Cadenas anciens.

Premier exemple.

552. Le cadenas ancien, dont la figure 623 nous montre l'un des types, est un cadenas ordinaire composé d'un palastre P et d'une couverture C réunis par une cloison D ; la clef entre en I par la couverture.

En A se trouve l'*anse*, dont la queue Q, ronde et à bouton, traverse les cloisons d'un côté ; l'autre extrémité e entre dans la cloison supérieure et reçoit le pêne

ÉTUDE DÉTAILLÉE DE LA SERRURERIE D'INTÉRIEUR.

dans une encoche *e* préparée à cet effet. Dans certains cadenas de ce genre, il arrive que l'anse ne traverse pas le cadenas et qu'elle n'a pas de queue ; elle est alors à charnière et se rapproche des cadenas employés de nos jours.

Deuxième exemple.

553. Comme deuxième exemple de cadenas ancien nous indiquons en croquis (*fig.* 624) un cadenas très curieux par sa simplicité et incrochetable.

Il se compose : d'un palastre P ; d'une couverture C, raidie par un renfort V ; de deux cloisons latérales D ; d'une cloison supérieure R dans laquelle se trouvent percés deux trous O laissant passer les extrémités de l'anse A.

Dans cet exemple, la clef entre dans le

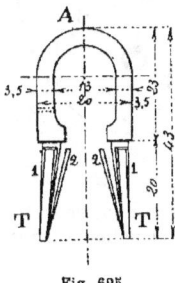

Fig. 625.

cadenas non pas par la couverture, mais par la cloison de gauche, comme l'indique le croquis.

Anse.

554. La partie principale de ce cadenas est *l'anse*, car il ne comporte à l'intérieur aucune pièce autre que la *broche* servant à guider la clef.

Cette anse, dont le croquis (*fig.* 625), nous montre la forme et les principales dimensions, se compose : d'une partie recourbée A terminée par deux tiges T sur lesquelles sont soudés, en avant, deux ressorts 1, 1 et sur le côté et vers le milieu deux autres ressorts 2, 2. Lorsqu'on place l'anse dans la boîte du cadenas en enfonçant les deux tiges T dans les trous O de la vue

en dessus, les quatre ressorts se compriment et, lorsqu'ils ont dépassé l'épaisseur de la cloison R, leur élasticité leur permet de s'ouvrir et de venir former arrêt contre le dessous de cette cloison. Le cadenas est alors fermé et il est impossible de l'ouvrir sans une clef de forme spéciale dont nous allons parler.

555. Cette clef est indiquée en cro-

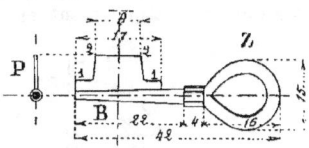

Fig. 626.

quis (*fig.* 626) ; elle est forée et son panneton P est découpé de manière à rencontrer, dans le mouvement de bas en haut qu'on lui donne, les quatre ressorts indiqués ci-dessus. Les deux parties 1, 1 du panneton compriment en même temps les deux ressorts 1, 1 de la figure

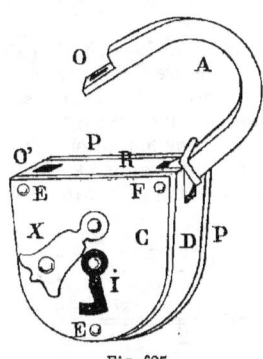

Fig. 627.

625 et la partie large du panneton 2, 2 comprime en même temps les deux ressorts latéraux de la même figure. L'anse, dans ce mouvement, se trouve soulevée et les quatre ressorts étant resserrés contre les tiges T, l'anse sort très facilement du cadenas. Comme cette anse est alors complètement séparée du cadenas, et pourrait s'égarer, on la retient par une petite

chaîne Y fixée en S sur la cloison et en S' sur l'anse (fig. 624).

Pour refermer le cadenas il suffit d'entrer les deux extrémités T de l'anse dans les deux trous O et d'exercer une légère pression.

Cadenas actuellement employés.

556. Quelle que soit la forme des cadenas ordinaires actuellement employés (fig. 627), ils se composent presque tous d'un *palastre* P et d'une *couverture* C réunis par une *cloison* D d'un seul morceau, dont les deux extrémités se réunissent en O' par un assemblage simple en queue d'hironde. La partie R du cadenas que l'*anse* A traverse se nomme *rebord*. Ce rebord, la cloison, le palastre et la couverture ont la même épaisseur qui ne dépasse jamais 2 millimètres. La cloison C est reliée au palastre P par au moins

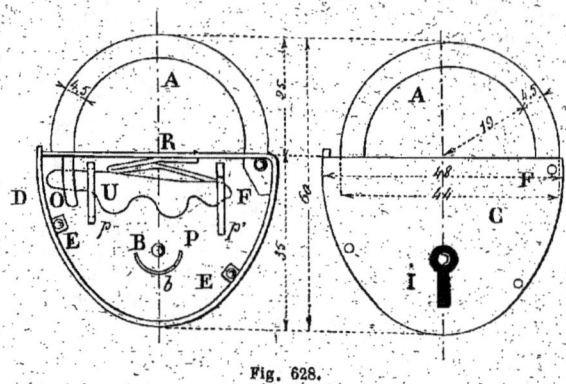

Fig. 628.

trois *étoquiaux* E rivés sur le palastre et sur la couverture; dans certains cas, mais bien rarement, on consolide cet assemblage par une brasure.

L'anse A est mobile autour d'un axe F; et son extrémité amincie O (nommée aussi *bout de l'anse*) pénètre dans le rebord R par l'ouverture O' afin de recevoir le pêne.

Une entrée de clef I (généralement tourmentée de forme dans les cadenas communs afin de leur donner un semblant de sûreté) et un *cache-entrée* X complètent la description extérieure de nos cadenas usuels.

Nous allons, dans ce qui va suivre, en étudier les principales dispositions intérieures.

Premier exemple.

557. Comme premier exemple nous donnons (fig. 628) la disposition intérieure et l'élévation d'un *cadenas à demi-tour* c'est-à-dire un cadenas dans lequel le pêne U n'a pas d'entailles sur le dos pour le ressort R qui ne fait que le comprimer. Ce pêne, dont la figure 629 nous montre la forme en deux projections, n'a

Fig. 629.   Fig. 630.

qu'une barbe pour ouvrir, à moins qu'il ne fasse tour et demi.

Le pêne U (*fig.* 628) passe entre deux picolets p et p', et est maintenu par le ressort R qui le comprime et dont la figure 630 nous montre la disposition. Il est composé d'une bande d'acier, aussi large que la profondeur du cadenas le permet, divisée en deux branches dont une courte fait contrefort sur le rebord et dont l'autre plus longue s'appuie sur le dos du pêne. En B, la broche recevant la clef forée du cadenas; en O, l'extrémité de l'anse dans laquelle entre le pêne pour la fermeture.

558. Les cadenas ordinaires comportent quelquefois, comme garniture, un *rouet b* formant un cercle interrompu ou non.

Dans ces cadenas le pêne fait sa course

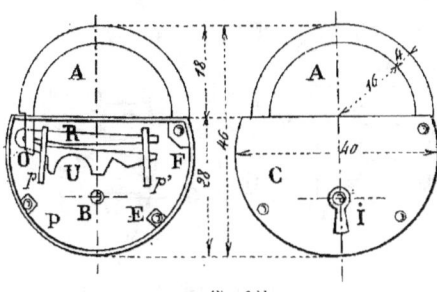

Fig. 631.

au-dessous du *bord*, c'est ce qui lui vaut le nom de *pêne en bord*; sa tête ne sort jamais du cadenas.

Deuxième exemple.

559. La figure 631 nous montre une deuxième disposition de cadenas ordinaire qui n'est qu'une variante du croquis précédent. Dans cet exemple le pêne U et le ressort R font partie du même morceau d'acier; disposition qu'on ne rencontre évidemment que dans les cadenas fabriqués pour être vendus très bon marché. Le reste de la disposition présentant beaucoup d'analogie avec le précédent nous n'insisterons pas davantage.

Troisième exemple.

560. Comme troisième exemple nous

représentons (*fig.* 632) un cadenas dont le palastre P, la couverture C, le cache-entrée X et la plaque J, fermant provisoirement l'entrée de clef, sont en cuivre. L'anse et les cloisons ainsi que le pêne U sont en fer; le ressort r, fixé au-dessous du rebord est en acier.

Le pêne, son ressort et les accessoires rentrent dans les deux exemples examinés ci-dessus et n'ont rien de particulier à signaler.

L'entrée de clef mérite quelques mots d'explication. Contre la face intérieure de la couverture C, s'applique, par la pression d'un ressort à boudin R, une plaque

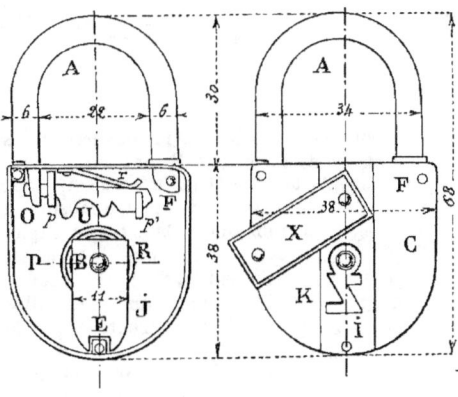

Fig. 632.

de cuivre J percée d'un trou pour le libre passage de la broche B. Cette plaque est refoulée par le panneton de la clef lorsqu'on désire ouvrir ou fermer le cadenas. Elle ne permet pas, lorsqu'on oublie de fermer le cache-entrée, ce qui arrive souvent, aux insectes de pénétrer dans le cadenas et d'en gêner les mouvements des différentes pièces.

Ce type de cadenas est très solide et peut être utilisé dans les endroits humides.

Quatrième exemple.

561. Si l'on désirait avoir, par un cadenas, une fermeture sérieuse, il faudrait le confectionner spécialement et lui mettre toutes les garnitures d'une bonne serrure; mais, comme on vise au bon marché, on recule devant cette dépense. Cependant on trouve dans le commerce des cadenas comportant, sur leur pêne, une ou plusieurs gorges ; nous en donnerons deux exemples.

562. Le premier (*fig.* 633) est de forme

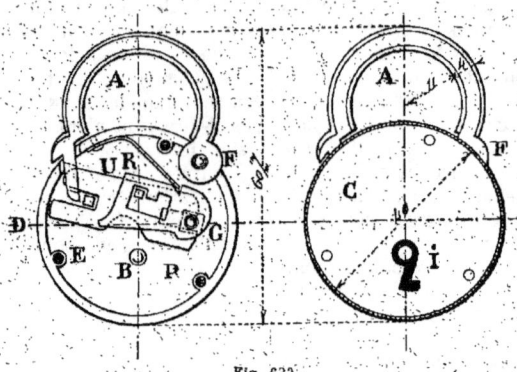

Fig. 633.

circulaire, le palastre, la couverture, les cloisons et la broche B sont en cuivre. L'anse A, le pêne U et la gorge G sont en fer ; le ressort R, appuyant sur la gorge G, est en acier. Dans cet exemple, de cadenas à une seule gorge, le pêne est indiqué en croquis (*fig.* 634) ; il est muni d'un tenon TT′ passant dans les entailles de la gorge G et ne présente rien de particulier à signaler.

La gorge indiquée en deux projections par la figure 635 est très simple de construction ; le ressort R qui agit sur elle

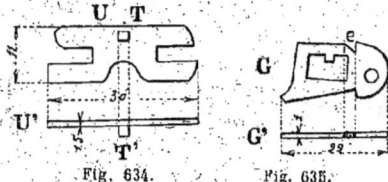

Fig. 634.   Fig. 635.

est fixé en-dessous du rebord et vient

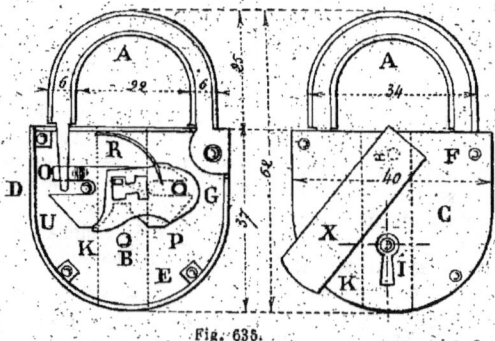

Fig. 635.

s'appuyer dans une encoche *e* réservée pour le recevoir.

Rien d'important à signaler pour la manœuvre de ce cadenas.

ÉTUDE DÉTAILLÉE DE LA SERRURERIE D'INTÉRIEUR.

563. Le deuxième exemple est représenté en croquis (*fig.* 636); ce cadenas, d'une très grande solidité, entièrement en fer, comporte trois gorges G munies de leurs ressorts, disposition analogue à celle de nos serrures de sûreté.

564. Le pêne, dont la figure 637 nous montre deux projections, est recourbé à sa partie supérieure en S pour pénétrer

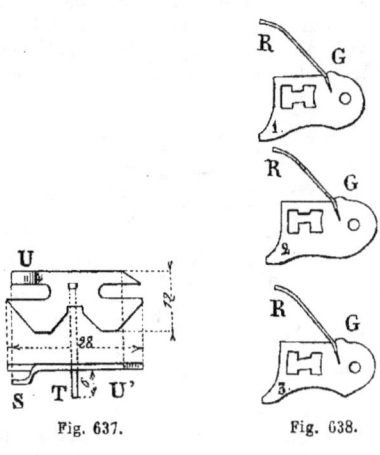
Fig. 637.   Fig. 638.

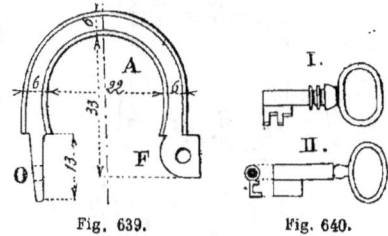
Fig. 639.   Fig. 640.

plus facilement dans l'encoche réservée en O dans la partie amincie de l'anse.

565. La figure 638 nous indique la disposition des trois gorges de ce cadenas, nombre qu'on dépasse rarement, vu le peu d'épaisseur des cadenas ordinaires.

Ce genre de cadenas est souvent consolidé sur le palastre et sur la couverture par deux plaques K en saillie.

566. La figure 639 nous représente le détail de l'anse.

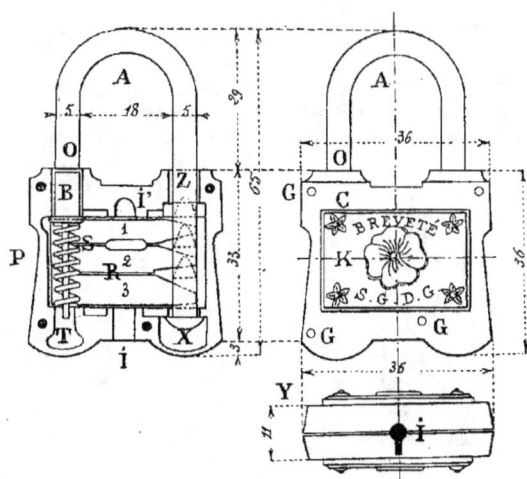
Fig. 641.

Rien de particulier à dire sur le fonctionnement de cet appareil qui est des plus simples.

567. Les clefs employées pour la fermeture des cadenas sont très simples et se résument à deux types donnés en croquis (*fig.* 640).

En I une clef pour cadenas à gorges;

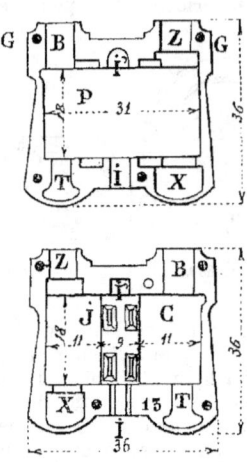

Fig 642.

en II, le type des clés ordinaires pour cadenas bon marché.

Cinquième exemple.

568. Comme cinquième exemple proposons-nous d'étudier la disposition d'un

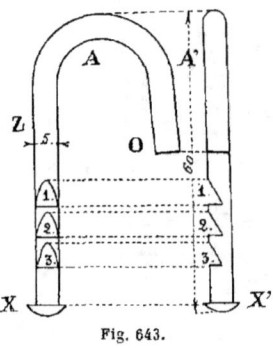

Fig. 643.

cadenas dont le palastre et la couverture sont en fonte malléable ornée, et l'entrée de clef placée sur la cloison et en dessous.

Ce genre de cadenas, dont la forme nous est bien connue, est représenté en trois projections (*fig.* 641).

Il se compose :

D'une anse A de forme spéciale dont nous nous occuperons dans ce qui va suivre; d'un ressort R formé par une lame d'acier entaillée et recourbée ; d'un

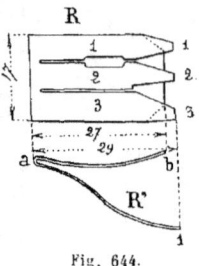

Fig. 644.

petit piston B terminé par une tige T sur laquelle s'enroule un ressort à boudin S.

Le palastre P, formant le fond du cadenas, ainsi que la cloison C, sont représentés en croquis (*fig.* 642) avec l'indication des lettres permettant de se rendre compte de la position des différentes pièces.

569. La figure 643 nous montre l'anse A du cadenas recourbée en O et présentant un rebord X à sa partie inférieure ; sur la tige verticale de cette anse se trouvent trois encoches 1, 2, 3 dans

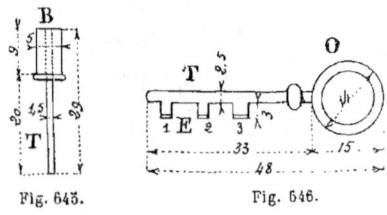

Fig. 645.   Fig. 646.

lesquelles se placent les lames 1, 2, 3 du ressort R.

570. La figure 644 nous représente ce ressort R en élévation et en plan. La face recourbée *ab* se place sur le palastre.

571. La figure 645 nous donne le détail du petit piston B et de sa tige T. Ce piston est en plomb ou en étain, et sa tige est en fer.

572. Enfin, la figure 646 nous indique la forme spéciale de la clef servant à ouvrir ce genre de cadenas. Elle est formée d'un anneau O, d'une tige T et de saillies E disposées sur la longueur de cette tige T et servant à comprimer le ressort, comme nous allons le voir.

Marche des différentes pièces pour fermer ou pour ouvrir ce cadenas.

573. La figure 641 nous représente le cadenas ouvert. Pour le fermer, il suffit d'appuyer avec la main sur le haut de l'anse ; on comprime le piston B, et les trois encoches de l'anse Z reçoivent les

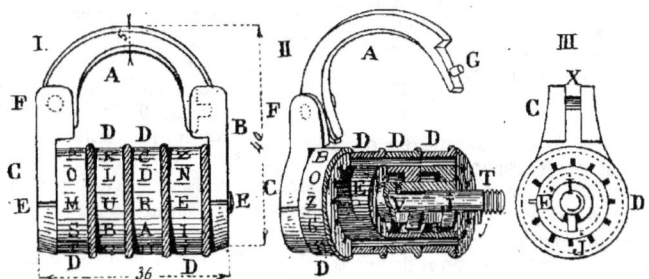

Fig. 647.

trois lames du ressort R. Le cadenas étant ainsi fermé et les trois lames du ressort R (*fig.* 644) étant entrées dans les encoches correspondantes de l'anse (*fig.* 643), on introduit la clef par l'ouverture I puis on la tourne dans le cadenas de manière que les trois talons 1, 2, 3 (*fig.* 646) com-

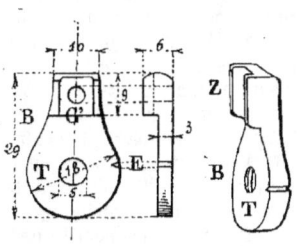

Fig. 648.

priment les trois lames du ressort R ; la queue Z de l'anse se trouvant dégagée et par suite le ressort à boudin, qui est comprimé lorsque le cadenas est fermé, se détend et pousse au dehors la partie O de l'anse, et le cadenas se trouve ouvert. C'est, comme nous le voyons, une disposition très simple.

Sciences générales.

Sixième exemple.

574. Indépendamment des cadenas étudiés ci-dessus, il y a des cadenas à divers secrets qu'il faut connaître pour les ouvrir ; il y en a d'autres à combinaisons, formées de plusieurs *rouelles* en cuivre sur lesquelles on grave des lettres, des chiffres ou d'autres signes. Ces cadenas, dont

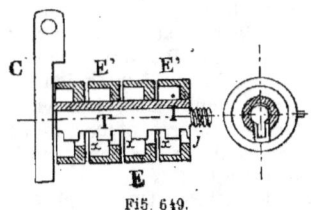

Fig. 649.

nous allons étudier un exemple, n'ont pas de clef.

575. La figure 647 nous montre en deux élévations et une coupe la disposition d'un cadenas de ce genre. L'élévation I représente le cadenas fermé ; en II nous indiquons une vue perspective du cadenas avec arrachement des bagues ou *rouelles* extérieures et intérieures et du canon.

SERRURERIE. — 19.

Dans ce croquis le pêne B est supposé enlevé et séparé de la broche T ; en III nous montrons une vue en bout du cadenas, le pêne B enlevé ainsi que l'anse ou gâche mobile A.

576. Les différentes pièces qui composent ce cadenas sont les suivantes :

Gâche.

577. Cette gâche mobile à charnière qui, en réalité est l'anse d'un cadenas ordinaire, est suffisamment représentée en A (*fig.* 647) pour que nous la comprenions sans plus ample description.

Pêne.

578. Ce pêne B est indiqué en deux projections et en perspective cavalière (*fig.* 648). Il se compose d'une plaque circulaire T portant vers le haut un renflement Z avec un trou G' dans lequel pénètre l'ergot G (*fig.* 647), du bout de droite

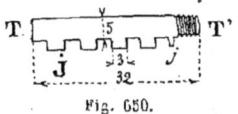

Fig. 650.

de la gâche quand on pousse le pêne de droite à gauche pour fermer le cadenas.

Broche.

579. Cette broche est indiquée en T (*fig.* 647), elle est fixée à pas de vis dans le centre du pêne B ; elle porte quatre *barbes* J (*fig.* 649 et 650), également espacées et une cinquième j très visible sur les différentes figures, et formant arrêt de la pièce circulaire qui constitue le pêne proprement dit.

580. En C (*fig.* 647 et 649) se trouve une pièce circulaire semblable à B portant à sa partie supérieure la charnière de la gâche mobile et, à son centre, un canon cylindrique entaillé parallèlement à ses génératrices. La broche T peut se déplacer parallèlement à la même direction dans l'intérieur de ce canon, guidée par ses barbes qui passent dans l'entaille ; sa course est limitée par une goupille V (*fig.* 647), fixée sur le canon I (*fig.* 649), traversant une petite fente longitudinale pratiquée dans ce but ; en faisant avancer ou reculer de la quantité déterminée par la longueur de cette fente la broche, on engage ou on dégage l'ergot G de la mâchoire mobile, on ferme ou on ouvre le cadenas.

Bagues ou rouelles intérieures.

581. Ces bagues, représentées en E' dans la figure 647, et en détail dans le croquis (*fig.* 651), sont en laiton ; chacune est pourvue intérieurement d'une entaille x' (*fig.* 651) circulaire placée vers sa base à gauche (*fig.* 647), et d'une entaille rectiligne à droite. Quand le cadenas est fermé, la broche T est entièrement rentrée dans le canon ; les saillies des barbes correspondent à l'entaille annulaire des bagues E' ; les bagues peuvent tourner librement, mais la broche T ne peut prendre aucun mouvement. Si on veut la déplacer, il faut alors que les quatre entailles rectilignes des bagues x (*fig.* 649 et

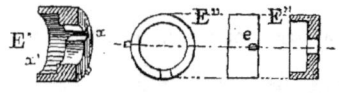

Fig. 651.

651) soient placées en prolongement les unes des autres, et en regard de l'entaille du canon ; c'est ce qui se produit lorsque les quatre petites marques saillantes en fer E' (*fig.* 647) et *e* (*fig.* 651) se trouvent sur une même arête cylindrique et en regard d'une marque EE (*fig.* 647) tracée extérieurement sur les deux pièces BC.

582. Sur des bagues extérieures D (*fig.* 647) en laiton et superposées aux bagues intérieures E' on indique les lettres de l'alphabet ; à l'intérieur ces bagues portent des rainures rectilignes correspondant à chaque lettre indiquée extérieurement.

583. Si l'on désire fermer le cadenas sur le mot *mure*, par exemple :

On commence par ouvrir et par démonter le pêne ; on fait sortir les quatre bagues extérieures ; on mettra en regard de la marque EE les quatre petites marques des bagues intérieures E' ; ensuite on remettra en place la première des bagues D en ayant soin que la lettre M

ÉTUDE DÉTAILLÉE DE LA SERRURERIE D'INTÉRIEUR

du mot choisi corresponde à la marque E tracée sur la pièce C ; de même pour la lettre U de la seconde des bagues, pour la lettre R de la troisième, et la lettre E de la quatrième.

Ainsi disposée il résultera que, toutes les fois que le mot *mure* sera, comme dans l'élévation I (*fig.* 647), sur une ligne droite en face des deux encoches E, les entailles des bagues intérieures E′, solidaires avec les bagues D, se trouveront en regard des barbes de la broche T, et le cadenas pourra s'ouvrir en tirant le pêne B de gauche à droite ; on dégagera l'ergot G de ce pêne et par suite on pourra faire mouvoir l'anse A autour du point d'attache F (*fig.* 647). Pour aucune autre combinaison des lettres tracées sur les bagues extérieures D il n'en sera de même, et le cadenas restera fermé.

584. Ces cadenas sont ordinairement peu solides et se détraquent assez facilement, l'usure vient vite et on peut, lorsqu'ils sont vieux, les ouvrir par tâtonnements même sans connaître les lettres de convention.

Septième exemple.

585. Comme septième et dernier exemple nous dirons quelques mots d'un autre genre de cadenas, dont on se sert très peu aujourd'hui et qui était connu sous le nom de *cadenas cylindrique*.

586. C'est un cylindre creux, fermé à l'une de ses extrémités et garni à l'autre d'un guide immobile brasé avec le corps ou fixé par une goupille.

La clef rentre par l'une des extrémités du cylindre et ce cylindre porte de ce côté deux oreilles entre lesquelles se meut l'anse qui est arrêtée par une goupille. A l'autre extrémité l'anse est terminée par une surface plate, carrée et percée, en son milieu, d'un trou carré devant entrer dans le cylindre par une ouverture spéciale placée à la partie opposée des oreilles. L'intérieur est garni d'un guide ou plaque percée aussi d'un trou carré et soudée parallèlement au guide à très peu de distance de l'ouverture qui reçoit l'extrémité de l'anse.

A l'intérieur du cylindre, entre les deux guides, se place un ressort à boudin à l'extrémité duquel il existe une nouvelle plaque ronde percée en son milieu d'un trou carré dans lequel passe le pêne. Ce pêne traverse le ressort à boudin, la pièce ronde mobile dans laquelle il est retenu et l'autre pièce ronde fixée dans le corps, puis il s'avance par un de ses bouts jusqu'au delà de l'ouverture du cadenas.

Son autre extrémité est en forme de vis et entre dans le guide du côté de l'anse.

587. Si nous supposons le cadenas fermé ; pour l'ouvrir, on se sert d'une clef dont la tige est forée en forme d'écrou recevant la vis du pêne. En tournant la clef le pêne entre dans cette clef, approche la pièce ronde à laquelle il est relié, et enfin fait sortir son extrémité opposée de la pièce ronde fixée dans le corps et du trou carré de l'auberon ; le cadenas est alors ouvert.

En retirant la clef on laisse agir le ressort qui repousse le picolet mobile et fait aller le bout du pêne de dessus le picolet fixe sur l'auberon.

588. Il existe encore bien d'autres types de cadenas, notamment celui dont l'anse, une fois dégagée du pêne, s'ouvre brusquement par l'action d'un ressort. Ces cadenas se referment facilement sans clef, il suffit de ramener l'anse dans sa position normale par rapport au cadenas pour qu'un ressort en fasse rentrer l'extrémité dans le corps du cadenas. Nous ne pouvons nous arrêter plus longuement à cette étude qui n'offre rien d'intéressant et qui, en un mot, n'est qu'une affaire de mode et de simple curiosité.

§ II. — CLEFS. — DIFFÉRENTS TYPES.

589. Nous savons, d'après ce qui précède, que la clef, dans une serrure, est la pièce essentielle ; c'est presque toujours par l'étude de sa fabrication que commencent les apprentis serruriers.

590. Les trois parties principales d'une clef sont, comme nous l'avons indiqué au mot *clef* du vocabulaire (voir *fig.* 26) : l'*anneau* A, qui peut être circulaire ou elliptique ; la *tige* B qui, le plus souvent ronde, peut être pleine ou forée ; le *panneton* C, qui peut être *anglais* ou à *museau*, suivant qu'il est droit ou muni de nervures plus ou moins tourmentées.

591. Outre ces trois parties on connaît encore : l'*embase* D (*fig.* 652), partie

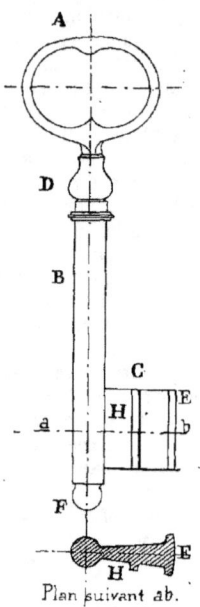

Fig. 652.

moulurée qui sépare l'anneau de la tige ; le *museau* E, renflement ou élargissement donné au panneton, dans les anciennes clefs bénardes à tige non forée, pour renforcer cette partie qui s'usait facilement par le frottement sur les barbes du pêne ; enfin, le bouton F placé à l'extrémité de la tige.

Il est évident que les clefs forées ne comportent pas de bouton, pas plus que la plupart de nos clefs modernes ne comportent de museau.

592. L'*anneau* sert à tourner la clef, c'est, en un mot, le grand bras du levier dont le panneton est le petit. La force s'applique sur l'anneau et la résistance est sur le panneton ; le point d'appui est au centre de la tige qui, comme nous le savons, peut être forée ou à bouton (1).

593. Dans les anciennes clefs l'anneau est très orné, on peut encore en voir de beaux exemples dans les meubles antiques ou dans les vieilles serrures de châteaux. Aujourd'hui on les fait, presque tous unis, ceux qui sont ornés et qui se vendent bon marché sont en fonte malléable et ne valent pas, à beaucoup près, un bon anneau en fer très simple.

594. La *tige* comprend l'embase D, la tige B et le bouton F ; ses dimensions sont variables suivant le genre de serrure.

Elles peuvent être de deux sortes : tige à bouton ou tige forée. Presque toutes les tiges de nos clefs sont rondes, cependant on en rencontre d'anciennes dont la section est un trèfle, un carreau, un cœur, etc.

Panneton

595. Nous connaissons maintenant le rôle du panneton d'une clef, c'est lui qui fait mouvoir les pièces mobiles de l'intérieur de la serrure, ressorts, pênes, demi-tours, etc.

Dans le panneton on distingue :

1° Le *museau*, partie qui touche le pêne de la serrure ;

2° Le *corps*, partie placée entre le museau et la tige ;

3° La *hayve*, sorte de petit filet parallèle à la tige et qui se faisait aux clefs des serrures bénardes.

596. Le panneton comporte souvent, indépendamment de ces trois parties qui se font à la forge, des entailles ou découpures de différentes formes permettant le passage aux garnitures ou gardes de l'intérieur de la serrure.

597. Aujourd'hui on restreint beaucoup l'emploi des entailles compliquées dans les pannetons qui, anciennement, servaient plutôt à faire ressortir le talent du serrurier qu'à augmenter l'inviolabilité des serrures ; nous indiquerons, dans ce qui va suivre, les principales formes simples employées le plus ordinairement.

(1) Les clefs rondes et pleines sont, dans le commerce, connues sous le nom de *clefs à bouton* ou *clefs bénardes*.

Différents types d'entailles qu'on peut faire dans le panneton d'une clef.

598. La figure 653 nous donne, sous forme de tableau, un certain nombre de types de découpures ou d'entailles qu'on rencontre sur les pannetons de nos clefs.

599. La première, en 1, qui est la plus simple, se nomme *bouterolle*; c'est, comme le montre le croquis, une fente b faite dans le panneton P et contre la tige T ; on se sert, pour faire cette entaille, d'une petite lime spéciale connue des ouvriers sous le nom de *scie à refendre*.

600. En 2, nous représentons l'entaille d'un *rouet* r; sa hauteur est variable et dépend de l'ouvrier serrurier ; il faut, cependant, qu'elle ne soit pas trop grande afin de ne pas trop affaiblir le panneton.

601. Nous rappelons que les bouterolles et les rouets sont des secteurs rivés sur la serrure; les bouterolles sont attachées au palastre, les rouets sont, au contraire, attachés au foncet, à la couverture ou à la planche. Dans le cas où les rouets sont attachés au palastre, ils sont concentriques aux bouterolles. Nous voyons en 3, dans le tableau (*fig.* 653), une entaille d'un rouet r concentrique à une bouterolle b et fixé au palastre de la serrure.

602. Les rouets ne sont pas toujours simples, on leur ajoute quelquefois un crochet à l'extrémité comme en 4 ; ce crochet f se nomme *faucillon*.

Lorsque le faucillon est tourné vers la tige T de la clef, on dit qu'il est renversé en dedans ; il est renversé en dehors, dans le cas contraire, en 6.

603. Lorsque le faucillon et le rouet présentent la forme d'un T en 5, on donne à l'ensemble le nom de *rouet foncé*.

604. Dans l'exemple 7 du tableau, on le nomme *pleine-croix*; on peut aussi avoir une double-croix ou *croix de Lorraine* en 8 ; il y a alors quatre bras.

605. Le croquis 9 nous représente une combinaison des deux exemples n°s 5 et 7, de plus, la clef a un museau m fendu en n pour le passage d'une garniture.

606. Dans certains pannetons on fait la renversure du rouet oblique comme nous l'indiquons en s n° 10 du tableau ; dans ce cas le rouet prend le nom de *rouet à bâton rompu*. C'est une renversure en dedans.

607. La pleine-croix peut aussi présenter des renversures en dedans ou en dehors, il y a alors un crochet au bout de l'un des bras.

Le n° 11 nous montre, en x, une renversure de pleine-croix en dedans.

Le n° 12 nous montre en x' une renversure de pleine-croix en dehors.

608. On peut encore, comme l'indique le n° 13, en b, donner un second coude après la renversure, c'est ce qu'on nomme *hasture*; celle que nous indiquons au n° 13 en h, est une hasture en dehors, elle serait dite hasture en dedans si elle était de l'autre côté, vers la tige T.

609. Les rouets au lieu d'être parallèles à la tige sont quelquefois inclinés comme nous l'indiquons en c n° 14, on les nomme alors *fond de cuve*.

Un rouet est dit fond de cuve en dedans, lorsqu'il est incliné vers la tige, et fond de cuve en dehors, lorsqu'il occupe une position inverse.

610. Les pannetons sont souvent découpés en forme de lettres, comme les n°s 15, 16, 17 et 18 nous en montrent des exemples.

611. Le n° 19 est connu sous le nom d'entaille en *fut de villebrequin* v.

612. Le n° 20 est l'entaille à *queue d'hironde* a.

L'entaille p du panneton P perpendiculaire à la tige T n° 21 est destinée à passer dans une garniture connue sous le nom de *planche*.

613. La planche n'étant pas toujours plane et simple, on lui adapte souvent un petit filet nommé *pertuis*, ce qui oblige à faire dans le panneton des entailles supplémentaires q et q' n°s 22 et 23 qui peuvent toucher la tige ou être au milieu de la planche. On peut faire des pertuis ronds, carrés, ovales, en trèfle, etc.

614. Le n° 24 nous montre un panneton encore plus compliqué par une planche à pertuis et foncée par une ancre et une croix.

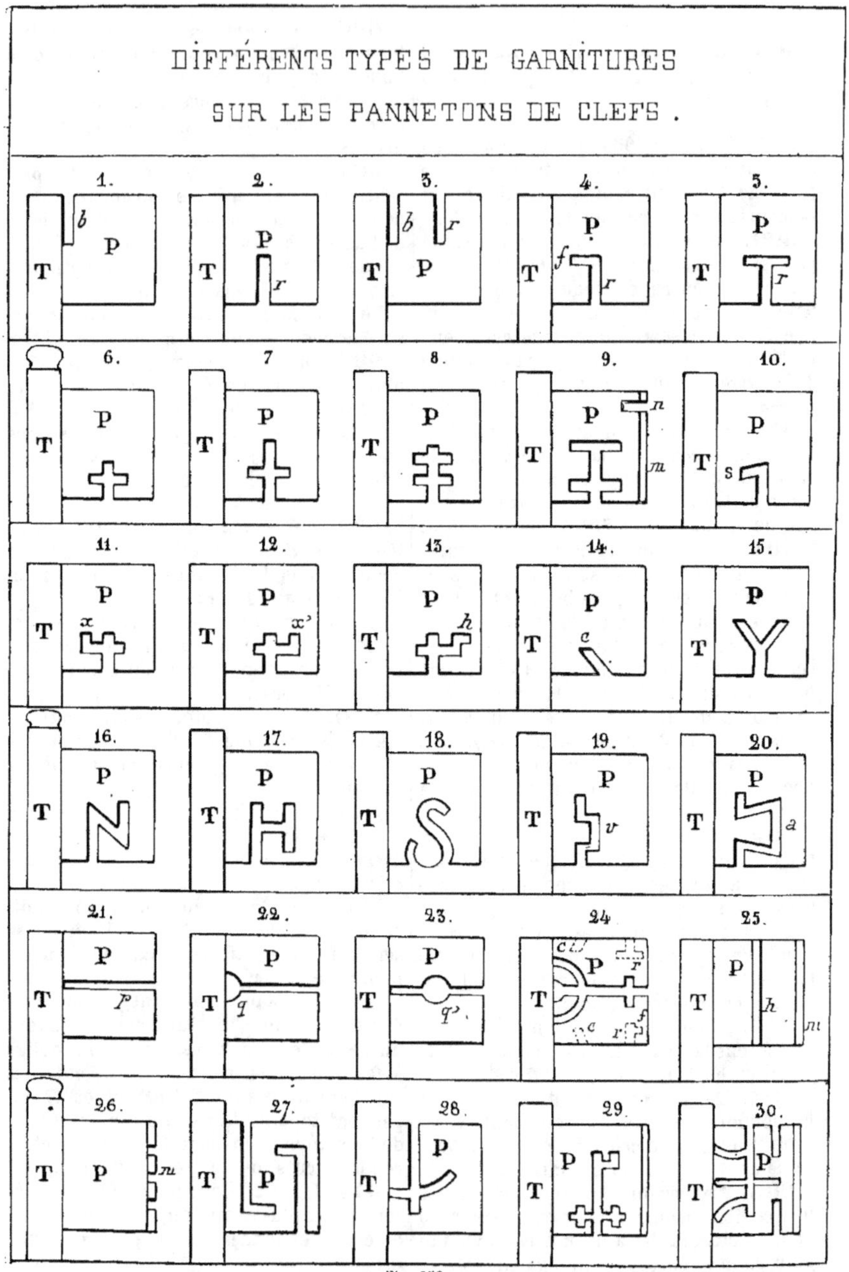

DIFFÉRENTS TYPES DE GARNITURES SUR LES PANNETONS DE CLEFS.

Fig. 653.

ÉTUDE DÉTAILLÉE DE LA SERRURERIE D'INTÉRIEUR.

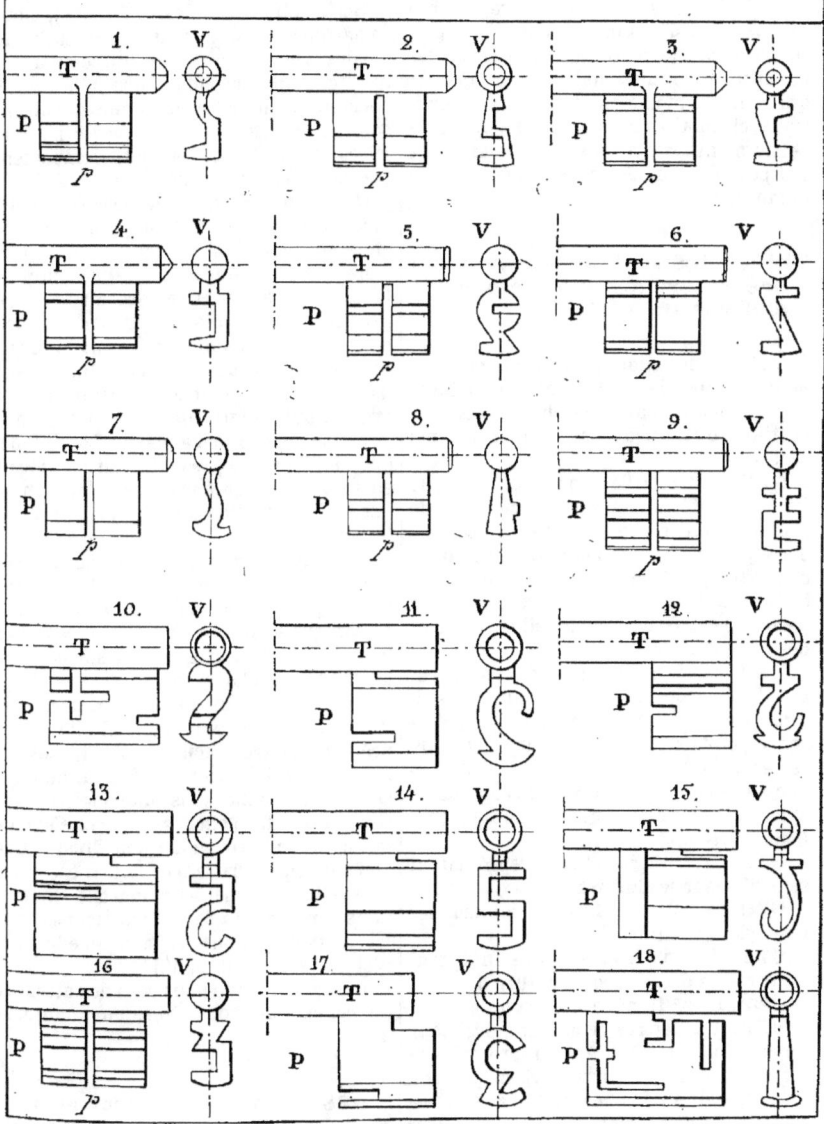

Fig. 654.

Dans cette même figure nous indiquons en pointillé encore d'autres entailles possibles.

615. Le n° 25 nous montre un panneton P avec une *hayve* h et un museau m.

616. Le croquis n° 26 nous représente ,e museau m du panneton, entaillé en plusieurs endroits pour laisser passer des garnitures connues sous le nom de *rateaux*, qui sont des pièces en dehors des garnitures circulaires et qui consistent en de petits montants, rivés sur le palastre; et qui passent dans des entailles faites dans le museau.

Différentes sections que peuvent présenter les pannetons, la clef vue en bout.

617. Nous venons de voir comment on peut découper la surface des pannetons, voyons, maintenant, les différentes dispositions qu'on peut leur donner comme section.

618. La figure 654 nous montre, sous forme de tableau, un certain nombre de profils qu'on rencontre souvent comme découpure de pannetons de clef. Ce sont: des lettres, des chiffres, des signes plus ou moins mouvementés afin de ne pas permettre, autant que possible, l'entrée des fausses clefs.

Il est bon de rappeler que les serrures à clefs bénardes ne sont d'aucune sûreté, c'est pourquoi on les emploie de préférence pour les portes intérieures d'appartement. Il est, en effet, très facile, d'arriver au pêne et de le faire mouvoir même avec un simple fil de fer retourné d'équerre à son extrémité.

619. Les n°s 5, 10, 11 et 12 représentent sensiblement le chiffre 2;

620. Les n°s 16 et 17 nous donnent des exemples du chiffre 3 ;

621. Les n°s 2 et 13 nous indiquent la forme de découpure en chiffre 5 ;

622. Le n° 15 nous montre un 6.

623. Les lettres trouvent aussi leur application ; le n° 4 nous représente la lettre C ; le n° 6 la lettre Z, disposition très répandue dans les grosses clefs bénardes ; le n° 14 nous indique la lettre S, etc... On pourrait obtenir ainsi toutes les lettres et tous les chiffres.

624. Les autres profils n°s 1, 3, 7, 8, 9 et 18 sont des découpures de simple fantaisie comme on en rencontre beaucoup.

625. Dans le tableau (*fig.* 654), nous remarquerons que toutes les clefs bénardes, c'est-à-dire non forées, comportent une fente p perpendiculaire à la tige T permettant le passage d'une garniture connue sous le nom de *planche*; les serrures ouvertes par ces clefs comportent rarement d'autres garnitures.

626. Anciennement, le serrurier fabriquait lui-même ses clefs de toutes pièces en se servant d'un fer fenton de dimensions proportionnées à la grosseur de la clef à obtenir. Il le forgeait d'abord grossièrement après l'avoir porté au feu de forge, à la chaude suante en commençant par l'anneau, puis l'épaulement dans lequel se prend l'embase; il étirait ensuite la tige, puis il forgeait le panneton dans le même plan que l'anneau. La clef dégrossie, l'anneau percé et ovalisé, il forait ensuite la clef sur la machine à forer, puis venait le travail de limage permettant de la terminer.

627. Aujourd'hui, le serrurier trouve dans le commerce et à des conditions très avantageuses des clefs toutes préparées mécaniquement, il n'a plus qu'à travailler le panneton suivant la serrure sur laquelle la clef doit se placer.

Ce panneton est simplement dégrossi ; il ne comporte aucune entaille et se prête aussi très facilement à toutes les formes que l'ouvrier voudra lui donner. On ne fait donc plus une clef, ce qui reviendrait trop cher, vu le prix élevé de la main-d'œuvre, mais on ajuste une clef sur une serrure. On fait, il est vrai, plus vite et à meilleur marché, mais si nous comparons nos clefs anciennes avec les nouvelles, nous voyons qu'elles ont résisté, sans s'user, un temps presque double de celui que nous pouvons attendre de celles que nous fabriquons aujourd'hui.

Nota.

628. Il arrive bien souvent qu'on vend des serrures dont les clefs, par leurs découpures, font prévoir une grande complication de garnitures pour les serrures; malheureusement, ces nombreuses découpures ne servent souvent à rien et sont percées dans le panneton pour leurrer le client. Il est très facile de se rendre compte, de suite, si toutes les découpures d'un panneton correspondent bien à des garnitures placées dans la serrure ; pour cela, avant d'entrer la clef dans cette serrure, on recouvre les deux faces et les vides du panneton avec du suif, puis on fait agir la clef. Partout où il y a des garnitures, le suif sera enlevé et si on rencontre des creux du panneton où le suif est resté, c'est qu'il n'y a pas, dans la serrure, de garnitures correspondant à ces entailles.

Autres types de clefs.

Clefs de sûreté.

629. Indépendamment des types de clefs que nous venons d'étudier dans ce qui précède, nous avons les *clefs de sûreté* dont nous avons donné (*fig.* 414, 423, 440, 454, 462, 487, 497, etc.) les principaux types pour que nous n'ayons pas besoin d'y revenir.

Clefs à double forure.

630. La figure 373 nous montre un exemple de clef à double forure ; c'est simplement une douille cylindrique qu'on fait entrer dans la première forure de la clef, de manière à ce qu'il y ait autour de cette douille un vide égal et régulier.

Clefs jumelles.

631. Ces clefs sont généralement réservées pour les tiroirs-caisse ou les coffres-forts. Ce sont des clefs qui se démontent à volonté pour l'usage de deux personnes, dont chacune aura une partie du panneton. Il est impossible d'ouvrir sans la volonté de chacun des associés car il faut, pour former la clef, que les deux parties du panneton soient réunies.

Clef passe-partout.

632. On donne ce nom à une clef faite pour ouvrir plusieurs serrures disposées de manière que les garnitures de ces serrures passent toutes dans les évidements laissés dans le panneton du passe-partout qui est fait pour cela.

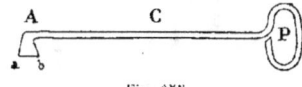

Fig. 655.

Ces clefs sont souvent faites pour les patrons d'établissement, afin de leur éviter de promener avec eux un trousseau de clefs souvent fort volumineux.

Rossignol.

633. On désigne ainsi l'instrument dont se sert le serrurier pour ouvrir une serrure dont il n'a pas la clef; c'est une espèce de crochet C (*fig.* 655) recourbé en A et aplati suivant *ab*, que l'ouvrier essaie de passer entre les garnitures de la serrure pour agir sur les barbes du pêne et sur le ressort.

Ils en possèdent un très grand nombre de différentes formes.

§ III. — GACHES. — DIFFÉRENTS TYPES

634. Pour terminer ce qui est relatif aux serrures, il nous reste à dire quelques mots des *gâches*.

Nous savons que la gâche est la boîte ou la plaque dans laquelle s'engage le pêne de la serrure pour tenir la porte fermée.

Les gâches peuvent être plus ou moins compliquées selon le degré de force et de sûreté qu'on désire leur donner. Ce n'est, dans certains cas (*fig.* 96 et 97), qu'un simple crampon en fer coudé et dans d'autres, de petites boîtes très élégantes fixées avec des vis.

Le but d'une gâche est d'être placée de façon à ce qu'on puisse la forcer le moins possible.

635. Nous avons étudié les gâches chaque fois que nous en avons eu l'occasion dans le courant de cet exposé ; il nous suffira donc de renvoyer le lecteur aux figures suivantes où il trouvera, l'explication des divers types, savoir :

(*Fig.* 268) gâche de répétition ordinaire marquée ST ;
(*Fig.* 269) gâche à baguette ST variable suivant le tassement que peut prendre la porte ;
(*Fig.* 345) détails d'une gâche pour bec-de-cane ;
(*Fig.* 350) détails d'une gâche pour bec-de-cane ;
(*Fig.* 480) gâche de verrou de sûreté ;
(*Fig.* 496) gâche de verrou de sûreté ;
(*Fig.* 521) gâche de serrure d'armoire ;
(*Fig.* 561) gâche de serrure de bibliothèque ;
(*Fig.* 584) gâche de serrure de cartonnier ;
(*Fig.* 611 et 612) gâche de serrures à larder.

636. Dans certains cas, pour les serrures à mortaiser en long et en travers dans l'épaisseur du bois, les gâches G prennent des formes spéciales indiquées en croquis (*fig.* 656).

Ce sont de simples plaques de fer percées de deux trous pour les fixer avec vis et entaillées pour recevoir les pênes des serrures.

637. On a aussi fait des *gâches à rouleau*, c'est-à-dire des gâches (*fig.* 657) qui,

Fig. 657.

sur le tiers *ab* de leur hauteur, présentaient un rouleau mobile autour de deux petits tourillons. Lorsque le pêne à chanfrein vient frapper le rouleau *ab*, celui-ci, en tournant, lui facilite l'entrée dans la gâche, les portes se ferment ainsi très facilement.

On rencontre, aujourd'hui, très peu de ces sortes de gâches.

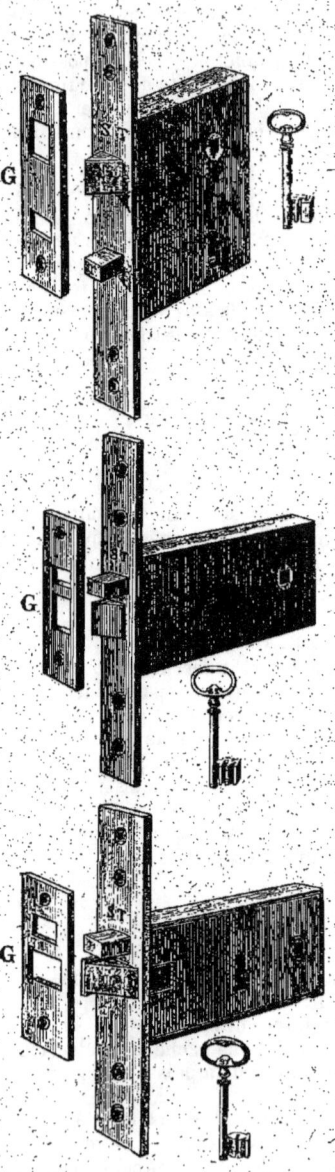

Fig. 656.

SERRURERIE EXTÉRIEURE

638. Nous ne donnerons pas, à la serrurerie d'extérieur, tous les détails que nous avons donnés pour la serrurerie d'intérieur.

La serrurerie d'extérieur comporte surtout les grilles, les portes cochères, les portes bâtardes et autres. Or, les grilles seront étudiées dans un chapitre spécial

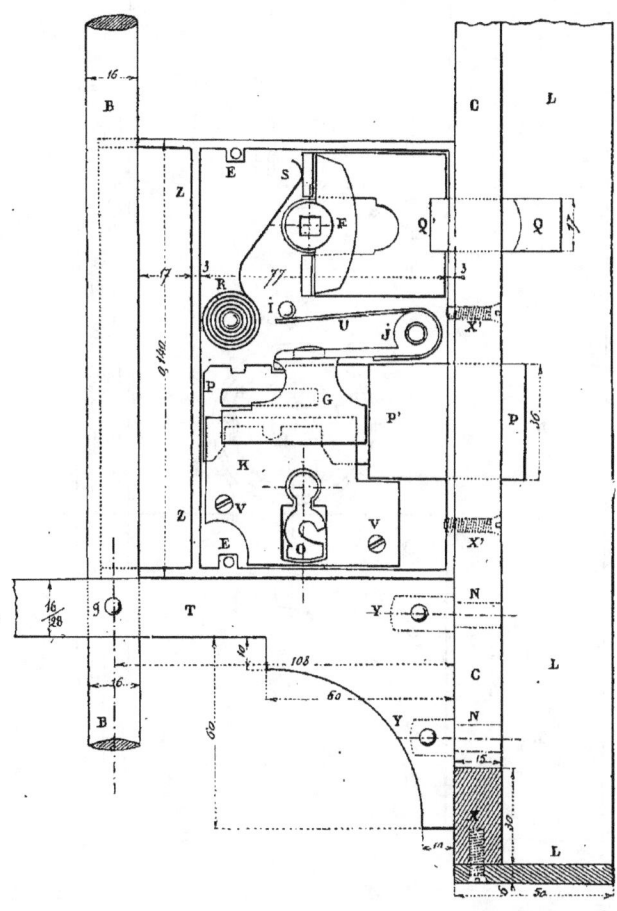

Fig. 658.

où nous pourrons, en indiquant les diverses dispositions, donner le genre de serrure qu'il convient d'employer, les portes cochères, portes bâtardes; portes de vestibules et autres comportant presque toujours une serrurerie spéciale, à air, électrique ou autre, leur étude trouvera mieux sa place dans un chapitre spécial ; ce genre de fermeture étant plutôt du ressort de l'ouvrier électricien que du serrurier proprement dit.

SERRURE DE GRILLE OU DE PORTES COCHÈRES

Premier exemple.

639. Il existe un très grand nombre de serrures pour grilles, nous en étudierons un exemple en nous réservant d'en donner d'autres en étudiant les grilles d'une manière plus complète, dans un chapitre spécial.

Le type que nous examinons (*fig.* 658), est une forte serrure à deux pênes logée entre le premier barreau B, le montant L et une traverse inférieure T.

Le barreau B est fixé sur la traverse T à l'aide d'une simple goupille *g* ; cette tra-

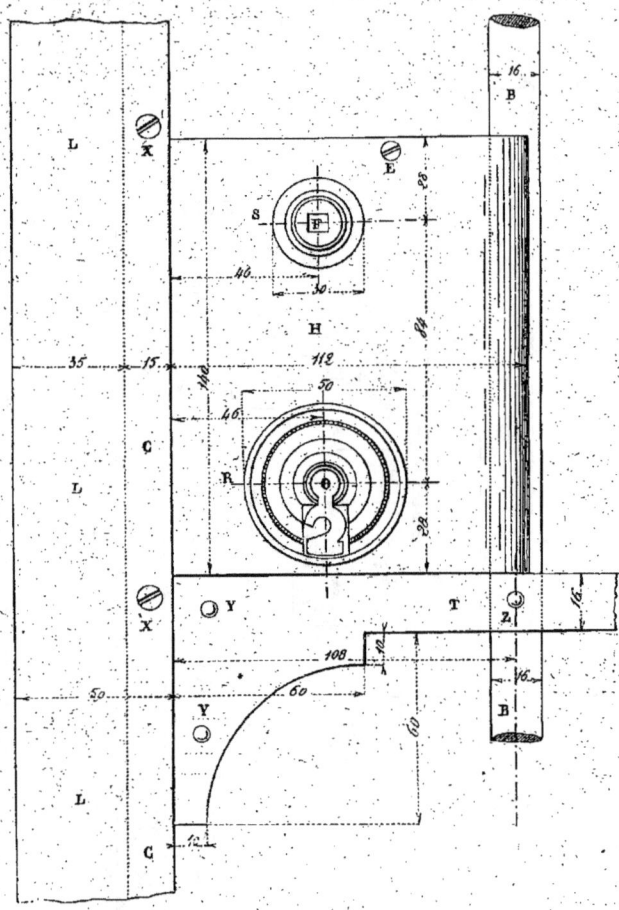

Fig. 659.

ÉTUDE DE LA SERRURERIE EXTÉRIEURE.   301

verse T est elle-même fixée sur la partie C du montant L, à l'aide de deux goujons N et de goupilles Y.

La boîte de la serrure entoure en partie le barreau B comme nous le verrons plus loin dans le plan (*fig.* 660) ; elle est fixée

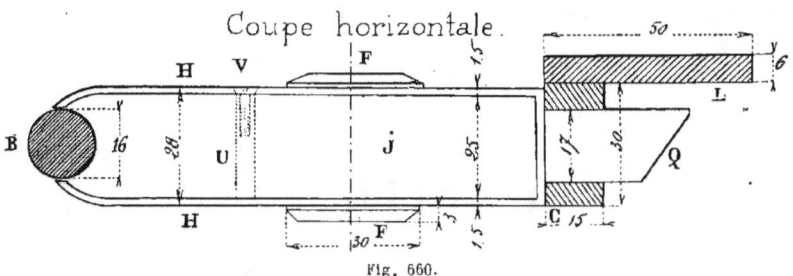

Fig. 660.

sur le montant C, par deux fortes vis X', et repose à sa partie inférieure sur la traverse T.

Cette serrure comprend : un pêne PP' muni de ses barbes ; un pêne QQ' mû par un bec de cane dont le foliot est en F, et qui est constamment ramené en dehors de la serrure par l'action d'un ressort R agissant en S sur la queue du pêne. Une

servant d'entrée de clef, et la rondelle S pour le bouton double manœuvrant le foliot ; ces deux rondelles sont en cuivre.

641. La figure 660 nous indique en coupe horizontale un peu au-dessus de la serrure, rien de particulier à signaler.

Deuxième exemple.

642. Comme deuxième exemple de serrure extérieure, nous représentons

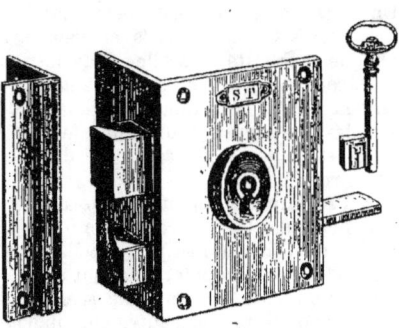

Fig. 661.

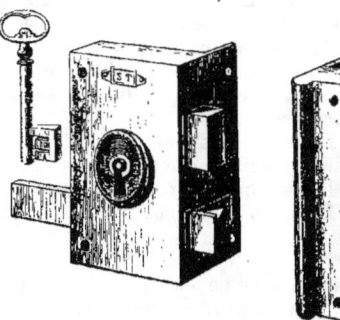

Fig. 662.

planche K fixée sur le palastre par deux vis V, sert de garniture : une entrée de clef O ; une gorge G mobile en J et munie de son ressort U, complète l'ensemble de la disposition.

Le mécanisme de cette serrure est très simple, et n'exige aucune explication.

640. La figure 659 nous montre la vue extérieure de la serrure avec la rondelle R

(*fig.* 661 et 662) deux types de serrures de sûreté pour guichet de portes-cochères : Ce sont : pour la figure 661 une serrure de sûreté ST, garniture blanchie à entailler à plat de 0ᵐ,14 de haut, à queue pour cordons, deux clefs en fer forgé, pas d'entrée à l'extérieur ; la figure 662 est aussi une serrure de sûreté ST à garniture blanchie, encloisonnée de 0^m,14 de haut, à queue pour cordons, gâche à grosse baguette, deux clefs forgées en fer ; pas d'entrée à l'extérieur.

Nota.

643. Le mécanisme à air peut être ajouté dans les gâches de ces serrures encloisonnées.

CHAPITRE IV

BALCONS ET BALUSTRADES

I. — Balcons.

644. On donne en serrurerie le nom de *balcons* à des panneaux en fonte ou en fer, servant de garde-fous ou de garde-corps, qu'on place à hauteur d'appui, c'est-à-dire à 1 mètre du sol du parquet, devant les fenêtres ou sur des plate-formes en pierre faisant saillie sur le nu extérieur d'une façade et sensiblement au même niveau que le sol de l'appartement qu'il doit desservir.

645. On distingue plusieurs espèces de balcons que nous étudierons séparément. Ce sont :
1° Les barres d'appui ;
2° Les appuis de croisées ;
3° Les balcons de croisées ;
4° Les grands balcons.

1° Barres d'appui.

646. Anciennement une *barre d'appui* était, le plus souvent, une simple barre de fer carré B (*fig.* 663), scellée à hauteur d'appui entre les tableaux T d'une fenêtre.

Dans certains cas, on recouvrait cette barre B d'un fer demi-rond F vissé comme le montre le croquis (*fig.* 664) ou d'une tringle T moulurée en bois de chêne (*fig.* 665) connue aussi par les menuisiers sous le nom de barre d'appui.

Lorsque la distance de la barre B au-dessus du mur d'allège A était trop grande, on ajoutait une barre intermédiaire B' (*fig.* 661), soit en fer rond, soit en fer carré, comme nous l'indiquons en pointillé dans le croquis.

On plaçait aussi des barres d'appui non plus en tableau mais en saillie sur le nu du mur de face lorsqu'il n'y avait pas de volets extérieurs ou que ceux-ci se développaient dans l'épaisseur des tableaux. On plaçait ainsi (*fig.* 666) deux rangs de fers carrés CC' contournés et venant à chaque extrémité se sceller dans le mur de face. Ces fers C et C' pouvaient être comme dans l'exemple précédent, de simples fers carrés ou un simple fer carré en C' et un fer carré recouvert d'un fer demi-rond en C.

647. Aujourd'hui on trouve dans le commerce des barres d'appui en fonte de divers modèles qu'il suffit de sceller dans les tableaux de la baie, en ayant soin de faire d'un côté les trous de scellement plus profonds que de l'autre afin de pouvoir faire entrer dans ces trous, et deux côtés à la fois, les extrémités des barres d'appui.

2° Appuis de croisées

648. Les appuis de croisées sont de véritables barres d'appui, mais un peu plus importantes, c'est, pour ainsi dire, la transition entre une barre d'appui ordinaire et les balcons de croisées.

649. On est donc convenu d'appeler barres d'appui celles dont la hauteur ab

BALCONS. 303

(*fig.* 667) varie de 0ᵐ,20 à 0ᵐ,30, et appuis de croisées les barres d'appui dont la

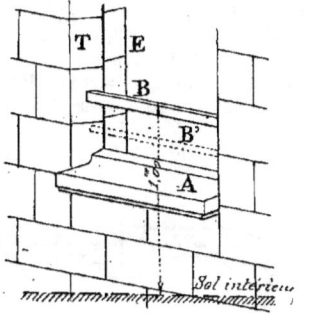

Fig. 663.

hauteur *ab* (*fig.* 666) varie de 0ᵐ,35 à 0ᵐ,45.

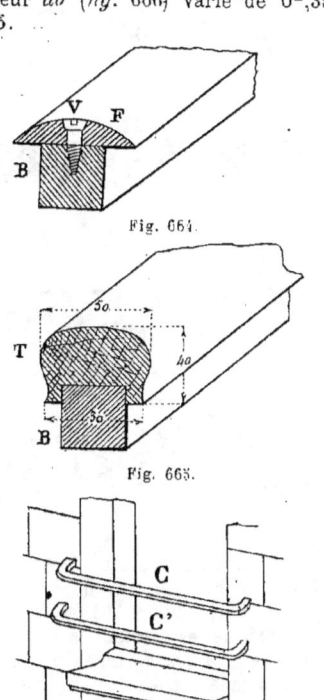

Fig. 664.

Fig. 665.

Fig. 666.

650. Au-dessus de ces dimensions on met en bas une traverse horizontale et on obtient les balcons de croisées dont nous parlerons dans ce qui va suivre.

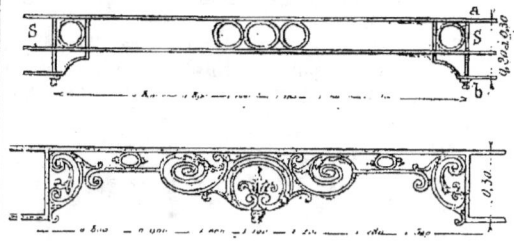

Fig. 667.

651. Les barres d'appui et les appuis de croisées sont presque toujours entièrement en fonte, on les scelle (*fig.* 667), aux

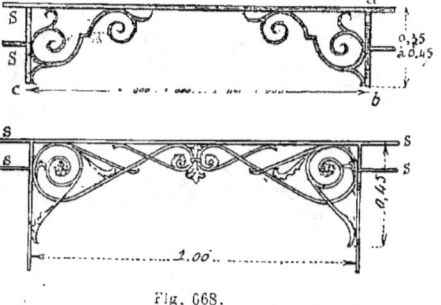

Fig. 668.

deux extrémités S, dans les tableaux des baies, et on les recouvre d'une barre en bois entaillée en dessous et scellée en même temps que l'appui en fonte.

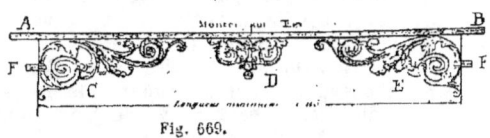

Fig. 669.

652. Il arrive aussi que la traverse horizontale qui reçoit la pièce de bois est en fer au lieu d'être venue de fonte ; on a alors une série d'ornements ou de motifs en fonte CDE (fig. 669) montés sur une barre de fer carré AB.

Les deux ornements d'extrémités C et E portent des saillies F qu'on scelle dans les tableaux en même temps que la barre AB.

La longueur d'une barre d'appui ou d'un appui de croisée est celle qui est comprise entre les deux points cb (fig. 668); elle ne doit pas comprendre les scellements S.

653. Nous indiquons (fig. 670 et 671) divers types de barres d'appui et d'appuis de croisées en fonte qu'on trouve tout fabriqués dans le commerce. Les modèles que nous donnons sont extraits des albums de M. Turquet Colas et des usines et fonderies du Val d'Osne.

654. La figure 670 nous montre des

Fig. 670.

modèles simples, légers, qu'on emploie fréquemment; la figure 671 nous représente des exemples plus riches et beaucoup plus lourds comme fonte.

655. On fait aussi des barres d'appui et des appuis de croisées tout en fer forgé, mais c'est assez rare vu le prix élevé qu'on est obligé de les payer.

3° **Balcons de croisées**

656. Les balcons de croisées se placent à hauteur d'appui et sont presque toujours scellés en tableau. Leur hauteur, suivant la position du dessus du mur d'allège, varie de 0^m,35 à 0^m,60. Ces balcons, lorsque les persiennes sont repliées en tableau, se posent en saillie sur le nu de la façade ; cette saillie est d'environ 0^m,40. Dans ce dernier cas ils sont retournés d'équerre et l'assemblage se fait au moyen de goujons montés sur le montant d'angle et goupillés sur les traverses comme cela se fait dans les grands balcons ayant toute la longueur de la façade.

657. Les balcons de croisées se trouvent exécutés d'avance chez tous les fondeurs; ils peuvent être entièrement en fonte, ce qui est la manière la plus économique, ou composés de panneaux en fonte placés entre des châssis en fer, ce qui est d'une construction bien plus solide; ils comportent, comme les simples barres d'appui, à leur partie supérieure, une plate-bande en fer moulurée ou non ou une tringle en bois de chêne d'environ 54 millimètres de largeur sur autant de hauteur, ayant le profil des mains courantes de nos escaliers de service.

658. Les scellements des balcons dans les tableaux ont, au minimum, de 0^m,06 à 0^m,08 de profondeur; ce travail est généralement fait par le maçon. On distingue alors deux cas: la barre d'appui peut être isolée ou, comme nous en avons vu des exemples, placée sur un balcon de fonte ou de fer.

Dans le premier exemple il est d'usage de compter au maçon deux trous et scellements évalués, en moyenne, à 0^m,10 de profondeur, puis le montage, la pose et la mise de niveau de la barre qu'on compte pour 0^m,08 de légers. La pose et la mise de niveau d'un balcon s'évaluent à 0^m,10 de légers.

659. Lorsque c'est un balcon de croisées, les trous faits pour sceller le fer ou la fonte servent en même temps pour le scelle-

SERRURERIE. — 20.

APPUIS DE CROISÉES

Fig. 671.

ment de la tringle en bois ; on paie alors au maçon les trous qu'il fait suivant la nature des matériaux dans lesquels sont exécutés ces trous. Exemple : pour les trous dans le moellon, c'est 1/10 de légers par centimètre de profondeur ; pour la meulière, c'est moitié en plus, et pour la brique et la pierre de taille, on compte 1/10 de taille par chaque centimètre de profondeur du trou. Le scellement est, dans ce dernier cas, compté à part.

660. Que les balcons de croisées soient tout en fonte ou en fonte montés sur cadres en fer, ils rentrent toujours dans les six dispositions que nous indiquons en croquis (*fig.* 672) comme montants et traverses.

N° 1. Deux traverses hautes, deux traverses basses, réunies par quatre montants verticaux groupés deux à deux aux extrémités ;

N° 2. Deux traverses hautes, deux traverses basses, réunies par deux montants verticaux, un à chaque extrémité du balcon ;

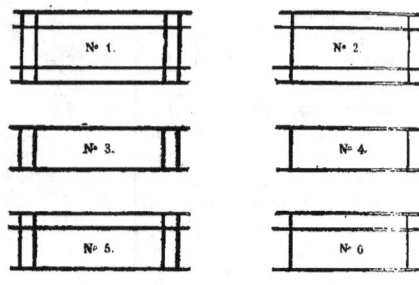

Fig. 672.

N° 3. Une traverse haute, une traverse basse, réunies par quatre montants verticaux, groupés deux à deux aux extrémités ;

Fig. 673.

N° 4. Une traverse haute, une traverse basse, réunies par deux montants verticaux, un à chaque extrémité;

N° 5. Deux traverses hautes, une traverse basse, réunies par quatre montants verticaux, groupés deux à deux aux extrémités;

N° 6. Deux traverses hautes, une traverse basse, réunies par deux montants verticaux, un à chaque extrémité.

661. La figure 673 nous montre, par des exemples, l'application de ces six dispositions à des balcons de croisées tout en fonte.

Les numéros, correspondant exactement à ceux de la figure précédente, permettent de bien se rendre compte de la disposition dans chacun des cas.

662. Les balcons tout en fonte se paient ordinairement de 40 à 60 francs les 100 kilogrammes; lorsqu'ils sont montés sur châssis en fer, ils peuvent atteindre 70 à 80 francs les 100 kilogrammes.

663. Les six exemples que nous venons de donner des balcons de croisées suffisent pour nous fixer sur les diverses dispositions qu'ils peuvent prendre. Chaque fondeur a un album complet de tous les modèles qu'il fabrique, et c'est généralement sur ces albums que l'architecte choisit ou fait choisir à son client tel ou tel type en le guidant dans ce choix

Fig. 675.

sur le plus ou moins d'ornementation à adopter suivant la décoration de la façade.

664. Nous venons de donner en croquis des balcons de croisées tout en fonte; lorsque ces balcons sont montés sur châssis en fer, on trouve alors, chez les fondeurs, des motifs séparés pour être placés dans ces châssis en fer.

665. La figure 674 nous montre quatre exemples de ces motifs séparés destinés à remplir les cadres en fer. C'est au serrurier qu'il appartient de faire le châssis en fer dans lequel il devra loger les ornements choisis en maintenant les traverses dans les montants à l'aide de goujons et de goupilles, et en fixant les motifs en fonte par de fortes vis à métaux.

Fig. 674.

666. Lorsque les balcons de croisées ne sont plus en tableaux, mais en saillie sur le nu du mur, ils forment alors des motifs complets et bien encadrés comme celui que nous représentons (*fig.* 675).

Ces balcons peuvent occuper une, deux et même trois fenêtres suivant les cas.

667. Le modèle d'un balcon de croisée doit être choisi en raison du vide disponible pour qu'un enfant ne puisse pas passer dans les intervalles libres qui ne doivent pas, pour cela, dépasser $0^m,16$ de hauteur.

4° Grands balcons.

668. On désigne, en serrurerie, sous le nom de *grands balcons* ceux qui, dans nos maisons à loyer, prennent toute la largeur du bâtiment. Ils reposent sur une saillie en pierre de taille et ont, au-dessus de cette pierre, une hauteur variant de $0^m,95$ à 1 mètre. Ces balcons se font ordinairement tout en fonte ou motifs en fonte et châssis en fer carré dont la section varie presque toujours de $0^m,020$ à $0^m,025$. Tous les $1^m,30$ à $1^m,50$, suivant la disposition du motif adopté, le balcon est maintenu par des montants en fer coudé et contre-coudé afin de reporter le scellement loin du bord de la pierre pour ne pas la faire éclater et pour donner aussi plus de stabilité au balcon.

669. Lorsque les châssis sont en fer, les traverses horizontales, en fer carré ou en fer méplat suivant les cas, sont assemblées dans les montants verticaux à l'aide de goujons et de goupilles traversant les deux pièces.

670. La traverse supérieure est, comme nous le verrons plus loin, recouverte d'une main-courante moulurée ou d'un simple fer demi-rond de 25 millimètres; on fait aussi des mains-courantes en fonte de divers profils, mais elles sont moins employées.

671. L'installation des grands balcons est, à Paris, soumise à certains règlements de police et de voirie qu'il est utile de rappeler :

1° Ils ne peuvent être établis sur l'héritage voisin qu'à une distance de 6 pieds (19 décimètres); distance comptée depuis la ligne extérieure du balcon jusqu'à la ligne mitoyenne des deux propriétés ;

2° Ils ne peuvent avoir plus de $0^m,80$ de saillie et n'être établis que sur les places, carrefours ou rues d'au moins 10 mètres de largeur; leur hauteur au-dessus du sol du trottoir doit être de 6 mètres au moins ;

3° Il est permis de placer contre ces balcons et à l'extérieur des enseignes en lettres découpées solidement fixées et dont la saillie n'excède pas celle de l'aire du balcon.

Différentes dispositions des grands balcons.

672. La forme la plus simple des grands

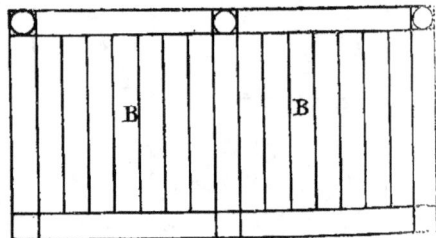

Fig. 676.

balcons est celle que nous indiquons en croquis (*fig.* 676). Ils sont, dans cet exemple, formés de barreaux de remplissage B maintenus entre deux traverses; ainsi composés ils sont dits : *balcons à râtelier*, parce qu'ils ressemblent aux râteliers en fer qu'on installe souvent dans les écuries.

673. En examinant les balcons des maisons de Paris, on en trouve qui sont très lourds, très ornementés et souvent d'un effet disgracieux : il est bien préférable de conserver les formes simples dont nous donnons six exemples (*fig.* 677), formes qui ont l'avantage, en rappelant la disposition de barreaux verticaux, de ne pas permettre aux enfants de monter en mettant les pieds sur les ornements, et

BALCONS DE CROISÉES. 309

d'arriver ainsi à passer au-dessus de la main courante.

674. On a aussi fait, en fonte, montés sur fer avec feuilles et volutes rapportées, des balcons présentant à la partie basse la forme ventrue pour imiter la ferron-

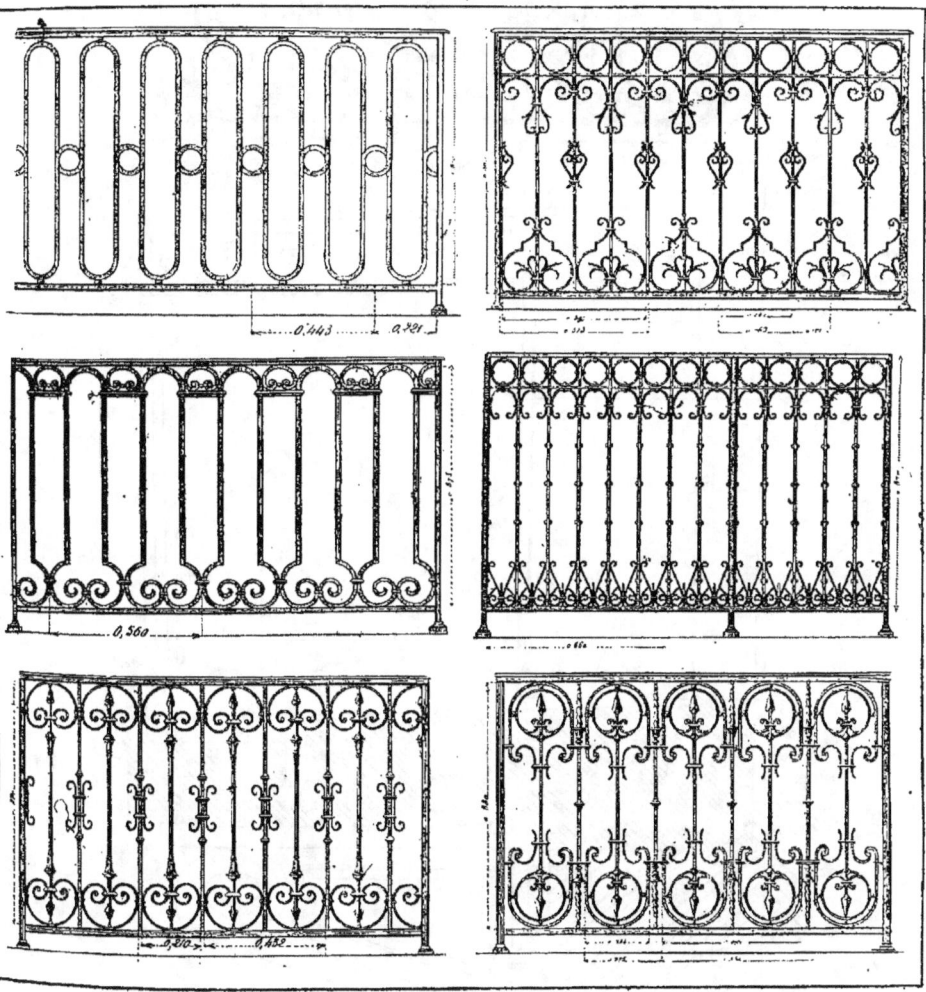

Fig. 677.

nerie ancienne. Nous en donnons un exemple (*fig.* 678).

675. Dans tout ce qui précède nous n'avons parlé que des balcons en fonte parce qu'ils sont presque les seuls employés aujourd'hui pour nos constructions, vu le prix relativement élevé des balcons en fer forgé.

310 SERRURERIE.

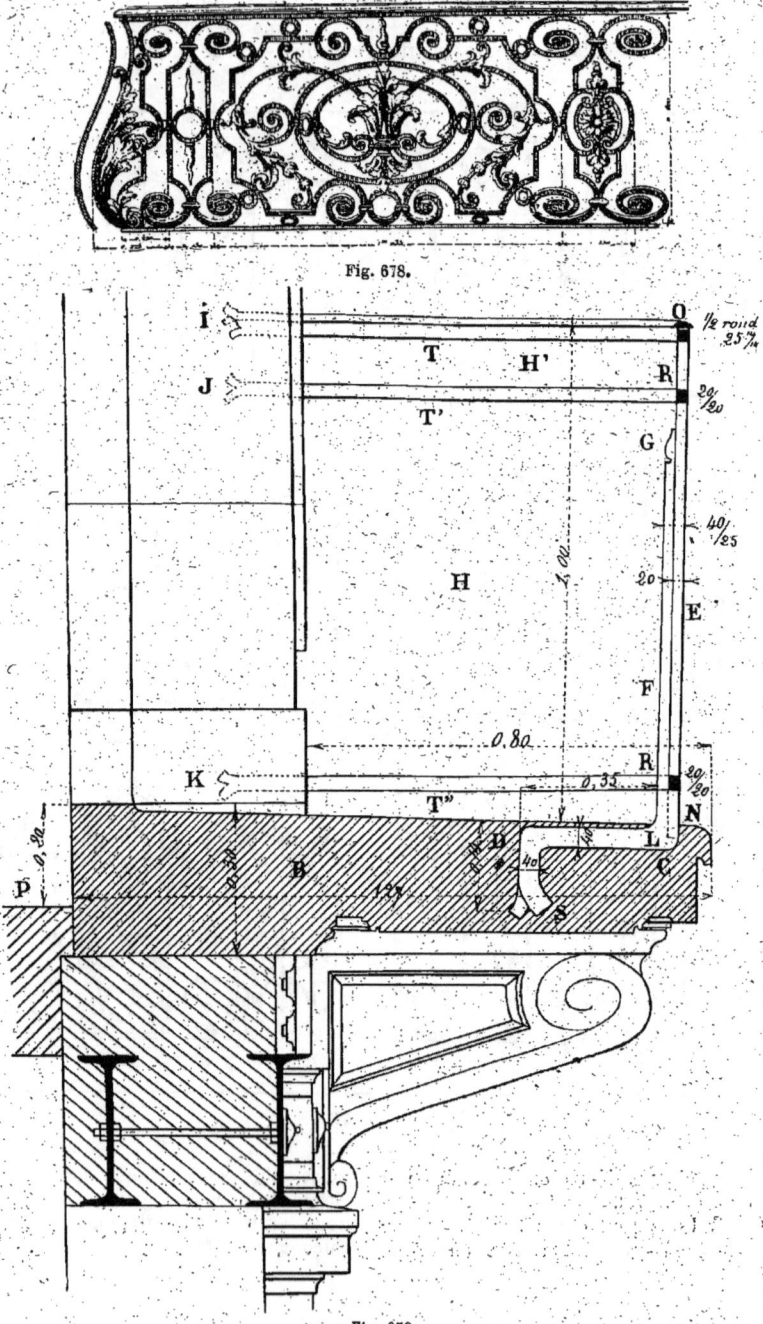

Fig. 678.

Fig. 679.

GRANDS BALCONS.

Nous reparlerons de ces derniers en traitant, dans un chapitre spécial, la serrurerie et la quincaillerie d'art.

Moyens employés pour fixer les balcons.

676. La figure 679 nous représente la coupe verticale sur un balcon en pierre, placé au premier étage, avec l'indication du balcon en fer et fonte servant de garde-fous.

Comme le montre ce croquis, le balcon E est soutenu de distance en distance par un montant F coudé en C, contrecoudé en D et terminé à son extrémité S en forme de queue de carpe pour mieux assurer le scellement.

677. Le montant d'angle d'un balcon

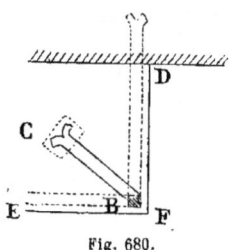

Fig. 680.

peut, comme nous allons le voir, se sceller de deux manières :

1° Comme nous l'indiquons (fig. 680), le montant B est à sa partie inférieure coudé et contre-coudé de manière à aller se sceller en C, à une certaine distance de l'angle de la pierre sur la ligne à 45 degrés ;

2° D'autres constructeurs emploient la solution suivante indiquée (fig. 679) : le montant E, supposé placé à l'angle du balcon, n'est pas coudé, il s'encastre simplement en L de 0m,01 dans la pierre et on compte, pour le retenir, sur les trois scellements en retour I, J, K de la main courante et des trois traverses T, T', T". Ces scellements en retour ajoutent beaucoup de solidité à l'ensemble.

678. Dans certains cas on met, au pied des montants comme nous l'indiquons (fig. 677), un petit socle en fonte.

679. La bandelette de main courante qui, le plus souvent, est un fer demi-rond de 25 millimètres, est soudée dans les angles et relie les montants E (fig. 679) au mur dans lequel elle est scellée.

680. La figure 681 nous donne une variante de la disposition (fig. 679).

Dans cet exemple le balcon E est complètement en dehors des montants F, les traverses T s'encastrent un peu dans les

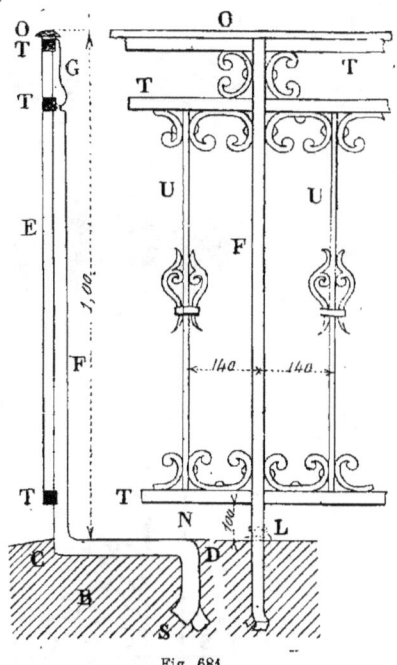

Fig. 681.

montants, et la partie moulurée G se prolonge jusqu'au-dessous de la main courante.

681. Entre la traverse inférieure du balcon et la pierre on laisse (fig. 679 et 681) un intervalle N d'environ 0m,10 pour faciliter le nettoyage.

Mains courantes.

682. Les grands balcons n'étant pas protégés de la pluie, on remplace, comme nous le savons, la main courante en bois par une main courante en fer qui se visse sur la barre horizontale supérieure de la monture du balcon qui doit être en fer.

683. La figure 682 nous donne quelques types de ces mains courantes en fer les plus fréquemment employées.

Consoles armées pour séparations de balcons.

684. Pour terminer ce qui est relatif aux grands balcons, il nous reste à dire quelques mots des *consoles armées* servant à séparer un grand balcon en deux ou en trois parties.

Nous savons que dans certaines mai-

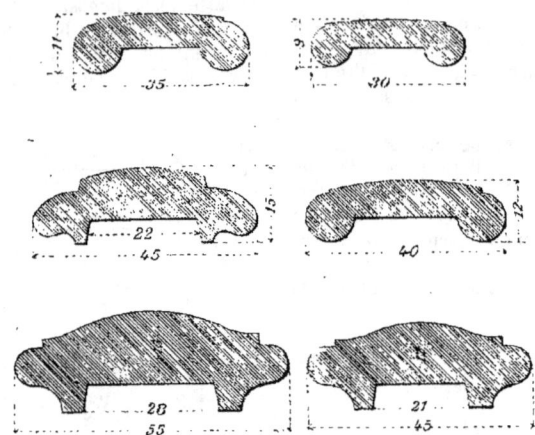

Fig. 682.

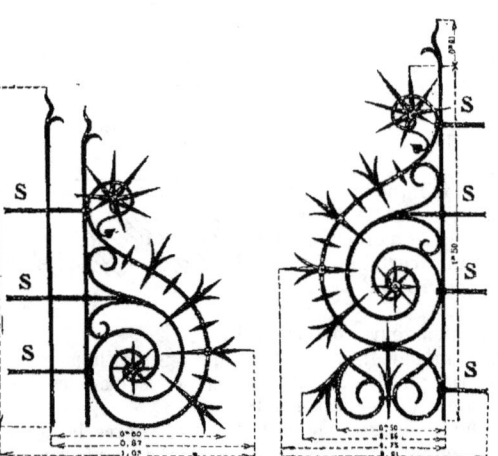

Fig. 683.

sons les balcons du premier ou du cinquième étage desservent souvent deux ou plusieurs appartements ; il y a donc lieu d'établir des séparations.

Ces séparations sont, comme le montre

le croquis (*fig.* 683), de véritables consoles scellées dans le mur en trois ou quatre points S et armées de pointes et de chardons ne permettant pas le passage d'une partie du balcon dans l'autre.

685. Ces consoles armées peuvent se faire en fer forgé ou en fonte.

II. — Balustrades.

686. On donne, en serrurerie, le nom de *balustrades* à des cloisons ajourées formant garde-corps à hauteur d'appui.

Elles se font, comme les balcons que nous venons d'étudier, soit en fer forgé, soit en fonte.

687. Les balustrades en fer forgé, dont le siècle dernier nous a laissé de superbes spécimens, complètent souvent de riches décorations de balcons ou d'escaliers et sont parfois des œuvres d'art du plus haut mérite.

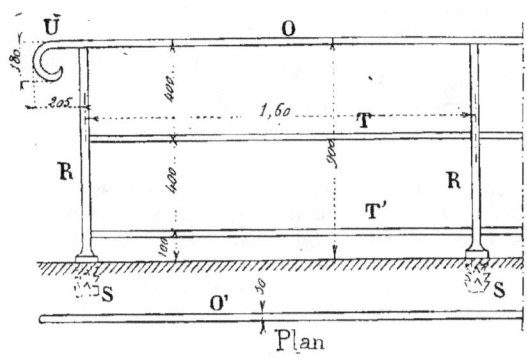

Fig. 684.

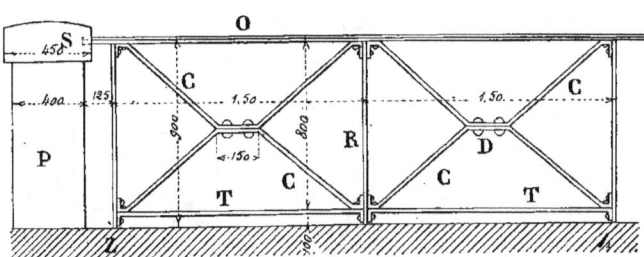

Fig. 685.

688. Les balustrades, qu'on nomme aussi *garde-corps* ou *garde-fous*, sont surtout employées dans la construction des ponts, passerelles, etc...

689. D'une manière générale, le garde-corps ou garde-fou est une balustrade à hauteur d'appui qu'on peut établir le long d'un quai, d'un fossé, d'un pont, d'un palier d'escalier, d'une terrasse, d'une lucarne, etc... permettant de s'appuyer et destinée à empêcher de tomber.

690. Nous distinguerons donc, dans ce qui va suivre, les balustrades en deux types :

1° Les balustrades en fer ;
2° Les balustrades en fonte.

1° Balustrades en fer.

Premier exemple.

691. La figure 684 nous représente en croquis un type de balustrade en fer excessivement simple et composée : d'une série de montants R en fer rond espacés de 1 mètre au minimum et de 1ᵐ,50 à 1ᵐ,60 au maximum (ces montants sont : ou scellés dans la maçonnerie comme nous l'indiquons en S dans le croquis, ou boulonnés sur la plate-bande supérieure

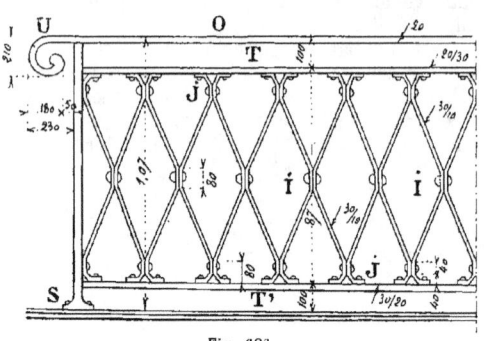
Fig. 686.

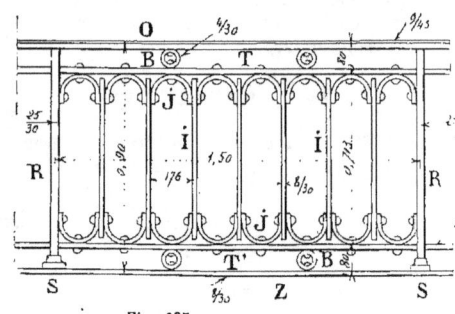
Fig. 687.

d'une poutre); de deux traverses horizontales T, T' assemblées dans les montants R; d'une main courante O en fer rond de 30 millimètres se recourbant en U pour former terminaison.

Deuxième exemple.

692. Comme deuxième exemple nous donnons (*fig.* 688) un type de garde-corps fréquemment employé et aussi très simple de construction. Il comprend, comme

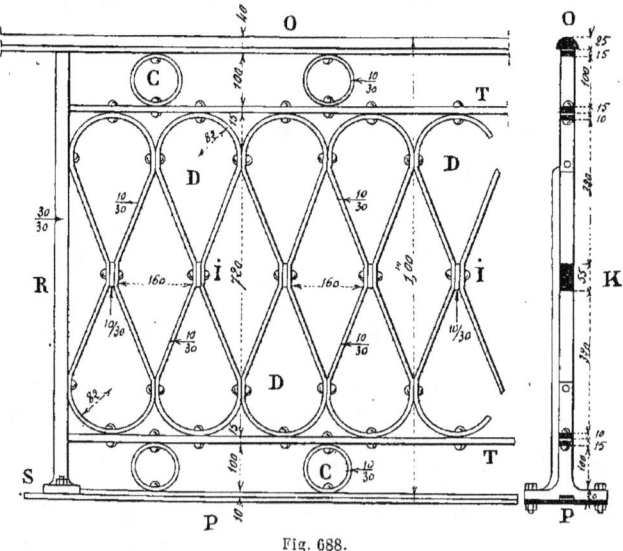
Fig. 688.

le précédent, une série de montants R réunis haut et bas par des traverses et, dans les cadres formés par ces traverses et ces montants, une série de croisillons C en fer plat solidement rivés comme le montre le croquis. Les montants R peu-

BALUSTRADES. 315

vent être scellés dans la maçonnerie ou fixés sur la plate-bande supérieure d'une poutre de passerelle ou de pont.

693. Sur la traverse supérieure on fixe, à l'aide de vis à métaux, une main courante en fer O, qui se scelle à son ex-

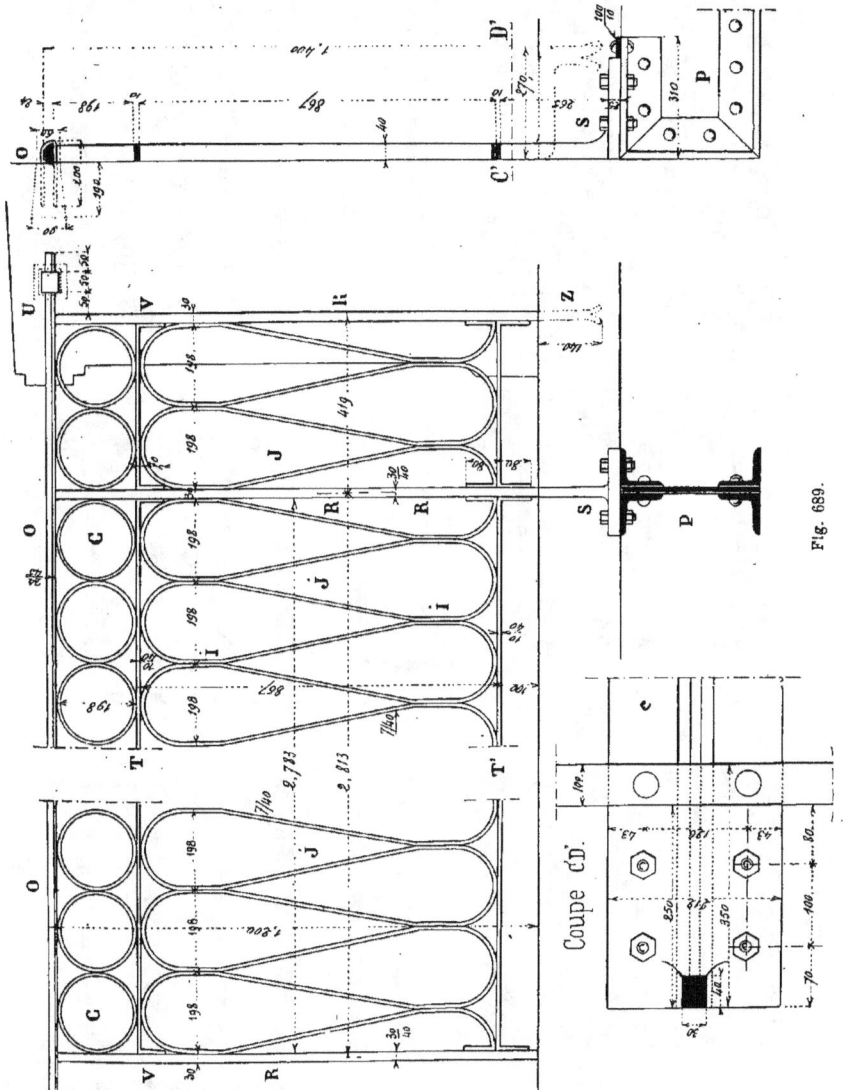

Fig. 689.

trémité S dans le pilier de départ de la balustrade; il en sera évidemment de même au pilier d'arrivée.

Troisième exemple.

694. La figure 686 nous montre une balustrade en fer un peu plus compliquée

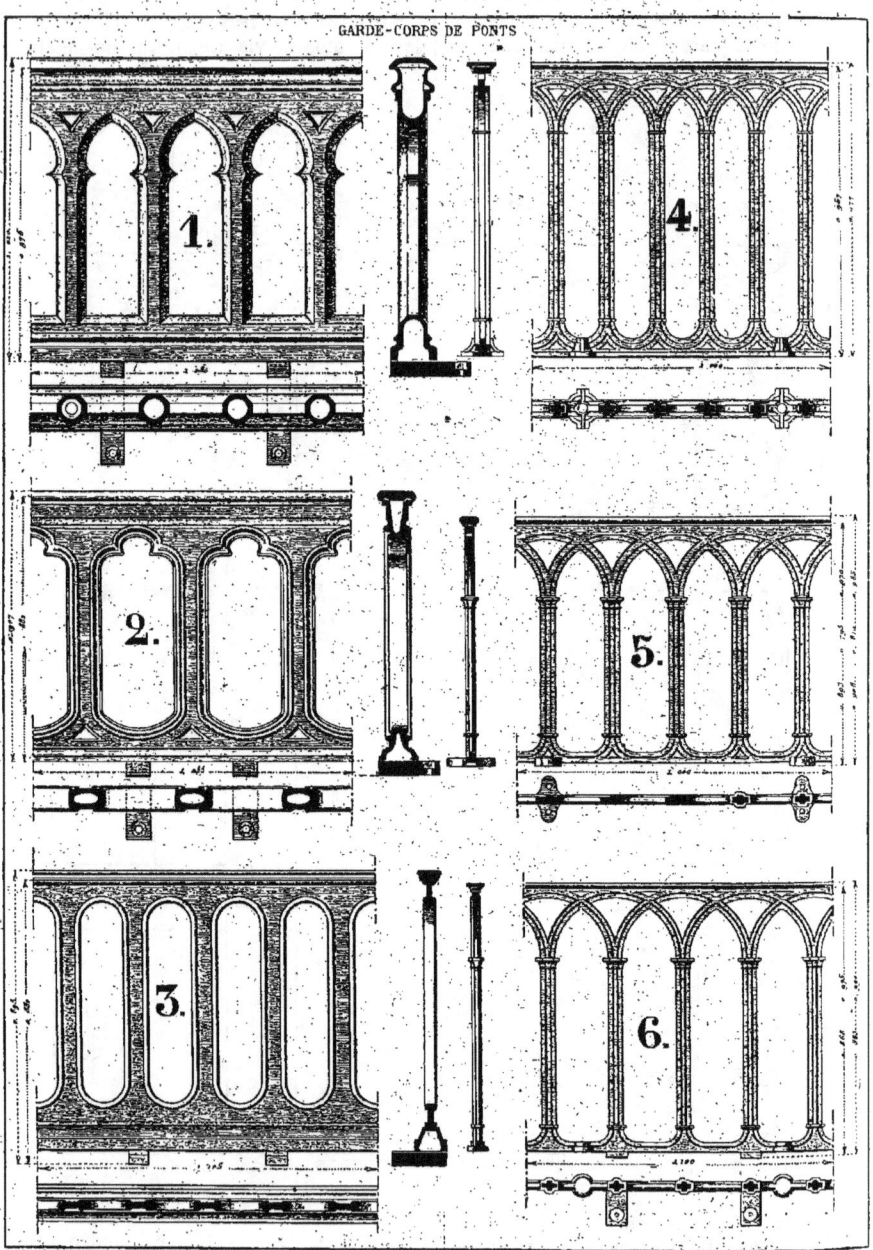

Fig. 690.

que les deux précédentes ; la seule impression du croquis en fait facilement comprendre les détails.

Quatrième et cinquième exemples.

695. Les deux figures 687 et 688 sont des variantes qu'on rencontre couramment ; ce sont pour ainsi dire des types classiques de balustrades employées pour les ponts et les passerelles.

696. Le croquis (*fig.* 688) est la balustrade de pont en fer forgé et contourné adoptée par la Compagnie des chemins de fer de l'Ouest.

697. Les panneaux entre montants verticaux R peuvent avoir jusqu'à 2 mètres de longueur. Cette rampe peut, au moyen de boulons de scellement, s'appliquer sur des corniches de ponts en maçonnerie ; dans le croquis actuel nous la supposons disposée pour être boulonnée sur la plate-bande supérieure d'une poutre en tôle et cornières.

Sixième exemple.

698. La figure 689 nous représente une autre disposition un peu plus compliquée et de dimensions un peu plus grandes.

Les montants verticaux R sont espacés de $2^m,813$ d'axe en axe ; la hauteur totale de la balustrade est de $1^m,20$; les autres détails restent sensiblement les mêmes que dans les exemples précédemment cités.

2° Balustrades en fonte.

699. Les balustrades en fonte sont souvent employées pour remplacer les balustrades en fer ; elles deviennent surtout avantageuses lorsqu'on doit en poser de grandes longueurs.

700. Il y a évidemment un très grand nombre de modèles de ces balustrades ; chaque fondeur en indique plusieurs exemples dans ses albums ; nous nous contenterons, comme simple indication, d'en rappeler quelques types couramment employés et extraits de l'album de la fonderie du val d'Osne.

701. La figure 690 nous en montre six dispositions principales ; les coupes horizontales et verticales en font facilement comprendre la forme.

702. Une remarque importante à signaler, c'est que chacun de ces six exemples ne permet pas, par suite de la forme allongée des motifs, de mettre le pied pour enjamber au-dessus du garde-corps ; c'est une disposition très heureuse qu'on devrait toujours adopter.

703. Les balustrades en fonte se fixent soit sur des plates-bandes en fer à l'aide de boulons d'assemblages, soit dans la maçonnerie à l'aide de boulons à scellement.

704. On fait aussi de très belles balustrades en fer forgé, mais nous y reviendrons en parlant de la serrurerie d'art.

CHAPITRE V

DES GRILLES

Définitions et notions générales.

705. On donne le nom de *grille* à une clôture à jour ordinairement composée de barreaux régulièrement espacés, maintenus par des traverses et pouvant recevoir une ornementation plus ou moins riche à l'aide de pièces spéciales en fer, en fonte ou en bronze.

706. Les matériaux les plus fréquemment employés pour leur construction sont le fer et la fonte; le fer représentant la partie résistante et solide, la fonte (utilisée par économie) pour les ornements décoratifs, qui se font aussi en fer forgé.

707. Les grilles anciennes du xiie siècle étaient très ornées; à la fin de ce siècle, on a exécuté des grilles en juxtaposant des panneaux d'une très grande richesse de décoration.

Au xive siècle, on ajouta aux rinceaux employés au xiie siècle des ornements découpés dans des feuilles de tôle et gracieusement contournés.

Au xve siècle, on souda ces feuillages aux gros fers formant l'ossature métallique.

Enfin, à partir du xve siècle, la tôle rivée fut généralement employée, et aux xvie, xviie et xviiie siècles les grilles prirent une importance décorative considérable et furent surmontées de riches couronnements et de frontons.

708. Dans ce qui va suivre, nous diviserons l'étude des grilles en deux parties : 1° les grilles en fers pleins; 2° les grilles légères dites grilles économiques et construites avec des fers creux, élégis, évidés, etc.

Nous aurons aussi à examiner, dans les deux cas, les grilles dormantes ou fixes et les grilles ouvrantes.

Hauteurs réglementaires à donner aux grilles.

709. Les grilles, devant servir de clôture, sont assujetties aux mêmes règlements que les murs relativement à leur hauteur.

Elles doivent avoir une hauteur de 3^m,20 pour les villes de 50 000 âmes et au-dessus, et 2^m,60 pour les autres.

Ces hauteurs sont comptées du sol jusqu'à la partie supérieure des pointes ou des flèches qui terminent les barreaux.

Étude des grilles en fer plein.

710. Les grilles en fer plein se subdivisent en :
1° Grilles dormantes ou fixes;
2° Grilles ouvrantes.

Grilles dormantes.

711. La figure 691 nous représente, sous forme de tableau, les différentes dispositions les plus simples à employer pour la construction des grilles dormantes placées sur des murets ou *bahuts* en maçonnerie.

En 1 nous indiquons une série de barreaux B traversant une traverse en fer T placée à la partie haute et venant s'assembler, à leur partie inférieure, dans une autre traverse T';

712. Dans le deuxième croquis les barreaux B dépassent les traverses de chaque côté;

713. Dans la troisième disposition, certains des barreaux sont plus courts et d'autres plus longs; le croquis n° 4 nous montre une variante de ce dernier exemple.

GRILLES DORMANTES.

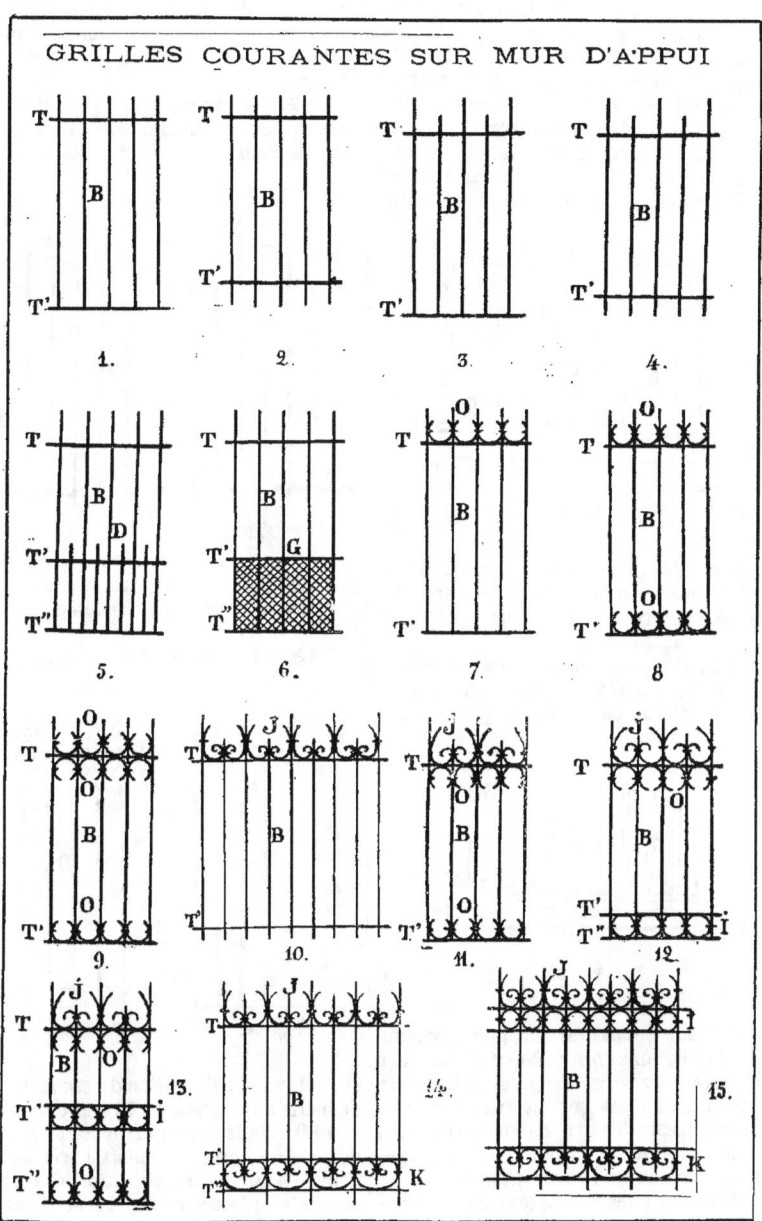

Fig. 691.

714. Lorsque le bahut ou muret inférieur recevant la grille dormante n'est pas très élevé, on doit, dans ce cas, prendre certaines dispositions pour empêcher les animaux de pénétrer; on pourra alors utiliser les deux dispositions n°s 5 et 6. Dans la première, après avoir ajouté une troisième traverse T' entre les deux autres T et T'' on doublera le nombre des barreaux

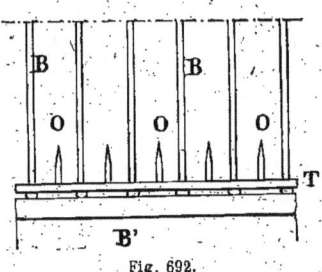

Fig. 692.

à la partie inférieure; on peut aussi, comme le montre le croquis n° 6, sans doubler le nombre des barreaux, mettre un simple grillage G.

715. On prend aussi, lorsque le muret est bas, certaines dispositions pour que les enfants en jouant ne puissent pas

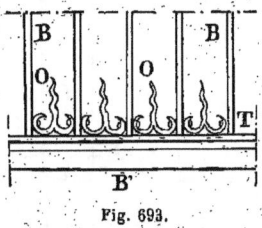

Fig. 693.

monter sur les grilles. On place, comme nous l'indiquons (*fig.* 692 et 693) soit des bouts de barreaux O (*fig.* 692) terminés en pointe et fixés sur la traverse inférieure T; soit des ornements O (*fig.* 693) se terminant aussi en pointe et fixés également dans la traverse inférieure.

716. Dans les exemples que nous venons d'examiner, les barreaux sont terminés à leur partie supérieure par des pointes de différentes longueurs; on peut aussi, comme nous le verrons plus loin, les surmonter de lances ou autres ornements.

717. Le croquis, n° 7 (*fig.* 691), nous montre les barreaux B munis à leur partie supérieure de petits ornements en fer

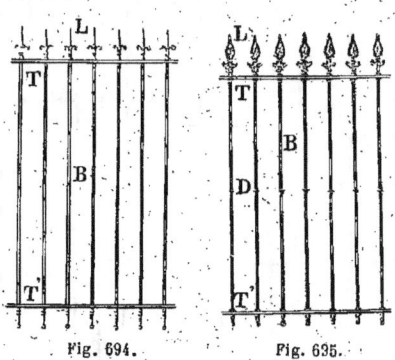

Fig. 694.   Fig. 695.

plat ayant la forme d'un C renversé; le n° 8 présente ce même ornement haut et bas.

718. Le croquis n° 9 est un peu plus

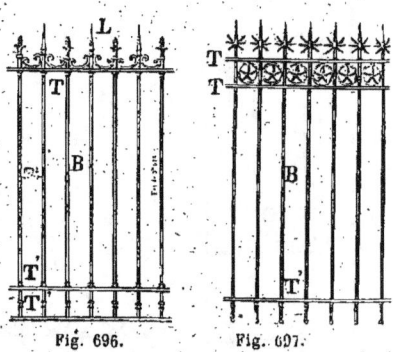

Fig. 696.   Fig. 697.

compliqué par l'addition de ces mêmes ornements en-dessous de la traverse haute.

719. Dans le croquis n° 10 nous introduisons un autre ornement J très souvent utilisé pour la construction des grilles ordinaires; le croquis n° 11 nous montre l'association des deux motifs J et O employés dans les exemples précédents.

GRILLES DORMANTES.

720. Le croquis n° 12 (*fig.* 691) nous indique l'emploi d'une traverse haute T et de deux traverses basses T′ et T″ avec l'addition d'un ornement nouveau I.

Le croquis n° 13, même figure, nous représente l'emploi dans les grilles dormantes de quatre traverses dont deux T′ occupent la partie milieu de la hauteur des barreaux.

721. Le croquis n° 14 nous montre l'emploi des ornements J précédemment cités et d'autres ornements K ; le croquis n° 15, qui comprend deux traverses hautes et deux traverses basses, nous indique une application des ornements I, J et K.

722. Les figures 694, 695, 696, 697, 698 et 699 nous représentent six autres dispositions de grilles dormantes dans lesquelles on se sert d'ornements en fonte;

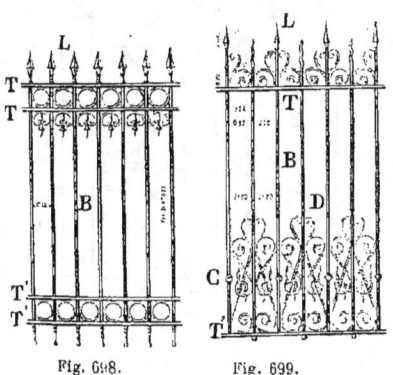

Fig. 698. Fig. 699.

ce sont des types courants qu'on rencontre souvent.

Nota

723. Il y a, dans la construction des grilles un grand avantage à les construire entièrement en fer et à éviter les ornements en fonte. Ces derniers se cassant très facilement ; il est souvent difficile de les remplacer, il arrive même qu'un constructeur ayant fait faire, pour la construction d'une grille, juste le nombre d'ornements dont il a besoin, ne peut les remplacer sans en déposer un autre et en faire refondre ; lorsqu'on achète une grille d'occasion, le même inconvénient est fréquent. Au contraire, quand tout est en fer, il est facile à n'importe quel serrurier d'exécuter un ornement semblable à celui qui a disparu.

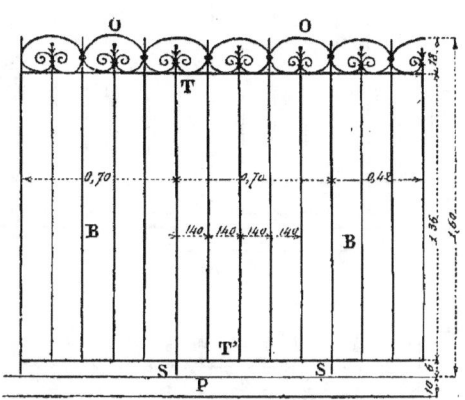

Fig. 700.

724. Nous donnons (*fig.* 700 à 707) une suite de types de grilles dormantes d'un très bon effet, construites par M. Stœckel, ingénieur constructeur à Paris.

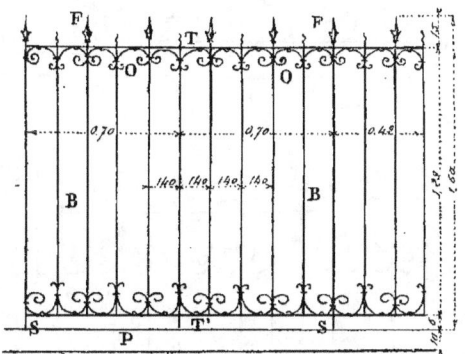

Fig. 701.

725. Le croquis (*fig.* 700) est simple et comporte une série de barreaux B espacés de 0^m,140 d'axe en axe venant se fixer haut et bas dans deux traverses T et T′. Au-dessus de la traverse T il existe une

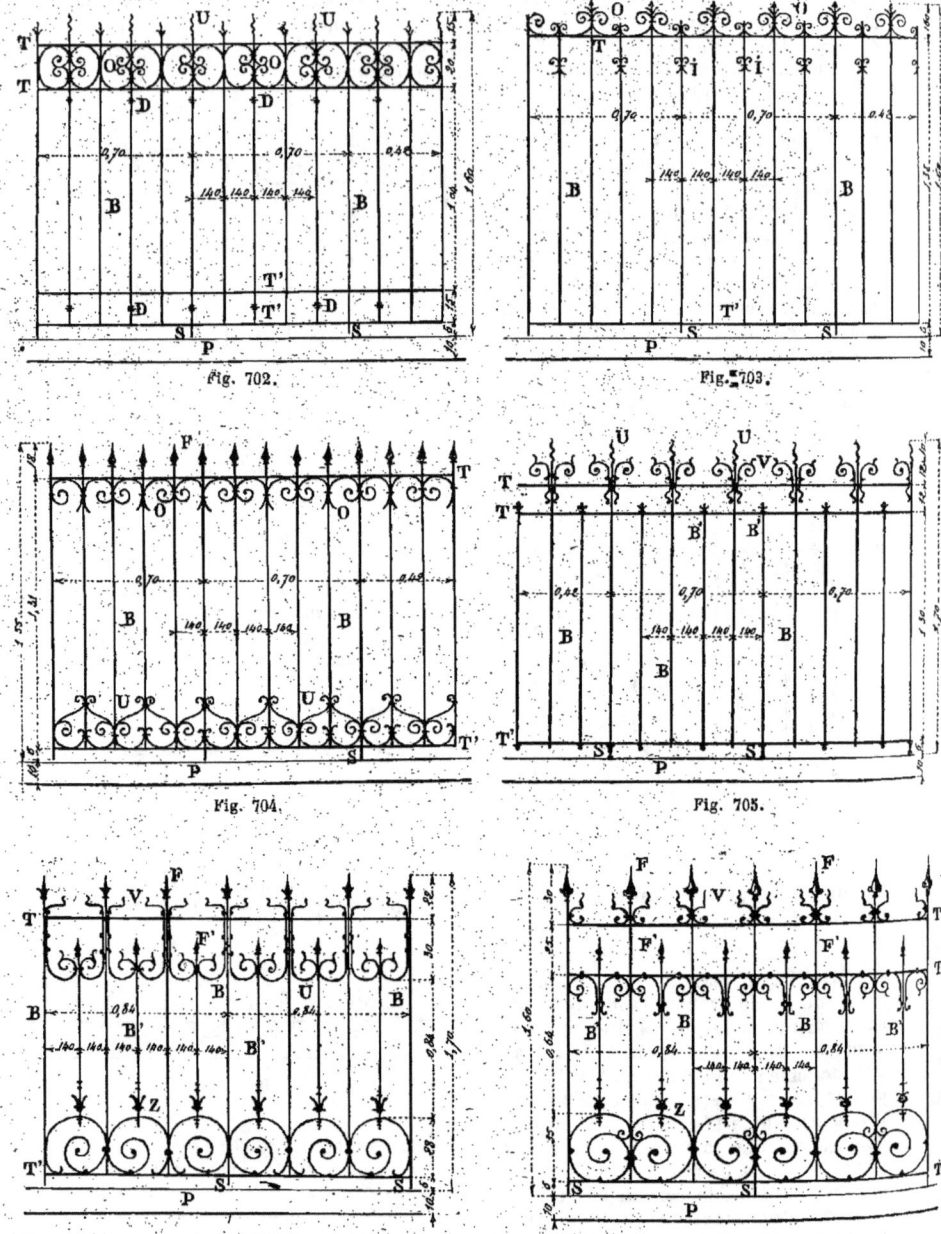

Fig. 702. Fig. 703. Fig. 704. Fig. 705. Fig. 706. Fig. 707.

série d'ornements O; de distance en distance, on prolonge en S un certain nombre de barreaux pour pouvoir les fixer sur la dalle P du bahut en maçonnerie. Les figures 701, 703 et 704 sont des variantes de cet exemple.

726. Le croquis (*fig.* 702) nous indique l'emploi de deux traverses hautes et deux traverses basses; des ornements O, des bagues D, etc. donnent à l'ensemble un aspect de légèreté.

727. Le croquis (*fig.* 705) nous montre deux espèces de barreaux, les uns B allant de la traverse basse à la traverse haute, les autres B' s'arrêtant à une seconde traverse placée un peu plus bas que la traverse supérieure.

728. Les deux croquis (*fig.* 706 et 707) nous montrent encore deux applications de barreaux longs et courts; ces deux derniers types, beaucoup plus ornés, sont d'un très heureux effet.

729. Les différents modèles de grilles dormantes que nous venons d'indiquer se placent presque toujours, comme le montre le croquis (*fig.* 708), sur un mur L pouvant avoir depuis $0^m,20$ à $0^m,30$ de hauteur au-dessus du sol jusqu'à 1 mètre, hauteur qu'on dépasse rarement.

730. Comme le montre ce croquis, les traverses hautes et basses T et T' se fixent dans un pilier P, et les différents barreaux sont soutenus de distance en distance soit par des montants plus forts

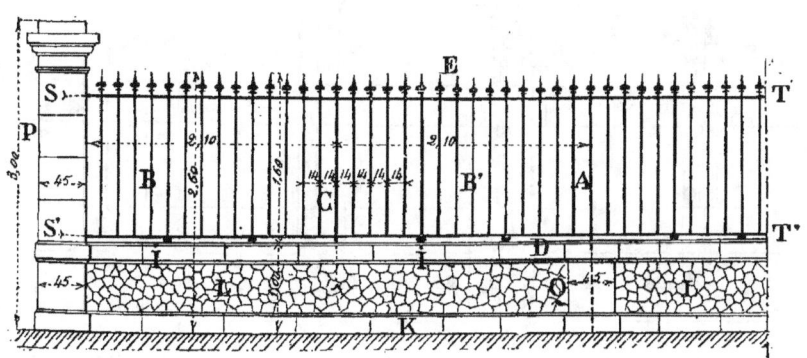

Fig. 708.

C qu'on nomme *montants simples*, soit par d'autres plus solides A connus sous le nom de *montants en arcs-boutants*.

731. Lorsque la grille est légère, on peut mettre, comme le montre le croquis (*fig.* 708), une première série de quatorze barreaux B soutenus en deux points I, soit par deux boules en fonte ou toute autre cale en fer ou en fonte placée entre la traverse inférieure T', et la pierre D couronnant le muret ; (1) puis un montant simple C scellé dans le muret de soubassement. Une autre série de quatorze barreaux B' soutenus en I comme précédemment. et un montant A en arc-boutant dont le scellement est plus sérieux que le précédent.

732. Lorsque la grille est plus lourde, on peut rapprocher les montants en arc-boutant et mettre, par exemple, dix barreaux entre deux arcs-boutants, et un montant simple au milieu de ces dix barreaux.

733. D'après ce qui précède, nous voyons que nous aurons à étudier pour la construction et la mise en place des grilles dormantes.

1° Les *barreaux*: leur forme, leur sec-

(1) Les cales placées sous la traverse inférieure ont pour but de la soulager, car, travaillant sur le plat, étant percée de nombreux trous et portant les barreaux elle travaille beaucoup ; avec ces simples cales on ne permet pas à la traverse inférieure de *plonger*, comme disent les ouvriers.

tion, leur écartement, leur assemblage avec les traverses;

2° Les *traverses*: leur forme, leur section comparée à celle des barreaux, leurs scellements, etc.;

3° Les *montants simples*;

4° Les *montants à arcs-boutants*: leurs diverses dispositions;

5° Parties accessoires des grilles dormantes.

Barreaux.

734. Les barreaux pleins qu'on emploie le plus souvent sont les barreaux *ronds* et les barreaux *carrés*.

735. Leur section, pour les grilles ordinaires, varie de $0^m,016$ à $0^m,025$; on atteint $0^m,030$ et même $0^m,035$ pour les fortes grilles d'usines ou autres.

Le plus ordinairement c'est de $0^m,018$ à $0^m,023$ de diamètre ou de côté qu'on adopte.

736. Dans certains cas on alterne des barreaux de différentes sections, comme nous en avons montré des exemples (*fig* 705, 706 et 707); on peut alors avoir les barreaux longs en fers ronds ou carrés de $0^m,022$ et les plus courts en $0^m,016$.

737. L'écartement courant ou vide laissé entre deux barreaux est ordinairement de $0^m,12$ à $0^m,13$, ce qui donne, sui-

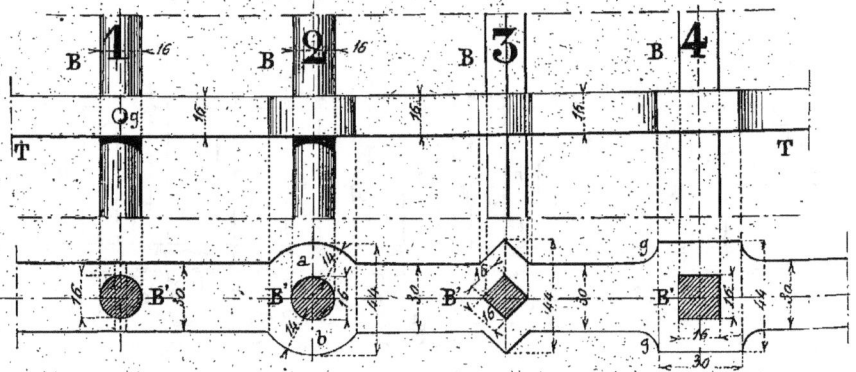

Fig. 709.

vant la section des barreaux, un écartement d'axe en axe de $0^m,14$ à $0^m,15$.

Traverses.

738. Dans presque toutes les grilles les traverses sont en fer plat, leur section est: comme épaisseur, la même que le fer qui la traverse et comme largeur environ deux fois le diamètre des barreaux qui doivent la traverser.

Assemblages des barreaux dans les traverses.

739. Nous représentons (*fig*. 709 et 710) les différentes manières d'assembler les barreaux dans les traverses en fer plat des grilles dormantes.

740. Comme le montre le plan de la figure 709, la traverse peut, suivant la section des barreaux, prendre plusieurs formes.

Ces traverses sont ordinairement percées au foret en ayant soin de faire le trou un peu fort pour le passage du fer. On pourrait aussi poinçonner ces traverses mais le travail est moins bon que le perçage au foret.

741. Pour les barreaux carrés on perce au foret un trou d'un diamètre égal au côté du barreau; on enlève ensuite les angles au bec-d'âne, et on finit à la lime.

742. Il y a une précaution à prendre

GRILLES DORMANTES.

pour avoir des espaces égaux entre les barreaux lorsqu'on trace, sur une traverse, l'emplacement des trous à percer. Il faut donner en moins aux divisions extrêmes (les traverses étant comprises entre deux montants et leurs longueurs étant égales à l'espace vide laissé entre ces deux montants) la moitié du diamètre ou de la grosseur du fer rond ou carré.

Les traverses sont, comme nous le verrons pour les grilles ouvrantes et comme nous l'avons indiqué en croquis (*fig.* 638), assemblées sur les montants à l'aide de goujons en fer rond traversant lesdits montants de part en part et goupillés sur le montant et dans la traverse.

743. La figure 709 nous montre les quatre principales dispositions pour assembler des barreaux B avec une traverse T.

744. En 1 est indiqué l'assemblage ordinaire d'un barreau rond B, ou carré, avec une traverse T. Ce barreau, qui traverse entièrement, est goupillé en *g* sur la traverse T.

745. En 2 nous voyons ce qu'on nomme une traverse à *trous renflés*, assemblage qu'on utilise dans les grilles bien construites. Dans cet assemblage la somme des deux sections en *a* et en *b* passant de chaque côté du barreau B doit être à peu près ou même égale à la section totale de la traverse afin d'éviter l'affaiblissement de cette traverse.

746. Les trous renflés s'obtiennent par refoulement du fer; on perce ensuite le

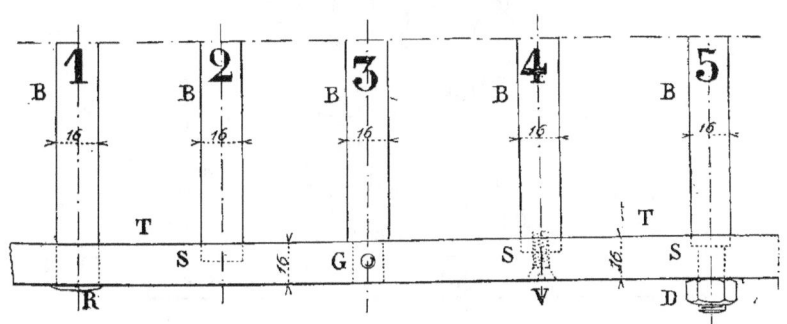

Fig. 710.

fer à l'endroit élargi, et on ouvre le trou à l'aide d'une broche ronde pour les barreaux cylindriques, et carrée pour les autres, et d'un diamètre un peu plus fort que le diamètre ou que le côté du barreau qui doit entrer.

747. En 3 (*fig.* 709) nous indiquons la forme du renflement à donner à la traverse pour le passage d'un barreau carré présentant de face une arête vive.

748. Le trou carré pour un barreau carré à plat et que nous indiquons en 4 (*fig.* 709) est plus difficile à obtenir ; il faut en effet un refoulement du fer plus fort pour avoir les angles en refoulant ; le plat nécessaire se donne au marteau, les gorges *g* sont forgées et le trou carré, où doit passer le barreau, est terminé au bédane et à la lime.

On fait quelquefois, mais assez rarement, des traverses à congé dans les grilles dormantes ; nous en verrons des exemples plus nombreux dans les grilles ouvrantes.

749. La figure 710 nous montre comment on assemble les barreaux B d'une grille dormante avec la traverse inférieure.

Anciennement, en 1, on se contentait de faire traverser entièrement le barreau et de refouler le fer en R, on obtenait ainsi un rivetage.

750. D'autres fois, en 2, on entaillait la traverse pour recevoir le barreau. On peut aussi, en 3 même figure, amincir le barreau rond ou carré, le faire traverser la traverse et goupiller ensuite.

751. En 4, nous voyons la disposition

326   SERRURERIE.

la plus généralement adoptée ; le barreau B est entré d'environ 1/3 dans l'épaisseur de la traverse T, puis on le retient à l'aide d'une vis V dont la tête est entièrement noyée dans la traverse.

752. D'autres constructeurs ont proposé d'employer la disposition 5, mais elle est très rarement utilisée.

753. La figure 711 nous représente les moyens adoptés pour fixer soit de petits

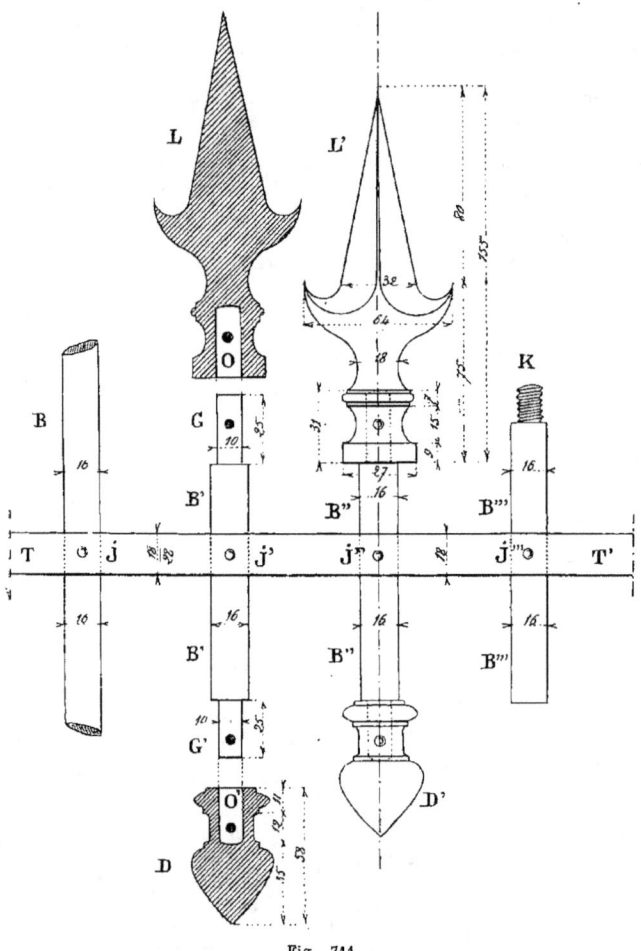

Fig. 711.

ornements D D' à la partie inférieure des barreaux, soit des flèches en fonte LL' à la partie supérieure de ces barreaux.

754. Dans les deux cas les barreaux B' et B", sont amincis à leurs extrémités et pé-

nètrent soit dans la flèche L, soit dans la boule D, et y sont fortement goupillés en O et O'.

755. On a aussi proposé de fileter l'extrémité des barreaux comme nous le voyons en K pour le barreau B'''; mais nous savons rait à la rigueur employer ce moyen qu

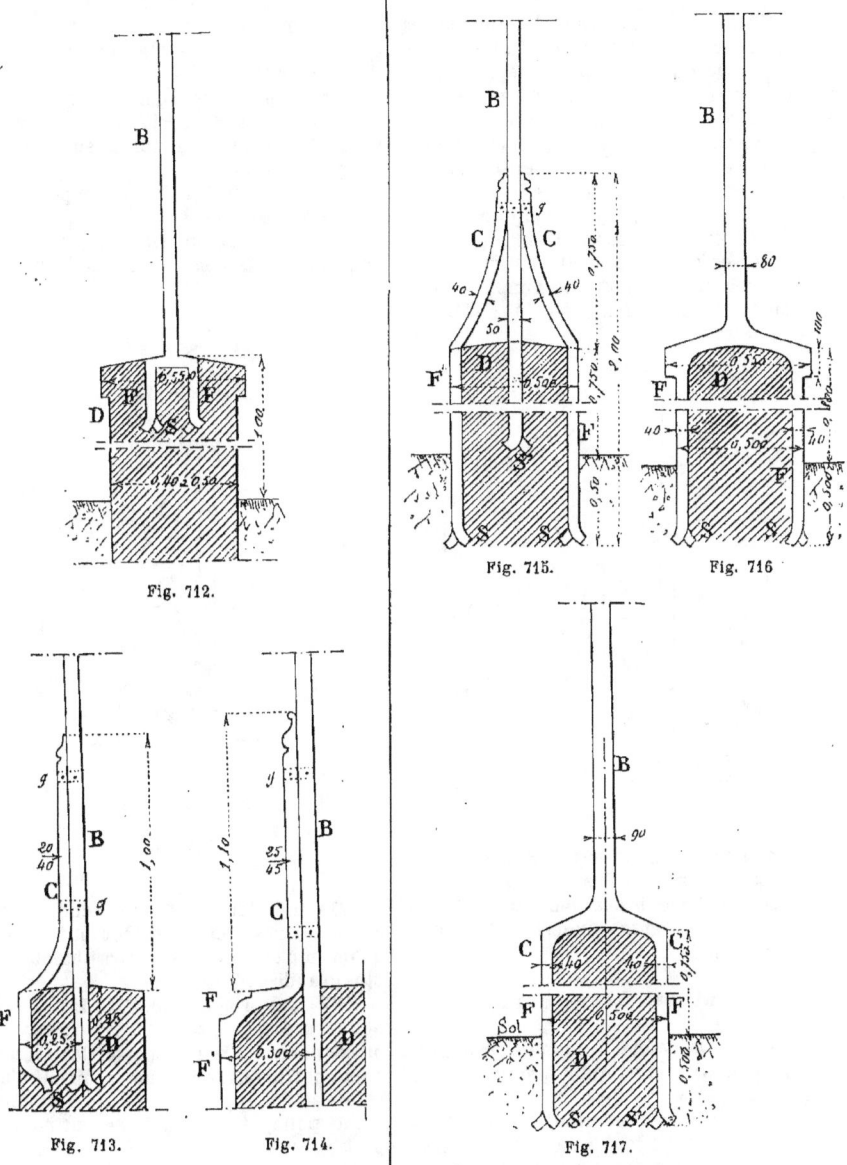

Fig. 712. Fig. 715. Fig. 716.

Fig. 713. Fig. 714. Fig. 717.

que le taraudage de la fonte est mauvais et assez difficile, c'est pourquoi on ne pour- pour des ornements en fer forgé se taraudant plus facilement.

Montants simples

756. Les montants simples sont : ou des barreaux un peu plus forts que les autres, ou de véritables montants spéciaux en fer plat se plaçant à chaque travée de $1^m,50$ environ. Ce fer méplat est de la même épaisseur que la traverse et d'une largeur d'environ 1/4 en plus que cette dernière.

À l'endroit des traverses le montant simple porte des goujons goupillés et percés de trous pour recevoir les goupilles des traverses venant s'assembler sur lui. Dans certains cas le montant simple B peut, comme nous l'indiquons (*fig.* 712) se

La plus simple est indiquée en croquis (*fig.* 713) : en C il est coudé à sa partie inférieure, entaillé en F dans le bahut D et se retourne en scellement en S dans l'intérieur de ce bahut.

759. Pour le fixer au montant simple B on traverse les deux pièces par des goujons plats *g* qu'on goupille ensuite sur chaque pièce B et C.

760. Lorsque le bahut D comporte des moulures comme nous l'indiquons en croquis (*fig.* 714), on fait prendre à l'arc-boutant en F le même profil que le bahut.

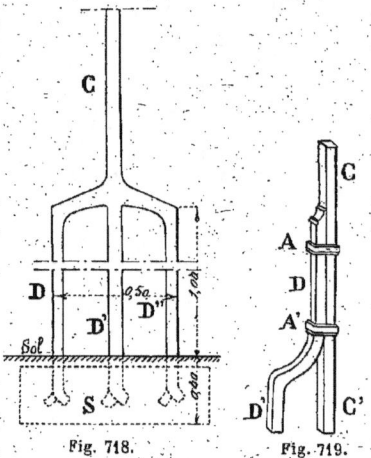

Fig. 718.

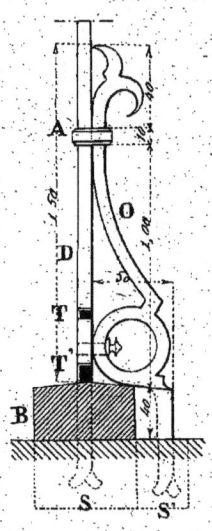

Fig. 719.

Fig. 720.

terminer par une fourche F et se sceller en deux points S dans le bahut.

Le scellement des montants simples dans le bahut en maçonnerie doit être au minimum de $0^m,25$.

Montants à arc-boutant.

757. On donne le nom de *montant à arc-boutant* à un montant simple renforcé d'une jambe de force ayant la même épaisseur que le montant simple et une largeur souvent double de cette épaisseur.

758. Les montants à arc-boutant peuvent prendre différentes formes que nous allons examiner.

761. La figure 715 nous donne une autre disposition d'arc-boutant double qu'on emploie lorsqu'on désire obtenir une plus grande solidité.

762. Les croquis (*fig.* 716, 717 et 718, nous représentent trois types de *montants* placés de manière à supporter les colliers d'une partie ouvrante ; ils reçoivent d'un côté l'assemblage de la partie dormante d'une grille, et de l'autre servent pour la partie ouvrante.

763. On peut aussi avoir comme arc-boutant la disposition indiquée en croquis (*fig.* 719). La réunion avec le montant

CC' se fait à l'aide de bagues AA' qui donnent aussi un bon assemblage.

764. Les montants en arc-boutant sont quelquefois décorés comme nous l'indiquons (*fig.* 720 et 721), mais comme résistance ces dispositions ne valent jamais le montant simple des types précédemment étudiés.

765. Les montants en arc-boutant se placent le plus ordinairement toutes les deux travées soit environ tous les 3 mètres.

Scellement des différentes pièces de grilles dormantes.

766. Les différentes matières employées pour les scellements des grilles sont : le

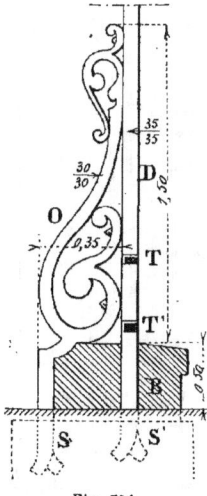

Fig. 721.

plâtre, le soufre, le ciment, le plomb et, dans certains cas, le mastic de fonte.

767. D'une manière générale on donne ordinairement comme longueur au scellement cinq fois la plus grande largeur du fer : c'est un minimum.

768. Nous savons que les traverses T et T' (*fig.* 708) se terminant en queue de carpe se scellent en S et en S' dans un mur ou dans un pilier P ; ce scellement se fait ordinairement au plâtre.

769. Les montants C, même figure, sont scellés au ciment ainsi que les autres scellements d'arcs-boutants.

770. Les scellements au soufre et au plomb fondu sont réservés pour les pièces qui reçoivent des chocs comme les

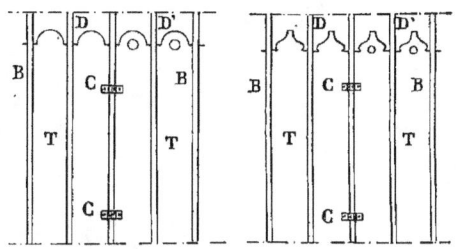

Fig. 722 et 723.

chasse-roues ou les pièces qui reçoivent des trépidations.

771. Le scellement au soufre est très bon, car il serre bien la pièce en remplissant exactement le trou. Le soufre se coule fondu et liquide.

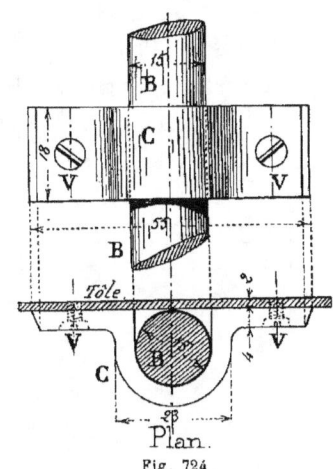

Fig. 724.

772. Le plomb se coule de même, mais il doit être maté après le coulage.

Tôles placées derrière les grilles dormantes

773. Dans certains cas on place, der-

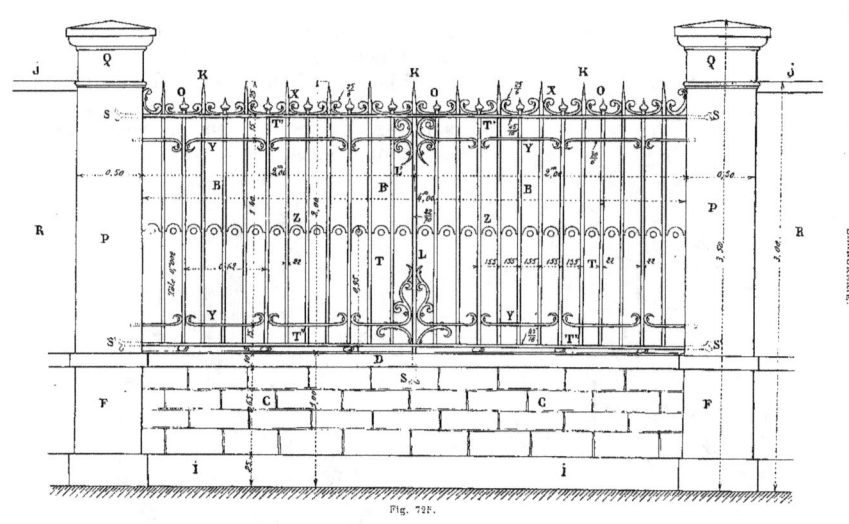

Fig. 721.

rière les grilles dormantes, des tôles permettant d'empêcher la vue de l'extérieur. Ces tôles, dont nous donnons différents types (*fig.* 722 et 723), ont une épaisseur de 2 millimètres; elles sont découpées à leur partie supérieure comme nous l'indiquons en D et en D′ dans les deux figures.

Elles sont maintenues contre les barreaux à l'aide de pattes spéciales C (*fig.* 724) entourant le barreau, et fixées

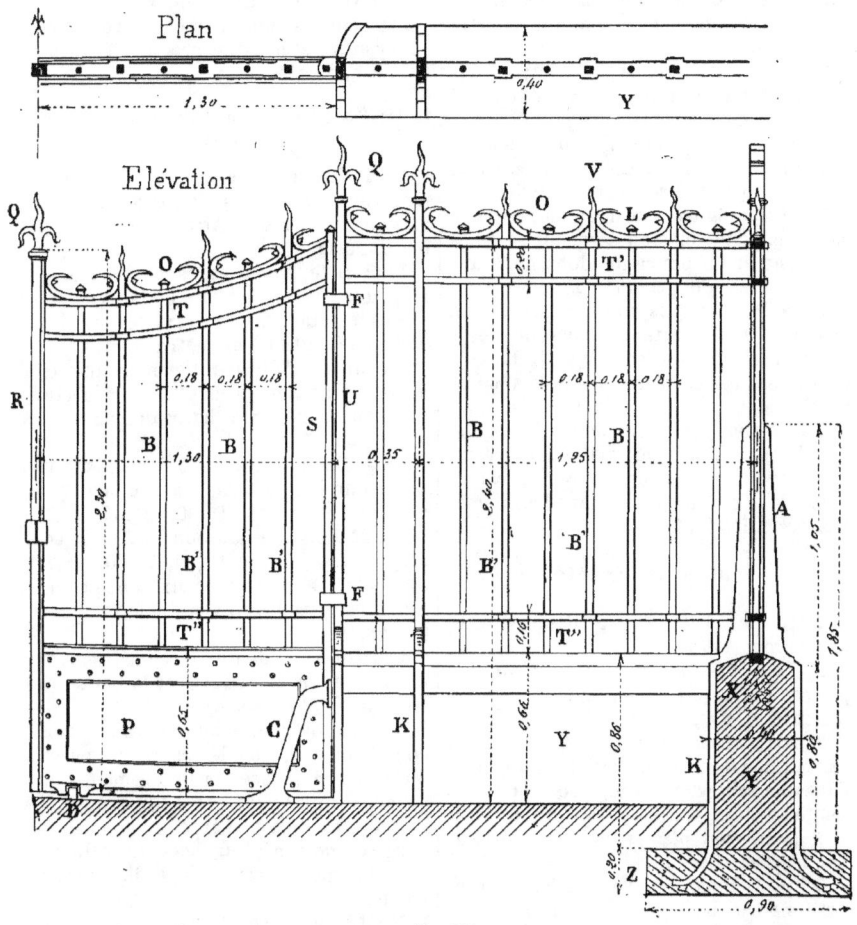

Fig. 726.

sur la tôle à l'aide de deux vis à métaux V.

Nota.

774. Les grilles dormantes sont quelquefois placées entre deux piliers P (*fig.* 725) relativement assez rapprochés; ceci dans le cas où, en un endroit d'une propriété, il y a un point de vue qu'un mur de clôture plein ne laisserait pas voir.

La grille comporte dans ce cas : une

série de barreaux B en fer rond de $0^m,022$ assemblés haut et bas dans des traverses T' et T" en fer plat de 45×16 ; ces barreaux sont ou terminés en pointe R ou comportent une boule en fonte O. Une série d'ornements X en forme de C en fer plat de 25×6 ; et d'autres traverses Y en bandelette de 30×6 complètent cette disposition.

Derrière les barreaux se trouvent des volets mobiles en tôle T découpés en Z et dont nous connaissons l'usage.

L'ensemble du croquis rend facilement compte de la disposition adoptée et de la forme du bahut recevant la grille.

775. La figure 726 nous montre une partie de grille dormante venant se relier avec une grille ouvrante dont nous aurons l'occasion de parler plus loin.

776. Ce croquis nous montre bien comment l'arc-boutant A contourne le bahut Y et vient se sceller en Z dans le massif en béton placé au-dessus de ce mur.

777. Nous trouvons, dans ce croquis, l'application à la même grille de barreaux ronds ordinaires et de barreaux carrés avec trous renflés placés dans les mêmes traverses T' et T".

Grilles ouvrantes.

778. Dans l'étude des grilles ouvrantes nous avons à étudier :

1° *Les grilles ouvrantes à deux vantaux* placées entre piliers en maçonnerie ou pilastres en fer ;

2° *Les guichets* ou petites portes à un vantail pouvant se placer : dans un mur, dans une grille dormante, ou dans l'un des vantaux d'une grille ouvrante;

3° *Les portes pleines en tôle* exécutées par les serruriers.

779. Comme nous l'avons fait pour les grilles dormantes, nous donnerons, avant de nous occuper des détails de construction des grilles ouvrantes, quelques notions générales et les schémas des types classiques de grilles à deux vantaux.

780. Les grilles devant laisser passer les voitures ont, au minimum, $2^m,25$ de largeur; on descend cependant quelquefois à $1^m,80$, mais il est préférable de conserver $2^m,25$ comme une limite inférieure.

Lorsqu'une grille présente un fronton fixe ne s'ouvrant pas avec les vantaux, il faut le placer assez haut pour qu'on puisse passer sans difficultés ; la hauteur minima permettant de laisser passer un cocher sur son siège est de $3^m,10$.

Les grilles se font, soit en fer rond, soit en fer carré et peuvent prendre les dispositions suivantes :

1° *Grilles placées entre deux pilastres en pierre.*

781. Les croquis (*fig.* 727) (1) nous montrent trois types de grilles à deux vantaux comprises entre deux piliers en maçonnerie.

Dans cet exemple les travées dormantes D, placées de chaque côté de la grille ouvrante se font en barreaux, fer rond de $0^m,015$ à $0^m,018$ de diamètre.

La hauteur I du bahut en maçonnerie B varie ordinairement de $0^m,80$ à 1 mètre.

La hauteur J des barreaux peut être de $1^m,10$ à $1^m,40$ ou $1^m,70$.

La grille ouvrante dont les deux vantaux sont indiqués en V a une largeur L qui peut être de $1^m,80$, $2^m,05$, $2^m,35$, $2^m,60$ et $2^m,90$; la hauteur total en H correspondante est de $1^m,80$, $2^m,00$, $2^m,20$, $2^m,30$ et $2^m,40$. Les barreaux sont presque toujours exécutés avec du fer rond de $0^m,018$.

Les panneaux de tôle U règnent souvent avec le dessus du bahut D et la hauteur K varie de $0^m,80$ à 1 mètre.

782. Lorsque, pour une raison quelconque on supprime les panneaux en tôle du bas, on place ordinairement une écharpe qui maintient l'équerrage des vantaux et qui est amarrée diagonalement dans l'angle supérieur près du collier et dans l'angle inférieur près du montant battement.

783. La figure 728 nous représente en croquis une variante des trois dispositions précédentes ; la grille ouvrante comporte deux traverses hautes et deux traverses basses.

(1) Ces croquis, ainsi que les suivants, sont extraits de l'album de M. Michelin, ingénieur, constructeur, à Paris (leur échelle est $0^m,02$ pour mètre).

GRILLES OUVRANTES

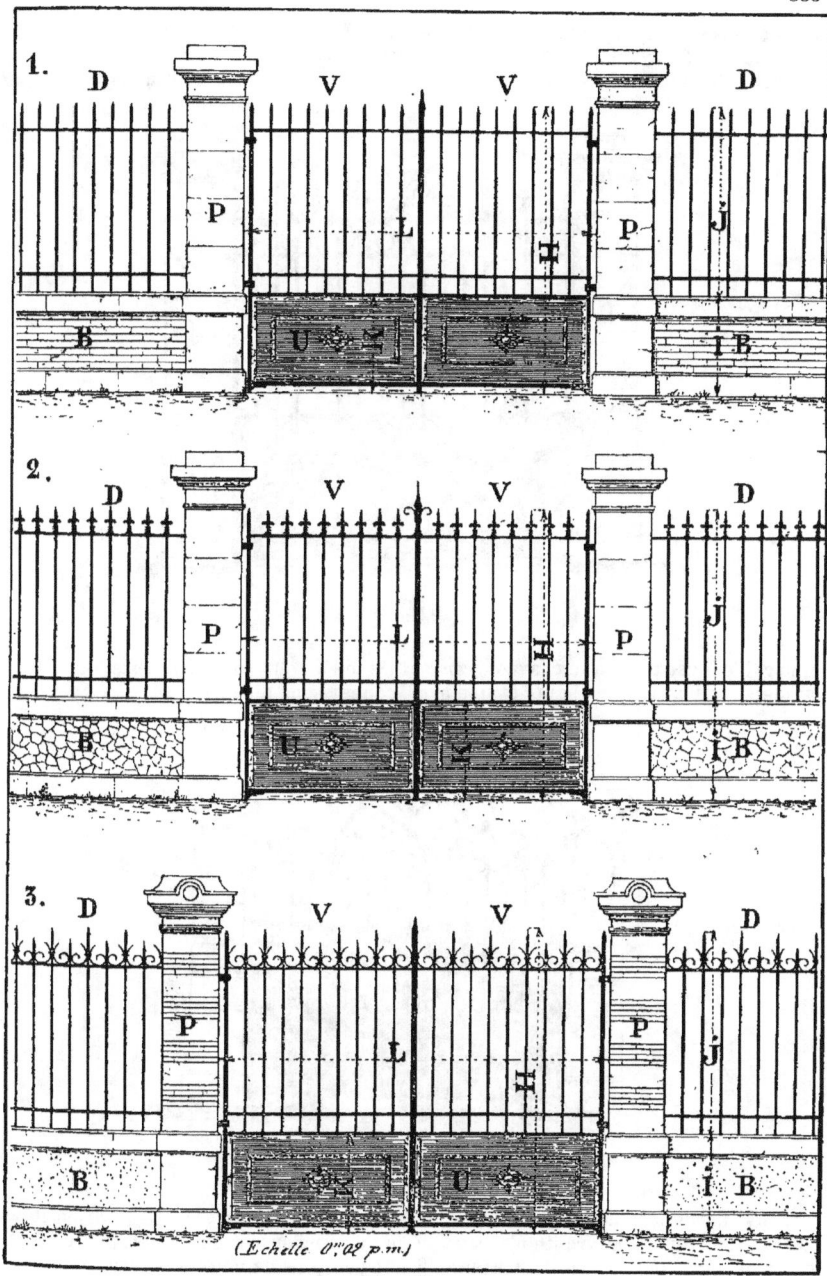

(Echelle 0.^m02 p.m.)

Fig. 727.

Les barreaux sont, dans cet exemple, des fers carrés de 18, 20 ou 22 millimètres de côté ; la largeur L varie de 2ᵐ,33 à 2ᵐ,90 et le prix de 295 francs à 460 francs, toute posée.

784. La figure 729 nous représente une grille à deux vantaux avec *fronton* au dessus de la traverse haute et une partie pleine en tôle découpée dont nous connaissons l'usage.

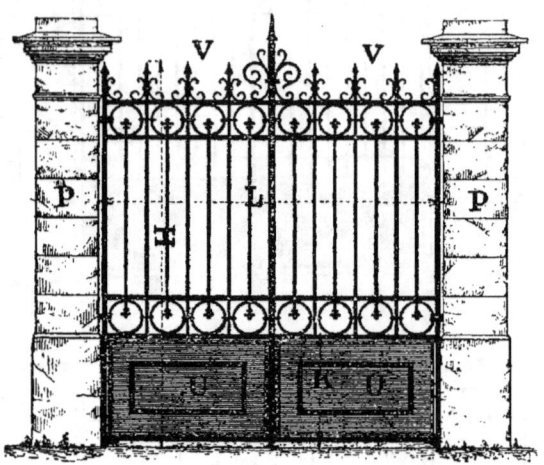

Fig. 728.

Fig. 729.

785. La figure 730 nous montre un autre type de grille ouvrante placée entre deux pilastres en pierre, la traverse T supérieure étant cintrée, disposition, qu'on rencontre souvent et qui nécessite un peu plus de main-d'œuvre.

Les barreaux sont en fer rond de 0^m,018, la largeur peut varier de 1^m,80 à | 3^m,50 et la hauteur au pivot de 1^m,80 à 2^m,60.

Fig. 730.

786. La figure 751 nous indique un type de grille qui est une combinaison | des deux exemples précédemment cités (*fig.* 729 et 730).

Fig. 731.

787. Les figures 732 et 733 nous donnent, en croquis, deux exemples de | grilles dont les barreaux vont jusqu'au bas et sans partie pleine. De plus, les barreaux sont doublés à la partie inférieure pour éviter l'entrée d'animaux.

Les petits barreaux sont en fer rond de 15 millimètres et les grands en fer rond de 18 millimètres.

Dans la figure 733 nous voyons l'appli-

Fig. 732.

Fig. 733.

cation des écharpes E dont nous avons parlé précédemment.

2° *Grilles placées entre deux pilastres en fer sur lesquels elles sont montées en collier.*

788. La figure 734 nous montre trois types de grilles de ce genre. Dans le croquis n° 1 les barreaux sont des fers ronds de 18 millimètres, les parties dormantes D de droite et de gauche se terminent par un fort arc-boutant I solidement fixé sur le bahut B en maçonnerie et recevant les montants de chaque vantail.

GRILLES OUVRANTES.

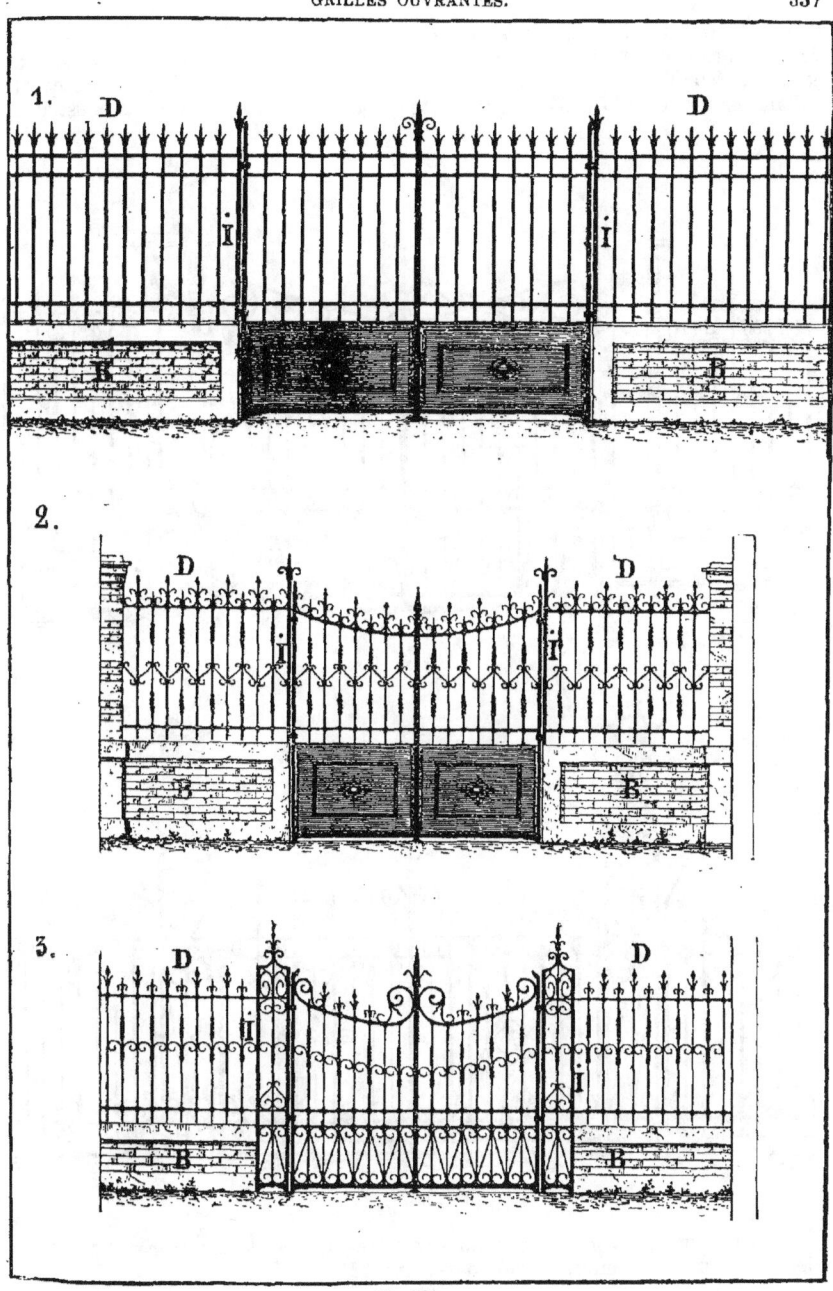

Fig. 734.

338   SERRURERIE.

Comme pour les autres exemples la largeur de grille varie de 1ᵐ,80 à 2ᵐ,90, et la hauteur de 1ᵐ,80 à 2ᵐ,40.

Dans les croquis n° 2 et n° 3 la grille est en fer méplat tordu ; il y a encore en 1, croquis n° 2, un arc-boutant placé dans les mêmes conditions que le précédent.

Dans le n° 3 la partie basse est ajou-

Fig. 735.

Fig. 736.

rée, les montants I forment de solides piliers en fer qui peuvent, soit descendre jusqu'au sol, soit reposer sur le muret B.

GRILLES OUVRANTES.

339

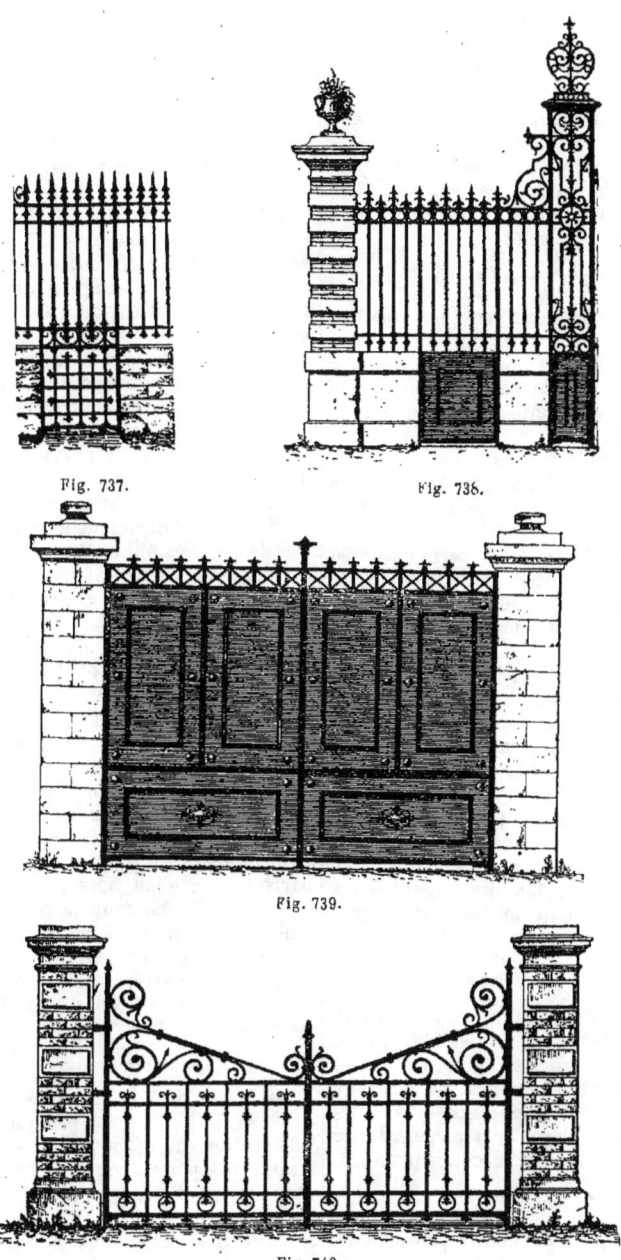

Fig. 737.

Fig. 738.

Fig. 739.

Fig. 740.

789. Le croquis (*fig.* 735), nous montre une grille plus importante composée de barreaux carrés et ronds alternés dont le diamètre ou côté varie de 18 à 22 millimètres, la largeur de 2^m,34 à 3^m,40 et la hauteur de 2^m,20 à 2^m,60.

790. Le croquis (*fig.* 736), nous représente une disposition particulière pour grille de squares ou de villas en barreaux ronds et carrés alternés.

3° *Guichets*

791. Les guichets sont de petites portes pour piétons qu'on place souvent à côté des grilles à deux vantaux pour ne pas avoir constamment à ouvrir ces dernières. Il faut, autant que possible, ne pas faire ces guichets dans un vantail de grille mobile, c'est un mauvais travail, mais les placer à part dans un mur ou dans une partie de grille dormante.

La largeur d'un guichet varie de 0^m,90 à 1 mètre et sa hauteur de 2^m,20 à 2^m,30; il vient presque toujours battre sous la traverse supérieure de la grille qu'il accompagne.

Lorsqu'il existe un bahut en maçonnerie, le bas du guichet est garni d'un panneau en tôle régnant avec le bahut.

792. Les guichets sont, soit ferrés de paumelles, soit montés à colliers comme les vantaux de grilles.

793. Nous représentons (*fig.* 737), un croquis de guichet placé dans une grille dormante; le bas est ajouré.

974. La figure 738 nous montre un autre guichet dont le bas est en tôle pleine.

4° *Portes pleines.*

795. Nous donnons (*fig.* 739), un croquis d'une porte pleine; le bâti de ces portes s'exécute comme celui des autres grilles; la tôle qui remplace les barreaux est fixée sur les montants et sur les traverses. On place ordinairement sur ces panneaux des cadres en fer mouluré.

5° *Barrières.*

796. La figure 740 nous représente un croquis de barrière en fer forgé avec barreaux de 18 à 20 millimètres en fer carré; c'est, comme le montre ce croquis, une véritable grille un peu plus basse que les autres.

Détails de construction d'une grille à deux vantaux.

797. Afin d'indiquer au lecteur l'emplacement des différentes pièces à étudier dans une grille à deux vantaux, nous représentons, en croquis (*fig.* 741), un type de grille classique qu'on rencontre souvent.

798. Le plan de la figure 741 nous montre cette grille fixée contre de forts piliers Q doublés de contreforts X et solidement reliés au reste du mur de clôture par un ancrage PQR indiqué dans le pilier de droite.

799. Bien des constructeurs ne se rendent pas suffisamment compte de la résistance des piliers construits par les maçons, et se préparent souvent des désagréments pour l'avenir lorsque les grilles sont lourdes.

800. Dans l'exemple actuel, nous supposerons les parties J et H construites en pierre dure de Lorraine (Euville et non Lérouville), et le reste I exécuté en briques de Bourgogne rejointoyées avec du ciment de Portland.

Comme ancrage, un fer carré Q de 30 × 30 millimètres placé verticalement, et un fer plat QPQ de 60 × 10 à l'extrémité duquel, en R, on place une solide barre en même fer carré de 30 × 30.

On pourra, suivant le poids plus ou moins fort de la grille, mettre un ou deux de ces chaînages sur la hauteur des piliers I.

801. Les parties principales à étudier dans une grille à deux vantaux de ce genre sont:

1° Montants-pivots.

802. On désigne ainsi les fers verticaux S (*fig.* 741) (ayant presque toujours une section carrée, arrondie en certains endroits D pour l'emplacement des *colliers*) formant l'extérieur du bâti d'une grille.

On peut les terminer à la partie haute soit en les arrêtant à la *traverse* T, soit

GRILLES OUVRANTES.

en les décorant de *pointes*, de *flèches*, de *crosses*, etc...

A leur partie inférieure N ils comportent un talon qu'on nomme aussi *sabot*.

2° Montants-battements.

803. On donne ce nom aux deux montants K, se réunissant au milieu lorsque les deux vantaux de la grille sont fermés. Ces montants se font le plus ordinairement avec des fers plats, mais on peut également les exécuter en fers carrés.

804. On donne le nom de *vantail dormant* à celui qui porte le *battement* en fer

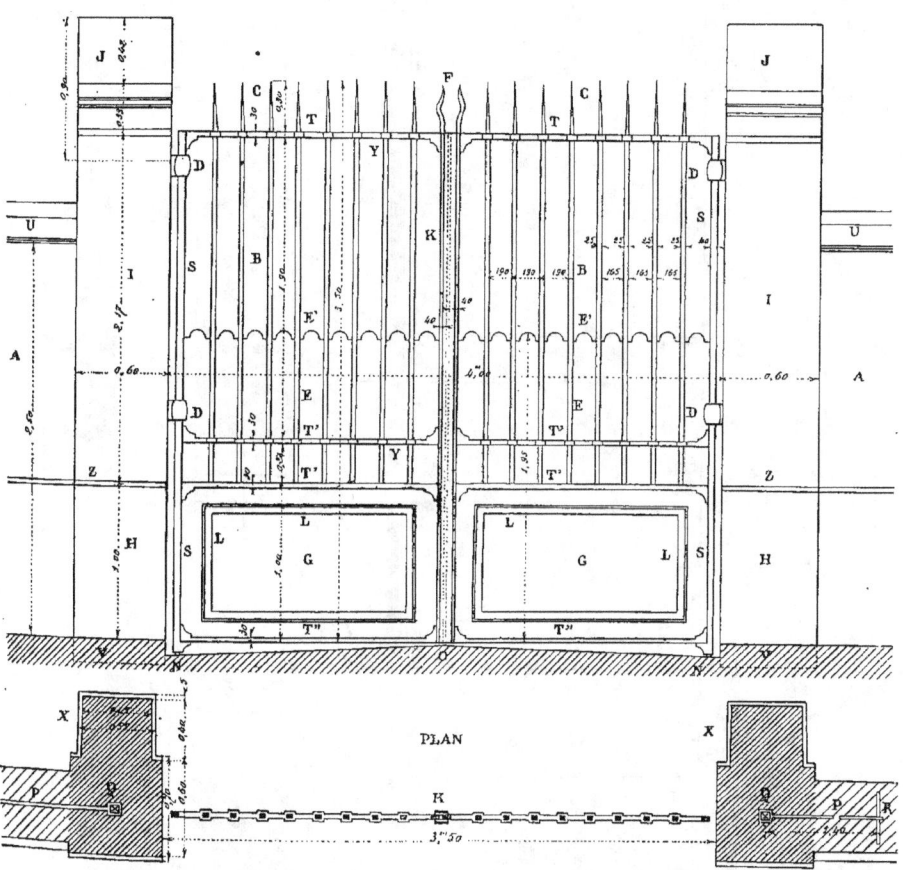

Fig. 741.

plat servant de feuillure; l'autre vantail est connu sous le nom de *vantail ouvrant*. C'est une simple manière de les reconnaître car ils sont ouvrants tous les deux; celui qu'on désigne sous le nom de vantail ouvrant porte une crémone sur son battement.

3° Sommiers.

805. Nom qui sert à désigner les traverses en fer carré T″ placées à la partie inférieure de chaque vantail de la grille.

4° Sabots.

806. On désigne ainsi la partie infé-

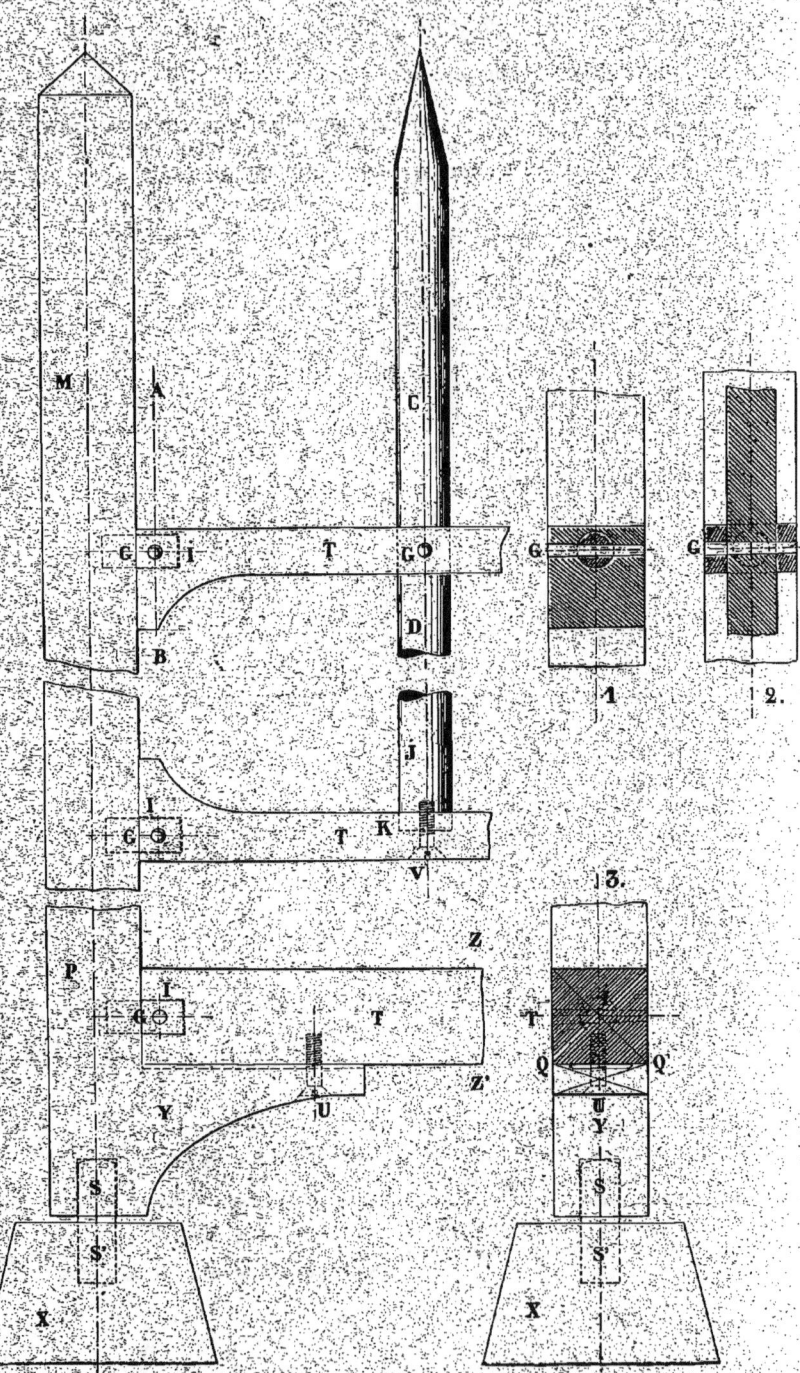

Fig. 742.

rieure N du montant-pivot. Les sabots portent un trou recevant un *grain d'acier* contre lequel vient buter le *tourillon* de la *crapaudine*.

5° Colliers.

807. Les *colliers*, indiqués en D dans le croquis, sont des ferrures qui présentent un trou rond et qui servent à maintenir les montants-pivots et à permettre leur déplacement radial.

On les place ordinairement le plus près possible des points où une traction se fait sur le montant-pivot.

6° Traverses.

808. On donne le nom de *traverses* aux pièces horizontales T et T' de la figure 741; on les exécute soit en fer carré, soit en fer rectangulaire.

7° Crapaudines.

809. Ce sont des pièces de métal (fer, fonte, bronze ou acier) creusées en leur milieu pour recevoir le *tourillon* d'un *pivot* ou portant elles-mêmes ce tourillon. Elles sont, dans le croquis (*fig.* 741), placées en N sous la partie inférieure du sabot.

810. Indépendamment des pièces principales que nous venons de définir, il en reste encore d'autres qui ont aussi leur utilité, et dont nous parlerons plus loin : ce sont les *buttoirs* et les *chasse-roues*.

811. Le *buttoir* est une pièce de fer ou de fonte contre laquelle vient buter la partie inférieure d'un battement de porte ou de grille, et qui lui sert d'arrêt.

812. Le *chasse-roue* est une sorte de borne qu'on place de chaque côté d'une porte charretière, pour empêcher les roues des voitures d'endommager les *piédroits* de la baie. Le chasse-roue actuel est une espèce d'armature en fer ou en fonte, scellée à sa partie inférieure dans un dé en pierre, et par le haut dans le mur en pierre formant parement de la baie ou aussi contre le montant-pilastre d'une grille.

813. La figure 742 (échelle 1/2 grandeur) nous montre en MP la disposition d'un montant-pivot terminé à sa partie supérieure par une pointe de diamant et à sa partie inférieure par un sabot Y recevant la traverse basse ou *sommier* T retenu par une vis U et un goujon I. En S nous indiquons le *pivot* et en X la *crapaudine*.

814. Deux autres traverses T reçoivent l'assemblage des barreaux CJ de la grille.

815. Nous indiquons en 1, 2, 3, dans la même figure, trois coupes faites en différents endroits : la première 1 suivant AB ; la seconde 2 suivant CD ; enfin, la troisième 3 sur le sommier T. Dans cette dernière nous remarquons, dans le plan QQ', qu'on a laissé un évidement ; c'est une disposition qu'on adopte souvent pour ne

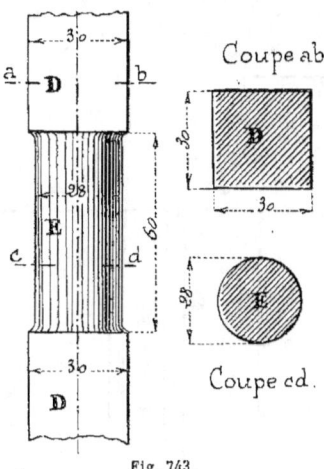

Fig. 743.

pas avoir à dresser toute la surface de joint.

816. La figure 743 nous indique la disposition d'un montant-pivot à l'endroit où il reçoit les *colliers* devant soutenir la grille. Les parties D sont à section carrée, comme le montre la coupe *ab*, la partie E est, comme le représente la coupe *cd*, circulaire.

La hauteur de cette partie circulaire, recevant le collier, est variable suivant le poids de chaque vantail de grille ; mais, généralement, on ne lui donne pas moins, comme hauteur, de deux fois la largeur du montant-pivot.

817. La figure 744 nous donne en croquis une variante de partie inférieure du

SERRURERIE.

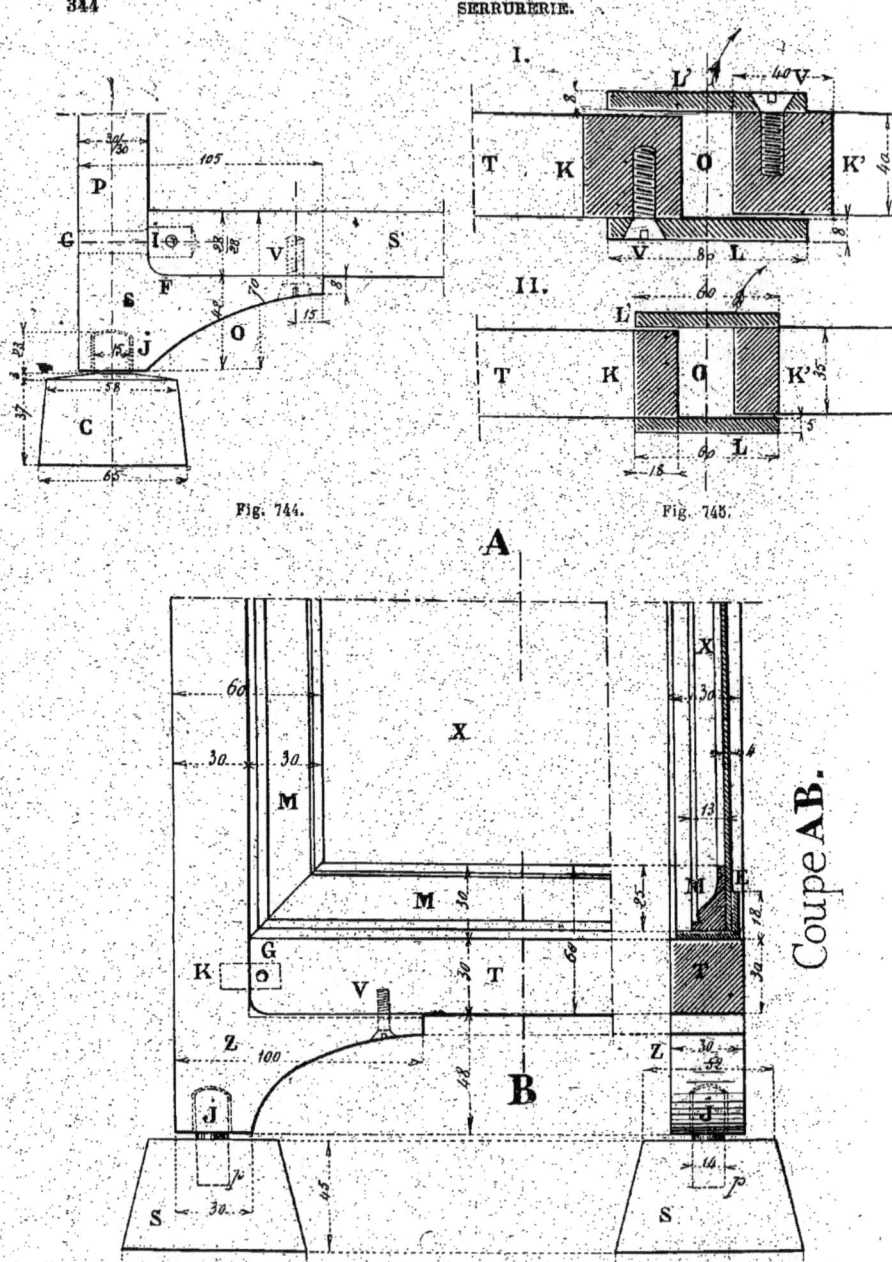

Fig. 744.

Fig. 745.

Fig. 746.

montant-pivot avec sabot et crapaudine d'une forme un peu différente de celle de l'exemple précédent (*fig.* 742).

818. La figure 745 nous représente les deux principales dispositions des *montants-battements*. Ces montants peuvent se faire (en I, *fig.* 745) avec deux fers carrés, K et K', sur lesquels on fixe, au moyen de fortes vis à métaux, deux fers plats, L et L', dont l'un L est fixé sur le montant K, et l'autre L' sur le montant K'.

Le plus ordinairement (en II, *fig.* 745) on se sert de fers plats K et K' sur lesquels on fixe, comme précédemment, deux fers plats L et L'.

En O nous indiquons le vide nécessaire et indispensable permettant le développement de chaque vantail.

En T sont représentés les sommiers ou traverses inférieures de la grille.

Dans l'exemple I, les fers plats ou battements L et L' n'occupent pas toute la largeur des montants K et K'; il en résulte, comme nous l'avons indiqué (*fig.* 741), quatre lignes verticales en élévation; dans l'exemple II, au contraire, les fers plats L et L' prennent exactement la même largeur que les deux montants K et K', ce qui ne produit, en élévation, que deux lignes verticales pour la partie milieu de la grille.

Si, dans l'exemple que nous examinons, nous supposons la grille s'ouvrant dans le sens des flèches (*fig.* 745), c'est le premier vantail KL qu'on nomme *vantail dormant* parce qu'il forme feuillure pour l'autre vantail; le second K'L' est le *vantail ouvrant*.

C'est, comme nous le savons, le moyen de les distinguer car, en réalité, ils sont tous les deux ouvrants.

C'est sur le fer plat L' du vantail K'L' qu'on fixe la crémone servant à fermer les deux vantaux de la grille.

Il y a encore d'autres dispositions de montants-battements, par exemple celle que nous donnons, plus loin (*fig.* 772) et qui comprend, comme montants, deux fers rectangulaires et deux équerres du commerce comme battements.

819. Les sommiers peuvent aussi, dans les grilles, prendre différentes dispositions; nous en avons montré deux exemples (*fig.* 742 et 744).

820. La figure 746 nous en indique l'application à la partie inférieure d'une grille.

Ces sommiers, devant avoir une grande résistance, se font toujours en fers carrés ayant souvent le même équarrissage que le montant-pivot correspondant.

Le sommier s'assemble au montant-pivot par un goujon, et s'appuie sur le sabot sur lequel il est maintenu par des

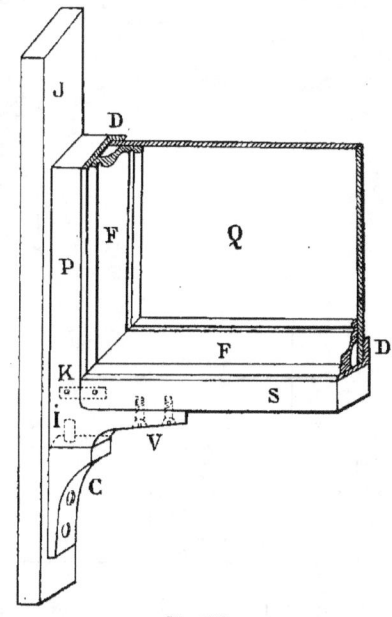

Fig. 747.

vis; à l'autre extrémité il porte le montant-battement et s'assemble avec lui.

Lorsqu'on désire avoir comme sommier une pièce solide et d'une grande rigidité, on fait, comme nous l'indiquons plus loin (*fig.* 762), le montant-pivot P, le sommier T et le sabot S d'une seule pièce de forge. On réserve quelquefois, comme moyen de graissage, un petit canal Z placé un peu au-dessus du trou Y recevant le tourillon.

821. Les sabots, formant la partie in-

346   SERRURERIE.

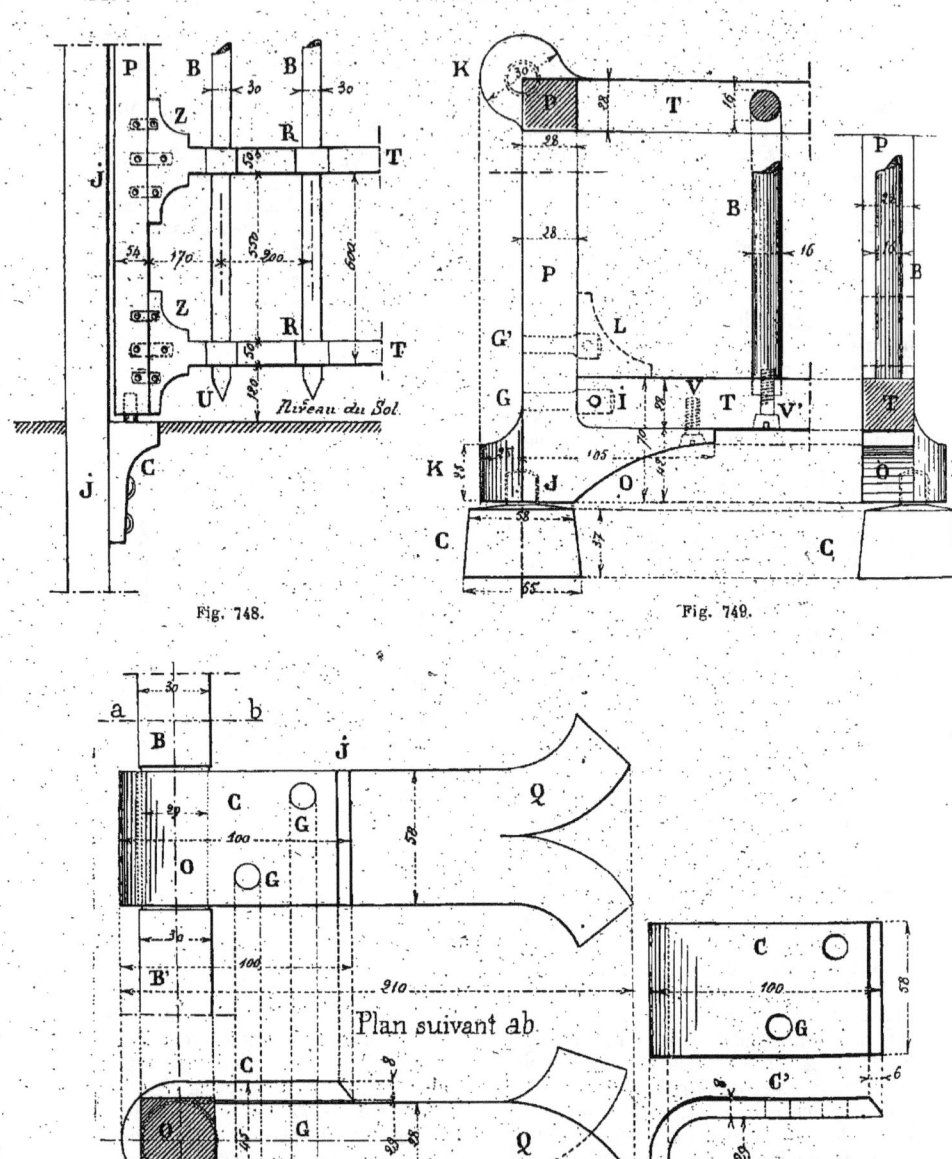

Fig. 748. Fig. 749. Fig. 750. Fig. 751.

férieure des montants-pivots, prennent, dans les grilles, les principales formes suivantes :

La plus simple est représentée en Z (*fig.* 746); ce sabot porte un trou J au fond duquel on doit mettre une *rondelle* ou *grain* d'acier sur lequel tourne le tourillon *p* porté par la crapaudine S.

822. La figure 747 nous montre un autre sabot reposant sur une crapaudine C d'une forme spéciale. Dans ce croquis, J est un montant-pilastre, P un montant-pivot, C la crapaudine, S le sommier fixé en K par un goujon sur le montant-pivot P et en V à l'aide de deux fortes vis sur le sabot.

On remplace quelquefois, dans les grilles, le sabot par un double congé Z au sommier T, comme le montre le croquis (*fig.* 748).

Lorsque la grille comporte des *paumelles* au lieu de colliers, on se sert alors du *sabot renvoyé* K dont la figure 749 nous montre la disposition en élévation en plan et en vue de côté.

Le but de ce sabot renvoyé est de reporter l'axe de rotation de chaque vantail de grille à l'aplomb de l'axe des paumelles.

Dans l'exemple que nous donnons (*fig.* 749), on peut, pour augmenter la solidité du sommier T, ajouter un congé L fixé sur le montant-pivot par un second goujon G'.

823. Les colliers peuvent, dans une grille ouvrante, prendre différentes formes dont la plus ordinairement adoptée est représentée en croquis (*fig.* 750, 751 et 752).

Ce collier se compose dans ces croquis d'une *chape* en fer plat C dont la figure 751 nous montre deux projections; au fond de cette chape, on place la partie arrondie E (*fig.* 743) du montant-pivot, puis on ajoute une autre pièce Q, dont le croquis (*fig.* 752) nous montre le plan et l'élévation. Le tout est (*fig.* 750) maintenu par deux fortes goupilles G de forme tronconique de 0ᵐ,004 à 0ᵐ,005 de diamètre.

L'extrémité de la pièce Q se termine en queue de carpe pour assurer un bon scellement.

824. La figure 753 nous représente les différentes autres formes des colliers à scellement employés dans les grilles.

Le plus simple I est formé d'un fer plat CC' fermé à chaud à l'endroit qu'il doit occuper sur la partie arrondie du montant-pivot B. Les extrémités de ce collier sont écartées pour former queue de carpe.

En II nous indiquons une variante du type ci-dessus; c'est encore un fer plat CC' contourné sur la partie arrondie du montant-pivot B et recevant, entre les deux branches ainsi formées et écartées, une fourrure *a* fixée à l'aide d'une goupille.

En III nous représentons un collier

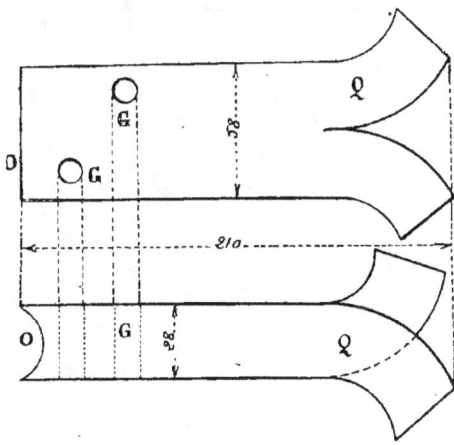

Fig. 752.

monté sur scellement carré ou rectangulaire, il se compose :

D'une pièce de fer C" terminée en queue de carpe d'un côté, et présentant une encoche circulaire à l'autre extrémité, se plaçant sur la partie arrondie du montant-pivot; d'une chape en fer C renforcée comme hauteur en D, et goupillée en G sur la pièce C".

En IV, nous montrons une variante de l'exemple précédent; c'est un *collier ressauté*, avec chanfrein.

Dans ces deux derniers exemples, III et IV, on peut très facilement, en enlevant les goupilles, démonter la grille sans toucher au scellement qui comprend seule-

348   SERRURERIE.

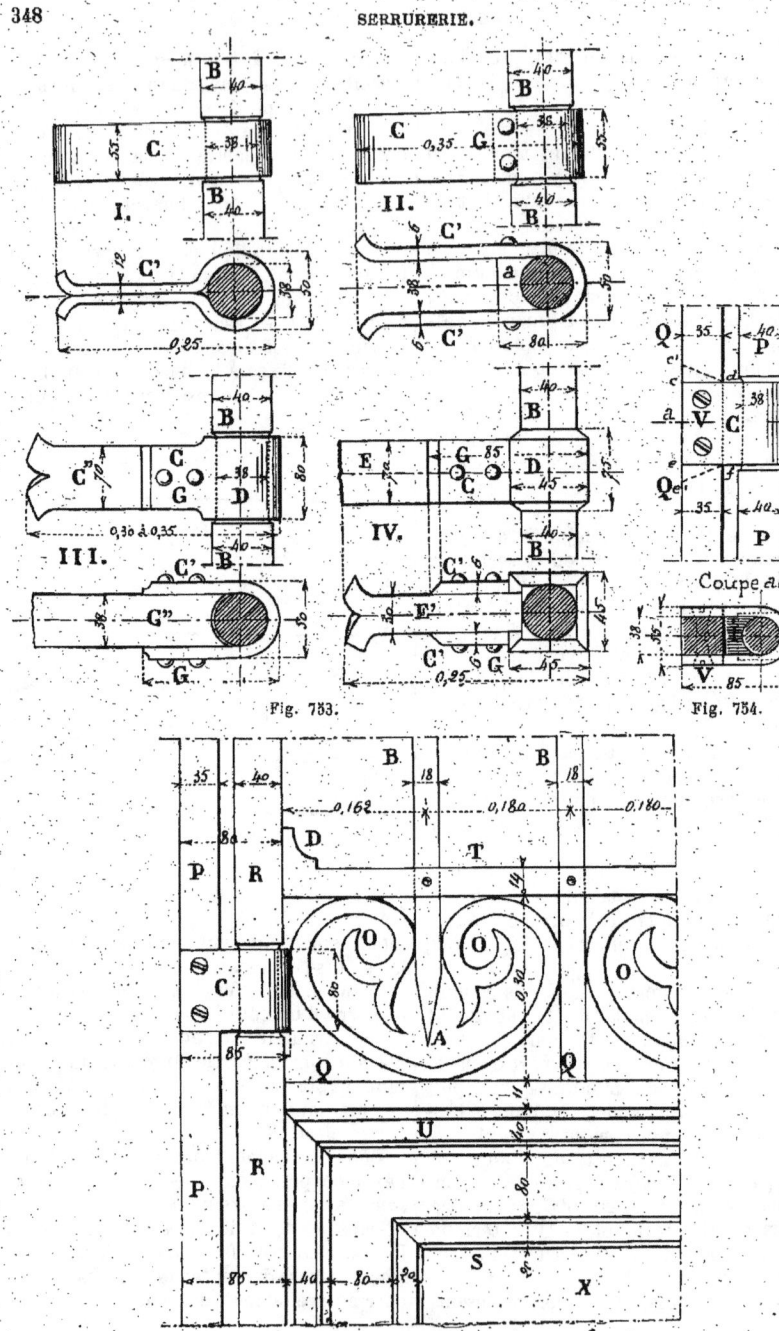

Fig. 753.   Fig. 754.

Fig. 755.

ment la pièce du milieu placée dans la chape, ce qui peut avoir une grande utilité dans certains cas pour les réparations.

825. La figure 754 nous montre la disposition à adopter pour un collier CC' fixé sur un montant pilastre Q. C'est encore, comme précédemment, une chape en fer CC' passant autour du montant-pivot P et venant se fixer sur le montant-pilastre dans deux entailles permettant l'affleurement des pièces suivant *cdef*. On fixe ce collier à l'aide de vis V.

Le vide laissé entre le montant-pilastre Q et la partie circulaire du montant-pivot est comblé par une *cale* ou *fourrure* I goupillée sur le collier C.

Pour plus de solidité on peut faire l'entaille et par suite chacune des branches du collier en forme de queue d'aronde *c'de'f*.

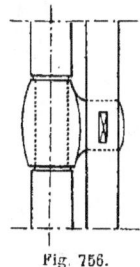

Fig. 756.

826. La figure 755 nous indique l'application de ce collier C à une grille formée d'un panneau en tôle X à sa partie inférieure, de deux traverses Q et T recevant entre elles des ornements contournés O, et une série de barreaux B longs et courts.

827. Dans les anciennes grilles on a souvent employé la disposition représentée en croquis (*fig.* 756), pour fixer les colliers sur les montants-pilastres (1).

(1) Certains constructeurs ont proposé de mettre autour des montants-pivots et à l'intérieur des colliers de véritables coussinets en bronze en deux pièces analogues aux coussinets employés pour les paliers de nos machines à vapeur. On obtiendrait évidemment ainsi des frottements plus doux, mais ce procédé, vu le prix de revient assez élevé de ces coussinets, n'est applicable qu'aux grilles de luxe.

Les traverses peuvent, dans les grilles ouvrantes, prendre différentes formes.

828. La figure 757 nous montre une traverse T terminée en O par un congé simple et fixée sur le montant-pivot P à l'aide des deux goujons, G et G', et des goupilles, I et J.

829. La figure 758 nous représente les pièces désassemblées.

La traverse à congé T comporte dans le plan ZZ' un refouillement X n'obligeant à ajuster que le cadre Y pour le juxtaposer sur le montant-pivot P.

830. La figure 759 nous indique la forme d'une traverse à double congé K et

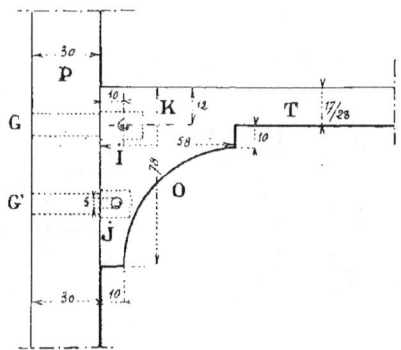

Fig. 757.

K', dont nous avons vu l'application précédemment (*fig.* 748).

Lorsque dans les grilles on se sert de traverses droites sans congés elles rentrent alors dans les exemples donnés pour les grilles dormantes.

Nous avons vu (*fig.* 742, 744, 746, 747, 748 et 749) différentes dispositions de crapaudines. Nous donnons (*fig.* 760) le croquis et les principales dimensions d'une crapaudine courante en fonte avec tourillon en fer employée presque partout pour nos grilles courantes.

Pour compléter ces détails sur les grilles, nous devons dire quelques mots de la disposition des panneaux en tôle qu'on place presque toujours à leur partie inférieure.

La disposition la plus simple de ces

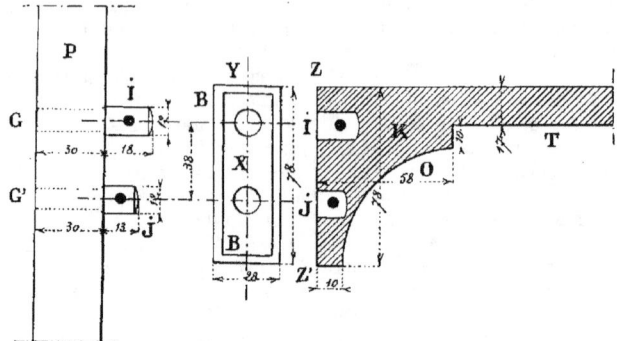

Fig. 758.

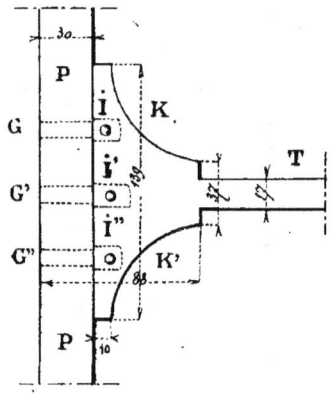

Fig. 759.

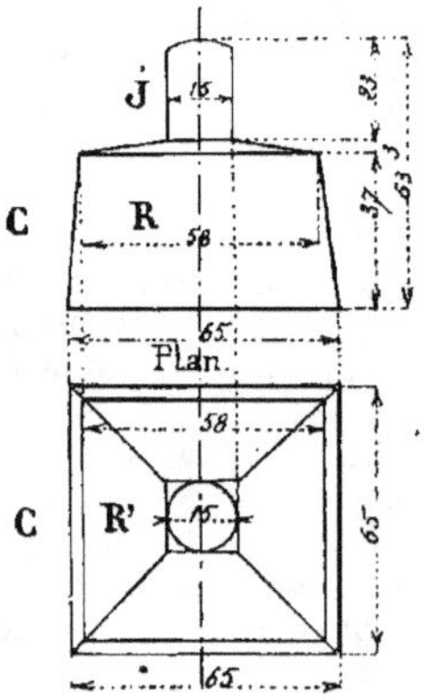

Fig. 760.

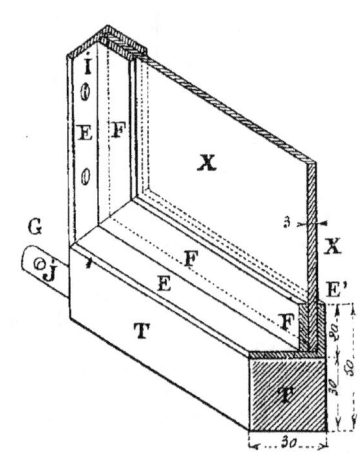

Fig. 761.

panneaux consiste, comme nous l'indiquons (*fig.* 761), à fixer, au moyen de vis, sur le sommier inférieur T de la grille, sur le montant-pilastre, sur la traverse haute couronnant le panneau et sur le montant-battement, une équerre E sur l'aile E', de laquelle on place la tôle X formant panneau ; on ajoute, comme simple décoration, un fert plat F formant cadre au pourtour.

La figure 746 nous montre une disposition analogue dans laquelle le fer plat F est remplacé par une moulure M en fer du commerce.

831. La disposition la plus fréquemment employée, lorsqu'il s'agit d'une grille sérieusement établie, est indiquée en croquis (*fig.* 762).

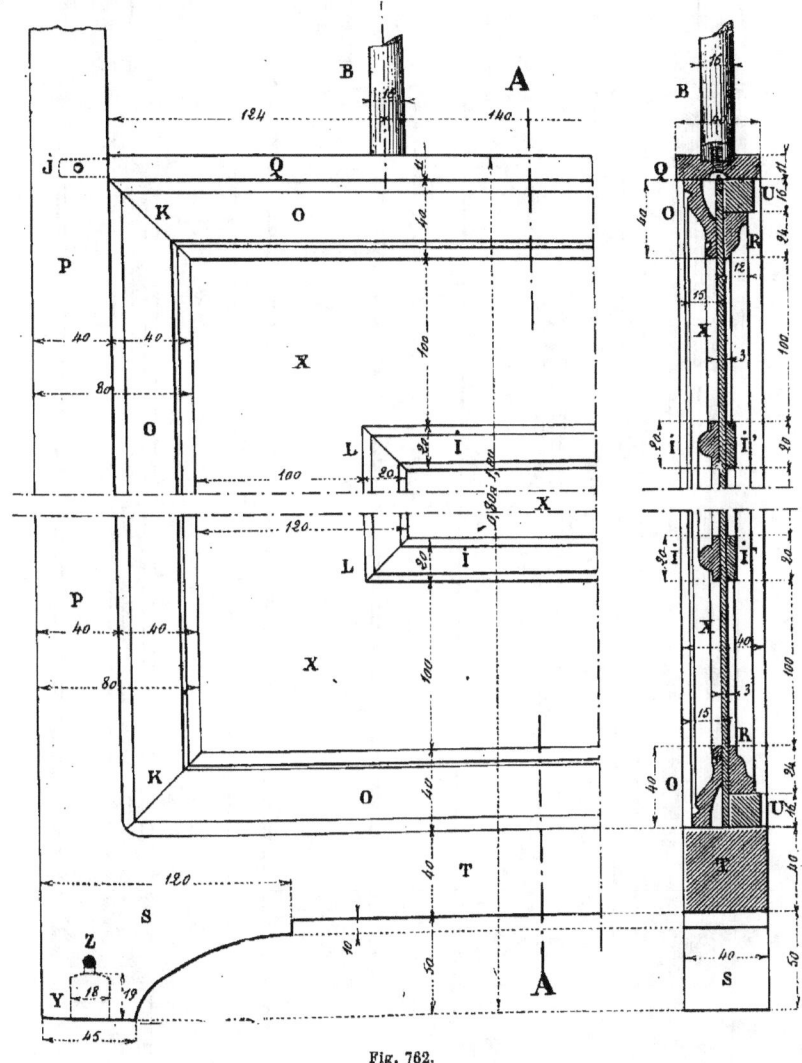

Fig. 762.

Entre le sommier inférieur T' et la traverse haute Q, qu'on fait presque toujours en fer plat, on place une tôle X de 3 millimètres d'épaisseur ; cette tôle est vissée contre un cadre en fer carré U, lui-même relié au moyen de vis aux deux traverses T et Q. Comme partie décorative on place : à l'extérieur un cadre formé par une

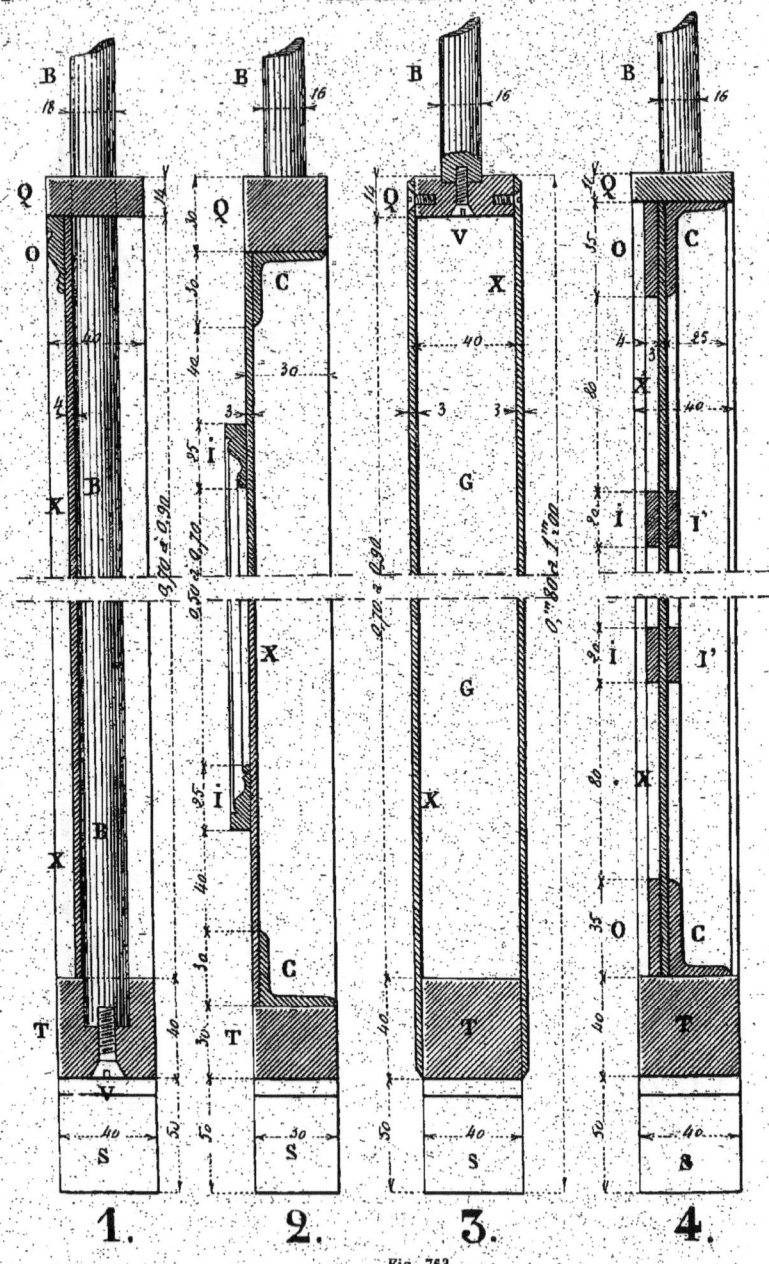

Fig. 763.

moulure O du commerce, dont nous avons donné précédemment les différents types ; puis un second cadre plus petit formé d'une moulure simple I ; à l'intérieur, on met un cadre en fer plat I' pour consolider la moulure I, et aussi un cadre plus grand formé par une moulure R appliquée directement contre le cadre en fer carré U.

832. Certains constructeurs placent au milieu des panneaux des ornements en fonte qui, le plus souvent, sont d'un mauvais aspect parce qu'ils sont lourds de forme et presque toujours empâtés par la peinture qui se loge dans les creux. Il existe encore, pour ces panneaux en tôle, d'autres dispositions dont nous allons parler.

833. La figure 763 nous montre, en coupe verticale, quatre dispositions de panneaux en tôle pour soubassements de grilles.

En 1 les barreaux B de la grille sont prolongés et viennent se fixer dans le sommier T ; la tôle X, appliquée directement sur ces barreaux, y est maintenue par des vis, et on met, si on le désire, une moulure O pour rattraper le nu de la traverse Q.

834. La disposition 2 est souvent adoptée pour les grilles légères et construites à bon marché.

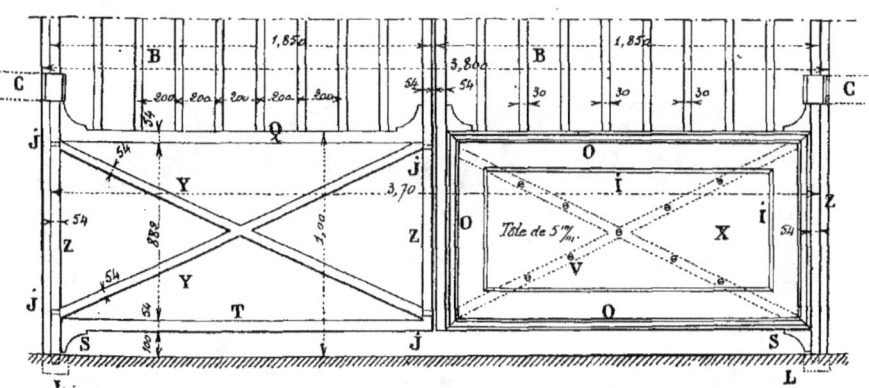

Fig. 764.

Sur le sommier T et en-dessous de la traverse Q on place un cadre en fer cornière contre lequel on fixe la tôle X du panneau ; comme motif décoratif on met un cadre en moulures rapportées I.

835. Dans certains cas, comme en 3, on met une tôle X de chaque côté et on donne à la traverse Q une plus forte épaisseur ; on forme ainsi un véritable coffrage qui, pour être solidement établi, exige comme consolidation de la tôle une traverse verticale en fer plat sur le milieu de la longueur de cette tôle ou mieux une croix de Saint-André dans l'espace libre G laissé entre les deux tôles.

La disposition de cette croix de Saint-André est indiquée dans le croquis (*fig.* 764).

Les tôles X sont, en divers points, vissées sur cette croix dont les branches Y s'attachent aux montants ZZ à l'aide d'un rivetage à chaque extrémité.

Dans ce croquis (*fig.* 764) nous voyons en L une disposition particulière pour la crapaudine, c'est le montant-pivot qui se prolonge et qui forme lui-même tourillon ; la crapaudine est alors un simple godet en fonte avec grain d'acier.

836. Enfin, en 4 (*fig.* 763), nous donnons une disposition simple qui est une variante des précédentes ; dans cet exemple la décoration des panneaux est obtenue par des cadres en fer plat.

La figure 765 nous montre les principaux types de profils de moulures em-

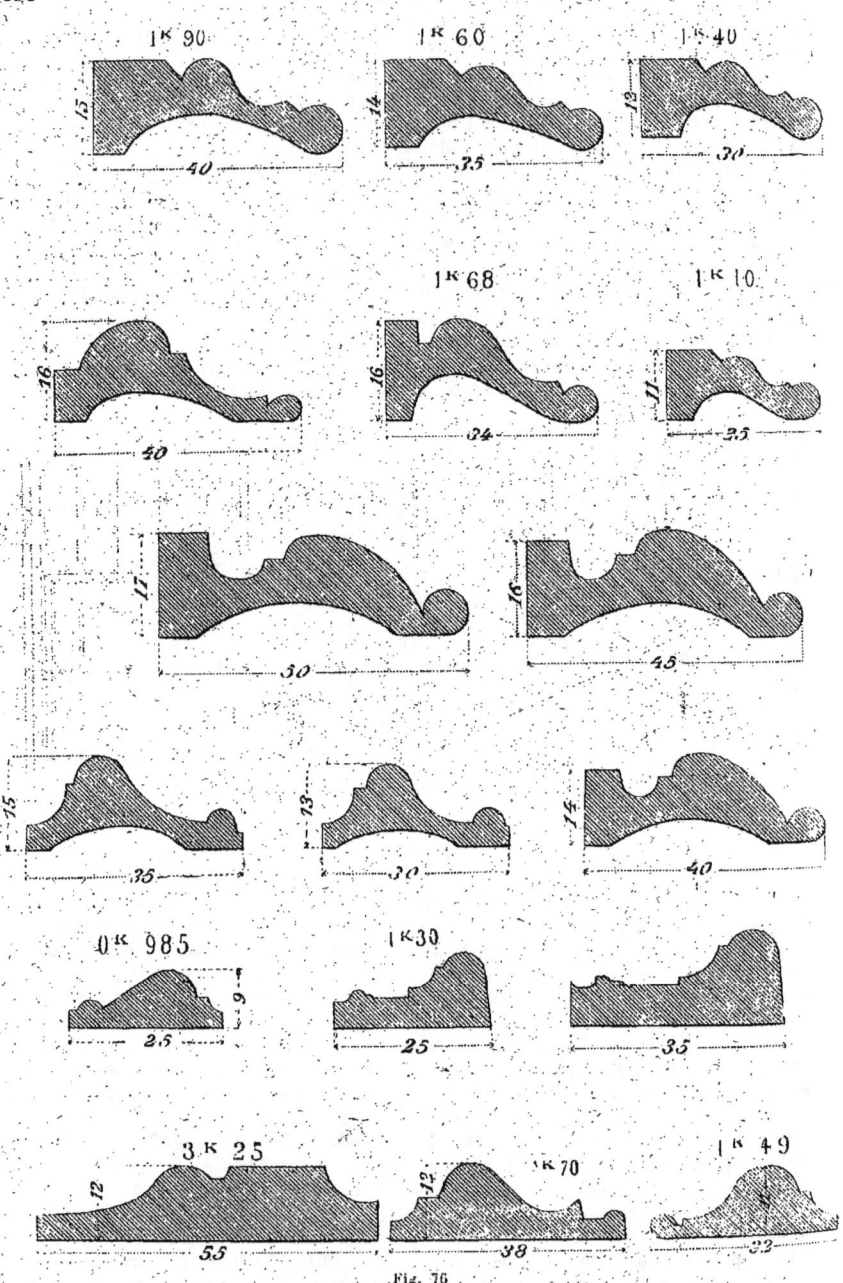

Fig. 76.

GRILLES OUVRANTES. 355

ployées pour former les cadres décoratifs sur les panneaux en tôle.

Différents types de grilles ouvrantes. — Leur décoration.

837. Précédemment nous avons donné des types de grilles simples, voyons maintenant quelques exemples de grilles plus ornées.

Premier exemple.

838. La figure 766 nous montre un

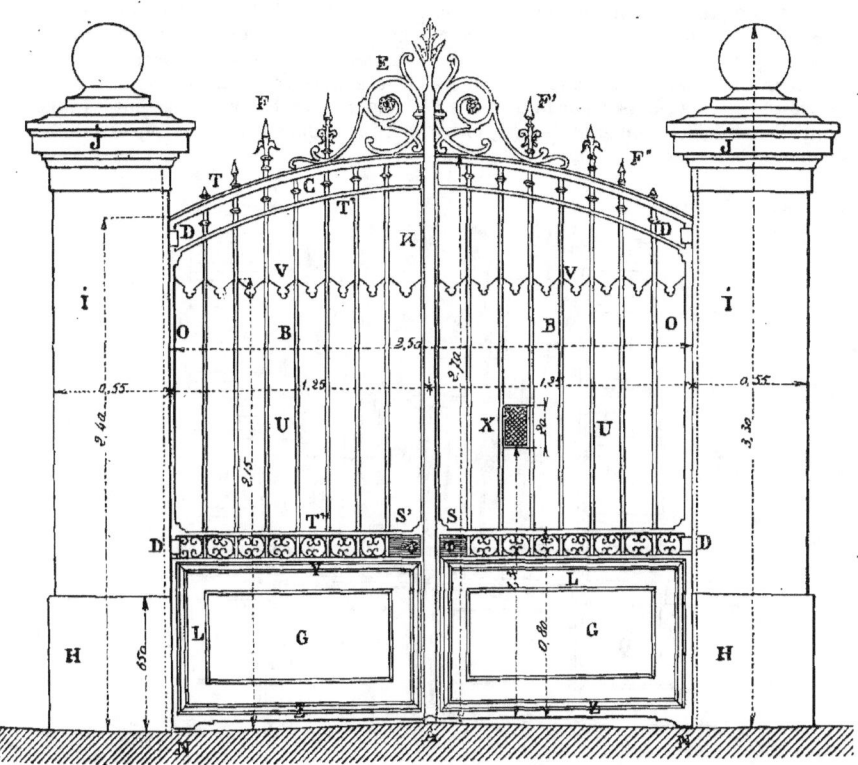

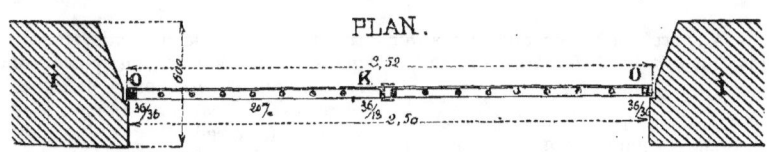

Fig. 766.

croquis de grille en fer forgé, assez légère et d'un bon aspect (1).

(1) Cette grille et celles qui suivent nous ont été communiquées par M. Stoeckel ingénieur-constructeur à Paris.

Traverse supérieure T, un fer plat de 45/7 et un autre fer de 36 × 20;

Sommier Z et montants O, fer carré de 36 × 36;

Montants K et traverses T"T" et Y, fer plat de 36 × 18;

Barreaux B, fer rond, de 20 millimètres ;
Panneaux G, tôle de 3 millimètres d'épaisseur ;
Volets U, tôle de 2 millimètres d'épaisseur.

D'après ce croquis, nous pouvons nous rendre compte comment doivent se mettre les colliers D dans une grille à deux vantaux.

839. On place ordinairement les colliers dans une grille au-dessous de la traverse T (qu'elle soit droite ou cintrée) ou entre les traverses T et T' lorsqu'il il y en a deux.

Au-dessus de la traverse Y qui est immédiatement à la partie haute des panneaux en tôle G ou entre les deux traverses T" et Y lorsqu'il en existe deux.

En X nous indiquons un guichet permettant de voir la personne qui entre ; ce guichet est une petite porte, grillagée, placée dans les volets en tôle.

En S et en S' sont représentées la serrure S et une serrure de répétition S'.

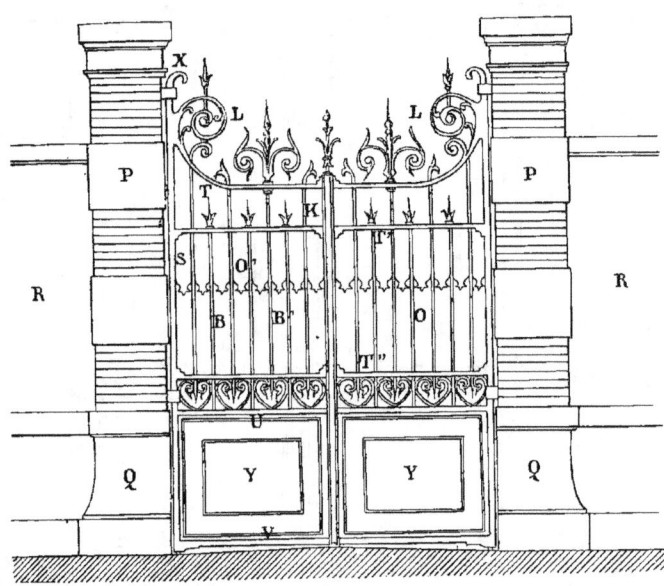

Fig. 767.

En A l'arrêt ou butoir dont nous verrons plus loin les différentes formes.

Deuxième exemple.

840. La figure 767 nous représente un deuxième exemple de grille en fer forgé ornée.

Dans ce croquis, les montants pivots S sont terminés en forme de crosse.

La traverse supérieure est recourbée et vient se relier avec le montant-pivot.

Troisième exemple.

841. La figure 768 nous donne un troisième exemple de grille riche. Cette grille est placée entre deux pilastres en fer sur lesquels elle est montée à colliers ; les panneaux du bas sont ajourés et construits en fer forgé.

Sur la partie de droite de la figure se trouve un *portillon* placé dans un mur de clôture et de même style que la grille.

Quatrième exemple.

842. La figure 769 nous montre une grille ouvrante en fer forgé se reliant avec une grille dormante d'un très bon effet.

Fig. 768.

358   SERRURERIE.

Cinquième exemple.

843. La figure 770 nous représente une grille de parc ou de square, comprenant une partie ouvrante sur 3^m,10 de largeur, deux pilastres de 0^m,40 surmontés chacun d'une lanterne à gaz ; à la suite, deux portillons de 0^m,95 de largeur, puis une grille dormante faisant le tour du parc ou du square.

C'est une disposition très solide et

Fig. 769.

en même temps très heureuse comme type.

Sixième exemple.

844. Comme sixième exemple nous donnons en croquis (*fig.* 771) une variante du type précédent. Cette grille, comme le montre le plan (*fig.* 772), ainsi que deux portillons sont placés sur plan circulaire. Les montants pivots sont des fers carrés de 40 × 40 millimètres ; les montants battements sont des fers de 45 × 16, et prennent la disposition de la figure indiquée, en croquis (*fig.* 773). Les fers rectangulaires

GRILLES OUVRANTES.

Fig. 770.

359

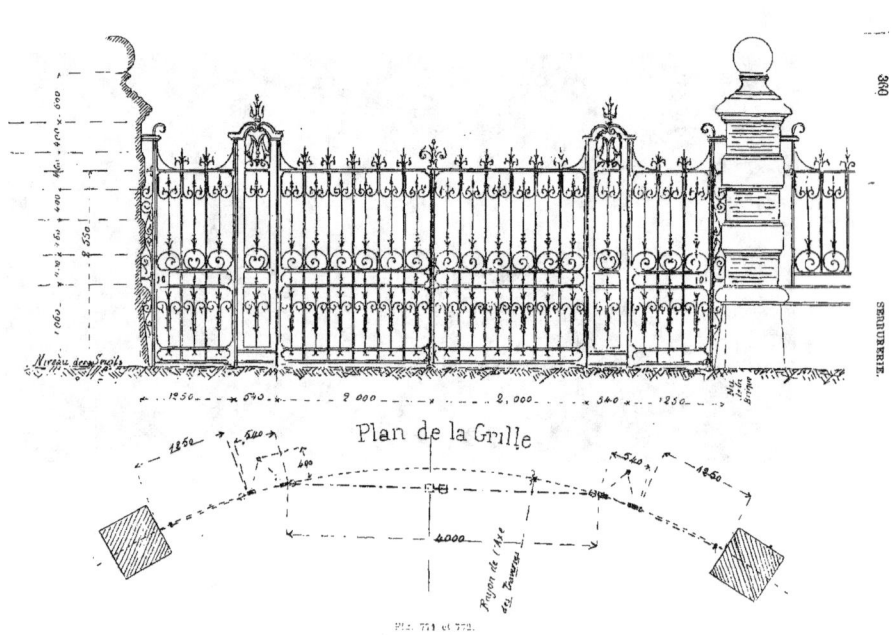

Plan de la Grille

Fig. 771 et 772.

formant les battements sont doublés d'équerres en fer du commerce $45 \times 45 \times 4$.

Les pilastres sont formés de deux montants extérieurs de 40×40 et de 40×25 réunis par des tôles de 100×5, comme le montre le croquis (*fig.* 774).

Les portillons sont composés par un cadre en fer de 40×30.

Les montants fixes, terminés en crosse, ont 45×30.

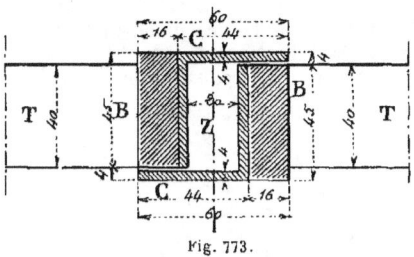

Fig. 773.

Comme le montre la figure 775, nous indiquant le plan de cette disposition, la grille comporte des paumelles P pour la grille et P' pour le portillon ou guichet et non pas des colliers comme dans les exemples précédents.

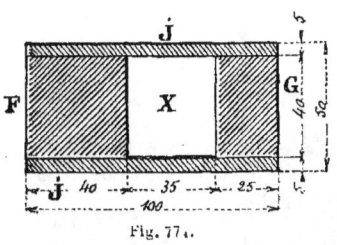

Fig. 774.

Ces paumelles sont formées de deux branches entaillées et fixées, à l'aide de fortes vis, dans les montants D et F pour la paumelle P, et dans les montants F et L pour le guichet.

845. Lorsque la porte est lourde, on peut employer les paumelles renforcées à trois branches, comme nous en verrons des exemples dans le chapitre spécial de la quincaillerie.

846. La grille comporte deux mon-

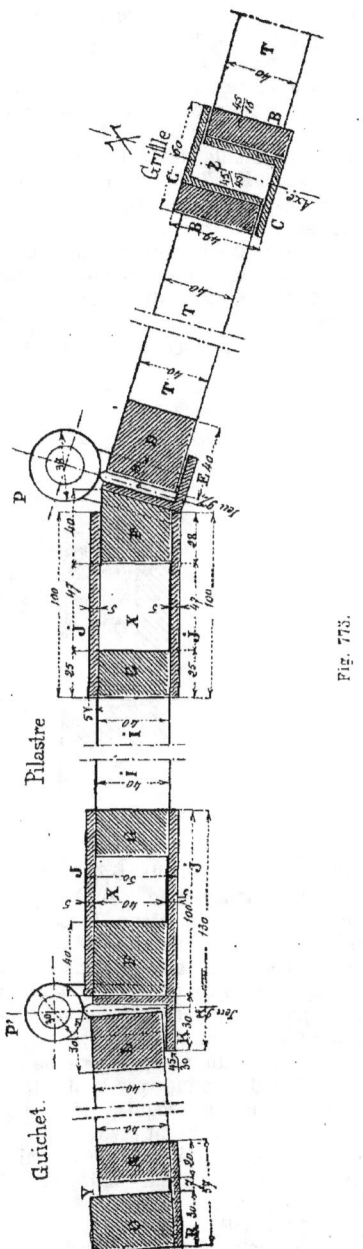

Fig. 775.

tants battements B sur lesquels on a fixé, au moyen de vis, deux équerres du commerce C. Le montant-pivot D reçoit, sur l'une de ses faces, une des branches de la paumelle, ce qui nécessite dans ce montant et sur la hauteur de la branche de la paumelle une entaille de 10 millimètres de profondeur. En Z est indiqué le vide nécessaire pour permettre le développement des deux vantaux.

En F se trouve le montant dormant du pilastre, qui reçoit une cornière E formant feuillure, et l'autre branche de la paumelle.

847. Le pilastre n'offre rien de particulier à signaler ; nous avons indiqué précédemment sa composition.

848. Le guichet comprend, en plan : un montant L sur lequel est fixé l'une des branches de la paumelle P, ce montant venant battre dans une feuillure K ; d'un montant battement N plus faible comme section et venant se placer contre un fer plat R fixé sur le montant dormant O qui lui sert de feuillure.

Nota.

849. Dans l'étude d'une grille il est important de s'assurer, avant la pose, de l'emplacement nécessaire pour permettre

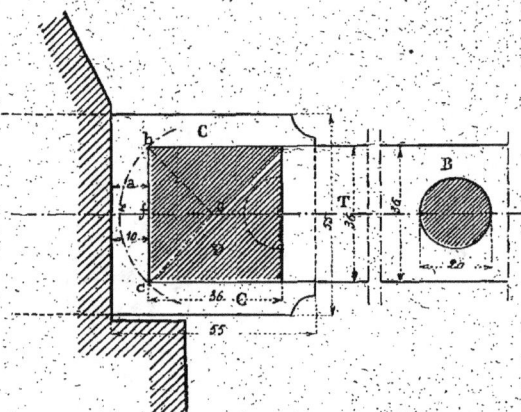

Fig. 776.

le mouvement du montant-pivot et par suite de la distance a (*fig.* 776) à laquelle on doit le placer du pilastre en maçonnerie pour qu'il ne rencontre pas ce pilastre. Il suffit, comme nous l'indiquons dans le croquis, de décrire un arc de cercle bc ayant le point O comme centre, et de donner à la longueur a une dimension au moins égale ou mieux un peu plus grande que celle qui est déterminée par la droite ef.

850. Dans ce croquis, nous indiquons : en P, le montant-pivot ; en T, la traverse basse et inférieure de la grille ; en B, un barreau courant ; enfin, en C, le collier supportant la grille.

Septième exemple.

851. La figure 777 nous représente la grille construite par M. Baudrit pour l'Exposition universelle de 1889 (entrée par la porte Rapp).

Cette grille, dont M. Formigé, architecte, a étudié les détails, est très heureuse comme disposition. La partie fixe est très solidement construite ; la partie ouvrante se compose de deux vantaux montés sur galets se mouvant sur un chemin de roulement.

Cette grille s'ouvre de la même manière que les barrières de passage à niveau de nos grandes compagnies de chemins de fer. Nous aurons, dans un chapitre spécial, l'occasion de revenir sur la construction de ces barrières.

852. Les galets de roulement s'em-

Fig. 777.

Fig. 778.

ploient aussi quelquefois pour nos grilles ordinaires à deux vantaux, le plus souvent lorsque ces grilles sont lourdes ou qu'elles ont des vantaux d'une grande largeur.

853. La figure 726 nous montre en D un galet appliqué à la partie inférieure du panneau en tôle P d'une grille à deux vantaux. Ce galet circule sur un chemin de roulement formé par un fer plat cintré

Fig. 779.

placé sur le sol et bien de niveau. A l'extrémité de ce fer plat se trouve l'arrêt de chaque vantail de la grille.

Huitième exemple.

854. La figure 778 nous représente un exemple de grille à deux vantaux, construite par M. Stoeckel, ingénieur-constructeur à Paris, et d'un très bon effet.

855. Cette grille comporte, de chaque côté des vantaux ouvrants, des pilastres fixés, appuyés et scellés dans les piliers en maçonnerie. La partie basse des vantaux est en tôle pleine, avec ornements rapportés sur cette tôle ; comme le montre ce croquis, il existe trois colliers sur la hauteur des montants-pivots. A l'aide de l'échelle placée à la partie basse du croquis, il sera facile de se rendre compte des dimensions approximatives des différentes parties de cette grille.

856. Le fronton qui surmonte la grille est d'un bon aspect sans être trop lourd et trop chargé, comme ils le sont généralement dans les grilles ornées.

De chaque côté des pilastres se trouvent des *chardons* du même style que la grille.

Neuvième exemple.

857. Comme neuvième exemple, nous représentons en croquis (*fig.* 779) une grille à deux vantaux suivie d'un portillon et d'une partie dormante.

Grille ouvrante.

858. Cette grille comprend deux vantaux semblables dont la figure 779 nous montre l'un d'eux. A la partie basse un socle en tôle pleine S ; en L, le tourillon ; enfin, en O, le butoir.

Un motif très riche en fer forgé occupe la partie basse de chaque vantail ; au dessus, une série de barreaux de 0^m,025 d'équarrissage se relient avec les diverses volutes et ornements de la grille.

A la partie haute, un motif en fer forgé un peu plus léger que celui de la partie inférieure est surmonté par deux traverses cintrées Z ; sur la traverse haute repose un fronton avec initiale et couronne.

Chaque vantail comporte deux colliers K solidement scellés dans les piliers en maçonnerie P.

Portillon.

859. Le portillon R est placé entre deux pilastres en fer E ; il comporte un panneau plein S à la partie inférieure et vient, à la partie supérieure, battre dans une traverse F. En I sont indiqués le pivot et le tourillon ; en J, le collier ; enfin,

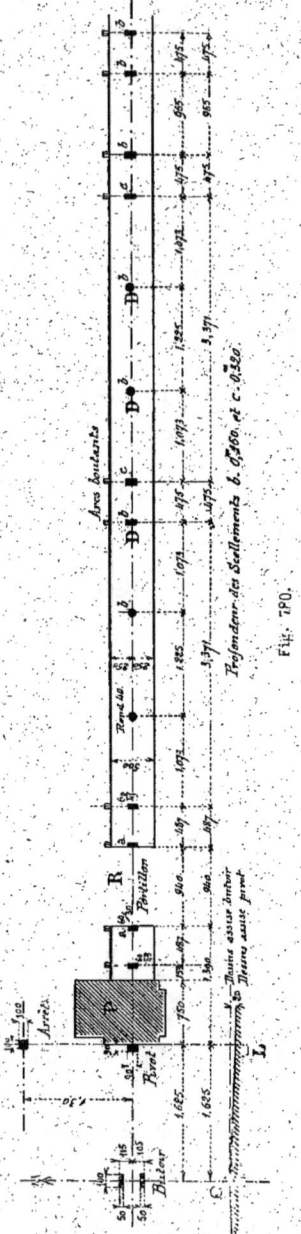

Fig. 779.

en G, la serrure avec son bouton double et son entrée de clef.

Grille dormante.

860. La grille dormante est formée de quatre traverses T et T' et d'une série de barreaux de différentes sections. Cette grille, entièrement en fer, repose sur un bahut en maçonnerie B surmonté d'une pierre de couronnement U.

Sur une hauteur de $1^m,20$ au-dessus de ce bahut, on place des volets en bois dont nous donnerons plus loin les détails.

861. La figure 780 nous montre, en

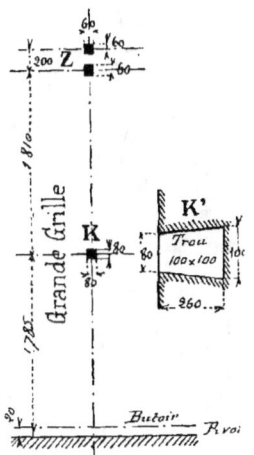

Fig. 781.

plan, la disposition des axes de la grille ouvrante, du portillon et de la partie dormante.

Ce plan d'axes doit toujours être fait, pour une grille un peu importante, et donné au chef monteur, afin d'éviter les erreurs de pose.

862. Dans ce croquis, nous voyons en P la position des piliers en maçonnerie ; sur l'axe, les trous nécessaires pour le scellement du butoir O.

A $1^m,30$ de l'axe de la grille se trouve l'indication de l'emplacement de l'arrêt du vantail ; en R, l'emplacement du portillon ; enfin, sur le bahut vu en plan,

l'emplacement des barreaux venant se sceller dans ce bahut, ainsi que la répartition des arcs-boutants.

En L, l'emplacement du pivot et sa cote, par rapport à la position du butoir.

863. Les montants fixes a du portillon

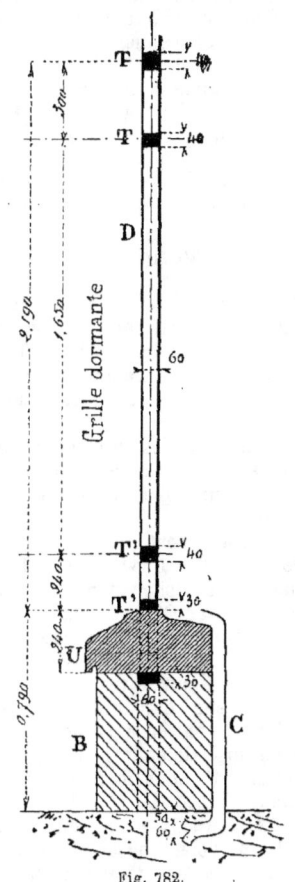

Fig. 782.

descendent à $0^m,160$ au-dessous du sol ; la profondeur des différents scellements dans le bahut varie de $0^m,16$ à $0^m,32$.

La profondeur du trou de scellement de l'arrêt est de $0^m,160$; celle pour le scellement du butoir, $0^m,100$ seulement.

864. La figure 781 nous représente un

croquis schématique d'une coupe verticale de la grande grille, et en K' les dimensions des trous à faire dans le pilier P pour y sceller les colliers devant supporter chaque vantail de la grille ouvrante.

865. La figure 782 nous montre une coupe verticale sur la grille dormante avec la coupe du bahut B et celle de la pierre dure de couronnement U ; enfin la position des traverses T, T' et des arcs-boutants C. Comme le montre ce croquis, les arcs-boutants se recourbent à leur partie inférieure pour rentrer en scellement dans la fondation du bahut.

La profondeur du trou de scellement des traverses T et T' est de $0^m,160$.

Volets.

866. Nous avons vu précédemment (*fig.* 722, 723 et 724) comment se fixent les volets en tôle ; la figure 783 nous montre la disposition à adopter pour l'application de volets en bois, élévation et vue de côté.

En T' sont indiquées les deux traverses basses de la grille dormante, en B un barreau, et en V un volet en bois de $0^m,027$ d'épaisseur.

Chaque volet porte, en haut, deux pannetons en fer P vissés sur le bois et venant s'accrocher dans une pièce spéciale O fixée en O' sur le barreau ; à la partie inférieure, ces mêmes volets comportent des goujons G traversant une cornière U fixée sur la traverse T' posée directement sur le bahut. Les volets sont maintenus en place par des goupilles C de forme spéciale dont l'élévation et le plan suivant *cd* nous montrent bien la disposition.

867. Le plan suivant *ab* nous indique comment deux volets consécutifs viennent s'accrocher en même temps sur le support O.

Dixième exemple.

868. Comme dixième et dernier exemple de grille ornée à deux vantaux nous représentons en croquis (*fig.* 784) une grille très ornée construite par M. Stoeckel pour M. Menier. C'est une grille très élégante et très solide compor-

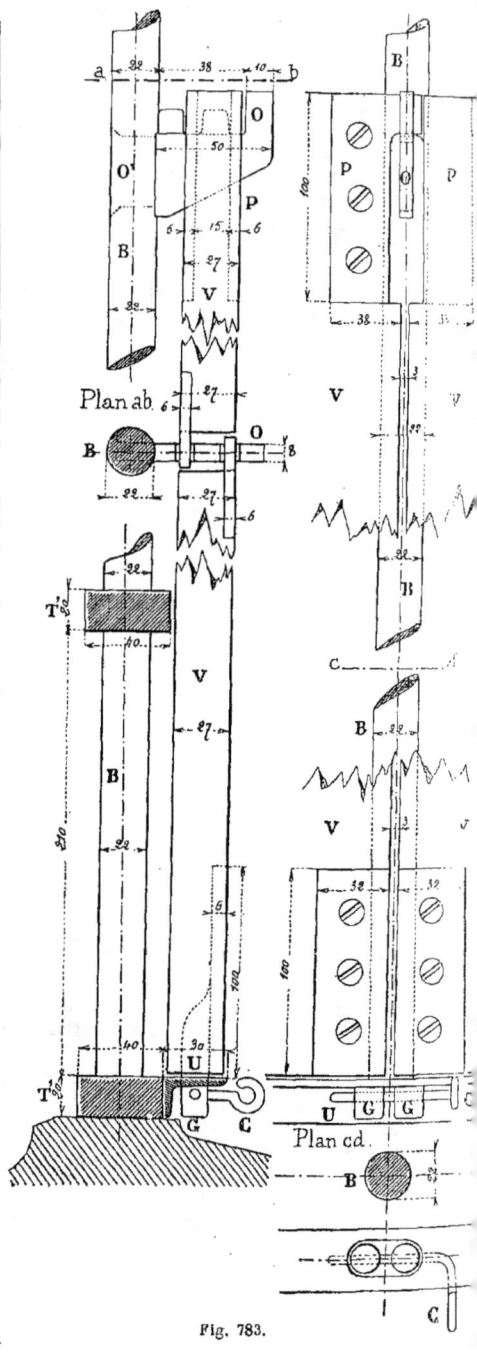

Fig. 783.

Fig. 784.

tant, deux forts pilastres surmontés de lanternes à gaz, et recevant d'un côté l'un des vantaux de la grille ouvrante, et de l'autre un portillon du même style que la grille. L'ensemble vient buter contre deux piliers en maçonnerie très solidement établis.

Des frontons dans les grilles à deux vantaux.

869. Dans les grilles à deux vantaux, les frontons se font en fers méplats de différentes sections ; c'est en variant convenablement l'épaisseur et la largeur de ces fers qu'on obtient le caractère artistique que les frontons doivent comporter.

870. Nous avons indiqué (*fig.* 731) un fronton simple sur traverse courbe.

871. La figure 778 nous en montre un autre aussi sur traverse courbe, mais plus compliqué et comportant des rosaces, des dards et des rinceaux en tire-bouchons.

872. La figure 768 nous représente encore un fronton sur partie cintrée.

873. Enfin, la figure 784 nous indique un fronton sur partie cintrée plus compliqué que les précédents, et comportant des feuilles et des rinceaux largement disposés dans l'ensemble.

874. On peut aussi faire des frontons sur parties droites ; la figure 729 nous en montre un exemple simple.

875. Dans certaines grilles le montant-pivot est utilisé pour consolider la grille, et remplacer les congés qu'on met ordinairement aux traverses. Dans ce cas, comme nous l'indiquons (*fig.* 735 et 767), le montant-pivot est roulé en forme de crosse et assemblé avec la traverse haute ; il est continué par des enroulements venant s'amarrer au montant battement ; la seconde traverse du dessous sert aussi à maintenir l'équerrage et à consolider.

876. Dans d'autres exemples (*fig.* 740), les traverses supérieures reportent la charge du milieu sur les colliers ; dans ce cas, c'est la grille elle-même qui forme fronton.

877. On peut évidemment compliquer à l'infini la disposition des frontons, mais il faut qu'ils soient toujours en harmonie avec les grilles qu'ils surmontent. Il ne faut pas trop les surcharger parce qu'ils ont alors un aspect lourd et disgracieux.

Grilles d'usines.

878. Les grilles d'usines sont généralement construites avec des fers d'un plus fort équarrissage que les grilles de nos habitations.

Premier exemple.

879. Le croquis donné précédemment (*fig.* 741) nous montre un type courant de grille d'usine, simple et de petite portée, sur lequel nous n'avons rien à ajouter.

Deuxième exemple.

880. Le croquis (*fig.* 785) représente l'un des vantaux d'une grille d'usine de grande portée ($7^m,20$ entre les tableaux de la baie). Avec de semblables dimensions, le montant-pivot ordinaire n'est plus applicable ; il faut, comme nous le montre le croquis, considérer ce montant-pivot J comme une poutre en tôle et cornières avec les armatures nécessaires et d'une force suffisante pour équilibrer le poids de l'un des vantaux de grille.

Dimensions principales.

Tôles employées pour les montants-pivots J et les panneaux T, $0^m,003$ d'épaisseur ;

Cadre en fer carré à l'intérieur des tôles du montant-pivot J et du panneau T, fer carré de 60×60 millimètres ;

Cornières du montant-pivot J et du panneau T, $40 \times 40 \times 5$;

Montants battements, fers T de $40 \times 40 \times 20 \times 5$;

Traverse supérieure R et inférieure R' fers plats de 60×40 millimètres ;

Barreaux Z, fers carrés de 25×25 millimètres ;

Pivot L partie inférieure, en acier, de $0^m,040$ de diamètre ;

Tourillon supérieur S, fer rond de $0^m,060$ de diamètre ;

Volets en tôle de $0^m,003$ d'épaisseur.

881. Cette grille est placée dans une baie formée de deux montants ou piliers en pierre de taille, reliés à la maçonnerie

GRILLES OUVRANTES.

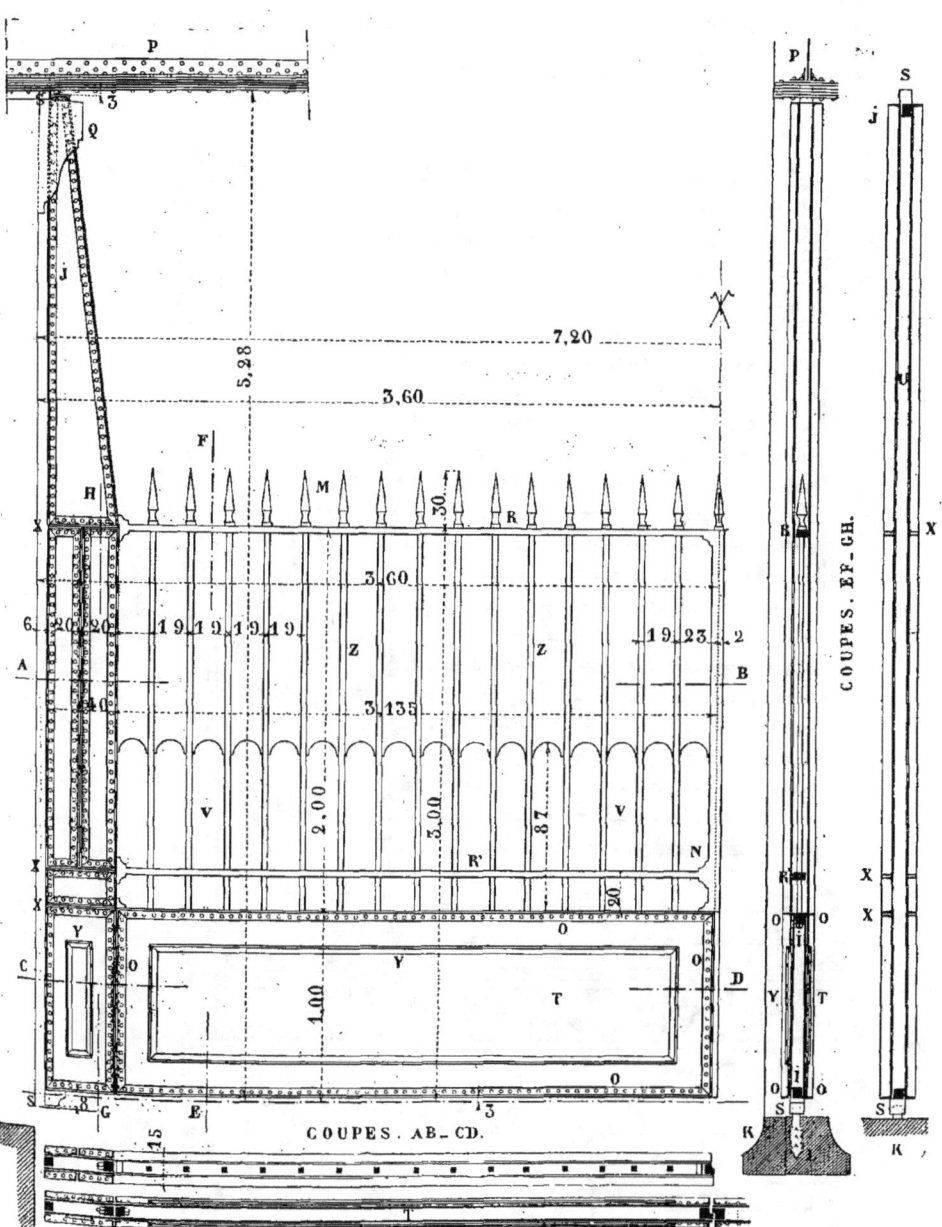

Fig. 785.

courante. A la partie haute une poutre P en tôle et cornières repose sur des corbeaux en pierre Q dépendant des piliers.

882. Le montant-pivot J tourne autour du pivot L qui est solidement enchâssé dans une masse de fonte K et autour du

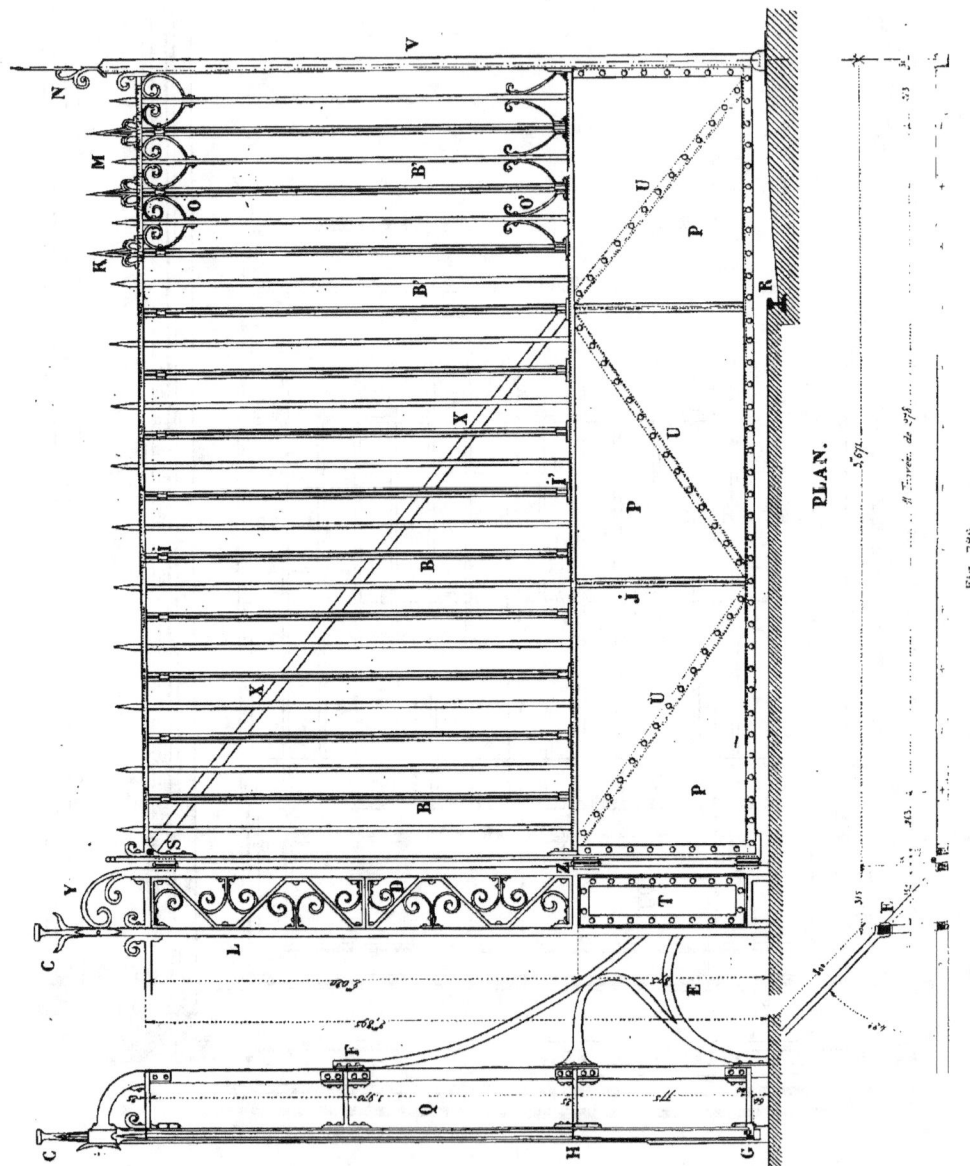

Fig. 780.

tourillon S qui entre de presque toute sa hauteur dans les platebandes de la poutre P.

883. Les barreaux Z traversent en O, en R' et en R les trois traverses de chaque vantail de grille; en dessous de la traverse O, ils sont filetés et reçoivent un écrou I; à leur partie haute, ils sont également filetés et reçoivent des pointes en forme de lances.

884. Des panneaux Y en fer moulurés du commerce servent à la décoration des tôles du montant-pivot et de la partie inférieure de chaque vantail.

885. Des volets en tôle V fixés, comme nous l'avons indiqué précédemment, sur les barreaux, empêchent les passants de voir dans l'usine.

Troisième exemple.

886. La figure 786 nous montre un troisième exemple de grille d'entrée pour usine. Nous savons que les usines sont, pour leur usage particulier, souvent reliées par une voie spéciale aux voies de garage des Compagnies de chemins de fer placées à proximité. L'exemple que nous donnons ici représente la grille fermant l'entrée d'une usine dans la traversée de la voie de raccordement; il faut donc donner à cette grille une largeur totale assez grande pour permettre l'entrée de wagons à marchandises et pouvoir circuler à droite et à gauche.

La largeur totale de cette grille est $7^m,340$; la figure 786 ne nous montre qu'un seul vantail.

887. Elle est formée d'un soubassement P en tôle pleine de $0^m,003$ d'épaisseur, encadrée de fers plats, de cornières et de croisillons U servant à raidir la tôle.

Des montants J divisent la largeur de chaque vantail en trois parties égales, et consolident encore l'ensemble.

Au-dessus des panneaux en tôle, et à la partie haute des barreaux, on place un fer en U de 50×25 recevant l'assemblage des barreaux.

Un fer plat X, fixé d'une manière spéciale sur les barreaux et fortement boulonné en S, assure l'équerrage de chaque vantail et permet de reporter une partie de la charge de ce vantail sur le pilier métallique L contre lequel la grille pivote.

888. Les barreaux, dans cette grille, sont de deux espèces:
1° Des barreaux B formés par des fers en croix, dont nous verrons plus loin le détail;
2° Des barreaux B' formés de fers creux de $0^m,022$ de diamètre extérieur et ayant une épaisseur de $0^m,003$.

889. Le pilier L est très solidement construit et comporte, comme le montrent le plan et la vue de côté, un fort arc-bou-

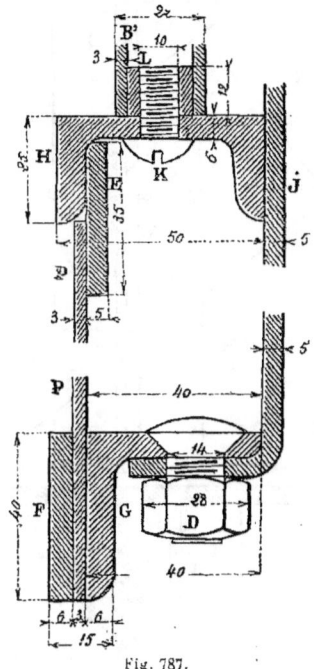

Fig. 787.

tant E, relié à un montant F assurant la stabilité de l'ensemble.

Ce pilier est en tôle pleine T à la partie inférieure, et reçoit en D une ornementation que chaque constructeur pourra faire varier, suivant les cas.

890. De fortes paumelles Z servent à fixer chaque vantail de grille sur le montant du pilier L.

Détails d'exécution.

891. Dans ce qui va suivre, nous donnons en croquis les détails les plus intéressants de ce genre de grille.

892. La figure 787 nous montre une coupe sur le panneau en tôle, et les détails d'assemblage aux deux points G et H de la figure 786.

893. En H (*fig.* 787), se trouve le fer en U couronnant la tôle P des panneaux inférieurs et servant à l'assemblage des barreaux B'.

Ces barreaux, qui sont en fers creux, reçoivent à leur partie inférieure une douille L, permettant, à l'aide d'une vis K, de les maintenir solidement sur le fer en U précédemment indiqué.

894. En E se trouve un fer plat sur lequel on fixe la tôle P et qui sert à maintenir cette tôle contre le fer en U ; en J nous représentons le fer plat servant de tirant et qui est indiqué en X (*fig.* 786).

895. La partie basse du croquis (*fig.* 787) nous représente en D l'assemblage inférieur du tirant J sur une cornière de rive G fixée à la tôle P et raidie extérieurement par un fer plat F servant d'encadrement.

896. La figure 788 nous indique comment se fixe le tirant X de la figure 786 sur les fers en croix B ; une douille D emboîte à frottement le fer en croix et est fixée sur lui ; c'est sur cette douille et au moyen d'une vis à tête ronde V qu'on fixe le tirant X.

897. Les figures 789, 790 et 791 nous montrent trois autres assemblages très simples, mais qu'il est cependant important d'indiquer.

898. 1° La figure 789 représente le moyen employé pour attacher les rin-

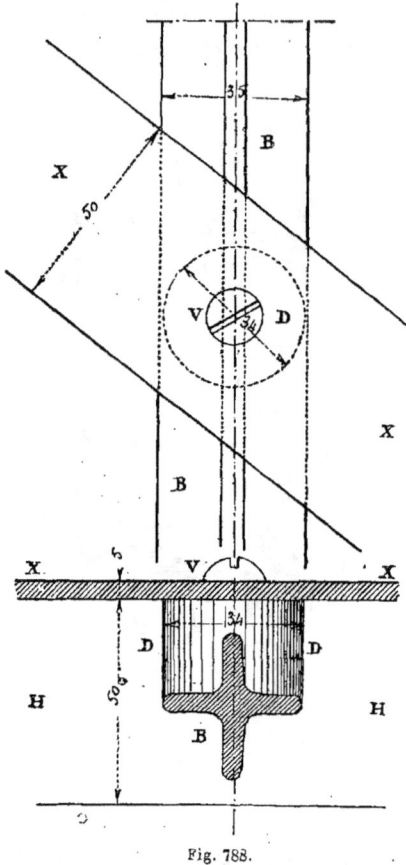

Fig. 788.

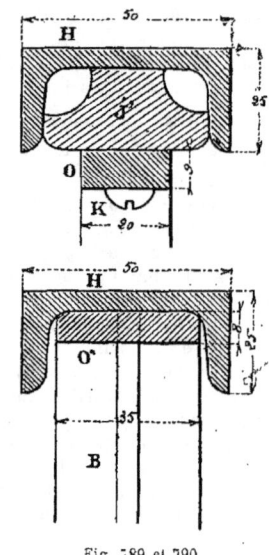

Fig. 789 et 790.

ceaux O de la figure 786 dans le fer en U indiqué par la lettre H à l'aide d'une pièce spéciale J' entrant dans le fer en U et sur laquelle on fixe le rinceau avec une vis K.

899. 2° La figure 790 nous montre l'arrivée des fers en croix B dans le fer en U placé à la partie supérieure de la grille ; l'attache se fait très simplement en O' à l'aide de pattes recourbées.

900. 3° La figure 791 qui nous représente en B la section des fers en croix employés pour construire cette grille nous montre aussi comment on fixe les rinceaux O dans une douille I (*fig.* 786) fixée sur chaque barreau et entaillée au passage de chaque fer.

901. Pour terminer les détails d'assemblages de cette grille nous donnons

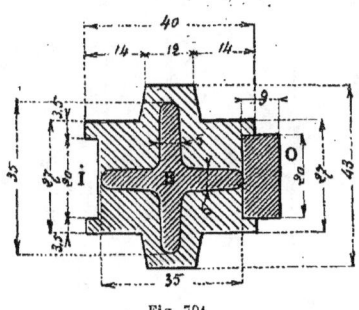

Fig. 791.

(*fig.* 792) le mode d'attache des lances Z sur les barreaux B'.

La partie inférieure de cette figure a une grande analogie avec la figure 787, mais, de plus, montre la possibilité de mettre deux tirants l'un extérieur X, l'autre intérieur J, ce qui augmenterait la stabilité de chaque vantail de grille.

Dans ce cas, la distance entre la tôle P et le tirant extérieur X est comblée par une fourrure F' ayant la même épaisseur que le fer plat F et que l'aile verticale de fer en U.

902. Les barreaux B de la figure 786 sont surmontés de flèches K un peu plus compliquées que celles des barreaux ronds et servant de motifs décoratifs.

903. En I', même figure, les barreaux B s'enchâssent dans des sabots spéciaux

fixés directement sur le fer en U couronnant le soubassement en tôle.

Portes pleines.

904. Les portes pleines en tôle avec encadrements et armatures offrent pres-

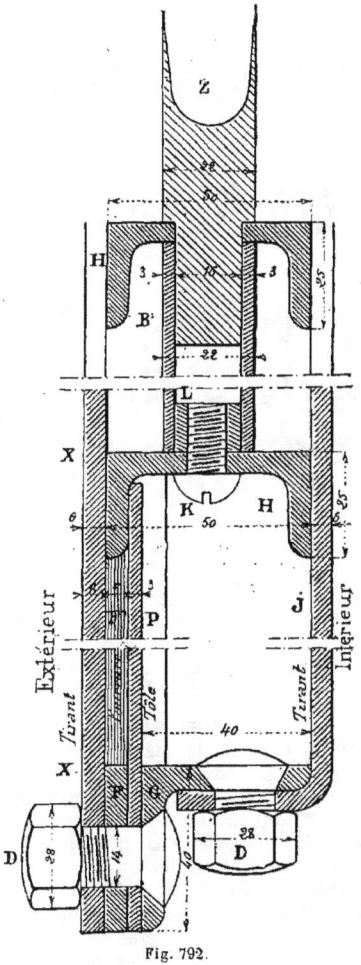

Fig. 792.

que toujours une grande résistance, c'est pourquoi elles sont souvent utilisées pour les entrées d'usines.

Premier exemple.

905. Nous représentons un exemple simple de ce genre de porte (*fig.* 793).

906. Cette porte comporte : deux piliers K, pleins ou ajourés, sur lesquels on retient, au moyen de paumelles, les deux vantaux de la porte d'entrée ; de deux vantaux en tôle G convenablement entretoisés en C et souvent surmontés de motifs décoratifs J.

Dans certains cas, au lieu d'un mur de clôture, on place à droite et à gauche de la porte d'entrée des panneaux en tôle D, surmontés des mêmes ornements et reposant à leur partie inférieure sur un muret ou bahut B.

907. On réserve souvent dans cette clôture métallique des portillons P permettant le passage des ouvriers sans avoir à ouvrir la grande porte.

908. Cette disposition simple se comprend facilement en examinant le croquis sans que nous ayons besoin de nous y arrêter plus longuement.

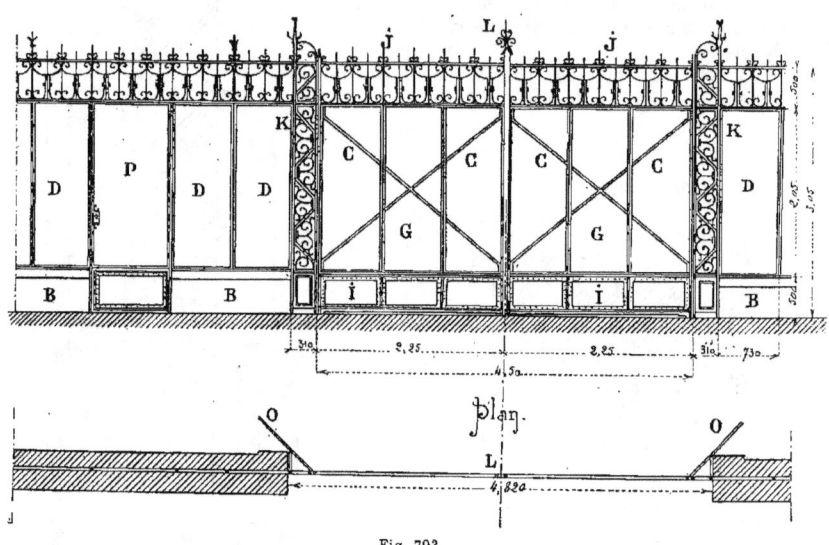

Fig. 793.

Deuxième exemple.

909. Comme deuxième exemple de porte pleine, nous représentons (*fig.* 794) un autre type ayant avec le croquis (*fig.* 786) une grande analogie, mais dans lequel les barreaux sont remplacés par une surface en tôle pleine.

910. Le croquis (*fig.* 794) nous montre un seul vantail ; l'ensemble comprend : deux piliers O en tôle pleine dans la partie basse E et ajourés au-dessus entre les deux montants en fer plat de 54 × 30 ; deux vantaux solidement construits et fortement entretoisés.

Chaque vantail est retenu sur le montant qui lui est contigu par trois fortes paumelles Z et R dont le plan et la vue de côté nous montrent la disposition.

911. La tôle employée a 0^m,003 d'épaisseur et est encadrée de chaque côté par des cornières de 40 × 25 et raidie, par des fers en U de 50 × 25 indiqués en C, par des traverses D et par un montant J formé d'un fer plat et d'un autre fer rectangulaire de 25 × 18 d'équarrissage.

912. En H et en I des lances formant défenses viennent se fixer sur le fer rectangulaire placé en haut de chaque vantail.

PORTES PLEINES. 377

913. En G sont indiqués les montants battements.

914. Le plan et la vue de côté complètent les détails et font facilement comprendre la disposition.

915. La figure 795 nous montre en

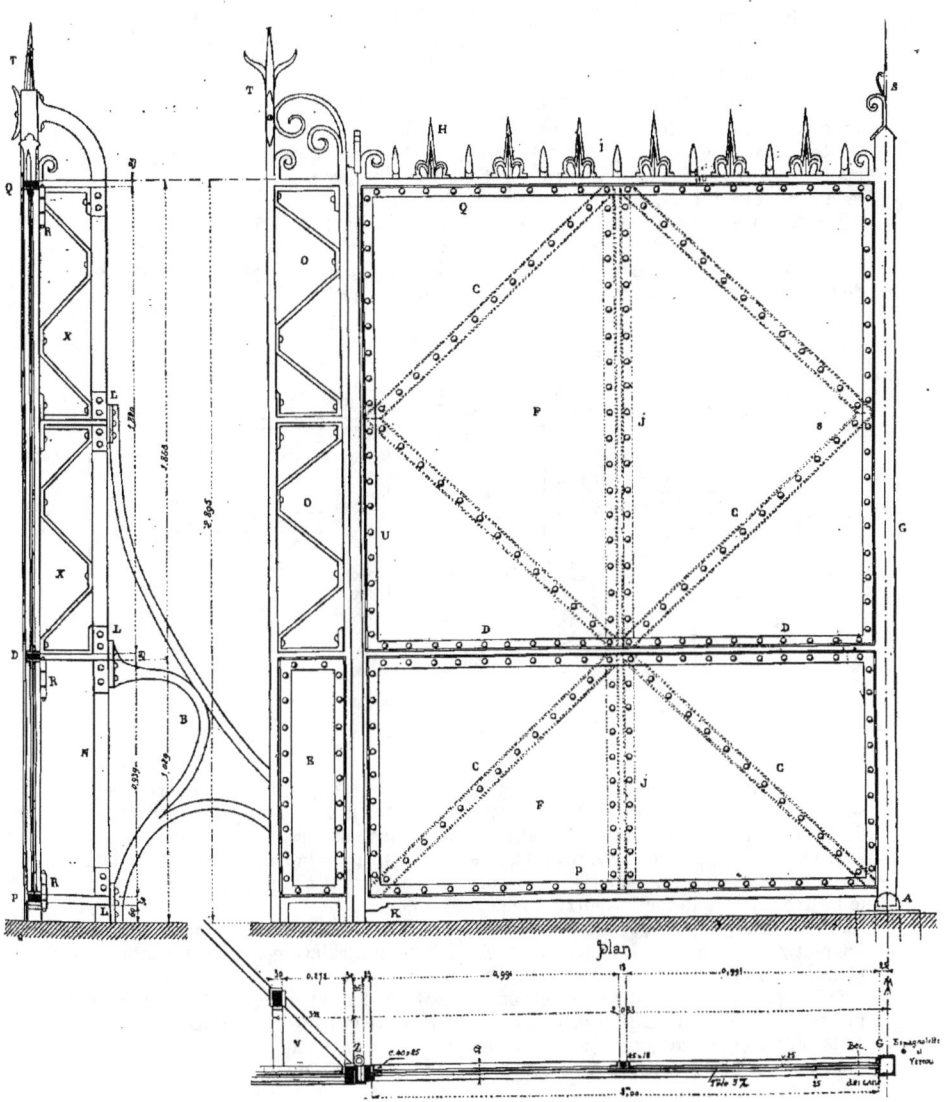

Fig 794.

croquis la disposition des deux montants battements de cette porte avec les cotes principales d'exécution.

La fermeture de ce genre de porte comporte une espagnolette à verrou et un bec de cane.

Troisième exemple.

916. La figure 796 nous représente un exemple d'une grande porte pleine à deux vantaux de 4^m,84 de largeur totale surmontée d'une partie vitrée de grandes dimensions formant imposte.

917. Cette porte, dont le croquis nous montre l'un des vantaux, s'ouvrant lui-même, en deux parties, est formée de tôles de 0^m,004 d'épaisseur entretoisées très solidement par des fers en U indiqués en L et des traverses horizontales J et K.

918. Chaque vantail vient buter dans une traverse Z formée d'un fer en U fortement scellé dans les piliers en maçonnerie placés de chaque côté des vantaux.

Détails d'exécution.

919. Les détails de cette porte sont assez nombreux et méritent une explication détaillée.

920. La figure 797 nous montre une coupe horizontale sur la porte et la position de chaque vantail par rapport à une feuillure i réservée dans le mur.

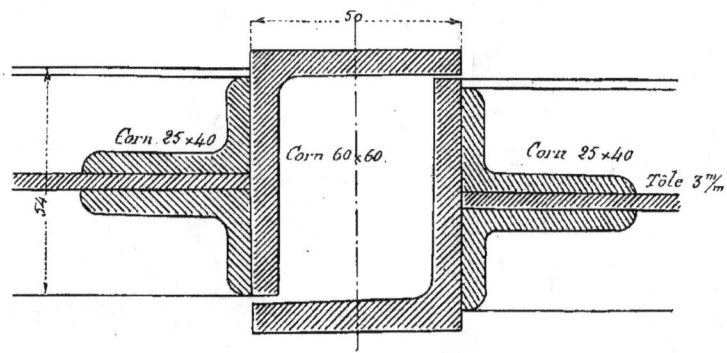

Fig. 795.

921. Dans cette feuillure verticale i se trouve logé un montant F' recevant l'une des branches des paumelles P' ; un autre fer rectangulaire F" recevant l'autre branche des mêmes paumelles ; en I, une fourrure. Contre le fer F" se fixe une cornière d'encadrement Q, la tôle U et un fer plat f ; des boulons h relient les trois pièces Q, U et f.

922. L'ensemble de ces différentes pièces forme le montant M de la figure 796. A la suite nous indiquons la coupe du montant U de la même figure ; nous y trouvons alors des paumelles P dont l'œil est en O ; les deux branches de ces paumelles sont fixées sur les cornières d'encadrement Q ; il existe encore des fers plats f' et des boulons g et g' reliant entre eux tous ces fers.

923. En S la coupe de la tige de crémone servant à maintenir chaque vantail fermé.

924. En X et en Y nous indiquons la position relative des deux vantaux ouvrants.

925. La même figure 797 nous montre à la suite la coupe sur le montant O de la figure 796 avec l'indication de l'emplacement de la crémone C et des deux montants battements formés par des cornières Q laissant entre elles un vide de 0^m,016 nécessaire au développement des vantaux.

PORTES PLEINES.

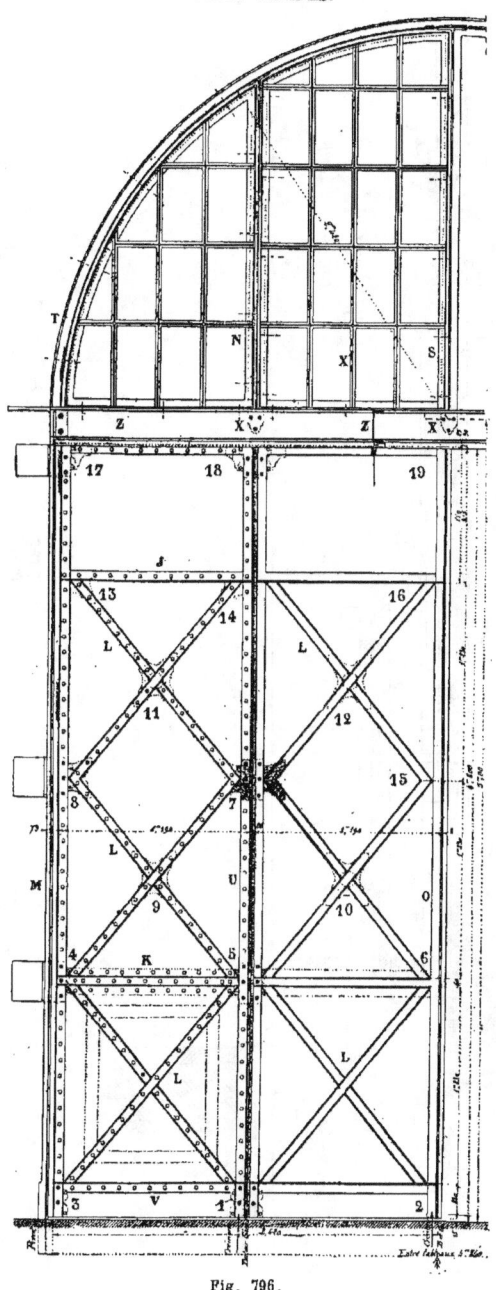

Fig. 796.

SERRURERIE.

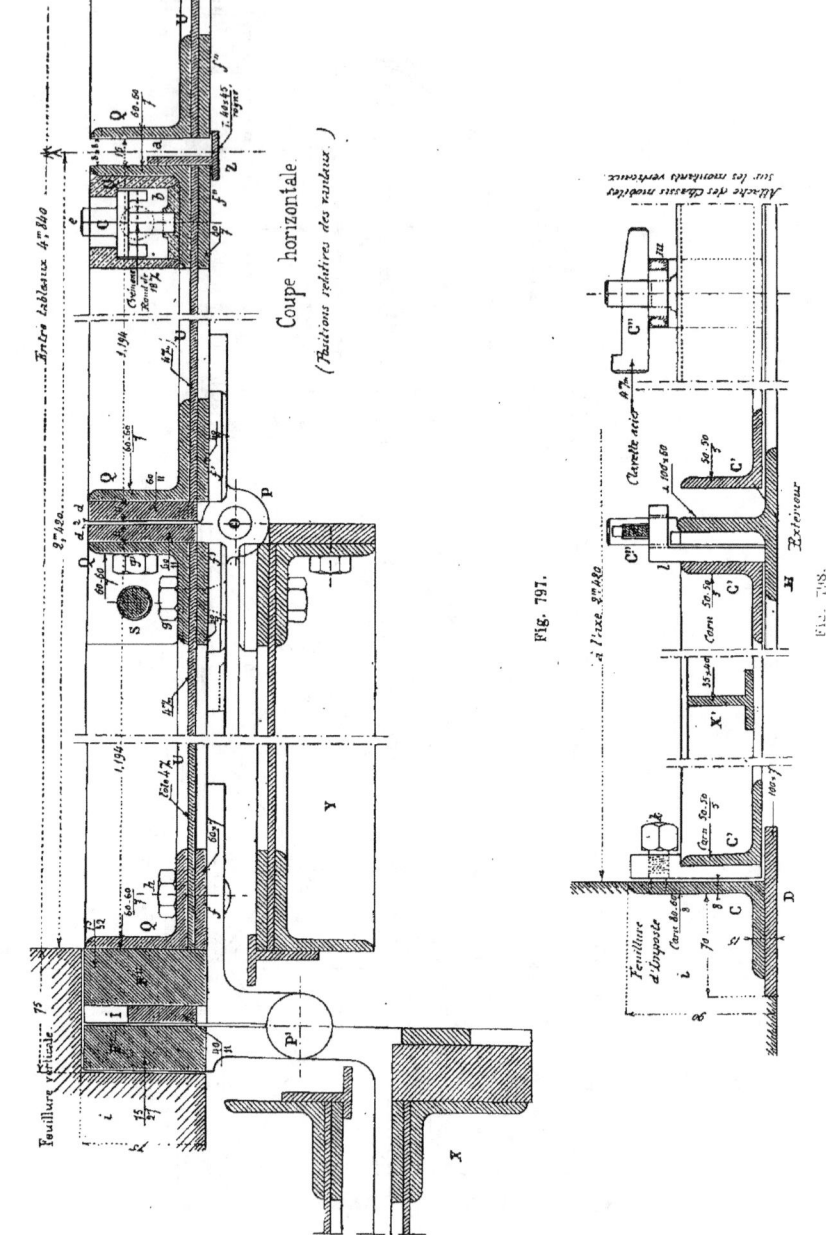

Fig. 797.

Fig. 798.

PORTES PLEINES.

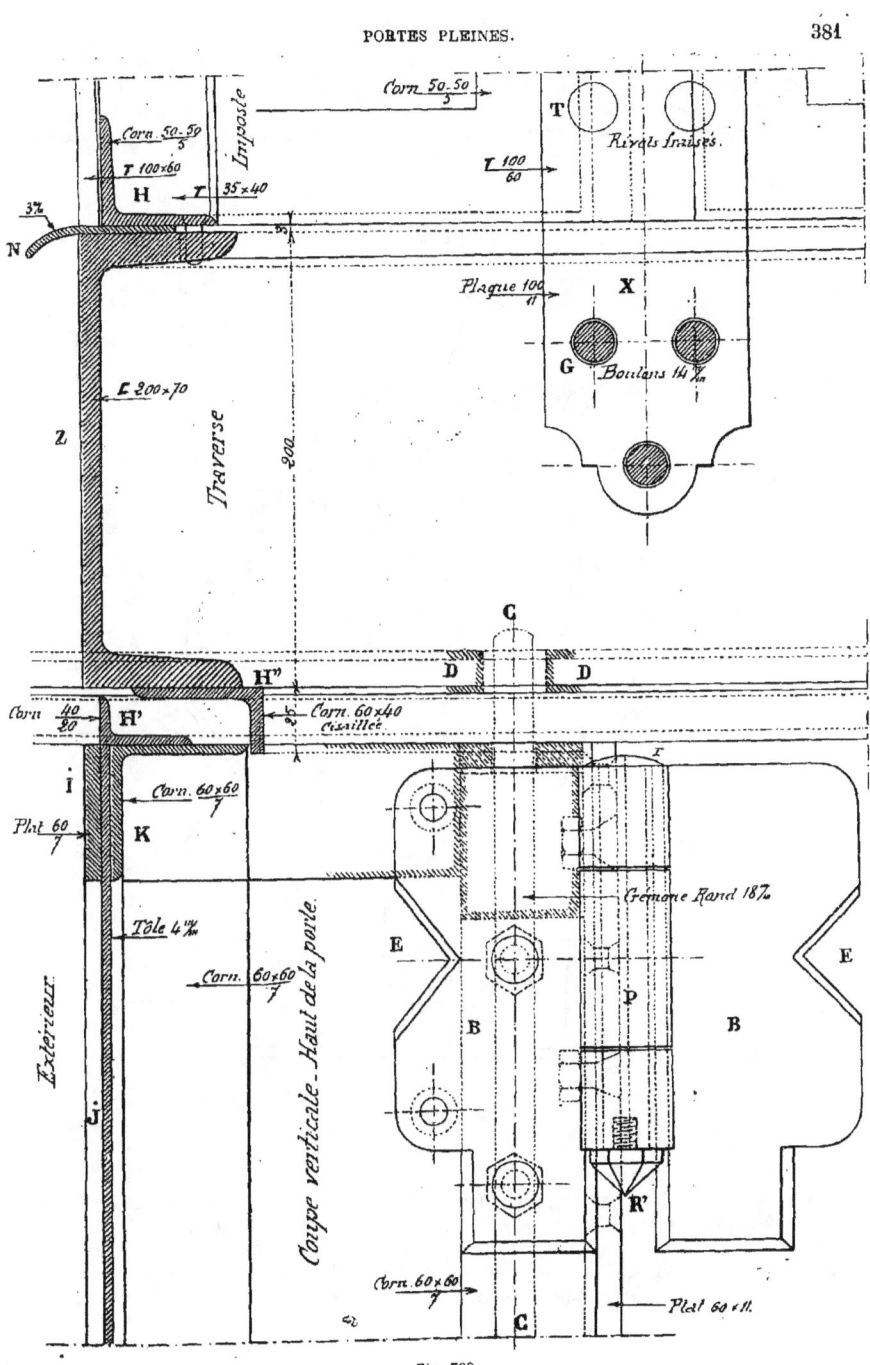

Fig. 799.

Un petit fer **T** Z de 40 × 45 dont l'une des ailes a été rognée sert de couvre-joint lorsque la porte est fermée.

926. La figure 798 nous montre une coupe horizontale sur la partie vitrée placée au-dessus de la traverse Z (*fig.* 796).

En *i* est représentée la feuillure d'imposte dans laquelle se place une cornière C

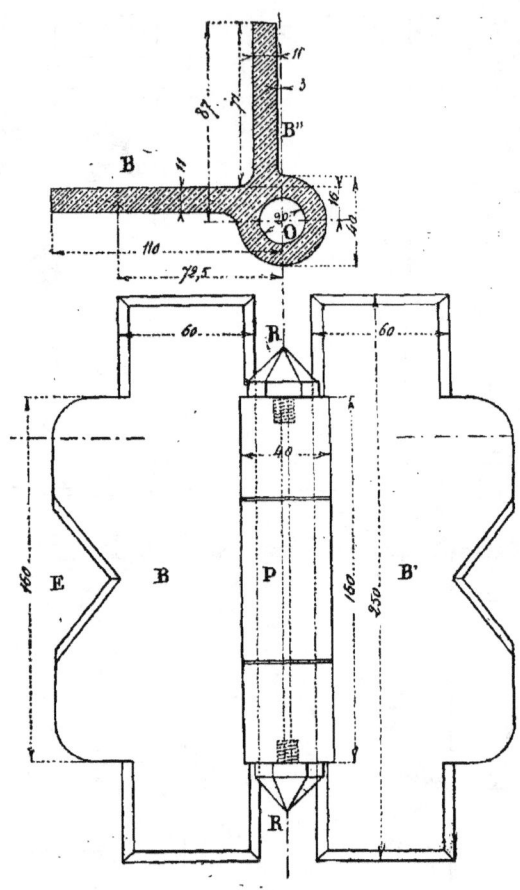

Fig. 800.

recevant un fer plat D prolongé et servant de feuillure à l'imposte vitrée.

927. Le vitrage comprend des cornières C' de 50 × 50 × 5 formant encadrement et recevant l'assemblage des fers à vitrages X' de 35 × 40 placés horizontalement et verticalement.

928. En H nous voyons le détail des montants N de la figure 796.

Un fer **T** de 108 × 60 solidement fixé,

PORTES PLEINES.

haut et bas reçoit les cornières C' de l'encadrement du vitrage ; sur l'une de ces cornières se fixe une pièce G" recevant une clavette en acier destinée à maintenir des châssis mobiles placés sur les montants verticaux.

929. La disposition du montant S de la figure 796 est analogue comme coupe horizontale.

930. La figure 799 nous représente une coupe verticale de la porte sur le bas du vitrage et du haut de la porte sur la traverse Z de la figure 796.

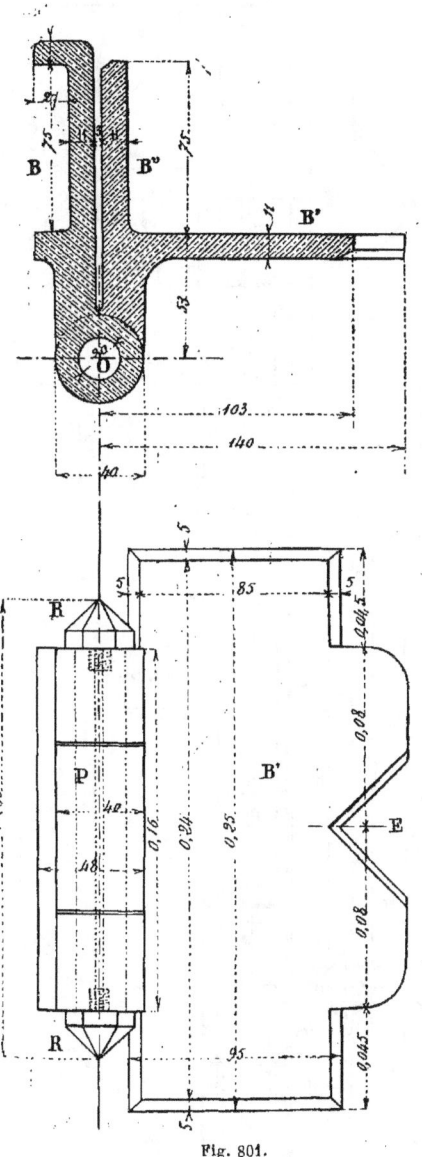

Fig. 801.

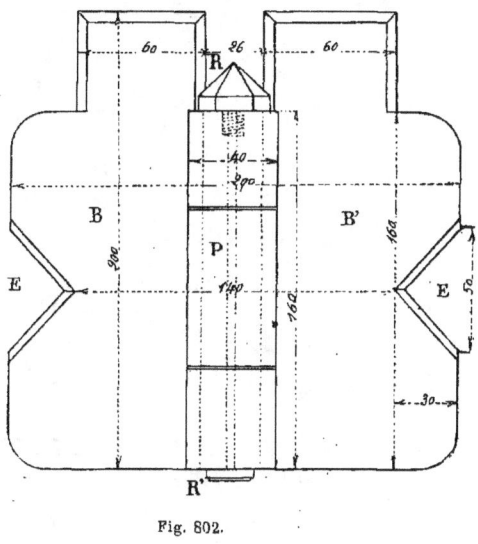

Fig. 802.

Sur l'aile supérieure de cette traverse Z on place un fer spécial N formant larmier et destiné à rejeter les eaux pluviales au dehors.

Sur ce fer se met immédiatement la cornière inférieure H du vitrage d'imposte.

931. En X nous indiquons l'assemblage des montants N et S de la figure 796 sur la traverse Z.

932. La partie inférieure du croquis nous montre la disposition de la partie haute de chaque vantail ; une cornière H" fixée sur l'aile inférieure du fer en U sert de feuillure.

384 SERRURERIE.

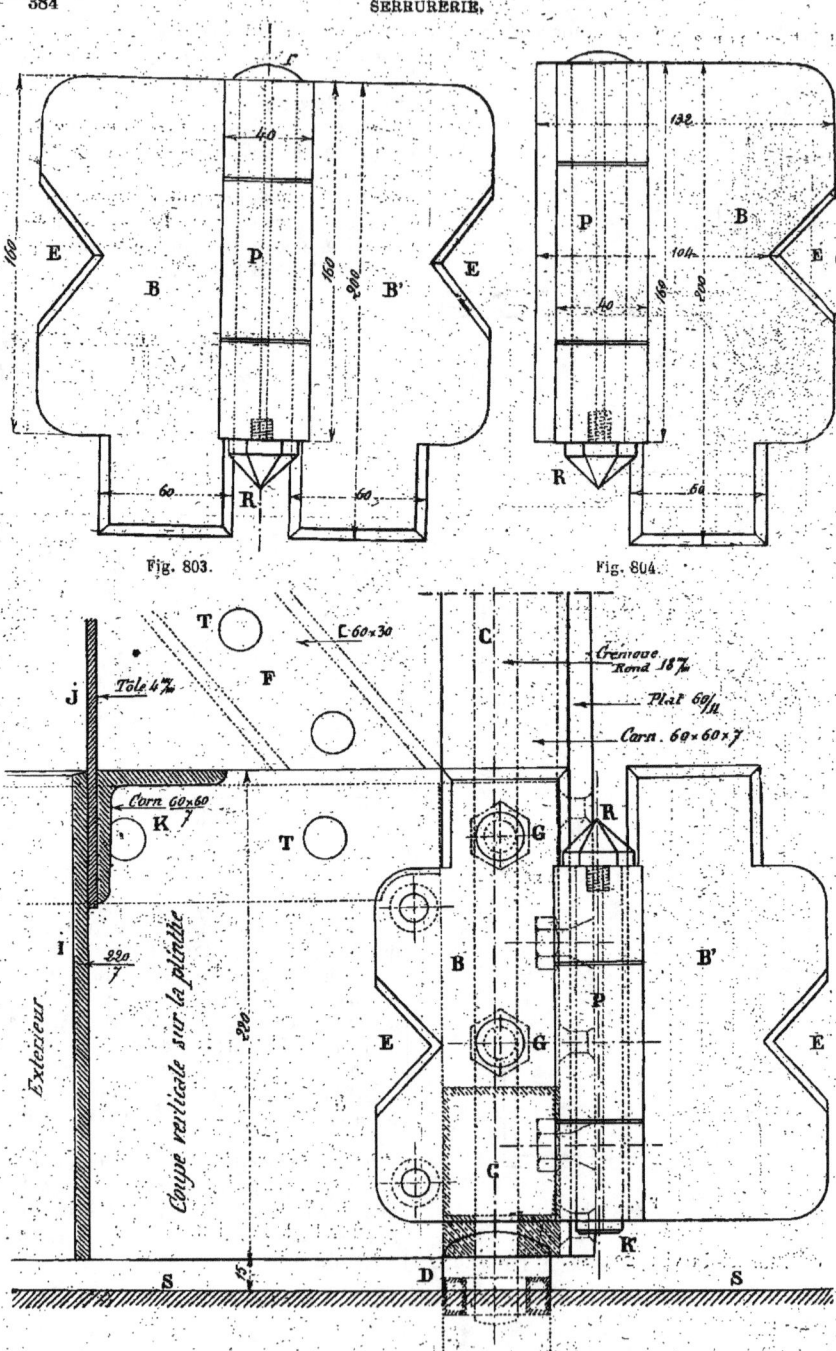

Fig. 803. Fig. 804.

Fig. 803.

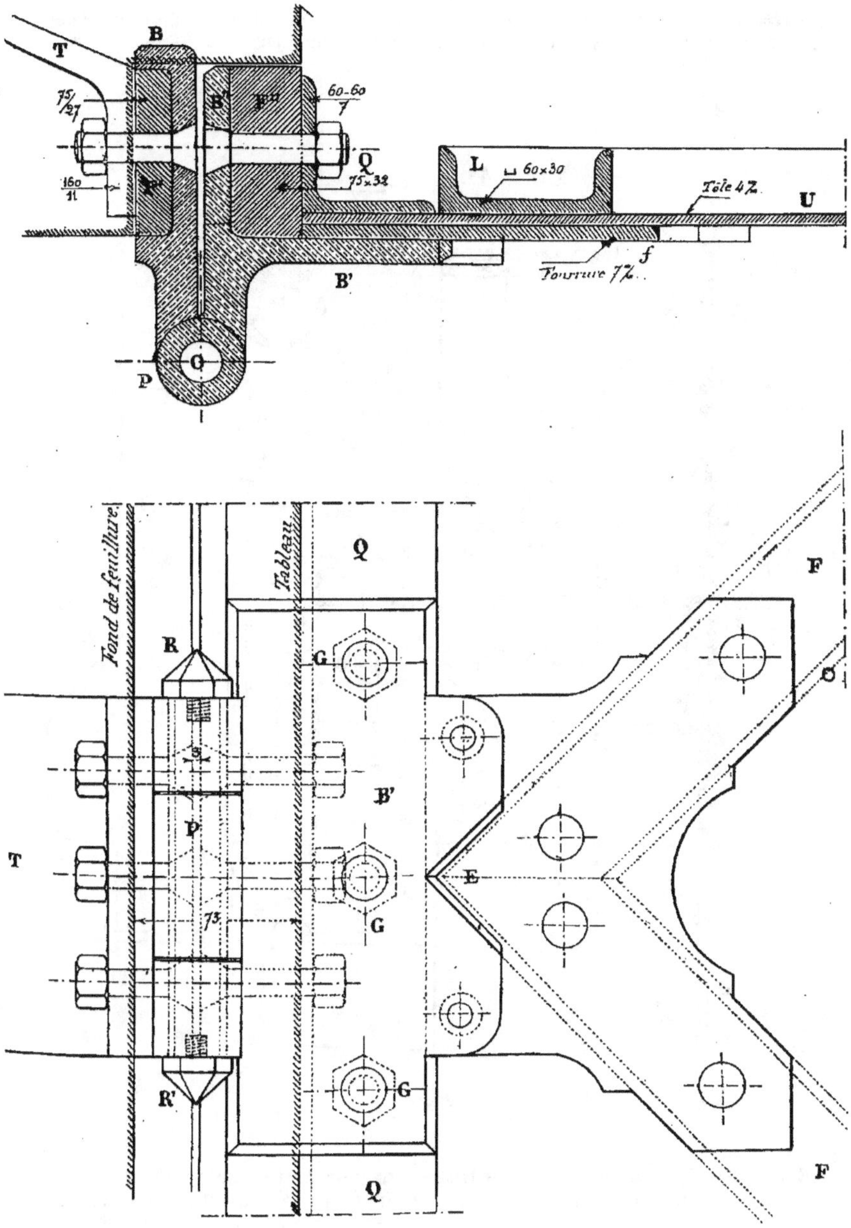

DES PORTES PLEINES.

Fig. 806.

Sciences générales. SERRURERIE. — 25.

933. En C nous montrons la position de la crémone ayant l'aile inférieure du fer Z comme gâche ; en P, le détail d'une paumelle n° 18 de la figure 796.

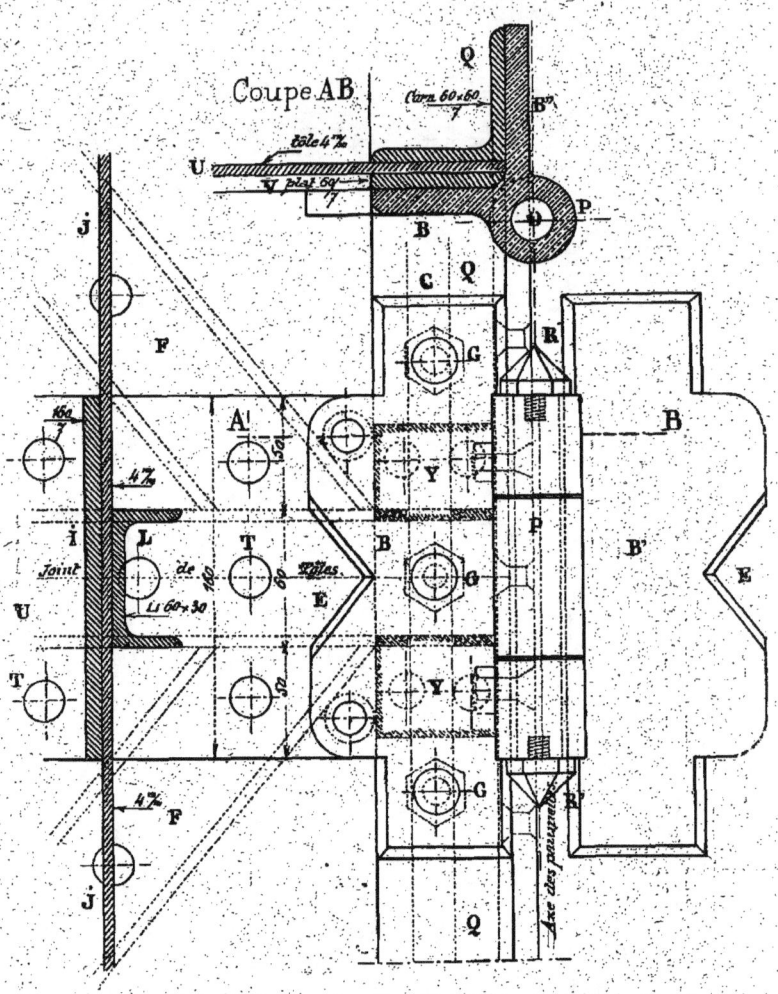

Fig. 807.

Différents types de paumelles employées.

934. Les figures 800, 801, 802, 803 et 804 nous montrent les croquis cotés des différents types de paumelles, comportant les broches en acier tourné, employées dans ce genre de porte.

PORTES PLEINES.

Paumelles *fig.* 800	4 semblables	
Paumelles *fig.* 801	4 pièces	2 à droite / 2 à gauche.
Paumelles *fig.* 802	2 pièces	une à droite / une à gauche
Paumelles *fig.* 803	2 pièces	une à droite / une à gauche
Paumelles *fig.* 804	2 pièces	une à droite / une à gauche

935. La figure 805 nous représente une coupe verticale sur la plinthe V de la partie basse de la porte: la paumelle du bas indiquée en 1 (*fig.* 796), le butoir D, le coulisseau et la gâche de la crémone.

936. La plinthe I est formée par un fer plat de 220×7 rivé sur la partie inférieure de la tôle J, et raidie par une cornière horizontale K, fixée à l'aide de

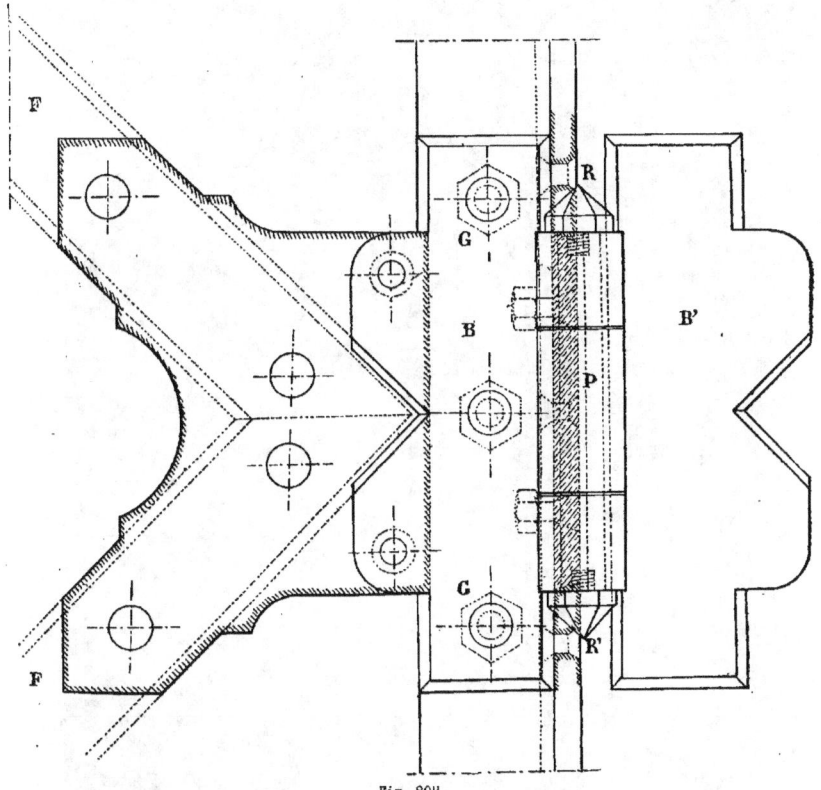

Fig. 804.

rivets T ; en F, sont figurés les fers en U servant de croisillons et indiqués en L (*fig.* 796).

937. La figure 806 nous montre, en élévation et en coupe horizontale, la disposition d'une paumelle (n° 8, *fig.* 796) sur montant à scellement M.

938. La coupe horizontale indiquée à la partie haute de la figure ayant, sauf le scellement T, beaucoup d'analogie avec la coupe horizontale décrite ci-dessus et donnée en croquis (*fig.* 797), il est inutile de nous y arrêter plus longuement.

939. La figure 807 nous montre une

coupe verticale sur le bandeau K (*fig.* 796), et le détail de la paumelle n° 4, même figure, mais placée sur le second vantail;

rien de particulier à signaler dans ce croquis.

940. Enfin la figure 808 nous repré-

Fig. 809.

GRILLES AVEC ARTICULATIONS SPÉCIALES. 389

sente le détail d'une paumelle du milieu (en 7, *fig.* 796) se comprenant facilement à l'examen du croquis, en le rapprochant de l'étude d'ensemble de la porte.

Nota.

941. Nous venons d'examiner le croquis d'une porte pleine à quatre vantaux ; on fait aussi des grilles à quatre

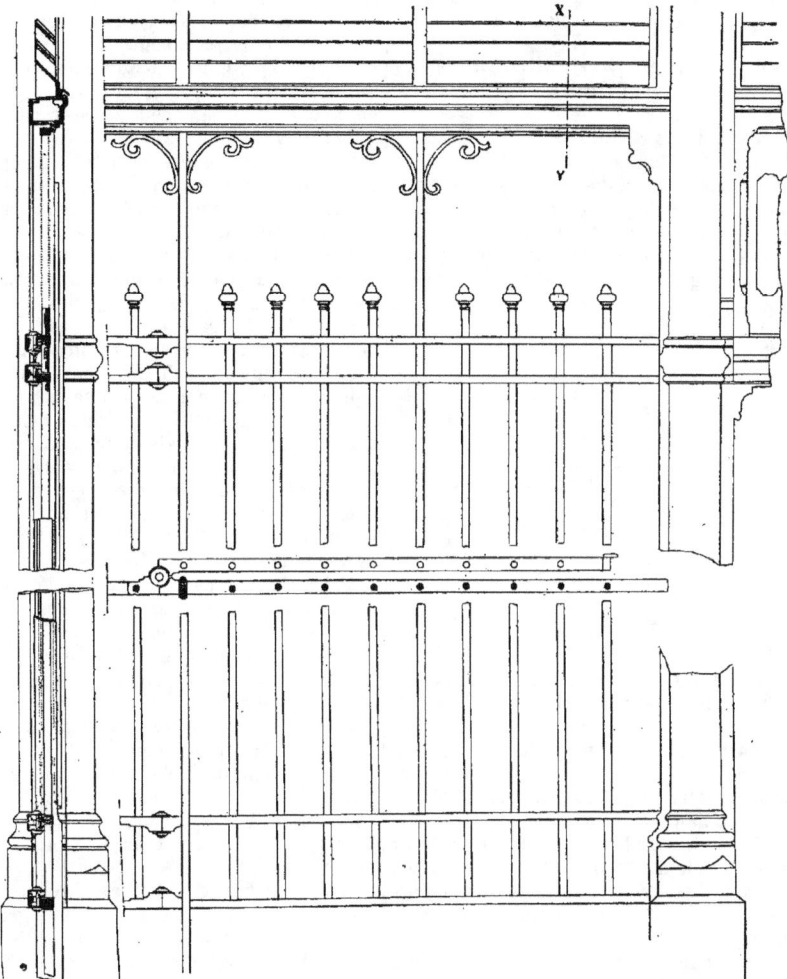

Fig. 810.

vantaux, nous en donnons un exemple (*fig.* 809).

Dans cette grille, dont l'ornementation est élégante, on peut ne faire ouvrants que les deux vantaux du milieu, ou tous les quatre si cela est nécessaire. La partie basse de chaque vantail est en forte tôle renforcée par des croisillons; immédiatement au dessus, un motif en fer forgé se reliant avec les barreaux verticaux. A la partie haute, ces barreaux sont terminés en forme de lances et se détachent dans une imposte en arc surbaissé.

Grilles avec articulations spéciales.

942. Dans certains cas les grilles, au lieu de pivoter autour de paumelles ou de simples montants-pivots, sont articulées d'une manière spéciale à l'aide de véritables *nœuds de compas*.

943. Ce moyen est surtout employé pour les grilles des *marchés*, les grilles

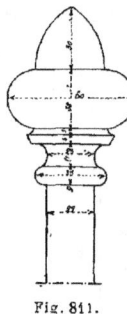

Fig. 811.

de *boucheries* et même, dans certains cas, les grilles de nos *habitations particulières*.

944. Nous parlerons, dans ce qui va suivre, des grilles pour marchés et des applications qu'on peut en faire pour une grille d'habitation.

945. Les grilles de boucheries étant plus spéciales et pouvant rentrer dans les deux exemples que nous allons donner, nous nous bornerons à en dire quelques mots.

Les grilles pour boucheries ou autres commerces exigeant une clôture à jour sont ordinairement formées d'un bâtis en fer plat, dont la section est donnée par la hauteur et la résistance de clôture qu'on désire obtenir, articulé à l'aide de nœuds de compas. Elles comportent un certain nombre de vantaux qu'on replie en tableau. Les traverses sont disposées de manière à permettre de replier la grille à soufflet; elles sont munies de congés et comportent les nœuds de compas moitié en dehors et moitié en dedans.

Dans ces grilles les barreaux, espacés de $0^m,055$ d'axe en axe, sont ordinairement en fer rond plein de $0^m,020$ de diamètre, ce qui laisse entre les barreaux un espace de $0^m,035$ insuffisant pour laisser passer les animaux.

Ce genre de grille réclame, comme fermeture, un fléau à cadenas et une chaîne enroulée plusieurs fois sur les barreaux du milieu.

A chacune des articulations on met un *butoir* mobile placé dans une douille; haut et bas, des verrous fixent la grille.

946. Les figures 810, 811 et 812 nous donnent en croquis la disposition de grilles à nœuds de compas ordinairement en usage pour fermer nos marchés couverts.

947. La figure 810 représente l'élévation, la coupe verticale et le plan d'une grille à deux vantaux de ce genre; elle est formée de deux traverses basses et de deux traverses hautes reliant une série de barreaux dont le croquis (*fig.* 811) nous donne le détail.

948. Ces barreaux sont formés de fers ronds de $0^m,022$ de diamètre surmontés d'ornements en fer dont le croquis nous donne la disposition et les principales cotes. Ces barreaux sont espacés d'environ $0^m,170$ d'axe en axe.

949. Le croquis (*fig.* 812) nous montre le type à adopter pour une porte à un seul vantail. L'élévation et le plan donnés dans cette figure font facilement comprendre la disposition sans que nous ayons besoin de nous y arrêter plus longuement.

950. La figure 813 nous représente, vue de l'intérieur, l'élévation d'une grille à deux vantaux V et V', dans laquelle on a placé un portillon H ouvrant en N à l'aide de nœuds de compas.

Cette grille se compose: d'une traverse U en fer plat de 45×18 placée à la partie inférieure; de panneaux R en tôle, terminés à leur partie haute par une traverse T' et encadrés intérieurement par un fer carré S et extérieurement par un fer mouluré dont nous verrons le détail dans ce qui va suivre ; d'une seconde traverse T' (une ornementation I est placée entre les deux traverses T') ; une série de barreaux B en fer rond de 0ᵐ,020 ; de deux traverses hautes T comportant entre elles les mêmes ornements en fonte I que les

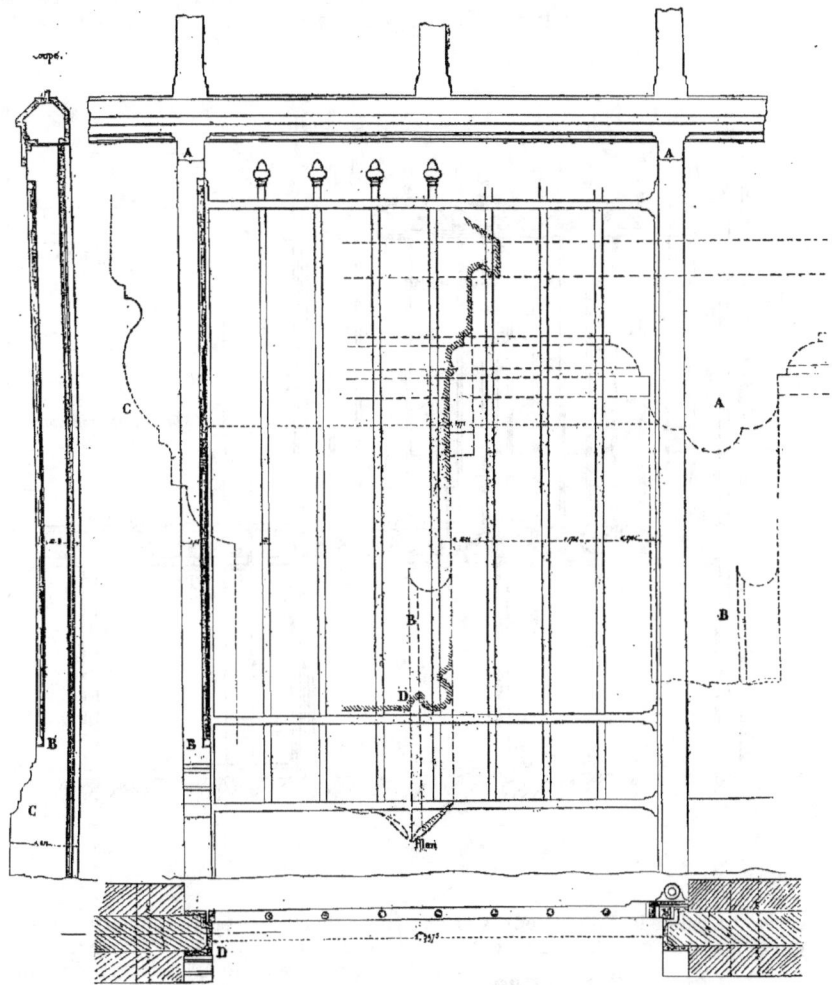

Fig. 812.

traverses T' du bas et, au dessus, des lances Z.

Un montant-pivot P, maintenu par un collier L scellé en X et formant pivot en Q, et des montants battements D complètent cette installation.

Portillon.

951. Dans le vantail V se trouve un portillon tournant autour des nœuds de compas N et ayant exactement la même disposition que les vantaux de la grille; en K, la serrure.

952. Lorsqu'on ouvre le portillon H seul, la traverse U placée au bas et dépendant du vantail V reste en place et forme seuil pour ce portillon.

Le second vantail V' est formé de quinze barreaux, en même fer rond, de 20 millimètres, et comporte en Y une traverse verticale en fer plat de 65 × 10

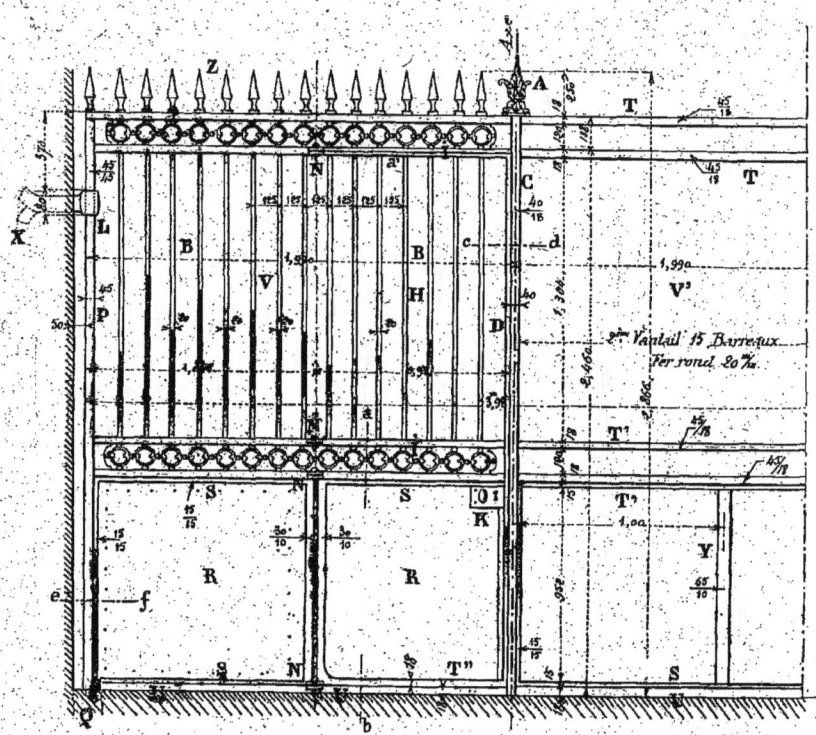

Fig. 813.

servant à raidir la tôle de soubassement, qui a une assez grande longueur.

Détails d'exécution.

953. La figure 814 nous montre une coupe verticale du portillon suivant ab de la figure 813. A la partie basse le fer plat U appartenant au vantail V; en T T' et T", les trois traverses de la partie inférieure de ce portillon; en R, la tôle de la partie basse comportant à l'intérieur un cadre en fer carré S', et à l'extérieur un autre cadre en fer moulure O; entre deux traverses T' les ornements I en fonte; enfin, au dessus, les barreaux B.

954. La figure 815 nous représente une coupe ef sur le montant-pivot de la figure 813.

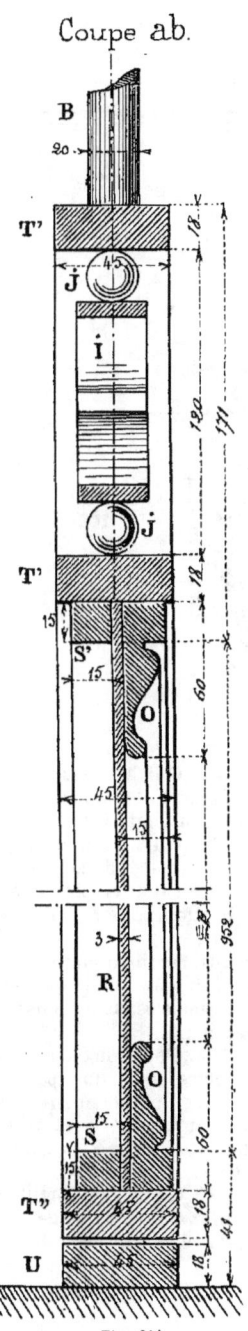

Fig. 814.

En P, la section du montant-pivot; en R, la tôle de la partie inférieure de chaque vantail; en S, le cadre intérieur en fer carré de 15 × 15; enfin, en O, le fer mouluré formant cadre extérieur.

955. La figure 816 nous indique en une coupe suivant *cd* de la figure 813 la section des fers sur les montants battements.

En D, le montant du portillon H de la figure 813 venant battre sur un fer plat E lui servant de feuillure; en F, le montant battement du vantail V fixé sur le fer plat E par des vis V'; en F', le montant battement du vantail de droite V' sur lequel on fixe à l'aide de vis V" un autre fer C' sur lequel on place la crémone C devant fermer les deux vantaux de la grille; enfin, en B, la position des barreaux par rapport aux traverses U, T et T'.

956. La figure 817 nous montre la disposition adoptée pour les nœuds des compas indiqués en N (*fig.* 813).

957. Ce croquis nous représente les deux parties séparées en plan et en élévation en N et N', et leur assemblage en N" à l'aide d'un rivet R permettant aux pièces de se mouvoir facilement. Le plus souvent ce rivet est remplacé par une broche n'ayant pas de tête à la partie inférieure, ce qui est préférable et permet d'enlever le portillon très facilement pour une réparation quelconque.

Guichets ou portillons.

958. En étudiant les différents types de grilles, nous avons eu l'occasion de donner (*fig.* 737, 738, 768, 770, 771, 779, 784, 793 et 813) différents exemples de guichets ou portillons accompagnant ces grilles et placés dans les conditions suivantes :

Fig. 737. Portillon ou guichet placé dans une grille dormante avec partie inférieure ajourée;

Fig. 738. Guichet ou portillon placé dans une grille dormante avec partie inférieure en tôle pleine;

Fig. 768. Guichet placé dans un mur de clôture à la suite d'une grille à deux vantaux; le bas de ce portillon est ajouré;

Fig. 770. Guichet ou portillon placé contre un pilastre de grille et contre un

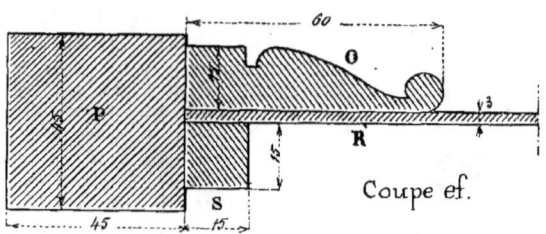

Coupe ef.

Fig. 815.

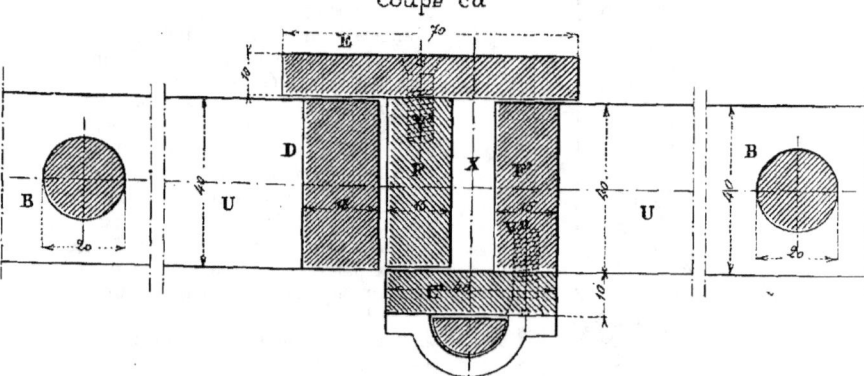

Coupe cd

Fig. 816.

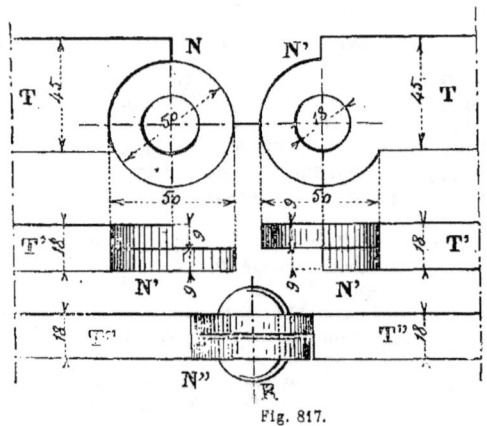

Fig. 817.

Fig. 771. Guichet placé entre un pilastre en pierre et un pilastre métallique recevant un vantail de grille ouvrante ;

Fig. 779. Guichet en fer forgé de riche décoration (placé dans une grille dormante avec bahut en pierre) et surmonté d'une partie fixe se reliant avec la grille dormante ;

Fig. 784. Portillon placé dans les mêmes conditions que celui qui est indiqué (*fig.* 771), mais beaucoup plus riche comme décoration ;

Fig. 793. Portillon ou guichet en tôle pleine placé dans une partie dormante également en tôle pleine reposant sur un bahut en maçonnerie et recevant à sa partie haute la même décoration que l'ensemble ;

Fig. 813. Guichet ou portillon dissimulé dans un vantail de grille. On est obligé dans cet exemple de dédoubler la traverse

muret ou bahut supportant une grille dormante ; le bas est ajouré ;

supérieure a' et d'affaiblir en N les autres traverses pour y loger les nœuds de compas servant à ouvrir le portillon.

Dans certains cas, le sommier T'' est aussi dédoublé.

Dans ces conditions les vantaux de grille

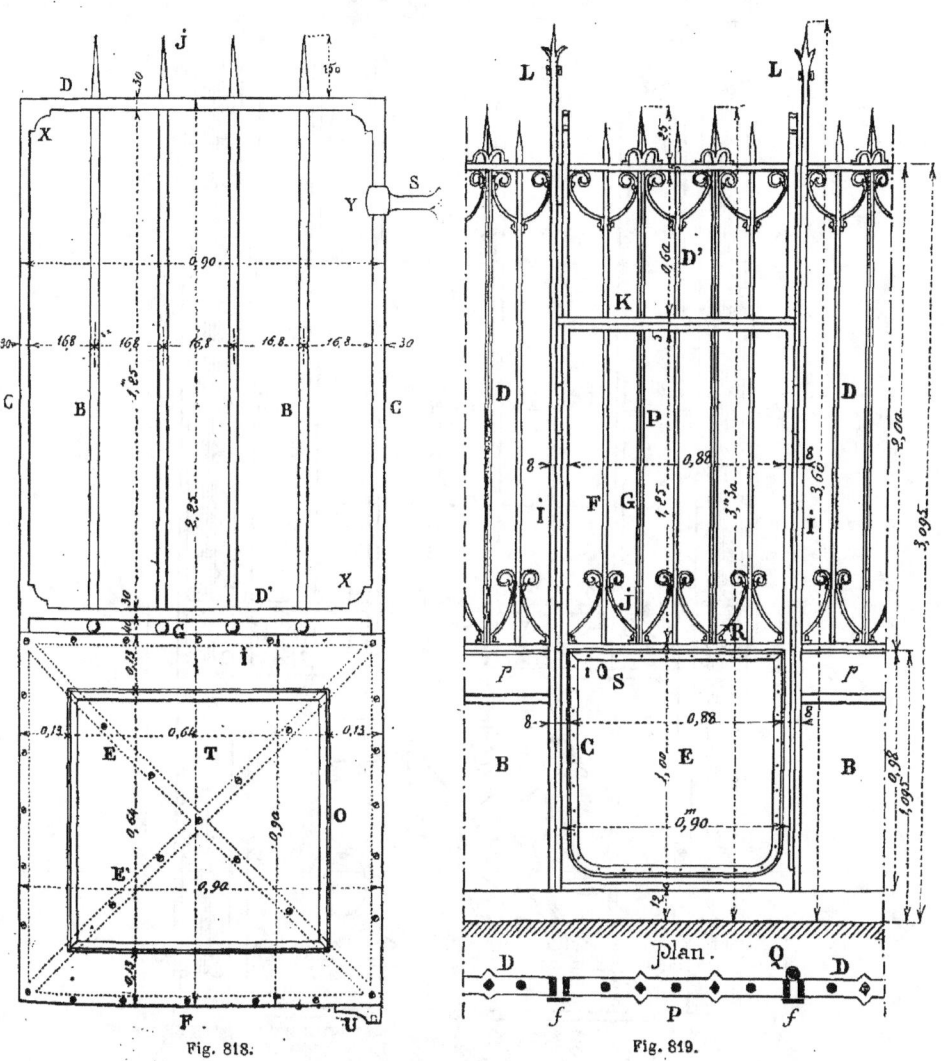

Fig. 818.   Fig. 819.

ainsi coupés *baissent du nez*, comme disent les ouvriers, ce qui ne permet plus d'ouvrir le guichet lorsqu'il est fermé, ou ce qui empêche de le fermer lorsqu'il est ouvert.

Il n'est donc pas à conseiller d'établir

396   SERRURERIE.

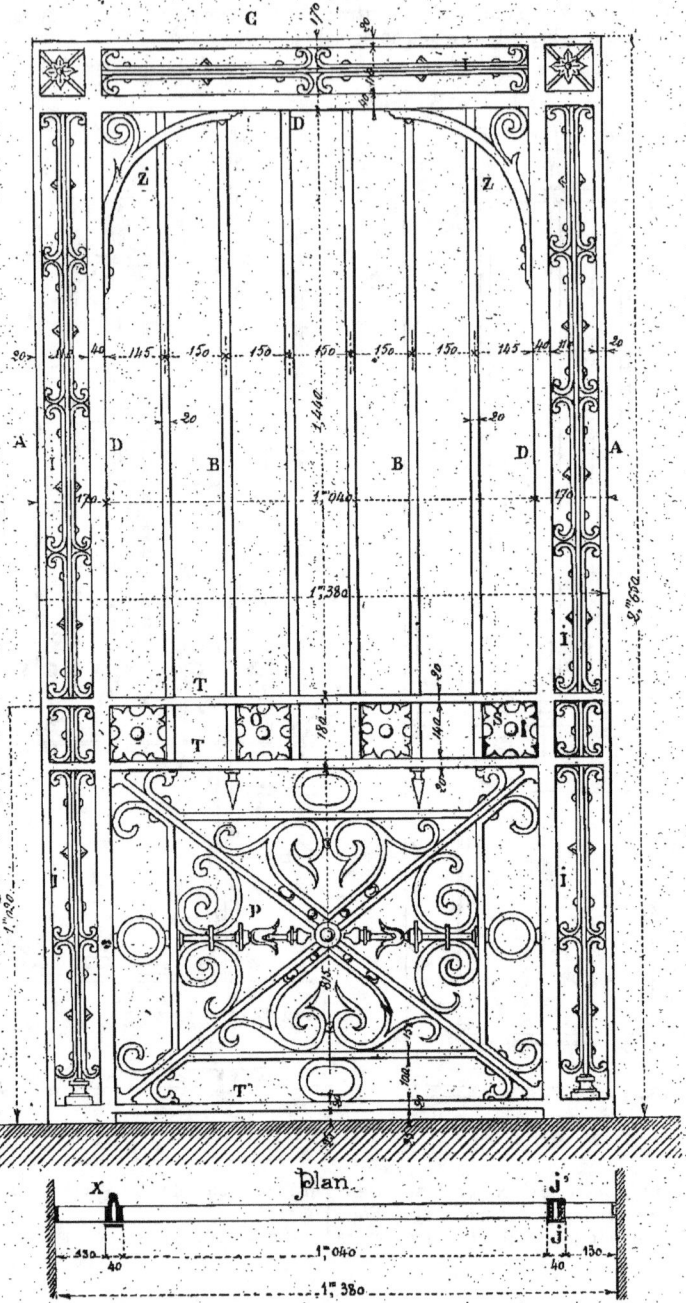

Fig. 820.

GUICHETS OU PORTILLONS.

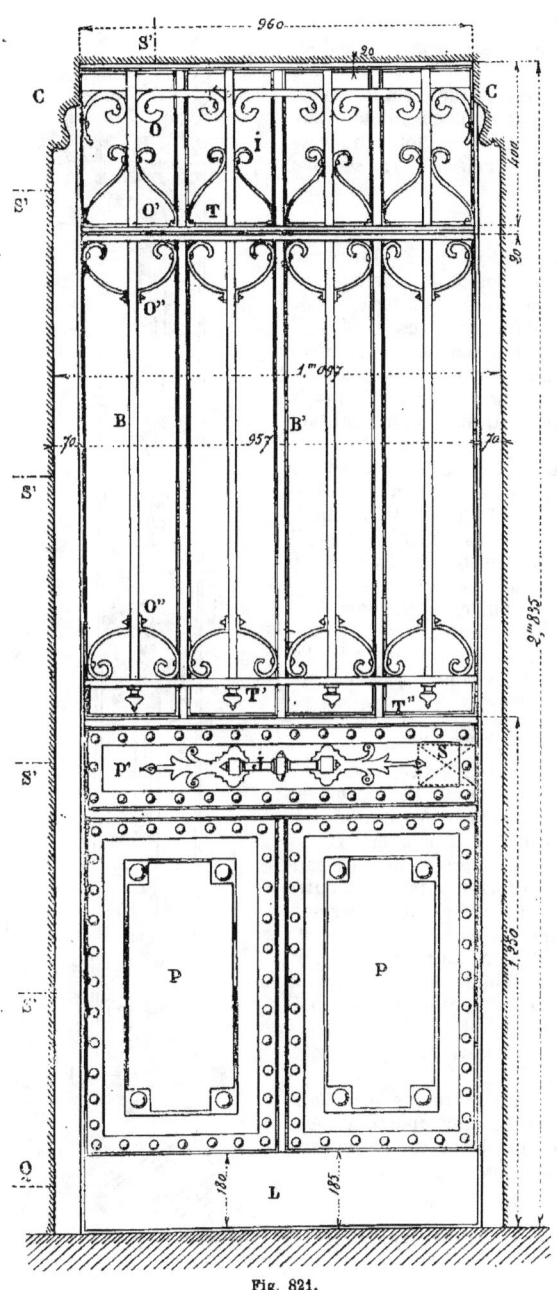

Fig. 821.

398 SERRURERIE.

des guichets dans ces conditions, à moins de mettre des fers assez forts pour éviter ces inconvénients.

959. Il nous reste, pour terminer cette étude, à entrer dans quelques détails sur la construction de ces portillons qui presque toujours sont fermés par une serrure avec bouton double.

Premier exemple.

960. La figure 818 nous montre un premier exemple simple de guichet composé : de deux montants C en fer carré de 30 × 30 ; de quatre traverses D, D', I, F en même fer ; d'une tôle pleine T vissée sur les montants et sur les traverses ; de croisillons E en même fer consolidant la partie basse du portillon ; d'une moulure O rapportée sur la tôle et formant cadre ; enfin, d'une série de barreaux B en fer rond de 20 millimètres, terminés, au-dessus de la traverse D, par des pointes J. Nous connaissons l'usage des boules G sans que nous ayons besoin d'y revenir.

961. Ce portillon est retenu à la partie haute par un collier Y scellé en S dans la maçonnerie, et pivote à la partie inférieure autour du montant-pivot en U ; les angles sont en X consolidés par des congés sur les traverses.

Deuxième exemple.

962. La figure 819 nous représente un deuxième exemple de guichet placé dans une partie dormante D reposant elle-même sur un bahut en maçonnerie B. Ce portillon P est ferré à l'aide de paumelles Q sur un fort montant I ; l'autre montant I reçoit un fer plat f permettant d'avoir une feuillure.

La partie inférieure du portillon est en tôle pleine E consolidée sur son pourtour par une cornière C dont les angles inférieurs sont arrondis.

En S se trouve la serrure fixée directement sur la tôle.

Ce guichet, qui n'ouvre que jusqu'à la traverse supérieure K, comporte la même ornementation que la partie dormante D scellée dans la pierre d'appui p.

Troisième exemple.

963. Comme troisième exemple la fi-

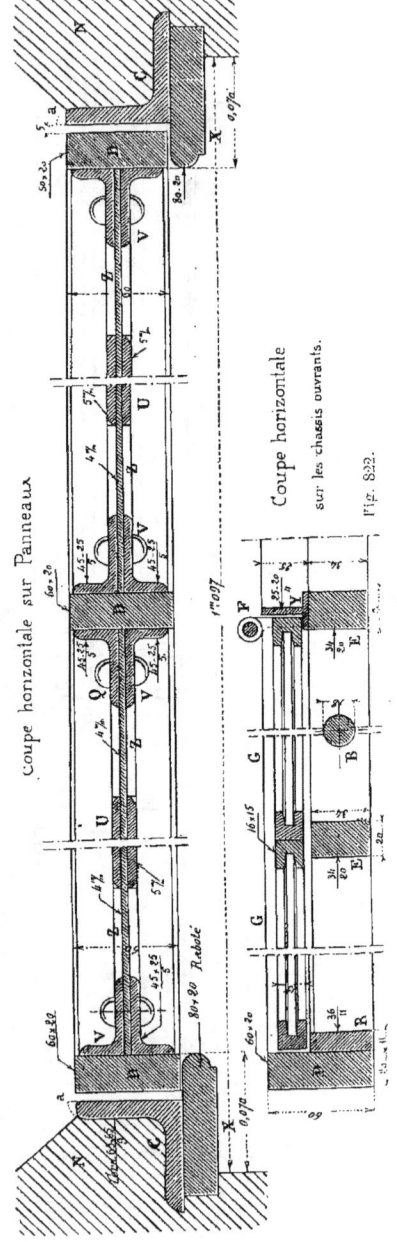

GUICHETS OU PORTILLONS. 399

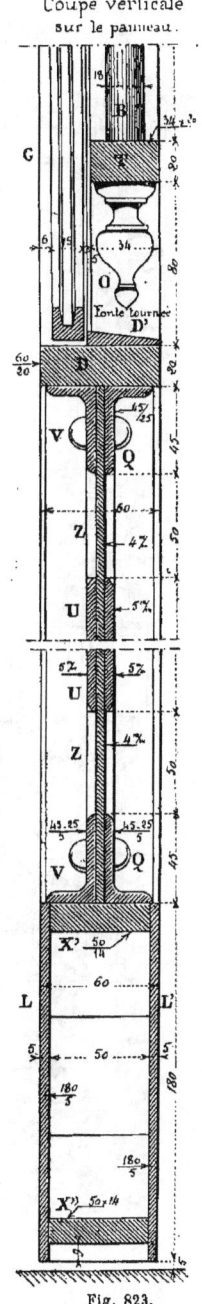

Coupe verticale sur le panneau.

Fig. 823.

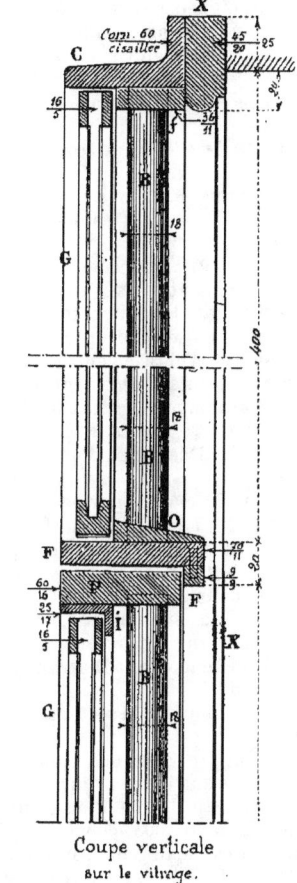

Coupe verticale sur le vitrage.
Fig. 824.

gure 820 nous montre un portillon entièrement en fer forgé et très décoratif. Il est pourvu sur trois côtés d'un encadrement A, A, C ; la partie basse est ajourée sur $1^m,020$ de hauteur, le surplus comporte une série de barreaux en fer rond de 20 millimètres. Entre les deux traverses T on a placé des ornements O en tôle découpée ; c'est dans l'un de ces ornements qu'on met la serrure S.

Le plan indiqué dans la même figure complète les indications.

Quatrième exemple.

964. Le croquis (*fig.* 821) nous donne un exemple de portillon avec imposte vitrée à la partie supérieure. La partie basse de ce portillon est en tôle pleine avec motifs décoratifs formés de panneaux P et P'. Sur le panneau P', formant traverse, se trouve une poignée J servant à tirer le portillon pour le fermer. En S' sont indiqués les scellements; en B et en B', les barreaux ; en C, des corbeaux en pierre faisant corps avec les piédroits de la baie.

Détails d'exécution.

965. La figure 822 nous indique une coupe horizontale sur les panneaux P de la figure 821.

En X deux fers plats rabotés forment feuillure et viennent se fixer sur une cornière C scellée dans le mur ; cette cornière a été rabotée en a pour correspondre exactement avec l'ébrasement de la baie. Trois forts montants D reçoivent les tôles Z qui sont maintenues par des cornières V à l'aide de rivets Q. Toutes les dimensions des différentes pièces sont données dans ce croquis.

966. Dans la même figure nous indiquons une coupe horizontale sur les châssis ouvrants. Ces châssis sont composés de fers en U de 16×15 ; ils s'ouvrent autour d'une paumelle F dont l'une des branches est fixée sur un petit fer T fixé lui-même en Y sur le montant E. Un fer plat R fixé sur le montant D sert de feuillure au châssis.

En B nous indiquons la section des barreaux.

967. La figure 823 nous montre une coupe verticale sur le panneau.

La partie basse du portillon comporte deux tôles L de $0^m,005$ d'épaisseur dont l'écartement est maintenu par un cadre en fer plat X' X". Sur la traverse X' de ce cadre repose directement la tôle Z du panneau maintenu par les cornières V. De petits fers plats U biseautés sur les angles forment sur les panneaux P de la figure 821 des tables saillantes d'un bon effet.

968. En D, se trouve la traverse horizontale du portillon placée immédiate-

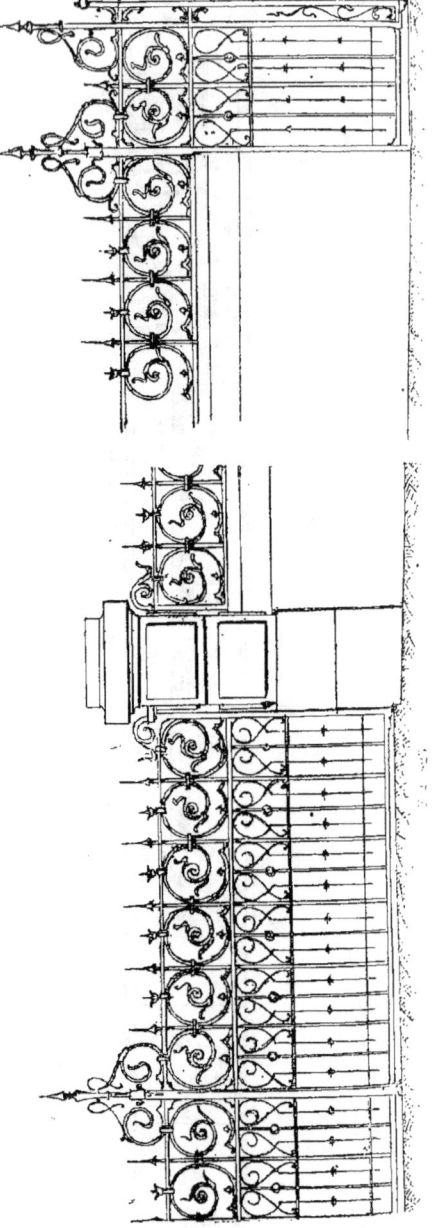

GUICHETS OU PORTILLONS.

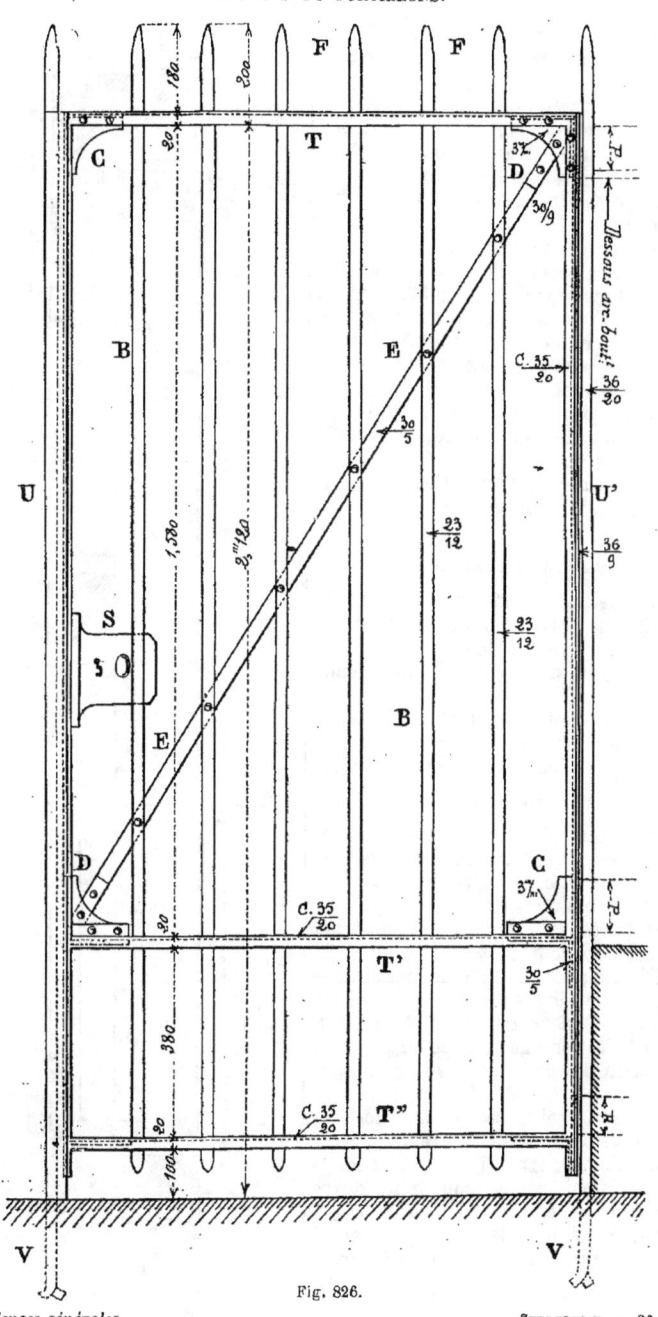

Fig. 826.

ment sous les barreaux; un petit fer D' taillé en biseau permet à l'eau de s'écouler au dehors.

Les barreaux B, après avoir traversé la barre horizontale T, se terminent par de petits culots O en fonte tournée. Derrière ces barreaux en G, nous représentons la coupe verticale du châssis vitré et ouvrant.

969. La figure 824 nous indique une coupe verticale sur l'imposte vitrée. La traverse supérieure P du guichet vient battre dans une feuillure faite avec les deux fers F rivés ensemble; un fer O présentant une pente permet à l'eau de s'écouler au dehors.

970. La partie haute de cette coupe présente la même disposition que celle que nous avons indiquée précédemment dans la coupe horizontale sur les panneaux (*fig.* 822) avec l'indication du vitrage en coupe.

Cinquième exemple.

971. La figure 825 nous représente une grille de parc avec muret peu élevé et surmonté d'une grille courante rappelant les motifs de la grille à deux vantaux.

Dans ce croquis nous trouvons encore un exemple de portillon dont nous ne donnons qu'un croquis schématique.

Sixième exemple.

972. Comme dernier exemple de portillon nous représentons (*fig.* 826) le croquis d'une porte construite en fers légers et établie dans une clôture.

Cette porte se compose : de montants en fer cornière de 35 × 20; de traverses T, T' et T" en fer cornière des mêmes dimensions; d'une série de barreaux B en fer demi-rond de 23 × 12; d'une écharpe E assurant l'équerrage et fixée au passage, sur chacun des barreaux, par un petit rivet.

Les angles C et D sont consolidés par des goussets en tôle. Cette porte se fixe sur un montant U' fortement scellé en V et vient battre contre un autre montant U également scellé en V. En S se trouve indiquée la serrure, et en P les trois paumelles. Chaque barreau B

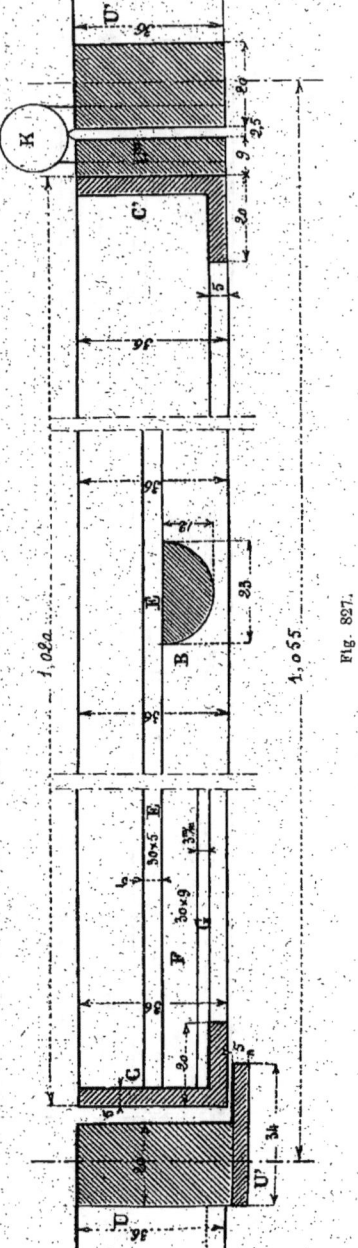

Fig. 827.

Fig. 828

est, à sa sortie de la traverse haute T et inférieure T", terminé en pointe.

973. La figure 827 nous indique une coupe horizontale sur cette porte.

La partie gauche du croquis nous représente le montant U de la figure 826 doublé d'un fer U' de 34 × 5 et formant feuillure; la partie droite nous montre le montant U de la figure 826 et un autre montant U" fixé sur la cornière C; c'est entre ces deux montants U' et U" qu'on fixe les branches des paumelles K dont la position verticale est représentée en P dans le croquis (*fig.* 826).

En C et en C' sont les cornières d'encadrement du portillon; en E, l'indication de l'écharpe en plan; en F, une fourrure de 30 × 9; en G, les goussets C et D de la figure 826; enfin, en B la section des barreaux.

La largeur du vantail de cette porte est, comme le montre le plan, de 1ᵐ,020.

Hérissons, chardons, artichauts, etc.

974. Dans certains cas, les grilles fixes ou autres clôtures sont munies de défenses auxquelles on donne le nom de *hérissons, chardons, artichauts*, etc. Dans le croquis (*fig.* 778) nous indiquons, de chaque côté des pilastres en pierre un contrefort garni de chardons, artichauts, etc., en rapport avec le style de la grille. Le but de ces chardons, placés en ces points, est de rendre plus difficile l'escalade du mur de clôture assez facile à tenter en s'aidant de la grille et du pilastre.

975. Dans quelques grilles importantes et quelquefois à la suite d'une partie fixe terminée par un pilier de riche apparence, comme nous l'indiquons en croquis (*fig.* 828), on place une grille plus basse avec chardons et artichauts à l'endroit d'un *saut de loup*.

976. Les différentes formes à donner aux chardons et autres combinaisons sont tellement variées que nous croyons inutile de nous y arrêter plus longuement, ce sont presque toujours des tiges de diverses dispositions, contournées, rivées sur une membrure principale et présentant des pointes de diverses formes, des dards, etc.

Pièces accessoires des grilles à deux vantaux.

1° Chasse-roues.

977. D'après la définition donnée précédemment au *Vocabulaire*, nous savons

Fig. 829.

que le but des *chasse-roues* est d'éloigner les voitures des montants d'une baie ou d'une grille, de manière que les roues de ces véhicules ne causent aucune détérioration. Les anciens chasse-roues, en pierre dure, sont aujourd'hui remplacés par des chasse-roues en fer ou en fonte de différents modèles.

978. Un des types connus de chasse-

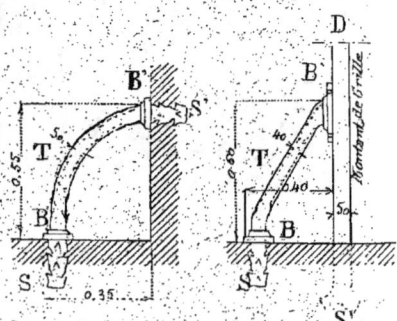

Fig. 830 et 831.

roues en fonte est le chasse-roues représentant (*fig.* 829) une boule B avec embase *e* solidement scellée en S dans une pierre dure.

979. La figure 830 nous montre un autre exemple de chasse-roues très sou-

PIÈCES ACCESSOIRES DES GRILLES A DEUX VANTAUX.   405

vent employé et qui peut se construire en fer ou en fonte, à section carrée ou circulaire (0ᵐ,045 à 0ᵐ,055 de côté ou de diamètre). Il se compose d'une barre cintrée T scellée en S et en S' et d'embases B et B'. Lorsque ce chasse-roues est à section carrée, on y fait souvent, pour

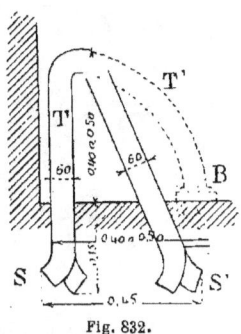
Fig. 832.

lui donner une apparence de légèreté, des chanfreins sur les arêtes ; ces chanfreins sont, dans le croquis, indiqués en pointillé.

980. Le croquis (*fig.* 831) nous montre une variante du type précédent. Dans cet exemple la barre T est droite, et le chasse-

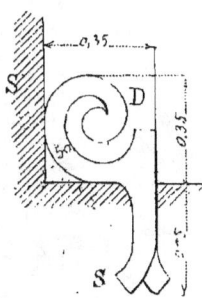
Fig. 833.

roues se scelle en S dans une pierre dure et se fixe en B' sur un montant D, en fer, dépendant d'une grille à deux vantaux.

981. Nous avons indiqué (*fig.* 726) l'application d'un chasse-roues C fixé contre un montant U d'une grille à deux vantaux.

982. Le croquis (*fig.* 832) nous donne deux autres types de chasse-roues en fer rond ou carré à deux scellements. Ces deux scellements se font en S et en S'

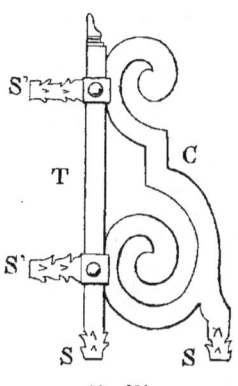
Fig. 834.

dans une pierre dure fixée solidement dans le sol.

C'est une simple barre T ou T' recourbée comme le montre la partie en traits pleins ou suivant le pointillé. Dans ce dernier cas, on ajoute une embase B reposant sur le sol.

983. La figure 833 nous montre un autre chasse-roues en fer forgé com-

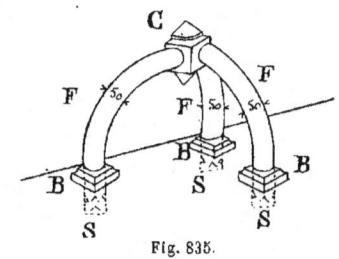
Fig. 835.

posé d'une volute D en fer carré de 50 millimètres scellée en deux points, S et S'.

984. La figure 834 nous représente un autre chasse-roues en fonte ayant la forme d'une console avec coudes ; c'est un modèle plus compliqué et plus décoratif, mais ne donnant pas pour cela de meilleurs résultats.

985. On se sert aussi de chasse-roues à trois branches (fers ronds ou carrés F réunis sur un culot C et comportant des embases B et des scellements S) dont nous donnons un exemple (*fig.* 835); ils sont utilisés dans le cas où les voitures, ayant passé la porte cochère, doivent tourner. On peut faire ces chasse-roues en fer rond ou carré et même en fonte.

986. D'autres types de chasse-roues

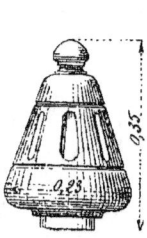 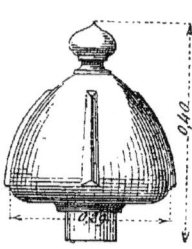 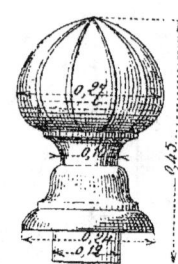

Fig. 836.

à pivot ou bornes tournantes brevetés ont été créés par M. Baudrit dans le but de remplacer l'ancien chasse-roues, qui, le plus souvent, bute la roue et lui fait obstacle sans la chasser.

987. Les bornes tournantes, au contraire, suivent l'impulsion de la roue et tournent en la faisant glisser en avant.

C'est l'ancienne borne passive ne se prêtant à rien, recevant le choc et renvoyant l'objet pour le recevoir et le renvoyer de nouveau ; c'est l'ancienne borne

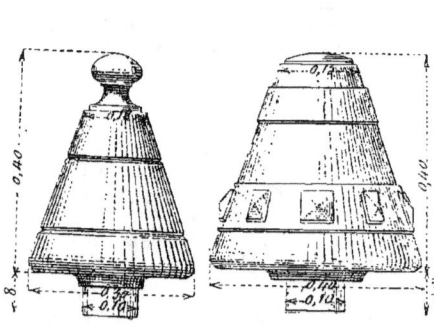 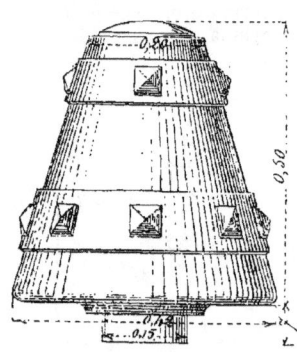

Fig 837. Fig. 838.

rendue intelligente en transformant le choc en travail utile, aidant au lieu de repousser.

988. Dans les grandes cités, où les portes cochères sont généralement étroites les voitures sont fréquemment arrêtées par les chasse-roues.

Elles s'élèvent graduellement au contraire le long des bornes tournantes qui lui font franchir l'obstacle en reportant doucement la roue de l'autre côté.

989. Les croquis (*fig.* 836, 837 et 838) donnent un aperçu des différents types aujourd'hui en usage.

990. Pour hôtels et maisons particulières il faudra employer les types représentés (*fig.* 836).

991. Pour usine, les deux types indiqués (*fig.* 837).

992. Enfin, pour baies laissant entrer les gros charrois, le type de la figure 838,

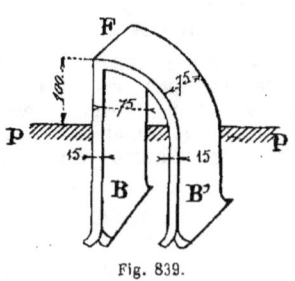

Fig. 839.

beaucoup plus fort et plus robuste, conviendra très bien.

993. Les chasse-roues peuvent se faire en fer forgé, plus ou moins ornés et munis de chanfreins, de crossettes, d'encoches, etc., en rapport avec la grille à deux vantaux, qu'ils doivent accompagner; il ne faut cependant pas en dimi-

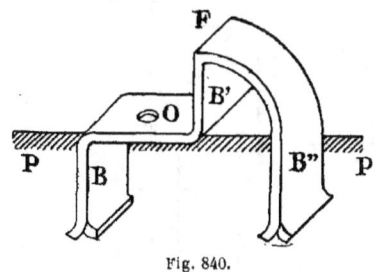

Fig. 840.

nuer la solidité pour une question de décoration.

2° Butoirs.

994. Nous savons qu'on désigne sous le nom de *butoir* une pièce de fer, plus rarement de fonte, contre laquelle vient buter la partie inférieure des vantaux d'une grille; c'est un véritable arrêt toujours scellé dans une pierre dure enfoncée dans le sol et reposant sur un massif ou blocage en petits matériaux.

995. Il est évident qu'on peut donner à ces butoirs différentes formes, et que chaque constructeur en adopte une qu'il emploie presque toujours.

996. La plus simple consiste, comme nous l'indiquons en croquis (*fig.* 839), à

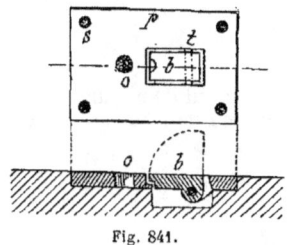

Fig. 841.

prendre un fer plat F et à le contourner à chaud en deux branches B et B′ solidement scellées dans une pierre dure P; c'est contre la paroi verticale F de ce fer que les deux vantaux de la grille viennent buter.

997. Lorsque la grille comporte, comme fermeture, une crémone, il est alors utile de changer un peu la forme du

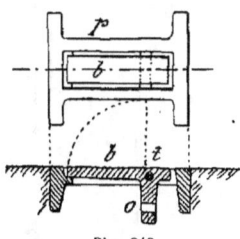

Fig. 842.

butoir, comme nous le représentons en croquis (*fig.* 840). Le même fer plat F est alors coudé en B′ et contre-coudé en B; il présente une surface horizontale dans laquelle on perce un trou O recevant la tige inférieure de la crémone de fermeture.

998. Il peut arriver que la saillie laissée par ces butoirs soit gênante lorsque la grille reste ouverte dans la journée; on emploie alors les deux dispositions (*fig.* 841

et 842) dans lesquelles le butoir proprement dit b se rabat au niveau de la plaque p en

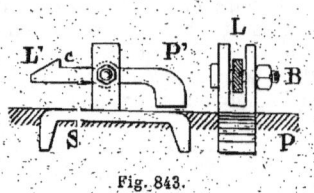

Fig. 843.

tournant autour d'un tourillon t. En o se trouve le trou recevant la partie inférieure de la tige de crémone. La plaque p est fixée sur une pierre dure par quatre vis tamponnées s (*fig.* 841), ou scellée directement dans la pierre (*fig.* 842).

999. Il existe encore d'autres types de butoirs en fonte, mais beaucoup moins solides, et qui ne méritent pas une description spéciale.

3° Arrêts à bascule.

1000. Nous venons d'étudier la manière de maintenir les grilles fermées contre les butoirs; voyons maintenant comment on peut maintenir chaque vantail lorsque la grille est ouverte. Pour cela,

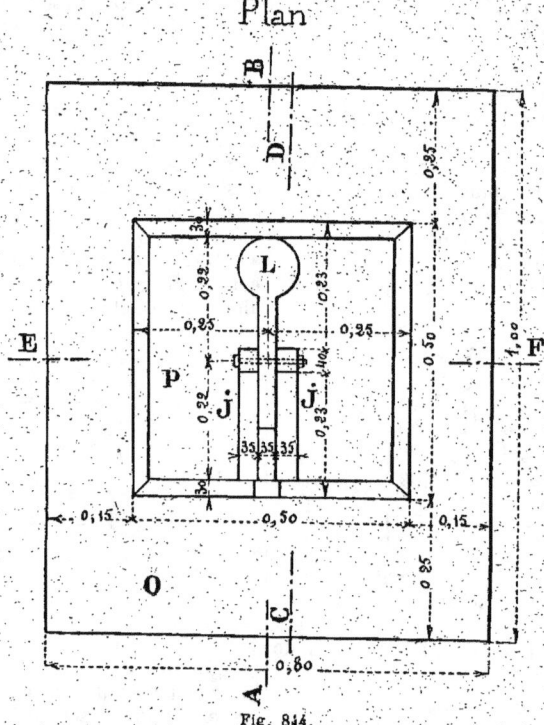

Fig. 844.

on se sert d'appareils spéciaux qu'on nomme *arrêts*.

1001. Le plus simple est indiqué en croquis (*fig.* 843); une semelle S, solidement scellée dans une pierre dure P, reçoit un fer L formé de deux lames entre lesquelles passe un levier L' terminé en P' par une masse de fer le ramenant toujours dans la position horizontale. Le levier L' tourne autour d'un boulon B.

PIÈCES ACCESSOIRES DES GRILLES A DEUX VANTAUX.   409

Le vantail de la grille qu'on ouvre rencontre le plan incliné L', fait baisser le levier, et, lorsque ce vantail a dépassé le cran c et vient se placer dans l'encoche

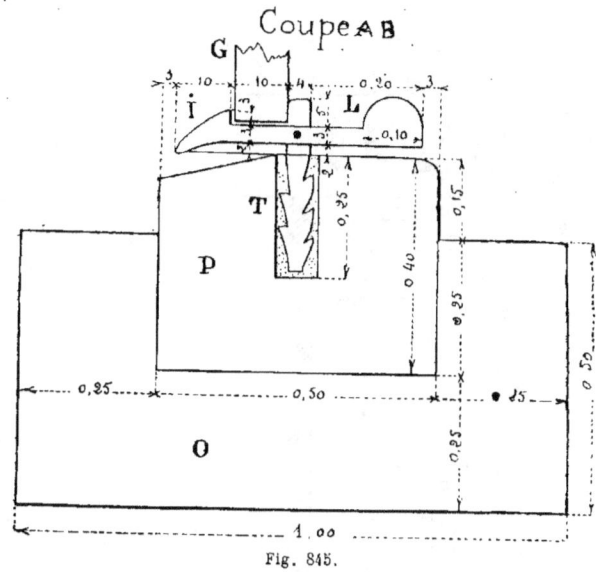

Fig. 845.

qui lui est réservée, le levier L', par suite de l'action du contrepoids P', reprenant la position horizontale, maintient le vantail ouvert. Pour fermer la grille il suffit

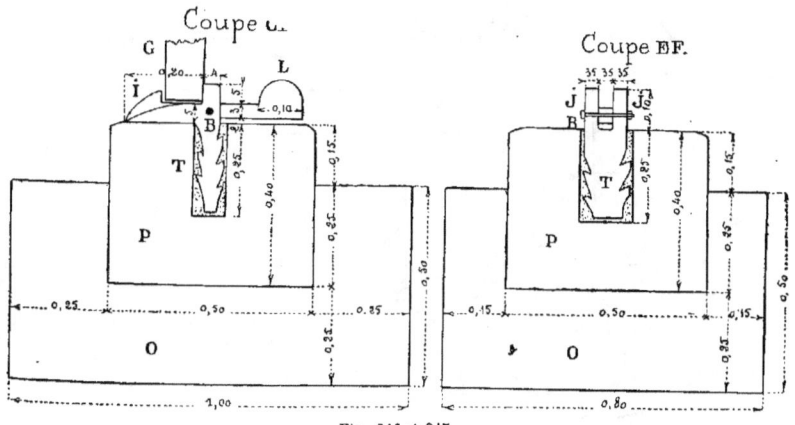

Fig. 846 et 847.

d'agir avec le pied sur le plan incliné L', de manière à dégager le vantail de l'encoche.

1002. Un deuxième exemple d'arrêt est représenté en croquis (*fig.* 844, 845, 846 et 847). En O est indiqué le massif en petits matériaux recevant la pierre dure P dans laquelle est scellé l'arrêt; en I, le levier pivotant autour d'un boulon B et terminé par une masse de fer ou de fonte L; la fourche J recevant le levier est solidement scellée à bain de ciment dans

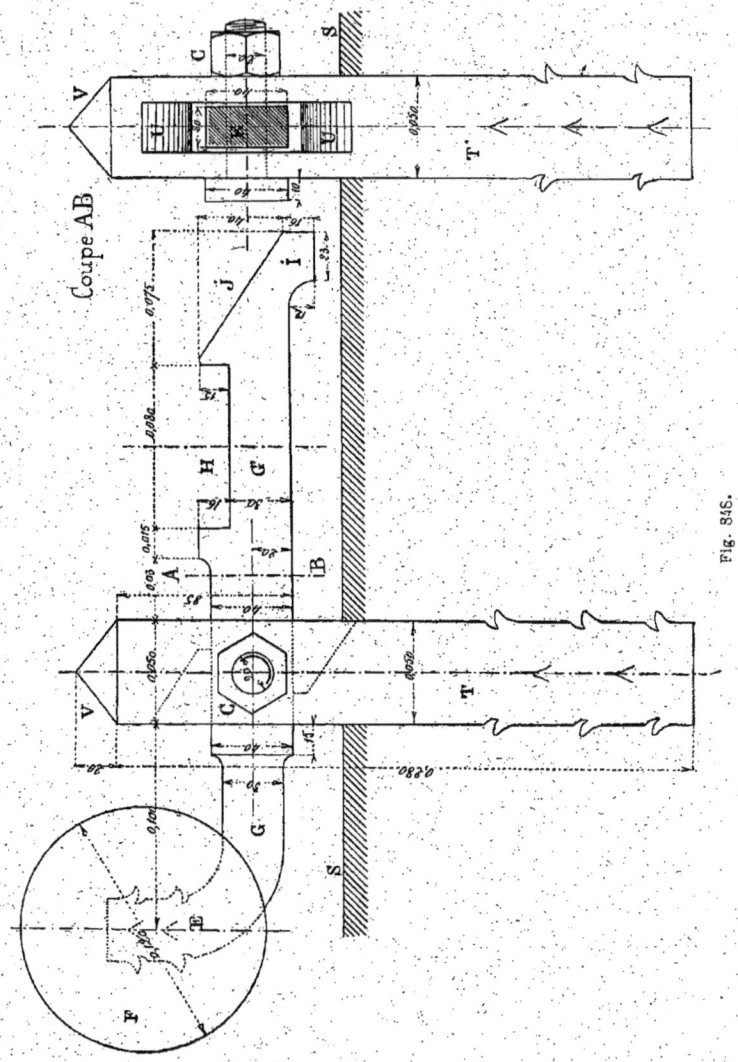

Fig. 846.

une encoche T faite dans la pierre dure. La manœuvre de cet arrêt est la même que celle de l'exemple précédemment cité.

1003. Pour terminer ces quelques indications sur les arrêts de grilles, nous représentons en croquis (*fig.* 848) le type le plus ordinairement employé pour nos

GRILLES ÉCONOMIQUES.

grilles courantes, et qui présente encore plus de solidité que les exemples donnés ci-dessus. La tige T est en fer carré de 50 millimètres de côté ; elle est, au-dessus du sol S (qu'on devra déterminer suivant la position de la grille), percée d'un trou rectangulaire U dans lequel passe le levier GG', dont nous connaissons l'usage. Ce levier GG', qui est en fer, est terminé à

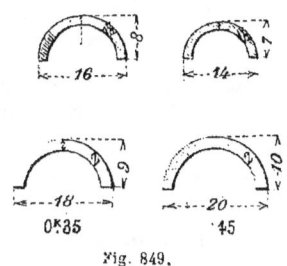

Fig. 849.

l'une de ses extrémités par une boule en fonte F formant contrepoids, et à l'autre par une encoche H et un plan incliné J. Nous en connaissons maintenant la manœuvre.

1004. Pour être solidement établi, le fer carré T de cet arrêt à bascule doit être scellé dans un bloc de pierre dure de $0^m,40 \times 0^m,50 \times 0^m,50$. La manœuvre se fait autour d'un boulon C de $0^m,020$ de diamètre ; les deux plans inclinés UU, indiqués en pointillé dans l'élévation, limitent la course du levier GG'.

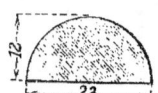

Fig. 850.

1005. La coupe AB représentée dans la même figure complète les indications utiles.

Grilles économiques.

1006. Avant de terminer le chapitre des grilles, il nous reste à dire quelques mots des *grilles économiques*, c'est-à-dire des grilles comportant dans leur exécution des *fers nervés, creux, élégis, évidés*, etc.

1007. Pour construire ces grilles, on se sert :

1° Pour les barreaux : de fers demi-ronds creux et pleins ; de fers cornières placés de manière à imiter le fer carré présenté sur l'angle ; de fers en U ; de fers triangulaires à angles arrondis nommés aussi fers bayonnettes ou fers évidés ; de fers à simple T ; de fers ronds creux ; de fers en croix ; etc. ;

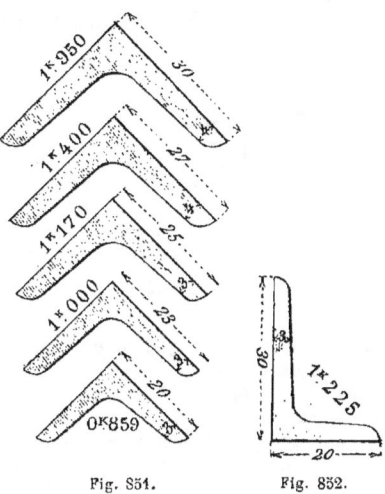

Fig. 851.   Fig. 852.

2° Pour les traverses : de fers plats ; de fers cornières ; de fers T ; de fers en U ; etc.

La figure 849 nous montre en croquis les principaux modèles de fers demi-ronds creux, employés pour la construction des grilles légères ;

La figure 850 nous donne un exemple de fer demi-rond plein, dont nous verrons plus loin des applications.

Les figures 851 et 852 nous représentent les cornières à ailes égales et à ailes inégales, utilisées soit comme barreaux, soit comme traverses.

La figure 853 nous montre la section des fers en U dont il existe plusieurs petits modèles légers, fréquemment utilisés dans la construction des grilles économiques.

La figure 854 nous représente trois échantillons de fers triangulaires à angles

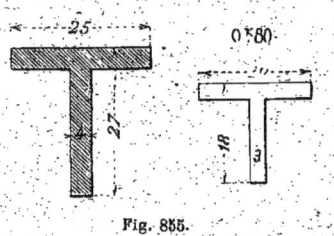

Fig. 853.

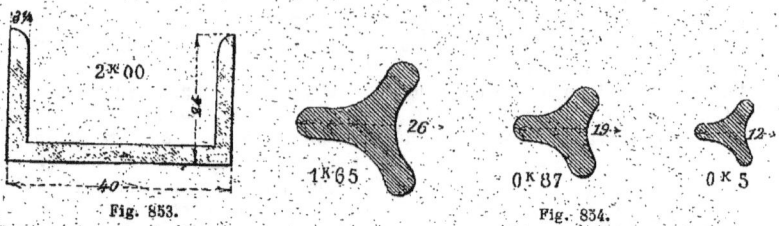

Fig. 854.

arrondis, qu'on peut très bien employer comme barreaux.

Le croquis (*fig.* 855) nous indique deux

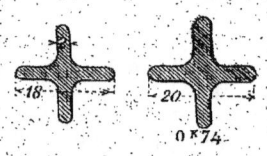

Fig. 855.

types de fers T également employés comme barreaux.

Enfin, le croquis (*fig.* 856) nous montre deux exemples de fers en croix, qui, offrant une grande résistance, sont d'un très bon effet.

de leur plat, dans une mortaise oblongue conservent aux traverses toute leur force.

La torsion raidit très sérieusement l'ouvrage et présente à la poussée le barreau dans le sens du champ, qui est celui de sa plus grande résistance.

Grilles dormantes.

1009. Afin de bien faire comprendre la disposition des grilles économiques,

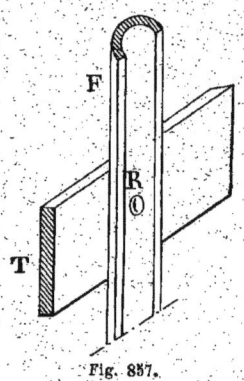

Fig. 857.

nous en donnerons quelques exemples dans ce qui va suivre.

Premier exemple. — Emploi des fers demi-ronds creux de la figure 849.

1010. Ces fers F peuvent être :

1° Comme le montre le croquis (*fig.* 857), rivés à plat sur la traverse T (en fer plat, fer en U ou cornière), ou prendre la disposition des croquis (*fig.* 859, 860 et 861) donnés ci-après, et être retenus sur les traverses T par une vis V (*fig.* 860) ;

Fig. 856.

Nota.

1008. Indépendamment des modèles de fers indiqués ci-dessus, on fait encore des grilles en *fers à torsion*. Ces grilles en fers à torsion sont entièrement en fer forgé ; les traverses en U leur donnent, avec très peu de poids, une grande rigidité. Les barreaux passant, dans le sens

2° Ce fer demi-rond, au lieu d'être appliqué contre les traverses, peut, comme l'indique le croquis (*fig.* 858), traverser les traverses (en fer plat, fer en U ou cornière) qui seront poinçonnées suivant la section du fer F, lequel sera retenu sur la traverse T par une goupille.

çoivent, de chaque côté, l'assemblage des traverses T en haut et en bas.

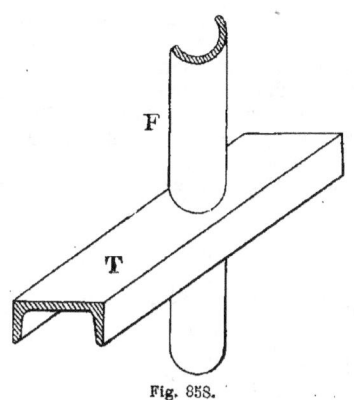

Fig. 858.

1011. Le croquis (*fig.* 859) nous montre la disposition d'ensemble d'une grille dormante construite avec des fers demi-ronds comme barreaux et des fers en U comme traverses.

Tous les douze barreaux, on place un montant D plus fort et exécuté en fer T; ces montants viennent se sceller en S dans le bahut B en maçonnerie, et re-

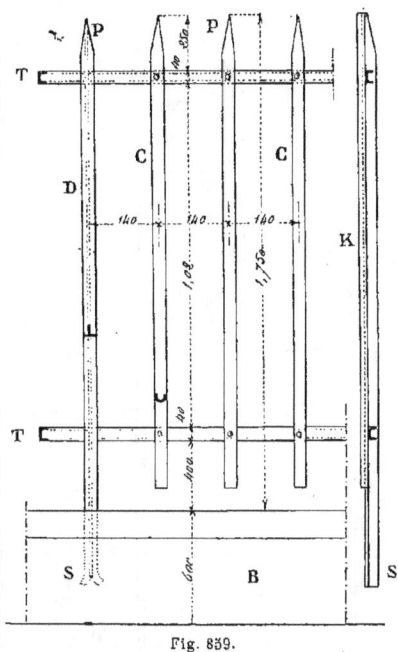

Fig. 859.

Chaque fer demi-rond C est, à son extrémité, aplati et coupé en pointe P pour former lance.

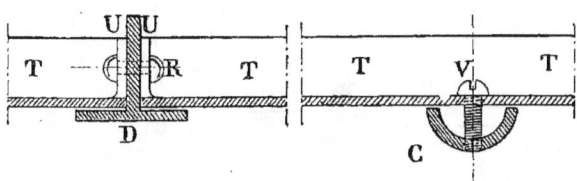

Fig. 860.

1012. Les figures 860 et 861 nous représentent l'assemblage des traverses T avec les montants D; l'âme verticale des fers en U est repliée en U de manière à former cornière d'assemblage; un rivet R et, au besoin, des vis *v* assurent la rigidité de l'ensemble.

La figure 860 nous indique comment se fait l'assemblage des fers demi-ronds C sur les traverses T en fers en U.

SERRURERIE.

Deuxième exemple. — Emploi des fers demi-ronds pleins de la figure 850.

1013. La figure 862 nous montre en élévation et en vue de côté un croquis de grille dormante sur bahut V en maçonnerie, composée de barreaux B, fers demi-ronds pleins et traverses T en fers cornières de 35×20.

Tous les 4 mètres, la grille est maintenue par des arcs-boutants G fixés en I sur un barreau, contournant le bahut en H et venant se sceller en S dans ce bahut.

A une distance de 1 mètre de l'arc-boutant, on prolonge un barreau D qu'on scelle en S'; puis, au milieu de la distance, entre deux arcs-boutants, on place

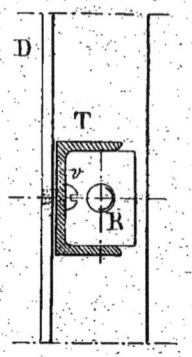

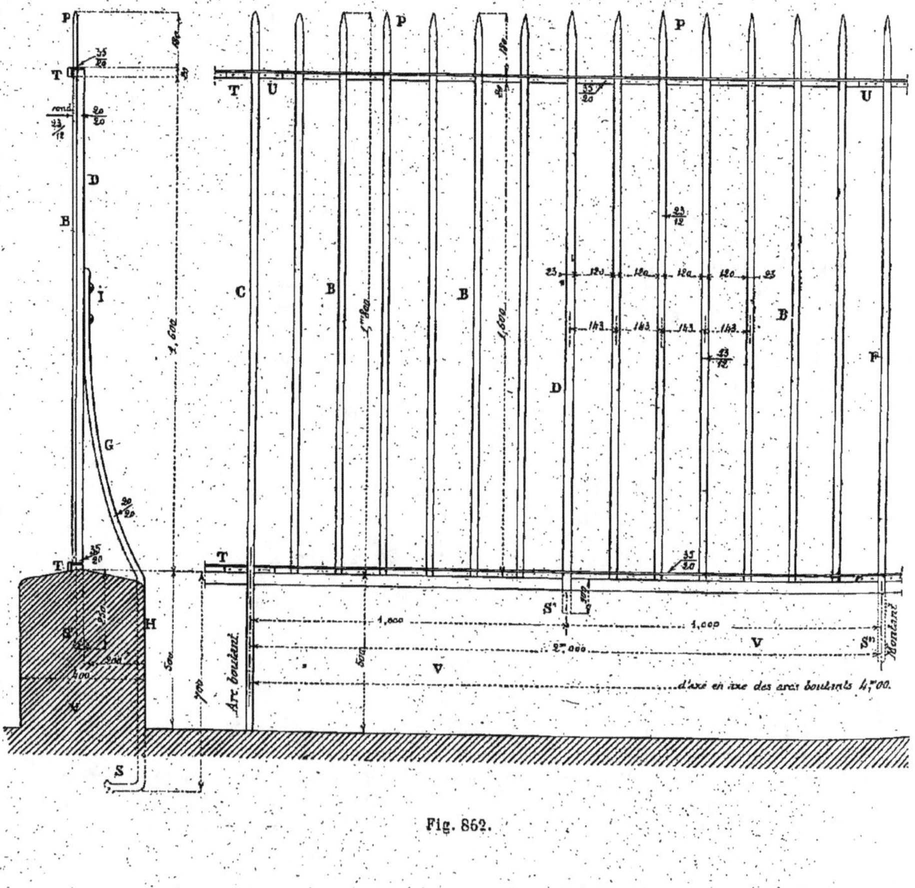

Fig. 861.

Fig. 862.

un montant F qu'on scelle solidement en S″. Les barreaux sont, comme dans l'exemple précédent, terminés en pointes.

1014. La figure 863 nous montre une coupe horizontale sur cette grille. En T nous représentons la traverse inférieure vue en plan ; en B, les barreaux traversant la cornière T ; en F, un fer plat ayant même hauteur que la cornière et que nous voyons en U (*fig.* 862). Ce fer plat sert, à l'endroit où on place un arc-boutant G, à consolider l'ensemble ; il est fixé à la cornière par des vis R.

1015. La figure 864 nous représente une variante de l'exemple précédent, mais un peu plus décorative.

Dans cet exemple les barreaux, toujours en fers demi-ronds, de 23 × 12, sont tantôt terminés en pointe P, tantôt en forme de crosses F. Les traverses T et T' sont encore des cornières du commerce à ailes inégales.

Au droit des arcs-boutants on place des motifs décoratifs O en tôle découpée ; enfin, entre les barreaux il existe des ornements O' en fer feuillard, rivés sur la traverse et sur les barreaux.

C'est une disposition heureuse, d'un bon effet et économique.

Troisième exemple. — Emploi des fers cornières des figures 851 et 852.

1016. La figure 865 nous représente l'emploi des fers cornières C comme barreaux ; ces barreaux peuvent être des fers cornières T ou des fers en U indiqués en V dans la même figure.

En plaçant les cornières comme nous l'indiquons dans le croquis, on obtient, pour la grille vue de face, le même effet qu'un fer carré présenté sur l'angle.

Les barreaux sont fixés sur la traverse par une vis ou par une goupille.

Quatrième exemple. — Emploi des fers en U de la figure 853.

1017. On peut aussi, comme le montre le croquis (*fig.* 866), se servir des fers en U comme barreaux et comme traverses ; les barreaux B, vus de face, donnent le même aspect qu'un barreau en fer carré vu à plat. Les barreaux B passent, comme les cornières de l'exemple

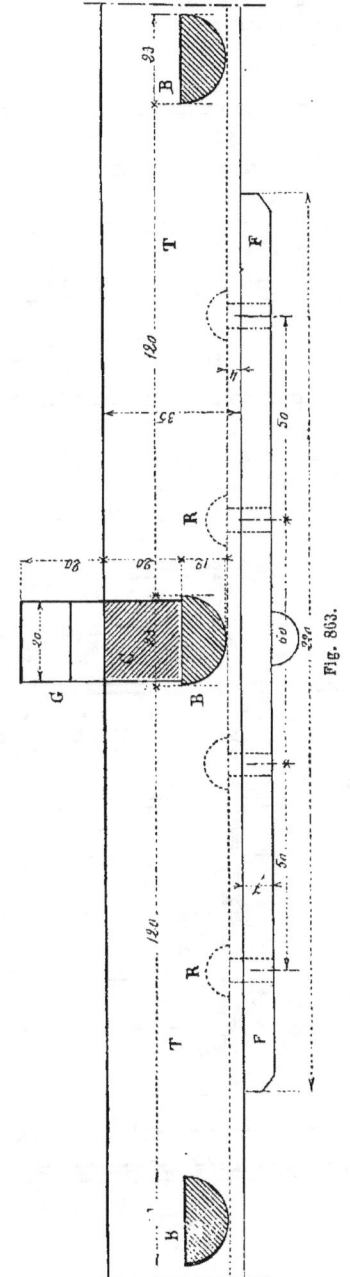

Fig. 863.

416   SERRURERIE.

précédent, par un poinçonnage exécuté dans la traverse T, qui est aussi un fer en U.

Cinquième exemple. — Emploi des fers triangulaires de la figure 854.

1018. Ces fers, cramponnés à plat sur

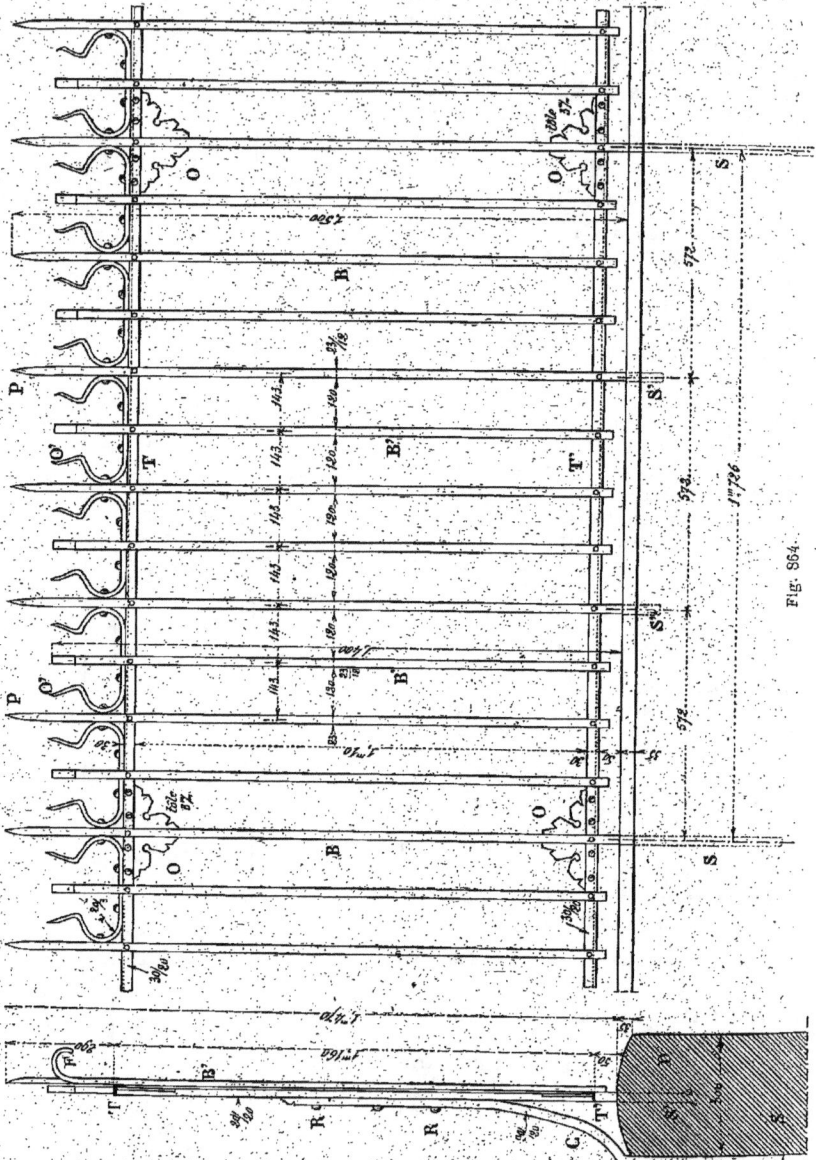

Fig. 854.

GRILLES ÉCONOMIQUES.   417

les traverses (fer cornière ou fer en U), donnent une grille solide. On peut aussi faire des trous triangulaires dans les traverses et goupiller les barreaux sur ces traverses ; mais ce perçage est assez coûteux, car on est obligé de faire un trou dans l'axe du profil du fer, plus trois autres trous pour les ailes, et finir chaque trou au bec-d'âne et à la lime.

On peut également, avec ce fer, exécuter des grilles en fers à torsion, ce profil, ainsi que les fers en croix, se prêtant bien à ce travail.

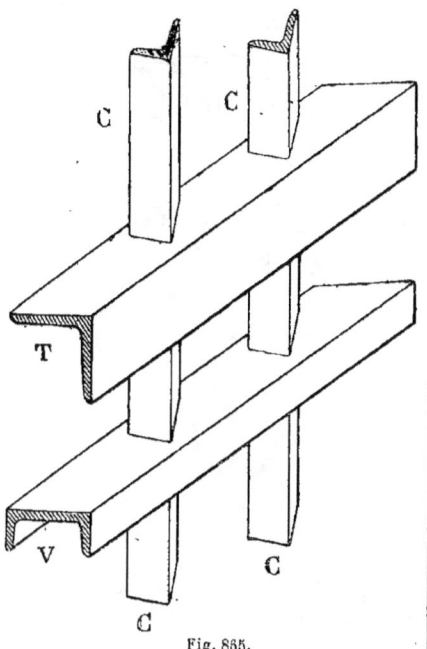

Fig. 865.

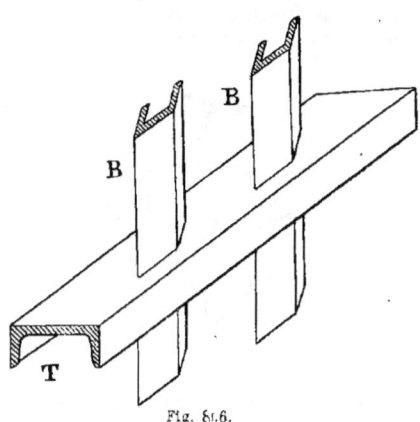

Fig. 866.

Sixième exemple. — Emploi des fers à simple T de la figure 855.

1019. Les fers T sont souvent em-

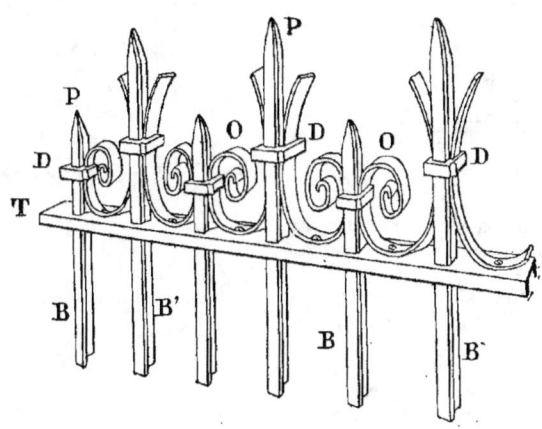

Fig. 867.

Sciences générales. SERRURERIE. — 27.

418   SERRURERIE.

ployés comme barreaux. Nous reproduisons, dans ce qui va suivre, un type de grille de ce genre dont les assemblages spéciaux sont dus à M. Le Tellier, constructeur à Paris.

1020. Ce type de grille en fers T et fers U présente, de face, l'apparence du fer carré ; l'assemblage à double rivet, dont nous allons parler, empêche toute déformation, et leur donne de la solidité et une très grande rigidité.

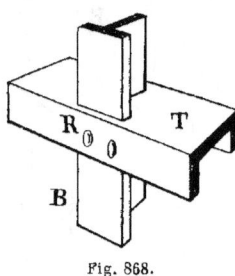

Fig. 868.

1021. La figure 867 nous donne, en perspective, la disposition des barreaux B et B' et leur traversée dans les fers en U servant de traverses. Les barreaux B et B' sont alternés courts et longs et comprennent entre eux des ornements O maintenus par des bagues spéciales D.

1022. La figure 868 nous montre la pénétration des barreaux B dans les tra-

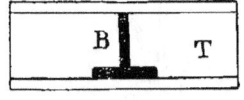

Fig. 869.

verses T avec l'indication des rivets R. La figure 869 nous représente la vue en plan de cet assemblage.

1023. La figure 870 nous indique la forme des bagues D de la figure 867 ; elles sont formées : d'une pièce E en trois sens et munie de goujons I se plaçant dans des mortaises devant les recevoir ; d'une autre pièce F formant le quatrième côté de la bague et comportant la pièce J venant se loger entre le fer T et les ornements O, comme le représente le croquis

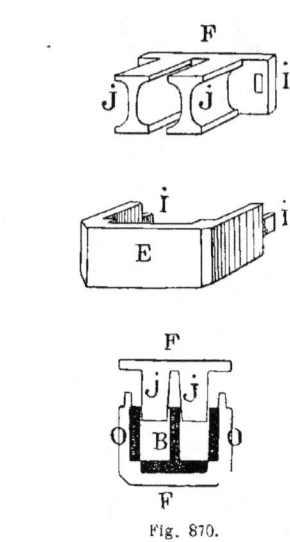

Fig. 870.

du bas de la figure 870, qui nous montre en plan la disposition d'ensemble de l'as-

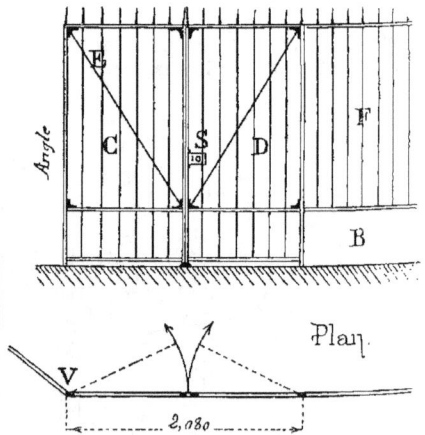

Fig. 871.

semblage. C'est une heureuse disposition qui produit un bon effet.

Septième exemple. — Emploi des fers ronds creux.

1024. Aujourd'hui on obtient facilement et à bon marché des tubes en fers

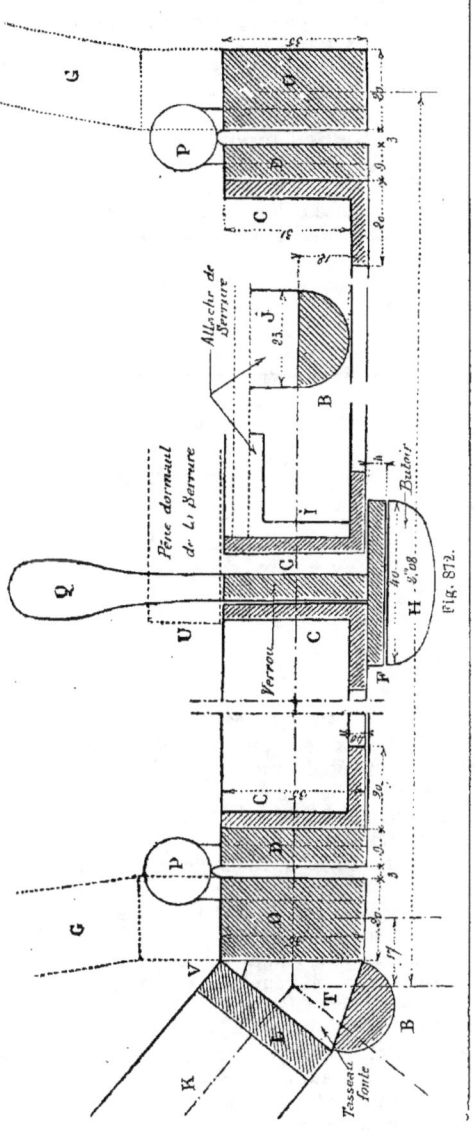

Fig. 872.

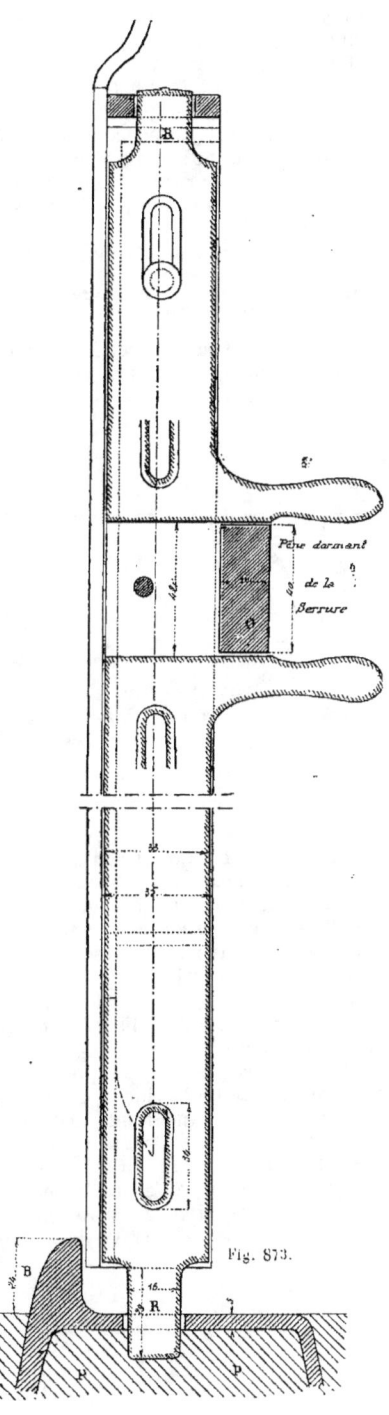

Fig. 873.

étirés pouvant servir de barreaux de grille.

Ces barreaux passant dans des traverses pleines ont tout à fait l'aspect de barreaux ronds pleins.

Nous avons vu précédemment (*fig.* 786 et suivantes, et notamment *fig.* 792) un type de grille avec barreaux en fers ronds creux, et aussi comment, à la partie supérieure de ces tubes creux, on peut fixer une pointe en fer plein formant défense.

Huitième exemple. — Emploi des fers en croix de la figure 856.

1025. Pour terminer cette description nous rappelons qu'on peut aussi employer comme barreaux des fers en croix, qu'on trouve encore dans le commerce ; on peut, avec ces fers, augmenter la décoration en les tordant à chaud sur eux-mêmes.

1026. En général, les grilles dites économiques ne valent jamais, comme solidité, les grilles en fers pleins dont nous avons parlé longuement ; nous en avons dit quelques mots comme simple renseignement.

Grilles ouvrantes.

1027. Les différentes dispositions que nous venons d'indiquer pour les grilles dormantes peuvent s'appliquer aux grilles ouvrantes à un ou à deux vantaux ; mais on fera bien d'exécuter les bâtis de ces grilles en fers pleins et seulement les remplissages en fers légers.

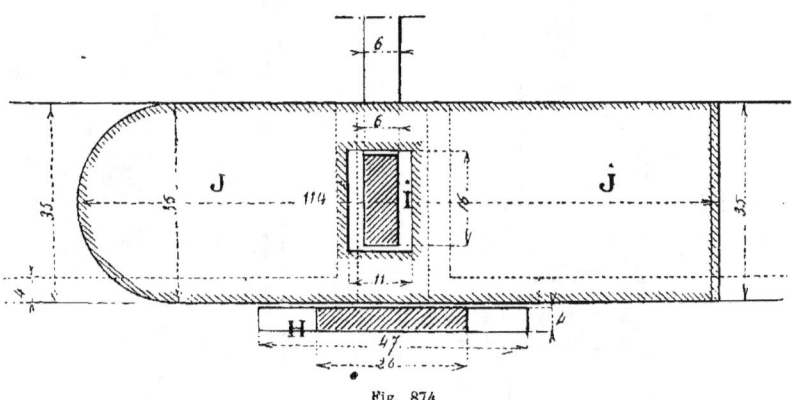

Fig. 874.

1028. Nous avons vu précédemment un exemple de portillon en fers légers (*fig.* 826).

Voyons maintenant la disposition pour une grille à deux vantaux.

1029. Le croquis schématique (*fig.*871) nous représente une grille à deux vantaux C, D, faisant suite à une grille dormante F placée sur un bahut en maçonnerie B. En E deux tirants en fer plat assurent la rigidité de l'ensemble ; en S, la serrure. Des goussets en tôle permettent un bon équerrage de chaque vantail.

Détails d'exécution.

1030. Le croquis (*fig.* 872) nous montre en détails une coupe horizontale de cette grille avec la disposition spéciale pour le poteau à l'angle V de la figure 871. Dans cet angle (*fig.* 872) on place un barreau B en fer demi-rond plein, et on réunit les fers L et O par quatre tasseaux en fonte T régulièrement disposés sur la hauteur.

Dans la partie oblique K les traverses en cornières sont réunies au montant L par des équerres de 30 × 5.

En G nous indiquons en pointillé un arc-boutant renvoyé s'arrêtant sous la paumelle du haut de la grille.

Comme nous l'avons indiqué ci-dessus, l'ossature de la grille comporte des fers plats et des cornières; les barreaux de remplissage sont seuls en fers demi-ronds de 23 × 12. Cette grille est ferrée de paumelles P se fixant sur les montants D et O.

1031. La figure 873 nous montre une coupe verticale de la grille à deux vantaux avec l'indication des verrous et de la serrure.

En B nous indiquons la forme du butoir à employer dans ce cas.

1032. La figure 874 nous donne en plan la disposition de la gâche du haut

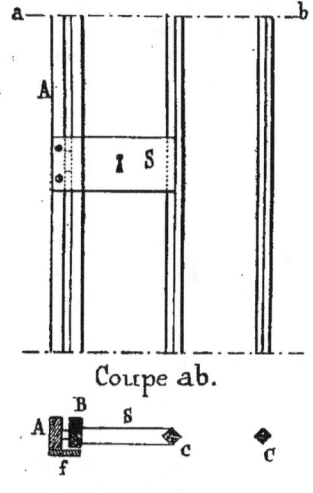

Fig. 875.

ne présentant rien de particulier à signaler.

Fermetures des grilles et des guichets.

1033. Les grilles se ferment presque toujours au moyen de crémones à clef, de verrous, de serrures, etc.

1034. Les serrures employées sont ordinairement de fortes serrures de sûreté, presque toujours construites spécialement suivant la disposition du vantail sur lequel elles sont placées. Dans certains cas, le constructeur de grilles fait lui-même la boîte de la serrure, qu'il ajuste en place sur le vantail, et il charge un

Fig. 876.

ouvrier spécial d'exécuter le mouvement intérieur de cette serrure, rentrant exactement dans la boîte.

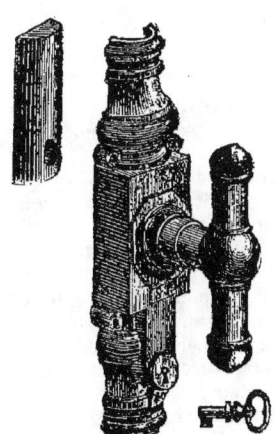

Fig. 877.

Souvent aussi, on se contente de prendre de fortes serrures du commerce, avec bouton double, qu'on ajuste directement sur le soubassement en tôle du vantail devant la recevoir.

1035. Les figures 733 et 766 nous montrent la position de la serrure dans les grilles à deux vantaux.

1036. Les figures 779, 813, 819, 820, 821 et 826 nous donnent des exemples de serrures appliquées à des portillons.

1037. Le croquis (*fig.* 875) nous indique la position d'une serrure à boîte spéciale servant à fermer un portillon.

En A, montant fixe de grille dormante portant un fer plat, *f*, servant de feuillure pour recevoir le montant du portillon ; en C, les barreaux carrés du portillon ; en S, la serrure venant, d'un côté, s'ajuster sur un barreau et, de l'autre, se fixer contre le montant B du portillon.

Le pêne de cette serrure a, comme gâche, une ouverture longitudinale pratiquée dans le montant A de grille dormante.

1038. Les crémones dont on se sert pour les grilles sont ordinairement à clef ; nous en donnons deux exemples (*fig.* 876 et 877). Ce sont des crémones en fonte marquées ST, profil à balustre, bouton en T, tringles rondes ou demi-rondes indépendantes, avec nouvelle fermeture à clef, bouton ou barette en fonte ou en cuivre. Les tringles peuvent avoir 18, 20, 2?, 25 et même 30 millimètres de diamètre, et leur longueur varier de 2 à 3 mètres.

1039. Les verrous employés pour les grilles sont des verrous très solides, qu'on exécute spécialement pour chaque grille ; ils sont beaucoup moins employés que les crémones.

CHAPITRE VI

§ I. — *AUVENTS ET MARQUISES*

. — Définitions et notions générales.

1040. On désigne sous le nom d'*auvents* de petites toitures fixes ou *appentis*, de construction très simple, en saillie sur le nu du mur d'un bâtiment et destinés à abriter de la pluie ou du vent un perron, une porte, une fenêtre, un devant de boutique ; ou aussi à faire un passage couvert sur une certaine longueur et réunir deux ouvertures ne communiquant pas de l'intérieur.

1041. Les auvents sous forme de potences maintenues par des corbeaux saillants et supportant des planches jointives recouvertes en ardoises, en bardeaux ou même en plomb, étaient, au moyen âge, placés au-dessus des entrées et des boutiques. Aujourd'hui les boutiques de Paris comportent encore de petits auvents servant à abriter la devanture et dont la saillie ne doit pas dépasser 0^m,60.

1042. On donne le nom de *marquise* à une toiture légère, d'une construction plus artistique que les auvents, en harmonie architecturale avec la construction dont elle dépend et formant abri au-dessus d'une porte, au sommet d'un perron ou au pourtour d'un édifice. Ce sont, dans certains cas, de véritables auvents, de formes plus variées, généralement garnis de chéneaux.

La plupart de nos théâtres et certains édifices publics possèdent, sur leurs façades, des marquises d'une assez grande longueur et presque toujours vitrées.

1043. Nous ne parlerons, dans ce qui va suivre, que des marquises métalliques et se composant presque toujours d'un comble, souvent vitré, muni d'un chéneau orné ou non d'ornements, d'appliques et de lambrequins.

Cet ensemble appliqué contre le mur d'une construction y est retenu soit par le simple scellement des pièces dans la maçonnerie, soit par des supports à consoles, soit, enfin, par des colonnettes sur lesquelles repose la partie antérieure de l'ouvrage.

1044. Les scellements d'une marquise dans un mur, surtout lorsque celui-ci est construit en petits matériaux, doivent être étudiés et exécutés avec beaucoup de soins et de précautions; il est utile dans ce cas de prolonger assez loin le scellement des pièces principales (ceintures et chéneaux), afin de tenir la bascule et de placer à chaque extrémité des ancres d'une assez grande longueur afin d'intéresser un plus grand cube de maçonnerie.

Le scellement de la partie inférieure des consoles a besoin d'être fait moins profondément.

1045. Pour les marquises d'une plus grande saillie et d'un grand poids, les scellements n'étant pas suffisants, on y place des tirants scellés dans les piles en maçonnerie.

Depuis qu'il est permis, à Paris, d'établir des marquises au-devant des magasins, leur emploi tend à se répandre de plus en plus; elles ont, en effet, l'avantage de garantir les clients et les marchandises contre la pluie ou le soleil; aussi nous voyons leur nombre augmenter tous les jours pour cafés, bazars, magasins de nouveautés et, en général, tous établissements ayant des étalages extérieurs.

Il s'est établi entre les divers constructeurs spécialistes pour ce genre de travail une concurrence permettant d'avoir aujourd'hui ces marquises à très bon compte, tout en conservant une exécution très soignée.

On peut obtenir des marquises en partie droite depuis 6 francs le mètre superficiel; une marquise simple en partie droite, de 2 mètres de saillie, peut s'établir depuis 55 francs le mètre courant. Ces prix sont évidemment donnés comme simple renseignement et sont variables avec la décoration et la surface à couvrir.

1046. Afin de ne pas enlever de jour, les auvents et les marquises sont presque toujours vitrés.

On se sert, le plus ordinairement, du verre blanc double troisième choix; du verre strié de différentes usines, Saint-Gobain, par exemple; de verre cathédrale produisant souvent un très bon effet par les teintes douces qu'il procure.

Il faudra, dans chaque cas particulier, calculer la résistance des fers T suivant le poids au mètre superficiel du verre adopté.

1047. Le verre double de $0^m,003$ d'épaisseur pèse de $7^k,57$ à 8 kilogrammes le mètre superficiel.

Le verre double de $0^m,004$ d'épaisseur pèse $10^k,09$ le mètre superficiel.

L'inclinaison à donner aux vitrages peut varier de 20 à 30 degrés ou une pente de $0^m,36$ à $0^m,58$ par mètre.

La pente de $0^m,03$ à $0^m,05$ par mètre est assez généralement adoptée.

1048. La limite des verres de commerce est de $0^m,42$ de largeur; lorsqu'on emploie des verres striés, qui sont plus lourds, il faut augmenter les forces des fers T pris comme chevrons, et leur donner un écartement plus grand.

1049. Les chéneaux peuvent être garnis à l'intérieur en zinc n° 14, ou simplement rendus étanches en plaçant entre les parties à river une bande de papier fort imprégné de minium ou de céruse, et de plus en masticant le joint entre la tôle verticale et le double fond nécessaire pour obtenir l'écoulement des eaux.

Les auvents et, dans certains cas, les marquises peuvent être recouverts en zinc ou autrement (gares de chemins de fer), mais c'est l'exception.

1050. Les auvents et les marquises doivent, autant que possible, être établis sous le bandeau ou sous une saillie quelconque du bâtiment afin d'avoir une garantie de plus contre les infiltrations.

1051. La rive extérieure d'une marquise doit, pour satisfaire aux règlements de voirie, être au moins à $0^m,50$ d'un arbre, d'un trottoir, d'un bec de gaz, etc., établis sur la voie publique.

II. — Principaux types d'auvents.

Premier exemple. — Auvent haubané.

1052. C'est, de tous les auvents, le plus simple et le plus économique. Il se compose, comme le montre le croquis (*fig.* 878), d'une série de fers à simple T ou chevrons F venant se fixer dans une cornière solin C, solidement scellée dans le mur M; d'une sablière S, sur laquelle sont vissés les fers F. Tous les deux mètres, on place un hauban H en fer rond de $0^m,011$ à $0^m,015$ de diamètre solidement scellé dans le mur M et attaché sur le fer F qui lui correspond au moyen d'une plaque rivée *p*.

La portée ordinaire pour ce genre d'auvent est de $1^m,40$ à $1^m,50$; l'écartement

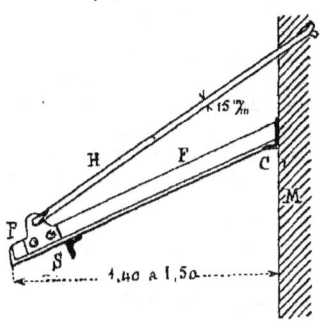

Fig. 878.

des fers F est de $0^m,30$ à $0^m,35$ environ d'axe en axe. On pourra, à l'auvent haubané dont nous venons de parler, ajouter une gouttière ou un chéneau; le tirant ou hauban H devra, dans ce cas, être calculé de manière à bien soutenir le poids de la gouttière ou du chéneau ajouté.

Deuxième exemple. — Auvent sur consoles.

1053. Les auvents portés sur consoles peuvent se faire avec ou sans chéneaux ; ils peuvent être vitrés ou couverts en zinc.

La figure 879 nous montre un auvent simple porté sur consoles et comportant une gouttière.

La console est formée par des fers T réunis par des plaques d'assemblage. A l'extrémité et formant rive, un fer en U placé verticalement reçoit une gouttière pendante.

Des fers à vitrage, placés à écartement convenable pour utiliser les verres du commerce, reçoivent la vitrerie de cette simple installation.

Il est indispensable, comme nous l'indiquons dans le croquis, d'ancrer solidement dans le mur ces différentes consoles dont l'écartement d'axe en axe peut varier de 2 à 3 mètres.

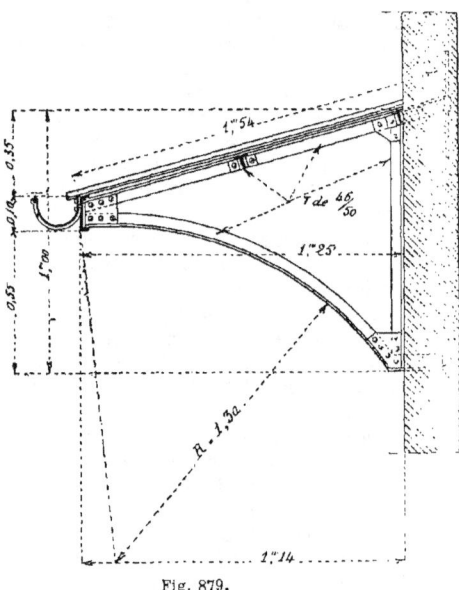

Fig. 879.

Les scellements dans les murs doivent avoir au minimum $0^m,20$ de profondeur.

La figure 880 nous montre un exemple d'auvent sans chéneau ni gouttière, mais d'une saillie plus grande et comportant des consoles dont le milieu est muni d'un cercle en fer plat de 40×7. La console est encore composée de fers T et de fers plats réunis par des plaques d'assemblage.

La portée, d'une console à l'autre, peut être de 2 à 3 mètres.

Comme variante à ces deux types on peut les exécuter avec des fers cintrés comme chevrons.

AUVENTS ET MARQUISES. 425

Troisième exemple. — Auvent relevé avec chéneau à l'arrière.

1054. Le chéneau placé à l'arrière charge moins et la descente des eaux pluviales peut se faire plus facilement. Ce genre d'auvent peut être construit avec ou sans haubans et comporter un bandeau à l'avant.

Le chéneau étant ainsi disposé, il faut prendre les précautions nécessaires pour

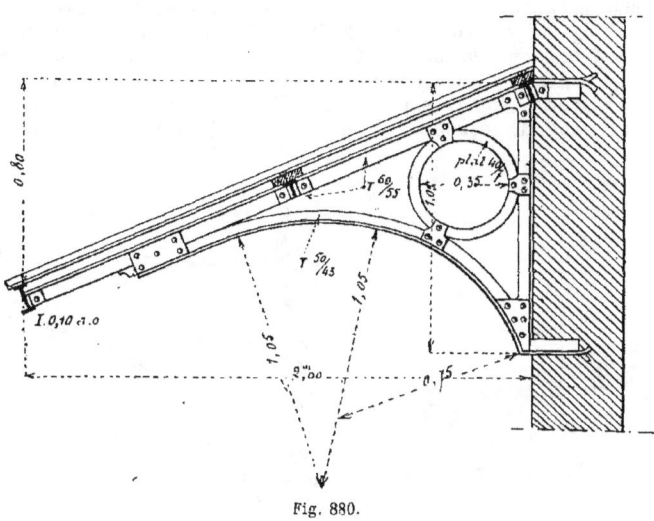

Fig. 880.

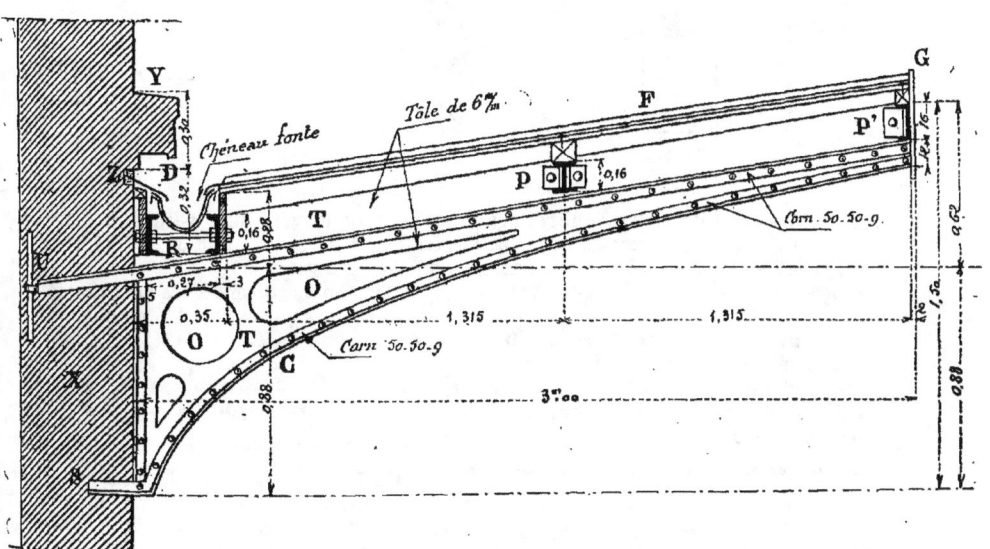

Fig. 881.

éviter l'humidité dans le mur contre lequel le chéneau est placé.

1055. La figure 881 nous représente un auvent relevé avec chéneau à l'arrière. Il est formé : d'une tôle T de 0^m,006 d'épaisseur entaillée au passage du chéneau D et évidée en O pour lui donner un aspect plus léger ; de cornières C de 50 × 50 × 9 fixées sur la tôle T pour lui donner la résistance nécessaire ; d'une panne P, fer I de 0^m,16 larges ailes, recevant un tasseau sur lequel on cloue les chevrons, au-dessus une couverture en zinc ; d'une panne de rive P', fer en U de 0^m,16 de hauteur, recevant également un tasseau en bois, et sur son plat la rive G ; de deux fers en U indiqués en R, et entre lesquels on place un chéneau en fonte D.

Cet auvent peut avoir une longueur quelconque, il suffira d'y mettre des consoles tous les 3^m,50 ou 4 mètres ; ces consoles sont solidement scellées en S et en U, dans le mur en maçonnerie.

Une bavette en zinc Z retombant dans

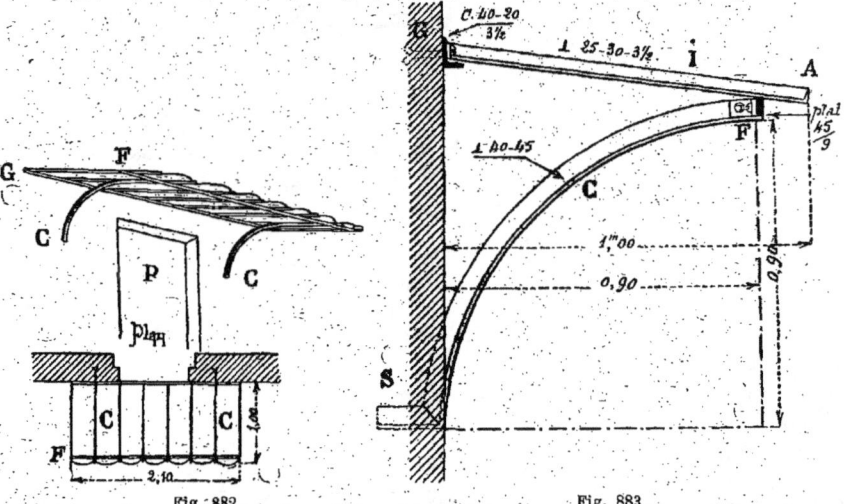

Fig. 882. — Fig. 883.

le chéneau empêche les infiltrations le long du mur ; le bandeau Y, sous lequel est placé le chéneau, offre aussi une garantie contre l'humidité à craindre pour le mur.

Les tasseaux recevant la couverture en zinc sont cloués sur un voligeage, lui-même cloué sur une planche formant le caisson du chéneau, et sur les deux pannes P et P'.

Quatrième exemple. — Auvents sur colonnes

1056. Si la saillie de l'auvent augmente, il y a avantage à employer les supports verticaux ; les points d'appui peuvent être plus éloignés, et les pannes sont alors de véritables petites sablières en tôle et cornières, afin de leur donner un aspect assez léger.

Ces auvents rentrent alors dans la catégorie des marquises, dont nous verrons plusieurs exemples.

III. — Principaux types de marquises.

Premier exemple.

1057. L'exemple le plus simple de marquise, qui réellement n'est qu'un *abri* sans chéneau, est indiqué en croquis (*fig.* 882) ; il se compose :

D'une cornière G de 40 × 20 solide-

AUVENTS ET MARQUISES.   427

ment scellée dans le mur et qu'on nomme *cornière solin* ; d'une *panne* F, cornière de 50 × 30 ; d'une série de *chevrons* en fer ⊤ de 25 × 30 ; enfin, de deux consoles C en fer ⊤ de 40 × 45.

Comme le montre le plan, cette marquise très simple sert à abriter l'entrée d'une porte P ; les deux consoles C sont placées à droite et à gauche de l'entrée, à l'avant-dernier carreau, et solidement scellées dans le mur.

1058. Le croquis (*fig.* 883) nous montre

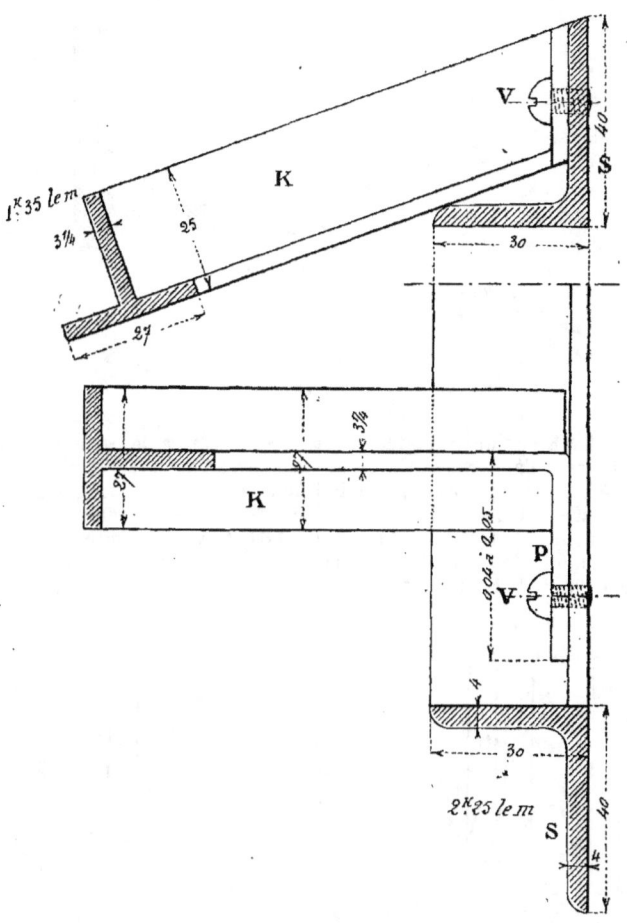

Fig. 884.

le détail des différentes pièces dont nous venons de parler. En G la cornière solin avec l'indication de ses scellements dans le mur ; en I, les fers à vitrage fixés en G et vissés sur la panne F que nous supposons, comme variante, être ici un simple fer plat de 45 × 9, fixé à l'extrémité de chaque console C. Cette console est scellée en S dans la maçonnerie.

1059. Les détails d'assemblages sont

pour cet exemple, très simples et peu nombreux ; nous parlerons seulement de l'attache des fers I sur la cornière solin G, qui peut, comme le montrent les croquis (*fig.* 884 et 885), se faire de deux façons. Soit, d'une manière générale et commune à tous les assemblages de ce genre, un chevron quelconque K (*fig.* 884) à assembler avec une cornière solin S ; on peut, comme le montre ce croquis, couper

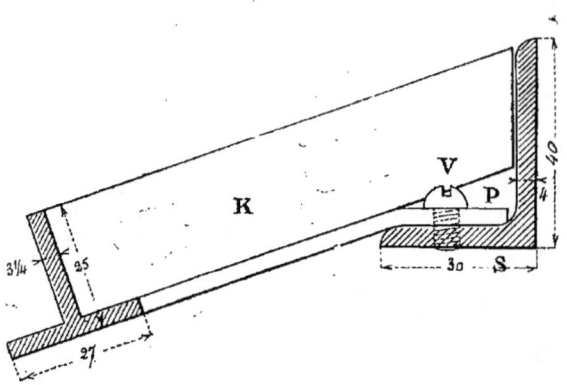

Fig. 885.

la semelle du fer K sur une certaine longueur et retourner l'âme verticale de ce fer, de manière à obtenir une patte P, venant se fixer à l'aide d'une vis V sur l'aile verticale de la cornière solin ; on peut aussi, comme l'indique le croquis (*fig.* 885), fendre en P l'extrémité du fer T, et rabattre la semelle inférieure de manière à l'appliquer et à la maintenir à l'aide d'une vis V, sur la branche horizontale de la cornière solin.

1060. Nous avons pu remarquer dans le plan de la figure 882 que les verres sont arrondis à leur partie basse et dé-

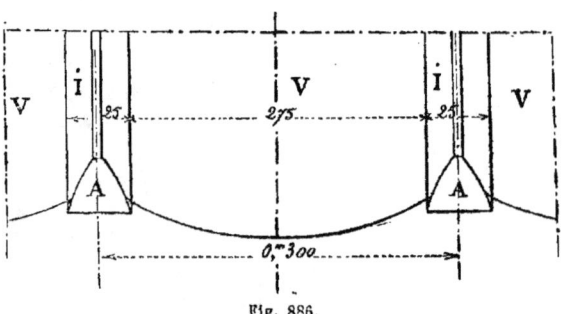

Fig. 886.

passent un peu les chevrons ; il faut terminer l'extrémité de chaque chevron d'une manière spéciale, afin d'empêcher les verres de glisser en dehors. Pour cela, chaque chevron I, comme le montre le croquis (*fig.* 886), est relevé à son extrémité inférieure ; on coupe la crête et on relève à chaud le patin A dont on arrondit les angles. On donne à cette extrémité le nom de *garde-verre*.

AUVENTS ET MARQUISES.   429

Deuxième exemple.

1061. Si la portée augmente on ne peut plus se contenter, comme dans le croquis (*fig.* 882), de consoles simples en

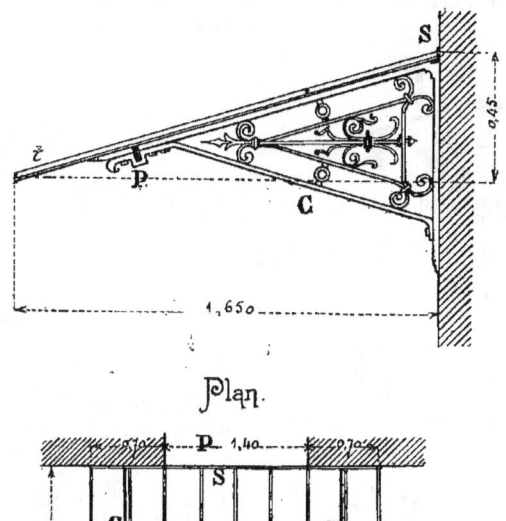

Fig. 887.

fer **T**; on donne à ces consoles un peu plus d'importance, comme nous l'indiquons dans le croquis (*fig.* 887).

lorsqu'ils doivent recouvrir des portes P à un seul vantail, ces portes n'étant pas des entrées principales d'habitations.

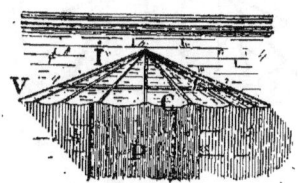

Fig. 888.

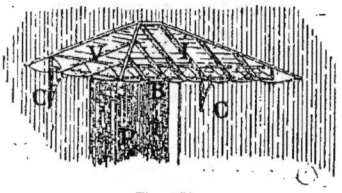

Fig. 889.

Troisième exemple.

1062. Les figures 888, 889 et 890 nous montrent, en croquis, trois exemples d'abris simples, qu'on peut très bien utiliser

Ces abris se rapprochant, comme composition, du type donné (*fig.* 882), nous ne nous y arrêterons pas plus longuement.

1063. Si les dimensions l'exigent, on

peut remplacer la panne F de la figure 883 par un fer en U offrant plus de résistance, ou même, comme le montre le croquis (*fig.* 891), par une *ceinture* un peu

Fig. 890.

plus compliquée, et composée : d'un fer plat A de 100×7 formant ceinture proprement dite ; d'un autre fer plat F légèrement biseauté à la partie haute fixé sur

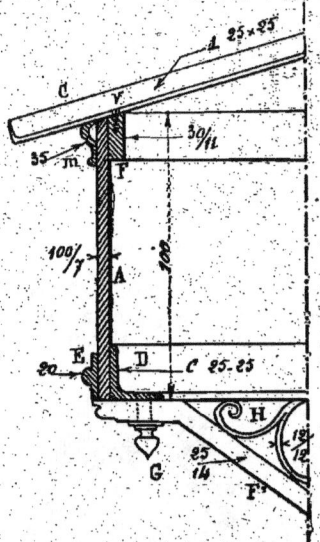

Fig. 891.

le fer plat A et recevant, à l'aide de vis V, l'assemblage des chevrons C de la marquise ou de l'abri ; d'un fer mouluré m ; d'un autre fer mouluré E, que les ouvriers

appellent *chapeau de gendarme*, et d'une cornière D complétant cette disposition.

La console F' se fixe au-dessous de la ceinture A et comporte des ornements de remplissage H.

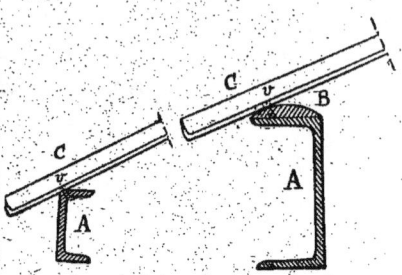

Fig. 892.   Fig. 893.

1064. Lorsque la ceinture est un simple fer en U, l'attache des chevrons peut se faire de deux manières : soit (*fig.* 892), lorsque le fer en U est un peu épais, en faisant à la lime une petite entaille oblique au passage de chaque che-

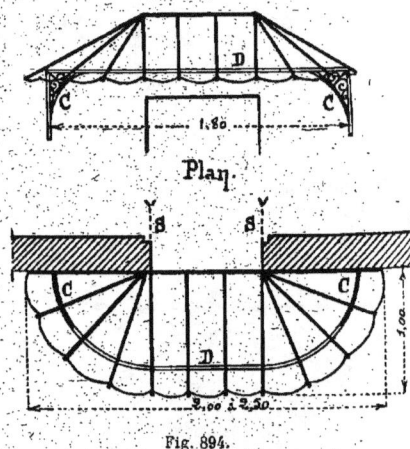

Fig. 894.

vron C et en retenant ce chevron par une vis v ; soit (*fig.* 893), en plaçant sur l'aile supérieure du fer en U un fer demi-rond très plat B sur lequel on retient le chevron C avec une vis v.

AUVENTS ET MARQUISES. 431

Quatrième exemple.

1065. La marquise peut, comme le montre le croquis (*fig.* 894), être à angles arrondis et sans chéneau.

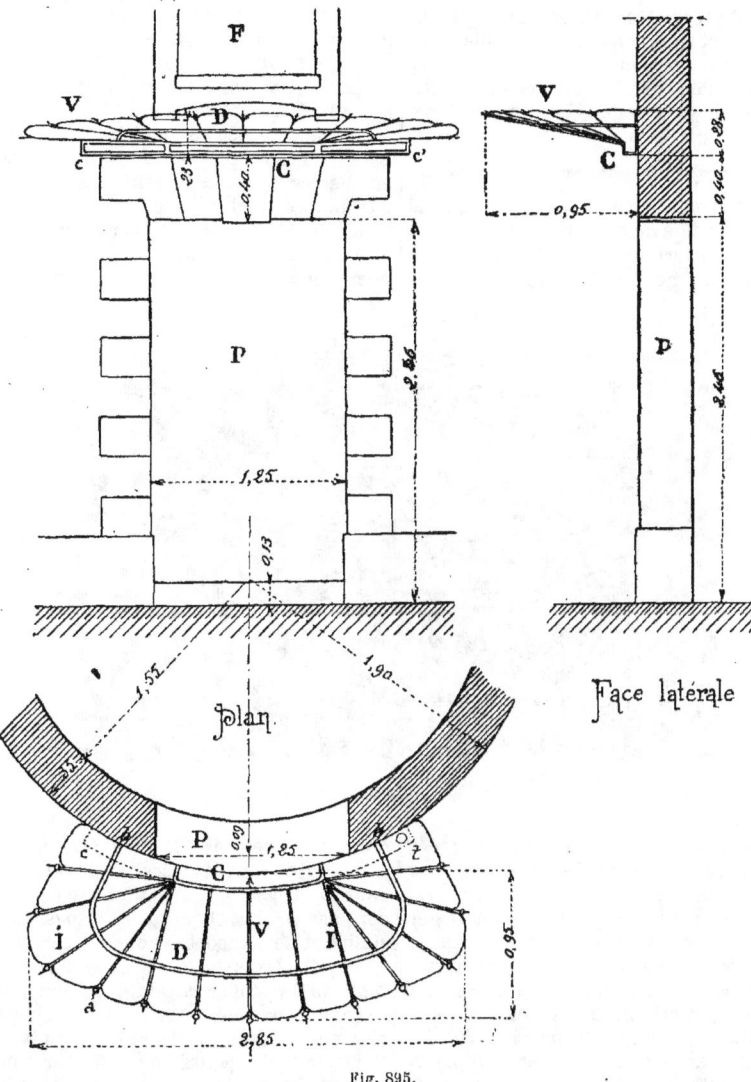

Fig. 895.

Les consoles C supportant cette marquise sont alors cintrées comme nous l'indiquons en plan. La cornière solin S (40 × 20) existe toujours; la ceinture D peut, suivant les dimensions de la marquise, être exécutée soit avec une cornière à ailes inégales de 75 × 35, soit avec un fer en U cintré, soit enfin, comme nous l'avons indiqué, en croquis (*fig.* 894).

Les chevrons seront en fer à T de 20 × 25, et les consoles, fers plats de 35 × 20 avec ornements de remplissage.

Afin d'empêcher la sablière de baisser du nez, on scelle dans le mur les deux chevrons du milieu.

Cinquième exemple. — Marquises en éventail.

1066. Dans certains cas les marquises se relèvent en éventail et comportent un chéneau à l'arrière. Les petits bois sont rayonnants; nous indiquons en croquis (*fig.* 895) une forme très simple de ce genre de marquises.

1067. La figure 896 nous représente un exemple un peu plus compliqué d'une marquise placée au-dessus d'une porte P à deux vantaux. Les verres étant en saillie, la marquise est courbe et dépasse le chéneau de chaque côté.

Elle se compose : d'un chéneau J formé d'un fond en fer plat de 120 × 3 ; de côtés en mêmes fers plats, renforcés haut et bas de fers moulurés de 25 × 9 et demi-ronds de 20 × 11 avec rosaces sur la face vue ; les cornières intérieures de ce chéneau ont 20 × 20 × 5 ; d'une ceinture D

Fig. 896.

également en fer plat de 120 × 3 bordée haut et bas de fers moulurés ou d'un fer en U de même hauteur dont l'âme est ajourée et sur lequel on fixe des motifs en forme de crosse ; ce fer en U vient se relier directement à la face du chéneau ; de consoles O en fer plat de 30 × 18 avec remplissages et volutes en même fer plat ; de petits bois I en fer T de 25 × 30.

Cette marquise peut avoir une portée totale de 2ᵐ,50 à 2ᵐ,75 et une largeur de 1ᵐ,20 à 1ᵐ,30.

1068. Le croquis (*fig.* 897) nous montre un exemple beaucoup plus simple de ce genre de marquise. Dans ce croquis, la ceinture D peut être un fer en U cintré venant se sceller directement dans la maçonnerie et soutenu par deux consoles O. Le chéneau est aussi plus simple et ne comporte aucune décoration.

1069. Dans bien des cas on se contente de supprimer la ceinture D des deux exemples précédents et de la remplacer par un bandeau cintré et décoré placé à l'extrémité des petits bois. On surmonte souvent ce bandeau d'une galerie en fer forgé.

Sixième exemple. — Marquises avec chéneau à l'arrière.

1070. Les marquises avec chéneau à

AUVENTS ET MARQUISES. 433

l'arrière sont aujourd'hui très employées; elles peuvent se faire avec *haubans* ou sans *haubans*.

1° Marquise sans haubans.

1071. Le croquis (*fig.* 898) nous montre un type de ce genre, sans haubans, très fréquemment employé, à Paris, pour les devantures des magasins.

Le chéneau C est placé le long du mur au-dessus du tableau T de la devanture B. Ce chéneau reçoit les petits bois V soutenant la partie vitrée de la marquise. Une galerie G, plus ou moins décorée,

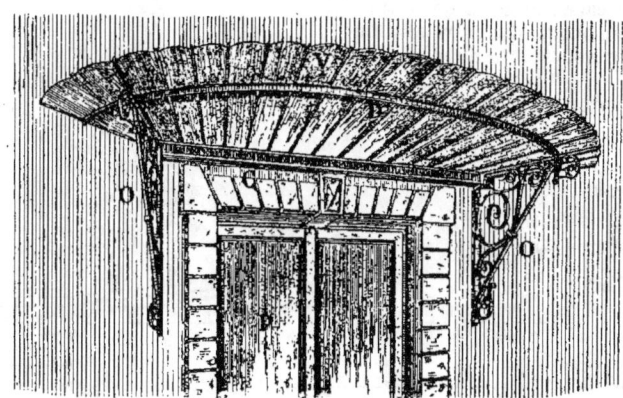

Fig. 897.

cache l'about des petits bois et est soutenue, aux deux extrémités, par de fortes consoles O venant s'appliquer sur les caissons D de la devanture.

Sur la longueur de la marquise se répartissent régulièrement de petites fermettes F en fer plat et cornières venant s'assembler dans la galerie G et contournant le chéneau C sous forme de petite console. C'est le type généralement adopté

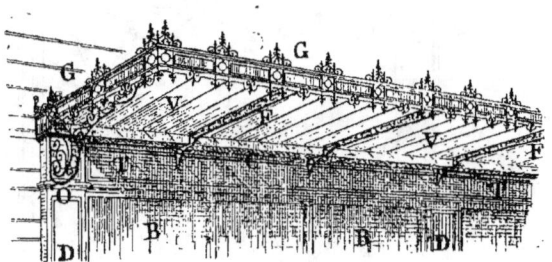

Fig. 898.

pour les marquises ayant peu de poids et relativement peu de saillie.

2° Marquises avec haubans ou tirants.

1072. Ces marquises, dont nous donnons une élévation (*fig.* 899) et deux coupes horizontales (*fig.* 900) sont généralement portées sur consoles et présentent un développement relativement grand. Elles sont, comme le montrent ces

Sciences générales. SERRURERIE. — 28.

deux croquis, placés à la partie haute des boutiques entre la fenêtre G de l'entresol et la partie vitrée de la devanture.

En G, nous indiquons la coupe de la croisée de l'entresol comportant à la partie inférieure l'auvent A recouvrant la devanture en bois, et sous lequel se trouve logée la fermeture en fer dont les différentes lames sont indiquées en E; en F, l'épaisseur des caissons de la devanture faisant, comme nous le savons, une saillie maxima de $0^m,160$ sur le nu de la façade.

1073. La marquise, dont la longueur

tent le chéneau à double fond D et le lambrequin P sur lequel viennent s'as-

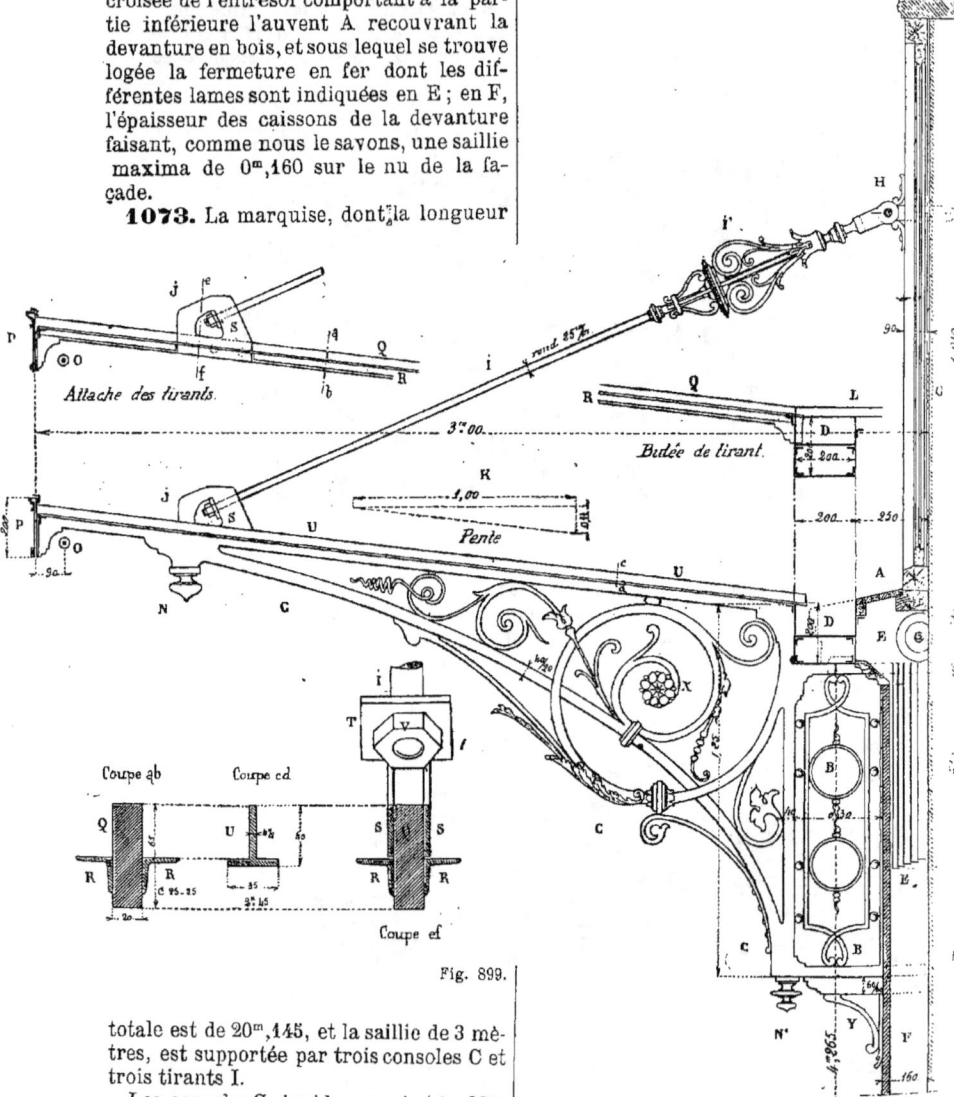

Fig. 899.

totale est de $20^m,145$, et la saillie de 3 mètres, est supportée par trois consoles C et trois tirants I.

Les consoles C, dont le croquis (*fig.* 899) nous montre l'élévation, sont scellées dans le mur M en deux points; elles portent sembler les fers à vitrage U. Ces fers reposent à leur autre extrémité sur le

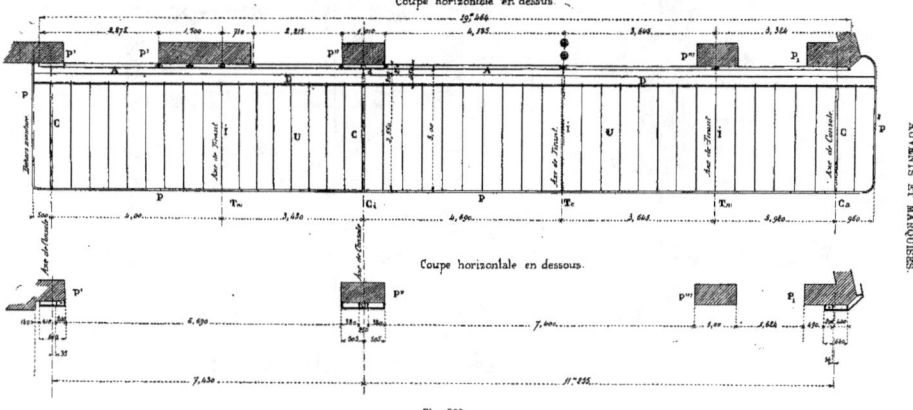

Fig. 900.

436 SERRURERIE.

chéneau D ; la coupe suivant *cd* nous montre leur section et les différentes cotes.

1074. Les tirants I sont fixés en J sur un fer plat Q placé dans le plan des che-

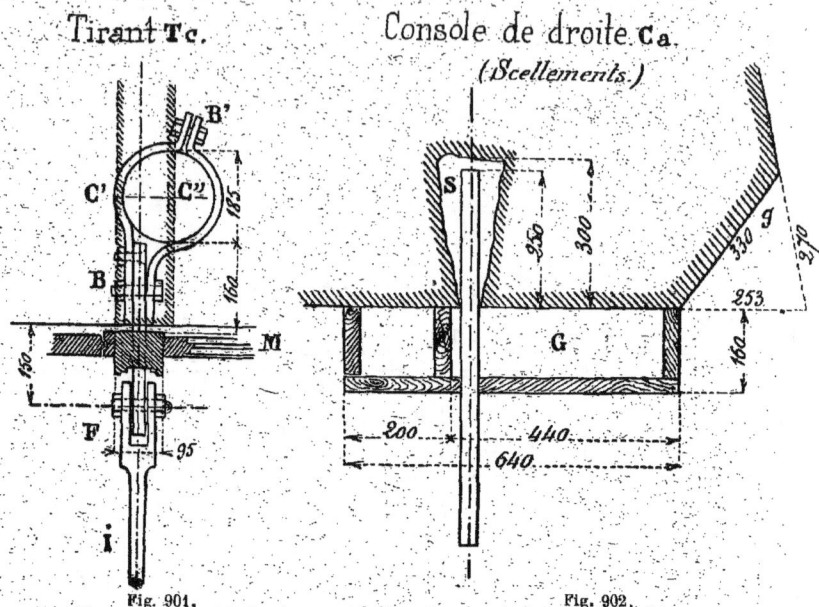

Fig. 901. — Tirant Tc.

Fig. 902. — Console de droite Ca. (Scellements.)

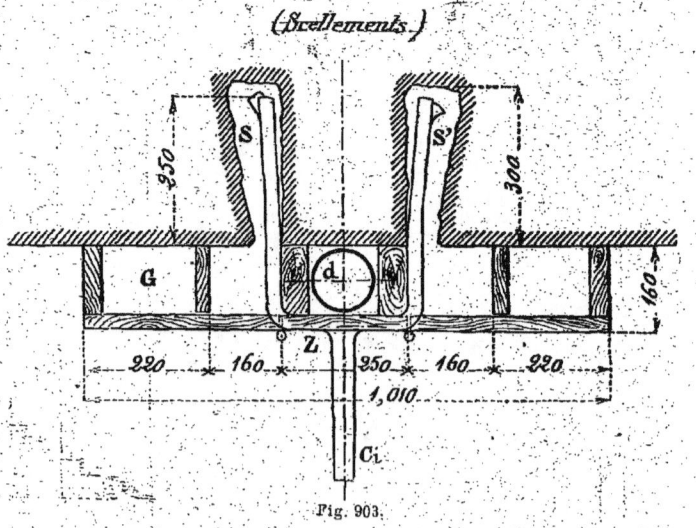

Fig. 903. — Console intermédiaire Ci. (Scellements.)

vrons et scellés en H dans le mur de face du bâtiment.

La coupe suivant *ab* nous montre la disposition dans le plan d'un tirant. Un fer plat Q reçoit, de chaque côté, une cornière R sur laquelle vient se placer le verre. De chaque côté de ce fer Q (coupe *ef*) on met deux plaques de tôle S sur lesquelles on place une semelle T traversée par le boulon ou tirant I et recevant l'écrou V de chaque tirant.

1075. Le tirant I est du fer rond de 25 millimètres et comporte, comme ornementation, un motif I' en fer forgé; en H, une fourche permet de l'attacher à la barre Z fortement scellée dans la maçonnerie.

En O se trouve l'indication de l'axe d'un store se développant au-devant de la marquise; en B, un panneau de remplissage entre la console et la devanture; en L, la butée des tirants, pièce indispen-

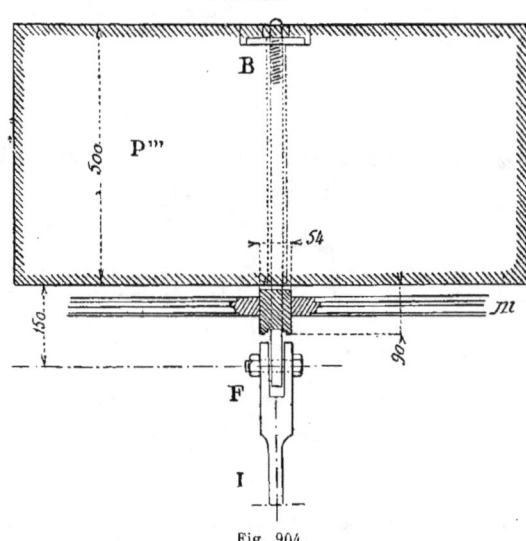

Fig. 904.

sable pour que la pression exercée sur la face du chéneau ne lui fasse pas subir de dépression.

La pente de la partie vitrée est de 0^m,11 par mètre.

Le chéneau est composé de fers plats de 200 × 5 assemblés par des cornières de 25 × 25; le lambrequin P est en même tôle avec un fer mouluré à la partie supérieure; un fer demi-rond à la partie inférieure et deux cornières de 30 × 30.

1076. Les principaux détails à signaler sont les différents modes d'attache et les scellements dans les murs.

1077. Le croquis (*fig.* 904) nous indique comment se fait l'attache du tirant Tc de la figure 900 lorsque ce dernier se trouve juste en face d'une colonne. Le tirant I est alors terminé par une fourche F, qui se relie à une tige traversant la menuiserie M et reçue par un collier C' fixé sur la colonne C'' à l'aide de boulons B et B'.

1078. Le croquis (*fig.* 902) nous montre une console Ca de la coupe horizontale (*fig.* 900) traversant la menuiserie de la devanture et venant se sceller directement dans la pile d'angle du bâtiment.

1079. Le croquis (*fig.* 903) nous représente le moyen de sceller une console Ci lorsque cette dernière tombe juste au droit d'un tuyau de descente D. Le scellement de la console se fait alors en deux points, S et S', à l'aide d'une fourche soudée sur la console.

1080. Le croquis (*fig.* 904) montre le scellement d'un tirant Tm de la figure 900 directement dans la maçonnerie; pour plus de solidité, on fait traverser à ce scellement toute l'épaisseur du mur.

1081. Enfin, le croquis (*fig.* 905), nous indique un point bas du chéneau et comment, à l'aide d'une culotte, on renvoie les eaux de la marquise dans le tuyau de descente du toit.

Septième exemple. — Marquises à deux égouts.

1082. Ce genre de marquise peut se faire avec ou sans chéneau.

1° *Marquises à deux égouts sans chéneau.*

1083. Le croquis (*fig.* 906) nous donne en élévation, vue de côté et plan, la disposition d'une marquise à deux égouts sans chéneau.

C'est une disposition très convenable pour le dessus d'une porte, l'eau de pluie se déverse de chaque côté du perron sans gêner la personne qui entre.

Les consoles qui soutiennent cette marquise sont, sur la face, réunies par un véritable arc en fer forgé d'un très bon aspect.

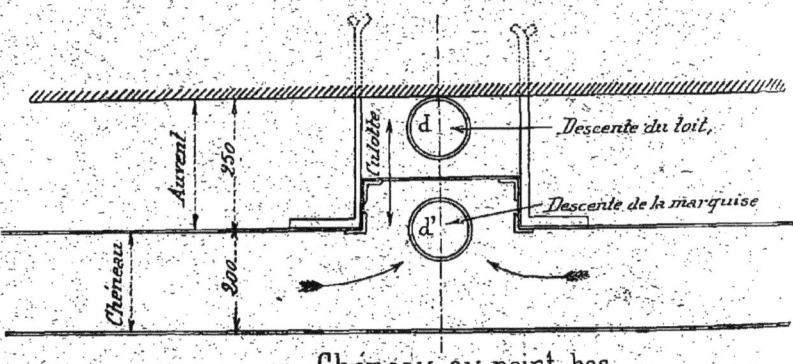

Chéneau au point bas

Fig. 905.

Latéralement on peut, comme nous le voyons dans la vue de côté, y mettre des parties vitrées avec soubassement plein, ce qui abrite beaucoup.

Les dimensions principales sont les suivantes : petits bois I fers T de 25×30 réunis sur un faîtage J en même fer T de 30×40; consoles fer plat de 30×16.

2° *Marquises à deux égouts avec chéneau.*

1084. Dans cet exemple, dont nous donnons deux croquis (*fig.* 907 et 908), il faut deux chéneaux et, par conséquent, deux tuyaux de descente, ce qui est un inconvénient. Il faut aussi sur la face un motif décoratif reliant les deux chéneaux, et d'un bon aspect.

Il existe encore des consoles soutenant les deux chéneaux.

Huitième exemple. — Marquises à trois égouts.

1085. Les marquises à trois égouts peuvent se faire avec ou sans chéneaux.

Les croquis (*fig.* 889 et 890) nous montrent des exemples simples de marquises à trois égouts sans chéneaux.

1086. Le croquis (*fig.* 909) nous indique une disposition simple de marquise à trois égouts avec chéneau.

Le chéneau représenté en D est solidement scellé dans le mur et porte à lui seul toute la charge sans le secours de consoles; celles qui sont indiquées en C ser-

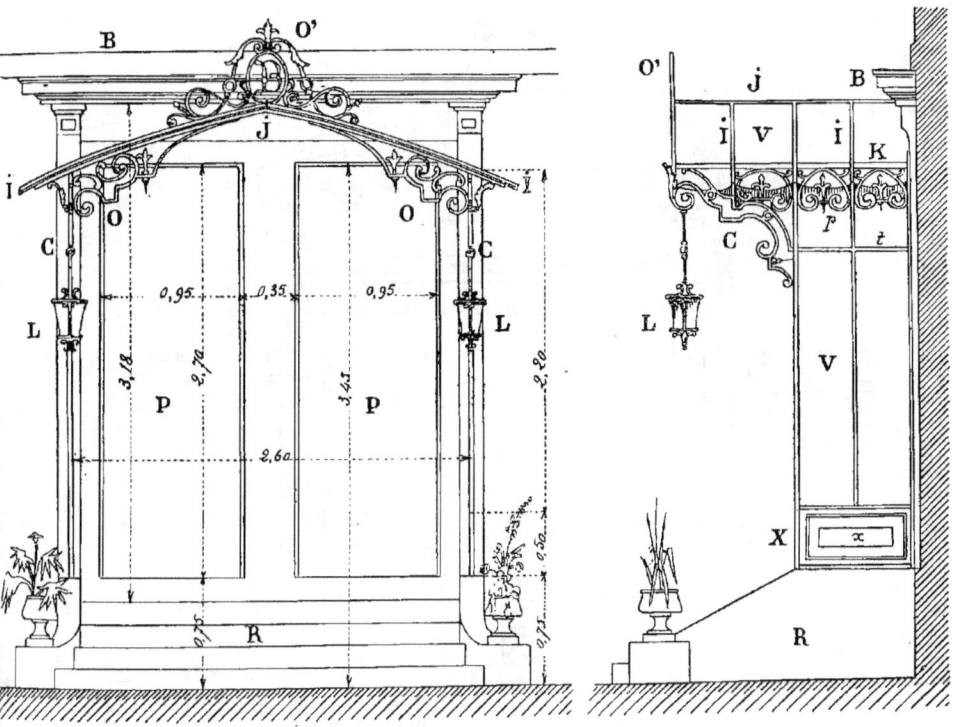

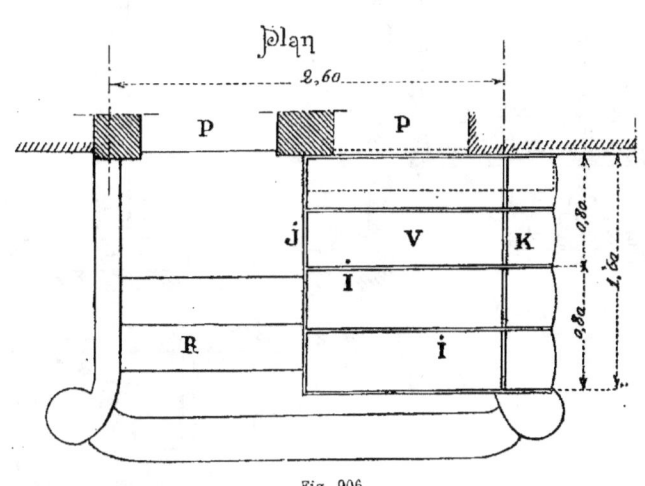

Fig. 906.

440　　　　　　　SERRURERIE.

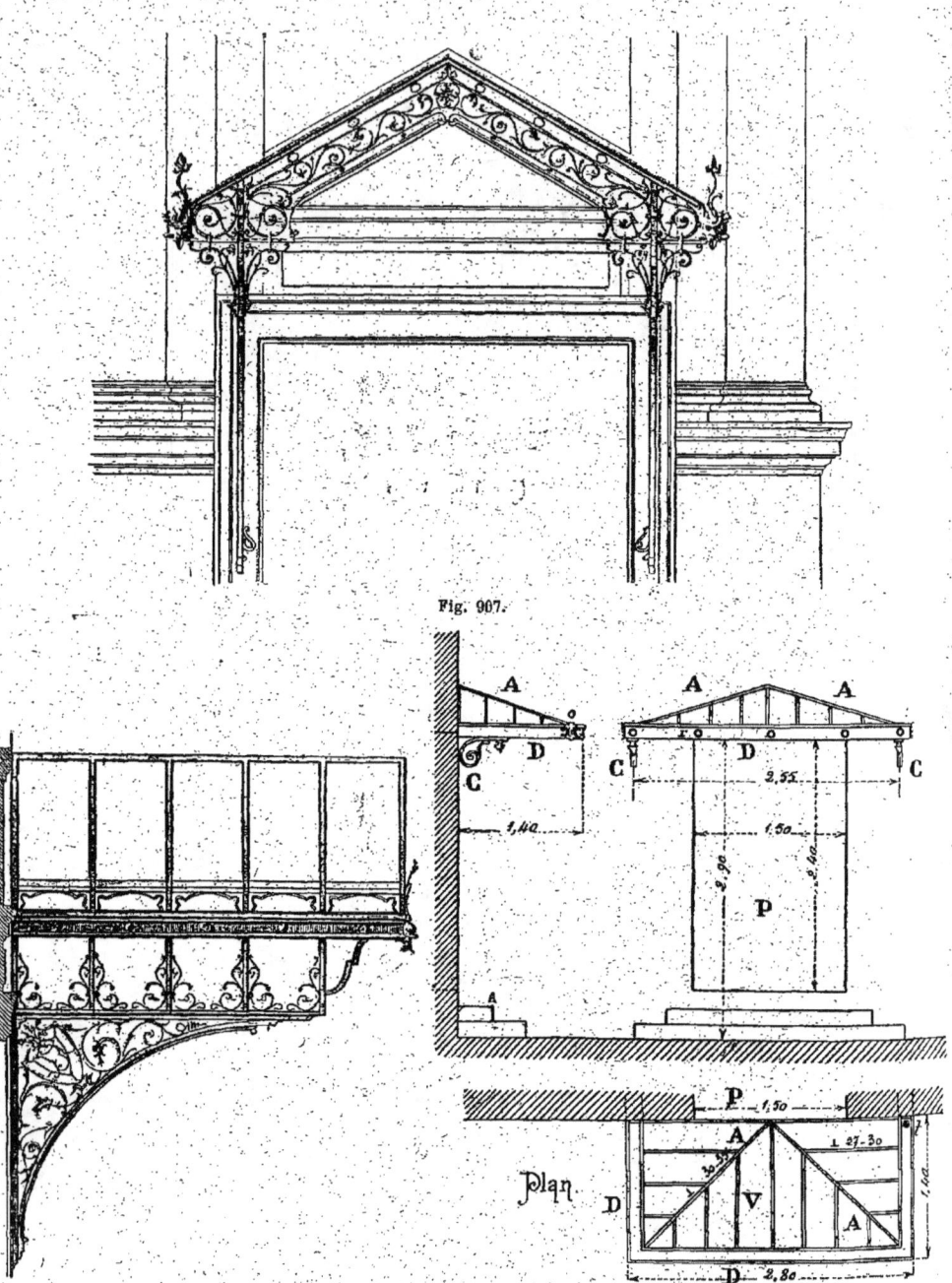

Fig. 907.

Fig. 908.

Fig. 909.

AUVENTS ET MARQUISES.   441

vent plus pour l'ornementation que pour la consolidation.

Les dimensions principales de ce genre de marquise sont :
Arêtiers A fers T de 35 × 30 ;
Fers à vitrage V, T de 30 × 27 ;
Cornière solin, 20 × 20 ;
Chéneau, fond 140 × 3 ; côtés 120 × 3.
En *t*, nous indiquons la position du tuyau de descente.

1087. Le croquis (*fig.* 910) nous montre un deuxième exemple de marquise à trois égouts un peu plus compliqué que le précédent, et comportant des consoles C en fer carré de 25 × 25 ou en fer plat de 35 × 20, avec remplissages en fer plat de 30 × 14 et 30 × 9. Un motif milieu *a* et des motifs d'angle *d* complètent cette installation.

1088. Le croquis (*fig.* 911) nous

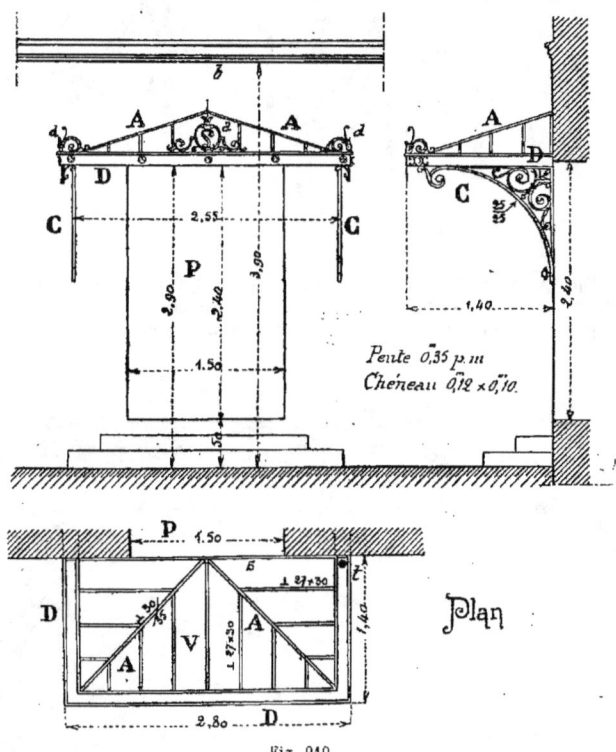

Fig. 910.

montre en perspective une variante des deux exemples précédents.

1089. Lorsque la marquise prend des proportions plus grandes, on peut augmenter l'importance des consoles, comme nous l'indiquons en croquis (*fig.* 912), et de plus décorer le dessous du chéneau par une galerie en fer forgé.

1090. Les consoles sont quelquefois l'objet d'une riche ornementation ; nous en donnons (*fig.* 913 et 914) deux exemples exécutés par M. Stockel, constructeur à Paris.

1091. Le croquis (*fig.* 915) nous montre un exemple de marquise à trois croupes, portée sur consoles avec lambrequin vitré ; c'est une marquise d'un très bon aspect.

Nota.

1092. Lorsque les marquises ont un grand développement, on est obligé de mettre des pannes intermédiaires, comme nous l'indiquons en croquis (*fig.* 916 et 917), et de constituer de véritables petites fermettes pour soutenir ces pannes.

1093. Dans le croquis (*fig.* 916), la

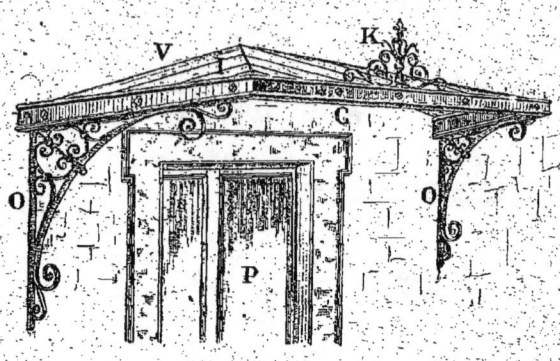

Fig. 911.

fermette se compose d'une console C supportant un fer ⊥, L sur lequel on pourra facilement assembler une ou plusieurs pannes telles que P; l'extrémité du fer L porte le chéneau.

Lorsqu'on ne constitue pas une ferme

Fig. 912.

et que la marquise comporte des tirants, on place la panne en dessous en J, pour ne pas gêner le passage des fers à vitrage I.

1094. La coupe ab nous montre la disposition à adopter au droit de l'attache d'un tirant.

En ce point, on met un fer plat F flanqué de chaque côté de deux cornières de

AUVENTS ET MARQUISES.

Fig. 913 et 914.

40×20, devant recevoir les verres de la marquise. A l'extrémité du fer F, on soude une plaque D recevant l'attache du tirant, et au dessous on soude également une équerre B sur laquelle repose et se fixe le chéneau courant de la marquise.

Marquise à trois croupes

Fig. 915.

1095. Dans le cas de petites marquises analogues à celle qui a été donnée (fig. 895), on remplace souvent le chéneau en tôle et cornières par des fers laminés du commerce dont nous donnons deux croquis (fig. 918 et 919). Le débit de l'eau

AUVENTS ET MARQUISES.   445

étant peu considérable, ces fers suffisent comme chéneau.

Autre exemple de marquise à trois égouts.

1096. Dans les exemples précédemment examinés (*fig.* 909 et 910), les arê- tiers venaient s'assembler contre la cornière solin ; dans celui que nous allons décrire, l'assemblage des fers se fait d'une manière spéciale que nous allons examiner.

1097. La figure 920 nous montre en élévation, en plan et en vue de côté une

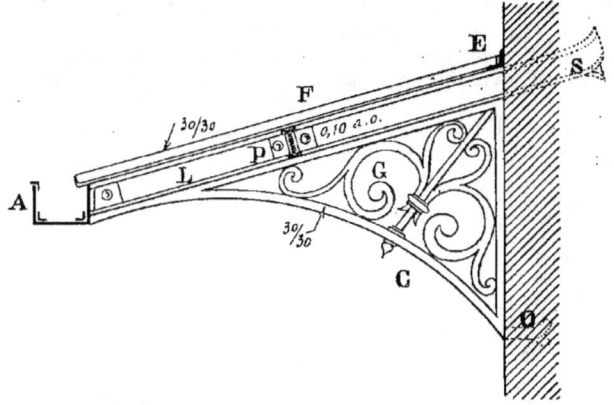

Fig. 916.

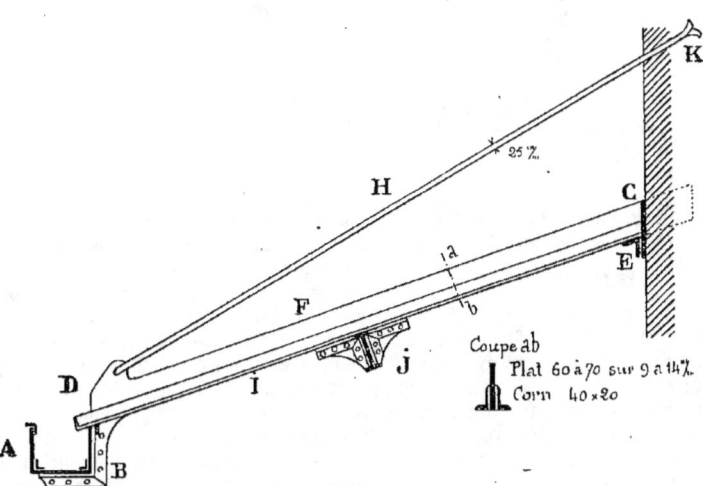

Fig. 917.

marquise à trois égouts abritant une porte d'entrée P.

Elle se compose : de deux consoles E en fer forgé placées de chaque côté sur la face interne du chéneau ; d'un chéneau D, en trois sens, venant se sceller en deux points S dans la maçonnerie ; d'une partie vitrée formant marquise et composée de deux arêtiers B et d'une série de chevrons C venant s'assembler dans une pièce spéciale G, qu'on nomme *gobelet*, et que nous examinerons en détail dans ce qui va suivre; d'une cornière solin A analogue à celles qui ont été décrites précédemment.

1098. Cette marquise, de petites dimensions, ne comporte pas de tuyau de descente ; l'eau de pluie est, à droite et à gauche, rejetée au dehors par deux petits conduits H.

L'ornementation de cette marquise est très simple : au-dessus du gobelet G, un épi K ; des motifs d'angle J aux deux points extrêmes du chéneau ; un motif I placé au milieu et en-dessous de ce chéneau dans l'axe de la porte d'entrée. Le chéneau comporte des rosaces régulièrement espacées sur son développement.

Détails d'exécution.

1099. Les détails d'exécution les plus importants à étudier sont :

1° Le mode d'assemblage des fers T dans le gobelet G placé à la partie haute de la marquise ;

2° Le détail du chéneau et sa composition ;

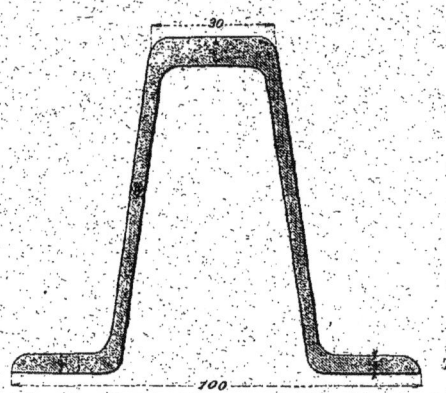

Fig. 918.

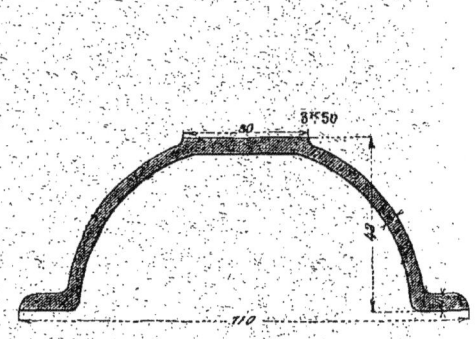

Fig. 919.

3° Le détail de l'assemblage des fers C ou chevrons sur les arêtiers B.

1° Gobelet.

1100. Le gobelet G (*fig.* 921) est une portion de tube en fer épais dont le diamètre est proportionné au nombre de fers qui viennent s'y assembler, ce qui nous permettra de distinguer deux modes d'assemblage suivant qu'il y aura peu ou beaucoup de chevrons venant se fixer dans le godet.

Lorsqu'il y a peu de chevrons à assembler, ce qui est le cas de la marquise indiquée en croquis (*fig.* 920), la disposition (*fig.* 921) doit être adoptée.

Le gobelet G est, sur son pourtour, percé d'une série de mortaises R dans lesquelles viennent se placer les extrémités de chaque chevron C.

Chacun de ces chevrons C est, comme nous l'indiquons en C', découpé à chaud en forme de crochet J, avec encoche I ; chaque extrémité de chevron ainsi préparée est introduite dans la mortaise qui correspond à son emplacement, et tous sont retenus en place par un deuxième anneau K entrant à frottement dans le premier et venant se placer dans les encoches I pratiquées dans chacun des chevrons ; tous les fers se trouvent ainsi clavetés à la fois et solidement maintenus.

On ferme le gobelet, haut et bas, par

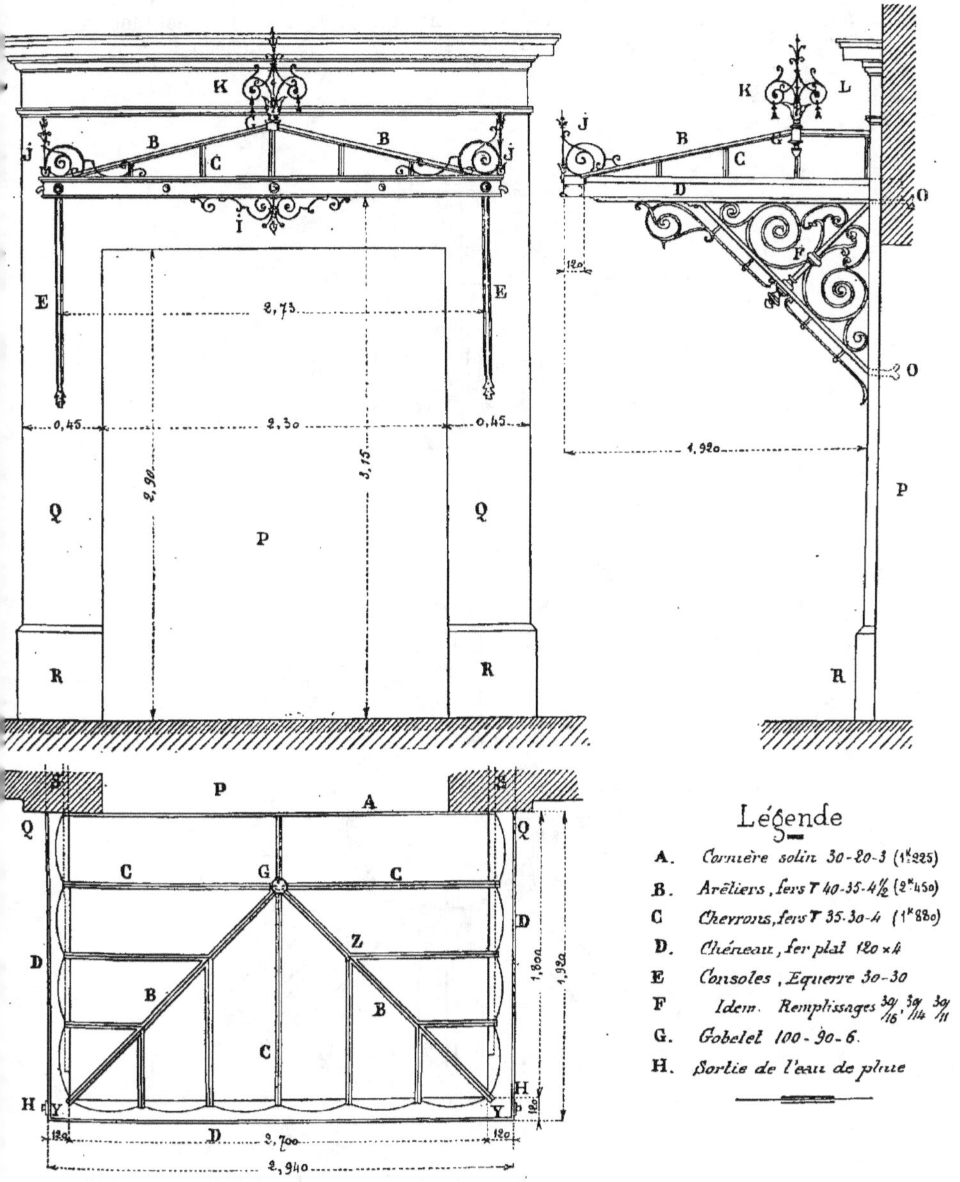

AUVENTS ET MARQUISES.

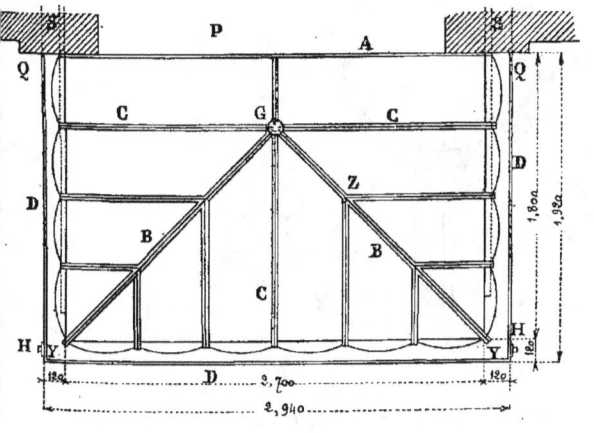

Fig. 920.

Légende

- **A.** Cornière solin 30-20-3 (1k,225)
- **B.** Arêtiers, fers T 40-35-4½ (2k,450)
- **C.** Chevrons, fers T 35-30-4 (1k,880)
- **D.** Chéneau, fer plat 120×4
- **E.** Consoles, Équerre 30-30
- **F.** Idem. Remplissages 39/15 39/14 39/11
- **G.** Gobelet 100-90-6
- **H.** Sortie de l'eau de pluie

des plaques de tôle L, qui sont serrées sur le gobelet lui-même par un boulon B', comportant une embase O et une partie filetée inférieure sur laquelle on visse un anneau A servant à accrocher une suspension ou un vase quelconque.

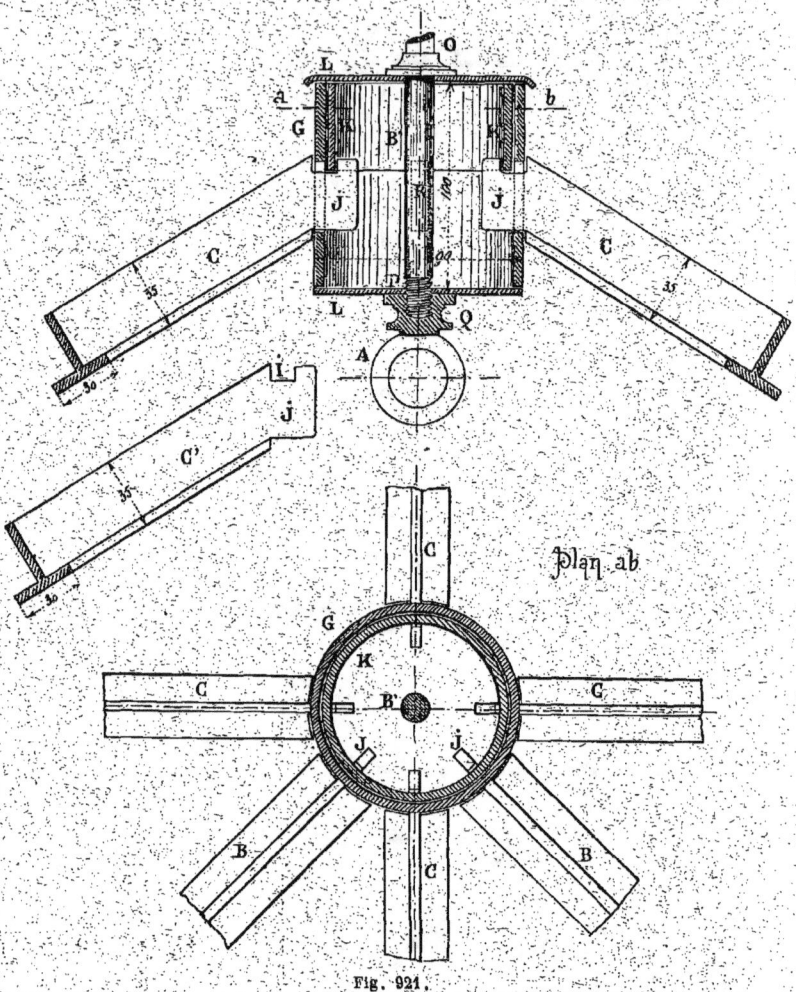

Fig. 921.

La coupe horizontale suivant ab complète les renseignements sur cet assemblage assez simple.

1101. Lorsque le nombre des chevrons est plus grand, on adopte la disposition indiquée en croquis (*fig.* 922). Chaque chevron est, à son extrémité, découpé comme nous l'avons montré précédemment, mais il est retenu en place dans le gobelet G par une *clavette* C' refendue et légèrement amincie, ce qui lui permet de se coincer entre le crochet J de chaque chevron et la paroi intérieure du gobelet. Chaque chevron a, dans ce cas, sa clavette spéciale.

Comme variante, nous avons indiqué

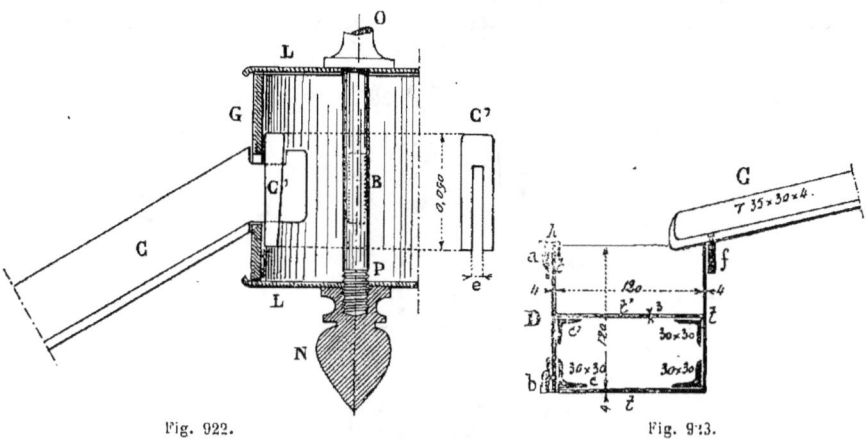

Fig. 922. — Fig. 923.

en N la possibilité de remplacer l'anneau A de la figure précédente par une pièce pleine en fer ou en fonte venant se visser à l'extrémité du boulon B.

Nota.

1102. Comme nous le voyons, toutes les extrémités des chevrons et l'intérieur du gobelet étant cachés après la pose devront, avant la mise en place, être recouverts de deux bonnes couches de minium afin d'éviter leur oxydation rapide.

2° *Chéneau.*

1103. Le croquis (*fig.* 923) nous montre la disposition du chéneau à employer dans ce genre de marquise. Il se compose : de trois tôles en fers plats t de 120×4 ; de deux fers moulurés a et b ; d'une équerre h servant à abriter le joint entre le fer a et la tôle verticale t ; de deux cornières d'assemblage c ; d'un fer plat f sur lequel viennent se visser les divers chevrons C ; d'une tôle t' de $0^m,003$ d'épaisseur, maintenue par des cornières c' et servant à faire la pente vers les deux points Y de la figure 920.

1104. Il peut être intéressant de sa-

voir comment se construit en Y (*fig.* 920)

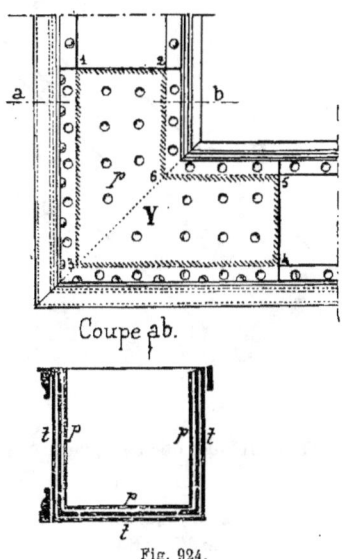

Fig. 924.

l'assemblage de la partie d'angle du chéneau. Cet assemblage est indiqué en croquis (*fig.* 924). Il se fait au moyen de trois plaques de tôle *p* rivées sur des fourrures servant à rattraper les épaisseurs des cornières d'assemblage.

La plaque *p* formant le fond du chéneau est découpée en forme d'équerre, de même que la fourrure qui lui correspond et qui est indiquée par des hachures dans le croquis (*fig.* 924). Dans ce croquis, la coupe *ab* nous montre la section du chéneau, à l'endroit de l'assemblage.

Il est évident qu'à l'extérieur les ri-

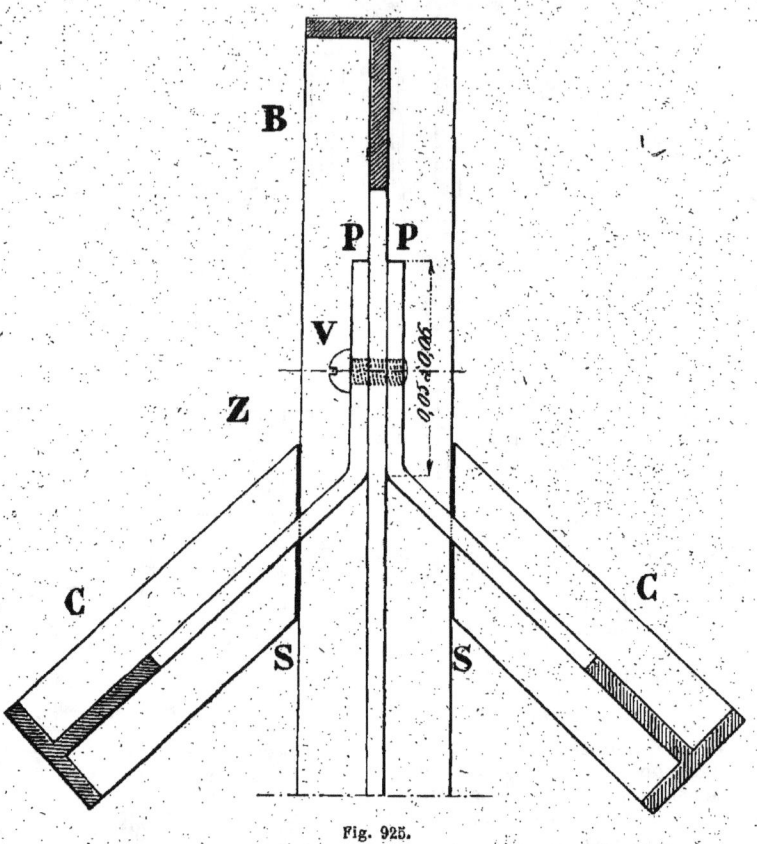

Fig. 925.

vets d'assemblage de ces plaques sont fraisés.

3° *Assemblage des chevrons C avec les arêtiers B.*

1105. Le croquis (*fig.* 925) nous montre comment en Z (*fig.* 920) se fait l'assemblage des divers chevrons avec les arêtiers.

Chaque chevron C est entaillé, et sa semelle inférieure vient s'appliquer contre l'arêtier ; son âme verticale, coudée sous forme de patte P, vient s'assembler avec l'aile verticale de l'arêtier au moyen de vis à tête ronde V.

AUVENTS ET MARQUISES. 451

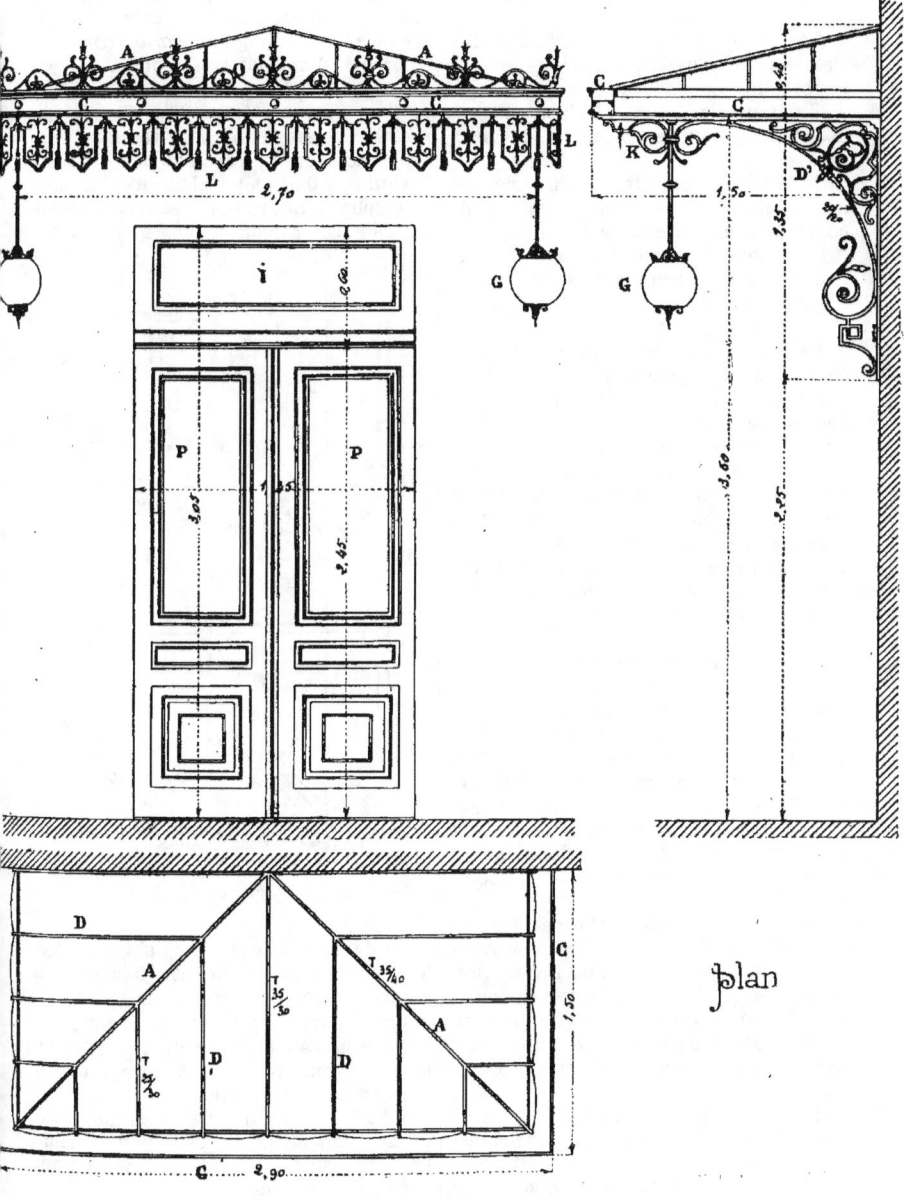

Fig. 926.

Plan

Marquises avec lambrequins.

1106. Nous savons, d'après la définition donnée dans le *Vocabulaire*, que les lambrequins sont des ornements découpés de différentes manières et placés, comme décoration, sous les chéneaux des marquises.

On peut les exécuter en zinc estampé, en tôle découpée, en fers cornières du commerce, en fonte malléable, etc.

Lorsque les lambrequins sont exécutés avec des fers du commerce, on doit y ménager une feuillure de 0^m,010 à 0^m,012 pour y placer le verre.

1107. Le croquis (*fig.* 926) nous donne en élévation, en plan et en vue de côté la disposition d'une marquise à trois égouts comportant sous le chéneau un lambrequin en fer avec verres gravés.

Cette marquise n'offre rien de particulier à signaler, et sa construction rentre dans les exemples examinés précédemment.

En G sont indiqués deux globes servant à l'éclairage de l'entrée ; en K, nous voyons comment peut se faire l'attache des appareils sous le chéneau.

Lambrequins.

1108. Les lambrequins pour marquises, dont nous donnons un exemple en L (*fig.* 926) sont presque toujours composés de cornières du commerce, de 0^m,010 à 0^m,012 de côté. Ces cornières peuvent être coupées, coudées, arrondies, etc., de manière à donner différents dessins dont les plus simples sont représentés en croquis (*fig.* 927).

Ce sont des motifs m formés par des cornières coudées et cintrées suivant $abcd$, et dont on brase les parties rapprochées ; on peut aussi adopter la forme ogivale indiquée en pointillé. Chaque motif m est ordinairement séparé du suivant par un panneau p ayant la même composition.

En m' et en p' nous donnons une autre forme de lambrequin ; on prolonge souvent le motif m' suivant $a'b'$ pour produire un meilleur effet et former décrochement sur le panneau p'.

Le plus souvent, les différentes parties d'un lambrequin sont placées côte à côte, assemblées entre elles et montées sur 1 mètre ou 1^m,50 de longueur sur une cornière.

1109. Dans les lambrequins en fer, on est obligé, à la jonction d'un motif m' et d'un panneau p' (*fig.* 927), d'avoir une double épaisseur de fer comme nous l'indiquons en x ; lorsqu'on fait des lambrequins en fonte malléable, qu'on emploie beaucoup aujourd'hui, cet inconvénient n'existe pas, car on donne à la partie 1,2

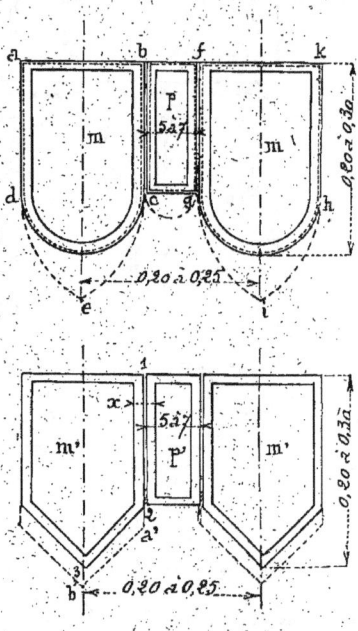

Fig. 927.

de la figure 927 la forme d'un T recevant le verre de chaque côté, et à la partie 2,3 la forme d'une cornière. Pour passer de la forme d'un T à celle d'une cornière, on déplace la crête du T, et on la rejette sur le côté pour former cornière, tout en conservant la même largeur.

1110. La figure 928 nous montre à grande échelle la disposition d'un lambrequin placé à la partie inférieure d'un chéneau de marquise.

Ce lambrequin, un peu plus compliqué que les exemples précédents, est formé par une cornière de 0^m,020 contournée suivant le profil I et fixée directement sur la tôle inférieure du chéneau. Des verres gravés O sont placés dans chaque

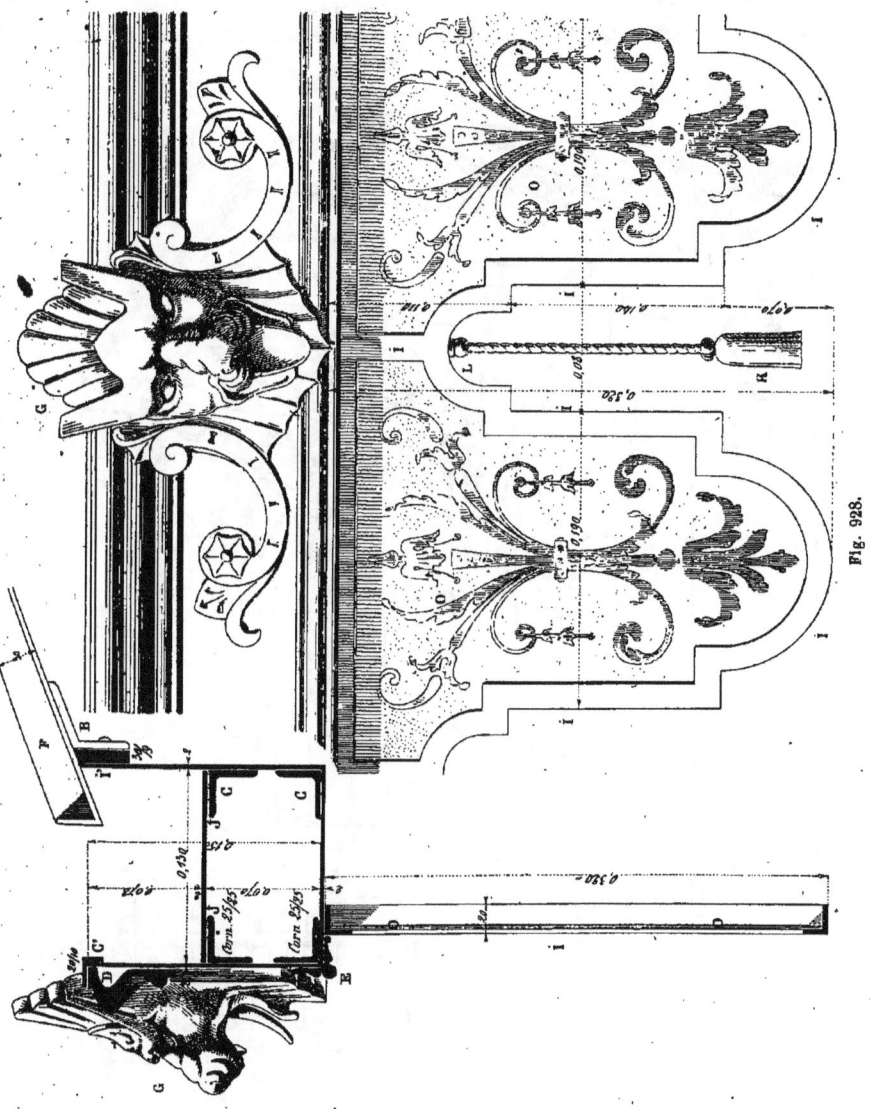

Fig. 928.

motif, et entre deux motifs, on met un gland K fixé en L sur le lambrequin. Le chéneau comporte de distance en distance des têtes de chimère G.

1111. La figure 915 nous montre une autre application de lambrequin.

Autres types de marquises sur consoles.

1112. Les marquises sur consoles peuvent encore donner lieu à d'autres dispositions dont nous allons dire quelques mots.

1113. Le croquis (*fig.* 929) nous montre une marquise avec chéneau à l'arrière, portée sur quatre consoles et abritant trois portes d'entrée. Les deux consoles du milieu supportent deux appareils à gaz servant à l'éclairage de l'entrée.

Fig. 929.

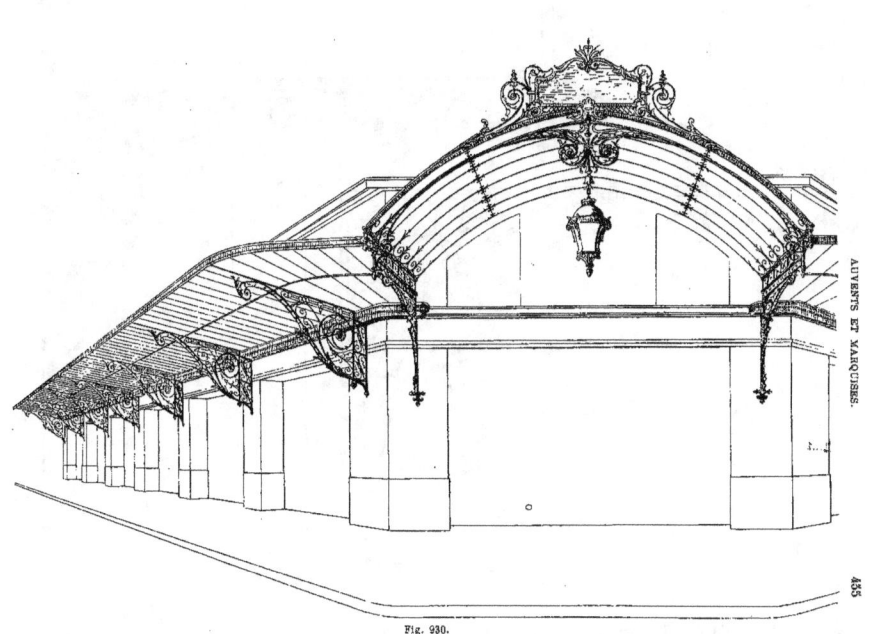

Fig. 930.

Fig. 931.

La saillie à partir du chéneau est de 2 mètres, et la longueur totale de la marquise de 7 mètres.

1114. Le croquis (*fig.* 930) nous représente une autre disposition souvent utilisée pour les magasins ayant un pan coupé et deux façades sur rue. Dans le pan coupé on place un motif surélevé indiquant de loin l'entrée des magasins. Sauf quelques détails d'ornementation un peu plus compliqués, ce genre de marquise rentre, comme ensemble de construction, dans les exemples examinés précédemment.

1115. Dans certains cas, on place entre le chéneau et la console une grande

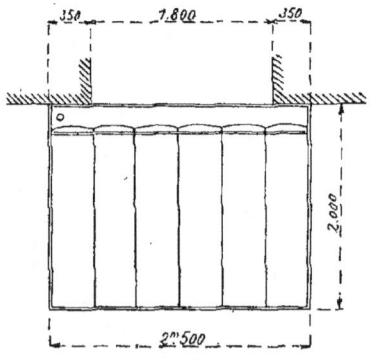

Fig. 932.

AUVENTS ET MARQUISES. 457

glace permettant une inscription devant se voir de loin ; la marquise prend alors la disposition indiquée en croquis (fig. 931 et 932).

Comme le montre le plan (fig. 932), la saillie totale de cette marquise est de 2 mètres, et sa longueur totale de 2^m,50 ; elle est placée au-dessus d'une porte d'entrée ayant 1^m,80 de largeur.

Marquises sur colonnes.

1116. Les marquises sur colonnes

Fig. 933.

sont surtout employées lorsqu'on désire couvrir entièrement un perron, ou permettre aux personnes qui descendent de voiture de trouver immédiatement un abri.

Dans ce cas, le chéneau est presque toujours considéré comme une petite poutre scellée dans le mur, portant sur les colonnes et soutenant toute la partie de la marquise placée en encorbellement.

1117. Les croquis (*fig.* 933, 934 et 935) nous montrent un premier exemple de marquise sur colonnes abritant complètement un perron d'une assez grande saillie.

Le chéneau comporte à sa partie inférieure une partie décorative régnant sur tout son pourtour et se rattachant aux colonnes et au mur à l'aide de consoles en fer forgé.

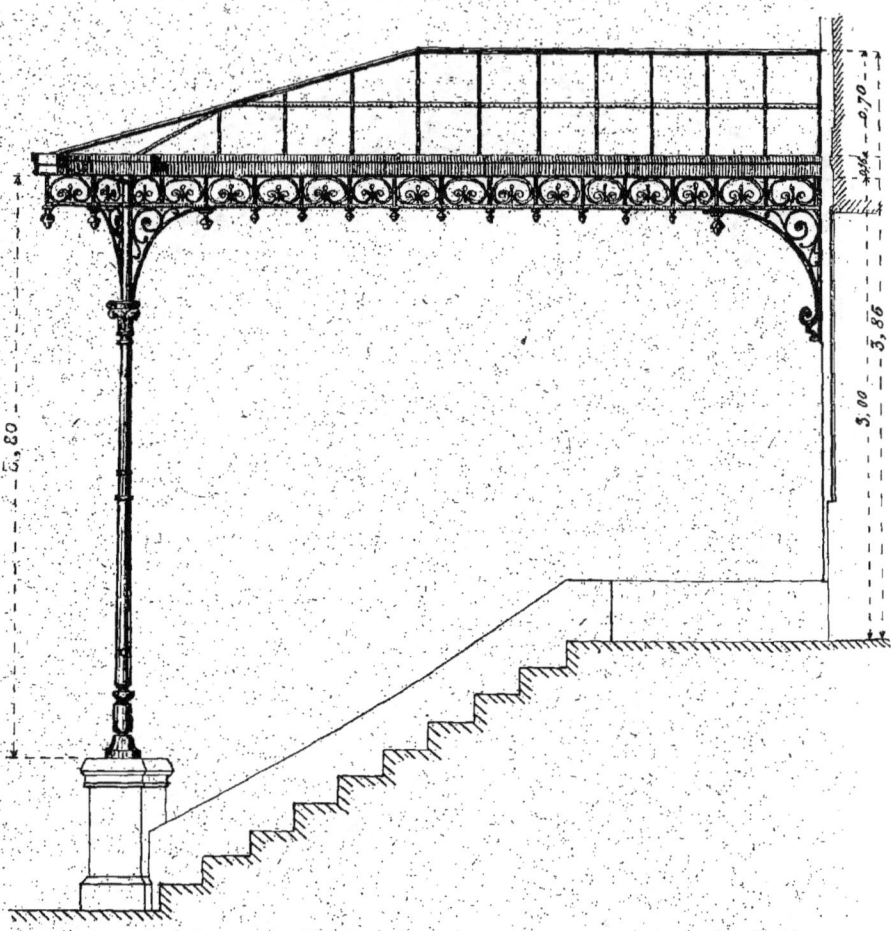

Fig. 934.

Les colonnes reposent sur des dés en pierre formant amortissement aux parties rampantes du perron.

1118. Les croquis (*fig.* 936, 937 et 938) nous montrent une autre disposition de marquise sur colonnes, ces dernières étant posées le long du mur aux deux extrémités et remplacées au milieu par deux consoles afin de moins gêner la circulation ; c'est pour ainsi dire un système

AUVENTS ET MARQUISES.

mixte, moitié sur consoles et moitié sur colonnes.

1119. Le croquis (*fig.* 939) nous représente la disposition à adopter ; lorsqu'une marquise sur colonne est placée devant une croisée, par exemple, on peut alors mettre entre les deux colonnes une balustrade en fer forgé, comme l'indique le croquis.

Cet exemple nous donne aussi un moyen de décorer les chéneaux et les consoles destinées à les soutenir.

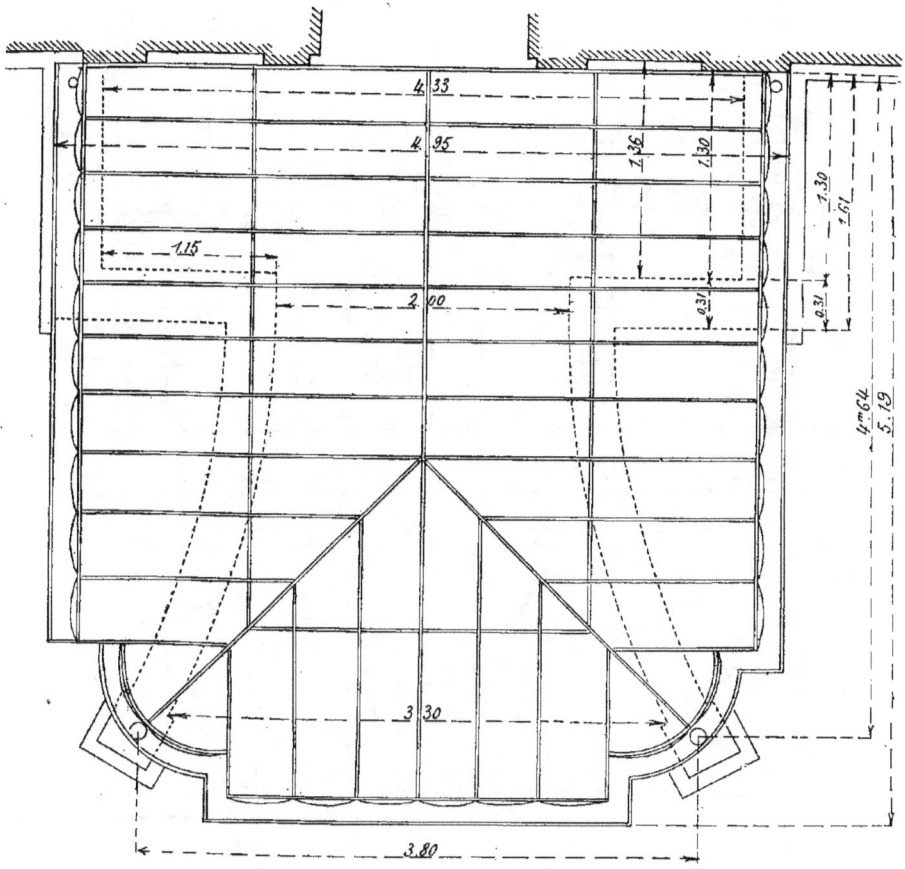

Fig. 935.

1120. Dans certains cas, les marquises sur colonnes servent à abriter l'entrée de magasins, dépôts, etc ; nous en voyons un exemple dans les croquis (*fig.* 940 et 941).

Les colonnes Z sont, dans cet exemple, espacées de 7 mètres d'axe en axe ; elles sont creuses et permettent, à leur partie inférieure, en Y, par une tubulure ménagée dans chaque dé, l'écoulement des eaux de pluie.

Ces colonnes soutiennent à l'aide de fortes consoles O un chéneau C régnant sur toute la longueur du bâtiment et re-

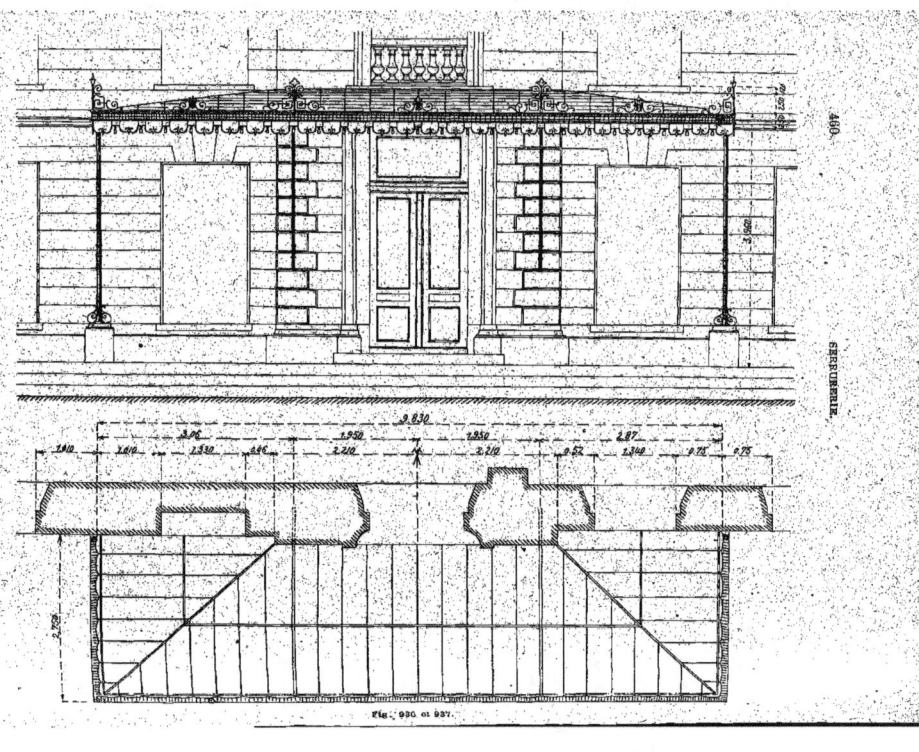

Fig. 936 et 937.

AUVENTS ET MARQUISES.   461

cevant une partie vitrée dont nous verrons plus loin le détail.

1121. La charpente métallique de cette marquise se compose, comme nous pouvons le voir dans le croquis de détail (*fig.* 942) : d'une sablière S, fer ⊥ de 0ᵐ,160 ailes ordinaires, régnant sur toute la longueur et sur laquelle on fixe le chéneau C ; d'arbalétriers A régulièrement disposés dans le plan (*fig.* 941) et venant s'assembler, d'une part, avec la sablière S et, de l'autre, sur une pièce de bois B dépendant du magasin qui se trouve situé après la marquise ; d'une série de petits fers à vitrage F assemblés

Fig. 938.

dans des pannes J en fers T du commerce et dans une cornière K à la partie haute.

Chaque panne J reçoit une petite cornière *c*, sur laquelle on fixe chacun des fers à vitrage F d'une manière spéciale. Chacun des fers F est fixé sur une petite boule en fer ou en fonte I, ce qui permet à la buée qui se produit en-dessous du vitrage, au lieu de couler et de tomber à l'intérieur, de s'écouler lentement à l'extérieur, tout en préservant l'intérieur de l'humidité. C'est une très bonne disposition à laquelle on devrait toujours penser

lorsqu'on doit loger sous une marquise des matières craignant l'humidité.

En D, une bavette en zinc ou en plomb renvoie l'eau de condensation de la dernière travée dans le chéneau.

A la partie haute, le joint se fait en K également avec une bande de plomb recouvrant la lambourde en bois et le joint des fers à vitrage et de la cornière solin.

Le plan précédent (*fig.* 941) nous montre bien la disposition de la partie vitrée.

Chéneaux de marquises.

1122. Dans les marquises les chéneaux peuvent, suivant les cas, se construire de différentes manières. Nous allons, dans ce qui va suivre, donner les croquis des différentes dispositions simples qu'on adopte généralement.

1123. Le chéneau le plus simple se compose, comme le montre le croquis (*fig.* 943), de trois tôles T dont l'épaisseur varie de 3 à 5 millimètres, réunies à leur partie inférieure par des cornières C à ailes égales, et raidies à leur partie haute par des équerres D à ailes inégales.

Lorsque le chéneau est placé le long d'un mur, on supprime, pour la face placée le long de ce mur, la cornière D ; l'autre face vue du chéneau, devant recevoir les chevrons de la marquise, est munie soit (*fig.* 944) d'un fer plat K sur lequel on visse chaque chevron J (ce fer plat entaillé au passage de chaque chevron), soit d'une cornière à ailes égales C (*fig.* 945), sur laquelle on place un fer demi-rond K devant recevoir les chevrons J de la marquise et maintenus à l'aide de vis à métaux.

Ce dernier moyen est bon à employer parce qu'il n'y a pas d'ajustement à faire, et l'ouvrier poseur fixe le chevron J juste à l'endroit où il est tangent sur le fer demi-rond.

1124. La figure 946 nous donne, avec leurs dimensions, les principaux types de fers demi-ronds employés pour cet usage.

1125. Le croquis (*fig.* 947) nous indique une autre disposition de chéneau avec l'emploi d'un fer moulé F formant décoration à la partie haute du chéneau

Fig. 939.

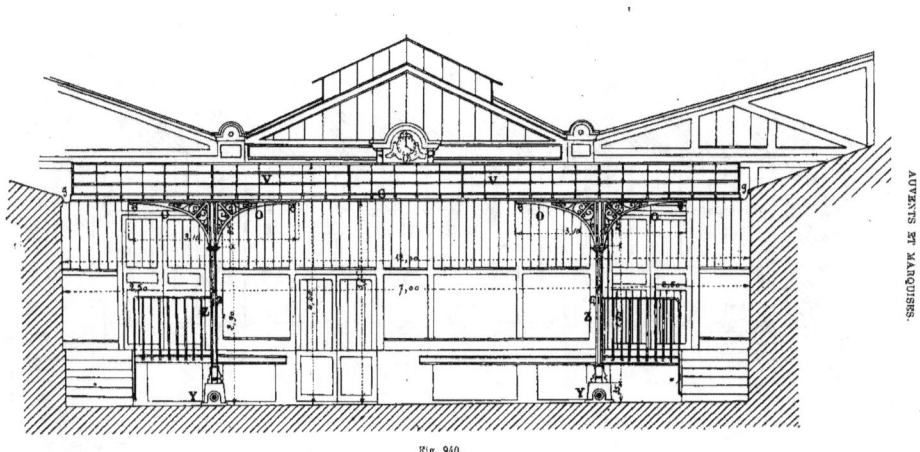

Fig. 940.

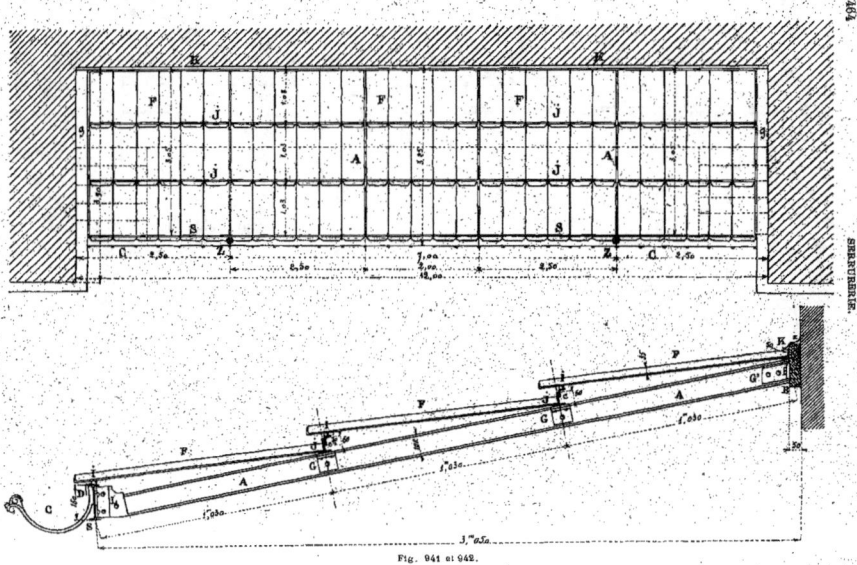

Fig. 941 et 942.

AUVENTS ET MARQUISES.

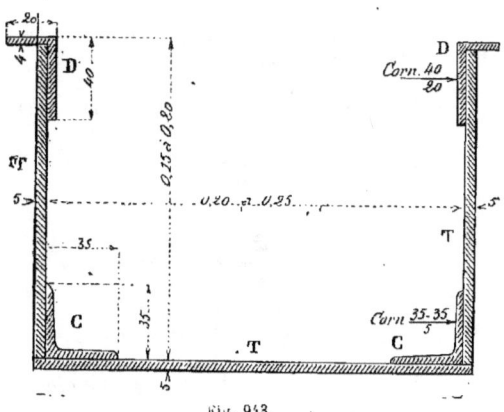

Fig. 943.

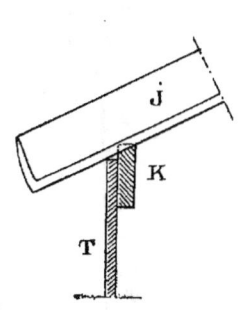

Fig. 944.

et un fer demi-rond E évidé à la partie inférieure; le reste de la disposition est identique à la précédente.

1126. La figure 948 nous représente en croquis coté la forme des fers demi-ronds creux qu'on emploie souvent pour les chéneaux.

1127. Le croquis (*fig.* 949) est une variante des deux exemples précédents, l'angle vu du chéneau est consolidé par une moulure E en forme d'équerre dont le croquis (*fig.* 950) nous montre la forme.

1128. Dans certains cas, il est utile de décorer les deux faces du chéneau de la

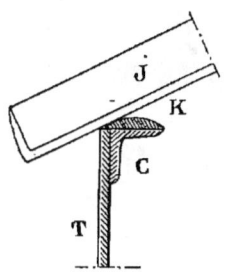

Fig. 945.

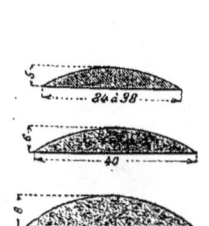

Fig. 946.

Sciences générales.

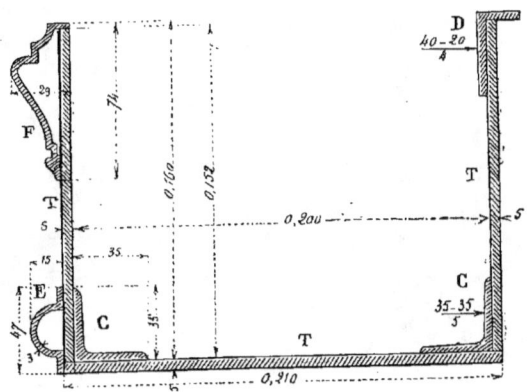

Fig. 947.

SERRURERIE. — 30.

même manière; on pourra alors adopter les deux dispositions données (*fig.* 951 et 952).

Fig. 948.

1129. Dans le croquis (*fig.* 951) nous avons supposé que la partie droite du chéneau reçoit des chevrons courbes J; on pourra alors utiliser les fers du com-

Fig. 950.

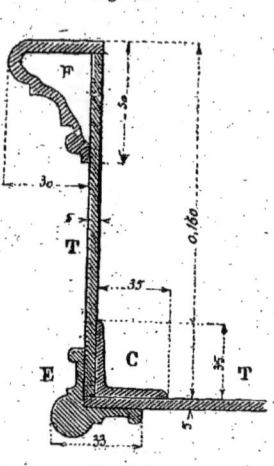

Fig. 949.

merce en forme de Z dont le croquis (*fig.* 953) nous représente la disposition.

1130. Dans le croquis (*fig.* 952) nous avons supposé de chaque côté haut du chéneau un fer mouluré F; afin de cacher le joint entre ce fer F et la tôle T du chéneau et d'éviter les chances de rouille et de détérioration on ajoute des équerres à ailes inégales C destinées à protéger le joint.

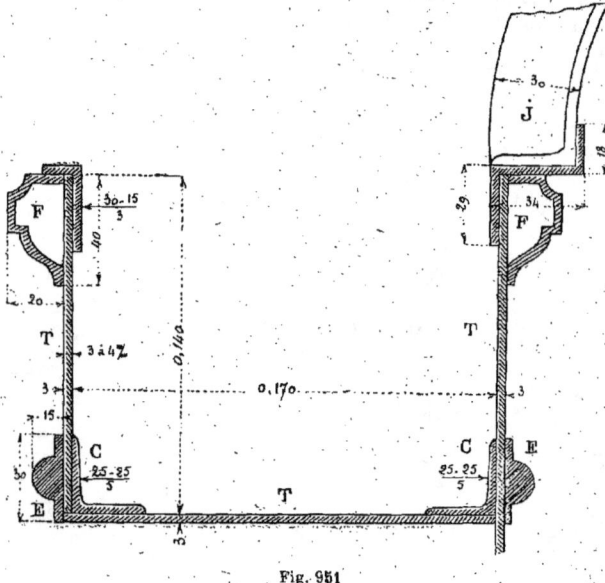

Fig. 951.

AUVENTS ET MARQUISES.

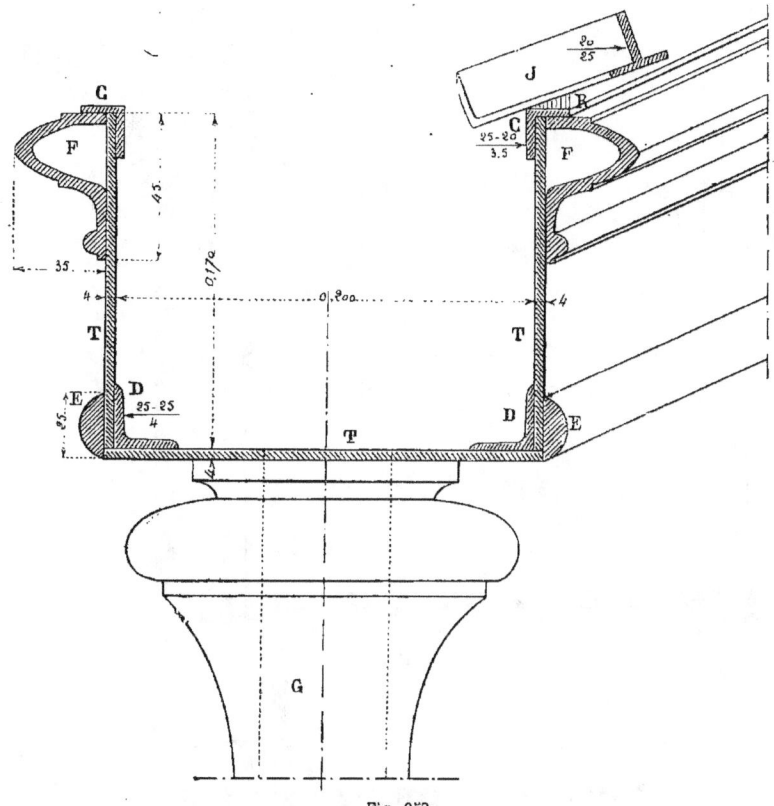

Fig. 952.

Dans cet exemple nous avons supposé sous chacun des chevrons une petite cale en fer R taillée suivant la pente de la partie vitrée et recevant les chevrons J de la couverture.

1131. En G est indiquée une colonne placée sous le chéneau et servant à l'écoulement des eaux.

1132. Il est utile de rappeler ici que, lorsqu'on fait écouler l'eau d'un chéneau directement dans une colonne, il est indispensable, pour s'éviter des ennuis lorsqu'il y a des gelées, de placer dans la colonne un tuyau de plomb dans lequel l'eau devra couler; sans cette précaution, on pourrait avoir, après une gelée, toutes les colonnes d'une marquise fendues et à remplacer.

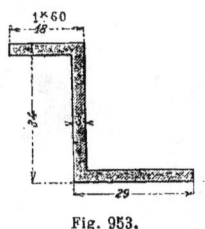

Fig. 953.

En E nous avons supposé deux fers demi-ronds pleins comme moulure

468 SERRURERIE.

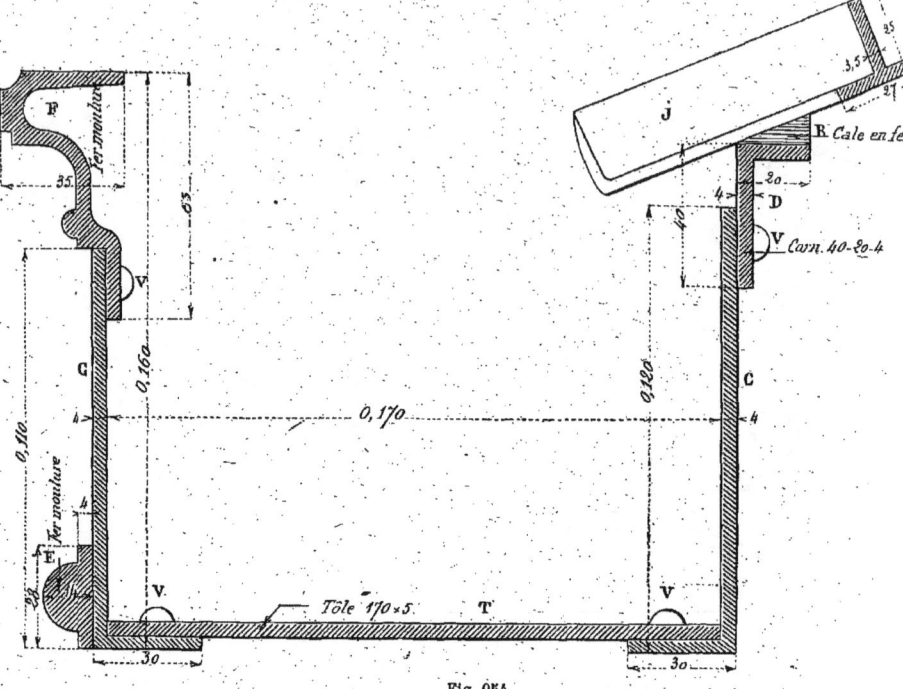

Fig. 954.

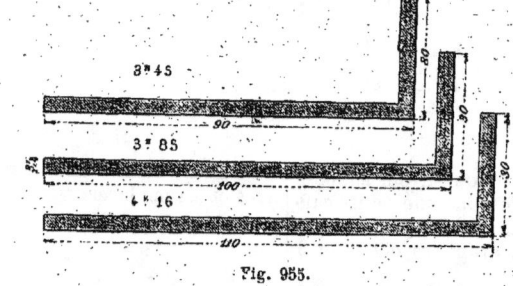

Fig. 955.

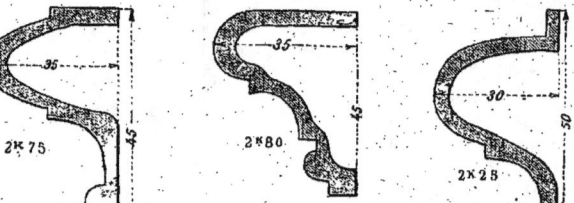

Fig. 956.

AUVENTS ET MARQUISES. 469

1133. Le croquis (*fig.* 954) nous indique une autre disposition de chéneau dont les côtés sont formés de deux grandes équerres du commerce, l'une de 0,120 × 0,03 × 0,004, l'autre, à l'avant, de 0,110 × 0,03 × 0,004. L'emploi de ces équerres, dont nous donnons encore quelques types (*fig.* 955), est très avantageux : il suffit de réunir leurs ailes inférieures par une tôle T ayant la largeur qu'on désire donner au chéneau.

1134. Dans ce croquis nous employons encore un fer moulure F vissé en V sur la grande aile de l'équerre verticale ; une cornière D ; des cales R ; des fers demi-ronds E, etc...

1135. Les croquis (*fig.* 956, 957 et 958) nous donnent les détails des principaux fers moulurés employés pour la décoration des chéneaux de marquises.

1136. Le croquis (*fig.* 959) nous représente une autre disposition de chéneau avec lambrequin en tôle découpée.

Ce chéneau, comme les précédents, se compose de tôles T réunies par des cornières C. En avant de la tôle T faisant la face du chéneau on place une autre tôle plus grande T' ajourée en I et formant lambrequin. Sur ce lambrequin on met ordinairement des fers moulurés F du commerce, dont le croquis (*fig.* 960) nous montre trois types courants.

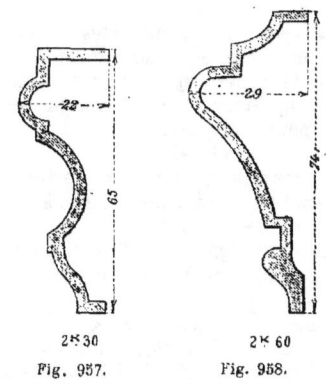

Fig. 957.   Fig. 958.

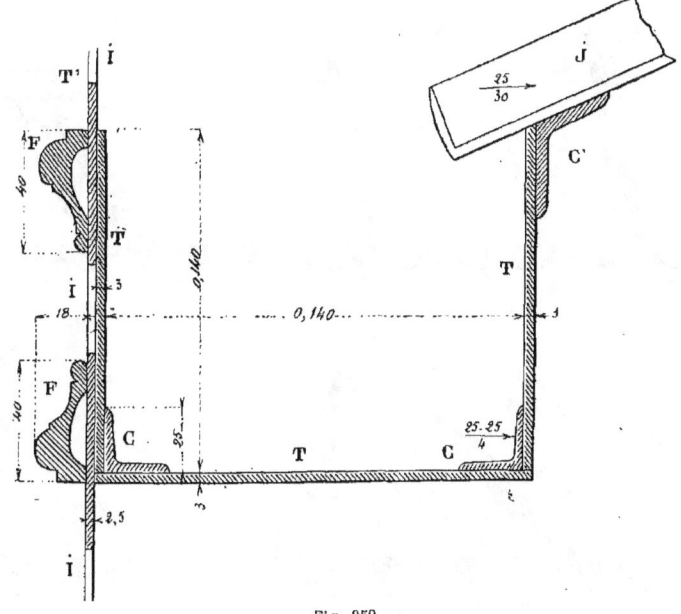

Fig. 959.

1137. La retombée des chevrons J sur le chéneau se fait ici sur une cornière ouverte C' fixée sur la tôle T et ayant, comme ouverture, l'inclinaison de la partie vitrée.

1138. Les cornières ouvertes ou fermées du commerce, dont nous rappelons les différents types (*fig.* 961), sont d'un fréquent usage dans la construction des chéneaux pour marquises.

Les cornières égales de 20 à 100 millimètres peuvent être livrées ouvertes à 100, 110 et 120 degrés, ou fermées à 60, 70 et 80 degrés.

Les cornières égales de 40 à 70 millimètres peuvent être livrées ouvertes à 130 degrés.

Les cornières inégales de 20 × 15 à 100 × 70, à l'exception de quelques-unes, peuvent être livrées ouvertes à 120 degrés ou fermées à 60 degrés.

1139. Le croquis (*fig.* 962) nous représente un type de chéneau ne comportant pas de garniture intérieure ; la pente vers les tuyaux de descente est faite par une tôle intermédiaire A fixée sur les parois du chéneau par des cornières C.

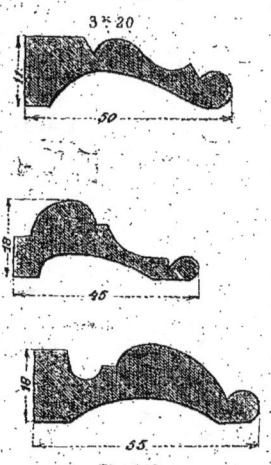

Fig. 960.

Nous indiquons, dans le même croquis, la disposition à employer lorsque, sur la

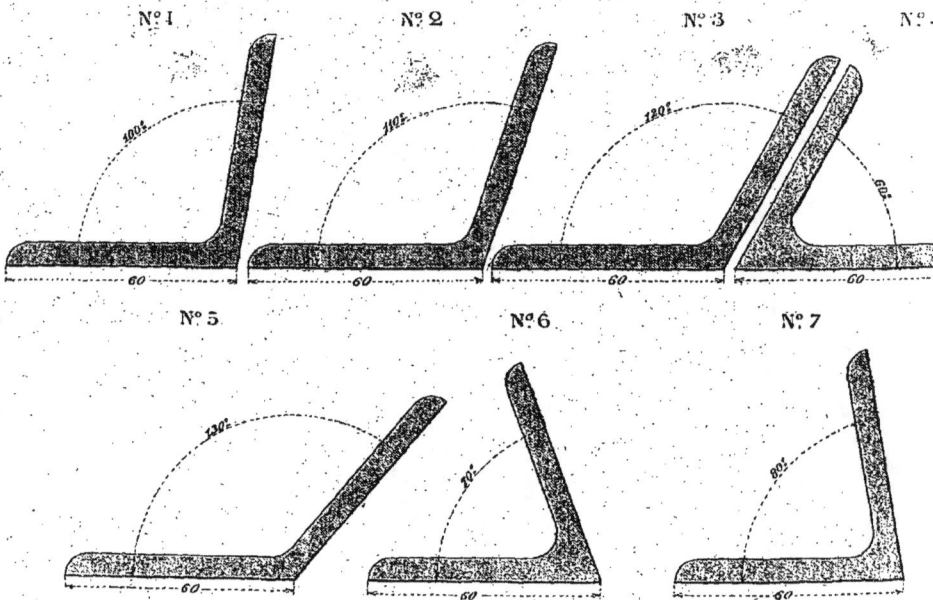

Fig. 961.

AUVENTS ET MARQUISES.

partie courante d'un chéneau et au droit d'une ferme, on désire fixer un tirant. Dans ce cas, le chéneau est, sur son contour, fortement consolidé, comme nous le montrons en H, N et O. Les trois coupes A'A', B'B' et C'C' placées sur la partie droite du croquis, tout en indiquant les dimensions adoptées, donnent la position de cette armature par rapport aux tôles du chéneau.

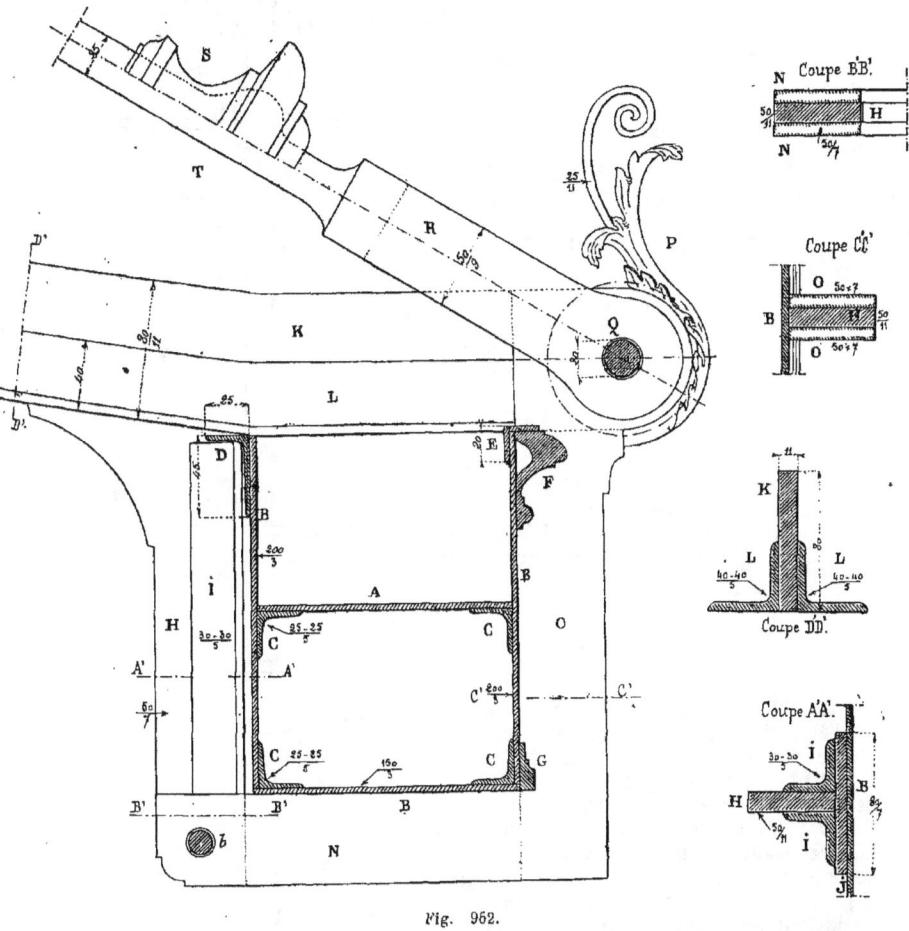

Fig. 952.

En b, nous montrons la possibilité de fixer une barre de store ou une barre de suspension d'objets de vente.

Au-dessus du chéneau, la ferme, dont la coupe D'D' nous montre la section et les dimensions, se prolonge de manière à permettre l'attache d'un tirant T.

Ce tirant, formé d'un fer rond de 25 millimètres de diamètre, se termine en forme de fourche R recevant entre ses branches l'âme verticale K de la fermette.

Un boulon Q sert à maintenir le tout.

Des ornements S et des feuilles P complètent ordinairement cette installation.

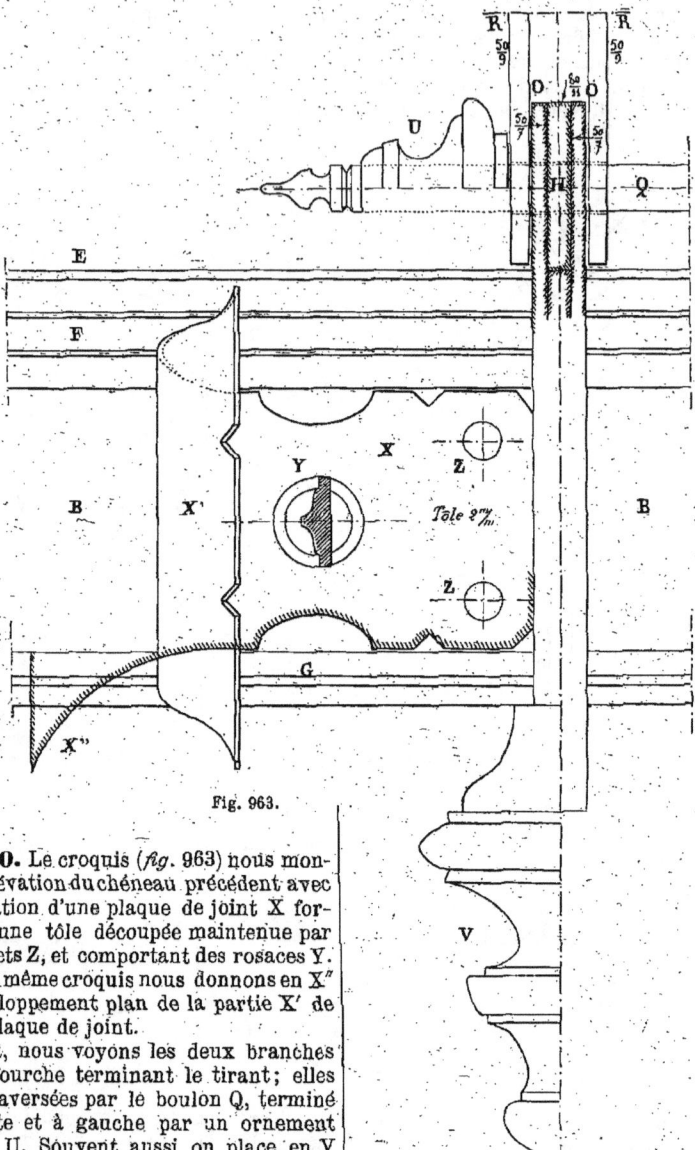

Fig. 963.

1140. Le croquis (*fig.* 963) nous montre l'élévation du chéneau précédent avec l'indication d'une plaque de joint X formée d'une tôle découpée maintenue par des rivets Z, et comportant des rosaces Y. Dans le même croquis nous donnons en X″ le développement plan de la partie X′ de cette plaque de joint.

En R, nous voyons les deux branches de la fourche terminant le tirant; elles sont traversées par le boulon Q, terminé à droite et à gauche par un ornement tourné U. Souvent aussi on place en V un ornement identique au droit d'un tirant et à la partie basse du chéneau, comme nous le représentons dans le croquis.

1141. Pour terminer l'étude des chéneaux, nous renvoyons nos lecteurs aux figures 879, 881, 899, 903, 923, 924 et 928, dans lesquelles nous avons donné quel-

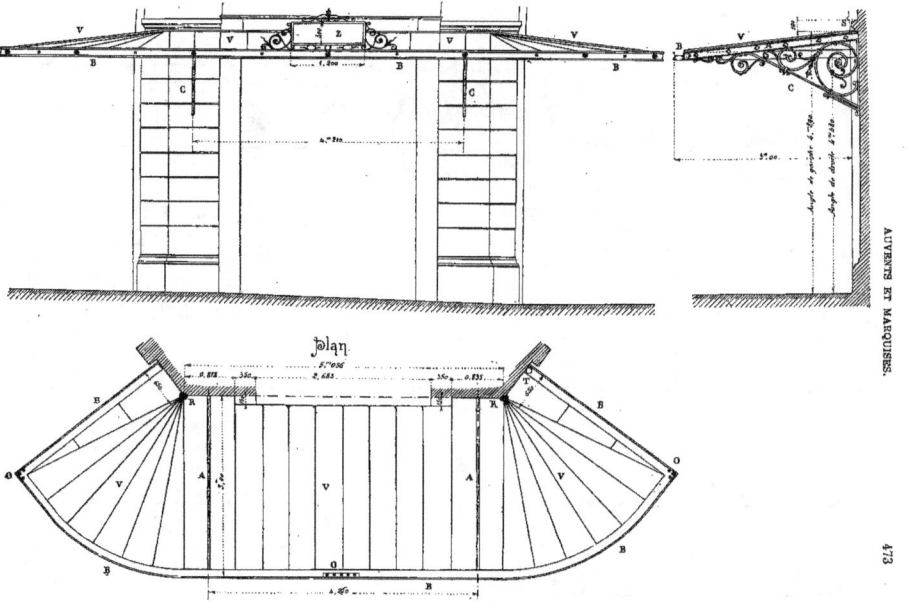

Fig. 964.

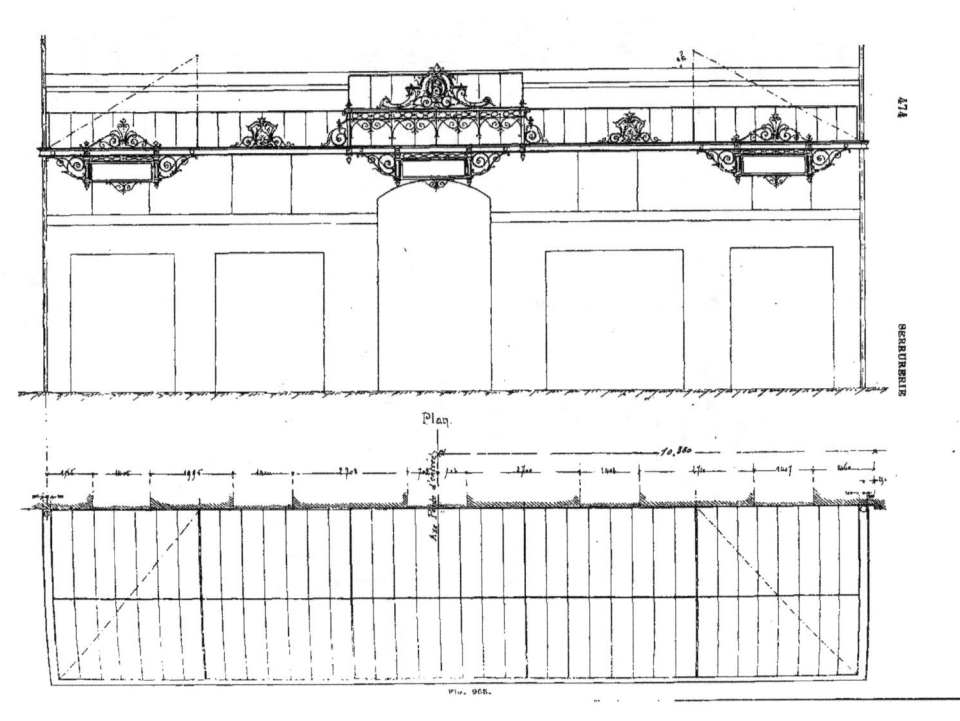

Fig. 968.

AUVENTS ET MARQUISES.   475

ques détails sur les chéneaux et leurs applications aux appentis et aux marquises.

Marquises de magasins.

Premier exemple.

1142. Le croquis (*fig.* 964) nous donne un premier exemple de marquise pour magasin, cette marquise abritant spécialement l'entrée en pan coupé.

La disposition est peu compliquée : un chéneau B, dont nous connaissons maintenant la composition, forme poutre, et vient se sceller dans le mur en deux endroits ; il est solidement soutenu par deux consoles en fer forgé C dont l'importance varie avec la portée de la marquise. Au droit de ces deux consoles C on met des fers I ajourés A plus forts que les fers à vitrages ordinaires.

En V nous indiquons des fers placés en éventail et pouvant se réunir soit dans un gobelet R, soit de toute autre manière.

En Z un tableau en tôle orné de fers moulurés et de volutes en fer forgé sert pour placer le nom du commerçant ; en O sont réservées des plaques percées de trous pour recevoir des hampes de drapeaux.

C'est une disposition simple, économique et solide.

Deuxième exemple.

1143. Les marquises pour magasins prenant souvent de grandes proportions doivent être étudiées très sérieusement et nécessitent non seulement de simples fers à vitrages, mais aussi des fers I et même des poutres en tôles et cornières.

1144. Le croquis (*fig.* 965) représente en plan et en élévation l'ensemble d'une grande marquise de ce genre, dont nous donnerons tous les détails de construction pouvant intéresser le lecteur.

Cette marquise comporte, comme la précédente, un chéneau placé à l'avant et formant poutre ; sur ce chéneau, se retournant d'équerre aux deux extrémités, viennent reposer les fers à vitrages.

Des tuyaux de descente, indiqués dans le plan par de petits cercles, assurent l'écoulement facile de l'eau de pluie tombant sur la marquise.

L'entrée du magasin est accusée par une ornementation plus compliquée ; chaque côté de cette entrée comporte des cadres à inscriptions et des motifs décoratifs.

Détails d'exécution.

1145. Les deux croquis (*fig.* 966 et 967) nous montrent la disposition de l'une des fermes (il y en a quatre semblables sur la longueur de la marquise indiquées dans le plan (*fig.* 965) par des traits doubles).

1146. Chaque ferme se compose : d'une poutre A solidement reliée au chéneau R par un assemblage spécial O, scellée dans le mur de face en H et formée, comme le montre la coupe verticale de la ferme (*fig.* 968), de deux cornières D de $60 \times 60 \times 6$; d'une âme A, tôle de 180×7 et à la partie basse de deux cornières plus petites Z servant à recevoir les vitres de chaque côté.

Chaque cornière Z et les fers à vitrages placés entre deux fermes consécutives reposent, d'un côté, sur le chéneau R, et s'assemblent, de l'autre, dans une cornière solin S' scellée en plusieurs points dans le mur de face.

1147. Au milieu de chaque ferme s'assemble une panne P, fer I de $0^m,140$, ailes ordinaires servant à soulager la portée des fers à vitrages qui est assez grande.

1148. Le croquis (*fig.* 968) montre comment se supportent les fers à vitrages ou chevrons I à l'aide de petites équerres J directement attachées sous l'aile inférieure de la panne P. Pour fixer cette panne P sur la poutre A, on est obligé de placer une fourrure F afin de permettre de bien appliquer les deux cornières d'assemblage C (voir le détail de cet assemblage *fig.* 969).

1149. Au droit de chaque ferme, pour la maintenir et pour l'empêcher de baisser du nez, on met un tirant T en fer rond de 30 millimètres de diamètre venant se fixer en Q sur la ferme, et se sceller en X dans le mur de face. L'attache de ce tirant sur la ferme exerçant toujours une certaine tension, on renforce cette ferme en N à l'aide de tôles rivées. L'attache de l'extrémité Q du tirant se fait entre deux cornières S dont le plan nous montre la position au-dessus des cornières D de la ferme.

1150. En U nous trouvons un assemblage dont nous donnerons plus loin les détails.

1151. La coupe suivant *aa* nous représente la disposition de l'attache du pied de ferme sur le chéneau ; en S, un trou pour le passage de la tige horizontale supportant un store.

1152. Comme nous pouvons le remarquer, dans le croquis d'ensemble (*fig.* 965), ce genre de marquise comporte

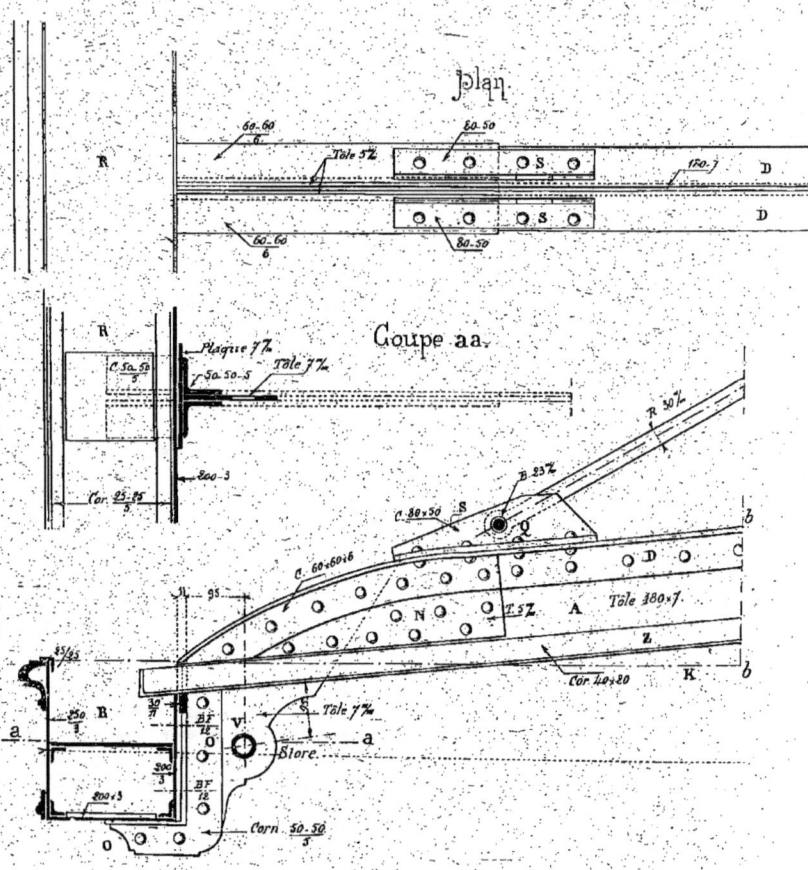

Fig. 966.

deux sortes de tirants : des tirants droits et des tirants obliques dont nous nous occuperons plus loin.

1153. Les croquis (*fig.* 969 et 970) nous donnent, à plus grande échelle, le mode d'attache d'une panne P sur la ferme ; l'assemblage des chevrons et toutes les cotes nécessaires pour leur exécution.

En G et en H sont représentés un fer plat et un fer mouluré.

1154. Le croquis (*fig.* 971) nous

AUVENTS ET MARQUISES. 477

montre les détails d'assemblage et l'attache des tirants T à leur partie haute; chaque tirant, droit ou oblique, est terminé par une partie renflée percée d'un trou comme le montre le plan dans le même croquis. Les deux extrémités O et

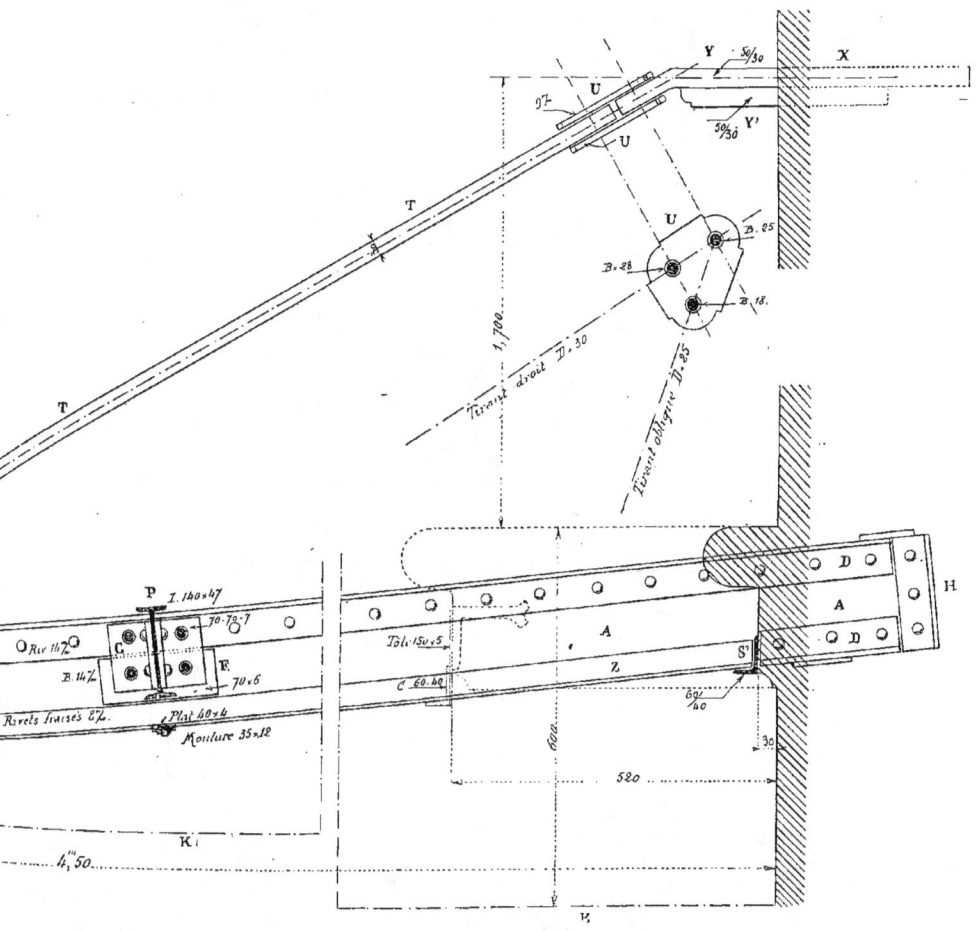

Fig. 967.

O' sont maintenues par des plaques U et de solides boulons B et B'.

On met souvent des chapeaux C au-dessus des écrous; on peut aussi les terminer comme nous l'indiquons en D.

Chaque tirant T est prolongé par une tige Y venant se sceller dans le mur en X; on la soulage souvent par une autre pièce Y' servant à assurer le scellement.

1155. Les croquis (*fig.* 972, 973 et 974) nous indiquent les dispositions à prendre pour l'attache d'un tirant. Ce tirant, s'il est oblique, comme nous pouvons le voir dans le croquis d'ensemble

478 SERRURERIE.

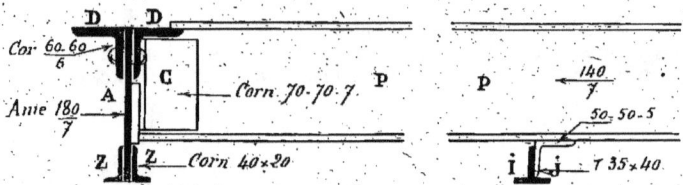

Coupe de la Ferme suiv.t bb. — Support de Chevron

Fig. 968.

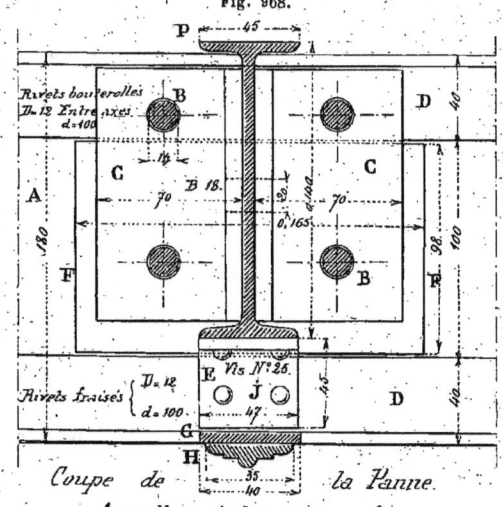

Coupe de la Panne.
Assemblage de la panne avec ferme et chevron
Fig. 969.

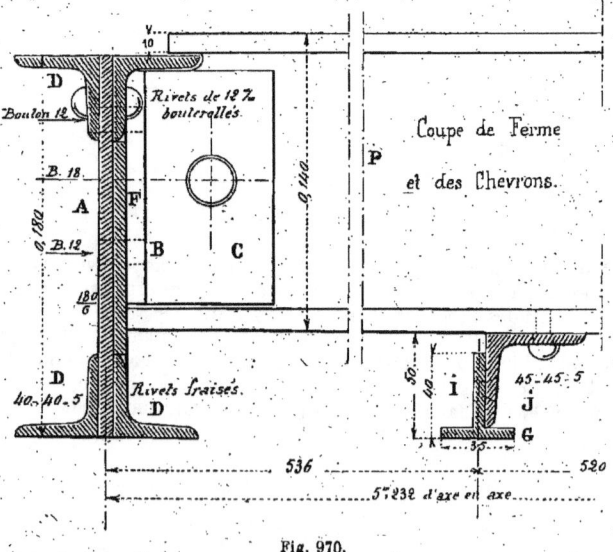

Coupe de Ferme et des Chevrons.

Fig. 970.

AUVENTS ET MARQUISES.

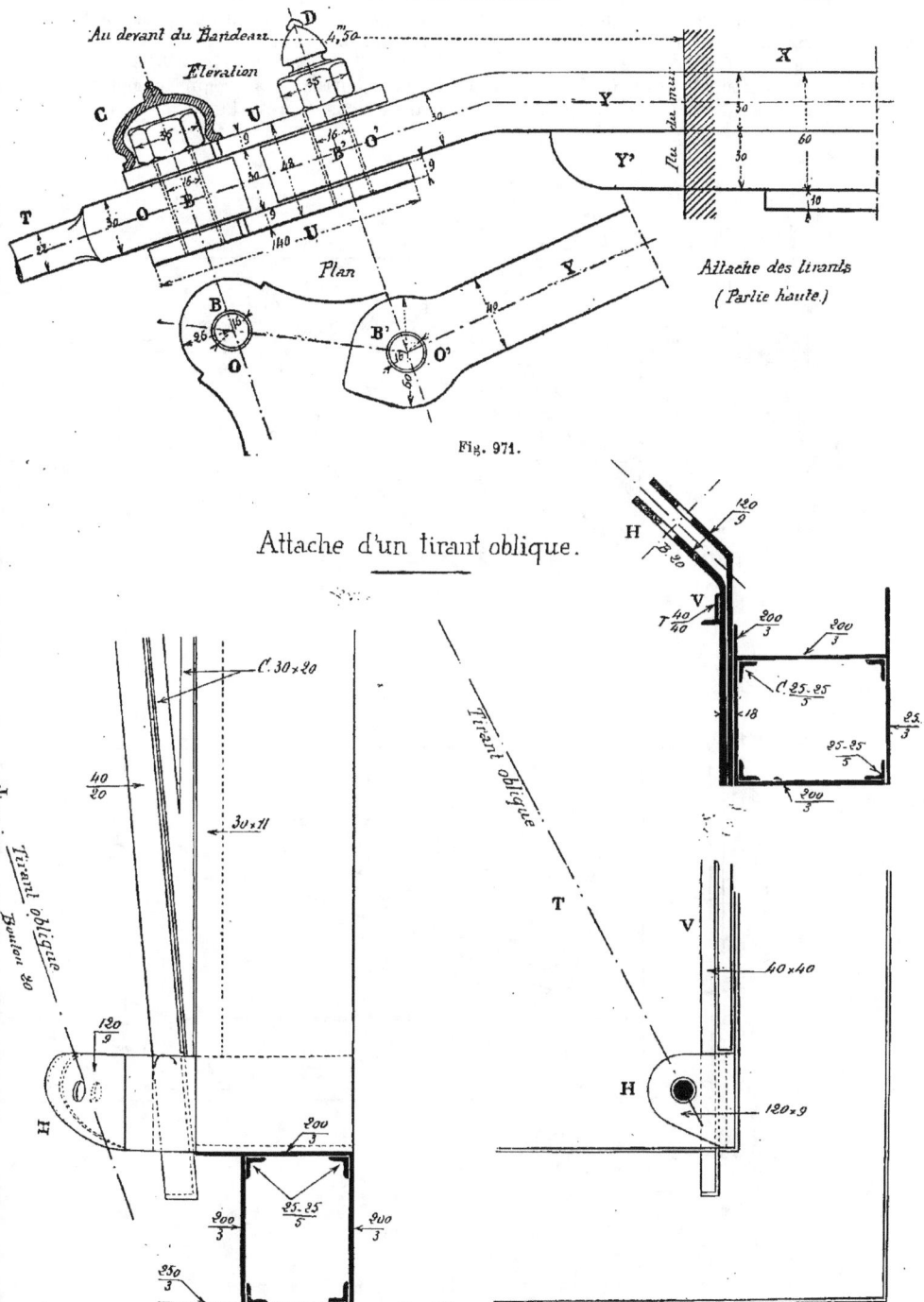

Fig. 971.

Attache d'un tirant oblique.

Fig. 972.

(*fig.* 963), vient s'assembler suivant la bissectrice de l'angle formé par le retour d'équerre du chéneau.

On fixe sur le chéneau, en cet endroit, de fortes tôles H qu'on incline suffisamment et entre lesquelles on place l'extrémité du tirant oblique T.

1156. Les figures 975, 976, 977 et 978 nous montrent des croquis complémentaires nous représentant : le détail des

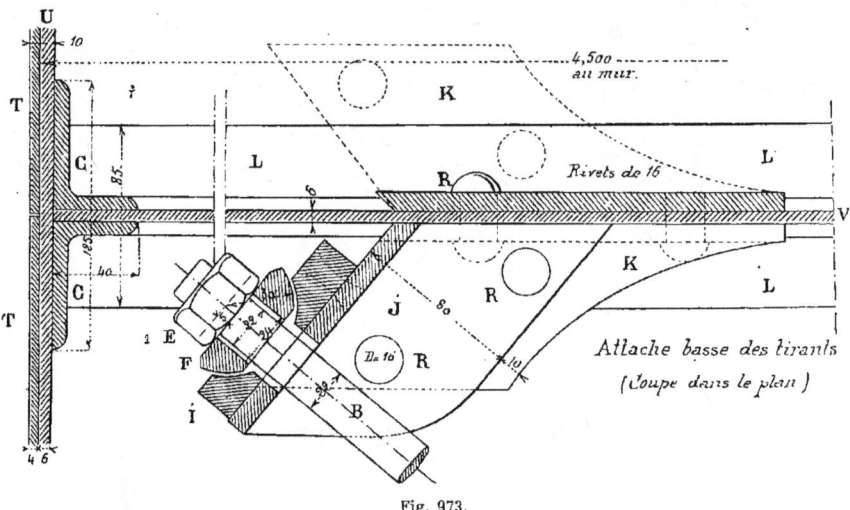

Fig. 973.

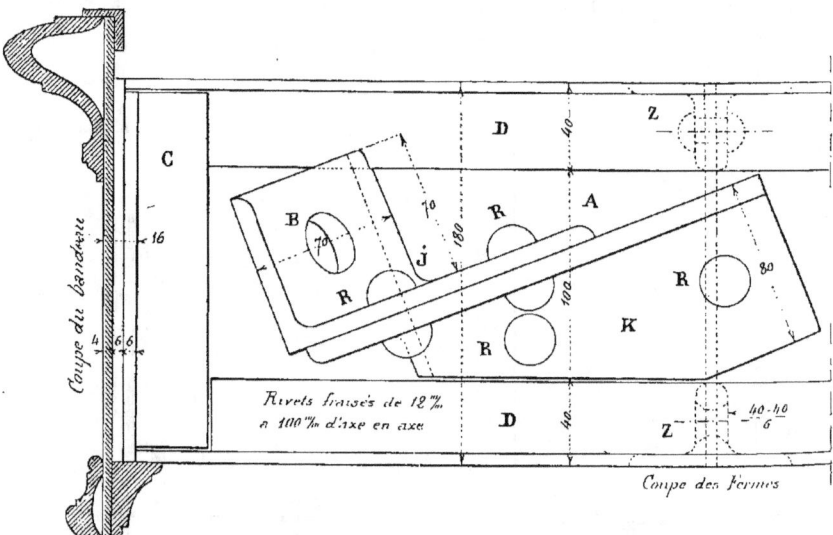

Fig. 974.

AUVENTS ET MARQUISES. 481

plaques de joints, supports de chéneau, attache des pannes sur pignon, etc., dont la seule inspection et les différentes cotes font facilement comprendre les dispositions et les moyens employés pour les assemblages.

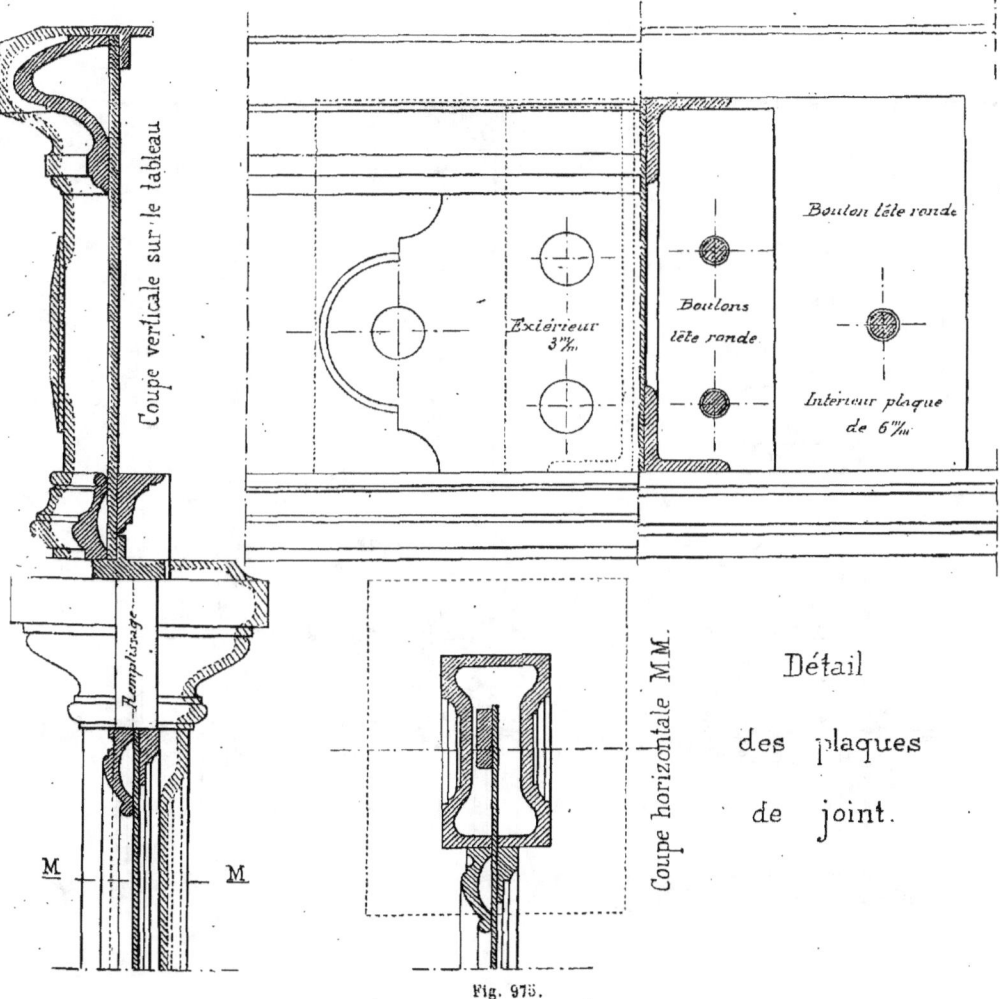

Fig. 975.

Troisième exemple.

1157. Nous avons vu, dans un croquis précédent, un exemple de marquise de magasin dans lequel la panne P (*fig.* 967) est assemblée directement sur la poutre A servant à supporter le chéneau ; c'est la solution en grand qui a été indiquée schématiquement (*fig.* 916).

1158. L'exemple que nous allons examiner est l'application du croquis (*fig.* 917)

Sciences générales. SERRURERIE. — 31.

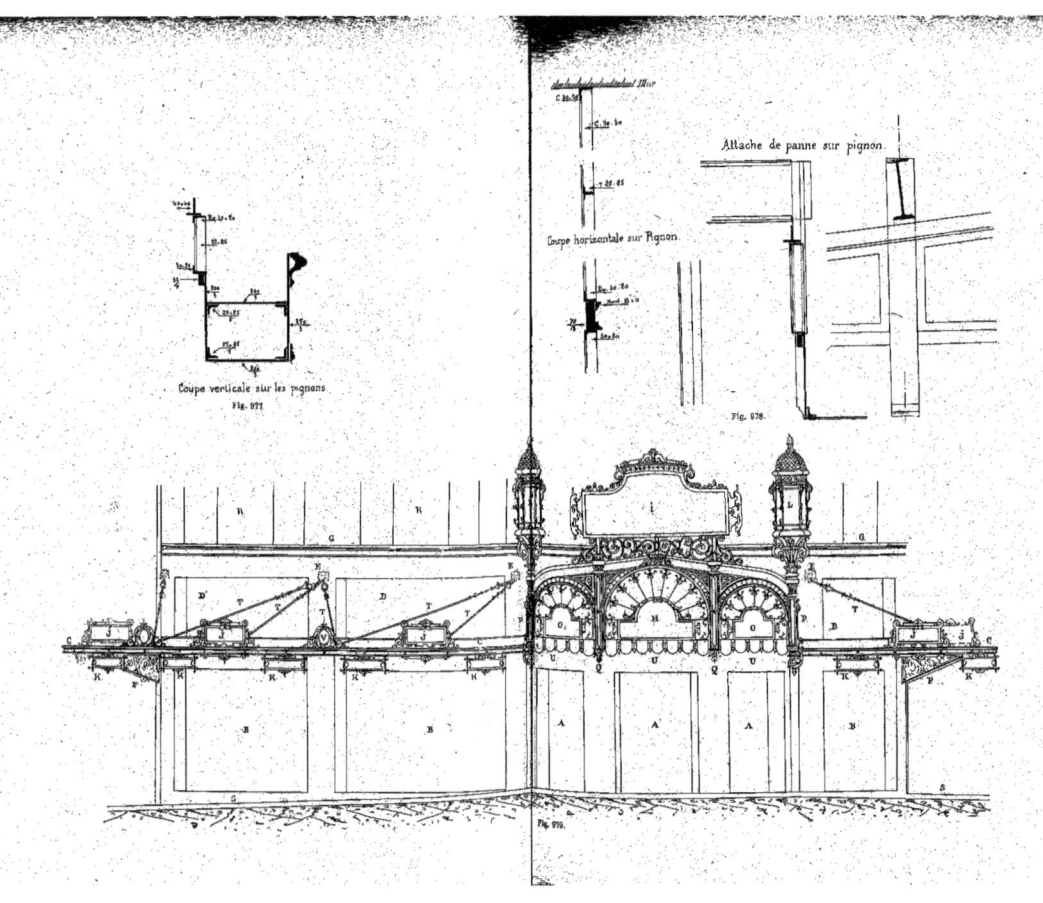

Coupe verticale sur les pignons.
Fig. 977

Coupe horizontale sur Pignon.

Attache de panne sur pignon.
Fig. 978

Fig. 979

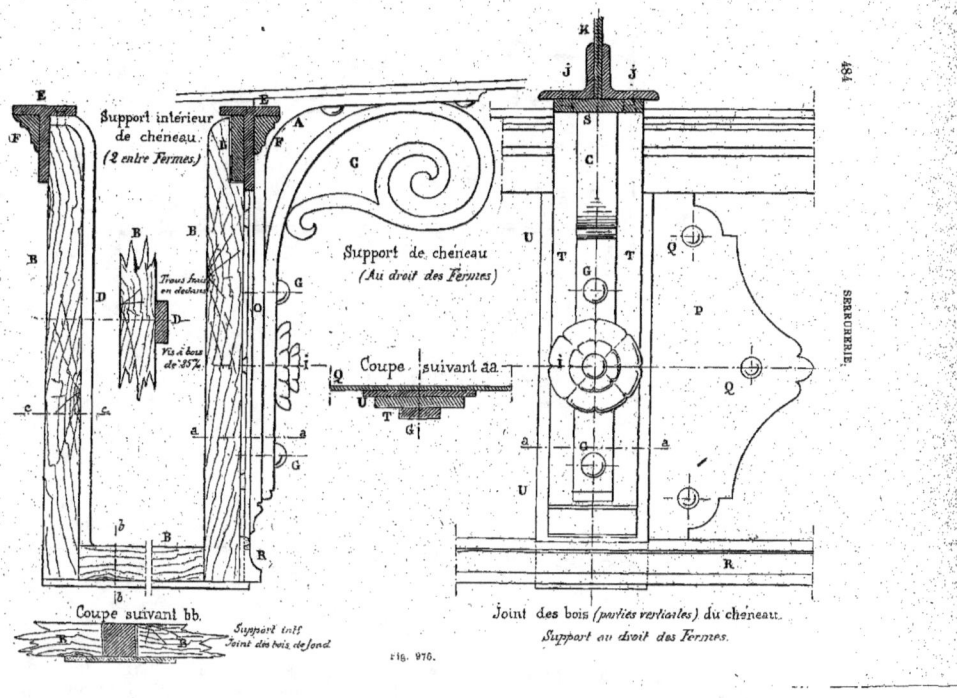

Fig. 975.

à une marquise de plus grande importance.

La figure 979 représente une marquise de magasin avec partie milieu très décorée et accusant l'entrée principale (1).

1159. Cette marquise abrite les devantures B et les trois portes A dont nous verrons plus loin la disposition en plan ; elle est, pour les parties latérales, placée entre les baies du rez-de-chaussée et celles D de l'entresol. La partie milieu, plus importante, comprend toute la hauteur de l'entresol ; les trois baies A sont surmontées de motifs décoratifs O et H, d'un tableau I et de deux lanternes L. Des supports P et Q soutiennent ces différentes parties ; un lambrequin U en complète l'ornementation.

1160. Les travées latérales comportent un chéneau C terminant une partie vitrée abritant le rez-de-chaussée ; des consoles F et des tirants T en assurent la rigidité complète.

Des écussons V et des cadres J et K,

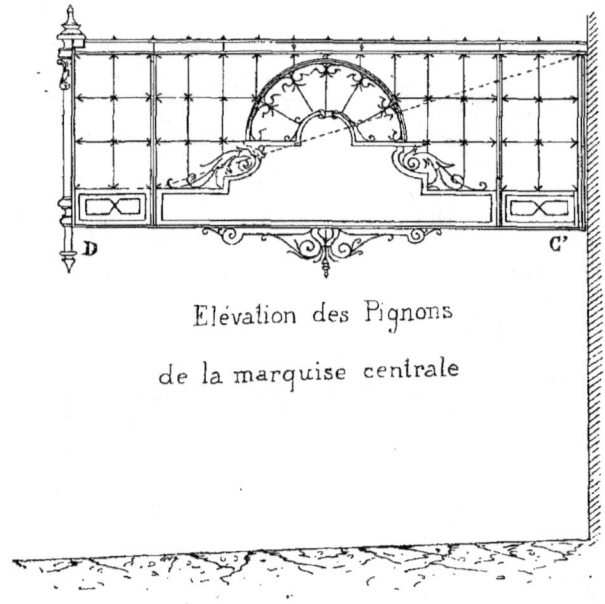

Fig. 982.

servant à indiquer le nom des marchandises à vendre, sont fixés soit au-dessus, soit au-dessous du chéneau.

En G le bandeau inférieur du premier étage, et en R les baies de cet étage.

1161. Le croquis (fig. 980) nous montre la disposition en plan de cette marquise qui comprend trois parties :

1° La grande travée de gauche, qui se compose : d'un chéneau C se retournant d'équerre à l'extrémité et en ce point

(1) Cette marquise a été construite par M. Hoeckel, ingénieur, pour les magasins des phares de la Bastille.

Sciences générales.

soutenu, suivant EF, par une console dont nous voyons l'élévation en F (fig. 979); d'une série de fers à vitrages V soutenus en leur milieu par une panne P dont nous verrons plus loin la disposition ; de quatre fermettes D portant le chéneau et le vitrage; d'une série de tirants T formant une complète triangulation de l'ensemble ;

2° D'une partie milieu A'BC'D, plus élevée que les parties latérales et comportant, comme le montre en détail le croquis (fig. 981), une fermette suivant

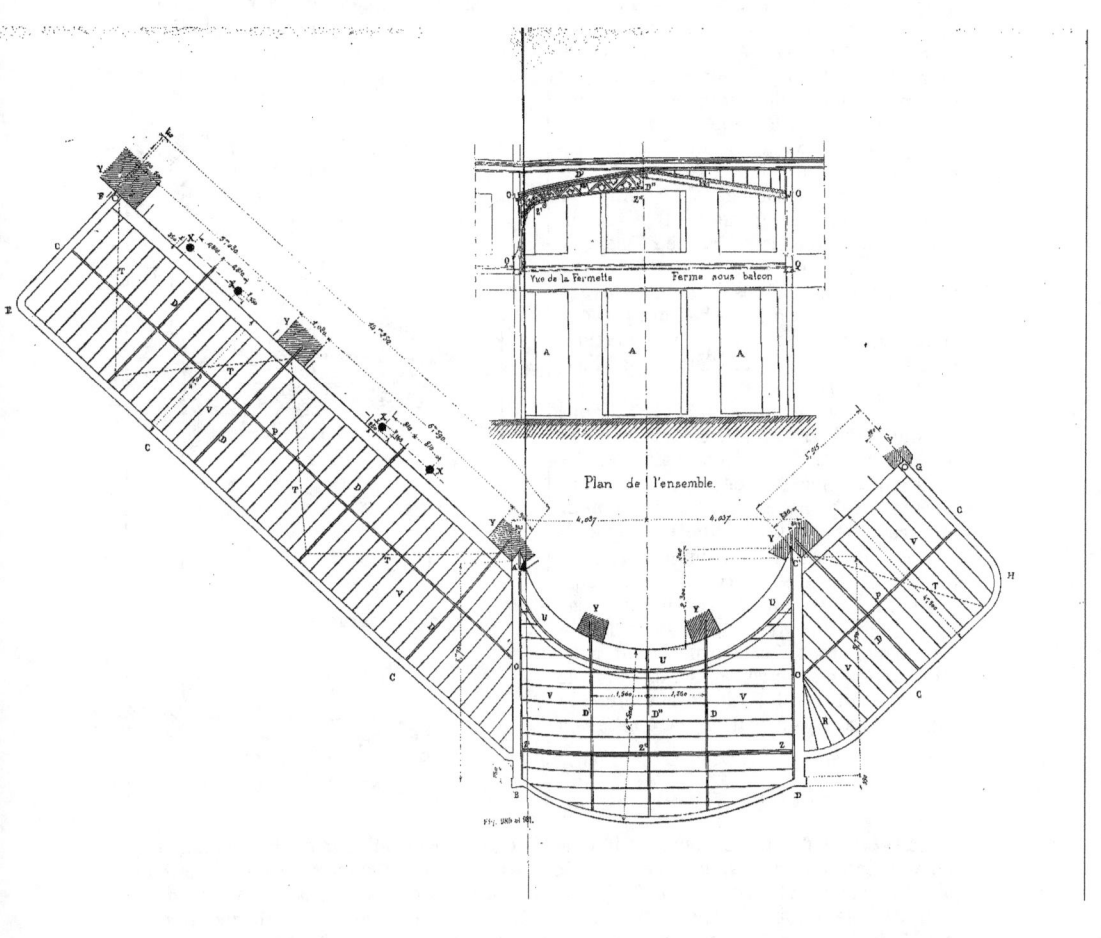

488   SERRURERIE.

Z'Z"Z reposant sur de solides poutres Q et munie de chéneaux O; des pannes DD'D" venant se fixer sur la partie cintrée BD et se sceller dans les piles Y.

Cette partie est, comme la précédente, vitrée au-dessus.

3° D'une travée en retour à droite du croquis, beaucoup moins importante que la partie de gauche et composée, comme cette dernière, des mêmes éléments, savoir : un chéneau C supporté suivant GH par une console indiquée en F dans le croquis (*fig.* 979); une série de fers à vitrage V dont quelques-uns R sont placés en éventail ; une panne P, soulageant les fers à vitrage V au milieu de leur portée; une fermette D et un tirant T dont nous connaissons l'usage.

1162. Le croquis (*fig.* 982) nous montre l'élévation des pignons suivant A'B et C'D de la figure 980; ces pignons sont identiques, comme ornementation, aux travées O et H de l'élévation d'ensemble (*fig.* 979).

1163. Le croquis (*fig.* 983) nous indique la disposition des consoles dont nous avons parlé précédemment avec les différentes pièces : chéneau C, tirant T, etc., qui s'y rattachent. Ce croquis nous montre en même temps une coupe verticale du mur dans lequel viennent se sceller les différentes pièces de cette marquise. En A, les baies du rez-de-chaussée; en B, celles de l'entresol; en D, le balcon du premier étage. Les consoles I sont, pour leur partie inférieure, à une distance de 3 mètres du seuil S de la boutique ; la saillie totale peut varier de 4 mètres à 4^m,50.

nous est maintenant assez connue pour que nous n'ayons pas besoin d'insister. Ce chéneau reçoit à sa partie haute les chevrons ou fers à vitrages D, placés à la partie inférieure de la poutre F et supportés par la panne P solidement reliée à la poutre F, sur le chéneau, et venant se fixer dans une cornière solin J elle-même maintenue par un fer en U, indiqué en E.

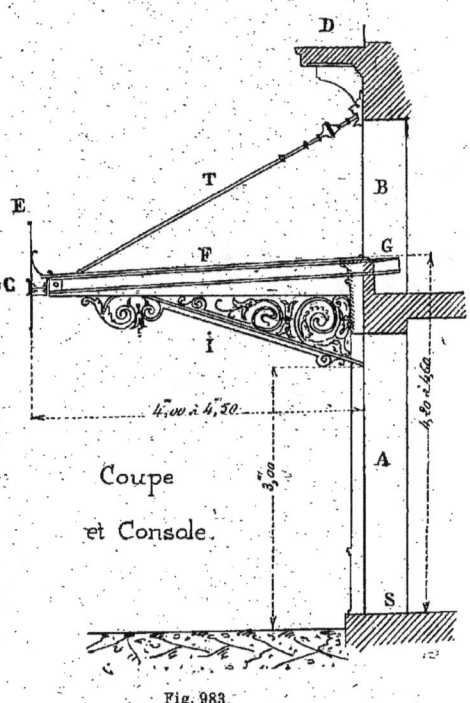

Fig. 983.

Détails d'exécution.

1164. Le détail de construction le plus intéressant est évidemment l'étude d'une ferme dont le croquis (*fig.* 984) nous montre l'élévation par une coupe verticale faite sur une partie courante de la marquise que nous étudions.

La ferme proprement dite se compose d'une poutre F formée de tôles et cornières supportant le chéneau C et recevant en H l'attache des tirants T de la marquise. La composition du chéneau

Le chevron, détaché de la ferme, se voit très bien dans le même croquis sous la dénomination de *coupe verticale près d'un chevron*. La poutre Q est solidement scellée en G dans le mur de face.

En I le trou pour le passage du store, ce trou est percé dans une tôle B faisant partie de la poutre principale Q.

1165. En K nous voyons comment se fait l'attache des tirants T; cette disposition ayant une grande analogie avec le

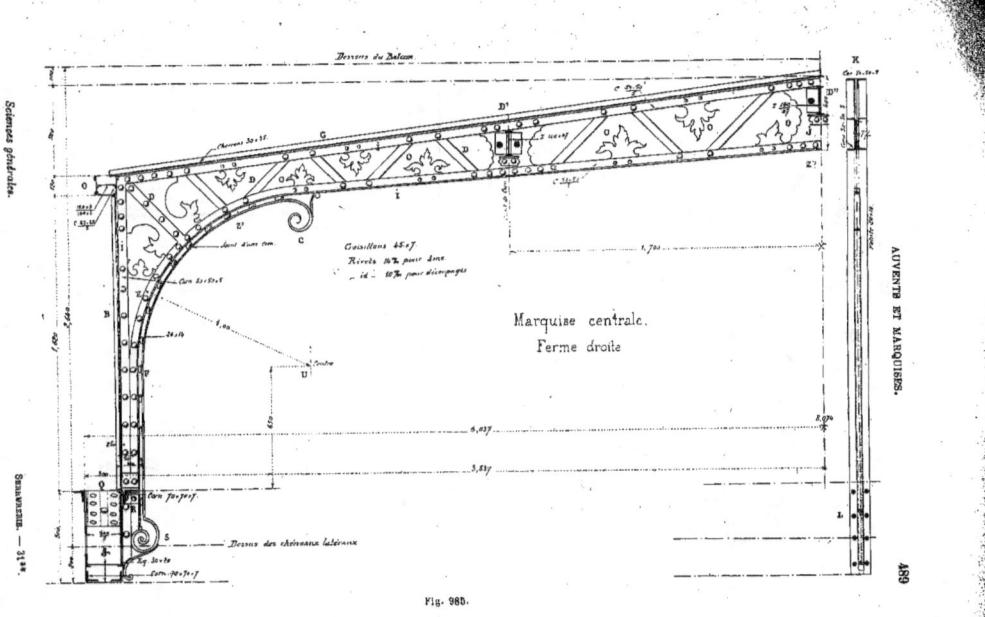

Fig. 985.

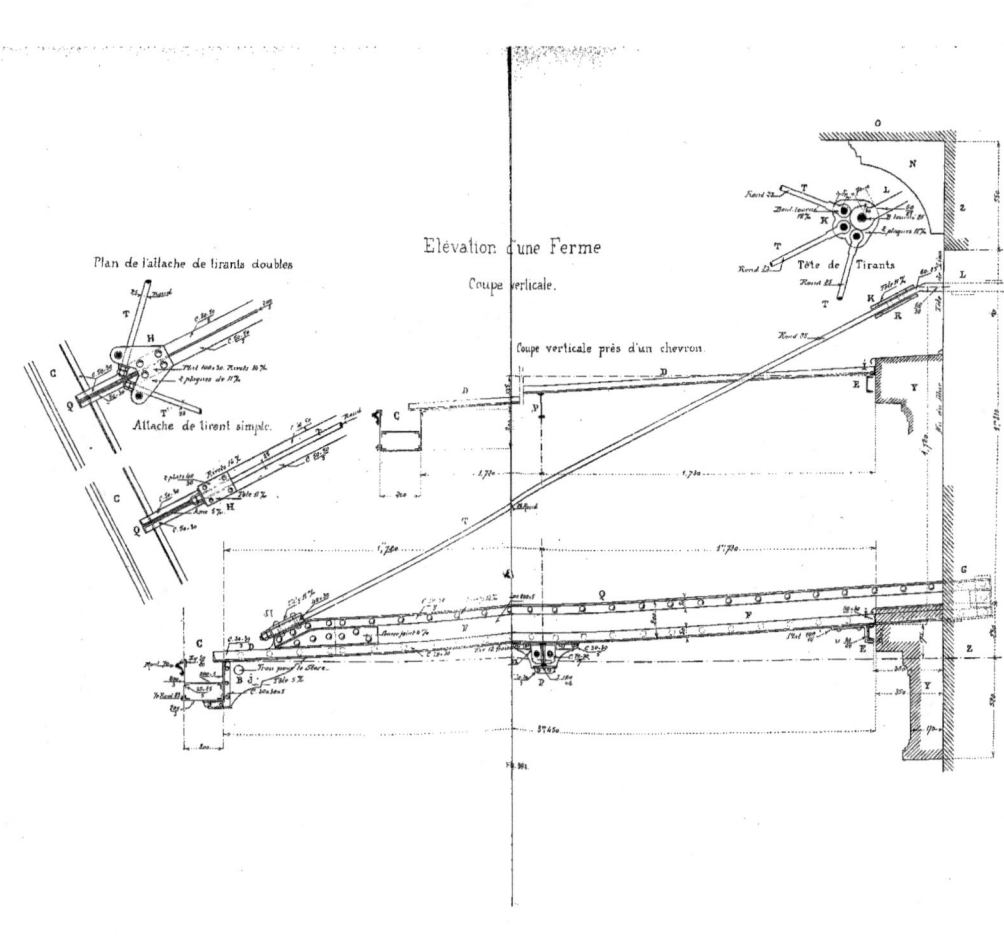

detail qui a été donné (*fig.* 967), nous ne nous y arrêterons pas plus longuement. C'est à la rencontre de la pièce L et du mur de face qu'on place les têtes de lion recevant les différents tirants.

En O est indiqué le balcon et en N les consoles de ce balcon.

1166. Dans le même croquis nous voyons, à gauche, le plan de l'attache de tirants simples et de tirants doubles à la partie basse de la ferme ; c'est une disposition simple qui se comprend à la seule inspection du croquis.

1167. Le croquis (*fig.* 985) nous montre le détail d'une fermette droite de la marquise centrale indiquée en Z'Z" (*fig.* 981).

Cette fermette comprend : des cornières I et des croisillons D formant poutre en treillis comportant des ornements O en tôle découpée ; en O, l'indication d'un chéneau de forme connue ; en B, des fers à vitrage placés verticalement et servant à éclairer latéralement ; en G, des fers à vitrage reposant sur le chéneau O, et à l'autre extrémité venant s'assembler dans une panne de faîtage formée d'un fer T du commerce. Cette fermette comporte des pannes D'D" assemblées sur des tôles découpées et soulagées par des cornières J placées sous les ailes inférieures.

Une volute Z' contournée en C et en S sert d'ornement.

En K nous représentons une coupe verticale et une élévation de la volute dont nous venons de parler.

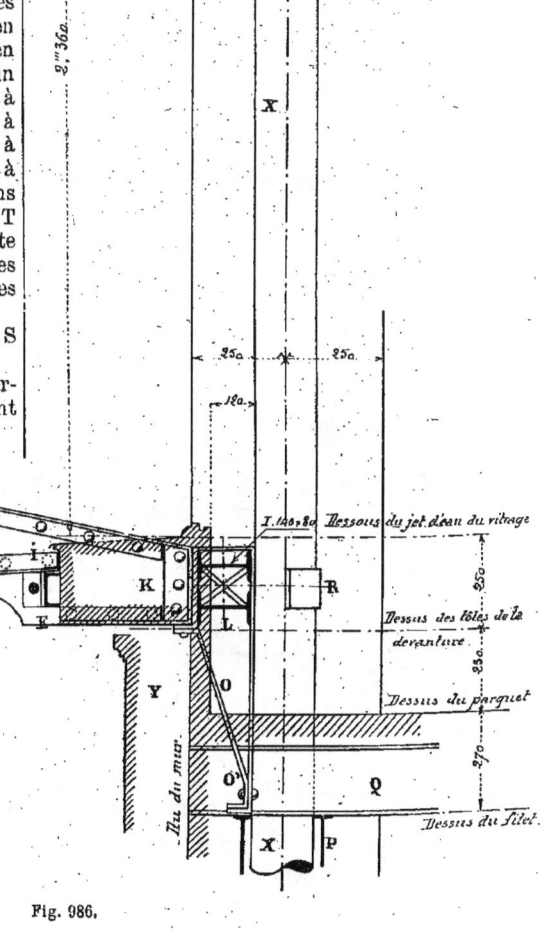

Fig. 986.

AUVENTS ET MARQUISES.

1168. En examinant le plan (*fig.* 980), nous voyons que certaines fermes D, au lieu de venir se sceller dans le mur de face, tombent entre deux colonnes X ; il y a là un cas particulier d'assemblage dont nous devons dire quelques mots.

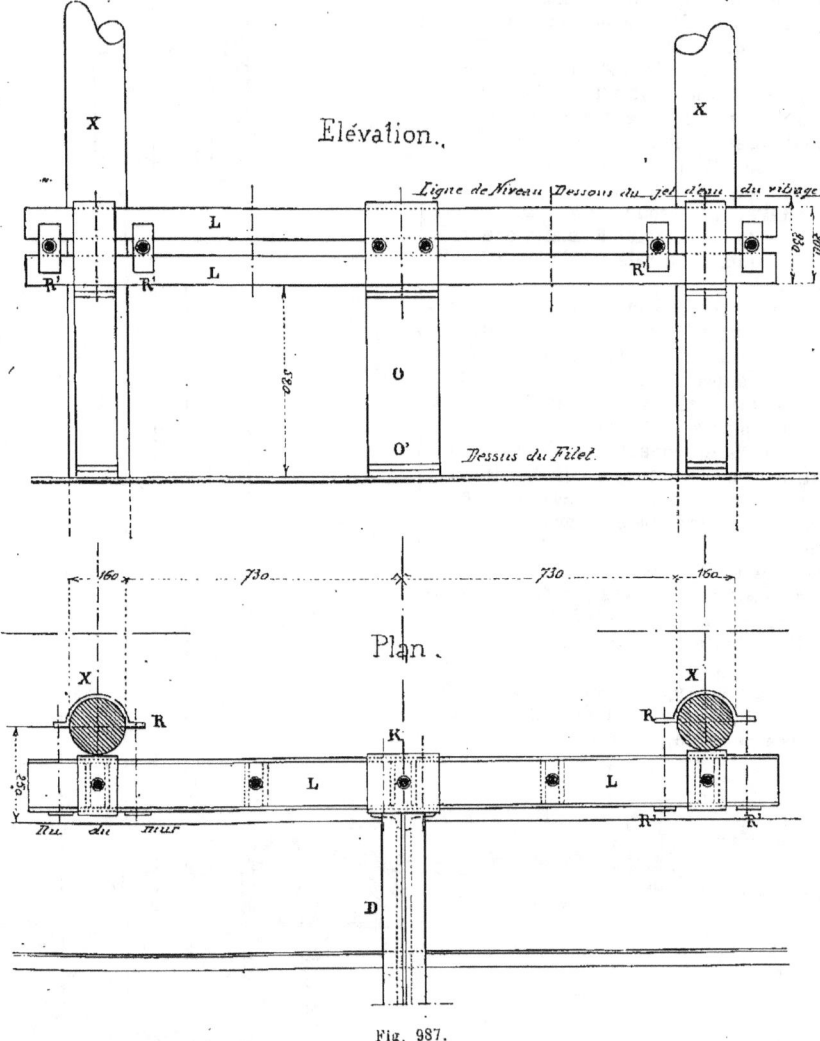

Fig. 987.

La disposition à adopter est indiquée en coupe verticale (*fig.* 986). La fermette F se termine, dans ce cas, un peu différemment, comme le montre le croquis. Entre deux colonnes voisines X on place un filet L solidement relié aux deux colonnes par des colliers R; c'est, sur ce filet, placé horizontalement, qu'on fixe la fermette à l'aide d'un assemblage K. On soulage encore cet assemblage en faisant, à l'aide de fers O et O', reporter une partie de la charge sur le filet P placé à la partie haute des boutiques et recevant le plancher Q de l'étage.

liers R; en K, le point où vient se fixer la fermette D sur le filet; enfin, en OO', l'élévation des fers plats servant à reporter une partie de la charge sur le filet. C'est un moyen d'attache; il y en a bien d'autres que le constructeur pourra étudier suivant les cas.

1170. Le croquis (fig. 988) nous

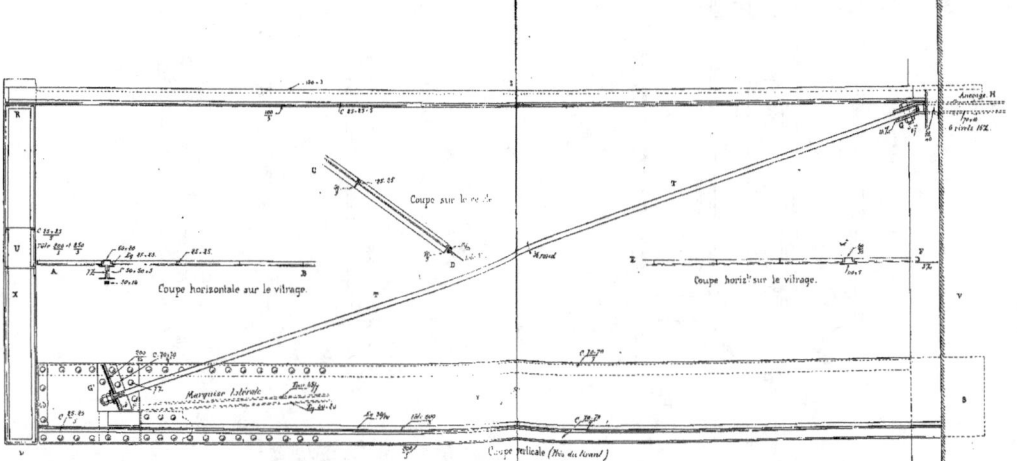

Fig. 988.

En Z nous montrons le filet supérieur de l'entrerail reposant sur le prolongement de la colonne X; en U, l'amorce du balcon.
1169. Le croquis (fig. 987) nous donne en élévation et en plan la disposition que nous venons d'indiquer en coupe verticale. En X, les deux colonnes; en L, le filet horizontal relié aux colonnes par des col-

représente une coupe verticale près d'un tirant et différentes coupes horizontales sur le vitrage et sur la partie circulaire de la marquise centrale, avec l'indication

de toutes les cotes et profils des fers employés.
1171. Le croquis (fig. 989) nous montre en élévation et en coupe horizontale

496 SERRURERIE.

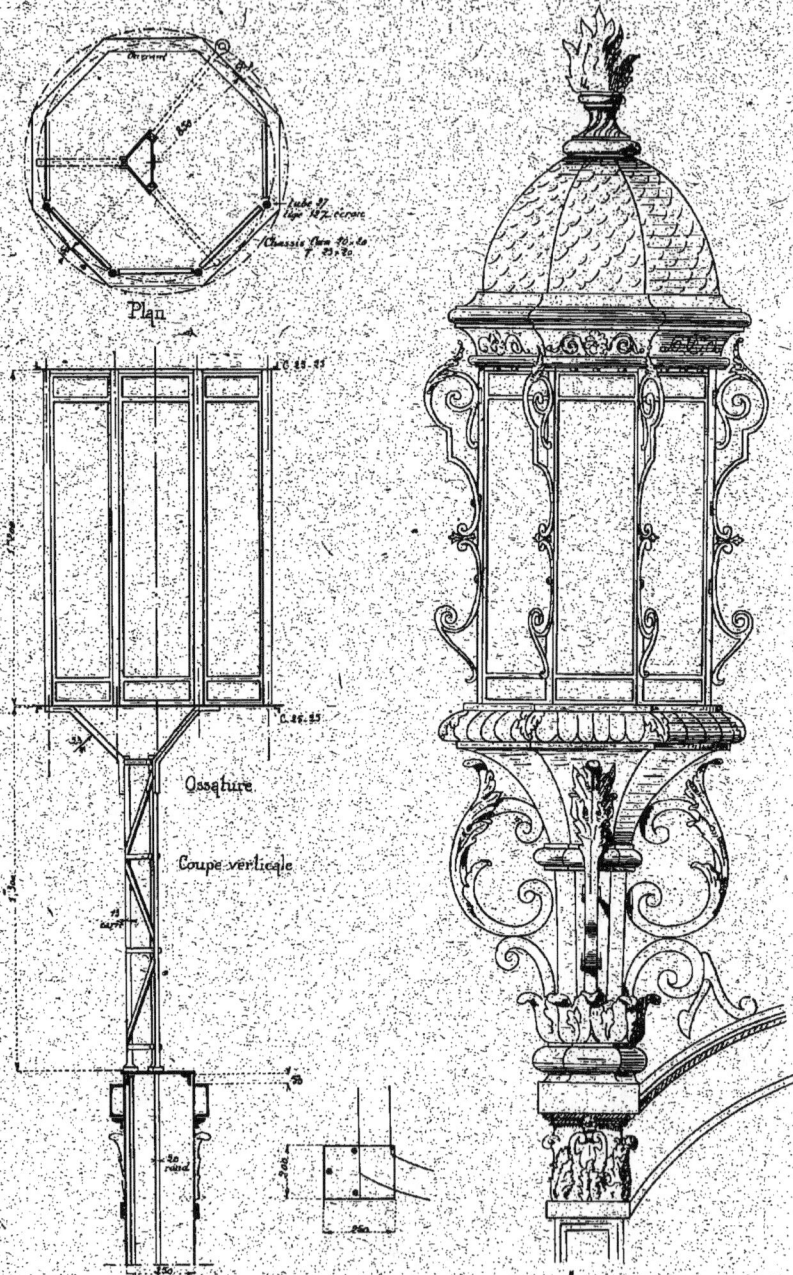

Plan.

Ossature.

Coupe verticale.

Fig. 990.

AUVENTS ET MARQUISES.

VUE DE FACE.

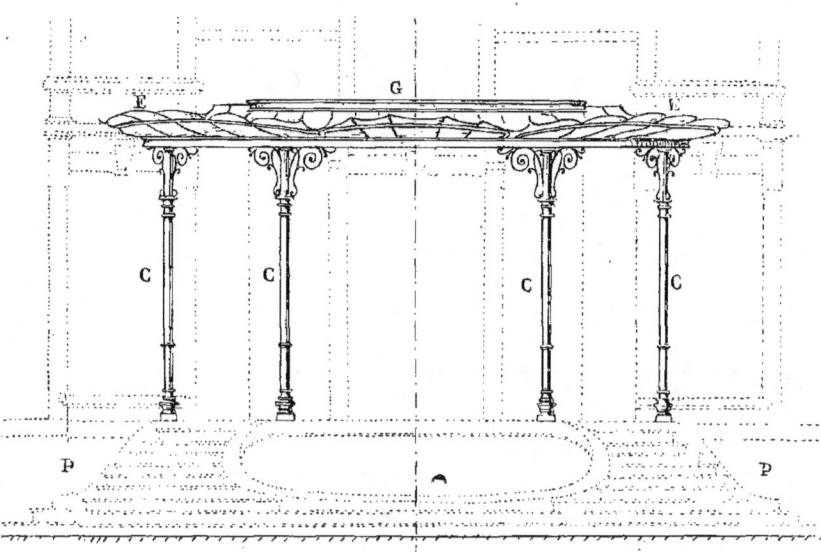

VUE EN PLAN.

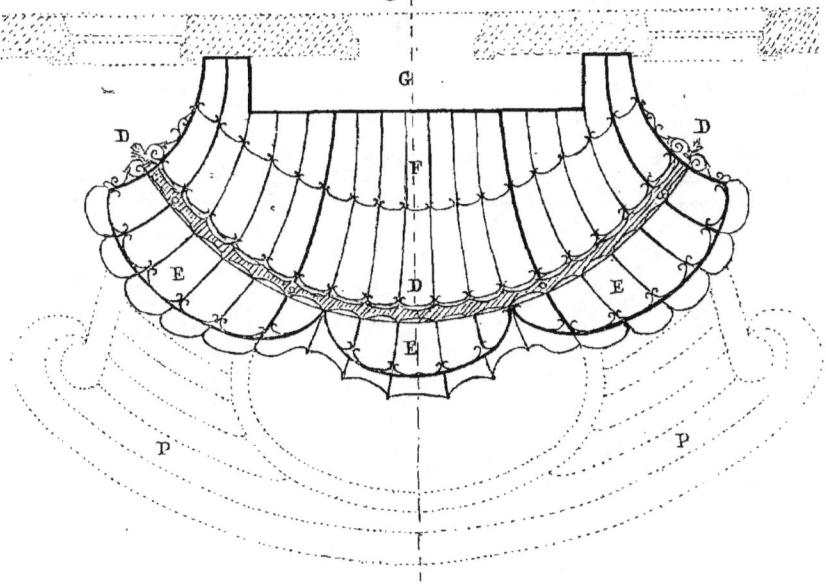

Fig. 991.

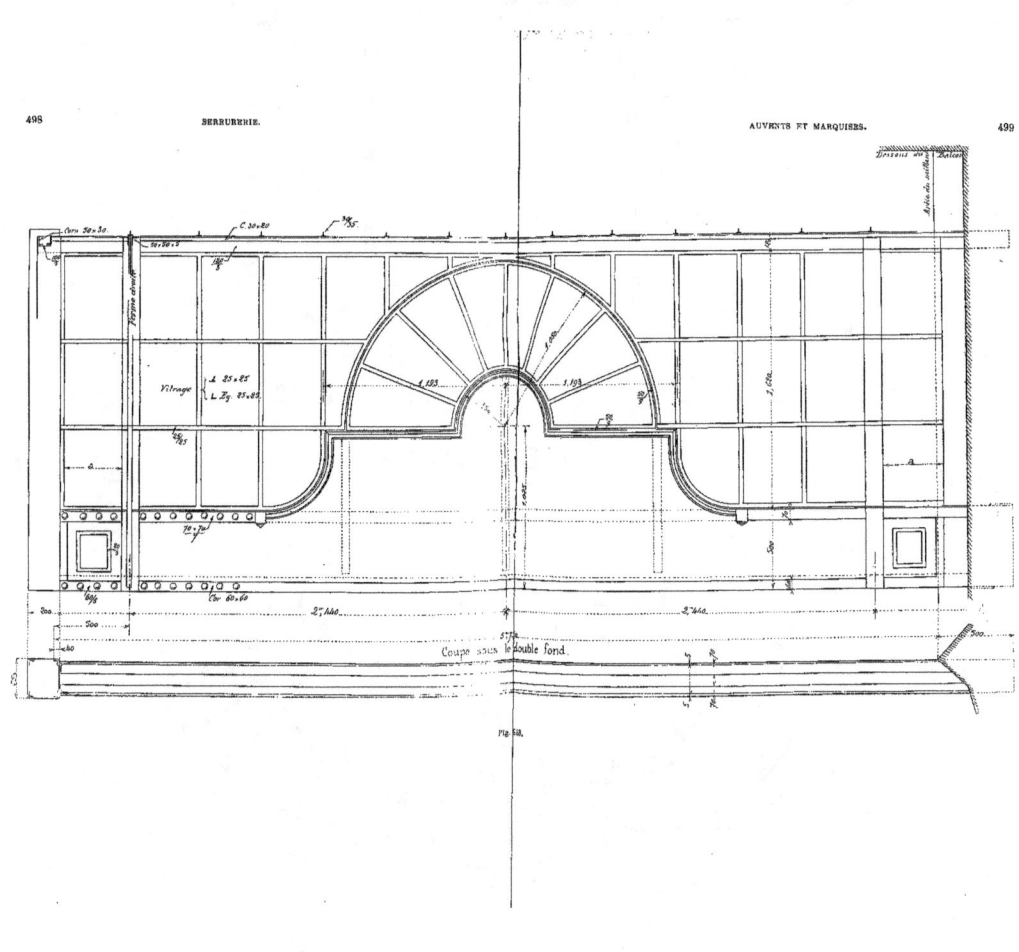

l'ossature métallique des pignons dont nous avons donné une élévation complète (*fig.* 982).

A la partie haute nous voyons la coupe des fers à vitrages, qui sont ici des fers T de 30 × 35, puis un quadrillage vertical, recevant des vitres, et composé de fers T de 25 × 25 et d'équerre de 25 × 25 ; les différentes coupes données dans ce croquis font facilement comprendre la disposition sans que nous ayons besoin d'insister plus longuement. Les tôles, formant partie pleine, ont 0^m,005 d'épaisseur.

1172. Pour compléter les détails d'exécution de cette marquise, nous représentons (*fig.* 990) les croquis d'ensemble des lanternes, se composant d'une ossature métallique dont nous donnons une coupe verticale et un plan ; c'est cette ossature qu'on habille avec des volutes et des rinceaux plus ou moins contournés.

Nota.

1173. Pour terminer l'étude des marquises, nous donnons (*fig.* 991 et 992) les croquis d'une marquise de forme spéciale,

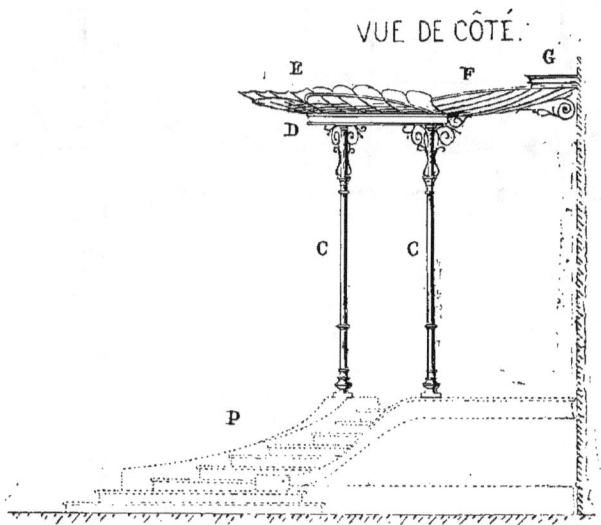

Fig. 992

plus découpée en plan que les précédentes, et qu'on emploie souvent pour couvrir un perron d'entrée P à deux départs.

1174. Cette marquise, dont les croquis nous montrent une vue en plan, une vue de face et une vue de côté, comporte quatre colonnettes C supportant un chéneau cintré D sur lequel viennent s'assembler des fers à vitrage E et F. En G une ceinture de forme spéciale reçoit les assemblages des fers F. Les trois parties E sont disposées en éventail en avant de la marquise. C'est une disposition un peu coûteuse, mais d'un très bon aspect.

1175. Un autre genre de marquise, abritant une porte d'entrée, est donné en croquis (*fig.* 993, 994 et 995).

Cette marquise, dont le croquis (*fig.* 993) nous donne l'élévation, a l'aspect d'un manteau de cheminée, elle est vitrée sur la face et sur les côtés, ce qui permet de bien abriter de la pluie la personne qui attend l'ouverture de la porte.

Elle comporte un chéneau C recevant les fers à vitrage H et supporté par des consoles E de forme spéciale, venant se sceller dans les pilastres F. Les côtés latéraux J, dont le croquis (*fig.* 994) nous

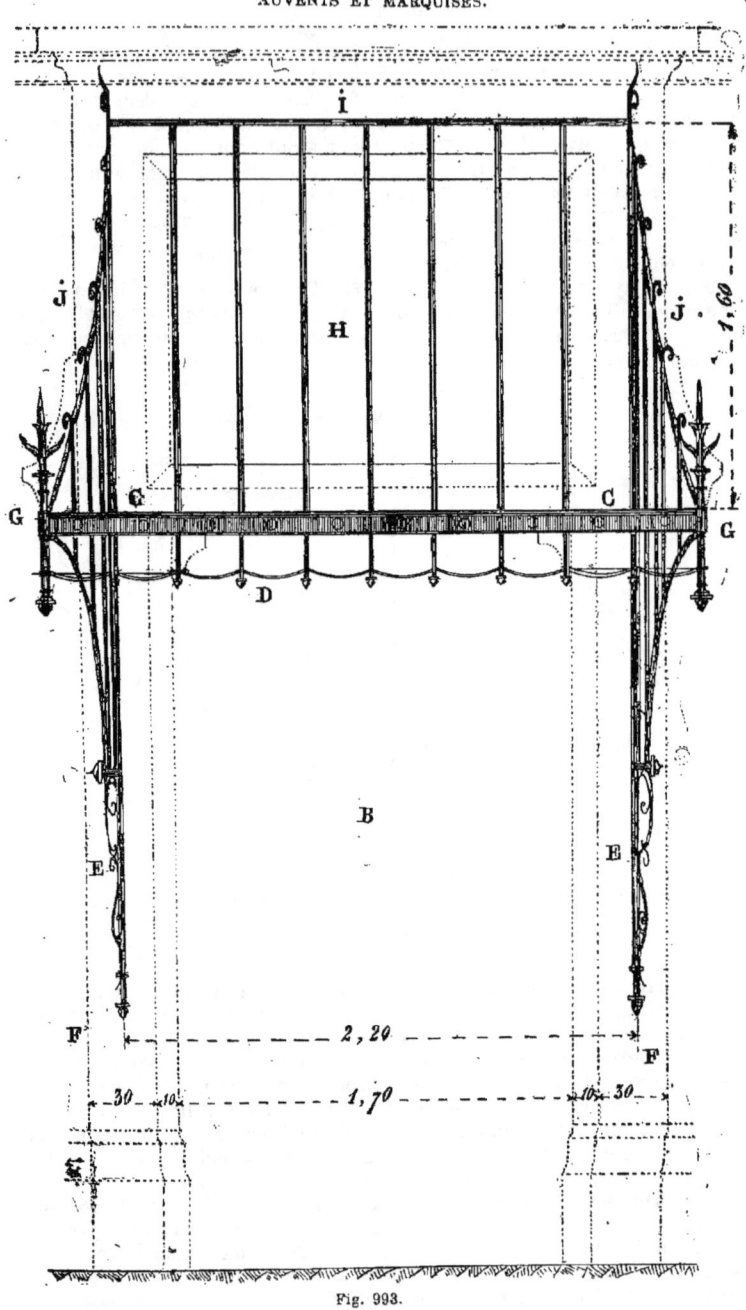

Fig. 993.

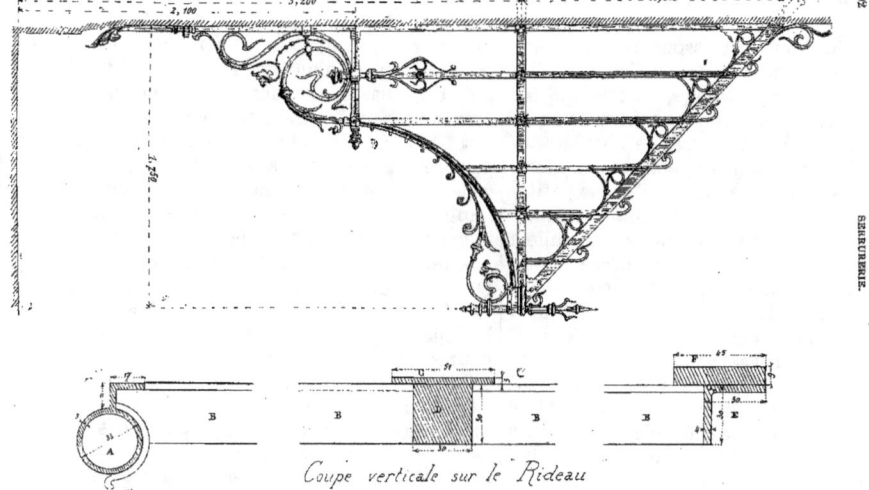

Coupe verticale sur le Rideau

Fig. 995.

montre le détail, sont très élégamment ornés.

1176. Le croquis (*fig.* 995) nous indique, à plus grande échelle, une coupe verticale sur le rideau J avec les principales cotes des fers composant cette marquise.

CHAPITRE VII

VÉRANDAS. — JARDINS D'HIVER. — BOW-WINDOWS

Définitions et notions générales.

1177. Nous réunissons dans le même chapitre les *vérandas*, les *jardins d'hiver* et les *bow-windows*, parce que ces constructions métalliques sont, à de rares exceptions, des annexes de nos habitations destinées à en augmenter le confort.

1° Les *vérandas* sont, en effet, de petites annexes en fer et verre faisant ordinairement suite à un salon ou à une salle à manger placée au rez-de-chaussée.

1178. C'est aussi, dans certains cas, un vestibule vitré ou salle d'attente qu'on peut chauffer et garnir de plantes pour en augmenter l'aspect.

1179. La forme des vérandas peut varier à l'infini ; elles se construisent le plus souvent sur les façades ou sur les pignons de nos habitations. Leur plan peut être un carré ou un rectangle avec pans coupés ou angles arrondis ; il est évident que ces pans coupés ou ces angles augmentent la dépense dans une certaine proportion et que le plus économique est la forme à angle d'équerre.

1180. Il est préférable d'élever les vérandas de quelques marches au-dessus du sol, et de les poser sur un soubassement en tôle ou en maçonnerie ; ce soubassement peut varier de $0^m,40$ à 1 mètre de hauteur. Lorsqu'il est en maçonnerie (briques ou meulières), on le recouvre ordinairement d'une dalle en pierre.

1181. Pour la construction des vérandas on emploie : la tôle de $0^m,003$ à $0^m,004$ d'épaisseur ; des chéneaux en tôle et cornières ; des colonnettes en fer creux de $0^m,05$ à $0^m,08$ de diamètre, garnies de chapiteaux, bases, bagues, etc., ou des colonnettes en fonte sur modèle.

1182. Les fers dont on se sert sont à peu près les mêmes que ceux décrits précédemment pour les marquises : des fers feuillards, des cornières à ailes égales et inégales, des fers en Z, des fers demi-ronds, des fers moulurés, des fers en U, des fers T et I, etc.

1183. La décoration est variable avec la dépense qu'on veut faire ; il faut cependant disposer les ornements employés pour obtenir un certain aspect de légèreté.

La couverture des vérandas est ordinairement le verre ; mais on emploie aussi le zinc et, dans certains cas, on fait de véritables terrasses couvertes en plomb et servant de balcon ;

2° Les *bow-windows*, qui sont des fenêtres en saillie et dont l'usage, en France, nous est venu de l'Angleterre ; on donne aussi ce nom à des balcons vitrés à ossature métallique plus ou moins ornée de faïences, terres cuites, vitraux, etc., produisant avec la partie métallique un très bon effet.

1184. Ces bow-windows peuvent, dans une construction, ne prendre que l'emplacement d'une seule baie, ou comprendre toutes les baies superposées d'une maison à loyer par exemple.

1185. Les bow-windows de fenêtres

504   SERRURERIE.

peuvent prendre la forme rectangulaire, ou avoir les angles arrondis; lorsqu'ils n'occupent qu'une fenêtre, on les supporte souvent sur des consoles en fer forgé.

On en fait aussi qu'on place dans les

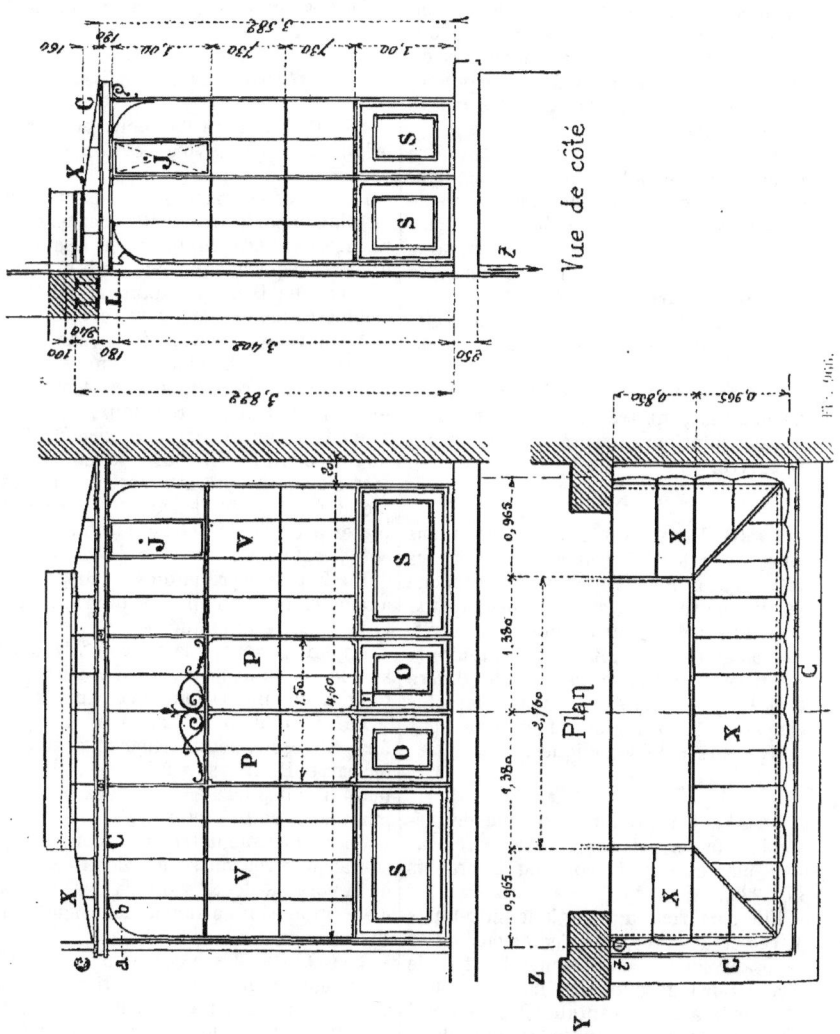

angles, ils sont alors portés par deux consoles ou en bascule, comme nous l'avons indiqué pour les paliers de repos dans l'étude des escaliers (*Charpente en fer*).

1186. Dans certains cas on leur donne la forme de tourelles reposant sur deux consoles.

1187. Lorsque les bow-windows com-

VÉRANDAS. — JARDINS D'HIVER. — BOW-WINDOWS.

portent plusieurs étages d'une maison, on les porte souvent sur les solives même des planchers prolongées au-delà du mur de face et faisant encorbellement.

1188. Le nettoyage de la partie vitrée, surtout à l'extérieur, doit être pris en considération par le constructeur, qui devra réserver des parties ouvrantes où elles seront nécessaires pour qu'on puisse, sans difficultés, nettoyer tous les verres extérieurement.

3° Les *jardins d'hiver* peuvent être annexés à une habitation ou complètement isolés ; c'est, en un mot, une serre de luxe dans laquelle on ne fait pas de culture, mais où on place les plantes rares pour les abriter, et faire un véritable salon de verdure.

1189. Il faut dans tous les cas prévoir, comme pour les serres, un mode de chauffage.

La forme de ces jardins d'hiver et leurs dimensions sont très variables ; nous en verrons plusieurs exemples dans ce qui va suivre.

Nota.

1190. Dans l'étude que nous allons faire de ces différentes constructions métalliques, nous ne donnerons, comme détails d'exécution, que les principaux, sans les répéter pour chaque type décrit. Les assemblages sont presque toujours les mêmes, seule la décoration diffère avec le type adopté en partant des plus simples avec peu d'ornementation pour arriver aux plus compliqués.

Premier exemple.

1191. Un premier exemple de véranda simple est représenté en élévation, plan et vue de côté par le croquis (*fig.* 996).

Elle comprend une partie longitudinale vitrée et deux retours également vitrés reposant sur un soubassement S en tôle pleine. Sur la face longitudinale se trouve une porte à deux vantaux P surmontés d'un ornement en fer forgé, puis deux panneaux pleins O à la partie inférieure ; le dessus de cette véranda est vitré, et le chéneau C recevant l'eau de cette partie vitrée est placé un peu au-dessous des deux solives L formant le linteau de la baie percée dans le mur.

En J on ménage, dans la partie vitrée V, des parties ouvrantes destinées à renouveler l'air de l'intérieur.

En *t* est indiqué le tuyau de descente des eaux pluviales.

Détails d'exécution.

1192. La figure 997 nous montre les principaux détails d'exécution de cette véranda :

La coupe horizontale nous indique qu'elle comporte, aux angles, des fers carrés B servant de montants et sur lesquels se fixent des équerres formant feuillure pour le verre ; en D des montants en fer T du commerce maintenant le vitrage.

A l'extrémité, en 1, nous voyons la disposition qui a été adoptée pour le retour d'équerre à sa rencontre avec le mur ; un fer en U, tourné contre le mur, reçoit une tôle *t* fixée sur lui par une cornière C et un fer mouluré V ; contre le montant F, même disposition. Cette partie 1, qui est pleine dans toute la hauteur, permet de placer le tuyau de descente *t* de la vue de côté (*fig.* 996).

En 2 nous représentons la disposition à adopter pour un châssis ouvrant dont la paumelle est indiquée en P.

En 3 nous voyons la coupe horizontale sur le montant de la porte à deux vantaux, avec l'indication de la paumelle P'.

Le montant O est alors un peu plus fort, et reçoit, pour former feuillure, un fer carré H fixé sur lui ; c'est dans la feuillure ainsi formée que vient battre le montant L de la partie vitrée.

En 4 nous montrons une coupe horizontale à la rencontre des deux battants de la porte à deux vantaux. C'est une disposition connue sur laquelle nous n'insisterons pas.

1193. Ce même croquis (*fig.* 997) nous donne une coupe verticale de la véranda, nous faisant bien voir comment est composé le soubassement en tôle pleine S de la figure 996.

Des traverses F, en haut, en bas et sur les côtés, forment l'encadrement de chaque panneau ; entre ces traverses on met une

SERRURERIE.

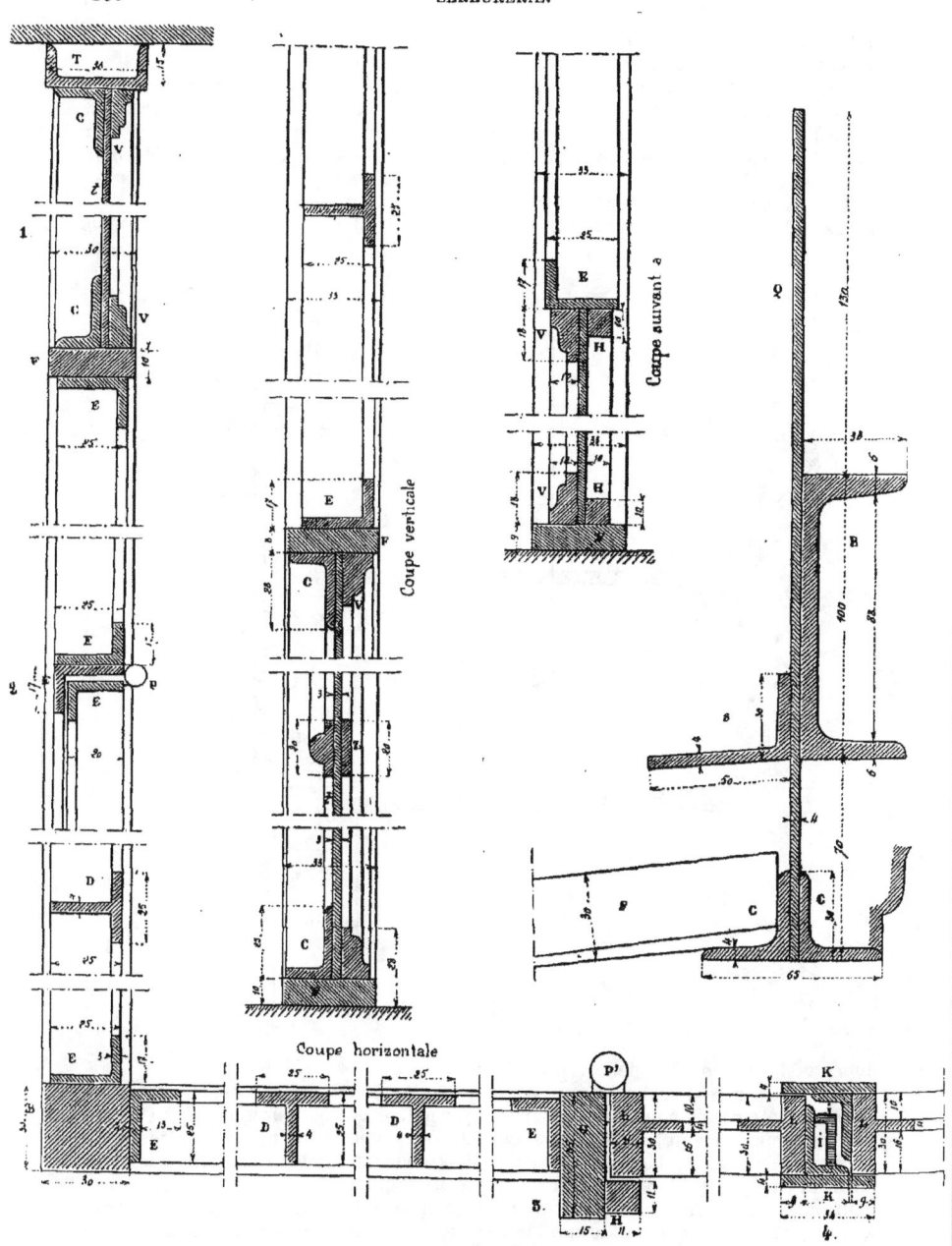

Fig. 997.

tôle *t* maintenue solidement par des cornières C et des fers moulurés V. D'autres fers moulurés Z sont disposés sur la tôle en forme de cadres saillants.

En E une équerre marque le départ de la partie vitrée, et au-dessus la disposition des fers **T** horizontaux.

1194. La coupe horizontale suivant *ab* de la figure 996 nous montre un détail intéressant sur un angle renforcé soutenant le chéneau.

1195. Le croquis de droite nous représente à la partie haute du vitrage X (*fig*. 996) l'attache des chevrons F sur une cornière solin C ; en Q, la tôle d'un petit terrasson placé au-dessus de la véranda.

1196. Le croquis (*fig*. 998) nous

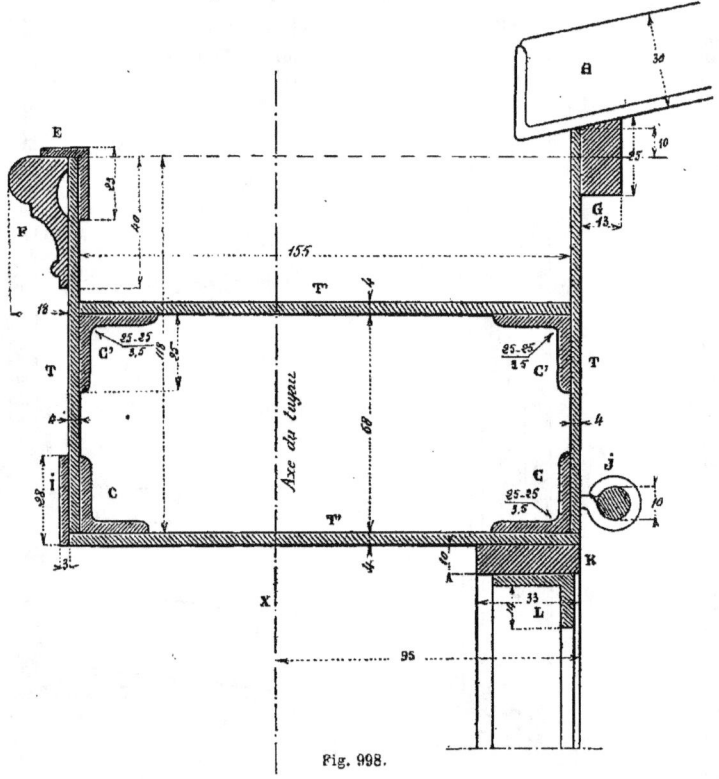

Fig. 998.

donne la disposition du chéneau de cette véranda ; il rentre dans les exemples que nous avons indiqués pour les marquises ; mais, comme variante, nous avons mis un simple fer plat I à la partie basse du chéneau ; en K se trouve la traverse haute de la partie vitrée recevant les fers à vitrages ; en J, une barre de store retenue par des pitons sur la tôle T du chéneau.

Nota.

1197. Dans certains cas on peut, pour permettre de communiquer d'une véranda dans une pièce placée à côté, avoir à étudier un tambour servant à abriter le passage.

Supposons, dans le croquis (*fig*. 996), que d'une porte placée en Z on désire, par l'extérieur, passer dans une pièce voisine étant complètement à l'abri. On prendra alors la disposition donnée en plan (*fig.* 999). On établira une ceinture B scellée à ses deux extrémités et soutenue par un fer **I** de 0ᵐ,14, *a*, *o*, venant se sceller dans l'angle du pilier.

En D nous voyons le dessus de ce tambour et plus haut la vue d'ensemble avec les principales cotes.

1198. Les détails les plus intéressants sont représentés par les figures 1000, 1001, 1002 et 1003.

1199. La figure 1000 donne la disposition de la ceinture inférieure B et de la position du fer S′ dont nous avons parlé ci-dessus; en F se trouve le départ du

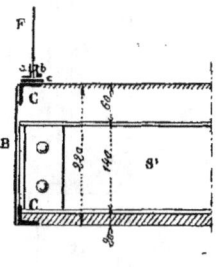

Fig. 1000.

soubassement plein indiqué en F dans le croquis (*fig.* 999).

1200. Le croquis 1001 nous représente une coupe verticale sur ce tambour, coupe ayant une grande analogie avec la véranda précédente. Les fers à vitrage F reposent sur un fer demi-rond R, et y sont retenus par des vis.

1201. Le croquis 1002 nous indique la disposition à prendre pour un châssis ouvrant *x* (*fig.* 999). Un fer spécial *g* renvoie les eaux de pluie au dehors. Nous trouvons ici l'emploi d'un fer en Z indiqué en X dans la coupe verticale (*fig.* 1002).

1202. Enfin, le croquis (*fig.* 1003) nous montre la disposition des fers à vitrages lorsqu'ils viennent se fixer à leur partie haute sur une cornière solin R; un fer mouluré U sert de décoration à la partie inférieure.

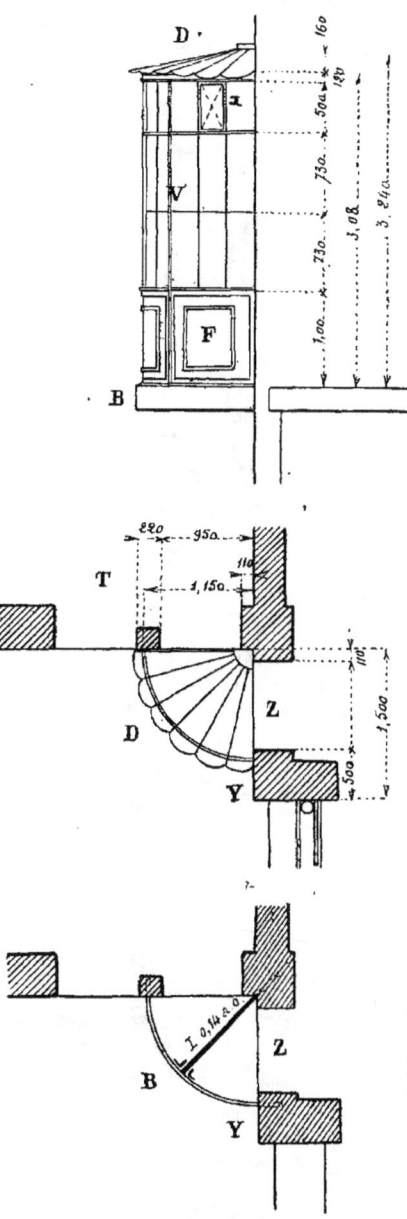

Fig. 999.

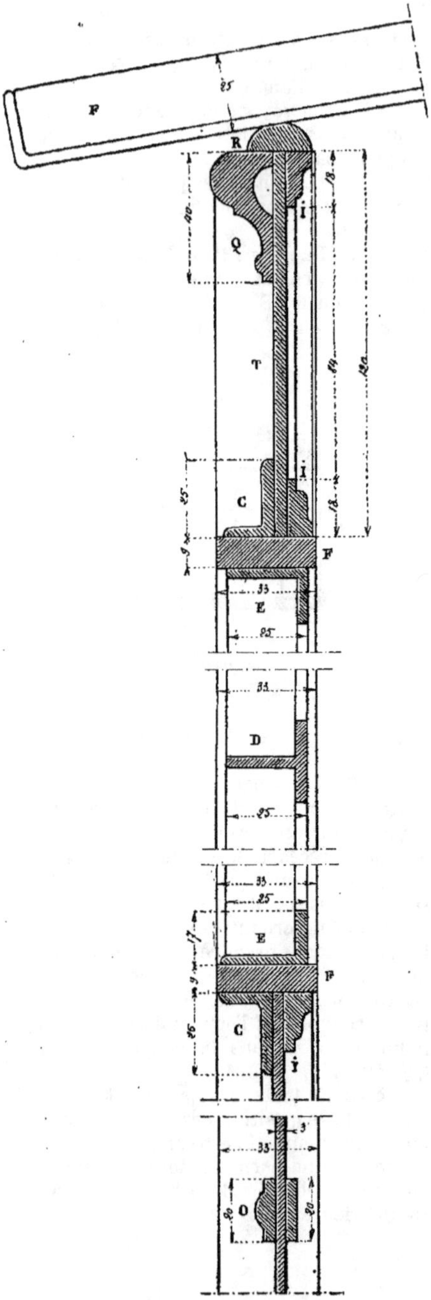

VÉRANDAS. — JARDINS D'HIVER. — BOW-WINDOWS.   509

Deuxième exemple.

1203. Les trois croquis (*fig.* 1004, 1005 et 1006) nous montrent un deuxième

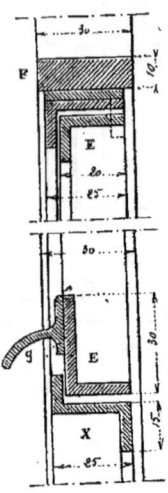

Fig. 1002.

exemple de véranda simple dont le plan rectangulaire avec pans coupés indique le raccordement de la partie métallique

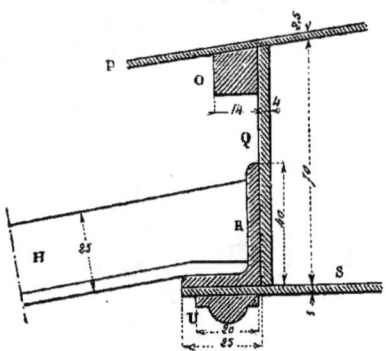

Fig. 1003.

avec la maçonnerie; c'est, comme le montre le croquis (*fig.* 1004), le moyen à employer lorsqu'on désire augmenter les dimensions d'une pièce.

Fig. 1001.

Cette véranda est formée d'une série de colonnes reliées par des cercles métalliques dont les tympans sont ornés de motifs décoratifs en fer forgé.

1204. Le croquis (*fig.* 1005) représente une vue de face en supposant la véranda à jour avec balcon à hauteur d'appui; le croquis (*fig.* 1006) nous donne une vue de côté avec parties verticales vitrées sans balustrade.

1205. Les cotes principales, indiquées dans ces trois croquis, sont suffisantes pour avoir une idée des proportions à adopter pour l'ensemble.

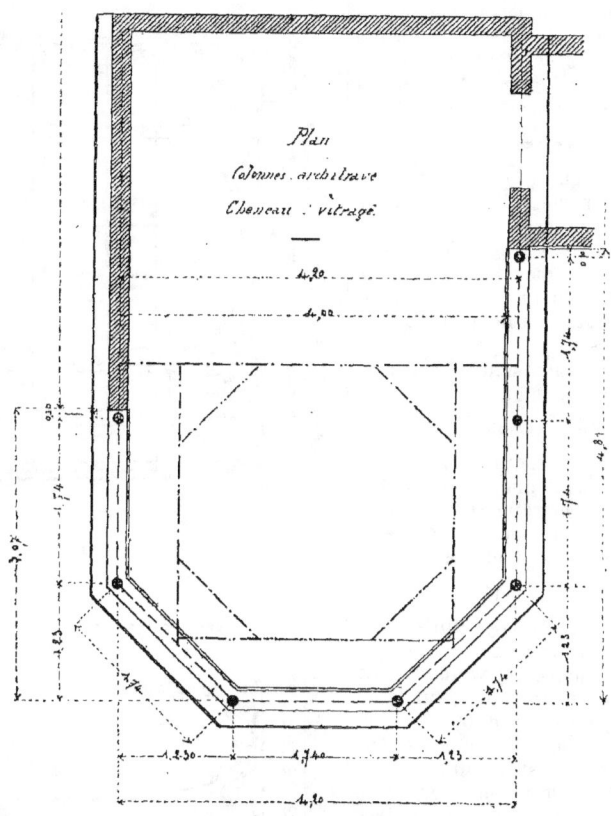

Fig. 1004.

Troisième exemple.

1206. Les deux croquis (*fig.* 1007 et 1008) nous montrent une vue perspective, une coupe verticale, un plan et une élévation en pignon d'une véranda plus importante que les deux précédentes et comportant (*fig.* 1007) de véritables fermes, au faîtage desquelles se trouve un chemin comme on l'exécute dans les serres. Ce croquis nous indique la disposition du chauffage sur lequel nous reviendrons en parlant des serres.

1207. Le croquis (*fig.* 1008) représentant la vue en bout et une coupe verticale nous montre que cette véranda comporte un mur bahut en maçonnerie avec des balustres; nous voyons aussi dans la coupe verticale les *claies* disposées sur un

VÉRANDAS. — JARDINS D'HIVER. — BOW-WINDOWS. 511

rouleau placé en avant du chéneau, et se développant verticalement le long de la partie vitrée.

1208. Le plan, indiqué dans le même croquis, est rectangulaire et comporte les principales dimensions de la véranda.

Quatrième exemple.

1209. Comme quatrième exemple de véranda nous en donnons une beaucoup plus riche comme décoration ; elle est représentée en élévation (*fig.* 1009) et en perspective (vue intérieure) (*fig.* 1010).

Cinquième exemple.

1210. Les croquis (*fig.* 1011, 1012 et 1013) nous représentent un exemple simple de jardin d'hiver.

1211. Le croquis (*fig.* 1011) nous montre une vue de face et un plan ; le croquis (*fig.* 1012), une vue de côté ; enfin, le croquis (*fig.* 1013), un détail de l'angle, chéneau et imposte.

C'est une disposition simple, mais produisant un assez bon effet.

Sixième exemple.

1212. Les deux croquis (*fig.* 1014 et 1015) nous indiquent une disposition de jardin d'hiver avec marquise en fer forgé, c'est une variante des exemples précédents n'ayant rien de bien particulier à signaler.

Septième exemple.

1213. Les croquis (*fig.* 1016) nous montrent en élévation, plan et coupe verticale, la disposition d'un window pour une seule baie. Ce window fait, sur le nu du mur de face, une saillie de $0^m,78$, ce qui augmente de cette dimension la pièce de l'étage où le window est installé.

1214. En B le balcon dont l'extrémité comporte un chevêtre Y relié aux solives du plancher en bascule ; au-dessus de ce chevêtre, un fer en U, *g*, formant ceinture et sur lequel viennent se fixer les panneaux en tôle S formant le soubassement du window.

1215. Ce soubassement est composé d'une tôle de 3 millimètres d'épaisseur sur laquelle on fixe des fers moulurés I disposés en forme de cadres.

Des parties vitrées fixes D et des par-

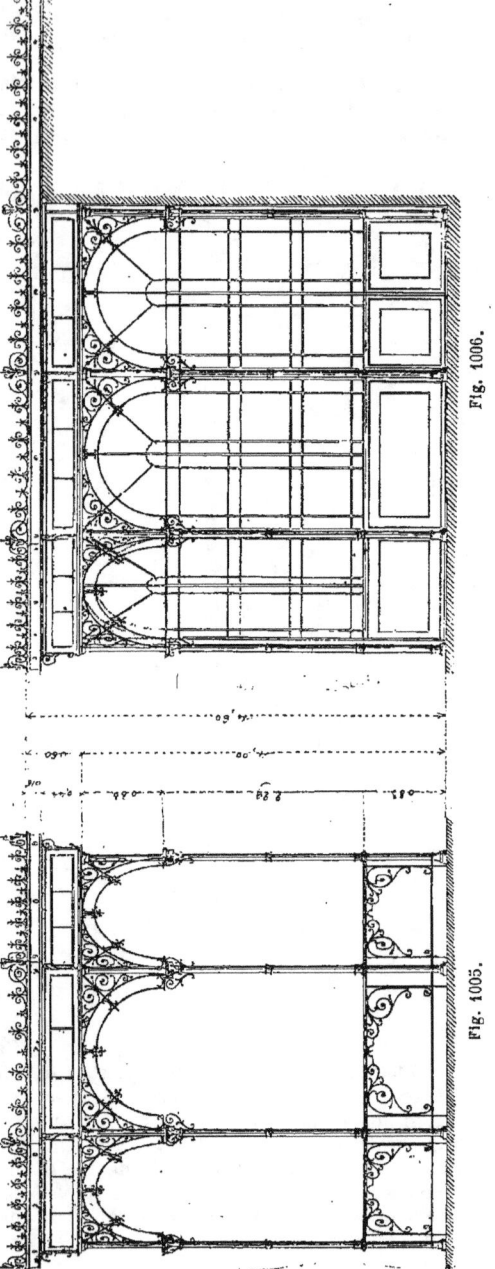

Fig. 1006.

Fig. 1005.

ties ouvrantes O sont indiquées dans ces croquis ; en U, une barre d'appui placée à 1 mètre du plancher intérieur de la pièce.

Fig. 1007.

1216. En Y une traverse supérieure au-dessus de laquelle se trouve une autre partie vitrée avec ornements X placés directement sous le chéneau C.

1217. La couverture de ce window est très simple : une série de petits fers T indiqués en Q reposent sur le poitrail P' et sur la ceinture haute du window ; au

VÉRANDAS. — JARDINS D'HIVER. — BOW-WINDOWS.   513

dessus, un tasseau T reçoit des chevrons R sur lesquels on exécute une couverture en zinc à la manière ordinaire.

1218. Le chéneau C n'offre rien de particulier à signaler et rentre dans les types déjà connus.

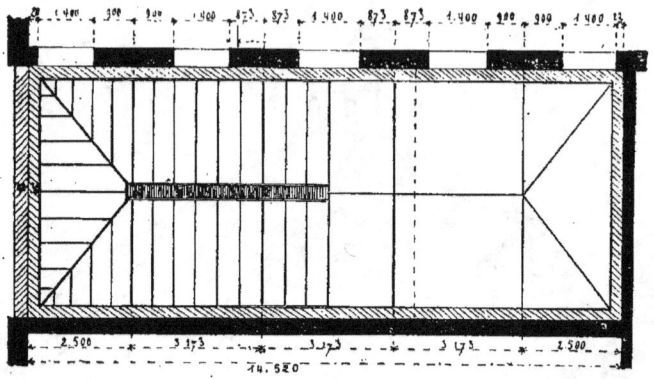

Fig. 1008.

Le croquis (*fig.* 1 017) représente, à plus grande échelle, les assemblages intéressants à indiquer dans ce genre de construction.

Fig. 1009.

Fig. 1010.

516　　　　　　　　SERRURERIE.

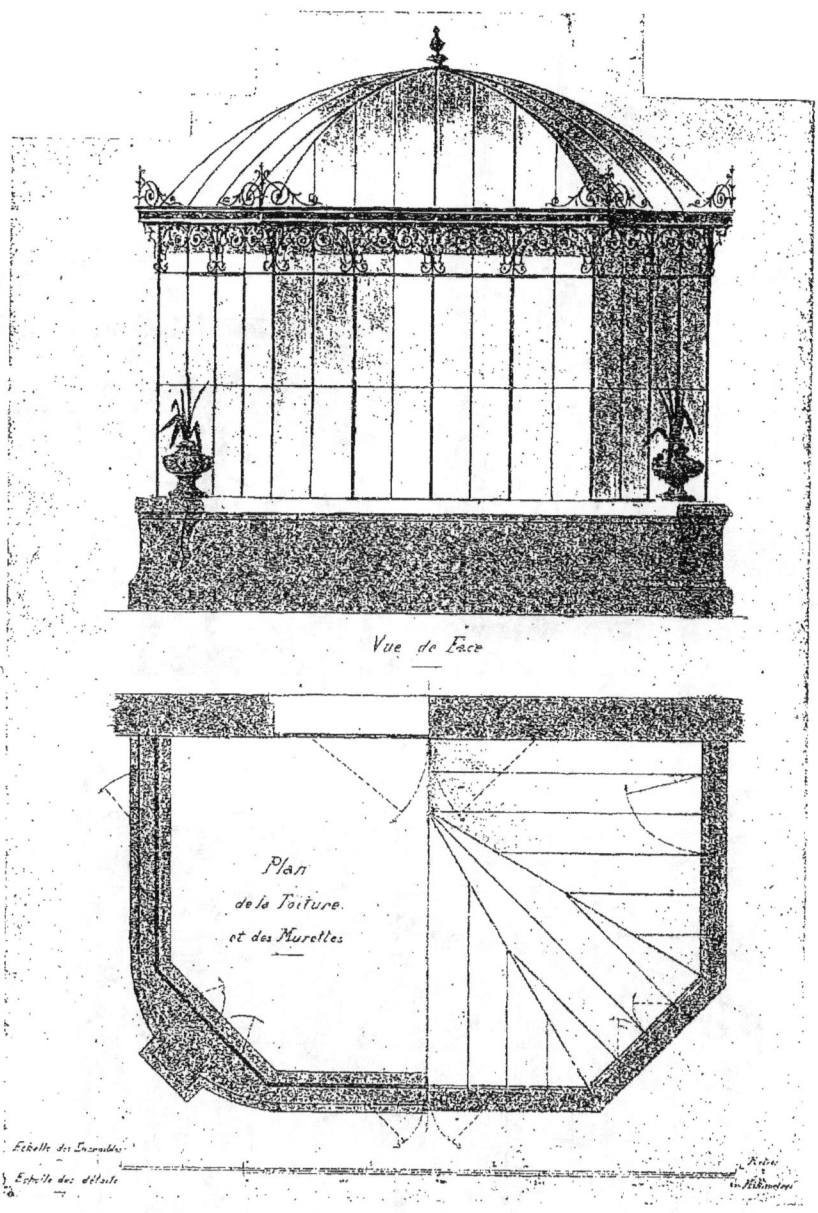

Fig. 1011.

VÉRANDAS. — JARDINS D'HIVER. — BOW-WINDOWS.

Fig. 1012.

Fig. 1013.

Fig. 1014.

1219. Ces assemblages ayant une grande analogie avec ceux qui ont été décrits précédemment, nous ne nous y arrêterons pas plus longuement.

1220. Les principales cotes et l'échelle demi-grandeur à laquelle ils sont reproduits suffisent pour en comprendre tous les détails.

Huitième exemple.

1221. Le croquis (*fig.* 1018) nous donne un type de véranda courant très simple de construction, d'une ornementation peu compliquée et produisant, en exécution, un assez bon effet.

1222. Cette véranda repose sur un bahut en maçonnerie composé : d'une première assise en pierre de taille ; au dessus, un muret en meulières apparentes et rejointoyées et, couronnant le tout, une série de dalles en pierre de 0^m,20 d'épaisseur avec pentes nécessaires pour l'écoulement de l'eau. La hauteur totale de ce bahut en maçonnerie est de 1^m,50.

1223. Un perron en pierre de taille, dont le croquis (*fig.* 1018) nous montre

Fig. 1015.

l'élévation et la figure 1019 le plan, permet un accès facile à l'intérieur de la véranda.

1224. La partie métallique vient se placer sur le bahut en pierre suivant la ligne pointillée marquée au plan. Elle se compose : d'un soubassement en tôle pleine de 0^m,50 de hauteur avec moulures rapportées formant cadres ; au dessus, entre ce soubassement et le chéneau, une partie vitrée avec l'indication, en traits plus forts, des baies ouvrantes.

1225. Le croquis (*fig.* 1020) nous montre une coupe transversale sur cette véranda. Comme ce croquis l'indique, les fers qui composent la toiture vitrée sont cintrés, ce qui augmente sensiblement la hauteur intérieure. Dans cette partie cintrée on réserve les châssis ouvrants nécessaires à une bonne aération. On peut, comme le montre cette coupe, placer des bacs métalliques ornés de panneaux en faïence servant à mettre des fleurs.

Comme le représente le plan, cette véranda est, sur sa face de gauche, ados-

VÉRANDAS. — JARDINS D'HIVER. — BOW-WINDOWS. 519

sée à un mur ; on fera bien, contre ce mur, de mettre un treillage en bois facilitant le développement des plantations et servant non seulement d'ornement, mais aussi de point d'attache pour les plantes grimpantes.

Neuvième exemple.

1226. Les croquis (*fig.* 1021, 1022 et 1023) nous représentent un exemple un peu plus compliqué du type précédent. Le soubassement ou bahut est sensiblement le même ; le perron plus large per-

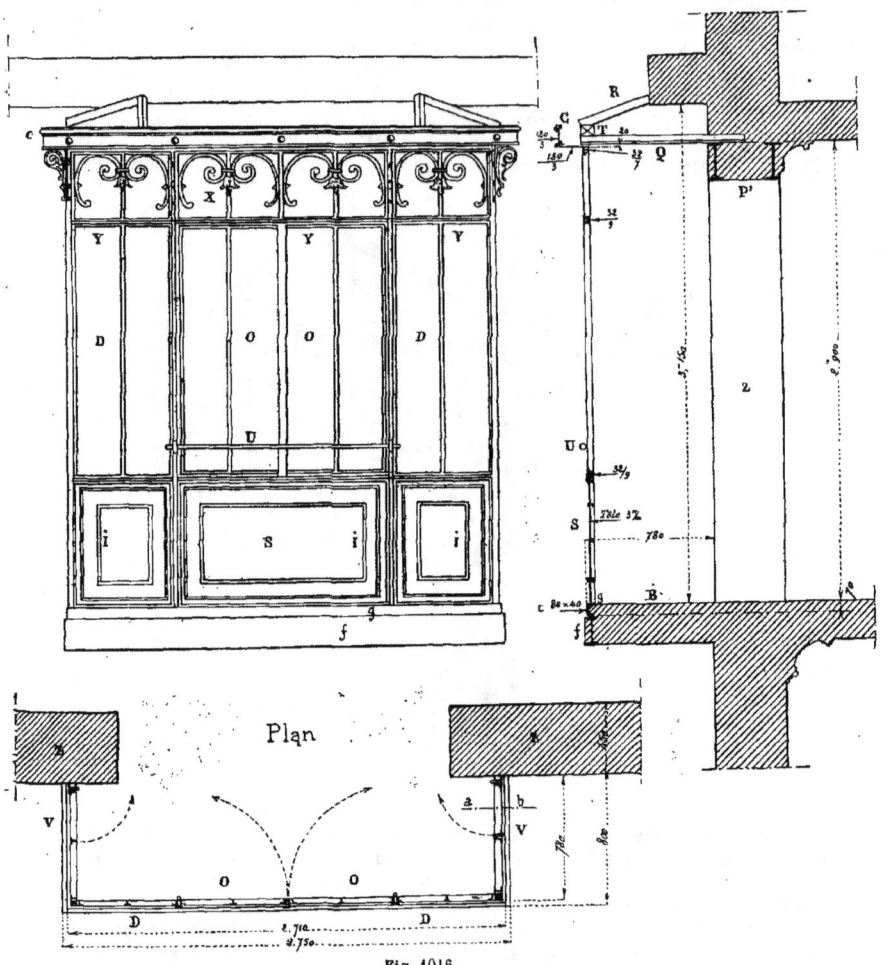

Fig. 1016.

met le développement d'une porte à deux vantaux pour entrer dans la véranda. La partie métallique est placée au nu intérieur du bahut en maçonnerie.

1227. Le croquis (*fig.* 1024) nous montre, à plus grande échelle, le détail du chéneau, le motif en fer forgé couronnant la porte d'entrée à deux vantaux et la disposition de l'ornementation haute de la partie vitrée sous chéneau.

Dixième exemple.

1228. Les deux croquis (*fig.* 1025 et 1026) nous représentent en élévation et en plan la disposition d'une véranda se reliant avec une marquise. Ces croquis n'indiquent que la moitié de la disposition d'ensemble; il y a, en effet, au milieu,

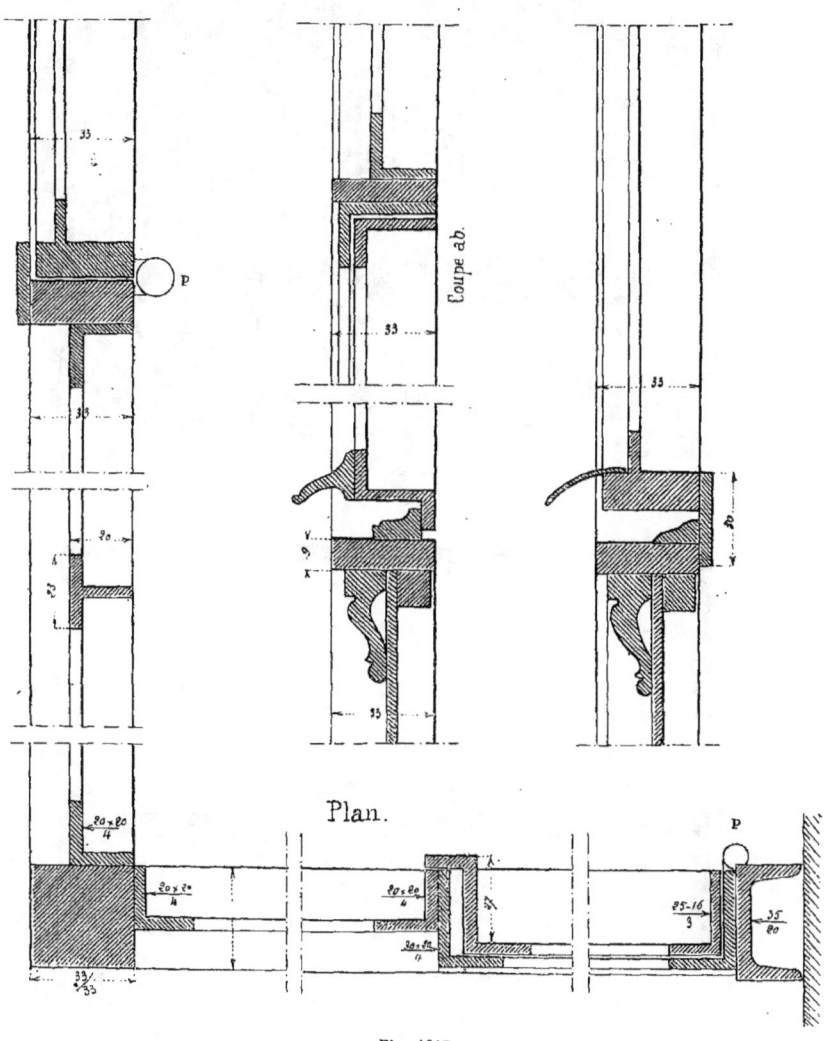

Fig. 1017.

une véranda sur 7m,25 de longueur et, à droite et à gauche de cette véranda, une marquise de 4 mètres de longueur sur 2 mètres de saillie du nu du mur.

VÉRANDAS. — JARDINS D'HIVER. — BOW-WINDOWS.   521

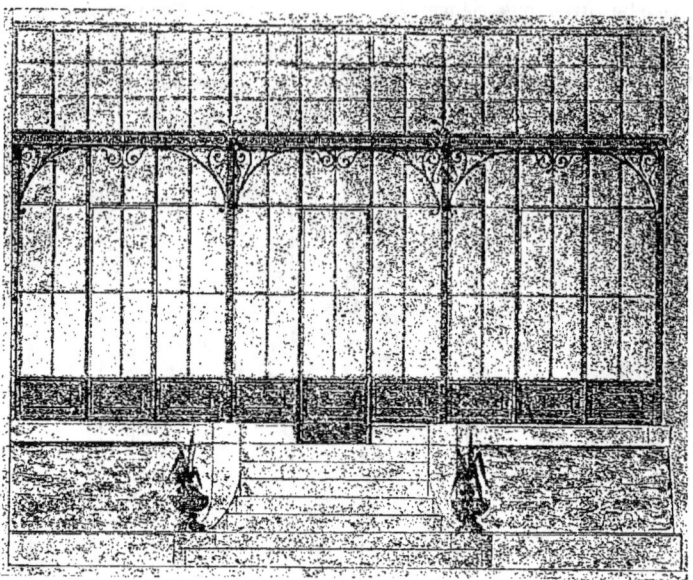

Fig. 1018.

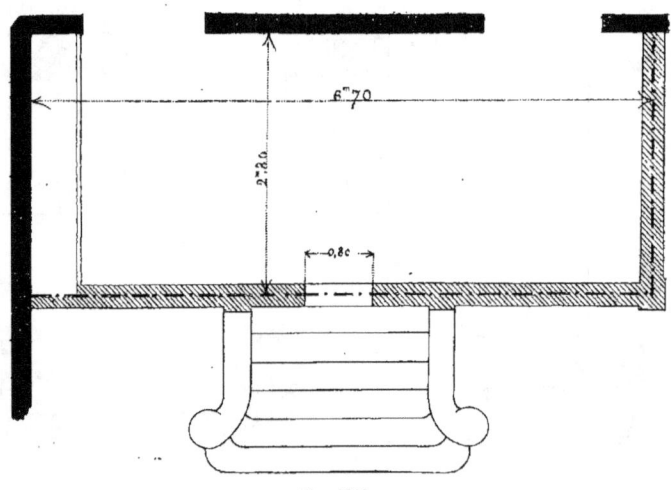

Fig. 1019.

1229. Immédiatement après la véranda et au dessus se trouve une terrasse ou, mieux, un balcon permettant de réunir, par l'extérieur, les différentes pièces de l'habitation ayant vue sur ce balcon.

1230. Le croquis (*fig.* 1027), qui donne

522   SERRURERIE.

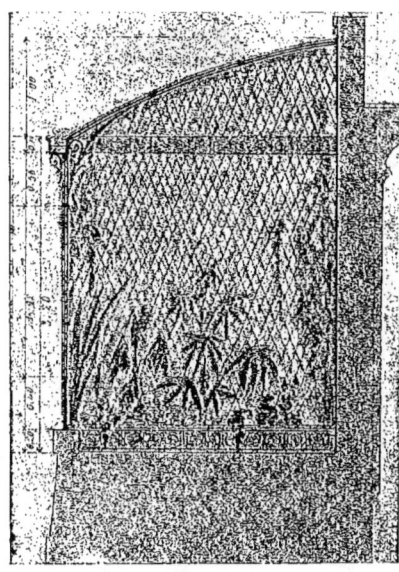

Fig. 1020.

une coupe sur la véranda, rend très bien compte de la disposition adoptée.

Le croquis (*fig.* 1028) nous indique la vue de côté de la véranda, dont la saillie est de 1^m,25.

Onzième exemple.

1231. Les deux croquis (*fig.* 1029 et 1030) nous montrent en élévation et en coupe verticale la disposition d'une véranda circulaire placée à un étage quelconque d'une construction; nous reviendrons sur des dispositions de ce genre ; contentons-nous ici de signaler que cette forme est plus coûteuse que les précédentes.

Douzième exemple.

1232. Les deux croquis (*fig.* 1031 et 1032) nous représentent en une demi-élévation et un demi-plan la disposition d'une véranda rectangulaire avec angles arrondis. Les dimensions de cette véranda sont plus grandes: 13 mètres de longueur intérieure et 6^m,80 de largeur. Il faut, dans ce cas, de véritables petites

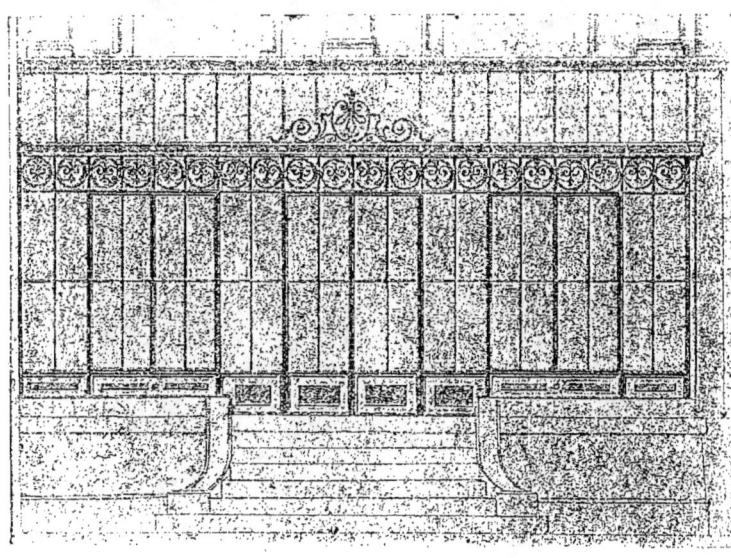

Fig. 1021.

VÉRANDAS. — JARDINS D'HIVER. — BOW-WINDOWS.

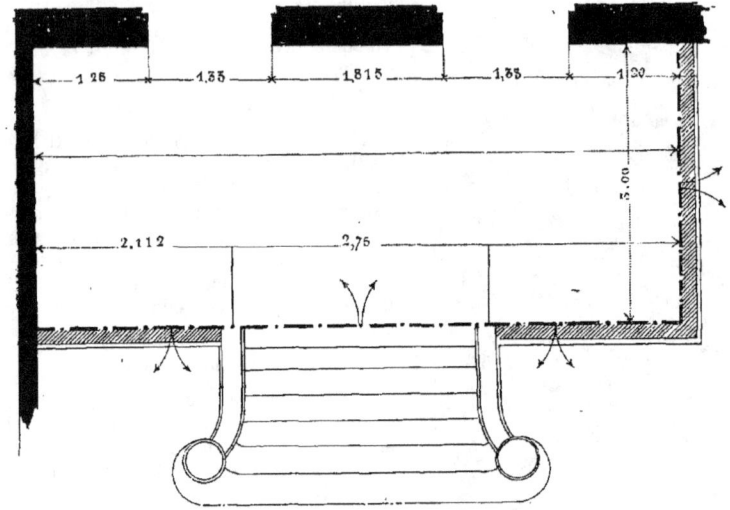

Fig. 1022.

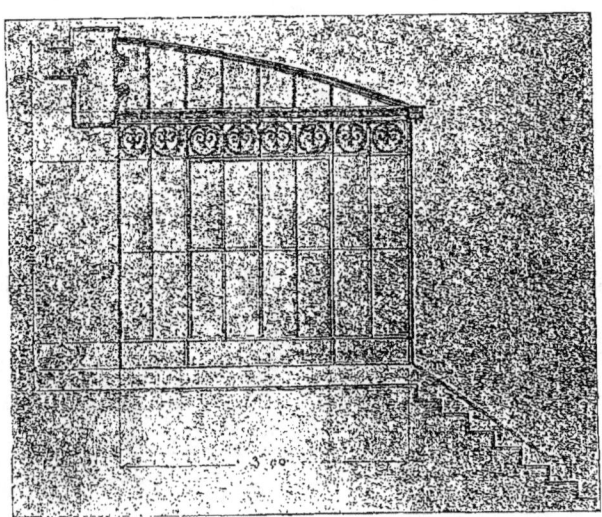

Fig. 1023.

colonnettes et un comble beaucoup plus compliqué.

Treizième exemple.

1233. Les deux croquis (*fig.* 1033 et

SERRURERIE.

Fig. 1024.

Fig. 1025.

VÉRANDAS. — JARDINS D'HIVER. — BOW-WINDOWS.   525

1034) nous indiquent en élévation et en plan une véranda placée dans l'angle d'un bâtiment et servant, par l'extérieur, à faire communiquer deux pièces d'un même étage. La partie inférieure, au lieu d'être une simple tôle pleine, représente

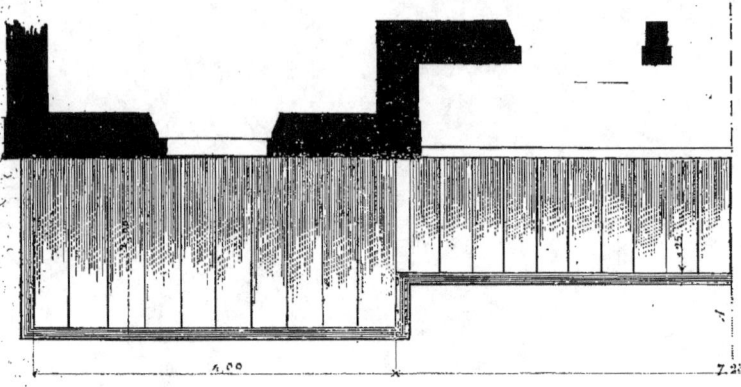

Fig. 1026.

la disposition d'un balcon avec ou sans tôle derrière.

Quatorzième exemple.

1234. Nous représentons en élévation (*fig.* 1035) et en plan (*fig.* 1036) la disposition d'un window ou annexe à une salle à manger,

La salle à manger comportant deux baies, comme le montre le plan (*fig.* 1036), il sera préférable de supprimer le trumeau existant entre ces deux baies et de

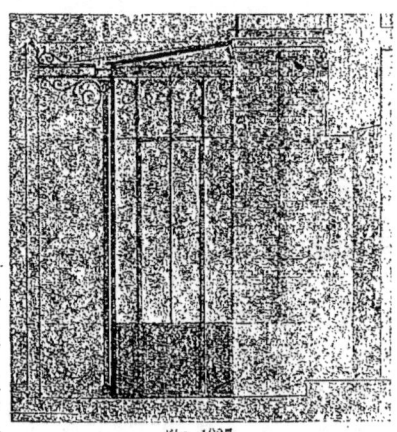

Fig. 1027.   Fig. 1028.

le remplacer par deux colonnettes laissant entre elles et au milieu un espace libre de 1^m,97.

L'annexe ainsi formée sera un véritable petit jardin d'hiver, qu'on pourra munir de bacs à fleurs, comme nous l'indisons dans la coupe (fig. 1037). Cette même figure nous montre la disposition des colonnettes remplaçant le trumeau, mais leur but est simplement décoratif; le poids du mur supérieur étant porté par une poutre en tôle et cornière placée dans la maçonnerie.

La saillie de ce window sur le nu du

Fig. 1029.

mur est de 1m.50, des solives en fer et une ceinture très solide en assurent la stabilité.

Des consoles placées au droit des trumeaux en maçonnerie donnent à cette construction l'aspect de solidité qu'elle réclame.

Quinzième exemple.

1235. Nous donnons en élévation, plan et coupe verticale (fig. 1038) une autre disposition de véranda s'appuyant d'un côté sur le mur de face et soutenue de l'autre par des colonnettes en fonte C. A la partie haute de ces colonnettes se trouve un véritable plancher en fer supportant l'ensemble de l'installation ; pour arriver à ce plancher on dispose sur le côté un escalier E muni de sa rampe en fer forgé.

VÉRANDAS. — JARDINS D'HIVER. — BOW-WINDOWS.

La véranda comporte un soubassement D en tôle pleine de 0^m,80 de hauteur et une partie vitrée V au dessus jusqu'au chéneau. Ce chéneau, indiqué en O, est orné de pièces de fer forgé d'un très bon aspect.

Cette véranda présente des pans coupés R, dont nous verrons la forme dans ce qui va suivre.

En S se trouve le tuyau d'écoulement des eaux pluviales. Les parties ouvrantes sont indiquées dans le plan par des arcs de cercle pointillés.

Détails d'exécution.

1236. Par suite de l'existence des pans coupés, les détails d'exécution de cette

Fig. 1030.

véranda sont intéressants à étudier ; nous les représentons en détail dans la figure 1039.

1237. La coupe horizontale sur deux faces nous montre la disposition des pans coupés ; les deux montants O comportent, de distance en distance, des tasseaux triangulaires, sur lesquels on fixe, au moyen de vis à métaux, un fer demi-rond N formant l'angle de chaque pan coupé.

1238. Cette coupe horizontale nous indique la disposition des ouvertures ;

528   SERRURERIE.

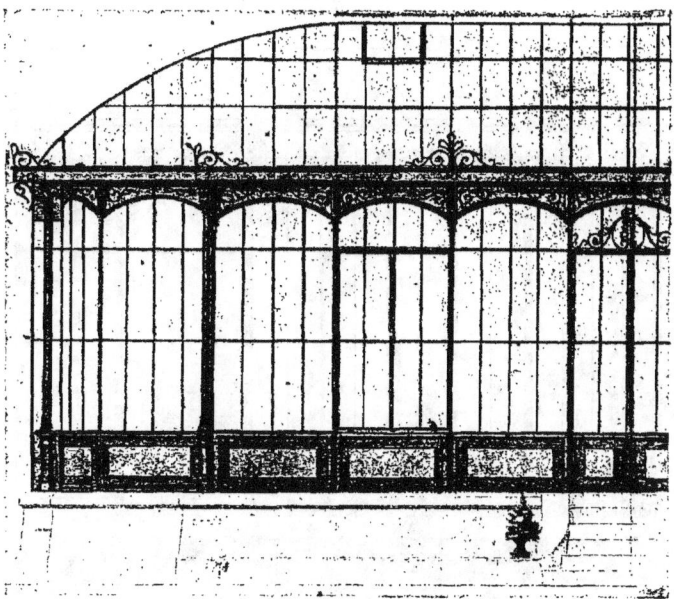

Fig. 1031.

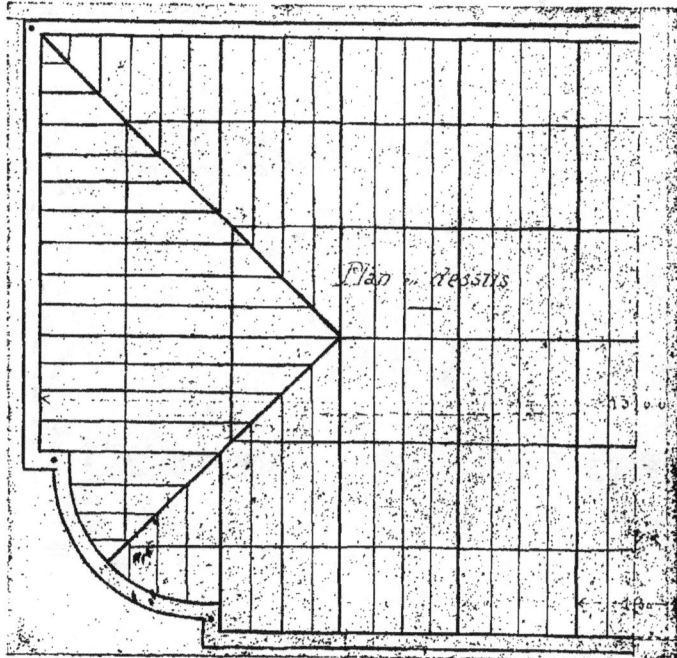

Fig. 1032.

VÉRANDAS. — JARDINS D'HIVER. — BOW-WINDOWS. 529

Fig. 1033.

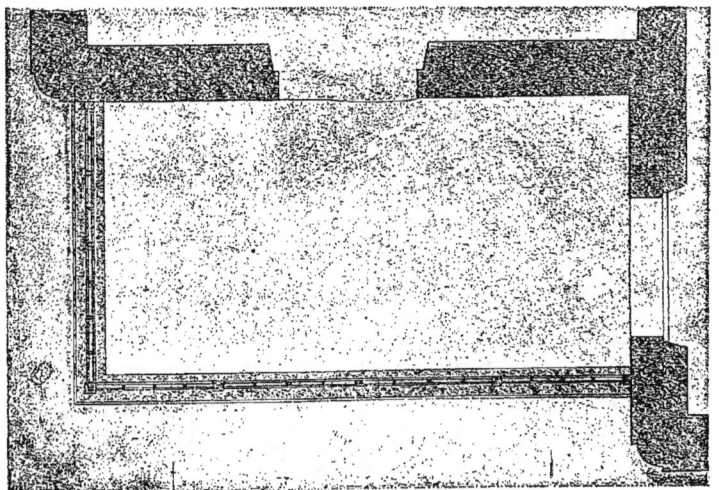

Fig. 1034.

Sciences générales. SERRURERIE. — 34.

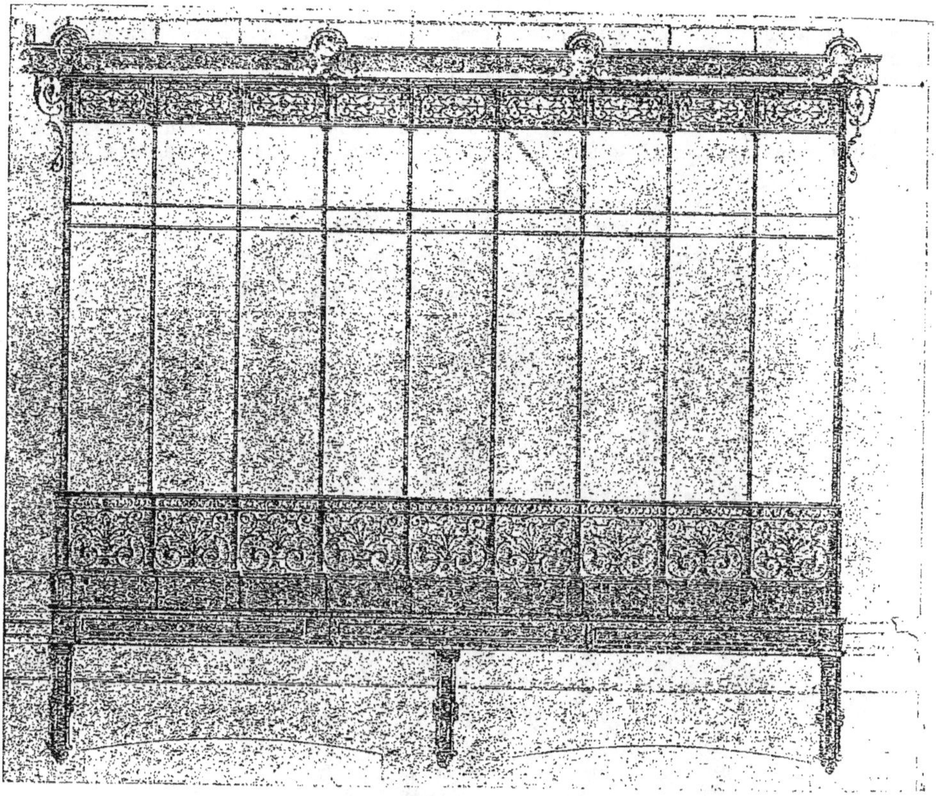

530   SERRURERIE.

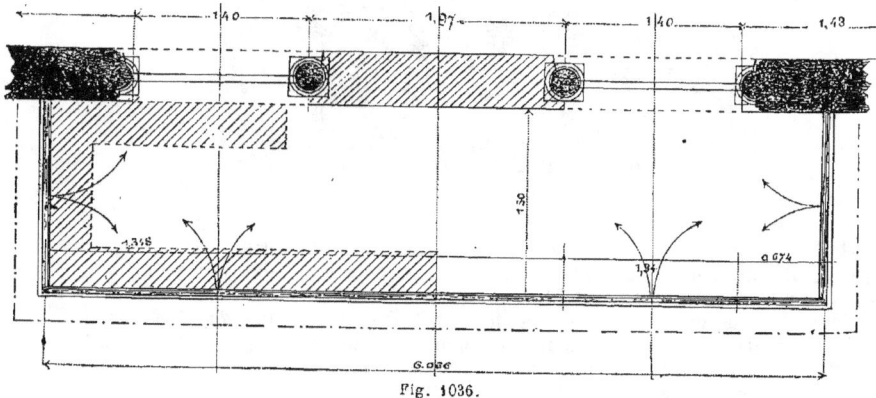

Fig. 1035.

Fig. 1036.

VÉRANDAS. — JARDINS D'HIVER. — BOW-WINDOWS.

en Q les paumelles en fer, deux lames, au nombre de trois sur la hauteur de la porte. Il faut aussi prévoir des arrêts et des butoirs pour croisées, ainsi que des poignées de tirage.

En P nous montrons la coupe d'une crémone demi-ronde de 14 à crochets ; la boîte et les garnitures sont en cuivre uni brut.

1239. Ce croquis nous représente aussi deux coupes verticales, l'une sur une partie fixe, l'autre sur les croisées et

Fig. 1037.

le soubassement en tôle pleine. Les croquis étant à grande échelle, on comprend très facilement la disposition adoptée.

Nous donnons aussi une coupe sur le chéneau ; mais, comme il est d'un type connu, nous ne nous y arrêterons pas.

En H sont placées des tringles horizontales pour stores.

En K les fers à vitrage de la couverture venant se fixer, à l'aide de vis à métaux, sur les fers plats J.

1240. Le croquis (*fig.* 1040) nous donne le détail, en coupe verticale, de la ceinture extérieure du plancher P de la figure 1038.

En B nous indiquons un fer en U for-

532 SERRURERIE.

mant la ceinture proprement dite et à la partie inférieure duquel viennent s'assembler les fers à plancher K à l'aide de cornières C. Dans l'aile supérieure de ce fer en U viennent se fixer, au moyen de goujons I et de goupilles O, les montants verticaux de la véranda présentant à leur base un empatement R assurant l'assemblage et leur donnant une attache plus forte.

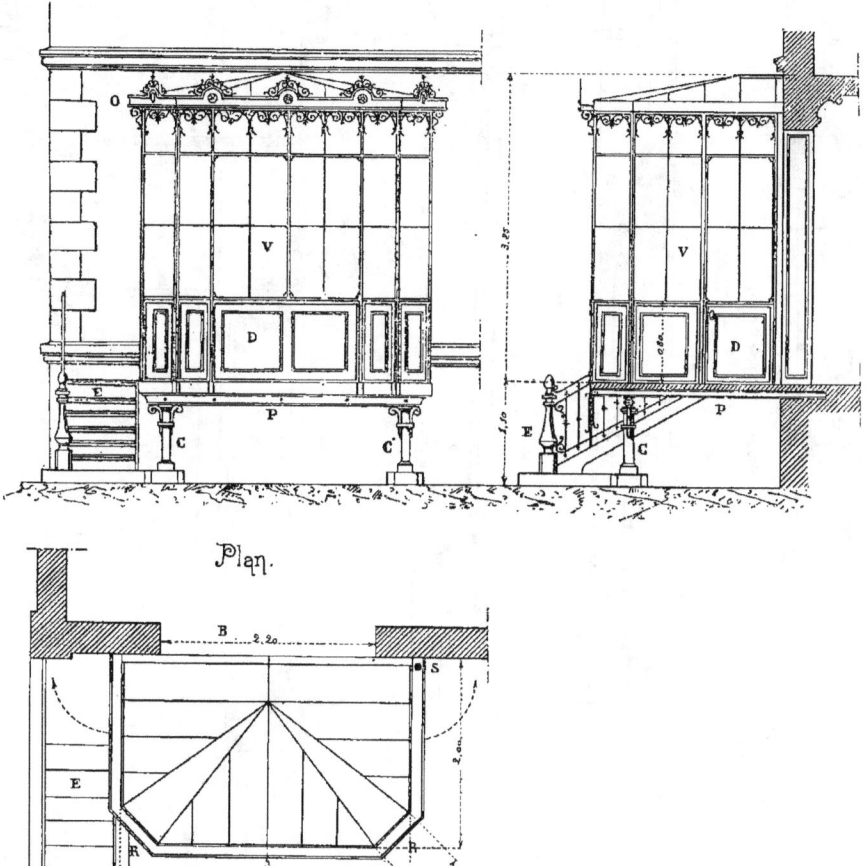

Fig. 1048.

En P, au-dessus des fers K, nous représentons l'épaisseur du plancher, lambourdes, hourdis, parquet, etc.

Seizième exemple.

1241. Comme seizième exemple nous donnons (*fig.* 1041) le plan et l'élévation d'une véranda de forme spéciale reposant sur une poutre.

Comme le montre le croquis, la partie vitrée de la véranda repose entièrement sur l'aile supérieure d'une poutre P en

VÉRANDAS. — JARDINS D'HIVER. — BOW-WINDOWS. 533

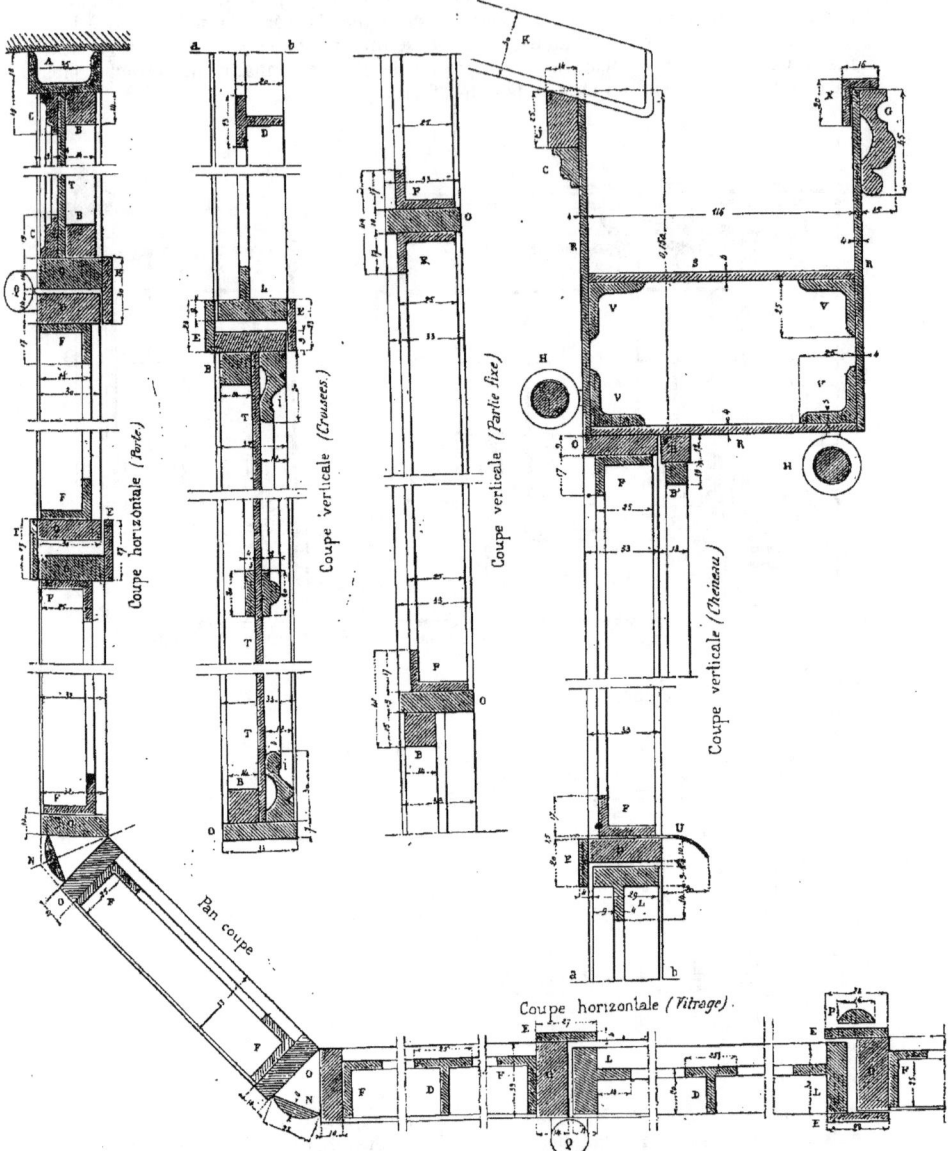

Fig. 1039.

treillis dont nous verrons la forme dans ce qui va suivre. En O sont indiquées les parties ouvrantes ; en S, une sablière haute soutenue, aux montants forts, par des ornements ou rinceaux R en fer forgé et recevant la retombée des chevrons faisant partie de la couverture T de la véranda.

Dans le plan, représenté dans le même croquis, nous voyons que la véranda a une forme trapézoïdale ABCD ; de distance en distance des fers F relient la poutre P au mur de face et servent à la confection du plancher bas de la véranda. En E les ouvertures permettant de passer de l'intérieur sur la véranda.

1242. Le croquis (*fig.* 1042) nous montre une coupe verticale sur cette véranda ; nous y voyons, à la partie inférieure, la coupe de la poutre P dont les parties principales sont de fortes cornières à ailes inégales de 90 × 60 millimètres reliées de distance en distance par des montants et des croisillons.

En U sont les fers T représentés en F dans le plan (*fig.* 1041) ; ces fers s'assemblent dans une cornière de 70 × 70 × 7 reliée solidement à la cornière basse de la poutre.

1243. En V nous indiquons la coupe verticale sur le vitrage ; en T, la composition de la traverse haute du vitrage et, au dessus, la coupe verticale dans laquelle se trouvent comprises les parties ouvrantes O de la figure 1041.

La sablière S de la figure 1041 est formée par une forte cornière de 80 × 50 recevant les fers T X, de 40 × 45, formant le plafond de la véranda et venant se fixer par un fort scellement S' dans le mur de face.

En Y, le bandeau placé au-dessus de la véranda et en Z l'indication des chevrons en bois de la toiture.

1244. Le croquis (*fig.* 1043) nous représente une coupe horizontale sur le vitrage, suivant les lignes BCD du plan (*fig.* 1041). Nous y voyons en L la coupe horizontale d'un vasistas et en O les deux vantaux d'une croisée ferrée sur les montants plus forts E à l'aide de trois paumelles à deux lames.

En B un fer en U termine la véranda et montre comment elle se relie au mur biais du bâtiment.

Les différents échantillons des fers employés sont indiqués avec les cotes suffisantes pour leur exécution.

1245. Le croquis (*fig.* 1044) nous montre, à plus grande échelle, une partie de l'élévation de la poutre supportant cette véranda.

Cette poutre en treillis comporte en haut et en bas de fortes cornières C et C' et un treillis J en fer plat de 40 × 7 permettant de faire une petite maçonnerie légère servant de soubassement à la véranda.

Au milieu de la poutre se trouve une partie pleine en tôle F dont le croquis nous montre la coupe horizontale en L et les deux montants F en fer T de 90 × 45.

En G et en K nous voyons comment se termine en G l'angle C de la figure 1041 ;

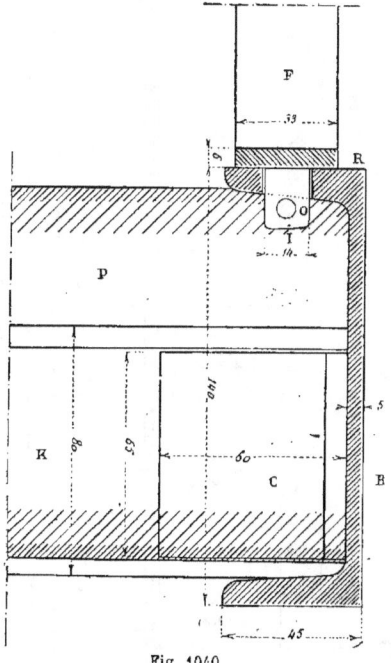

Fig. 1040.

VÉRANDAS. — JARDINS D'HIVER. — BOW-WINDOWS. 535

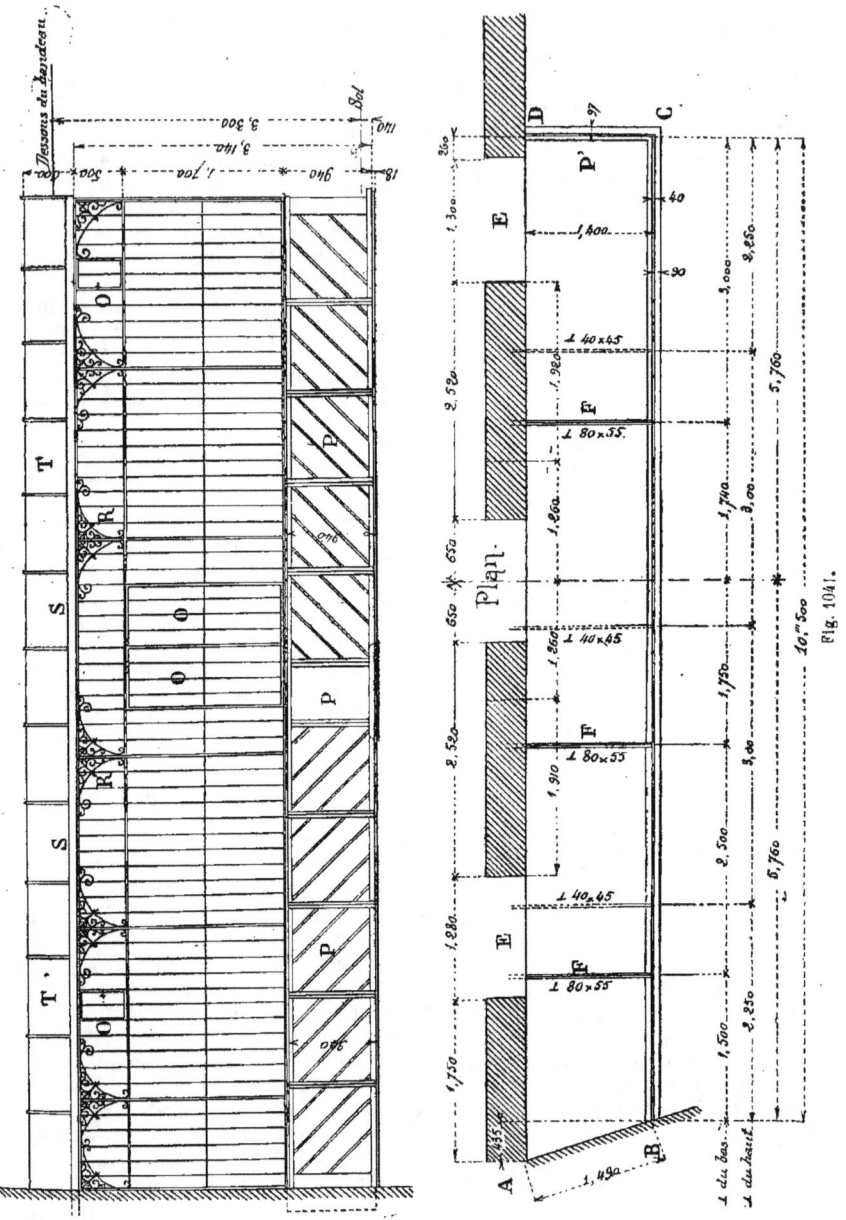

Fig. 1041.

536   SERRURERIE.

en K l'extrémité de la poutre venant se sceller en S dans le mur.

1246. Pour terminer les détails de cette véranda nous donnons, en croquis (fig. 1045), une élévation du pignon suivant CD de la figure 1041.

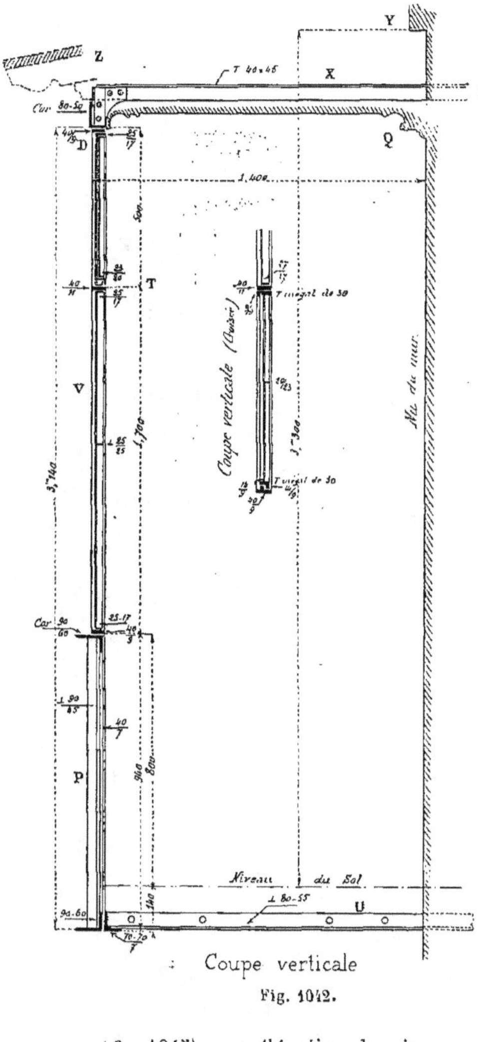

La poutre inférieure comporte une tôle pleine dans toute la hauteur du soubassement, comme le montre la coupe horizontale UV indiquée dans le même croquis.

Au dessus, une série de fers C, disposés en forme de croisillons, permettent de faire un remplissage léger.

En D, E, N et O les angles sont consolidés par des goussets ; en H, I, U et Q de forts scellements dans le mur assurent la stabilité de cette construction.

Les rinceaux de l'imposte se répètent sur ce pignon et sont montés à vis sur un cadre à scellements carrés de 14 et de $0^m,50$ de longueur.

Nota.

1247. Pour la construction de cette véranda, il faudra percer des trous de 9 millimètres de 400 en 400 :

1° Dans l'aile horizontale des cornières de 70×70 des poutres de 940 et de 958 ;

2° Dans l'aile verticale de la sablière ;

3° Dans l'aile verticale des fers T de 80×55 du plancher ;

4° Dans l'aile verticale des fers T de 40×45 du plafond.

Dix-septième exemple.

1248. Le croquis (fig. 1046) nous montre un exemple de véranda d'une plus grande importance et exigeant, pour sa couverture, de véritables fermettes métalliques dont nous donnerons plus loin les détails.

Le croquis (fig. 1046) nous représente le plan, une élévation et une coupe transversale de cette véranda. Le soubassement S est en pierre de taille et reçoit les scellements des principaux poteaux montants et des colonnettes en fonte F. Cette véranda comporte des pans coupés ; dans celui de droite on y a réservé une porte P à deux vantaux. Le plan nous montre l'encoche faite par les consoles et le balcon avec la nécessité de couvrir les deux rectangles latéraux H. A la partie haute de cette véranda se trouve une plate-forme munie d'un balcon L et à laquelle on arrive par quelques marches partant de ce balcon. Dans la partie vitrée du comble on réserve des châssis ouvrants P, dont nous verrons le détail. Des ornements en fer forgé J et K complètent la disposition

Coupe verticale
Fig. 1042.

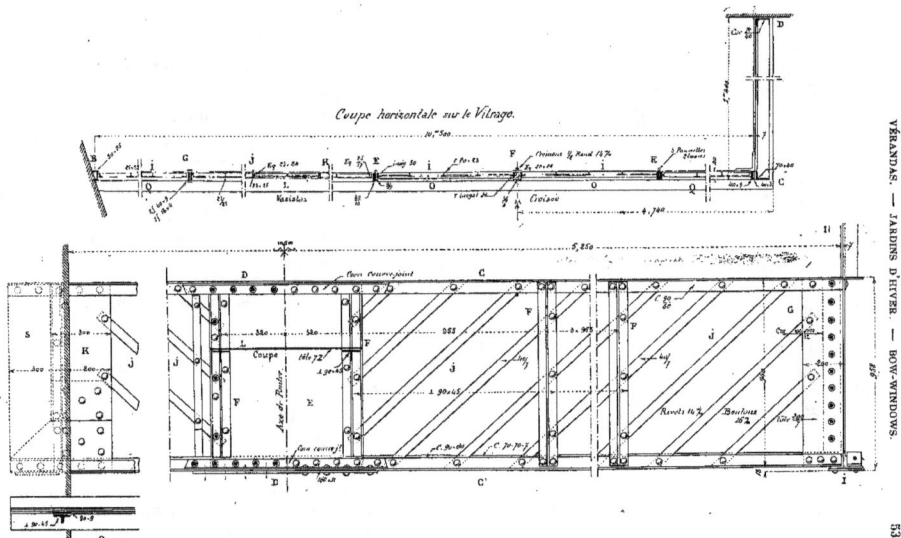

Fig. 1043 et 1044.

SERRURERIE.

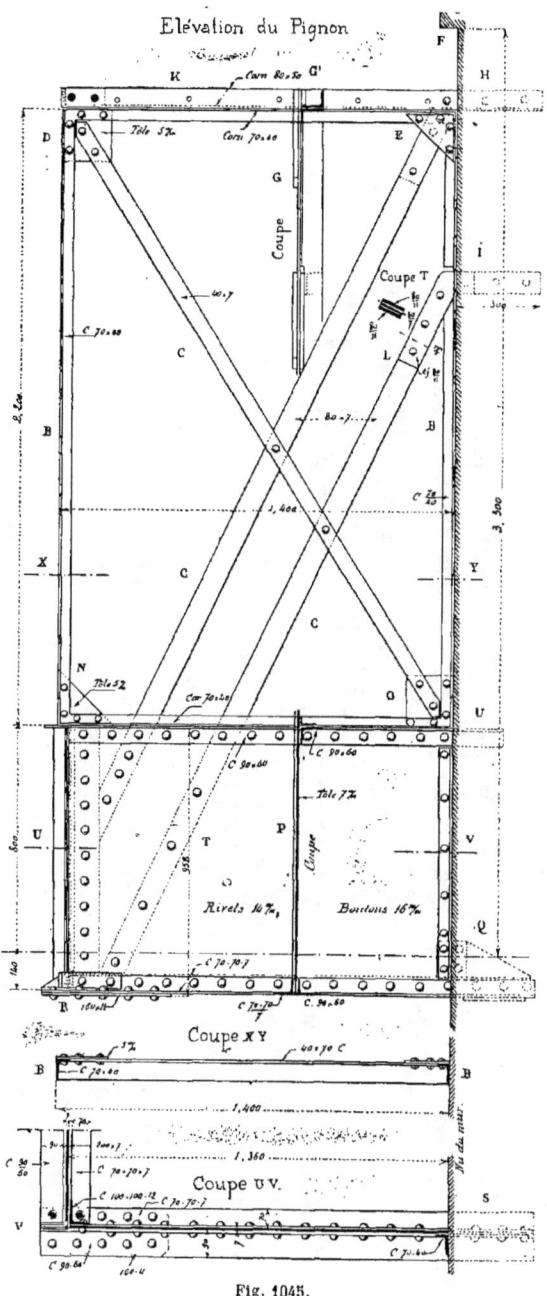

Fig. 1045.

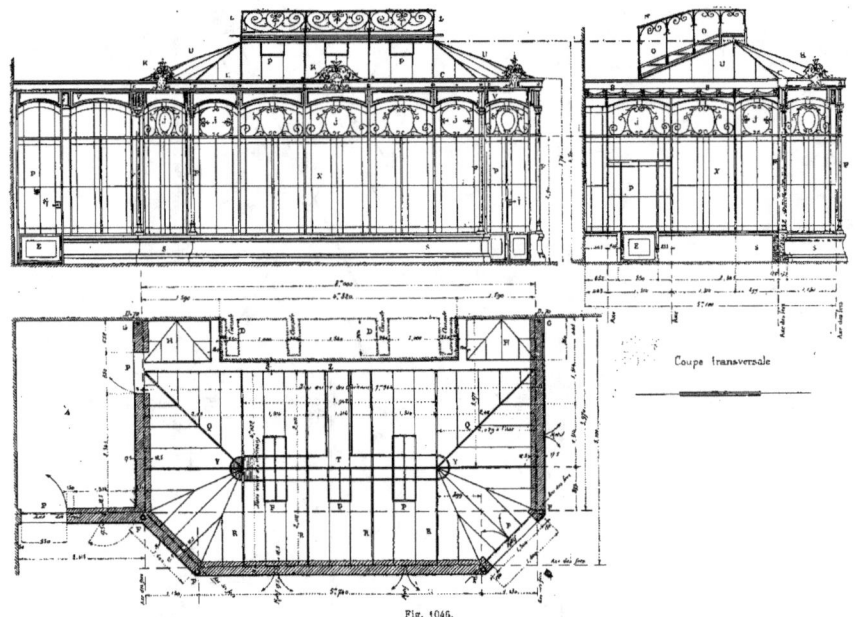

Fig. 1046.

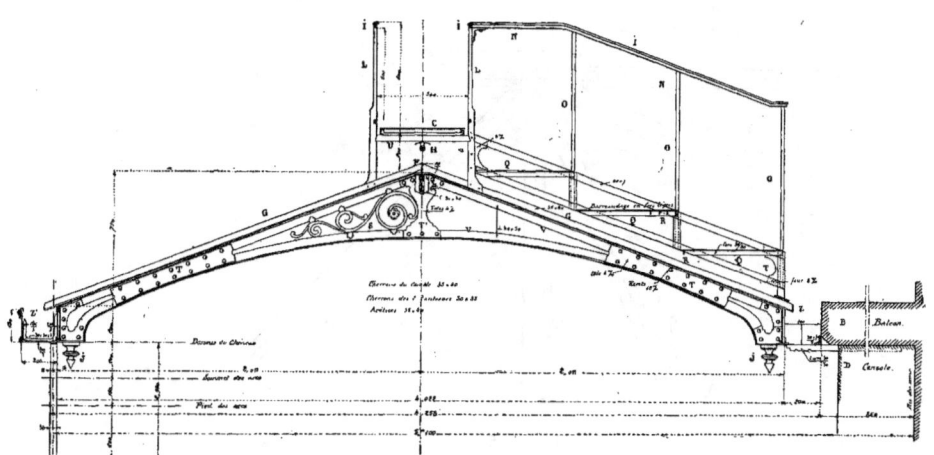

Fig. 1047.

VÉRANDAS. — JARDINS D'HIVER. — BOW-WINDOWS.

d'ailleurs très simple donnée à cette véranda.

Détails d'exécution.

1249. Le détail le plus intéressant de cette véranda, les assemblages divers ayant beaucoup d'analogie avec ceux qui ont été examinés précédemment, est la charpente servant de comble et qui est indiquée en détail par le croquis (*fig.* 1047).

Ce comble très courant comprend : des

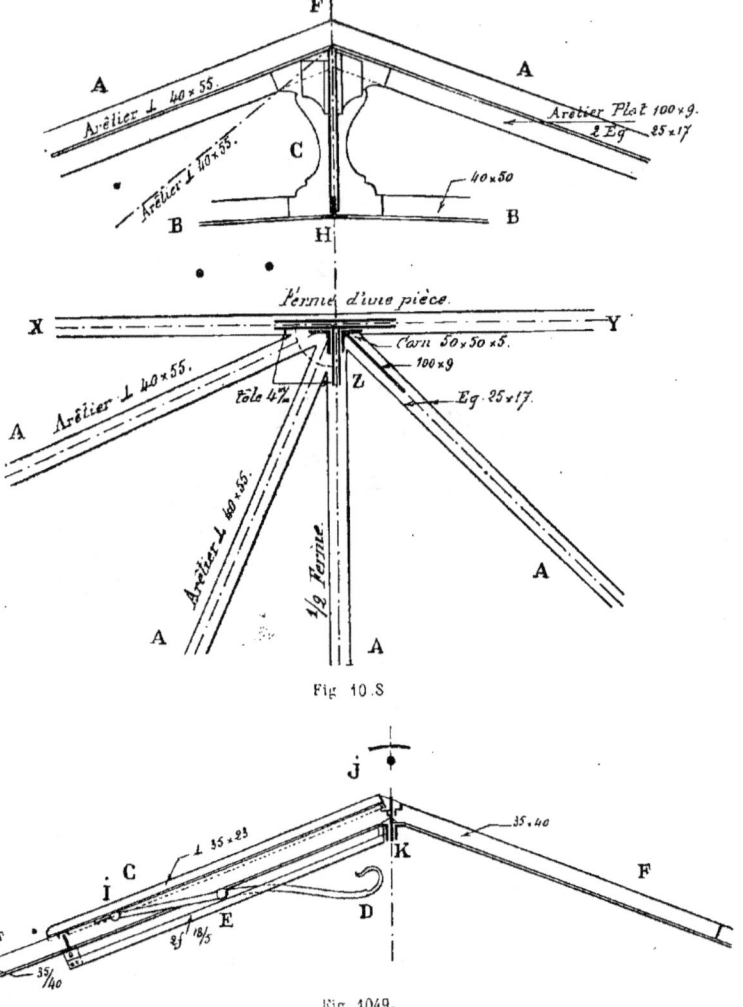

Fig. 1048.

Fig. 1049.

fers à simple T indiqués en V, réunis par des tôles R et comportant, à leurs deux extrémités, des motifs J formant terminaison.

Deux chéneaux Z et Z' viennent s'attacher à chaque extrémité de la petite poutre cintrée, formée par ces fers T ; un faîtage F composé d'un fer plat de 110 × 7 et de deux cornières de 30 × 20, et la tôle verticale de chacun des chéneaux permet de placer une série de fers à vitrage G.

En T', une tôle découpée relie le faîtage au sommet de l'arc ; en S un motif en fer forgé, retenu sur les fers V par des pattes de façon agrémente l'ensemble de cette fermette.

1250. Des montants L, solidement fixés de distance en distance, permettent

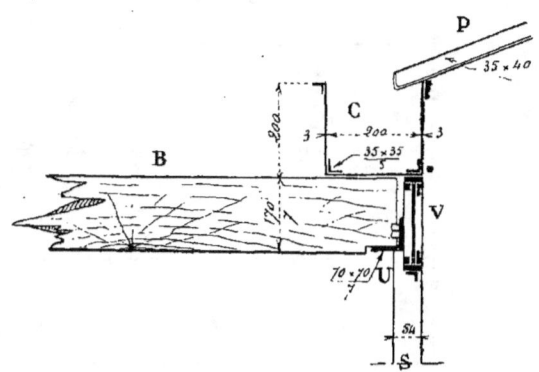

Fig. 1050.

l'établissement d'une plate-forme C sur laquelle on peut facilement circuler. Cette plate-forme est formée d'une série de traverses U recevant deux fers en U placés longitudinalement et sur lesquels on met des fers T C pour former chemin.

Une rampe N avec des montants O et des marches Q d'une disposition spéciale permettent de passer du balcon B sur la plate-forme C située au haut de la véranda. En I, une main-courante formée d'un fer carré et d'un fer demi-rond complète cette installation.

1251. Le croquis (*fig.* 1048) nous

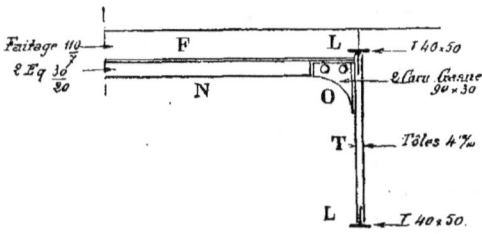

Fig. 1051.

donne en détail la disposition du faîtage indiqué sommairement en Y dans le plan (*fig.* 1046).

1252. Le croquis (*fig.* 1049) nous montre le moyen employé et la disposition à adopter pour la manœuvre des châssis ouvrants indiqués en P dans l'élé-

vation d'ensemble (*fig.* 1046). C'est une disposition simple qu'on comprend très facilement à la seule inspection du croquis.

1253. Le croquis (*fig.* 1050) nous représente le mode d'assemblage des bastaings B (*fig.* 1046) lorsqu'ils viennent s'as-

VÉRANDAS. — JARDINS D'HIVER. — BOW-WINDOWS.   543

sembler sous le chéneau et former plafond. Ces bastaings B sont légèrement entaillés à leur extrémité et reposent sur une cor- nière solin U placée en-dessous du chéneau.

1254. Le croquis (*fig.* 1051) nous

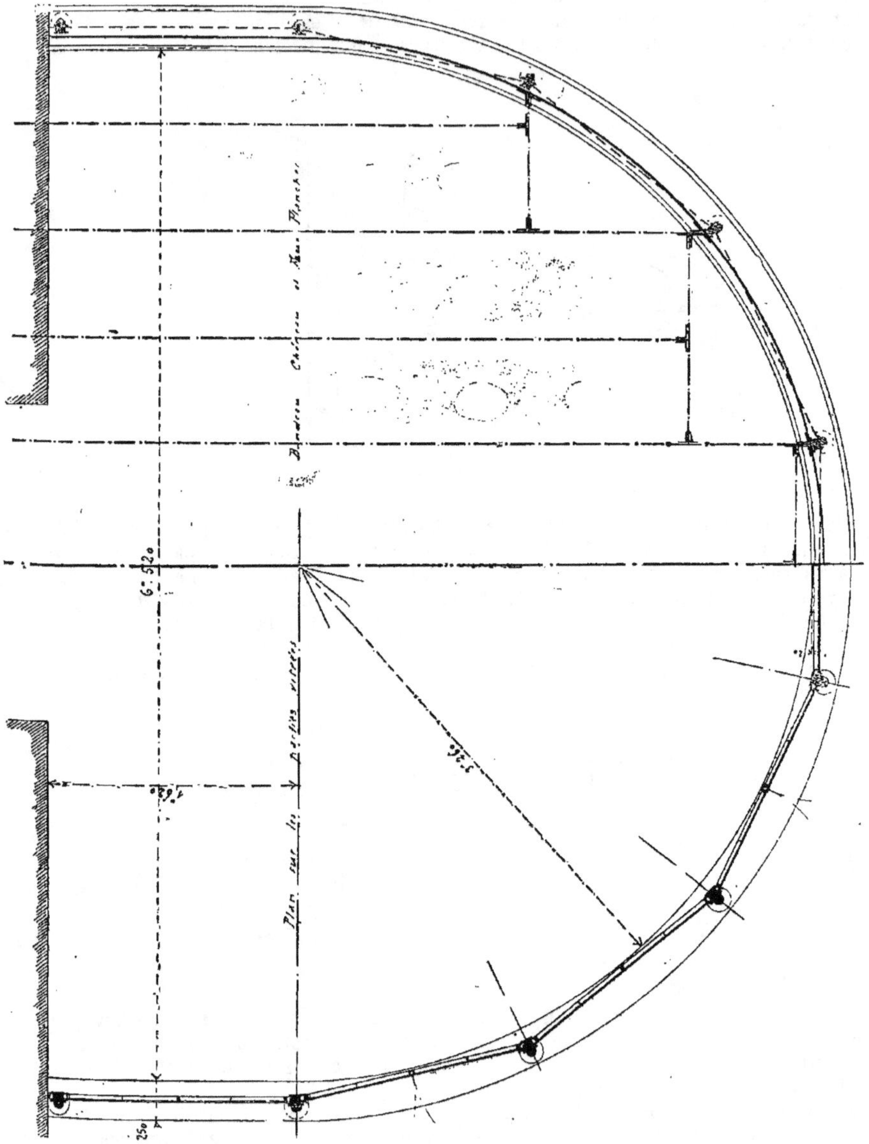

Fig. 1052.

montre une coupe verticale au faîtage suivant FT' de la figure 1047. Nous y voyons l'attache du faîtage F sur la ferme au moyen de goussets O, ainsi que la disposition des deux équerres placées à la partie basse.

Dix-huitième exemple.

1255. Les vérandas, comme nous allons le voir, ne sont pas toujours construites sur plan rectangulaire; le croquis (*fig.* 1052) représente le plan d'une *véranda-rotonde* dont la construction diffère sensiblement des types étudiés précédemment.

1256. Cette véranda repose sur un bahut en maçonnerie de forme circulaire (rayon intérieur 3m,26) se terminant, à sa rencontre avec le mur de face, par deux parties perpendiculaires à ce mur de face. Sur ce mur bahut, qui peut être en pierre de taille ou en petits matériaux recouverts d'une dalle en pierre dure, reposent dix colonnes en fonte dont nous verrons plus loin la forme et sur lesquelles se fait l'assemblage de chacune des parties verticales dont l'ensemble forme neufs pans coupés.

1257. La partie de gauche du croquis (*fig.* 1052) nous montre le plan sur les parties vitrées; la partie de droite nous représente le faux plancher placé à hauteur du chéneau et servant de plafond à la véranda. Ce faux plancher est formé de fers $\mathbf{I}$ de 0m,14 ailes ordinaires du commerce venant, à l'aide de cornières à ailes égales ouvertes ou fermées, s'assembler avec la paroi intérieure du chéneau formant, comme le montre la partie droite du plan, une véritable ceinture. Afin d'éviter, autant que possible, les assemblages biais, on place de petits chevêtres entre les solives.

1258. Le croquis (*fig.* 1053) nous montre, à plus grande échelle, l'élévation de l'un des pans coupés placé entre deux colonnettes en fonte. Dans le socle des colonnettes s'assemble la barre d'appui soulagée par un motif en fer forgé de même forme que ceux qui sont placés dans les tympans de la partie circulaire du haut.

1259. Il existe des parties ouvrantes à deux vantaux indiquées au plan (*fig.* 1052); ces parties ouvrantes correspondent à la partie rectangulaire de l'élévation (*fig.* 1053), la partie cintrée étant fixe. Au dessus règne, sur tout le pourtour, une ceinture métallique en pans coupés, dont nous voyons la section dans la coupe verticale (*fig.* 1054).

Au-dessus de cette partie métallique se trouve le chéneau dont la forme nous est maintenant connue. La tôle inférieure de ce chéneau est un peu prolongée en dedans et reçoit une cornière servant de cornière solin aux fers $\mathbf{I}$ du faux plancher.

Une autre cornière placée à la partie

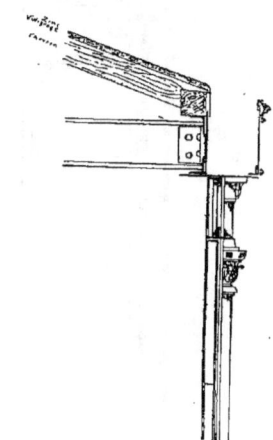

Fig. 1054.

haute du chéneau reçoit un tasseau en bois de 8/8 d'équarrissage, sur lequel viennent se fixer, à l'aide de longs clous, les chevrons de la couverture dont l'équarrissage est de 8/7.

Sur ces chevrons, on cloue un voligeage, puis le zinc formant la couverture et qui retombe en bavette dans le chéneau.

1260. Au droit de chaque colonne, la partie verticale du chéneau se retourne circulairement et permet de placer des rosaces du meilleur effet.

1261. Cette disposition de véranda, étant différente de celles qui ont été examinées précédemment, nous donnerons en croquis les principaux détails de sa construction.

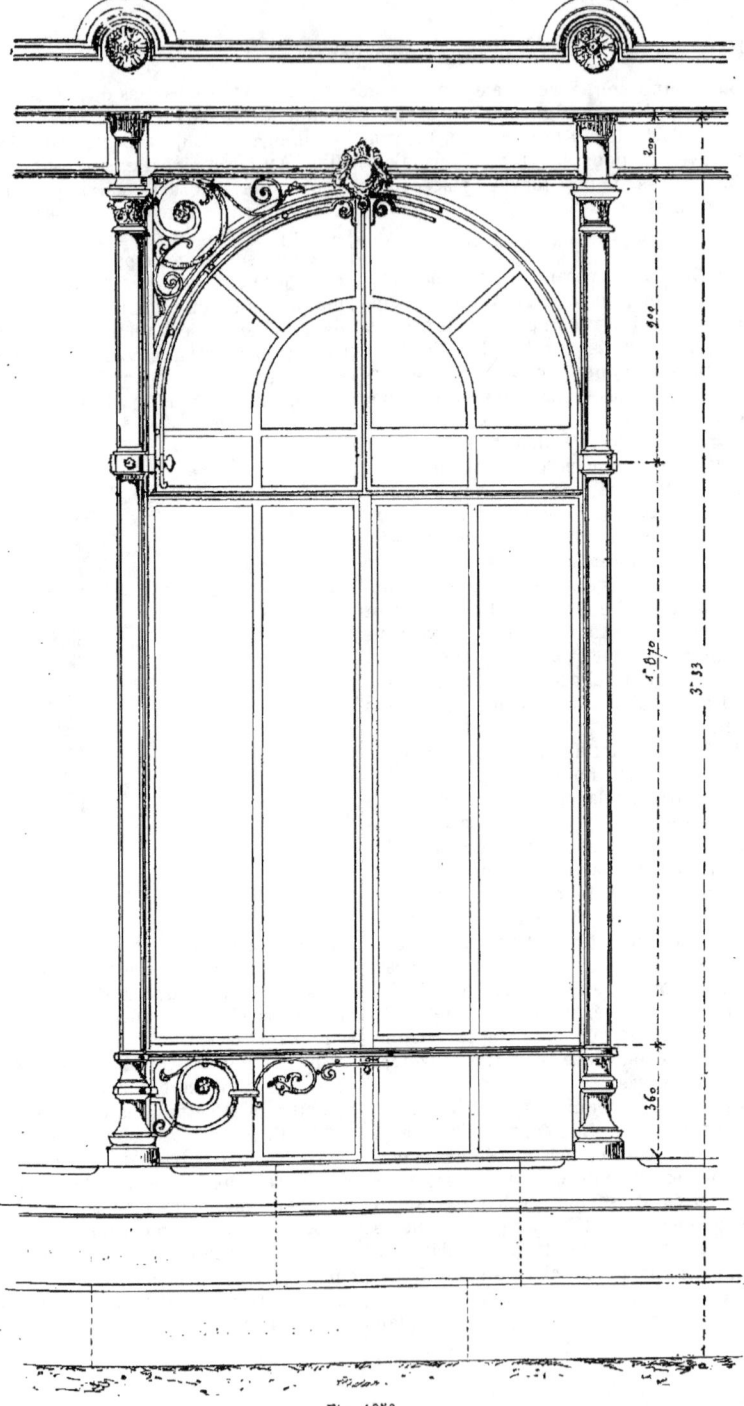

Sciences générales.   Fig. 1053.   SERRURERIE. — 35.

Détails d'exécution.

1262. Le croquis (*fig.* 1055) nous montre, à grande échelle, la coupe horizontale des colonnettes en fonte C placées aux angles des pans coupés de la figure 1052.

Ces colonnettes, dont les faces opposées concourent en un même point D, comportent des nervures et des encoches E, dans lesquelles viennent se loger les ailes des fers en U servant de montants à la véranda.

La base de ces colonnettes reposant sur le mur bahut inférieur est, dans ce croquis, indiquée par des lignes pointillées.

En F des nervures saillantes s'appuient sur l'âme des fers en U.

1263. Le croquis (*fig.* 1056) nous représente, à grande échelle, la coupe verticale sur une croisée de cette véranda avec l'indication et toutes les cotes du chéneau circulaire à employer.

La tôle inférieure E de ce chéneau se prolonge en F et reçoit une cornière G'

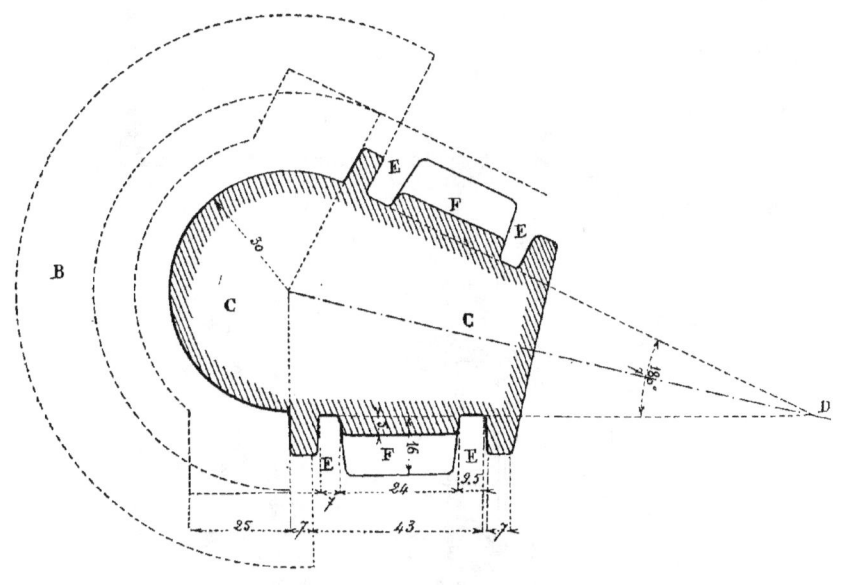

Fig. 1055.

fixée, d'autre part, sur la tôle verticale D de ce chéneau.

A la partie haute en G une autre cornière, également fixée sur la tôle D, reçoit un tasseau A de 8 × 8 sur lequel viennent reposer les chevrons C de la couverture ; en B des pièces de bois plus fortes viennent aussi buter sur la pièce A.

C'est entre ces deux cornières G et G' que viennent se placer les solives en fer du plafond ; les boulons d'attache de ces solives sont fraisés au dedans du chéneau.

Une fourrure H, au droit des solives, est rivée sur la tôle de 200 × 5 formant la paroi de gauche du chéneau.

En N une tringle droite de 18 millimètres de diamètre sert pour placer des stores extérieurs.

1264. En Z nous indiquons la coupe verticale de la partie pleine placée immédiatement sous le chéneau (*fig.* 1053) et correspondant, comme hauteur, au chapiteau D des colonnettes (*fig.* 1057). Au bas de cette partie pleine et à l'in-

VÉRANDAS. — JARDINS D'HIVER. — BOW-WINDOWS.

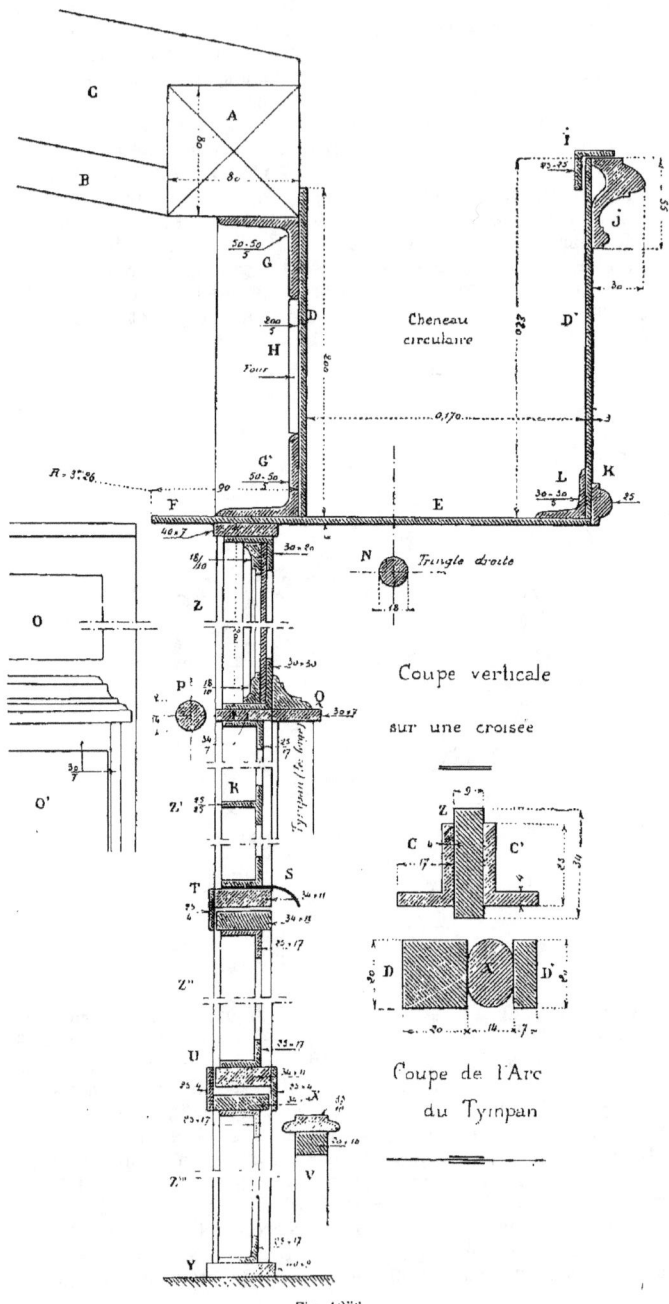

Fig. 1055.

SERRURERIE.

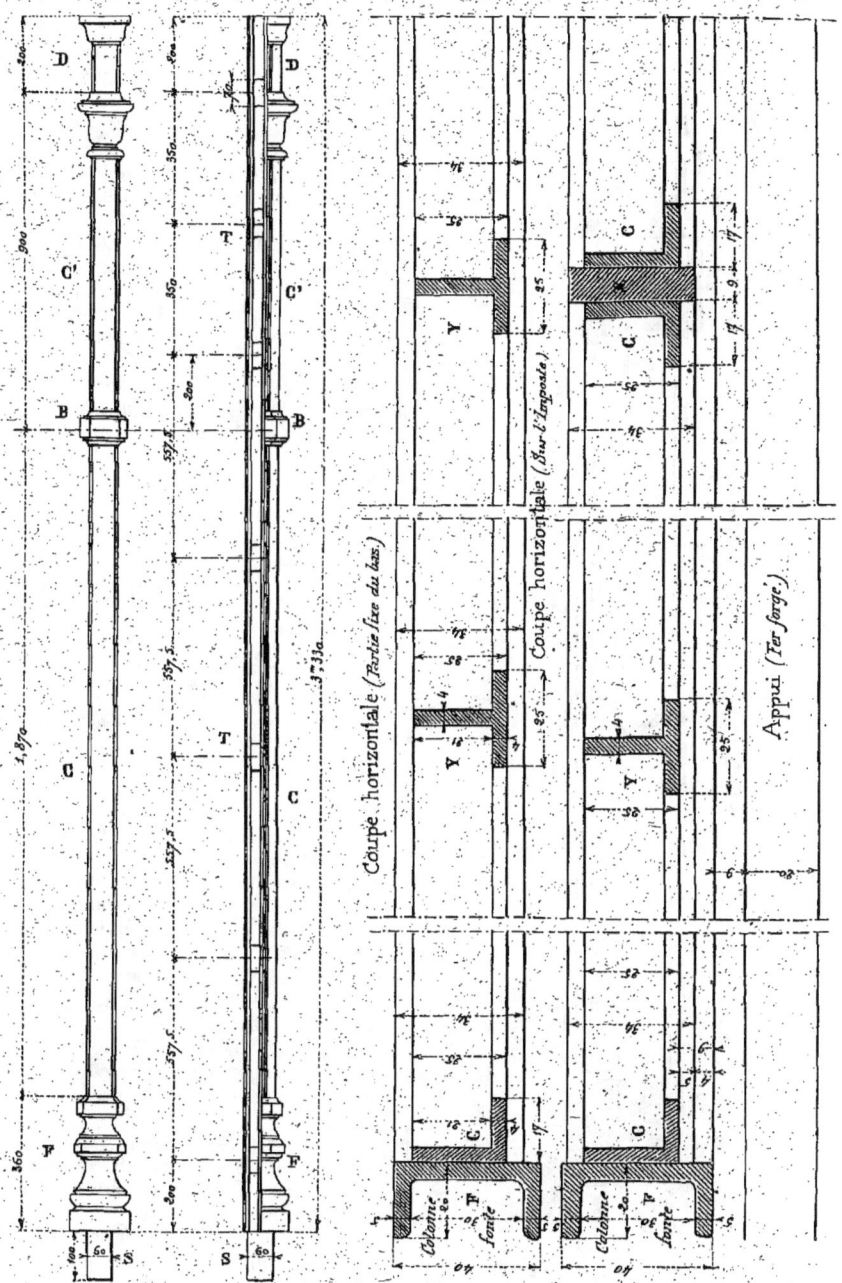

Fig. 1057 et 1058.

VÉRANDAS. — JARDINS D'HIVER. — BOW-WINDOWS.

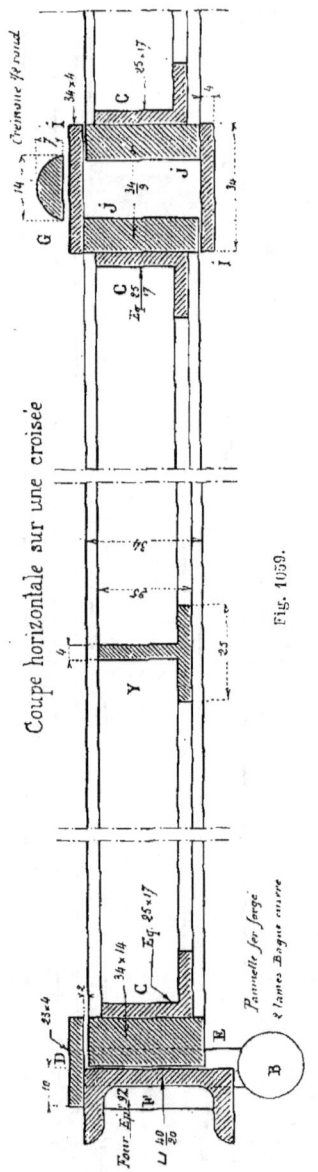

Fig. 1059.

14 millimètres de diamètre servant pour des stores ou des rideaux intérieurs.

térieur se trouve une tringle droite P de

1265. En Z' nous montrons la coupe verticale de la partie cintrée (*fig.* 1053) avec l'indication, en R, du fer à simple T employé comme petit fer à vitrage du milieu du cintre. En avant, et correspondant à un fer plat Q, se trouve le tympan en fer forgé, formé par des rinceaux dont nous voyons bien exactement la forme dans l'élévation (*fig.* 1053). Le fer recourbé S est chargé de reporter au loin les eaux de pluie qui tombent sur la partie verticale placée au dessus et d'empêcher cette eau d'entrer dans la véranda lorsque les croisées sont ouvertes.

1266. En Z" et Z'" nous représentons la coupe sur la croisée ouvrante avec l'indication en X de l'appui en fer forgé dont nous voyons l'élévation dans la figure 1053.

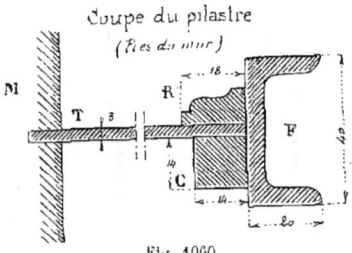

Fig. 1060.

1267. En Y la partie inférieure de cette croisée avec le fer plat reposant directement sur le bahut en maçonnerie.

1268. Dans le même croquis nous voyons en O et en O' une partie de l'élévation Z et Z' et, à droite, la coupe de l'arc du tympan; en X, les petites sphères métalliques indiquées dans le croquis (*fig.* 1053 et réunissant les fers D et D'.

1269. La figure 1057 nous montre en élévation et en vue de côté le croquis d'ensemble des colonnettes de cette véranda.

Elles se composent : d'une base F terminée par un fort goujon S venant se sceller dans le bahut en maçonnerie (c'est dans la hauteur de cette base F qu'on place la barre d'appui et les ornements en fer forgé qui doivent la soutenir); d'un fût C; d'une bague B placée à la base de la partie cintrée ; d'un prolongement de fût C', dont la hauteur est la même que la partie cintrée au-dessus des croisées ; enfin, d'un chapiteau D venant se placer dans le chéneau et le supporter.

Dans la vue de côté nous voyons en T les taquets venant buter contre l'âme des fers en U ou montants de la véranda; ces taquets, venus de fonte avec les colonnettes, sont indiqués en F dans la coupe horizontale (*fig.* 1055).

1270. Le croquis (*fig.* 1058) nous

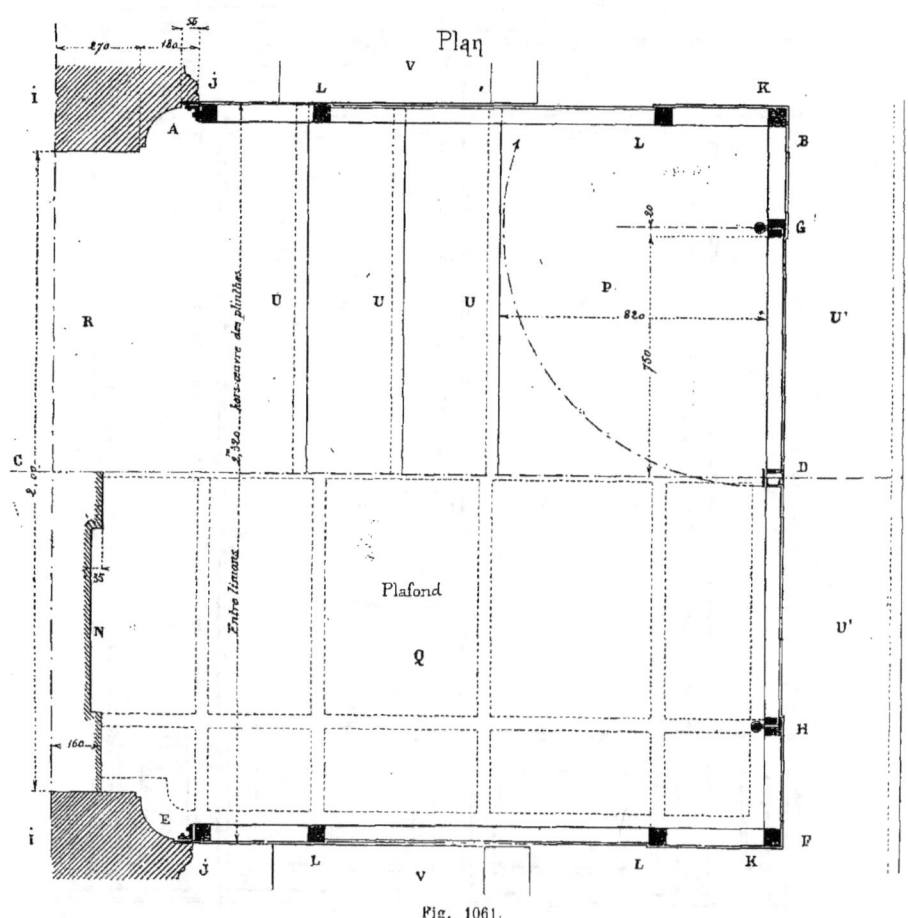

Fig. 1061.

montre deux coupes horizontales : l'une sur la partie fixe du bas; l'autre sur l'imposte.

A gauche nous remarquons les montants F en fer en U venant se placer dans les colonnettes ; le reste de la disposition ne présente rien de particulier à signaler.

1271. Le croquis (*fig.* 1059) nous donne une coupe horizontale de la croisée avec les principales dimensions des fers à employer. En F nous indiquons la

VÉRANDAS. — JARDINS D'HIVER. — BOW-WINDOWS. 551

fourrure nécessaire au droit des paumelles, **rivée** sur le fer en **U** et ayant une épaisseur de 9 millimètres. En B, les paumelles en fer forgé, deux lames, deux paumelles par vantail ; en G, la crémone de la croisée en fer demi-rond de 14 millimètres et garnitures en fonte malléable.

1272. Le croquis (*fig.* 1060), en nous

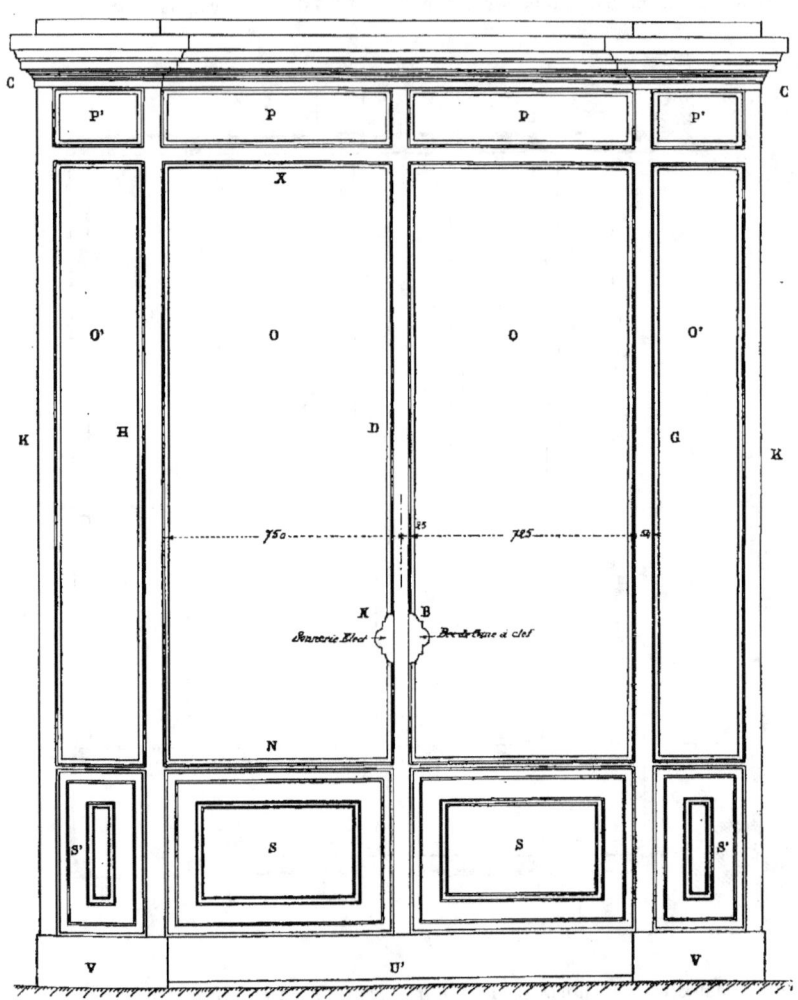

Fig. 1062.

représentant la coupe d'un pilastre près du mur, termine les détails intéressants à signaler pour ce genre de véranda.

Dix-neuvième exemple

1273. Comme dix-neuvième exemple nous étudierons l'ensemble et les détails

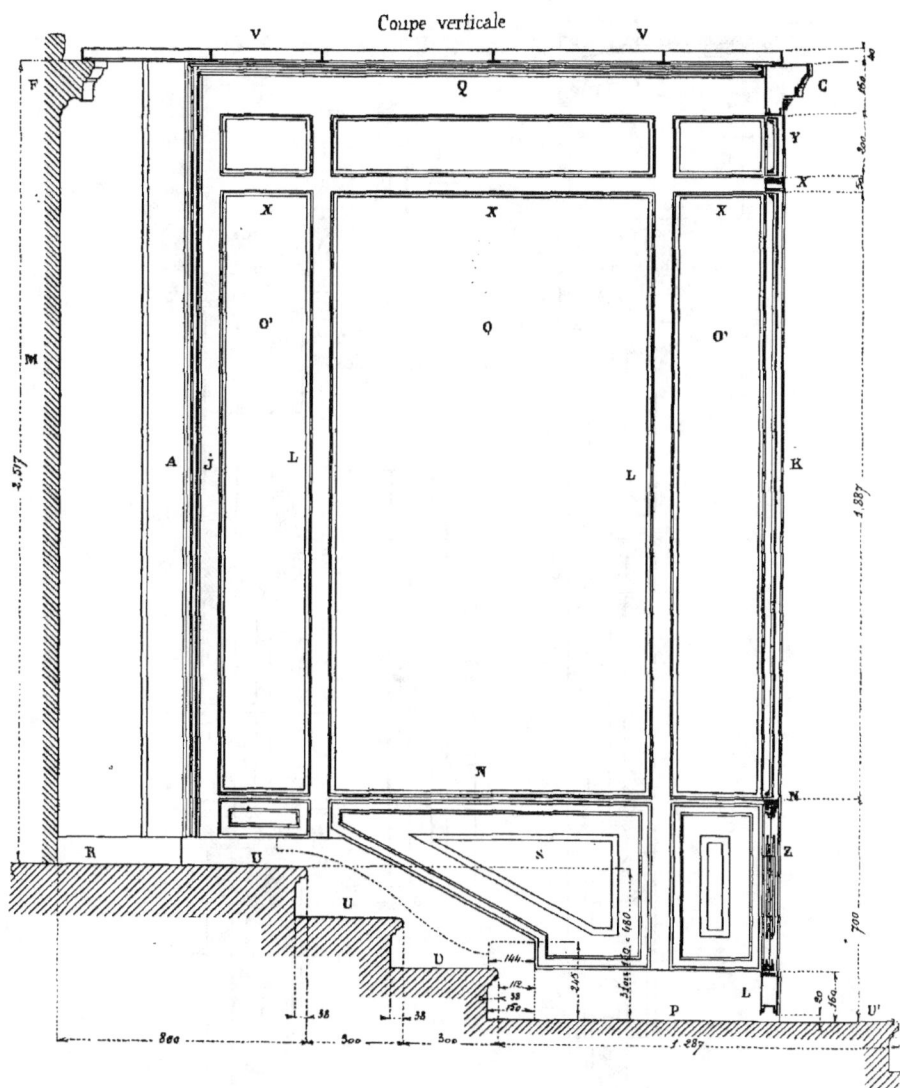

Fig. 1063.

de construction d'un *tambour vitré* placé au-devant de l'entrée d'une habitation entre les deux rampants d'un perron.

Le plan de ce tambour est indiqué en croquis (*fig.* 1061), il se compose d'une série de montants verticaux en fer carré formant, avec les traverses horizontales, une ossature métallique plus ou moins

VÉRANDAS. — JARDINS D'HIVER. — BOW-WINDOWS.

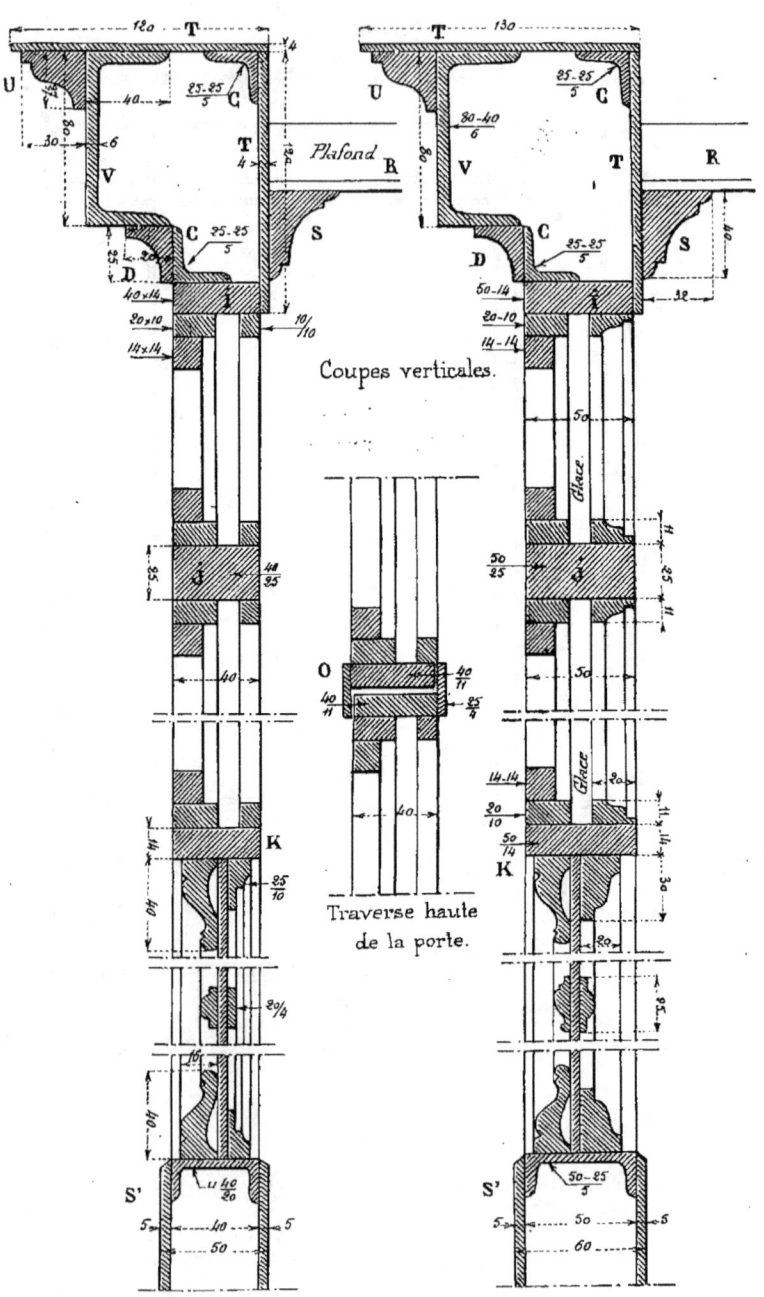

Fig. 1004.

décorée, comme nous pourrons le voir dans ce qui va suivre.

1274. Le croquis (*fig.* 1062) nous montre l'élévation du tambour suivant la ligne FB du plan. C'est, comme l'indique ce croquis, un soubassement en tôle S pour la partie mobile et S' pour la partie fixe, reposant sur un socle V ou sur une marche U et surmonté de montants K, H, D, G, réunis par une traverse basse N et une traverse haute X, d'autres panneaux P, et le tout surmonté d'une corniche C.

Dans les encadrements O et O' on place des glaces ou des vitraux.

1275. Le croquis (*fig.* 1063) nous représente une coupe verticale sur ce tambour avec l'indication, en pointillé, des rampants du perron en pierre; la coupe sur le plafond et son raccord avec le bandeau F de la construction.

du perron; en P, un palier bas; en U, une série de marches; en G, D, H, la porte à deux vantaux; enfin, en Q, l'indication en pointillé des caissons du plafond.

Détails d'exécution.

1276. Le croquis (*fig.* 1064) nous donne deux coupes verticales sur ce tambour vitré; nous voyons, dans ces croquis, comment avec du fer du commerce on peut facilement exécuter une corniche métallique. La corniche de ce tambour se compose : de deux tôles T, l'une verticale, l'autre horizontale; d'un fer en U V placé à l'avant et recevant sur son âme un fer mouluré U dissimulant le joint entre le fer en U et la tôle horizontale T; à sa partie inférieure, un autre fer mouluré D fixé sur une cornière C reliée à l'ossature verticale du tambour. Un fer mouluré S, retenu solidement sur la tôle verticale T, reçoit les fers R formant le plafond du tambour. En I, la traverse haute formant la corniche et recevant les fers inférieurs de l'ossature. Le reste de la disposition, comme vitrage vertical, rentrant dans les exemples examinés précédemment, nous ne nous y arrêterons pas plus longuement.

1277. Dans le même croquis nous indiquons la coupe sur la traverse haute de la porte, détail que nous avons

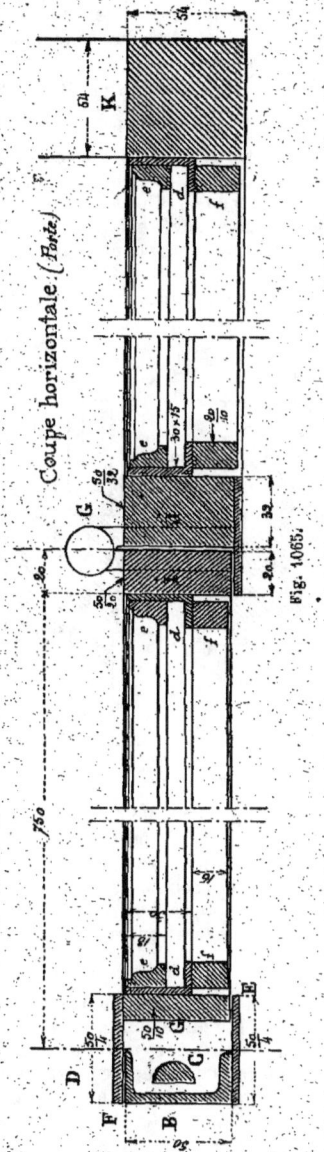

En V, la vue en plan des deux rampants

VÉRANDAS. JARDINS D'HIVER. — BOW-WINOWS.

déjà rencontré dans les exemples précédents.

1278. Le croquis (fig. 1065) nous montre une coupe horizontale sur la porte du tambour vitré.

En K, l'indication d'un montant d'angle formé d'un fer carré de 54 × 54 millimètres ; entre ce montant et le montant fixe J, recevant les paumelles G de la porte, se trouve un panneau métallique composé des trois fers du commerce d, e, f ; c'est entre l'équerre d et le fer mouluré e qu'on place la glace de vitrage.

En D nous voyons la disposition des fers au milieu de la porte avec les cotes nécessaires à leur exécution.

Entre le montant G et le montant I la disposition est la même que dans la partie droite de la figure.

1279. Le croquis (fig. 1066) nous montre une coupe verticale sur le bas de la porte ; ce bas de porte est formé de deux tôles verticales L réunies en bas par un fer en U D et en haut par une traverse en fer plat B. Un espace de 16 millimètres est réservé entre le bas de la porte et le parquet pour le passage des tapis.

Au-dessus de la traverse B nous trou-

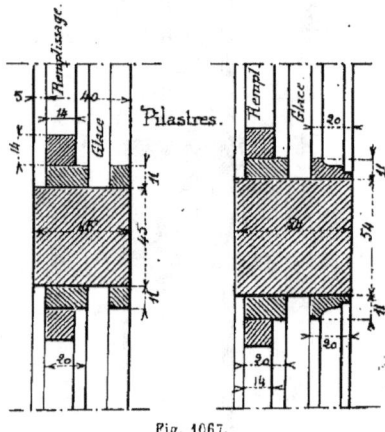

Fig. 1067.

vons la coupe verticale du soubassement de chaque vantail de porte ne présentant rien de particulier à signaler.

1280. Le croquis (fig. 1067) nous donne deux coupes horizontales et l'arrangement des fers contre les pilastres.

Nota.

1281. Dans ce que nous venons de voir, il n'a été nullement question de décoration ; la structure métallique de l'ensemble du tambour a été seule étudiée. On peut, comme nous l'indiquons en croquis (fig. 1068), ajouter à cette carcasse métallique des ornements en fer forgé et obtenir pour ce tambour l'aspect représenté en élévation, en coupe verti-

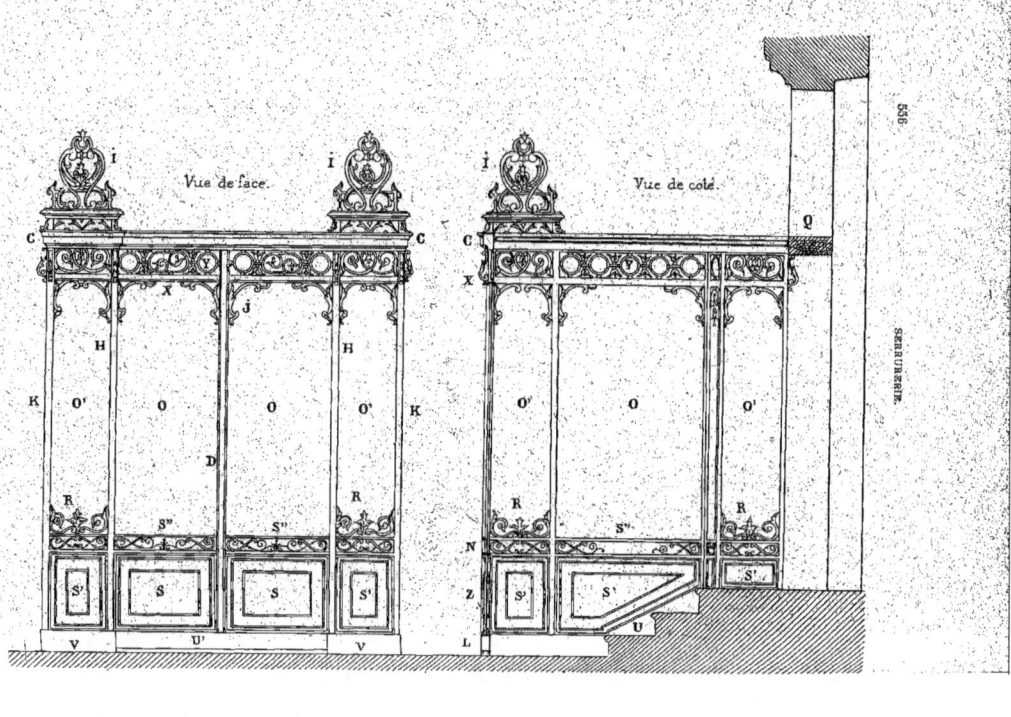

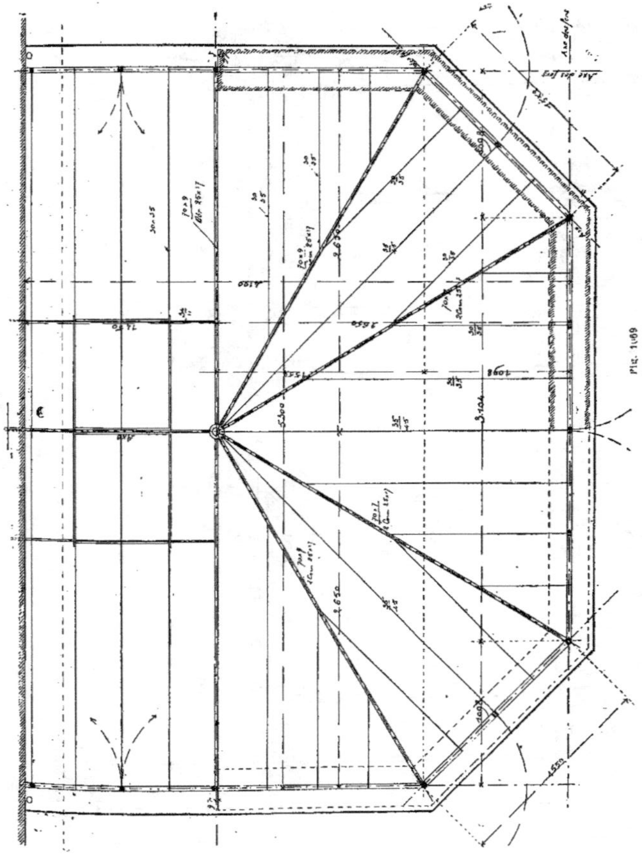

Fig. 1069

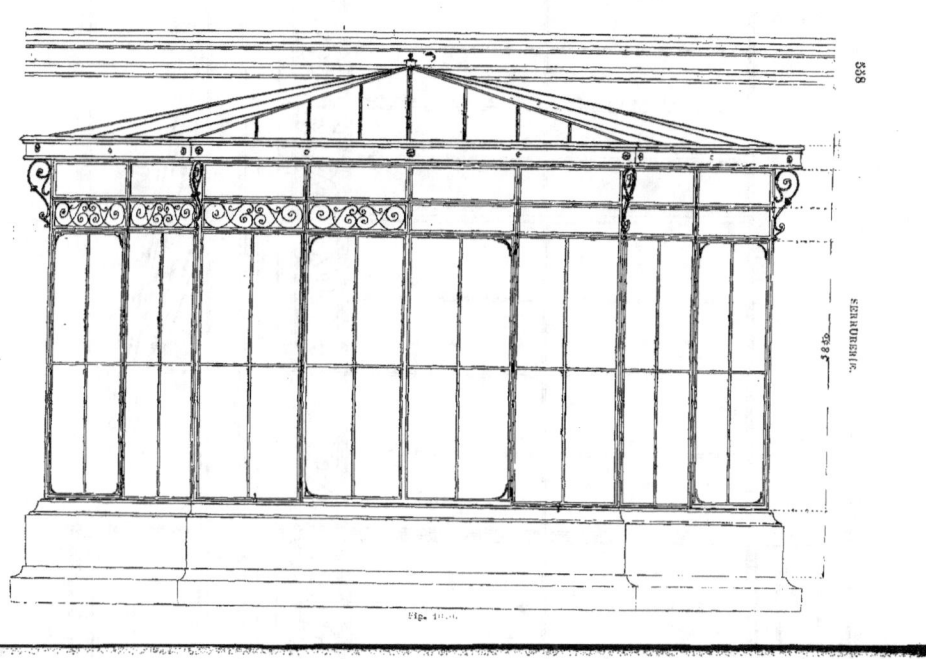

Fig. 1056.

VÉRANDAS. — JARDINS D'HIVER. — BOW-WINDOWS.

cale et en vue de côté par le croquis. Des motifs I, placés aux angles et au-dessus de la corniche, rehaussent l'ensemble et agrémentent la disposition.

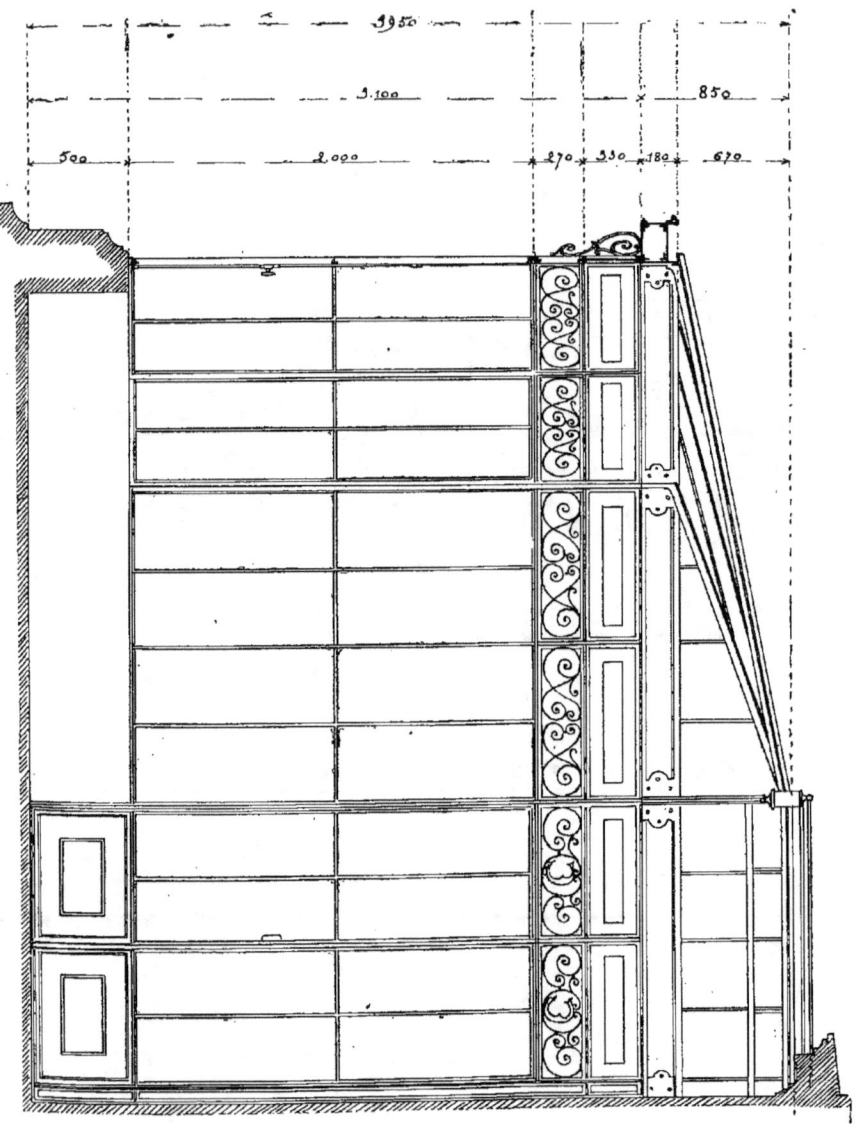

Vingtième exemple.

1282. Le croquis (*fig.* 1069) nous montre le plan d'une véranda ayant une certaine analogie avec le croquis donné

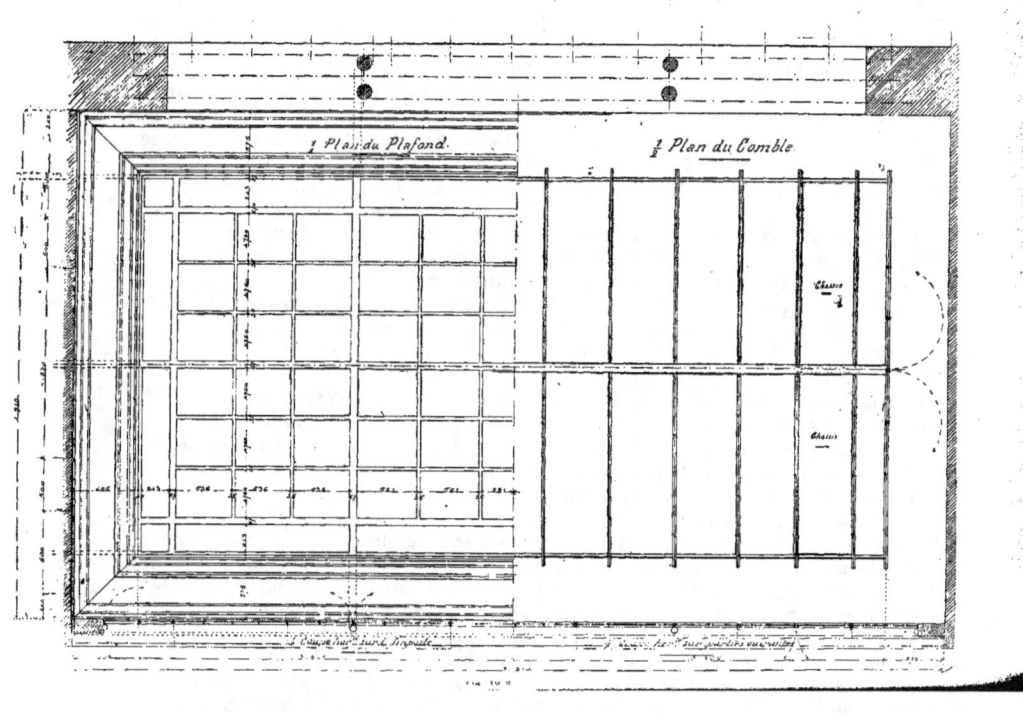

VÉRANDAS. — JARDINS D'HIVER.— BOW-WINDOWS

(*fig.* 1038), mais de dimensions plus grandes et reposant sur un mur bahut au lieu de reposer sur des colonnettes en fonte.

1283. C'est une véranda d'une grande simplicité de construction et que nous donnons comme renseignement, sans entrer dans des détails qui ont déjà été étudiés pour des types analogues. Au milieu des longs pans, perpendiculaires au mur de face et aux angles des pans coupés, aboutissent, partant d'un *gobelet* central, des fers plus forts que les fers à vitrage ordinaires et composés d'un fer plat de 70 $\times$ 9 doublé, de chaque côté, d'une cornière à ailes inégales de 25 $\times$ 17, assemblage analogue à celui qui a été donné coupe DD' (*fig.* 962).

Sur ces fers viennent s'assembler des fers à vitrage en simple T de 30 $\times$ 35 pour les plus courts et 35 $\times$ 45 pour les plus longs.

1284. Après le gobelet, dans le plan (*fig.* 1069), se trouve, sur la largeur des portes à deux vantaux placées à droite et à gauche, une couverture à deux pentes dont le faîtage se scelle dans le mur de face, d'une part et de l'autre, s'assemble dans le gobelet ; deux petites pannes intermédiaires en fer plat de 34 $\times$ 11 soulagent la portée des fers à vitrage.

Un chéneau de forme connue, dont nous verrons la section dans un autre croquis, reçoit, sur sa tôle intérieure, les assemblages des divers fers de la charpente métallique. Deux tuyaux de descente, placés contre le mur de face, assurent l'écoulement des eaux pluviales. Le mur bahut est indiqué en plan par une ligne pointillée.

1285. Le croquis (*fig.* 1070) nous montre l'élévation de face de cette véranda ; nous y voyons : le bahut en maçonnerie (pierre de taille de 0^m,30 d'épaisseur sur 0^m,50 de hauteur et 0^m,45 au niveau du socle).

Sur ce mur bahut repose, avec les scellements nécessaires, la carcasse métallique de la véranda ; les parties ouvrantes sont indiquées dans cette élévation et dans le plan (*fig.* 1069).

Pour plus de commodité intérieure, les fenêtres se développent à l'extérieur. A la partie haute du vitrage se trouve un motif décoratif en fer forgé surmonté d'une partie pleine en tôle venant se fixer sous le chéneau.

Le chéneau est, à chaque angle et au droit des montants d'un plus fort équarrissage, supporté par des consoles en fer forgé très simples. Des rosaces placées sur la face externe de ce chéneau complètent sa décoration.

1286. Le croquis (*fig.* 1071) nous représente une coupe verticale et une vue de côté de cette véranda. Nous y voyons la coupe verticale du mur bahut avec l'indication de sa partie moulurée et la disposition des portes à deux vantaux placées à droite et à gauche de la véranda (voir plan *fig.* 1069).

Le faîtage de cette véranda vient se sceller dans le bandeau du rez-de-chaussée du bâtiment. Ce croquis nous montre la coupe du chéneau en tôle et la division, en hauteur, des glaces de vitrage par un fer à simple T formant ceinture à mi-hauteur de ces fers.

Les principales cotes de largeur et de hauteur sont données dans ce croquis.

Vingt et unième exemple.

1287. Nous représentons (*fig.* 1072, 1073 et 1074) les croquis d'un jardin d'hiver d'assez grandes dimensions et présentant, comme nous allons le voir, une lanterne vitrée et un balcon sur le comble.

1288. Le croquis (*fig.* 1072) nous montre : un demi-plan du plafond ; une demi-coupe horizontale sur l'imposte ; un demi-plan du comble et une demie coupe horizontale sur les parties ouvrantes de ce jardin d'hiver.

La longueur totale intérieure est de 8^m,31 et la largeur totale prise intérieurement 4^m,91.

Nous voyons dans ce croquis la disposition des compartiments du plafond vitré formé par de petites poutres en fers du commerce et de simples fers à vitrage.

Une grande baie fait communiquer cette véranda avec la pièce voisine ; de forts filets supportés par des colonnes jumelées permettent cette grande ouverture.

1289. Le croquis (*fig.* 1073) nous

Sciences générales.

SERRURERIE. — 36.

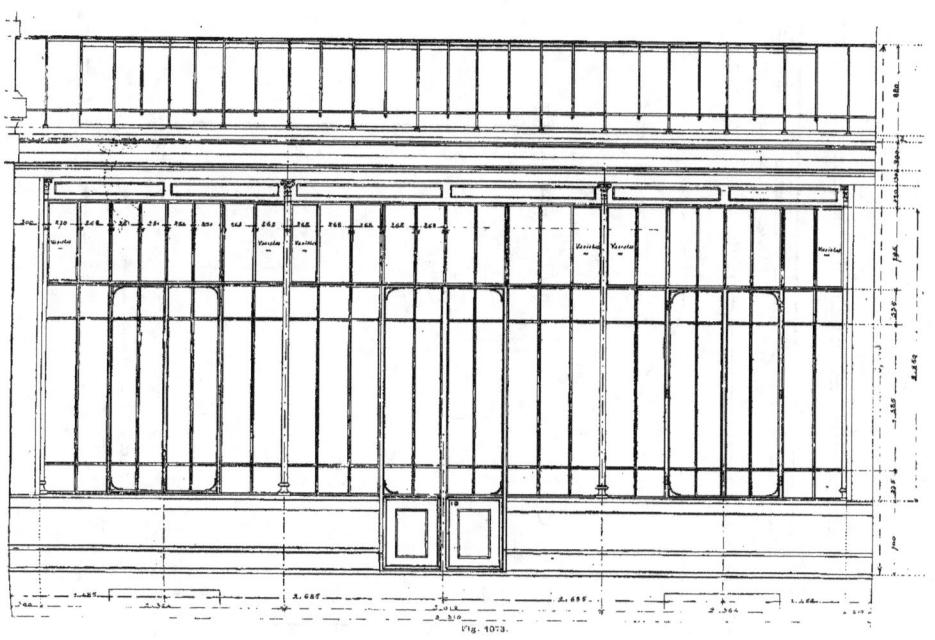
Fig. 1073.

VÉRANDAS. — JARDINS D'HIVER. — BOW-WINDOWS. 563

montre une élévation de cette véranda, décoration très modeste sans application de fers forgés. Deux colonnettes et deux demi-colonnettes d'extrémité soulagent le poids de l'ossature métallique de l'ensemble.

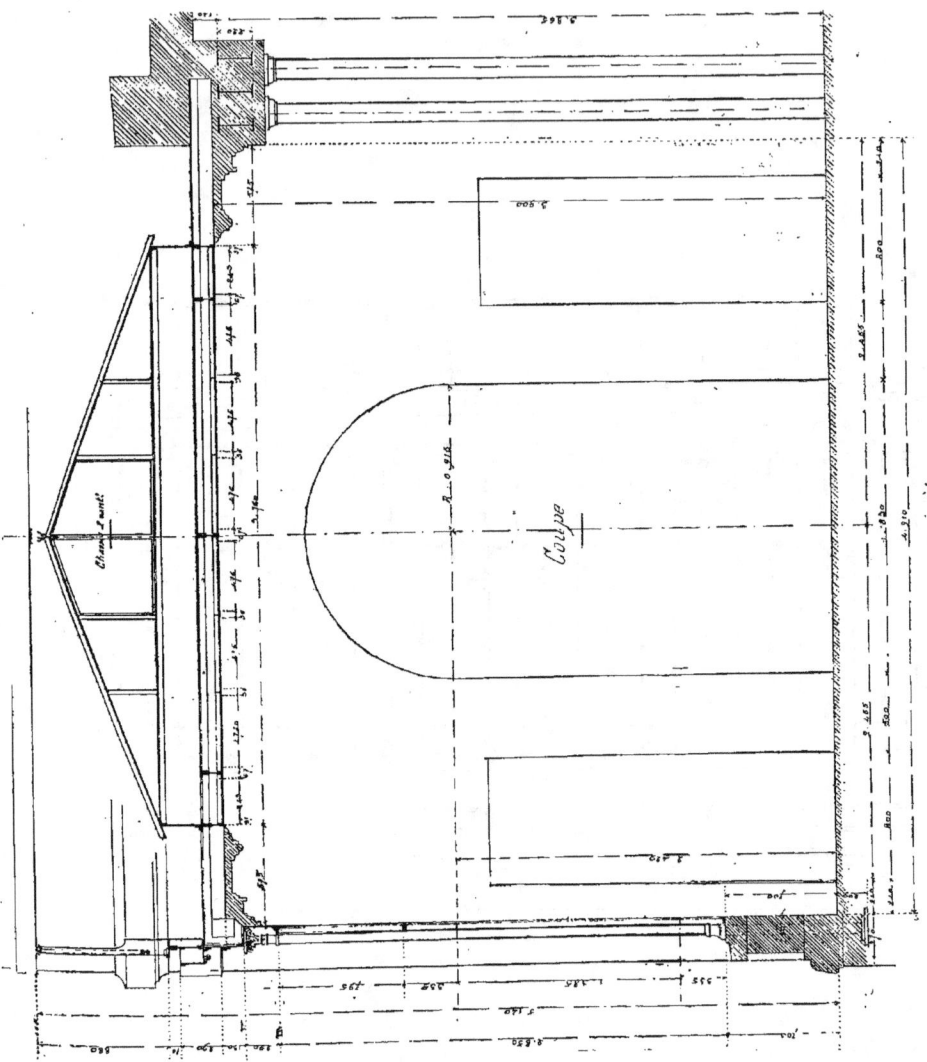

Une porte, placée au milieu de la longueur, donne accès dans cette véranda et deux larges baies ouvrantes permettent une bonne aération de l'intérieur.

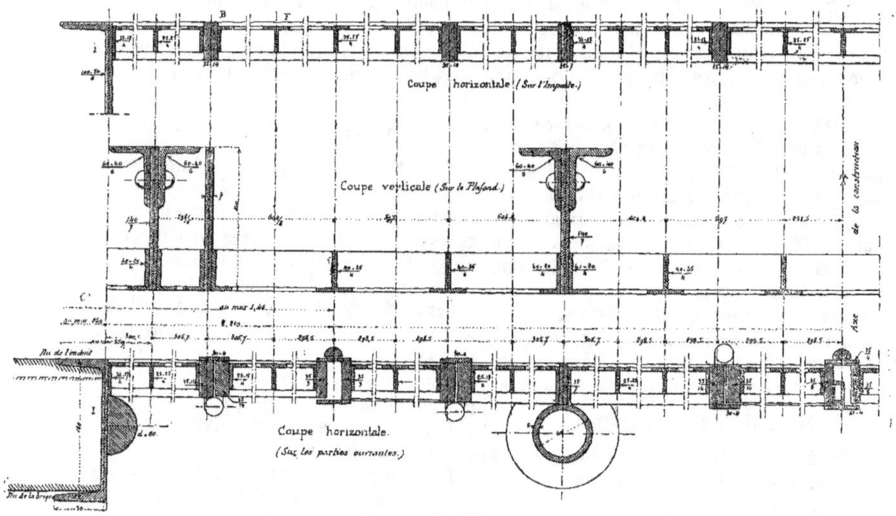

Fig. 1075.

A la partie haute de cette véranda se trouve un balcon d'une grande simplicité dont nous verrons la disposition dans la coupe.

1290. Le croquis (*fig.* 1074), coupe verticale de la véranda, rend bien compte de la disposition :

1° Du lanterneau éclairant la véranda par l'intermédiaire d'un plafond vitré ; de deux parties moulurées formant des caissons au pourtour du plafond et permettant, au dessus, la circulation sur le comble de la véranda ;

2° D'un balcon en fer servant de garde-corps et placé directement au-dessus du chéneau.

Dans ce croquis nous voyons : l'indication des colonnes jumellées supportant trois fers $\mathbf{I}$, sur lesquels repose la maçonnerie des étages supérieurs de l'habitation ; la coupe verticale du vitrage avec l'indication du chéneau, du mur bahut, etc...

1291. Dans chaque pignon, il existe un châssis à deux vantaux sans petit bois milieu; ce châssis ouvre sur le chéneau. Aux quatre travées extrêmes il existe un châssis sans charnières, mais avec crémaillère fixée sur la sablière basse et munie de trois poignées pour l'enlèvement ou pour la manœuvre.

Dans les parties métalliques verticales il existe de petits pitons et des tringles en laiton espacés de $0^m,50$ en hauteur et, aussi, des arrêts de corde pour les vasistas.

Détails d'exécution.

1292. Les détails d'exécution seront peu nombreux et comprendront seulement (*fig.* 1075) :

1° Une coupe horizontale sur l'imposte. C'est, comme le montre le croquis, un détail, à plus grande échelle, de la même coupe donnée dans le plan (*fig.* 1072). Une série de montants, B, composés d'un fer plat de 35×8 ou 35×14 doublé d'équerres de 25×17 ou 32×20.

En I, un fer $\mathbf{U}$ de 140×50 sert de montant d'about et est placé, comme nous allons le voir, contre un petit mur en briques;

2° Une coupe verticale sur le plafond, lequel est composé : de petites poutres assemblées et formées, d'une âme verticale de 140×7, de deux cornières hautes de $60 \times 40 \times 6$ et de deux équerres basses de $40 \times 20 \times 4$. Des fers à vitrages de $35 \times 40 \times 4$ sont régulièrement espacés pour recevoir les verres du plafond vitré ;

3° Une coupe horizontale sur les parties ouvrantes de la véranda, détail à plus grande échelle de la même coupe donnée dans le plan (*fig.* 1072).

En C, l'indication des colonnettes creuses indiquées dans l'élévation de la véranda ; en C′ les demi-colonnettes placées contre le fer $\mathbf{U}$ dont les ailes reçoivent le muret en briques également indiqué dans le plan.

1293. Nous n'insisterons pas sur la disposition des parties ouvrantes, qui n'ont rien de particulier à signaler dans cet exemple et dont nous avons eu souvent l'occasion de parler dans ce qui précède.

Vingt-deuxième exemple.

1294. Comme vingt-deuxième exemple nous nous occuperons d'une véranda ayant une assez grande portée pour exiger de véritables fermettes en fer et comportant des croupes et des noues.

Le plan de cette véranda est représenté en croquis (*fig.* 1076) ; la longueur totale est de $21^m,66$ et la largeur $9^m,175$ d'axe en axe des supports ; une partie en avant-corps de $7^m,200$ de largeur permet d'établir une large entrée dont nous verrons, dans ce qui va suivre, la disposition d'ensemble.

Les dimensions des faîtages, des pannes et des sablières sont suffisamment indiquées dans ce plan sans que nous ayons besoin de nous y arrêter plus longuement ; le chéneau, d'un assez grand développement, et les tuyaux de descente sont également représentés dans ce plan d'ensemble.

1295. Le croquis (*fig.* 1077) nous montre une coupe transversale de cette véranda sur la partie courante. Les fermettes se composent à la partie haute de deux cornières de $60 \times 60 \times 6$ et à la partie basse de croisillons en fer plat et d'ornements V en fer feuillard.

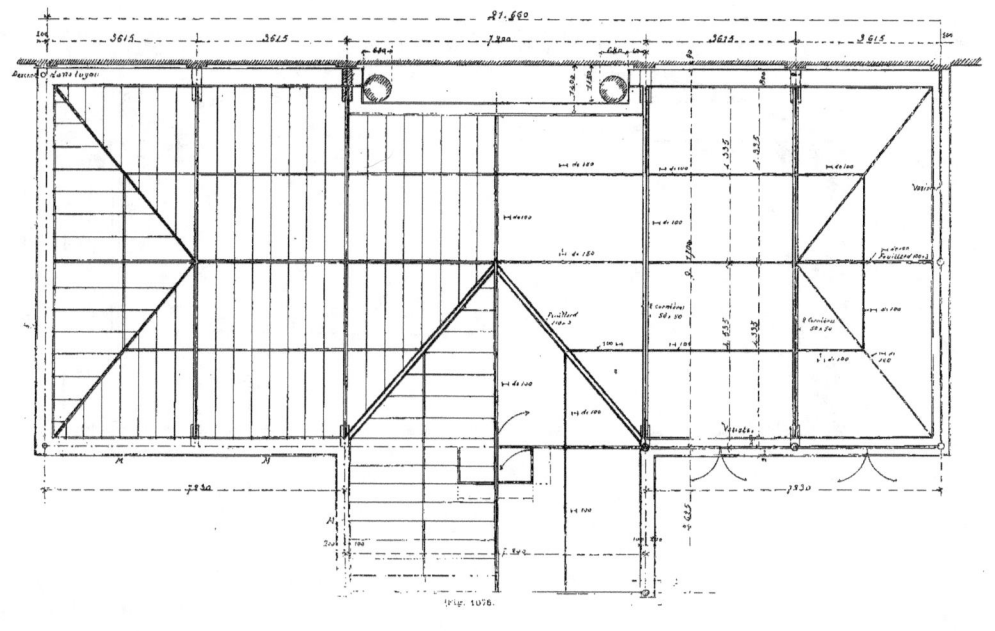

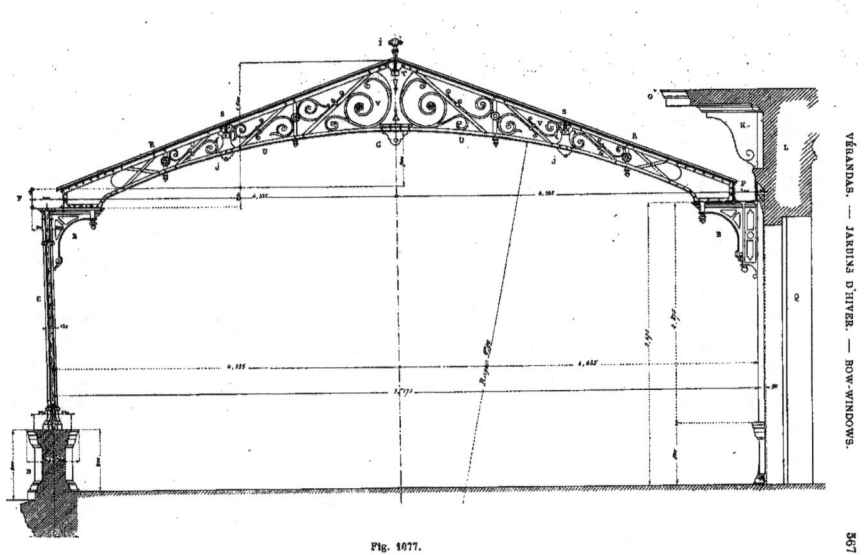

Fig. 1077.

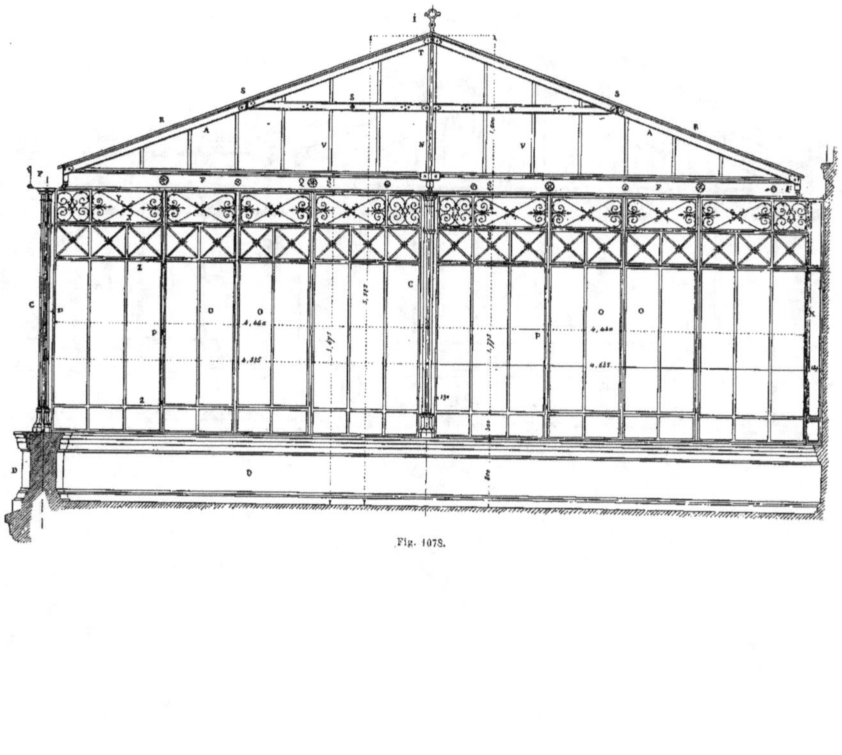

Fig. 1078.

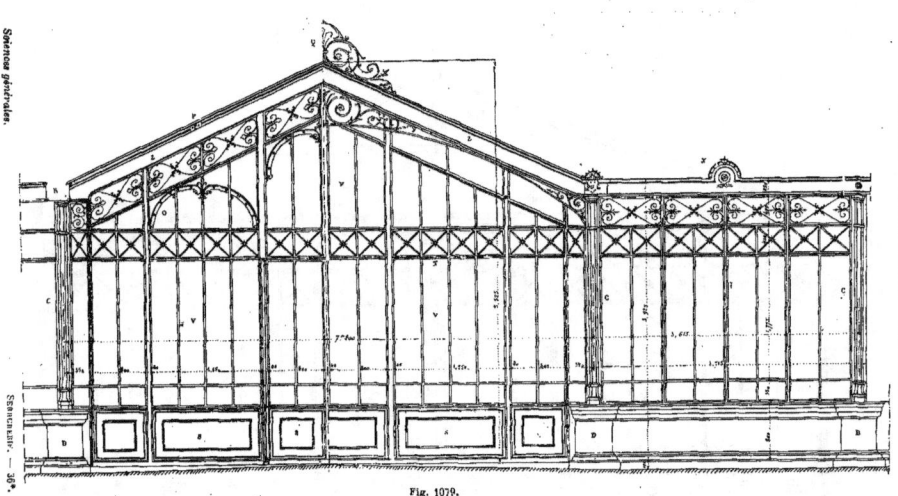

Fig. 1079.

Des pannes S en fer I de 0m,100 ailes ordinaires, un faîtage T en fer I de 0m,180 ailes ordinaires et les faces intérieures des chéneaux F et P supportent une série de fers à vitrages R dont l'encadrement est indiqué en plan (*fig.* 1076) et qui reçoivent la vitrerie éclairant la véranda. En I l'attache de fers ronds horizontaux permettant le nettoyage de la partie vitrée ; en O,K, le balcon et la console du bâtiment contre lequel cette véranda est adossée.

La fermette dont nous venons de parler repose, par l'intermédiaire de consoles en fonte B, d'une part, sur des pilastres en maçonnerie faisant saillie sur le nu du mur Q et, d'autre part, sur des colonnettes en fonte C placées sur un mur bahut en maçonnerie D.

1296. La figure 1078 nous montre le détail d'une coupe et d'un pignon de cette véranda suivant le côté gauche du plan (*fig.* 1076). Nous retrouvons, dans cette figure, le bahut D de la figure précédente en coupe et vu de l'intérieur, une série de fers montants recevant les verres des parties ouvrantes O pivotant autour des paumelles P. En F, la vue intérieure du chéneau avec des rosaces Q servant d'ornement ; au-dessus des fers à vitrage V, la panne S de coupe reposant sur les arêtiers aux extrémités des

572   SERRURERIE.

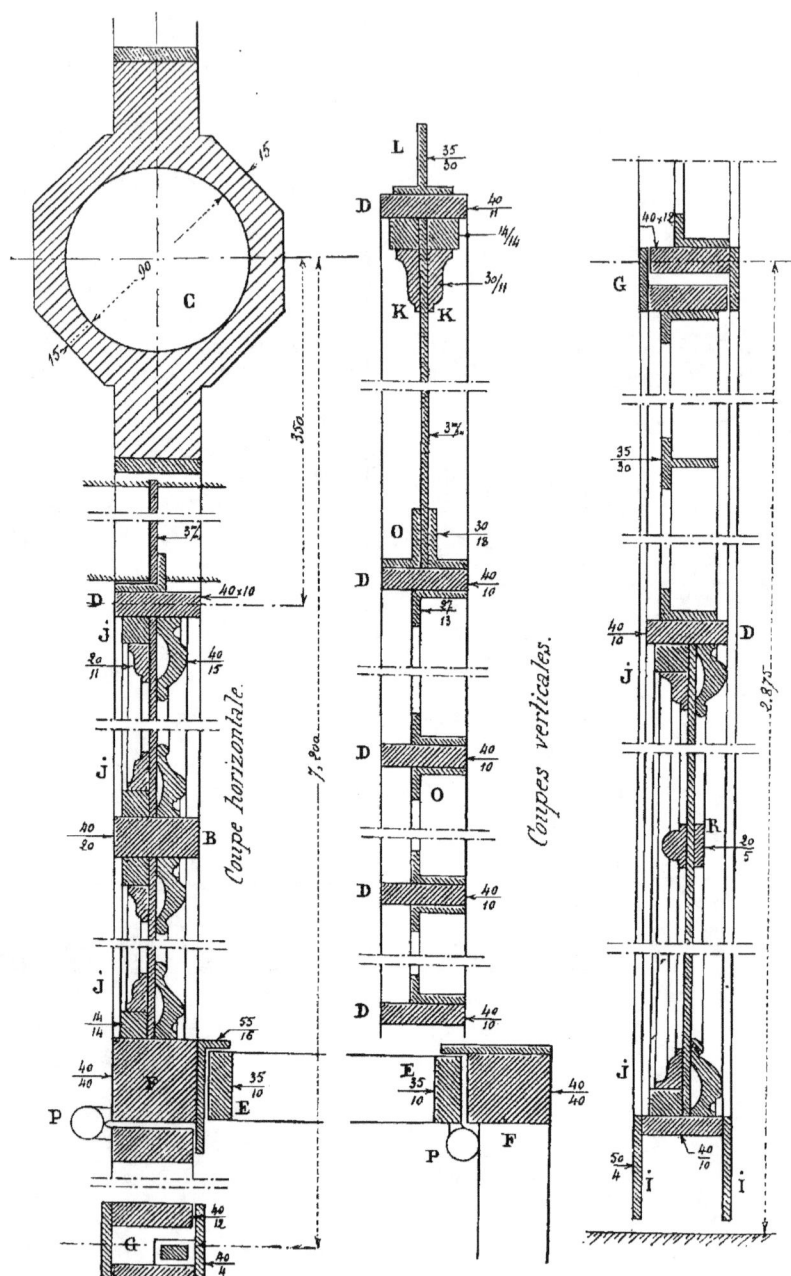

Fig. 1081.

VÉRANDAS. — JARDINS D'HIVER. — BOW-WINDOWS. 573

pannes de longs pans ; en T, la panne de faîtage ; en R, les deux arêtiers qu'on peut facilement voir au plan (*fig.* 1076).

La largeur de ce pignon étant relativement grande, on a placé, au milieu de cette largeur, une colonnette en fonte C analogue aux autres colonnettes de long pan. En K, un panneau plein en tôle servant à fermer le vide entre le mur ou nu des pilastres de la première vitre. L'ornementation de ce pignon est très simple : des croisillons Z munis de rosaces et de

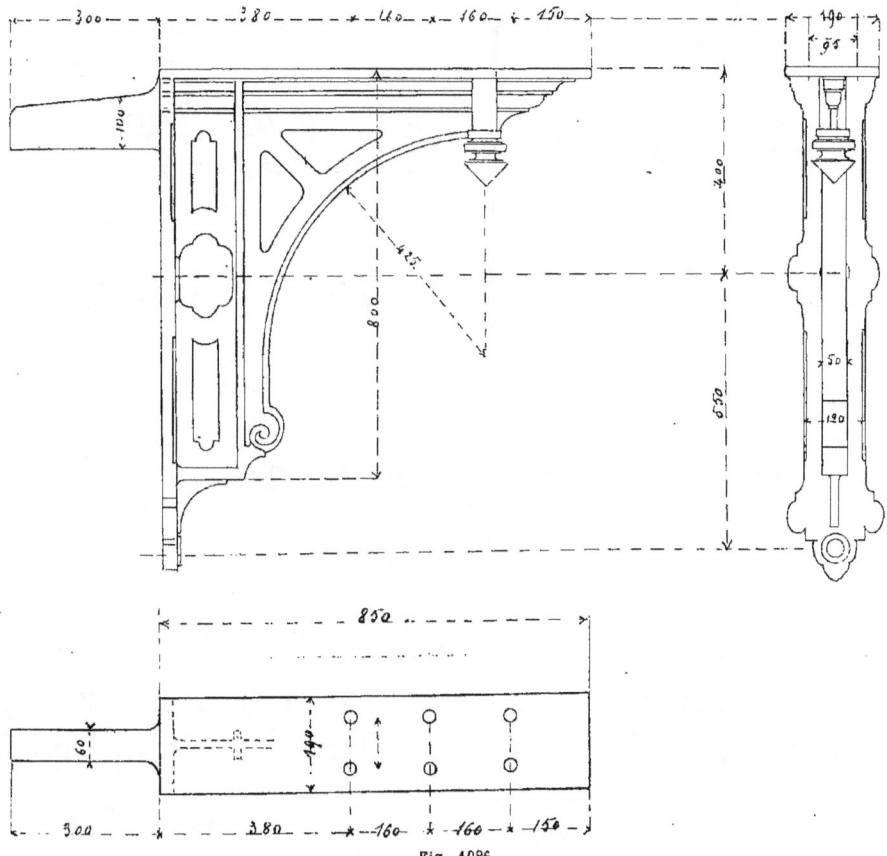

Fig. 1086.

rinceaux X et Y placés immédiatement au-dessous du chéneau F.

1297. Le croquis (*fig.* 1079) nous montre une travée ou façade de cette véranda et l'entrée principale. Rien de bien particulier à signaler ; nous retrouvons dans ce croquis les mêmes ornements très simples que dans les figures précédentes.

1298. La figure 1080 nous indique une coupe transversale dans l'axe suivant la plus grande largeur du plan (*fig.* 1076).

La fermette est la même que celle qui est représentée par le croquis (*fig.* 1077);

Sciences générales. SERRURERIE. — 36**

mais ici nous montrons comment son faîtage se relie avec celui de la petite partie en avant-corps. Dans le plan (fig. 1076), nous avons placé un petit tambour vitré dont nous voyons en Z, dans le croquis (fig. 1080), l'élévation et en V dans le même croquis la coupe verticale. La partie de gauche du croquis (fig. 1080) peut donc être considérée comme l'indication d'un vestibule précédant la grande salle dans laquelle on pénètre en passant par le tambour vitré dont nous venons de parler.

Nous n'insisterons pas sur la disposition des fers du faîtage ; c'est un cas bien simple de la rencontre de deux combles dont nous avons donné plusieurs exemples dans la *Charpente en fer*.

Détails d'exécution.

1299. Les détails d'exécution, d'après tout ce qui a été dit sur les vérandas, ne seront pas nombreux, afin d'éviter les répétitions.

Le croquis (fig. 1081) nous montre les seules coupes indispensables pour bien comprendre la disposition des fers de la véranda que nous étudions.

La coupe horizontale indique la forme, en plan, des colonnettes C et des différents fers à vitrage et montants verticaux.

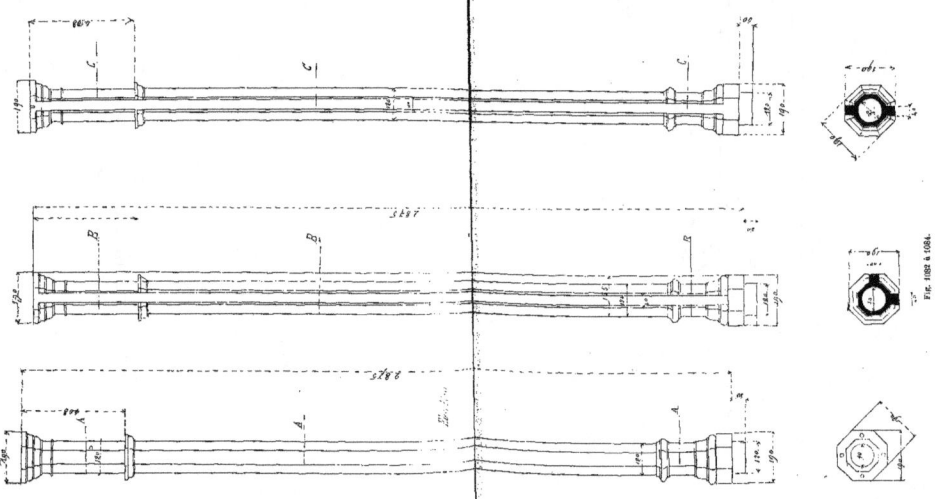

Fig. 1082 à 1084.

Les deux coupes verticales n'offrent rien de particulier à signaler et se comprennent facilement à la seule inspection des figures.

1300. Les croquis (fig. 1082, 1083, 1084 et 1085) nous donnent les détails des différents types de colonnettes en fonte employées dans cette véranda, soit comme colonnette d'angle, soit comme colonnette courante.

La figure 1085 nous montre une colonnette spéciale sur laquelle la console est

576 SERRURERIE.

venue de fonte avec la colonnette, mais ne présentant rien d'autre de bien particulier à signaler.

1301. Pour terminer ces renseignements, nous représentons, par le croquis (*fig.* 1086), la vue en plan, l'élévation et

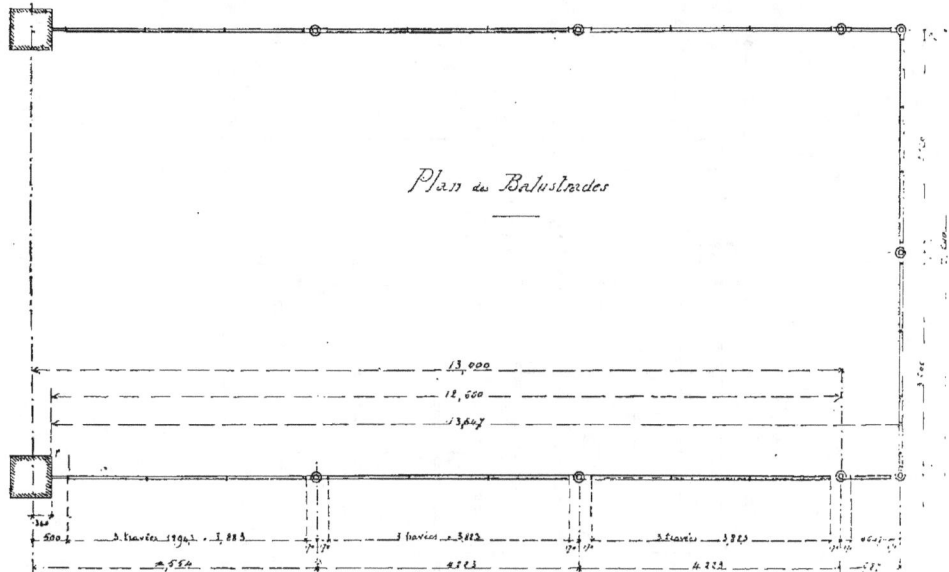

Fig. 1087.

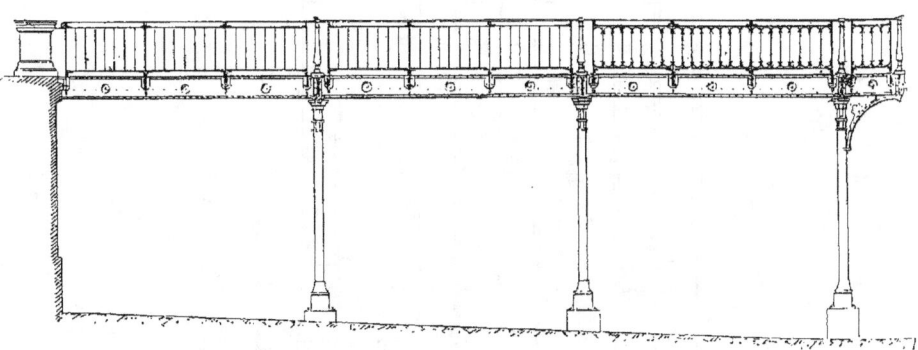

Fig. 1088.

la vue de côté des consoles en fonte venant se sceller dans la maçonnerie des pilastres (*fig.* 1077) et supportant les fermettes de la véranda.

Nota.

1032. Nous venons d'examiner, dans ce qui précède, les détails d'une véranda établie au Grand Hôtel d'Arcachon. A

VÉRANDAS. — JARDINS D'HIVER. — BOW-WINDOWS.

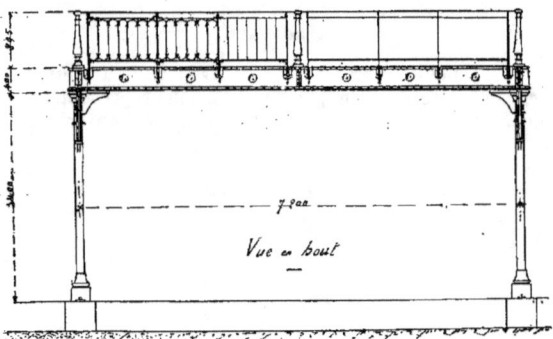

Fig. 1089.

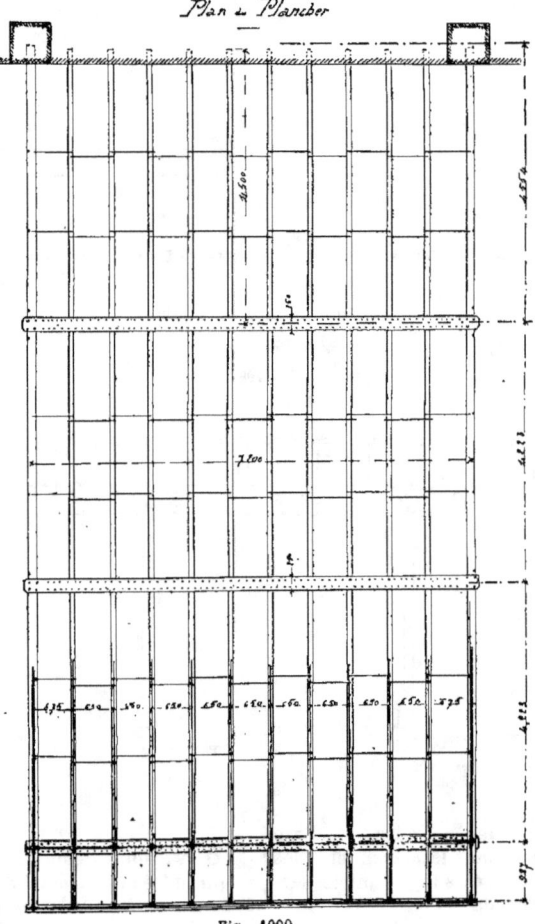

Fig. 1090.

Sciences générales.   SERRURERIE. — 37.

la suite de cette véranda se trouve une jetée dont il peut être intéressant de connaître les détails.

Les croquis (fig. 1087, 1088, 1889 et 1090) nous montrent le plan, une éléva-tion, une vue en bout et le détail, en plan, des poutres et des solives du plancher de cette jetée.

1303. Le plan (fig. 1087) nous représente la disposition de la balustrade avec

1306. Le croquis (fig. 1090) nous représente la disposition du plancher en fer de la jetée, l'indication des assemblages et des boulons d'écartement, détails qui ont été longuement traités dans la *Char-*

pente en fer et sur lesquels nous ne reviendrons pas.

1307. Le croquis (fig. 1091) nous montre, à plus grande échelle, le détail de l'extrémité de la jetée, le plan ou coupe

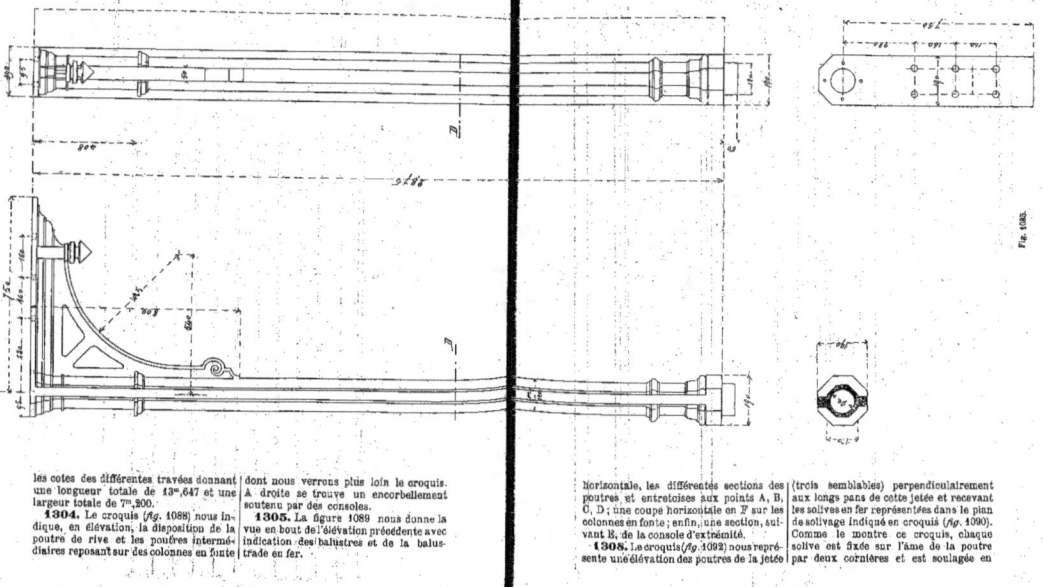

Fig. 1088.

les cotes des différentes travées donnant une longueur totale de 13ᵐ,647 et une largeur totale de 7ᵐ,200.

1304. Le croquis (fig. 1088) nous indique, en élévation, la disposition de la poutre de rive et les poutres intermédiaires reposant sur des colonnes en fonte

dont nous verrons plus loin le croquis. A droite se trouve un encorbellement soutenu par des consoles.

1305. La figure 1089 nous donne la vue en bout de l'élévation précédente avec indication des balustres et de la balustrade en fer.

horizontale, les différentes sections des poutres, et entretoises aux points A, B, C, D ; une coupe horizontale en F sur les colonnes en fonte ; enfin, une section, suivant E, de la console d'extrémité.

1308. Le croquis (fig. 1092) nous représente une élévation des poutres de la jetée

(trois semblables) perpendiculairement aux longs pans de cette jetée et recevant les solives en fer représentées dans le plan de solivage indiqué en croquis (fig. 1090). Comme le montre ce croquis, chaque solive est fixée sur l'âme de la poutre par deux cornières et est soulagée en

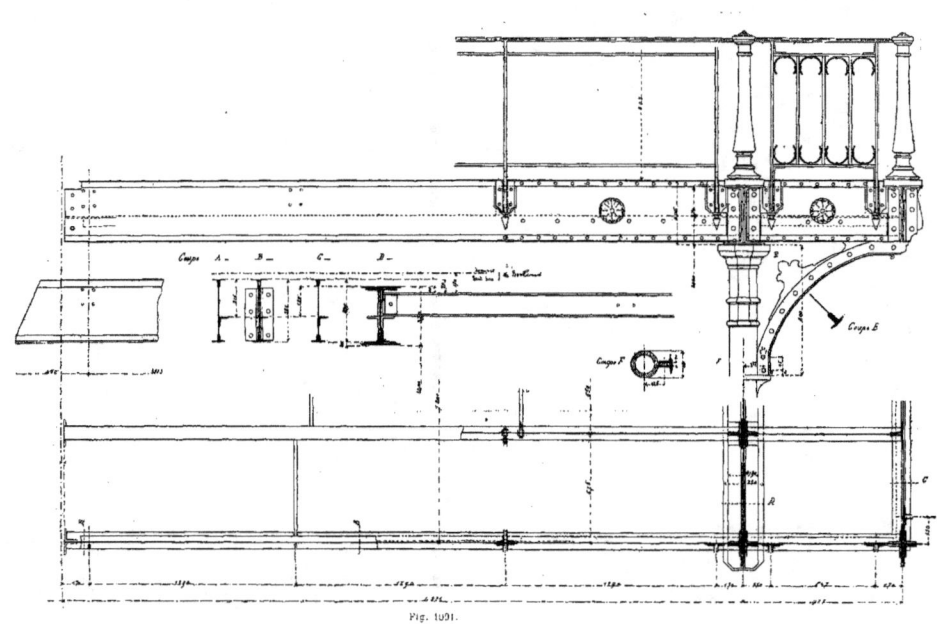

Fig. 1001.

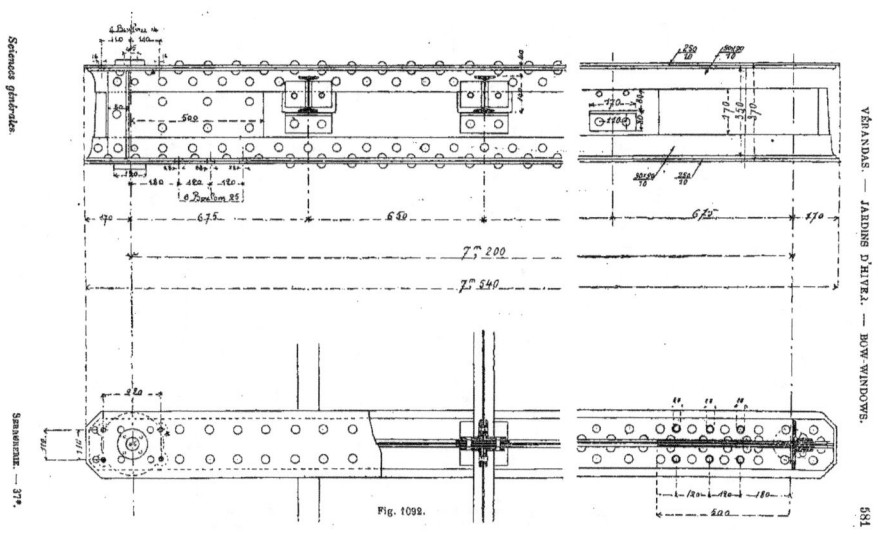

Fig. 1092.

SERRURERIE.

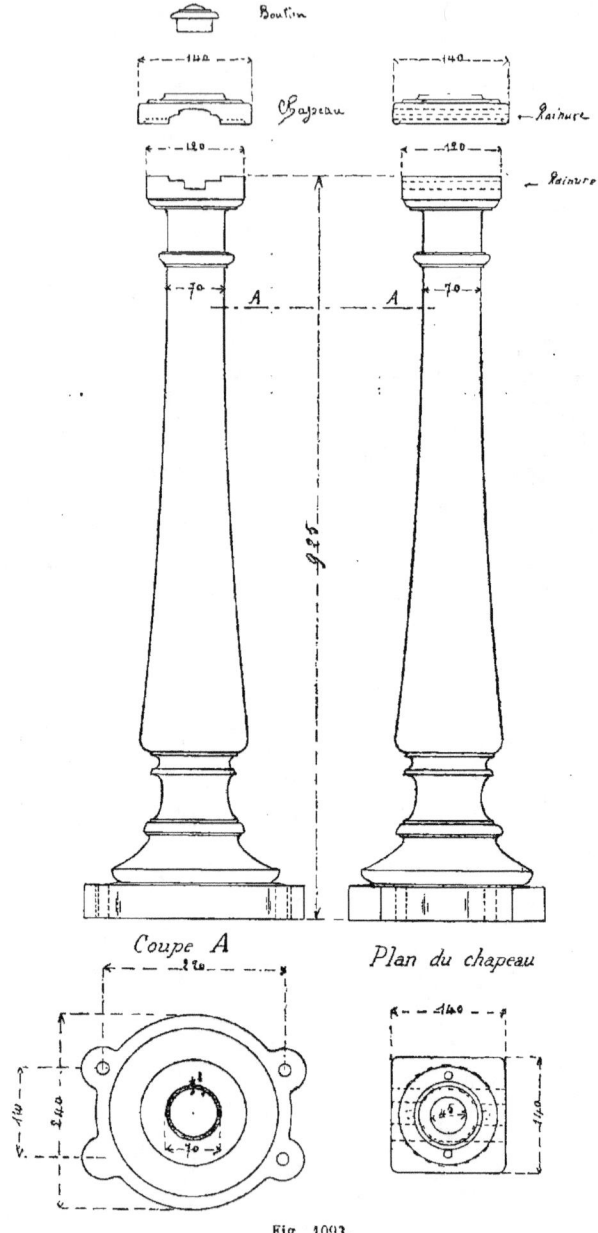

Fig. 1093.

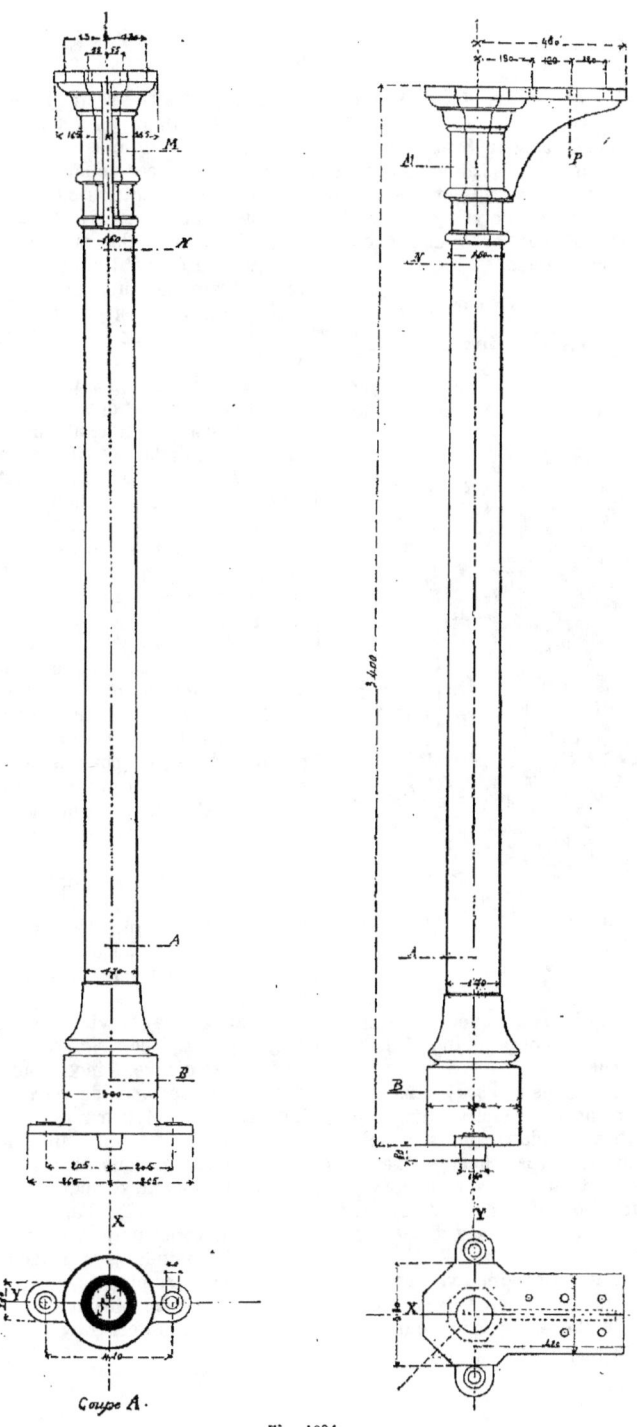

Fig. 1094.

dessous par une autre cornière de 80 × 80.

1309. Les figures 1093 et 1094 nous donnent : les détails des balustres en plan, coupe et élévation ; une élévation, une coupe, un plan et une vue de côté des colonnes en fonte employées dans la construction de cette jetée.

Vingt-troisième exemple.

Bow-windows.

1310. Pour terminer ce chapitre, nous dirons quelques mots des bow-windows

Fig. 1095.

métalliques qui, depuis quelques années, se répandent beaucoup dans nos constructions modernes.

Nous avons, dans le *Vocabulaire* et au commencement de ce chapitre, dit quelques mots des bow-windows ; nous compléterons ces indications par quelques exemples simples, sans trop nous arrêter aux détails d'exécution qui ressemblent beaucoup à ceux des vérandas étudiées précédemment.

1311. Les bow-windows peuvent, comme le montre le croquis (*fig.* 1095), n'occuper qu'une seule baie ; leur forme en plan peut être : rectangulaire, à pans, ou cintrée. Dans les trois cas ils sont portés sur des consoles en fer forgé, ordinairement placées sous une ceinture en fer en U ou en fer I assemblée aux angles et scellée dans le mur à 0ᵐ,25 au moins de profondeur. A la partie haute existe un chéneau formant poutre et venant se sceller dans le mur comme la ceinture inférieure. Au-dessus de ce chéneau une couverture en zinc ou vitrée termine le window.

1312. Le croquis (*fig.* 1096) nous représente un window plus important pour une baie de salle à manger, salle de billard, petit salon, etc. Sa largeur totale est de 4 mètres ; sa saillie sur le nu du mur est de 1ᵐ,50, et sa hauteur 4 mètres.

Il repose sur un véritable balcon en maçonnerie avec de fortes consoles permettant une avancée assez grande. Le soubassement est en tôle pleine, le reste est vitré.

1313. Les bow-windows à étages, dont nous donnons un croquis schématique (*fig.* 1097), sont aujourd'hui couramment employés. On leur donne, sur le nu du mur, une saillie de 0ᵐ,80 à 0ᵐ,90 maxima. Il faut prévoir, pour les supporter, des solives de plancher prolongées au dehors de la construction, formant encorbellement et recevant la charge de ces constructions.

On forme alors sur la façade d'une maison une suite de baies fermées en fer et verre, d'aspect le plus léger possible, permettant de voir non seulement de face, mais aussi latéralement à droite et à gauche.

L'avantage de ces windows à étages est d'agrandir la pièce qu'ils desservent, mais ils ont, par contre, l'inconvénient d'augmenter les surfaces de refroidissement. Leur aspect extérieur n'est pas toujours très gracieux, mais on peut s'en consoler facilement en ne considérant que le bien-être qu'ils doivent donner.

Aujourd'hui on remplace assez souvent, dans une construction, les windows en fer par des windows en maçonnerie, enlevant peut-être plus de jour, mais étant beaucoup moins froids et d'un bien meilleur aspect architectural.

VÉRANDAS. — JARDINS D'HIVER. — BOW-WINDOWS.

Fig. 1096.

Fig. 1097.

Détails de construction.

1314. Nous représentons en croquis (*fig.* 1098 et 1099) l'élévation, la vue de côté et le plan d'un bow-window à étages, comme nos constructeurs les exécutent aujourd'hui.

La forme en plan de ces windows est presque toujours rectangulaire avec pans coupés ou angles arrondis comme dans l'exemple que nous examinons. Le soubassement, sur $0^m,75$ environ de hauteur, est en tôle pleine de $0^m,0025$ d'épaisseur avec cadres rapportés en fers moulurés du commerce. Au-dessus de cette partie en tôle pleine une première série d'ornements en fer forgé (1), puis une traverse horizontale, assemblée avec tous les montants verticaux, et sur laquelle viennent se fermer les baies ouvrantes dont nous verrons la disposition dans ce qui va suivre. C'est généralement au niveau de la traverse horizontale que nous venons de décrire qu'on place, extérieurement, une barre d'appui en cuivre ou en fer forgé au droit des parties ouvrantes.

1315. Dans l'exemple que nous donnons, les quatre travées de façade, fermées soit avec des glaces, soit avec des vitraux de couleur, sont mobiles et permettent une bonne aération de la pièce.

1316. Au-dessus des grandes parties vitrées s'en trouvent d'autres moins hautes, se terminant à une traverse cintrée surmontée de tympans en tôle avec fers moulurés.

Les principales dimensions de ce window étant données sur les croquis, nous

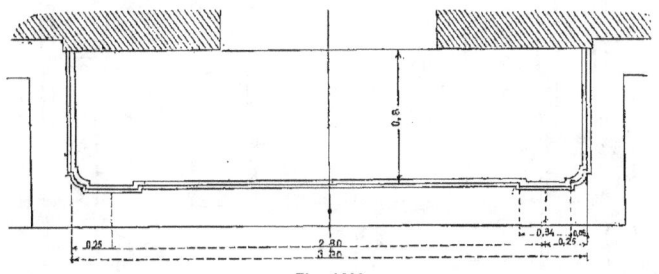

Fig. 1099.

croyons inutile d'insister plus longuement.

1317. Le croquis (*fig.* 1100) nous donne, à plus grande échelle, la disposition des fers à employer pour la construction de ce window.

La coupe verticale nous indique que le socle B du bow-window, reposant sur le balcon en pierre, est formé de deux tôles de $0^m,004$ d'épaisseur comprenant entre elles deux fers en U de $30 \times 14 \times 4$; au dessus la coupe des panneaux pleins formés d'une tôle O de $2^{mm},5$ d'épaisseur, adossée à deux fers carrés R et recevant des fers moulurés I formant cadre.

En H et en Q la section des fers formant la traverse horizontale inférieure dont nous avons parlé ci-dessus, avec un fer courbe H destiné à renvoyer, au dehors, l'eau tombant sur les parois verticales.

En K la section de la traverse horizontale supérieure, séparant les grandes parties vitrées des petites ; en J, la traverse cintrée ; en S, la dernière traverse se trouvant sous le chéneau et indiquée en L dans la coupe de ce chéneau placée au milieu du croquis. Entre J et S, une partie en tôle pleine avec fers moulurés indiqués en élévation.

1318. La coupe horizontale nous donne la section de chaque montant du window ; en P, les paumelles des parties ouvrantes ; en C, les crémones ; en A, la

---

(1) Dans certains cas, ces ornements en fer forgé et ceux qui sont placés verticalement à droite et à gauche du bow-window sont remplacés par des panneaux en terre cuite ou en faïence d'un effet plus décoratif, mais enlevant une grande partie de la lumière.

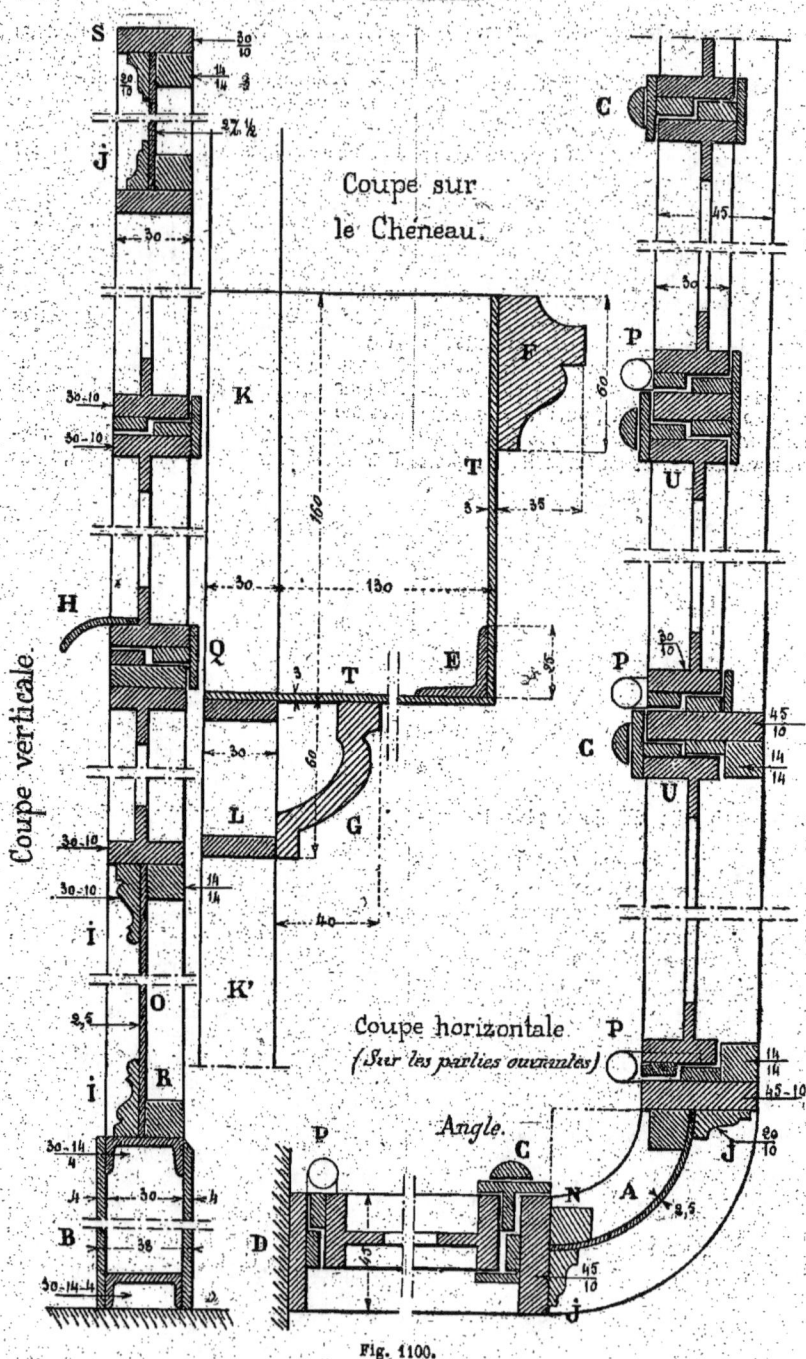

Fig. 1100.

disposition adoptée pour les angles cintrés ; en D, la forme des montants placés contre le mur D, de la construction.

1319. Pour terminer ces détails nous représentons une coupe verticale sur le chéneau formant corniche de couronnement pour le window. Sa construction est simple et se comprend à la seule inspection du croquis.

CHAPITRE VIII

VOLIÈRES. — TONNELLES. — KIOSQUES.

I. — Volières.

1320. Les volières sont de petites constructions métalliques souvent utilisées pour la décoration de nos jardins et de nos parcs.

Leurs formes et leur décoration peuvent varier à l'infini ; cependant, vu la difficulté de tendre un grillage sur une partie circulaire, on leur donne presque toujours la

Fig. 1101.

forme carrée, rectangulaire ou polygonale.

1321. Ce sont des spécialistes qui, le plus souvent, exécutent ces travaux ; ils peuvent, mieux que les serruriers, arriver à les établir dans de bonnes conditions de prix. Nous donnons (*fig.* 1101 et 1102) deux types de volières sans nous arrêter à leur mode de construction, qui est d'ailleurs très simple.

Lorsque les volières sont peu importantes, on les construit avec des montants en fer rond de 0^m,010, des ornements et des consoles en fer carré de 0^m,011 à 0^m,014.

Elles sont recouvertes d'un grillage en fil de fer souvent monté sur des cadres en fer rond des mêmes dimensions que les

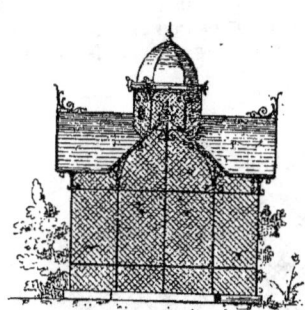

Fig. 1102.

côtés de la volière et qu'on maintient à l'aide de crampons spéciaux.

1322. Nous avons donné, page 55, le tableau des fils de fer du commerce avec poids, numéros à la jauge et diamètres, tableau auquel le constructeur devra se reporter pour choisir le fil dont il aura besoin.

Pour les volières et les faisanderies on emploie souvent les n°s 1 à 8 avec des mailles de 13, 16 et même 19 millimètres ;

pour les poulaillers et certaines clôtures pour lapins, perdreaux, etc., on se sert des n°s 6 à 10 ; les mailles peuvent alors avoir de 25 à 37 millimètres.

1323. Lorsque les volières ont des dimensions plus grandes, on peut em-

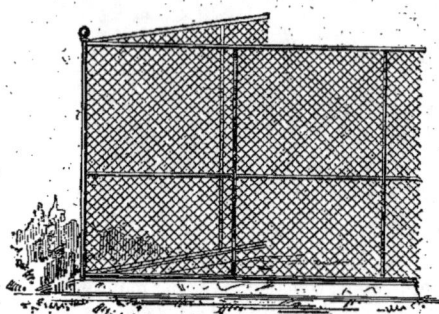

Fig. 1103.

ployer, pour leur construction, les petits fers spéciaux du commerce, surtout les fers creux qui sont légers et permettent d'obtenir de véritables petites colonnettes de 0^m,030 à 0^m,045 de diamètre extérieur et des traverses en même fer de 0^m,030

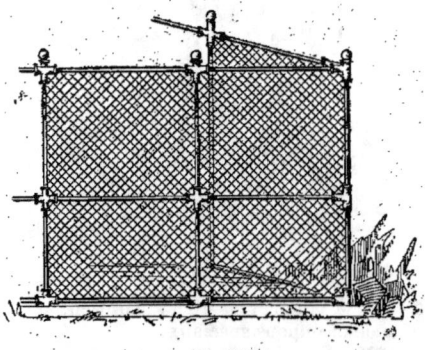

Fig. 1104.

assemblées à goujons et goupillées. Pour les ornements, rinceaux, frises, consoles, etc., les fers plats de 20 × 5, 20 × 7, 20 × 9, 25 × 9, 25 × 11, 25 × 14 sont les plus employés.

1324. La maison Moutier, à Saint-Germain-en-Laye, exécute aujourd'hui des types économiques de poulaillers, volières, etc. Nous représentons (fig. 1103 et 1104) deux types de clôtures pour poulailler, l'une (fig. 1103) avec armature en fer à simple T et grillage fait mécaniquement en fil de fer galvanisé, mailles de 31 millimètres ; la figure 1104 représente une armature en fer rond avec douilles spéciales pour recevoir l'assemblage des traverses horizontales sur les montants verticaux.

1325. Le croquis (fig. 1105) nous montre la disposition des portes dans les grillages de ce genre.

Fig. 1105.

II. — Tonnelles.

1326. On donne généralement le nom de *tonnelles* ou de *gloriettes* à des berceaux qu'on établit dans les jardins, servant de lieu de repos et contre lesquels on fait monter des plantes grimpantes. Souvent ces constructions se font en bois rustique et même avec un simple treillage en forme de losange qu'on peint presque toujours en vert. On peut, cependant, en exécuter l'ossature avec du fer rond du commerce ou mieux, pour obtenir à poids égal une plus grande rigidité, des fers à simple T. La décoration doit en être très simple puisque les fers sont destinés à être cachés par la verdure.

III. — Kiosques.

1327. On donne le nom général de

VOLIÈRES. — TONNELLES. — KIOSQUES.   591

kiosques à de petites constructions circulaires ou polygonales presque toujours ouvertes et surmontées d'une toiture pyramidale, conique ou ayant la forme d'un dôme en diminutif dans le genre des pavillons fréquemment usités en Turquie.

Le mot *kiosque* est, en effet, d'origine

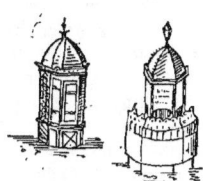

Fig. 1106 et 1107

turque et a, dans ce pays, la même signification que le mot *belvédère* en France.

1328. Les kiosques sont ordinairement soutenus par de petites colonnettes en fer creux de 0^m,06 à 0^m,08 de diamètre extérieur, garnies de bases, bagues et chapiteaux en fonte, ou bien par des colonnettes ou colonnes en fonte moulée au nombre de quatre, six, huit ou douze suivant la disposition adoptée pour le plan.

Fig. 1108.

Ces colonnettes sont reliées entre elles par des ceintures en fers plats, fers feuillards ou par des tôles ajourées de 3 à 4 millimètres d'épaisseur et d'une hauteur proportionnée aux dimensions du kiosque.

1329. Les chéneaux des kiosques sont en tôle et ont la même composition que les divers exemples donnés précédemment (*fig.* 943) et suivantes : tôle de 3 à 3 milli-

mètres et demi avec des cornières de 35 × 35 × 5 ; fer mouluré en haut et fer demi-rond en bas. Ces chéneaux n'ont pas besoin d'une grande hauteur, de 0^m,12 à 0^m,18, suivant dimensions ; mais ils ont souvent une largeur variant de 0^m,40 à 0^m,50, afin d'augmenter l'effet décoratif tout en abritant davantage.

1330. Lorsque les kiosques sont fermés, on emploie, pour cette fermeture, le bois, la brique ou le verre.

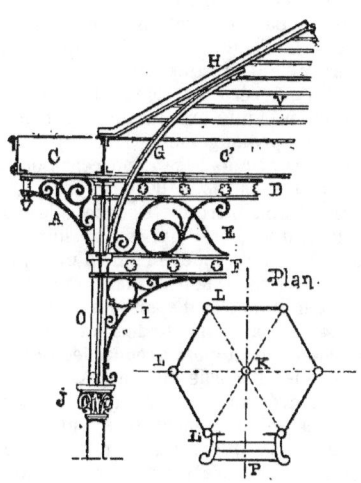

Fig. 1109.

La destination des kiosques est variée ; ils servent : pour la vente des journaux (*fig.* 1106) ; les urinoirs de nos grandes villes (*fig.* 1107) ont aussi souvent la forme de kiosques ; pour rendez-vous de cavaliers, comme abris (*fig.* 1108), dans les parcs ou dans les jardins ; comme point de vue, pour y donner des concerts, etc...

1331. Les kiosques de parcs et les kiosques à musique sont les seuls dont le serrurier ait à s'occuper sérieusement ; nous dirons quelques mots des kiosques de parcs et nous donnerons plus de détails sur les kiosques à musique.

Kiosques de parcs.

1332. D'une manière générale, les kiosques de parcs sont, comme le montre le plan schématique (*fig.* 1109), de forme hexagonale, souvent montés sur maçonnerie de petits matériaux présentant la forme de rocailles (meulières et ciment de Portland) et ayant, sur l'un des côtés de l'hexagone, un perron P ou escalier d'accès.

Les six colonnes L sont solidement scellées dans le massif inférieur, afin de bien résister à l'action du vent.

1333. La construction de ces kiosques est très simple; on peut même dire qu'ils se ressemblent presque tous : ils se composent d'une série de colonnettes en fer étiré ou en fonte présentant un chapiteau J, un prolongement O, comportant des bagues et une base non représentée dans le croquis (*fig.* 1109) ; ces colonnes sont reliées ou entretoisées entre elles par des ceintures D et F qui sont, soit des fers T dont on a ajouré l'âme d'une manière quelconque, soit des fers feuillards de 3 à 4 millimètres d'épaisseur sur 0ᵐ,12 à 0ᵐ,14 de hauteur, également ajourés d'un dessin en rapport avec la décoration du kiosque, et bordé haut et bas soit de fers moulurés du commerce ou de simples cornières ; d'un chéneau C, ayant peu de hauteur, mais une assez grande largeur comme effet décoratif ; d'une console A en fer forgé placée sous le chéneau C, à chaque angle de l'hexagone ; d'arétiers H fers T du commerce dont l'échantillon sera choisi selon la portée, mais ayant ordinairement 40 × 45, venant, à leur partie inférieure, se fixer sur la tôle arrière C' du chéneau C au moyen de vis ou de petits rivets et, à leur partie haute, en K (voir le plan *fig.* 1109), se réunir dans un gobelet comme nous l'avons indiqué précédemment en croquis (*fig.* 921 et 922); entre les entretoises D et F on met des motifs en fer forgé E (fer plat), et entre le chapiteau J et l'entretoise inférieure F on met aussi des consoles I en fer plat de 30 à 35 sur 12 à 14 millimètres d'épaisseur; les arétiers H sont soutenus par des consoles G partant soit du chapiteau J, soit de la bague au dessus; c'est, soit un fer plat de 40 × 16, soit un fer T des mêmes dimensions que l'arétier lui-même.

Entre les arétiers H et au-dessus de leur aile inférieure on place un voligeage V en sapin ou en pichpin fixé par des vis dans les ailes inférieures des arétiers.

A la partie inférieure, entre les colonnes L, on met un garde-corps soit en fonte, soit en fer forgé de 0ᵐ,90 à 1 mètre de hauteur, fixé sur les colonnes et scellé, si cela est utile, dans la maçonnerie.

Les kiosques de parcs ne sont généralement pas fermés ; leur sol peut être en carrelage, en ciment ou exécuté de toute autre manière.

Kiosques à musique.

1334. Dans presque toutes les villes de province et principalement dans les

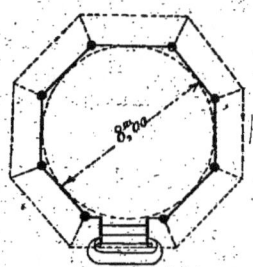

Fig. 1110.

jardins publics de nos grandes villes on a construit, depuis une vingtaine d'années, des kiosques à musique.

Ces kiosques sont élevés au-dessus du sol de 1ᵐ,20 à 1ᵐ,50 et reposent sur un bahut en maçonnerie ; leur hauteur, sous sablière, est de 3 mètres au moins. Ils sont presque toujours plafonnés en bois par un voligeage apparent en pichpin à baguettes et par frises de 0ᵐ,10.

La forme octogonale (*fig.* 1110) est celle qu'on adopte presque toujours; ils comportent un garde-corps en fer forgé ou en fonte dont nous verrons des exemples.

Premier exemple.

1335. Le croquis (*fig.* 1111) nous montre un premier exemple de kiosque à musique comprenant : un mur bahut B en pierre de taille ayant 1^m,20 de hauteur, de forme octogonale et supportant huit colonnettes en fonte C ; un perron O de sept marches permettant l'accès au sol du kiosque ; un garde-corps en fonte D ; des consoles en fer forgé K reliant les chapiteaux et la partie haute des colonnes et supportant le chéneau ; une toiture en zinc Z se terminant, en E, à un poinçon recouvert en zinc ; en I et en J, des motifs d'angle et des motifs de milieu en fer forgé ; enfin, en V, un voligeage et, en L,

Fig. 1111.

les lustres nécessaires pour l'éclairage du kiosque.

Détails d'exécution.

1336. Les croquis représentés (*fig.* 1112) nous donnent les principaux détails du kiosque dont nous venons de voir l'ensemble. A la partie haute du croquis nous indiquons, à plus grande échelle, les motifs en fer forgé K qui réunissent les colonnes, espacées entre elles de 3^m,70, et le détail des ornements I et J de la figure précédente.

1337. Le même croquis nous montre la disposition des fermettes à employer

594   SERRURERIE.

pour ce genre de kiosque. En C, la colonne en fonte recevant deux consoles en fer forgé a et b supportant, d'une part, l'arêtier F et, de l'autre, l'auvent B placé

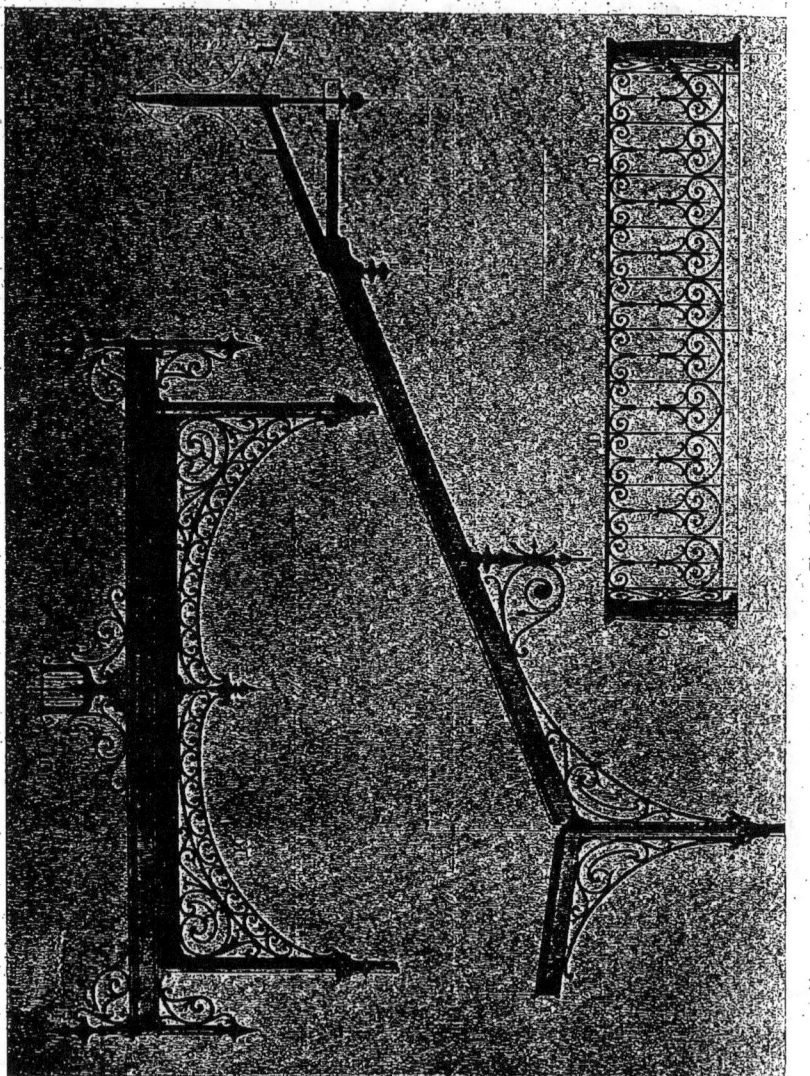

Fig. 1112.

en bascule sur les colonnes. Les fers F et B sont des I du commerce de $0^m,14\,a.\,o.$, recevant les pannes A, D et G, qui sont, en A et en G, des fers en U de $0^m,14$ de

VOLIÈRES. — TONNELLES. — KIOSQUES.

hauteur, et, en D, une ceinture en fer plat ayant la même hauteur ; en B, une rive en fer plat ayant toute la hauteur du fer I, plus l'épaisseur du voligeage et de la couverture en zinc et bordé haut et bas de fers moulurés du commerce. En V, l'épaisseur du voligeage ; en Z, la couverture en zinc ; en l, une lanterne supportant un faux entrait ; en O, une tige soutenant un lustre, etc.

1338. Pour terminer ces renseignements, nous indiquons, en D, le détail et les dimensions du garde-coprs en fonte, et en C, dans le même croquis, les bases en fonte des colonnes C de la figure 1111.

Deuxième exemple.

1339. Comme deuxième exemple de kiosque à musique, nous représentons en croquis (*fig.* 1113) un type plus im-

Fig. 1113.

portant que le précédent se composant : d'un mur bahut B, en pierre de taille et briques ; d'un perron O à double montée ; d'un garde-corps D ; de colonnes en fonte C, supportant les fermettes, le chéneau et la toiture en zinc Z ; d'un petit dôme E surmontant une galerie en fer forgé F ; enfin, des ornements I, J et des consoles en nombre suffisant pour la solidité et la rigidité de l'ensemble.

Détails d'exécution.

1340. Les détails que nous repré-

596 SERRURERIE.

sentons dans les croquis de la figure 1114 sont à peu près identiques à ceux de l'exemple précédent, ce sont : en F, le détail, à plus grande échelle, de la garniture en fer forgé placée en-dessous du dôme (*fig.* 1113) ; en D, le détail et les

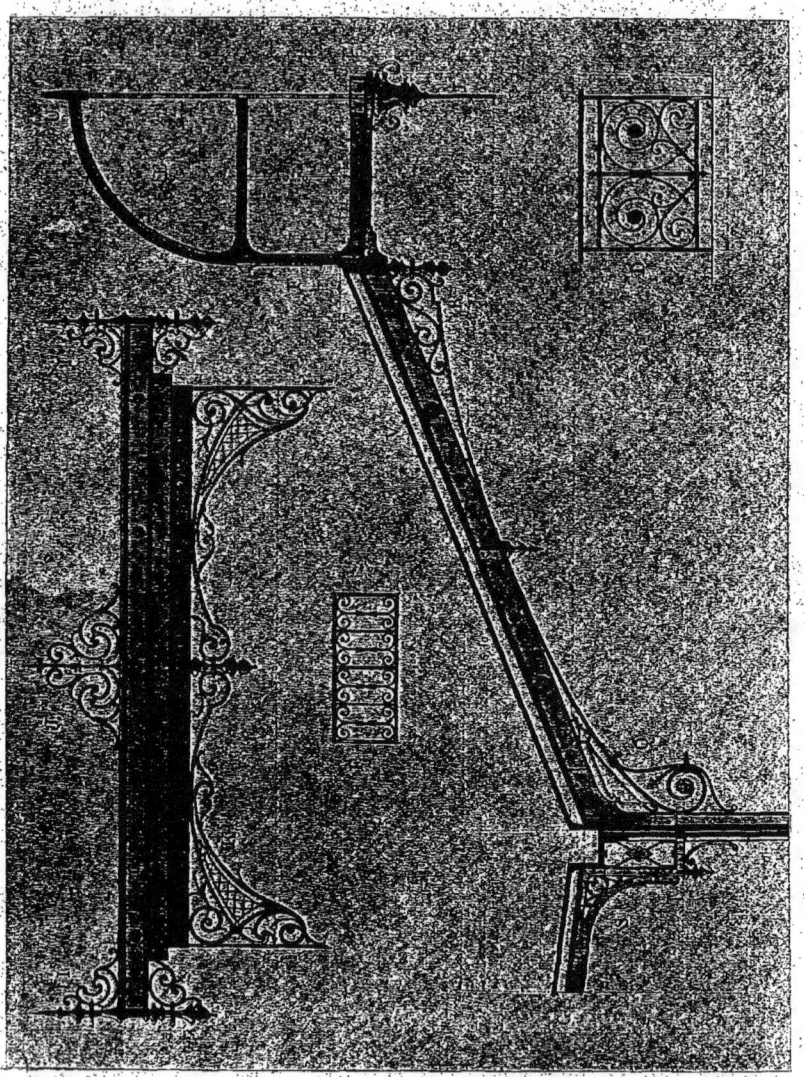

Fig. 1114.

cotes d'une travée du garde-corps indiqué au pourtour du kiosque.

1341. Nous voyons également, dans ces croquis, le détail de l'entre-colonnement comportant des consoles R et des motifs I et J placés aux angles de l'octogone et au milieu de chaque pan de cet octogone.

La coupe sur une fermette, sauf les dimensions et la disposition en dôme de la partie milieu, a beaucoup d'analogie avec la précédente. Le chéneau, représenté en N, est plus important et se trouve encastré dans la console en fer forgé S ; les fers ⊥ formant les arbalétriers P des fermettes sont ornés de rosaces fixées sur l'âme du fer. En V, le voligeage devant recevoir la couverture en zinc du kiosque ; en L, une tige en fer rond servant à suspendre un lustre placé au centre du kiosque ; d'autres lustres plus petits sont fixés directement sur la colonne C de la figure 1113.

Surface à donner aux kiosques à musique.

1342. Il peut être intéressant de connaître la surface à donner à un kiosque pour y placer un nombre déterminé de musiciens ou de choristes.

Le kiosque ayant la forme octogonale, comme le montre le croquis (*fig.* 1110), on compte ordinairement, comme surface, celle du cercle inscrit, en ne tenant pas compte des angles.

1343. La surface moyenne à compter pour chaque musicien est un carré de $0^m,75$ à $0^m,80$ de côté ; pour un choriste, un carré de $0^m,50$ de côté suffit.

Prenons comme exemple un kiosque ayant 8 mètres de diamètre pour le cercle inscrit.

Si nous supposons, pour chaque musicien, une surface de $0^m,80 \times 0^m,80 = 0^{m2},640$, et sachant que la surface d'un cercle est donnée par l'expression $S = \pi R^2$, nous pourrons écrire :

$$S = 3,1416 \times 16 = 50^{m2},265.$$

En divisant ce nombre par $0^m,640$, surface nécessaire à chaque musicien, nous aurons :

$$\frac{50,265}{0,640} = 78,$$

représentant le nombre de musiciens qu'on pourra facilement loger dans ce kiosque.

CHAPITRE IX

CHASSIS DE COUCHE. — BACHES. — ÉTUDE DES SERRES

1344. Dans ce chapitre nous étudierons la *serrurerie horticole*, qui comprend un certain nombre de constructions en fer et verre reconnues aujourd'hui comme indispensables pour l'alimentation de nos grandes villes.

I. — Châssis de couche.

1345. Les châssis de couche, dont nous avons donné la définition dans le Vocabulaire, se font tout en fer ou en bois et fer.

Les dimensions courantes les plus usitées sont les suivantes :

1^m,00 de largeur sur 1^m,20 de longueur.
1 ,00   »   1 ,25   »
1 ,00   »   1 ,30   »
1 ,00   .   »   1 ,35   »
1 ,30   »   1 ,30   »
1 ,30   »   1 ,35   »

Lorsque la largeur ne dépasse pas 1 mètre, il n'y a que deux *petits bois* intermédiaires, ce qui donne trois travées vitrées ; lorsque cette largeur atteint 1^m,30, on a alors trois petits bois et quatre parties vitrées.

1346. Lorsque les châssis de couche sont tout en fer, c'est presque toujours ainsi qu'ils sont construits, ils sont formés : de trois côtés A (*fig.* 1115), en fer simple T de 30 × 20 × 4 ; d'une traverse B en fer cornière ayant la même largeur d'aile que le fer T et dont l'une des ailes est placée en dessous ; de trois fers à-vitrage C en fer simple T de 20 × 25 ou de 25 × 30 suivant la longueur ; de deux poignées P et P' dont l'une P est fixée sur la cornière B, et l'autre P' sur la traverse supérieure A du cadre en fer.

Dans certains cas, on supprime la poignée P' et on place, à chaque extrémité de la traverse haute, deux tourillons *a* entrant dans des douilles permettant à ces châssis de pivoter lorsqu'on les enlève par la poignée du bas P.

1347. Dans ce même croquis nous donnons en O et en D deux coupes transversales de ces châssis ; la coupe D, dans laquelle les fers T d'extrémité sont différemment placés, est préférable parce qu'on peut ainsi faire reposer le châssis dans un

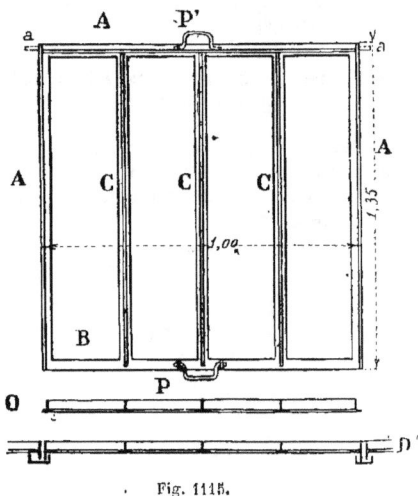

Fig. 1115.

fer en U fixé solidement à ses deux extrémités.

Châssis de couche avec coffres (1).

1348. Les châssis en fer que nous venons de décrire, qu'ils soient à une ou à deux poignées, se placent sur des coffres en bois (sapin ou pitch-pin), plus rarement en fer, qu'on nomme *coffres de couche*.

Ces coffres sont formés d'un cadre en

---

(1) On dit aussi quelquefois *bâches de couche*.

CHASSIS DE COUCHE. — BACHES. — ÉTUDE DES SERRES.

bois ou en tôle dont les faces avant et arrière sont rectangulaires, et les faces latérales trapézoïdales afin de permettre facilement à l'eau de pluie de s'écouler.

On adopte assez généralement pour les faces trapézoïdales les hauteurs suivantes :

Coffre bois. — Hauteurs { Devant. 0ᵐ,24 / Derrière 0ᵐ,30

Coffre fer. — Hauteurs { Devant. 0ᵐ,30 / Derrière 0ᵐ,50

Quelques constructeurs prennent, pour la partie inclinée des trapèzes, 0ᵐ,10 à 0ᵐ,12 de pente par mètre.

1349. Le croquis (*fig.* 1116) nous montre un châssis de couche en bois, et la figure 1117 le même châssis de couche construit en tôle.

Dans le premier croquis, B est une caisse en bois à parois clouées ou mobiles et assemblées à chaque angle I ; C est le châssis de couche en fer muni de

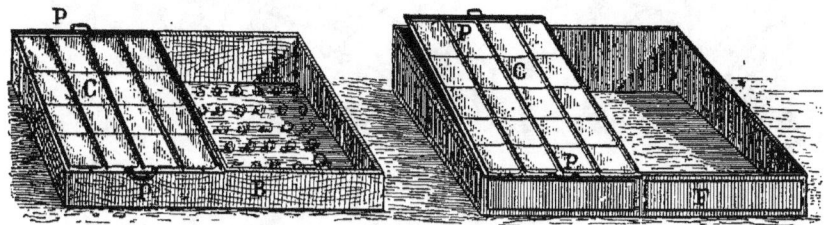

Fig. 1116 et 1117.

ses deux poignées P ; dans le second croquis, F est une boîte en tôle aussi assemblée dans les angles I et recevant un châssis C analogue au précédent.

On peut grouper ces châssis en plus grand nombre ; le croquis (*fig.* 1118) nous montre trois châssis réunis.

Pour les maintenir ouverts à une cer-

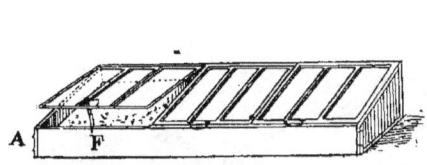

Fig. 1118.

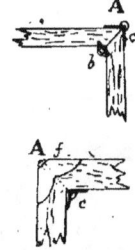

Fig. 1119.

taine hauteur, on se sert d'une crémaillère F placée au milieu de chaque châssis.

Dans certains cas, on consolide les angles A, lorsque les châssis sont en bois, comme nous l'indiquons dans les croquis (*fig.* 1119).

II. — Bâches.

1350. Nous avons donné dans le Vo-

cabulaire la définition du mot *bâche*, en indiquant les principales formes qu'on leur fait prendre.

1351. La *bâche de couche*, dont la figure 9 nous montre la forme, a souvent deux versants et, par conséquent, deux rangées de châssis. Le faîtage, au lieu d'être un simple fer T peut être un fer en U, recevant les extrémités des châssis, comme nous l'avons indiqué en D (*fig.* 1115); dans le sens longitudinal de ces châssis on placera également de petits fers en U pour recevoir latéralement les châssis ; ces fers en U s'assemblent en haut dans le faîtage en même fer, et en bas ils sont vissés sur la planche de rive formant partie extérieure du caisson.

Le faîtage est, pour garantir les fers, recouvert en zinc.

1352. La *bâche hollandaise* ordinaire,

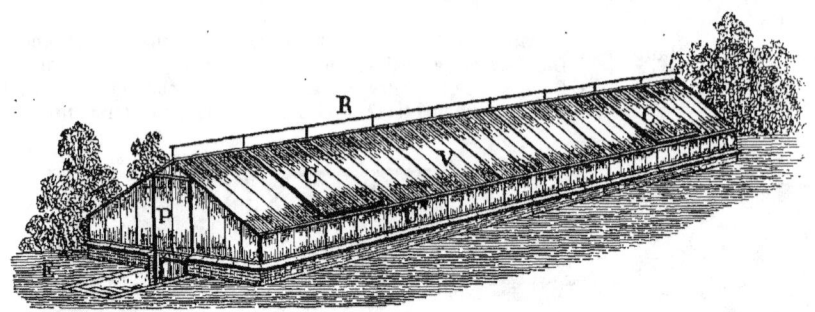

Fig. 1120.

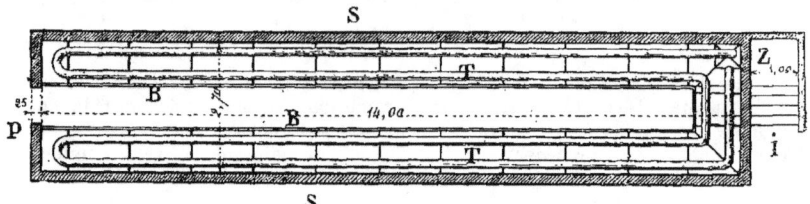

Fig. 1121.

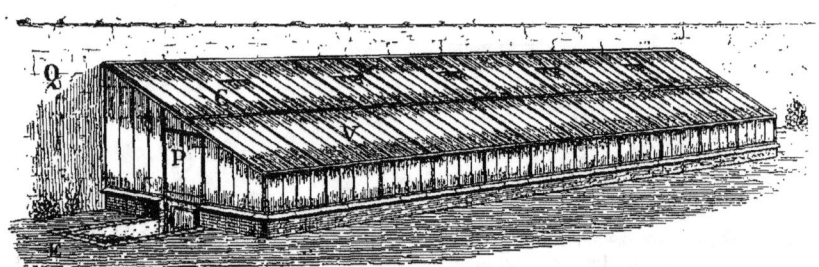

Fig. 1122.

sans pieds-droits, est indiquée par le croquis (*fig.* 10); c'est une serre de petites dimensions, creusée dans le sol et recevant une couverture en fer et verre.

La hauteur donnée à ces bâches est juste suffisante pour s'y tenir debout; pour y entrer, on est obligé de descendre quelques marches à l'extérieur.

1353. La *bâche hollandaise* avec pieds-droits, dont le croquis (*fig.* 11) nous montre la coupe, augmente un peu la hauteur; c'est la serre à deux versants habituellement employée par les horticulteurs et qui peut se construire de deux manières: soit, comme le montrent les croquis (1) (*fig.* 1120 et 1121, élévation et plan), complètement isolée, soit, comme l'indiquent les croquis (*fig.* 1122 et 1123), adossée contre un mur Q.

Dans ces deux exemples la serrurerie revient environ à 8 ou 10 francs le mètre carré.

En E, se trouve l'entrée fermée par une porte en fer P; en U, les pieds-droits; en V,

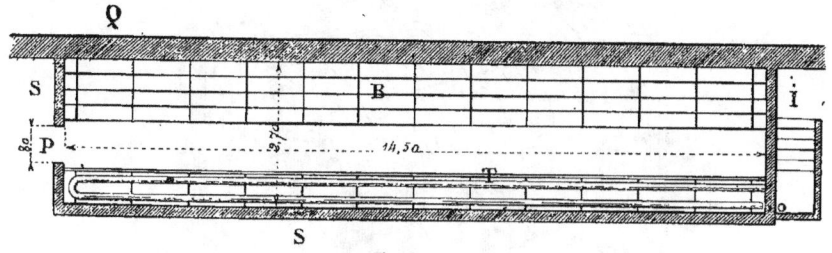

Fig. 1123.

la partie vitrée; en C, les châssis ouvrants; en R, une tringle en fer rond servant à attacher les paillassons; en B, les bâches (nom qu'on donne dans les serres aux bacs servant à contenir la terre pour recevoir les plantes); en S, le muret qui sort du sol de $0^m,20$ à $0^m,30$ seulement; en T, les tuyaux en fonte de $0^m,09$ de diamètre servant au chauffage; en Z, la chaudière; enfin, en I, l'escalier donnant accès à cette chaudière.

Les bâches ordinaires B, dont le type est indiqué par le croquis (*fig.* 1124), peuvent très bien être chauffées; on y place pour cela des tubes en fonte T maintenus par des supports S solidement scellés dans les murs latéraux, X et Y. En C, des châssis dont nous avons parlé au commencement de ce chapitre.

III. — Serres.

1354. On donne, d'une manière générale, le nom de *serres* à des constructions en fer et verre, servant d'abri, pour garantir, contre les intempéries, les arbrisseaux ou les plantes qui ne peuvent résister au froid. Elles servent aussi aux semis et au développement des *boutures*

(1) Ces croquis et les suivants sont extraits de l'Album de la maison Moutier, à Saint-Germain-en-Laye.

de plantes délicates; elles permettent, par la culture forcée, d'obtenir presque en tout temps des primeurs.

Sous le rapport de la température on classe les serres de la manière suivante :

1° *Serre froide.*

1355. C'est une serre dans laquelle

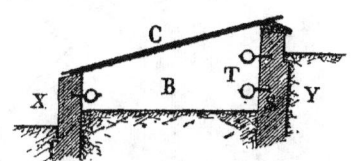

Fig. 1124.

la température peut descendre au minimun jusqu'à 0 degré.

Dans ce type de serres rentrent les *orangeries*, dans lesquelles on place les orangers pour y passer l'hiver; ce sont, en général, de grandes salles, comportant de larges baies ouvertes au midi, disposées de manière à ne pas permettre à la gelée d'entrer et restant ordinairement ouvertes depuis le matin jusqu'à trois heures de l'après-midi.

Il n'y a presque toujours, dans les orangeries, que la façade qui est vitrée ; dans certains exemples, ce sont de simples portes et fenêtres cintrées. La maçonnerie joue, dans ces constructions, un plus grand rôle que dans les serres ; un plafond terminé en terrasse sert de couverture.

2° *Serre tempérée.*

1356. La serre tempérée est celle dont

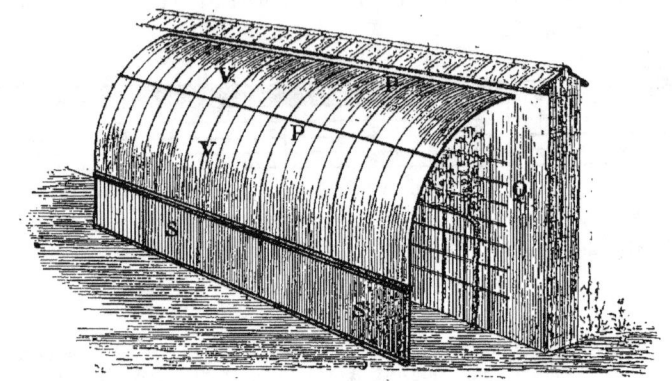

Fig. 1125.

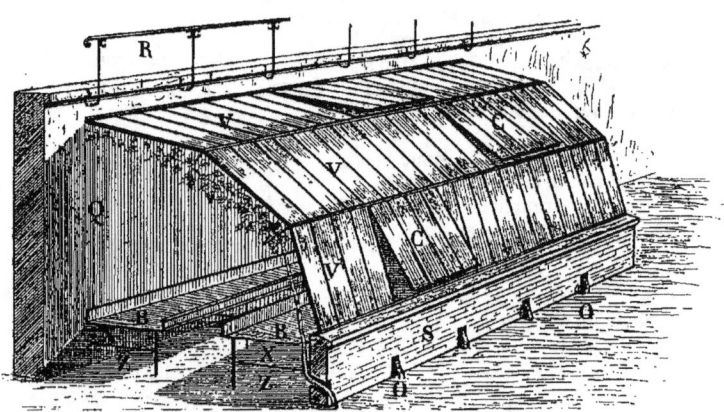

Fig. 1126.

on trouve le plus souvent des applications ; elle peut, suivant les circonstances et le local qu'on lui assigne, prendre plusieurs formes que nous indiquerons plus loin.

La température à y maintenir est 15 à 20 degrés le jour, et 12 à 15 degrés la nuit ; ne jamais descendre au-dessous de 10 degrés.

Il sera bon, dans leur construction, de prévoir un vestibule d'entrée ne permettant pas les rentrées directes d'air froid ; il faut aussi, pour son bon fonctionnement, un renouvellement d'air suffisant, un arrosage facile, une exposition au midi, etc.

3° Serre chaude.

1357. D'un usage beaucoup plus restreint que la précédente, la température doit y être maintenue de 25 à 30 degrés ;

Fig. 1127.

elle fait quelquefois suite à une serre tempérée et en est séparée par une cloison.

1358. On distingue encore la serre chaude en *serre chaude sèche*, servant à la culture des palmiers et autres plantes

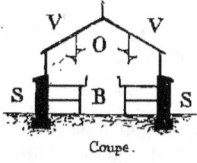

Fig. 1128.

analogues; et la *serre chaude humide*, dans laquelle on cultive les orchidées et plantes de même famille.

Il existe encore un autre genre de serre très employée par les horticulteurs et qui est connue sous le nom de *serre à forcer* : c'est une serre chaude sèche, qui permet d'obtenir des fruits et des primeurs hors saison.

1359. On donne, en serrurerie horticole, le nom d'*aquarium* à une serre destinée à la culture des plantes aquatiques. Il faut, pour ce genre de plantes, beaucoup de lumière et une large toiture vitrée.

Fig. 1129.

On chauffe souvent l'eau au moyen de tuyaux placés au fond des réservoirs.

Différents types de serres.

1° Serres à fruits.

1360. La serre la plus simple est évidemment celle qui est indiquée en cro-

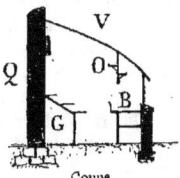

Fig. 1130.

quis (*fig.* 1125) et qui consiste en une *ossature mobile* montée avec clavettes sur un soubassement en tôle S et qu'on peut transporter où l'on veut. Son prix est de 14 francs le mètre superficiel.

1361. Le croquis (*fig.* 1126) nous

montre un autre type de serre à fruits un peu plus confortable et se composant : d'un mur bahut S en maçonnerie, dans lequel on a ménagé des ouvertures O permettant le passage des pieds de vigne ; d'un vitrage V muni de châssis C et permettant l'installation de bâches B et d'un système de chauffage en X par des tuyaux en fonte. Cette serre est adossée contre un mur Q, sur lequel on peut facilement marcher pour la manœuvre des claies ou des paillassons en se servant d'une rampe R.

2° *Petites serres économiques*:

1362. Ce sont de petites serres d'une construction très simple, d'un usage pratique et d'un prix peu élevé, comme le montrent les quelques exemples que nous donnons ci-après.

Les croquis (*fig.* 1127 et 1128) nous montrent une petite serre hollandaise d'une surface de $3^m,75 \times 2^m,30$, dont le prix peut se résumer ainsi :

Serrurerie.	290,00
Vitrerie	90,00
Chauffage, thermosiphon avec tuyaux en fonte de $0^m,080$.	220,00
Pose et peinture.	80,00
Total.	680ᶠ,00

Dans ce prix ne sont pas comptées la maçonnerie ni les tablettes en bois reposant sur les supports en fer.

Les croquis (*fig.* 1129 et 1130) nous représentent une petite serre adossée

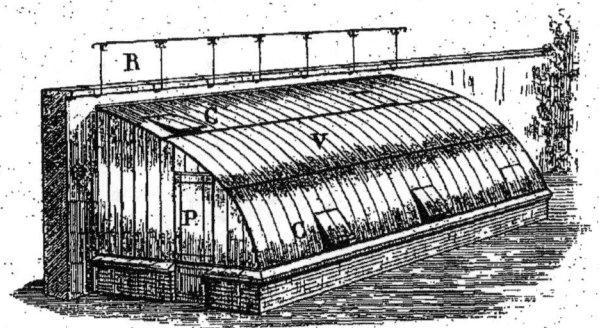

Fig. 1131.

à un mur Q. Les deux types les plus courants sont : $5^m,00 \times 2^m,00$ et $3^m,75 \times 2^m,00$.
Le prix de cette dernière est :

Serrurerie.	220ᶠ,00
Vitrerie.	75,00
Chauffage, thermosiphon avec tuyaux en fonte de $0^m,080$.	165,00
Pose et peinture.	60,00
Total.	520ᶠ,00

Nota.

1363. La mise en place de ces serres pouvant être faite par un ouvrier quelconque et même par l'acheteur, étant données la simplicité de la construction et les indications des repères, on pourra encore faire une petite économie sur les prix indiqués ci-dessus.

3° *Serres adossées à comble droit.*

1364. Ce genre de serre est le même que celui qui a été donné en croquis (*fig.* 1122 et 1123), avec cette seule modification que le muret, au lieu d'avoir seulement $0^m,20$ à $0^m,30$ de hauteur, a $0^m,80$, ce qui permet d'entrer de plein-pied dans la serre. La hauteur totale du muret en maçonnerie et de la partie vitrée verticale est alors de $1^m,60$ et la hauteur de la serre contre le mur Q est d'environ 3 mètres. On dispose dans le pied-droit et dans le comble des châssis ouvrants en nombre suffisant.

CHASSIS DE COUCHE. — BACHES. — ÉTUDE DES SERRES.   605

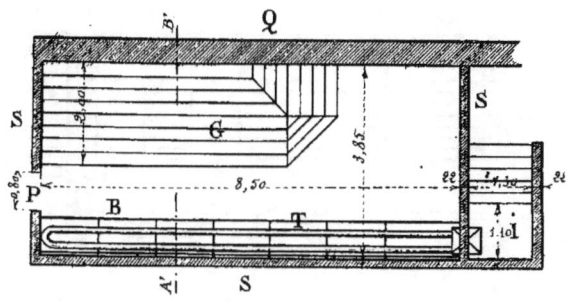

Fig. 1132.

4° *Serres adossées à comble cintré.*

1365. Les croquis (*fig.* 1131, 1132 et 1133) nous montrent le type de ce genre de serre, qu'on nomme aussi *serre adossée parabolique* lorsque la partie cintrée est un arc de parabole.

Cette serre, adossée à un mur Q, est posée sur un mur bahut S en maçonnerie de $0^m,80$ de hauteur ; on y entre par une porte P placée en pignon.

En G, des gradins pour poser les pots de fleurs ; en B, les bâches chauffées par des tuyaux en fonte T de $0^m,09$ de diamètre ; en I, la descente à la chaudière ; en C, les châssis ouvrants ; en R, une rampe ou garde-corps. C'est une disposition fréquemment employée.

1366. On fait aussi ce genre de serre adossée avec pieds-droits ; nous en donnons un exemple par les croquis (*fig.* 1134, 1135 et 1136).

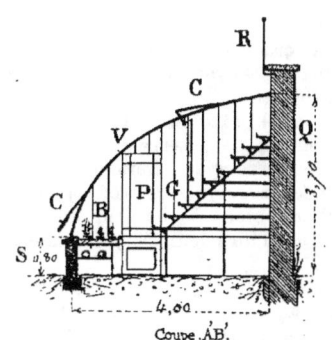

Coupe AB'.
Fig. 1133.

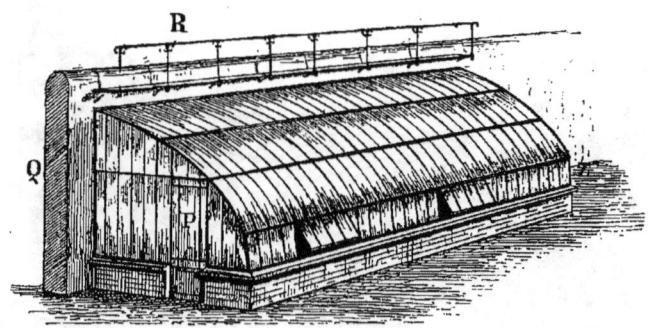

Élévation
Fig. 1134.

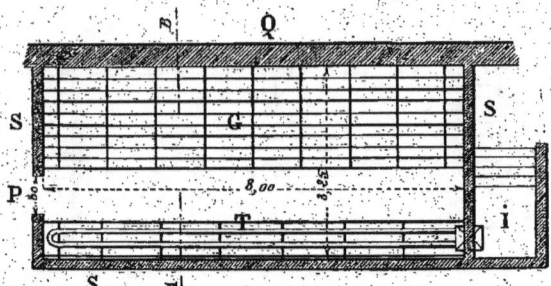

Fig. 1135.

5° Serres hollandaises.

1367. Les serres hollandaises se font avec ou sans pied-droit, elles sont à deux versants et ont une forme très élégante.

Les croquis (*fig.* 1137 et 1138) nous montrent l'élévation et le plan d'une serre hollandaise ordinaire, et les croquis (*fig.* 1139, 1140 et 1141) nous représentent la même serre avec pieds-droits.

Ces serres ayant toujours une assez grande largeur, on en profite pour y placer une bâche B' en leur milieu; c'est pour ainsi dire deux serres adossées réunies.

1368. Dans ces croquis nous avons supposé en X une serre tempérée et en Y une serre chaude annexée.

Comme nous l'indiquons, les tuyaux de chauffage sont beaucoup plus nombreux

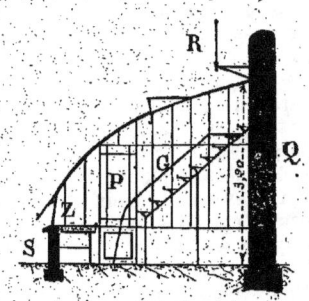

Coupe AB.
Fig. 1136.

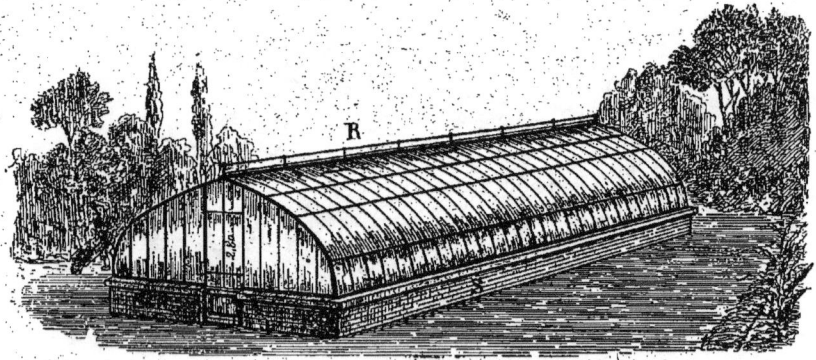

Fig. 1137.

dans la serre chaude que dans la serre tempérée. Le reste de la disposition est la même dans les deux exemples.

6° *Serre portative.*

1369. Pour terminer cet exposé suc-

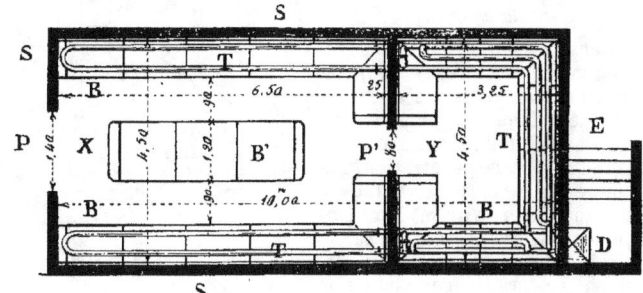

Fig. 1138.

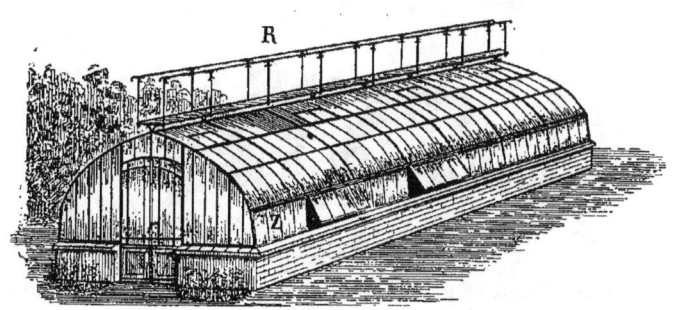

Élévation
Fig. 1139.

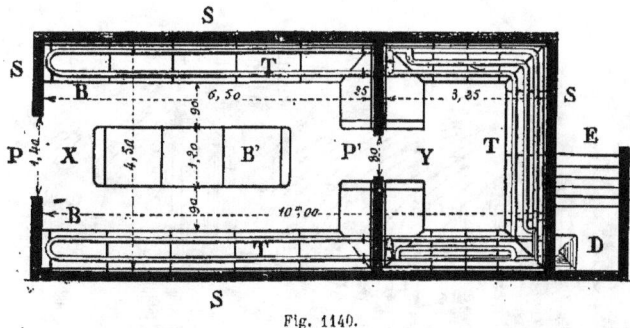

Fig. 1140.

cinct des différents types de serres les plus employées, nous donnons en croquis (*fig.* 1142) un type de serre portative qu'on peut facilement changer de place, en la soulevant à l'aide de poignées P et transporter en un point quelconque. Cette serre comporte des châssis ouvrants C.

7° Pénétration dans les serres.

1370. Dans les exemples que nous venons d'examiner, nous avons toujours supposé que l'entrée dans les serres se trouvait placée dans les pignons; on peut, comme nous l'indiquons en croquis (*fig.* 1143), à l'aide d'une pénétration, établir une large entrée à deux vantaux P comportant une toiture vitrée V, soit cintrée, soit à deux pentes et des tympans *t* venant se raccorder avec la serre S. Des ornements en fer forgé O complètent la décoration.

1371. Dans la largeur du passage P (*fig.* 1144) on met une grille sous laquelle peuvent passer les tuyaux de chauffage

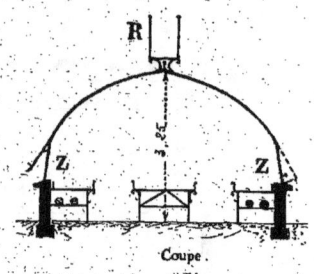

Fig. 1141.

de la serre; le reste de la disposition étant semblable à ce que nous avons indiqué précédemment, nous ne nous y arrêterons pas plus longuement.

8° Abris pour chauffage.

1372. Dans presque tous les types de serres, l'appareil servant au chauffage est placé à l'extérieur contre l'un des pignons. On peut, suivant les cas, avoir plusieurs dispositions que nous allons indiquer schématiquement.

Fig. 1142.

Fig. 1143.

CHASSIS DE COUCHE. — BACHES. - ÉTUDE DES SERRES. 609

Premier exemple.

1373. Le croquis (*fig.* 1144) nous montre la disposition la plus simple pour placer l'appareil de chauffage d'une serre.

Une fosse *f*, fermée par une porte *t* en tôle striée à un vantail, renferme la chaudière placée directement contre la fondation du mur pignon de la serre. En T, le tuyau de fumée de l'appareil de chauffage ; en R, une *soute* ou réserve de char-

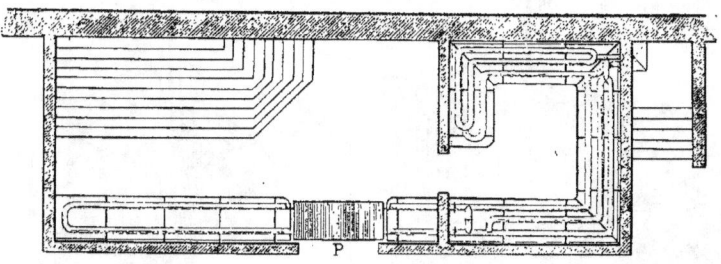

Fig. 1144.

bon, formée d'une fosse de peu de profondeur, recouverte d'un plancher F en fer I du commerce, et d'un trou O servant à entrer le charbon, et recouvert d'une porte en tôle. On descend dans la fosse *f* à l'aide d'un petit escalier *d*.

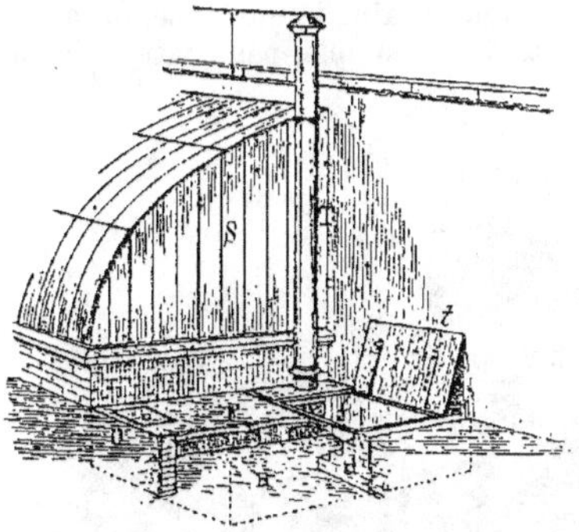

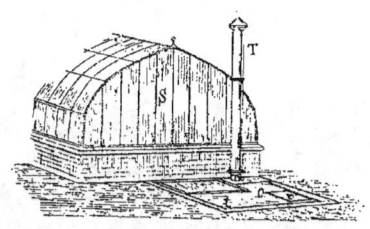

Fig. 1145.

Deuxième exemple.

1374. Le croquis (*fig.* 1146) nous montre une disposition analogue à la précédente, mais dans laquelle la descente fermée est une partie en tôle striée à deux vantaux ; il existe encore dans cet exemple un tuyau de fumée T adossé à la serre S et un trou O pour la descente du charbon dans la fosse qui lui est réservée.

Troisième exemple.

1375. Les deux dispositions que nous venons d'indiquer ont l'inconvénient de laisser entrer assez facilement l'eau de pluie soit dans la soute à charbon, soit

Fig. 1146.

dans la fosse où se trouve l'appareil de chauffage. Pour éviter cet inconvénient on fait, à la suite des serres, une descente couverte avec cave à charbon et trappe, que nous indiquons en croquis (*fig.* 1147). Le mur de soubassement de la serre est alors retourné d'équerre en D et reçoit une partie vitrée verticale V recouverte en *x* par une autre partie vitrée cintrée, venant se sceller dans le mur où la serre est adossée.

Sciences générales.   SERRURERIE. — 39.

Une large porte P permet l'entrée facile pour la descente couverte. Le trou à charbon O est placé à l'extérieur, à la partie haute de la soute à charbon; un

Fig. 1147.

tuyau de fumée T comme dans les exemples précédents.

Quatrième exemple.

1376. Lorsque la serre n'est plus adossée, la disposition change un peu. On adopte alors un abri pour descente, réserve à charbon, sans trappe, comme le montre le croquis (fig. 1148). Cet abri prend exactement la forme de la serre S; il est supporté par des colonnettes C et il est muni d'une toiture X et d'une partie verticale vitrée V d'un seul côté, servant

Fig. 1148.

à abriter du vent. La descente se fait par un escalier d.

9° Serre hollandaise avec pavillon central.

1377. Lorsque les serres hollandaises ont une certaine importance, on peut, au lieu de la simple pénétration indiquée

Fig. 1149.

dans le croquis (*fig.* 1143), mettre un pavillon central plus important (*fig.* 1149) et contre lequel viennent s'amortir les deux parties de la serre.

Ce pavillon ayant une plus grande hauteur que la serre elle-même, on pourra y rentrer ou y cultiver des plantes beaucoup plus élevées ou y mettre un bassin avec jet d'eau.

Détails de construction des serres.

1378. Lorsqu'on n'avait pas à sa disposition les fers légers qu'on trouve aujourd'hui dans les forges, les serres se construisaient en bois ; elles étaient formées de montants en charpente et de parties inclinées le plus souvent exécu-

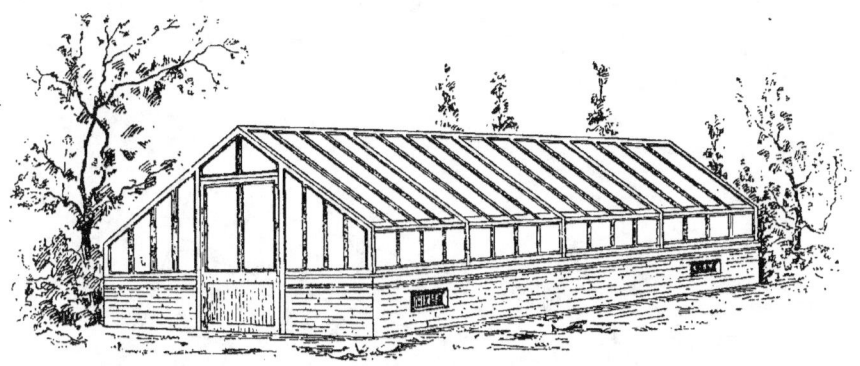

Fig. 1150

tées avec des chevrons rabotés, portant, sur deux rives, des feuillures à verre.

1379. Le bois conserve bien la chaleur, mais ne peut facilement s'accommoder de différences de température considérables sans se tourmenter au point d'amener la rupture des verres ; il se pourrit aussi assez facilement lorsqu'il est soumis à des alternatives d'humidité et de sécheresse.

1380. Le croquis (*fig.* 1150) nous montre un type de serre en bois, ayant, comme nous le disions précédemment, l'aspect beaucoup plus lourd que les serres en fer.

1381. Pour obvier aux inconvénients du bois les constructeurs se servent aujourd'hui presque exclusivement du fer.

Les premières serres construites en fer étaient lourdes, elles comportaient des assemblages nombreux et difficiles ; aujourd'hui, les serres ont un aspect très léger, elles sont construites avec des petits fers du commerce d'une extrême légèreté tout en présentant une assez grande résistance ; leur entretien est facile et, avec un peu de peinture chaque année, on peut les conserver longtemps.

1382. Dans l'étude d'une serre nous avons à nous occuper: des *fermes* ; des *pannes* ; des *châssis* et, comme parties ac-

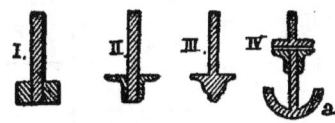

Fig. 1151.

cessoires, des *chemins, rampes* ; des *échelles* ; des *claies* et *paillassons* ; des *trappes* ; des *bacs* ; enfin, dire, d'une manière générale, quelques mots du *chauffage*.

Fermes.

1383. Les fers généralement employés pour l'exécution des fermes dans les serres

SERRURERIE.

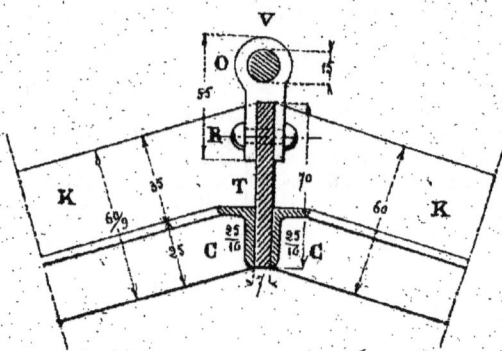

Fig. 1152.

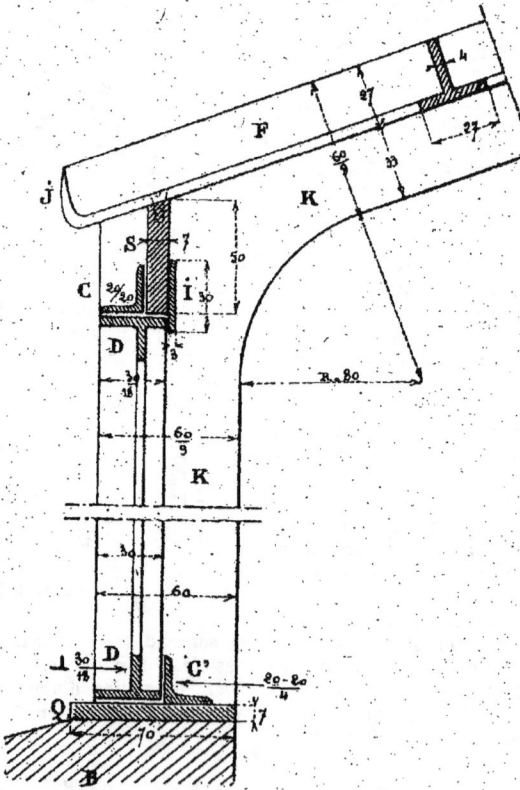

Fig. 1153.

sont : les fers plats ; les fers T ; les fers en croix et les fers à vitrage de diverses formes.

On combine souvent les fers plats soit en I (*fig.* 1151) en y plaçant de chaque côté un petit fer carré qui permet d'obtenir une forme en T et d'avoir des feuillures à verre ; on peut, comme en II, même figure, remplacer les petits fers carrés par deux cornières à ailes égales ; le fer à vitrage représenté en III peut aussi rendre des services ; enfin, pour éviter que l'eau de condensation tombe sur les plantes, on se sert quelquefois de la disposition IV un peu plus compliquée ; l'eau condensée s'écoule dans la partie creuse du fer *a* placé en pente et vient tomber au dehors.

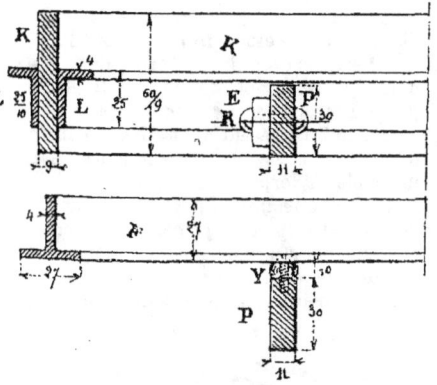

Fig. 1154.

Lorsqu'on emploie les fers T et les fers en croix, ils sont plus économiques, mais compliquent la disposition des châssis.

1384. Le croquis (*fig.* 1152) nous montre une disposition de faîtage lorsqu'on se sert pour construire la ferme d'un fer plat K de 60×9 et de deux cornières inégales C de 25×16 ; le faîtage, réunissant les fermes, est un fer plat de 70×7 sur lequel on fixe, de distance en distance, une pièce en fer plat V supportant la tringle O en fer rond de 15 millimètres de diamètre sur laquelle on attache les paillassons.

1385. Le croquis (*fig.* 1153) nous montre le détail du pied d'une ferme. Le fer K est coudé et vient à sa partie inférieure s'assembler sur une semelle Q en fer plat de 70×7 solidement scellée sur le mur bahut B. Une sablière S, fer plat de 50×7, reçoit, à l'aide de vis à métaux,

Fig. 1155.

l'assemblage des fers à vitrage F, fers T de $27 \times 27 \times 4$ recourbés en J pour faire arrêt pour les vitres.

Une cornière C de $20 \times 20 \times 4$ et un fer plat I de 30×3 permettent d'avoir une feuillure à la partie haute dans laquelle on place le châssis D formé d'un cadre en fers T à branches inégales de $30 \times 18 \times 4$; une cornière inférieure C' forme aussi feuillure basse.

Pannes.

1386. Leur position par rapport aux fermes doit être étudiée très sérieusement afin d'éviter que l'eau de condensation provenant de la buée sur les vitres tombe en gouttes froides sur les plantes ; si on

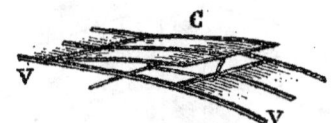

Fig. 1156.

pouvait, dans une serre, éviter les pannes, tout serait pour le mieux ; on a cherché à les placer au-dessus du vitrage ; on soutient alors les chevrons par dessous, comme nous l'avons déjà vu dans l'étude de certains types de marquises, on peut aussi les supprimer tout à fait ; il faut alors avoir de forts chevrons, ce qui rend la disposition moins économique.

Les pannes qu'on emploie le plus souvent sont des pannes en fer plat P, comme nous l'indiquons dans le croquis (*fig.* 1154). Ces pannes s'assemblent sur les fermes à l'aide de petites pièces de fer E ou *éclisses* traversant entièrement les fers de la

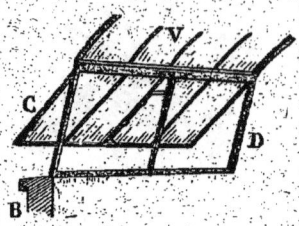

Fig. 1157.

ferme et reliant entre elles deux portions de pannes à l'aide de rivets R.

1387. Pour éviter la buée, on place, comme nous l'indiquons dans la deuxième figure du croquis (*fig.* 1154), sous le fer F une petite boule en fer Y traversée par une vis à métaux servant à fixer le fer F sur la panne P.

On peut aussi employer pour les pannes soit les fers T, soit des fers analogues aux fers *a* du croquis (*fig.* 1154).

1388. *Châssis.* — L'étude des châssis dans une serre, est très importante; ils peuvent être construits comme les châs-

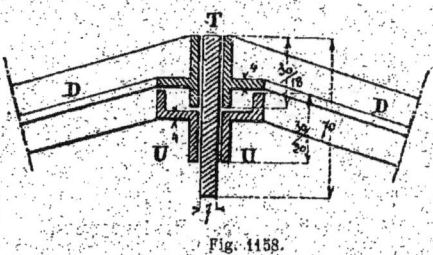

Fig. 1158.

sis de couche dont nous avons parlé précédemment et se poser dans des fers en U portés par les pannes et dans l'une des cornières de la ferme.

Il y en a de trois espèces fréquemment utilisées, quelle que soit la forme de la serre : les *châssis de ventilation* (*fig.* 1155) placés au-dessus de la sablière S dans le vitrage cintré V'; ils ont souvent de petites dimensions; les *châssis de comble* C indiqués en croquis (*fig.* 1156) et comportant un système spécial pour les relever; enfin, les *châssis de pieds-droits* C repré-

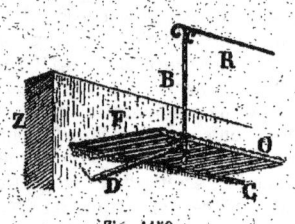

Fig. 1159.

sentés en croquis (*fig.* 1157) placés immédiatement au-dessus du mur bahut B.

1389. Le croquis (*fig.* 1158) nous indique la disposition des châssis D placés près du faîtage d'une ferme; des fers en forme de Z représentés en U servent de feuillure et sont directement placés sur le fer plat T formant faîtage.

1390. *Chemins. Rampes.* — Nous savons que les chemins placés sur les serres servent pour le service des claies, des paillassons, des bâches, etc...

La disposition la plus simple, lorsque

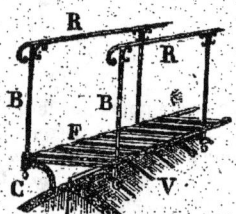

Fig. 1160.

la serre est adossée à un mur, consiste à placer une rampe sur l'un des angles du mur et à se servir du dessus du mur comme chemin.

On peut aussi, comme l'indique le croquis (*fig.* 1159), sceller de distance en distance des potences D comportant des douilles dans lesquelles on fixe les montants B d'une rampe R et composer un

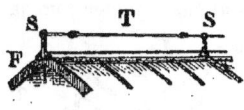

Fig. 1161.

chemin F formé de fers T reposant sur deux cornières, l'une C scellée contre le mur et l'autre O fixée sur les potences D.

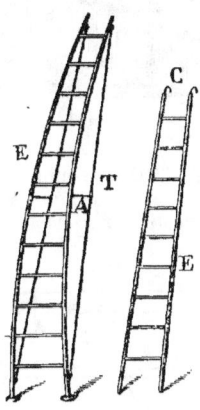

Fig. 1162.

Pour les serres hollandaises on adopte la disposition représentée en croquis

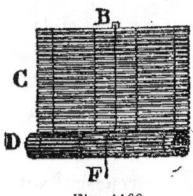

Fig. 1163.

(*fig.* 1160). Les supports C se fixent sur les fers des fermes et sont composés, comme précédemment, de cornières de rive, de fers F en T, de barreaux B en fer rond et d'une rampe R en fer rond.

Dans les serres on place aussi au faî-

Fig. 1164.

tage des tringles T (*fig.* 1161) supportées par des supports S fixés sur le faîtage F

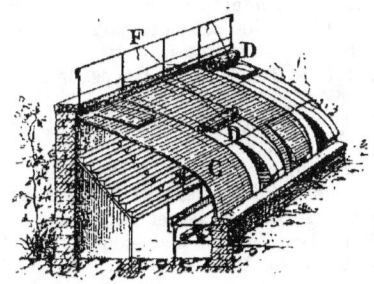

Fig. 1165.

des fermes. Ces tringles servent à y attacher les cordages des claies.

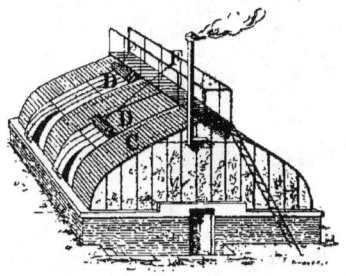

Fig. 1166.

1361. *Échelles.* — Les échelles, dont nous représentons deux types (*fig.* 1162), se font soit avec des fers ronds creux,

616 SERRURERIE.

soit avec de petits fers en U pour les montants et des barreaux en fer rond. Le type le plus simple est l'échelle droite C (*fig.* 1162) avec des crochets à la partie supérieure; on en fait aussi de cintrées E avec tendeurs T et aiguilles A.

1392. *Claies et paillassons.* — Pour

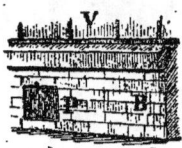

Fig. 1167.

obtenir de l'ombrage sur les serres on emploie les claies, les paillassons et aussi les toiles extra-fortes. Nous donnons (*fig.* 1163 et 1164) les deux types les plus employés de *claie* et de *paillasson* sulfaté.

Les claies (*fig.* 1163) comportent des cordons F permettant l'enroulement.

Les deux croquis (*fig.* 1165 et 1166) nous montrent la disposition des claies sur une serre adossée et sur une serre hollandaise. En C la claie complètement déroulée et en D un enroulement partiel

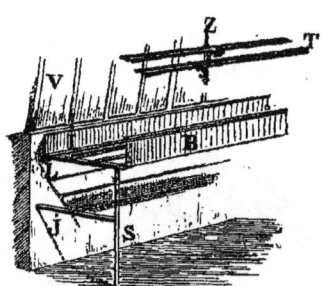

Fig. 1168.

avec l'indication du cordage attaché en F sur la rampe de faîtage de la serre.

1393. *Trappes.* — Dans certains cas on place dans le mur bahut B (*fig.* 1167) des trappes de ventilation P permettant d'établir des courants d'air avec les châssis placés dans le comble des serres. Ces trappes sont des portes en tôle dont le cadre est solidement scellé dans la maçonnerie.

1394. *Bacs.* — Les bacs peuvent, dans les serres, prendre plusieurs dispositions que nous allons indiquer sommairement.

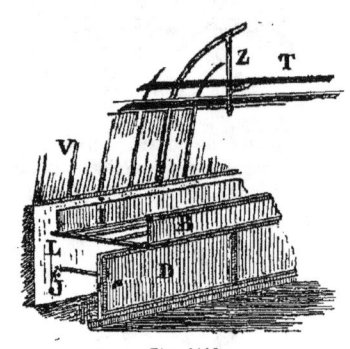

Fig. 1169.

Le croquis (*fig.* 1168) nous représente le type le plus couramment employé. Deux tôles verticales B et I forment les

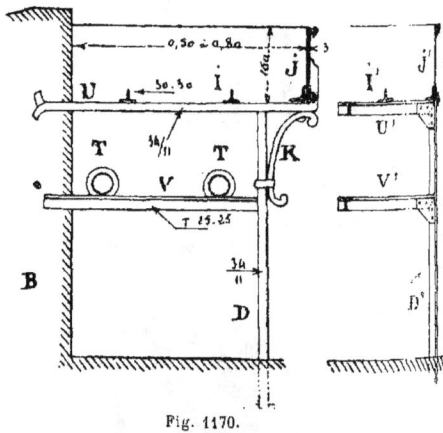

Fig. 1170.

côtés des bacs et reposent sur une petite charpente formée d'une traverse L portée par un support S ; des fers T placés à l'intérieur parallèlement aux côtés B et I, permettent d'établir un petit plancher en matériaux de briques ou de terre cuite de

CHASSIS DE COUCHE. — BACHES. — ÉTUDE DES SERRES. 617

peu d'épaisseur formant un fond. Les traverses J servent à supporter les tuyaux de chauffage.

Le croquis (*fig.* 1169) montre une deuxième disposition avec un devant D en tôle.

En V, le vitrage de la serre; en Z, les supports des tablettes T sur lesquelles on place des pots à fleurs.

1395. Le croquis (*fig.* 1170) nous donne les détails de la construction des bacs dans les serres.

Le support D est un fer plat de 34×11 recevant l'assemblage en bout d'un fer à T, V, sur lequel reposent les tuyaux en fonte T servant au chauffage. A la partie

permet de placer les pots de fleurs aux différents gradins.

Ces tablettes en fer sont à trois ou à

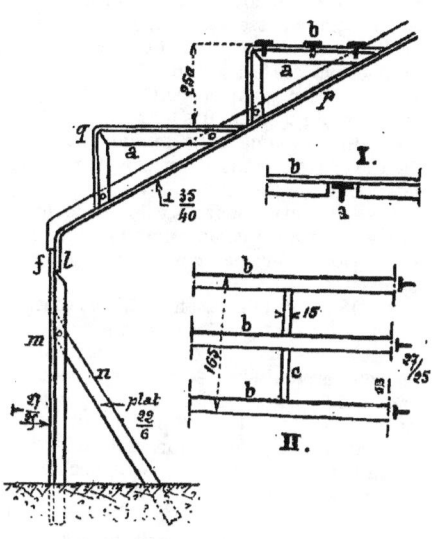

Fig. 1172.

quatre cours de traverses; ces traverses sont, comme nous allons le voir, des fers à simple T.

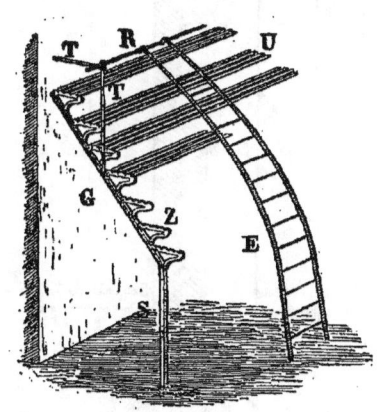

Fig. 1171.

haute un fer plat U de 34×11, recourbé à une extrémité et scellé à l'autre, reçoit la tôle de J 160×3 et les fers I en simple T de 30×30. La partie droite du croquis nous montre une variante de la construction des bacs avec des fers T du commerce assemblés par des goussets en tôle.

1396. *Tablettes et supports.* — Le croquis (*fig.* 1171) nous montre une disposition simple de tablettes T et de leurs supports Z, disposés en gradins et soutenus par une pièce G inclinée, scellée dans le mur et reposant sur un support S solidement maintenu dans le sol. Une échelle E venant s'accrocher sur une tringle R soutenue par des supports T

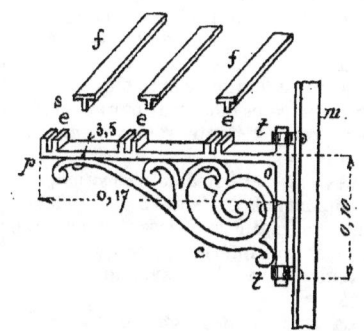

Fig. 1173.

1397. Le croquis (*fig.* 1172) nous indique les détails des tablettes et supports employés dans les serres.

Ces supports sont composés d'un fer à simple T, m, de 27×25, recevant à sa partie haute l'assemblage de la partie rampante p. On coude l'aile inférieure de ce fer p pour l'assembler en f avec l'aile verticale du fer m. Les tablettes a sont formées par des fers à simple T, q, assemblés sur le fer p par de petits rivets. Ces tablettes a reçoivent des fers à simple T, b entaillés, comme nous l'indiquons en I dans le même croquis, pour leur permettre de reposer sur les fers a.

Les trois fers b sont entretoisés de distance en distance, comme nous l'indiquons en II, par un fer rond c de 15 millimètres de diamètre.

1398. Les tablettes en fer T ont aussi, lorsqu'elles sont placées contre le vitrage vertical, comme supports de véritables consoles en fonte représentées en croquis (*fig.* 1173). Ces consoles peuvent pivoter autour de tourillons t placés sur des montants m. Les fers f formant tablettes viennent s'engager dans des encoches e devant les recevoir.

Détails d'une serre adossée système Michelin, ingénieur à Paris.

1399. Pour terminer l'étude des serres nous donnons dans ce qui va suivre les détails d'une serre adossée telle qu'on les exécute aujourd'hui et dont la maison Michelin a su, par ses nombreux perfectionnements, se placer au premier rang pour les constructions horticoles.

Les principales modifications apportées sur les serres existantes sont, en effet, les suivantes :

1° Les *châssis verticaux d'aération*, qui se manœuvrent à l'aide d'une poignée et d'une crémaillère agissant dans l'axe de la traverse inférieure, ce qui permet d'en régler l'ouverture avec une grande facilité;

2° La *sablière de retombée du comble* au-dessus du pied-droit de la serre reçoit les eaux de condensation de l'intérieur et les rejette à l'extérieur par une ouverture ménagée dans chaque travée, sans déperdition de chaleur;

3° Les *pannes* placées à l'intérieur du comble de la serre ont une disposition spéciale qui les isole complètement du vitrage, de telle sorte que la buée coule le long du vitrage sans être arrêtée en aucun point et qu'elle tombe dans la sablière ci-dessus décrite pour être de là évacuée au dehors;

4° Toutes les parties ouvrantes : *châssis d'aération de râtelier et de comble*,

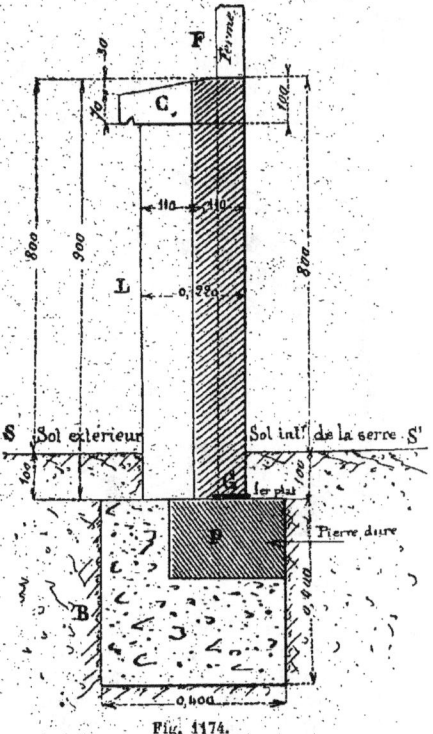

Fig. 1174.

portes, etc., sont exécutés avec des fers spéciaux munis de feuillures et contre-feuillures assurant une herméticité complète; condition essentielle pour la conservation du calorique et l'économie de combustible;

5° La *forme parabolique* donnée au comble est la meilleure pour faciliter l'écoulement des eaux de pluie, de condensation et pour éviter toute infiltra-

CHASSIS DE COUCHE. — BACHES. — ÉTUDE DES SERRES. 619

tion ; cette forme a en même temps l'avantage de présenter une courbe agréable à la vue et favorise au plus haut point l'utilisation de la surface vitrée (condition très favorable pour la végétation).

La *vitrerie* se fait généralement en verres demi-doubles, troisième choix, posés à bain de mastic et à recouvrement avec coupe arrondie. (*Tout autre système, soit à couvre-joint en plomb, soit avec agrafes et tringles en zinc, etc., se fait à la demande.*)

Détails des fondations.

1400. Les fondations ont, dans l'étude des serres, assez d'importance pour que nous en disions quelques mots.

Le croquis (*fig.* 1174) nous montre la disposition généralement adoptée pour la construction du mur bahut d'une serre et de sa fondation.

Un massif B en béton de $0^m,40 \times 0^m,40$ reçoit en P une pierre dure placée sous chaque ferme ; cette ferme, dont nous voyons le fer plat F, se prolonge jusqu'à cette pierre dure et reçoit une semelle G en fer plat pour mieux répartir la pression. Le mur bahut L est un mur de $0^m,22$ en briques, couronné par une dalle C en pierre dure portant larmier.

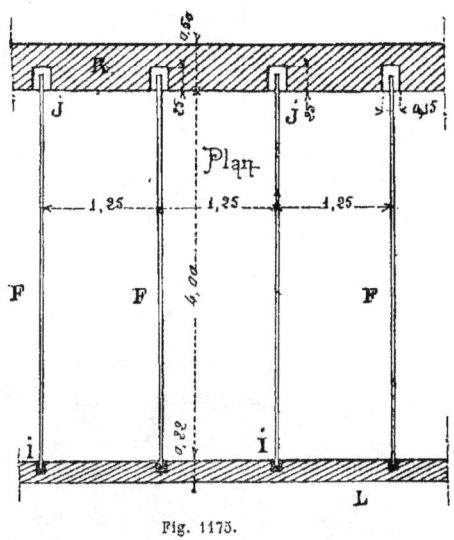

Fig. 1175.

1401. Les deux croquis (*fig.* 1175 et 1176) nous montrent l'ensemble de la dis-

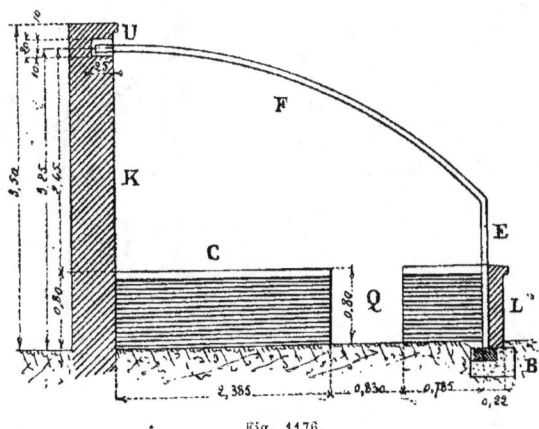

Fig. 1176.

position en plan et en coupe verticale. Les fermes F sont ordinairement espacées de $1^m,25$ d'axe en axe et viennent se sceller dans le mur K. Pour faire ce scel-

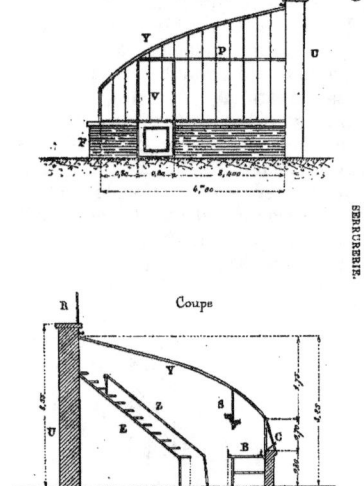

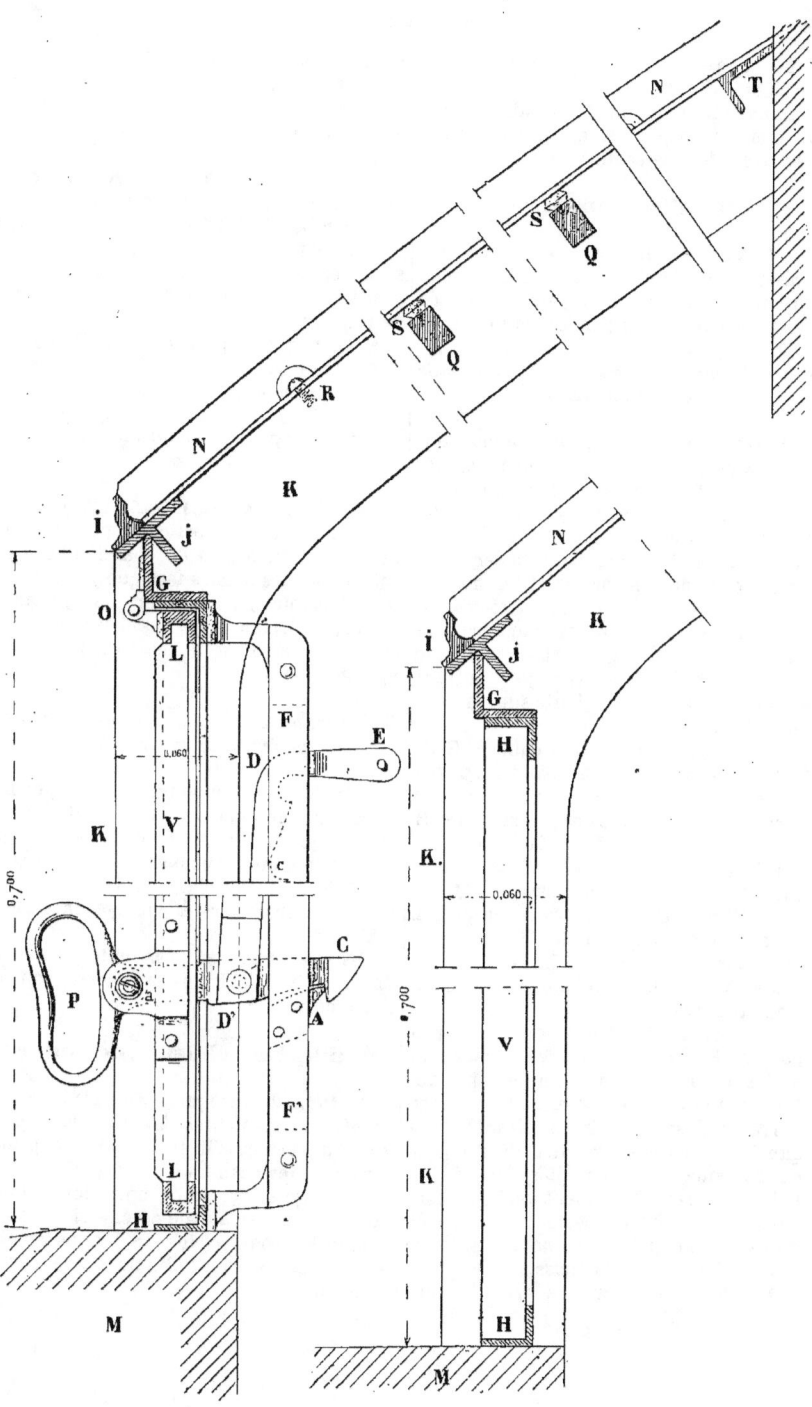

Fig. 1178 et 1179.

lement on réserve, dans ce mur, des trous de 25 × 15 × 20.

Dans le mur bahut L on laisse aussi, au droit de chaque ferme, des trous I recevant les fers de ces fermes.

Détails de la serre.

1402. Le croquis (*fig.* 1177) nous représente en élévation, plan, coupe et vue de côté le croquis d'une serre adossée dont nous allons donner les détails.

Coupe transversale de la serre avec châssis dans le pied-droit.

1403. Cette coupe, dont nous donnons le détail (*fig.* 1178), est la plus intéressante, elle montre : la ferme, composée d'un fer plat K de 60 × 9 vertical sur 0m,70 de hauteur et cintré ensuite suivant le gabarit adopté pour la serre. Ce fer se scelle dans le bahut M en maçonnerie, comme nous l'avons vu ci-dessus.

En J, on commence la courbure ; un fer T de 40 × 25 × 4 sert de panne de rive et reçoit les fers à vitrage N buttant eux-mêmes à leur extrémité sur un petit fer spécial I.

Au-dessous du fer J une équerre G de 30 × 30 × 4 reçoit, sur l'aile verticale, les charnières O des châssis et sur l'aile horizontale les cadres des châssis vitrés H formés d'équerres de 25 × 20 × 4.

1404. Les châssis ouvrants sont composés d'un cadre en fer en U de 16 × 16 × 4 et de montants en fers à vitrages V en simple T de 23 × 20 × 3. Ces châssis sont articulés en O et se meuvent à l'aide d'une poignée P de la manière suivante.

Pour ouvrir le châssis on agit sur la poignée P, fixée sur un fer V placé au milieu de la longueur du châssis, qui tournant autour de son axe *a* déclenche l'arrêt C de sa gâche A ; en tirant vers la gauche, le châssis s'écarte de la verticale en entraînant la crémaillère DD′, qui, à l'aide de l'arrêt E, se meut verticalement dans le guide FF′ et permet, à l'aide de crans C, s'arrêtant sur une goupille, de limiter l'ouverture du châssis.

1405. Dans le même croquis nous voyons comment les fers à vitrage N se fixent sur le fer K à l'aide de vis R ; on entaille le fer N pour permettre de placer la vis au milieu du fer T.

Les pannes Q sont des fers plats de 20 × 14 ; on place, au-dessus de ces pannes, de petites boules en fer S sur lesquelles reposent les fers à vitrage N, ce qui permet à l'eau de condensation de s'écouler sans tomber sur les fleurs ; disposition que nous avons déjà eu l'occasion de rencontrer.

A la partie supérieure, en T, nous voyons la cornière solin de 35 × 20 × 4, dont nous connaissons l'usage.

Coupe du pied-droit dans une travée courante.

1406. Le croquis (*fig.* 1179) nous montre une coupe verticale sur la partie courante non munie de châssis ; nous y retrouvons les mêmes fers que précédemment, savoir : en K, le fer plat formant ferme ; en HH, le cadre des châssis en fer, équerre du commerce, recevant les fers à vitrage V, etc.

Coupe transversale d'une travée courante au-devant d'une panne.

1407. Cette coupe transversale, dont nous donnons le croquis (*fig.* 1180), nous montre que les fermes, dont la section est représentée en K, peuvent être espacées de 1m,20 à 1m,25 d'axe en axe et comprennent trois fers à vitrage intermédiaires N.

Les pannes peuvent s'assembler sur les fers K soit à l'aide de clavettes *c*, soit à l'aide de vis *v*.

Détails d'un châssis de toiture.

1408. Le croquis (*fig.* 1181) nous montre en plan suivant ABCD la disposition d'un châssis de toiture avec les principales cotes des fers à employer.

Le croquis (*fig.* 1182) nous donne une coupe transversale de ce châssis de toiture et le croquis (*fig.* 1183) nous représente la coupe longitudinale de ce même châssis.

CHASSIS DE COUCHE. — BAC.IES. — ÉTUDE DES SERRES.

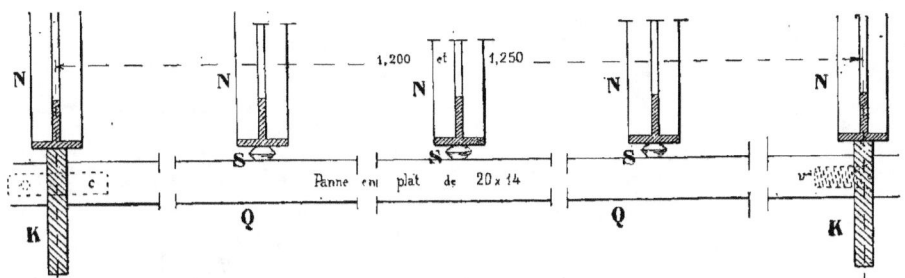

Fig. 1180.

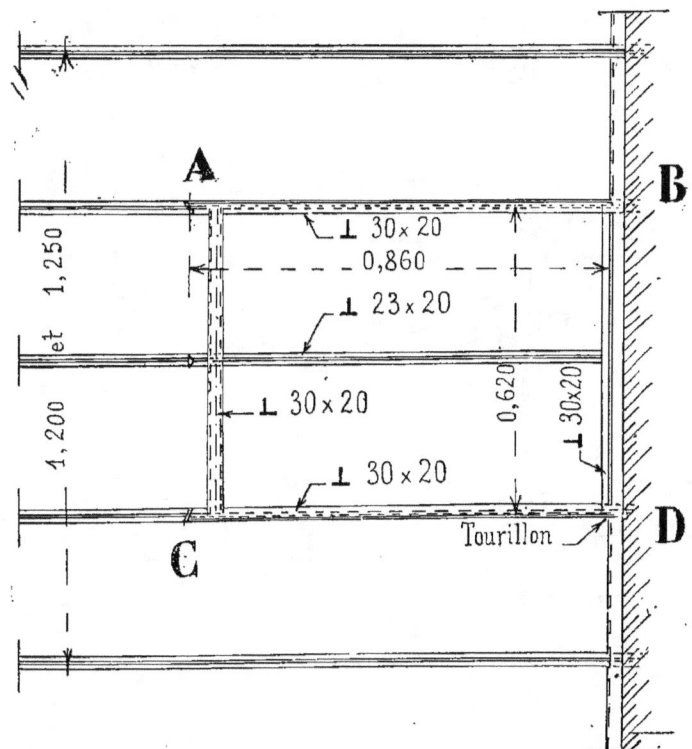

Fig. 1181.

Dans le premier croquis, A est un cadre en fer T inégal de 30 × 20, et C un petit milieu en fer simple T de 23 × 20.

Ce châssis se place entre deux chevrons N, sur lesquels il est articulé au moyen de *tourillons* B.

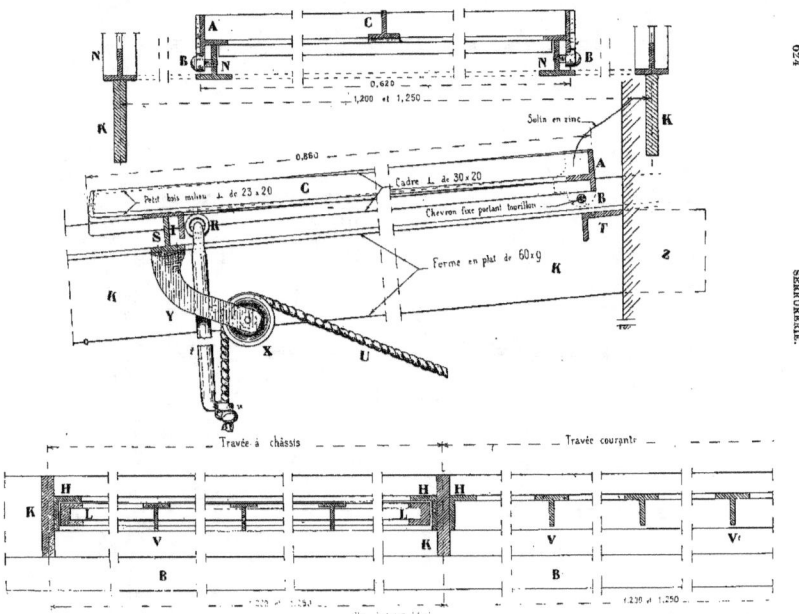

CHASSIS DE COUCHE. — BACHES. — ÉTUDE DES SERRES. 625

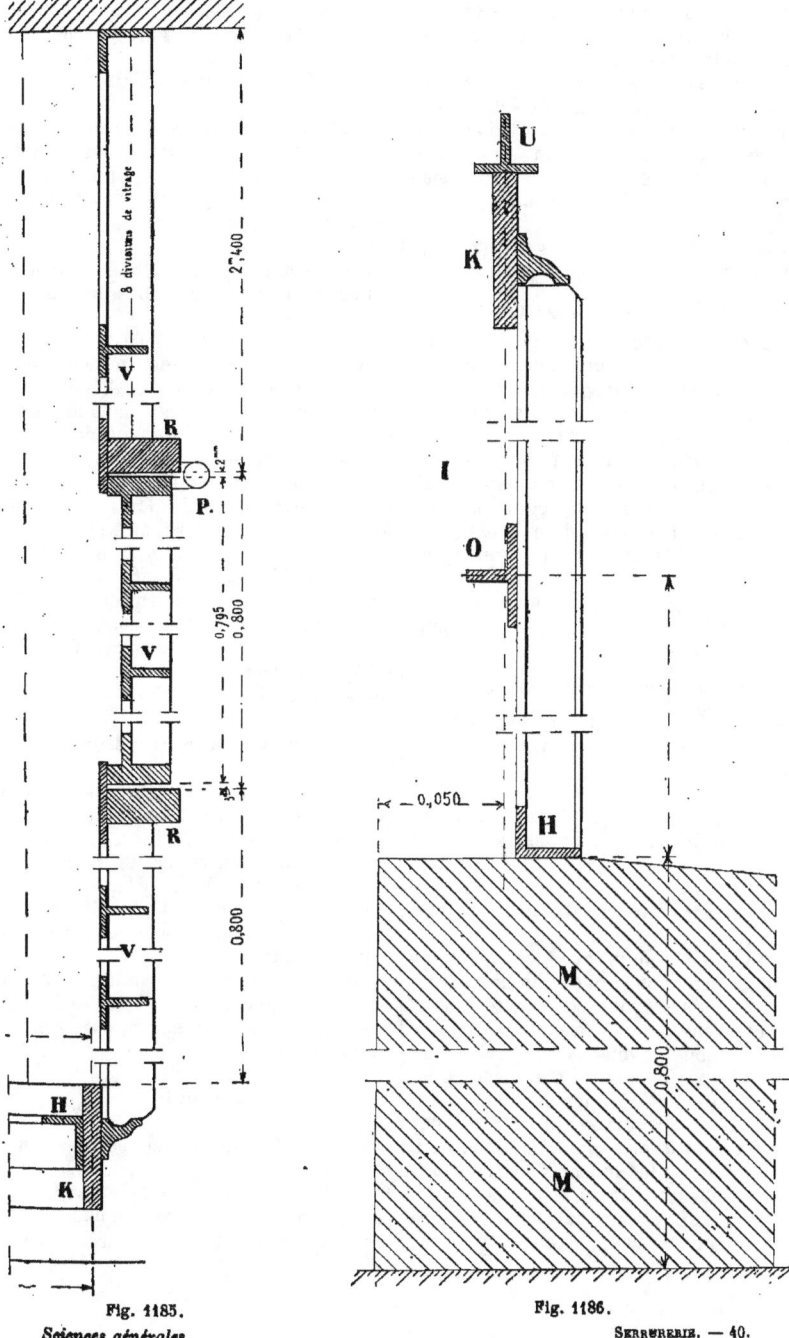

Fig. 1185.
Sciences générales.

Fig. 1186.
SERRURERIE. — 40.

En Z, le scellement de la ferme K ; en T, la cornière solin recevant tous les chevrons de la serre.

La manœuvre de ce châssis se fait très simplement en tirant sur la corde U qui s'enroule sur une poulie X et à l'aide d'une tige verticale R passant dans le guide Y et qui soulève le châssis. C'est une manœuvre très simple et très facile à comprendre.

Une bande en zinc empêche l'eau de passer entre le mur et le châssis.

Coupe horizontale du pied-droit.

1409. Les croquis (*fig.* 1184 et 1185) nous représentent la coupe horizontale sur la serre, suivant : une travée à châssis, une travée courante et aussi sur une porte placée dans le pignon de la serre.

Dans ces croquis, nous indiquons en K les fers plats de la ferme, munis des cornières H formant feuillure pour les châssis de pied-droit L ; en B, le mur bahut vu en plan ; en V, les fers à simple T formant le vitrage.

Dans la figure 1185, nous voyons la coupe sur la porte d'entrée ; en P, les paumelles de cette porte.

Coupes verticales du pignon.

1410. Les deux croquis (*fig.* 1186 et 1187) nous donnent : (*fig.* 1186) une coupe verticale courante et (*fig.* 1187) une coupe sur la porte.

Rien de particulier à signaler dans ces deux croquis ; nous indiquons en I le côté de l'intérieur de la serre.

Détails du garde-corps.

1411. Le croquis (*fig.* 1188) nous indique comment on peut exécuter le garde-corps que nous avons représenté dans le croquis d'ensemble de la serre.

En M nous voyons la coupe du mur contre lequel la serre est adossée ; c'est dans ce mur que viennent se sceller en S les abouts K des fermes. Sur l'about des fers plats des fermes on fixe une pièce P recevant en EN les supports des tringles O sur lesquelles on attache les claies et aussi les barreaux B traversant la dalle en pierre D et venant se sceller dans le mur. Ces barreaux sont surmontés par une main courante M' servant de garde-corps.

Détails des bâches.

1412. Nous avons déjà donné des formes de bâches dans ce qui précède, nous compléterons ces renseignements en donnant un autre type en fer différent de ceux que nous avons étudiés précédemment.

Le croquis (*fig.* 1189) nous donne la coupe verticale d'une bâche ainsi composée :

Des montants D, fers T de $35 \times 30 \times 4$, reçoivent, par des assemblages à rivets R, des traverses horizontales CC en même fer, venant se sceller en Z dans le mur B et s'accrocher sur les montants de ferme K pour avoir plus de solidité.

La bâche proprement dite comprend : de grandes équerres E de $110 \times 30 \times 3,5$, formant les côtés et réunies par des entretoises I ; de petits fers T, indiqués en J et ayant $20 \times 23 \times 3$ servant à former l'aire sur laquelle on placera la terre pour les plantes à mettre dans la bâche. On met souvent en F un petit fer mouluré du commerce servant à raidir la cornière E et à orner la bâche.

Détails des gradins.

1413. Le croquis (*fig.* 1190) nous montre comment sont construits les gradins de cette serre. En K un fer plat de 50×9 reçoit d'autres fers T indiqués en G et assemblés en X sur le fer K.

En S le scellement du fer K dans le mur M. Les gradins G sont arrondis à leur extrémité.

Le croquis (*fig.* 1191) nous donne la coupe du support de tablette à la rencontre de la ferme et ne présente rien de particulier à signaler.

Vitrerie.

1414. Pour terminer ces renseignements sur les serres, nous pouvons ajouter que le verre à employer pour leur construction est ordinairement le verre demi-double de 3 à 4 millimètres d'épais-

CHASSIS DE COUCHE. — BACHES. — ÉTUDE DES SERRES. 627

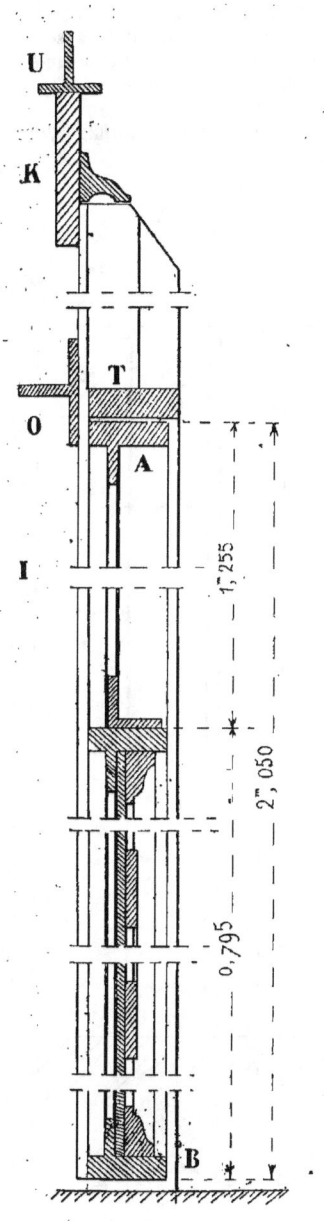

Fig. 1187.

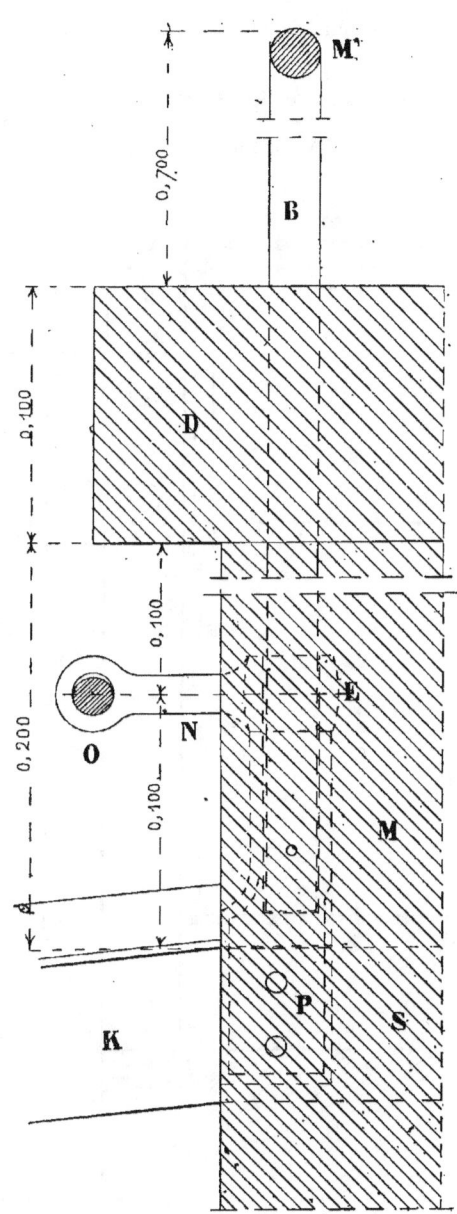

Fig. 1188.

seur, résistant bien à la grêle et à la neige.

Chauffage des serres.

1415. Le chauffage des serres fait par- tie de la physique industrielle; c'est pour cette raison que nous en dirons seulement quelques mots, cette étude complète ne devant pas rentrer dans notre programme.

Dans l'établissement du chauffage d'une

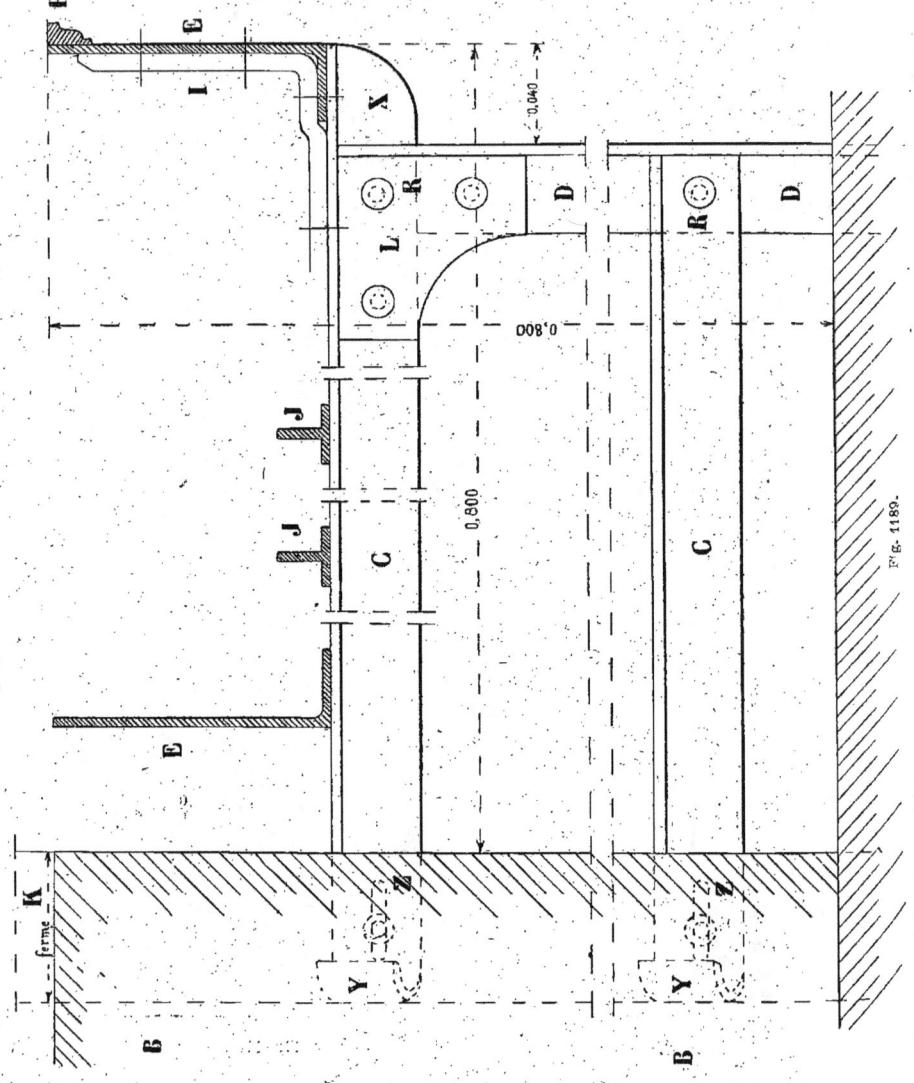

Fig. 1189.

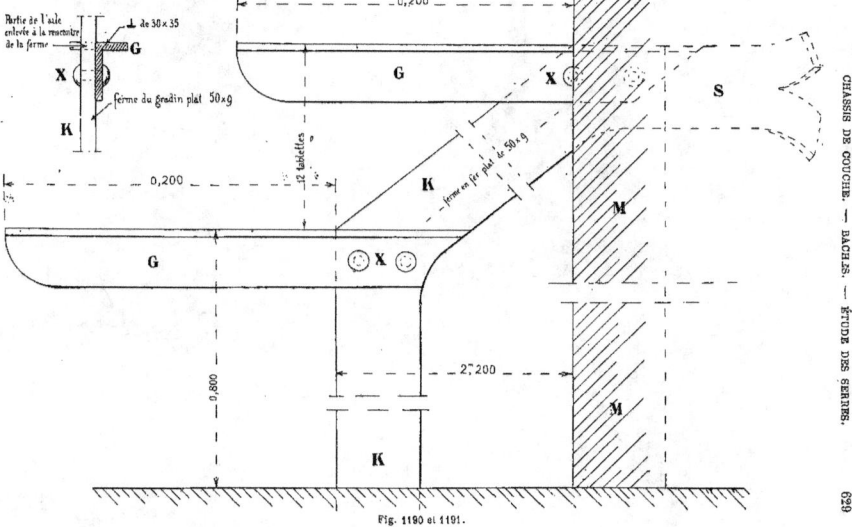

Fig. 1190 et 1191.

serre il faut, en premier lieu, s'occuper des déperditions de chaleur : par les vitres, par la maçonnerie, enfin, par l'air renouvelé.

Comme type de chauffage, c'est le chauffage à eau chaude à basse pression qui est le plus souvent employé comme étant le plus simple, ayant une tuyauterie ordinaire et n'exigeant pas un ouvrier spécial pour la mise en marche. C'est un circuit sans fin allant de la chaudière à un vase d'expansion, et réciproquement ; le mouvement de l'eau dans les conduites se fait par la différence de température du départ à l'arrivée.

Pour les petites et les moyennes serres il est préférable d'employer les chaudières

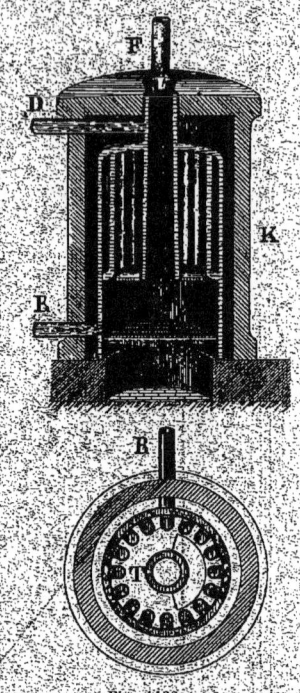

Fig. 1193.

Fig. 1192.

Générateurs ou chaudières.

1416. Les chaudières employées peuvent se faire en cuivre, en tôle ou en fonte ; les meilleures sont en cuivre ; le prix seul peut leur faire préférer les autres.

1417. Ces chaudières sont de deux formes : les *chaudières verticales* et les *chaudières horizontales*.

Fig. 1194.

CHASSIS DE COUCHE. — BACHES. — ÉTUDE DES SERRES. 631

horizontales ; au contraire, les chaudières verticales sont recommandées pour les grandes installations.

1418. Le croquis (*fig.* 1192) nous montre un exemple d'une chaudière verticale très simple appliquée contre le mur O d'une serre et comprenant : une chaudière C ; un tuyau de départ D et de retour R ; un tuyau de fumée F et une enveloppe en maçonnerie K.

Lorsqu'on désire une plus grande surface de chauffe les types (*fig.* 1193 et 1194)

7 millimètres d'épaisseur et le cuivre de 0^m,001 à 0^m,0015. La fonte étant plus économique est la plus employée, mais pour les serres chaudes le cuivre est préférable.

1420. Comme simple renseignement nous donnons ci-après, sous forme de tableau, le tarif des tuyaux et chaudières

Fig. 1196.

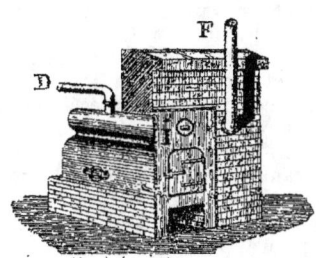

Fig. 1195.

peuvent alors être employés ; le corps de chaudière comporte une série de tubes T augmentant considérablement la surface de chauffe.

Les deux croquis (*fig.* 1195 et 1196) nous représentent deux chaudières horizontales d'un bon usage.

Tuyaux.

1419. Les tuyaux se font en fonte ou en cuivre ; la fonte a ordinairement de 6 à

qu'on peut employer pour le chauffage des serres.

CHAUDIÈRES NUMÉROS	TABLEAU DU DÉVELOPPEMENT DES TUYAUX QUE LES CHAUDIÈRES PEUVENT CHAUFFER			
	0^m,080	0^m,090	0^m,100	0^m,110
	mètre	mètre	mètre	mètre
0	20	15	»	»
1	50	40	25	»
2	90	70	55	40
3	130	100	80	70
4	»	150	125	100
5	»	200	160	120

TARIF DES TUYAUX ET AUTRES FOURNITURES		TARIF DES CHAUDIÈRES			TUYAUX CHAUFFÉS		
		NUMÉROS	SEULES	avec ACCESSOIRES[1]	EN FONTE 0^m,100	EN FONTE 0^m,120	EN CUIVRE 0^m,100
			francs	francs	francs	francs	francs
En fonte de 0^m,100 de diamètre.	7^f » le mètre	0	85	130	10	»	»
— 0^m,120 —	8 50 —	0	135	165	15	10	12
En cuivre..................	9 50 —	1	150	220	25	20	20
Tuyau d'échappement (plomb).	1 75 —	2	205	270	55	40	45
Raccord en cuivre..........	0 75 la pièce	3	280	350	100	55	65
Vanne d'arrêt..............	15 .»	4	350	430	125	85	100
Brides en fer..............	3 » la paire	5	485	560	160	105	130
Soudure pour tuyaux........	2 25 le kilog.	6	580	700	195	130	160

Les raccords et les coudes sont comptés le double de leur longueur

[1] Les accessoires comprennent : une façade en fonte avec porte et tampon de ramonage, barreaux et plaque de foyer, tuyau en tôle galvanisée avec capuchon, entonnoir de remplissage, robinets de contrôle et de vidange.

CHAPITRE X

DEVANTURES DE BOUTIQUES

1421. Les devantures métalliques, employées aujourd'hui pour la fermeture des magasins, remplacent avantageusement les volets en bois qu'on abandonne de plus en plus.

Nous allons, dans ce qui va suivre, étudier les principaux types connus sans trop nous arrêter aux détails de construction, qui sont en réalité peu différents les uns des autres. On peut dire que chaque constructeur s'ingénie à trouver des modifications, mais le principe est toujours le même ; lorsqu'on désire une devanture, il faut s'adresser à un spécialiste, et non pas en charger un serrurier quelconque, qui n'a pas l'outillage nécessaire et qui ne pourra, dans aucun cas, rivaliser ni comme travail ni comme prix avec les maisons spéciales.

1° *Fermetures système Maillard.*

1422. Le premier système que nous décrirons succinctement est un type de *devanture à vis*.

Le croquis (*fig.* 1197) nous représente l'élévation, le plan et une coupe verticale d'une devanture de boutique qu'on désire fermer par un tablier métallique.

Le système de devanture Maillard consiste à placer dans chacun des caissons K une vis verticale portant en haut une roue d'angle permettant, à l'aide d'un arbre horizontal placé derrière le tableau de la devanture, de donner en même temps le mouvement aux deux vis en agissant au bas de l'une d'elles à l'aide d'une manivelle. Chaque vis fait monter ou descendre un écrou fixé à la première feuille en tôle de la devanture, et celle-ci entraîne ou retient les autres feuilles.

1423. La devanture ne doit faire, sur le nu en pierre des piles, qu'une saillie réglementaire de 0^m,16.

Détails d'exécution.

1424. Le croquis (*fig.* 1198) nous montre, à grande échelle, une coupe horizontale suivant AB de la figure 1197. Dans la partie droite du croquis nous voyons en V la vis motrice placée verticalement dans le caisson O ; en E, l'écrou dont nous avons parlé précédemment et qui est relié, à l'aide d'un boulon, à la première feuille de tôle F du rideau de la devanture ; en D est indiqué le montant à coulisse pour les volets ; en S, le scellement de ce montant à coulisse ; en P, le poteau d'extrémité du caisson ; en L, le montant de châssis ; en Z, l'agrafe de châssis glissant dans la coulisse L' ; en C, une cornière guide ; en J la glace de la devanture ; en K, une moulure servant à maintenir la glace en place ; en G, le bec de cane de la porte d'entrée ; en R, l'indication en pointillé de la roue d'angle recevant son mouvement d'un pignon.

1425. Le croquis (*fig.* 1199) nous indique la disposition lorsque le couvre-caisson au lieu d'être en tôle, comme dans le croquis (*fig.* 1198), est en menuiserie.

1426. Le croquis (*fig.* 1200) nous représente une coupe horizontale suivant CD de la figure 1197 et n'a rien de particulier à signaler.

1427. Le croquis (*fig.* 1201) nous montre une coupe suivant IJ de la figure 1197 ; nous y voyons la partie supérieure de la transmission.

En O, l'arbre horizontal portant un pignon de commande P à chaque extrémité, recevant le mouvement d'un pignon L directement commandé par une manivelle ; en V la vis verticale, et en K l'écrou relié à la première tôle J par des vis X ; en G, les cinq tôles du rideau munies à chaque extrémité d'équerres H et I ; en C et D, le tableau d'enseigne en tôle ; en

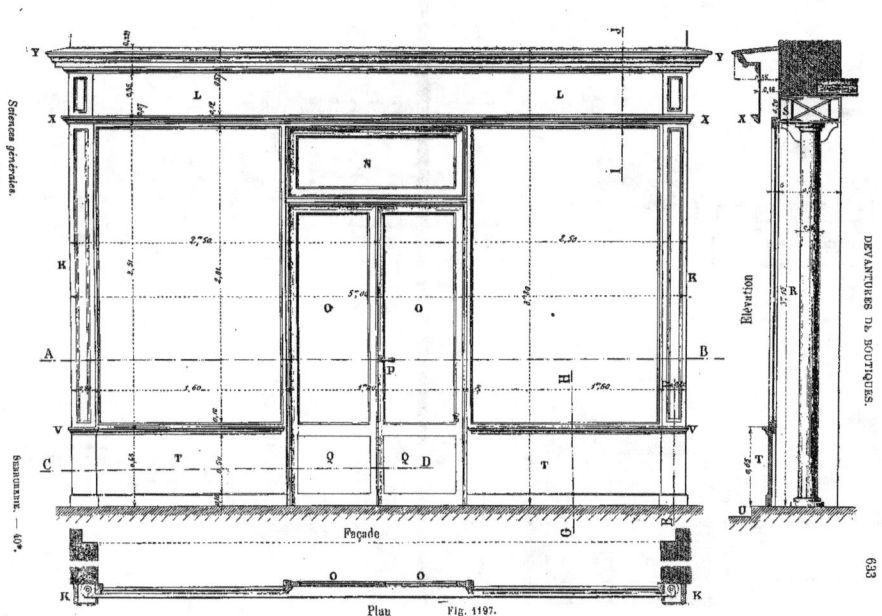

Fig. 1197.

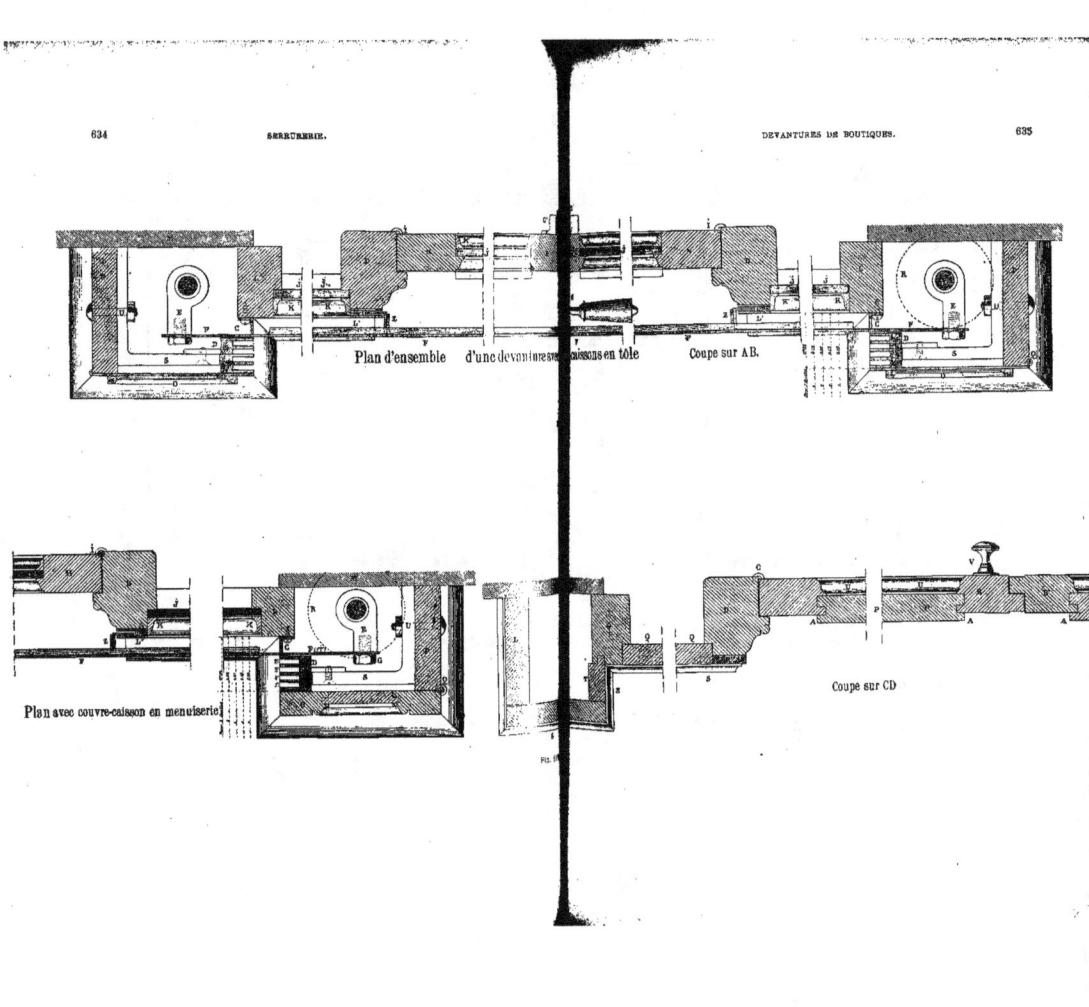

B, la corniche de la devanture; en E, une cymaise; en F, le caisson. Une plaque de tôle R recourbée à son extrémité sert de guide aux tôles; en T, la traverse du châssis.

1428. Les deux croquis (*fig.* 1202 et

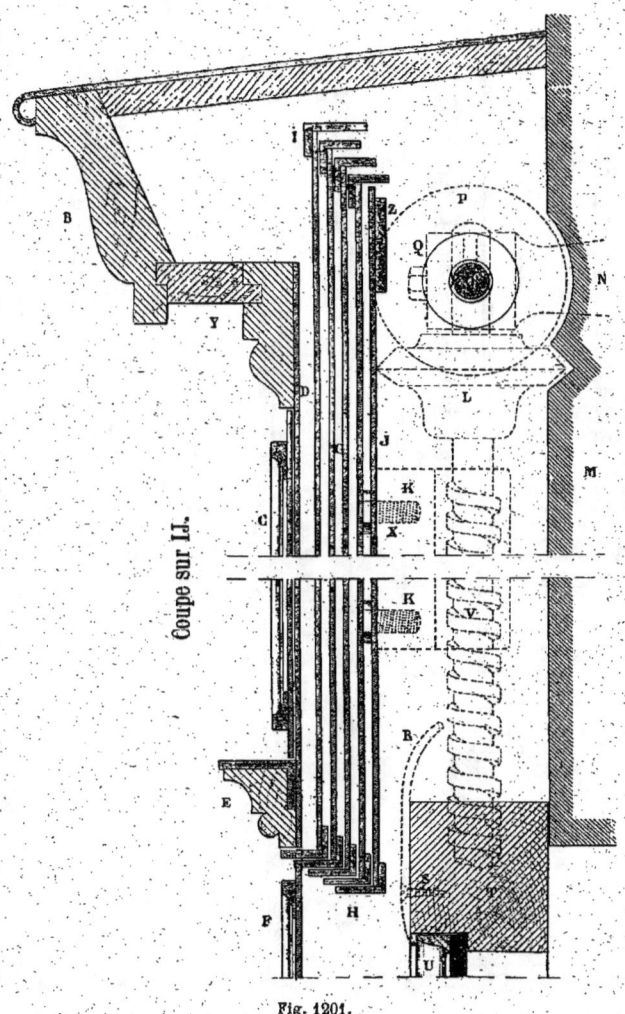

Fig. 1201.

1203) nous montrent deux coupes suivant EF et GH de la figure d'ensemble 1197.

Le croquis (*fig.* 1203) nous indique la disposition adoptée pour le support t de l partie inférieure de la vis verticale placée dans le caisson, côté opposé à la transmission par manivelle. Du côté de la mani-

DEVANTURES DE BOUTIQUES.

velle la douille D supporte un pignon fixé au bas de la vis V, et ce pignon engrène avec un autre pignon d'angle sur l'arbre duquel se trouve la manivelle de manœuvre.

2° *Fermetures système anglais (Grafton et Clark) en tôle ondulée, s'enroulant d'elles-mêmes.*

1429. Ce genre de fermetures depuis

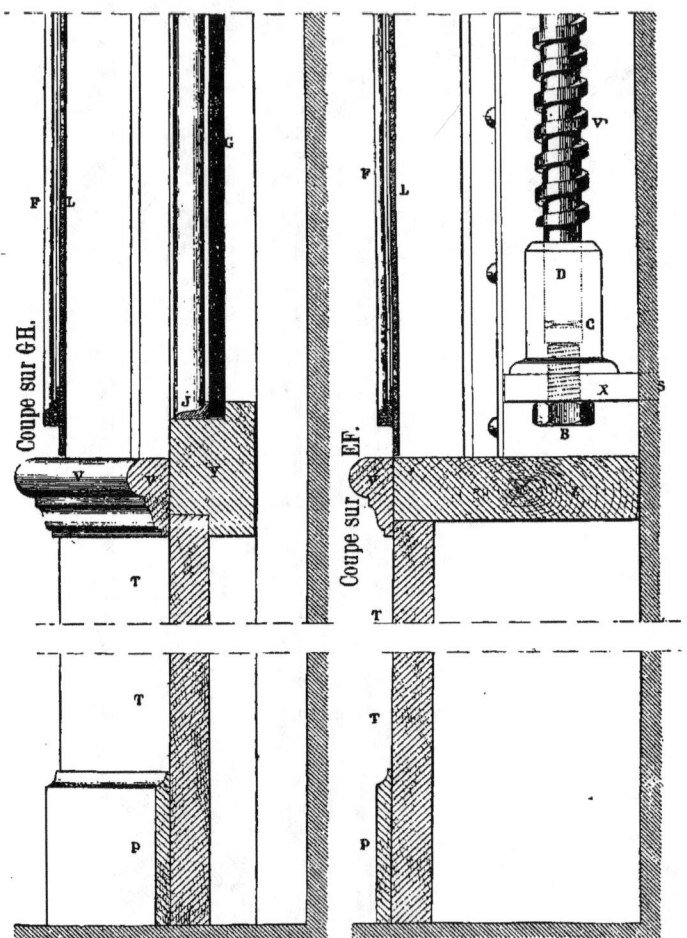

Fig. 1202 et 1203.

longtemps employé en Angleterre, est aujourd'hui adopté en France. MM. Grafton et C¹ᵉ, Clark et C¹ᵉ ont beaucoup contribué à leur développement.

La fabrication de ces fermetures exige un choix tout particulier du métal afin d'obtenir une grande solidité. On supprime par ce système les manivelles, les

Sciences générales.   SERRURERIE. — 40**.

chaînes ou les tiges filetées; l'installation en est très simple et le fonctionnement très rapide, comme nous allons le voir en prenant pour exemple le genre de fermeture de MM. Grafton et Cie, de Londres.

1430. Le croquis (*fig.* 1204) représente une devanture fermée par ce système avec des feuilles métalliques (de moins de 0^m,001 d'épaisseur) qui montent et qui descendent dans des rainures spéciales placées de chaque côté de la partie vitrée. La montée des tôles d'acier ondulé se fait par une poussée de bas en haut et la descente par un tirage de haut en bas.

Toute la devanture, lorsqu'elle est relevée, se loge dans un caisson placé derrière le tableau-enseigne de la devanture.

1431. Le croquis (*fig.* 1205) nous donne la coupe verticale de ce caisson; en Y, le tableau-enseigne; en V, la corniche couronnant ce tableau; en B, un tambour en fer (existant à droite et à gauche de la devanture) percé de quatre trous laissant voir les spirales d'un ressort fixé sur ce tambour et agissant sur lui de droite à gauche pour aider la manœuvre des tôles.

1432. Le croquis (*fig.* 1206) représente la vue latérale du tambour B solidement monté sur une plaque métallique R, elle-même retenue contre le mur par des pattes à scellement SS'.

Pour relier la partie haute de la tôle ondulée F au tambour B (*fig.* 1205) on se sert d'une tige articulée qu'on peut voir (*fig.* 1208) lorsque la devanture est complètement baissée.

Dans le croquis (*fig.* 1205) la devanture est supposée presque complètement baissée et ayant ses bords engagés à droite et à gauche dans une rainure ou coulisse P dont les deux croquis (*fig.* 1210 et 1211) donnent la forme.

1433. La partie inférieure du croquis (*fig.* 1205) nous montre le bas de la fermeture. Le rideau I est muni sur tout son bord inférieur d'un grand ⊥ en tôle L dont la semelle vient s'appliquer sur un fer plat situé soit sur la cymaise d'un caisson, soit sur le sol lorsque la devanture descend sur le seuil de la boutique.

Une tige en fer D, nommée aussi vis à tête à violon, passant en K dans un tube en fer placé dans le châssis de la devanture, sert à la maintenir baissée; pour plus de sécurité la partie extrême de cette tige D est filetée et se visse dans la lame L jusqu'à la moitié de son épaisseur.

Ouverture de la devanture.

1434. Pour ouvrir la devanture, il suffira de dévisser la tige D et de soulever le rideau en se servant d'un bâton muni d'un crochet pénétrant dans un anneau placé au milieu de la devanture dans le bord inférieur J (*fig.* 1205). Par suite de ce soulèvement de la tôle, les deux tambours B tourneront d'un mouvement simultané obéissant à la poussée du bas et

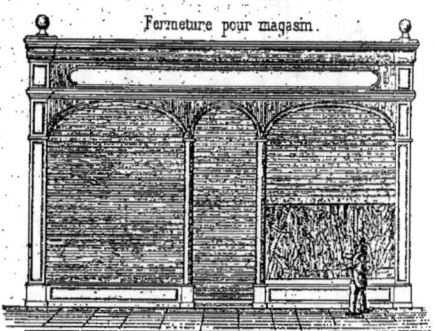

Fig. 1204.

à l'action du ressort dont nous avons parlé précédemment.

Fermeture de la devanture.

1435. Pour fermer la devanture, il suffit de tirer sur l'anneau jusqu'à ce que la semelle de la bordure repose exactement sur la bande de fer plat, puis de visser la tige D dans la tôle inférieure.

Si pour une raison quelconque on désire fermer la devanture de l'extérieur, on supprime la tige d'arrêt D et on la remplace par une ou deux serrures de sûreté.

1436. Le croquis (*fig.* 1207) nous montre une coupe longitudinale des coulisses en fer dans lesquelles montent et

DEVANTURES DE BOUTIQUES

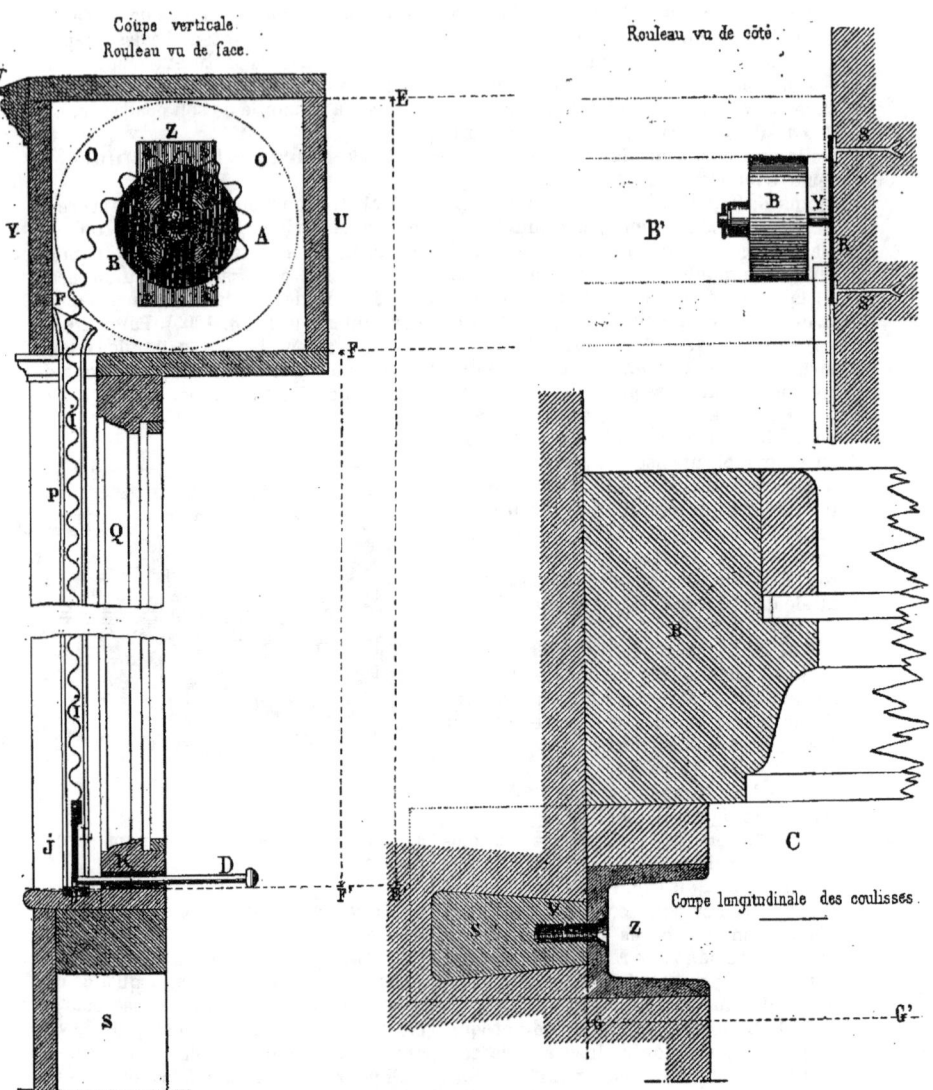

Fig. 1205 à 1207.

descendent les bords du rideau. Pour placer ces coulisses en fer on pratique dans le tableau une entaille suffisante pour y loger la rainure et on maintient celle-ci par des vis V fixées dans des trous tamponnés S.

Comme graissage, on passe de temps en temps un peu de mine de plomb dans les coulisses.

1437. Pour l'installation du rouleau il faut les dimensions suivantes :

0^m,30 pour une devanture de 3 mètres et au dessous ;

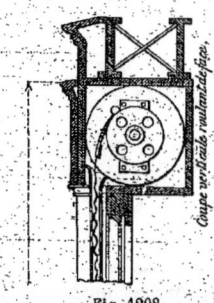

Fig. 1208.

Fig. 1209.

Il faut, dans la manœuvre, abaisser le rideau sans lui imprimer une violente impulsion, ce qui produit souvent un bruit désagréable.

0^m,32 à 0^m,33 pour une devanture de 3 à 4 mètres ;

0^m,45 pour une devanture de 4 à 7 mètres.

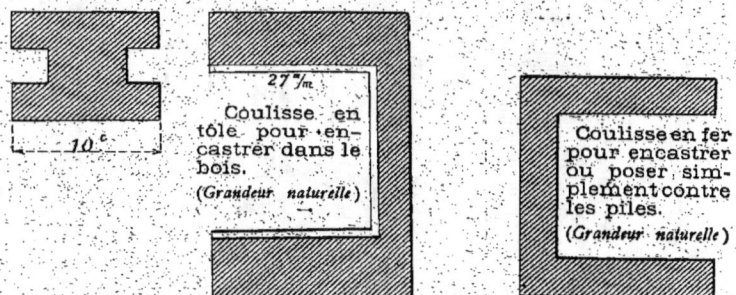

Fig. 1210 à 1212.

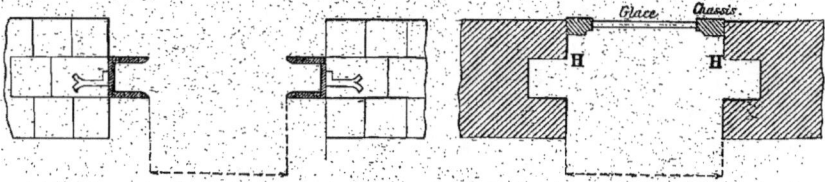

Fig. 1213 et 1214.

Il est indispensable de laisser 1 centimètre de jeu autour du rouleau.

1438. Les deux croquis (*fig.* 1208 et 1209) nous représentent deux formes dif-

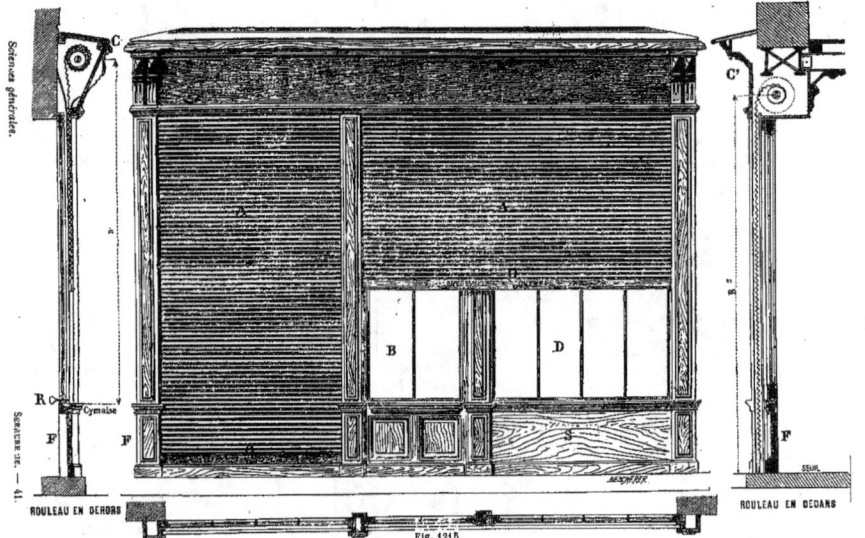

Fig. 1215.

férentes que peuvent prendre les caissons suivant la disposition de la devanture devant recevoir la fermeture.

1439. Les croquis (*fig.* 1210, 1211 et 1212) nous indiquent en vraie grandeur les coulisses employées pour ce genre de devanture.

1440. La figure 1214 nous montre la

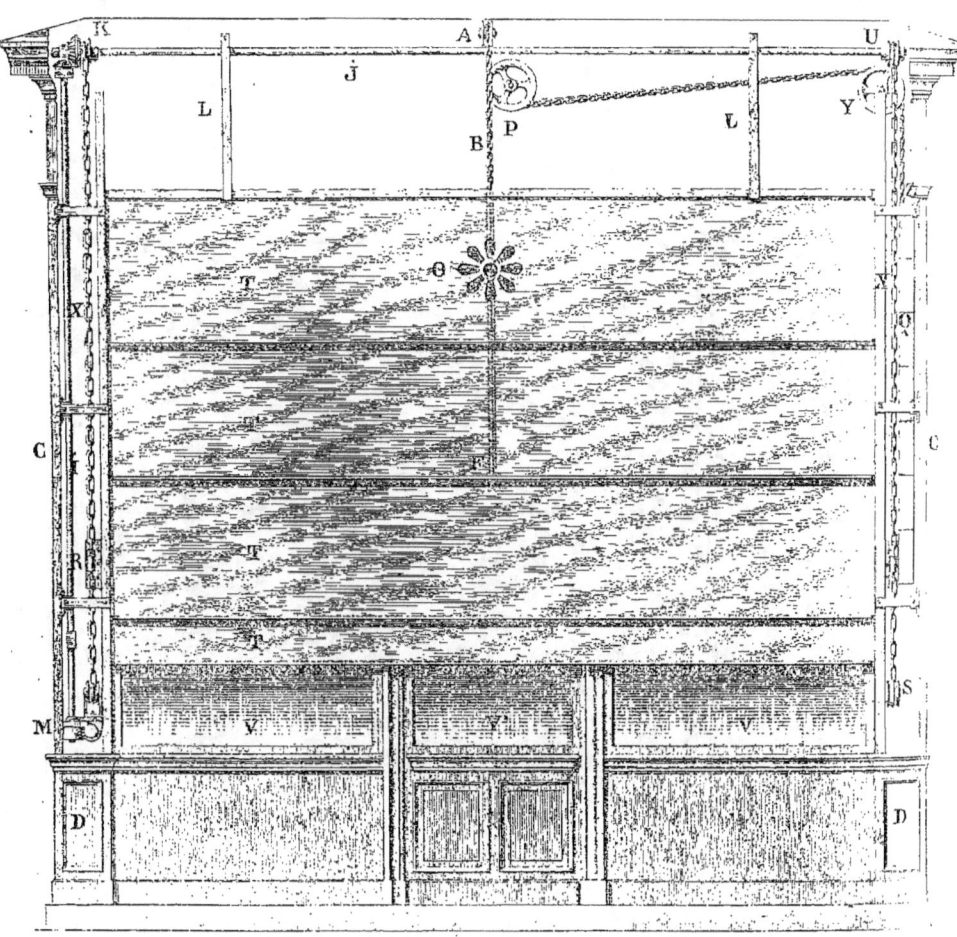

Fig. 1216.

disposition des entailles H à réserver dans la pierre pour y placer les coulisses en fer.

1441. La figure 1213 nous indique comment on place les coulisses en tableau; elles sont maintenues contre le mur par des pattes à scellement.

1442. Les fermetures roulantes silencieuses en tôles d'acier ondulées s'enroulant d'elles-mêmes se fabriquent au-

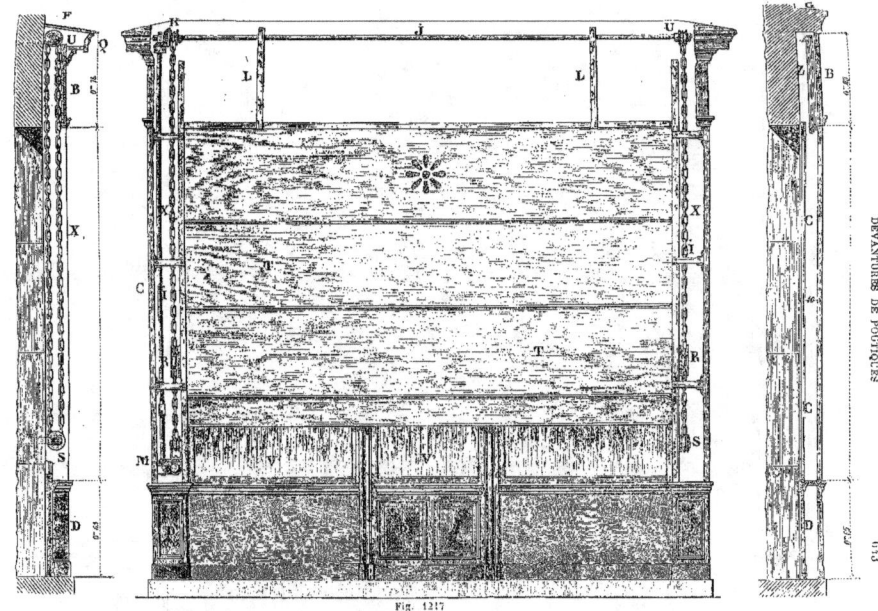

Fig. 1217

jourd'hui couramment par nos constructeurs français; le croquis (*fig.* 1215) nous en montre un type de la maison Chédeville et Dufrêne. Ce système à bandes d'acier lisses sur les rives et glissant dans des coulisses en fer garnies de bois évite tout bruit, protège de l'usure et assure une très grande solidité.

Indications pour la pose des fermetures en tôle d'acier.

1° Placer les bobines en fonte bien de niveau, de manière que leur axe se trouve au centre de l'emplacement réservé au rouleau, celle marquée R à droite, celle marquée L à gauche, et le départ de la flèche du côté où la fermeture doit s'enrouler.

Il faut que l'écartement entre les platines sur lesquelles sont fixées les bobines soit de 2 centimètres plus grand que celui qu'il y a entre les fonds des coulisses ;

2° Placer les coulisses d'aplomb, en laissant entre l'écartement de leurs fonds 1 centimètre de plus que la largeur du volet, pour le jeu ;

3° Élever le volet tout roulé, passer la partie inférieure par-dessus les bobines et laisser glisser dans les coulisses en faisant attention que la fermeture ne soit pas entraînée par son poids et ne tombe trop subitement;

4° Fixer le volet sur les bobines par les chaînons en se servant des vis à métaux fournies avec les bobines;

5° Enlever avec précaution les goupilles qui retiennent les ressorts, afin de ne pas se blesser, les ressorts étant fortement tendus.

Si ces indications ont été convenablement remplies, on peut faire fonctionner la fermeture.

Si toutefois le volet remontait seul et demandait une certaine force pour descendre, les ressorts seraient alors trop tendus. Pour les détendre, détacher les chaînons en ayant soin de remettre les goupilles, détendre les ressorts d'un demi-tour et rattacher le volet. Un centimètre d'espace autour du rouleau est nécessaire pour que, le volet étant monté, il puisse tourner librement.

3° *Fermetures système Jomain.*

1443. Comme troisième exemple de

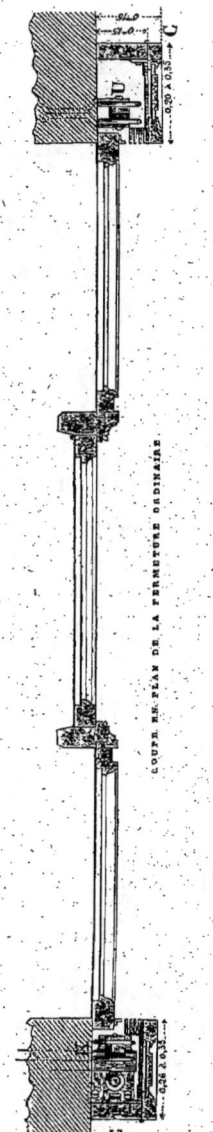

Fig. 1218.

DEVANTURES DE BOUTIQUES. 643

devanture en tôle, nous étudierons un genre de fermeture à *chaine sans fin*, avec noix d'engrènement de la chaine, fonctionnant rapidement avec douceur et sans

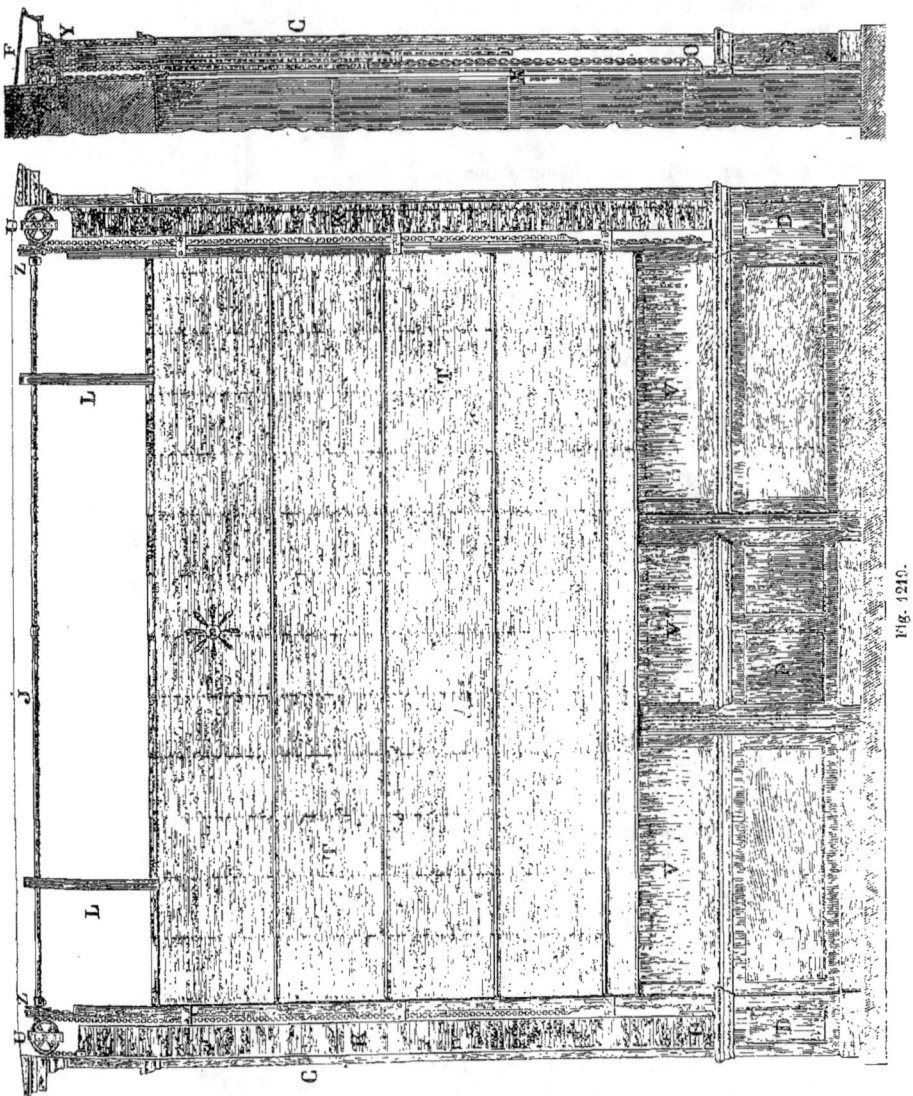

Fig. 1219.

bruit. Avec l'emploi de chaînes, quelques minutes suffisent pour remonter une fermeture ordinaire; une *noix-agrafe* à becs et embrasses engrène la chaîne et en rend l'échappement impossible; le mécanisme, bien groupé, résiste à tous les efforts résultant de la fausse manœuvre. Les chaînes employées sont éprouvées à une force dix fois supérieure à la charge qu'elles ont à soulever.

Afin d'augmenter la vitesse on ajoute à ces fermetures des contrepoids; ces contrepoids ayant peu de parcours à faire peuvent être très longs et avoir un petit volume, ce qui permet de les loger dans des caissons relativement étroits.

1444. Le croquis (*fig.* 1216) nous montre une disposition de devanture en tôle comprenant : en T, les feuilles de tôle se repliant l'une sur l'autre; en X, les chaînes sans fin passant sur des poulies S, K, U; en M, la manœuvre de la devanture à l'aide d'une manivelle actionnant l'arbre vertical I, l'arbre horizontal J

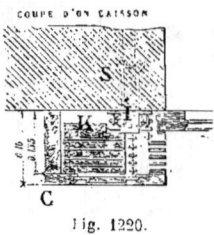

Fig. 1220.

et par suite donnant le mouvement aux chaînes sans fin X et soulevant les tôles T à l'aide de la noix-agrafe R; en O, une rosace d'aération percée dans la dernière tôle. Pour équilibrer le poids de la devanture on ajoute un contrepoids Q relié en Z à une chaîne passant sur des poulies Y, P, A et venant s'attacher en F et B sur la tôle de la devanture.

1445. Les croquis (*fig.* 1217 et 1218) nous représentent une fermeture en fer pour magasins, système à chaîne sans fin à mailles longues, ne désengrenant pas, du même type que l'exemple précédent, mais sans l'application du contrepoids.

1446. Les croquis (*fig.* 1219 et 1220) nous montrent une *fermeture instantanée à contrepoids différentiels*.

Les avantages de ce système de fermeture sont :

La rapidité de manœuvre, laquelle se fait en quelques tours de manivelle;

La simplicité du mécanisme, qui est entièrement logé dans des caissons de largeur et de saillie ordinaires;

La grande facilité de son entretien, aucun organe n'étant logé derrière le rideau.

Les contrepoids sont indiqués en K dans le croquis (*fig.* 1220) il y en a un pour chaque tôle. Le système à chaîne sans fin X est identique à celui des figures précédentes.

4° *Fermetures système Chédeville et Dufrêne.*

1447. Les croquis (*fig.* 1221 et 1222) nous montrent les fermetures ordinaires, l'ancien système à chaînes avec mécanisme et commande directe sans disposition spéciale; ce genre de devanture ayant une grande analogie avec les systèmes étudiés précédemment, nous ne nous y arrêterons pas, mais nous indiquerons seulement la manière de donner les mesures quand on désire commander une devanture.

Il faut pour cela donner :
A. Largeur entre caissons;
B. Hauteur entre la cymaise et le dessous du tableau;
C. Hauteur du tableau (indiquer si la corniche est en pierre ou en bois);
D. Hauteur du soubassement;
E. Largeur des caissons (indiquer si la manivelle doit être à l'intérieur ou à l'extérieur, à droite ou à gauche; quand elle sera à l'intérieur, donner l'épaisseur de la pile).

1448. Ces fermetures à chaînes, étant économiques, ne comportent pas de contrepoids, elles n'ont pas les avantages de rapidité et de facilité de manœuvre que nous rencontrerons dans l'exemple qui va suivre.

1449. MM. Chédeville et Dufrêne construisent aujourd'hui un système de fermeture instantanée à contrepoids et à losanges articulés en acier, dont nous allons dire quelques mots. Un système de losanges articulés en acier, indiqués en L (*fig.* 1223), rend toutes les feuilles soli-

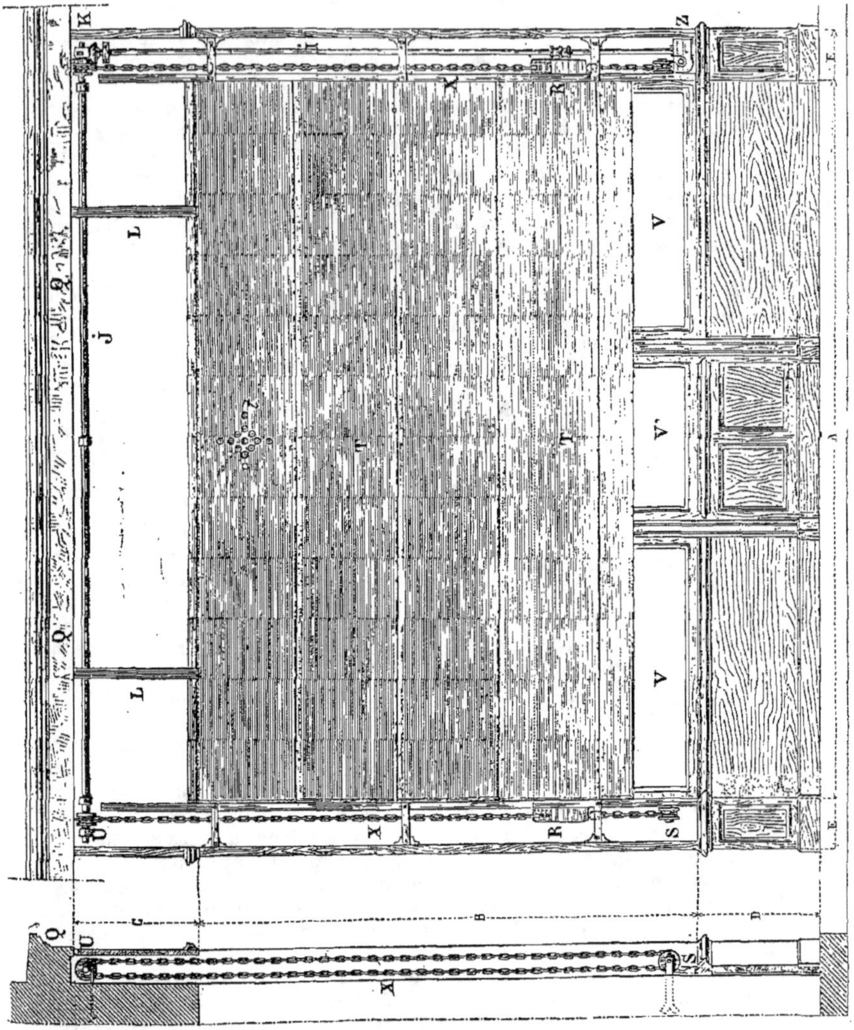

DEVANTURES DE BOUTIQUES.

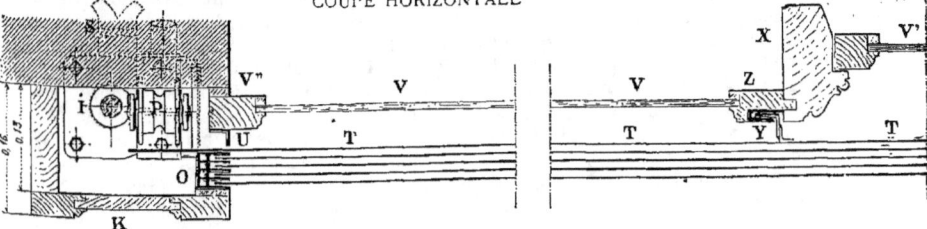

Fig. 1221.

COUPE HORIZONTALE

Fig. 1222.

Fig. 1223.

daires et permet d'en équilibrer la charge par des contrepoids en fonte G placés dans les caissons, sans changement aux devantures.

La fermeture ainsi équilibrée monte très facilement en un quart de minute ; dix à douze tours de manivelle suffisent au lieu d'un beaucoup plus grand nombre de tours avec les fermetures à vis ou à chaînes ordinaires. La grande facilité de manœuvre de ces fermetures permet d'en faire fonctionner, sans fatigue, plusieurs ensemble et de fermer toute une façade avec une seule manivelle.

1450. Le croquis (*fig.* 1224) nous donne une coupe horizontale à plus grande échelle, dans laquelle nous voyons :

En G, les contrepoids en fonte guidés par des cornières J, placées : l'une contre la paroi I du caisson, l'autre sur des supports en fer Q scellés dans le mur M ; en P, la poulie sur laquelle passe la chaîne du contrepoids G ; en O, les guides pour les tôles T ; en Y, un guide placé contre le montant Z de la devanture fixe ; en V, la glace de la devanture ; en K, l'ensemble du caisson en bois.

1451. Dans le croquis (*fig.* 1223) nous voyons la disposition de la manivelle A′ passant dans un collier B′ et donnant le mouvement à la poulie C′ sur laquelle s'enroule la chaîne sans fin dont nous connaissons l'usage.

Graissage des devantures.

1452. De temps en temps il est utile et nécessaire de graisser les mécanismes des devantures ainsi que les coulisses pour les fermetures en tôle d'acier ondulée. Ce graissage se fait soit avec de l'huile de pied de bœuf, soit avec de la mine de plomb délayée dans un peu d'eau.

L'huile de pied de bœuf rend le fonctionnement plus doux sur le moment ; mais, produisant du *cambouis*, il est préférable d'employer la *mine de plomb*.

Ce graissage peut se faire tous les deux ou trois mois.

Maisons démontables, système Durupt, ingénieur.

1453. Nous avons vu précédemment, en parlant des devantures métalliques, l'emploi qu'on peut faire de la tôle ondulée. nous en trouvons dans ce qui va suivre une très heureuse application.

M. Durupt est l'inventeur d'un nouveau système de maison démontable qu'il a décrit lui-même à la Société des ingénieurs civils et dont nous allons extraire les principaux passages.

1454. La question des maisons portatives et démontables a, depuis longtemps, préoccupé les constructeurs, qui se sont ingéniés à combiner des assemblages simples et rapides, pour grouper des panneaux de bois ou de fer et constituer une enceinte plus ou moins habitable.

1455. Il y a les maisons à simple paroi et les maisons à double paroi ; les premières ne pouvant servir qu'à des locaux où l'on ne se préoccupe que fort peu du confortable, les secondes marquant une tendance à se rapprocher de l'habitation ordinaire.

1456. Les plus connues et les plus anciennes des constructions à deux parois sont entièrement en bois ; les murs en sont creux ou pleins, le plus généralement creux, avec, pour isolant, le matelas d'air classique, stagnant ou circulant pour diminuer le plus possible la transmission de la chaleur ou du froid, selon les saisons.

1457. Les parois extérieures en bois, d'aspect satisfaisant, lorsque les constructions sont neuves, ne tardent pas, sous l'influence des intempéries, à perdre leur fraîcheur, se disloquent, se gercent, laissent passer l'eau et les poussières, qui finissent par influencer et dégrader également les parois intérieures.

L'isolement dû au matelas d'air a été quelque peu exagéré ; s'échauffant ou se refroidissant au contact de la paroi extérieure, l'air doit nécessairement faire perdre une partie de la température à la paroi intérieure et pénétrer dans l'habitation par les fentes et les disjonctions qui se produisent. D'autre part, la circulation de l'air destiné à renouveler la couche isolante ne semble pas toujours obéir docilement aux prévisions les mieux établies.

1458. Ces considérations peuvent également s'appliquer aux maisons à double paroi en fer, avec cette aggravation que, dans ce cas, la transmission de la chaleur se fait plus rapidement que pour le bois.

Un autre inconvénient des murs creux à matelas d'air est leur sonorité; les parois forment, en effet, deux membranes tendues qui résonnent au moindre choc et transmettent leurs vibrations à toute la construction. Quelques constructeurs, ayant reconnu l'inefficacité du matelas d'air, ont songé à remplir les murs creux de matières isolantes, comme le sable, la terre, etc., et la nécessité de cette interposition a été reconnue au Champ de Mars même, où l'on a dû recouvrir de chaume une maison à parois creuses, afin d'atténuer la chaleur intolérable qui se concentrait à l'intérieur.

1459. Enfin, les maisons en bois ou en

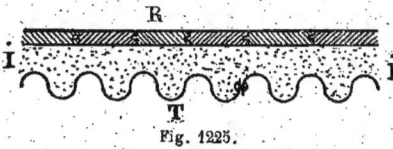

Fig. 1225.

fer à deux parois sont généralement constituées par un grand nombre d'éléments très petits nécessitant, au montage des soins particuliers, tant pour le classement de ces éléments que pour l'établissement d'aplomb de la construction; celles en bois s'expédient par panneaux complets, comprenant l'épaisseur du mur lui-même, de sorte que le volume de ces matériaux est considérable, et leur transport d'autant plus coûteux que le tarif applicable sur les chemins de fer est celui de la menuiserie et non celui de la charpenterie.

Description sommaire du mode de construction.

1460. Les parois verticales placées extérieurement sont, comme le montre le croquis (*fig.* 1225), en tôle ondulée galvanisée T, des profils et des dimensions courantes du commerce. Elles ont de la raideur, se travaillent aisément et, groupées d'une certaine façon, ne constituent pas des surfaces trop désagréables à l'œil.

1461. Les parois intérieures sont en frises de parquet R rainées, clouées sur des cadres armés ayant de $1^m,50$ à 2 mètres de largeur sur 3 mètres à $3^m,50$ de hauteur; les planchers sont aussi formés de panneaux. Ces pièces se boulonnent sur des montants et des poutrelles en madriers ou bastaings du commerce, pour l'assemblage desquels il n'y a ni tenon ni mortaise.

1462. Les murs sont remplis de matières isolantes et sèches que l'on peut se procurer sur place; ce sont des aiguilles de pin, des copeaux, des déchets de liège, de la sciure de bois, de la paille et même du papier, que l'on mélange avec du sable ou de la terre, afin de provoquer un tassement de ces matières et de charger la construction pour assurer sa stabilité.

1463. La couverture est formée de deux viroles cintrées, en tôle ondulée galvanisée, non concentriques, laissant entre elles un intervalle au sommet de $0^m,50$ à $0^m,70$, suivant les portées; la première de ces viroles se fixe sur des sablières assemblées au sommet des poteaux de l'ossature dès le début du montage, ce qui constitue immédiatement un hangar servant d'abri aux matériaux d'approvisionnement.

1464. Ces deux viroles sont réunies par des poutrelles longitudinales à croisillons, destinées à les solidariser; on constitue ainsi un comble indéformable, que l'on remplit également des mêmes matières que pour les parois.

1465. La peinture s'applique facilement et adhère longtemps sur la tôle galvanisée; on peut donc, à l'extérieur, produire quelques effets décoratifs et orner la construction d'auvents, marquises, balcons, etc. Les cloisons intérieures sont en bois, à simple ou à double paroi. Toutes les parties de la construction qui sont en bois peuvent être faites sur place ou dans la ville la plus voisine du lieu d'emploi, les repères permettant à n'importe quel ouvrier d'en opérer le montage. On évite ainsi des frais de transport généralement onéreux.

1466. Ce genre de construction évite l'humidité de la façon la plus absolue, même au bord de la mer et dans les forêts,

MAISONS DÉMONTABLES.

si l'on a soin d'avoir un sous-sol aéré; sa légèreté relative permet de l'installer sur un sol sec quelconque, sans aucune espèce de fondation et dans les pays marécageux, sur des pilotis rudimentaires; enfin, on a reconnu une différence de 0 à 12 degrés entre les deux faces d'un mur chauffé normalement par le soleil le plus ardent.

1467. Les applications, dont nous donnerons quelques exemples, sont nombreuses et particulièrement intéressantes pour les hôpitaux marins très en vogue, et avec raison, depuis plusieurs années, qui permettent, pour une même dépense, l'admission d'un nombre au moins double de malades dans des conditions d'hygiène et de salubrité que ne présentent pas tou-

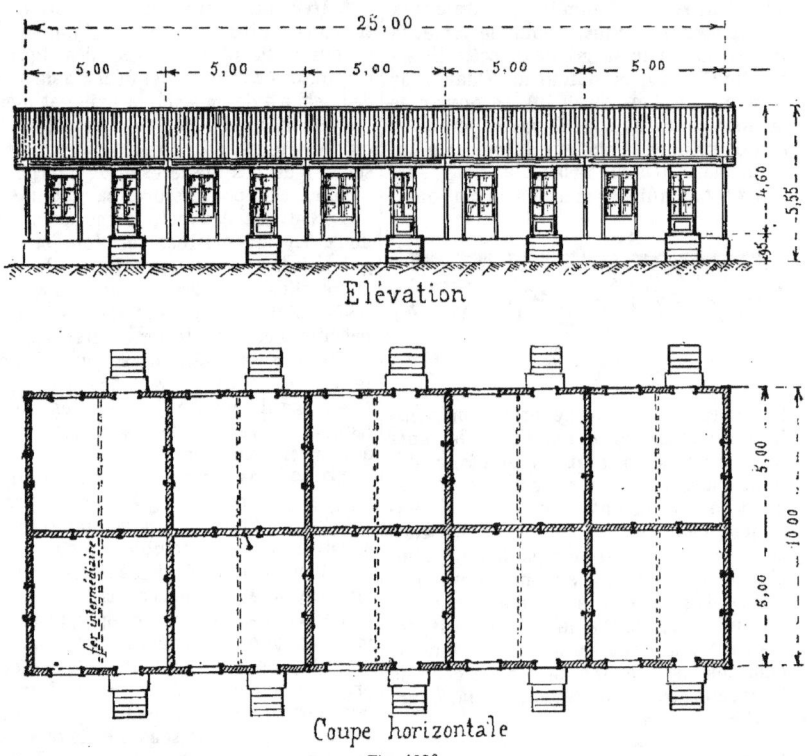

Fig. 1226.

jours les palais coûteux en maçonnerie, édifiés au bord de la mer et dont on ne peut éviter l'humidité perpétuelle.

1468. L'épaisseur des murs est de 0^m,15 à 0^m,20 dans les pays chauds, la toiture doit avoir au milieu de 0^m,50 à 0^m,70 d'épaisseur pour être réellement isolante.

1469. Le poids des fers et des bois de constructions courantes à rez-de-chaussée varie de 150 à 200 kilogrammes, et le prix de 80 à 125 francs par mètre superficiel couvert, suivant la décoration et l'importance des pignons, vérandas, balcons, etc., dont on peut orner la construction.

La construction peut se faire à un ou plusieurs étages; elle peut recevoir intérieurement des soupentes et des cloisons, extérieurement des auvents, balcons et terrasses.

1470. Les avantages de ce genre de constructions, qui ne s'appliquent, bien entendu, qu'à certains cas spéciaux, sont assez nombreux et faciles à comprendre. Composées de panneaux démontables, d'un poids relativement faible, le transport peut s'en faire aisément à dos de mulets ou sur des chariots. Le montage et le démontage s'en font très rapidement et sans exiger d'ouvriers spéciaux; les premiers venus peuvent s'en acquitter.

1471. Un chalet de 40 mètres carrés de superficie, comprenant trois chambres, deux terrasses, une cabine, tient dans deux wagons et peut être monté en six jours.

1472. Une construction de ce genre résiste bien à l'humidité et n'est pas sen-

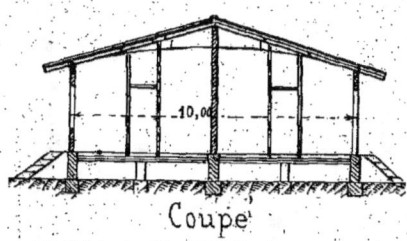

Fig. 1226 bis.

sible aux variations de température. Elle peut convenir avantageusement pour chalets de bains de mer, des maisons de garde-barrières, des bureaux d'entrepreneurs, des ambulances provisoires, etc... Enfin, elle se prête merveilleusement aux nécessités de la colonisation.

Premier exemple.

1473. Comme premier exemple de ce genre de construction nous donnons (fig. 1226 et 1226 bis) en plan, coupe et élévation une disposition pour habitations ouvrières d'une très grande simplicité.

Le croquis (fig. 1227), qui montre à grande échelle la coupe d'une des pièces, nous représente bien le mode de construction adopté.

1474. A la partie inférieure, des murets longitudinaux V et transversaux T isolent la construction de l'humidité qu'elle pourrait prendre au sol. A la partie supérieure de ces murets une semelle traînante J en fer plat, servant de chaînage, reçoit en même temps les assemblages des montants verticaux de la construction; ces montants, tels que F, K, N, sont assemblés sur la semelle par des cornières du commerce. Au-dessus de la semelle J se placent les solives S en bois sur lesquelles on cloue directement le plancher P. L'escabeau U soutenu par un potelet Q permet l'accès facile de chaque chambre.

A chaque porte sont des montants F en I et un chapeau I ou linteau X.

1475. La charpente est très simple et comprend des arbalétriers E reposant sur les deux fers extrêmes et assemblés avec eux; ils se prolongent en queue de vache jusqu'en O pour abriter de la pluie l'escabeau placé à la partie inférieure. Sur ces arbalétriers on fixe une série de pannes sur lesquelles on met les chevrons E devant recevoir une couverture en tuile creuse demi-ronde, avec une pente de 0m,30 par mètre seulement.

1476. En D se trouve un plafond cintré formé par de la tôle ondulée galvanisée et permettant de placer au dessus la matière isolante, qu'on trouve facilement dans le pays.

1477. Ce plafond en tôle est relié aux pannes qui doivent le supporter à l'aide de tiges de suspension R.

En A et en C nous voyons l'assemblage des poteaux intermédiaires et la suspension du plafond en tôle; la partie gauche du croquis nous montre l'assemblage des poteaux sur la panne faîtière, et les deux coupes ab et cd complètent la disposition d'ensemble.

1478. Ce que nous venons de décrire est une carcasse métallique qu'on habille intérieurement avec du bois et extérieurement avec de la tôle ondulée et galvanisée.

Tout l'ensemble étant monté avec équerres et boulons d'assemblages, il est extrêmement facile d'en opérer le démontage et le transport.

Deuxième exemple.

1479. Comme deuxième exemple nous

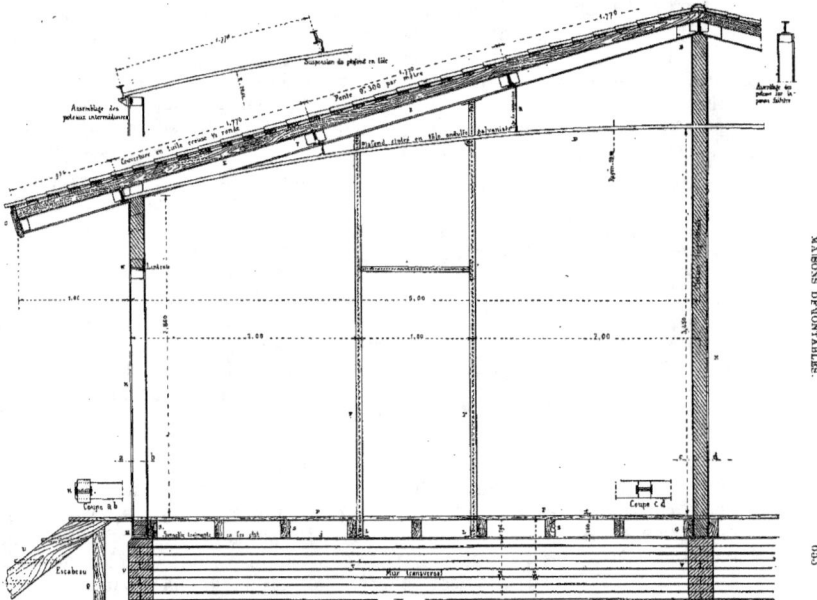

Fig. 1227.

654

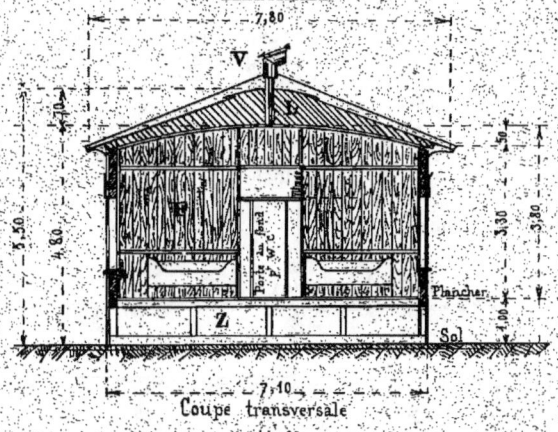
Coupe transversale

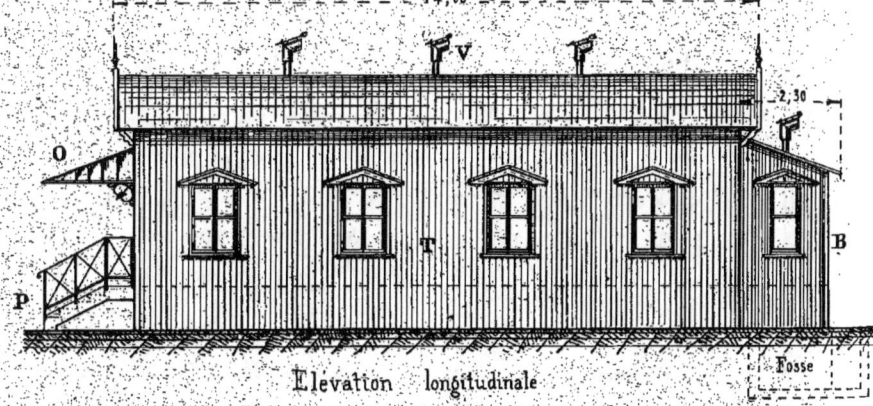
Élévation longitudinale

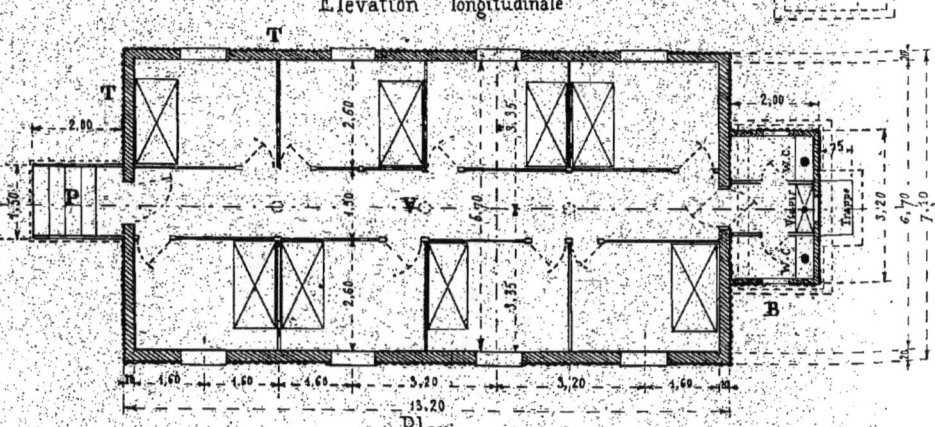
Plan
Fig. 1228.

représentons en croquis (*fig.* 1228) le plan, la coupe et l'élévation d'un hôpital marin (pavillons d'isolement pour huit chambres). Le principe de cette construction est encore : paroi extérieure en tôle ondulée galvanisée, paroi intérieure en bois, intervalle rempli de matières sèches isolantes.

1480. Les huit chambres ont accès sur un grand vestibule V, largement aéré et ayant à l'extrémité gauche un perron d'accès abrité par une marquise O et à l'extrémité droite un petit bâtiment annexe B, où sont installés les cabinets. La coupe transversale ayant beaucoup d'analogie avec celle que nous venons d'étudier, nous croyons inutile de nous y arrêter plus longuement.

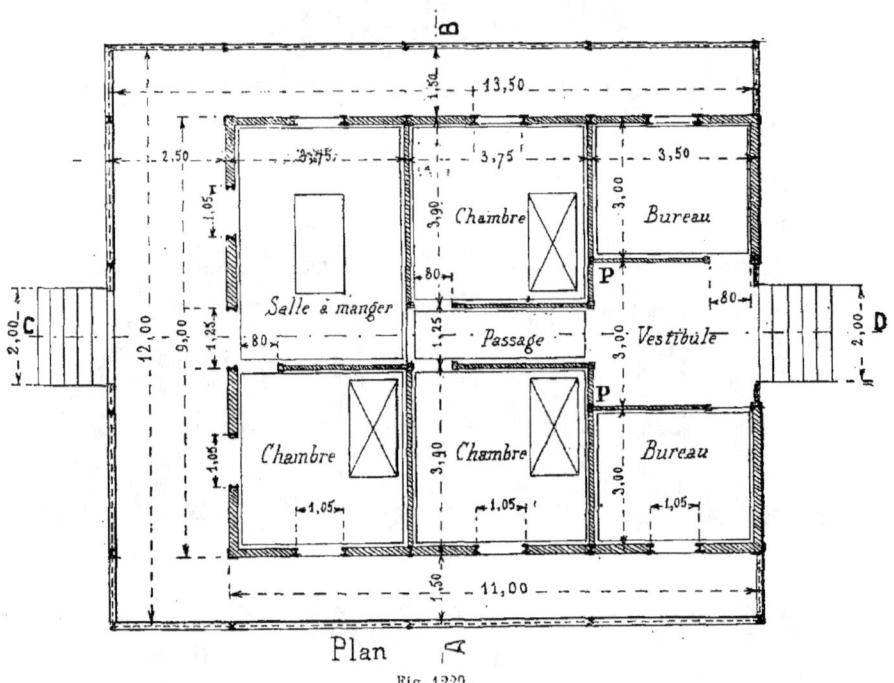

Fig. 1229.

Troisième exemple.

1481. Le troisième exemple dont nous allons dire quelques mots est une maison d'habitation.

1482. Le croquis (*fig.* 1229) nous représente le plan du rez-de-chaussée de cette construction composée : d'une galerie en trois sens avec perron d'accès ; d'un vestibule, de bureaux ou petits salons, salle à manger et chambres à coucher.

1483. Le croquis (*fig.* 1230), qui nous montre la disposition des solives du plancher, nous indique aussi que sous la galerie il existe un terre-plein. Les fondations consistent encore, comme dans les exemples précédemment cités, en petits murets avec de très légères fondations au-dessous du sol, la construction ayant peu de poids.

1484. Les deux croquis (*fig.* 1231 et 1232) n'ont rien de bien particulier à signaler.

Détails de construction.

1485. Les détails de construction sont peu nombreux, la partie métallique ayant de grandes analogies avec celle des autres exemples.

Nous donnons en détail (*fig.* 1233 et 1234) les fondations de cette construction.

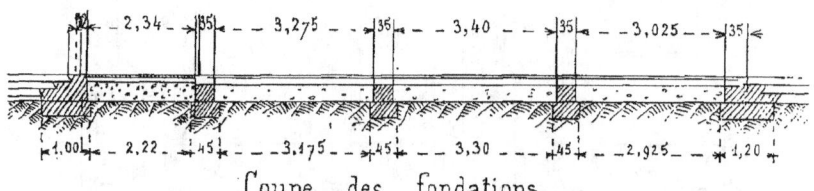

Coupe des fondations
Plan des fondations et du plancher

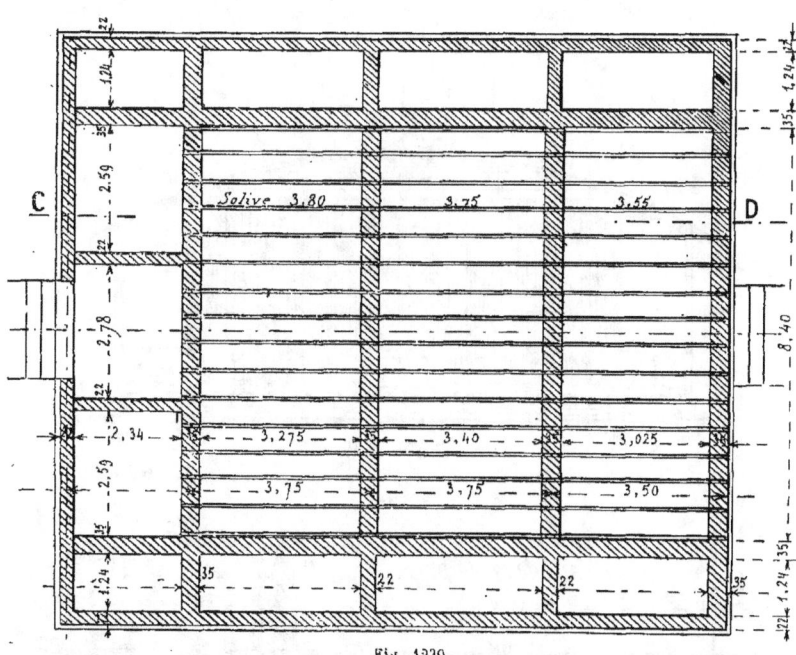

Fig. 1230.

1486. En Q, les massifs en maçonnerie sous les murets L ; en S, les solives soutenant le parquet P ; en T, le terre-plein sous la galerie, terre-plein sur lequel on met une couche de béton B recevant au-dessus un enduit en ciment de Portland C ou un carrelage quelconque.

1487. En O, les fers verticaux soutenant toute la construction ; en F, le revêtement en bois à l'intérieur, et en O' la tôle ondulée placée extérieurement.

1488. Le croquis (*fig.* 1235) nous montre la disposition des poteaux P du croquis (*fig.* 1229) ; ce sont des poteaux en bois, chêne de préférence, avec entailles E pour les cloisons qu'ils doivent recevoir.

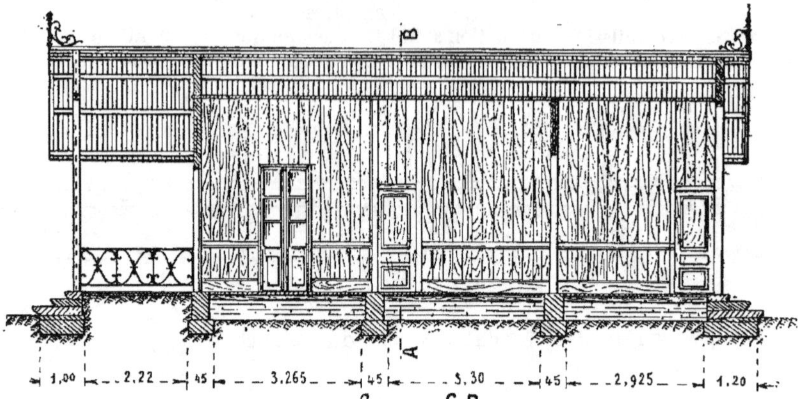

MAISONS DÉMONTABLES. 657

Coupe CD
Fig. 1231.

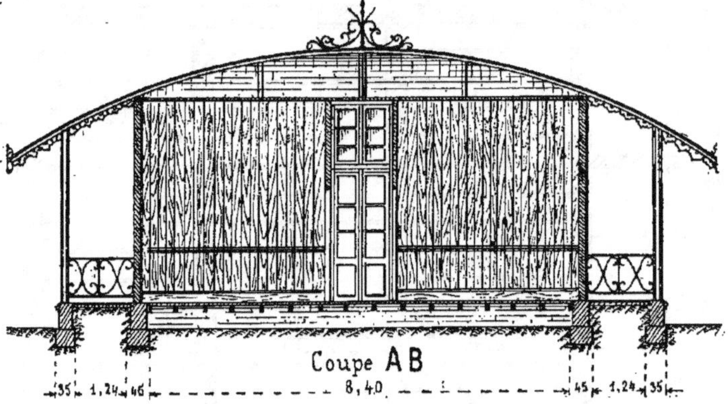

Coupe AB
Fig. 1232.

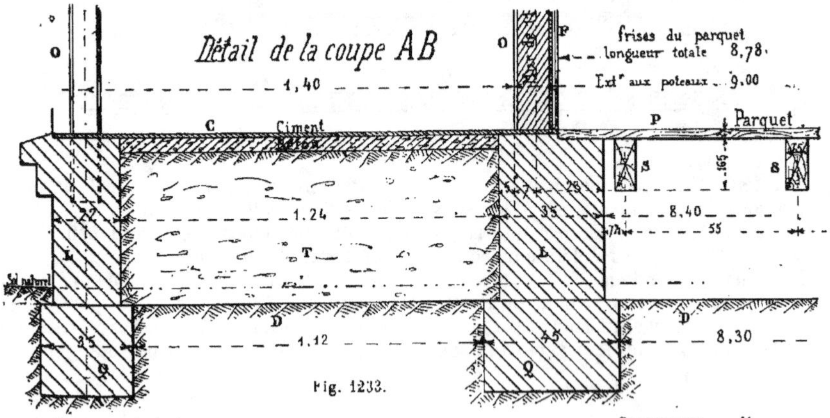

Détail de la coupe AB
Fig. 1233.

Sciences générales.   Serrurerie. — 42.

658 SERRURERIE.

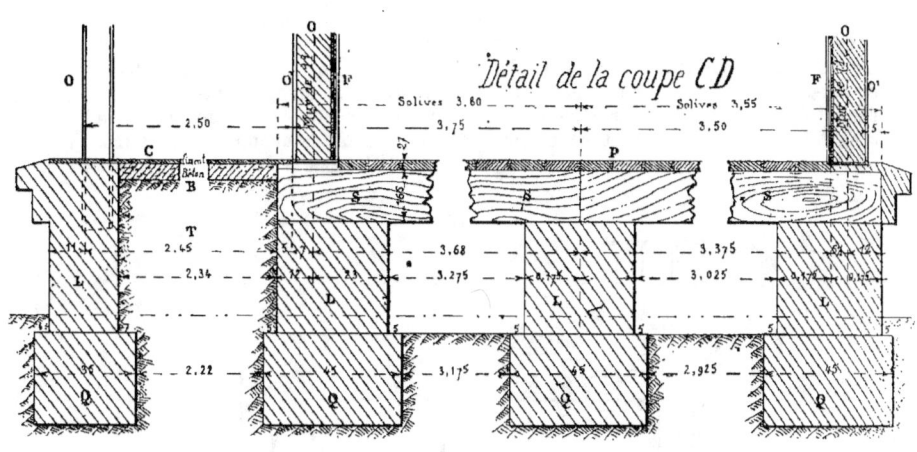

Fig. 1234.

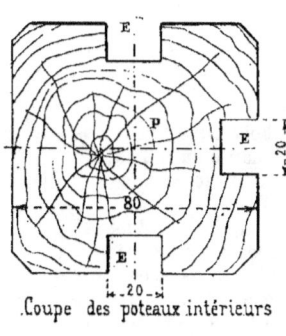

Coupe des poteaux intérieurs
Fig. 1235.

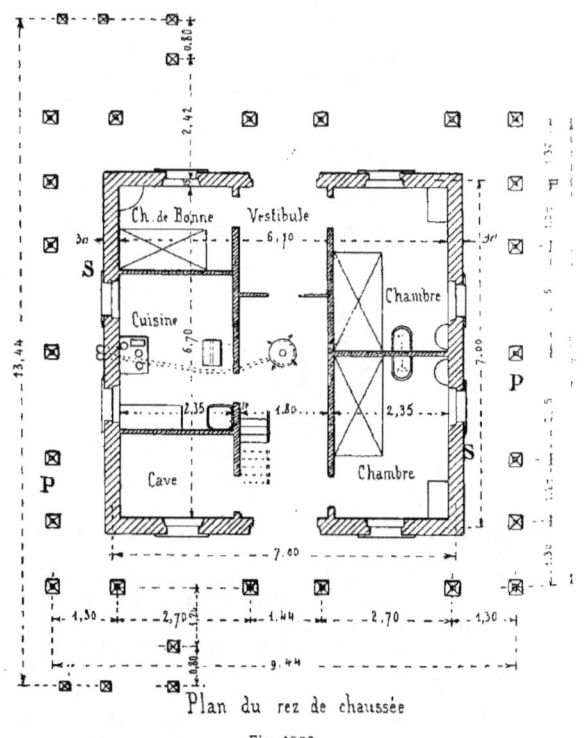

Plan du rez de chaussée
Fig. 1236.

Quatrième exemple.

1489. Comme quatrième exemple, nous donnons (*fig.* 1236 et 1237) le plan du rez-de-chaussée et du premier étage d'un chalet de bains de mer démontable, construit sur soubassement en maçonnerie.

Ce chalet comprend :

Au rez-de-chaussée : un vestibule, deux chambres de maître, une chambre de bonne, cave, cuisine, réserve.

Au premier étage : une grande salle à manger et quatre chambres de maître.

1490. Une série de piliers en maçon-

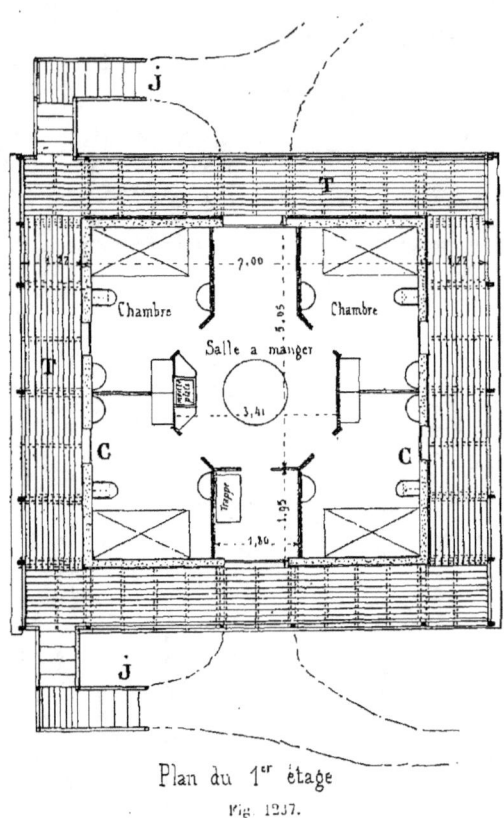

Plan du 1ᵉʳ étage
Fig. 1237.

nerie, recevant des poteaux en bois P, soutiennent une terrasse T placée au premier étage, au pourtour du bâtiment. Tout le rez-de-chaussée est construit sur une dalle de béton, et les murs S de cet étage inférieur sont en maçonnerie de 0ᵐ,30 d'épaisseur. Les murs du premier étage, indiqués en C dans le croquis (*fig.* 1237), sont construits comme ceux que nous avons indiqués précédemment, c'est-à-dire avec du bois, de la tôle ondulée et une matière isolante au milieu. En J, des escaliers donnent accès à la terrasse T.

1491. Les deux croquis (*fig.* 1238 et 1239) nous montrent les deux élévations :

En S, les murs du rez-de-chaussée construits en maçonnerie avec un mouchetis de chaux et ciment à l'extérieur ; en T, la terrasse du premier étage ; en C, les murs dont nous avons déjà parlé ; enfin, en L la couverture, avec un revêtement en planches dans les pignons.

1492. Les deux croquis (*fig.* 1240 et 1241) nous représentent deux coupes, l'une transversale, l'autre longitudinale, du chalet que nous étudions. Le genre de construction étant le même que pour les exemples précédemment cités, nous ne nous y arrêterons pas.

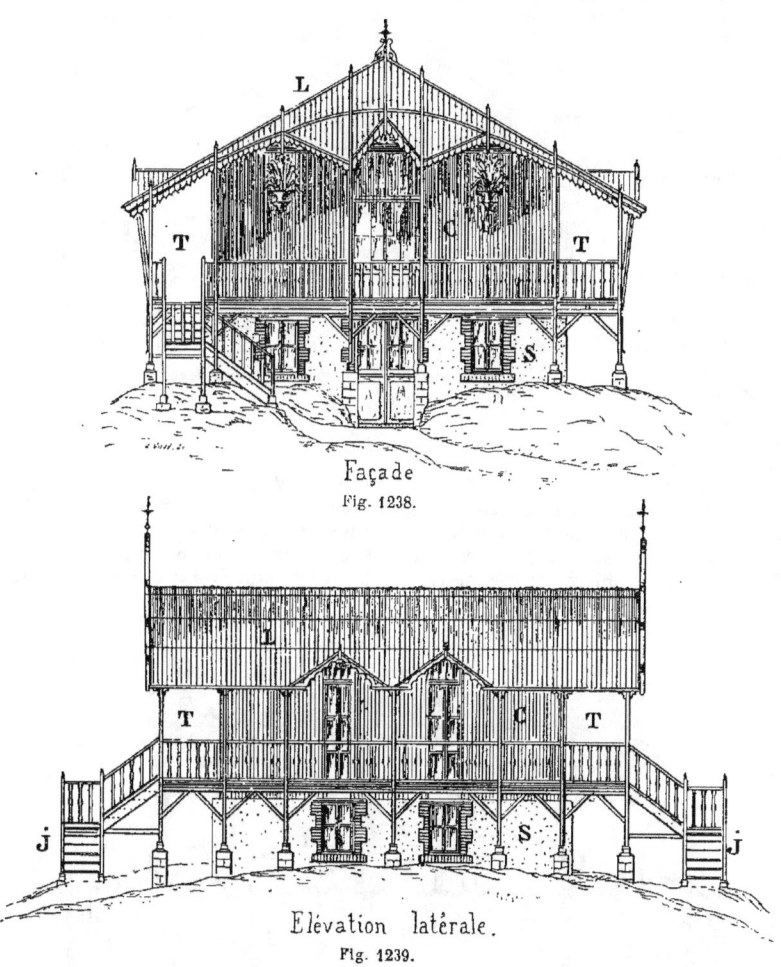

Façade
Fig. 1238.

Élévation latérale.
Fig. 1239.

Constructions en acier, système Le Maire, ingénieur-architecte.

1493. Pour terminer cette étude des constructions métalliques, nous dirons quelques mots d'un autre genre de construction en acier.

Les constructions en acier doivent certainement prendre, surtout aux colonies, une grande extension pour les raisons suivantes :

Le bois, rare aujourd'hui, est coûteux, il exige une main-d'œuvre soignée et, surtout aux colonies, se détruit rapidement par les insectes spéciaux.

La brique ne peut être exportée elle n'existe que dans les pays ayant déjà un certain degré de civilisation. Elle exige des ouvriers habiles, du plâtre, de la chaux ou du ciment et réclame de solides fondations.

La fonte trop lourde, cassante, encombrante, exige de sérieux échafaudages, ne se prête nullement aux multiples exigences de l'architecture tropicale et conserve trop la chaleur excessive de ces climats brûlants. Le moulage en est coûteux pour de petites unités.

Reste le fer, plus lourd que l'acier, plus encombrant par conséquent et comportant la complication d'un attirail de séries de pièces détachées, piliers, colonnes, traverses, chaînages, linteaux, équerres, boulons entretoises, fentons, étriers, plates-bandes, colliers, ceintures, croisillons, rappointis, etc.

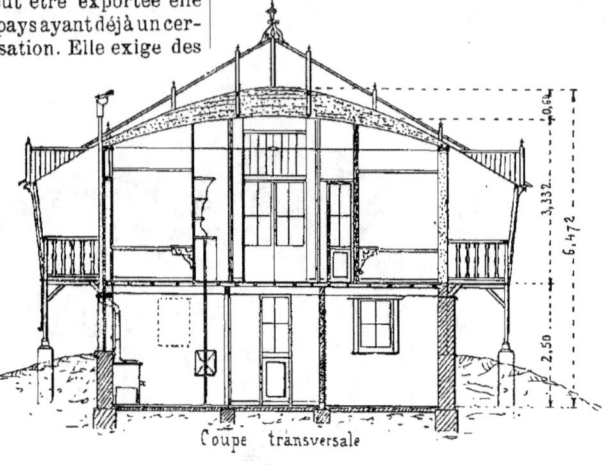

Coupe transversale
Fig. 1240.

Enfin, grâce au procédé de Bessemer, la science peut aujourd'hui opérer la substitution de l'acier doux au fer.

Ces constructions se composent :

1° De l'ossature ou *structure rigide* des-

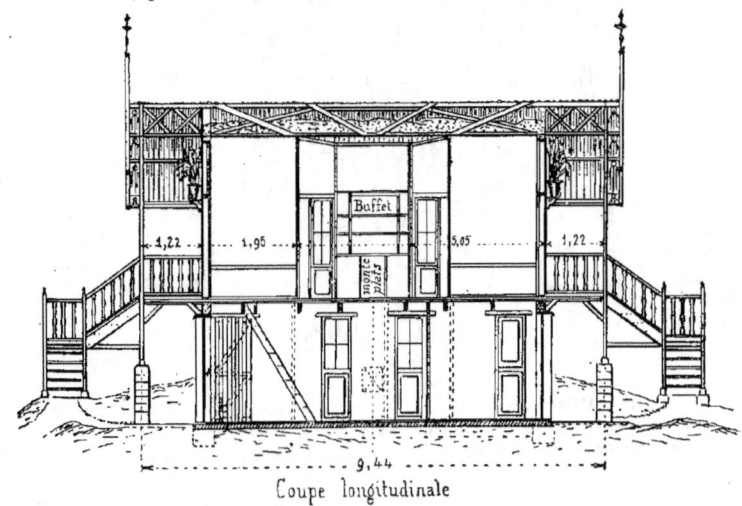

Coupe longitudinale
Fig. 1241.

tinée à enclore une surface déterminée, à supporter la charge des personnes et l'aménagement intérieur, à résister par son poids à la tempête, aux chocs et heurts des gens et des choses, et à porter la couverture et la charpente;

2° De *parois fixes ou mobiles*, murs ou fenêtres, destinées à l'abriter des intempéries des saisons et à assurer la demeure contre la destruction.

1494. La *structure* peut varier suivant le programme à remplir, le bon marché, le lieu d'érection, etc. Pour les constructions hâtives, légères, économiques, elle pourra être en simples planches de sapin rainées et à languettes ou brutes de $0^m,027$ à $0^m,034$ d'épaisseur.

Elle sera néanmoins abritée par une carapace d'acier, plâtrée ou cimentée des deux faces, si le confort l'exige, ou encore en carreaux de plâtre, en cloisons de briques de champ hourdées en plâtre, etc.

1495. Dans la plupart des cas, les parois doubles à matelas d'air interposé seront préférables, les revêtements par la carapace d'acier noir ou galvanisé étant d'exigibilité absolue.

1496. Les tôles d'acier estampées, travaillées et ajourées par des procédés spéciaux pour retenir les différents enduits susceptibles de répondre aux diverses exigences de lieu et de climat, évitent le crevassement et parent aux effets du jeu des matériaux utilisés.

1497. On peut employer, comme enduits protecteurs, le plâtre de rebut mélangé de sable ou autre substance inerte quelconque; le ciment de Saulnes, pesant beaucoup moins que le Portland et ayant de bonnes qualités, surtout celle de pouvoir recevoir les peintures sans préparatifs; du matifas, de la glaise durcie, du schiste en poudre mélangé à de l'asphalte comprimé pour la couverture, mélange donnant une élasticité utile; le béton de cailloux fins avec revêtement décoratif de la mosaïque de marbre; pour habitation de l'ordre, on enduit de ciment lissé, ravalé ou bouchardé simulant la pierre, le granit des constructions locales. En un mot, des corps mauvais conducteurs du chaud, du froid et du son, et se prêtant le mieux au ravalement décoratif approprié au style de la construction, avec le plus de durée, le plus d'effet et le moins d'entretien.

1498. Pour l'exportation, la structure est formée de poteaux corniers et ordinaires en acier, cornières réunies à une âme en tôle d'acier, percée de trous reposant sur des patins en fer à **T**, formant semelles de répartition des charges sur le sol, lequel doit être battu, comprimé et dressé de niveau.

Un socle en béton sera posé sous chacune des semelles à 1 mètre sous terre, pour enraciner en quelque sorte la structure, afin de parer à son enlèvement par les cyclones et ouragans fréquents dans les pays tropicaux.

1499. Le niveau du parquet du rez-de-chaussée sera à 1 mètre ou $1^m,50$ du sol environnant, à cause des miasmes et de l'humidité.

L'intervalle libre pourra être rempli de cailloux lavés.

1500. Le plancher en *solivage d'acier*, hourdé en béton recevant carrelage, mosaïque en ciment sur carapace d'acier.

1501. Les parois seront formées de cadres mobiles ou châssis blindés de *tôle d'acier perforée estampée* par panneaux à bords rabattus.

Ces cadres combinés pour leur tension automatique, rigide, immuable, étant dosés, recevront alors et seulement lesdits enduits énumérés plus haut, évitant ainsi toute dilatation ou retrait désarticulant l'édifice le mieux conçu. Leur surface sera parfaitement plane et dressée pour recevoir une décoration murale simple ou riche. Ils seront fixés et assujettis aux poteaux et sablières hautes et basses au moyen de clavettes mobiles tournant sur leur axe et pénétrant en feuillure à mi-épaisseur des cornières d'acier par le moyen d'une clef spéciale.

1502. Ces panneaux auront de 2 à 3 mètres sur $0^m,70$ à $0^m,76$ de largeur; un crochet de suspension central placé à la partie supérieure permettra d'en opérer vivement et sans hésiter l'accrochage sans aucun tâtonnement.

1503. Lorsqu'on se servira du système mixte : acier et bois, on remplacera les poutrelles verticales en cornières, à âme de tôle d'acier ajourée, par des madriers debout sur lesquels seront assemblés et boulonnés les quatre corniers formant feuillures pour recevoir les châssis mobiles, bander le support, maintenir les parements rectilignes et recevoir la portée des deux solives d'acier en cornières moisées avec le madrier pour ne former qu'un tout. La tête de ces poteaux est reliée par un fer simple T répartissant également les charges sur les montants.

1504. Le plancher est composé de

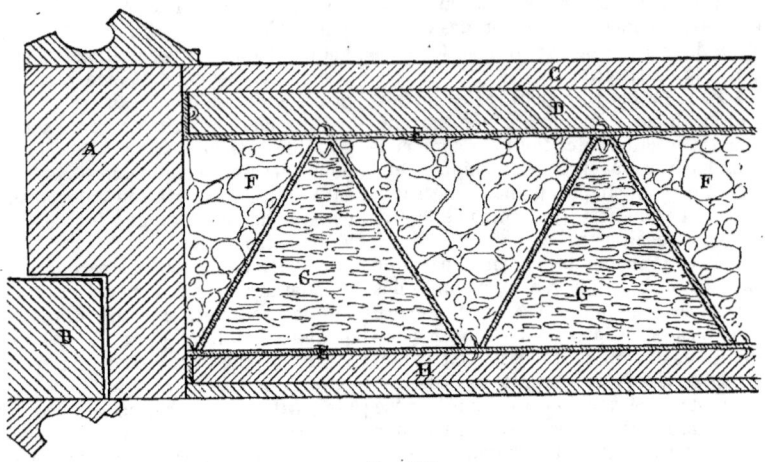

Fig. 1242.

solives d'acier doux en cornières ou à simple T fixés par équerres et boulonnés sur la semelle.

Le hourdis des planchers se compose d'une série de tôles d'acier perforées, disposées sous forme prismatique, reposant sur l'aile des solives et pouvant recevoir un massif de débris de vieux plâtre ou scories de forge noyées dans du plâtre frais gâché avec du sable ou autre matière inerte parant à son foisonnement. En outre, par-dessous les solives il existera un lattis métallique recouvrant entièrement la surface du plafond et retenant l'enduit plafonné sans aucune crainte de crevasses.

1505. Les tubes de fumée dans les habitations seront formés de tôle perforée enroulée circulairement et enduite de plâtre gâché sur les deux faces; les chambranles de cheminées seront en tôle d'acier moulurée, estampée galvanisée ou émaillée, ou de fonte légère moulée et émaillée.

1506. Les épaisseurs des parois verticales ou horizontales varient de 0^m,025 à 1 mètre suivant la destination.

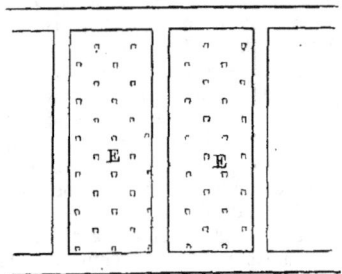

Fig. 1243.

1507. Les croquis (fig. 1242, 1243, 1244 et 1245) nous donneront une idée du mode de construire et la légende ci-après en fera comprendre les différentes parties :

A. — Poteau des dormants;
B. — Dormants;
C. — Enduit plâtre fin au sas;
D. — Crépis de plâtre et sable;
E. — Tôle perforée;
F. — Remplissage de scories concassées;
G. — Hourdis;
H. — Crépis en plâtre;
I. — Voligeage à claire-voie;
J. — Revêtement intérieur en sapin par frises plaquées.

1508. Comme nous venons de le voir, on se sert beaucoup d'acier dans ces constructions, même pour les planchers; il n'est donc pas inutile d'en dire quelques mots, l'acier tendant de plus en plus à remplacer le fer.

Note sur l'emploi de poutrelles en acier doux de fabrication française.

1509. Depuis plusieurs années, les constructeurs ont remarqué que la qualité des fers du commerce va toujours en diminuant; lorsqu'ils veulent cintrer ces fers, il se produit des gerçures et d'autres défauts, il n'est même pas rare, lorsque les voituriers déchargent des fers à pied-d'œuvre, de voir des solives se casser en deux morceaux, comme le ferait une barre de fonte.

1510. Voulant obvier à ces inconvénients, certains producteurs ont pensé qu'il était utile, pour conserver la sécurité de nos planchers, de remédier à cette

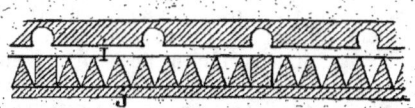

Fig. 1244.

Fig. 1245.

mauvaise fabrication et ont imaginé les *poutrelles en acier doux*, de fabrication française, dont M. L. Gasne, à qui nous empruntons les quelques renseignements qui suivent, peut aujourd'hui faire couramment la livraison.

1511. L'acier doux est, pour ainsi dire, un fer fin de très bonne qualité; on ne peut lui demander la résistance des aciers de fabrication spéciale, mais il possède une homogénéité parfaite, se forge, se dresse, se plie, se soude, et surtout se perce d'une manière parfaite.

Avantage résultant du mode de fabrication.

1512. Les poutrelles en fer sont obtenues en partant d'un paquet composé de plusieurs bandes de fer puddlé, de diverses qualités, le fer de qualité inférieure entrant en grande proportion dans la composition du paquet. Il faut bien reconnaître que ces bandes de fer doivent être plus ou moins soudées entre elles. Il résulte ainsi, soit d'un soudage imparfait dans le four à réchauffer, soit de ces efforts inégaux auxquels sont soumises ces différentes bandes composant le paquet, des solutions de continuité non apparentes *qui réduisent la résistance sur laquelle on avait compté*. Aussi n'est-il pas rare, en faisant des essais de traction sur des barrettes prélevées dans des poutrelles en fer, d'obtenir des allongements qui ne dépassent pas 6 0/0 dans le sens longitudinal et qui sont presque nuls dans le sens transversal.

1513. Ces mécomptes ne sont pas à craindre avec les poutrelles en acier. En long comme en travers, elles donnent toujours les mêmes allongements de 20 à 25 0/0. Cette grande régularité résulte non seulement de leur mode de fabrication, mais aussi de l'homogénéité et de la pureté du métal employé. Les poutrelles en acier sont, en effet, formées d'un seul bloc, obtenues en partant d'un lingot coulé d'une seule pièce, avec lequel on lamine une ou plusieurs barres.

1514. Afin de le comparer aux fers du commerce, nous croyons utile de rappeler ici les propriétés de ces deux métaux.

Limite d'élasticité.

1515. Lorsqu'on soumet une tige métallique de section uniforme à des charges progressivement croissantes, agissant dans le sens de la longueur, on constate que la tige s'allonge; il y a deux périodes distinctes dans cet allongement : dans la première période, l'allongement proportionnel à la charge est tel qu'en supprimant cette charge il disparait en même temps. C'est ce qu'on appelle l'*allongement élastique*. Dans la seconde période, il y a déformation.

La charge qui marque la limite de ces deux périodes s'appelle *limite d'élasticité*. On peut admettre, à titre de moyenne, les chiffres suivants comme limite d'élasticité par millimètre carré de section :

26 kilogrammes pour l'acier doux ;
16 kilogrammes pour le fer.

Résistance et allongement à la rupture.

1516. Lorsque la charge agissant sur la tige continue à croître, on obtient à un moment donné la rupture : la charge prise à ce moment s'appelle la *charge de rupture* ou la *résistance à la rupture*; cette charge rapportée au millimètre carré de la section primitive de la tige est en moyenne de :

42 kilogrammes pour l'acier doux ;
32 kilogrammes pour le fer.

Si, avant l'expérience, on a pointé sur la tige une longueur de 200 millimètres par exemple, on constate, après rupture, les deux parties de la tige étant jointives, que cette longueur de 200 millimètres s'est augmentée; le rapport de cette augmentation à 200 millimètres est l'allongement correspondant à la rupture; cet allongement est en moyenne de :

22 0/0 pour l'acier doux ;
6 0/0 pour le fer ordinaire.

Tous ces chiffres se rapportent aux qualités courantes d'acier doux et de fer employées pour le laminage des poutrelles.

Coefficients de résistance (de rupture et de sécurité).

1517. Lorsqu'une poutrelle fait partie d'un plancher, elle est soumise à des efforts qui, lorsqu'ils sont maximum, peuvent amener la rupture; il est indispensable, en pratique, de se tenir sensiblement en-deçà des efforts qui détermineraient cette rupture.

1518. Supposons, par exemple, une poutrelle en acier dont la résistance à la rupture serait de 42 kilogrammes, on pourra régler les efforts que devra supporter cette poutrelle, de telle façon que ces efforts rompraient la poutrelle, si la résistance à la rupture était seulement de 12 kilogrammes au lieu d'être de 42 kilogrammes; dans ce cas, 12 kilogrammes est dit le coefficient de sécurité. Ainsi la différence entre ce coefficient de sécurité 12 kilogrammes, et la résistance de 42 kilogrammes mesure la différence entre la charge réelle supportée par la poutrelle et la charge qui la romprait.

On admet, généralement, comme coefficient de sécurité les chiffres suivants :

12 kilogrammes pour l'acier doux ;
8 kilogrammes pour le fer.

Comparaison du fer avec l'acier.

1519. Comparons deux planchers, l'un en fer et l'autre en acier, établis de façon identique et avec les mêmes profils de poutrelles.

Dans ce cas, les deux planchers représenteront le même poids de métal, mais le plancher en acier pourra supporter une charge plus forte. Quelle sera cette charge supplémentaire?

1520. Rappelons d'abord que la charge supportée par une poutrelle déterminée, soit concentrée en son milieu, soit répartie uniformément sur toute sa longueur, est proportionnelle :

1° A l' $\frac{I}{v}$ du profil;

2° Au coefficient adopté pour le métal.

1521. Or, la quantité $\frac{I}{v}$ ne dépendant que de la forme géométrique du profil de la poutrelle, cet élément est le même pour le fer et l'acier.

Donc, en résumé, quand on passe du fer à l'acier, c'est seulement le coefficient qui fait varier la charge proportionnellement.

Le coefficient étant 8 kilogrammes pour le fer et 12 kilogrammes pour l'acier *il en résulte que, si un plancher en fer peut supporter une charge totale de* 18 000 *kilogrammes*, par exemple, le même plancher en acier supportera une charge totale de 27 000 kilogrammes.

1522. Ainsi, de ces deux planchers *identiques* et pesant le *même poids*, celui en *acier* supportera *moitié plus* que celui en fer.

Dans la pratique, la question se pose d'une façon un peu différente ; la charge totale à supporter est une donnée, et il s'agit de déterminer, d'après cela, le plancher à établir en fer ou en acier.

1523. Reprenons le plancher en fer dont nous avons parlé plus haut, lequel supporte 18 000 kilogrammes que nous supposerons répartis sur dix-huit poutrelles, à raison de 1 000 kilogrammes par poutrelle.

1524. En tenant compte de la différence de coefficient, la poutrelle en acier de même profil et de même poids supportera 1 500 kilogrammes au lieu de 1 000 kilogrammes ; par conséquent, un plancher de douze poutrelles d'acier supportera la même charge totale de 18 000 kilogrammes (1 500 × 12 = 18 000 kilogrammes) que le plancher de dix-huit poutrelles de fer ; il suffira donc *d'augmenter l'écartement* des poutrelles pour passer du plancher de dix-huit poutrelles en fer à un plancher absolument équivalent de douze poutrelles en acier, et, comme la poutrelle constitutive de ces deux planchers est la même comme profil et comme poids, **douze poutrelles en acier supporteront la même charge que dix-huit poutrelles semblables en fer** ; il en résulte qu'il y a 50 0/0 *de poids de matière en plus* pour la même résistance, lorsqu'on emploie du fer au lieu d'acier.

1525. On peut donc *toujours* remplacer un plancher en fer par un plancher en acier formé du même profil de poutrelles, en écartant davantage les poutrelles, et on réalise de ce chef *une économie de poids notable, tout en conservant la même sécurité*.

1526. Dans ce cas, la différence de poids résulte de ce fait que *deux poutrelles en acier remplacent trois poutrelles en fer* ; mais cette économie peut encore se réaliser en remplaçant les poutrelles en fer par des poutrelles en acier de profil plus faible. En voici un exemple :

1527. La poutrelle en fer, à ailes ordinaires, de 180/56, pesant 18 kilogrammes le mètre courant, peut, sur une portée de 5 mètres, au coefficient de 8 kilogrammes, supporter une charge de 1 527 kilogrammes uniformément répartie.

1528. Or, une poutrelle en acier de 160/52 pesant 13 kilogrammes peut supporter dans les mêmes conditions, mais au coefficient de 12 kilogrammes, une charge de 1 540 kilogrammes.

1529. Voilà donc deux poutrelles équivalentes au point de vue de la charge : celle en fer pèse 18 kilogrammes, celle en acier 13 kilogrammes ; d'où il résulte que celle en fer pesant plus ne supporte pas davantage.

1530. En résumé, en rapprochant ces résultats de ce que nous avons dit plus haut relativement à la limite d'élasticité et à la sécurité que présente à ce point de vue l'acier travaillant au coefficient de 12 kilogrammes, nous trouvons à l'avantage de l'acier que le fer pèse plus et offre une sécurité moins grande ; l'écart de prix entre le fer et l'acier étant faible, il en résultera une économie très sensible sur la dépense totale, et l'acier aura encore pour lui l'avantage d'une sécurité beaucoup plus grande.

Profils des barres ou poutrelles en acier.

1531. Le tableau n° 1 ci-après nous montre les différents profils adoptés pour les poutrelles en acier. Dans la partie haute du tableau nous indiquons les types courants à *ailes ordinaires* ; dans la par-

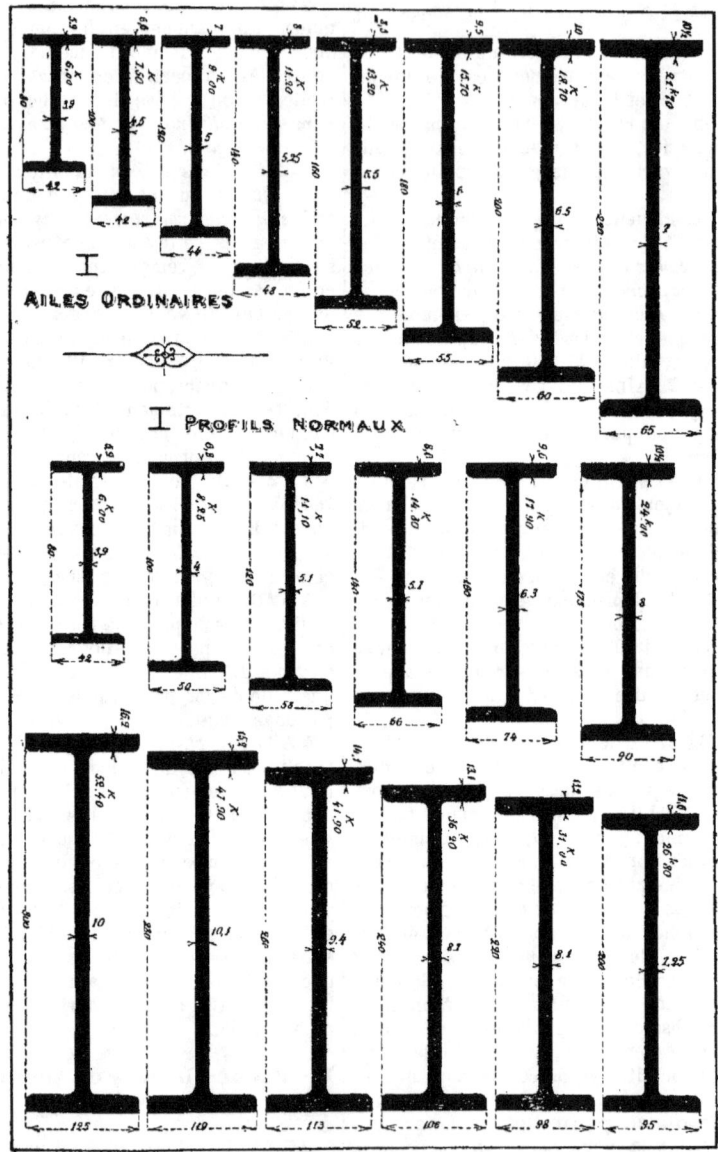

tie basse, sous la désignation de *profils normaux*, nous représentons une série de profils intermédiaires, entre les profils ailes ordinaires du commerce et larges ailes.

Ces derniers types doivent remplacer

les poutrelles en fer larges ailes, lorsque les poutrelles à ailes ordinaires ne suffisent pas; ces profils ont pour but d'obtenir, avec le minimum de poids, le maximum de résistance et de stabilité dans les deux sens.

Profils divers en acier doux.

1532. Indépendamment des profils en I, on fabrique aussi des aciers doux laminés : fers ronds de 5 à 200 millimètres, fers carrés de 5 à 110 millimètres, feuillards, fers plats et larges plats de toutes dimensions, tôle depuis 1/2 millimètre d'épaisseur et jusqu'à 2^m,50 de largeur, des fers simples T, des fers en U, des fers en Z, des cornières à branches égales et à branches inégales des dimensions suivantes :

CORNIÈRES ÉGALES

Largeurs d'ailes : 20 25 30 35 40 45 50 55 60 70
                   80 90 100 120 130 140 150

CORNIÈRES INÉGALES

Largeurs d'ailes : $\frac{40}{25} \frac{50}{30} \frac{55}{35} \frac{60}{40} \frac{70}{50} \frac{80}{50} \frac{90}{50} \frac{100}{60} \frac{100}{70}$

Largeurs d'ailes : $\frac{100}{80} \frac{110}{70} \frac{125}{80} \frac{130}{60} \frac{140}{90} \frac{150}{90} \frac{160}{100}$

FERS EN U

Largeurs : 30 40 50 60 70 80 100
Hauteurs : 15 20 25 30 40 40 40
Largeurs : 120 140 160 175 200 225 250
Hauteurs : 45 50 55 60 70 70 80

FERS T

Largeurs : 70 80 90 100 130
Hauteurs : 40 55 45 60 70

FERS T

Largeurs : 20 20 20 25 25 30 35
Hauteurs : 18 20 25 25 30 30 40
Largeurs : 40 40 45 50 55 60 65 75
Hauteurs : 40 45 50 55 60 60 70 80

FERS EN Z

Largeurs d'ailes : 38 40 43 45 50
Hauteurs :   30 40 50 55 80

Largeurs d'ailes : 55 60 65 70 75
Hauteurs :   100 120 140 160 180

1533. Des fers spéciaux, dont les croquis (fig. 1246 et 1246 bis) nous donnent la forme, permettent d'obtenir des colonnes rondes ou carrées en acier, ayant la disposition des croquis (fig. 1247 et 1248), et comme dimensions les suivantes :

Rayons intérieurs : $\frac{50}{35}, \frac{75}{40}, \frac{100}{45}, \frac{125}{50}, \frac{150}{55},$

$\frac{163}{70}, \frac{280}{84};$

Tableaux des résistances des poutrelles en acier doux.

1534. Comme nous l'avons fait pour les fers I du commerce, tome I, *Matériaux*

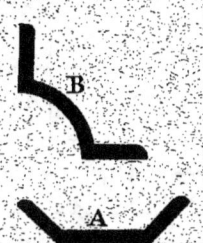

Fig. 1246 et 1246 bis.

de construction, tableaux n°s 1, 2 et 3, pages 268 et suivantes, nous donnons ci-après, sous forme de tableaux, les profils, le poids par mètre courant, les valeurs de I et de R, ainsi que les charges uniformément réparties, que peuvent supporter les poutrelles en acier doux, reposant librement, par leurs extrémités, sur des appuis de niveau, espacés de 1 à 10 mètres.

1535. Le tableau n° 2 correspond aux poutrelles en acier doux, ailes ordinaires.

Fig. 1247 et 1248.

1536. Le tableau n° 3 correspond aux poutrelles en acier doux, profils normaux.

1537. Nous avons déjà indiqué comment on se sert de ces tableaux, nous croyons inutile d'y revenir.

AILES ORDINAIRES — TABLEAU N° 2 — AILES ORDINAIRES

Indiquant les profils, les poids par mètre courant, les sections et les charges maxima uniformément réparties que peuvent supporter les poutrelles en acier à **ailes ordinaires**, reposant librement par leurs extrémités sur des appuis de niveau espacés de 1 à 10 mètres pour des résistances de 7, 9, 12 et 15 kilogr. par millimètre carré de section.

N. B. — Dans les cas de charges placées au milieu de leur longueur, il ne faudra prendre que la moitié des nombres indiqués. Le poids de la poutrelle n'est pas déduit.

POUTRELLES EN ACIER Profils ailes ordinaires	POIDS du MÈTRE	VALEURS DE $\frac{1}{v}$	R	\multicolumn{10}{c}{CHARGES UNIFORMÉMENT RÉPARTIES CORRESPONDANT AUX CHARGES DE SÉCURITÉ 7, 9, 12 ET 15 KILOG. POUR DES PORTÉES DE 1 À 10 m.}									
				1 m.	2 m.	3 m.	4 m.	5 m.	6 m.	7 m.	8 m.	9 m.	10 m.
N° 1 80 × 42 × 3,9	6 000	19 000	7 / 9 / 12 / 15	1097 / 1411 / 1881 / 2352	548 / 705 / 940 / 1176	365 / 470 / 627 / 784	274 / 352 / 470 / 588	219 / 282 / 376 / 470	182 / 235 / 313 / 392	156 / 201 / 268 / 336	137 / 176 / 235 / 294	121 / 156 / 209 / 261	109 / 141 / 188 / 235
N° 2 80 × 47 × 8,9	9 300	25 400	7 / 9 / 12 / 15	1422 / 1828 / 2438 / 3048	711 / 914 / 1219 / 1524	474 / 609 / 812 / 1016	355 / 457 / 609 / 762	284 / 365 / 487 / 609	237 / 304 / 406 / 508	203 / 261 / 348 / 435	177 / 228 / 304 / 381	158 / 203 / 270 / 338	142 / 182 / 243 / 304
N° 3 100 × 42 × 4,5	7 500	29 126	7 / 9 / 12 / 15	1631 / 2097 / 2796 / 3495	815 / 1048 / 1398 / 1747	543 / 699 / 932 / 1165	407 / 524 / 699 / 873	326 / 419 / 559 / 699	271 / 349 / 466 / 582	233 / 299 / 399 / 499	203 / 262 / 349 / 437	181 / 233 / 310 / 388	163 / 209 / 279 / 349
N° 4 100 × 46 × 8,5	10 620	35 762	7 / 9 / 12 / 15	2004 / 2577 / 3436 / 4295	1002 / 1288 / 1718 / 2147	668 / 859 / 1145 / 1431	501 / 644 / 859 / 1074	403 / 515 / 687 / 859	334 / 429 / 572 / 716	286 / 368 / 491 / 614	250 / 322 / 429 / 537	222 / 286 / 382 / 477	200 / 257 / 343 / 429
N° 5 120 × 44 × 5	9 000	41 086	7 / 9 / 12 / 15	2300 / 2058 / 3944 / 4930	1150 / 1479 / 1972 / 2465	766 / 986 / 1314 / 1643	575 / 739 / 986 / 1232	460 / 591 / 788 / 986	383 / 493 / 657 / 822	328 / 422 / 563 / 704	287 / 369 / 493 / 616	255 / 328 / 438 / 548	230 / 298 / 394 / 493
N° 6 120 × 49 × 10	13 700	53 086	7 / 9 / 12 / 15	2972 / 3822 / 5096 / 6370	1486 / 1911 / 2548 / 3185	990 / 1274 / 1698 / 2123	743 / 955 / 1274 / 1592	594 / 764 / 1019 / 1274	495 / 637 / 849 / 1062	424 / 546 / 728 / 910	371 / 477 / 637 / 796	330 / 424 / 566 / 708	297 / 382 / 509 / 637
N° 7 140 × 48 × 5,25	11 200	59 766	7 / 9 / 12 / 15	3346 / 4303 / 5737 / 7172	1673 / 2151 / 2808 / 3586	1115 / 1434 / 1912 / 2390	836 / 1076 / 1434 / 1793	669 / 861 / 1147 / 1434	558 / 717 / 956 / 1195	478 / 615 / 820 / 1025	418 / 538 / 717 / 896	372 / 478 / 637 / 797	334 / 430 / 573 / 717
N° 8 140 × 53 × 10,25	16 660	76 006	7 / 9 / 12 / 15	4261 / 5479 / 7305 / 9131	2130 / 2739 / 3652 / 4565	1420 / 1826 / 2435 / 3044	1065 / 1370 / 1826 / 2283	852 / 1096 / 1461 / 1826	710 / 913 / 1217 / 1521	609 / 783 / 1043 / 1304	533 / 685 / 913 / 1141	474 / 609 / 812 / 1014	426 / 548 / 730 / 913
N° 9 160 × 52 × 5,5	13 200	80 225	7 / 9 / 12 / 15	4492 / 5776 / 7701 / 9627	2246 / 2888 / 3850 / 4813	1497 / 1925 / 2567 / 3209	1123 / 1444 / 1925 / 2407	898 / 1155 / 1540 / 1925	748 / 963 / 1283 / 1604	641 / 825 / 1100 / 1375	561 / 722 / 962 / 1203	499 / 641 / 855 / 1070	449 / 577 / 770 / 962
N° 10 160 × 57 × 10,5	19 440	101 555	7 / 9 / 12 / 15	5687 / 7311 / 9749 / 12186	2843 / 3655 / 4874 / 6093	1895 / 2437 / 3249 / 4062	1421 / 1827 / 2437 / 3046	1137 / 1462 / 1949 / 2437	947 / 1218 / 1624 / 2031	812 / 1044 / 1392 / 1741	710 / 913 / 1218 / 1523	631 / 812 / 1083 / 1354	568 / 731 / 975 / 1218
N° 11 180 × 55 × 6	15 700	105 887	7 / 9 / 12 / 15	5928 / 7622 / 10163 / 12706	2964 / 3811 / 5081 / 6353	1976 / 2540 / 3387 / 4235	1482 / 1905 / 2540 / 3176	1185 / 1524 / 2032 / 2540	988 / 1270 / 1693 / 2118	847 / 1089 / 1452 / 1815	741 / 952 / 1270 / 1598	658 / 847 / 1129 / 1412	592 / 762 / 1016 / 1270
N° 12 180 × 60 × 11	22 720	132 887	7 / 9 / 12 / 15	7440 / 9566 / 12755 / 15946	3720 / 4783 / 6377 / 7973	2480 / 3188 / 4251 / 5315	1860 / 2391 / 3188 / 3986	1488 / 1913 / 2551 / 3188	1240 / 1594 / 2126 / 2658	1063 / 1366 / 1822 / 2278	930 / 1195 / 1594 / 1993	826 / 1063 / 1417 / 1772	744 / 956 / 1275 / 1594
N° 13 200 × 60 × 6,5	13 700	140 000	7 / 9 / 12 / 15	7839 / 10079 / 13439 / 16798	3919 / 5039 / 6719 / 8399	2613 / 3359 / 4479 / 5599	1959 / 2519 / 3359 / 4199	1567 / 2015 / 2687 / 3360	1306 / 1679 / 2239 / 2800	1119 / 1439 / 1919 / 2400	979 / 1259 / 1679 / 2100	871 / 1119 / 1493 / 1866	784 / 1008 / 1344 / 1680
N° 14 200 × 65 × 11,5	26 500	173 323	7 / 9 / 12 / 15	9706 / 12579 / 16639 / 20798	4853 / 6239 / 8319 / 10399	3235 / 4159 / 5546 / 6933	2426 / 3119 / 4159 / 5199	1941 / 2495 / 3327 / 4159	1617 / 2079 / 2773 / 3466	1386 / 1782 / 2377 / 2971	1213 / 1559 / 2080 / 2600	1078 / 1386 / 1848 / 2311	970 / 1248 / 1664 / 2080
N° 15 220 × 65 × 7	21 700	178 063	7 / 9 / 12 / 15	9974 / 12820 / 17094 / 21367	4985 / 6410 / 8547 / 10683	3323 / 4273 / 5698 / 7122	2492 / 3205 / 4273 / 5342	1994 / 2564 / 3418 / 4273	1662 / 2136 / 2849 / 3561	1424 / 1831 / 2442 / 3052	1246 / 1602 / 2136 / 2671	1108 / 1424 / 1899 / 2374	997 / 1282 / 1709 / 2136
N° 16 220 × 70 × 12	30 280	218 394	7 / 9 / 12 / 15	12230 / 15724 / 20965 / 26207	6115 / 7862 / 10482 / 13103	4077 / 5241 / 6988 / 8736	3057 / 3931 / 5241 / 6552	2446 / 3144 / 4193 / 5241	2038 / 2620 / 3494 / 4368	1747 / 2246 / 2995 / 3744	1528 / 1965 / 2620 / 3276	1359 / 1747 / 2329 / 2912	1223 / 1572 / 2096 / 2620

N. B. — Le poids par mètre n'est qu'approximatif. On peut exécuter à épaisseurs et poids intermédiaires à ceux indiqués comme limites.

PROFILS NORMAUX   **TABLEAU N° 3**   **PROFILS NORMAUX**

Indiquant les profils, les poids par mètre courant, les sections et les charges maxima uniformément réparties que peuvent supporter les poutrelles en acier, reposant librement par leurs extrémités sur des appuis espacés de 1 à 10 mètres, pour des résistances de 9, 12 et 15 kilogr. par millimètre carré de section.

N. B. — Dans les cas de charges placées au milieu de leur longueur, il ne faudra prendre que la moitié des nombres indiqués. Le poids de la poutrelle n'est pas déduit.

POUTRELLES EN ACIER Profils normaux	POIDS du MÈTRE	VALEURS DE $\frac{I}{v}$ / R	CHARGES UNIFORMÉMENT RÉPARTIES CORRESPONDANT AUX CHARGES DE SÉCURITÉ 9, 12 et 15 KIL. POUR DES PORTÉES DE 1 À 10 MÈTRES									
			1 m.	2 m.	3 m.	4 m.	5 m.	6 m.	7 m.	8 m.	9 m.	10 m.
	kil.		k.	k.	k.	k.	k.	k.	k.	k.	k.	k.
N° 1 — 80 × 42 × 3,9	6.000	9 / 12 / 15	1411 / 1881 / 2352	705 / 940 / 1176	470 / 627 / 784	352 / 470 / 588	282 / 376 / 470	235 / 313 / 392	201 / 268 / 336	176 / 235 / 294	156 / 209 / 261	141 / 188 / 235
N° 2 — 80 × 47 × 8,9	9.300	9 / 12 / 15	1826 / 2438 / 3048	914 / 1219 / 1524	609 / 812 / 1016	457 / 609 / 762	365 / 487 / 609	304 / 406 / 508	261 / 348 / 435	228 / 304 / 381	203 / 270 / 338	182 / 243 / 304
N° 3 — 100 × 50 × 4,1	8.200	9 / 12 / 15	2476 / 3302 / 4128	1238 / 1651 / 2064	825 / 1100 / 1376	619 / 825 / 1032	495 / 660 / 825	412 / 550 / 688	353 / 471 / 589	309 / 412 / 516	275 / 366 / 458	247 / 330 / 412
N° 4 — 100 × 55 × 9,5	12.600	9 / 12 / 15	3124 / 4166 / 5208	1562 / 2083 / 2604	1041 / 1388 / 1736	781 / 1041 / 1302	624 / 833 / 1041	520 / 694 / 868	446 / 595 / 744	390 / 520 / 651	347 / 462 / 578	312 / 416 / 520
N° 5 — 120 × 58 × 5,1	11.100	9 / 12 / 15	3967 / 5289 / 6612	1983 / 2644 / 3306	1322 / 1763 / 2204	991 / 1322 / 1653	793 / 1057 / 1322	661 / 881 / 1102	566 / 755 / 944	495 / 661 / 826	440 / 587 / 734	396 / 528 / 651
N° 6 — 120 × 63 × 10,1	16.000	9 / 12 / 15	4903 / 6537 / 8172	2451 / 3268 / 4086	1634 / 2179 / 2724	1225 / 1634 / 2043	980 / 1307 / 1634	817 / 1089 / 1362	700 / 933 / 1167	612 / 817 / 1021	544 / 726 / 908	490 / 653 / 817
N° 7 — 140 × 66 × 5,7	14.300	9 / 12 / 15	5954 / 7939 / 9924	2977 / 3969 / 4962	1984 / 2646 / 3308	1488 / 1984 / 2481	1190 / 1587 / 1984	992 / 1323 / 1654	850 / 1134 / 1417	744 / 992 / 1240	661 / 882 / 1102	595 / 793 / 992
N° 8 — 140 × 71 × 10,7	20.000	9 / 12 / 15	7221 / 9628 / 12036	3610 / 4814 / 6018	2407 / 3209 / 4012	1805 / 2407 / 3009	1444 / 1925 / 2407	1203 / 1604 / 2006	1031 / 1375 / 1719	902 / 1203 / 1504	802 / 1069 / 1337	722 / 962 / 1203
N° 9 — 160 × 74 × 6,3	17.900	9 / 12 / 15	8560 / 11414 / 14268	4280 / 5707 / 7134	2853 / 3804 / 4756	2140 / 2853 / 3567	1712 / 2282 / 2853	1426 / 1902 / 2378	1222 / 1630 / 2038	1070 / 1426 / 1783	951 / 1268 / 1585	856 / 1141 / 1426
N° 10 — 160 × 79 × 11,3	24.900	9 / 12 / 15	10216 / 13622 / 17028	5108 / 6811 / 8514	3405 / 4540 / 5676	2554 / 3405 / 4257	2043 / 2724 / 3405	1702 / 2270 / 2838	1459 / 1946 / 2432	1277 / 1702 / 2128	1135 / 1513 / 1892	1021 / 1362 / 1702
N° 11 — 175 × 90 × 8	24.030	9 / 12 / 15	11311 / 15081 / 18852	5655 / 7540 / 9426	3770 / 5027 / 6284	2827 / 3770 / 4713	2262 / 3016 / 3770	1885 / 2513 / 3142	1615 / 2154 / 2693	1413 / 1885 / 2356	1256 / 1675 / 2094	1131 / 1508 / 1885
N° 12 — 175 × 94 × 12	29.240	9 / 12 / 15	13608 / 18144 / 22680	6804 / 9072 / 11340	4536 / 6048 / 7560	3402 / 4536 / 5670	2721 / 3628 / 4536	2268 / 3024 / 3780	1944 / 2592 / 3240	1701 / 2268 / 2835	1512 / 2016 / 2520	1360 / 1814 / 2268
N° 13 — 200 × 95 × 7,25	26.840	9 / 12 / 15	16502 / 22003 / 27504	8251 / 11001 / 13752	5500 / 7334 / 9168	4125 / 5500 / 6876	3300 / 4400 / 5500	2750 / 3667 / 4584	2357 / 3143 / 3929	2063 / 2750 / 3438	1833 / 2444 / 3056	1650 / 2200 / 2750
N° 14 — 200 × 100 × 12,5	34.740	9 / 12 / 15	19051 / 25401 / 31752	9525 / 12700 / 15876	6350 / 8467 / 10584	4762 / 6350 / 7938	3810 / 5080 / 6350	3175 / 4233 / 5292	2721 / 3628 / 4536	2381 / 3175 / 3969	2116 / 2822 / 3528	1905 / 2540 / 3175
N° 15 — 220 × 98 × 8,1	31.000	9 / 12 / 15	20232 / 26976 / 33720	10116 / 13488 / 16860	6744 / 8992 / 11240	5058 / 6744 / 8430	4046 / 5395 / 6744	3372 / 4496 / 5620	2890 / 3853 / 4817	2529 / 3372 / 4215	2248 / 2997 / 3746	2023 / 2697 / 3372
N° 16 — 220 × 103 × 13,1	39.900	9 / 12 / 15	23407 / 31209 / 39012	11703 / 15604 / 19506	7802 / 10403 / 13004	5851 / 7802 / 9753	4681 / 6241 / 7802	3901 / 5201 / 6502	3343 / 4458 / 5573	2925 / 3901 / 4876	2600 / 3467 / 4334	2340 / 3120 / 3901
N° 17 — 240 × 106 × 8,7	36.200	9 / 12 / 15	25718 / 34291 / 42864	12859 / 17145 / 21432	8572 / 11430 / 14288	6429 / 8572 / 10716	5143 / 6858 / 8572	4286 / 5715 / 7144	3674 / 4898 / 6123	3214 / 4286 / 5358	2858 / 3810 / 4762	2571 / 3429 / 4286
N° 18 — 240 × 111 × 13,7	45.800	9 / 12 / 15	29376 / 39168 / 48960	14688 / 19584 / 24480	9792 / 13056 / 16320	7344 / 9792 / 12240	5875 / 7833 / 9792	4896 / 6528 / 8160	4196 / 5595 / 6994	3672 / 4896 / 6120	3264 / 4352 / 5440	2937 / 3916 / 4896
N° 19 — 260 × 113 × 9,4	41.900	9 / 12 / 15	32142 / 42816 / 53520	16058 / 24408 / 26760	10704 / 14272 / 17840	8028 / 10704 / 13380	6422 / 8563 / 10704	5352 / 7136 / 8920	4587 / 6116 / 7645	4014 / 5352 / 6690	3568 / 4757 / 5946	3211 / 4281 / 5352
N° 20 — 260 × 118 × 14,4	51.350	9 / 12 / 15	36475 / 48633 / 60792	18237 / 24316 / 30396	12158 / 16211 / 20264	9118 / 12158 / 15198	7295 / 9721 / 12158	6079 / 8105 / 10132	5210 / 6947 / 8684	4559 / 6079 / 7599	4052 / 5403 / 6754	3617 / 4863 / 6079
N° 21 — 280 × 119 × 10,1	47.900	9 / 12 / 15	39384 / 52512 / 65640	19692 / 26236 / 32820	13128 / 17504 / 21880	9846 / 13128 / 16410	7876 / 10502 / 13127	6561 / 8752 / 10940	5626 / 7501 / 9376	4923 / 6564 / 8205	4376 / 5834 / 7292	3938 / 5251 / 6563
N° 22 — 280 × 124 × 15,1	59.100	9 / 12 / 15	44431 / 59241 / 74051	22215 / 29620 / 37025	14810 / 19747 / 24683	11107 / 14810 / 18512	8886 / 11848 / 14810	7405 / 9873 / 10578	6347 / 8463 / 9256	5553 / 7405 / 8277	4938 / 6582 / 7405	4443 / 5924 / 7405
N° 23 — 300 × 125 × 10	52.400	9 / 12 / 15	46740 / 62332 / 78115	23874 / 31106 / 38957	15588 / 20777 / 25974	11687 / 15583 / 19478	9349 / 12496 / 15582	7791 / 10388 / 12980	6678 / 8904 / 11127	5843 / 7791 / 9738	5194 / 6925 / 8656	4674 / 6238 / 7791
N° 24 — 300 × 130 × 15	63.700	9 / 12 / 15	52545 / 70060 / 87575	26272 / 35030 / 43780	17515 / 23353 / 29194	13136 / 14012 / 21898	10509 / 11676 / 17515	8757 / 10018 / 14595	7506 / 8757 / 12510	6558 / 8757 / 10946	5838 / 7006 / 9730	5254 / 7006 / 8757

N. B. — Le poids par mètre n'est qu'approximatif. On peut exécuter à épaisseurs et poids intermédiaires à ceux indiqués comme limites.

CHAPITRE XI

PERSIENNES EN FER. — FENÊTRES EN FER BAIES MÉTALLIQUES EN FONTE

Définitions et notions générales.

I. — Persiennes en fer.

1538. Nous avons, au commencement de la serrurerie, dit quelques mots des persiennes en bois et en fer employées dans nos constructions; proposons-nous, dans ce qui va suivre, de compléter ces indications en disant quelques mots des persiennes en fer qui sont aujourd'hui d'un usage courant.

1539. Les principaux constructeurs de ces persiennes en fer sont, comme nous le savons : MM. Baudet-Donon et Cie, J.-M. Jomain et J. Chedeville et Dufrêne.

Avant de donner les divers types de ces persiennes, nous dirons quelques mots sur les différents genres de ces constructeurs.

1° MM. Baudet-Donon et Cie exécutent depuis plus de vingt-cinq ans la fabrication des persiennes en fer par procédé mécanique; les principaux types de sa fabrication sont :

Persiennes tout en fer, à lames mobiles.

1540. Une crémaillère d'une grande simplicité, adaptée à chaque vantail, faisant manœuvrer simultanément toutes les lames, permet de donner l'ouverture que l'on désire, soit que l'on veuille se garantir du soleil ou faciliter le passage de l'air et de la lumière, ou serrer les lames jusqu'à en faire un volet complet.

Les ferrures sont des paumelles en fer, à nœuds bouchés ; elles peuvent être démontées sans l'aide d'un ouvrier spécial.

La fermeture est une espagnolette plate fermant haut et bas, fonctionnant sans engrenages ni ressorts; elle maintient les persiennes dans toute leur hauteur et n'est pas susceptible d'être dérangée par la peinture.

Persiennes de sûreté tout fer.

1541. Les persiennes en fer dites de sûreté comportent des châssis en fer spécial à rainure, formant noix et empêchant la vue entre les montants.

Les lames sont en tôle découpée, d'une seule pièce, et rivées sur les châssis en fer plein et d'une grande solidité.

Les ferrures et les fermetures sont les mêmes qu'aux autres systèmes.

Persiennes économiques tout fer.

1542. Dans ce genre de persiennes, les châssis sont en fer plein profilé; les lames sont en tôle découpée et repoussée. Ces persiennes donnent beaucoup de jour et d'air et fonctionnent avec une grande facilité.

2° M. Jomain exécute aussi divers types de persiennes en fer.

1543. Le premier type est une persienne en tôle découpée d'une seule pièce avec encadrement en fer élégi formant feuillure.

Ce modèle est construit en tôle de 1 millimètre et demi d'épaisseur, avec encadrement en fer élégi de 0^m,025 sur 0^m,011.

Les lames, comme celles des persiennes ordinaires, se terminent droites contre les montants d'encadrement.

Cette persienne, qui convient à toutes les constructions, donne beaucoup d'air et de jour : les lames découpées dans le corps de la feuille, avec laquelle elles ne forment qu'une seule pièce, présentent une grande solidité, ce qui, joint à la rigidité donnée par les cadres, en fait une fermeture très résistante.

1544. Elle se ferme au moyen d'une crémone logée dans la partie creuse du fer ou d'une espagnolette plate ; la crémone est mise en mouvement par une boucle pliante, ne pouvant s'ouvrir du dehors à travers les lames ; il y a surtout lieu d'en faire l'application aux persiennes placées au rez-de-chaussée.

1545. La construction de ce genre de persiennes permet l'application de plusieurs lames mobiles qui n'en détruisent nullement la solidité ; un guichet de six à dix lames mobiles est très agréable pour voir à distance sans ouvrir la persienne.

Avec ce nouveau modèle de fer élégi formant l'encadrement de cette persienne, on obtient une feuillure de recouvrement des joints interceptant la vue et empêchant les rayons du soleil et la pluie de pénétrer à l'intérieur.

1546. On exécute aussi, chez M. Jomain, la persienne économique en tôle forte emboutie, se posant sur cornières au bord extérieur des tableaux.

1547. Cette persienne, montée sur châssis en fer cornière, se pose exclusivement au bord extérieur des tableaux. Construite entièrement en tôle, elle est très solide et d'une grande durée. Dans chaque feuille est emboutie une moulure formant cadre lui donnant sa rigidité. La longueur des tôles ne permet pas de donner aux persiennes plus de 2^m,80 de hauteur ; pour les portes, les panneaux du bas s'ajoutent à cette hauteur. La fermeture est une espagnolette.

3° MM. Chedeville et Dufrêne exécutent des persiennes en fer et tôle.

1548. Les châssis sont en fers spéciaux, les lames sont découpées à angle vif, dans des panneaux en tôle, d'une seule pièce, ce qui leur donne une grande solidité. Ce genre de persienne s'emploie de préférence pour les rez-de-chaussée. Dans d'autres types, les châssis sont en fers spéciaux, les lames sont découpées en arrondi dans des panneaux d'une seule pièce. Cette persienne économique ne convient qu'aux baies de petites dimensions.

Nota.

1549. Pour le bon fonctionnement des persiennes, les zinc ou plomb des appuis des croisées, s'il y en a, doivent être complètement entaillés dans les tableaux et ne former aucune saillie ; ils doivent également s'appliquer très exactement sur la pièce d'appui.

1550. Avant de terminer ces quelques notions générales sur les persiennes en fer, il nous reste à dire qu'elles sont les dimensions à donner lorsqu'on désire commander des persiennes au constructeur.

1° Persiennes en tirant, ferrées sur les dormants des croisées.

La légende suivante, applicable à la figure 1249, fera facilement comprendre les différentes cotes à donner :

A, largeur de la baie entre tableaux ;

B, largeur entre les tapées ;

C, largeur des tableaux prise du nu extérieur du mur à la pièce d'appui qui ne doit jamais être en saillie sur la tapée ;

D, hauteur de la baie, prise du linteau à la partie la plus élevée de la pierre d'appui ;

E, hauteur prise du dessus de la traverse d'imposte à la pierre d'appui ;

F, hauteur d'allège, pour déterminer la position de la poignée d'espagnolette.

G, distance entre les tapées et les balcons.

1551. Pour cette disposition de persiennes, les balcons en fer, s'il y en a, doivent être placés en saillie. Si ces balcons étaient en pierre et dans les tableaux en indiquer exactement l'emplacement et les dimensions. Comme il y a souvent inconvénient à mettre ces balcons trop loin, lorsqu'ils sont en saillie, on les place quelquefois entre les deux tapées recevant les persiennes ; ils sont alors assez minces pour ne pas gêner.

2° Persiennes en poussant, ferrées au bord extérieur des tableaux.

1552. Dans ce cas, les persiennes sont ferrées sur montants en fer plat ou en cornière ; la légende ci-dessous s'applique au croquis (*fig.* 1250) donné ci-après :

A, largeur de la baie entre tableaux ;

C, largeur des tableaux, prise de la pièce d'appui au nu extérieur du mur;

D, hauteur de la baie, prise du linteau à la partie la plus élevée de la pierre d'appui;

F, hauteur d'allège pour déterminer la position de la poignée d'espagnolette ou de crémone.

1553. Pour cette disposition de persiennes, les balcons en fer, s'il y en a, doivent être placés soit en saillie, soit au nu extérieur en avant de la persienne.

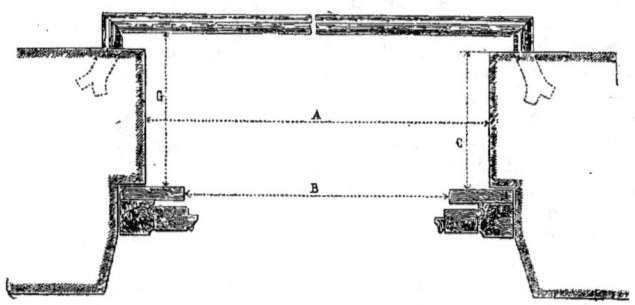

Fig. 1249.

Si ces balcons étaient en pierre et dans les tableaux, en indiquer exactement l'emplacement et les dimensions.

1554. Les persiennes en fer comportent aussi, pour leur installation, certains accessoires tels que: pavillons en tôle découpée à jour ou en fer forgé; barres de sûreté portatives avec agrafes, ou barres de sûreté pliantes en deux pièces se rabattant contre les tableaux. Ces barres se font ordinairement en fer carré de 16 millimètres de côté. On fait

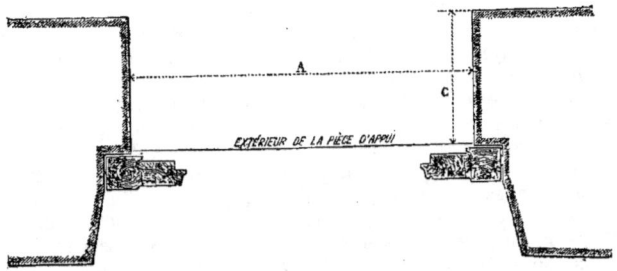

Fig. 1250.

aussi des crémones supplémentaires pour fermer chaque vantail; des crémones à clef pour persiennes s'ouvrant du dehors; enfin, il faut, avant la pose, mettre sur ces persiennes une ou deux couches de minium.

Persiennes en fer du commerce.

1555. Nous donnons en croquis (*fig.* 1251) les principaux types de persiennes en fer de la maison Baudet, Donon et Cie.

674　　　　　　　　　SERRURERIE.

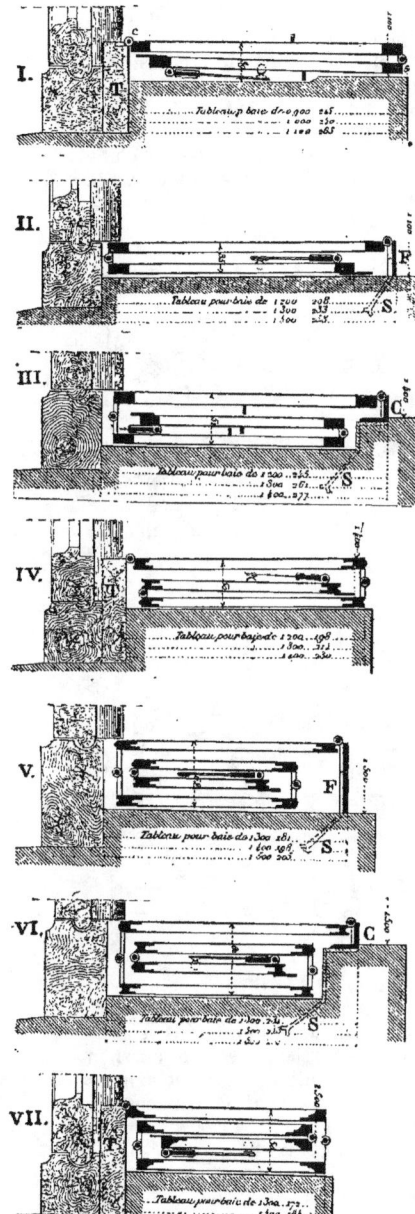

Fig. 1251.

Ces persiennes, quel que soit leur type, se font en deux, quatre, six ou huit vantaux.

1° Le modèle représenté en I est un genre de persienne en fer à lames mobiles, ferrée sur le bâtis dormant ou *tapée* T de la croisée ; les épaisseurs totales nécessaires suivant le nombre des vantaux sont :

4 vantaux, 0^m,39 ;
6　　» 　　0^m,50 ;
8　　» 　　0^m,67.

L'ensemble des lames pivote autour du point *c* à l'aide de paumelles fixées directement sur le dormant ou tapée T ;

2° Le modèle indiqué en II est une persienne en fer à lames mobiles, fixée sur un encadrement en fer plat F, la persienne fermant au-devant du tableau de la baie

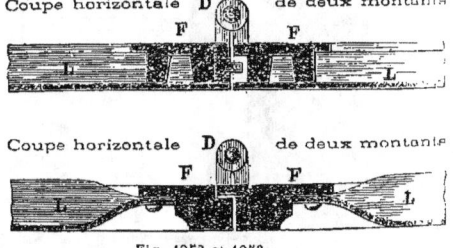

Fig. 1252 et 1253.

Le fer plat F est maintenu solidement par une patte à scellement S ;

3° Le type représenté en III dans le croquis est aussi un genre de persienne à lames mobiles, fixée sur un encadrement en fer cornière C avec patte à scellement S pour fermer au-devant des tableaux en pierre refouillés.

Dans ces deux derniers exemples, les paumelles sont directement fixées sur les fers ; les cornières d'encadrement ont au minimum 0^m,025 de côté ;

4° L'exemple donné en IV dans le même croquis est une persienne en fer spécial évidé, à gorge et à noix, lames en fer, ferrée sur le bâtis dormant T des croisées. La largeur totale pour quatre vantaux est de 0^m,35, 0^m,50 pour six vantaux et 0^m,67 pour huit vantaux ;

5° Les deux autres types V et VI sont

en même fer, mais ferrés sur un fer plat F ou sur une cornière C, et comportent aussi des pattes à scellement S ;

6° Le modèle représenté en VII est un type de persienne économique tout en fer, à lames fixes repoussées, ferrées sur le bâtis dormant des croisées.

1556. Les croquis qui suivent nous montrent les modèles de persiennes en fer de la maison Chedeville et Dufrêne, constructeurs à Paris.

Le premier type, dont le croquis (*fig.* 1252) nous donne un exemple à grande échelle, comporte des châssis F en fers spéciaux ; les lames L sont découpées à angle vif dans des panneaux en tôle d'une seule pièce, ce qui leur donne une grande solidité.

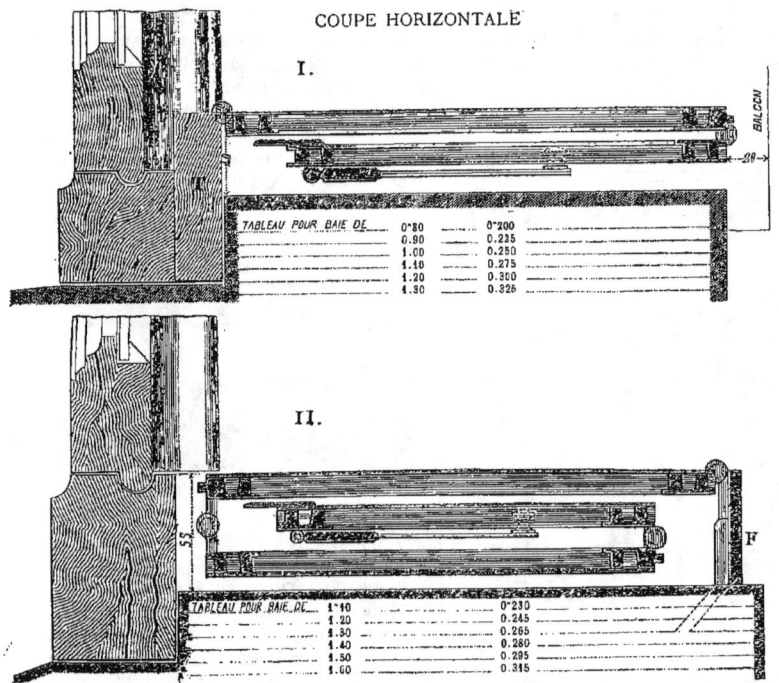

Fig. 1254.

Le deuxième exemple (*fig.* 1253) nous montre un autre genre de fer spécial F employé comme châssis, et des lames L découpées en arrondi dans des panneaux en tôle d'une seule pièce. En D nous indiquons dans les deux cas les paumelles nécessaires au développement des lames.

1557. Les croquis (*fig.* 1254 et 1253) nous représentent les différents types de persiennes en fer construits dans cette maison.

1° Persiennes ferrées sur les dormants des croisées indiquées en I dans le croquis 1254. Ces persiennes se font aussi en quatre, six et huit vantaux, et exigent pour leur emplacement les dimensions suivantes :

4 vantaux, 0ᵐ,40 ;
6   »   0ᵐ,55 ;
8   »   0ᵐ,70.

2° En II nous donnons le type des persiennes ferrées sur montants en fer plat F

lames
es pan-

de la
sis en
ées en
d'une

comme

miné
le de
pas
ham-
et en

ents

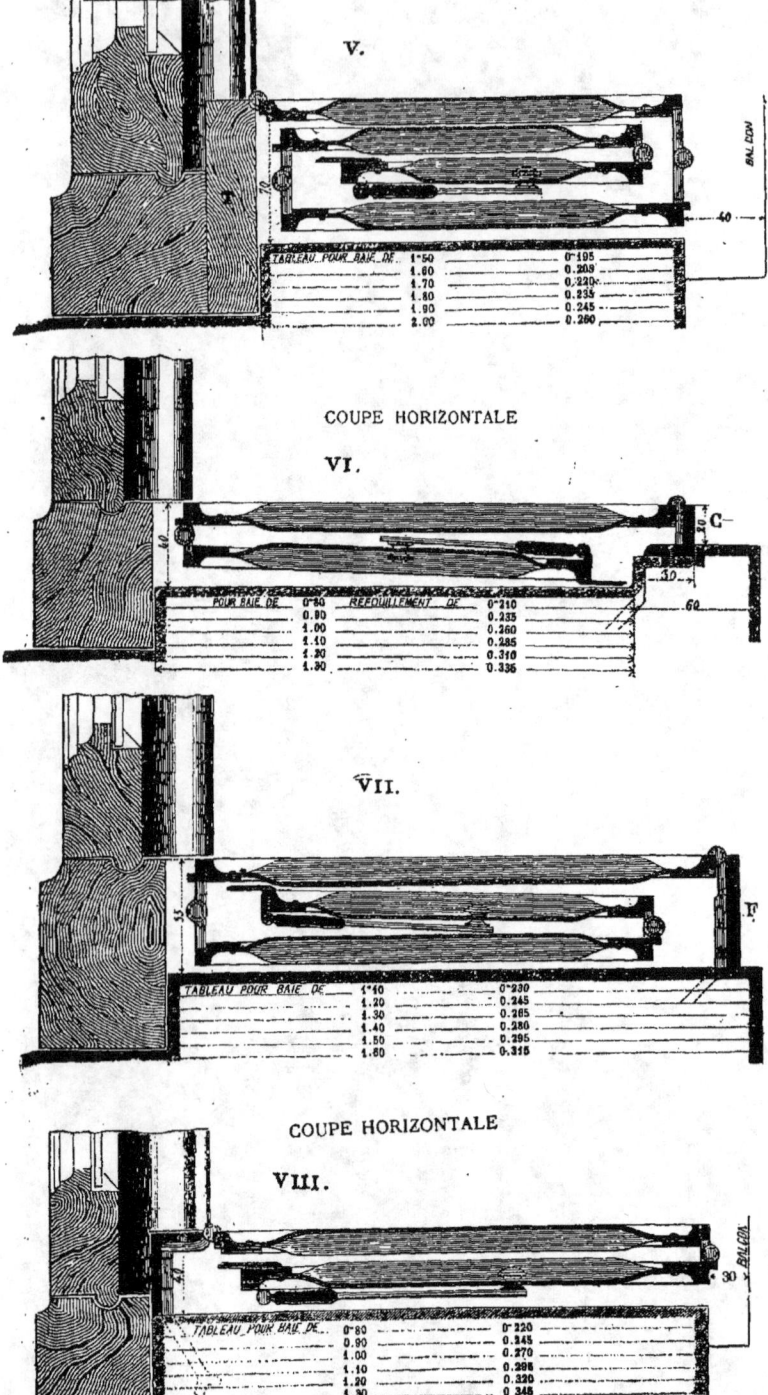

Fig. 1255.

678 SERRURERIE.

Volets avec recouvrement en bois

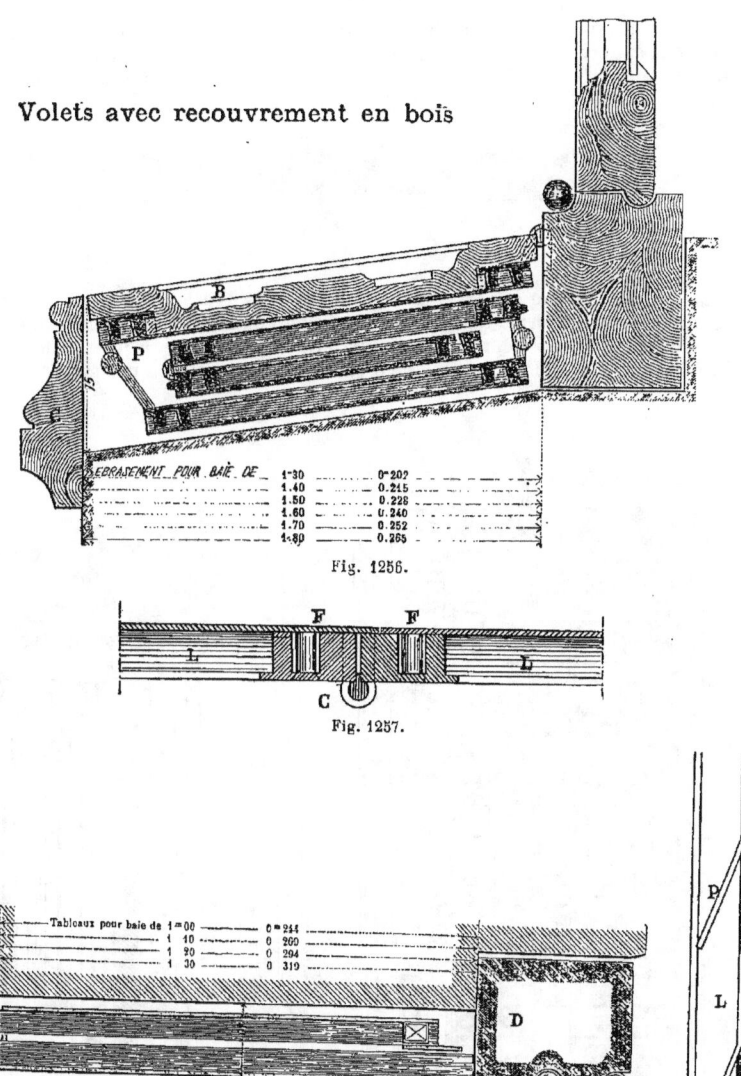

Fig. 1256.

Fig. 1257.

Fig. 1258.

Fig. 1259.

types de persiennes du commerce, nous donnons ci-après les modèles de la maison Jomain.

Le premier, dont nous représentons la coupe à grande échelle (*fig.* 1257), est une persienne tout en fer à lames droites

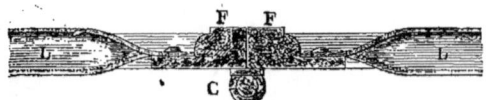

Fig. 1260.

sans arrondi, la tôle L a $1^{mm} 1/2$ d'épaisseur et le cadre est formé d'un fer élégi F.

Le croquis (*fig.* 1258) nous en montre l'application sur le dormant D d'une croisée sans l'intermédiaire d'une tapée spéciale comme dans les exemples précédents. Le dormant sur lequel se ferre la persienne doit se retourner par le haut et

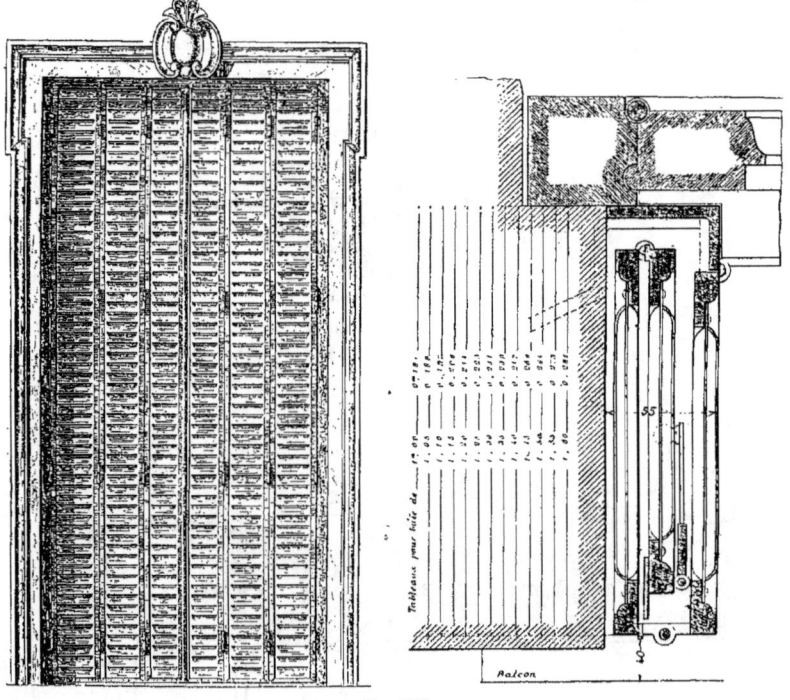

Fig. 1261.

descendre de $0^m,03$ en contre-bas de la pierre pour recevoir la battue de la persienne.

La rive intérieure des appuis sur balustres doit toucher la croisée pour recevoir les arrêts, la persienne étant fermée.

1561. Le croquis (*fig.* 1259) montre

en coupe verticale comment les lames P sont entaillées dans la tôle L et refoulées de manière à laisser un vide O dans cette tôle pour former les différentes lames des persiennes.

1562. Les persiennes pour rez-de-

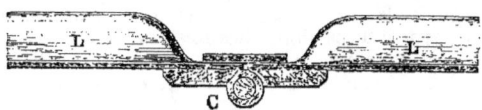

Fig. 1262.

chaussée s'établissent ordinairement en volets-persiennes avec un tiers en lames et deux tiers de panneaux pleins.

1563. Le croquis (*fig.* 1260) nous re- présente à grande échelle un autre type de persiennes avec lames L terminées en arrondi et un fer mouluré spécial F formant encadrement. Ce fer servant de feuil-

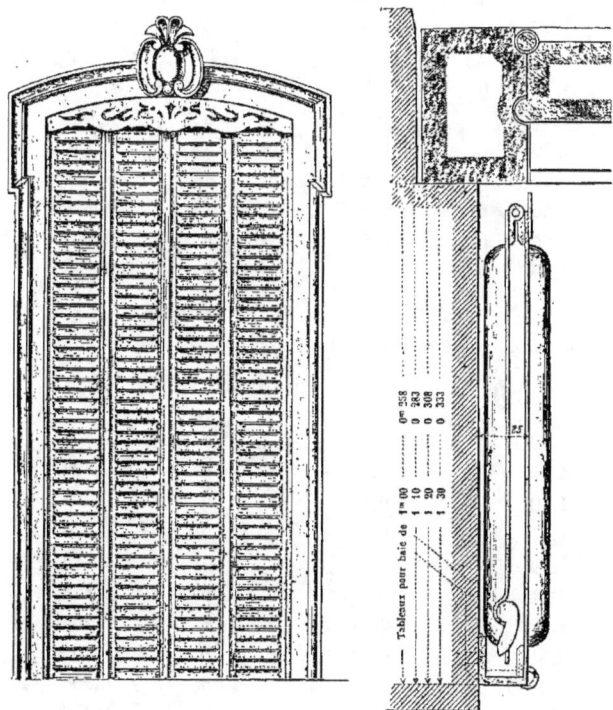

Fig. 1263.

lure augmente la rigidité de la persienne et permet le recouvrement des joints.

1564. Le croquis (*fig.* 1261) nous in- dique l'application de ce genre de fermeture en six feuilles, en élévation et en coupe horizontale.

1565. La coupe horizontale (*fig.* 1262) nous représente une persienne économique en tôle forte emboutie, dont le croquis (*fig.* 1263) nous indique l'application pour une fenêtre ayant une largeur suffisante pour y mettre quatre feuilles. Cette baie est cintrée et comporte un pavillon ayant pour but de dissimuler ce cintre.

Ce genre de persienne, montée sur châssis en fer cornière, se pose exclusivement au bord extérieur des tableaux. Construite entièrement en tôle, elle est très solide et d'une grande durée.

Dans chaque feuille est emboutie une moulure formant cadre lui donnant sa rigidité. Sa disposition ne comporte pas l'application de lames mobiles. La longueur des tôles ne permet pas de donner aux persiennes plus de $2^m,80$ de hauteur.

1566. *Largeur du tableau du devant de la pièce d'appui.*

Pour une ouverture de :

1,00	en	4	feuilles	0,258	en 6	feuilles	0,178
1,05	»	4	»	0,270	» 6	»	0,187
1,10	»	4	»	0,282	» 6	»	0,195
1,15	»	4	»	0,293	» 6	»	0,203
1,20	»	4	»	0,307	» 6	»	0,212
1,25	»	4	»	0,320	» 6	»	0,220
1,30	»	6	»	0,228	» 8	»	0,179
1,35	»	6	»	0,237	» 8	»	0,185
1,40	»	6	»	0,245	» 8	»	0,191
1,45	»	6	»	0,253	» 8	»	0,198
1,50	»	6	»	0,262	» 8	»	0,204
1,55	»	6	»	0,270	» 8	»	0,210
1,60	»	6	»	0,278	» 8	»	0,216

1567. *Largeur du refouillement du devant de la pièce d'appui.*

Pour une ouverture de :

1,00	en	4	feuilles	0,275	en 6	feuilles	0,195
1,05	»	4	»	0,287	» 6	»	0,203
1,10	»	4	»	0,300	» 6	»	0,212
1,15	»	4	»	0,312	» 6	»	0,220
1,20	»	4	»	0,325	» 6	»	0,228
1,25	»	6	»	0,287	» 8	»	0,188
1,30	»	6	»	0,245	» 8	»	0,195
1,35	»	6	»	0,253	» 8	»	0,201
1,40	»	6	»	0,262	» 8	»	0,208
1,45	»	6	»	0,270	» 8	»	0,214
1,50	»	6	»	0,278	» 8	»	0,220
1,55	»	6	»	0,287	» 8	»	0,226
1,60	»	6	»	0,295	» 8	»	0,233

MENUISERIES MÉTALLIQUES

Définitions et notions générales.

1568. Les principaux avantages des menuiseries métalliques sont :

1° Une augmentation de la surface éclairante (un tiers en plus que les croisées en bois), l'ensemble des membrures assemblées ayant, comme nous le verrons plus loin, beaucoup moins d'épaisseur ;

2° L'influence des variations de température qui influent beaucoup plus sur le bois que sur le fer, la dilatation du fer étant peu appréciable par la chaleur de nos climats ;

3° Une herméticité complète, les croisées étant établies, battants à gueule-de-

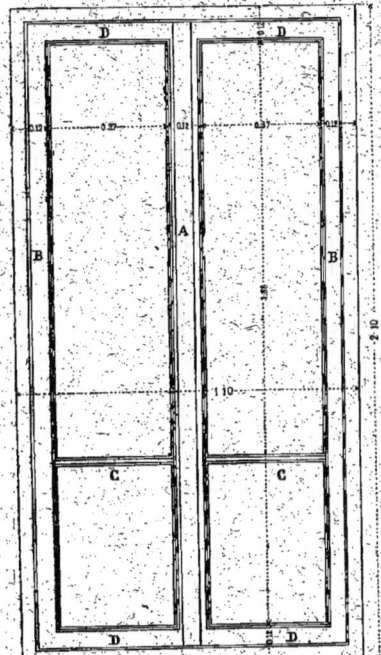
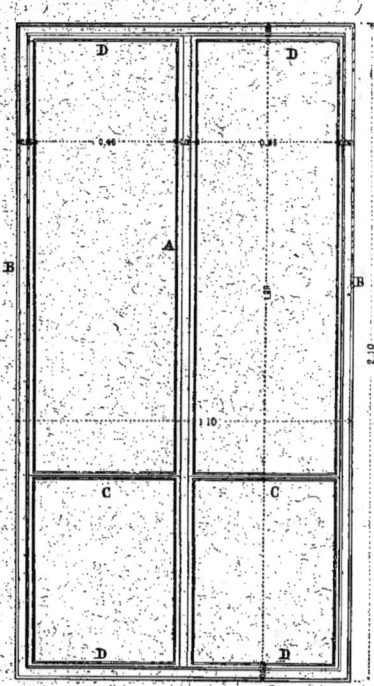

Fig. 1264 et 1265.

loup, dormants à gorge et noix, avec jet d'eau incliné à doubles gorges conduisant les eaux à l'extérieur au moyen d'un tube de buée et recouvert d'un fer larmier repoussant toute infiltration ;

4° Un prix peu différent des croisées en bois, qui devient avantageux pour les baies de grandes dimensions ;

5° L'incombustibilité, avantage qu'on ne saurait trop apprécier dans les bâtiments renfermant des matières facilement inflammables.

1569. Les menuiseries métalliques reçoivent une heureuse application dans la construction des vérandas, devantures de boutiques, jardins d'hiver, galeries vitrées, portes et croisées d'escaliers cintrées en plan et en élévation, etc...

Comparaison de surface éclairante entre une croisée en bois et une croisée en fer de même mesure.

1570. Il est intéressant, avant de donner les détails de construction des menuiseries métalliques, de nous rendre compte par des croquis de la différence de surface éclairante des deux systèmes de croisées.

Le croquis (*fig.* 1264) nous représente une croisée en bois dont la surface éclairante est de $1^m,37$ superficiel; le croquis (*fig.* 1265) nous montre une croisée en fer des mêmes dimensions que la précédente, c'est-à-dire $1^m,10$ de largeur totale sur $2^m,10$ de hauteur; la surface éclairante est de $1^m,82$ superficiel. Cette différence tient à ce que le bois donne, pour les montants B, la partie milieu A et les extrémités D des largeurs doubles de la croisée métallique. Les petits bois C peuvent, dans la croisée en fer, être aussi beaucoup plus minces que dans la croisée en bois.

1571. Comme prix, si la croisée en bois doit être résistante et non pas en bois très légers comme on les fait trop souvent aujourd'hui, il y a avec le fer une différence peu sensible.

1572. Le prix détaillé d'une croisée en bois de $2^m,10 \times 1^m,10$, composée d'un châssis en chêne de $0^m,041$ et dormant de $0^m,054$, comprend :

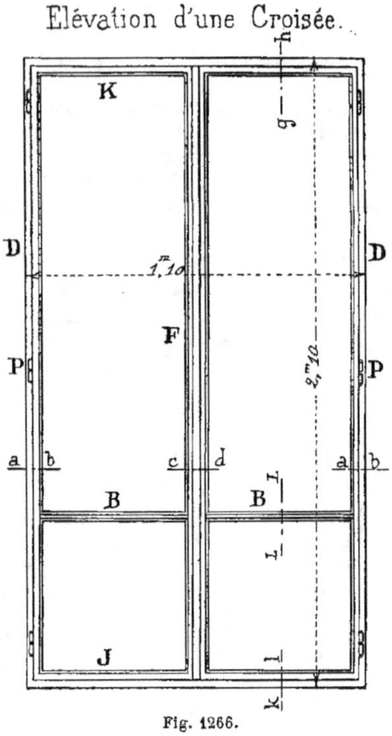

Élévation d'une Croisée.

Fig. 1266.

Menuiserie.

Superficie $2^m,31$ à 15 francs le mètre . . . . 34^f,65

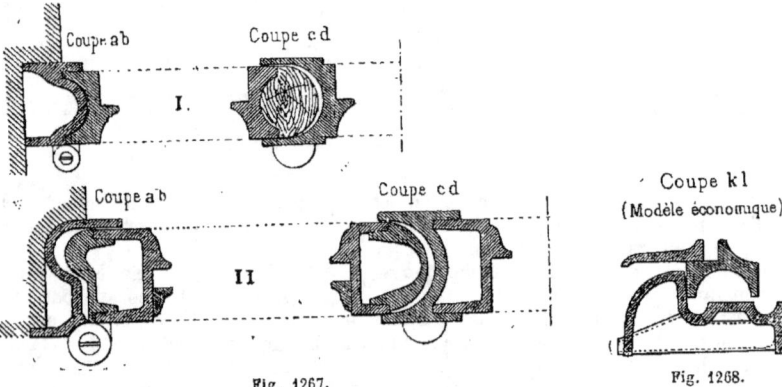

Fig. 1267. Fig. 1268.

Report	34f,65
Plus-value pour traverse de petits bois.	1,15

Serrurerie.

Sept pattes à scellement à 0f,30 l'une.	2,10
Quatre équerres doubles à 1f,45 l'une.	5,80
Six paumelles doubles à nœud bouché, bague en cuivre, demi-blanchies de 0m,14 à 1f,45 l'une.	8,70
Un crémone de Paris (modèle ordinaire).	3,45
Peinture, une couche d'impression.	1,65
Total.	57f,50

1573. La même croisée en fer de $2^m,10 \times 1^m,10$, toute ferrée, peinte au minium une couche, prête à être mise en place, coûte 60 francs.

Croisées et portes croisées métalliques.

1574. Dans ce qui va suivre nous étudierons divers types de menuiseries métalliques système J. Mazellet, dont M. Pinget et A. Vivinis s'occupent en grand de la fabrication, qui tend à s'étendre de plus en plus.

1575. Le croquis (*fig.* 1266) nous montre l'élévation d'une croisée du type le plus fréquemment employé dans nos constructions et comportant une seule ligne de petits bois B placée assez haut pour que les meubles ne viennent pas frapper les glaces des croisées.

Lorsque ce genre de croisées comporte de petites dimensions et qu'on désire les établir économiquement, on les composera comme nous l'indiquons en I (*fig.* 1267); si les dimensions sont plus grandes, on prendra la disposition II de la même figure. La partie inférieure sur la pièce d'appui pourra se construire avec les fers spéciaux indiqués par la coupe *kl* (*fig.* 1268).

1576. La coupe horizontale (*fig.* 1269) et la coupe verticale (*fig.* 1270) nous donnent, avec tous les détails, la disposition à adopter pour les croisées métalliques avec fers spéciaux.

Dans la coupe horizontale (*fig.* 1269), nous voyons des fers spéciaux A venant se loger dans une feuillure préparée pour les recevoir; c'est sur ces fers dormants qu'on fixe l'une des branches des paumelles R. Dans ces dormants A viennent se loger des fers B reliés, au moyen de vis, à d'autres fers spéciaux C portant une feuillure pour y placer facilement les vitres.

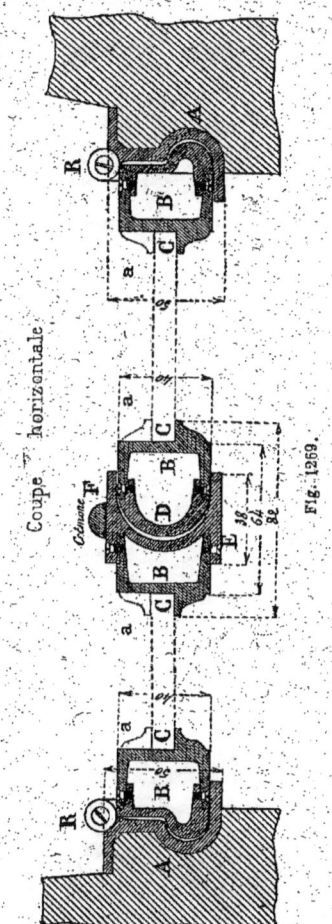

Fig. 1269.

PERSIENNES EN FER.

En *a* une baguette moulurée rapportée retient les vitres solidement.

La partie milieu ouvre à noix et à gueule-de-loup comme les fenêtres en bois.

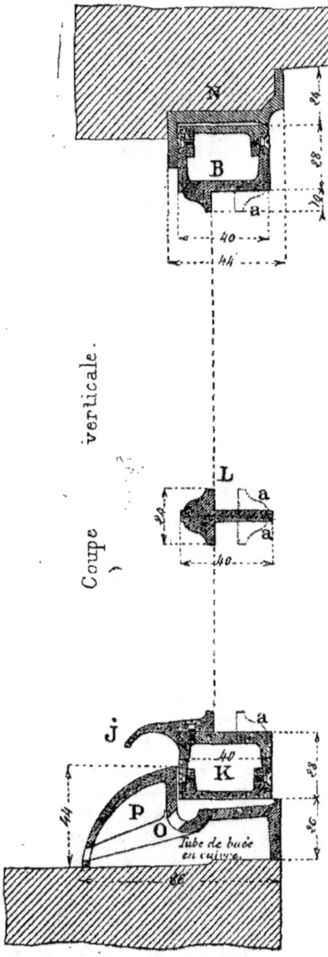

La crémone F de la croisée se fixe sur la partie plate intérieure du fer E.

1577. La coupe verticale (*fig.* 1270) nous montre une disposition à peu près analogue en ce qui concerne la partie haute, mais le fer N venant se sceller dans la feuillure de la maçonnerie a une disposition un peu différente des fers A; c'est dans ce fer N, disposé en feuillure,

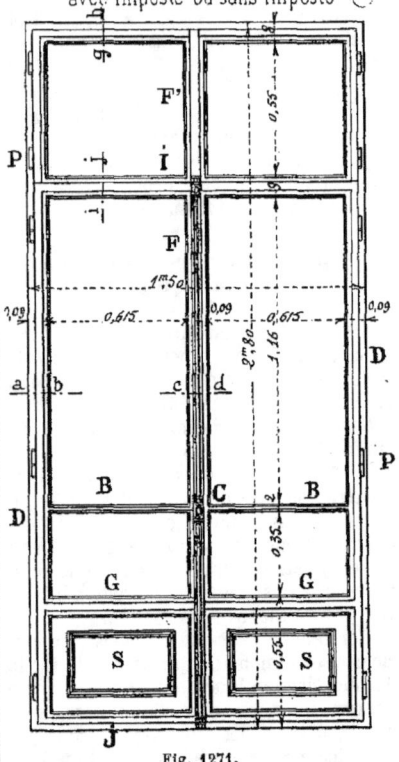

Fig. 1271.

que vient battre le haut B de la croisée.

En L nous indiquons la coupe sur le petit bois; c'est, comme nous le voyons, un fer à vitrage mouluré dont nous avons souvent vu des exemples.

En K nous voyons la partie basse de la croisée avec une pièce spéciale J rejetant

Fig. 1270.

On se sert, pour obtenir cette disposition, de deux fers spéciaux E et D se reliant, à l'aide de vis, aux fers B dont nous avons déjà parlé.

686   SERRURERIE.

l'eau au dehors ; en P la pièce d'appui venant se placer directement sur la maçonnerie et comportant un tube de buée en cuivre pour éviter son oxydation.

1578. Le croquis (*fig.* 1271) nous montre en élévation la disposition d'une porte-croisée de balcon ou de terrasse, pouvant se faire avec ou sans imposte.

à peu de chose près les mêmes que ceux que nous venons d'indiquer ; c'est pourquoi nous n'insisterons pas plus longuement.

Dans le croquis (*fig.* 1271) le soubassement de chaque vantail S est en tôle pleine sur laquelle on a disposé des cadres en fers moulurés du commerce ; des pau-

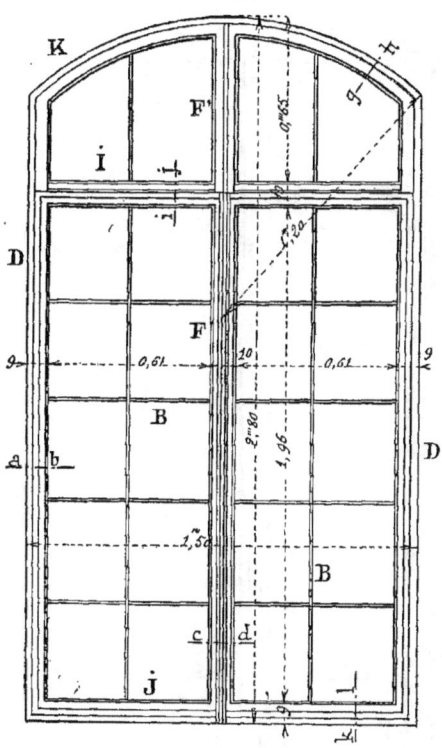

Fig. 1272.

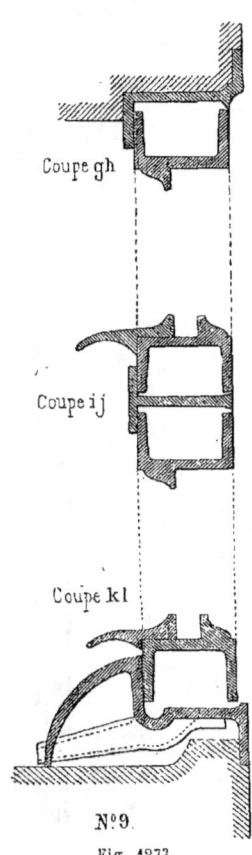

Fig. 1273.

1579. Le croquis (*fig.* 1272) nous représente la disposition souvent adoptée soit pour les portes ou pour les croisées d'usines.

Les détails de ces deux exemples, avec la disposition de coupe verticale que nous représentons en croquis (*fig.* 1273), sont

melles P et une crémone C complètent les ferrements.

Portes pour devantures de boutiques.

1580. Le croquis (*fig.* 1274) nous

PERSIENNES EN FER. 687

montre l'élévation d'une porte en fer installée dans une devanture de boutique.
Cette porte a deux vantaux P, comporte des soubassements S et une travée d'imposte à la partie supérieure. Le tableau T, que nous représentons en bois dans

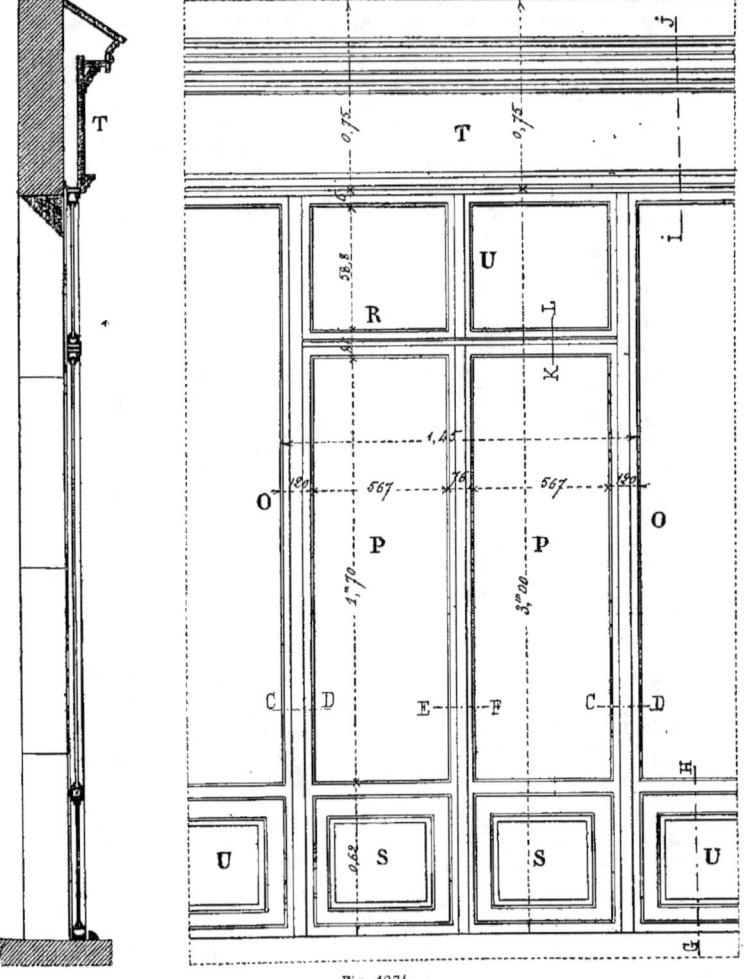

Fig. 1274.

la coupe verticale, peut se faire très facilement en tôle, comme nous allons l'indiquer dans les détails qui vont suivre.

1581. Le croquis (*fig.* 1275) représente une coupe horizontale de la devanture d'une boutique; en C, la coupe sur le cais-

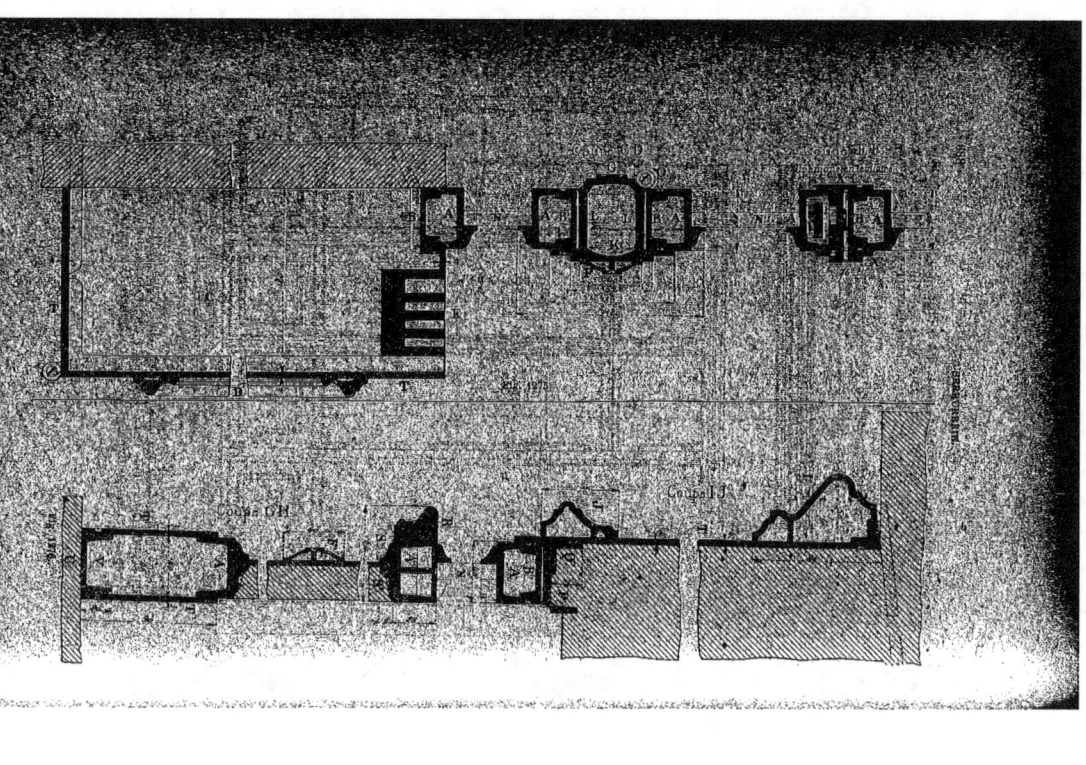

son de gauche indiquant la carcasse extérieure T en tôle de 4 millimètres d'épaisseur, formant le caisson sur lequel on met aussi des cadres D en fers moulurés du commerce. Ce caisson s'ouvre à l'aide de paumelles placées à l'angle gauche. En E l'emplacement des tôles de la devanture en tôle.

La coupe CD nous indique la composition de chaque montant de la porte d'entrée ; des fers spéciaux A et B servant

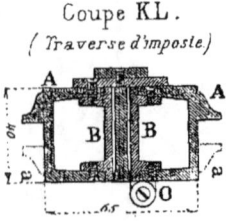

Fig. 1277.

Fig. 1278.

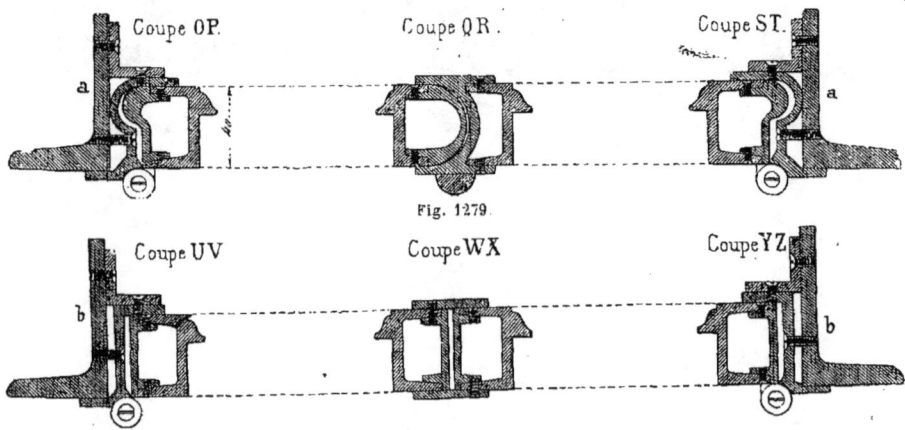

Fig. 1279.

Fig. 1280.

Sciences générales. SERRURERIE. — 44.

690　SERRURERIE.

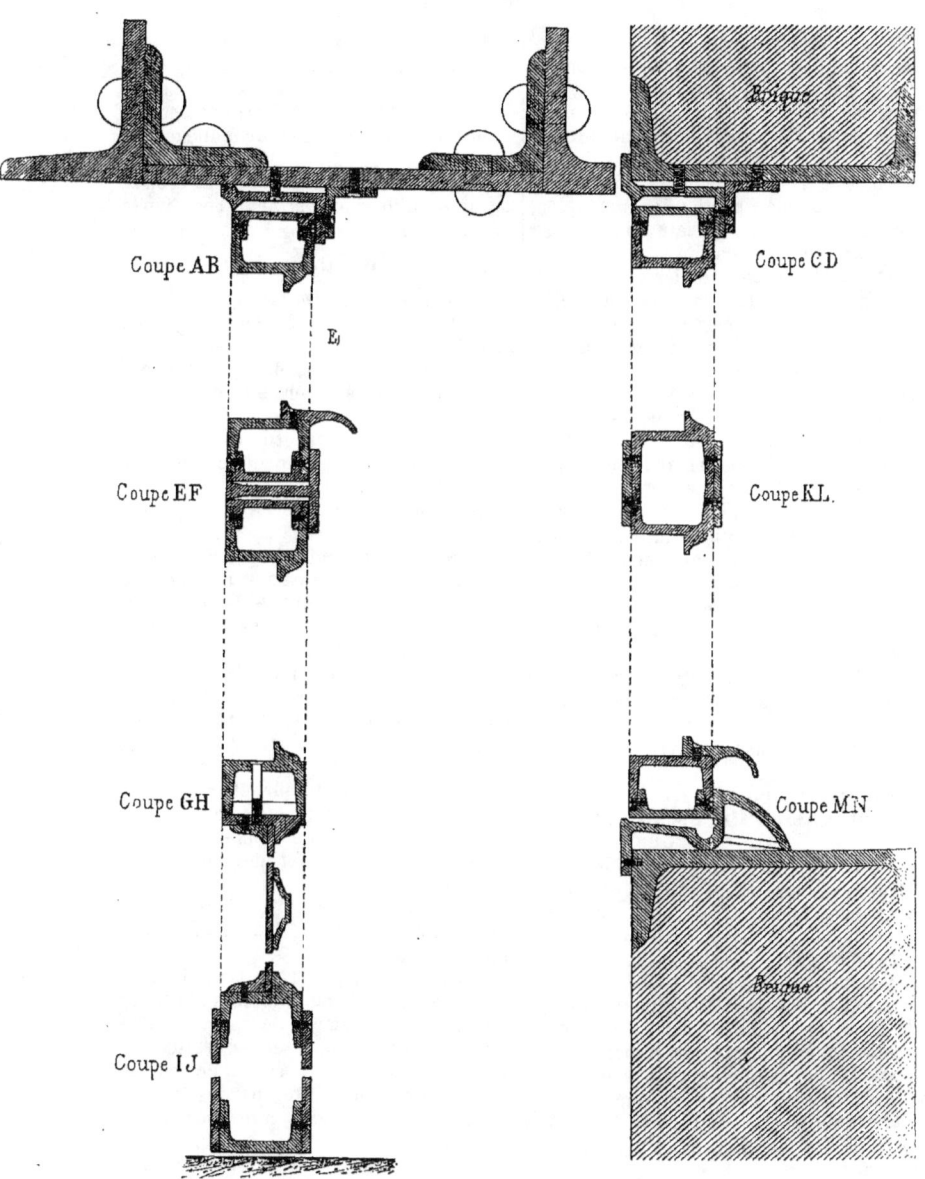

Fig. 1281.　　　　　　　Fig. 1282.

soit pour la partie fixe, soit pour la partie mobile ; de forts montants I formés de deux fers réunis par un fer plat G à l'intérieur et par un autre fer K à l'extérieur sur lequel on met un fer mouluré F.

La coupe EF donne la disposition de la partie ouvrante de la porte à deux vantaux ; rien de bien particulier à signaler, l'examen du croquis en fait comprendre les principaux détails.

1582. La coupe verticale (*fig.* 1276) nous montre en T, à la partie haute, la disposition du panneau en tôle de 4 millimètres directement posée contre la maçonnerie et recevant haut et bas des fers moulurés I et J formant encadrement.

Le détail suivant IJ nous représente aussi la coupe de la partie haute de la porte avec un fer P formant feuillure et réuni à la tôle T par une cornière Q.

La coupe suivant GH nous indique la disposition de la partie inférieure. Le bas de la devanture comporte deux tôles T et T' réunies par des fers spéciaux A et V ; un fer moulure F et en R la disposition de la cymaise placée au bas des boutiques.

1583. Le croquis (*fig.* 1277) nous représente, suivant KL, la disposition de la traverse d'imposte permettant d'avoir, au dessus, des châssis ouvrants.

Porte et croisée en fer pour magasins fixées sur fer.

1584. Le croquis (*fig.* 1278) nous montre, en élévation, la disposition d'une porte et d'une croisée en fer installées dans un pan de fer dont le remplissage est en briques.

Comme nous retrouvons dans cet exemple les fers dont nous avons déjà donné les détails, nous nous bornerons à donner les quelques indications indispensables pour en bien faire comprendre la forme.

La figure 1279 nous indique la coupe horizontale sur la fenêtre, et la figure 1280 la coupe horizontale sur la porte à deux vantaux.

En a et en b sont représentés les fers en U formant l'ossature du magasin ; c'est sur ces fers qu'on fixe, à l'aide de vis à métaux, les châssis métalliques.

1585. Les deux croquis (*fig.* 1281 et 1282) nous donnent les coupes verticales correspondantes de la croisée et de la porte, avec l'indication du soubassement en briques placé comme mur d'allège sous la fenêtre.

Le poids du mètre carré de la croisée est de 42 kilogrammes, celui de la porte 44 kilogrammes.

Croisée à deux étages.

1586. Le croquis (*fig.* 1283) nous donne un exemple de croisée à deux étages en menuiserie métallique exécutée pour le chemin de fer de l'Est, dans le bâtiment de la comptabilité générale et des titres à Paris.

L'élévation, le plan et la coupe verticale rendent suffisamment compte de l'ensemble, pour que nous ne nous occupions que des détails à plus grande échelle.

1587. Le croquis (*fig.* 1284) nous montre la coupe verticale sur la croisée inférieure. La partie basse de cette croisée comporte une partie fixe, et en haut, l'imposte, ouvrant à soufflet dans l'intérieur autour d'une paumelle p.

La décoration basse peut se faire à l'aide de panneaux P, en terre cuite, directement appliqués contre la partie métallique.

En Z, au niveau du plancher séparant les deux étages, se trouve une poutre métallique sur laquelle se fixent, au-dessus et au-dessous, les fers des menuiseries métalliques.

En a, une baguette moulurée sert à maintenir les verres dans leurs feuillures.

1588. Le croquis (*fig.* 1285) indique la coupe verticale de la croisée haute, en y montrant seulement les parties différentes, comme coupe, de la croisée du bas. Ayant déjà eu occasion de rencontrer les profils de fers qui se trouvent dans ces deux coupes, nous n'insisterons pas davantage.

1589. La figure 1286 représente toutes les coupes horizontales nécessaires pour l'exécution des deux croisées dont nous venons de parler ; elles ne présentent rien de bien particulier à signaler.

SERRURERIE.

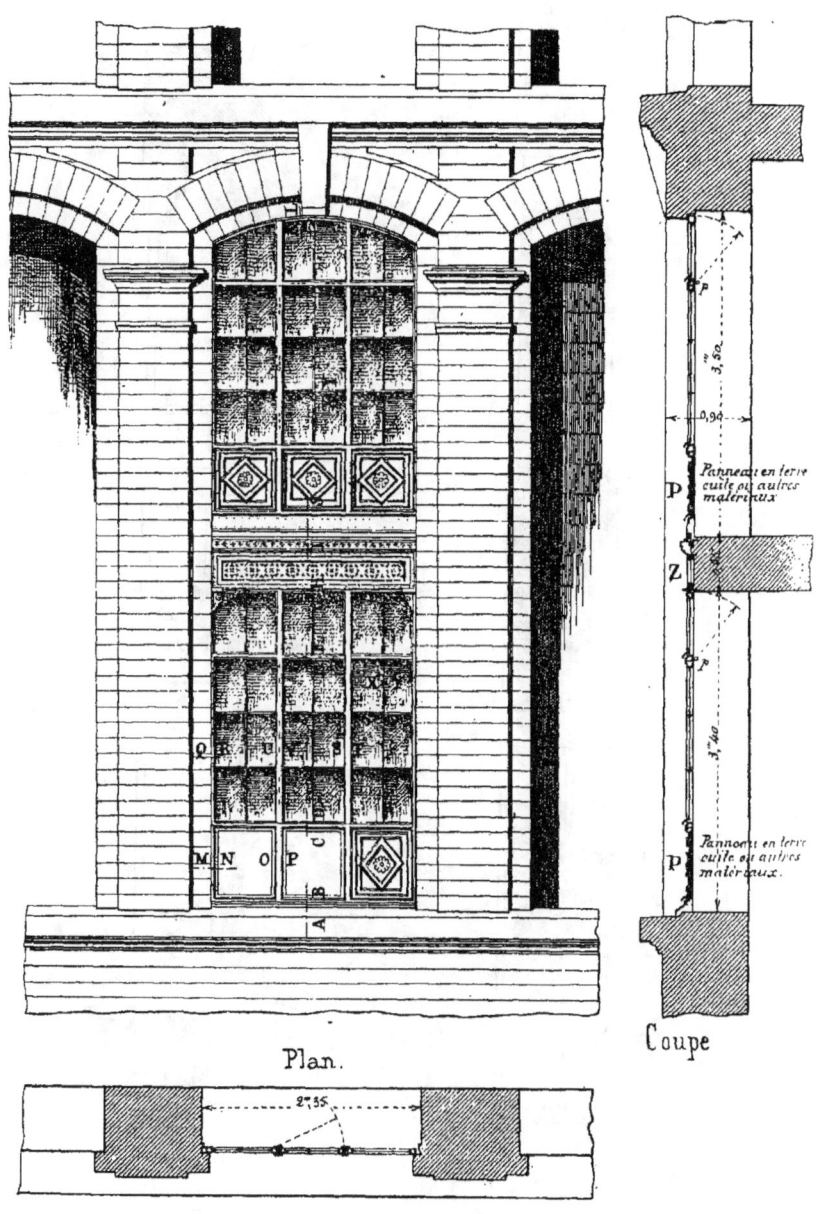

Plan.

Fig. 1283.

MENUISERIES MÉTALLIQUES.

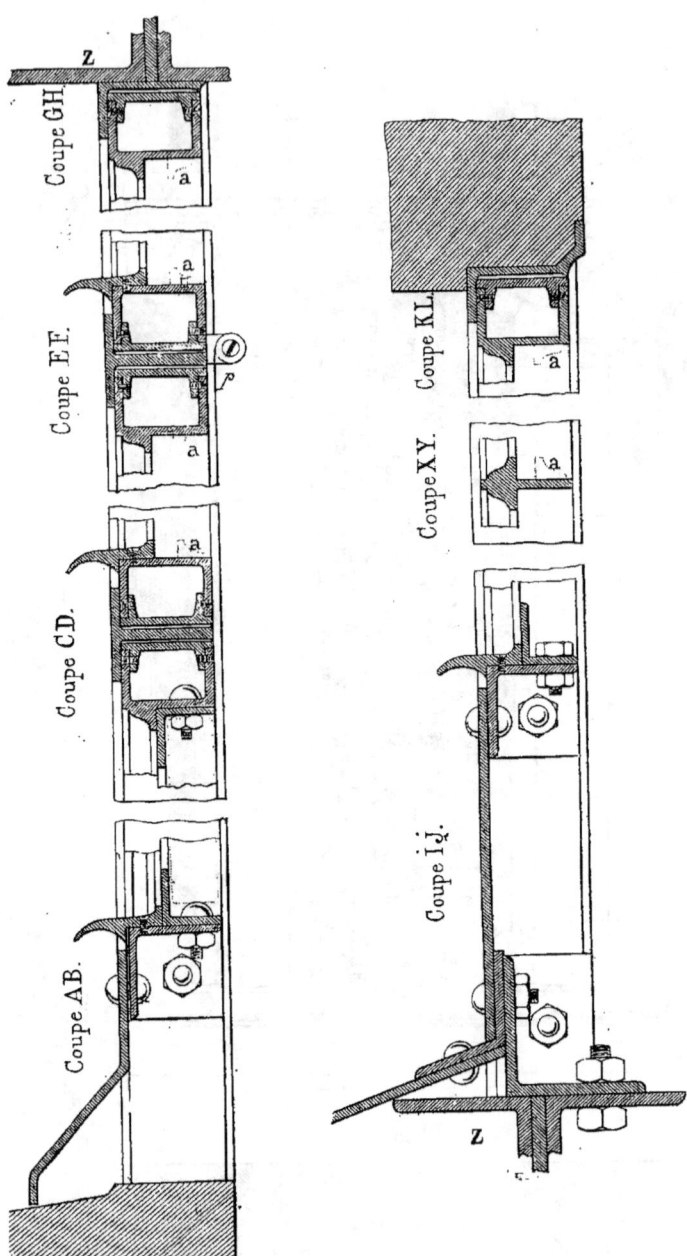

Fig. 1284.   Fig. 1285.

Croisées de grandes dimensions.

1590. Souvent, pour la construction d'un hôtel, par exemple, il convient de donner aux baies de grandes dimensions pour obtenir un bon éclairage et, extérieurement, un certain aspect architectu-

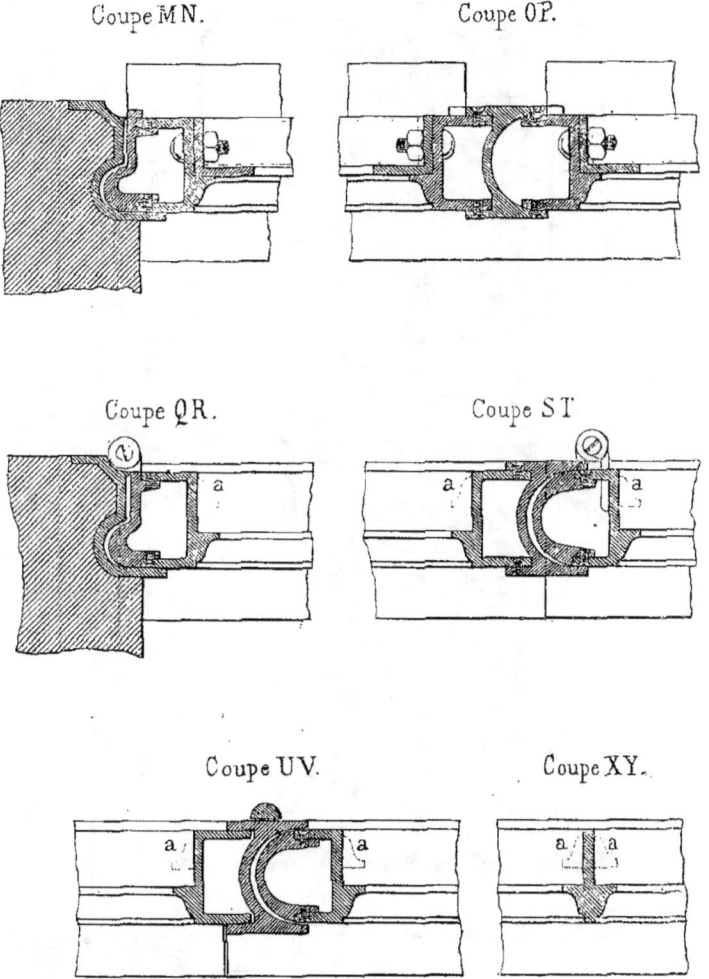

Fig. 1286.

ral. Dans ce cas, si l'on emploie le bois, on est obligé d'avoir des épaisseurs énormes, vu les grandes dimensions des châssis; l'application des menuiseries métalliques est alors toute indiquée, et nous en donnons un exemple en plan, coupe et élévation dans le croquis (*fig.* 1287).

1591. Pour varier un peu les formes,

MENUISERIES MÉTALLIQUES. 695

Fig. 1287.

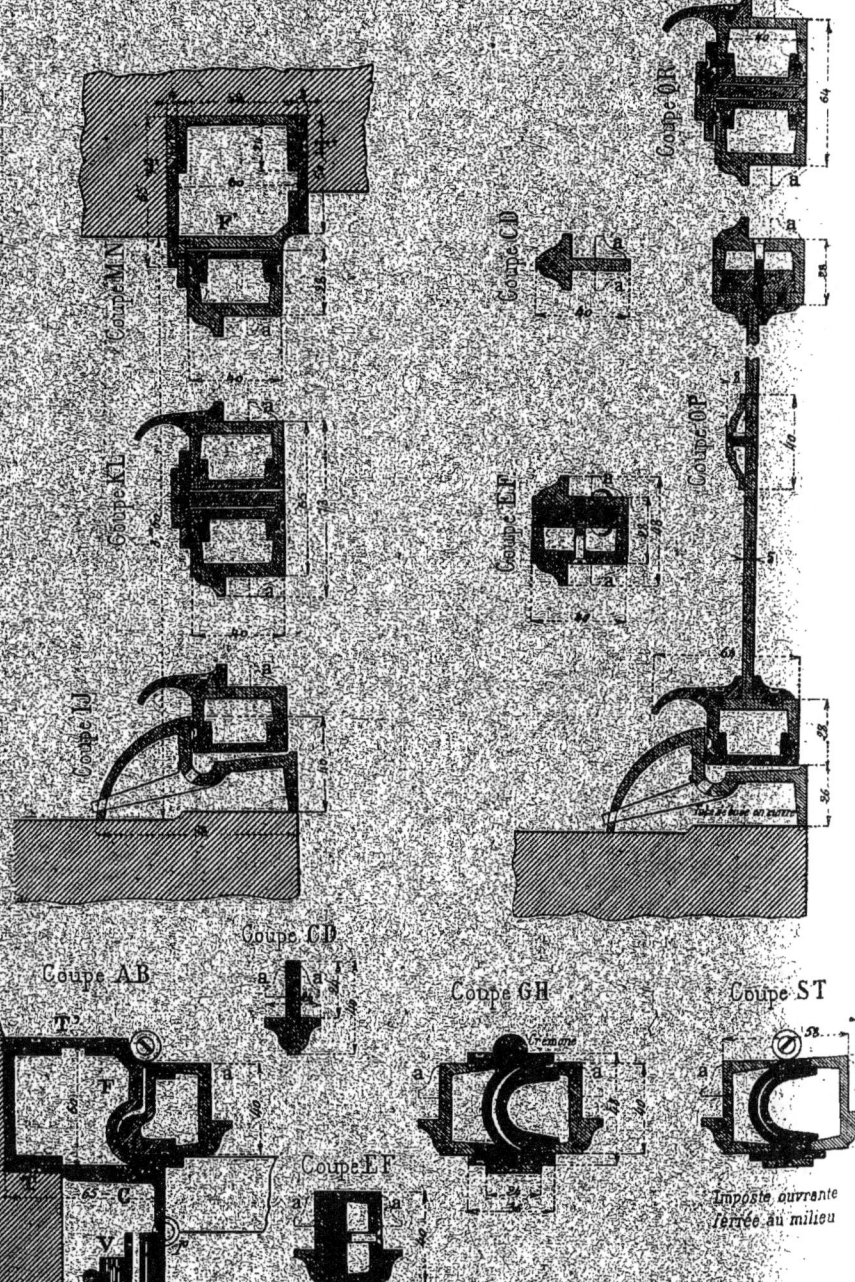

Fig. 1288 à 1290.

MENUISERIES MÉTALLIQUES. 697

nous supposons la baie inférieure cintrée et la baie supérieure droite; ces deux croisées comportent des impostes, afin de ne pas avoir de trop grands vantaux ouvrants.

Rien à dire des ensembles qui se comprennent facilement à la seule inspection des croquis.

Les détails d'exécution sont représentés par les croquis (*fig.* 1288, 1289 et 1290).

Les fers employés, sauf les dimensions,

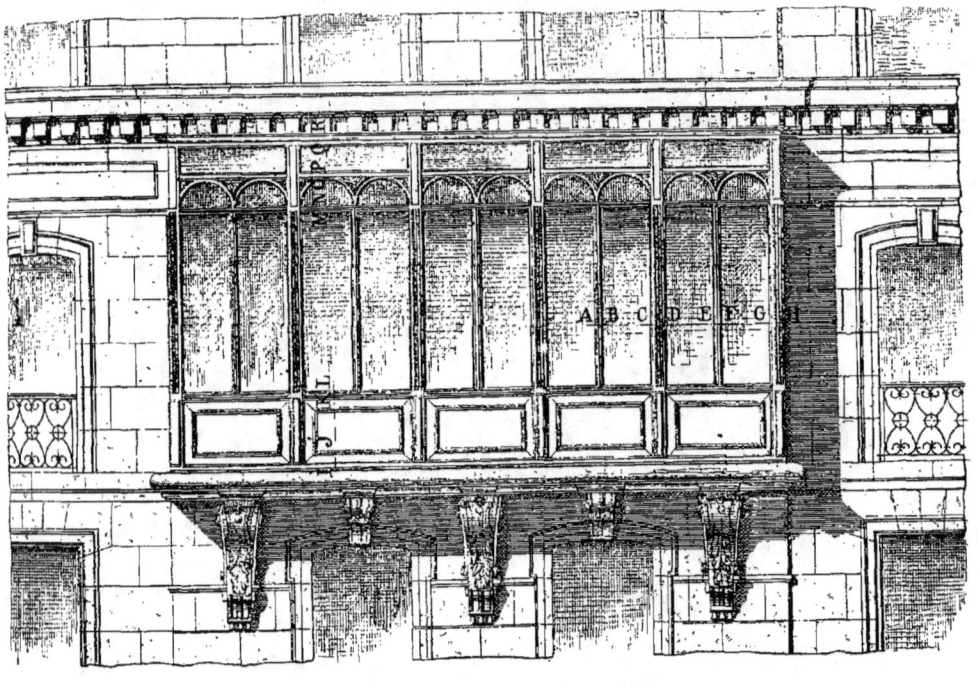

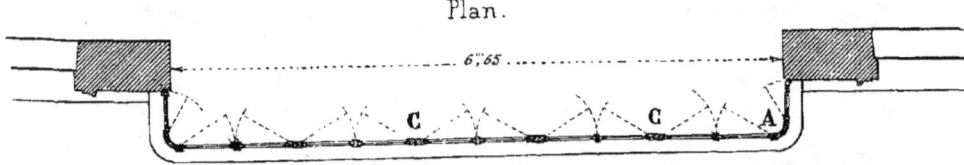

Fig. 1291.

sont sensiblement les mêmes que précédemment. La coupe MN (*fig.* 1288) et la coupe AB (*fig.* 1290) nous montrent la disposition du dormant de ces croisées, dormants beaucoup plus forts que ceux indiqués précédemment (*fig.* 1269 et 1270) pour des croisées de petites dimensions. Ces dormants sont formés d'un fer en U et d'un fer spécial F et F', réunis par des tôles T et T' de 0^m,004 d'épaisseur.

Nous voyons, dans cet exemple, comment on peut, sur les dormants verticaux, fixer des volets V. à l'aide d'une cornière C, directement retenue, à l'aide de vis, sur la tôle T du dormant. Ces volets sont mobiles autour de paumelles p fixées sur la cornière C.

1592. La partie haute est disposée en porte-croisée (*fig.* 1287).

La coupe OP (*fig.* 1289) nous montre la disposition de la partie inférieure de cette porte-croisée comportant une tôle pleine

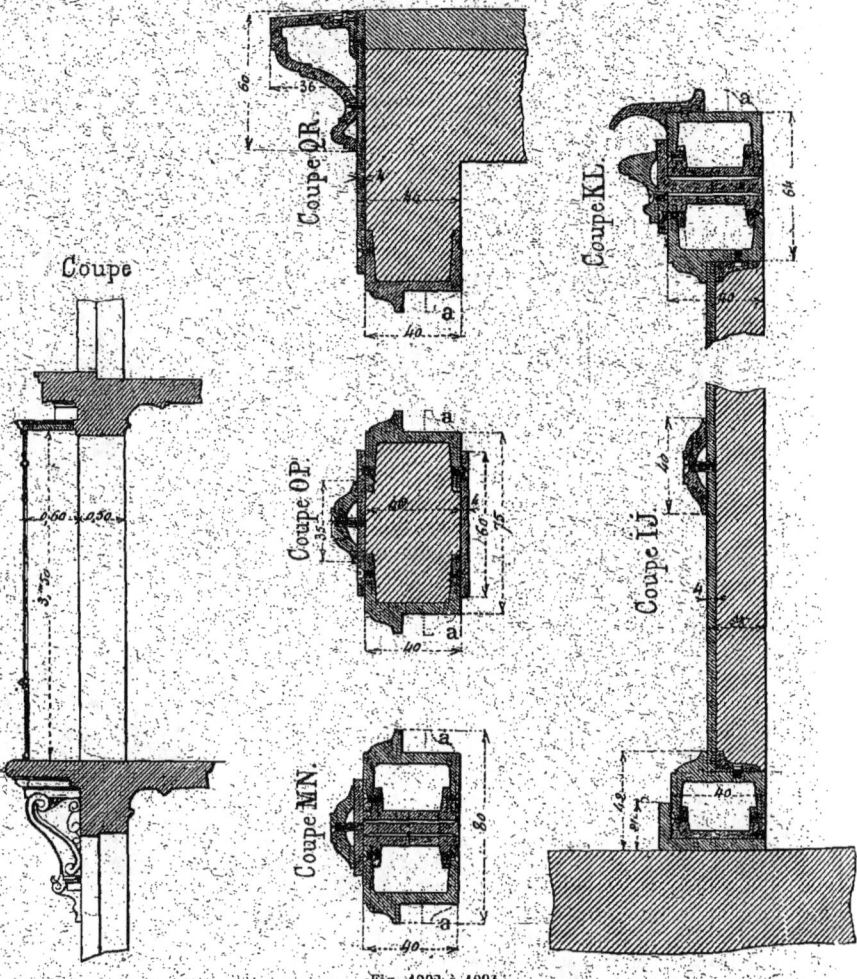

Fig. 1292 à 1294.

de 0m,005 d'épaisseur avec cadres en moulures rapportées et jet d'eau, à la partie inférieure, venant battre dans une pièce d'appui dont nous avons déjà eu occasion de voir la forme.

En EF (*fig.* 1289) nous voyons la coupe

MENUISERIES MÉTALLIQUES.

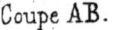

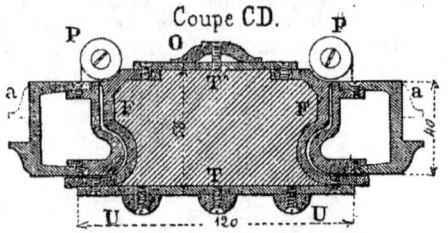

Fig. 1295.

sur les petits bois cintrés de la baie inférieure; les autres coupes ont déjà été examinées dans d'autres exemples.

Emploi des menuiseries métalliques pour parties cintrées.

1593. Nous savons qu'en menuiserie il est souvent difficile et surtout coûteux de faire faire des baies cintrées soit pour vérandas, soit pour cages d'escaliers. Les menuiseries métalliques se prêtent, comme nous allons le voir par deux exemples, très facilement à ce genre de construction.

Premier exemple.

1594. Supposons que nous ayons à étudier la menuiserie métallique d'une véranda dont les croquis (*fig.* 1291 et 1292) nous montrent l'élévation, la coupe verticale et le plan.

Les deux parties intéressantes sont les montants C et les angles arrondis A.

Les croquis (*fig.* 1293, 1294, 1295 et 1296) nous indiquent tous les détails de construction, sur lesquels nous ne reviendrons pas.

En CD (*fig.* 1295) nous voyons la coupe horizontale des montants C de la figure 1291. Les fers spéciaux F, dont nous connaissons maintenant l'usage, sont réunis par des tôles T et T' de manière à former des montants d'une certaine largeur et proportionnés à la hauteur de la véranda. A l'intérieur en O un fer mouluré sert à la décoration; à l'extérieur, pour simuler de petites colonnes cannelées, on place, régulièrement espacés, des fers demi-ronds fixés par des vis sur la tôle T du montant. A droite et à gauche les châssis ouvrants de la véranda pivotent autour des paumelles P.

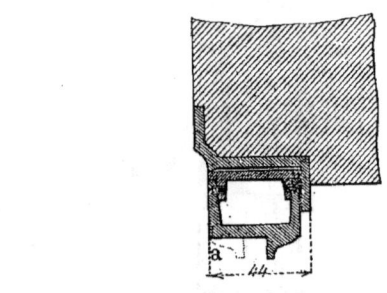

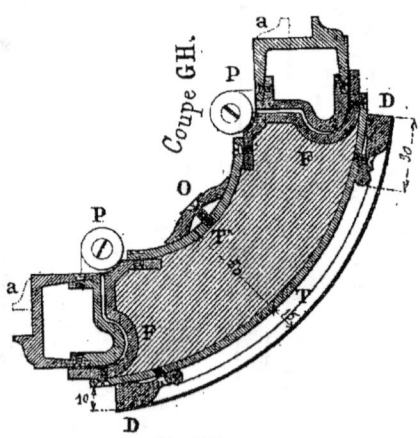

Fig. 1296.

Les coupes EF et AB, indiquées dans la même figure, n'ont rien de particulier à signaler.

1595. Le croquis (*fig.* 1296) nous représente le détail à grande échelle de l'angle A de la véranda (*fig.* 1291).

Les deux fers spéciaux F sont, comme dans la coupe CD (*fig.* 1295), réunis par deux tôles T et T′; mais ces tôles sont cintrées; elles comportent encore une moulure O intérieure et des cadres extérieurs en fers moulurés D. Les parties ouvrantes pivotent autour des paumelles P.

Deuxième exemple.

1596. Comme deuxième exemple, supposons un type de croisée cintrée pour cage d'escalier et véranda d'hôtel.

Elévation suivant AB.

Fig. 1297.

Les croquis (*fig.* 1297, 1298 et 1299) nous donnent l'élévation, le plan et la coupe verticale d'une disposition.

L'escalier O (*fig.* 1298) est placé à la rencontre de deux corps de bâtiments S et U. on se propose d'établir, suivant CD, une baie circulaire servant à éclairer cet escalier; d'autre part, une véranda extérieure V servant de passage est aussi disposée circulairement suivant AB.

1597. Les croquis (*fig.* 1300 et 1301) nous montrent les coupes verticales, n'ayant rien de particulier à signaler.

Le croquis (*fig.* 1302) nous indique la disposition à prendre pour les parties cintrées AB et CD de la figure 1298; le

MENUISERIES MÉTALLIQUES. 701

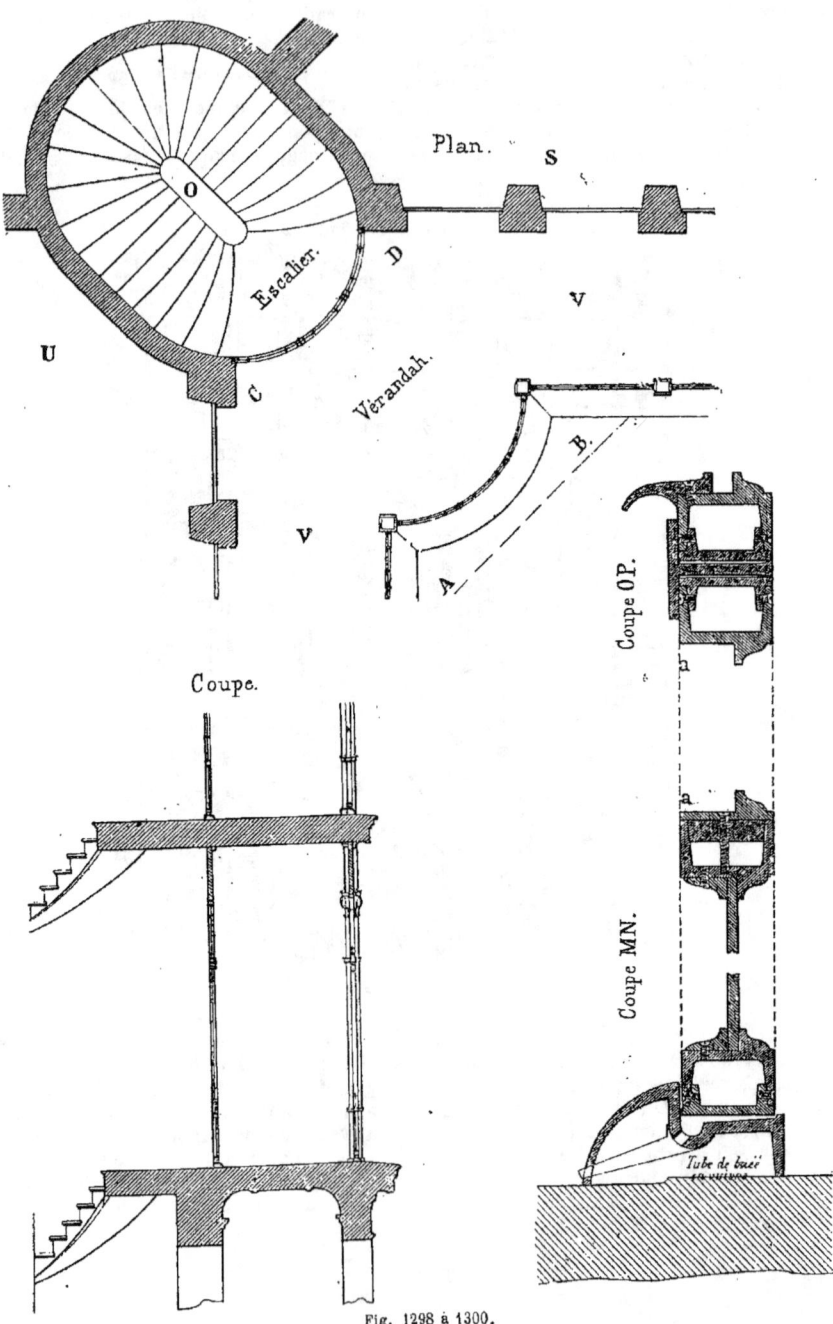

Fig. 1298 à 1300.

croquis rend suffisamment compte de la disposition pour que nous n'ayons pas besoin de l'expliquer.

Enfin, le croquis (*fig.* 1303) nous donne la section des petits fers employés.

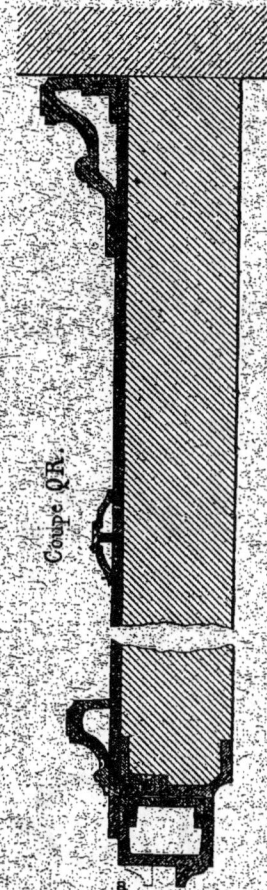

Fig. 1301.

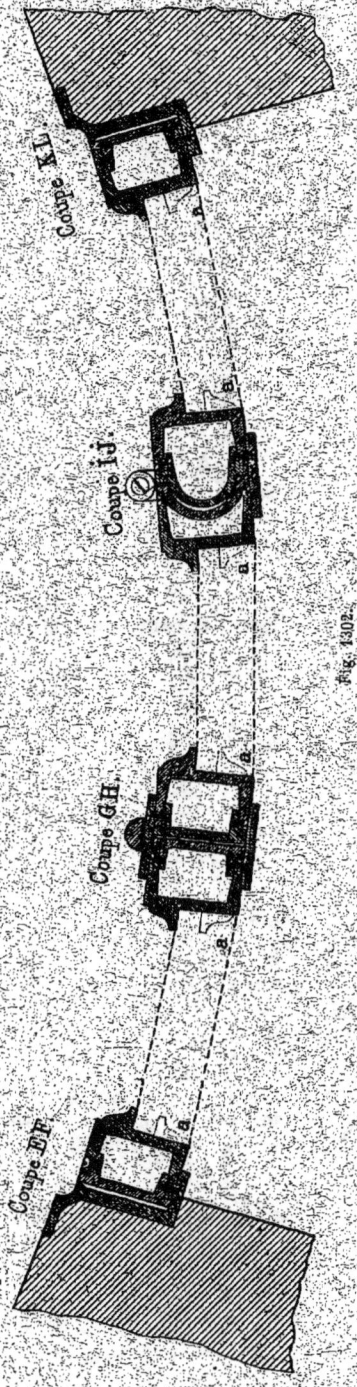

Fig. 1302.

Profils des fers employés.

1598. Tous les châssis que nous venons de décrire sont construits à l'aide de fers spéciaux, dont les croquis (*fig.* 1304 à 1308) nous montrent la forme et les

MENUISERIES MÉTALLIQUES.

poids par mètre courant, ces fers étant isolés des assemblages des figures précédentes.

La forme et la disposition de ces profils assemblés entre eux présentent un bon aspect et une grande solidité. Les assemblages sont encore renforcés par des équerres spéciales à congé, dont nous verrons plus loin les divers types, et qui permettent de construire des vantaux d'une assez grande hauteur. Ces fers offrent

Coupe d'un petit fer.

Fig. 1303

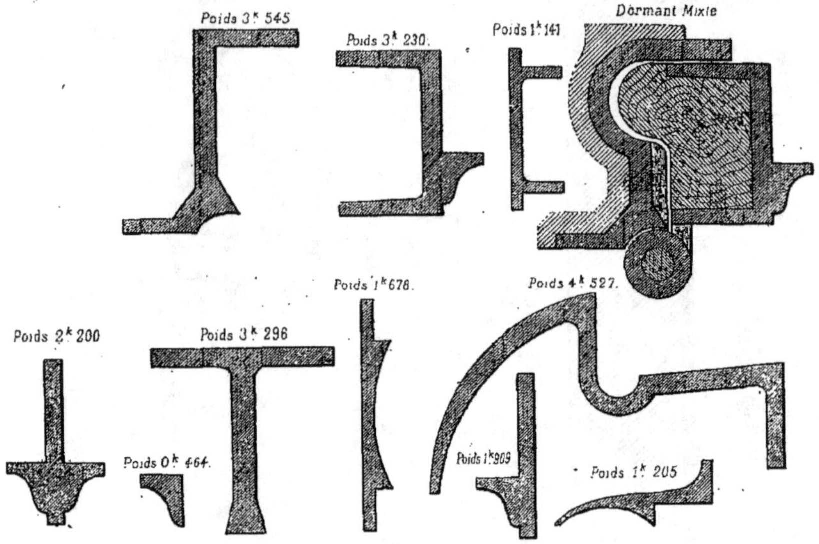

Fig. 1304

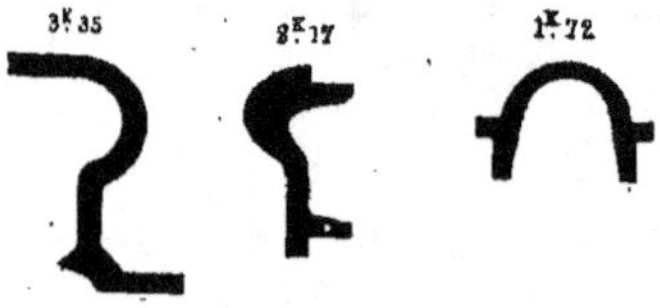

Fig. 1305.

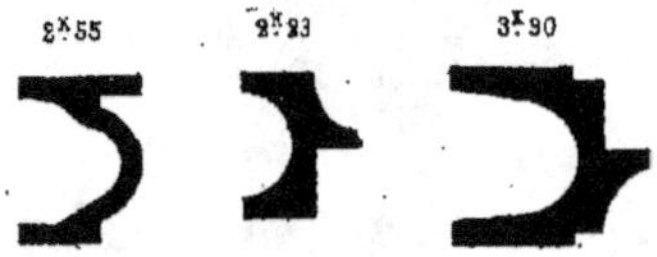

Fig. 1306.

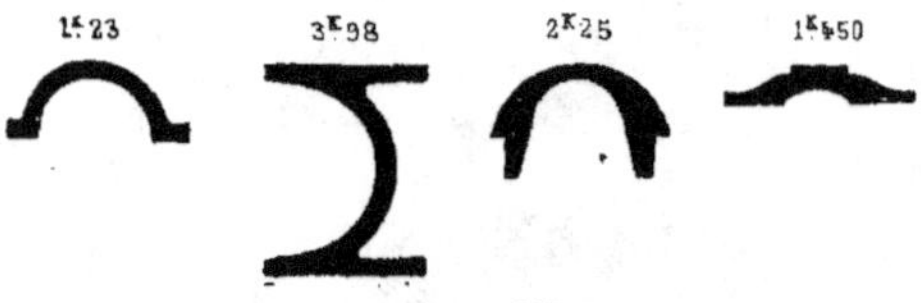

Fig. 1307.

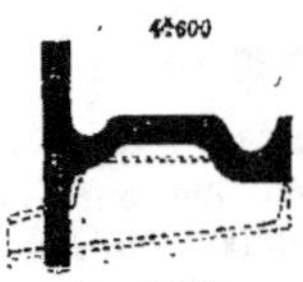

Fig. 1308.

aussi assez de résistance pour recevoir des glaces, des panneaux en tôle ou en bois.

Ferrage et fermeture.

1599. Le ferrage des vantaux se fait

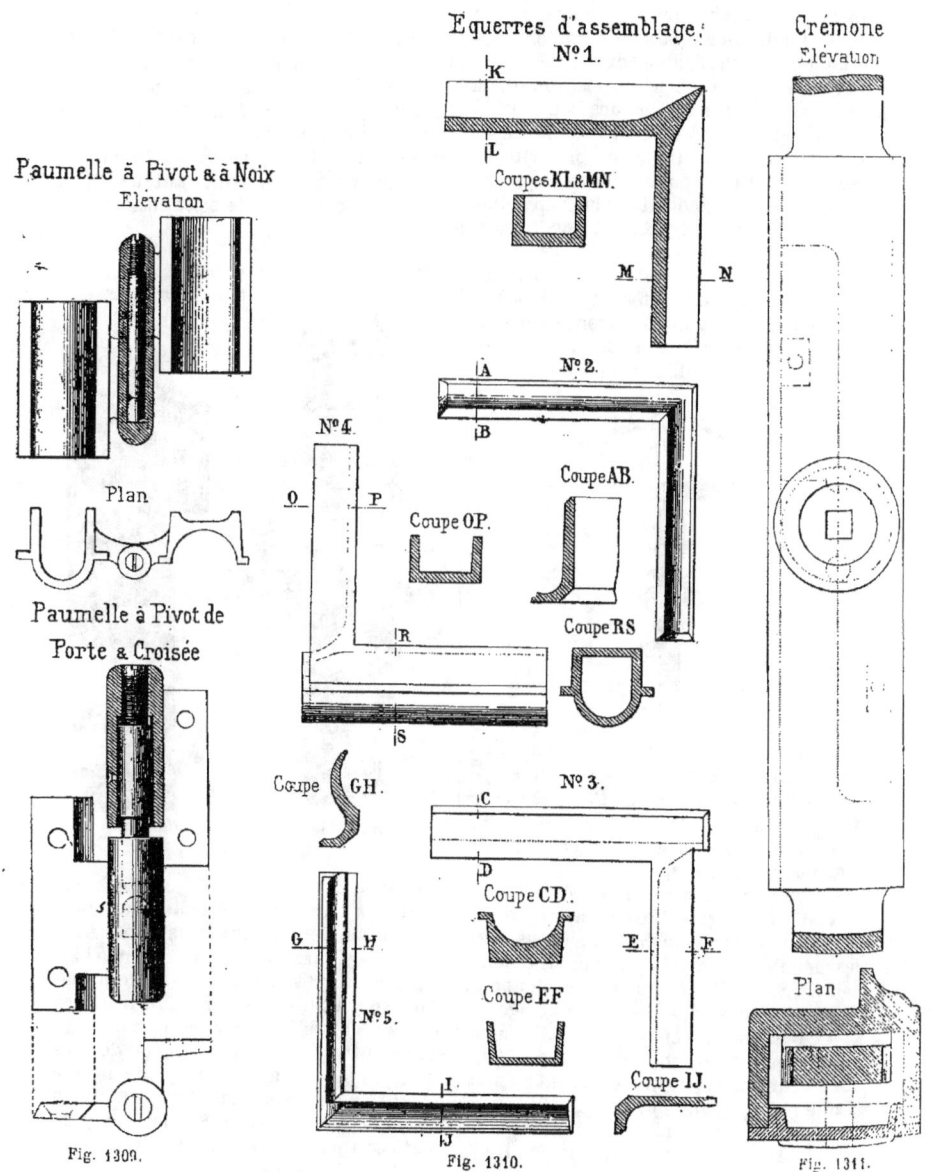

Fig. 1309. — Fig. 1310. — Fig. 1311.

à l'aide de paumelles à pivot régulateur. Cette paumelle est munie d'une vis de réglage dans sa partie haute, qui fait coulisser par sa pression un mamelon en acier. Ce dernier repose sur une crapaudine sphéroïdale, également en acier trempé; il résulte de cette disposition qu'on peut régler la hauteur des vantaux à volonté en vissant ou en dévissant la vis régulatrice. De cette façon, on évite de recourir à la lime pour donner du jeu.

De plus, le logement de la crapaudine forme réservoir et entretient bien le graissage.

Les becs-de-cane et crémones sont de forme spéciale; ils diffèrent des modèles ordinaires en ce qu'ils se logent dans l'intérieur des montants élégis et ne produisent aucune saillie. Ils permettent de

Fig. 1312.

construire des vantaux se repliant l'un sur l'autre, tels que les devantures brisées pour terrasses, etc... Dans ce cas, le volume des vantaux reployés est réduit à sa plus faible proportion et peut se loger dans un caisson de plus petite dimension ménagé sur chaque côté.

1597. La figure 1309 nous montre la disposition des paumelles employées pour les menuiseries métalliques qui précèdent.

1598. La figure 1310 nous donne la disposition des équerres d'assemblage.

1599. Enfin, le croquis (*fig.* 1311) nous représente le type de crémone en feuillure pour portes, se manœuvrant à l'aide d'une clef spéciale (*fig.* 1312).

Le croquis (*fig.* 1313) nous montre la crémone de croisée, et le croquis (*fig.* 1314) la disposition d'une serrure.

Divers autres types de menuiseries métalliques.

Premier exemple.

1600. Le croquis (*fig.* 1313) nous représente un type de croisée métallique de grande dimension construit par M. A. Crosnier, constructeur, à Paris. L'élévation se comprend facilement à la seule inspection de la figure, la partie milieu est seule ouvrante à deux vantaux, et la partie haute de la croisée est cintrée.

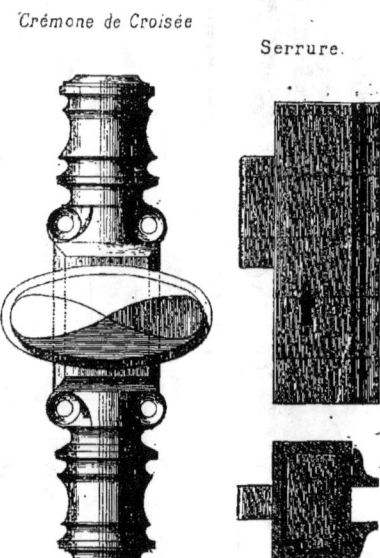

Crémone de Croisée

Serrure.

Fig. 1313.   Fig. 1314.

1601. Le croquis (*fig.* 1316) nous montre, à plus grande échelle, une coupe horizontale des fers aux trois points A, B et C de la figure précédente. Comme l'indique ce croquis, deux sortes de fers spéciaux sont utilisés : les uns Q formant les montants doublés ou non de fers plats L, et les autres U ayant la forme de fers en ⊃ auxquels on aurait ajouté un fer mouluré pour former feuillure; en V, les verres des châssis et en S le mastic retenant ces verres dans leurs feuillures. En K et en K' des pièces de bois ou même des pièces métalliques pour former la fermeture à noix et gueule-de-loup des fenêtres ordinaires en bois; en Z, la coupe de la tige de crémone; en P, une paumelle per-

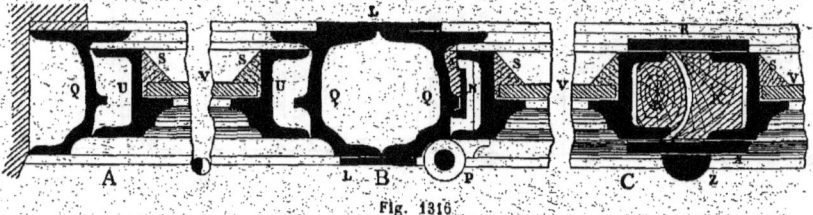

Fig. 1315.

Fig. 1316.

MENUISERIES MÉTALLIQUES.

mettant au châssis ouvrant de pivoter sur le montant B, et en *a* une matière isolante, caoutchouc, cuir ou autre, permettant d'éviter le choc d'une partie métallique sur l'autre.

1602. Le croquis (*fig.* 1317) nous donne la section des fers pour la coupe verticale de la même croisée; ces fers sont sensiblement les mêmes que ceux que nous venons d'étudier, sauf les fers à

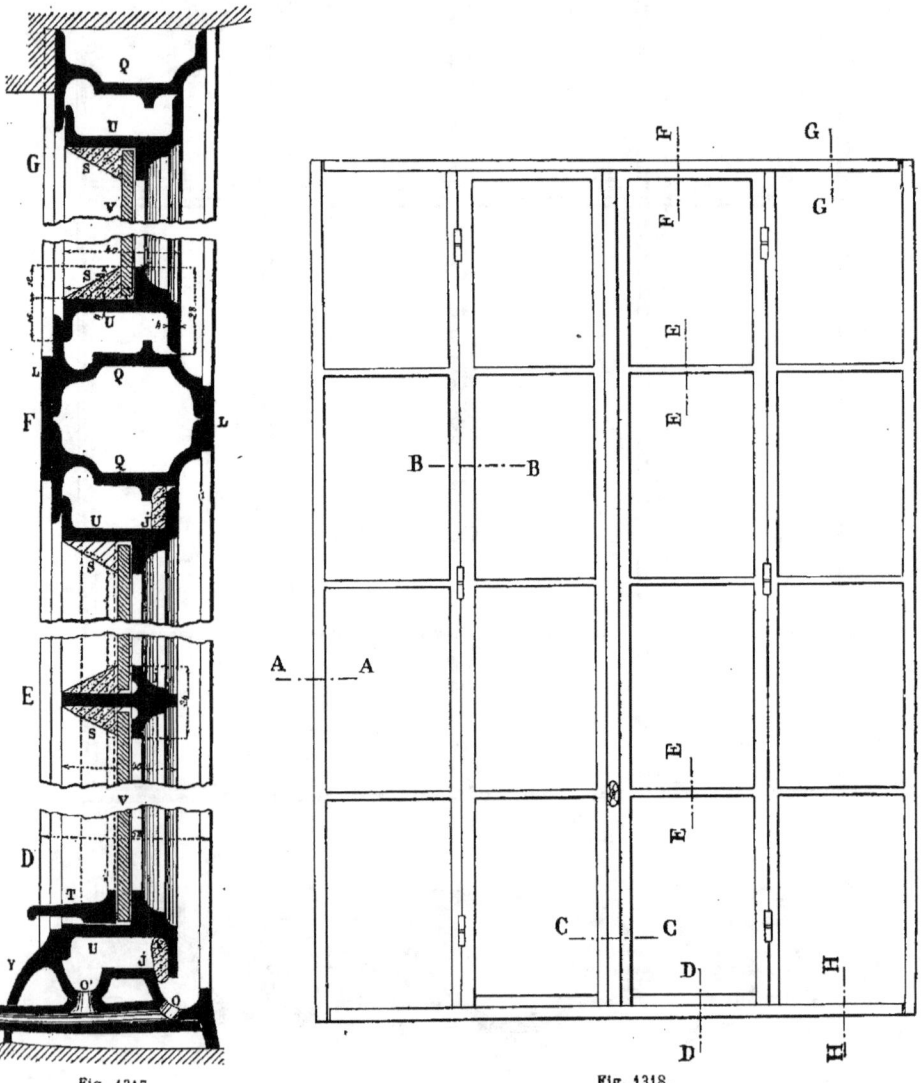

Fig. 1317.   Fig. 1318.

vitrage I dont nous n'avons pas encore vu la section et la disposition de la partie inférieure pour l'écoulement des buées et eaux de condensation.

La pièce d'appui Y présente deux orifices O et O' recevant les eaux et les conduisant au dehors à l'aide d'un canal commun O''; c'est contre cette pièce d'appui que vient battre, en J, le bas de la croisée avec l'interposition, comme précédemment, d'une matière servant à amortir les chocs. En T, un fer spécial forme le bas de la croisée et rejette au dehors l'eau de pluie. Le reste de cette coupe verticale n'offre rien de particulier à signaler.

Deuxième exemple.

1603. Le croquis (*fig.* 1318) nous représente un autre type de croisée métallique ayant, à droite et à gauche, des parties fixes, et une partie ouvrante à deux vantaux au milieu.

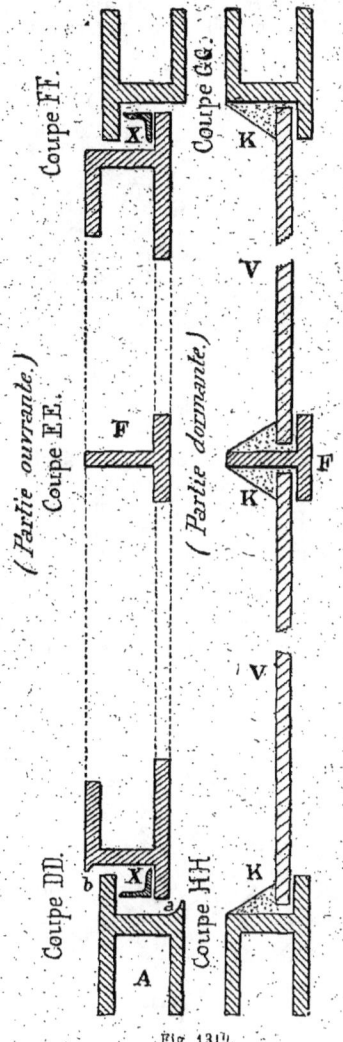

Fig. 1319.

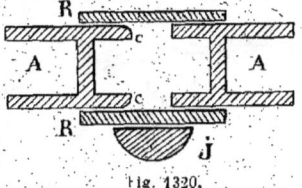

Fig. 1320.

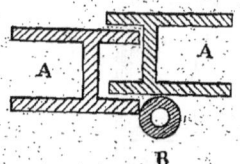

Fig. 1321.

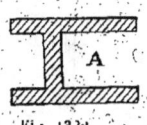

Fig. 1322.

MENUISERIES MÉTALLIQUES.

Les détails les plus importants de cette croisée sont représentés dans les croquis (*fig.* 1319, 1320, 1321 et 1322).

1604. Le croquis (*fig.* 1319) montre deux coupes verticales, l'une sur la partie ouvrante, l'autre sur la partie dormante. Les fers employés, sauf les fers à simple T formant fers à vitrages et représentés en F, sont des fers ayant la forme d'un H

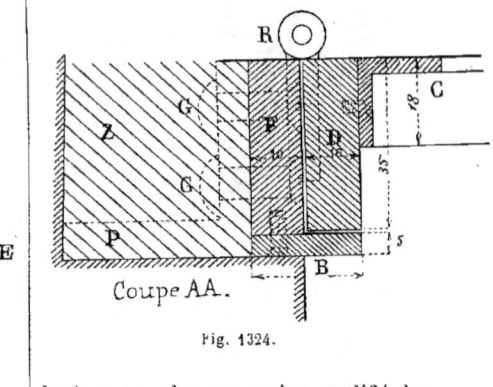

Fig. 1324.

dont on a plus ou moins modifié les branches suivant les besoins.

En a, une partie relevée permet à l'eau de condensation de se réunir et de s'écouler par un trou de buée réservé sur le milieu de la longueur de la traverse basse; en b, une partie abaissée forme au contraire larmier; en X, une cornière consolide la partie basse des vantaux ou-

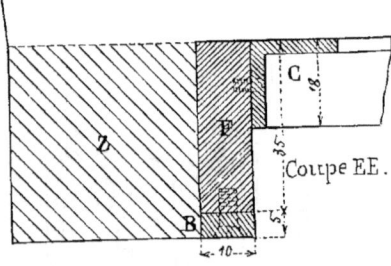

Fig. 1325.

vrants; en haut, même disposition; en K, le mastic retenant les verres V.

1605. Le croquis (*fig.* 1320) nous représente la coupe sur le milieu de la croisée; l'un des fers A est un peu arrondi en c pour faciliter l'entrée; en J, la cré-

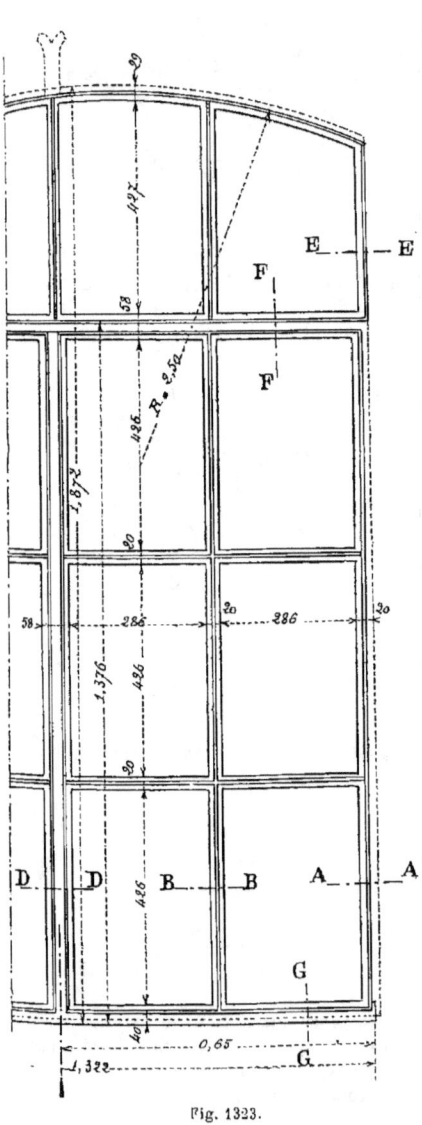

Fig. 1323.

mone ; en R, les fers plats formant battements.

1606. Le croquis (*fig.* 1321) indique la coupe sur l'un des montants fixes de la figure 1318; en B, l'indication des paumelles.

1607. Enfin, la figure 1322 nous donne la section des fers pour les montants extrêmes de cette croisée.

Troisième exemple.

1608. Le croquis (*fig.* 1323) nous indique la demi-élévation d'un autre type de châssis métallique d'une composition très simple et ne réclamant, pour sa construction, que des fers du commerce.

1609. Le premier détail de cette menuiserie métallique est représenté par le croquis (*fig.* 1324), dans lequel nous voyons :

En Z, le mur contre lequel doit venir se sceller le châssis; en P, une patte à scellement de $0^m,12$ de longueur, en fer de $0^m,007 \times 0^m,035$, rivée sur le bâtis dormant F au moyen de rivets à têtes fraisées G; en B, un fer plat de 23×5 vissé sur le dormant F sert de feuillure; en D, le battant du châssis sur lequel on visse

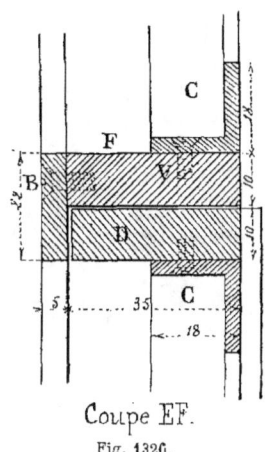

Coupe EF.
Fig. 1326.

un fer corière C pesant $0^k,700$ le mètre courant et devant recevoir les vitres; en

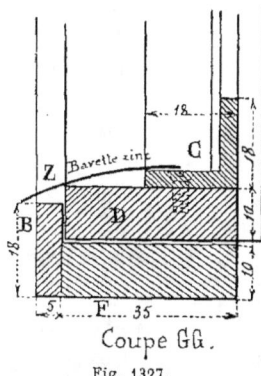

Coupe GG.
Fig. 1327.

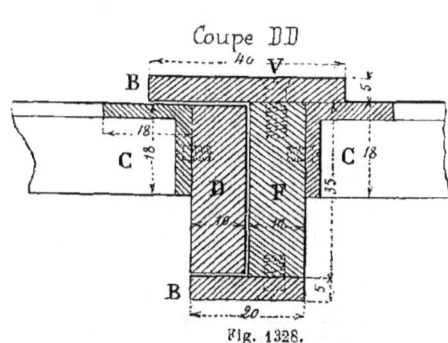

Coupe DD
Fig. 1328.

R, une charnière (il y en a trois sur la hauteur de la partie ouvrante) servant au développement des vantaux ouvrants.

1610. Le croquis (*fig.* 1325) nous montre une coupe sur la partie fixe du haut suivant EE du croquis (*fig.* 1323).

1611. Le croquis (*fig.* 1326) montre

suivant FF de la figure 1323 la disposition du haut du châssis; toujours les mêmes fers, rien de particulier à signaler.

1612. La figure 1327 donne la coupe de la partie inférieure de la croisée; ce sont encore les mêmes fers, mais il y a, en plus, une bavette en zinc Z servant à rejeter au dehors l'eau de pluie.

MENUISERIES MÉTALLIQUES.

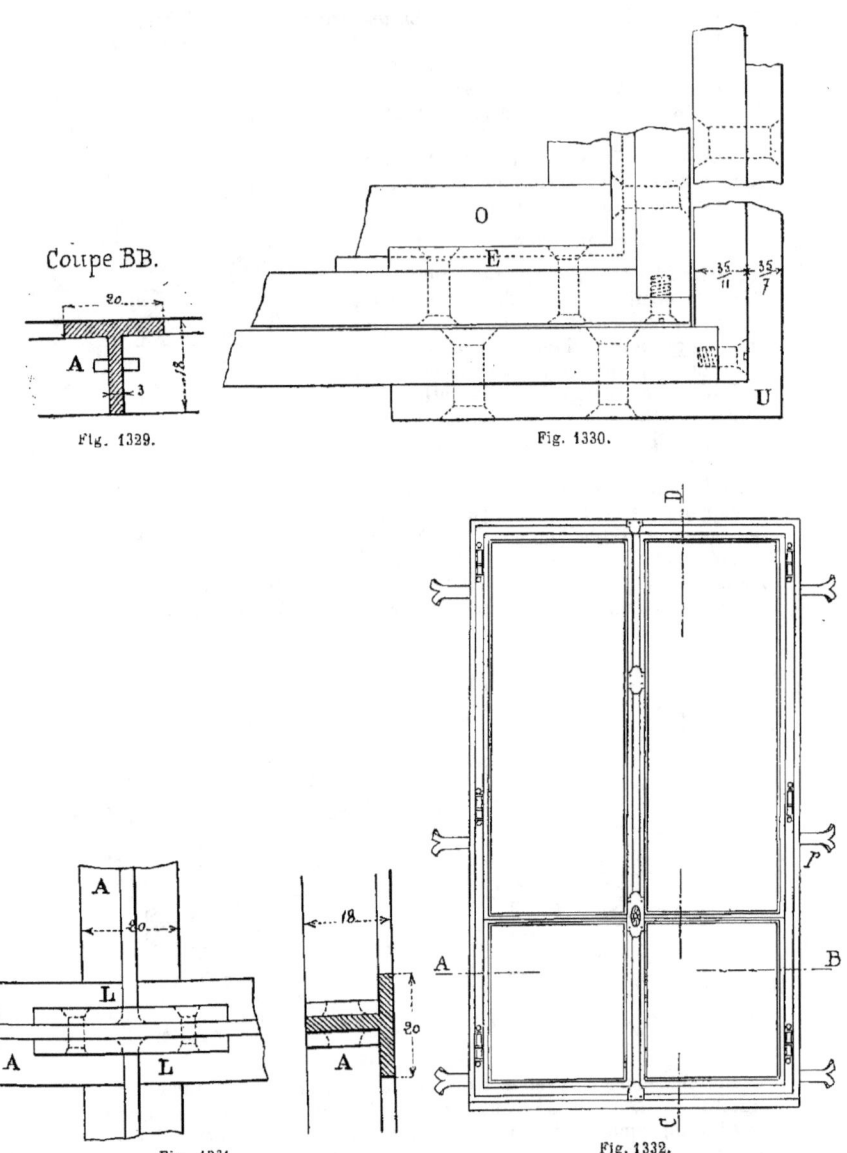

Fig. 1329. Fig. 1330. Fig. 1331. Fig. 1332.

1613. La figure 1328 nous représente la coupe sur le milieu de la croisée, et la figure 1329 la section des petits bois em- ployés ; ce sont des fers à simple **T** pesant 1 kilogramme le mètre courant.

1614. Pour terminer les détails d'exé-

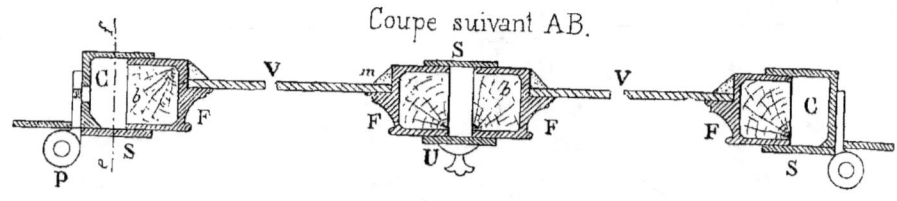

Fig. 1333.

cution de cette croisée, nous représentons en croquis (*fig.* 1330) l'assemblage

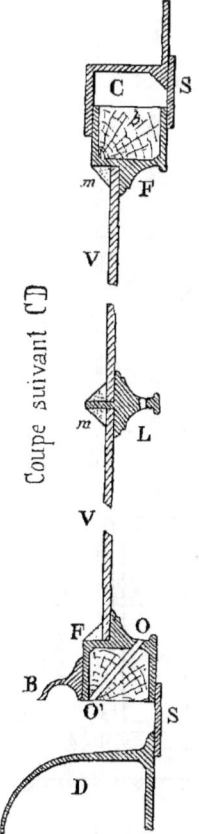

Fig. 1334.

représentée la partie ouvrante ; en E, l'équerre d'angle des parties ouvrantes; enfin, en U, l'équerre d'angle des bâtis dormants.

Le croquis (*fig.* 1331) nous montre l'assemblage des petits fers des montants et des traverses avec l'indication des trous

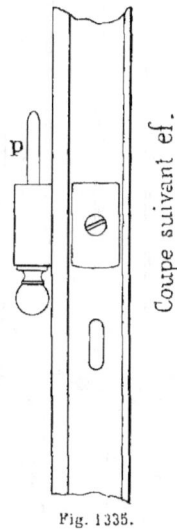

Fig. 1335.

de goupilles de $0^m,03$ de diamètre percés haut et bas de chaque côté du carreau.

Quatrième exemple.

1615. Comme quatrième exemple, nous représentons en croquis (*fig.* 1332) l'élévation d'une croisée métallique système Dumas. Cette croisée est solidement retenue dans le mur par des pattes à scellement *p*.

des parties d'angle des châssis. En O, est

MENUISERIES MÉTALLIQUES.

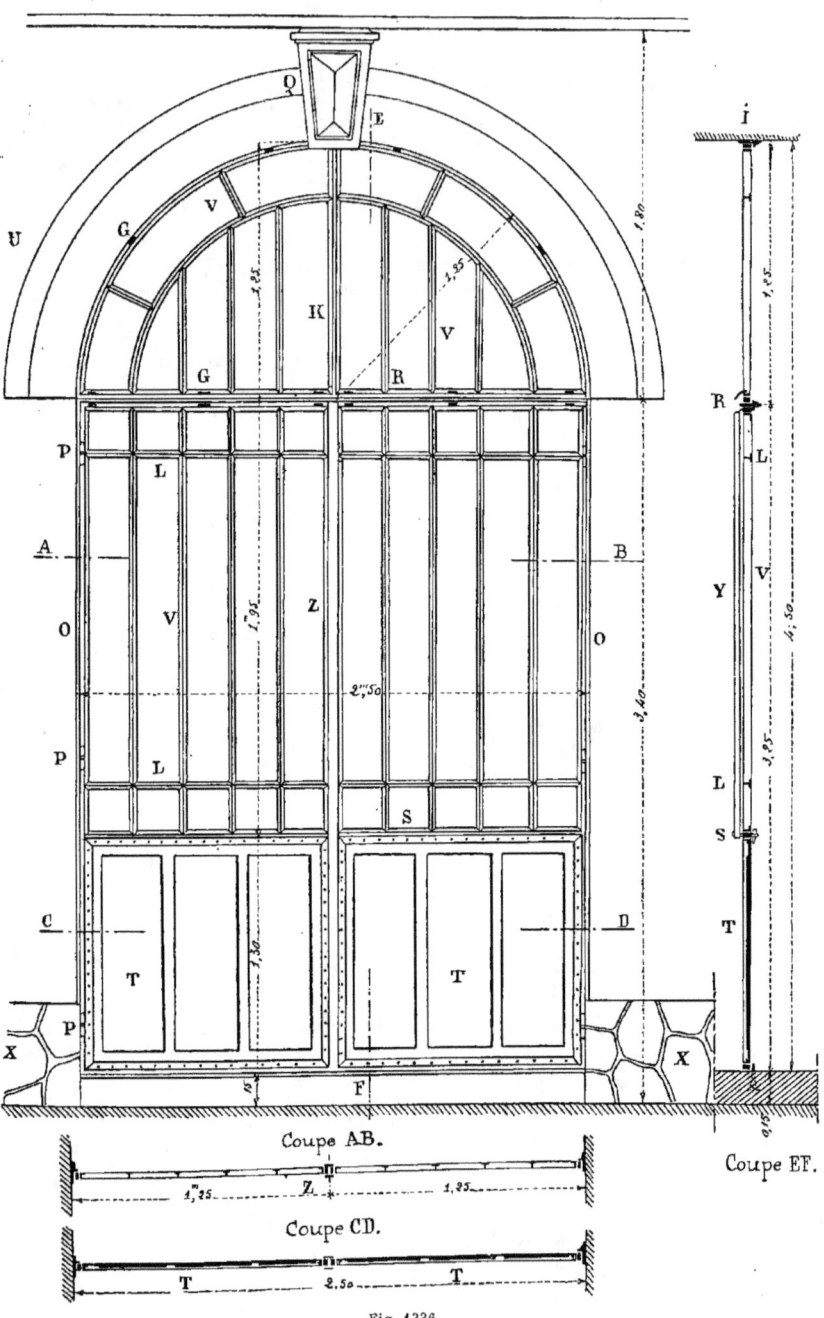

Fig. 1336.

1616. Le croquis (*fig.* 1333) montre, suivant AB, la coupe horizontale de la croisée et indique la forme des fers employés, les jeux C qui se trouvent dans les feuillures latérales, et la manière dont les paumelles P sont posées.

En b, des pièces de bois remplissent le vide laissé dans les ailes des fers spéciaux F. En V, les verres, et en m le mastic.

1617. Le croquis (*fig.* 1334) donne, suivant CD (*fig.* 1332), la coupe verticale de la croisée; en D, la pièce d'appui; en OO', le trou d'écoulement des buées; en B, le jet d'eau; en s, un fer plat formant battement; en L, le petit fer à vitrage avec crémone. Cette coupe verticale laisse encore voir le jeu qui se trouve dans les feuillures du haut et du bas de la croisée.

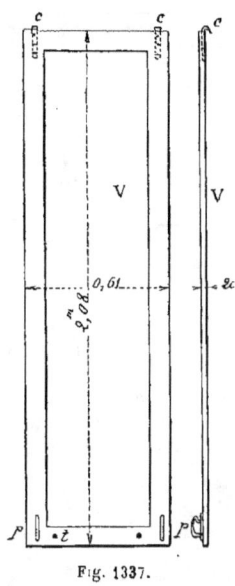

Fig. 1337.

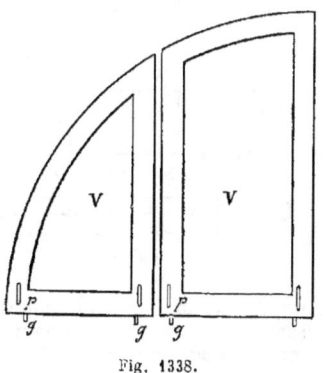

Fig. 1338.

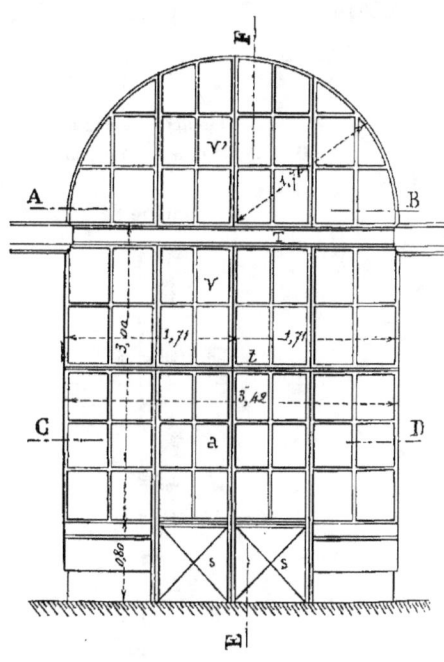

Fig. 1339.

1618. Le croquis (*fig.* 1335) est une coupe *ef* de la figure 1333 et représente l'intérieur du châssis dormant. Au moyen de trous ovales indiqués, on peut mettre les parties ouvrantes toujours de niveau, sans frais, lors même qu'il surviendrait un tassement de $0^m,05$ sur la largeur de la croisée.

Le poids moyen d'une croisée ordinaire de ce genre est de 65 kilogrammes.

MENUISERIES MÉTALLIQUES.

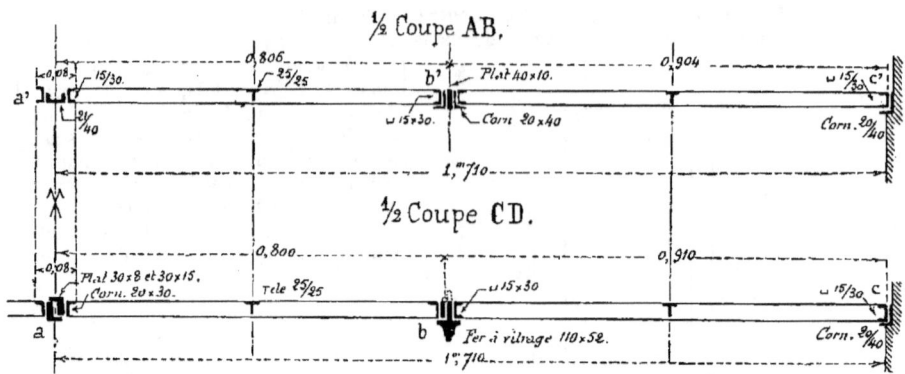

Fig. 1340.

Cinquième exemple.

1619. Comme cinquième exemple, nous donnons (*fig.* 1336) l'indication d'une menuiserie métallique servant à fermer une orangerie. C'est donc une porte de grande dimension construite entièrement avec des fers du commerce : fers plats,

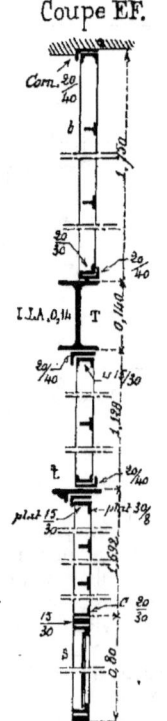

Fig. 1341.

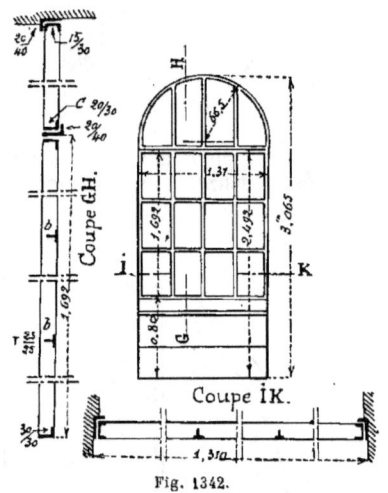

Fig. 1342.

tôles, fers à simple **T** dont les dimensions seront à calculer suivant la hauteur et la largeur des ouvertures.

Les panneaux T sont formés de deux tôles superposées. Comme fermeture, on peut se servir de volets en bois dont les croquis (*fig.* 1337 et 1338) nous donnent toutes les dimensions.

716 SERRURERIE.

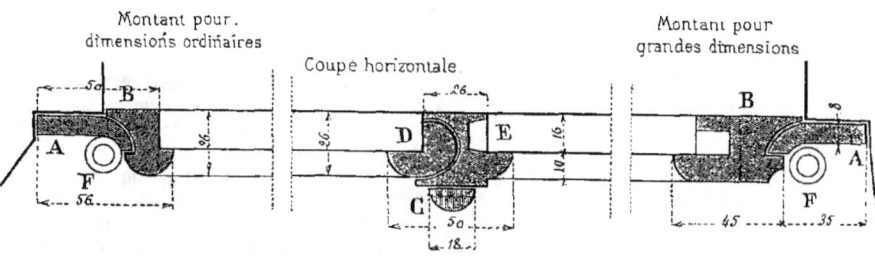

Fig. 1343.

Ces volets sont attachés sur la porte, comme on le fait dans nos devantures de boutiques, au moyen de pattes et d'arrêts G par un boulon et de simples clavettes indiquées en s dans la coupe EF (*fig.* 1336).

C'est une disposition très simple, sur laquelle nous n'insisterons pas plus longuement.

Sixième exemple.

1620. Le croquis (*fig.* 1339) est une baie métallique pour usine solidement établie et comportant au niveau des bandeaux de la construction un fort linteau T en fer ⊥; au dessus une partie vitrée V, au dessous une autre partie vitrée V' et une autre traverse t, enfin une porte a ouvrant à deux vantaux et ayant des soubassements s en tôle pleine.

1621. Le croquis (*fig.* 1340) nous représente à plus grande échelle deux demi-coupes horizontales avec l'indication et les cotes nécessaires des fers pour l'exécution.

1622. Le croquis (*fig.* 1341) donne une coupe verticale avec toutes les indications de construction.

Ce genre de menuiserie métallique a l'avantage de n'employer que des fers que les serruriers trouveront très facilement dans le commerce ; il n'y a pas, comme dans les exemples précédents, de fers spéciaux qu'on ne peut se procurer que chez les inventeurs et qui ne sont pas dans les forges à la disposition des constructeurs.

1623. Le croquis (*fig.* 1342) nous donne les détails d'une baie beaucoup plus petite, construite sur les mêmes principes que la précédente.

Septième exemple.

1624. Les croquis (*fig.* 1343, 1344, 1345 et 1346) nous montrent encore un

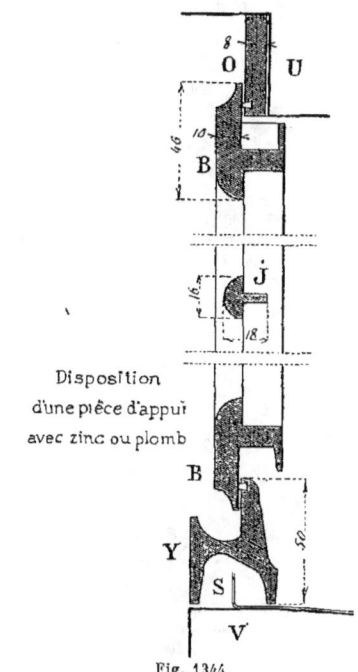

Fig. 1344.

autre genre de fers à employer pour les menuiseries métalliques, dont MM. Moreau frères, à Paris, sont les concessionnaires et les fabricants.

Coupe verticale.

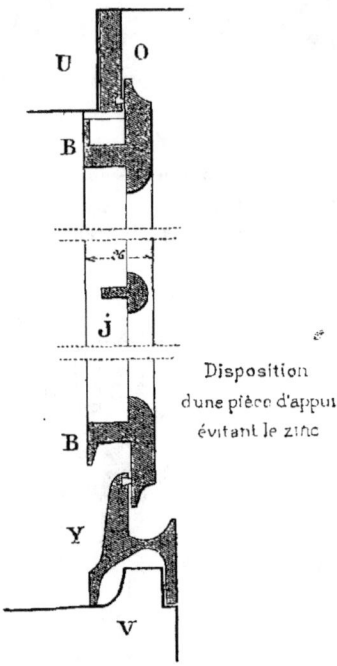

Disposition d'une pièce d'appui évitant le zinc

Fig. 1345.

Paumelle à pivot dite régulatrice

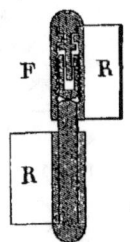

Fig. 1346.

Châssis de fenêtre en fonte
(Système Gillot).

1625. Dans ce qui va suivre, nous donnerons les détails d'une croisée *entièrement en fonte mince* très employée dans le Nord, à Hautmont.

Le croquis (*fig.* 1347) donne schématiquement la vue extérieure de cette croisée en fonte. Ces croisées remplacent avantageusement celles en bois et ont une durée beaucoup plus grande; elles sont

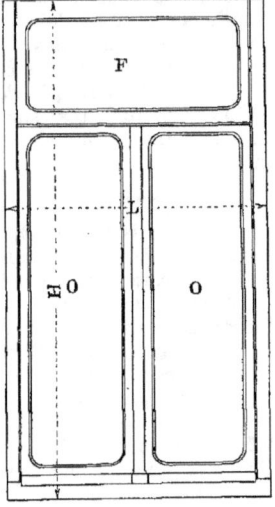

Fig. 1347.

à double jet d'eau avec récipient recevant les eaux de buée à l'intérieur.

Les dormants sont scellés dans la maçonnerie; les parties ouvrantes sont montées sur gonds et les crémones sont les mêmes que celles des croisées ordinaires en bois.

Les parties ouvrantes sont embrevées à noix et gueule-de-loup, des crochets spéciaux sont placés pour maintenir les rideaux et les jalousies.

Ce genre de châssis présente l'avantage d'être partout à double couvre-joint et d'empêcher ainsi l'eau et l'air d'entrer dans les appartements.

La température ayant peu d'influence sur les châssis en fonte, on peut très facilement les ouvrir et les fermer en toute saison.

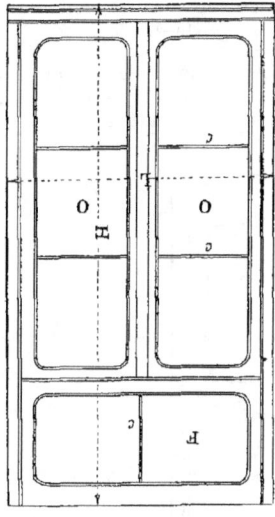

Fig. 1348.

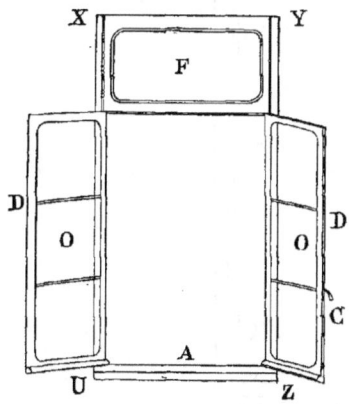

Fig. 1349.

ter des petits bois en fer c galvanisés pour éviter la rouille sur les rideaux. La partie haute F est ordinairement fixe et vitrée, la partie du dessous s'ouvre à deux vantaux, comme le montre le croquis (*fig.* 1349).

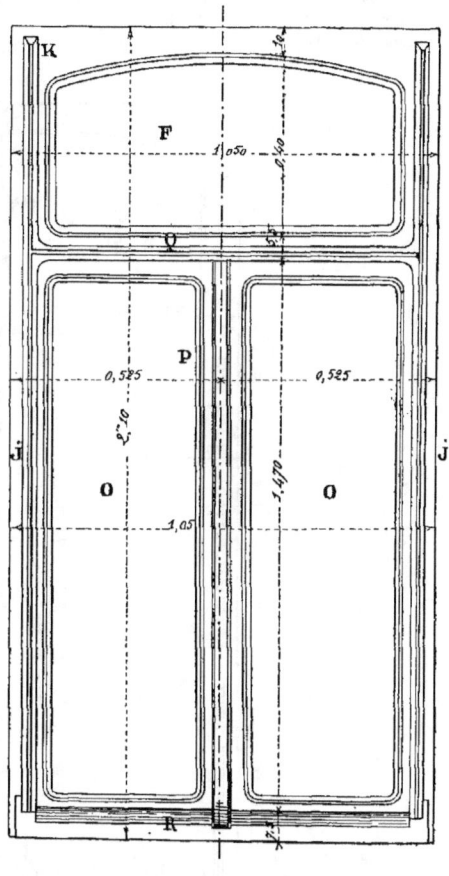

Fig. 1350.

Lorsque les fenêtres sont vieilles et usées, on peut encore revendre la fonte à la casse pour 7 francs les 100 kilogrammes.

1626. On peut, comme nous l'indiquons dans le croquis (*fig.* 1348), y ajou-

1627. Les dimensions les plus courantes sont pour la hauteur H et la largeur L des figures 1347 et 1348 :

MENUISERIES MÉTALLIQUES.

VUE EXTÉRIEURE		VUE INTÉRIEURE	
H	L	H	L
1^m,80	0^m,90	1^m,83	0^m,96
1^m,75	1^m,00	1^m,78	1^m,06
2^m,05	1^m,00	2^m,08	1^m,06
2^m,18	1^m,10	2^m,21	1^m,16
1^m,90	1^m,10	1^m,93	1^m,16
2^m,33	1^m,15	2^m,36	1^m,21
2^m,40	1^m,20	2^m,43	1^m,26

Le poids moyen de chaque châssis est de 22, 25 et 26 kilogrammes par mètre carré.

Détails.

1628. Le croquis (*fig.* 1350) nous montre à plus grande échelle la vue extérieure d'une croisée en fonte.

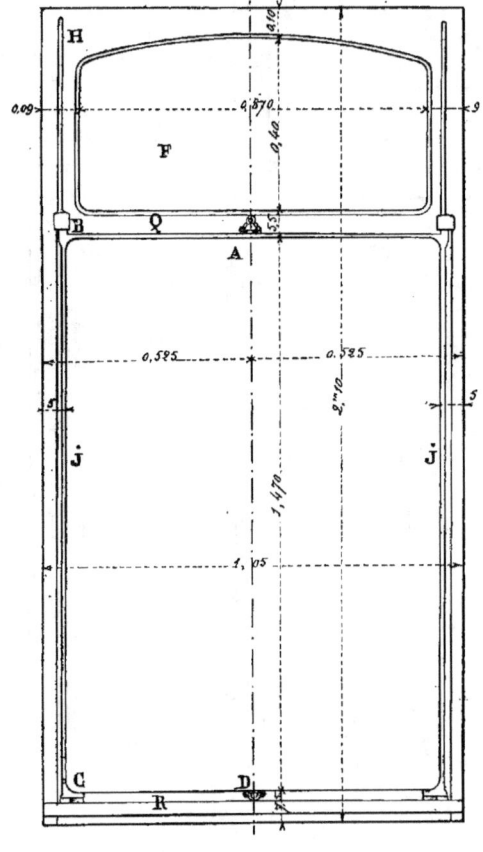

Fig. 1351.

Le croquis (*fig.* 1351) nous indique la partie fixe, celle qui se pose la première dans la baie devant la recevoir; c'est, comme le montre ce croquis, un cadre en fonte avec une traverse Q séparant la partie fixe de la partie mobile; en B, des douilles venues de fonte et recevant les tourillons des parties ouvrantes; en H, une nervure, consolidant la fonte; en C une crapaudine recevant les tourillons du bas; en R, la traverse d'appui; en J, les montants dormants; en A et en D. les douilles de crémones.

1629. Le croquis (*fig.* 1352) nous représente les deux vantaux ouvrants venant se placer dans le vide inférieur (*fig.* 1351).

Les deux coupes AB et CD rendent bien compte de la forme adoptée que nous retrouvons plus loin en détails.

En B et C, les tourillons; en I, les anneaux pour les tringles de rideaux; en E, la poignée de la crémone.

1630. Le croquis (*fig.* 1353) donne la vue intérieure de la croisée avec le tout en place.

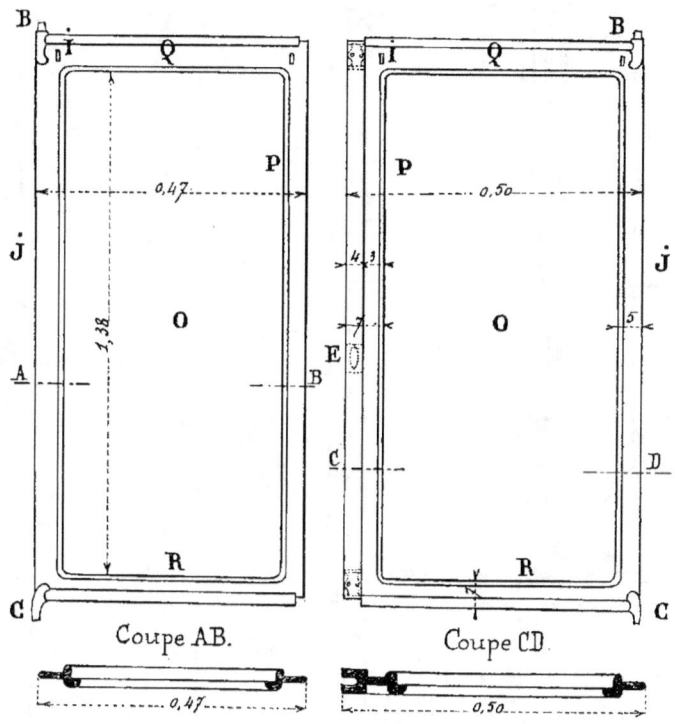

Fig. 1352.

1631. Le croquis (*fig.* 1354) montre, à plus grande échelle, la disposition des douilles inférieures C de la figure 1353.

1632. Enfin, pour terminer ces détails, nous représentons en croquis (*fig.* 1355) une coupe horizontale et une coupe verticale de ces croisées dont les cotes et les dispositions sont faciles à comprendre.

Dans la coupe verticale le réservoir de buée Z peut aussi se placer en Z'; on peut

même les mettre tous les deux pour plus de sécurité.

Baies métalliques en fonte.

1633. Nous venons de voir qu'on exécute la menuiserie d'une croisée en fonte; on fait aussi, avec le même métal, le chambranle extérieur de la croisée. Nous donnerons dans ce qui va suivre

MENUISERIES MÉTALLIQUES.

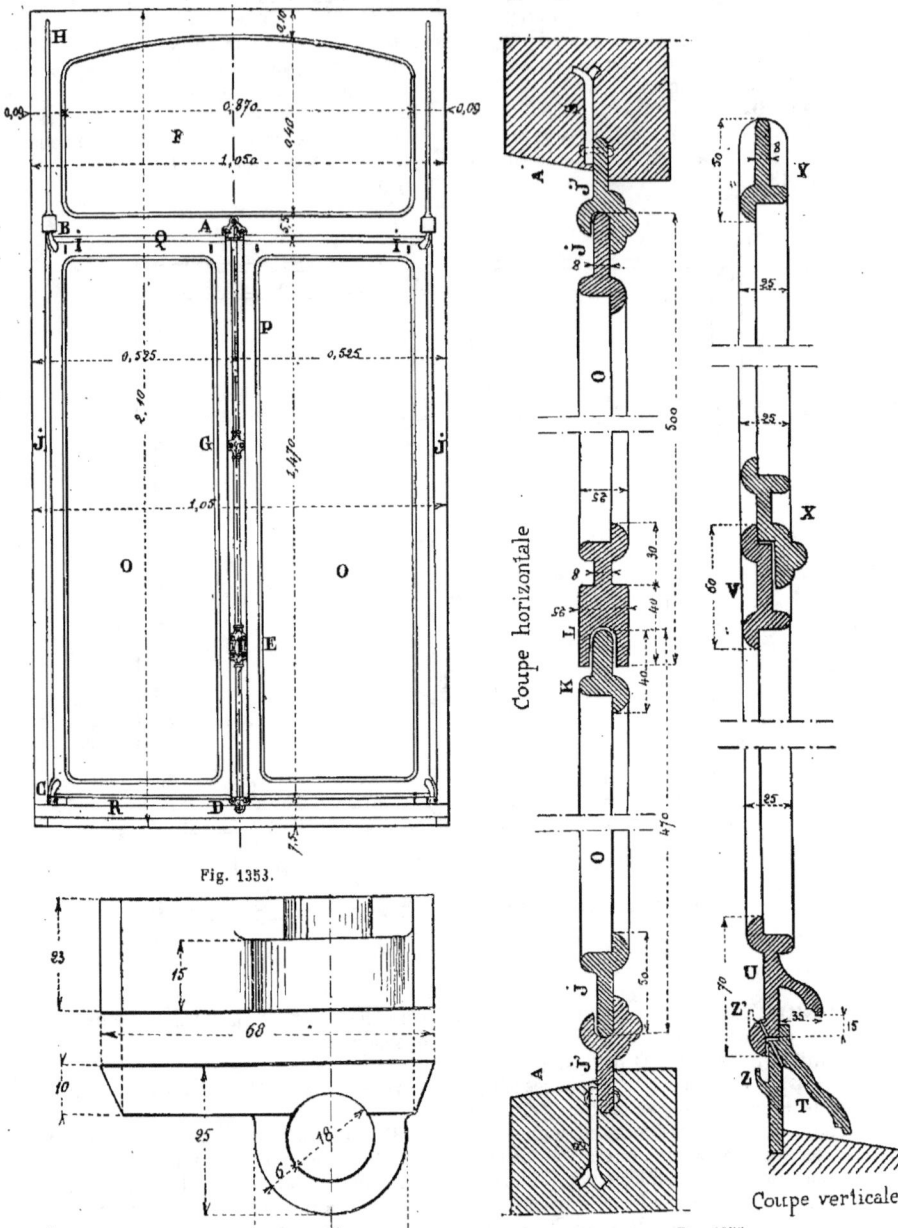

Fig. 1353.

Fig. 1354.

Fig. 1355.

Coupe horizontale.

Coupe verticale.

Sciences générales.

SERRURERIE. — 46.

722   SERRURERIE.

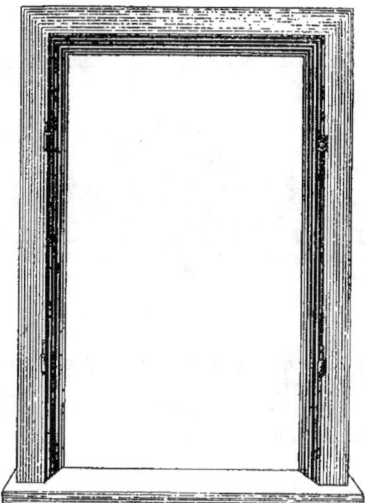

Fig. 1356.

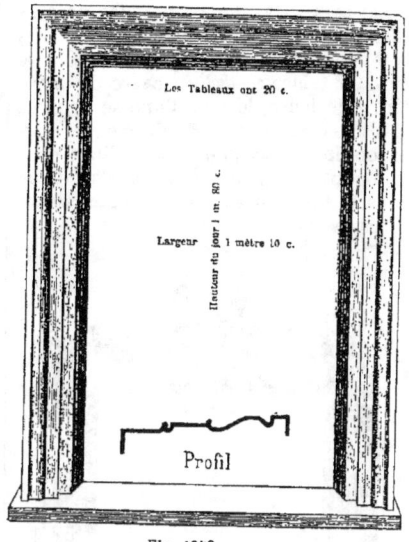

Fig. 1358.

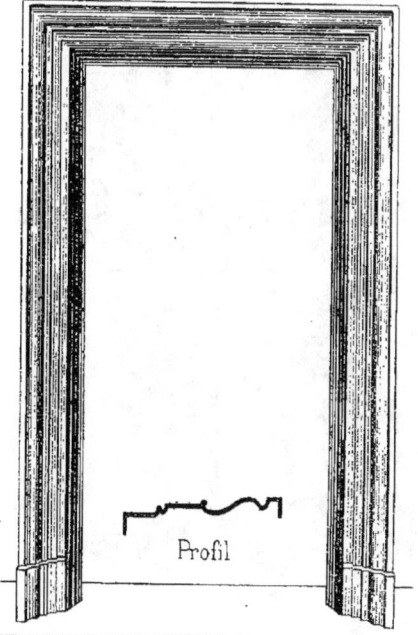

Fig. 1357.

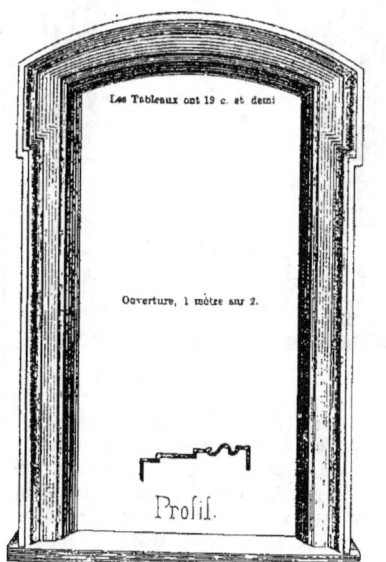

Fig. 1359.

quelques renseignements sur les baies ou chambranles en fonte système Guipet et Cie.

MENUISERIES MÉTALLIQUES.

La baie métallique, dont les croquis (*fig.* 1356 à 1361) nous montrent des types, se compose de la partie intérieure formant tableau et d'un cadre de moulure extérieure, le tout d'une seule pièce et d'une épaisseur de 5 millimètres, garnie ou non de ses gonds, se scellant dans le mur par des pattes qui se trouvent sur la paroi intérieure des tableaux et faisant corps avec elle.

Lorsque les ouvertures sont ménagées, il suffit d'enchâsser la baie et de remplir le vide laissé entre la maçonnerie et la

Fig. 1361.

baie pour que celle-ci soit scellée naturellement.

Les persiennes et les barres d'appui se posent comme d'habitude.

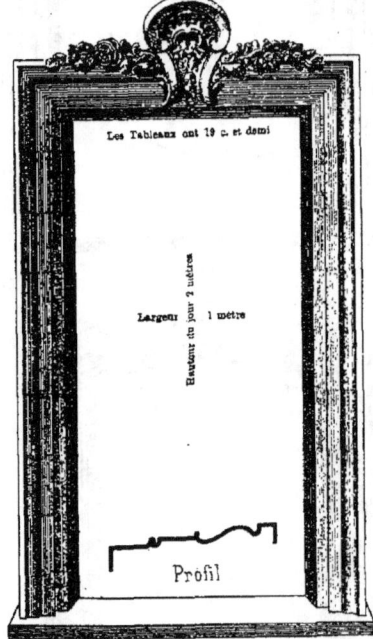

Fig. 1360.

Ce mode de scellement a l'avantage d'être invisible et d'une grande solidité.

La *baie métallique* en fonte trouve surtout son application dans les pays où la pierre est rare ou de mauvaise qualité. Elle permet de construire très rapidement, puisqu'il suffit de mettre la baie d'aplomb au fur et à mesure de l'avancement des travaux et de bâtir autour en élévation (en ayant soin de laisser un vide de $0^m,01$) pour que tous travaux de maçonnerie soient finis.

Fig. 1362.

1634. Le croquis (*fig.* 1362) indique la mise en place des baies. Les ouvertures

A montrent l'aspect de la maçonnerie (briques ou moellons) prête à recevoir la baie qui est montée au moyen d'une moufle établie sur un boulin attaché en travers de deux échasses et par lequel se montent toutes les baies de l'étage où elles arrivent rapidement et facilement étant guidées d'en bas B par une homme qui évite tout arrêt ou vacillement.

1635. Lorsque toutes les baies de l'étage ont été montées et déposées chacune en face de l'ouverture où elle doit être placée, les deux hommes prennent chacun un jambage de la baie (D) et la mettent en place dans la maçonnerie ; lorsqu'elle est enchâssée, il suffit de la fixer provisoirement soit avec des chevillettes de maçon, où un boulin que l'on arc-boute à l'angle supérieur du tableau de la baie et sur l'échafaudage ;

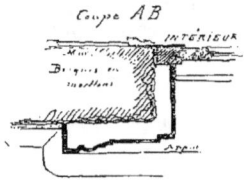

Fig. 1363.

d'en régler l'aplomb après avoir placé de l'intérieur, sous chacun des pieds-droits des chambranles, une cale de bois (volige ou autre) destinée à faire le vide sous le tableau d'appui F et à prévenir tout accident par suite de tassements, et de sceller intérieurement les quatre pattes.

1636. La figure 1363 nous montre la baie mise en place et vue *intérieurement*. Quelques poignées de plâtre ou de ciment suffisent pour sceller les pattes, il ne reste plus que le remplissage à faire entre la maçonnerie et le tableau de la baie, ce qui se fait très rapidement de la manière suivante : on applique une planche (volige) contre la paroi intérieure de la baie, on remplit le vide restant et on retire la planche, on a de cette façon un vide régulier qui permet les soufflements du plâtre, le tassement, etc. Cette précaution et celle des cales sont les seules à prendre pour l'emploi des baies métalliques, comme l'ont prouvé les nombreuses applications faites même dans des maisons de six étages.

1637. Ajoutons que tout travail de mise en place ne doit pas excéder plus de vingt-cinq minutes par baie, comme nous en avons fait plusieurs fois l'expérience ; le poids de la baie ne dépassant pas 100 à 125 kilogrammes suivant modèle.

1638. Le croquis (*fig.* 1364) nous

Fig. 1364.

montre une coupe horizontale sur la baie métallique montrant sa position lorsqu'elle est en place.

Appuis en fonte (portes et fenêtres).

1639. Pour terminer cette étude des *baies métalliques*, nous dirons quelques mots des *appuis de fenêtres* et *seuils de portes* en fonte système Guipet et Cie.

Ces appuis et seuils, qui peuvent indifféremment s'employer avec les baies métalliques ou tout autre genre de construction, interdisent à l'air et à l'eau toute immission dans l'intérieur des appartements.

1640. Le croquis (*fig.* 1365) nous montre la coupe d'un appui en fonte pour fenêtre : en B le battant de la fenêtre ; en J le jet d'eau de cette même fenêtre ; par les deux conduits K et S qui traversent cet appui, l'eau et la buée sont ramenées extérieurement sur la courbe d'écoulement dont nous venons de parler.

1641. Le croquis (*fig.* 1367) nous montre la disposition des seuils de portes en fonte ; ils sont établis comme les ap-

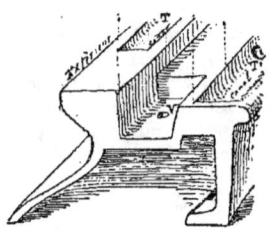

Fig. 1366.

puis de fenêtre, mais n'ont que $0^m,0305$ de hauteur.

Chaque appui a $0^m,14$ de plus que la largeur de la fenêtre, afin d'être scellé dans les tableaux.

1642. Le croquis (*fig.* 1368) nous

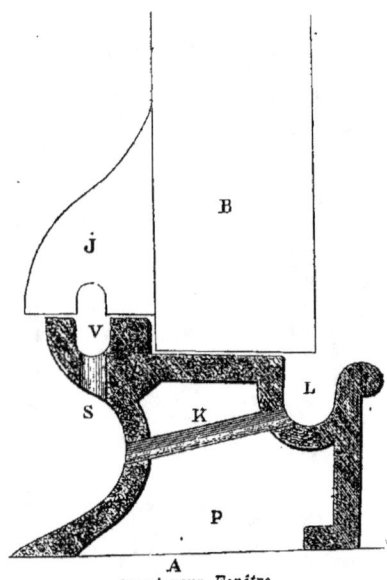

Appui pour Fenêtre.
Fig. 1365.

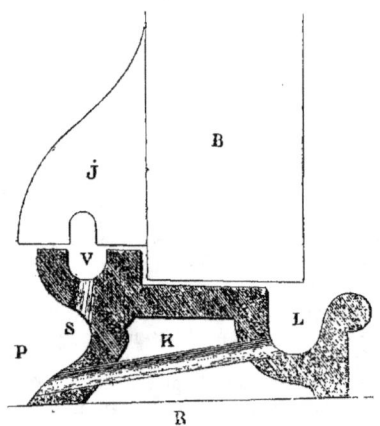

Seuil de Porte.
Fig. 1367.

qui, par sa forme même, est un obstacle insurmontable à l'eau de pluie.

Le petit caniveau L, régnant sur toute la longueur de l'appui, reçoit la buée de l'intérieur et le caniveau V agit de la même manière pour l'extérieur.

Aux deux extrémités de chaque appui, en V (*fig.* 1366), sont ménagées deux entailles afin de recevoir le bâti ou dormant de la fenêtre, fixé par une vis dans le trou V.

En T et en T' sont figurés les trous

montre la coupe de l'appui au milieu de la gâche avec ses deux canaux L et S se réunissant dans un même canal K, disposition un peu différente de celle indiquée (*fig.* 1365).

En T nous pouvons remarquer le bout retourné de la tige de la crémone C qui, en s'emboîtant dans la gâche de l'appui, chasse la fenêtre contre celui-ci et produit une fermeture hermétique. Ce même croquis indique également la position du

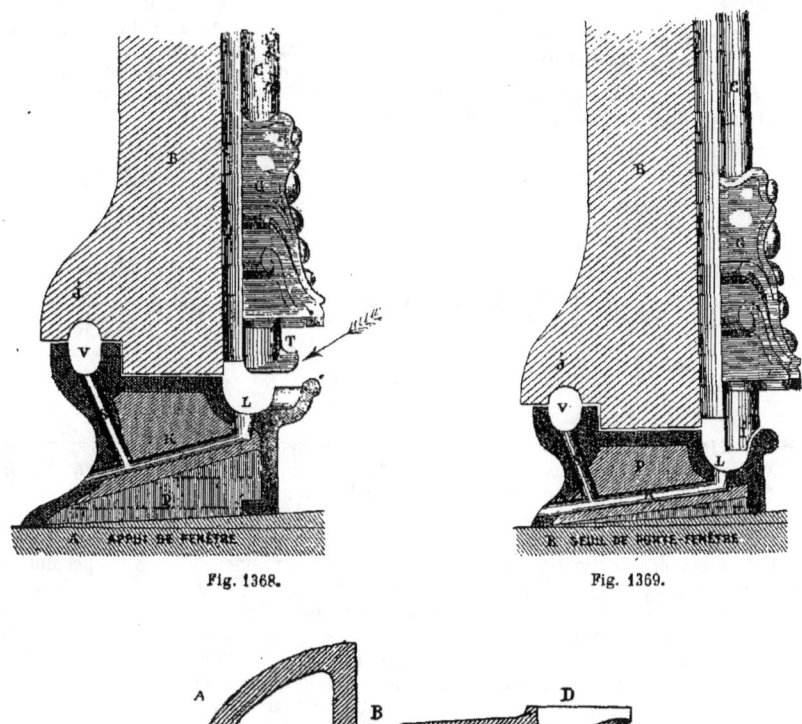

Fig. 1368. — Fig. 1369.

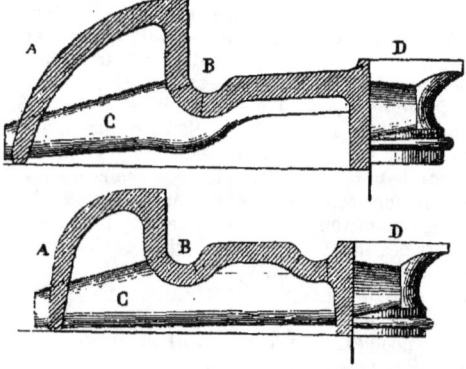

Fig. 1370 et 1371.

conduit G de la crémone qui, étant éloignée de la gâche de l'appui, supprime le frottement lors d'un tassement.

1643. Le croquis (*fig.* 1369) nous montre la disposition à adopter pour le seuil d'une porte-fenêtre. Le bas de la

RÉSERVOIRS

crémone est aussi entaillé en I dans le même but que précédemment.

Toutes ces pièces sont établies par gradation de 0^m,05, depuis 0^m,80 jusqu'à 2 mètres.

Appuis en fer système J. Mazellet.

1644. Les deux croquis (*fig.* 1370 et 1371) nous donnent des exemples de seuil et pièce d'appui en fer. L'avantage de l'emploi du fer pour ces pièces est de présenter une plus grande netteté de profil et de pouvoir les dresser et les cintrer à volonté. On retrouve, dans ces pièces, les mêmes avantages d'étanchéité que dans les pièces en fonte.

En D la douille pour la crémone, en C le conduit emmenant les eaux à l'extérieur.

CHAPITRE XII

RÉSERVOIRS

Définitions et notions générales.

1645. On donne, en général, le nom de *réservoir* à un récipient devant contenir de l'eau ou un autre liquide.

Les réservoirs se construisent ordinairement en tôle, en bois, en zinc ou en maçonnerie. Nous ne nous occuperons, dans ce qui va suivre, que des réservoirs en tôle et des réservoirs en maçonnerie, dans lesquels il entre une ossature métallique.

1646. Les réservoirs en tôle peuvent être de forme *carrée, cylindrique* ou *conique*. La forme carrée n'est pas rationnelle et ne peut se prêter au calcul. Les réservoirs carrés ont besoin, pour être solidement établis, de fortes armatures intérieures et, comme ils ont toujours un fond plat reposant sur des solives en fer, il faut alors, si un rivet vient à manquer, déplacer le réservoir pour le réparer.

Pour obvier à ces inconvénients on fait aujourd'hui de préférence des réservoirs *cylindriques* à fond bombé; de cette manière, le réservoir ayant un patin sur son pourtour, on peut facilement l'appuyer sur une maçonnerie, qui rend l'accès du fond plus facile, et voir immédiatement les fuites sans aucun dérangement.

Les réservoirs *coniques* sont employés depuis quelque temps ; nous en dirons quelques mots.

1647. Les réservoirs en tôle ne renferment ordinairement que des volumes d'eau peu considérables, ce qui permet de les établir avec des tôles d'assez faible épaisseur; ainsi, un réservoir de 8 à 10 mètres de circonférence et de 3 à 4 mètres de hauteur peut être formé de tôles de 0^m,002 dans le premier tiers de sa hauteur, de 0^m,0025 en son milieu et 0^m,003 à sa partie inférieure. Le fond doit être un peu plus épais, 0^m,0035 à 0^m,004 au moins.

Si le volume d'un réservoir augmente beaucoup, il y a alors avantage à employer les réservoirs en maçonnerie et surtout, comme économie, les réservoirs en maçonnerie (ciment et sable) avec carcasse intérieure métallique.

Réservoirs en tôle de forme cylindrique avec fond en calotte sphérique.

1648. Cette forme de réservoir, qui est la plus courante aujourd'hui et dont nous donnons un croquis schématique (*fig.* 1372), permet d'employer les tôles du commerce.

Comme le montre le croquis, le réservoir est formé d'une série d'anneaux en tôle V emboîtés les uns dans les autres. Comme les joints sont dans les réservoirs ces causes de fuites, on donnera aux anneaux la plus grande hauteur possible, tout en ne dépassant pas, pour les tôles, les mesures commerciales.

Dans un réservoir la zone la plus fatiguée est la dernière couronne cylindrique V' placée en bas. Si donc nous donnons à tous les anneaux la même épaisseur, c'est l'épaisseur calculée pour l'anneau du bas qu'il faudra prendre; mais, par raison d'économie, on donne aux différents anneaux les épaisseurs nécessaires pour

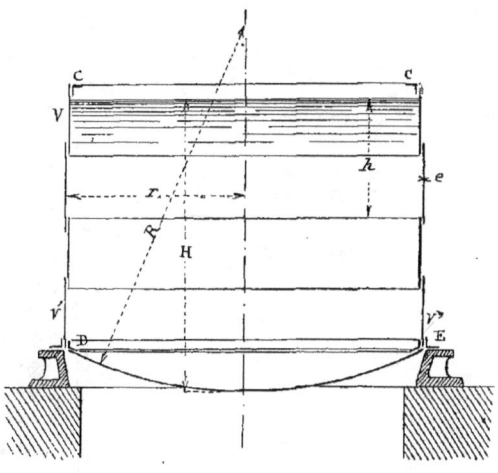

Fig. 1372.

qu'ils résistent bien suivant leur position. La cornière supérieure C peut se placer en dedans ou en dehors du réservoir.

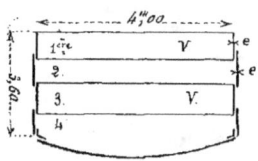

Fig. 1373.

Formules pour calculer les épaisseurs des différentes viroles d'un réservoir.

1649. Pour la détermination de l'épaisseur à donner à chaque *virole* d'un réservoir, il faut tenir compte de la pression du liquide. Les feuilles de tôle généralement employées ont 1 mètre de largeur, ce qui limite à cette dimension la hauteur des anneaux ou viroles d'un réservoir.

1650. La formule qui donne l'épaisseur des tôles, et qui est analogue à celle qu'on donne ordinairement pour le calcul d'une chaudière à vapeur, est la suivante :

$$e = \frac{1\,000 hr}{R},$$

dans laquelle :

e, épaisseur de la tôle;

h, distance au niveau de l'eau de la base de l'un des anneaux ;

r, le rayon intérieur de chaque anneau ;

R, coefficient de résistance du métal employé.

1651. Dans la pratique, et pour tenir compte (des différences d'épaisseur qui peuvent exister dans une même feuille de tôle, des piqûres et gravelures de la surface de la tôle, de la diminution de résistance ayant la rouille pour cause, etc., on ajoute à la formule précédente une constante, que les constructeurs ont évaluée à

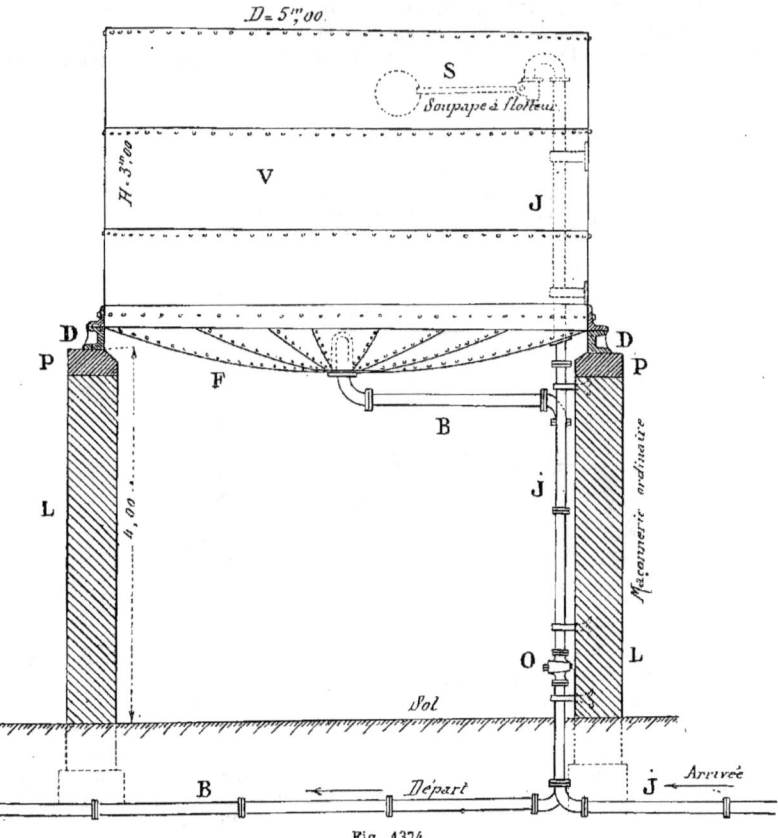

Fig. 1374.

0,0015 et même 0,0025 de telle sorte que, les deux formules à employer suivant les cas seront :

$$e = \frac{1\,000 h r}{R} + 0,0025 \quad (1)$$

$$e = \frac{1\,000 h r}{R} + 0,0015 \quad (2)$$

C'est la dernière de ces formules qu'on emploie le plus souvent.

Valeurs de R.

1652. Par suite des difficultés de construction pour construire des anneaux rigoureusement circulaires, permettant d'obtenir dans le métal des tensions uniformément réparties dans les diverses sections, on ne pourra donner à R une valeur correspondante à la charge pratique ordinaire, mais lui attribuer une valeur bien au-dessous et qui, pour la tôle ordinaire, sera de (3×10^6) ou $(3,5 \times 10^6)$ par unité de surface.

En remplaçant R par l'une ou l'autre de ces valeurs dans la formule (2), on aura pour la valeur de *e* les deux suivantes :

$$e = 0,00033 hr + 0,0013 ; \quad (3)$$
$$e = 0,000286 hr + 0,0015. \quad (4)$$

Exemple.

1653. Supposons (*fig.* 1373) que nous ayons à calculer l'épaisseur *e* des quatre viroles V d'un réservoir de 4 mètres de diamètre et de $3^m,60$ de hauteur (chaque virole n'a que $0^m,90$ au lieu de 1 mètre à cause des couvre-joints).

1654. En appliquant la formule (3), par exemple, nous trouverons :

Épaisseur de la 1re virole :	$e = 0,00209$	on prend en chiffres ronds	$e = 0^m,002$
— 2me —	$e = 0,00269$	—	$e = 0\ ,0027$
— 3me —	$e = 0,00328$	—	$e = 0\ ,0033$
— 4me —	$e = 0,00387$	—	$e = 0\ ,0040$

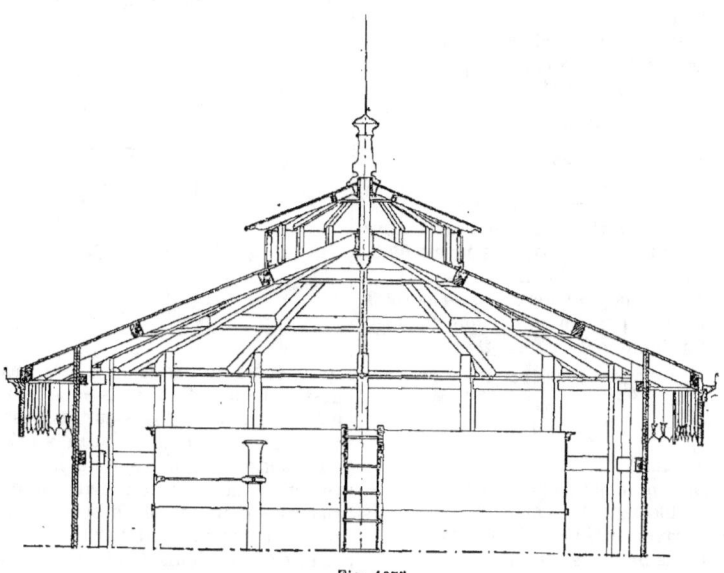

Fig. 1375.

Fond du réservoir.

1655. Comme nous pouvons le voir dans le croquis (*fig.* 1372), le fond du réservoir est une calotte sphérique ; nous ne détaillerons pas tous les calculs (1), nous nous bornerons à donner les formules employées par les constructeurs et qui sont les suivantes :

(1) Voir *Cours de résistance appliquée* de M. V. Contamin.

$$e = 0,00025 \times H \times R + 0,0015,$$
$$e = 0,000166 \times H \times R + 0,0015.$$

formules dans lesquelles :

e est l'épaisseur de la calotte sphérique ;

H, hauteur du niveau supérieur de l'eau au fond de la calotte sphérique ;

R, le rayon de la calotte sphérique (ne pas confondre cette R avec le coefficient de résistance appliqué précédemment).

Le terme constant a, dans ces formules,

RÉSERVOIRS. 731

la même raison d'être que dans la partie cylindrique.

Nombre de rivets.

1656. Pour terminer ces quelques renseignements sur les réservoirs, nous dirons quelques mots du nombre de rivets à employer pour réunir entre elles ces diverses tôles.

Le nombre de rivets nécessaires pour réunir le fond du réservoir à la cornière ouverte D (*fig.* 1372) est donné par la formule :

$$n = 0{,}849 \frac{e}{d^2},$$

dans laquelle :
n est le nombre de rivets ;
e, l'épaisseur de la calotte sphérique ;
d, le diamètre des rivets.

Exemple.

1657. Supposons :
$$e = 0{,}005$$
$$d = 0{,}016$$
on aura $n = 16{,}5$, ce qui donne pour écartement d'axe en axe des rivets $0^m{,}06$ en nombre ronds. Le nombre de rivets réunissant la cornière extérieure E (*fig.* 1372) à la partie cylindrique du réservoir est donné par la formule :

$$n' = \frac{1\,000 H \times R}{2 \frac{\pi d^2}{4} R'},$$

dans laquelle :
n est le nombre de rivets ;
H, la hauteur de l'eau ;
r, le rayon intérieur du réservoir ;
d, le diamètre des rivets ;
R', coefficient de résistance $R' = 3 \times 10^6$.
R, rayon de la calotte sphérique.

Détails d'exécution.

1658. Le croquis (*fig.* 1374) nous montre l'ensemble de l'installation d'un réservoir sur un mur circulaire L couronné par des pierres dures P recevant la couronne en fonte D sur laquelle pose le réservoir.

L'arrivée de l'eau se fait par le tuyau J ; en S une soupape à flotteur règle le niveau de cette eau pour éviter le débordement ; en V les différentes viroles ; en F le fond sphérique du réservoir ; en O un robinet d'arrêt.

Le départ de l'eau se fait par le fond à l'aide d'un tuyau B descendant sous le sol. Généralement la chambre placée sous le réservoir sert de magasin ou d'atelier.

1659. Lorsque les réservoirs sont petits, on est obligé de les couvrir afin de les empêcher de geler l'hiver ; on fait ordinairement cette couverture comme nous l'indiquons par le croquis (*fig.* 1375). C'est une petite charpente en bois formant une sorte de cage autour du réservoir ; un passage d'environ $0^m{,}75$ reste

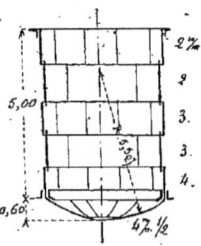

Fig. 1376.

libre entre le revêtement et la cuve au-dessus de laquelle une distance de $0^m{,}75$ a été également ménagée sur les tirants du petit comble. Un lanterneau vitré placé à la partie supérieure rend la visite du réservoir facile. Une échelle placée intérieurement permet de descendre dans le réservoir pour le nettoyer.

1660. Les seuls détails intéressants à donner sont :

1° Le détail de la couronne en fonte posée sur le mur et recevant le réservoir.

2° Le mode d'attache du fond du réservoir à la partie cylindrique.

1661. Nous prendrons comme type un réservoir de 100 mètres cubes, dont le croquis schématique est donné (*fig.* 1376).

1662. Le croquis de la couronne en fonte, pour un réservoir de cette capacité, est donné en croquis (*fig.* 1377) ; c'est une section de fer ⊥ dont l'aile droite

SERRURERIE.

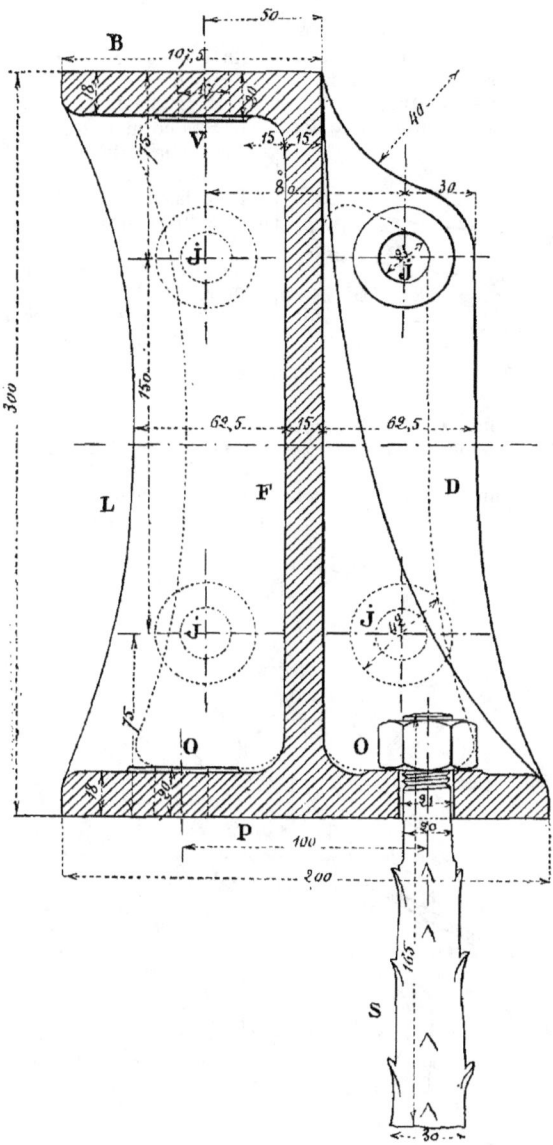

Fig. 1377.

supérieure a été enlevée. En P cette couronne est fixée sur la maçonnerie par de forts boulons à scellements O, S. De fortes nervures L et D consolident la couronne et les différents tronçons sont réunis par des boulons.

RÉSERVOIRS.

En V le trou pour le boulon d'attache de la cornière basse de la partie cylindrique ; en J les différents trous de boulons pour relier ensemble deux parties de couronne.

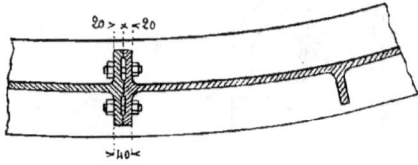

Fig. 1378.

1663. Le croquis (*fig.* 1378) nous donne le mode d'attache de deux parties de couronne.

1664. Le croquis (*fig.* 1379) nous montre :

En F la couronne en fonte étudiée précédemment ;
En D la tôle du fond du réservoir ;
En S la cornière ouverte fixant le fond D à la partie cylindrique I du réservoir à l'aide de rivets P et L ;
En K la cornière reliant la partie cylindrique du réservoir I à la couronne en fonte F ;

La cornière S ouverte à 117 degrés se trouve dans le commerce ; l'autre cornière K est une cornière à ailes égales, qu'on trouve également dans le commerce.

Nota.

1665. Il ne faut pas que le bord intérieur *b* (*fig.* 1380) de la couronne qui supporte le réservoir soit à une trop grande distance de la partie cylindrique.

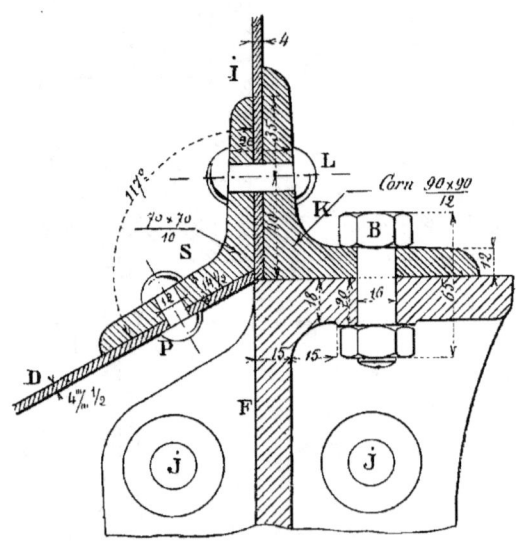

Fig. 1379.

Les deux dispositions (*fig.* 1379 et 1380) sont bonnes et la disposition (*fig.* 1381) est mauvaise et ne doit pas être adoptée.

Nous ne parlons pas de l'assemblage des tôles dans les réservoirs, nous renvoyons nos lecteurs à la *charpente en fer*, où cette question a été longuement traitée.

Réservoirs à fond conique.

1666. Nous avons vu précédemment que, pour obvier aux inconvénients des réservoirs à fond plat, les constructeurs ont remplacé ce fond plat par un fond sphérique, mais encore avec cette sensible amélioration : pour annuler l'effet de la poussée latérale sur les murs, dans lesquels cette base sphérique chargée d'eau devait entrer comme un coin, il faut la faire reposer sur une couronne métallique

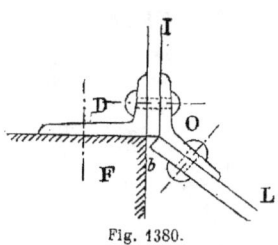

Fig. 1380.

très solide, qui, tout en augmentant le poids du réservoir, doit être assez forte pour supporter seule, sans l'aide de l'enveloppe cylindrique, la poussée du fond ; elle exige encore des murs assez épais, car il est impossible d'annuler complètement les efforts horizontaux P donnés par le parallélogramme des forces (*fig.* 1382).

M. Intze a imaginé un autre système, aujourd'hui adopté à Milan, dont nous

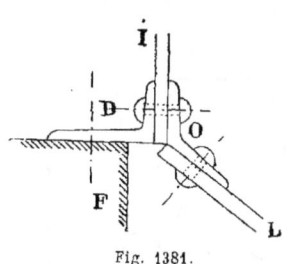

Fig. 1381.

donnons un croquis schématique (*fig.* 1383) et qui, à première vue, s'écarte des types utilisés jusqu'ici.

1667. La base du réservoir, sur laquelle il repose, a un diamètre moindre que celui du réservoir lui-même. La courbe du fond, dont la convexité est tournée en haut, est calculée de telle sorte (avec celle de la partie conique du réservoir) que la résultante des pressions passe par le milieu des murs d'appui, comme le montre le parallélogramme des forces indiqué dans le croquis.

On peut ainsi, au moins pour les petits réservoirs, supprimer la couronne métallique.

1668. La convexité du fond faisant reporter la charge sur les murs, ces der-

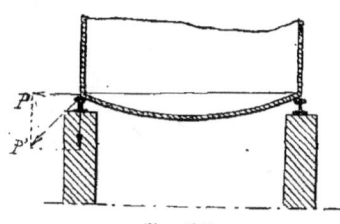

Fig. 1382.

niers peuvent être construits plus légèrement et n'ont à supporter que des efforts verticaux. La couronne métallique peut alors être remplacée par une bande de fer laminé placée directement sur le mur, comme on le fait ordinairement pour les semelles sous les poutres en fer.

1669. La sphère n'étant pas une surface développable, il est impossible d'amener des tôles à cette forme, sans distendre

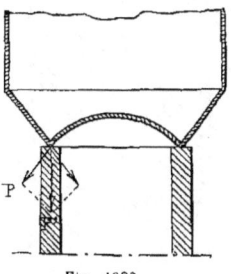

Fig. 1383.

certaines parties et en refouler d'autres, d'où résulte évidemment un affaiblissement dans la résistance et un travail plus difficile. Est-il possible de s'écarter de la forme sphérique en évitant cet inconvénient et en réalisant néanmoins une économie de prix. Nous extrayons d'une note de M. Edmond Pierron, ingénieur, parue dans le *Génie civil* les quelques renseignements qui suivent pour répondre à cette question.

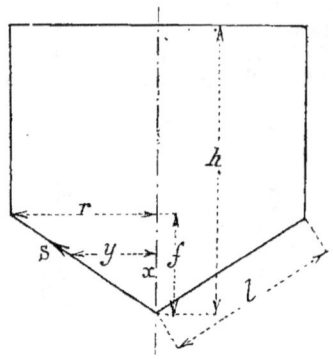

Fig. 1384.

1670. La forme qui se présente immédiatement à l'esprit est la forme conique. Dans le cas d'un fond conique (*fig.* 1384)

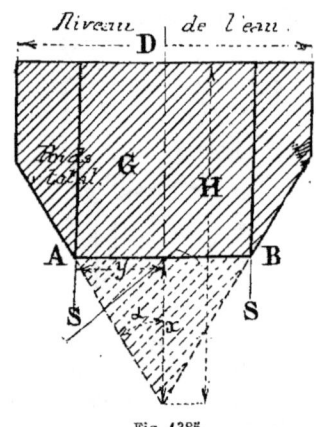

Fig. 1385.

soutenu par un support annulaire sous l'arête de jonction du fond et de la paroi verticale cylindrique, nous aurons les deux relations :

$$s = \gamma \frac{l}{2f} y \left(h - \frac{2}{3} x \right),$$

$$t = \gamma \frac{l}{f} y \left(h - x \right),$$

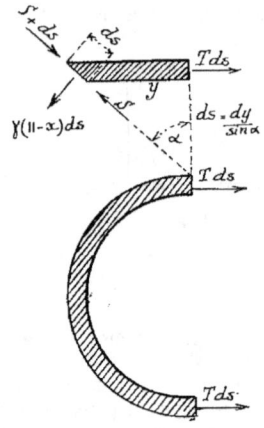

Fig. 1386.

dans lesquelles :

s est la tension des tôles par mètre courant dans le sens indiqué dans le croquis;

γ, le poids du mètre cube d'eau ;

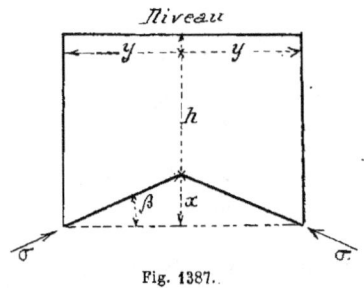

Fig. 1387.

t, effort (rapporté au mètre courant) dans la direction du parallèle ;

s est maximum pour $x = \frac{3}{4} h$, et t pour $x = \frac{1}{2} h$.

Si on détermine la force des tôles d'après ces valeurs, on trouve qu'un fond conique est de 40 0/0 plus lourd qu'un fond sphérique ayant même inclinaison à la couronne d'appui. La forme conique semblerait donc être à rejeter.

Mais il n'est pas indispensable *a priori* de placer le support annulaire sous l'arête qui limite extérieurement le fond conique. On peut le placer au dessous. Dans ce cas, nous aurons, d'une part, un fond intérieur suspendu, où les tôles sont tendues et qui se calculerait comme ci-dessus ; d'autre part, un fond extérieur supporté, où les tôles travailleront à la compression dans le sens des génératrices et à l'extension dans le sens des parallèles.

1671. En nous reportant aux croquis (*fig.* 1385 et 1386) et appelant G le poids d'eau jusqu'au sommet du cône, que celui-ci existe réellement ou non, nous déterminerons l'effort de compression S et la tension T par mètre courant par les deux équations d'équilibre suivantes :

$$S \cos \alpha \times 2\pi y = G - \gamma \pi y^2 \left(H - \frac{2}{3} x \right),$$

$$2T ds = \gamma (H - x) \, ds \cos \alpha + 2y$$
$$- dS \sin \alpha + 2y.$$

avec $\quad ds = \dfrac{dy}{\sin \alpha}.$

On en tire :

$$S = \frac{G}{2\pi y \cos \alpha} - \frac{\gamma y \left(H - \frac{2}{3} x \right)}{2 \cos \alpha}$$

$$T = \gamma H \left(\cos \alpha + \frac{1}{2} \sin \alpha \, \mathrm{tg}\, \alpha \right) y +$$
$$G \frac{\mathrm{tg}\, \alpha \, \sin \alpha}{2\pi y} - \gamma \cos \alpha \left(\frac{1}{\mathrm{tg}\, \alpha} + \frac{2}{3} \right) y^2.$$

1672. Ces relations ne changeront pas si on modifie la forme du fond intérieur. On pourra donc supprimer la pointe du cône, qui ne servira qu'à loger une masse d'eau peu utile, puisqu'elle est placée trop bas, et la remplacer par une portion conique relevée au lieu d'être surbaissée.

1673. Appelant alors σ et τ des efforts de compression analogues aux efforts S et T, on trouvera pour le contre-fond intérieur (*fig.* 1387) :

$$\sigma = \gamma \, \frac{h + \dfrac{2}{3} x}{2 \sin \beta} \, y ;$$

$$\tau = \gamma \, \frac{h + x}{\sin \beta} \, y.$$

τ sera presque le double de σ et déterminera seul l'épaisseur des tôles.

Si, au lieu d'un contre-fond relevé en cône, nous adoptons un contre-fond en dôme sphérique (*fig.* 1388), les équations précédentes deviendront :

$$\sigma = \gamma \left(h + \frac{x}{2} \right) \frac{r}{2} ;$$

$$\tau = \gamma (h + x) \, r - \sigma.$$

Tandis que le fond conique extérieur tend à resserrer le support annulaire, le

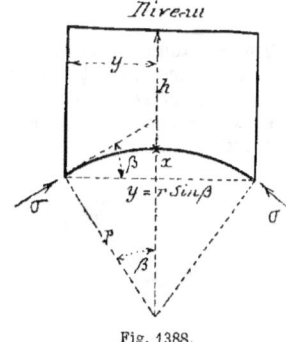

Fig. 1388.

contre-fond intérieur tend à le distendre. On en profitera pour équilibrer ces deux actions en faisant :

$$S \sin \alpha = \sigma \cos \beta, \quad \text{d'où : } \cos \beta = \frac{S}{\sigma} \sin \alpha.$$

1674. On arrive ainsi à alléger considérablement le support circulaire ; comme il n'aura ni compression ni traction horizontale, il lui suffira de résister verticalement au poids du réservoir réparti sur toute sa circonférence. De plus, le support ne subira plus ni extension ni contraction par suite de la variation du niveau de l'eau. C'est un avantage pour la maçonnerie sur laquelle il repose.

1675. Quand le fond intérieur devient

RÉSERVOIRS.

plus large, comme c'est le cas pour de grands réservoirs, le cône finit par occuper une place trop importante et diminue inutilement la contenance. Dans ce cas, on coupe le cône intérieur par une calotte général, une largeur de 100 à 150 millimètres.

1677. Pour certains grands réservoirs on construit, au milieu, un escalier tournant. Il y aura alors avantage, si les dimensions du réservoir le permettent, à adopter la disposition du croquis (*fig.* 1390).

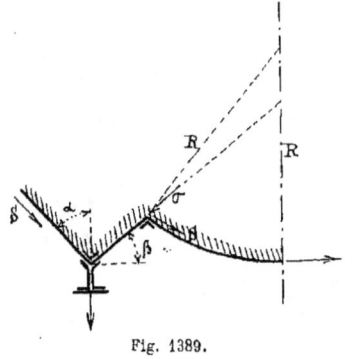

Fig. 1389.

sphérique retombante, comme nous l'indiquons en croquis (*fig.* 1339). On ne change en rien les efforts qui se produisent sur le cercle d'appui, et cette partie aura un moindre développement de surface et

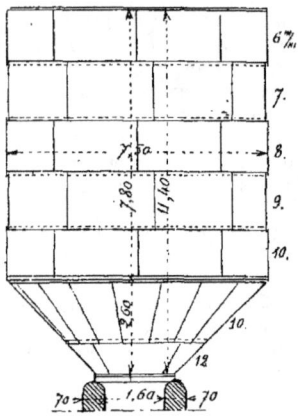

Fig. 1391.

Le cône intérieur sera remplacé par une série de fers s'appuyant à la fois sur la couronne d'appui et sur la cage cylindrique de l'escalier et supportant des tôles fortement cintrées vers le bas. Ces tôles seront de faible épaisseur.

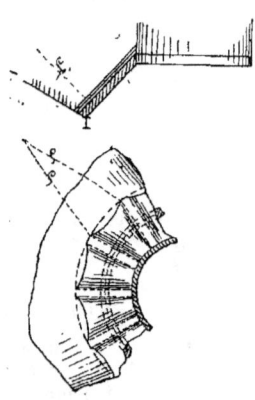

Fig. 1390.

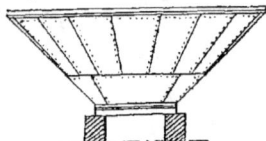

Fig. 1392.

1678. Nous donnons en croquis (*fig.* 1391) un réservoir du type de M. Intze de 400 mètres cubes de capacité, qui revient beaucoup moins cher qu'un réservoir à fond sphérique de même capacité. Depuis quelques années, ce genre de réservoir conique a trouvé des applications; c'est ainsi que, chez certains cul-

de faibles tensions, surtout si on lui donne un petit rayon de courbure.

1676. Le raccord avec la partie conique se fera par une simple cornière dont les ailes ne dépasseront pas, en

Sciences générales.

SERRURERIE. — 47.

tivateurs des environs de Paris on trouve, pour leurs besoins journaliers, des réservoirs ayant la forme indiquée par le croquis (*fig.* 1392). Ces réservoirs, étant de petite capacité, n'ont pas besoin d'être surmontés d'une partie cylindrique comme l'exemple précédent.

1679. La disposition (*fig.* 1389) permet aussi d'obtenir de très grands réservoirs et d'un prix de revient moindre que nos réservoirs à fond sphérique.

Réservoirs en ciment à ossature métallique.

1680. Depuis plusieurs années, les constructeurs ont cherché à remplacer les réservoirs entièrement en tôle par des réservoirs en ciment à ossature métallique (pour les grandes capacités).

Ces constructeurs ont remarqué qu'en exécutant un treillis grossier laissant des mailles carrées de $0^m,10$ à $0^m,12$ de côté

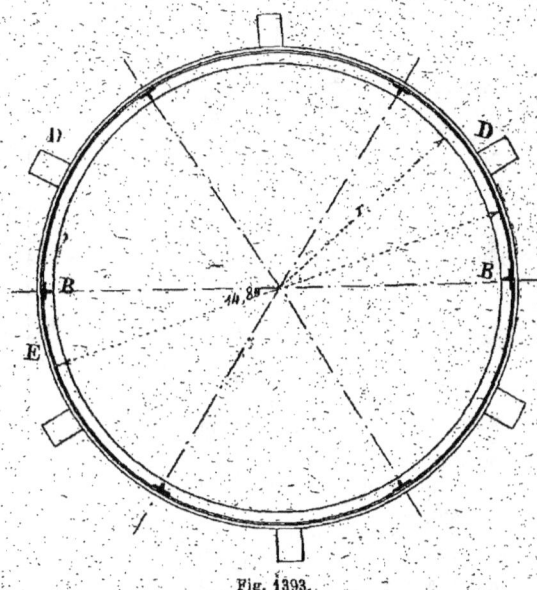

Fig. 1393.

et entourant ce treillis de ciment sur une épaisseur de $0^m,04$ à $0^m,12$, ils obtenaient une grande résistance.

On exécute donc couramment aujourd'hui des bacs, cuves, cuves de gazomètre, réservoirs, gros tuyaux, etc., en fer et ciment, et on obtient des résultats très satisfaisants comme résistance et comme prix.

1681. Ils ont cherché comment il fallait comprendre le travail du ciment et le travail du fer et, malgré de longs calculs, n'ont pu se rendre compte d'une manière bien exacte de la part de travail revenant à chacun d'eux.

De même qu'en associant une poutre en bois à une poutre en fer, il est difficile de se rendre compte du travail que chaque poutre produit en particulier; il faut donc, pour les travaux en fer et ciment, compter sur la carcasse en fer comme supportant une grande partie de l'effort et laisser au ciment un travail moindre, à évaluer surtout par l'expérience de ce genre de travaux, mais que nous pouvons fixer au moins au 1/3 du travail total.

RÉSERVOIRS.

Nous ne nous occuperons, dans ce qui va suivre, que des réservoirs de grandes dimensions en laissant de côté les petits réservoirs et les petites cuves, qu'on peut exécuter avec des *côtes de vaches* formant un treillis de 0^m,10 de côté.

1682. L'avantage des réservoirs ou cuves de gazomètres en fer et ciment est de coûter moins cher que les réservoirs entièrement métalliques et, de plus, de ne pas occuper un aussi grand espace que les gros réservoirs entièrement construits en maçonnerie.

1683. Supposons que nous ayons à exécuter un réservoir en fer et ciment, de 14^m,80 de diamètre intérieur (*fig.* 1393), et de 6^m,30 de hauteur ; voyons comment nous pourrons le construire.

Nous placerons verticalement six montants B en fer T, dont le croquis (*fig.* 1394) nous montre la section et les principales côtes, puis une série de cercles

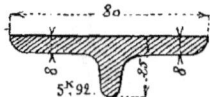

Fig. 1394.

en fer plat (*fig.* 1395), dont nous allons calculer la section, et qui sont placés tous les 0^m,50, par exemple.

Les fers T verticaux B se retournent en *a* pour consolider le fond.

Avec les fers montants B et les ceintures en fer plat *p*, on forme un premier treillis qui est trop large et ne maintient pas suffisamment le ciment ; on le complète par un autre quadrillage en deux sens, avec des fers ronds de 0^m,006 à 0^m,007 ou de simples côtes de vaches, de manière à obtenir des mailles de 0^m,10 à 0^m,12 de côté au plus.

Comme on le voit, on forme un véritable panier métallique, qu'on entoure de ciment.

Pour conserver aux arêtes supérieures leur partie vive, ou, mieux, pour empêcher la détérioration de la partie haute, on place un fer en U de 0^m,120 a.o (*fig.* 1395), formant couronne en pourtour du réservoir.

Nota.

1684. Lorsque les réservoirs sont de petites dimensions, on peut se contenter, comme ossature métallique, d'un quadrillage en fer rond noyé dans le ciment.

1685. Le croquis (*fig.* 1396) nous montre comment se fait l'assemblage des couronnes en fer plat *p*, sur les fers B de la figure 1393, à l'aide de deux rivets *r*.

1686. Pour calculer les sections à donner aux différentes couronnes, il faut

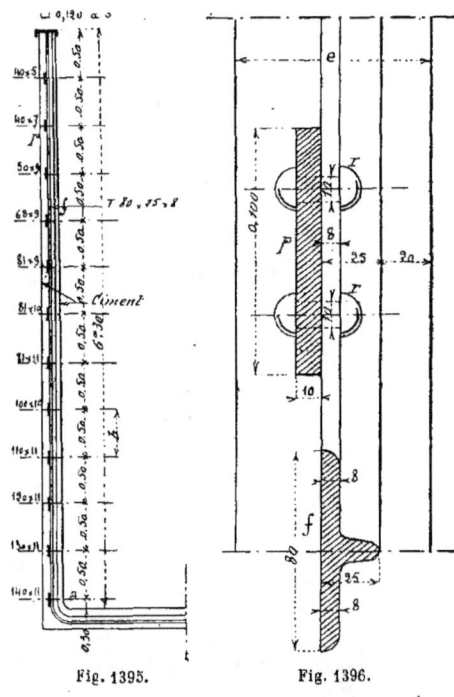

Fig. 1395.   Fig. 1396.

supposer que toutes ces couronnes réunies résistent seules aux différentes pressions et que le ciment, pour le travail duquel nous admettrons pratiquement 1/3 environ de la charge totale, vient compléter la consolidation.

1687. La formule à adopter dans ce cas est la suivante :

$$S = \frac{l \times 1\,000 hr}{R}, \qquad (1)$$

formule dans laquelle :

S est la section de chacune des couronnes en fer plat ;

h, l'espacement d'axe en axe de deux couronnes consécutives ;

l, hauteur de l'eau au-dessus de chaque couronne considérée ;

R, coefficient de résistance du fer qu'on peut prendre ici égal à $R = 10 \times 10^6$, car nous savons que le fer entièrement entouré de ciment et à l'abri de l'air ne s'oxyde pas et conserve, par suite, toute sa résistance.

Dans l'exemple qui nous occupe nous aurons les différentes valeurs suivantes :

$r = 7^m,40$
$R = 10 \times 10^6$
$h = 0^m,50$
$l =$ variable

En remplaçant les lettres par ces valeurs dans la formule (1) nous pourrons l'écrire :

$$S = \frac{1\,000 hr}{R} l = 0,0003 70 l,$$

formule qui va nous servir à trouver la section de chacun des fers plats de la figure 1393.

Nous trouverons en faisant les calculs :

1er cercle $l=0,50$. S = 185 mill. carrés
2 »   1,00   370 »
3 »   1,50   555 »
4 »   2,00   740 »
5 »   2,50   925 »
6 »   3,00 1 140 »
7 »   3,50 1 295 »
8e cercle $l = 4,00$ S = 1 480 mill. carrés
9 »   4,50 1 665 »
10 »   5,00 1 850 »
11 »   5,50 2 035 »
12 »   6,00 2 220 »

1688. Comme nous admettons que la résistance du ciment entre pour 1/3 dans le travail total, nous pourrons, réduire de 1/3 tous les nombres représentant la section S de chaque couronne et obtenir les nombres suivants :

S = 125 mm², ce qui correspond à un fer plat : 40 × 5 mm
250 » 40 × 7
370 » 50 × 9
495 » 68 × 9
620 » 81 × 9
740 » 81 × 10
865 » 81 × 11
990 » 100 × 10
1 100 » 110 × 11
1 235 » 120 × 11
1 360 » 130 × 11
1 400 » 140 × 11

1689. Nous donnerons donc aux différentes couronnes les dimensions ainsi calculées et nous pourrons assurer une résistance suffisante.

Dans certains cas, surtout lorsque les cuves de gazomètres ainsi construites sortent beaucoup du sol, on ajoute en D (fig. 1393) des massifs en maçonnerie venant compléter la solidité de l'ensemble, mais n'ayant pas plus que le 1/3 de la hauteur de la cuve au-dessus du sol.

CHAPITRE XIII

PETITE CHARPENTERIE EN FER

Définitions et notions générales.

1690. Sous la désignation de *petite charpenterie en fer* nous comprendrons tous les travaux qui peuvent être exécutés par le charpentier en fer, mais qui sont aussi du ressort du serrurier. Ce sont, en général, des travaux comprenant de gros fers et aussi de petits fers du commerce qu'un serrurier ayant un emplacement restreint peut exécuter facilement.

1° *Déchargeoir pour matériaux de construction.*

1691. Supposons un bateau placé le long d'un quai et chargé de pierres meu-

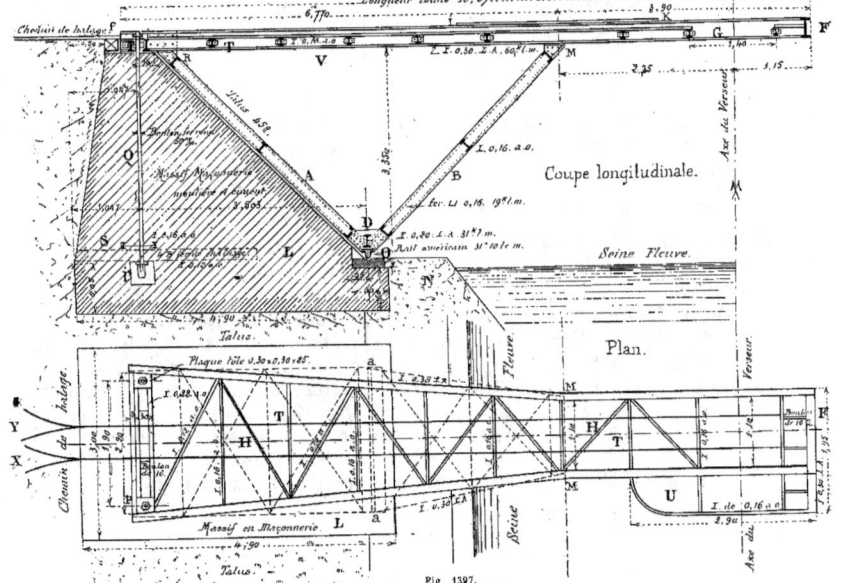

Fig. 1397.

lières qu'on veut transporter soit sur un chemin de halage à l'aide de petits wagonnets, soit chargées directement dans des tombereaux.

Afin de faciliter les manœuvres de ces matériaux, on désire installer un *déchargeoir* dont nous allons indiquer la disposition.

1692. Ce déchargeoir, dont le croquis (*fig.* 1397) nous montre l'élévation ou coupe verticale et le plan, se compose d'un plancher en fer V, solidement amarré dans un massif en maçonnerie L à l'aide de forts boulons de fondation Q, et soutenu par deux contrefiches A et B, dont nous verrons plus loin la disposition.

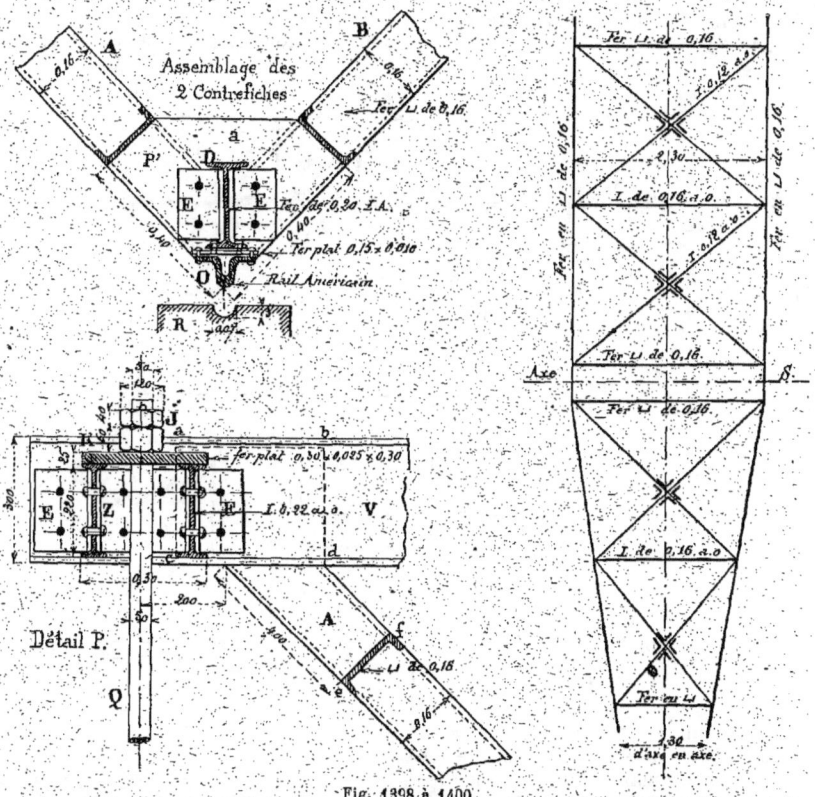

Fig. 1398 à 1400.

1693. L'ensemble forme deux triangles rigides reposant sur une plaque de fonte O, formant crapaudine, solidement entretoisés et calculés pour un poids de wagonnet plein égal à 1 000 kilogrammes.

Une plate-bande additionnelle de 0^m,010 d'épaisseur et 0^m,200 de largeur est rivée en haut et en bas des poutres V, sur une longueur IK. Des fers ⊥ de 0^m,16 a. o, servent d'entretoises entre les poutres extrêmes.

1694. En G, la trémie laissant libre passage aux matériaux extraits du bateau et placés sur les wagonnets ; en F, un fer de rive consolidant l'extrémité.

Le plan, représenté dans le même croquis, nous donne (partie pleine) la forme du déchargeoir avec la voie ferrée XY et le chemin U en encorbellement, où se tient l'ouvrier lorsque les matériaux montent.

La partie pointillée de ce plan indique la forme des deux contrefiches A et B de la coupe verticale et comment elles sont entretoisées.

Détails d'exécution.

1695. Les détails les plus intéressants à étudier sont :

1° L'assemblage des deux contrefiches à leur partie basse ;
2° Le détail d'assemblage au point P (*fig.* 1397) ;
3° La disposition en plan de chaque contrefiche A et B.

1696. Le croquis (*fig.* 1398) nous montre comment se fait, à leur pied, l'assemblage des deux contrefiches A et B.

Ces contrefiches sont réunies par des plaques de tôle a distantes entre elles

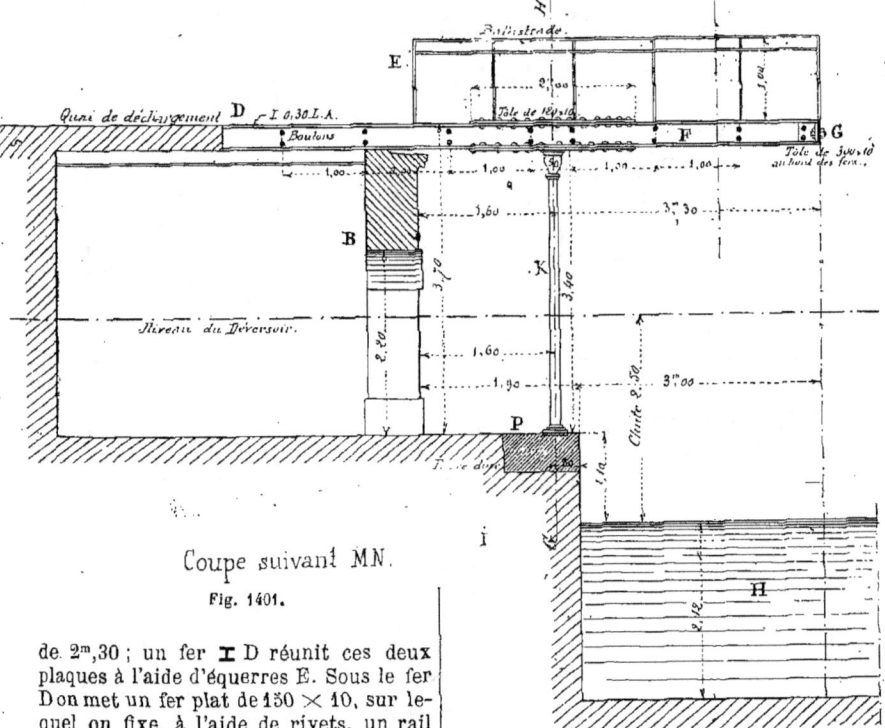

Coupe suivant MN.
Fig. 1401.

de 2^m,30 ; un fer I D réunit ces deux plaques à l'aide d'équerres E. Sous le fer D on met un fer plat de 150 × 10, sur lequel on fixe, à l'aide de rivets, un rail américain O, pesant 31 kilogrammes le mètre courant, lequel sert de pivot à l'ensemble de l'installation. Ce rail se place, sur toute sa longueur, dans une encoche pratiquée dans une plaque de fonte R solidement scellée dans la maçonnerie et formant crapaudine.

1697. Le croquis (*fig.* 1399) nous représente l'extrémité du déchargeoir reposant sur le massif en maçonnerie.

Les fers longitudinaux V sont réunis à chaque contrefiche à l'aide des plaques d'assemblage a, b, c, d, e, f, fixées derrière le fer I de 0,30, l'aile de ce fer étant supprimée en partie au passage de la plaque d'assemblage.

L'autre partie d'assemblage M (*fig.* 1397) se fait par cornières assemblées avec la table inférieure additionnelle de la poutre.

744 SERRURERIE.

1698. Dans le croquis (*fig.* 1399) les deux fers V sont entretoisés par deux fers Z, réunis à l'aide de cornières E aux fers V ; sur ces fers Z on place un fer plat K, de 30 × 30 × 2.5 recevant les boulons Q, lesquels comportent un double écrou J comme sécurité.

Ces boulons Q se prolongent jusqu'en I (*fig.* 1397) où ils reçoivent une clavette. Des fers de chaînage S placés dans les deux sens rendent cet assemblage extrêmement rigide.

Sur toute la longueur du déchargeoir il existe un garde-corps que nous n'avons pas cru utile d'indiquer, mais qui est indispensable pour la garantie des ouvriers.

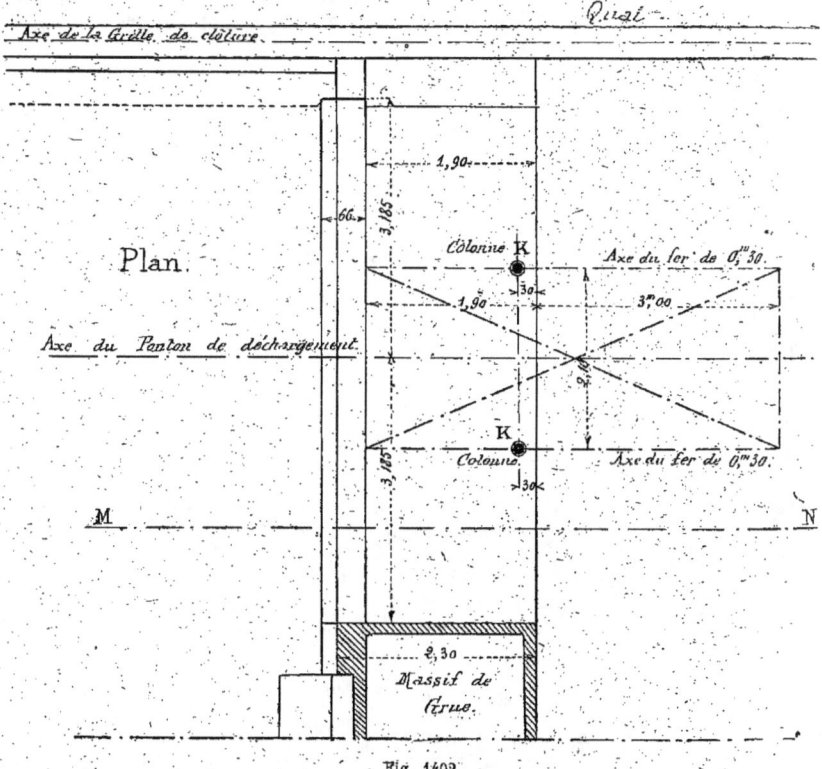

Fig. 1402.

Ce garde-corps se placera évidemment sur l'aile supérieure de chacun des fers V, à l'aide de boulons d'assemblage.

1699. Le croquis (*fig.* 1400) nous montre, en plan, la forme et la manière dont on doit entretoiser chacune des contrefiches A et B de la figure 1397.

Les fers extrêmes sont des fers en U de 0ᵐ,16 ; les entretoises sont aussi des fers en U de 0,16 avec contrefiches en I de 0,012 a. o.

2° *Ponton de déchargement.*

1700. Comme variante de l'exemple précédent nous donnons en croquis (*fig.* 1401 et 1402) la coupe verticale et le plan d'un ponton de déchargement plus solidement établi, mais ayant le même but que le déchargeoir dont nous venons de parler.

1701. Comme le montre le plan (*fig.* 1402), ce ponton a la forme d'un rectangle, reposant sur un mur à son extrémité et sur deux colonnes en fonte K, sur le bord du canal ; toute la partie au-delà de ces deux colonnes est en porte-à-faux.

Ce ponton est formé de deux fers de rive F en ⊥ de 0^m,30 L. A., solidement entretoisés à l'aide de boulons ; ces fers comportent, sur une partie de leur longueur, une tôle additionnelle de 120 × 10 et, sur leurs ailes supérieures, une balustrade dont nous verrons plus loin le détail ; les colonnes K reposent sur une pierre dure P ; l'extrémité des fers F comporte une tôle G de 300 × 10 fermant le cadre et cachant le hourdis.

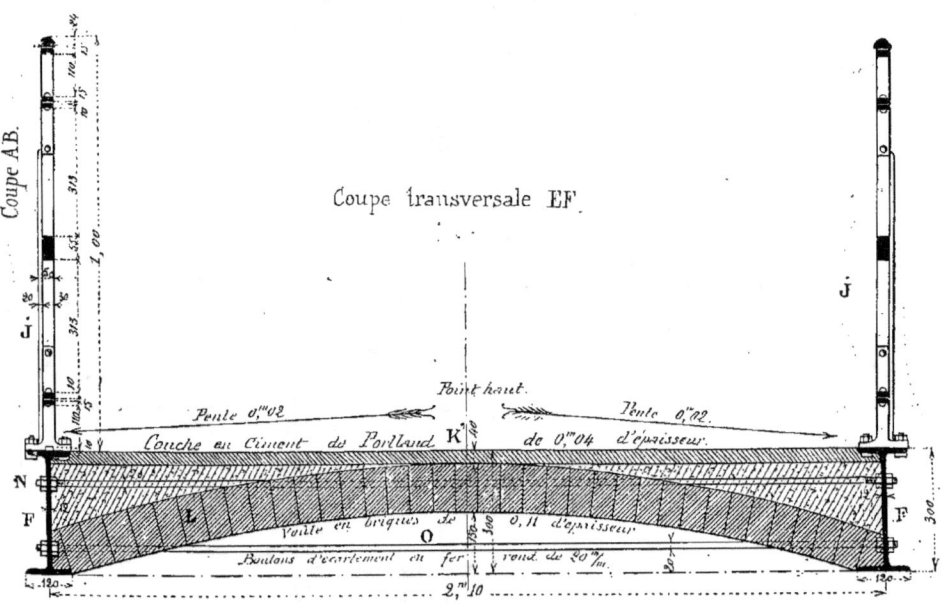

Fig. 1403.

La longueur totale du ponton au-delà du mur B est de 4^m,90, et sa largeur de 2^m,10.

Détails d'exécution.

1702. Le croquis (*fig.* 1403) nous montre à plus grande échelle une coupe transversale de ce ponton.

En F, les deux fers de rive sont réunis par des boulons N et O, en fer rond, de 20 millimètres, à quatre écrous. Entre ces fers, on exécute des voûtains L, en briques pleines, de 0^m,11 d'épaisseur et présentant une flèche de 0^m,150. Les reins de ces voûtains sont remplis par un béton et, sur ce béton, une couche de ciment de portland K, avec pente, permet à l'eau de pluie de s'écouler latéralement de chaque côté.

1703. En J, l'indication en coupe de la balustrade formant garde-corps.

Le croquis (*fig.* 1404) nous montre le détail des colonnes en fonte K, avec leurs principales dimensions et comment se fait l'entretoisement de ces colonnes, à l'aide d'une entretoise spéciale Z, dont la coupe suivant CD nous montre la forme et les dimensions.

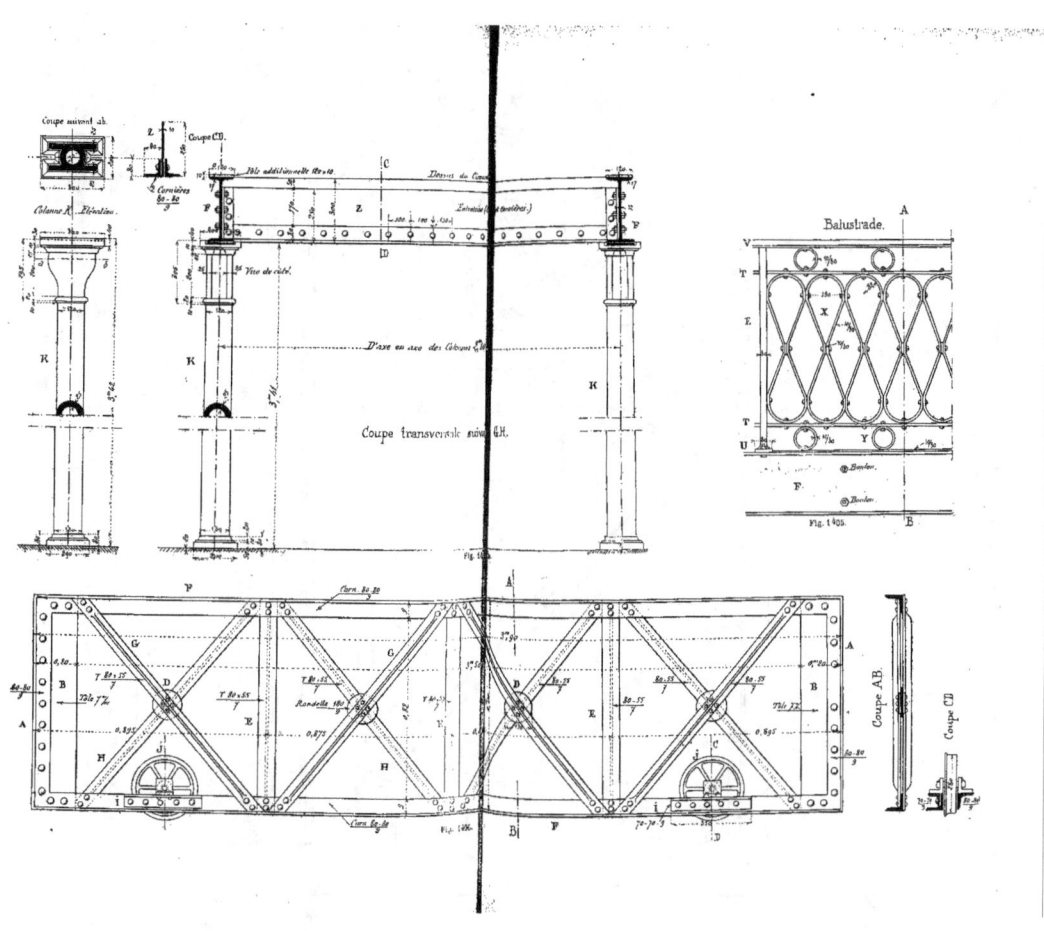

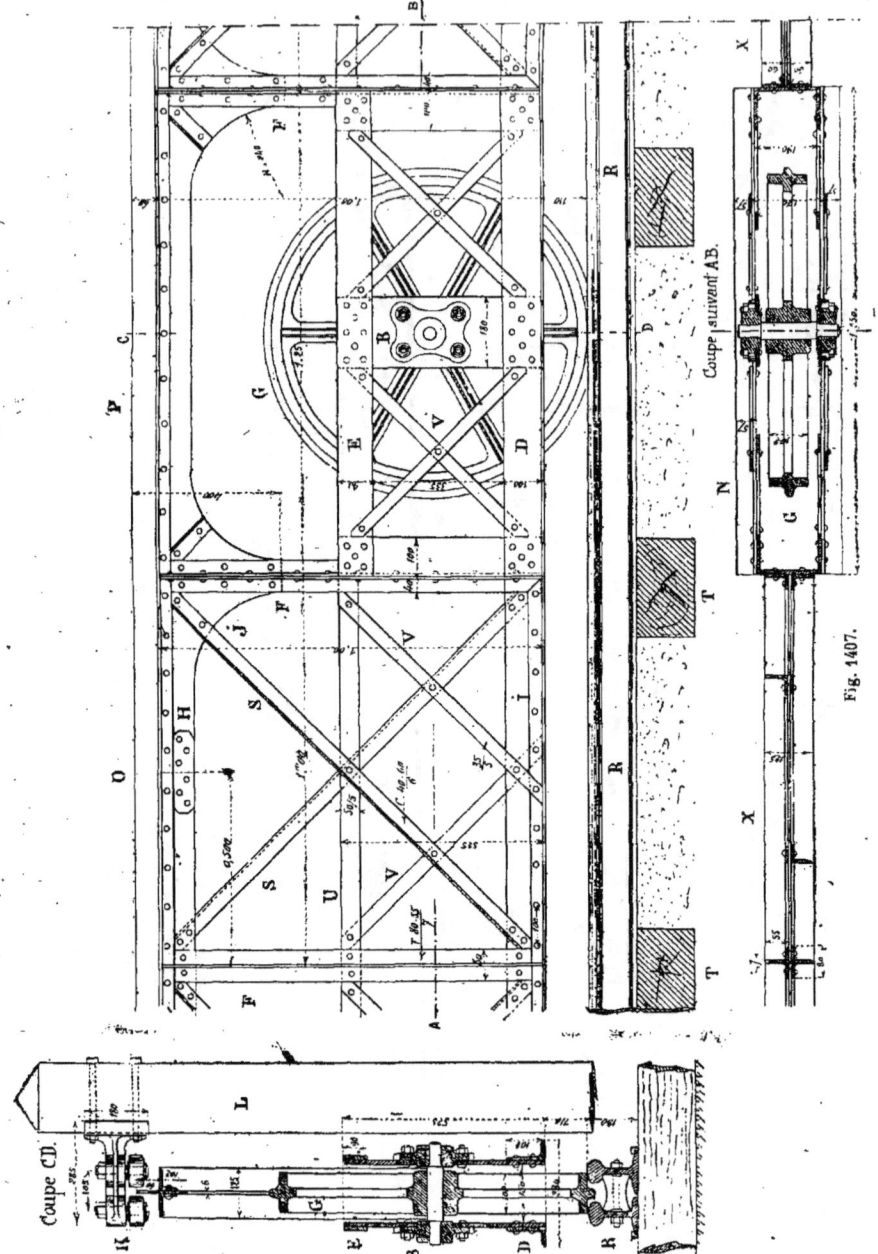

Fig. 1407.

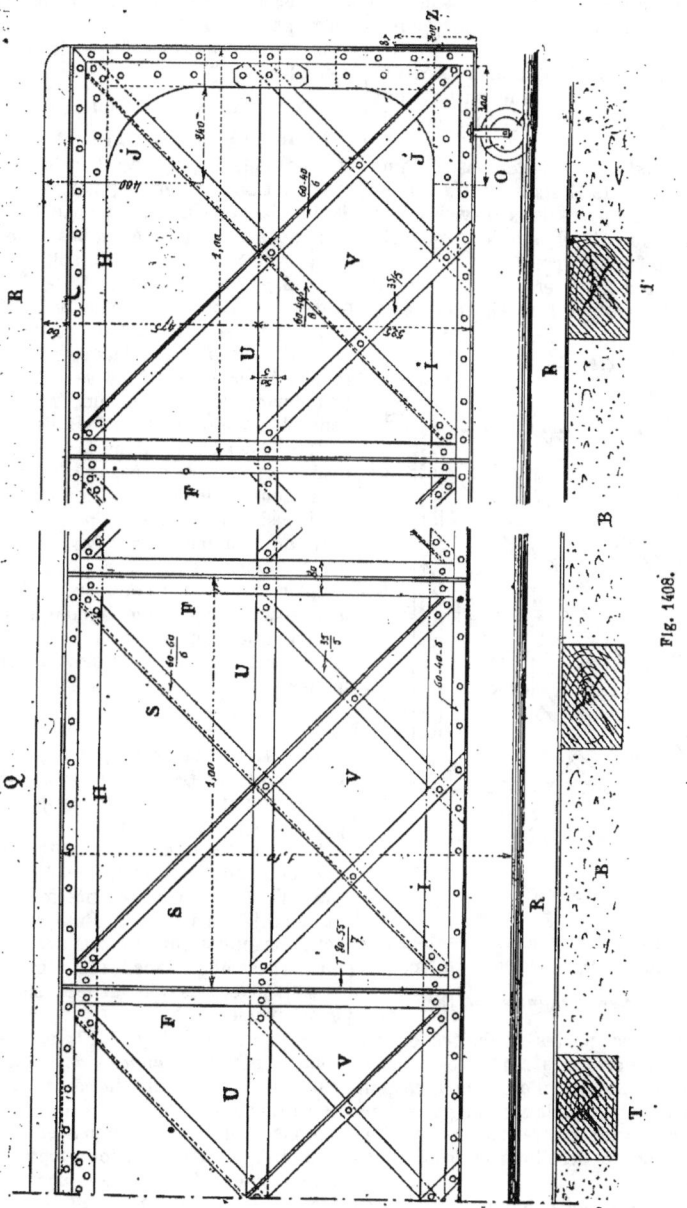

Fig. 1408.

Rien de particulier à dire de ces détails qui se comprennent à la seule inspection des croquis.

1704. La figure 1405 nous représente le détail de la balustrade en fer, dont nous voyons la coupe en J, dans le croquis (*fig.* 1403).

Cette balustrade est composée d'une série de montants E, fixés en U, sur les fers F; elle comporte deux traverses T et une traverse haute V, munie d'une main courante en fer demi-rond.

Des anneaux Y, en fer plat, et des croisillons X complètent l'installation de ce

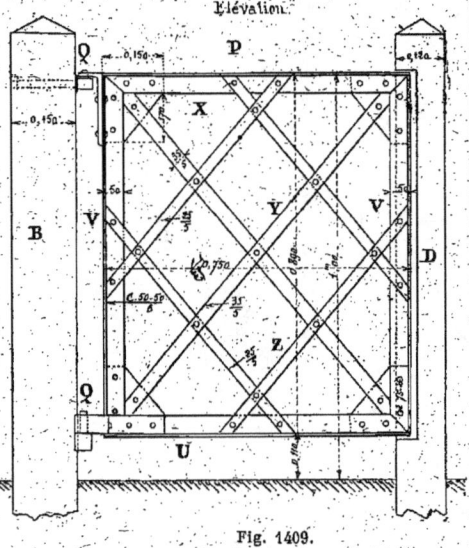

Fig. 1409.

garde-corps ayant 1 mètre de hauteur au-dessus de l'aile supérieure du fer.

3° *Portes roulantes en fer.*

1705. Les portes roulantes en fer sont presque toujours employées dans les chemins de fer, ce n'est que rarement qu'on en trouve quelques exemples dans les usines ayant un raccordement avec les voies ferrées des Compagnies de chemins de fer.

Sans nous étendre longuement sur ce genre de construction métallique, dont les différents types sont étudiés dans une autre partie du *Cours de construction*, nous en donnerons cependant deux exemples.

Premier exemple.

1706. Le premier exemple indiqué en croquis (*fig.* 1406) est très simple de construction : une grande poutre en treillis, dont la coupe AB nous montre la forme, se compose : en haut et en bas, une cornière F de $80 - 80 - 9$; de solides montants E, en fer T, de $80 \times 55 \times 7$ et des croisillons G et H, en même fer T, réunis à leurs croisements, par des rondelles en fer plat D, de 180×9. Aux deux extrémités, en A, les cornières F se retournent pour former cadre et, comme surcroît de solidité, on ajoute une tôle B, de 7 millimètres d'épaisseur. Dans les deux panneaux extrêmes on place, en J, les galets de roulement, dont la coupe CD nous montre la disposition. Ce sont de petits galets en fonte du commerce, dont l'axe repose sur des cornières I et dont les paliers sont de simples cornières du commerce. C'est une disposition très peu compliquée qui pourra rendre quelques services pour les petites portes roulantes employées dans les usines.

Deuxième exemple.

1707. Les deux croquis (*fig.* 1407 et 1408) nous montrent un exemple de barrière roulante, en fer, beaucoup plus importante que la précédente.

C'est encore une poutre en treillis formée de traverses H et I, de solides montants F, d'une traverse intermédiaire U et de croisillons V et S. En J, les angles sont consolidés par une tôle arrondie venant s'assembler dans les montants F. En R, sont placés les rails sur lesquels s'opère le mouvement.

Le panneau O (*fig.* 1407) est désigné sous le nom de *panneau de raccord*; le panneau P est le *panneau portant le galet*, ce panneau diffère un peu du précédent comme structure; la coupe suivant CD nous indique la disposition adoptée. Entre un fort cadre ED, existant sur les deux faces de la poutre en treillis, on place le tourillon B du galet G. En K, dans la

PETITE CHARPENTERIE EN FER.

coupe CD, nous représentons la disposition des galets-guides avec leurs supports sur le montant en bois L.

1708. La coupe horizontale, suivant AB, nous indique en X la coupe de la poutre courante et en N la disposition en forme de cadre, qu'on est obligé d'adopter pour l'emplacement de chaque galet de roulement.

1709. Le croquis (*fig.* 1408) qui est la suite du précédent nous montre en Q la disposition des *panneaux courants* de ce type de barrière roulante et, en R, l'indication des *panneaux extrêmes* fortement renfermés à leur extrémité et comportant un petit galet-guide placé en O.

1710. Ces barrières roulantes, étant presque toujours utilisées pour les pas-

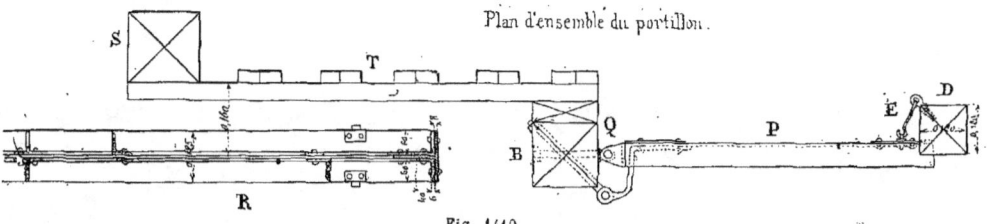

Fig. 1410.

sages à niveau, nécessitent l'emploi de *portillons* en fer, pour piétons, dont nous allons dire quelques mots.

Ces portillons, dont nous donnons l'élévation et le plan (*fig.* 1409 et 1410), se construisent entièrement en fer et sont placés entre deux solides poteaux en bois, B et D. Ils sont formés d'un solide cadre en fer cornière avec des croisillons en fer plat Y et Z, de 25 et 35 × 5. Ces portillons tournent autour du point Q et viennent battre dans une feuillure ménagée dans le poteau D.

Le croquis (*fig.* 1410) nous montre non

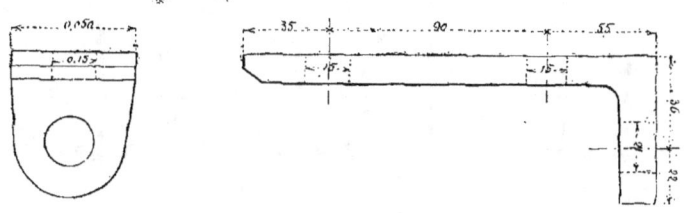

Fig. 1411.

seulement le plan du portillon mais aussi sa position par rapport à la barrière roulante R, dont nous voyons l'extrémité dans ce croquis.

En S, un solide poteau en bois portant les galets-guides de l'extrémité de la barrière et, en T, une clôture en bois avec montants et traverses ayant pour but de fermer au public l'espace libre laissé entre les deux poteaux S et B.

1711. Le croquis (*fig.* 1411) nous donne le détail des pentures employées pour supporter le portillon, pentures qu'on voit en Q, dans l'élévation (*fig.* 1409).

4° *Passerelles en fer.*

Premier exemple.

1712. Les croquis (*fig.* 1412 et 1413) nous représentent le plan et la coupe lon

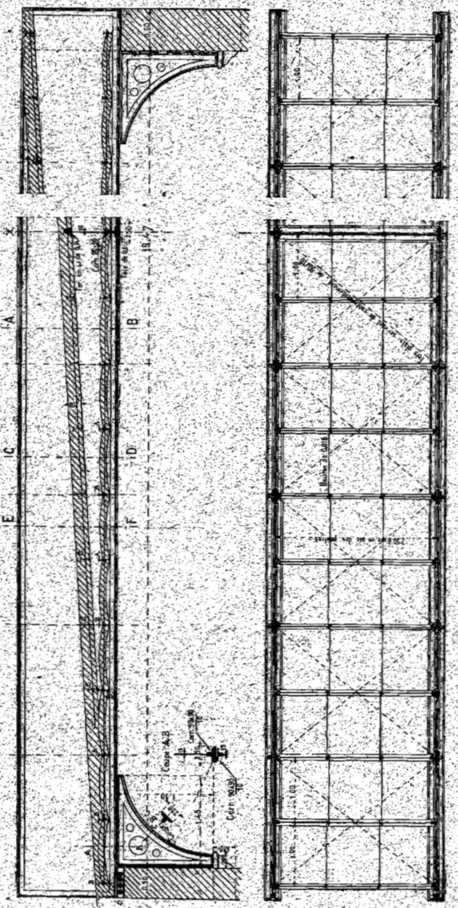

Fig. 1412.

PETITE CHARPENTERIE EN FER.

gitudinale d'une passerelle métallique établie dans une usine.

1713. L'ossature métallique principale de cette passerelle consiste en deux fortes poutres en tôle et cornières entretoisées par un solide plancher incliné reliant les deux points extrêmes placés à des niveaux différents, et, au dessous, un plafond en fer avec voûtains en briques. A chaque extrémité, de fortes consoles en fer, dont les deux coupes AB et BC nous montrent les sections, consolident l'ensemble.

1714. Dans les deux croquis (*fig.* 1412 et 1413) nous représentons :

En A, des fers I, de 0ᵐ,16, larges ailes ;

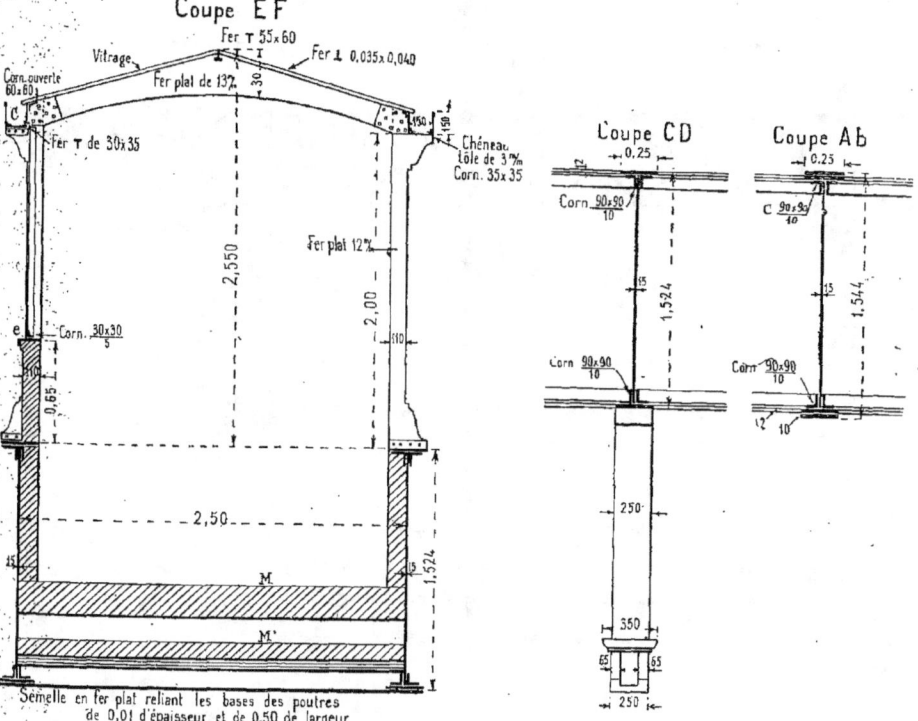

Fig. 1413. — Fig. 1414.

En B, des fers I, de 0ᵐ,16, ailes ordinaires ;

En C, des fers I, de 0ᵐ,14, ailes ordinaires.

Ces fers sont assemblés avec les poutres au moyen d'équerres.

A l'intérieur et à l'extérieur des poutres il existe des montants espacés de 2 mètres, d'axe en axe.

Sciences générales.

Les fers A, B, C sont reliés entre eux par deux lignes de boulons de 0ᵐ,016 de diamètre, à quatre écrous.

Les fers des deux planchers sont espacés de 1 mètre, d'axe en axe.

1715. Les fers plats, de 90 × 10, en forme de Croix de Saint-André et servant au contreventement horizontal, sont placés sur le dessus des fers de I, de 0ᵐ,16, et

SERRURERIE. — 48.

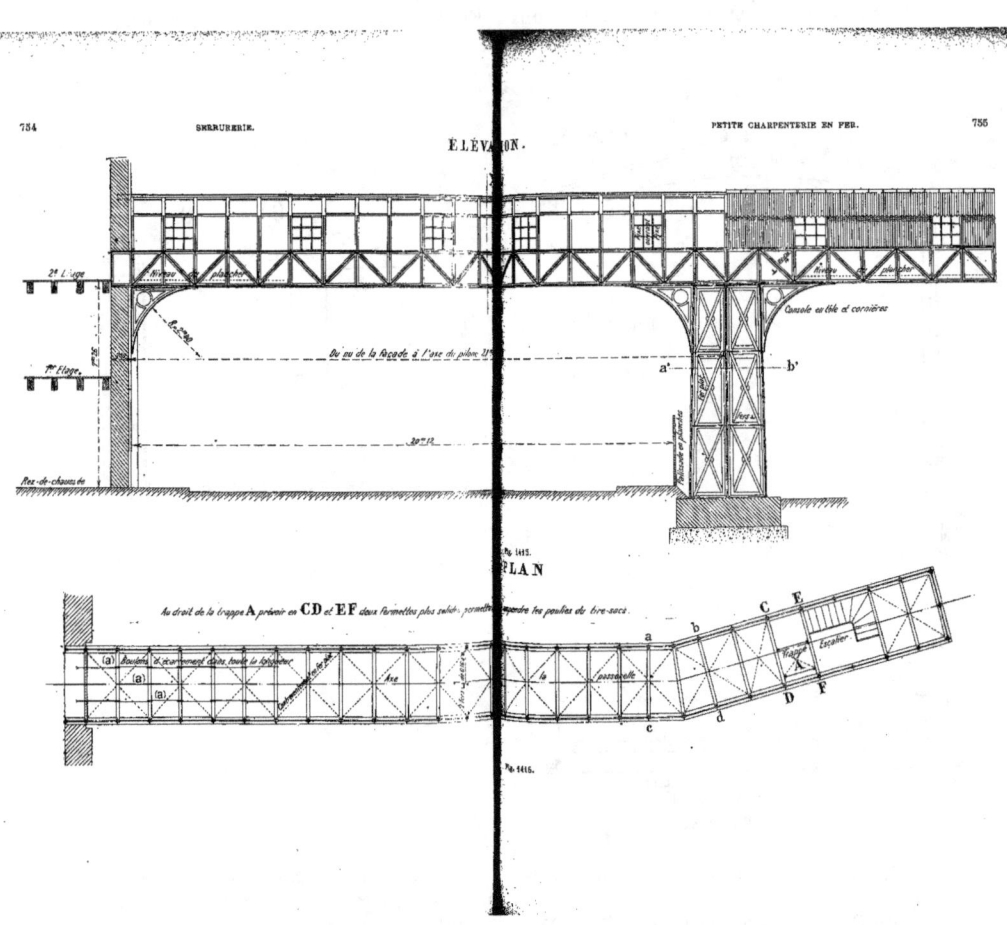

à plat. Les extrémités sont assemblées avec le dessus de ces fers par l'intermédiaire de plaques en tôle rivées.

Les rouleaux de dilatation O n'existent qu'à une extrémité de la poutre; de l'autre côté, chaque poutre repose sur une simple plaque de fonte et est scellée directement dans le mur.

1716. Les voûtes, à la partie basse de la passerelle, sont en briques creuses de Bour-

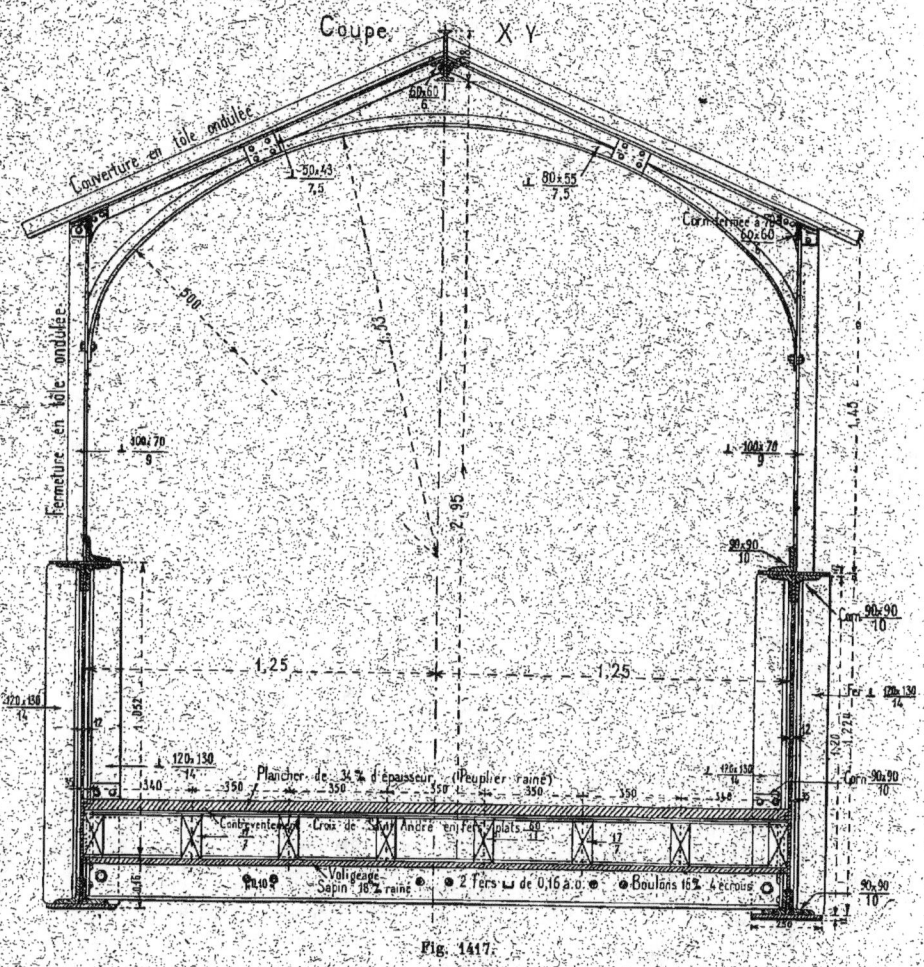

Fig. 1417.

gogne, de $0^m,11$ d'épaisseur, apparentes en dessous et jointoyées. La flèche de ces voûtes est de $0^m,05$. Le hourdis du plancher incliné est exécuté en meulières et plâtre, s'il y a du parquet, et en meulières et ciment, si le sol doit être fait en ciment de Portland.

1717. Le croquis (fig. 1413) nous

montre une coupe transversale de la passerelle avec l'indication de la couverture de cette passerelle.

En M et en M', sont indiqués les deux planchers hourdés. A l'intérieur des poutres on élève de petits murets en maçonnerie, recouverts par une équerre en fer e, et recevant les fers à vitrages verticaux formant clôture. De distance en distance, on place des fers plats formant avec les fers plats cintrés du haut de véritables fermettes reliées entre elles par les chéneaux C, formant poutre et le faîtage en fer T, de 55×60, pesant $6^k,4$ le mètre courant. Les fers à vitrage sont espacés de $0^m,40$, d'axe en axe, et reçoivent des glaces coulées de Saint-Gobain.

Les poutres, dont ce croquis donne la section, sont formées d'une âme de $1^m,50$ de hauteur, sur $0^m,015$ d'épaisseur, de quatre cornières de $90 \times 90 \times 10$ et de tables de $0^m,25$ de largeur sur $0^m,012$ d'épaisseur.

1718. Le croquis (*fig.* 1414) nous montre, suivant AB et CD, deux coupes indiquant la section des poutres et la largeur des consoles en tôle placées aux extrémités.

Deuxième exemple.

1719. Comme deuxième exemple de passerelle métallique, nous représentons en croquis (*fig.* 1415 et 1416) l'élévation et le plan d'une passerelle d'une plus grande portée traversant une rue et supportée en un point de sa longueur par un fort pilone métallique. L'élévation et le plan n'indiquant qu'une disposition d'ensemble n'offrent rien de particulier à signaler et se comprennent facilement à la seule inspection du croquis.

La coupe transversale suivant XY, indiquée en croquis (*fig.* 1417), nous montre complètement le mode de construction.

Les poutres de rive ont $1^m,224$ de hauteur totale et sont formées :

Ame . . . . . . $1^m,20 \times 0^m,012$
4 cornières. . . $90 \times 90 \times 10$
2 tables . . . . 250×12

1720. A la partie inférieure de ces poutres s'assemblent, à l'aide de cornières, des fers en U jumellés, de $0^m,16$ $a.$ $o.$, réunis par des boulons de $0^m,016$, à quatre écrous.

1721. Ces fers en U, espacés de $1^m,10$, d'axe en axe, correspondent et s'assemblent sur l'aile verticale des fers T, de $\dfrac{120 \times 130}{14}$, formant montant à l'intérieur et à l'extérieur des poutres.

Sur les fers en U, décrits ci-dessus, on place des bastaings en sapin, de 17×7 d'équarrissage, sous ces bastaings et formant plafond, un voligeage en sapin, de $0^m,018$ d'épaisseur, en frises rainées et, au dessus, un plancher de $0^m,034$ d'épaisseur en peuplier rainé.

Au-dessus des bastaings on construit un contreventement en fer plat, indiqué

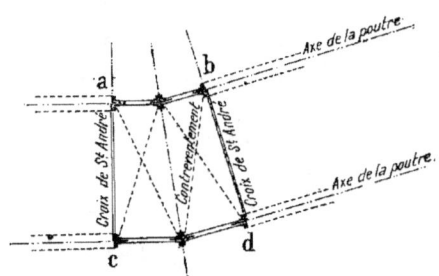

Plan du pilone suivant a'b'

Fig. 1418.

en pointillé dans le plan (*fig.* 1416), de 60×11, disposé en croix de Saint-André.

1722. Au-dessus des poutres on monte une carcasse métallique devant recevoir latéralement et au-dessus de la tôle ondulée.

Chaque fermette se compose de deux montants en fer T, de $100 \times 70 \times 9$; de deux arbalétriers en fer, T de $50 \times 43 \times 7,5$; d'un arc en fer, T de $80 \times 55 \times 7,5$, le tout relié par des rivets et des boulons d'assemblage.

1723. Des cornières fermées à 70 degrés et de $\dfrac{60-60}{6}$ reçoivent l'assemblage des montants et des arbalétriers.

Un faîtage en fer I de $0,18$ $a.$ $o.$ reçoit,

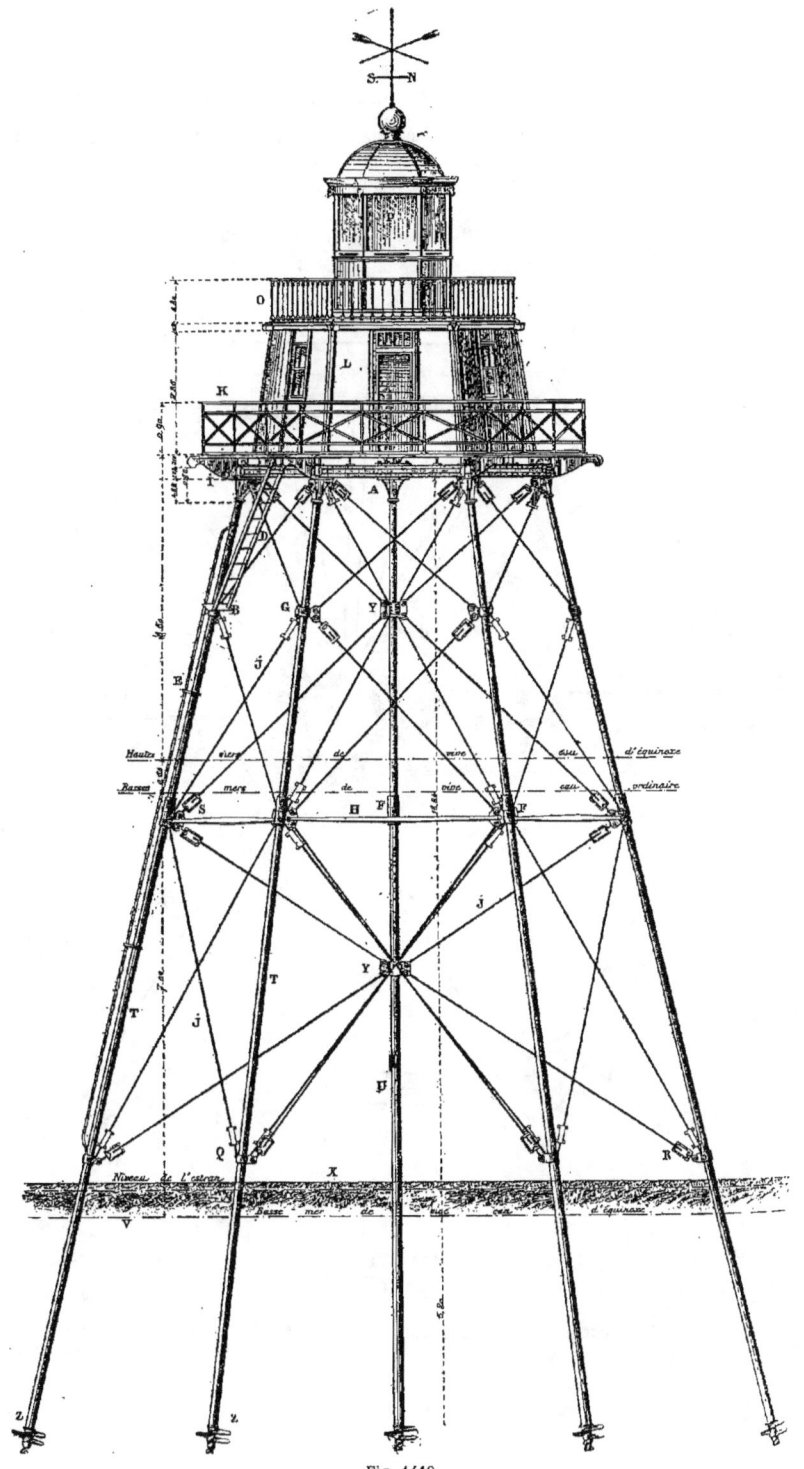

Fig. 1419.

PETITE CHARPENTERIE EN FER.

à l'aide des mêmes cornières, l'assemblage de chaque about d'arbalétrier.
De distance en distance, on place, pour l'éclairage intérieur de la passerelle, des fenêtres avec parties fixes et parties ouvrantes. (Voir l'élévation, *fig.* 1415).

Plan du couronnement supérieur supportant la lanterne et de l'escalier en fonte y conduisant.

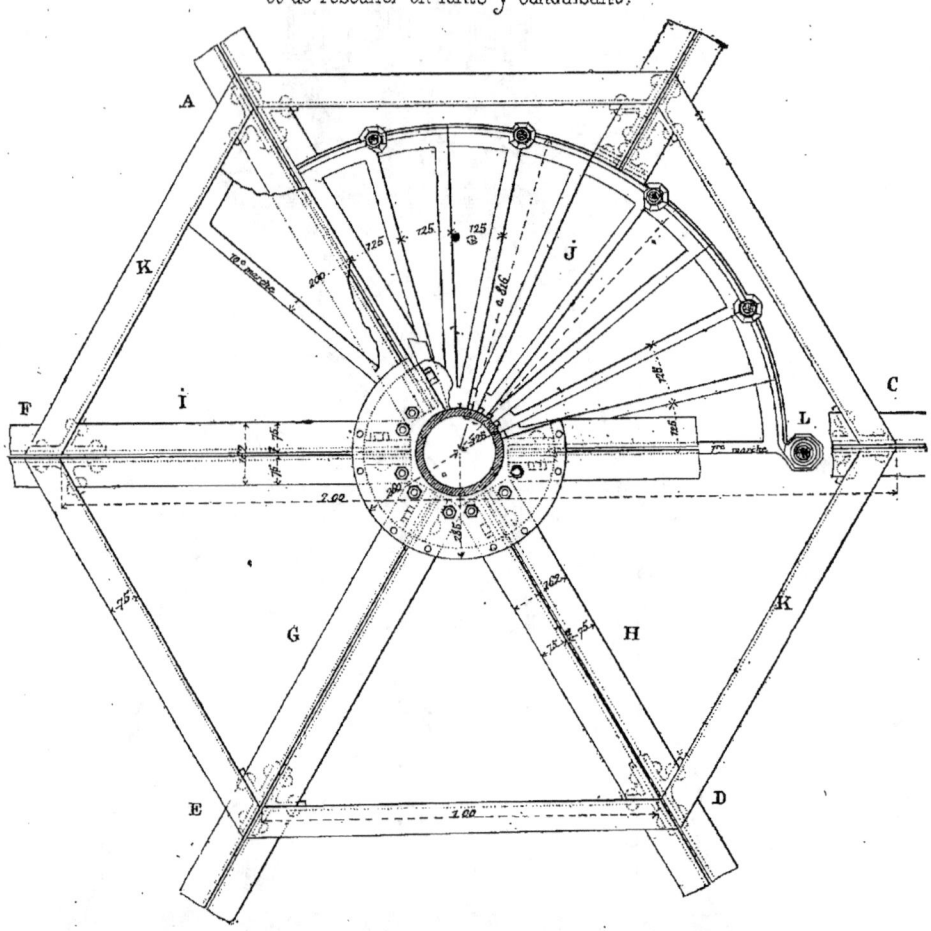

Fig. 1420.

1724. Le croquis (*fig.* 1418) nous montre le plan du pilone, suivant $a'b'$ de la figure 1415.

Ce pilone est placé à l'endroit où la passerelle change de direction.

5° *Phares métalliques.*

Premier exemple.

1725. Comme premier exemple de phare métallique, nous représentons en croquis (*fig.* 1419) l'élévation du phare de Walde (Pas-de-Calais) (1).

Ce phare, comme le montre le croquis, est monté sur une série de pieux en fer T, U terminés en Z par une vis servant à les enfoncer et à bien les maintenir dans le terrain. Ces pieux sont solidement entretoisés, horizontalement suivant le plan H et diagonalement par une série de fers ronds J, dont le réglage s'opère à l'aide de lanternes de serrage R.

Une échelle métallique E, prolongée en D, permet d'atteindre la plate-forme supérieure I. Cette plate-forme, munie d'un garde-corps K, supporte une petite construction L servant de logement pour les

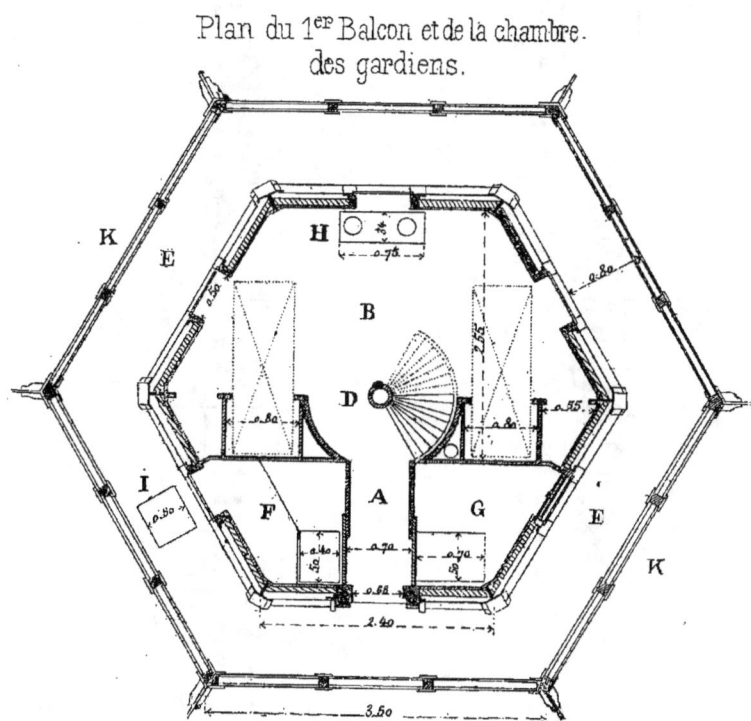

Fig. 1421.

gardiens. Au-dessus de cette construction, une autre plate-forme, munie d'un garde-corps O, reçoit la lanterne P.

1726. Le croquis (*fig.* 1420) nous montre le plan du couronnement supérieur supportant la lanterne et l'escalier en fonte conduisant à cette lanterne P.

(1) Ces croquis et les suivants sont extraits du *Portefeuille des élèves de l'École centrale*.

Ce plan ABCDEF est un hexagone solidement entretoisé; l'escalier J a son départ en L et tourne autour d'un noyau central.

1727. Le croquis (*fig.* 1421) nous représente le plan du premier balcon et de la chambre des gardiens.

1728. Les croquis (*fig.* 1422 et 1423) nous donnent tous les détails des pieux

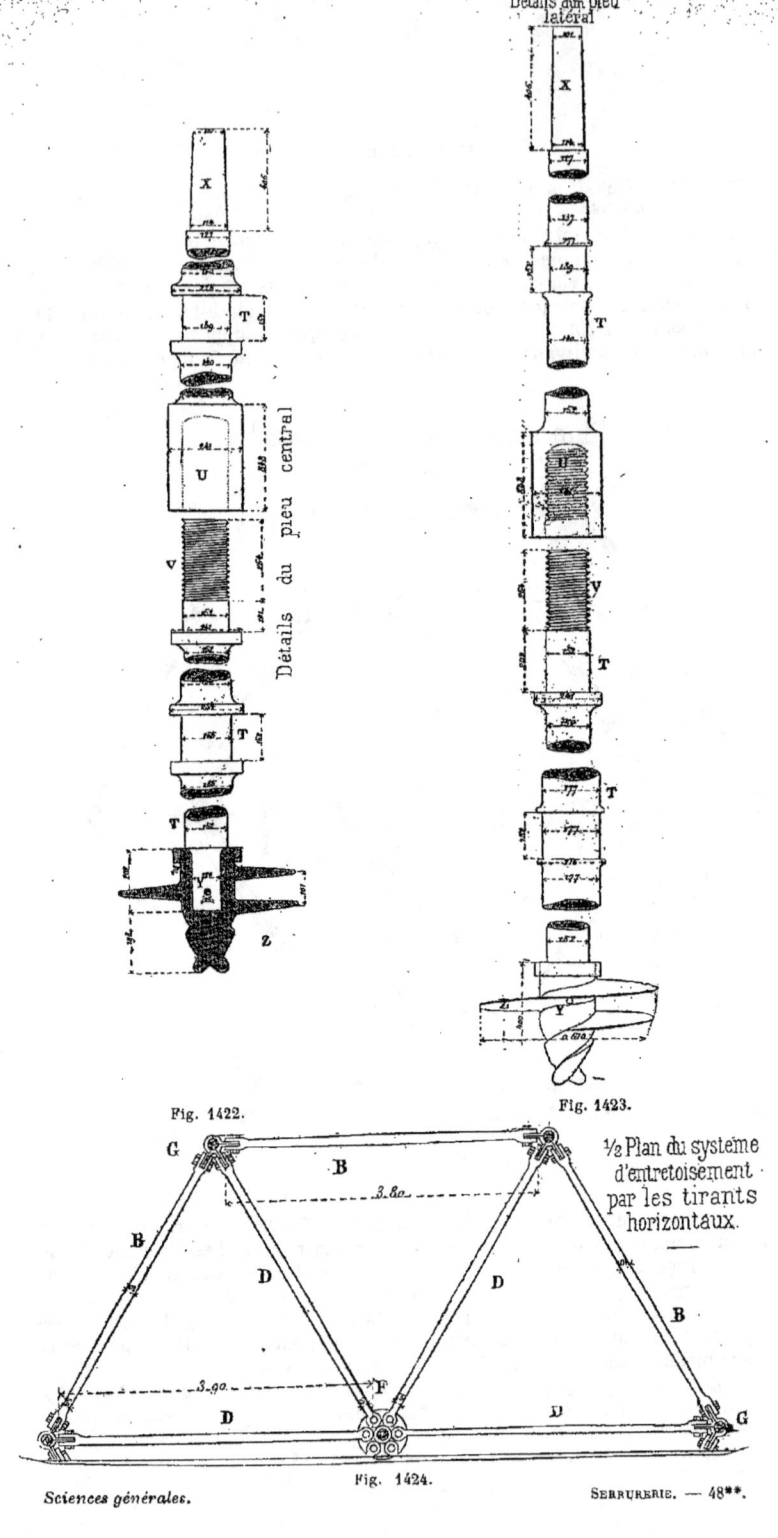

Fig. 1422.   Fig. 1423.   Fig. 1424.

½ Plan du système d'entretoisement par les tirants horizontaux.

Sciences générales.   SERRURERIE. — 48**.

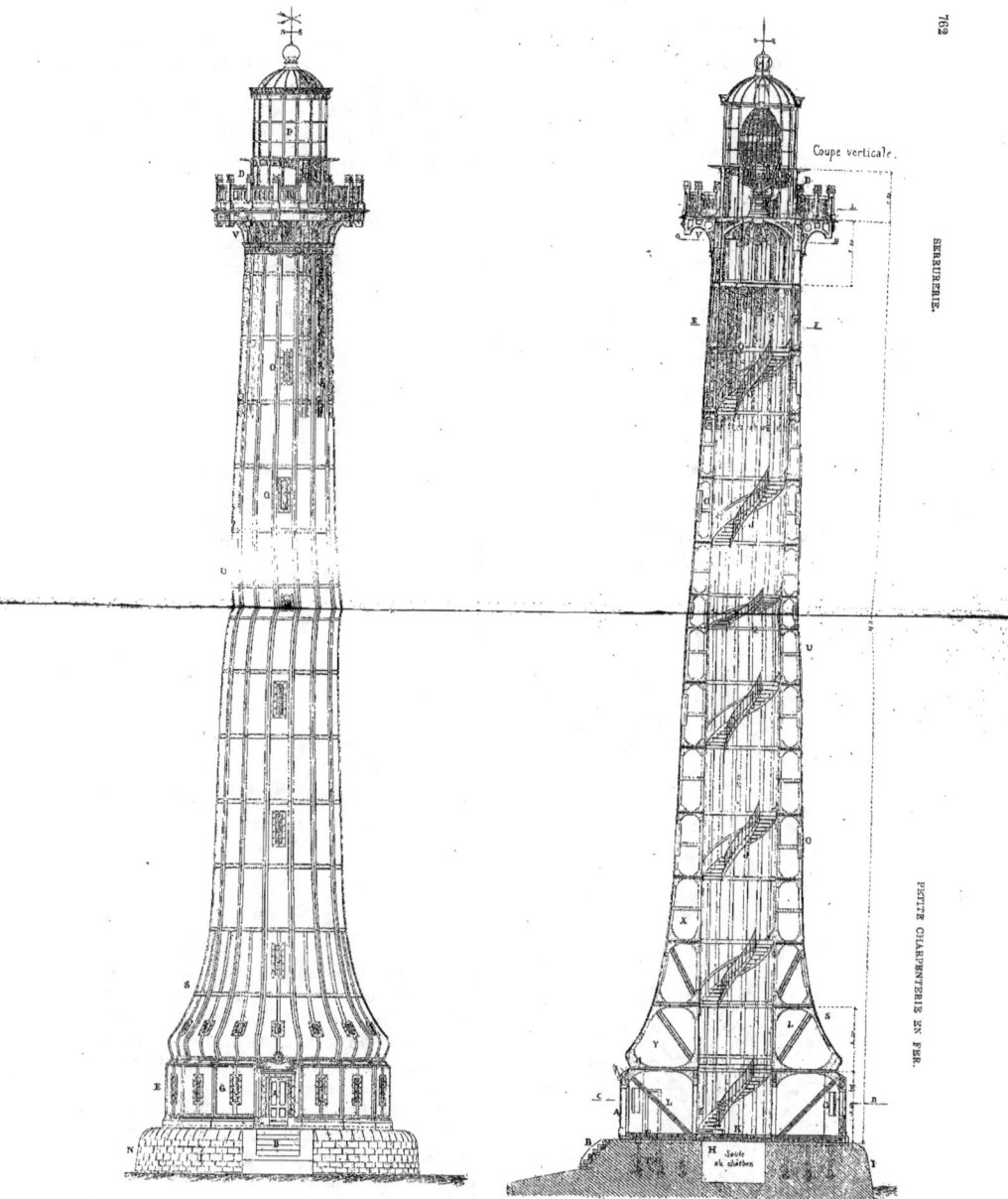

Fig. 1428 et 1429.

Assemblage du pieu central
et plaque d'attache
des tirants horizontaux

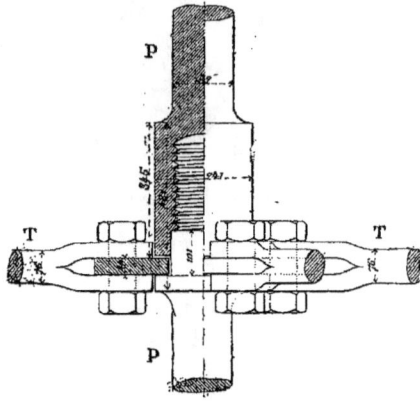

Fig. 1425.

Collier d'attache supérieur et inférieur
du pieu central

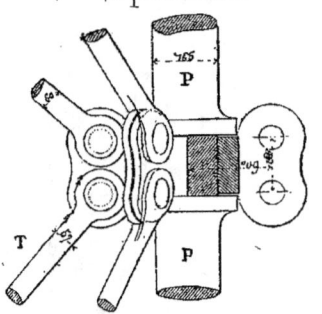

Plan

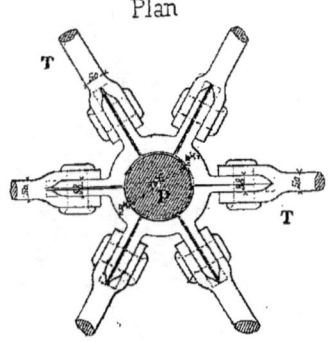

Fig. 1426.

métalliques employés pour la construction de ce phare ; ces croquis cotés rendent assez facilement compte de la disposition adoptée pour que nous n'ayons pas besoin de nous y arrêter.

1729. Le demi-plan du système d'entretoisement par les tirants horizontaux indiqués en H, dans le croquis (*fig.* 1419),

Assemblage d'un pieu latéral
et collier d'attache intermédiaire.

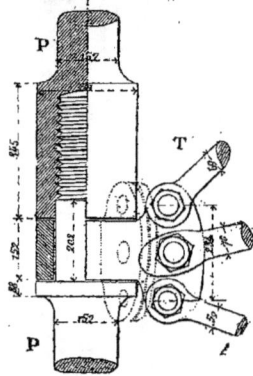

Plan.

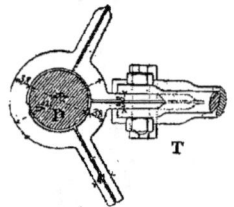

Fig. 1427.

est représenté dans le croquis (*fig.* 1424). C'est, comme le montre ce croquis, une série de bielles B et D, portant un œil ou une fourche à chaque extrémité et solidement boulonnées sur des douilles G ou F devant les recevoir.

1730. Le croquis (*fig.* 1425) donne le détail de l'assemblage des tirants horizontaux sur la plaque d'attache, fixée elle-même sur le pieu central P.

1731. Pour terminer les principaux

détails de ce genre de phare nous donnons en croquis (*fig.* 1426 et 1427) le collier d'attache supérieur et inférieur du pieu central et l'assemblage d'un pieu latéral et collier d'attache intermédiaire en élévation et en plan.

Deuxième exemple

1732. Comme deuxième exemple de phare métallique, nous représentons en élévation (*fig.* 1428) le phare des roches de Douvres. La plate-forme du haut se trouve à une hauteur de 48^m,30 du sol; en P, se

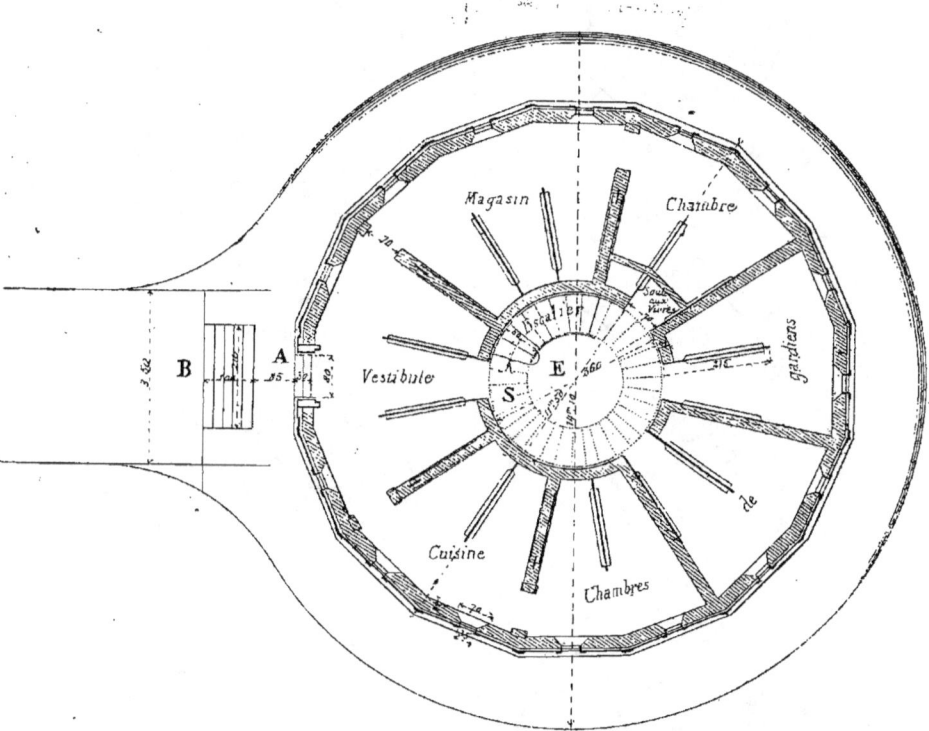

Fig. 1430.

trouve la partie vitrée contenant les lentilles; en D, la balustrade d'observation en encorbellement sur le diamètre haut du phare.

Nous indiquons en O les ouvertures disposées pour l'éclairage de l'intérieur; en S le phare est évasé et prend la forme parabolique.

1733. Le croquis (*fig.* 1429) nous montre une coupe verticale du phare indiquant le genre de construction adopté; c'est une ossature métallique en tôle et cornières reposant sur un solide plancher F, fortement relié à un massif de fondation I par des boulons à scellement T.

1734. En J est l'escalier permettant de monter à la partie haute; en Q, le contreventement horizontal; en L et en Y, le contreventement diagonal; en O, les ouvertures dont nous avons déjà parlé ; enfin, en V, la forme des consoles soutenant la plate-forme supérieure.

1735. Le croquis (*fig.* 1430) nous représente une coupe horizontale, suivant CD, du croquis précédent.

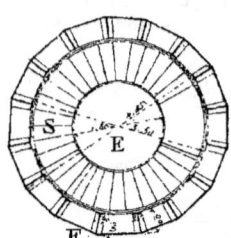

Fig. 1431.

Plan GH

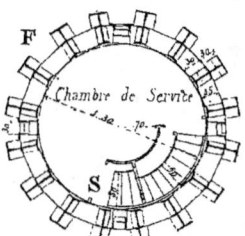

Fig. 1432.

Plan KL

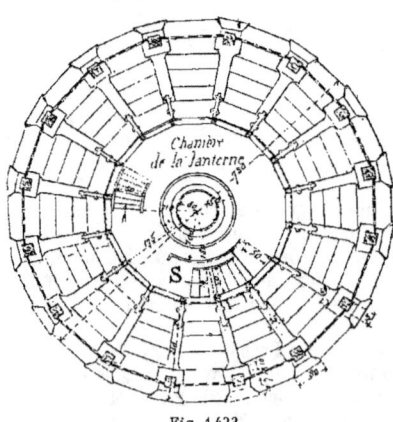

Fig. 1433.

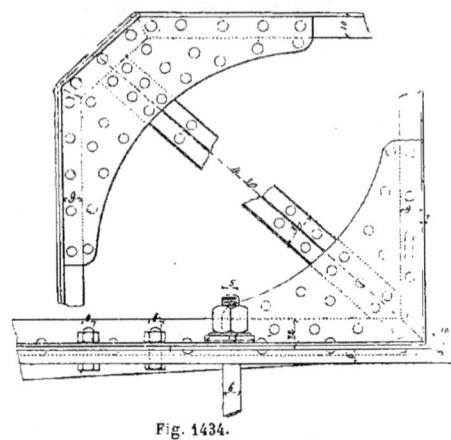

Fig. 1434.

En E est l'escalier en plan ; en B, les quel-

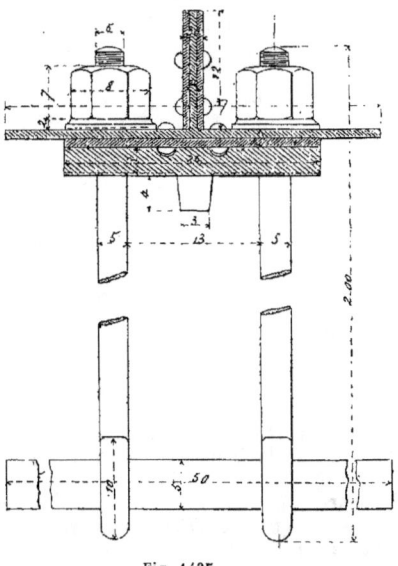

Fig. 1435.

ques marches donnant accès à la partie d'entrée A.

Les croquis (*fig.* 1431, 1432 et 1433) donnent d'autres coupes horizontales sur la partie métallique n'ayant rien de particulier à signaler.

Détails d'exécution.

1736. Nous n'indiquerons que les détails principaux.

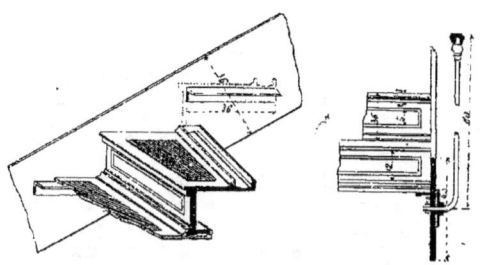

Fig. 1436.

Le croquis (*fig.* 1434) montre le détail d'un des panneaux inférieurs représenté en L dans la coupe verticale (*fig.* 1421).

1737. Le croquis (*fig.* 1435) indique l'assemblage de ces panneaux avec la plaque de fondation en fonte et les boulons de scellement dont nous avons déjà parlé.

1738. Le croquis (*fig.* 1436) représente les détails du grand escalier avec la coupe des marches, leur assemblage sur le limon et la disposition de la rampe.

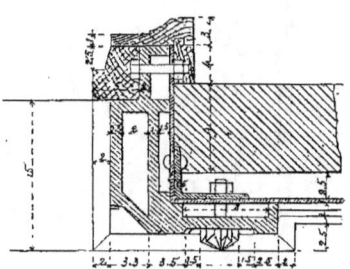

Fig. 1438.

Fig. 1437.

1739. Le croquis (*fig.* 1437) donne le plan de l'une des fenêtres.

1740. Le croquis (*fig.* 1438) montre le plan d'un pied-droit de la porte d'entrée.

1741. Enfin, le croquis (*fig.* 1439) représente l'attache des consoles de la corniche haute du phare.

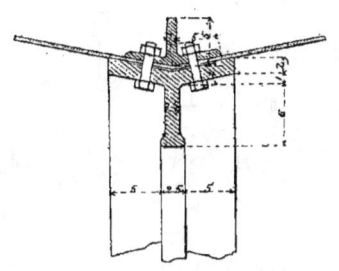

Fig. 1439.

6° *Portes d'écluses.*

1742. L'étude des portes d'écluses est faite dans une autre partie du *Cours de Construction*; nous n'en parlerons ici que pour montrer les divers assemblages métalliques qui peuvent intéresser le serrurier.

SERRURERIE.

Comme exemple simple d'une porte d'écluse, nous donnons, dans ce qui va suivre, les détails d'une écluse de 4ᵐ,426 de chute établie sur le canal de la haute Seine.

1743. Le croquis (*fig.* 1440) nous représente la vue du vantail d'amont et la coupe transversale de ce vantail.

La partie haute de l'écluse comporte un chemin en bois Z, muni d'un garde-

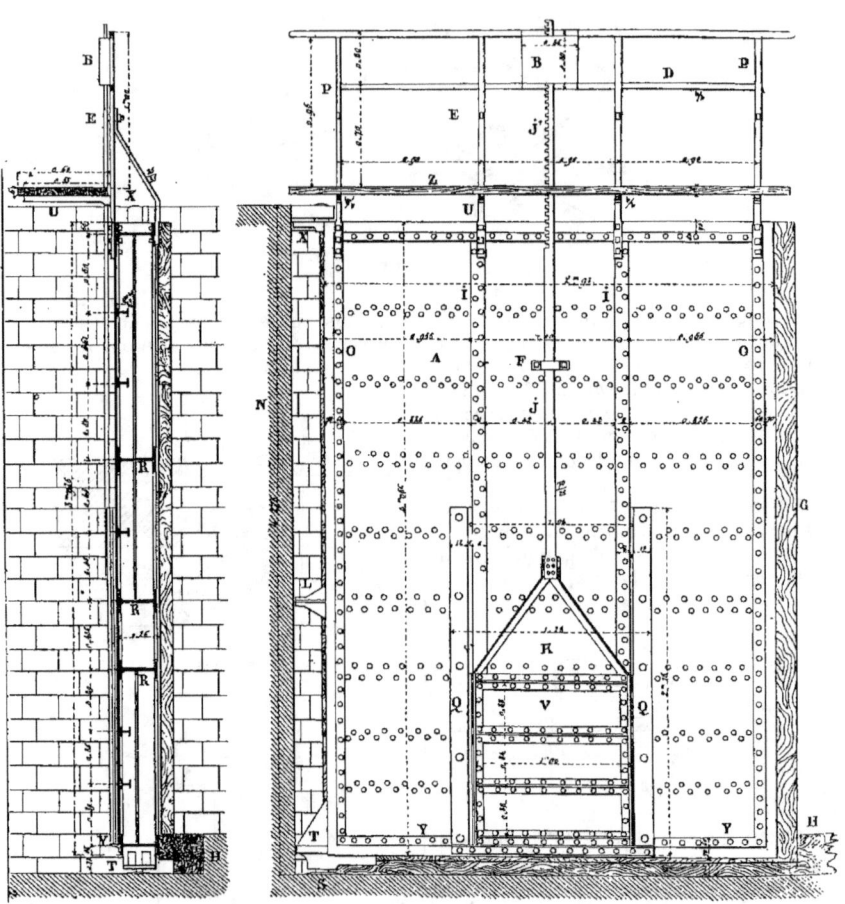

Fig. 1440.

corps E formé de montants P et de traverses D. En B est la boîte de manœuvre dans laquelle se trouve le pignon permettant de soulever la crémaillère J et de lever la ventelle V.

La porte d'écluse est composée de tôles du commerce et de fers ⊥ assemblés par des cornières.

La ventelle V se meut le long des deux guides Q.

La porte d'écluse tourne autour d'un tourillon X et pivote sur une crapaudine

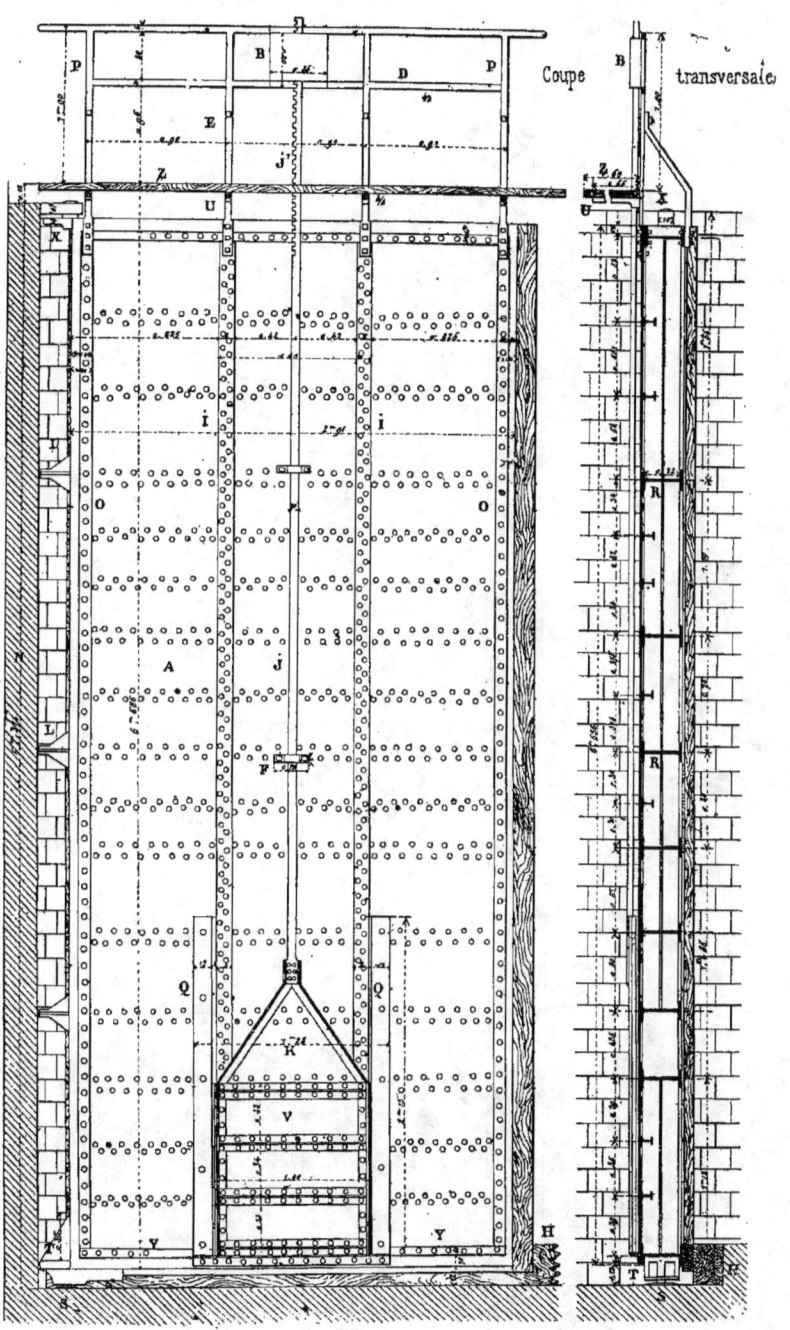

Fig. 1441.

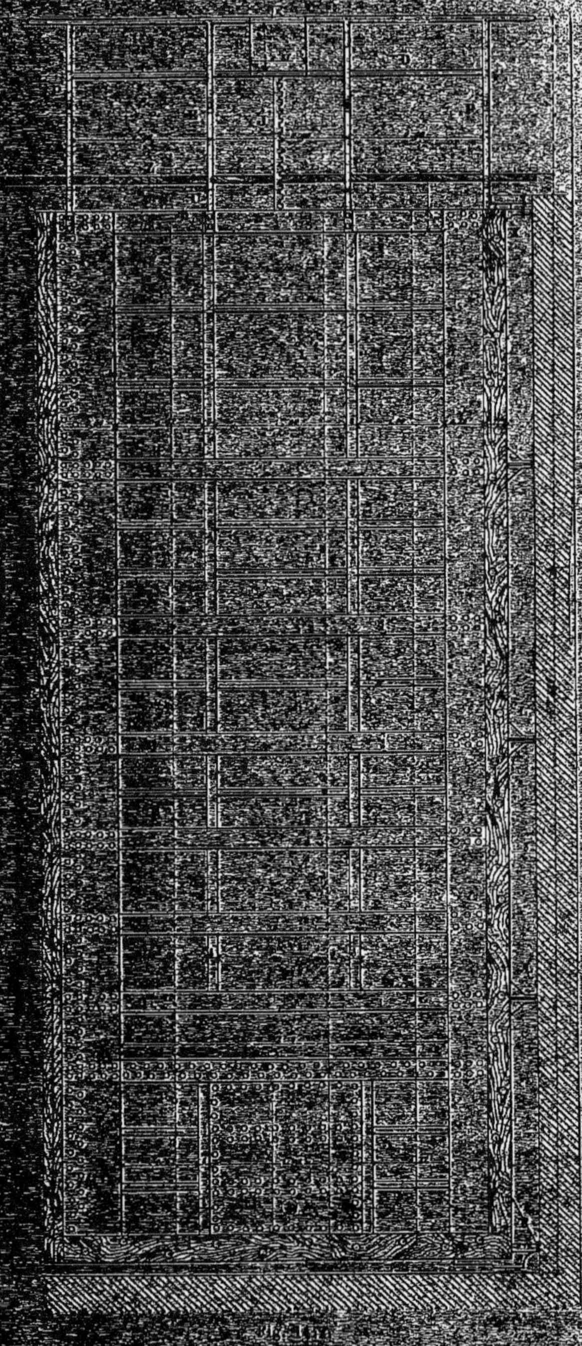

S dont nous verrons plus loin les détails.

1744. La figure 1441 montre le vantail d'aval, vu d'amont, ainsique la coupe transversale correspondante; les lettres désignent les mêmes pièces que dans la figure précédente.

1745. La figure 1442 nous représente la vue du vantail d'aval vu d'aval. Le croquis montre l'ossature métallique et se comprend facilement.

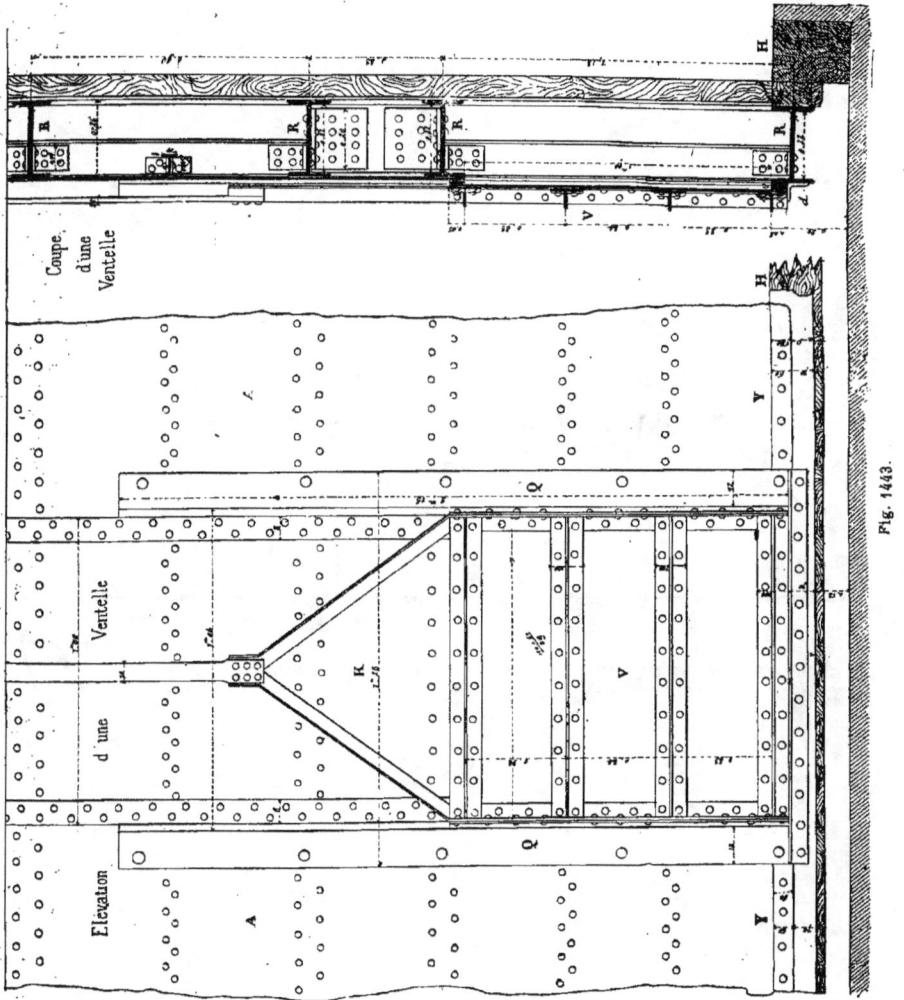

Fig. 1443.

Détails d'exécution.

1746. Comme premier détail nous re-

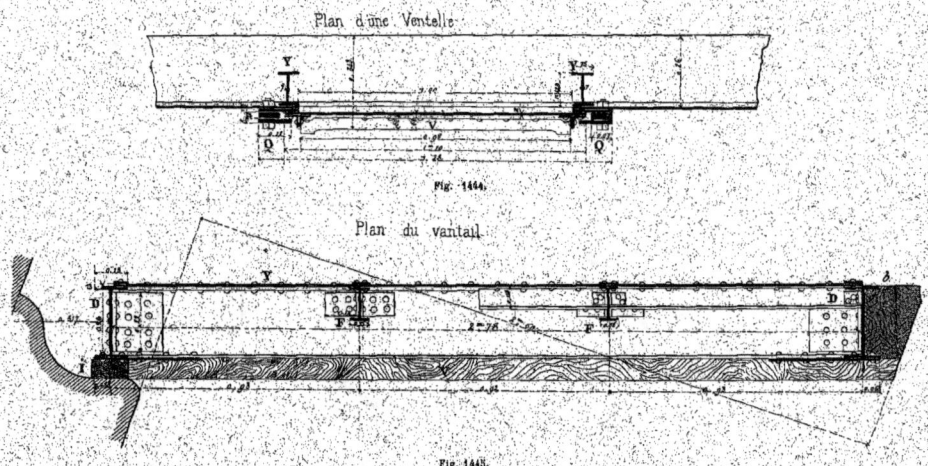

Plan d'une Ventelle.
Fig. 1444.

Plan du vantail.
Fig. 1445.

présentons (*fig.* 1443), à plus grande échelle, l'élévation et la coupe verticale sur une ventelle de cette écluse. La ventelle est une porte métallique en tôle consolidée transversalement par de solides fers à simple T et glissant entre deux rainures Q solidement fixées sur la porte même de l'écluse. Le bas de la ventelle vient reposer sur une cornière *d*, fixée sur le fer R formant la partie basse de la porte d'écluse. Le cadre de la ven-

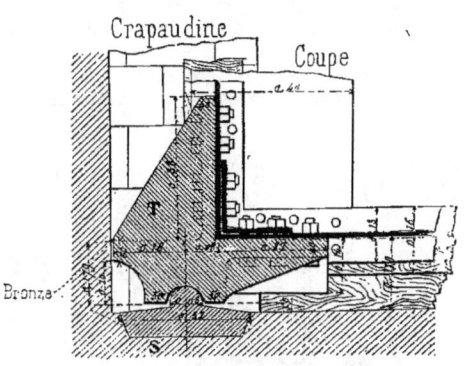

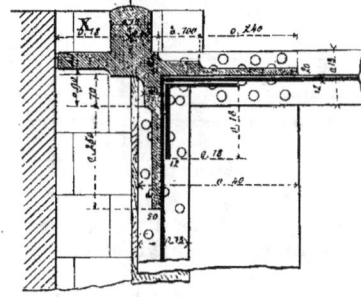

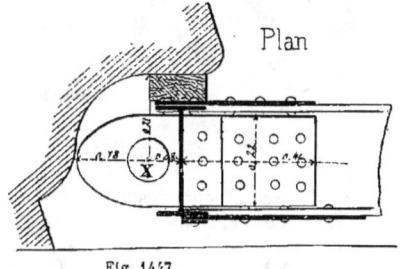

Fig. 1447.

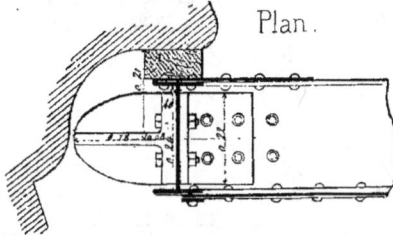

Fig. 1446.

telle se continue en K par deux cornières inclinées se réunissant sur la tige servant à soulever la ventelle et mue du haut de l'écluse.

1747. Le croquis (*fig.* 1444) nous montre le plan, ou coupe horizontale, sur le ventelle.

Cette ventelle est indiquée en coupe en V; nous voyons qu'elle est formée d'une tôle de $0^m,020$ d'épaisseur, bordée aux deux extrémités par des cornières.

Les guides Q sont formés par des fers

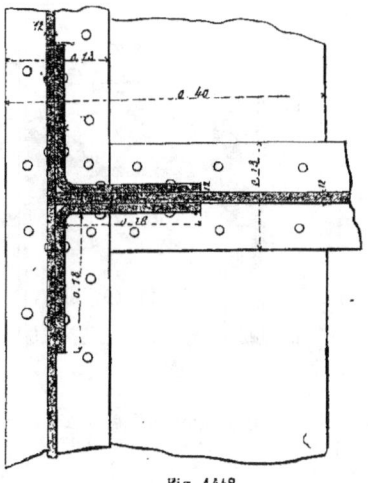

Fig. 1448.

plats de différentes largeurs permettant d'y loger l'extrémité des cornières. Le tout s'appuie sur les deux montants verticaux Y de la porte d'écluse.

1748. Le croquis (*fig.* 1445) nous indique, en plan, la coupe horizontale du vantail de la porte d'écluse. Les extrémités comportent des fers I D, de 0^m,260 larges ailes; des montants intermédiaires F également en fers I du commerce, de

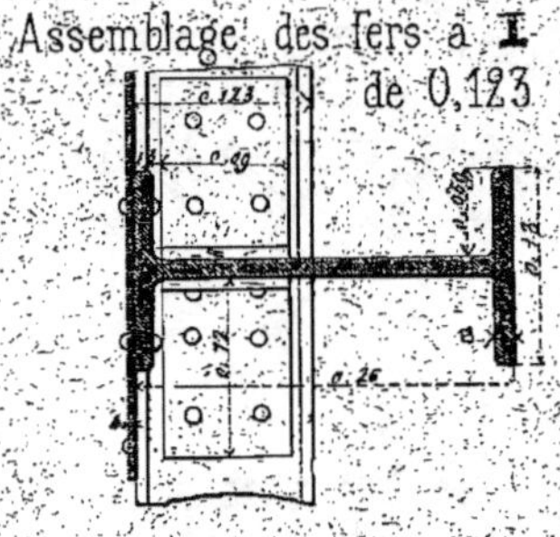

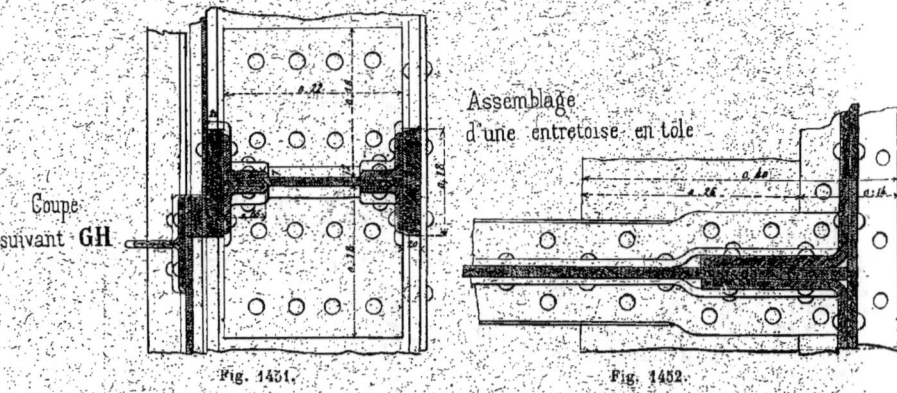

Assemblage des fers à I de 0,123

Fig. 1449.

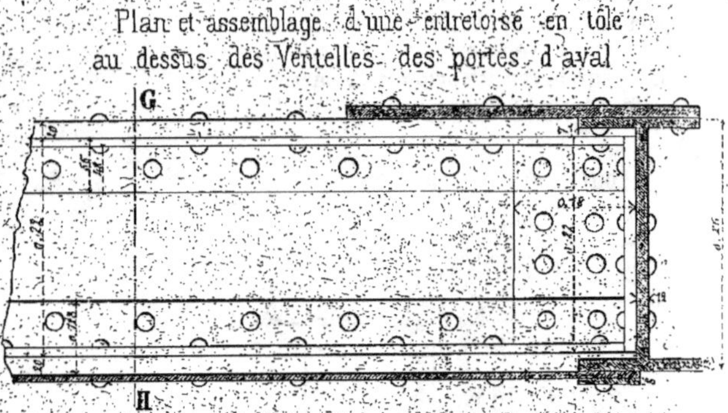

Plan et assemblage d'une entretoise en tôle au dessus des Ventelles des portes d'aval

Fig. 1450.

Coupe suivant GH

Fig. 1451.

Assemblage d'une entretoise en tôle

Fig. 1452.

0^m,123 reçoivent des tôles Y. La partie V est en bois, ainsi que la butée b du vantail.

1749. Le croquis (*fig.* 1446) nous représente le tourillon X de la porte d'écluse en coupe verticale et en plan. Ce tourillon p a la forme d'une équerre venant se fixer sur l'angle haut de la porte d'écluse.

1750. Le croquis (*fig.* 1447) montre la crapaudine inférieure de la porte. La pièce T, ainsi que le sabot S, sont en bronze; le croquis nous indique la forme et les principales cotes de cette crapaudine.

1751. Les deux croquis (*fig.* 1448 et 1449) montrent le mode d'assemblage des fers I de 0^m,26, dont nous avons parlé

PETITE CHARPENTERIE EN FER.   775

précédemment, et aussi l'assemblage des fers ⏄ de 0ᵐ,123 indiqués en F dans le plan (*fig.* 1445).

1752. Le croquis (*fig.* 1450) nous donne le plan et l'assemblage d'une entretoise en tôle, au-dessus des ventelles des

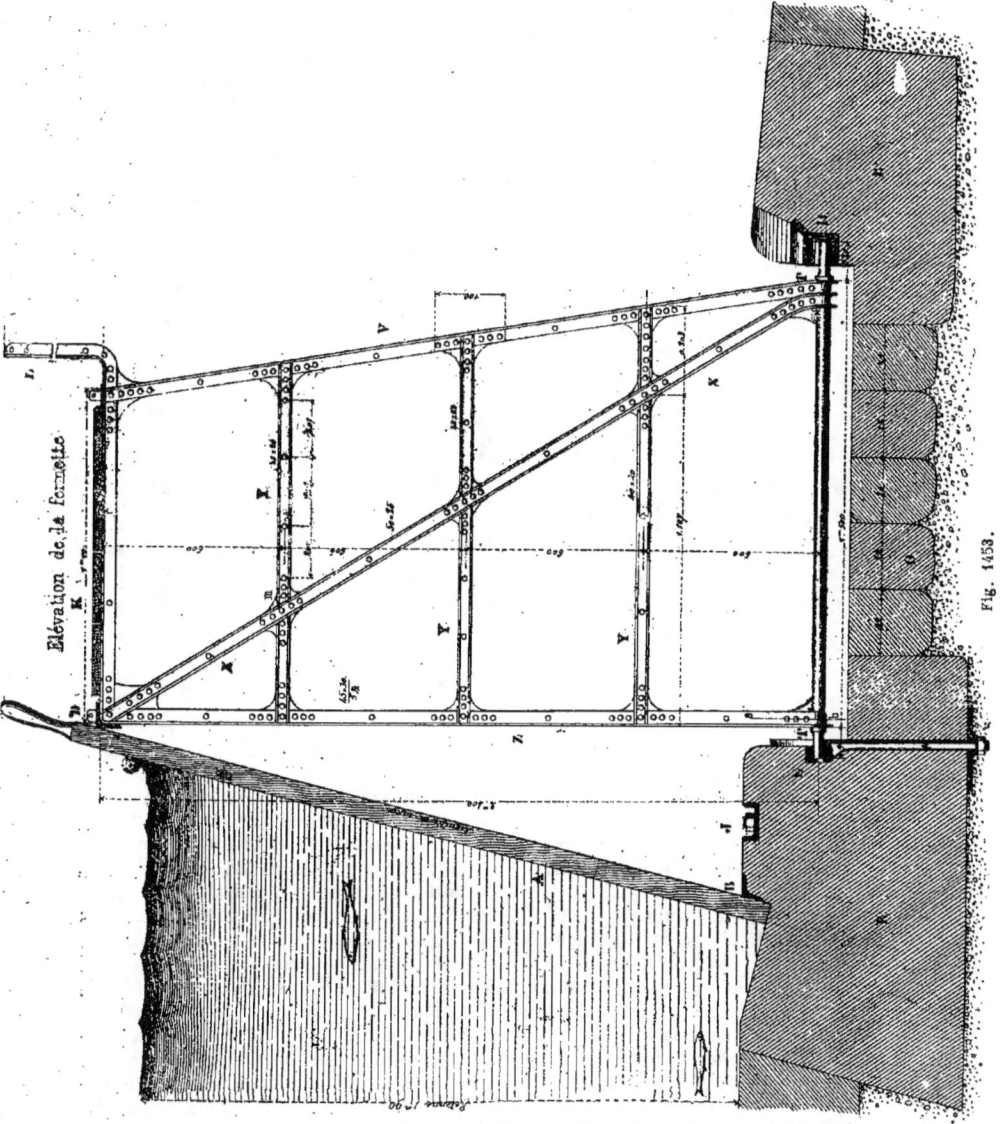

Fig. 1453.

portes d'aval, et le croquis (*fig.* 1451) une coupe suivant GM de cet assemblage.

1753. Enfin, pour terminer ces détails, le croquis (*fig.* 1452) nous indique l'assemblage d'une entretoise en tôle de la porte d'écluse. Ces détails se comprenant facilement à la seule inspection des croquis, nous n'insisterons pas plus longuement sur leur description.

7° Barrage mobile

1754. Le croquis (*fig.* 1453) nous montre en élévation la coupe transversale du barrage et la disposition d'une fermette métallique devant supporter ce barrage formé par des aiguilles A en sapin de 65 × 65 reposant en B sur une cornière d'appui et en D sur une cornière longitudinale soutenue par la fermette métallique. Cette fermette se compose d'un montant vertical Z, d'un montant incliné V réunis par des traverses Y et une entretoise XX ; la fermette est mobile autour d'un axe TT reposant sur des crapaudines.

En K se trouve un chemin sur lequel on se place pour la manœuvre des aiguilles A ; la partie L se relève pour former garde-corps.

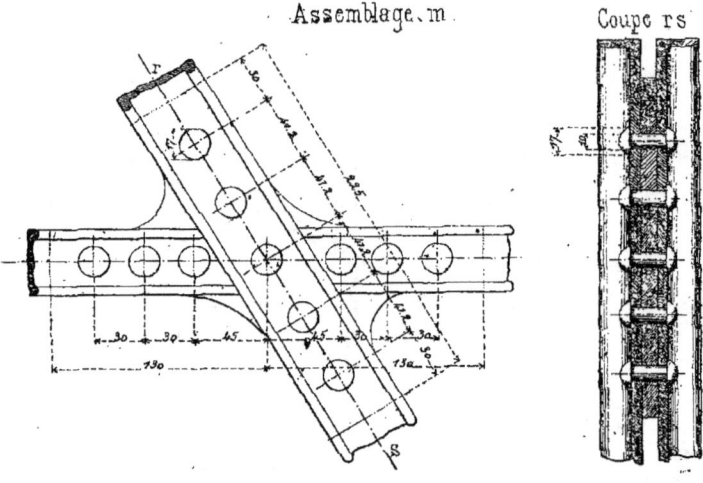

Fig. 1454.

Détails d'exécution.

1755. Le croquis (*fig.* 1454) nous montre le détail de l'assemblage ou croisement des deux fers en U X et Y du croquis (*fig.* 1453) ; la coupe *rs* du même croquis nous indique la position et l'épaisseur donnée à la plaque de tôle placée entre les ailes de ces fers, et comment le tout se trouve relié par des rivets de $0^m,010$ de diamètre.

1756. Le croquis (*fig.* 1455) nous représente l'élévation et la coupe sur l'axe de la crapaudine d'amont indiquée en E dans l'ensemble (*fig.* 1453) ; cette crapaudine reçoit le tourillon T, et sa solidité est assurée par un fort boulon qui traverse la maçonnerie et dont la tête S vient se fixer sur une plaque ou disque en fonte indiqué dans le croquis (*fig.* 1455).

1757. Le croquis (*fig.* 1456) nous montre la disposition de l'essieu d'amont comportant le tourillon venant se placer dans la crapaudine décrite ci-dessus ; la coupe suivant *ab*, indiquée dans le même croquis, nous rend compte de la disposition de l'assemblage.

Crapaudine d'amont

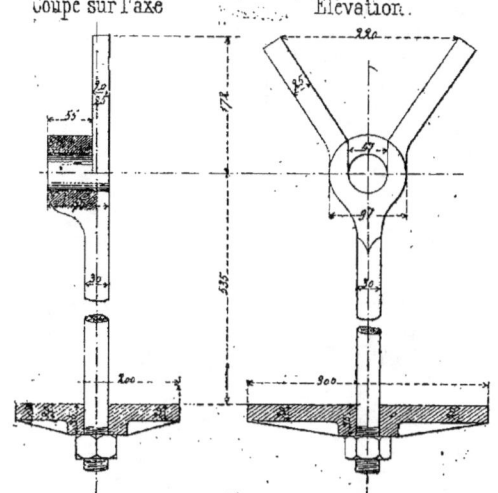

Coupe sur l'axe — Élévation.

Plan en dessous du disque

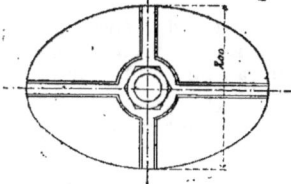

Fig. 1455.

Essieu d'amont

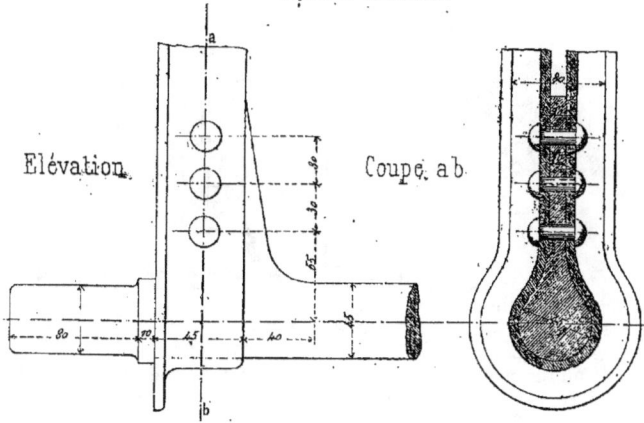

Élévation. — Coupe ab.

Fig. 1456.

1758. Le croquis (*fig.* 1456 *bis*) donne le détail de la crapaudine d'aval en élévation et en coupe ; cette crapaudine est indiquée en place en II, dans le croquis d'ensemble (*fig.* 1453) ; c'est une pièce en fonte ne présentant rien de bien particulier à signaler.

1759. Pour terminer ces détails qui sont très simples, nous représentons en

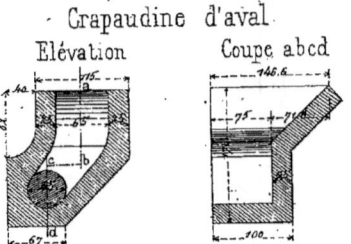

Fig. 1456 *bis*.

croquis (*fig.* 1457) le mode de scellement de la cornière B du croquis (*fig.* 1453) et servant d'appui aux aiguilles du barrage.

8° *Montage des cheminées en tôle.*

1760. Il arrive fréquemment qu'on charge un serrurier de construire une

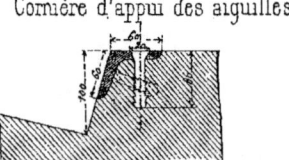

Fig. 1457.

cheminée en tôle et, lorsque cette cheminée a de grandes dimensions, il peut être utile de connaître un moyen simple de montage employé pour l'une des cheminées en tôle au Creusot.

Cette cheminée, dont nous donnons un croquis schématique (*fig.* 1458), représentant l'installation générale, a les dimensions et les poids indiqués ci-après :

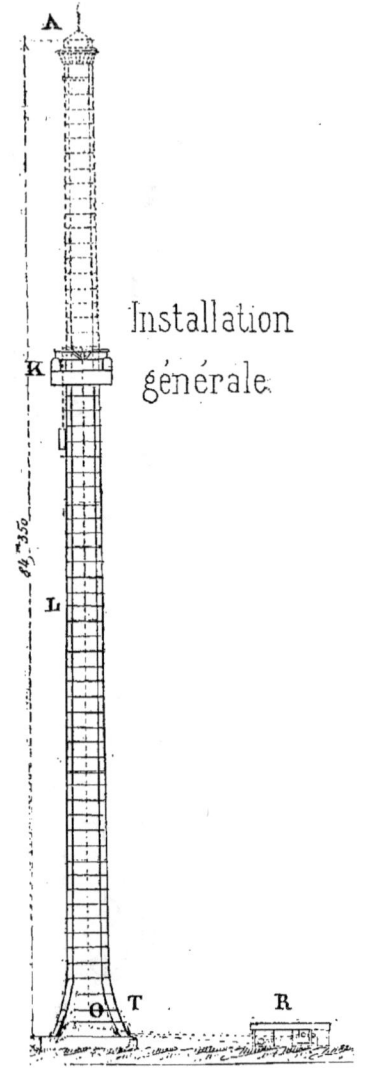

Fig. 1458.

PETITE CHARPENTERIE EN FER.   779

Hauteur totale, 83^m,35 ;
Soubassement en pierre de taille, 1 mètre au-dessus du sol ;
Diamètre à la base, 6^m,34 ;
Diamètre en haut, sous corniche, 2^m,35 ;
Épaisseur des viroles en tôle, à la base, 0^m,014 ;
Épaisseur des viroles en haut, 0^m,007 ;
Poids de la cheminée, 80 tonnes ;
Poids d'un quart de virole (maximum), 400 kilogrammes ;
Poids de l'appareil et outillage, 4 000 kilogrammes ;
Poids du massif en maçonnerie, 300 tonnes ;
Pour les fondations vingt boulons de 0^m,047 répartis uniformément sur toute la circonférence.

1761. Le croquis (*fig.* 1458) montre l'ensemble de l'installation de montage ; en T, la base de la cheminée ; en L, le corps cylindrique ; en K, le sommet.

Sous un hangar R, on place une locomobile, qui à l'aide d'un treuil et de pou-

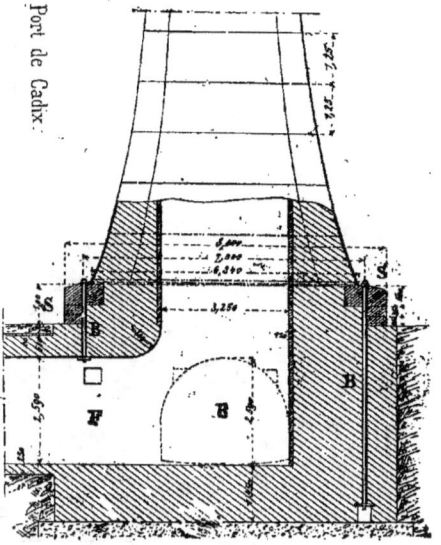

Fig. 1459.

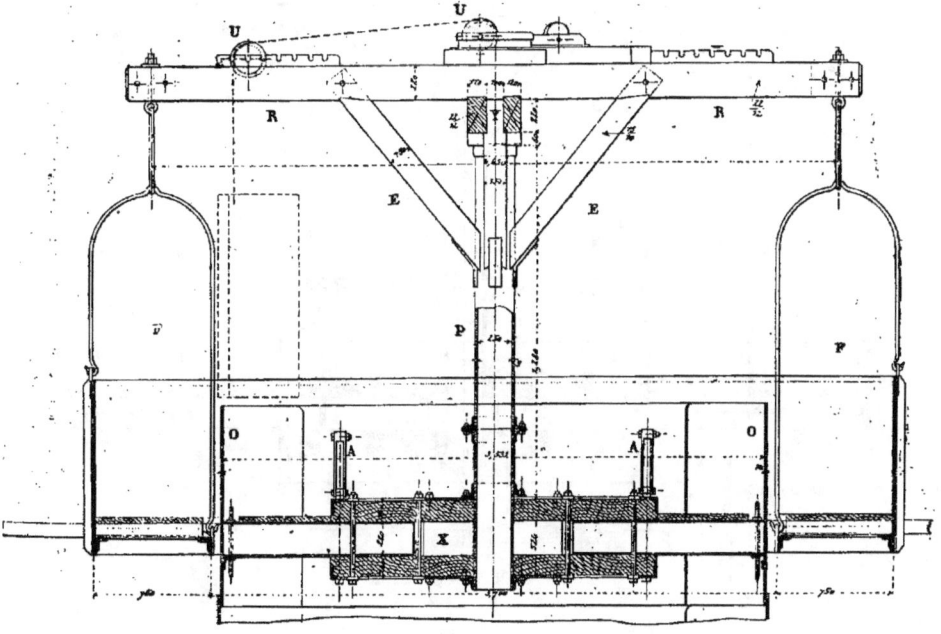

Fig. 1460.

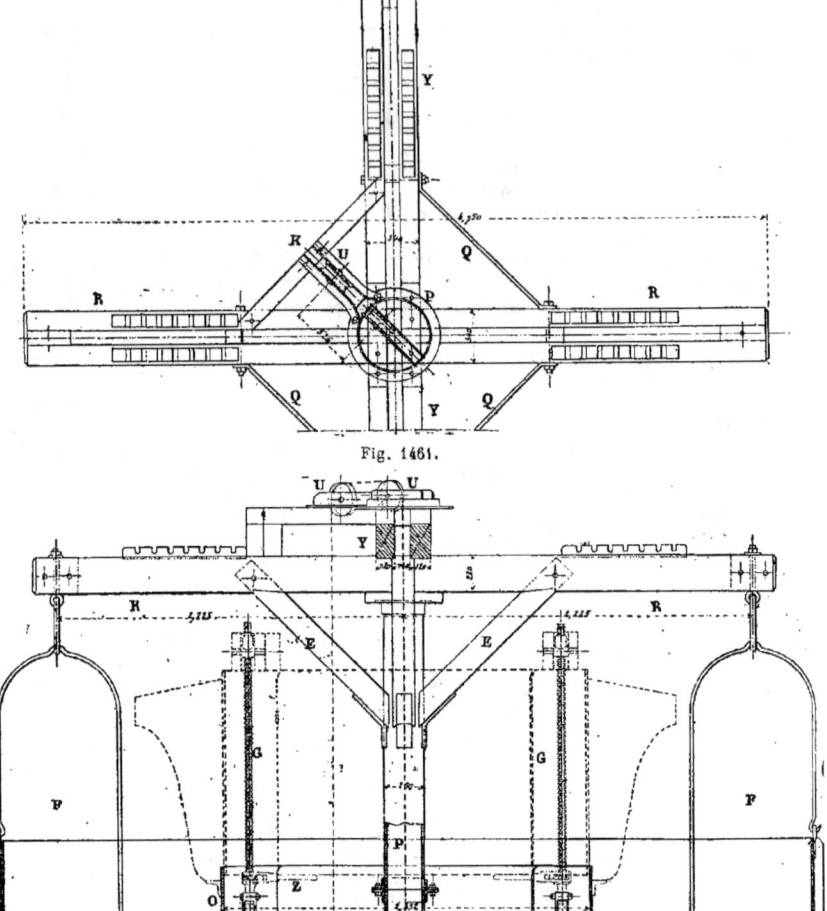

Fig. 1461.

Détail A.

Levage de l'appareil.

Fig. 1462.

lies, permet d'élever chaque tronçon à l'emplacement qu'il doit occuper.

En K, le croquis schématique de l'appareil de montage qui, au fur et à mesure de l'avancement du travail, s'appuie sur le dernier anneau posé.

1762. Le croquis (*fig.* 1459) nous montre la disposition (en coupe verticale) des fondations de cette cheminée avec l'arrivée du carneau de fumée F placé sous le sol. Un fort massif de maçonnerie de petits matériaux solidement établi reçoit un socle S en pierre de taille sur lequel on fixe la tête des boulons de fondation B; c'est sur le socle B, que se pose la première virole en tôle.

1763. Le croquis (*fig.* 1460) nous montre à plus grande échelle le détail de l'appareil de montage indiqué en K dans le croquis (*fig.* 1458).

Cet appareil se compose d'un tube en tôle P, recevant à sa base un fort plancher en charpente X et à sa partie haute une charpente formée de contrefiches E et de

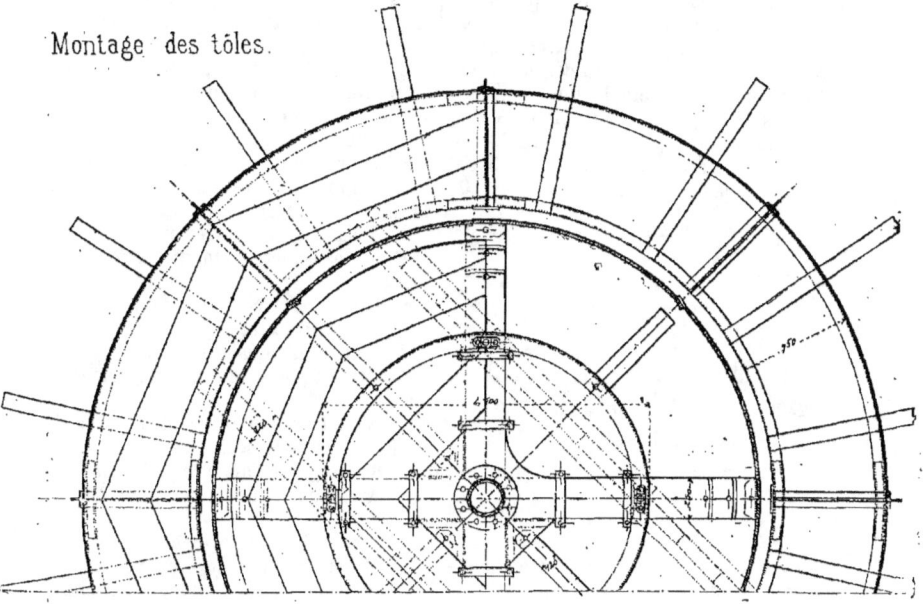

Montage des tôles.

Fig. 1463.

moises R et Y, servant à supporter à l'aide de crochets un chemin F sur lequel se placent les ouvriers pour exécuter leur travail.

La chaîne élevant les tronçons de la cheminée et aussi les matériaux passe sur des poulies U et dans l'intérieur du tube P pour se rendre à la partie inférieure de la cheminée sur le treuil placé dans le hangar et mû par la locomobile.

1764. Le plan indiqué en croquis (*fig.* 1461) nous montre bien la position de chacune des pièces R et Y du tube P et des poulies U. Ces pièces R et Y sont solidement entretoisées en Q, et les poulies sont supportées par des pièces de bois K.

1765. Le croquis (*fig.* 1462) nous représente l'appareil arrivé à la partie haute et nous montre comment, à l'aide de cliquets Z se mouvant sur des vis G, se fait le levage de l'appareil.

En B, la benne venant du bas à l'intérieur de la cheminée et servant à monter les divers matériaux.

1766. Le croquis (fig. 1463) nous indique le plan complet de l'installation du montage des tôles.

Nota.

1767. Avant de terminer ces quelques renseignements sur les cheminées, nous croyons utile d'indiquer au constructeur comment se fait le chaînage des cheminées en maçonnerie presque exclusivement employées par nos industriels.

À mesure que la cheminée en briques s'élève, on la construit en diminuant son épaisseur de la largeur d'une brique, c'est-à-dire de $0^m,11$; comme il peut y avoir un point faible à l'endroit où change la section, on doit y placer un cercle en fer.

Supposons, par exemple, une cheminée de $42^m,00$ de hauteur totale composée de :

4 rouleaux de $7^m,00 = $ . . . . $28^m,00$
1 rouleau de $8^m,00 = $ . . . . $8,00$
1 base ou socle de . . . . . $6,00$

Total . . . . $42^m,00$

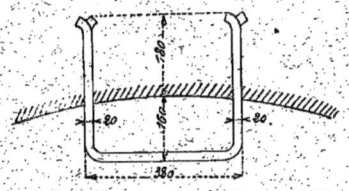

Fig. 1464.

Le chaînage intérieur de cette cheminée comprendra :

Pour les cinq rouleaux ci-dessus des cercles en fer de champ à $0^m,12$ de la face extérieure derrière une première rangée de briques. Ces cercles ont la hauteur d'une assise et sont en fer plat de 50×9 et soudés.

1768. Dans le socle, qui a 6 mètres de hauteur par exemple, on placera trois cercles en fers plats de 60×11 et soudés. Le chapeau ou corniche de la cheminée devra être recouvert de douze segments en fonte de $0^m,02$ d'épaisseur à recouvrements, comme le sont les tuiles ordinaires de nos habitations.

1769. A l'intérieur de la cheminée on placera des échelons en fer rond de 20 millimètres de diamètre, comme le montre le croquis (fig. 1464), et ayant entre eux un espacement vertical de $0^m,30$.

Ces échelons servent à monter à l'intérieur de la cheminée pour les réparations à y faire.

9° *Estacades.*

1770. Nous savons qu'on donne, en général, le nom d'estacade à une sorte de digue exécutée avec des pieux enfoncés dans l'eau. On peut, au lieu de pieux, employer, comme nous allons le voir, des tubes métalliques foncés à l'air comprimé, supportant de solides poutres en tôle et cornières, et constituer une estacade solide. Celle dont nous représentons le plan d'ensemble par le croquis (fig. 1465) a été construite dans le port de Cadix, et la légende suivante en fera bien comprendre les différents détails :

A, Bassin pour navires en carène ;
B, Bateau-porte fermant l'entrée de ce bassin ;
C, Chalands portant les navires ;
D, Dock-flottant ;
E, Mâture d'embarquement ;
F, Massif pour haubans de cette mâture ;
G, Voie ferrée pour desservir le bassin ;
H, Estacade de déchargement ;
I, Bouées pour l'amarrage des navires ;
J, Anneaux pour l'amarrage des navires ;
K, Grues de déchargement ;
L, Massif de butée de l'estacade ;
M, Bâtiment des navires, fourneau, cheminée, accumulateur, logement des machinistes ;
N, Entrepôts de marchandises ;
O, Voies ferrées et plaques tournantes pour le service des entrepôts ;
P, Parcs à charbons ;
Q, Voies ferrées et plaques tournantes pour le service de ces parcs.

1771. Le croquis (fig. 1446) nous montre l'élévation de l'estacade. En P, les piles supportent de fortes poutres R, servant de chemin de roulement aux grues D de déchargement et aussi à la voie ferrée.

PETITE CHARPENTERIE EN FER. 783

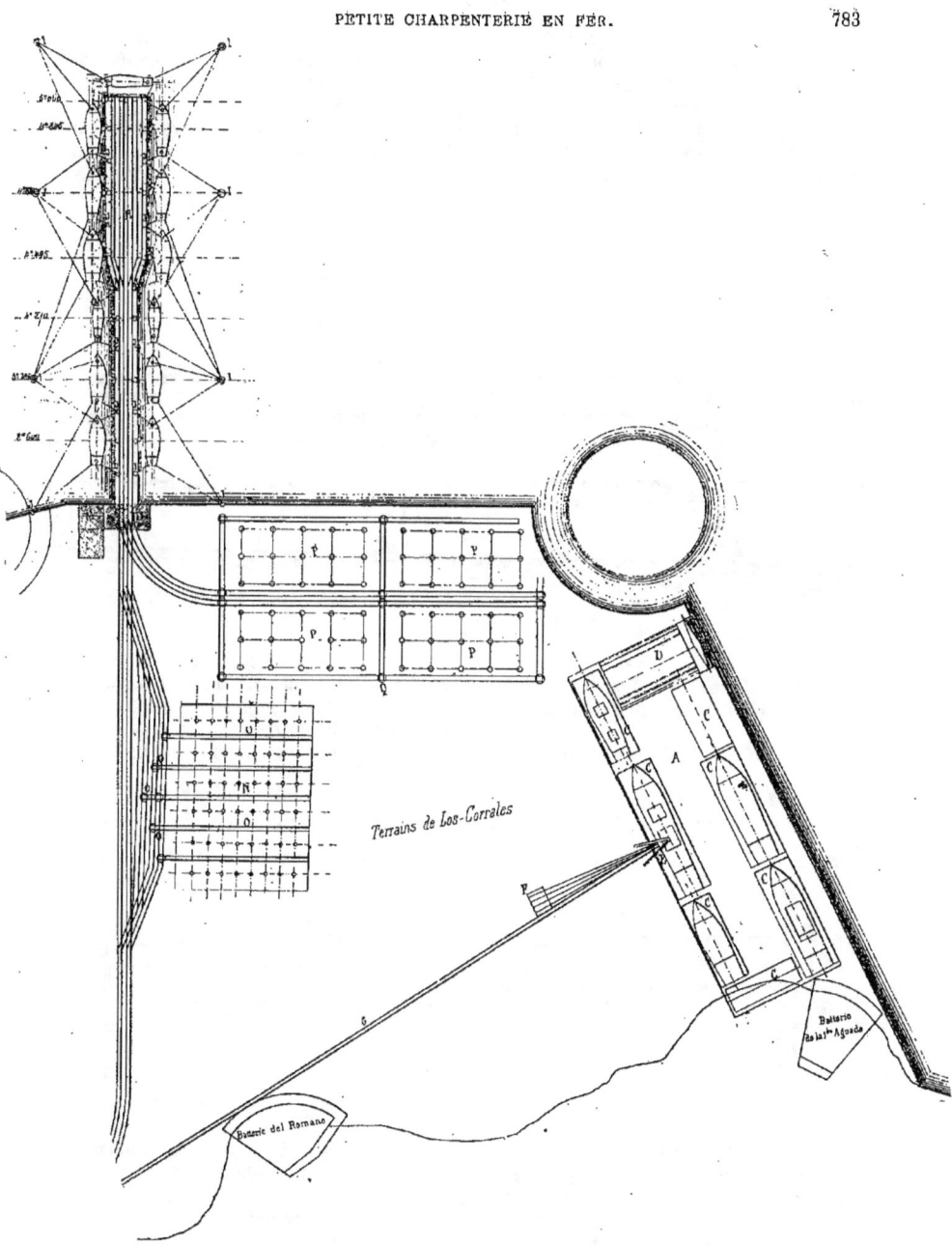

Fig. 1465.

1772. Les deux croquis (*fig.* 1467 et 1467 *bis*) montrent la coupe transversale d'une travée à deux voies et d'une travée à quatre voies.

Les poutres en fer et les longrines supportant la voie ferrée sont indiquées suffisamment par ces croquis.

1773. Le croquis (*fig.* 1468) nous montre une élévation et deux coupes de la culée de rive venant dans le massif L de l'estacade (*fig.* 1465).

Nous n'insisterons pas davantage sur les estacades ; nous avons voulu en indiquer un exemple, en laissant à une autre

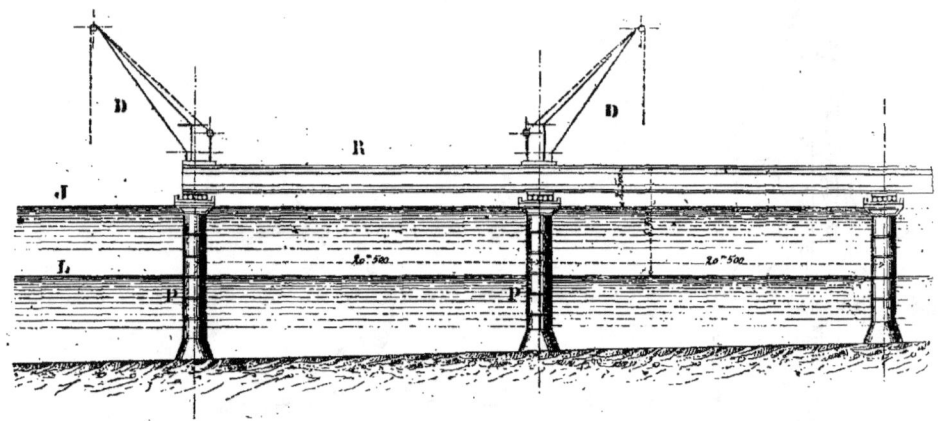

Fig. 1466.

partie du *Cours de Construction* le soin de les étudier plus complètement.

10° Coupole métallique.

1774. Nous donnons dans les croquis qui vont suivre (*fig.* 1469-1470 et 1471)

les principaux détails de la coupole du Grand Équatorial de Nice (1) qui, comme le montre la description générale suivante, est très ingénieusement installée.

Description générale.

1775. La demi-sphère de la coupole

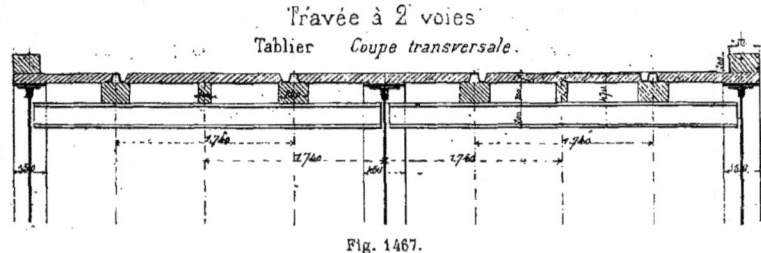

Fig. 1467.

est terminée inférieurement à sa naissance par une partie cylindrique verticale de même diamètre d'une hauteur de $1^m,044$. La hauteur totale de la calotte cylindro-sphérique est donc de $12^m,994$.

Toute la construction est en acier et repose, par l'intermédiaire d'un flotteur et de galets dont il sera parlé plus loin, sur un mur circulaire, inscrit dans un

(1) *Portefeuille de l'École centrale*, année 1885.

PETITE CHARPENTERIE EN FER. 783

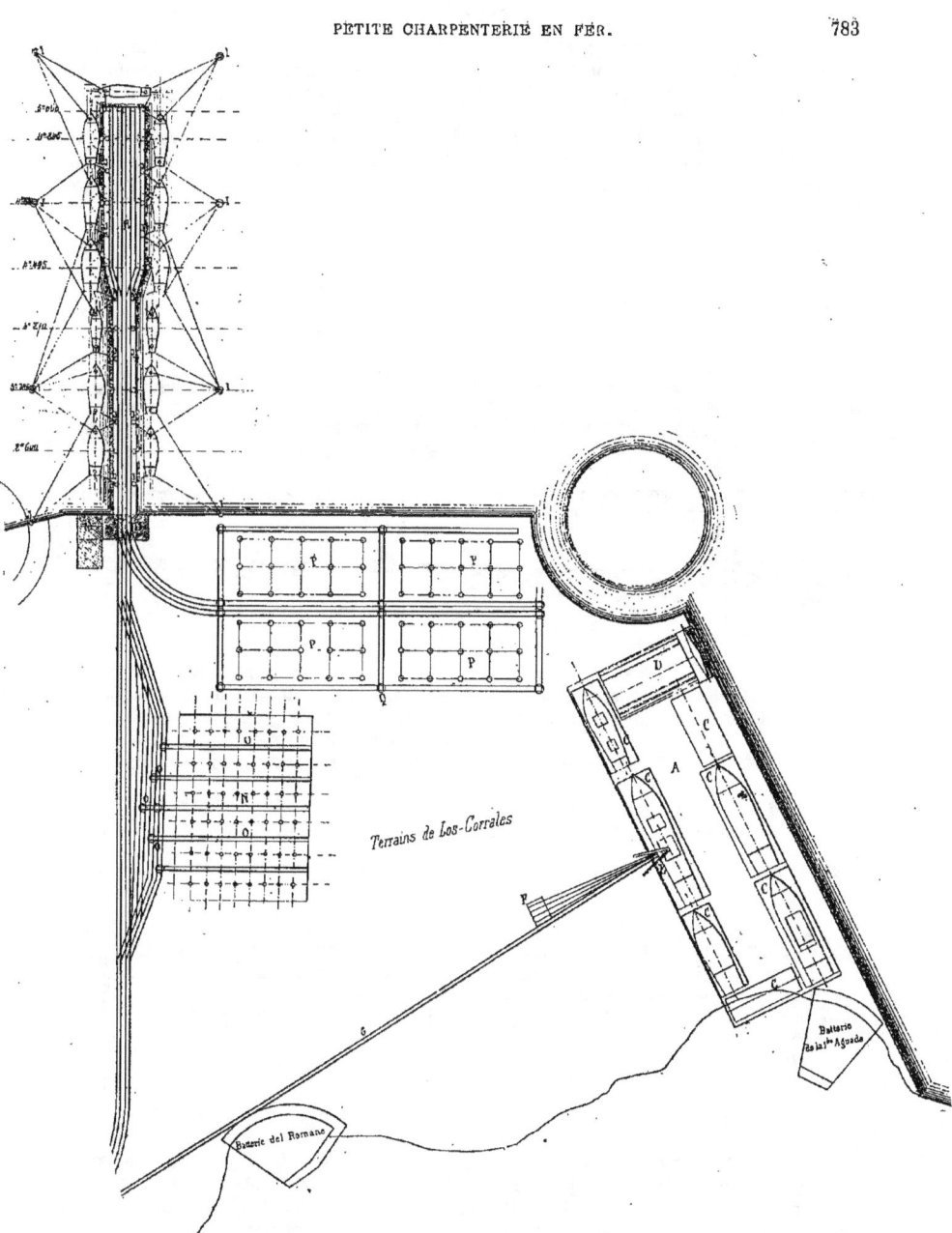

Fig. 1465.

1772. Les deux croquis (*fig.* 1467 et 1467 *bis*) montrent la coupe transversale d'une travée à deux voies et d'une travée à quatre voies.

Les poutres en fer et les longrines supportant la voie ferrée sont indiquées suffisamment par ces croquis.

1773. Le croquis (*fig.* 1468) nous montre une élévation et deux coupes de la culée de rive venant dans le massif L de l'estacade (*fig.* 1465).

Nous n'insisterons pas davantage sur les estacades ; nous avons voulu en indiquer un exemple, en laissant à une autre

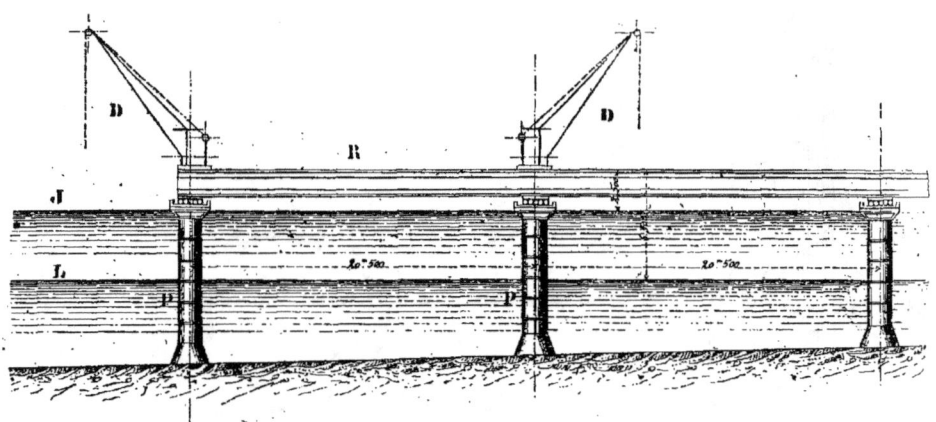

Fig. 1466.

partie du *Cours de Construction* le soin de les étudier plus complètement.

10° Coupole métallique.

1774. Nous donnons dans les croquis qui vont suivre (*fig.* 1469-1470 et 1471)

les principaux détails de la coupole du Grand Équatorial de Nice (1) qui, comme le montre la description générale suivante, est très ingénieusement installée.

Description générale.

1775. La demi-sphère de la coupole

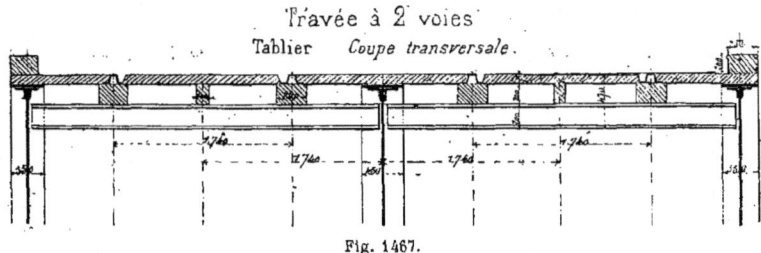

Fig. 1467.

est terminée inférieurement à sa naissance par une partie cylindrique verticale de même diamètre d'une hauteur de $1^m,044$. La hauteur totale de la calotte cylindro-sphérique est donc de $12^m,994$.

Toute la construction est en acier et repose, par l'intermédiaire d'un flotteur et de galets dont il sera parlé plus loin, sur un mur circulaire, inscrit dans un

(1) *Portefeuille de l'École centrale*, année 1885.

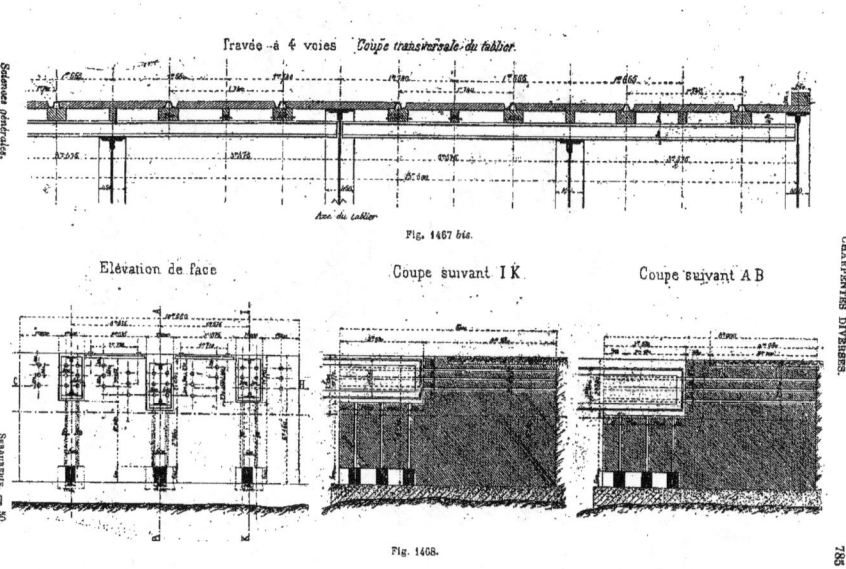

Fig. 1467 bis.

Élévation de face   Coupe suivant IK   Coupe suivant AB

Fig. 1468.

monument carré de 9ᵐ,35 de hauteur et de 26ᵐ,40 de côté.

1776. Cette coupole est mobile autour de l'axe vertical géométrique qui passe par son centre, et, à cet effet, elle est portée par un flotteur annulaire placé à sa base.

Celui-ci flotte, avec sa charge, dans une cuve également annulaire qui contient une dissolution de chlorure de magnésium.

Outre ce système, on en a disposé un autre constitué par une série de galets réunis entre eux à l'aide d'un cercle en fer; c'est sur la couronne ainsi formée que le roulement de la coupole peut s'effectuer indépendamment du système de flottaison.

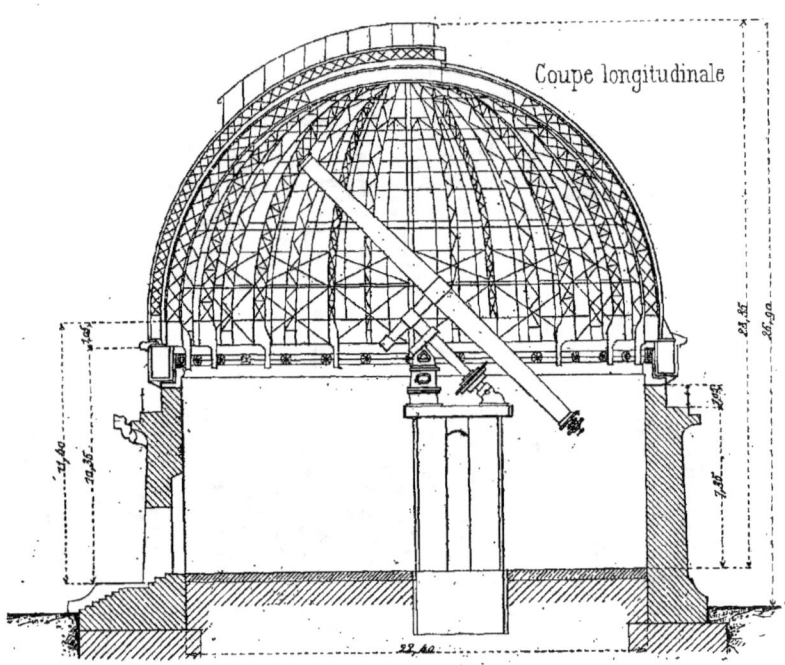

Fig. 1469.

En temps ordinaire, ces galets n'auront à peu près aucune charge, mais ils s'opposeront à tout mouvement d'oscillation de la coupole, auquel un grand vent pourrait donner lieu.

Quand celle-ci sera en flottaison normale, le seul frottement qui s'opposera à son mouvement de rotation sera un frottement au sein d'une masse liquide et par conséquent sera extrêmement faible, malgré le très grand poids de la masse mobile.

L'effort à développer pour faire tourner la coupole sera donc très minime : et, en effet, les essais montrent qu'un seul homme la met facilement en mouvement à la main.

L'existence simultanée des deux systèmes indépendants l'un de l'autre, pour la mise en mouvement de la coupole, offre le précieux avantage de permettre toujours les réparations à l'un de ces systèmes sans entraver les observations astronomiques.

CHARPENTES DIVERSES. 787

Ossature métallique.

1777. L'ossature métallique en acier formant la coupole est constituée de la façon suivante :

Deux grandes fermes principales en

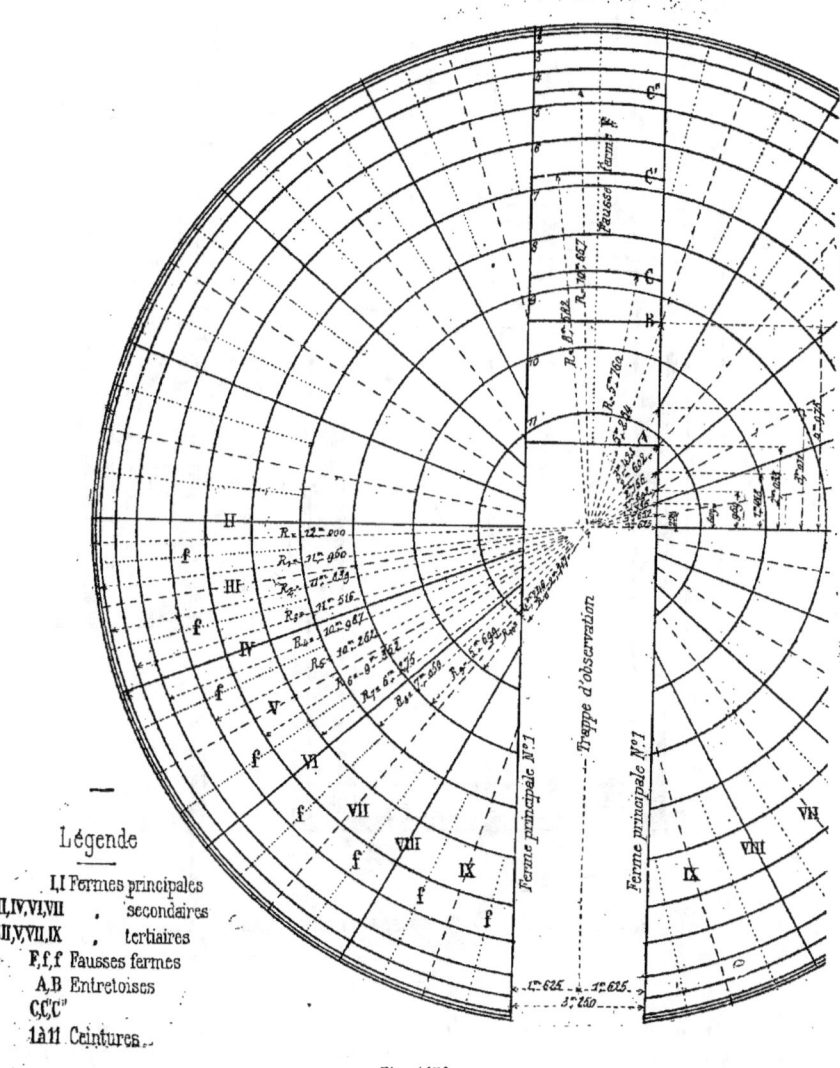

Fig. 1470.

arc sont posées parallèlement à 3ᵐ,25 d'axe en axe, laissant entre elles l'espace libre de 3 mètres nécessaire à la trappe d'observation; quatorze autres fermes également en arc, placées suivant des rayons du plan de la coupole, forment

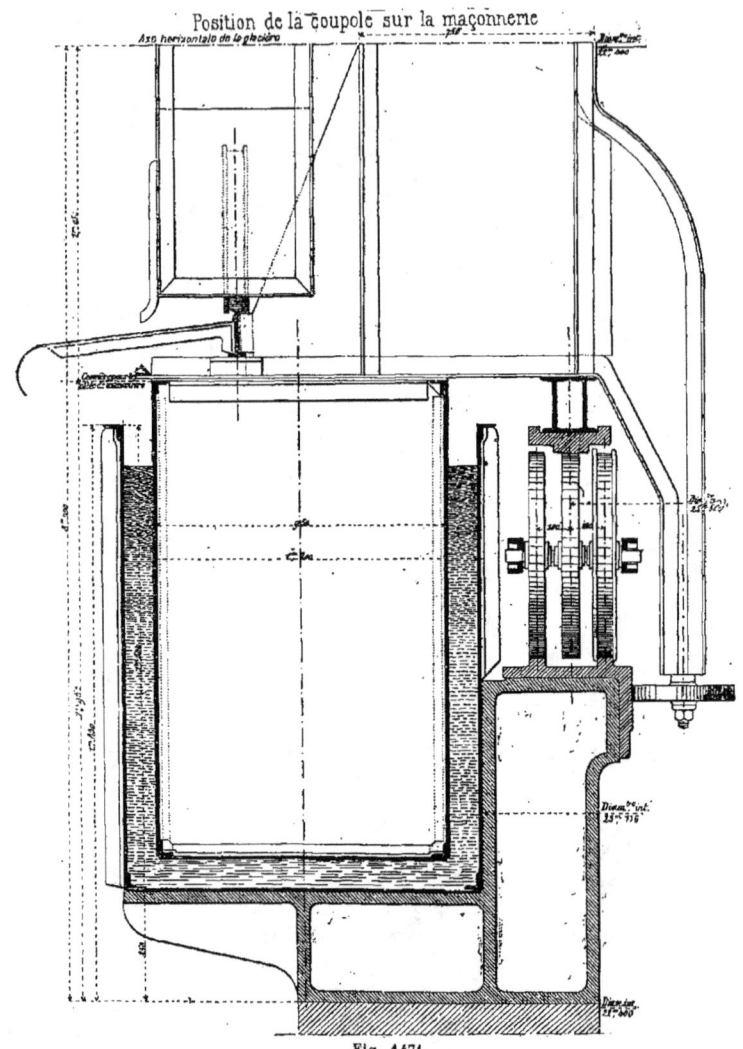
Fig. 1471.

une première division de seize segments égaux, qui sont encore recoupés chacun en deux parties par des arcs plus légers. Tous ces arcs viennent s'attacher en bas sur le flotteur, en haut sur les deux grandes fermes parallèles; ils sont réunis horizontalement les uns aux autres par des ceintures équidistantes; sur la face extérieure de cette ossature, à l'exception de la partie réservée pour la trappe d'observation, vient s'appliquer une enveloppe générale étanche en tôle d'acier.

Flotteur annulaire et sa cuve.

1778. Toutes les fermes reposent, comme nous l'avons dit, sur le flotteur qui sert de base et de ceinture au dôme.

Ce flotteur est ouvert par en haut comme un bateau non ponté; il a une section rectangulaire de $1^m,50$ de hauteur sur $0^m,95$ de largeur; ses parois sont reliées entre elles par des entretoises en acier.

La cuve annulaire, qui reçoit le flotteur et le liquide de flottaison a également une section transversale rectangulaire; sa hauteur est de $1^m,50$ et sa largeur de $1^m,20$; cette dernière dimension excède donc la largeur du flotteur de $0^m,25$, ce qui donne un jeu latéral de $0^m,125$ à l'intérieur et de $0^m,125$ à l'extérieur entre le flotteur et sa cuve.

Enfin, cette cuve annulaire repose sur 36 robustes supports en fonte, répartis à des distances égales sur la partie supérieure de la tour en maçonnerie.

Ces supports sont disposés de manière à ce qu'il reste entre le fond de la cuve et l'arasement des maçonneries de la tour un intervalle de $0^m,35$ permettant la visite et l'entretien du fond de cette cuve.

Cercle de guidage dans le sens horizontal.

1779. Le guidage de la coupole dans le sens horizontal, c'est-à-dire son centrage par rapport à l'axe vertical géométrique autour duquel elle doit tourner, s'obtient à l'aide de 18 galets horizontaux portés par autant de consoles rattachées aux fermes de la coupole.

Le chemin circulaire cylindrique contre lequel ils roulent est porté par les supports en fonte de la cuve.

Couronne de galets.

1780. Nous avons dit que la rotation de la coupole pouvait se faire soit par le flotteur, soit sur une couronne de galets.

Cette couronne est composée de deux cornières circulaires et parallèles convenablement entretoisées portant 36 axes également distants qui convergent au centre du plan de la coupole.

Sur chacun de ces axes sont fixés trois galets adjacents dont les diamètres respectifs sont tels que leurs circonférences appartiennent à un même cône ayant son sommet sur l'axe de la coupole: on est assuré ainsi de n'avoir point de frottement par glissement pendant la rotation des trois galets d'un même groupe.

Le travail de roulement est réparti entre ces trois galets de la manière suivante:

1° Le galet du milieu porte la coupole; elle se meut à la partie supérieure de celui-ci par l'intermédiaire d'un chemin de roulement en fonte, qui fait intérieurement le tour de la coupole à côté du flotteur auquel il est relié;

2° Les deux autres galets se meuvent sur un chemin de roulement inférieur fixé sur les appuis de la cuve.

Le guidage du mouvement circulaire des trois galets est assuré par des boudins dont on a muni le galet intérieur.

Volets l d'ouverture d'observation.

1781. L'ouverture d'observation, d'une largeur libre de 3 mètres, est munie extérieurement de deux volets qui, en s'écartant ou en se rejoignant parallèlement à eux-mêmes, démasquent ou obturent cette ouverture.

Chaque volet est composé d'une ossature métallique qui a la forme d'une longue bande cylindrique de $1^m,565$ de largeur embrassant la portion de sphère qui doit être ouverte ou fermée, depuis l'horizon jusqu'à $1^m,60$ au-delà du zénith.

Ces volets sont portés chacun par quatre galets en fonte, deux en haut, deux en bas, roulant sur des rails rectilignes et parallèles.

Leur manœuvre se fait à l'aide de chaînes sans fin actionnées par une poulie à noix qui détermine leur mouvement simultané.

Manœuvre de la coupole.

1782. La coupole entraîne avec elle les volets.

Sa manœuvre se fait à l'aide d'un petit treuil fixe qui actionne un câble métallique sans fin, enroulé sur le pourtour du flotteur et guidé convenablement.

On maintient ce câble en contact permanent avec le flotteur au moyen d'un tendeur qui assure l'adhérence nécessaire pour que le câble entraîne toujours la coupole.

Nature du liquide servant à la flottaison.

1783. Il est essentiel que le liquide employé ne soit pas susceptible de se congeler sous les abaissements de température.

On a adopté une dissolution de chlorure de magnésium, sel que l'on peut facilement se procurer en grandes quantités, dont le prix d'achat est très peu élevé et qui est depuis longtemps employé dans les machines frigorifiques Pictet, comme mode de transmission du froid.

Ce liquide ne se congèle qu'à 40 degrés au-dessous de zéro, quand il est à la densité de 1,25.

Il n'attaque pas le fer ou l'acier revêtus d'une couche de peinture, ainsi qu'une expérience de près de dix années dans les usines de la Compagnie Raoul-Pictet a permis de s'en assurer (1). Enfin, il est très peu vaporisable, étant donnée la nature essentiellement déliquescente du chlorure de magnésium.

Volume du flotteur nécessaire pour supporter la coupole et ses accessoires.

1784. La charge totale à porter par le flotteur comprend :

L'ossature de la coupole, sa couverture, les volets, le flotteur, les mécanismes de mise en mouvement des volets, le cercle de roulement attaché aux fermes, et enfin quelques accessoires.

Le poids de cet ensemble ne dépasse pas 95 000 kilogrammes qui exigent donc un déplacement de 80 mètres cubes environ.

Or, le volume du flotteur est de 100 mètres cubes. Sa flottaison avec son maximum de charge est donc largement assurée : elle correspondra à une profondeur immergée du flotteur de 1 mètre.

Données principales.

Poids de la partie mobile. 95 000 kil.
Poids de la partie fixe. .   65 000 »
Poids total. . . . . 160 000 kil.

Surface de la coupole, 980 mètres carrés.

La couverture se compose de 620 feuilles d'acier de 1 millimètre 1/2 d'épaisseur, assemblées entre elles par 55 000 rivets, et percées de 125 000 trous.

Dans la totalité de la coupole, il y a 220 000 trous et 92 000 rivets.

La cuve circulaire, d'un diamètre moyen de 24^m,316, présente un développement de 76^m,35.

La section de la cuve est de 1^m,50 × 1^m,20 = 1^{m2},80 ; son cube est de 137^{m3},43.

Le liquide que l'on met dans la cuve est une dissolution de chlorure de magnésium, d'une densité de 1,25. La quantité de cette dissolution, correspondant à 1 mètre d'immersion du flotteur, est de 27 000 litres

Le prix du chlorure de magnésium revient, à Nice, à 100 francs les 1 000 kilogrammes, ce qui donne 65 francs par mètre cube de dissolution et 1 755 francs pour la quantité nécessaire à la flottaison de la coupole.

Le poids de chaque volet est de 3 500 kilogrammes. L'effort nécessaire pour la manœuvre des deux volets est de 20 kilogrammes ; la durée de la manœuvre est de 45 secondes.

La coupole peut être mise en mouvement, soit directement à la main, et, dans ce cas, un seul homme peut la faire tourner, soit par un petit treuil, et alors la durée d'un tour ne dépasse pas quatre minutes.

1785. Il n'est pas inutile de rappeler

---

(1) S'il restait quelque appréhension à cet égard, on pourrait remplacer le chlorure de magnésium par le carbonate de potasse qui ne s'évapore pas, ne donne lieu à aucun dépôt, n'est pas congelable, et qui, incontestablement, est sans action sur le fer ou l'acier.

La raison qui a fait préférer le chlorure de magnésium est son prix très faible, comparé à celui du carbonate de potasse.

CHARPENTES DIVERSES.

que la coupole de l'Observatoire de Paris, dont le diamètre est seulement de 12 mètres, met 45 minutes pour effectuer un tour en marchant à l'aide d'un treuil mû par des hommes, et dix minutes à l'aide d'un moteur à gaz récemment installé.

bien plus du domaine des constructeurs spéciaux que de celui du serrurier qui aura rarement à s'occuper de leur installation. Nous voulons simplement en indiquer quelques types, car leur étude complète exigerait un fort volume et sortirait du cadre de cet ouvrage.

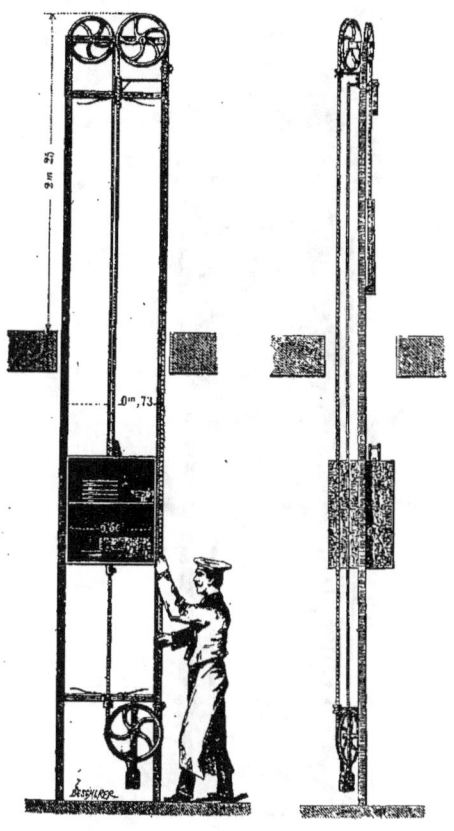

Fig. 1472.

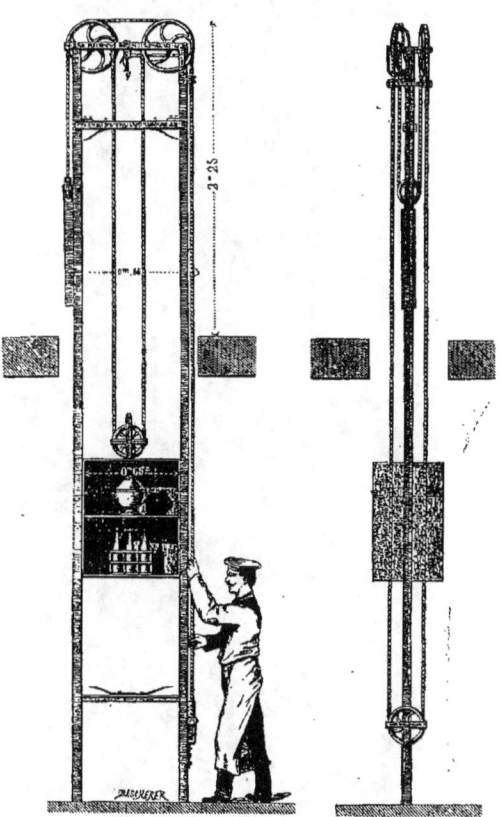

Fig. 1473.

Monte-plats. — Monte-charges. Ascenseurs.

1786. Nous n'avons pas, dans ce qui va suivre, l'intention de faire une étude complète de ce genre d'engins qui sont

1° Monte-plats.

1787. Les monte-plats, employés aujourd'hui pour desservir les étages d'une habitation se construisent très simplement, comme nous allons le voir par quelques exemples :

Le monte-plats à contrepoids indiqué en croquis (*fig.* 1472) se manœuvre sans manivelle de tous les étages, et se met en place comme un meuble. Ce monte-plats, construit par M. Jomain, est tout en fer, et fonctionne instantanément et sans bruit. Il suffit, pour le mettre en mouvement d'agir, dans un sens ou dans l'autre, sur la corde tendue qui est reliée au-dessus et au-dessous de la caisse dans laquelle on place les objets à monter ou à descendre. Lorsqu'on désire une plus grande précision de ces monte-plats construits en fer on met des coulisseaux et des coussinets en bronze.

1788. Les dimensions ordinaires de la caisse de ce genre de monte-plats sont : largeur, 0^m,60; profondeur, 0^m,45.

Fig. 1474.

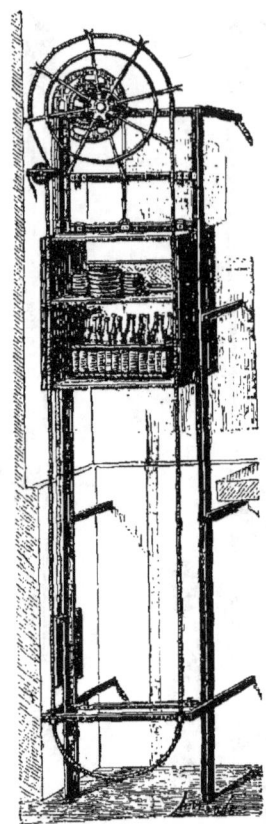

Fig. 1475.

CHARPENTES DIVERSES.

Des ressorts placés haut et bas évitent les chocs à l'arrivée ou au départ de la caisse.

Lorsque ces monte-plats comportent un frein et un arrêt automatique continu, ils s'arrêtent instantanément dès qu'on abandonne la corde de manœuvre. L'application de cet arrêt est indispensable aux monte-plats desservant plusieurs étages.

1789. Le croquis (*fig.* 1473) nous montre un autre type de monte-plats un peu plus fort que le précédent et permettant, comme le premier, de faire un service ordinaire, et aussi un plus grand service.

1790. Les monte-plats peuvent, comme dans le système Clark représenté en croquis (*fig.* 1474), être enfermés dans une boîte simple ordinaire, fonctionnant à bras.

Ils sont munis d'un frein et, ne comportant aucune attache, dès que la corde est libre, ils restent stationnaires et se maintiennent en place à n'importe quelle hauteur.

1791. On fait aussi des monte-plats un peu plus solides permettant au besoin de s'en servir comme monte-charges et dont l'un des types, système A. Menard, est indiqué en croquis (*fig.* 1475).

Ce genre de monte-plats se manœuvre par une corde sans fin; la descente s'opère sans effort. Aucune erreur, aucune maladresse n'est à craindre : la charge s'arrête d'elle-même aussitôt qu'on abandonne la corde de manœuvre.

Tout le poids de l'appareil et la charge sont portés par une poulie de grand diamètre tournant sur coussinets à galets, ce qui réduit considérablement les frottements.

La caisse a les dimensions suivantes : largeur, 0^m,75; profondeur, 0^m,55; hauteur, 1 mètre.

Pour une charge de 50 kilogrammes l'effort de traction est de 8 kilogrammes.

2° *Monte-charges.*

1792. Il est bon, lorsqu'on a fait installer un monte-charges, de s'assurer avant réception de sa solidité. Il faut, avant de s'en servir l'essayer en le faisant fonctionner avec une charge lourde de moitié en plus de sa force nominale, soit, pour un appareil de 600 kilogrammes, une charge de 900. Toutes les pièces qui ne résisteraient pas à cette épreuve devront être remplacées par le constructeur. D'un autre côté, les monte-charges ne doivent servir que pour les marchandises, et les constructeurs ne sont nullement responsables des accidents qui arriveraient aux personnes qui se placeraient

Fig. 1476.

sur ces appareils ou s'en serviraient comme ascenseurs.

1793. Il est indispensable de s'assurer de temps en temps du graissage, particulièrement pour les chaînes, afin d'en retarder l'usure; il faut aussi ne pas surcharger les appareils outre mesure et avoir soin d'établir des barrières empêchant les personnes de tomber dans les trémies et de passer ou de se mettre sous les monte-charges.

Il faut vérifier avec soin et tenir les parachutes en bon état de fonctionnement.

1794. Une disposition souvent appliquée à Paris est indiquée en croquis (*fig.* 1476), pour monter ou pour descendre les pièces de vin dans les soussols. C'est aussi une disposition simple et avantageuse pour magasins, boutiques, ateliers et qui peut s'établir dans un passage de porte cochère, puisqu'il n'y a aucune saillie. Dans ce cas, le plateau supérieur pourra être garni de verre marin et donnera ainsi un peu d'éclairage au sous-sol.

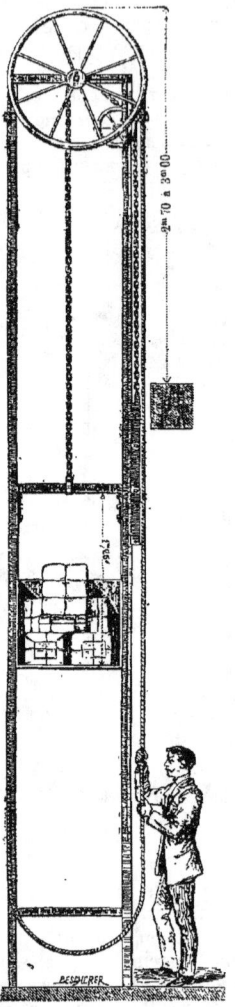

Fig. 1477.

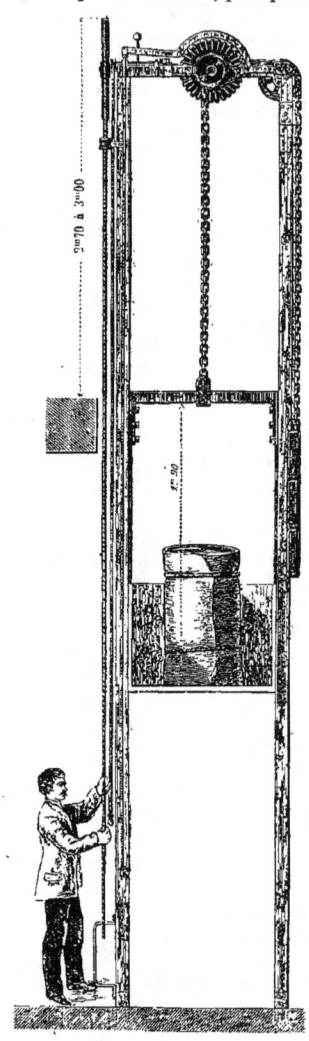

Fig. 1478.

CHARPENTES DIVERSES.

1795. Les croquis (*fig.* 1477-1478 et 1479) nous montrent trois types de monte-charges se manœuvrant à main.

Le type indiqué (*fig.* 1477), fonctionnant indistinctement de tous les étages, rend de très grands services pour les charges ne devant pas être transportées à une très grande hauteur. Pour les grandes hauteurs ou pour les lourdes charges, il est préférable de faire usage d'un appareil à treuil avec manivelle.

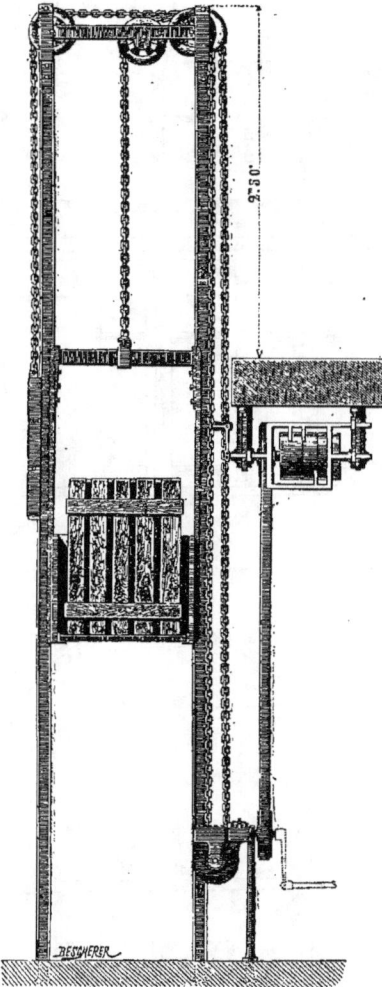

Fig. 1479.   Fig. 1480.

1796. On peut aussi faire marcher le monte-charges au moteur, en y ajoutant sur le côté, comme le montre le croquis

796　　　　　　　　　　SERRURERIE.

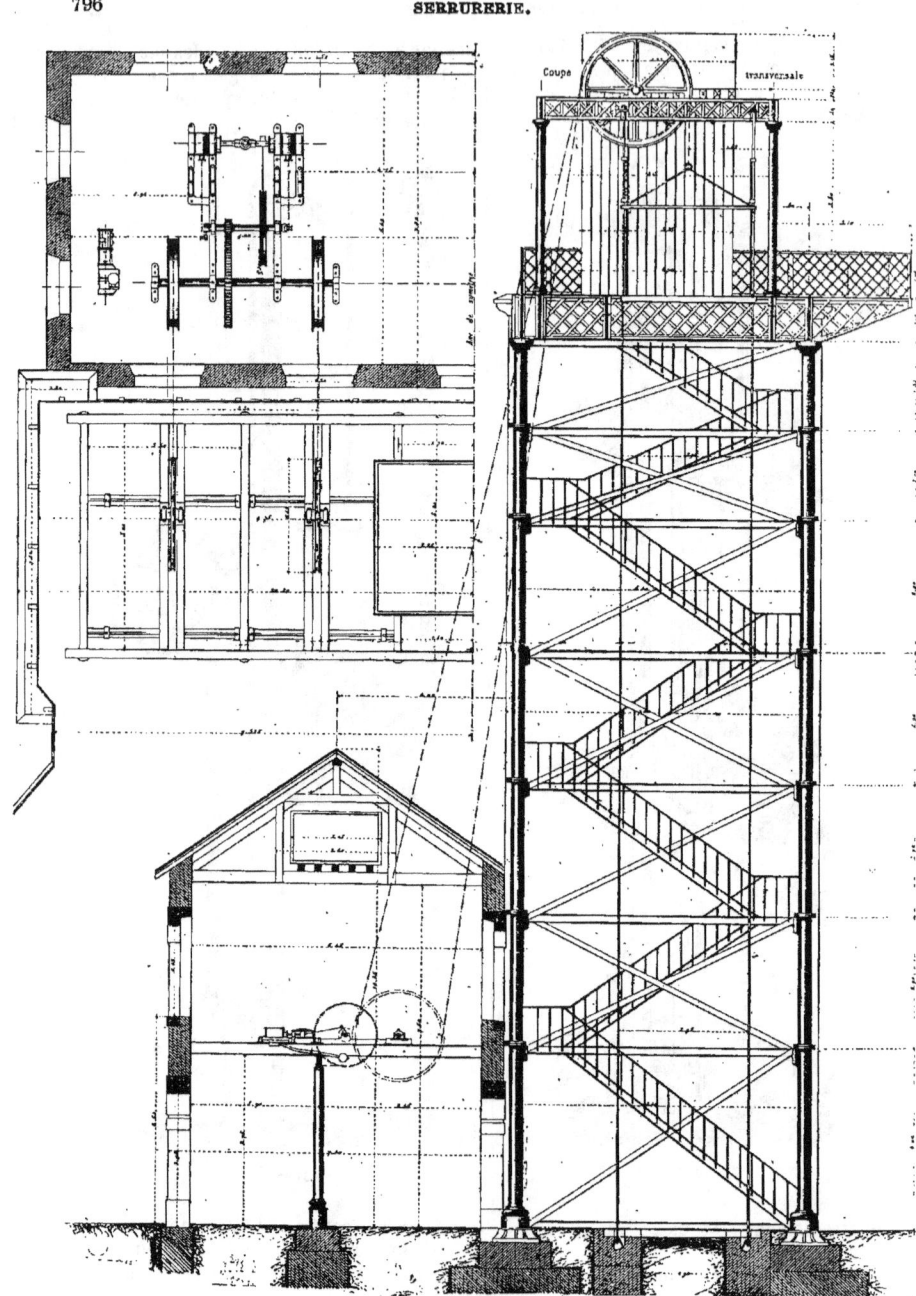

Fig. 1481.

Élévation.

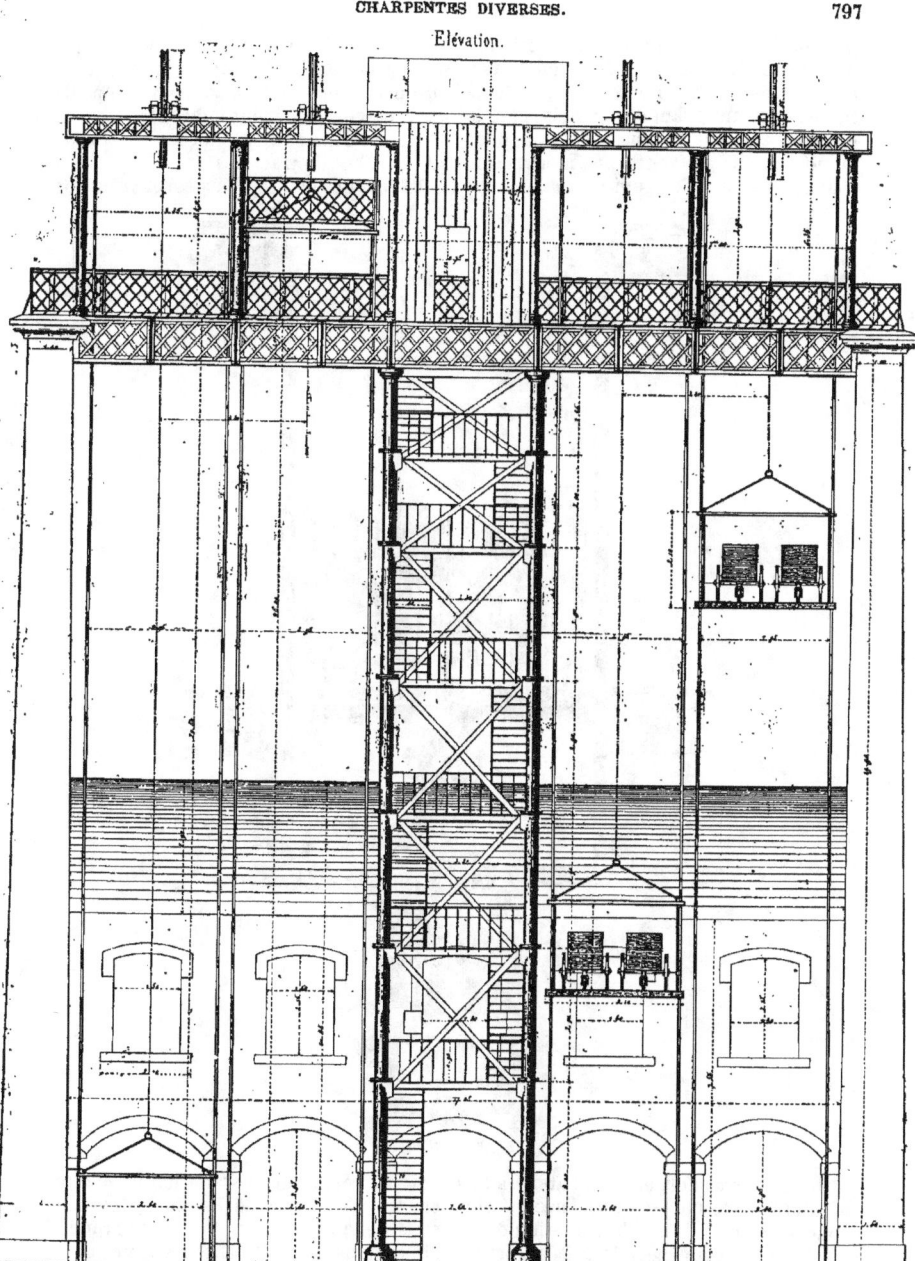

Fig. 1482.

(*fig.* 1480), des poulies de transmission et une fourchette d'embrayage et de débrayage. Ce genre de monte-charges fonctionne avec une grande régularité pour la descente en charge, aussi bien que pour la montée ; ils peuvent se manœuvrer de tous les étages et l'on peut les abandonner aussitôt après avoir appuyé sur la tringle de mise en marche, le débrayage s'opérant automatiquement à l'arrivée à n'importe quel étage. Ces monte-charges se font ordinairement pour des forces variant de 200 à 2 000 kilogrammes.

1797. Les monte-charges sont souvent utilisés dans les forges et les ateliers : ils ont alors une grande solidité et nécessitent, pour leur mouvement, l'installation d'une machine à vapeur spéciale placée à proximité. Les deux croquis (*fig.* 1481 et 1482) nous représentent l'installation des monte-charges des forges de Pompey (Meurthe-et-Moselle). Les balances ont de grandes dimensions et peuvent recevoir deux vagonnets à la fois sur leurs plate-formes.

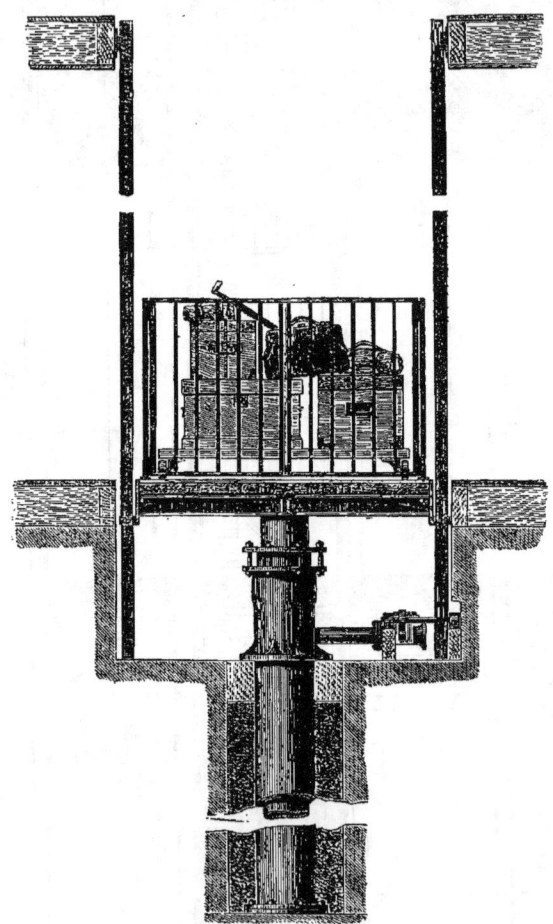

Fig. 1483.

Ces balances sont soulevées par de forts câbles s'enroulant sur de grandes poulies; elles sont guidées dans tout leur parcours ; de solides freins permettent d'éviter les accidents en cas de rupture des câbles.

3° *Ascenseurs.*

1798. Il existe un très grand nombre de systèmes d'ascenseurs ; nous en indiquerons quelques types seulement.

Le premier exemple d'ascenseur de sûreté hydraulique et à action directe est indiqué en croquis (*fig.* 1483); il permet d'élever des charges légères ou lourdes à n'importe quelle hauteur.

Ces ascenseurs s'arrêtent automatiquement en haut et en bas ; la couronne et la boîte à étoupe sont disposées de façon à ce que, dans le cas où l'eau s'échapperait au travers de la couronne, elle s'écoulerait directement par un tuyau communiquant avec le trop-plein, laissant ainsi le bas de la fosse parfaitement sec et propre.

Les contrepoids sont généralement placés sur les côtés, mais peuvent occuper une autre position.

L'attache reliant le piston à la plate-forme est renforcée et faite de manière à empêcher le piston de tourner dans un sens ou dans l'autre. Si un dérangement avait lieu dans la soupape, il serait impossible que le piston sortît du cylindre ; car, dès que le piston s'élève au-dessus de sa hauteur ordinaire, l'eau n'exerce aucune pression sur lui et passe dans le tuyau du trop-plein.

1799. Le croquis (*fig.* 1484) représente un type d'ascenseur système R. Waygood et Cie, employé lorsque la force motrice hydraulique ne peut être obtenue qu'à une basse pression.

L'élévateur est toujours suspendu par au moins quatre câbles; la rupture même partielle d'un câble, ou des quatre câbles, met aussitôt en action l'appareil de sûreté spécial à l'inventeur.

1800. MM. Samain et Cie font aujourd'hui des ascenseurs hydrauliques avec ou sans puits équilibrés par compensateur, sans chaînes ni contrepoids.

Dans les installations ordinaires des ascenseurs hydrauliques, la cabine est supportée par une tige de soulèvement, de longueur constante, formant un piston plongeur mis en mouvement par une force motrice (pression de l'eau), exerçant son action dans l'intérieur du cylindre qui sert de corps de pompe au plongeur.

Ces installations exigent toujours un puits, d'une profondeur égale à la course de l'ascenseur et dans lequel se place le cylindre corps de pompe.

L'établissement de ce puits, soit par la nature du terrain qu'on rencontre, soit par la dépense occasionnée, soit enfin par la difficulté d'exécution est souvent difficile, et les constructeurs tendent aujourd'hui à le supprimer. D'un autre côté, si on supprime le puits, il est bon de conserver le principe de la poussée inférieure de la cabine comme donnant de bons résultats.

Dans les types de MM. Samain et Cie, dont nous représentons un croquis (*fig.* 1485), la tige de l'ascenseur, au lieu d'avoir une longueur égale à la course est sectionnée en plusieurs éléments creux de diamètres légèrement différents, pouvant s'emboîter les uns dans les autres à la façon d'une longue vue.

Le cylindre corps de pompe est ramené à la longueur de l'un des éléments qui constituent la tige.

Pendant la montée, les éléments se développent successivement, et la colonne d'eau s'élève à l'intérieur en formant une sorte de pilier liquide qui supporte la cabine.

1801. MM. Samain et Cie se servent d'un compensateur destiné à remplacer les chaînes et les contrepoids. Ce compensateur est un appareil auxiliaire, se plaçant à proximité ou non de l'ascenseur à équilibrer, et qui communique avec lui par un tuyau servant à la libre circulation de la transmission hydraulique.

Le compensateur se compose d'un cylindre vertical fermé en communication par le bas avec le corps de pompe de l'ascenseur ; par le haut, avec un distributeur qui le met en communication soit avec l'eau motrice (eau de la ville en pression), soit avec l'égout.

Dans ce cylindre peut se mouvoir un piston étanche. Le volume engendré par le piston est égal à celui de la tige de l'ascenseur.

L'eau, toujours la même, qui remplit l'intervalle entre le dessous du piston et la tige de l'ascenseur, transmet à cette dernière la pression exercée par le piston du compensateur.

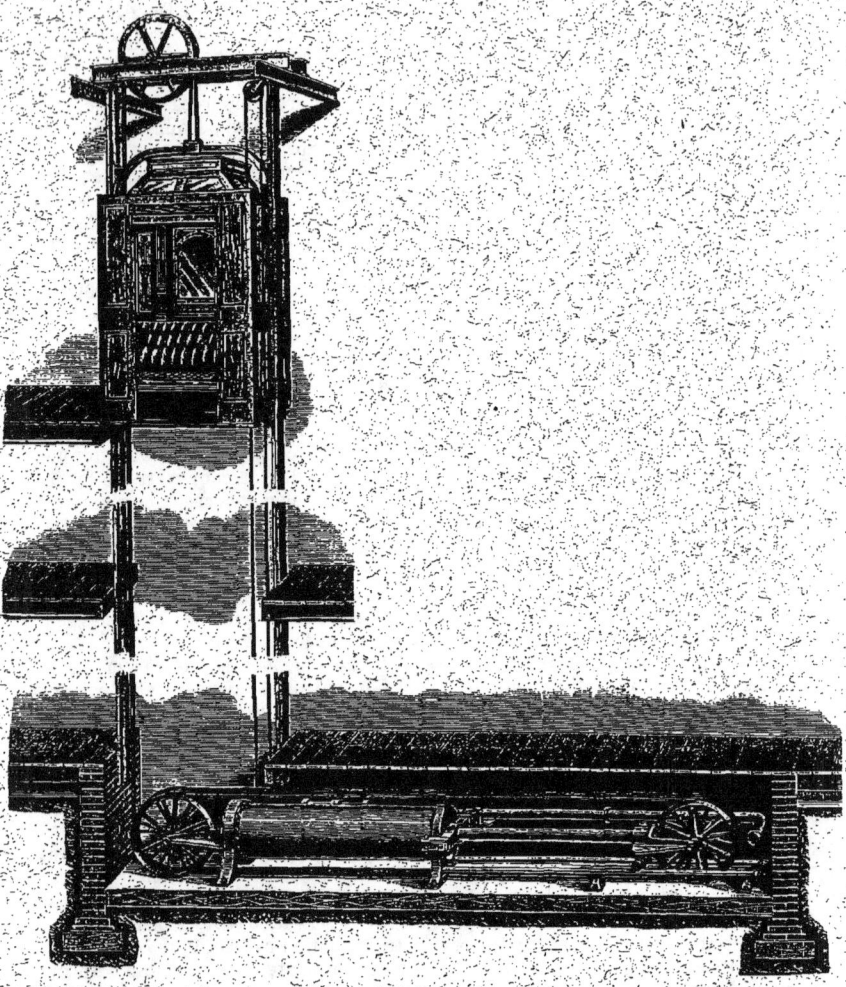

Fig. 1484.

L'ensemble constitue une véritable balance hydraulique d'une grande sensibilité et d'une grande douceur de mouvement.

1802. On fait aussi aujourd'hui des ascenseurs électriques; nous dirons quelques mots du système Easton, Anderson et Goolden, de Londres.

CHARPENTES DIVERSES. 801

1803. L'ensemble de l'installation est représenté en croquis (*fig.* 1486).

Cabine.

1804. L'ascenseur électrique système Easton, Anderson et Goolden comporte une cabine en menuiserie, analogue comme construction et aménagement, aux cabines des ascenseurs hydrauliques.

Cadre de la cabine.

1805. Cette cabine repose sur un cadre en fer cornière, qui porte la cabine, les guides et le frein décrit plus loin.

Ce cadre est relié, par des tirants en fer, à deux plaques d'acier, placées à la partie supérieure, qui portent aussi des guides.

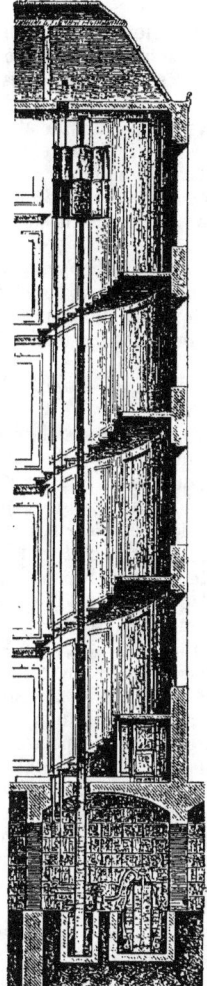

Fig. 1485.

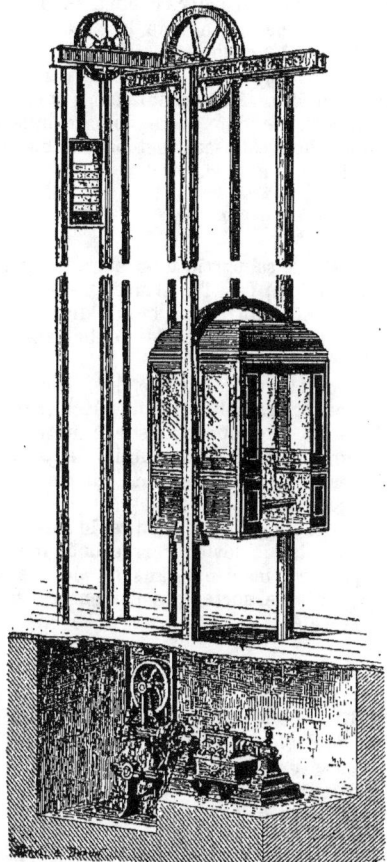

Fig. 1486.

Sciences générales.

SERRURERIE. — 51.

Ces guides sont en bronze et coulissent le long de poteaux en bois, fixés aux parois de la cage de l'ascenseur.

Câbles.

1806. La caisse est soutenue par quatre câbles en acier, groupés deux à deux sur chaque face de la cabine; ils montent le long de cette cabine, convenablement guidés et maintenus par des pièces en fonte, ils se réunissent à la partie supérieure dans l'axe de la cabine; chaque câble est assez fort pour supporter à lui seul le poids total.

Frein.

1807. A sa partie inférieure, chaque câble est fixé, par l'intermédiaire d'une tige en acier, au grand bras d'un levier dont le petit bras porte des dents placées en face des guides en bois.

Lorsque les câbles sont tendus, ils compriment un ressort puissant, placé entre le levier et un taquet fixé sur le cadre de la cabine, de telle sorte que les dents du petit bras de levier restent éloignées du guidage en bois.

Si un câble vient à se rompre, le ressort fait basculer le levier correspondant et fait pénétrer les dents dans la pièce en bois, de telle sorte que l'ascenseur se trouve calé.

Enroulement des câbles.

1808. La particularité de l'ascenseur système Easton, Anderson et Goolden est la disposition des câbles porteurs, formant un câble sans fin, supportant à une extrémité la cabine, à l'autre le contrepoids.

Nous avons vu comment ces câbles étaient fixés à la cabine et comment ils se plaçaient dans l'axe de la cage, à la partie supérieure de cette cabine.

Ils passent ensuite sur une poulie à plusieurs gorges, située à la partie supérieure de la cage, redescendent sur un des côtés et s'enroulent deux fois sur une espèce de tambour formé de deux poulies à gorges superposées; ils en repartent pour aller, à la partie supérieure, passer sur une autre poulie à gorges et se fixer au contrepoids, qui se déplace dans des guides appropriés.

Moteurs.

1809. Le moteur est un dynamo pouvant fonctionner également à la tension de 110 volts, qui est celle des courants électriques employés pour l'éclairage; il commande, par vis sans fin et roue hélicoïdale, la poulie inférieure du tambour dont il est parlé plus haut.

L'arbre de la vis est relié avec celui du dynamo au moyen d'un accouplement flexible.

La vis et la roue hélicoïdale sont enfermées dans une caisse à l'abri des poussières et plongent dans un bain d'huile pour en diminuer les frottements.

Mise en route.

1810. Une corde, passant sur trois galets dont deux sont à la partie supérieure, s'enroule deux fois sur une poulie placée en bas aux lieu et place d'un troisième galet complétant le rectangle.

Le brin vertical de cette corde passant sur la poulie traverse la cabine pour permettre de l'actionner à l'intérieur (mais la cabine peut être, si on le désire, en même temps pourvue d'un système automatique pour la mise en route et pour l'arrêt, et cela par un des moyens électriques ou mécaniques connus).

L'axe de cette poulie porte un taquet qui, manœuvré dans une direction, ouvre le commutateur de façon à envoyer le courant dans la dynamo et la fait tourner dans un sens; manœuvré dans l'autre direction, le sens du courant est renversé. Dans la position moyenne du taquet, le courant est coupé.

Sur une poulie placée sur l'arbre de la vis sans fin, reposent deux sabots en bois, montés sur les petits bras d'un levier en fer, dont les grands bras sont écartés par un ressort puissant, qui a pour effet d'appliquer fortement les sabots sur la poulie et de caler l'appareil.

Lorsque le courant vient à passer dans

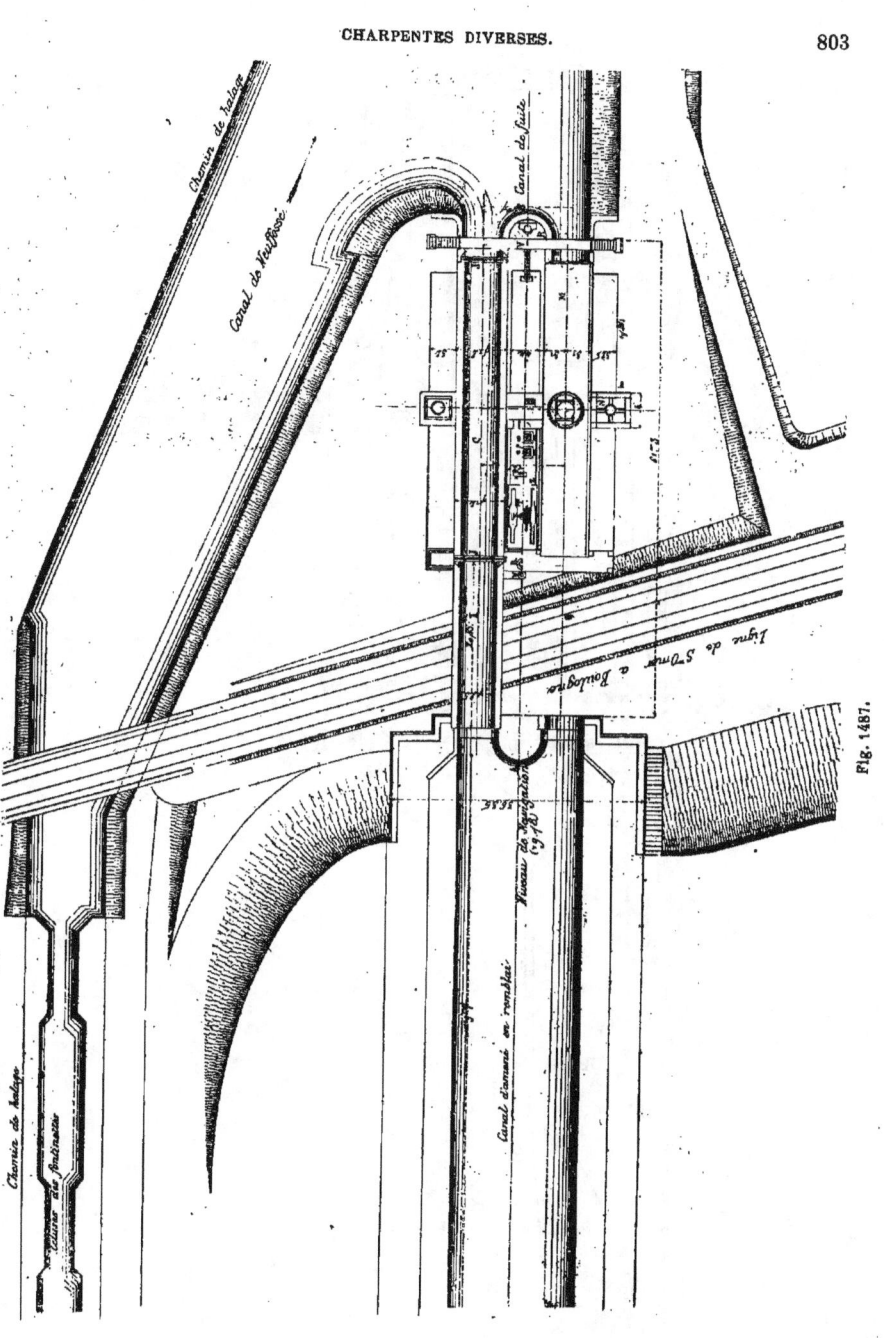

Fig. 1487.

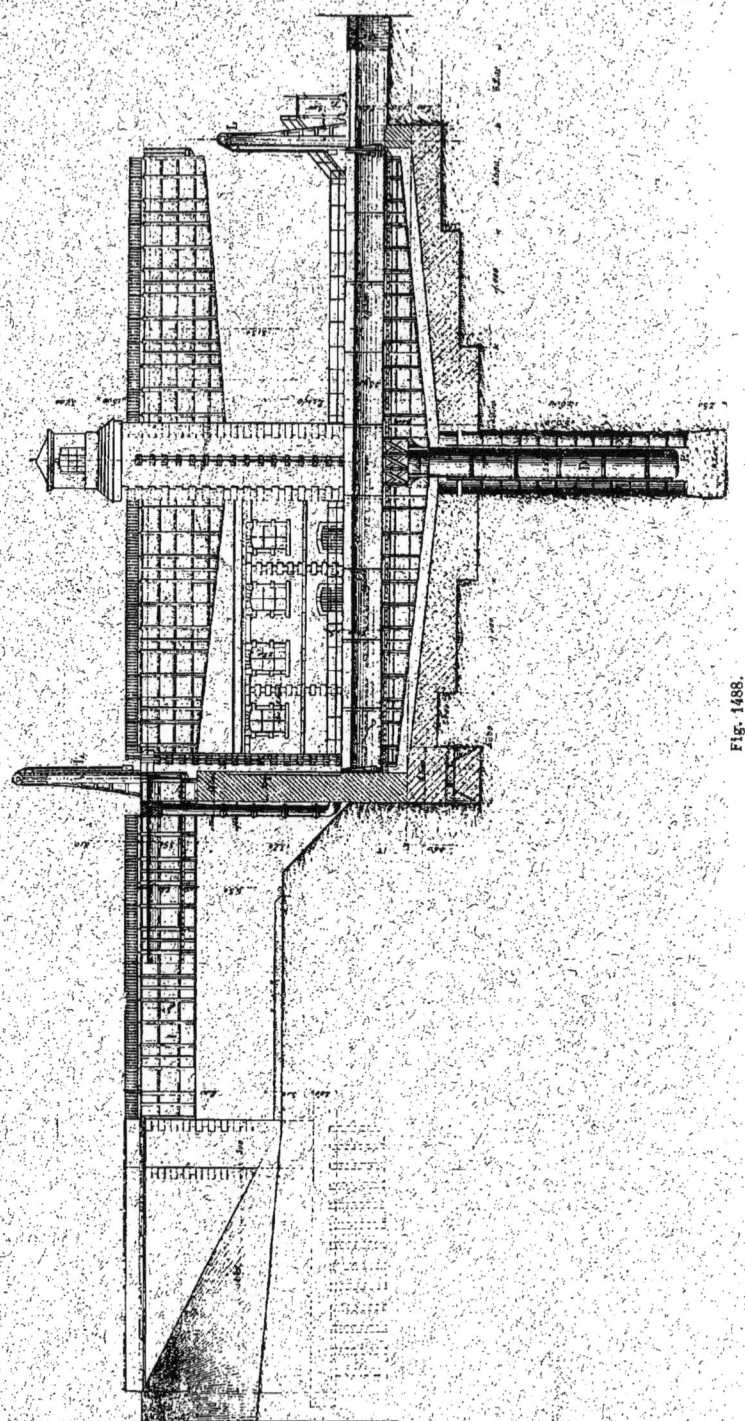

Fig. 1488.

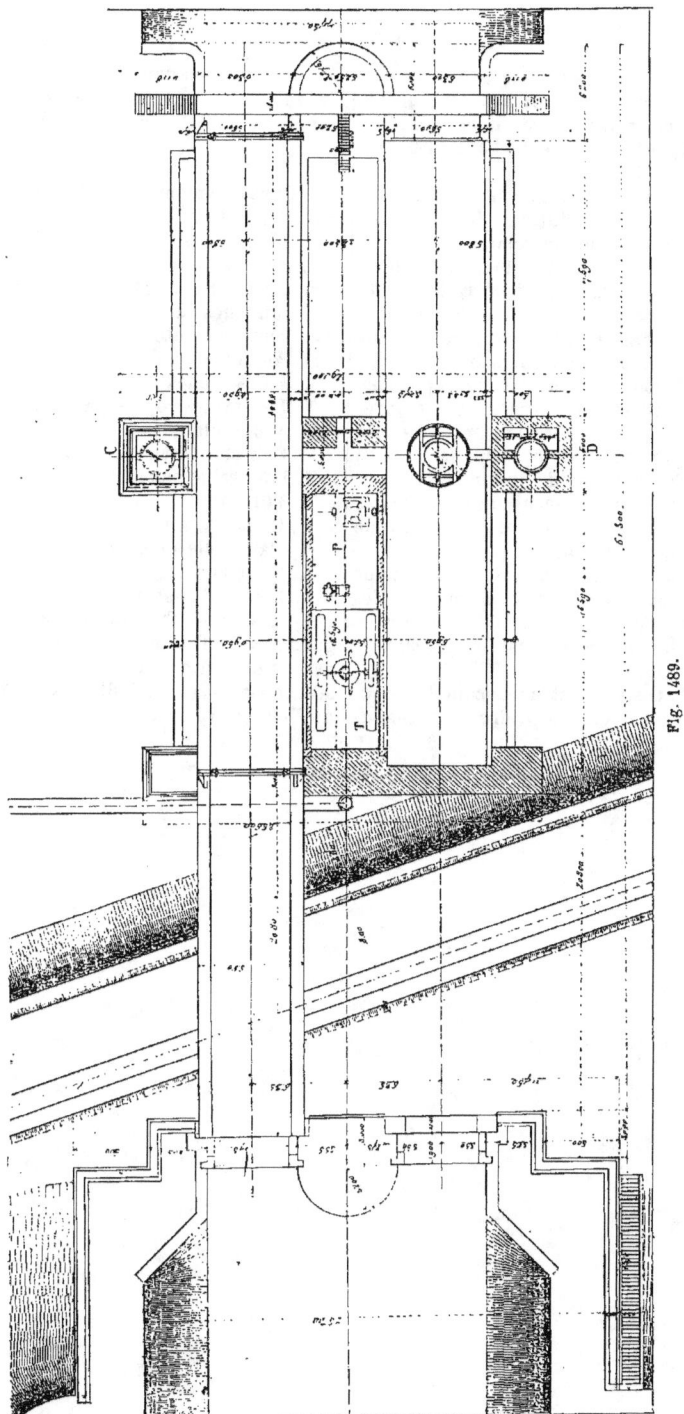

Fig. 1489.

le dynamo, il passe également dans deux électro-aimants qu'il aimante et qui, en attirant deux armatures fixées aux leviers, compriment le ressort et desserrent le frein.

La montée de l'ascenseur se fait donc par un sens de rotation du dynamo; elle est aidée par le contrepoids.

La descente se fait par le sens de rotation inverse du moteur et est ralentie par le contrepoids.

Des résistances placées sur le courant sont réglées automatiquement.

1811. Comme nous l'avons vu pour les monte-charges, les ascenseurs peuvent recevoir d'autres applications, par exemple l'ascenseur des *Fontinettes* qui sert à faire passer des bateaux d'un point élevé à un point inférieur. L'ascenseur dans ce cas soulève une masse d'eau assez grande plus le poids du bateau.

1812. Le croquis (*fig.* 1487) nous montre la disposition d'ensemble, et les croquis (*fig.* 1488 et 1489) nous représentent une coupe verticale et un plan de l'installation.

La disposition est assez compliquée et ne rentre pas dans le cadre du *Traité de Serrurerie*; nous donnerons seulement la légende suivante permettant de se rendre compte de l'ensemble de l'installation.

LÉGENDE

A, Canal d'amont;
B, Canal d'aval;
C, Sas mobiles;
D, Pistons;
E, Grandes presses;
I, Aqueducs fixes;
J, Portes levantes;
L, Portiques;
M, Cales sèches;
N, Réservoirs compensateurs;
P, Accumulateurs;
R, Cabestans hydrauliques;
S, Poulies de renvoi;
T, Turbine;
U, Canal de sortie de l'eau;
V, Passerelle de service;
X, Cuvelage des presses;
Z, Pompe d'épuisement.

1813. Nous n'insisterons pas plus longuement sur l'étude des ascenseurs; nous avons voulu en donner quelques exemples, leur description détaillée faisant partie du *Cours d'Hydraulique*.

CHAPITRE XIV

CLOTURES DIVERSES. — BARRIÈRES. — PALISSAGE, ETC... EMPLOI DES GRILLAGES MÉCANIQUES

1814. Dans ce chapitre nous étudierons sommairement les différents travaux de serrurerie qu'on peut exécuter avec les grillages en fils de fer, en prenant pour types les modèles de la maison Sohier, qui s'est fait une spécialité de ce genre de construction.

Grillages.

1815. Nous distinguerons deux types de grillages : les *grillages à simple torsion*, et les *grillages à double torsion*.

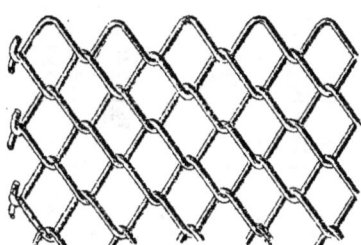

Fig. 1490.

1816. Les premiers, dont nous donnons deux croquis (*fig.* 1490 et 1491), sont employés pour volières, faisanderies, châssis, chenils, etc... Le croquis (*fig.* 1490) nous montre le grillage avec une bordure à œillet; le croquis (*fig.* 1491) nous représente une bordure en fil de fer.

Ces grillages mécaniques à simple torsion sont d'un très bel aspect et notablement moins chers que ceux à double torsion faits à la main. On les préfère souvent pour les volières et les faisanderies, où ils remplacent avantageusement, par leur élasticité, les toitures en filets de corde.

Comme on peut les faire en fil très fort, on les rend ainsi propres aux entourages de chenils pour lesquels on adopte généralement la maille 40 en fil 14.

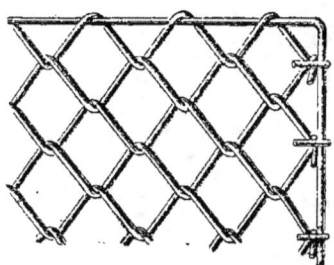

Fig. 1491.

Ces grillages se montent, le plus souvent, sur des cadres en bois ou en fer.

1817. Le tableau, page 808 (variable

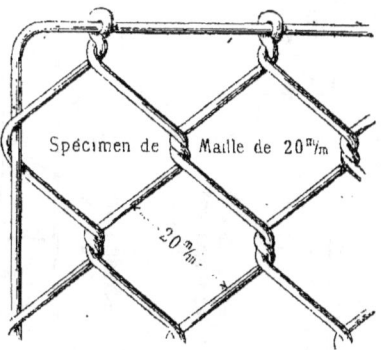

Fig. 1492.

avec le cours des métaux), nous donne un aperçu des prix au mètre superficiel de ce genre de grillage en fer galvanisé.

OBJETS D'APPLICATION	GRANDEUR des MAILLES	PRIX DU MÈTRE CARRÉ EN FIL DE FER GALVANISÉ. Les chiffres ci-dessous indiquent les numéros des Fils employés pour les mailles: 3	4	5	6	7	8	10	11	12	13	14	15	16	17
SÉCHOIRS	5 m/m	7 70	8 55	9 45	10 55	» »	» »	» »	» »	» »	» »	» »	» »	» »	» »
CRIBLES	7	5 75	6 25	6 90	7 60	8 40	» »	» »	» »	» »	» »	» »	» »	» »	» »
	10	» »	3 30	3 55	4 »	» »	4 80	6 15	» »	» »	» »	» »	» »	» »	» »
	15	» »	» »	2 15	2 40	2 75	3 15	4 35	5 05	5 80	» »	» »	» »	» »	» »
VOLIÈRES	20	» »	» »	» »	1 55	» »	1 95	2 55	3 »	3 55	4 20	4 90	» »	» »	» »
FAISANDERIES	25	» »	» »	» »	1 30	» »	1 65	2 20	2 55	2 95	3 40	3 85	» »	» »	» »
VITRAGES	30	» »	» »	» »	» »	1 15	1 25	1 55	» »	2 05	» »	2 80	3 35	» »	» »
	35	» »	» »	» »	» »	» 95	1 05	1 35	» »	1 85	» »	2 65	3 10	» »	» »
BASSE-COURS	40	» »	» »	» »	» »	» »	» 95	1 20	» »	1 60	» »	2 20	2 65	3 10	» »
CHENILS	50	» »	» »	» »	» »	» »	» 90	1 05	» »	1 35	» »	1 85	2 25	2 70	3 15
	60	» »	» »	» »	» »	» »	» »	» 90	» »	1 20	» »	1 60	1 85	2 20	2 65

GRANDEUR DES MAILLES EN MILLIMÈTRES	PRIX DU MÈTRE CARRÉ EN FIL DE FER GALVANISÉ D'APRÈS LES NUMÉROS DES FILS INDIQUÉS CI-DESSOUS: Nº 4	Nº 5	Nº 6	Nº 7	Nº 8	Nº 9	Nº 10	Nº 11	Nº 12	Nº 13	Nº 14	Nº 15	Nº 16	Nº 17	Nº 18
150 m/m	...	...	...	...	...	...	...	...	...	...	» 85	1 »	1 20	1 50	1 90
120 m/m	...	...	...	...	...	...	...	...	...	» 95	1 10	1 30	1 55	1 80	2 20
100 m/m	...	...	...	...	...	...	...	...	...	1 10	1 25	1 50	1 80	2 15	2 60
80 m/m	...	...	...	...	...	...	...	...	1 15	1 25	1 40	1 80	2 10	2 55	3 »
60 m/m	...	...	...	...	...	...	...	1 25	1 45	1 70	2 10	2 55	3 »	3 65	4 45
50 m/m	...	...	...	...	...	...	...	1 65	1 75	2 05	2 50	2 90	3 40	4 15	
40 m/m	...	...	...	...	...	...	1 75	1 90	2 20	2 60	3 15	3 65			
35 m/m	...	...	...	...	...	...	2 25	2 40	2 75	3 15	3 80	4 45			
30 m/m	...	...	...	...	2 15	2 30	2 50	2 75	3 25	3 80	4 45	5 25			
25 m/m	...	...	...	2 45	2 75	3 15	3 60	4 05	4 70	5 40	6 40				
20 m/m	...	...	3 20	3 40	3 65	4 05	4 60	5 30	6 40						
18 m/m	...	...	4 20	4 45	4 85	5 50	6 25	7 20	8 25						
15 m/m	...	5 »	5 30	5 60	6 »	6 80	7 60	8 90	10 20						
12 m/m	7 70	8 10	8 75	9 30	10 »	11 10	12 70								
10 m/m	9 50	10 »	10 75	11 50	12 50	13 75	15 »								

1818. Les deux croquis (*fig.* 1492 et 1493) nous montrent deux exemples de grillages à double torsion en fil de fer galvanisé.

On se sert de ces grillages, faits à la main, pour poulaillers, faisanderies, volières, châssis de fenêtres et de vitraux, protection de vitrage, etc.

Le deuxième tableau, indiqué page 809, nous donne les prix au mètre carré, comme dans l'exemple précédent.

Presque toujours on emploie, à moins d'indications spéciales, les numéros de fils dont les prix sont soulignés et qui représentent une force moyenne.

Si l'on désire du laiton, les prix ci-dessus sont à doubler ; pour les grillages en fil de cuivre rouge il faut ajouter une fois et demie en plus.

Les panneaux sont ordinairement entourés d'une bordure en fil de fer de trois numéros au-dessus de celui employé pour la maille.

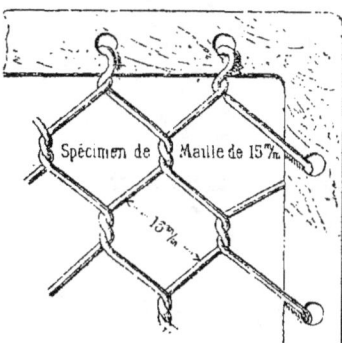

Fig. 1493.

Grillages mécaniques à triple torsion, galvanisés.

1819. Ces grillages, très employés aujourd'hui, se fabriquent par pièces de 50 mètres de longueur sur des largeurs fixes, à partir de 0m,50.

Les principales dimensions employées sont les suivantes :

DIMENSIONS des MAILLES	GENRE D'APPLICATION	NUMÉROS des FILS EMPLOYÉS	HAUTEURS
millim.			mètres
13	Volières, parcs à huîtres, châssis.	Se fait en fils. Nos 3 et 5	0.50 0.65 0.80 et 1m00
16	Volières, parcs à huîtres, châssis.	Nos 5 et 6	0.50 0.65 0.80 1.00 1.20
19	Volières, faisanderies, châssis de vitrage.	Nos 5, 6, 8	0.50 0.65 0.80 1.00 1.20 1.50
22	Faisanderies, châssis de vitrage.	Nos 6 et 8	0.50 0.65 0.80 1.00 1.20
25	Poulaillers, faisanderies, parcs perdreaux.	Nos 6, 8, 10	0.50 0.65 0.80 1.00 1.20 1.50
31	Adoptée pour les forêts de l'État comme ne laissant pas passer les lapereaux.	Nos 6, 8, 10	0.50 0.65 0.80 1.00 1.20 1.50
34	Adoptée pour les forêts de l'État contre les lapins.	Nos 6, 8, 10	0.50 0.65 0.80 1.00 1.20 1.50
37	Clôtures de chasse.	Nos 6, 8, 10	0.50 0.65 0.80 1.00 1.20 1.50 1.75
41	Clôtures de chasse.	Nos 4, 6, 8, 10, 12	De 0.50 à 2.00
51	Clôtures parcs et jardins.	Nos 6, 8, 10, 12	De 0.50 à 2.00
57	Idem	Nos 8, 10, 12	De 0.50 à 2.00
76	Clôtures et palissages de plantes.	Nos 8, 10, 12	De 0.80 à 1.50

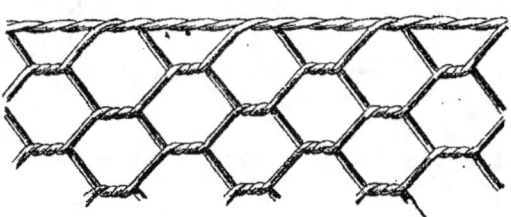

Fig. 1494.

1820. Les croquis suivants (*fig.* 1494), maille de 13 millimètres (*fig.* 1495), maille de 22 millimètres (*fig.* 1496), maille de 31 millimètres (*fig.* 1497), maille de

34 millimètres, enfin (*fig.* 1498), maille de 41 millimètres, nous montrent les principaux types de ce genre de grillages.

1821. Le croquis (*fig.* 1499) nous montre la bande de grillage à employer pour fixer les grillages, lorsqu'on se sert de *bavolets*.

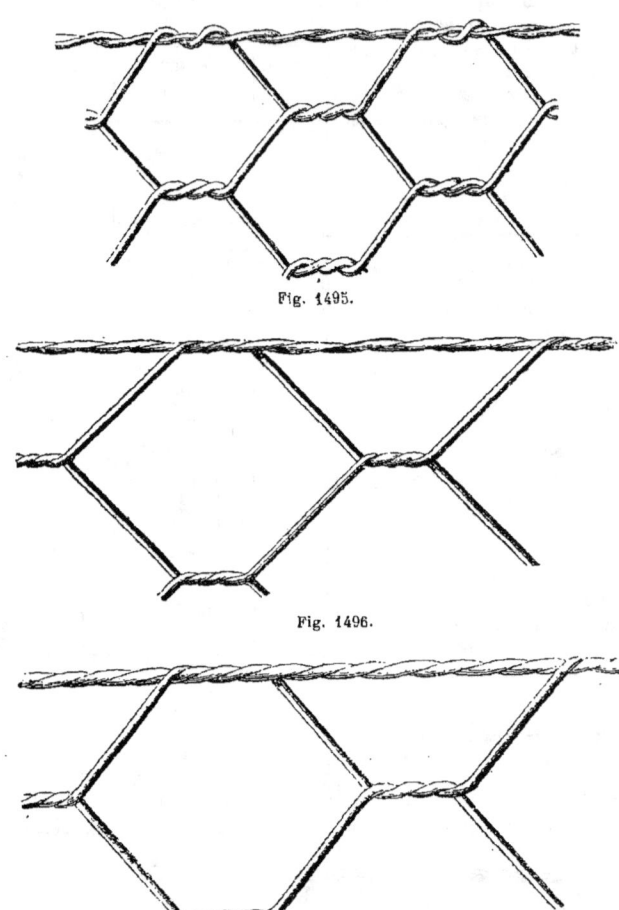

Fig. 1495.

Fig. 1496.

Fig. 1497.

Application des grillages aux clôtures.

1822. Pour bien rendre compte de l'application des grillages nous donnerons quelques exemples.

Le croquis (*fig.* 1500) nous montre une clôture contre les lapins sur pieux en fer à scellements.

La partie de gauche ne comportant pas de *bavolet*, et la partie de droite en ayant un.

1823. Le croquis (*fig.* 1501) nous montre une autre application de clôture pour parcs et jardins.

1824. Le croquis (*fig.* 1502) nous représente les arcs-boutants, montants à console et pieux en fer T, à employer pour supporter les grillages.

1825. Le croquis (*fig.* 1503) nous montre des arcs-boutants, des supports à fourche et des montants à console en fer carré ou plat.

La hauteur de ces supports varie de 0m,80 à 2 mètres.

1826. Souvent dans ces clôtures on est obligé d'établir des barrières légères ;

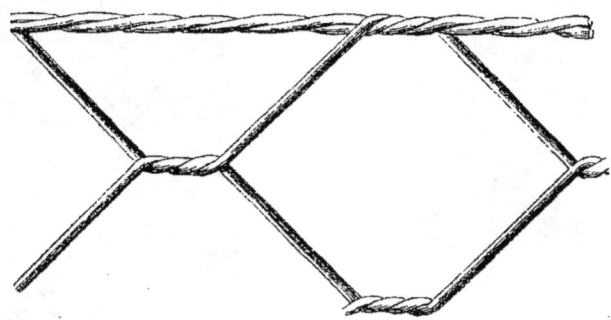

Fig. 1498.

nous en donnons deux types (*fig.* 1504 et 1505).

Clôtures à bestiaux.

1827. Les clôtures à bestiaux se construisent le plus ordinairement à l'aide de

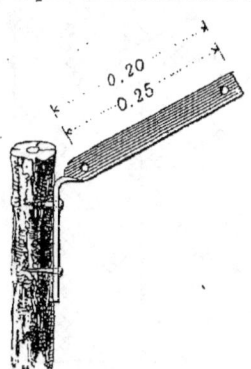

Fig. 1499.

supports en fer, dont nous avons déjà donné des exemples, de *ronces* artificielles, de fils de fer et de fers feuillards du commerce.

1828. Les ronces, dont nous donnons deux croquis (*fig.* 1506 et 1507), sont en fil d'acier galvanisé, numéros 13, 14, 15 ou 16 ; elles comportent soit trois picots (*fig.* 1506), soit deux pointes (*fig.* 1507). La distance entre deux picots consécutifs est de 0m,10, et la distance entre deux pointes est de 0m,12.

Lorsque les montants sont en bois on fixe les ronces à l'aide de conduits en acier galvanisé, dont nous donnons un croquis (*fig.* 1508). Les deux chiffres placés dans l'intérieur indiquent les numéros et la longueur en millimètres.

Le petit tableau suivant nous donne les principales dimensions commerciales.

NUMÉROS	LONGUEUR	NOMBRE AU KILOGRAMME
	millimètres	
22	45	62
21	45	70
20	45	100
19	35	150
18	30	265
17	25	410
16	25	500
14	25	820
12	15	1650

812 SERRURERIE.

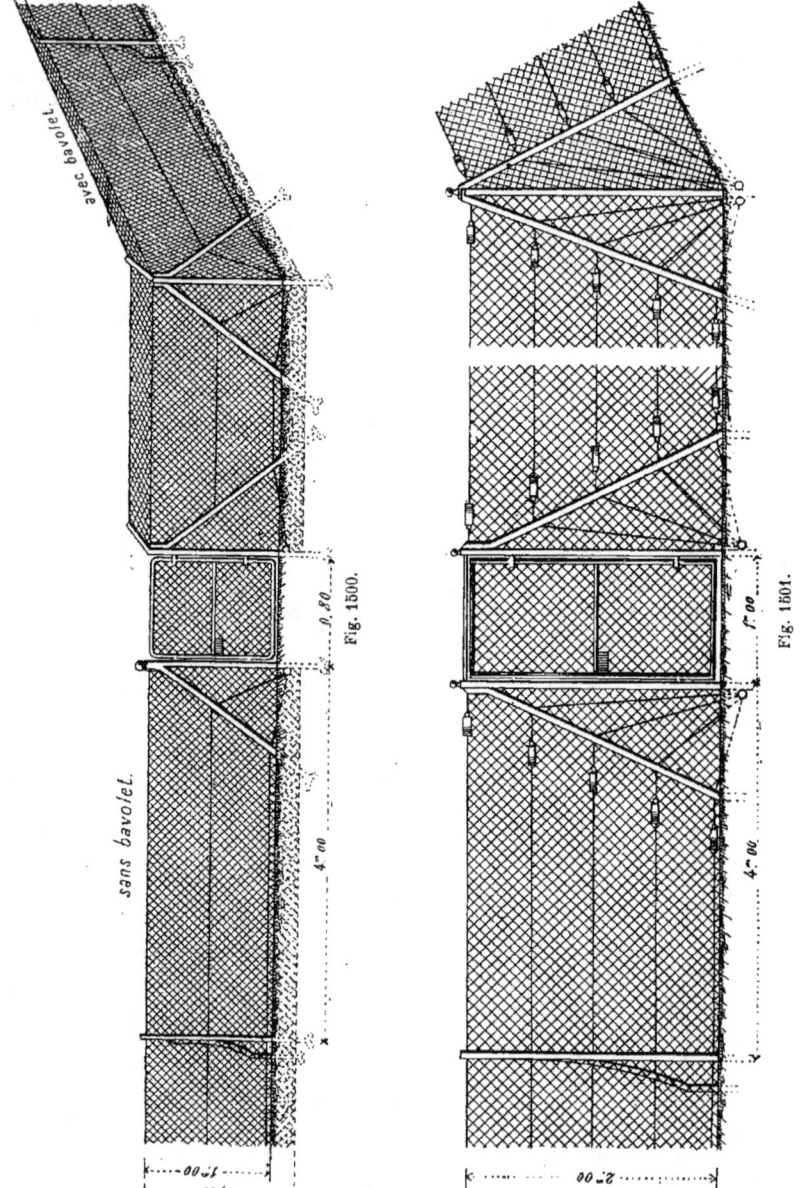

Fig. 1500. Fig. 1501.

CLÔTURES DIVERSES. — BARRIÈRES. — PALISSAGE.   813

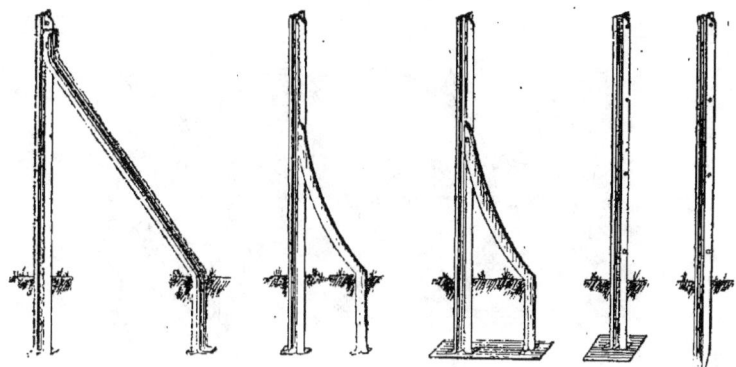

Fig. 1502.

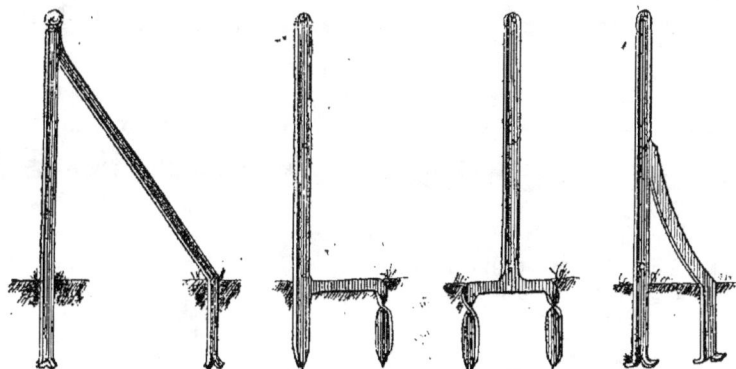

Fig. 1503.

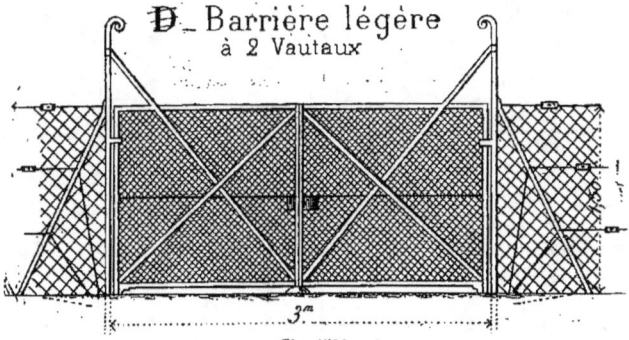

Fig. 1504.

SERRURERIE
Barrière grillagée
avec cadres en cornières

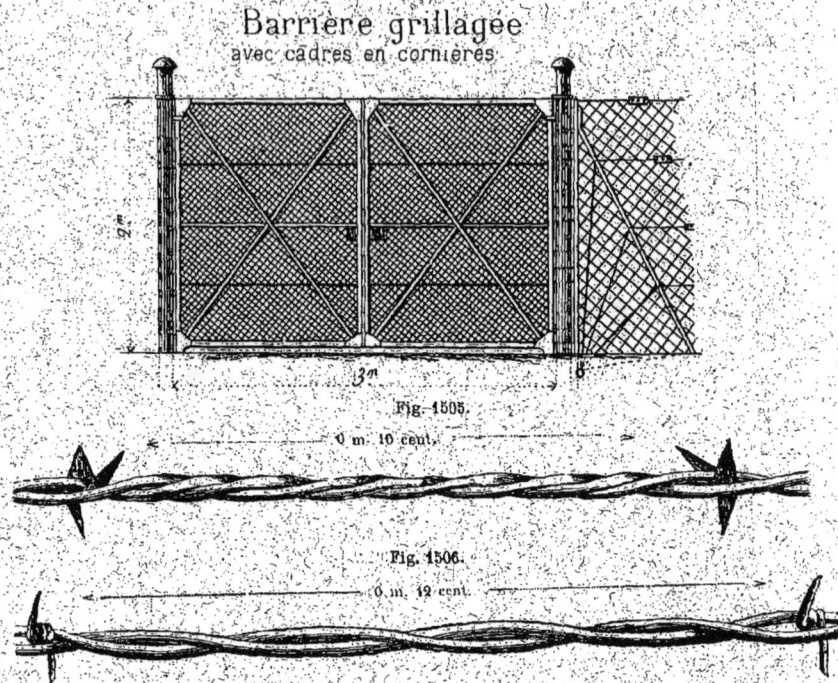

Fig. 1505.

Fig. 1506.

Fig. 1507.

1829. Le croquis (fig. 1509) nous représente une première disposition simple de clôture comprenant : à la partie haute, une ronce ; et au-dessous, deux rangs de fils de fer galvanisé.

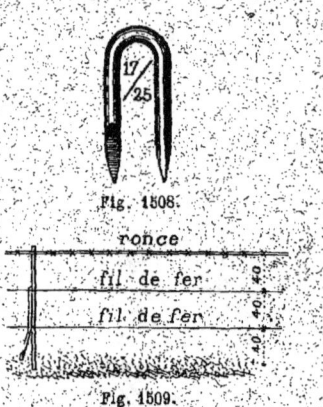

Fig. 1508.
Fig. 1509.

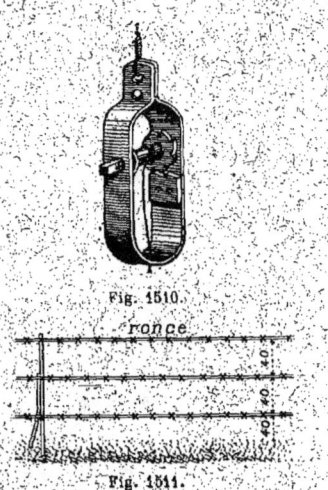

Fig. 1510.
Fig. 1511.

Ces fils de fer ont les dimensions, les poids et les longueurs au kilogramme indiqués dans le tableau suivant :

CLÔTURES DIVERSES. — BARRIÈRES. — PALISSAGE.   815

POIDS de 100 mètres de longueur	LONGUEURS APPROXIMATIVES d'un kilog.	DIAMÈTRES EN DIXIÈMES DE millimètres	NUMÉROS DE LA jauge de Paris
21k 20	5m	59	23
17 80	6	54	22
14 70	7	49	21
11 80	9	44	20
9 30	11	39	19
7 00	14	34	18
5 50	18	30	17
4 50	23	27	16
3 50	28	24	15
2 90	34	22	14
2 40	42	20	13
2 00	50	18	12
1 60	62	16	11
1 40	71	15	10
1 20	83	14	9
1 00	100	13	8
0 90	115	12	7
0 75	135	11	6

1830. On se sert, pour les tendre, de raidisseurs spéciaux galvanisés, dont le croquis (*fig.* 1510) nous montre un exemple.

1831. Le croquis (*fig.* 1511) donne un

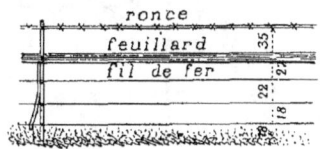

Fig. 1512.

autre exemple de clôture composée de trois ronces espacées entre elles de 0m,40 d'axe en axe.

1832. Le croquis (*fig.* 1512) est une variante, composée d'une ronce, d'un *fer feuillard* et de deux ou trois fils de fer, suivant la hauteur.

Les fers feuillards ordinairement employés ont les dimensions suivantes :

LARGEURS	ÉPAISSEURS	LONGUEURS D'UN KILOGRAMME	
		EN NOIR	EN GALVANISÉ
millimètres	millimètres	mètres	mètres
20	1	6.50	5.00
25	1	5.00	4.00
30	1 1/2	3.00	2.25
40	2	1.50	1.25

1833. La disposition indiquée en croquis (*fig.* 1512) est souvent employée pour les bêtes à cornes et les moutons.

1834. Les trois dispositions représentées en croquis (*fig.* 1513, 1514 et 1515) comportent des fers feuillards, des fils de

Fig. 1513.

fer et des cordes métalliques ; on s'en sert de clôture pour chevaux.

1835. Les cordes employées à cet usage sont en fils de fer galvanisé (*fig.* 1516) et comportent quatre fils de

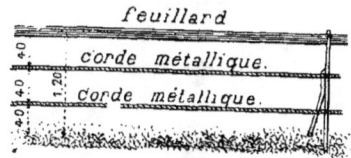

Fig. 1514.

grosseurs variées suivant le diamètre extérieur de la corde.

1836. Le croquis (*fig.* 1517) nous montre une vue d'ensemble d'un côté d'une clôture avec montant en fer à scellements.

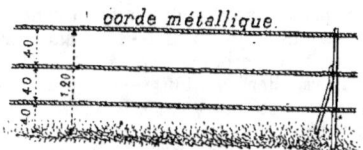

Fig. 1515.

1837. Le croquis (*fig.* 1518) représente une clôture anglaise dite continue, beaucoup plus forte et plus résistante que les précédentes.

1838. Enfin, le croquis (*fig.* 1519)

nous indique la disposition d'une barrière de 3 mètres et d'un portillon à tambour permettant de laisser passer un homme, mais pas le bétail.

Palissage des murs.

1839. Le palissage le long des murs de clôture se fait aussi en employant les fils de fer que nous avons déjà indiqués.

1840. Le croquis (*fig.* 1520) montre la disposition pour les poiriers et pour les pêchers.

1841. Le croquis (*fig.* 1521) indique

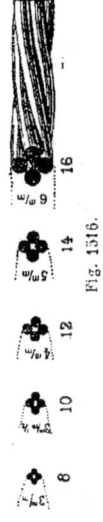

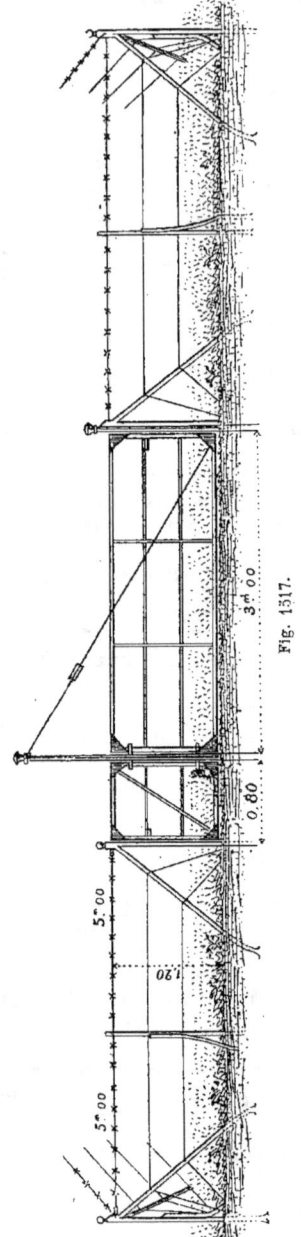

Fig. 1317.

les dispositions à prendre pour un contre-espalier simple de 2 mètres de hauteur.

1842. Le croquis (*fig.* 1522) est un contre-espalier double avec abri de paillassons de 3 mètres de hauteur.

1843. On se sert aussi souvent des tuteurs à cône (*fig.* 1523 et 1524) pour remplacer le scellement ; nous en voyons deux exemples (*fig.* 1525) pour le palissage de la vigne et (*fig.* 1526) pour établir les *cordons* de pommiers simples.

1844. Les croquis (*fig.* 1527) nous montrent les différents types de clous employés pour les divers travaux.

M. Clôture anglaise dite continue par longueurs de 4.50, sans scellements.

Fig. 1518.

Fig. 1519.

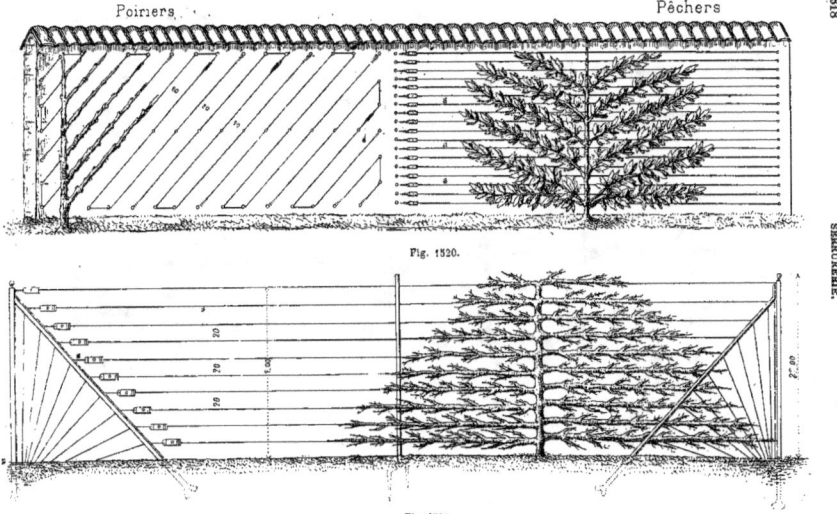

Fig. 1320.

Fig. 1321.

Fig. 1522 à 1524.

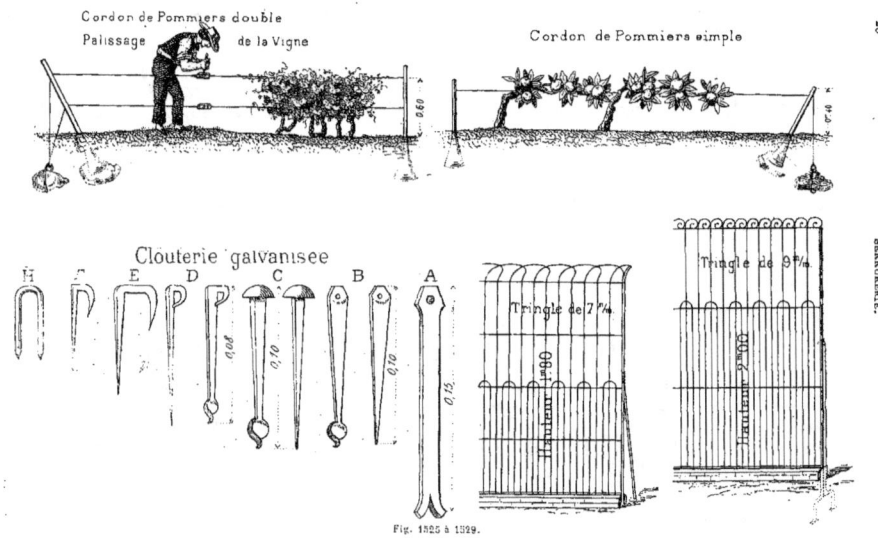

Fig. 1525 à 1529.

CLÔTURES DIVERSES. — BARRIÈRES. — PALISSAGE.   821

En A et en B, sont représentés les pitons à pointe et à scellement ;
En C, les clous également à pointes et à scellement ;
En D, les supports ;
En E et en F, les crochets ;
Enfin, en H, les conduits.

Figure 1528, modèle galbé à traverses rondes, tringles de 7 millimètres ;

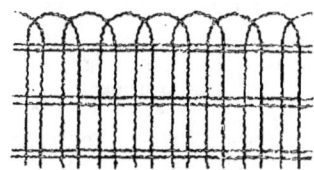

Fig. 1533.

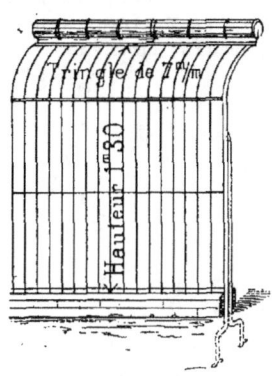

Fig. 1530.

Fig. 1534.

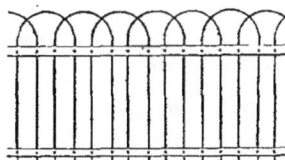

Fig. 1531.

GRANDEUR DES ARCEAUX

Fig. 1535.

Fig. 1532.

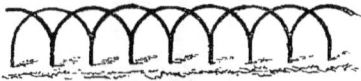

GRANDEUR DES ARCEAUX

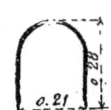  

Tringle de 6 mill.   Tringle de 7 mill.   Tringle de 8 mill.

Fig. 1536.

Clôtures de chenils.

1845. Les trois croquis (*fig.* 1528, 1529 et 1530) nous montrent les trois principales dispositions utilisées pour la clôture des chenils :

Figure 1529, modèle à volute et à traverses percées, tringles de 9 millimètres ;
Figure 1530, modèle à rouleaux mobiles, tringles de 7 millimètres.

822 SERRURERIE.

Le but de ces rouleaux est d'empêcher les chiens de sauter au-dessus des clôtures.

Entourages et bordures.

1846. Souvent dans les parcs et dans les jardins il y a lieu d'entourer les plates-bandes, les corbeilles de fleurs, pièces d'eau, pelouses, etc. On adopte alors les dispositions représentées en croquis (*fig.* 1531 à 1534).

Le premier type (*fig.* 1531) est fait avec des fils de fer maintenus sur des feuillards; les hauteurs ordinaires sont: $0^m,30$, $0^m,40$, $0^m,50$, $0^m,60$, $0,80$ et 1 mètre.

Le deuxième type (*fig.* 1532) est exécuté avec des tringles ondulées.

Les hauteurs varient de $0^m,20$ à $1^m,00$ et la grandeur des mailles de 35 à 55 millimètres.

Les deux types (*fig.* 1533 et 1534) sont des variantes des exemples précédents.

1847. Pour les bordures on emploie soit les arceaux en fer rustique (*fig.* 1535), soit les arceaux ronds en fer galvanisé (*fig.* 1536).

CHAPITRE XV

QUINCAILLERIES SPÉCIALES POUR ÉCURIES ET SELLERIES

1848. Nous commencerons cette étude en indiquant les différentes manières dont on peut supporter et consolider les bat-flancs servant de séparation entre deux chevaux. Ces bat-flancs, dont nous allons donner quelques exemples extraits de l'album de la maison Laloy, ainsi que les croquis qui suivent, se font presque toujours en sapin, avec emboîtures en chêne et solidement ferrés.

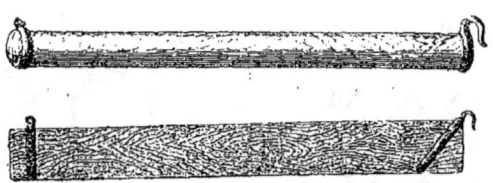

Fig. 1537 et 1538.

1849. Le plus simple, représenté par le croquis (*fig.* 1537), est un morceau de sapin rond ferré à ses deux extrémités de deux anneaux dont l'un comporte un crochet.

1850. Le deuxième type (*fig.* 1538) est un bat-flancs formé d'une planche de sapin ferrée d'un côté d'une chappe de bat-flancs à anneau, et de l'autre d'une chappe à crochet.

1851. Le troisième exemple (*fig.* 1539) est formé de trois planches en sapin de $0^m,054$ d'épaisseur et de $0^m,40$ ou $0^m,60$ de largeur avec chappes aux deux extrémités.

1852. Le quatrième exemple (*fig.* 1540)

QUINCAILLERIES SPÉCIALES POUR ÉCURIES ET SELLERIES. 823

est formé de planches en sapin de 0ᵐ,034 d'épaisseur, emboîture en chêne par frise et garni de fer dans toute sa longueur. La longueur varie de 2ᵐ,50 à 2ᵐ,75 et la largeur est de 0ᵐ,60 environ.

1853. Le cinquième exemple (*fig.* 1541)

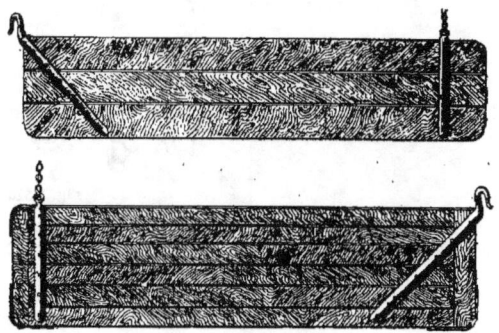

Fig. 1539 et 1540.

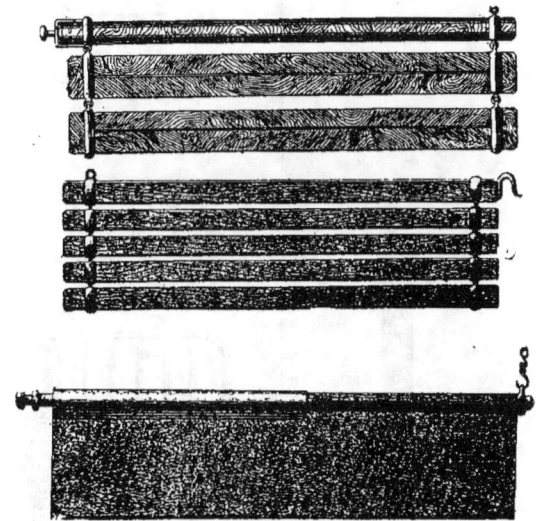

Fig. 1541 à 1543.

est un bat-flancs en sapin articulé avec rouleau et battants doubles mobiles.

1854. Le sixième exemple (*fig.* 1542) est aussi en sapin articulé, lames plates mobiles.

1855. Enfin (*fig.* 1543), nous représentons un nouveau modèle de bat-flancs dont le corps est formé d'un gros tapis double en coco.

Accessoires pour bat-flancs.

1856. Les bat-flancs sont, d'un côté, accrochés à la mangeoire ou au mur, à l'aide d'un crochet et, de l'autre, suspendus au plafond de l'écurie par une chaîne de bat-flancs en fer étamé dont nous donnons un croquis (*fig.* 1544). Ces

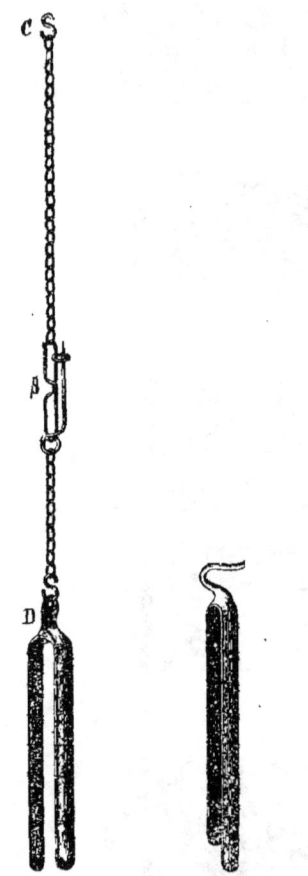

Fig. 1544.   Fig. 1545.

chaînes sont avant l'emploi éprouvées à 2 000 kilogrammes.

En C, un *crochet*; en S, une *sauterelle*; en B, une chappe de bat-flancs à anneau en fer. On fait aussi des chappes à crochet (*fig.* 1545).

1857. Les sauterelles peuvent, comme nous l'indiquons en croquis (*fig.* 1546), prendre diverses formes, savoir :

En I, sauterelle automatique ;

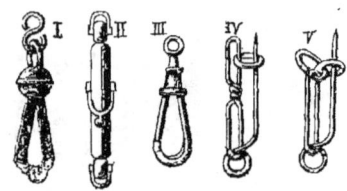

Fig. 1546.

En II, sauterelle perfectionnée en cuivre poli ;

En III, sauterelle mousqueton ;

En IV et V, sauterelles en fer étamé.

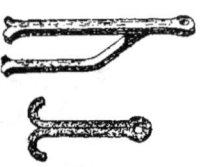

Fig. 1547.

1858. Les deux modèles de supports pour bat-flancs sont représentés en croquis (*fig.* 1547).

1859. Le croquis (*fig.* 1548) nous

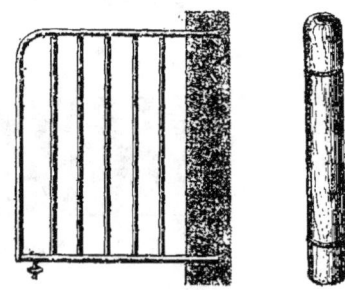

Fig. 1548 et 1549.

montre le détail d'une grille de séparation se posant au-dessus du bat-flancs à la tête des chevaux. Elle se fait ordinairement en fer forgé.

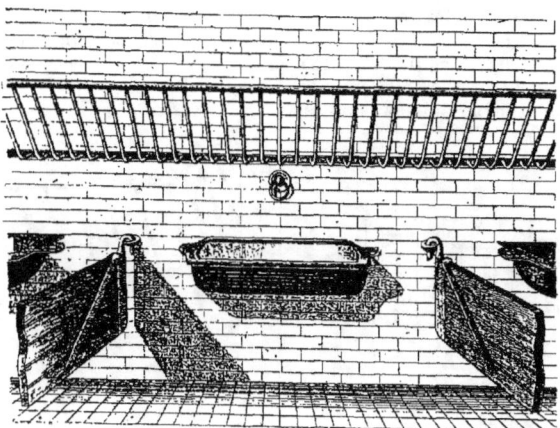

Fig. 1550.

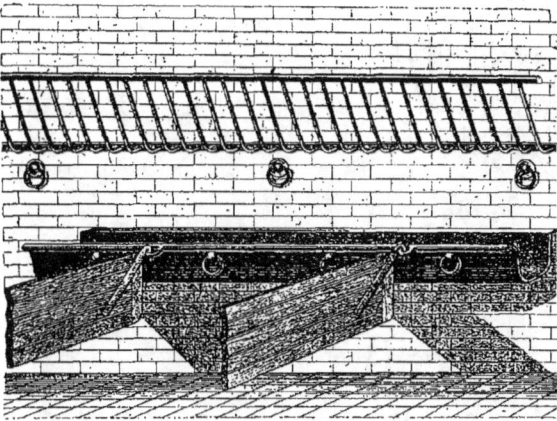

Fig. 1551.

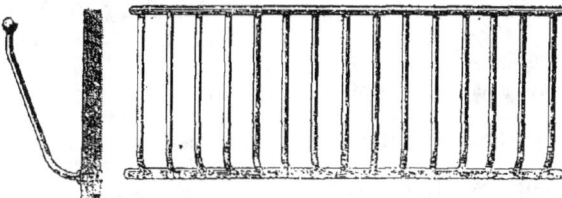

Fig. 1552.

1860. Le croquis (*fig.* 1549) nous indique le genre de rouleaux qu'on emploie dans les bat-flancs.

1861. Les deux croquis (*fig.* 1550 et 1551) nous montrent l'emploi des bat-flancs venant s'attacher soit dans un an-

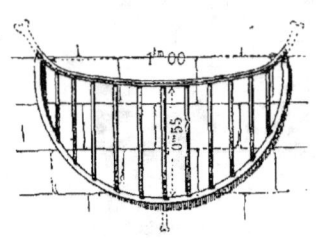

Fig. 1553.

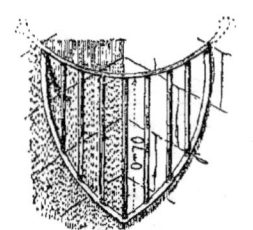

Fig. 1554.

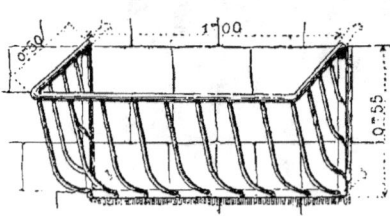

Fig. 1555.

neau fixé dans le mur, soit dans un anneau faisant corps avec la mangeoire.

Râteliers et mangeoires.

1862. Les râteliers se font en fer rond ayant assez généralement 0^m,018 de diamètre : on peut faire usage du fer rond, creux ou plein.

Le râtelier couramment employé est

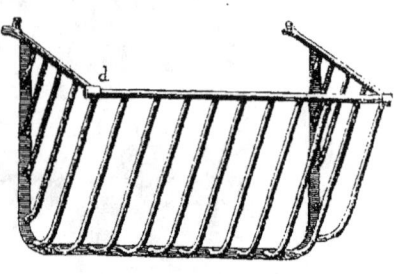

Fig. 1556.

indiqué en croquis (*fig.* 1552), en élévation et vue de côté. Il est en fer forgé plein, barreaux ayant double cintre monté à goujons enlevés au fond ; ces barreaux sont embrevés et rivés.

Fig. 1557 et 1558.

1863. Le croquis (*fig.* 1553) montre un autre genre de râtelier en forme de corbeille ronde ; le croquis (*fig.* 1554) représente un râtelier d'angle ; et le croquis (*fig.* 1555), un râtelier en forme de corbeille carrée.

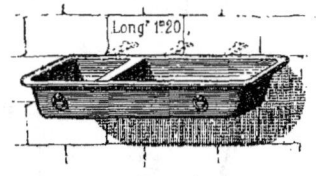

Fig. 1559.

Dans certains cas, les râteliers, au lieu d'avoir leur barre haute cintrée, comportent des douilles *d* (*fig.* 1556).

Ces douilles, qui peuvent être aussi

QUINCAILLERIES SPÉCIALES POUR ÉCURIES ET SELLERIES.

doubles, sont représentées en croquis (*fig.* 1557).

Le croquis (*fig.* 1558) nous montre les scellements mobiles avec vis qu'on emploie pour fixer les râteliers au mur.

1864. Les mangeoires peuvent prendre plusieurs formes; nous n'indiquerons que les principales.

Les plus employées aujourd'hui sont les mangeoires en fonte ordinaire ou en fonte émaillée.

Le croquis (*fig.* 1559) nous montre un type de mangeoire en fonte avec séparation.

Le croquis (*fig.* 1560) nous représente une mangeoire en fonte d'angle.

Elles comportent toutes les deux les anneaux nécessaires.

1865. Le croquis (*fig.* 1561) nous

Fig. 1560.

montre une variante : c'est une mangeoire de stalle en fonte émaillée avec râtelier à l'anglaise sans mangeoire. Le dessus est en fonte ayant très fort rouleau antiqueur.

Le croquis (*fig.* 1562) nous représente encore une variante avec râtelier anglais (sous-mangeoire) et barbotine avec écoulement d'eau au dessous.

On peut (*fig.* 1563) avoir le même type avec râtelier à l'anglaise sur mangeoire.

Pièces détachées pour écuries et selleries.

1, Anneau d'écurie (*fig.* 1564), se fait en fer forgé étamé, en cuivre ou en nickel.

2, Anneau double à boucles pour colonnes de stalles.

3, Anneau avec crochets, porte-bride à vis ou à scellements tourné ou poli.

4, Col de cygne à anneau pour colonne de stalle. Ce dernier se fait aussi sans anneau.

5, Anneau porte-bride à coulisse pour colonne de stalle.

6, Anneau de jour ou de nez avec rosace.

7, Rosace d'applique pour colonne de stalle.

8, Tête de cheval pour colonne de stalle.

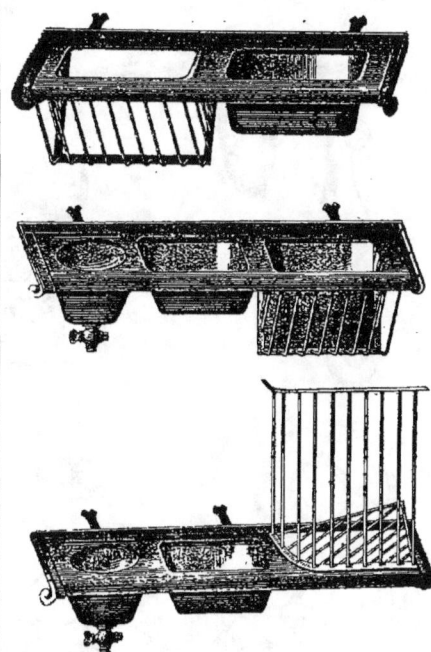

Fig. 1561 à 1563.

9, 10, 11, Boules de stalle.
12, Calotte pour colonne de stalle.
13, Couronnement de colonne de stalle.
14, Cadre pour noms de chevaux avec plaques d'inscription à coulisse.
15, Anneaux de tête ou de nez avec rosace croix de Malte et pointe de diamant.
16, Rouleau de porte d'écurie.

1866. Les croquis de la figure 1565 nous représentent les différents modèles

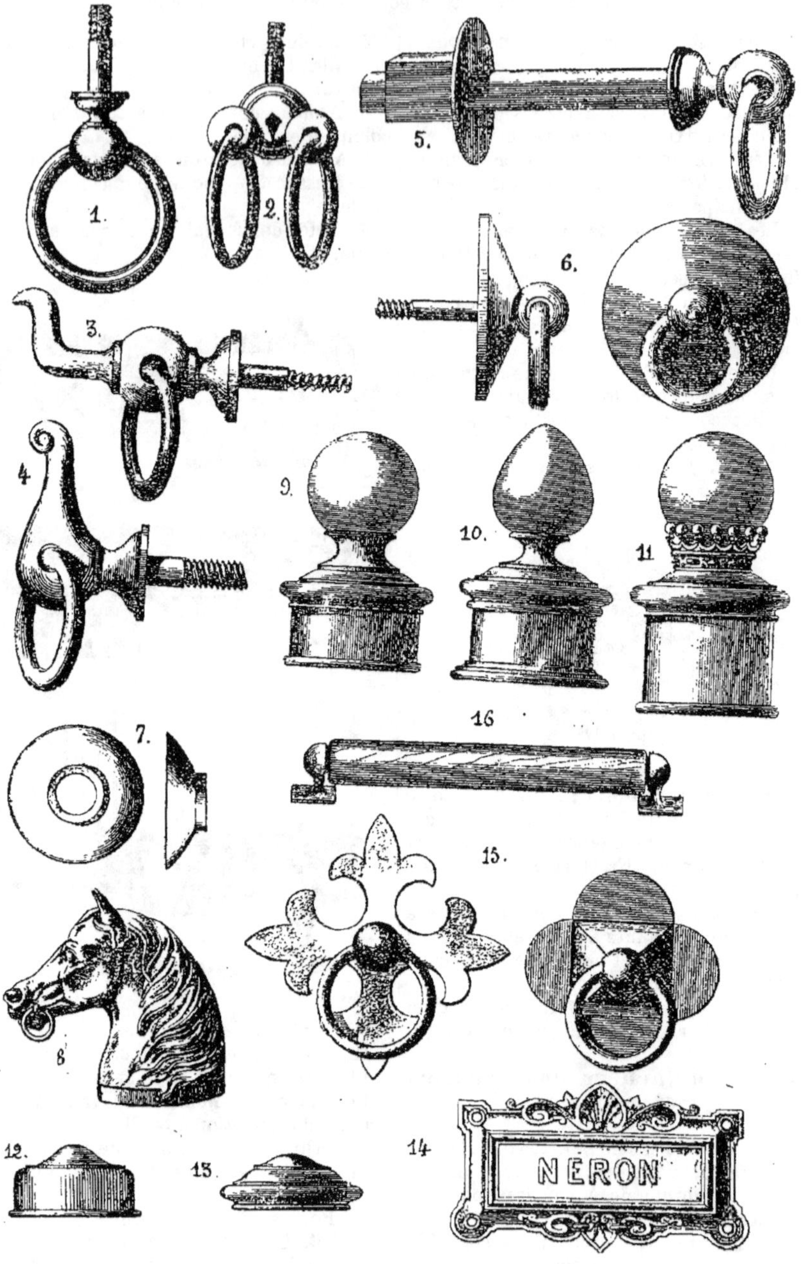

SERRURERIE.

Fig. 1564.

QUINCAILLERIES SPÉCIALES POUR ÉCURIES ET SELLERIES.

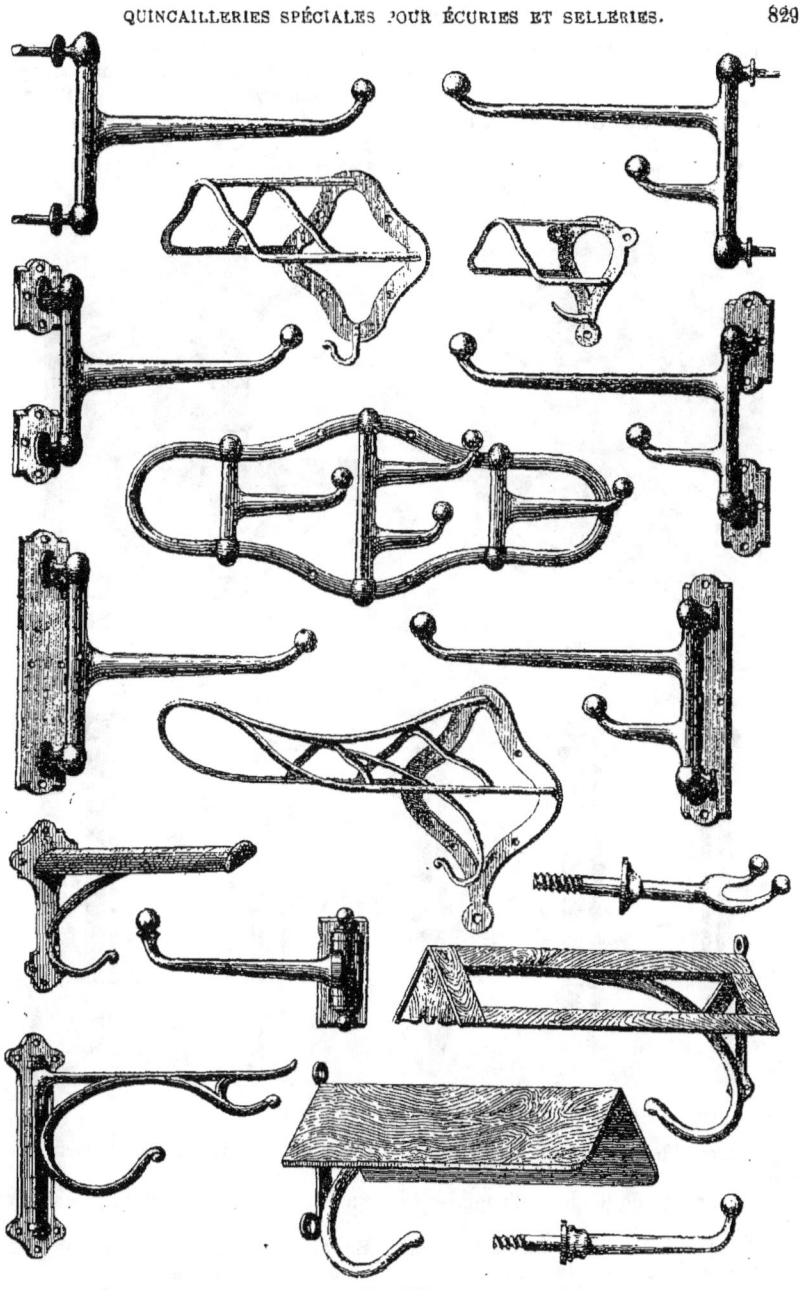

Fig. 1565.

de porte-brides, porte-harnais et porte-selles.

Glissières et conduits de longe.

1867. Le croquis (*fig.* 1566) nous montre en perspective cavalière la disposition d'une glissière double en fer forgé.

Le croquis (*fig.* 1567) nous représente une tringle d'attache ou glissière en fer forgé.

1868. Les croquis (*fig.* 1568) nous

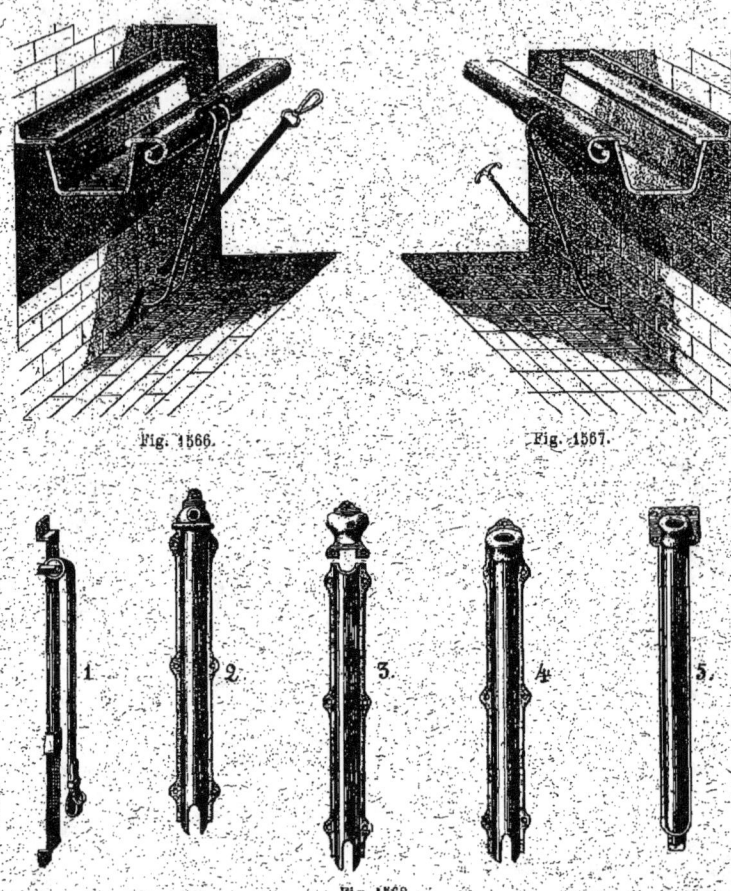

Fig. 1566. — Fig. 1567.

Fig. 1568.

donnent les différents types de conduits de longes employés.

En 1, conduit de longes à l'anglaise à coulisse;

En 2, conduit de longes chapeau mobile, passage de la longe sur le devant;

En 3, conduit de longes chapeau mobile;

En 4, conduit de longes à chapeau fixe;

Enfin, en 5, conduit de longes pouvant se démonter automatiquement.

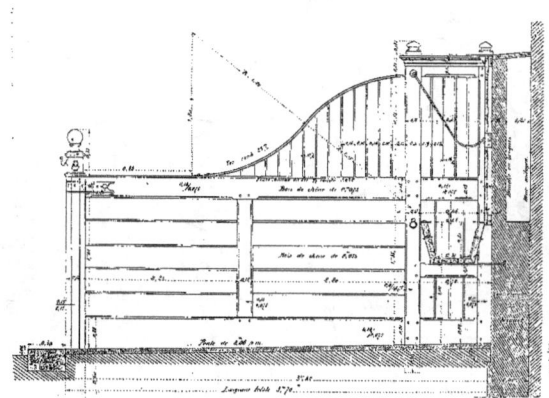
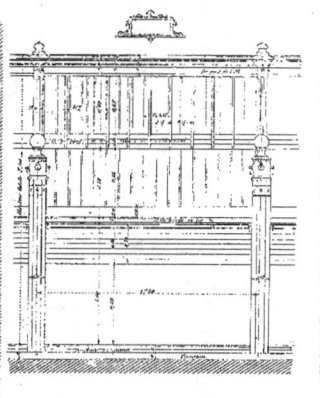

Fig. 1569.

SERRURERIE.

PRINCIPAUX TYPES DE VIS, BOULONS, GONDS ETC..., DU COMMERCE

(Modèles grandeur d'exécution)

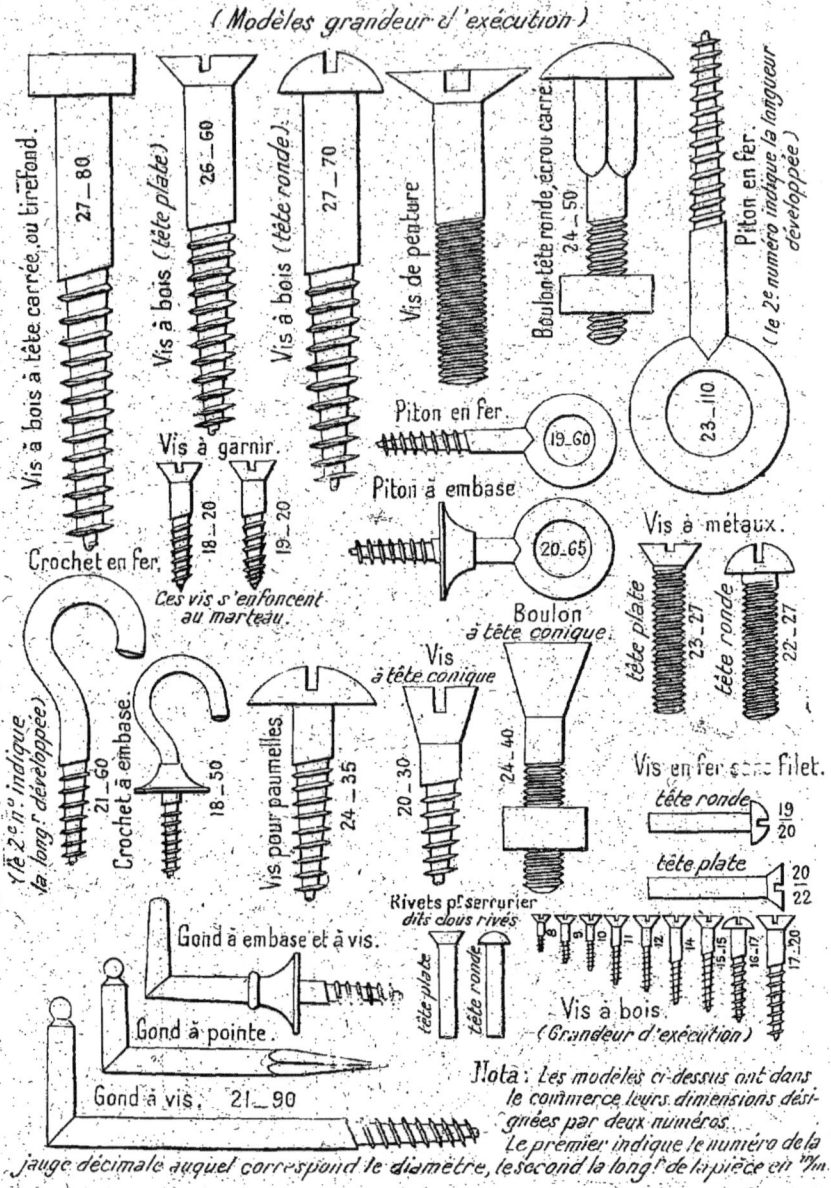

Fig. 1570.

1869. Pour terminer ces quelques notions sur l'installation générale des écuries, nous donnons en croquis (*fig.* 1369) la vue de face et la vue de côté de l'installation d'une stalle.

CHAPITRE XVI

QUINCAILLERIE DE BATIMENT

1870. Dans ce chapitre nous étudierons les principaux types des objets de quincaillerie employés dans les bâtiments, sans nous étendre trop loin, car la quincaillerie de bâtiment pourrait à elle seule faire un volume complet.

Vis, boulons, gonds, etc., du commerce.

1871. Nous avons réuni dans un premier tableau (*fig.* 1370) les principaux types de vis, boulons, gonds, etc., qu'on emploie couramment dans le commerce.

Ce tableau, avec les annotations qui y figurent, fait assez facilement comprendre l'utilité de chaque pièce, pour que nous n'ayons pas besoin de nous y arrêter.

Principaux types de paumelles du commerce.

1872. Nous avons dans un autre tableau (*fig.* 1371) indiqué les principaux types de paumelles employées dans le commerce. Ce tableau, comme le précédent, se comprend facilement en examinant chacun des croquis.

Paumelles à bain d'huile.

1873. Indépendamment des types de paumelles du commerce que nous venons d'indiquer, plusieurs fabricants exécutent aujourd'hui des *paumelles à bain d'huile* dont nous allons dire quelques mots.

1874. Le premier exemple indiqué en croquis (*fig.* 1372) est une paumelle en fer pivotante, broche-bague à mise d'acier de la maison Fontaine.

Cette paumelle se pose à l'opposé des paumelles ordinaires, c'est-à-dire que la lame portant la broche se place sur la porte. De cette façon, l'huile qui se trouve au fond de la partie creuse ne peut s'échapper de l'endroit où le frottement se produit et assure un fonctionnement facile et doux, la rotation se faisant par pointe sur dé en acier.

Les principales dimensions commerciales sont:

Longueurs des lames en millimètres : 100 — 120 — 140 — 160 — 190 — 220 — 250;

Largeurs ouvertes en millimètres : 50 — 60 — 70 — 80 — 90.

1875. Un deuxième exemple de ce genre de paumelles est indiqué en croquis (*fig.* 1373). Cette paumelle à double bain d'huile système Deny est montée avec broche-bague d'une seule pièce, en acier trempé, pivotant à ses deux extrémités sur double grain d'acier également trempé.

Le nœud contient dans toute sa hauteur un bain de graisse influide à 80 degrés.

On obtient ainsi le minimum de frotte-

SERRURERIE.

Principaux types de paumelles du commerce.

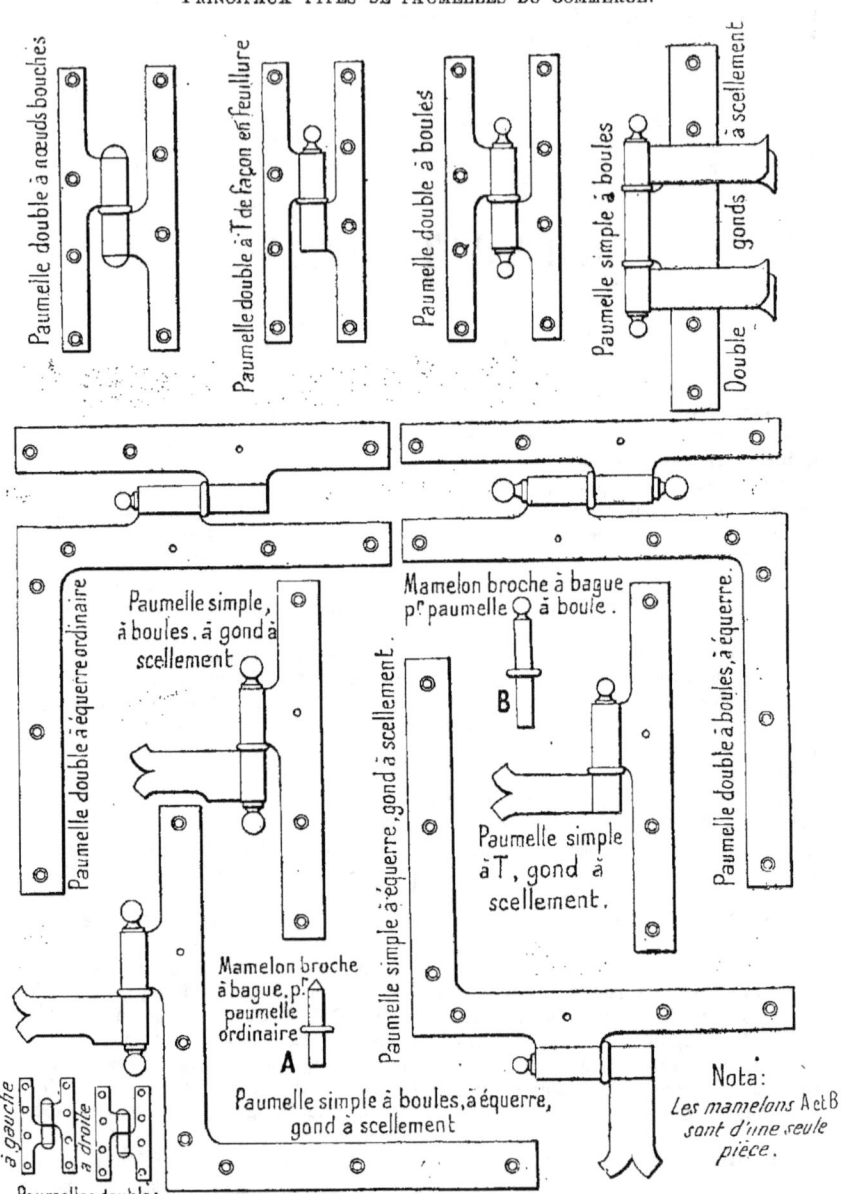

Fig. 1571.

ment sur parties d'acier trempé, avec un maximum de graissage. Ces paumelles sont utiles à employer pour les portes devant fatiguer beaucoup.

Les dimensions commerciales sont les suivantes:

110 × 60, 140 × 60, 160 × 60, 190 × 70, 220 × 80, 250 × 90, 300 × 100, 350 × 110.

1876. Le croquis (*fig.* 1574) nous montre une simplification de l'exemple

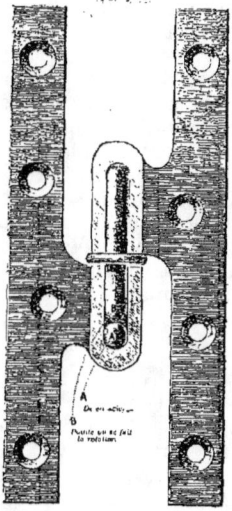

Fig. 1572.

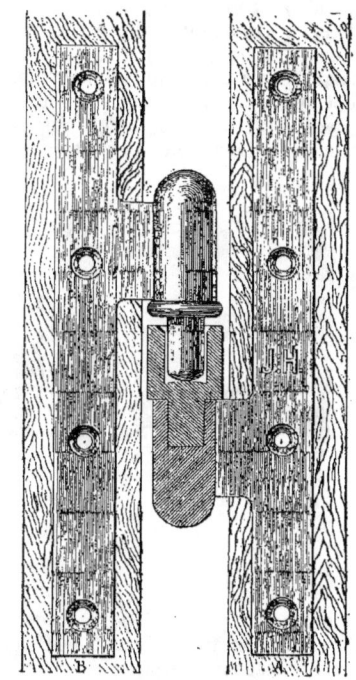

Fig. 1575.

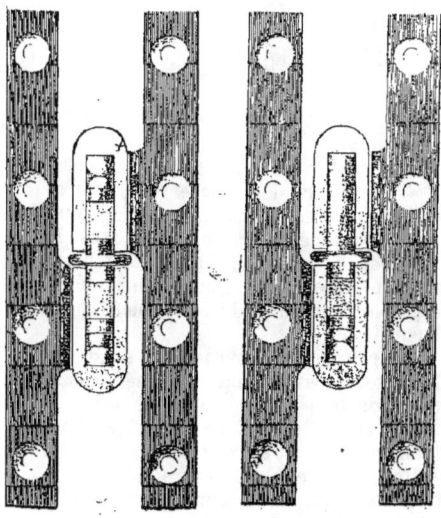

Fig. 1573 et 1574.

précédent. C'est une paumelle à simple bain d'huile, montée sur un seul pivot d'acier trempé, avec bain d'huile dans toute la partie agissante.

Les dimensions courantes sont:
110 × 60, 140 × 60, 160 × 60, 190 × 70

1877. La figure 1575 représente en croquis un troisième exemple de douille pivotante à bain d'huile, appliquée aux paumelles à boules et à bouchons de MM. Jeunehomme et E. Lepault. Cette paumelle est connue des constructeurs, sous la désignation de paumelle à broche-bague d'une seule pièce.

En A (*fig.* 1575), se trouve la lame à bain d'huile;

En B, même figure, se trouve la lame portant le mamelon renversé pour pivoter.

1878. Les quatre croquis indiqués (*fig.* 1576) nous montrent la position que doivent avoir les paumelles à douille à bain d'huile, mises en place.

1879. Comme quatrième exemple de paumelle à bain d'huile, nous dirons quelques mots d'une nouvelle paumelle à scellement système Leglay, permettant le réglage en tout sens, ce qui donne de grands avantages pour la pose, permettant le jeu facile des fonds de feuillure et pouvant très simplement se démonter après la pose.

Avec ce système on supprime les bâtis (fer ou bois) des grilles, des portes cochères, portes de vestibules, etc. On peut aussi supprimer les gonds à scellement; les pivots à équerre qu'on place au bas des portes et dont les entailles coupent souvent les tenons d'assemblage; les crapaudines entaillées dans le sol avec goujons supportant le pivot.

1880. Le croquis (*fig.* 1577) nous montre l'élévation de la paumelle mise en place, et la porte étant fermée, ainsi que la coupe verticale montrant la chambre à huile.

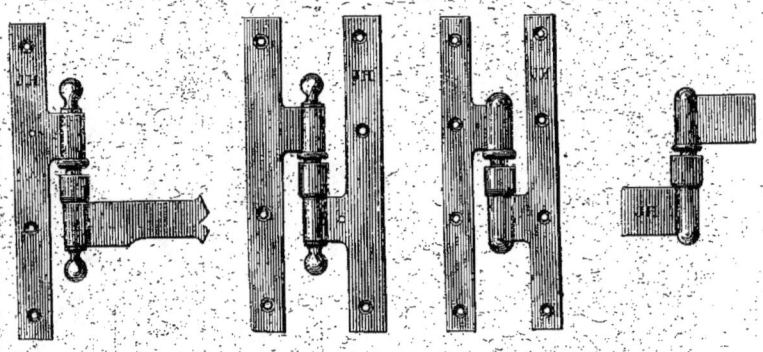

Fig. 1576.

Le croquis (*fig.* 1578) représente la coupe horizontale, suivant ABCD de la figure précédente.

Le croquis (*fig.* 1579) nous indique l'élévation et la position de la paumelle lorsque la porte est ouverte.

Le croquis (*fig.* 1580) est une coupe horizontale suivant EFGH de la figure précédente.

Les différents croquis de ce genre de paumelle sont à l'échelle 1/4 d'exécution.

1881. Les paumelles à réservoir d'huile système Leglay se font aussi comme ferrures simples et ordinaires pour les portes de construction courante dont nous donnons un exemple (*fig.* 1581).

Ces paumelles sont entièrement en acier forgé, ce qui permet de les faire plus légères, tout en leur conservant la force nécessaire. Les mamelons en acier tournés et trempés sont goupillés dans le nœud de la paumelle; ils forment pivot sur un dé en acier trempé, taraudé et réglable à mesure du tassement et de l'usure.

Ces paumelles permettent de dégonder la porte. Un évidement pratiqué dans le nœud de la paumelle forme chambre à huile, ce qui permet de lubréfier constamment les parties frottantes.

Une rondelle, placée entre la paumelle et la boule qui sert de contre-écrou au dé taraudé, forme joint et empêche toute infiltration de l'huile par les filets de la vis.

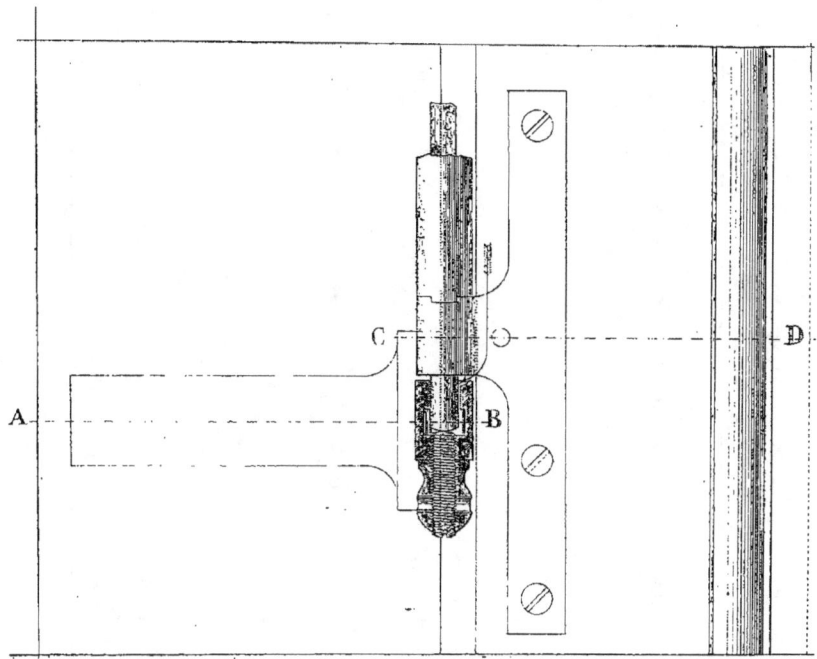

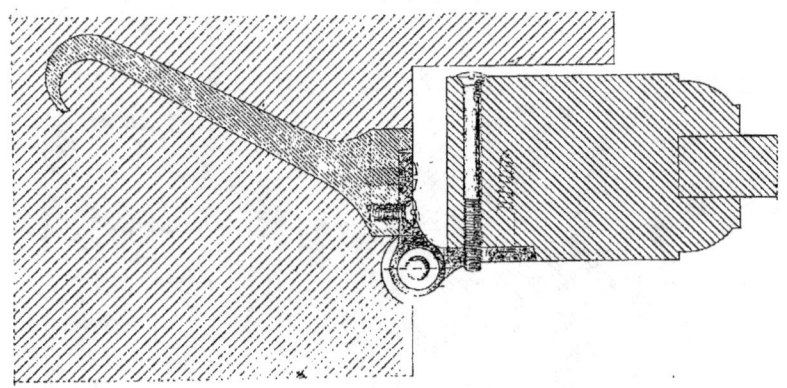

Fig. 1577 et 1578.

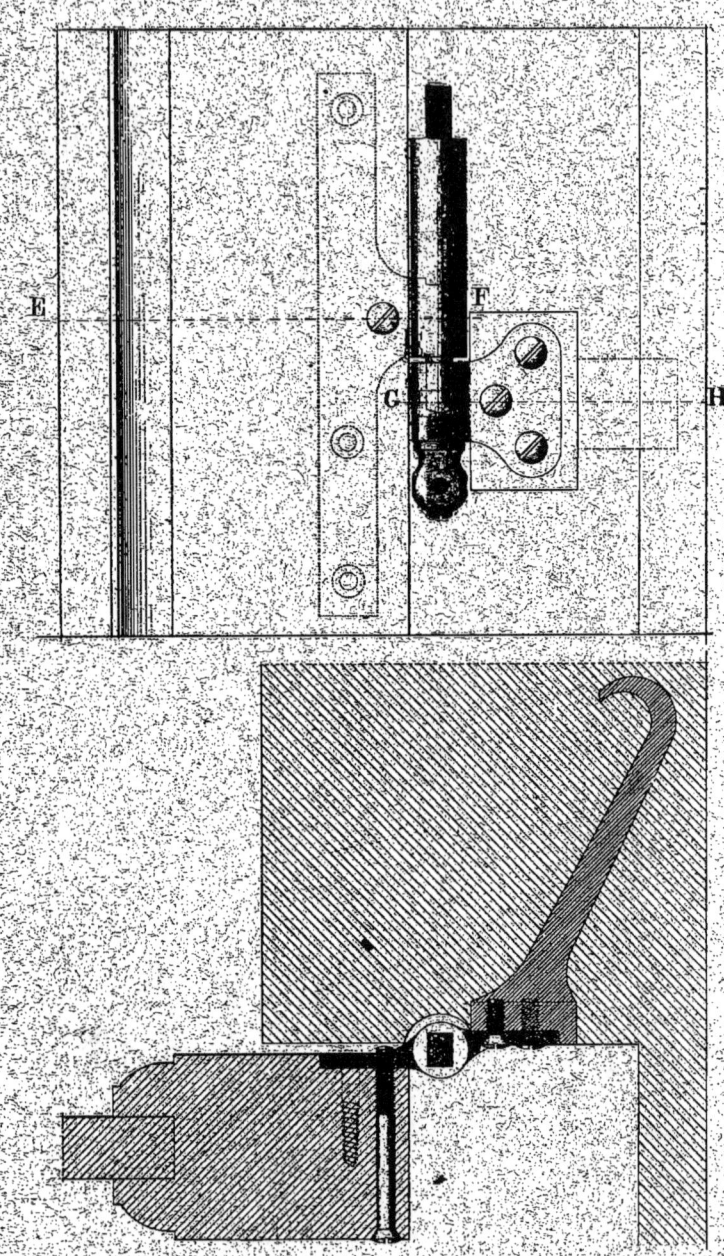

Fig. 1579 et 1580.

QUINCAILLERIE DE BATIMENT.   839

Il n'y a donc aucune résistance à vaincre pour ouvrir la porte.

Toutes les pièces étant trempées l'usure sera beaucoup moins grande, et les réparations bien moins fréquentes.

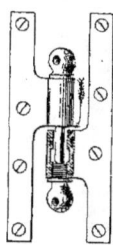

Fig. 1581.

Application de ce genre de paumelles aux ferme-portes.

1882. Les ferme-portes du système Leglay se font sous deux formes diffé-

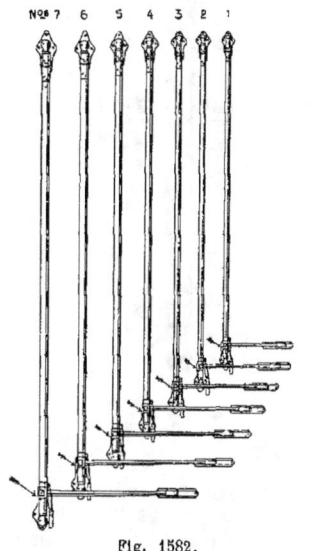

Fig. 1582.

rentes : l'une montée sur platine avec bras de renvoi à galet applicable aux portes déjà ferrées ; et l'autre montée directement sur paumelles.

Les différents types de ferme-portes sur platine sont indiqués en croquis (*fig.* 1582).

Les ferme-portes montés directement sur paumelles comportent trois modèles (*fig.* 1583, 1584 et 1585).

Dans les deux cas, la fermeture automatique des portes s'obtient par la torsion d'un faisceau de seize lames d'acier supérieur très minces, et d'une grande longueur, torsion produite par l'ouver-

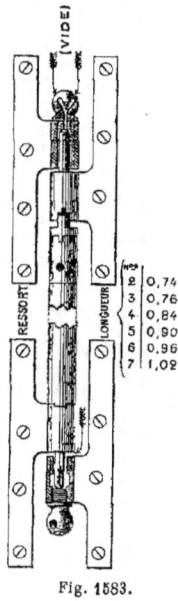

Fig. 1583.

ture de la porte et par un mécanisme spécial de tension.

Ce dernier se compose d'un manchon en acier tourné, à l'extrémité inférieure duquel vient se fixer le faisceau à ressort maintenu dans une mortaise par une goupille, et renfermé dans une gaine ; dans le haut, ce manchon reçoit le pivot et présente dans sa face six rainures dans lesquelles viennent s'engager deux dents réservées, sur une petite noix formant arrêt de tension. Sur sa face supérieure, cette noix porte deux autres dents venant s'engager dans des rainures pratiquées dans la douille de platine.

Une fois engagée, la noix qui coulisse verticalement reste maintenue par la tension même du ressort; pour faire varier cette tension, il suffit d'introduire une broche dans l'un des six trous dudit manchon, puis de replacer la noix dans la position voulue.

Les paumelles employées pour la construction de ces ferme-portes, sont en acier forgé, d'un modèle spécial, sur dés et pivots en acier trempé, avec réservoir d'huile.

1883. Le type indiqué par le croquis (fig. 1582) est un *ferme-portes* monté sur platine, avec bras de renvoi à galet, monture en acier, pièces de réglage en acier, ressort en acier de première qualité et gaine en cuivre.

Il se monte à droite comme à gauche, se fixe sur le chambranle de la porte le plus près possible de la feuillure, et ne nécessite qu'une largeur de chambranle de 3 à 6 centimètres. Une clavette d'arrêt, fixée après le ressort, permet d'en annuler l'action; il suffit de développer le bras et de la placer derrière dans la rainure.

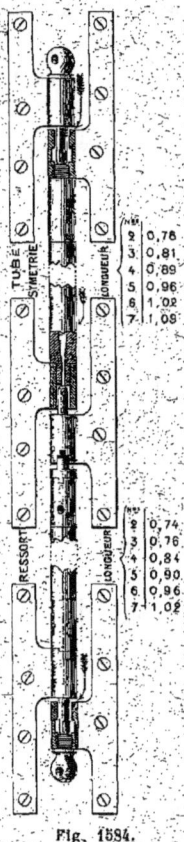

Fig. 1584.

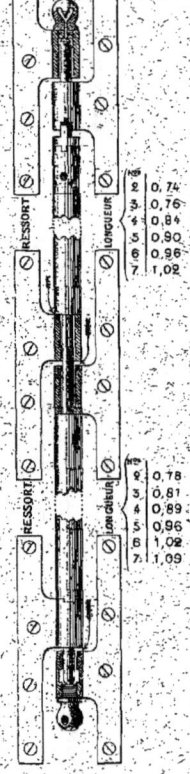

Fig. 1585.

1884. Les trois autres modèles se distinguent par les variantes suivantes :

Modèle numéro 1 (fig. 1583).

Avec ressort allant de la paumelle du bas à celle du milieu.

Modèle numéro 2 (fig. 1584).

Il diffère du précédent par l'adjonction d'un tube de symétrie allant de la paumelle du milieu à celle du haut.

Modèle numéro 3 (fig. 1585).

Il diffère du précédent en ce que le ressort est établi sur toute la hauteur.

Ces *ferme-portes* se composent de trois paumelles doubles en acier, invariables d'écartement, dont les dimensions se trouvent indiquées ci-dessus et qui sont montées avec mamelons et dés en acier taraudés. Les pièces de réglage sont en acier et la gaine est en cuivre.

1885. *Charnières à ressort pour portes va-et-vient.* — Une nouvelle charnière de la maison Fontaine est aujourd'hui très employée pour les portes va-et-vient, nous la représentons en croquis (*fig.* 1586 et 1587).

La pose de cette charnière se fait de la manière suivante :

Pour poser la charnière à ressort sur une porte va-et-vient, il faut enlever la broche supérieure d'un côté et inférieure de l'autre (après avoir dévissé les deux vis qui les fixent), ce qui laisse une plaque extérieure et les deux charnières ensemble. On démonte alors le ressort et on peut facilement mettre la charnière en place sur la porte et sur le chambranle.

En replaçant le ressort, s'assurer que

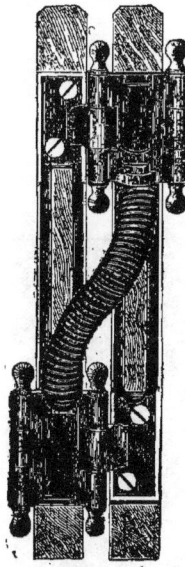

Fig. 1586.

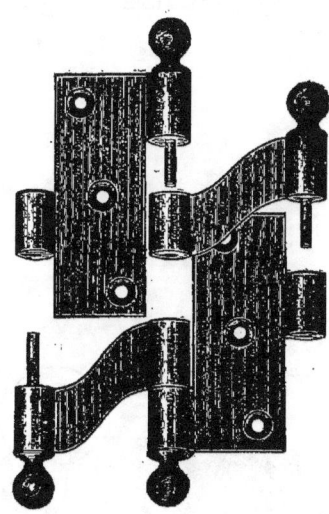

Fig. 1587.

les deux extrémités s'engagent l'une dans l'encoche de la charnière inférieure, l'autre dans celle du support mobile du ressort.

Pour donner la tension voulue, il suffit de tourner le ressort en le roulant (ne jamais le dérouler). Un tour et demi de tension suffit. On peut augmenter la tension en se servant des deux broches ; on les passe dans les trous du support mobile du ressort, et on donne au ressort

842   SERRURERIE.

le nombre de tours voulus. Une petite goupille en cuivre sert pour retenir la tension.

Le ressort se tend quand la goupille en cuivre reste dans l'encoche, une fois le support mobile lâché.

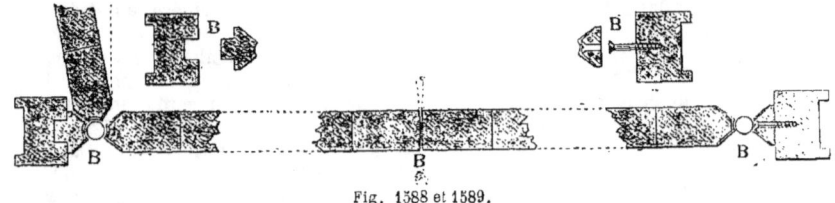

Fig. 1388 et 1389.

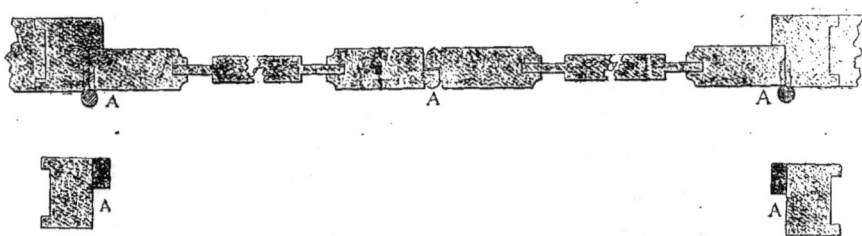

Fig. 1590 et 1591.

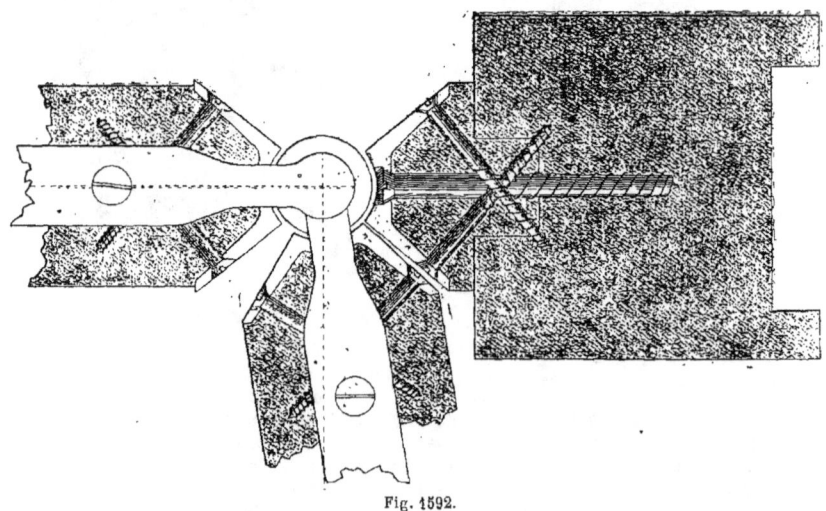

Fig. 1592.

1886. Un autre système de portes va-et-vient est indiqué ci-après. C'est un système de va-et-vient automatique monté sur paumelles spéciales, système

Leglay, réglables et à chambre à huile, branches angulaires et parallèles pour portes à un ou à deux vantaux.

Ce ferme-portes automatique va-et-vient se compose de deux, trois ou plus de paumelles doubles du genre de celles décrites précédemment, suivant la hauteur de la porte : pièces de réglage, ressorts en acier de première qualité et gaine en cuivre formant contrefeuillure dans toute la hauteur de la porte. On évite les entailles dans le sol et dans la traverse haute du bâtis ; on peut aussi régler le déplacement des vantaux de porte de façon qu'au repos ils se trouvent bien bout à bout, ou qu'ils se présentent parfaitement en face du dormant.

1887. La transformation d'une porte à deux vantaux ordinaire en porte va-et-vient peut se faire très facilement.

Nous représentons en croquis (*fig.* 1588) le plan d'une porte ordinaire à deux vantaux avec l'indication des montants d'huisserie dans lesquels sont entaillées les feuillures.

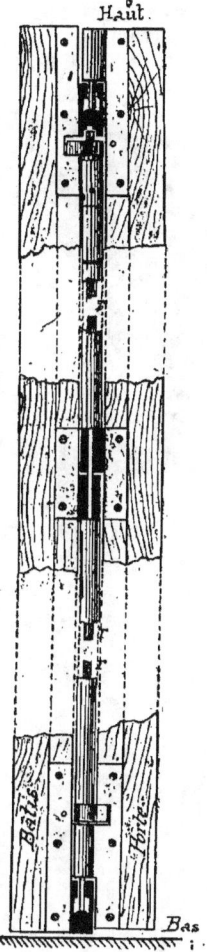

Fig. 1593.

Fig. 1594.

1888. Le croquis (*fig.* 1589) nous montre la partie à enlever pour supprimer la feuillure sur chacun des montants d'huisserie.

1889. Le croquis (*fig.* 1590) nous représente la préparation à faire pour fixer sur ces montants d'huisserie, des tapées B fixées à l'aide de fortes vis.

1890. Enfin, le croquis (*fig.* 1591) nous montre le plan de la porte à deux vantaux ordinaires transformée en porte va-et-vient.

1891. Le croquis (*fig.* 1592) donne à plus grande échelle le mode d'assemblage d'une porte va-et-vient, cette porte ouvrant environ d'un cinquième en plus que l'équerre.

1892. Le croquis (*fig.* 1593) nous montre le va-et-vient appliqué à une porte. En *r*, le ressort qui par sa torsion ramène la porte. Avec ce système, il n'y

Fig. 1595.

Fig. 1596.

a aucune entaille ni dans le sol ni dans la traverse haute.

1893. *Ferme-impostes.* — Il existe beaucoup de types de ferme-impostes. Nous indiquerons en premier ceux de la maison Duval, parce qu'ils sont solides et d'une très grande simplicité de construction.

QUINCAILLERIE DE BATIMENT. 845

Le premier exemple est représenté en croquis (fig. 1594); il se manœuvre par une tringle à poignée placée à proximité de celui qui doit ouvrir.

Pour la pose, il faut placer le support sur la partie ouvrante, remonter le levier et son guide, en ayant soin de laisser le guide un peu plus haut que la poulie. On peut placer l'appareil à toute hauteur, selon l'ouverture qu'on désire obtenir, sans déranger la marche de l'appareil.

1894. Le deuxième type représenté

Fig. 1597.

en croquis (fig. 1595) s'ouvre par le milieu; il faut placer le support au-dessus du pivot sur la partie ouvrante, et remonter le levier et son guide, en ayant soin de laisser le guide un peu plus haut que la poulie.

1895. Le troisième type (fig. 1596) s'ouvre par le haut; on place le support sur la partie ouvrante, et on laisse descendre le levier en ayant soin de poser le guide un peu plus bas que la poulie.

1896. Lorsque les impostes ont de

QUINCAILLERIE DE BATIMENT.   847

1899. Les tiges et les poignées des différents ferme-impostes que nous venons d'étudier se font de deux manières, comme le montrent les croquis (*fig.* 1600) : la poignée torse et la poignée à poire.

Fig. 1600 et 1601.

1900. Les accessoires de ces ferme-impostes sont : les arrêts pour poignées torses et à poire indiquées en croquis (*fig.* 1601); les pivots posés à plat (*fig.* 1602); enfin, les pivots sur champ dont le croquis (*fig.* 1603) nous montre la forme.

1901. *Système de fermeture pour vasistas et imposte à double mouvement combiné, système Fontaine ;* conduit en fonte d'acier.

1902. Cet appareil, représenté en

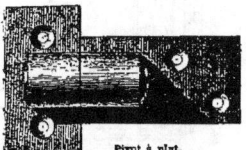

Fig. 1602.

croquis (*fig.* 1604 et 1605), est construit spécialement pour impostes de grandes dimensions et trouve des applications pour établissements scolaires, hôpitaux, usines, prisons, écuries, etc.

Il présente les avantages suivants :

1° Fermeture hermétique des deux côtés à la fois, ce qui empêche le gauchissement qui peut se produire ;

2° Ouverture très grande, ce qui permet d'aérer rapidement une pièce ;

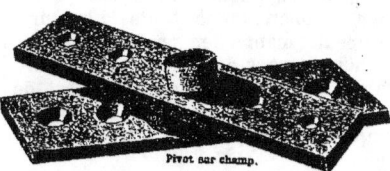

Fig. 1603.

3° Arrêt instantané à n'importe quel angle d'ouverture ;

4° Simplification de la pose par la suppression des paumelles, loqueteaux, poulies, cordes, etc. ;

5° Simplicité du fonctionnement.

1903. *La manivelle M (fig. 1605,) étant mobile, impossibilité à toute personne non autorisée d'ouvrir ou de fermer le va-*

848   SERRURERIE.

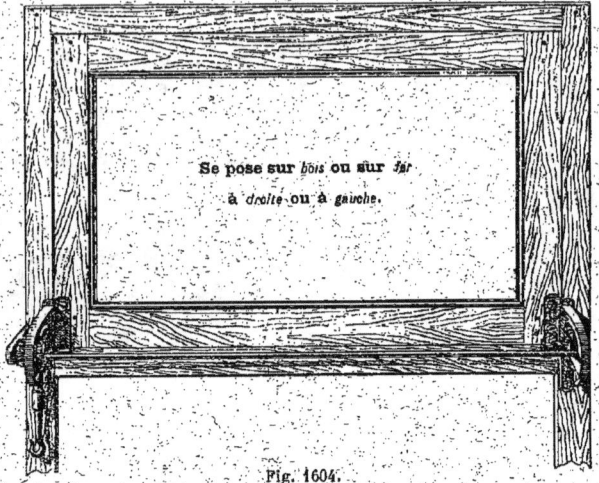

Fig. 1604.

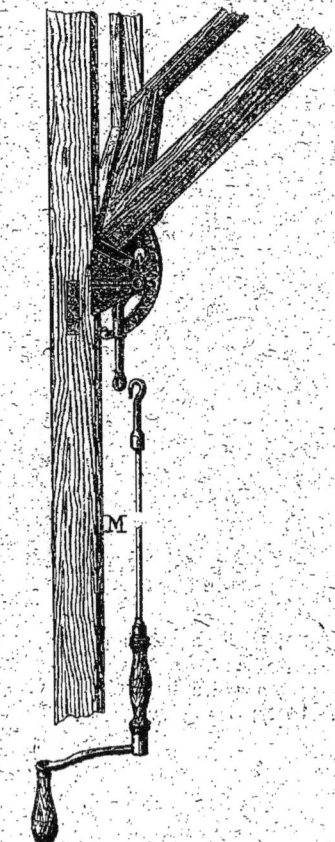

Fig. 1605.

sistas, avantage appréciable dans les hôpitaux, par exemple.

1904. Un autre modèle de la maison Fontaine, pour fermetures de châssis à bascule, vasistas d'imposte ou de croisées supprimant les loqueteaux, cols de cygne, poulies, cordes, etc..., est représenté par le croquis (*fig.* 1606). Ce système peut s'appliquer sur le bois ou sur le fer et fonctionne à toutes hauteurs. Une seule manivelle, semblable à celle que nous venons de décrire, peut suffire à faire manœuvrer un grand nombre de châssis. On peut le faire fonctionner dans n'importe quelle position, même dans un angle.

Si le châssis est en ébrasement, une simple genouillère lui communique le mouvement.

1905. Cette fermeture se monte avec patte simple, à droite ou à gauche et avec patte double pour faire manœuvrer deux châssis à la fois. Ce modèle peut s'appliquer sur des châssis ayant jusqu'à 2 mètres de largeur sur 1 mètre de hauteur.

1906. Cette fermeture se pose généralement au tiers de la hauteur du châssis ; on obtient plus d'ouverture en la

QUINCAILLERIE DE BATIMENT. 849

plaçant plus bas, et moins d'ouverture, mais plus de force, en la plaçant plus haut.

1907. Le croquis (*fig.* 1607) nous donne, à plus grande échelle, la disposition de la pièce P du croquis précédent.

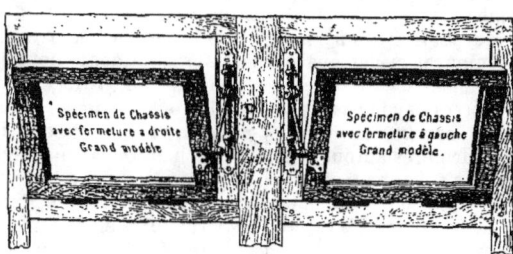

Fig. 1606.

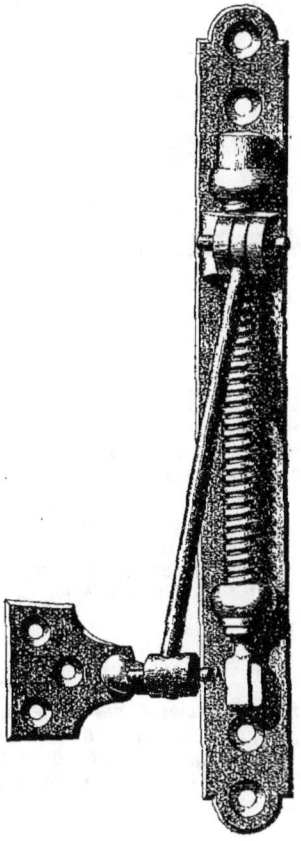

Fig. 1607.

Sciences générales.

La patte B est, dans ce croquis, indiquée pour la fermeture à droite. Pour en chan-

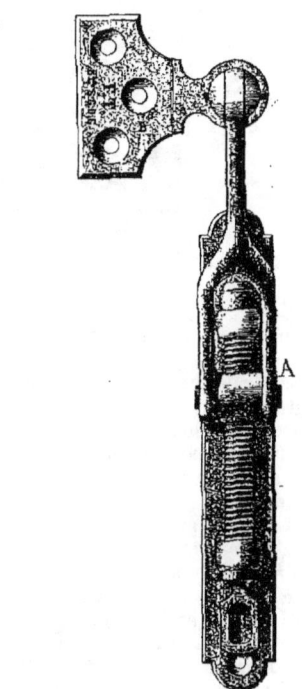

Fig. 1608.

ger la main, il suffit d'enlever la goupille A et de retourner la patte B.

SERRURERIE. — 54.

1908. Le croquis (*fig.* 1608) nous représente un autre type qu'on peut très bien employer soit pour châssis simples, soit pour deux châssis à la fois (*fig.* 1609) ouvrant par le milieu.

Dans ce dernier type, il est important que l'écrou soit toujours au-dessous de l'axe de rotation du châssis.

Pour les châssis ferrés par le bas, l'axe A (*fig.* 1608) de cet écrou doit être à 0^m,04 de l'axe des charnières autour desquelles tourne le châssis. Pour les châssis ferrés par le milieu (*fig.* 1609), l'axe A de l'écrou doit être à 0^m,01 de l'axe des charnières des châssis.

Ferme-persiennes système Cairol fils.

1909. Le ferme-persiennes, système Cairol, aujourd'hui que les persiennes brisées venant se replier en tableau, sont d'un emploi général, permet d'ouvrir et de fermer ces persiennes sans avoir à ouvrir les fenêtres.

1910. Le ferme-persiennes pour volets brisés, dont nous donnons trois exemples (*fig.* 1610), se compose : d'une vis droite et gauche posée horizontalement entre la croisée et les persiennes, soit au haut de la baie, soit au bas, sous la pièce d'appui de la croisée comme contre la traverse de l'imposte, lorsque ces fermetures en ont une.

Cette vis porte deux ou plusieurs écrous, à charnière E, placés de chaque côté ; ce sont les charnières de ces écrous qui, fixées contre les feuilles des persiennes, les attirent ou les repoussent

Fig. 1609.

selon qu'on tourne la vis à droite ou à gauche.

Pour obtenir le mouvement des vis V, on peut utiliser tous les moyens servant pour les stores ordinaires ; on peut aussi employer un arbre horizontal, portant un engrenage d'angle, une chaîne de Gall, de Vaucanson, etc.

Dans les exemples que nous indiquons (*fig.* 1610), la manœuvre se fait à l'aide d'une manivelle M, placée à l'intérieur, à droite ou à gauche. Cette manivelle commande à l'aide d'un arbre a deux pignons d'angle p, servant à la manœuvre.

1911. Dans le croquis (*fig.* 1610), nous représentons en I la disposition pour une persienne brisée en quatre feuilles, se repliant dans le tableau de la croisée ;

En II, la disposition à prendre pour persiennes en six feuilles ;

En III, la disposition pour huit feuilles.

1912. Les deux autres dispositions, représentées en IV et V (*fig.* 1611), servent pour persiennes en deux feuilles ; c'est le système à crémaillère se développant extérieurement, et le système en deux feuilles à coulisse suspendue extérieurement.

Ferme-persiennes système Fontaine.

1913. Ce système, comme le précédent, supprime entièrement les loqueteaux : nous en donnons un exemple (*fig.* 1612), en élévation et en coupe horizontale.

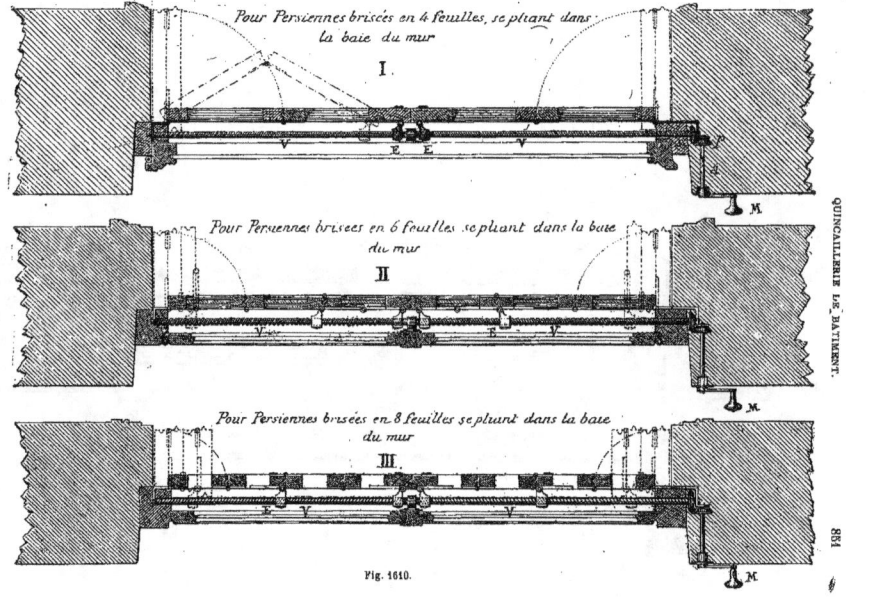

Fig. 1610.

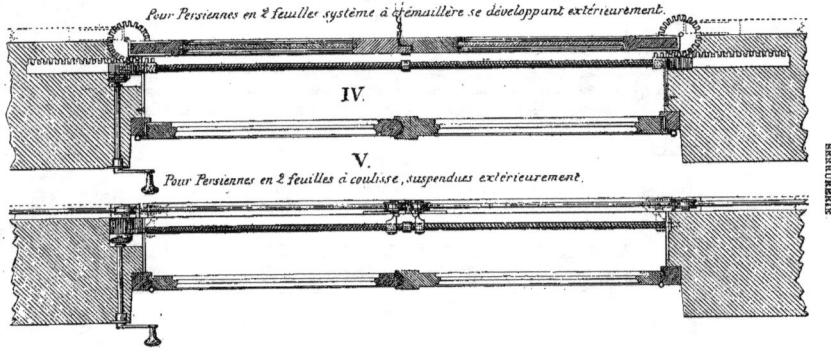

Fig. 1611.

Fig. 1612.

854   SERRURERIE.

Le fonctionnement s'opère en six tours de manivelle, et la fermeture des persiennes est absolument hermétique.

Les deux vantaux fonctionnent en même temps ; pour éviter leur rencontre on devra s'attacher, lors de la pose, à

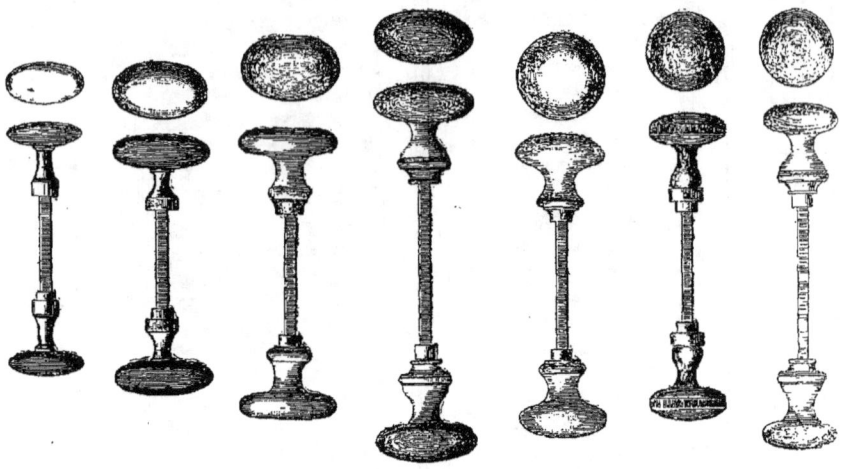

Fig. 1613.

engrener le secteur denté sur son pignon, de façon à ce que le vantail A soit en avance d'un demi-tour de manivelle sur le vantail B.

Boutons doubles du commerce.

1914. Nous avons vu, en parlant des serrures du système Gollot frères, un

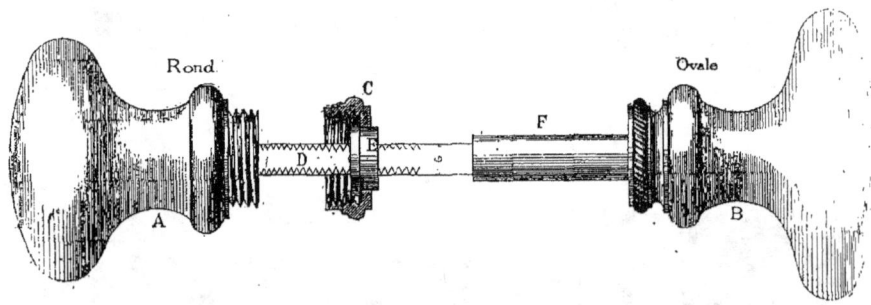

Fig. 1614.

modèle de bouton double souvent employé. Il en existe d'autres dont nous allons dire quelques mots.

Les croquis (*fig.* 1613) nous représentent les différentes formes simples, que prennent ordinairement les boutons doubles, employés dans les maisons à loyer. Ayant reconnu les inconvénients de certains boutons, surtout lorsqu'ils sont en porcelaine, imitation ivoire ou autres, les constructeurs ont cherché à les rendre plus solides.

Boutons doubles à bagues de serrage, système Camus.

1915. Les deux croquis (*fig.* 1614 et 1615) nous montrent un système de boutons doubles ivoire à bague de serrage.

En B est représenté le bouton fixé sur la tige carrée D.

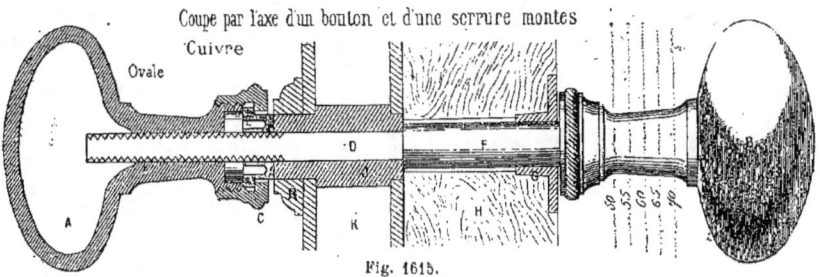

Fig. 1615.

Le bouton A est mobile et s'adapte du côté de la serrure.

Il se compose de trois pièces :

1° De A, qui est le bouton proprement dit ;

2° De la bague de serrage C, filetée intérieurement et se vissant sur le pied du bouton ;

3° De l'écrou E se vissant sur la tige D, dont les angles sont taraudés.

1916. Supposant le bouton démonté, voici comment s'opère le montage :

On place, en premier lieu, le bouton fixe B dans la position indiquée dans le croquis ; puis, on met la bague C jusque contre la serrure ; ensuite on visse l'écrou E, muni d'un rebord et de deux petits trous, permettant, en se servant d'un compas, de le serrer jusque contre la serrure. On place ensuite le bouton A, lequel est percé d'un trou bien ajusté sur la tige, et on visse, à la main, la bague C sur son pied. Le bouton se trouve ainsi monté solidement, quelle que soit l'épaisseur du bois et de la serrure.

Si l'on a soin d'ajuster le tube F, à l'épaisseur du bois de la porte, et de ménager un petit jeu, on pourra serrer l'écrou à bloc, et obtenir un bouton solidaire du folio de la serrure et faisant corps avec lui, de sorte que jamais il ne pourra s'user, ni ferrailler.

Bouton double système Sauzin.

1917. Ce bouton est connu, dans le

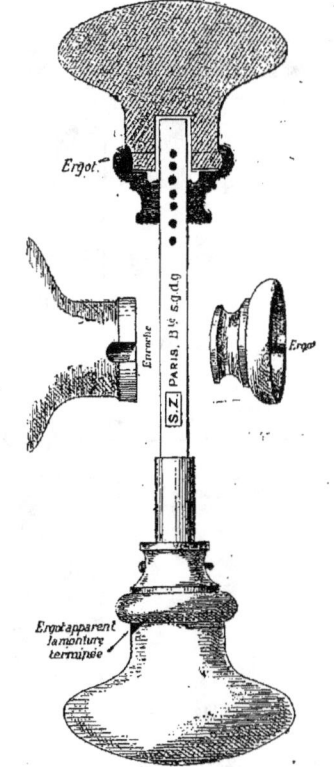

Fig. 1616.

commerce sous la désignation de *bouton double à griffe*.

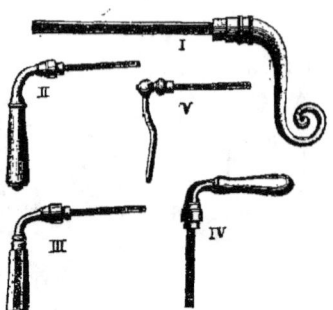

Fig. 1617.

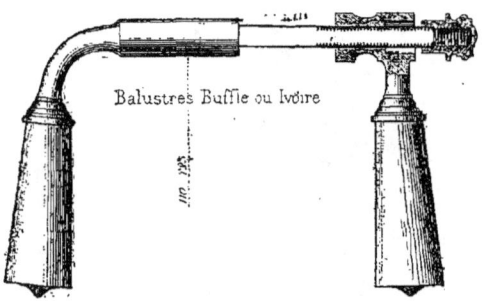

Fig. 1618.

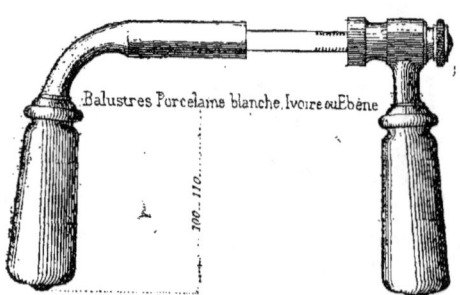

Fig. 1619.

l'inconvénient, au bout de très peu de temps, de tourner dans la sertissure; le nouveau bouton, dont nous donnons un

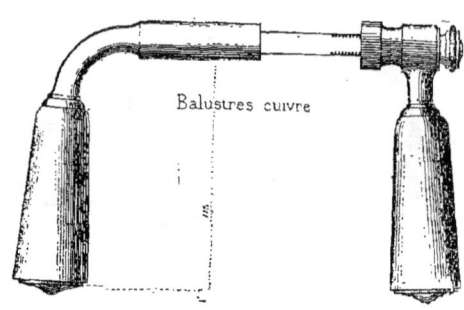

Fig. 1620.

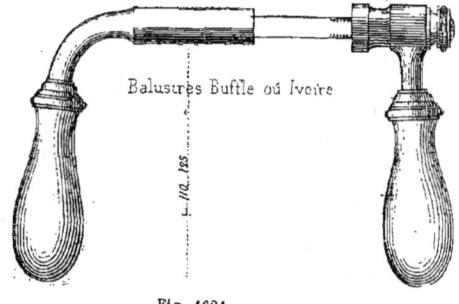

Fig. 1621.

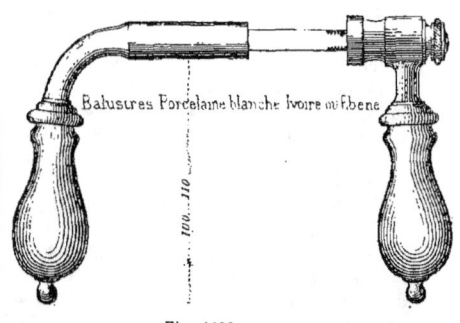

Fig. 1622.

Les boutons céramiques, actuellement très employés dans le bâtiment, avaient croquis (*fig.* 1616), comporte un ergot au bord de la cuvette; cet ergot s'ajuste dans une encoche et, se trouvant comprimé par la sertissure, le bouton ne peut remuer.

Béquilles.

1918. Les béquilles sont simples ou

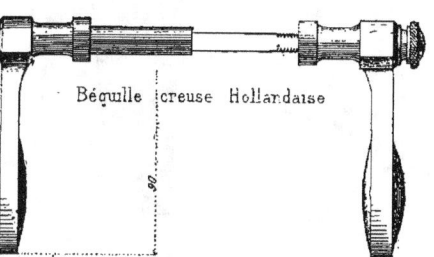

Fig. 1623.

doubles ; les béquilles simples sont représentées en croquis (*fig.* 1617) et portent, suivant leurs formes, les noms suivants :
I. Béquille simple col de cygne ;

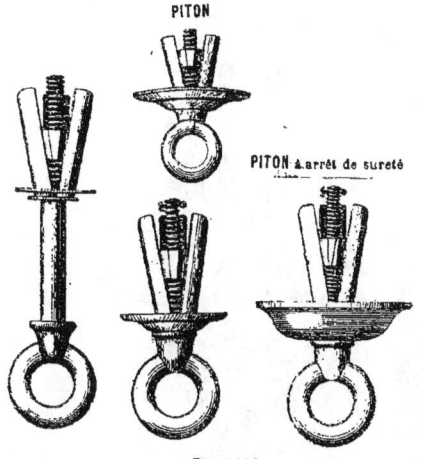

Fig. 1624.

II. Béquille simple à canon ;
III. Béquille simple à pans ;
IV. Béquille simple à poire ;
V. Béquille simple plate renvoyée.

1919. Nous avons déjà donné des types de béquilles doubles, en parlant des becs de cane, système Gollot ; pour compléter, nous donnons dans les croquis suivants (*fig.* 1618 à 1623), les principaux types de béquilles du commerce.

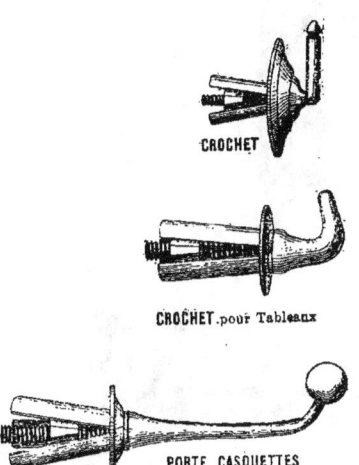

Fig. 1625.

Ce sont des béquilles doubles à écrou de serrage, système Camus dont la coupe

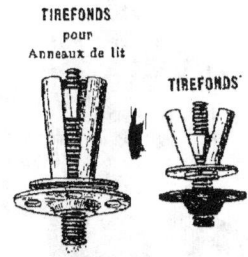

Fig. 1626.

de la figure 1618 nous fait facilement comprendre la disposition.

Ces différentes espèces se font, pour la monture, en cuivre poli et nickelé, et pour les poignées, en buffle ou en imitation ivoire.

858   SERRURERIE.

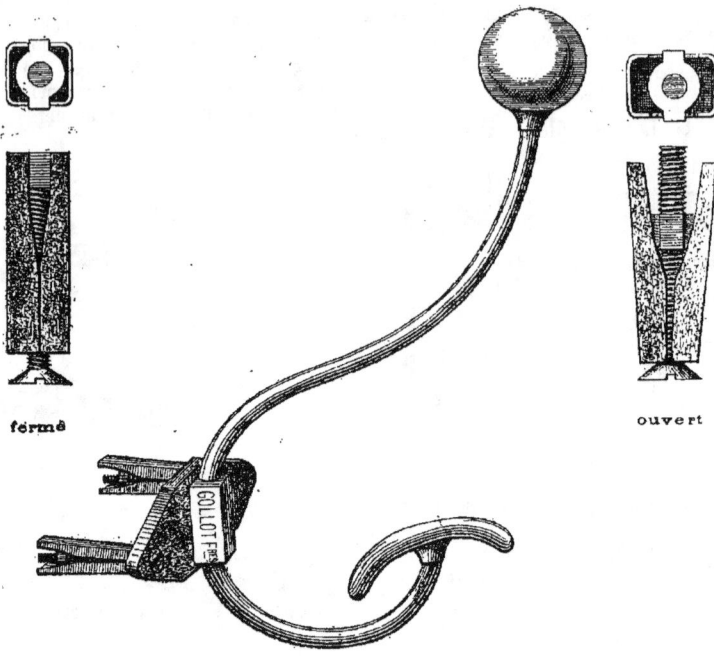

fermé   ouvert

Fig. 1627 à 1629.

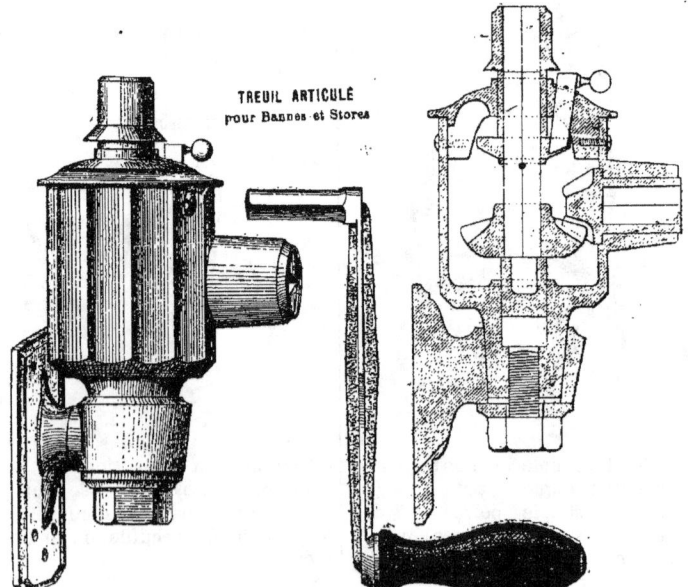

TREUIL ARTICULÉ
pour Bannes et Stores

Fig. 1630.

Pitons, crochets, tirefonds.

1920. Les croquis (*fig.* 1624) nous montrent des types de pitons pour fixer les suspensions au plafond lorsque, pour une raison quelconque, on n'a pas prévu de pitons en construisant les planchers.

Ces pitons sont scellés au plâtre et permettent, une fois la prise faite, d'y suspendre des poids assez lourds.

1921. Les trois croquis (*fig.* 1625) nous indiquent les dispositions à prendre, en employant le même système, pour fixer au mur des crochets pour divers usages, et à formes différentes.

1922. Les deux croquis (*fig.* 1626) représentent deux exemples de tirefonds pour anneaux de lit, qu'on emploie très avantageusement au lieu de simples clous, qui font d'énormes trous dans les plafonds, et donnent une solidité très douteuse.

Tampons métalliques.

1923. Lorsqu'on désire fixer au mur une pièce quelconque, un porte-manteau (*fig.* 1627), par exemple, on le fait ordinairement à l'aide de trous tamponnés, c'est-à-dire qu'ayant fait dans le mur un trou, on y enfonce une cheville, dans laquelle on visse des vis à bois ordinaires.

Pour cet usage, on se sert aujourd'hui d'un tampon métallique ayant, sur le tamponnage en bois, l'avantage de la solidité, de la propreté et de la commodité de la pose, qui n'est pas susceptible d'occasionner aux murs peints ou tapissés, les dégradations inévitables avec le tamponnage en bois.

Pour la pose du tampon métallique, indiqué ouvert (*fig.* 1628), et fermé (*fig.* 1629), on retire la vis ; on fixe le tampon après l'objet sans être serré, on place ensuite ce tampon dans le trou préparé au mur, en maintenant le porte-manteau d'une main et faisant, de l'autre, tourner jusqu'à pression suffisante à l'aide d'un tournevis.

Treuil pour bannes, et stores.

1924. Pour la manœuvre des bannes et des stores placés aux devantures des boutiques, on se sert d'un véritable petit treuil dont nous donnons l'élévation, la

ayaux droits.

Demi

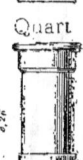

Quart

Huitième

Fig. 1631.

coupe verticale et le détail de la manivelle (*fig.* 1630).

Cette disposition est simple et se comprend facilement, à la seule inspection de la figure, sans que nous ayons besoin de la décrire plus longuement.

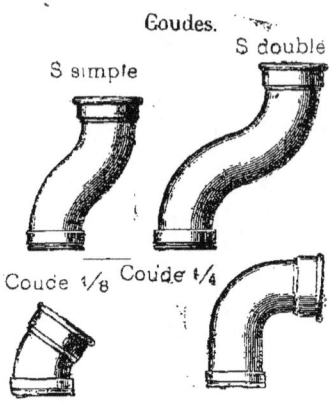

Fig. 1632.

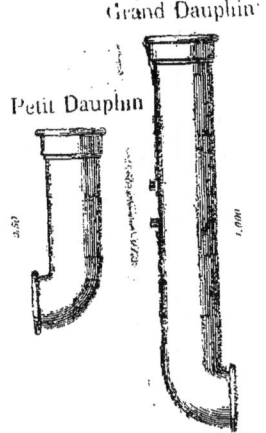

Fig. 1633.

Tuyaux en fonte.

1925. Dans l'étude sommaire que nous indiquons de la quincaillerie, nous parlerons aussi des fontes souvent fournies par le serrurier. Dans le vocabulaire nous avons désigné les tuyaux courants en fonte qu'on trouve dans le commerce ; dans ce qui va suivre, nous dirons quelques mots des tuyaux à *joints spéciaux* de l'usine de Pont-à-Mousson.

1° *Tuyaux pour descentes d'eaux pluviales ou ménagères.*

1926. Avant de donner les types de joints à employer, nous donnons, dans ce qui va suivre, les noms des principales pièces.

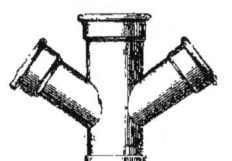 

Fig. 1634.

Fig. 1631. — Type de tuyaux droits de 1 mètre de longueur.
Type de 1/2 tuyaux droits de 0^m,50 de longueur ;
Type de 1/4 de tuyaux droits de 0^m,25 de longueur ;
Type de 1/8 de tuyaux droits de 0^m,125 de longueur.

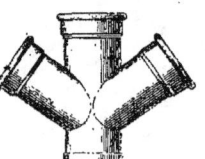 

Fig. 1635.

Fig. 1632. — Coudes en S simple.
Coudes en S double.
Coudes en S 1/4.
Coudes en S 1/8.
Fig. 1633. — Dauphins, grands de 1ᵐ,00.
Dauphins, petits de 0ᵐ,50.
Fig. 1634. — Embranchements, simples ou doubles.
Ces embranchements ont ordinaire-

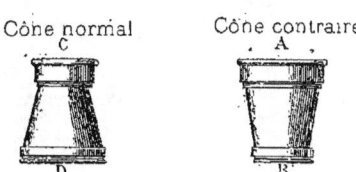

Fig. 1636.

Fig. 1636. — Cônes, normaux ou renversés.
Fig. 1637. — Tés.

1927. La disposition des joints est indiquée par les trois croquis de la figure 1638. L'étanchéité du joint s'obtient avec le ciment, le caoutchouc ou le plomb.

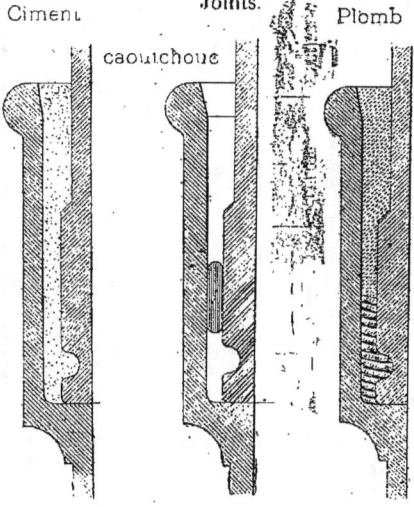

Fig. 1638.

ment les diamètres ci-dessous, mesurés en millimètres.

Diam. de l'embranchement.	Diam. de la tubulure
67	54
81	54
81	67
94	54
94	67
108	54
108	81
135	108
162	108
162	135
189	162
216	162
243	216
300	216

1928. Nous donnons ci-après les poids des différents types de tuyaux de cette fabrication.

2° *Tuyaux pour chutes de cabinets et drains d'évacuations.*

1929. Comme dans l'exemple précédent, nous donnons :
1° Fig. 1639. — Tuyaux droits de 1ᵐ,00 de longueur ;
Demi-tuyaux de 0ᵐ,50 de longueur ;
Quart de 0ᵐ,25 de longueur ;
Huitième de 0ᵐ,125 de longueur.
Culottes simples et doubles.

Fig. 1637.

Fig. 1635. — Culottes, simples ou doubles.

TABLEAU DES POIDS

DIAMÈTRE		TUYAUX DROITS				COUDES				DAUPHINS		CULOTTES		EMBRANCHEMENT		TÉS	CONES	
Pouces	Millim.	1m,00	0m,50	0m,25	0m,125	au 1/4	au 1/8	S simple	S double	1m,00	0m,50	Simples	Doubles	Simples	Doubles		Diamètres	Poids
1	41	kil. 6.00	kil. 3.10	kil. 2.00	kil. 1.30	kil. ..	kil. 1.60	kil. ..	kil. ..	kil. ..	kil. 5.50	kil. 5.00	kil. ..	kil. 5.00	kil. ..	..		
1 1/4	54	7.80	4.30	2.80	1.70	..	2.00	..	..	..	6.00	6.50	..	6.00	..	..		
1 1/2	67	9.50	5.00	3.00	2.00	6.00	2.80	6.00	..	..	8.00	7.00	..	6.80	..	..		
2	81	10.50	7.50	4.00	2.80	7.00	3.00	7.00	..	..	9.00	8.00	..	7.00	..	..		
2 1/2	95	12.00	7.50	4.50	2.80	8.00	4.00	8.00	..	..	10.00	10.50	14.50	8.50	..	9.00		
3	108	14.50	8.30	5.00	3.00	..	..	..	..	..	..	..	..	..	..	..		
3 1/2	131	17.00	10.50	6.00	3.50	10.00	8.50	11.00	15.00	..	14.00	14.00	19.00	11.50	..	10.50		
4	135	22.00	12.50	7.50	4.50	13.00	6.50	13.00	19.00	..	16.00	16.00	23.00	15.30	..	12.50		
5	162	..	14.00	8.00	5.00	10.00	7.00	14.00	24.00	..	18.00	18.00	..	19.00	..	14.00		
6	189	24.50	17.00	9.00	6.00	..	10.50	21.00	..	..	..	24.00	..	22.00	..	16.00		
7	216	29.00	..	..	..	..	..	..	..	..	..	..	..	..	..	..		
8	233	..	..	..	..	..	..	..	..	..	..	..	..	..	..	..		
11	300	..	..	..	..	..	..	..	..	..	..	..	..	..	..	..		

Tuyaux droits.

Quart.

Huitième

Demi-Tuyau

Culotte simple.

Culotte double

Fig. 1639.

QUINCAILLERIE DE BATIMENT. 863

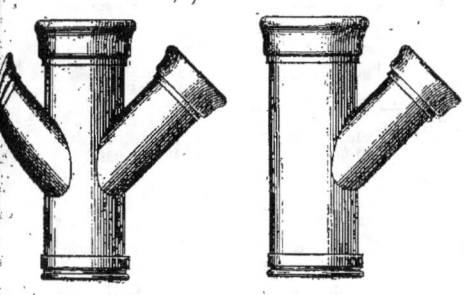

branchement double. Embran! simple.

Té. Coude au ¼

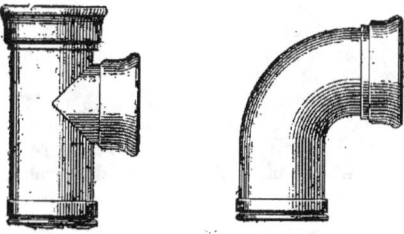

Coude au ¹⁄₁₆ Coude au ⅛

S simple S double

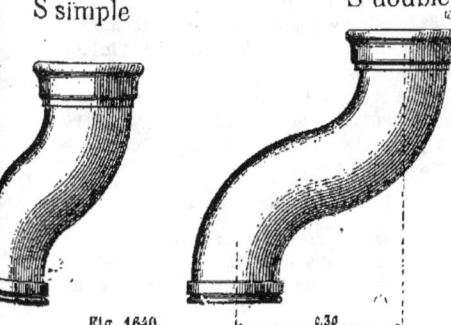

Fig. 1640.

2° *Fig.* 1640. — Embranchements simples et doubles, coudes 1/4, 1/6, 1/8, en S simple et double. Enfin, les tés.

1930. Le croquis (*fig.* 1641), nous montre la disposition de trois joints employés au caoutchouc, au ciment et au plomb.

1931. Pour terminer cette étude sur les tuyaux, nous donnons ci-après le tableau des poids.

au Caoutchouc   au Ciment   au Plomb

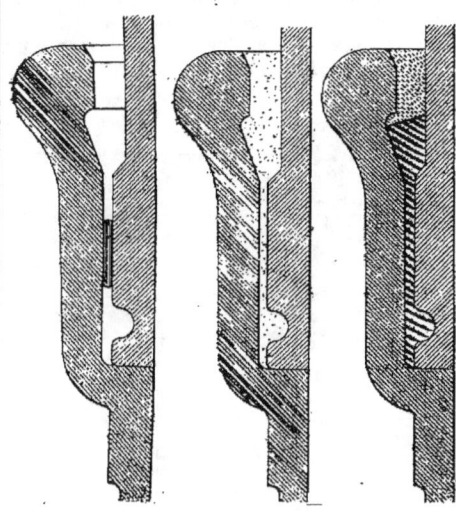

Fig. 1641.

Loqueteaux.

1932. Nous avons, au commencement du *Traité de Serrurerie*, donné quelques exemples de loqueteaux ; nous allons compléter sommairement ces renseignements, en donnant quelques autres types, également employés dans les constructions.

1° *Loqueteau à équerre, système Durand.*

1933. Ce loqueteau, dont nous représentons la forme (*fig.* 1642), à équerre,

TABLEAU DES POIDS

DIAM.	TUYAUX DROITS				COUDES			CULOTTES		TÉS		EMBRANCHEMENTS			
Millim.	1m,00	0m,50	0m,25	0m,125	1/4	1/8	1/16	S simple	S double	Simples	Doubles	Diam. princ.	Diam. tubul.	B simple	E double
	kil.	kil.	kil.	kil.	kil.	kil.	kil.	kil.	kil.	kil.	kil.	mill.	mill.	kil.	kil.
135	26,00	15,00	10,00	7,50	15,00	10,00	8,00	20,00	30,00	20,00	26,00	135	108	18,00	22,00
162	35,00	20,00	12,00	9,00	20,00	14,00	11,00	25,00	40,00	25,00	35,00	162	108	23,00	27,00
189	40,00	24,00	15,00	11,00	25,00	18,00	14,00	36,00	50,00	....	....	24,00	....	....	....
216	....	....	....	....	....	....	....	....	....	....	....	....	....	....	....
243	....	....	....	....	....	....	....	....	....	....	....	....	....	....	....
300	....	....	....	....	....	....	....	....	....	....	....	....	....	....	....

est établi pour remplacer avantageusement le loqueteau défectueux en fonte à mentonnet, dont le ressort élastique en cuivre, qui fait remonter le mentonnet s'oxyde facilement par l'intempérie, et n'a

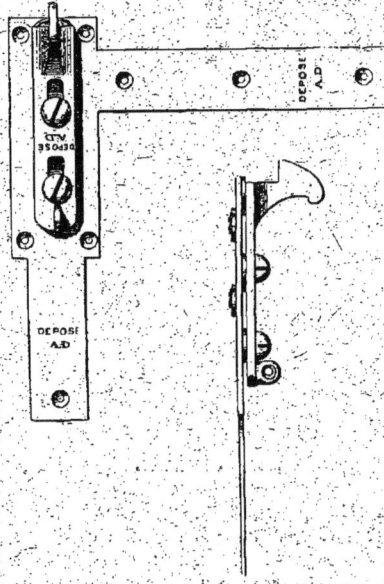

Fig. 1642.

pas la force nécessaire pour faire mouvoir le mentonnet, surtout lorsqu'il a reçu plusieurs couches de peinture.

Il se compose :

1° D'une forte équerre de 0m,22 de branches sur 0m,030 de largeur, afin qu'employée en réparation elle puisse recouvrir aisément l'entaille de l'ancienne équerre. Son épaisseur est de 0m,004 ; les branches sont étirées et réduites à 0m,002. Elle est entaillée comme toutes les autres équerres et est fixée par huit vis 19 × 20, ce qui constitue une grande solidité pour l'emboîture ;

2° Cette équerre est munie de deux ressorts en acier faisant mouvoir le mentonnet ; lesquels étant fixés sous l'équerre, et entaillés dans l'épaisseur du bois,

Fig. 1643 et 1644.

n'auront pas à subir les intempéries, ni les couches de peinture qui pourraient en empêcher l'action ;

3° Sur le dessus de l'équerre est monté le pêne à mentonnet, fixé par deux fortes vis à métaux à serrage fixe.

En cas de nettoyage, il suffit de dévisser seulement les deux vis et de les remettre en place, ce qui est très simple et exige très peu de temps.

2° *Loqueteaux encloisonnés.*

1934. Le croquis (*fig.* 1643) nous représente la disposition d'un loqueteau encloisonné, à clé à carré extérieure d'une longueur de 0m,070, souvent utilisée pour la fermeture des portes à coulisses.

1935. Le croquis (*fig.* 1644) nous montre aussi un loqueteau encloisonné à clé à carré intérieur et extérieur, de la même largeur que le précédent.

1936. Les loqueteaux se font aux deux mains : ceux que nous indiquons dans les croquis précédents, sont des loqueteaux pour portes à droite.

3° *Loqueteau de vasistas.*

1937. Le croquis (*fig.* 1645), nous donne un exemple de loqueteau de vasistas, connu aussi sous le nom de *loqueteau d'école* ou *loqueteau à crapaud*. Il se fait en fonte ou en cuivre garni avec mentonnet.

Galets pour portes à coulisse.

1938. La maison Fontaine exécute des galets spéciaux de portes à coulisse,

Fig. 1645.

pour portes de séparation entre deux salons. Tout l'appareil est en acier, ce qui permet de le faire très léger, tout en ob-

Fig. 1646.

Fig. 1647.

tenant une résistance largement suffisante.

Les poulies indiquées dans les croquis (*fig.* 1646 et 1647), sont formées d'un disque très dur en cuir, sur la circonférence duquel se fait le roulement, maintenu et pressé entre deux disques par des écrous sur un axe d'acier.

Par suite de l'emploi du cuir, la poulie roule sans bruit, et comme il n'y a pas frottement, mais roulement, le tout est moins vite usé.

1939. Comme le montre le croquis (*fig.* 1647), l'axe de la porte, le rail et l'axe de la poulie, sont dans un même plan vertical.

Chaque paire de galets (une paire est nécessaire pour ferrer un vantail) com-

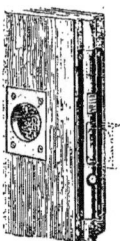

Fig. 1648.

prend : un guide du bas, un arrêt et deux tampons.

L'arrêt en acier doit être vissé sur le champ arrière de la porte à mi-hauteur; la porte vient ainsi butter bien carrément, sans danger que l'arrêt la fasse se soulever.

1940. Pour sortir la porte dans le passage, il suffit, au moyen d'une lame de couteau, de faire tourner d'un quart de tour, l'arrêt qui se tient de lui-même horizontal ; on peut alors amener la porte

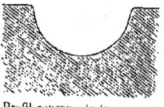

Profil convexe de la gâche et du verrou.   Profil concave de la serrure.

Fig. 1649.

dans le passage et la démonter facilement,

1941. Les croquis (*fig.* 1648), nous montrent le mode de fermeture de deux vantaux.

Les deux platines, garnies de tampons, doivent être entaillées de leur épaisseur sur la face des montants qui bordent la baie, de façon à être couvertes par les moulures, et servent de heurtoir à l'arrêt. Elles ne sont pas représentées dans les croquis ci-dessus où, d'ailleurs, l'arrêt les cacherait en partie.

1942. Pour faire la noix de la porte, on doit connaître le profil de la serrure que nous donnons en croquis (*fig.* 1649).

1943. Enfin le croquis (*fig.* 1650), nous montre la disposition du verrou placé à la partie basse.

2° *Exemple de ferrure à galet roulant pour portes à coulisses.*

1944. Nous donnons en croquis (*fig.* 1651) en élévation et en coupe verticale une disposition de porte à coulisse à galet roulant FT.

Ces Ferrures sont destinées à remplacer

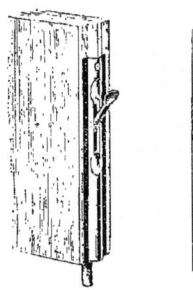
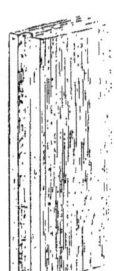

Fig. 1650.

les *anciens galets dont l'axe tournait dans des trous faits dans la chape.*

Elles suppriment les nombreux inconvénients de l'ancien système, car indépendamment de *la force qu'il fallait déployer pour faire manœuvrer la porte, et des graissages répétés qui ne pouvaient être faits sans salir, il arrivait toujours que les trous de la chape où pivotait l'axe s'agrandissaient dans le sens de la pesée, et de ronds devenaient ovales ; que la porte baissait et finissait par toucher le sol enfin, qu'il fallait réparer la chape ou la changer.*

L'axe du galet se meut sur un plan horizontal en même temps que la porte se déplace ; d'où plus de **frottement**, plus

QUINCAILLERIE DE BATIMENT.   867

d'usure ni de l'axe ni de la chape, plus de graissage, et la porte la plus lourde glisse avec facilité.

Différents types de poignées.

1945. Nous avons déjà eu l'occasion

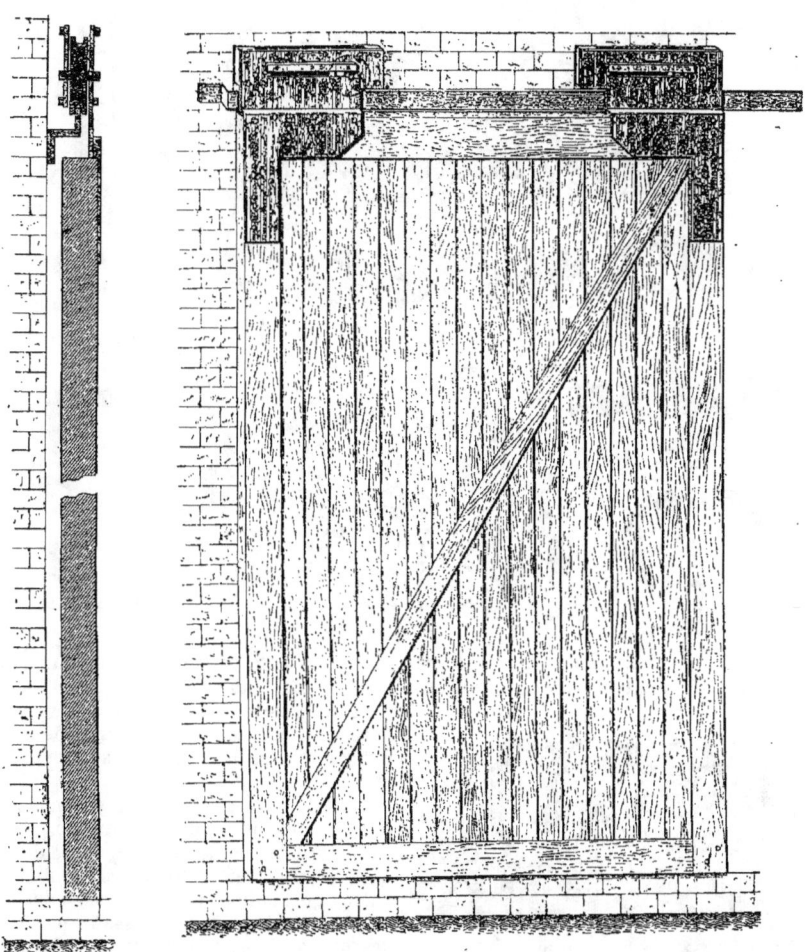

Fig. 1651.

de parler de l'emploi des poignées, pour compléter ces renseignements nous donnons (*fig.* 1652), sous forme de croquis, les différents types de poignées employées dans les bâtiments ou dans les divers travaux de ferronnerie et de quincaillerie.

Tuyaux de chute en fonte système A. Jacquemin.

1946. Ce genre de tuyau, dont nous représentons un type (*fig.* 1653), est spécialement destiné aux installations des chutes pour le tout à l'égout. Les joints sont peu nombreux, étanches et de longue durée.

Le plus petit des tuyaux a 0m,90 de longueur, et jusqu'à une hauteur de 3m,35, on n'a que trois joints par étage y compris celui du branchement.

Le joint, comme le montre le croquis

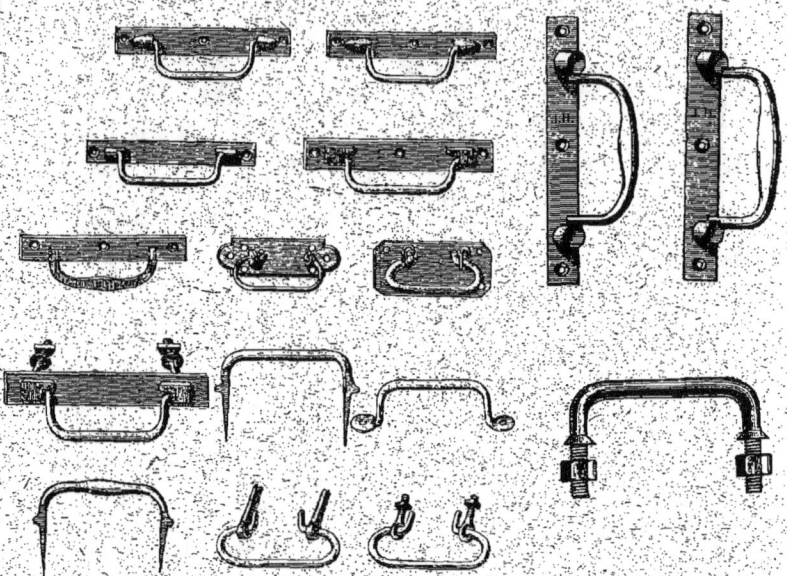

Fig. 1652.

est fait par une bague en plomb B se prêtant bien à la dilatation de la fonte et aux

Fig. 1653.

légers tassements d'un bâtiment en construction.

Ce joint se fait simplement, en frappant avec un marteau sur une bague en fonte A; il est indépendant des colliers de support, et il est facile de déposer ou de modifier une portion de chute sans toucher aux plâtres.

1947. Pour chaque joint, on emploie donc une bague en fonte et une rondelle en plomb. La bague en fonte est conique à l'intérieur; cette conicité est régulière, puisqu'on l'obtient par un passage sur le tour. Les extrémités des tuyaux portent des cordons également tournés, faisant saillie de quelques millimètres.

1948. Lorsque les tuyaux sont amenés bout à bout, on fait glisser sur le joint une rondelle en plomb, et une bague en fonte préalablement frottée avec un peu de suif; en chassant cette bague à coups de marteau, le plomb se moule sur les cordons des tuyaux, et forme ainsi, sans matage, un joint hermétique.

1949. Pour la dépose, il suffit de frapper avec un marteau sur la partie inférieure de la bague en fonte, et de couper avec un ciseau la rondelle de plomb.

Les tuyaux ont $0^m,90$, $1^m,10$, $1^m,40$ et $1^m,50$ de longueur.

Les embranchements simples et doubles $0^m,35$ et $0^m,40$.

1950. Le croquis (*fig.* 1654) nous montre la disposition d'un embranche-

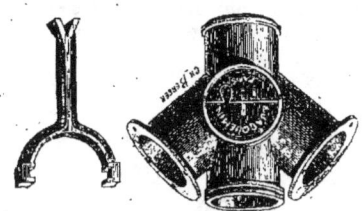

Fig. 1654 et 1655.

ment simple ou double, avec son dégorgement.

1951. Le croquis (*fig.* 1655) la disposition des crochets de support.

1952. Le croquis (*fig.* 1656) indique une partie de l'installation pour un W.-C. placé à l'étage.

Boutons à poignée de porte cochère.

1953. Nous donnons en croquis (*fig.* 1657), les principaux types de boutons à poignée unis les plus employés dans les constructions.

Fig. 1656.

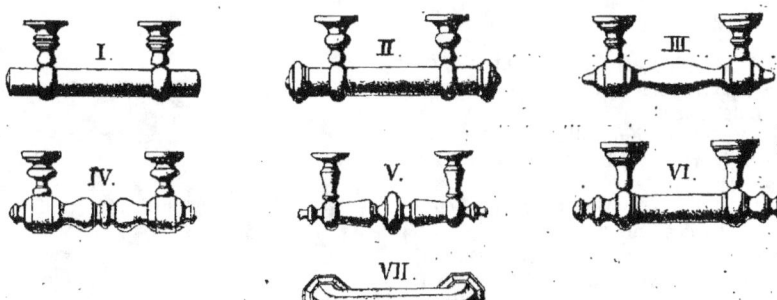

Fig. 1657.

Ces boutons portent les noms suivants :
I A bâton de maréchal ;
II. A bâton à culots ;
III. A simple balustre,
IV. A double balustre ;
V. Turque ;
VI. Grecque ;
VII. A pans pleins.

On exécute ces boutons de 0^m,15 à 0^m,30 de longueur.

Verrous.

1954. Nous avons déjà eu l'occasion de parler des verrous ordinaires, dont nous rappelons la forme en croquis (*fig.* 1658).

Il en existe d'autres dont il peut être important de connaître les noms et leur emploi, nous les représentons en croquis (*fig.* 1659).

En I. Verrou à entailles, bascule articulée à ressort ;
En II. Verrou à coquille ;

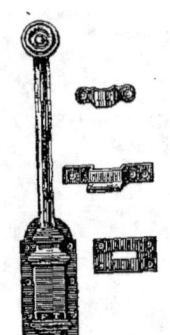

Fig. 1658.

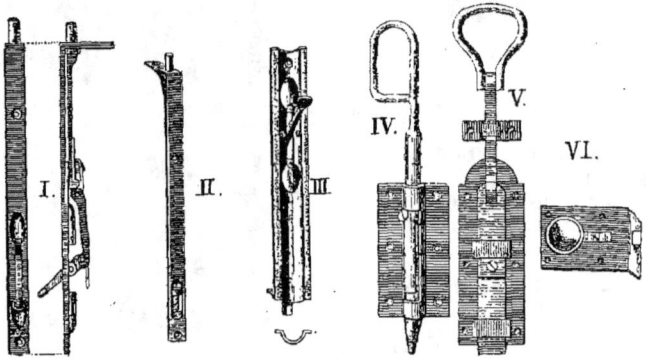

Fig. 1659.

En III. Verrou demi-rond à bascule, en cuivre, pour portes à deux vantaux à gueule de loup ;

En IV. Verrou à douille platine ;

En V. Verrou renforcé à anneau pour porte cochère ;

En VI. Verrou à entailler employé surtout pour volets intérieurs.

Les trois croquis (*fig.* 1660) représentent trois types de verrous à douilles avec gâche c'est pour ainsi dire l'intermédiaire entre le verrou et la targette.

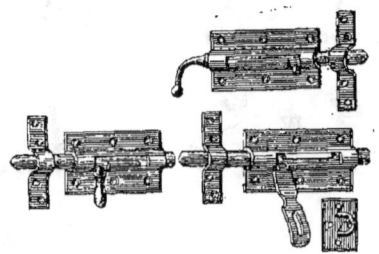

Fig. 1660.

Targettes.

1955. Les targettes sont de véritables verrous courts placés horizontalement et servant ordinairement à fermer : un châssis, une porte à un vantail, la gâche est alors fixée au piédroit de la porte ; une porte à deux vantaux, la gâche se fixe alors sur l'un d'eux.

1956. Les targettes ordinaires (*fig.* 1661) sont à pène plat ou à pène rond ; elles se font en fer ou en cuivre.

Fig. 1661.

Ce pène glisse entre deux *picolets* rivés sur une platine. La course est limitée par le bouton servant à la manœuvrer, qui vient buter à droite ou à gauche contre les picolets.

Fig. 1662.

La gâche, également indiquée dans le croquis, a la forme d'un crampon et se fixe à l'aide de deux vis.

Fléaux.

1957. Nous avons donné des exemples de fléaux (*fig.* 94 et 188) mais on donne aussi ce nom à une barre plate (*fig.* 1662) tournant autour de son centre, et comportant des crochets à ses deux extrémités. Des gâches spéciales, placées sur chaque vantail de la porte double à fermer, reçoivent ces crochets, et une *broche d'arrêt*

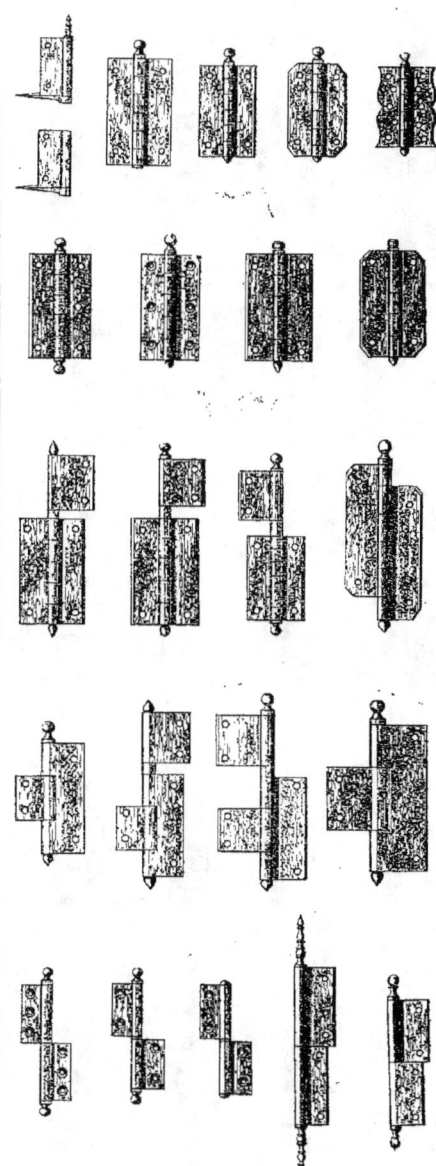

Fig. 1663.

retenue par une chaîne permet la fixation horizontale du fléau.

Fig. 1664. — Fig. 1665.

Fiches.

1958. Nous avons (*fig.* 224) décrit la fiche Chanteau, très employée aujourd'hui.

Nous représentons dans les trois figures 1663, 1664 et 1665 les principaux types en usage dans les constructions.

Fig. 1666.

Entrées.

1959. Indépendamment des entrées ordinaires pour clé, formées d'une plaque

Fig. 1667.

de tôle ou de cuivre avec une découpure au milieu pour le passage d'une clé, et quatre trous aux angles pour le passage des vis servant à la fixer, il y en a

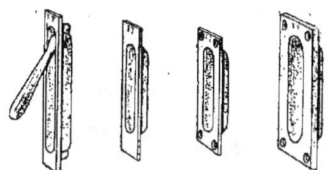

Fig. 1668.

d'autres types un peu plus compliqués, dont nous allons donner des exemples (*fig.* 1666).

En I. Entrée ovale à entailler pour clé;
En II. Entrée ovale à entailler pour poucier et clé;

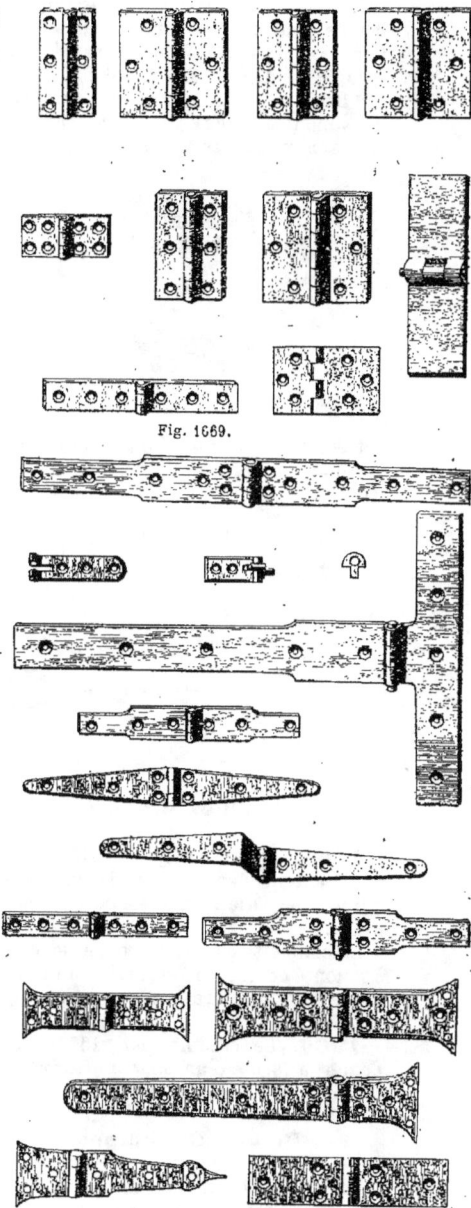

Fig. 1669.

Fig. 1670.

En III. Entrée ovale à entailler à boucle pour bec de cane ; peut aussi se faire à entailler à boucle, percée d'un trou de clé pour serrure à foliot.

1960. Les deux croquis (*fig.* 1667) nous montrent deux types d'entrée, pour boîtes aux lettres, journaux, etc. Ces

Fig. 1671.

entrées se font unies ou à moulures, presque toujours en cuivre ; plus rarement en fonte et tôle.

Cuvettes.

1961. Les quatre croquis (*fig.* 1668) nous montrent des exemples de cuvettes cuivre à entailler pour tirage ; la première est une cuvette à entailler à pendentif pour tirage.

Charnières.

1962. Nous représentons en croquis (*fig.* 1669) les principaux types de charnières courantes du commerce. Il y a des charnières longues et d'autres étroites ; elles se font en fer ou en cuivre.

1963. Les croquis (*fig.* 1670) nous montrent toutes les variétés de charnières qu'on peut faire.

Charnières longues, ouvertes, de façon, renforcées, bouts pointus, bouts carrés, à charnières à T, etc...

Gâches à douilles.

1964. Le croquis (*fig.* 1671), nous indique les dispositions de gâche à douille, l'une avec un trou rectangulaire pour verrou, l'autre trou demi-rond pour crémone.

Fig. 1672 et 1673.

Chaînettes.

1965. Les croquis (*fig.* 1672) nous représentent deux types de chaînettes qui peuvent se faire, carrées ou encloisonnées à rondelles et à double chapeau.

La chaînette s'accroche et se décroche à volonté et sert à manœuvrer, du milieu d'une porte d'entrée, la sûreté à tirage qui y est placée.

1966. Le croquis (*fig.* 1673) nous donne la forme d'un *bouton à secret* ; on fait aussi des *béquilles à secret*.

Boules de rampes.

1967. Les boules de rampes (*fig.* 1674) employées dans les bâtiments se font : en cuivre, creuses unies ; en verre, moulées à côtes ; en cristal taillé, soufflé à côtes ; en demi-cristal à facettes. Les diamètres varient ordinairement de 80 à 120 millimètres.

Fig. 1674.

Coulisseaux.

1968. Les coulisseaux sont employés pour les sonnettes placées à l'extérieur, soit pour une porte bâtarde, soit pour une porte cochère. Les deux modèles courants sont représentés en croquis (*fig.* 1675).

1969. Les détails de toutes les pièces, pour l'installation d'un coulisseau, sont indiquées dans le croquis (*fig.* 1676), et se comprennent facilement à la seule inspection des croquis.

Sonnettes.

1970. L'installation des sonnettes fera l'objet d'une étude spéciale; car depuis l'emploi courant des sonneries électriques, elle est trop longue, pour pouvoir trouver sa place dans la description sommaire des pièces de quincaillerie, faite dans ce chapitre.

1971. Nous donnerons simplement en croquis (*fig.* 1677), les types des pièces

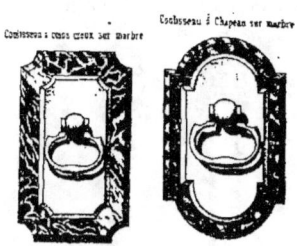

Fig. 1675.

courantes de sonnettes ordinaires, c'est-

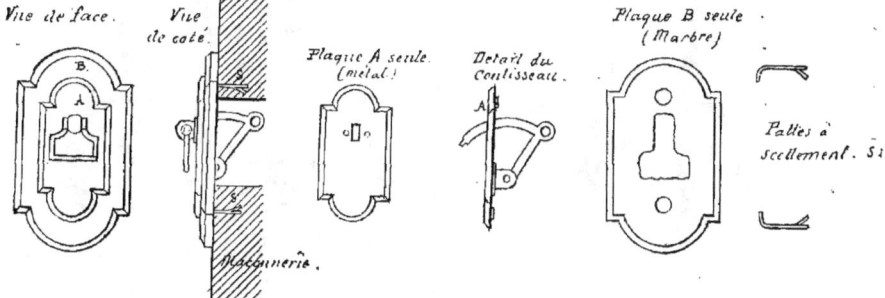

Fig. 1676.

à-dire : les *mouvements a* et *b* qui sont des *ailes de mouche* ou branches à bascules; les ressorts de sonnettes *c* à queue torse; un autre genre de ressort pour sonnette a été indiqué en croquis (*fig.* 132);

enfin, en *d* un type de sonnette en bronze de modèle courant.

Crémones.

1972. Nous avons déjà parlé des crémones et indiqué (*fig.* 100, 241, 247), quelques exemples; mais, comme elles sont une partie importante de la quincaillerie, nous y reviendrons en ajoutant quelques détails.

1973. Indépendamment de la crémone ordinaire, sur laquelle nous allons revenir, on fait (*fig.* 1678), des *crémones à clef*. Dans le premier exemple, le bouton de

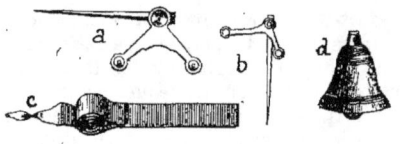

Fig. 1677.

la crémone existe toujours, et la fermeture à clef est placée au-dessous ; dans le deuxième, le bouton est supprimé, et la crémone prend le nom de crémone unie à

Dans la première, la serrure est un pène dormant demi-tour, 32 degrés, rond de 14 centimètres ; gâche de 8 centimètres, crémone de face, bouton antique.

Dans la deuxième, la serrure est un pène dormant demi-tour, 32 degrés, rond de 14 centimètres, à répétition, à crémone de côté, bouton antique.

Détails des pièces d'une crémone ordinaire.

1975. Les croquis (*fig.* 1680, 1681, 1682 et 1683), représentent toutes les pièces d'une crémone RG de $0^m,018$ de branche.

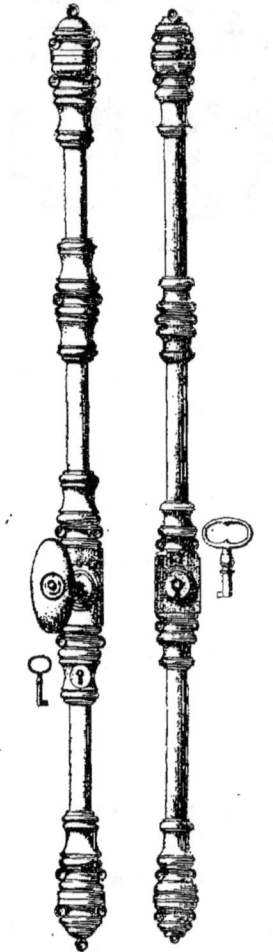

Fig. 1678.

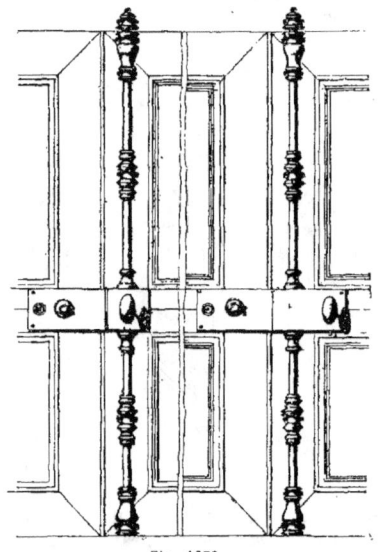

Fig. 1679.

clef, panneton fer demi-rond, de 20 millimètres d'épaisseur, par exemple.

1974. Dans certains cas, on fait (*fig.* 1679), des serrures à crémones dans les gâches ; nous en représentons deux dispositions.

1976. Le croquis (*fig.* 1680), nous montre en E la poignée passant dans une douille F et reliée solidement à un plateau circulaire H, lequel porte deux taquets G chargés, dans le mouvement donné à la poignée, de jouer le rôle de *came*, pour faire monter la tige demi-ronde supérieure, et en même temps, faire descendre la tige inférieure. Ces taquets se placent dans des encoches correspondantes G (*fig.* 1681), pratiquées dans les

QUINCAILLERIE DE BATIMENT.

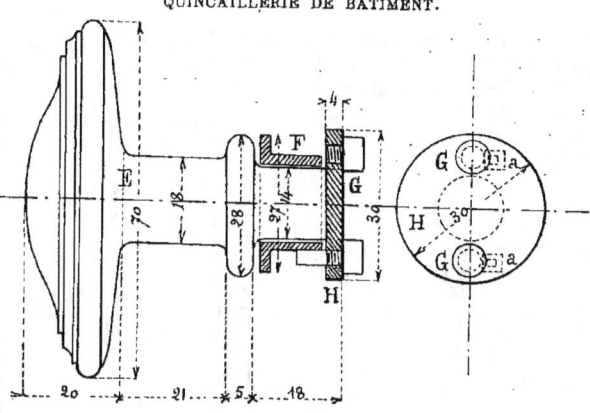

Fig. 1680.

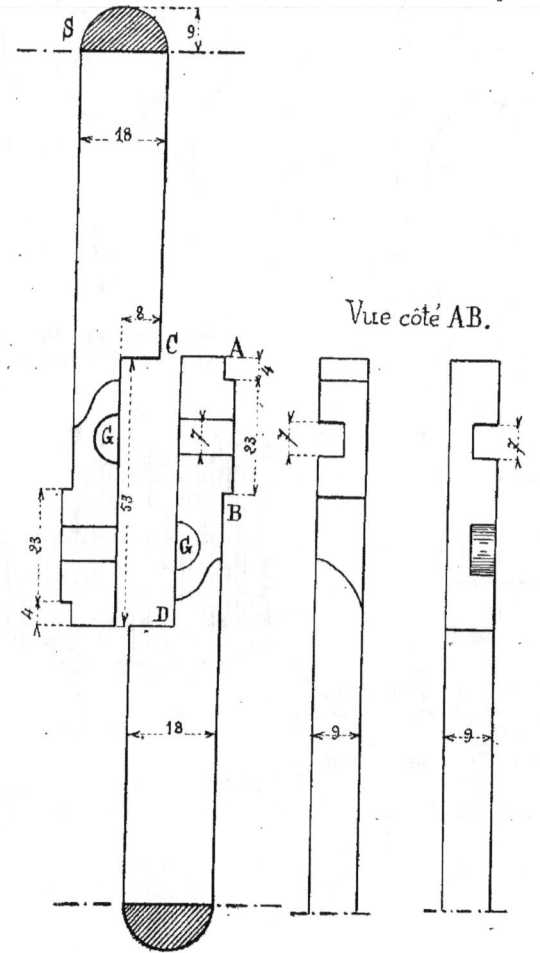

Vue côté AB.

Fig. 1681.

tiges. Des encoches demi cylindriques servent à compléter le logement des taquets, lorsque, par suite du mouvement imprimé au bouton, ils ont la position verticale et sont à fin de course.

1977. Le croquis (*fig.* 1682), nous re-

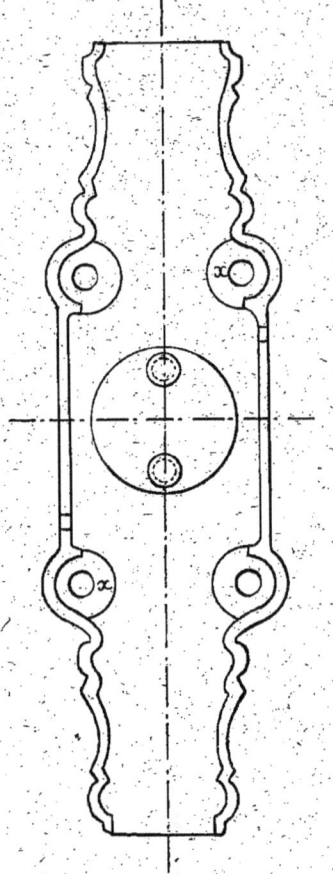

Fig. 1682.

présente la boîte en fonte nommée aussi *coquille*, qui doit contenir tout le mécanisme. Elle est fixée sur le montant de la fenêtre par quatre vis à bois, passant dans les trous x.

1978. Le croquis (*fig.* 1683), montre la plaque P de fermeture, appliquée contre la coquille, et faisant l'office de ressort,

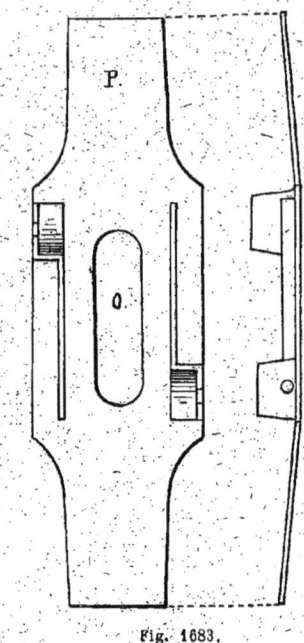

Fig. 1683.

pour bien maintenir les différentes pièces. Cette plaque est évidée en O.

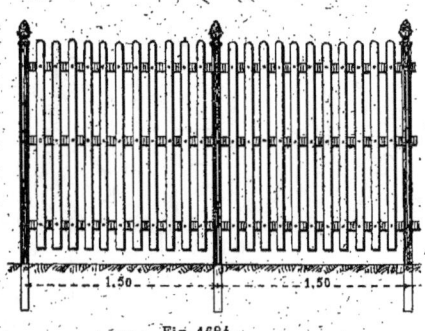

Fig. 1684.

1979. Lorsque les crémones doivent offrir une grande résistance, la tige a alors une section complètement circulaire.

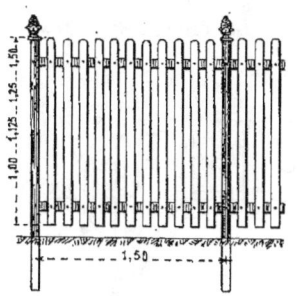

Fig. 1685.

Nouvelles clôtures fer et bois de Voutenay (Yonne).

1980. Comme complément aux divers types de clôtures donnés précédemment,

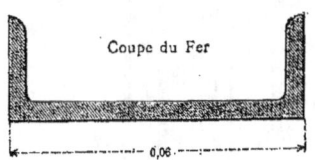

Fig. 1686.

nous indiquons ci-après un nouveau genre de clôture, composé de lames de chêne supportées par une armature en fer.

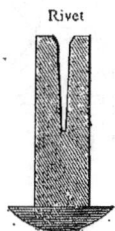

Fig. 1687.

1981. Ces clôtures, dont nous donnons deux exemples simples (*fig.* 1684 et 1685), comportent des poteaux en fer U (*fig.* 1686) de 0^m,06 de largeur pour les

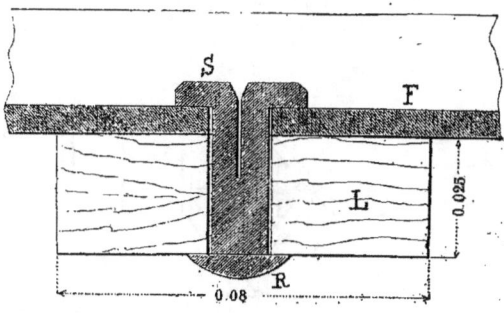

Fig. 1688.

petites, et de 0^m,08 pour les clôtures plus solides; ces fers sont fortement scellés

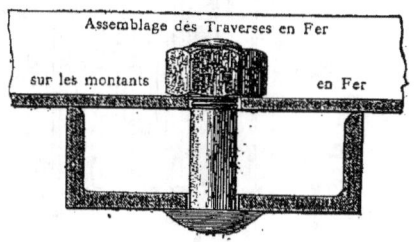

Fig. 1689.

dans le sol. Des *lisses* en fer cornière ou en fer U suivant les cas, sont disposées sur

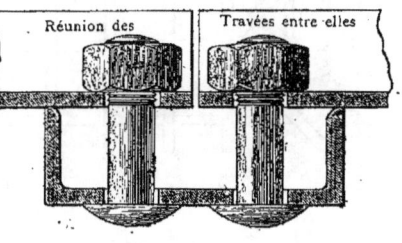

Fig. 1690.

deux ou trois rangs suivant la hauteur de la clôture; sur ces lisses sont fixées, à écartement convenable, des lames en bois de chêne de 60 × 20 ou de 80 × 25, suivant la force qu'on désire.

1982. Le montage de ces lames en chêne sur les traverses en fer, se fait à l'aide de rivets spéciaux (*fig.* 1687) qui, après avoir traversé la lame de bois L (*fig.* 1688) et l'âme du fer F, se replient à droite et à gauche en S.

1983. Le croquis (*fig.* 1689) nous

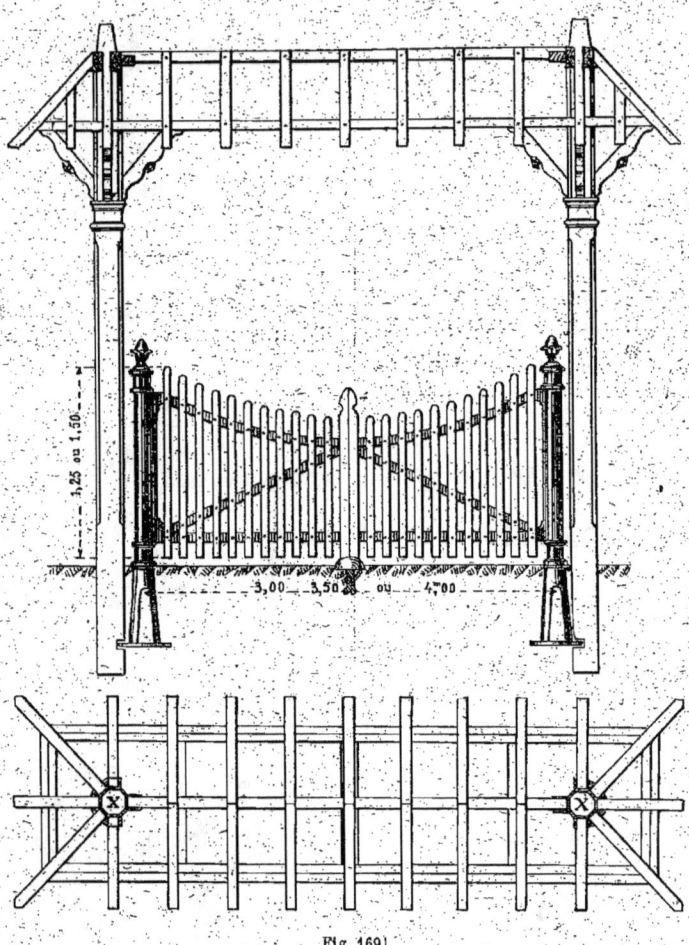

Fig. 1691.

montre comment se fait l'assemblage des traverses en fer sur les montants.

1984. L'usine livre les clôtures courantes par travées de 6 mètres environ de longueur; la réunion de deux travées entre elles, se fait comme nous l'indiquons dans le croquis (*fig.* 1690).

1985. Pour les portes à deux van-

QUINCAILLERIE DE BATIMENT.   881

taux, dont nous donnons un exemple dans le croquis (fig. 1691), porte à deux vantaux placée sous un portique normand, on se sert de pivots spéciaux en fonte dont le détail est représenté en croquis (fig. 1692).

Grosses fontes pour bâtiments.

1986. Nous indiquerons, dans ce qui va suivre, les principales pièces des fontes du commerce que doit connaître le serrurier, et qu'il aura, dans certains cas, à fournir lui-même dans les constructions.

Gargouilles de trottoirs.

1987. Les croquis (fig. 1693) nous

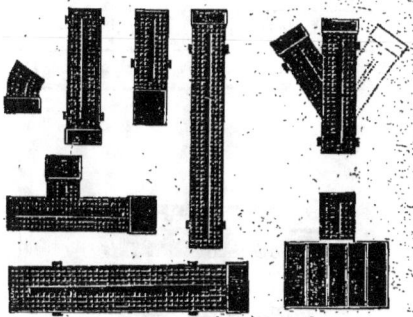

Fig. 1693.

montrent les différents types de gargouilles employées, pour permettre l'écoulement des eaux vannes et ménagères dans les ruisseaux.

1988. Le tableau ci-dessous donne les poids approximatifs des différentes pièces.

Gargouille simple (largeur, 14 cent.).

DÉSIGNATION	POIDS
Mètre linéaire	30 kil.
Sabot à grille, 0m,40 de long	30
Sabot sans grille 0m,40 de long	25
Embranchement simple 0m,50	29
T à droite ou à gauche 0m,50	23
Coude 0m,20 de long	9

Gargouille double (largeur, 22 cent.).
Le mètre linéaire environ. . 70 kil.

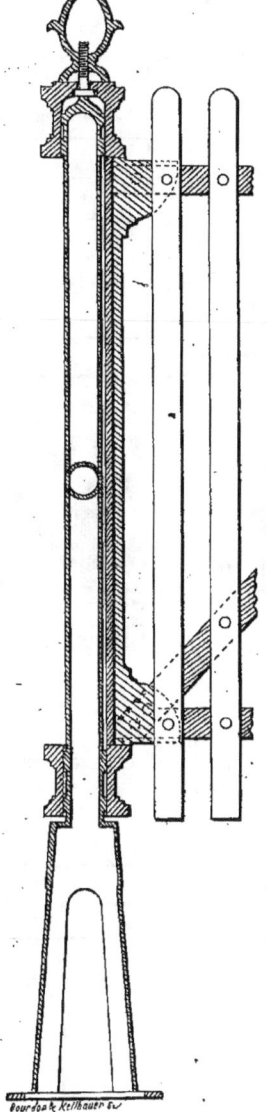

Fig. 1692.

Caniveaux avec plaques.

1989. Souvent, dans les passages de porte-cochère, on se sert de caniveaux en fonte recouverts de plaques, soit en tôle striée, soit en fonte. Le croquis (*fig.* 1694) nous indique un type de caniveau avec sa plaque de recouvrement; et le tableau ci-dessous, les dimensions et poids des différentes pièces.

LARGEUR du COURS D'EAU	LARGEUR de la PLAQUE	POIDS DU MÈTRE		POIDS DU T		POIDS DU COUDE	
		CANIVEAU	PLAQUE	CANIVEAU	PLAQUE	CANIVEAU	PLAQUE
0m,081	0m,105	6k,	6k,5	4k,5	3k,2	2k,2	1k,2
0m,108	0m,135	10k,5	9k,5	7k	5k,3	2k,6	2k,4
0m,135	0m,165	13k,5	9k,7	8k,5	5k,5	3k,3	2k,2
0m,162	0m,189	18k,5	13k,5	11k	7k,2	6k,3	3k,
0m,189	0m,212	21k,5	14k	11k,6	7k,6	6k,5	4k,5

NOTA. — Les caniveaux se désignent par la largeur du cours d'eau.

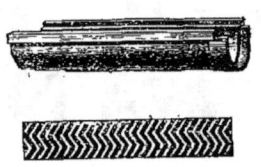 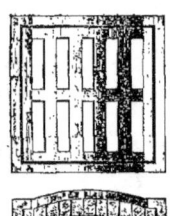 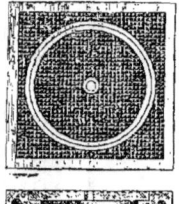

Fig. 1694 à 1696.

Grilles pour ruisseaux.

1990. Les grilles pour ruisseaux, dont nous donnons un croquis (*fig.* 1695), sont de fortes grilles lourdes pouvant facilement supporter le passage d'une voiture.

1991. Les principales dimensions et poids sont indiqués ci-dessous.

Nos	DIMENSIONS		ÉPAISSEUR des BARREAUX	POIDS APPROXIMATIF	
	DU CHASSIS	DE LA GRILLE		DU CHASSIS	DE LA GRILLE
1	0.45 × 0.45	0.40 × 0.40	30 m/m	31 kil.	25 kil.
2	0.40 × 0.40	0.35 × 0.35	37 m/m	20	17
3	Pas de châssis	0.50 × 0.50	50 m/m	»	69
4	»	0.65 × 0.55	50 m/m	»	90
5	»	0.85 × 0.75	70 m/m	»	215

Regards et châssis.

1992. Le croquis (*fig.* 1696) nous représente un type de regards de trottoirs en fonte, très souvent employé, et dont le tableau ci-dessous donne les principales dimensions et poids approximatifs.

DIMENSIONS	DIAMÈTRE DE L'OUVERTURE	POIDS APPROXIMATIF
de 0m,25 × 0m,25...	0m,14	13 kilos
de 0 30 × 0 30...	0 18	17 »
de 0 35 × 0 35...	0 23	22 »
de 0 40 × 0 40...	0 28	28 »
de 0 45 × 0 45...	0 32	37 »
de 0 50 × 0 50...	0 34	56 »
de 0 60 × 0 60...	0 43	85 »
de 0 70 × 0 70...	0 49	126 »
de 0 80 × 0 80...	0 57	190 »
de 0 95 × 0 95...	0 66	230 »
de 1 05 × 1 05...	0 76	330 »

1993. Le croquis (*fig.* 1697) représente

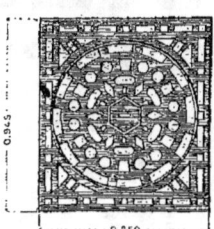

Fig. 1697.

le regard d'égout pour chaussées, modèle Ville de Paris.

Les dimensions courantes sont 0m,85 × 0m,945 ; et le poids approximatif, 450 kilogrammes.

1994. Afin de rendre moins glissante la surface de ces plaques, on fait aujourd'hui des regards asphaltés dont le croquis (*fig.* 1698) nous montre le type.

Ce sont des regards carrés ayant les dimensions et poids ci-dessous :

Carrés. . 0.50—0.60—0.70—0.80—0.90—1.05
Poids. . . 36k— 54k—100k—155k—315k—365k

Châssis de fosses.

1995. Les châssis de fosses fixes employés dans les bâtiments sont en fonte ; nous en donnons un exemple (*fig.* 1699).

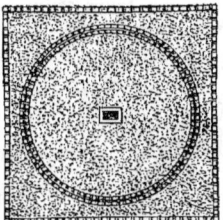

Fig. 1698.

Les poids courants sont : 125, — 150, — 190, — 300 et 450 kilogrammes.

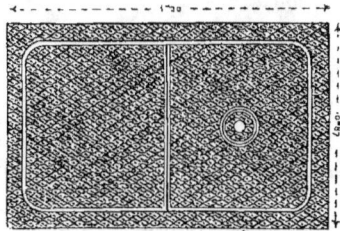

Fig. 1699.

Grilles, gratte-pieds.

1996. Ces grilles, dont nous donnons

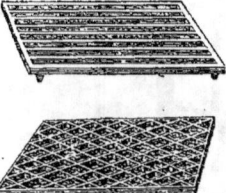

Fig. 1700.

deux types, à barreaux droits et à losanges (*fig.* 1700), sont souvent fournies par les serruriers dans les bâtiments neufs.

Réchauds.

1997. Les croquis (*fig.* 1701) représentent les différents types de réchauds, que les constructeurs fournissent pour remplacer ceux qui sont cassés dans les fourneaux de construction.

Il existe aussi des foyers ovales (*fig.* 1702) de toutes dimensions avec leurs grilles.

Barreaux de grilles.

1998. Les barreaux de grilles en fonte sont de deux types courants que nous indiquons en croquis (*fig.* 1703).

Fig. 1701.

1999. Les barreaux droits se font depuis 0^m,20 jusqu'à 0^m,60.

Les barreaux à lance se font depuis 0^m,20 jusqu'à 1^m,00.

Fig. 1702.

Accessoires pour égouts.

2000. Les croquis (*fig.* 1704) représentent les principales pièces accessoires utilisées dans les égouts, savoir :

1° Échelles de descente ;
2° Crosses avec armature ;

Fig. 1703.

3° Échelons ;
4° Grilles en fer ;
5° Colliers ;

ACCESSOIRES POUR ÉGOUTS.

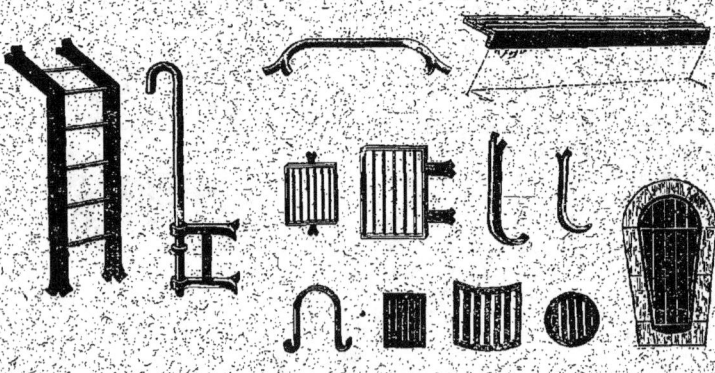

Fig. 1704.

6° Grilles en fonte ;
7° Corbeaux ;
8° Portes d'égout en fer ;
9° Rebords de marches en fonte.

Plaques turques pour lieux communs.

2001. Les deux croquis (*fig.* 1705)

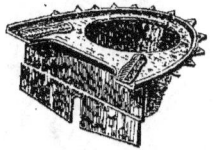

Fig. 1705.

nous indiquent deux types de plaques en fonte pour sièges de W.-C. communs.

Cuvettes à bascule pour eaux ménagères.

2002. Il existe deux types de ces cuvettes :
Les unes (*fig.* 1706) qui sont aussi connues sous le nom de *plomb* à eaux ménagères ;

Fig. 1706.

Les autres (*fig.* 1707), qui se font avec ou sans obturateur à siphon, sont les cuvettes tournantes en fonte, ordinaires ou émaillées.

Ancres en fer et en fonte.

2003. Nous avons vu, dans la *Charpente en fer* n°s 188 et suivants, la disposition des ancres, lorsque celles-ci sont scellées dans les murs et ne sont pas apparentes extérieurement. Dans certains cas on se sert de ces ancres pour obtenir sur les façades un aspect architectural ; elles sont alors plus ornées et peuvent se faire en fer forgé ou, par économie, en fonte moulée.

2004. Lorsque ces ancres sont en fer

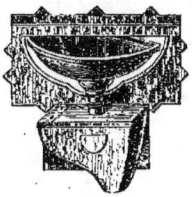

Fig. 1707.

forgé, on les exécute presque toujours avec des fers carrés du commerce de $0^m,03$ à $0^m,04$ de côté ; leurs formes peuvent

Fig. 1708.

varier à l'infini. On en trouve rappelant les lettres de l'alphabet, des croix avec extrémités fleuronnées, des rinceaux plus ou moins compliqués avec chanfreins, etc., ayant une longueur de 0^m,50 à 0^m,75 et même 1 mètre.

2005. Lorsque les ancres sont en fonte, elles ont généralement un aspect beaucoup plus lourd; ce sont : ou de fortes plaques épaisses au milieu, comportant de fortes nervures, et décorées suivant le style du bâtiment où elles sont placées; ou des ornements rappelant autant que possible le fer forgé, mais n'ayant jamais, comme ces dernières, des arêtes aussi vives et des formes aussi gracieuses.

2006. Nous donnons (fig. 1708) quelques types d'ancres en fer forgé et (fig. 1709) un modèle d'ancre en fonte.

Fig. 1709.

TRACÉ DES LIMONS ET CRÉMAILLÈRES DANS LES ESCALIERS EN FER

2007. Dans les escaliers en fer, les limons employés sont presque toujours découpés ou à crémaillère.

L'épure des escaliers à crémaillère et à limon en fer se fait de la même manière que celle des escaliers en bois. (Voir *Traité de Charpente en bois*, pages 221 et suivantes.)

2008. Si le limon est droit et a une

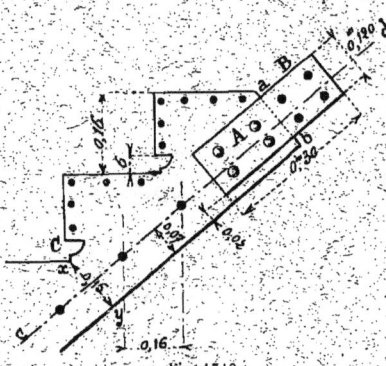

Fig. 1710.

certaine longueur, on peut se servir des fers *larges plats* du commerce, ayant 0^m,300 de largeur sur 7, 8 ou 9 millimètres d'épaisseur, la section ordinaire d'un limon étant 0^m,30 environ.

Dans les escaliers balancés, où présentant des formes particulières, on découpe les limons dans des feuilles de tôle du commerce ayant, autant que possible, de grandes dimensions, afin d'éviter les joints nombreux.

2009. Pour tracer les limons ou les crémaillères, on fait le développement du plan pour chaque étage; puis on trace les joints.

Ces joints se font généralement dans les parties droites et très près des courbes, de manière à éviter les trop grandes largeurs de tôles.

2010. Ils sont coupés d'équerre au limon dans l'encastrement d'une marche, comme nous l'indiquons suivant *ab* (fig. 1710).

Ces joints doivent être parfaitement ajustés en plaçant chaque morceau sur l'élévation développée.

2011. Ensuite, on trace les lignes horizontales et verticales indiquant les marches et les contremarches (fig. 1711); puis, on fait paraître le débillardement.

2012. Lorsque le débillardement du dessous du limon est bien tracé, on mène une parallèle *cd* (fig. 1710) à 0^m,07 au-dessus, pour y indiquer les trous de la rampe; la division de ces trous doit être prise sur le plan.

2013. Ces trous pour rampe se percent généralement de 0^m,14 à 0^m,16 d'axe en axe, à l'aide d'un poinçon de 0^m,012 de diamètre, pour recevoir des pitons ou des barreaux à col de cygne avec écrous.

2014. On perce ensuite, à la poinçonneuse, les trous pour les astragales des marches (*fig.* 1711) avec un poinçon ayant exactement le profil qu'on désire donner à cette astragale.

2015. Ces trous terminés, on découpe les crans *efg* (*fig.* 1711) de débillardement au moyen d'une cisaille à levier ; puis, on perce les trous d'assemblage pour les joints, la rampe, les sous-marches, les cornières, etc.

2016. Ce travail fait, on cintre les parties courbes (*fig.* 1712) au cylindre (Voir : « Cintrage des tôles », *Traité de Charpente en fer*, pages 51 et suivantes), en ayant bien soin de maintenir ces parties de manière que les lignes verticales des marches, qui sont tracées sur le limon, soient toujours parallèles aux rouleaux du cylindre.

2017. Pour donner au limon la courbe exacte de l'épure, on présente sur ce limon, au fur et à mesure du cintrage, un panneau en bois relevé préalablement sur l'épure et sur lequel chaque marche se trouve repérée.

2018. Lorsque le limon est cintré, on fixe sur lui les plaques d'assemblages A (*fig.* 1710), au moyen de quatre ou cinq rivets fraisés d'un côté, et quatre à cinq boulons également fraisés sur l'autre partie du limon, pour permettre le montage et la pose.

2019. Ces plaques d'assemblages, qu'on nomme aussi *couvre-joint*, se font en fer plat de 7, 8 ou 9 millimètres d'épaisseur sur 0^m,120 de largeur et 0^m,25 à 0^m,30 de longueur ; elles sont cintrées en plan à la demande dans la partie B en attente si cette partie doit se trouver placée dans une courbe.

2020. Elles se placent (*fig.* 1710) à 0^m,02 au-dessus du bord inférieur du limon, afin qu'elles disparaissent complètement dans le plafond rampant de l'escalier.

2021. On place également les cornières devant recevoir les marches et les contremarches avec des rivets à tête ronde affleurés convenablement sur la face du limon.

2022. On donne généralement à ces limons une *retombée* de 0^m,13, 0^m,14 et même 0^m,15, suivant que les marches sont

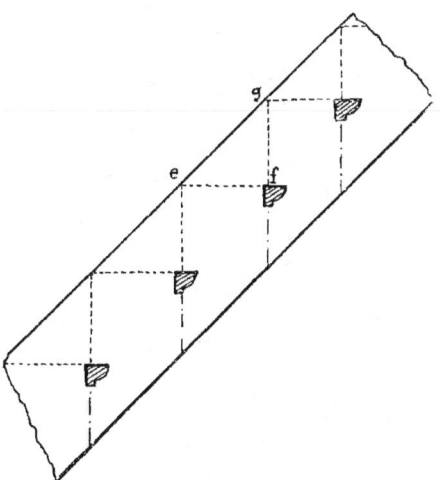

Fig. 1711.

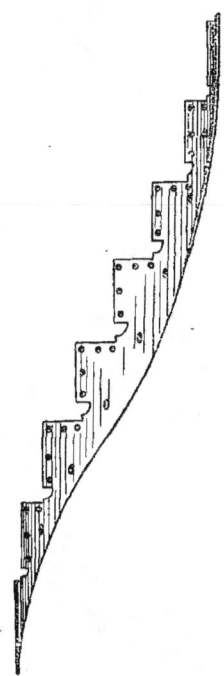

Fig. 1712.

en bois ou en pierre ; cette cote prise du fond des *crans* C des marches et perpendiculairement à la ligne inférieure, est indiquée suivant *xy* (*fig.* 1710).

2023. Les *sous-marches*, en fer plat de

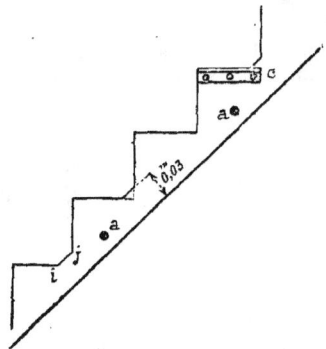

Fig. 1713.

45×9 avec talons, sont fixées sur le limon avec des boulons à tête fraisée de 35×12 ; elles sont placées à toutes les marches et à environ $0^m,06$ au-dessus du bord inférieur du limon.

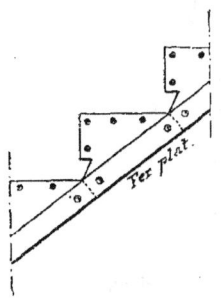

Fig. 1714.

2024. Les crémaillères, placées le long des murs (cloisons minces), sont ordinairement établies comme les limons, d'après l'épure, et fixées au moyen de corbeaux rivés sur elles et scellés dans les murs de la cage d'escalier. Ces corbeaux sont indiqués en *a* (*fig.* 1713).

2025. Des cornières à branches égales de $0^m,030 \times 0^m,030$ y sont rivées en *c* pour recevoir les dessus de marches.

Ces crémaillères n'ont généralement qu'une *retombée* de $0^m,03$ du fond du cran à la ligne inférieure du limon de manière à les faire disparaître complètement dans le plafond.

2026. Dans certains cas, on y laisse quelquefois une petite partie ou pan coupé *ij* (*fig.* 1713) dans le cran, pour leur donner plus de force ; on entaille alors la marche au droit de ce renfort.

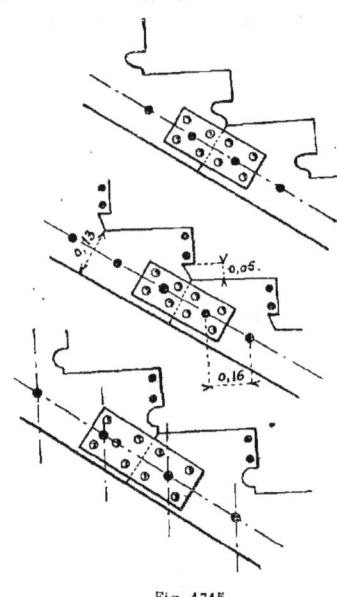

Fig. 1715.

2027. Certains constructeurs ont proposé, pour confectionner ces crémaillères le long des murs qu'on nomme aussi *faux limons* ou *limons d'applique*, d'utiliser les chutes de tôle et de les réunir, lorsqu'elles ont été découpées à la forme voulue, par un fer plat, d'épaisseur appropriée, placé à la partie inférieure (*fig.* 1714).

Suivant la forme donnée au profil des marches, on pourra découper la tôle, comme nous l'indiquons par les trois croquis (*fig.* 1715).

NOTE SUR LA CONSTRUCTION DES PARATONNERRES [1]

2028. *Théorie du paratonnerre.* — Le paratonnerre, créé par Franklin en 1752, a pour but de protéger le bâtiment, sur lequel il est appliqué, contre les effets de la foudre. Son action, pour être efficace, doit être à la fois *préventive et préservatrice* : *préventive*, c'est-à-dire prévenir le coup de foudre en écoulant le fluide au fur et à mesure de sa formation, pour en empêcher la tension ; *préservatrice*, c'est-à-dire capable d'écouler, au profit des objets environnants, le torrent électrique provenant de la décharge, quelle que soit son origine, terre ou nuage.

La forme générale d'un paratonnerre satisfaisant à ces deux conditions indispensables doit comprendre, d'après les dernières instructions de l'Académie des Sciences (1867) et celles de la Préfecture de la Seine (1875) :

1° Une tige métallique, de hauteur variable — selon la surface à protéger — surmontée d'une pointe aiguë ;

2° Un conducteur métallique reliant la tige au sol ;

3° Un perd-fluide ou prise de terre en communication parfaite avec le sol humide, *dans les conditions les plus larges comme surface*.

Un paratonnerre n'étant *jamais inactif*, on ne saurait trop prendre de soins pour son parfait établissement, conformément aux instructions citées plus haut, et dans la construction de ses différentes parties, dont la description suit, à titre de renseignements pratiques.

Effet des pointes. — Les pointes métalliques ont été reconnues depuis longtemps, par les physiciens les plus éminents, comme les agents les plus actifs propres à recueillir et à écouler l'électricité dans les conditions les plus favorables. Cette propriété les a donc, tout naturellement, désignées pour concourir aux fonctions du paratonnerre, qui utilise leur qualité principale d'écoulement et de recueillement, *sans provoquer d'étincelles*.

[1] Communiquée par M. G. Borrel fils, constructeur, à Paris.

Boules. — Quelques physiciens : A. de La Rive, Peltier fils, l'abbé Nollet, en France ; Wilson, en Angleterre, et Martinus Van Marum, en Hollande, préfèrent des sphères métalliques en place de pointes, parce qu'ils n'attachent d'importance qu'à l'action *préservatrice* du paratonnerre, et justifient leur préférence par la démonstration expérimentale, faite au moyen de la machine statique, de la *quantité* d'électricité dont une sphère peut être chargée. Cette théorie, très discutée dans les ouvrages de Franklin, Arago, Peltier, Poisson et Melsens, est surtout admise en Angleterre.

Protection exercée par les tiges de paratonnerres. — Les instructions de l'Académie des Sciences, admettent qu'une tige de paratonnerre protège efficacement autour d'elle un cône de révolution, dont le sommet est la pointe même de l'aiguille, et le rayon à la base, prise au pied de la tige, égal à deux fois la hauteur de celle-ci. Les dernières instructions de la Préfecture de la Seine, tout en adoptant le même principe, limitent le rayon de base à 1,75 de la hauteur de la tige.

Dispositions pratiques. — Détails d'exécution.

2029. *Tiges.* — Les tiges sont exécutées en fer forgé étampé coniquement de la base au sommet. On les protège contre la rouille, soit en les galvanisant au zinc, soit en les recouvrant de peinture métallique. Leur diamètre à la base, considérée au faîtage, doit être environ de 1/100 de la hauteur, pour offrir une résistance suffisante à la flexion, et au sommet de 0^m,020 environ.

Les modes d'attache des tiges sur les charpentes sont variables, suivant les dispositions mêmes de celles-ci. Les croquis I et II (*fig.* 1716) en représentent deux très simples et d'une solidité éprouvée.

Pointes. — Les pointes qui terminent les tiges s'exécutent de deux façons différentes :

1° En platine a avec corps de flèche en cuivre jaune (*fig.* 1716, en III). Dans ce cas, le cône en platine est relié à la flèche par un manchon olive en cuivre b, qui les fixe ensemble au moyen d'un joint à la soudure forte;

2° En cuivre rouge pur (*fig.* 1716, en IV), terminé par un cône aigu de 30 degrés.

Dans les deux cas, l'assemblage de la pointe avec la tige a lieu par un tenon en fer taraudé, et le joint doit être recouvert d'un nœud de soudure à l'étain, qui assure le contact métallique parfait des deux parties.

Conducteurs. — Les conducteurs s'exécutent en fer doux plein, galvanisé en barres, ou en fils de cuivre rouge câblés. Le fer galvanisé en barres doit mesurer $0^m,400$ de section, c'est-à-dire $0^m,020$ de côté pour du fer carré, ou $0^m,023$ de diamètre pour du fer rond. Les modes d'assemblage pour l'un et l'autre modèle sont représentés (*fig.* 1717). Ce genre de conducteur est le plus durable et doit être préféré aux câbles en fil de fer galvanisé, facilement destructibles naturellement ou accidentellement, et, notamment, au cours des travaux d'entretien des toitures et des cheminées.

Les conducteurs composés de fils câblés en cuivre rouge doivent mesurer de $0^m,016$ à $0^m,018$ de diamètre et être d'une seule longueur de la tige à la terre. Lorsque les exigences de l'installation nécessitent des raccordements, ceux-ci doivent être exécutés au moyen de manchons en cuivre étamé de $0^m,120$ de longueur, et d'un diamètre intérieur légèrement plus grand, de $0^m,001$ environ, que celui extérieur du câble, afin de permettre un bon joint de soudure à l'étain dans toute la longueur des parties réunies.

Attache des conducteurs aux tiges. — Colliers de prise de courant. — L'attache des conducteurs sur les tiges s'effectue au moyen d'une pièce en fer galvanisé, ou mieux en cuivre étamé, composée d'un collier ouvert ajusté au pied de la tige, et dont l'ouverture reçoit, ajustée et fixée par un boulon à écrou, l'extrémité du conducteur terminée en forme de disque plein avec trou central (*fig.* 1718). Dans le cas où le conducteur employé est un câble, le joint avec le collier de prise de courant s'effectue de la même façon, au moyen d'un disque en cuivre étamé avec douille de raccordement.

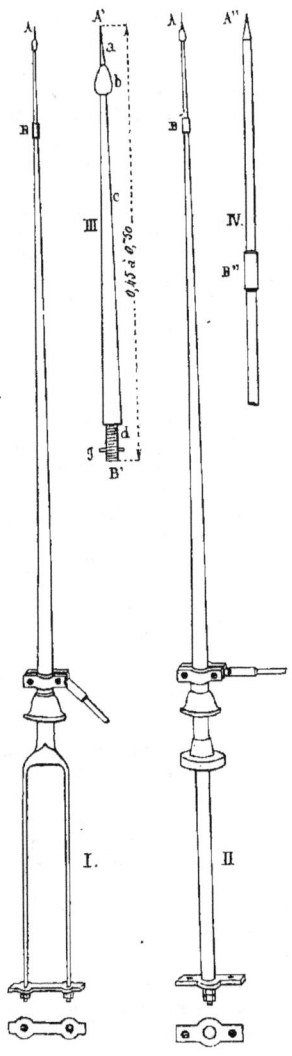

Fig. 1716.

CONSTRUCTION DE PARATONNERRES.

Conducteurs de circuit de faîte. — Dans le cas où plusieurs tiges sont nécessaires pour assurer la protection d'un bâtiment, elles doivent être réunies par un conducteur de circuit de faîte; les colliers, dans ce cas, sont disposés à deux, trois ou quatre directions suivant les besoins.

Compensateurs de dilatation. — Les con‑

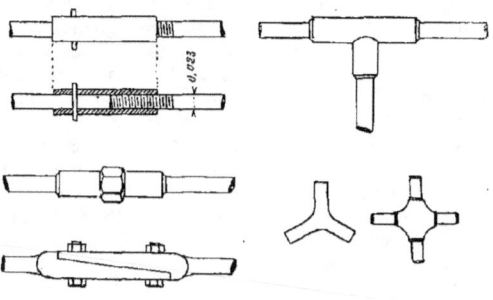

Fig. 1717.

ducteurs de circuit de faîte subissent l'action contrariée des effets de la dilatation et de la contraction. Pour assurer leur conservation, il est indispensable de faire usage de compensateurs de dilatation dont la forme est représentée (*fig.* 1719), repliées suivant la forme représentée, et ajustées sur les extrémités des conducteurs, qu'elles raccordent de la même façon que les différentes parties de ceux-ci.

Supports de conducteurs. — Les supports de conducteurs doivent être exécutés en fer galvanisé, à fourchettes goupillées, *sans isolateurs*, laissant ceux-ci absolument libres dans leurs effets de dilatation et de contraction. Leurs modes d'attache,

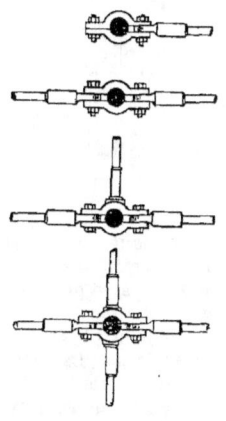

Fig. 1718.

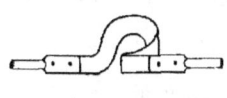

Fig. 1719.

suivant leurs destinations, sont représentés (*fig.* 1720).

Protection des conducteurs de descente à leur arrivée à terre. — Cette protection est de deux natures: 1° au-dessus du sol envers les personnes; 2° dans le sol même pour la conservation des conducteurs.

Au point d'atterrissement, et à 2 mètres de hauteur au-dessus du sol, on renferme le conducteur dans un tuyau en fonte ou en fer, dont les extrémités sont garnies de tampons en bois coaltaré. Ce tuyau, du modèle de ceux en usage pour la des‑

qui permettent le libre jeu des conducteurs sans compromettre la qualité de leurs assemblages. Ces pièces doivent être exécutées au moyen de bandes en cuivre rouge étamé de 0^m,020 de largeur, 0^m,005 d'épaisseur et 0^m,700 de longueur, cente des eaux pluviales, se fixe au moyen de colliers en fer scellés au mur.

Dans le parcours souterrain que le conducteur accomplit, depuis le pied du bâtiment jusqu'au point définitif de son atterrissement, il doit être protégé dans une gaine, soit en bois coaltaré, soit composée de tuyaux en poterie ou en fonte. Toutes les fois qu'on le pourra, il vaudra mieux que cette gaine soit construite en forme de caniveau, avec dessus mobile, permettant de visiter le conducteur, et, au besoin, de le réparer.

Mise à terre. — Du choix du point d'atterrissement et des conditions d'installation du perd-fluide — extrémité du conducteur souterrain — dépendent principalement la qualité d'un paratonnerre et, par suite, la sécurité qu'il doit offrir. On devra préférer, toutes les fois qu'il sera possible, la nappe d'eau souterraine que

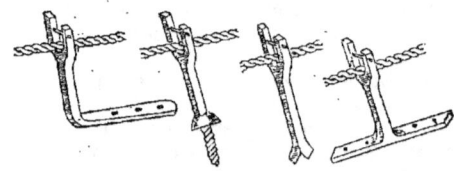

Fig. 1720.

l'on rejoindra, soit en utilisant un puits existant, soit en établissant un forage avec tubage métallique de garniture dont les parois seront reliées métalliquement au conducteur. Dans tous les cas, on devra s'assurer que le fond du puits communique absolument avec la nappe d'eau souterraine, et ne forme pas, ainsi que le cas se présente parfois, une poche au fond de laquelle le perd-fluide risquerait d'être isolé, en temps de sécheresse notamment, c'est-à-dire pendant la période correspondant aux orages.

En dehors du puits, les instructions spéciales recommandent d'établir la prise de terre dans un terrain naturellement humide. Cette condition est facilement réalisable dans les terrains marneux ou argileux, mais leur qualité de conductibilité électrique étant insuffisante, on devra, dans ce cas, établir plusieurs perd-fluide afin de diminuer la résistance totale au passage du courant. La terre végétale gazonnée ou plantée d'arbres ou d'arbustes est excellente au point de vue électrique. On y entretient l'humidité autour du perd-fluide en entourant celui-ci de coke de gaz concassé. Un hectolitre est suffisant. Dans ces conditions, si le sol n'est pas naturellement humide, on dirige vers le point d'atterrissement les eaux pluviales qui y entretiennent, grâce à la présence du coke, une humidité permanente, favorable à l'écoulement du fluide (1).

Dans tous les cas il sera prudent, sinon indispensable, de s'assurer au moyen

Fig. 1721.

d'appareils électriques de la résistance électrique du terrain d'atterrissement, ainsi qu'il en sera parlé plus loin.

Perd-fluide. — Le perd-fluide ou prise de terre doit offrir la plus large surface de contact avec le sol. La façon la plus convenable à lui donner consiste en une feuille de tôle de fer doux galvanisé, de 1 mètre carré de surface, et de $0^m,002$ d'épaisseur, roulée en cylindre (*fig.* 1721), reliée au conducteur au moyen d'un empattement avec joint, semblable à ceux employés pour le conducteur.

(1) Les canaux à fonds et parois en maçonnerie, ainsi que les citernes, ne doivent jamais être utilisés en pareil cas.

Dans le cas de puits, le perd-fluide ne doit pas seulement être suspendu dans l'eau, mais être enfoncé le plus possible dans le sol, afin d'être en contact avec la terre.

Soudures des joints. — Les différentes parties concourant à l'établissement d'un paratonnerre, telles que : pointes, tiges, colliers de prise, joints de conducteurs, doivent être réunies métalliquement les unes aux autres, au moyen de nœuds de soudure à l'étain, établis sur des surfaces préalablement parfaitement décapées, afin d'en assurer l'inaltérabilité et la continuité électrique, sans risque de solution de continuité dans l'avenir.

Masses métalliques importantes d'une construction reliées au paratonnerre. Constructions métalliques. — Dans le cas où la charpente d'un bâtiment est métallique et présente, dans son ensemble, une masse assez importante reliée par le faîtage et les pannes avec nombreux points d'attache, on pourra se dispenser d'employer des conducteurs de circuit de faîte, à la condition que les tiges soient reliées métalliquement aux pièces principales de la charpente, avec joints de soudure à l'étain. Le ou les conducteurs de mise à terre, suivant le cas, pourront être fixés aux pièces principales de la charpente qui concourra ainsi, directement, à l'écoulement général du fluide. S'il n'existe que des parties métalliques importantes, telles que : parties de combles, lanterneaux, cheminées de ventilation, etc., on devra les relier aux conducteurs, au moyen de bandes en cuivre rouge étamé de $0^m,500$ de longueur, $0^m,020$ de largeur sur $0^m,003$ d'épaisseur, soudées à l'étain aux deux extrémités.

Dans les constructions entièrement métalliques, telles que : hangars, ateliers, magasins, gares, etc., dont les combles reposent sur colonnes en fer ou fonte, l'emploi des conducteurs n'est indispensable que pour les mises à terre que l'on établit en un ou plusieurs points, suivant les cas, sur le pied des colonnes aux environs du sol, mais il sera nécessaire de s'assurer électriquement de la conductibilité entre les différentes parties, et de relier les pièces principales à leurs points d'assemblage, au moyen de bandes en cuivre rouge étamé, comme il est dit plus haut.

Danger d'un paratonnerre mal établi.

2030. L'emploi du métal dans la construction des bâtiments modernes, et l'importance des canalisations d'eau et de gaz qui y sont installées, sont autant d'éléments qui augmentent les risques de foudroiement, par suite de la circulation incessante de l'électricité terrestre qu'elles recueillent et dont elles sont chargées. Si le paratonnerre n'est pas établi convenablement pour écouler le fluide avec sécurité, celui-ci l'abandonnera pour se jeter de préférence sur un tuyau d'eau ou de gaz qu'il foudroiera en même temps. Les exemples de ce genre ne sont pas rares, malheureusement, et l'étincelle électrique peut franchir dans ce cas des murs de $0^m,50$, et même plus, d'épaisseur (Arago et Melsens).

L'état défectueux d'un joint de conducteur ou de la prise de terre peut amener, ainsi que l'expérience le prouve, la fusion partielle de la pointe en platine, mettant ainsi le paratonnerre hors d'état d'exercer son action préventive dans l'avenir.

On ne saurait donc trop insister pour recommander les soins les plus minutieux dans l'installation de ces appareils, afin d'assurer leur fonctionnement. Dans ce but, on devra se garder d'employer, dans leur construction, des éléments facilement destructibles, la surveillance de leur état n'étant pas toujours possible.

Essai de la conductibilité d'un paratonnerre. — Mesure de la résistance électrique du circuit métallique et de la prise de terre.

2031. L'essai de la conductibilité d'un paratonnerre peut être faite d'une façon assez simple, au moyen d'une sonnerie électrique ou d'un galvanomètre relié au circuit métallique d'une part, et, de l'autre, à l'un des pôles d'une pile Leclanché de deux éléments, dont l'autre pôle est mis en communication avec la tige même pour l'essai du circuit métallique, ou avec la terre pour essai de la prise de terre. Le courant de la pile est suffisant pour démontrer, dans la plupart des cas, l'état moyen de la conductibilité, et indiquer l'altération d'un contact ou du conducteur, mais sans fixer la valeur de cet état qu'il est intéressant de connaître. En effet, un conducteur peut être rongé par la rouille en un point invisible, et être réduit à quelques millimètres de diamètre, sans que cette vérification le signale, le courant de la pile pouvant encore circuler. Il est donc préférable, pour s'assurer de l'*état réel*, de mesurer la résistance électrique : 1° du circuit métallique ; 2° de la ou de chacune des prises de terre.

Pour établir ces mesures, on peut faire usage de l'appareil employé dans un but analogue par les télégraphistes, qui se compose d'un pont de Wheatstone avec inverseur de courant, galvanomètre, clé de contact et fils auxiliaires, ou appareils perfectionnés spéciaux, imaginés dans ce but.

Sans entrer dans le détail de la disposition d'un appareil de ce genre, disons qu'il représente une sorte de balance électrique, dont l'élément, qui sert à déterminer, en place de poids, est la résistance électrique représentée par l'ohm comme unité équivalent à la résistance de 990 mètres de fil de fer télégraphique de $0^m,004$ de diamètre. La détermination de la résistance à chercher, circuit métallique ou prise de terre, s'opère par le passage du courant d'une pile, au travers d'un fil métallique divisé en deux branches, dans chacune desquelles la disposition de l'appareil permet d'introduire : pour l'une, la résistance à chercher, pour l'autre la résistance métallique correspondante, représentée par une série de bobines de résistances que l'on intercale suivant les besoins. Un galvanomètre fait partie de l'ensemble, il agit à la façon de l'index d'une balance ; les mouvements de son aiguille indiquent à l'opérateur, selon le cas, s'il doit ajouter ou retrancher des résistances. L'immobilité de l'aiguille au passage du courant marque l'état d'équilibre entre les deux branches, c'est-à-dire que les résistances intercalées dans la branche spéciale de l'appareil égalent celles de la partie du paratonnerre en expérience.

Si l'on se sert d'un appareil simple, les courants terrestres, dans la mesure des prises de terre, font dévier l'aiguille du paratonnerre, ce qui ne permet pas d'opérer avec précision ; mais les appareils spéciaux ne présentent pas cet inconvénient.

Dans ces conditions, il est permis de déterminer exactement la valeur de la conductibilité d'un paratonnerre, et, s'il est en bon état, on doit trouver comme chiffre maximum 1 ohm pour le circuit métallique, et 10 ohms pour la prise de terre.

Mesure de résistance électrique de la prise de terre d'un paratonnerre. — Cette mesure s'effectue par l'un des appareils spéciaux décrits ci-dessus, par l'emprunt de deux autres prises de terre, puits, canalisations métalliques, piquets, etc., que l'on mesure deux à deux et dont on détermine ensuite la valeur de chacune.

Lorsque plusieurs tiges sont reliées ensemble par un conducteur de circuit de faîte, comportant plusieurs mises à terre, il n'est pas possible d'utiliser celles-ci comme auxiliaires, le *circuit* de faîte les reliant toutes. Il faut donc, ou les mesurer isolément avec deux autres terres, ou établir sur leur conducteur un joint mobile, permettant leur isolement pendant la durée de l'expérience seulement. Ces opérations, un peu délicates, sont sans doute spéciales, mais leur description complète les notes ci-dessus, et renseigne sur l'état actuel de la question des paratonnerres.

TABLE DES MATIÈRES

INTRODUCTION 1

CHAPITRE PREMIER

§ I. — *Définitions et notions générales* 2
§ II. — *Énumération complète des expressions employées par les ouvriers serruriers et des pièces détachées de serrurerie et de quincaillerie* 3

CHAPITRE II
FERREMENTS DIVERS EMPLOYÉS EN CONSTRUCTION

§ I. — *Ferrements des persiennes en bois* 100
Paumelles simples à T 102
Battements, équerres 103
Arrêts à paillette 104
Loqueteaux 105
Crochets, poignées 106
Ferrements des persiennes brisées en bois posées en tableau 110
Persiennes brisées en bois et fer 115
Ferrements des croisées en bois 120
Emploi des espagnolettes 122
Emploi des crémones 126
Ferrements des portes intérieures 131
Portes à un vantail 133
Portes à deux vantaux 135
Emploi des loquets 141
Emploi des verrous à tourillons 145
Ferrements de portes d'armoires 146
Ferrements de châssis verticaux 153
Ferrements de portes de cave 154
Ferrements de trappes de cave 156
Ferrements des portes d'écurie 158
Crochets et châssis de caves, boîtes de comptoirs, boîtes aux journaux, sièges d'aisances, boîtes à charbon 160
Ferrements de portes sur paliers, portes de vestibule, portes cochères, portes de remises, de ferme 161

CHAPITRE III
ÉTUDE DÉTAILLÉE DE LA SERRURERIE D'INTÉRIEUR

§ I. — *Serrures. Différents types.*
Définitions et notions générales 104
Étude des types ordinaires de serrures les plus employées dans nos habitations 165
Serrures simples, becs de cane divers 167
Serrure à tour et demi, poussée, à bouton de coulisse en cuivre 172
Serrure à deux pênes, pêne dormant demi-tour et bouton double 174
Serrure à pêne dormant, noire, un seul pêne, deux tours 178
Serrure à tour et demi, à bouton de coulisse en fer 181
Serrures de sûreté anciennes 183
Serrures de sûreté actuellement employées 191
Serrures de sûreté à gorges mobiles 194
Étude du canon spécial d'une serrure à pompe 208
Serrure de sûreté à pompe 211
Serrure à quatre gorges, pêne rond, demi-tour, incrochetable 216

Verrous de sûreté verrous anciens 219
Verrous de sûreté, actuellement employés 229
Verrous de sûreté à pompe 233
Serrures d'armoires 240
Serrures universelles 246
Serrures d'armoires à glace 258
Serrures de meubles, de buffet 257
Serrures de secrétaires ou de bureaux 260
Serrures de meubles se fermant en abattant 261
Serrures de bibliothèques 262
Serrures de cartonniers 263
Fermetures des portes de boutiques 264
Becs de cane et serrures système Gollot frères 270
Serrures à lardor pour boutons ou béquille double, clef bénarde 276
Becs de cane et serrures pour portes en fer 280
Serrures pour caissons de boutique 281

Cadenas

Cadenas anciens 282
Cadenas actuellement employés 284
§ II. — *Clefs. Différents types* 291
Différents types d'entailles qu'on peut faire dans le panneton d'une clef 293
§ III. — *Gâches. Différents types* 297
SERRURERIE EXTÉRIEURE 299
Serrures de grille ou de porte cochère 300

CHAPITRE IV
BALCONS ET BALUSTRADES

I. — *Balcons* 302
Appuis de croisées 302
Grands balcons 308
Moyens employés pour fixer les balcons 311
Consoles armées pour séparations de balcons 312
II. — *Balustrades* 313
Balustrades en fer 313
Balustrades en fonte 317

CHAPITRE V
DES GRILLES

Définitions. — Hauteur réglementaire à donner aux grilles 318
Grilles dormantes 318
Assemblages des barreaux dans les traverses 324
Montants simples, à arcs-boutants 328
Scellement des différentes pièces de grilles dormantes 329
Tôles placées derrière les grilles dormantes 320
Grilles ouvrantes 332
Détails de construction d'une grille à deux vantaux 340
Différents types de grilles ouvrantes; leur décoration 355
Grilles à deux vantaux, portillon et partie dormante 366
Volets en bois 367
Des frontons dans les grilles à deux vantaux 370
Portes pleines 375
Différents types de paumelles employées 386

Grilles avec articulations spéciales 390
Guichets ou portillons 393
Hérissons, chardons, artichauts 404
Pièces accessoires des grilles à deux vantaux 404
Grilles économiques 411
Grilles dormantes 412
Grilles ouvrantes 420
Fermetures des grilles et des guichets 421

CHAPITRE VI
AUVENTS ET MARQUISES

Définitions et notions générales 422
Principaux types d'auvents 424
Auvent aubané. Auvent sur consoles 424
Auvent relevé avec chéneau à l'arrière 425
Auvent sur colonnes 426
Principaux types de marquises 426
Marquises en éventail; avec chéneau à l'arrière 432
Marquise sans haubans; avec haubans ou tirants 433
Marquises à deux égouts sans chéneau; avec chéneau; à trois égouts 438
Marquises avec lambrequins 452
Types de marquises sur consoles 454
Marquises sur colonnes 457
Chéneaux de marquises 461
Marquises de magasins 474

CHAPITRE VII
VÉRANDAS. — JARDINS D'HIVER. — BOW-WINDOWS

Définitions et notions générales 503
Vérandas simples 505
Vérandas riches et jardins d'hiver 510
Bow-windows 511

CHAPITRE VIII
VOLIÈRES. — TONNELLES. — KIOSQUES

I. — Volières 589
II. — Tonnelles 590
III. — Kiosques 590
Kiosques de parcs 592
Kiosques à musique 593
Surface à donner aux kiosques à musique 597

CHAPITRE IX
CHÂSSIS DE COUCHE. — BÂCHES. — ÉTUDE DES SERRES

Châssis de couche 598
Châssis de couche avec coffres 598
Bâches 599
Serres 601
1º Serres froides 601
2º Serres tempérées 602
3º Serres chaudes 603
Différents types de serres 603
1º Serres à fruits 603
2º Petites serres économiques 604
3º Serres adossées à comble droit 604
4º Serres adossées à comble cintré 605
5º Serres hollandaises 606
6º Serres portatives 607
7º Pénétration dans les serres 608
8º Abris pour le chauffage 608
9º Serre hollandaise avec pavillon central 610

TABLE DES MATIÈRES.

	Pages.
Détails de construction des serres.	611
Fermes. Pannes.	613
Châssis. Chemins. Rampes. Échelles.	614
Claies et paillassons. Trappes. Bacs.	615
Tablettes et supports.	617
Détails d'une serre adossée, système Michelin.	618
Détails d'un châssis de toiture.	622
Chauffage des serres	628
Générateurs ou chaudières	630
Tuyaux	631

CHAPITRE X
DEVANTURES DE BOUTIQUES

1° Fermetures, système Maillard.	632
2° Fermetures système anglais, en tôle ondulée s'enroulant d'elle-même.	637
Indications pour la pose des fermetures en tôle d'acier.	644
3° Fermetures, système Jomain.	644
4° Fermetures, système Chédeville et Dufrêne.	646
Graissage des devantures	649

MAISONS DÉMONTABLES

Maisons démontables, système Durupt.	649
Constructions en acier, système Le Maire.	680

NOTE SUR L'EMPLOI DE POUTRELLES EN ACIER DOUX, DE FABRICATION FRANÇAISE

Avantage résultant du mode de fabrication.	664
Limite d'élasticité. Résistance à l'allongement et à la rupture.	665
Comparaison du fer et de l'acier.	665
Profils des barres ou poutrelles en acier.	666
Profils divers en acier doux.	668
Tableaux des résistances des poutrelles en acier doux.	668

CHAPITRE XI
PERSIENNES EN FER. — FENÊTRES EN FER. BAIES MÉTALLIQUES EN FONTE

Définitions et notions générales.	671
Persiennes tout fer, à lames mobiles.	671
Persiennes de sûreté, tout fer.	671
Persiennes économiques	671
Persiennes en tirant ferrées sur les dormants des croisées et persiennes en poussant, ferrées au bord extérieur des tableaux.	672
Persiennes en fer du commerce.	673

Menuiseries métalliques

Définitions et notions générales.	682
Comparaison de surface éclairante entre une croisée en bois, et une croisée en fer, de même mesure.	683
Croisées et portes-croisées métalliques.	684
Portes pour devantures de boutiques.	686
Portes et croisées en fer pour magasins fixées sur fer.	691
Croisée à deux étages.	691
Croisées de grandes dimensions.	694
Emploi des menuiseries métalliques pour parties cintrées.	699
Divers autres types de menuiseries métalliques.	705

	Pages.
Châssis de fenêtre en fonte, système Gillot.	717
Baies métalliques en fonte.	720
Appuis en fonte (portes et fenêtres).	724
Appuis en fer, système J. Mazellet.	727

CHAPITRE XII
RÉSERVOIRS

Définitions et notions générales	727
Réservoir en tôle, de forme cylindrique avec fond en calotte sphérique.	727
Formules pour calculer les épaisseurs des différentes viroles d'un réservoir.	728
Fond du réservoir.	730
Nombre de rivets, détails d'exécution.	731
Réservoirs à fond conique.	733
Réservoirs en ciment à ossature métallique.	738

CHAPITRE XIII
PETITES CHARPENTERIES EN FER

Définitions et notions générales.	740
Déchargeoir pour matériaux de construction.	740
Ponton de déchargement.	744
Portes roulantes eu fer.	750
Passerelles en fer.	754
Phares métalliques.	759
Portes d'écluses.	767
Barrage mobile.	776
Montage des cheminées en tôles.	778
Estacades.	782
Coupole métallique.	784
Monte-plats.	791
Monte-charges.	793
Ascenseurs.	799

CHAPITRE XIV
CLÔTURES DIVERSES. — BARRIÈRES, PALISSAGE, ETC., EMPLOI DES GRILLAGES MÉCANIQUES.

Grillages.	807
Grillages mécaniques à triple torsion galvanisés.	809
Application des grillages aux clôtures.	810
Clôtures à bestiaux.	811
Palissage des murs.	816
Clôtures de chenils.	821
Entourages et bordures.	822

CHAPITRE XV
QUINCAILLERIES SPÉCIALES POUR ÉCURIES ET SELLERIES

Bat-flancs.	822
Accessoires pour bat-flancs.	823
Râteliers et mangeoires.	826
Pièces détachées pour écuries et selleries.	827
Glissières et conduits de longe.	830

CHAPITRE XVI
QUINCAILLERIE DE BÂTIMENTS

Vis, boulons, gonds, etc., du commerce.	832
Principaux types de paumelles	
Paumelles à bain d'huile.	833

	Pages.
Application des paumelles Legiay aux ferme-portes.	839
Charnières à ressort pour portes va-et-vient.	841
Ferme imposte	844
Fermeture pour vasistas et impostes à double mouvement combiné.	847
Ferme-persiennes, système Cairol fils.	850
Ferme-persiennes, système Fontaine.	850
Boutons doubles du commerce.	854
Boutons doubles à bague de serrage, système Camus.	855
Boutons doubles, système Sauzin.	855
Béquilles.	857
Pitons, crochets, tirefonds, tampons métalliques, treuils pour bannes et stores.	859
Tuyaux en fonte.	860
1° Tuyaux pour descentes d'eaux pluviales et ménagères.	860
2° Tuyaux pour chutes de cabinets et drains d'évacuation.	861
Loqueteaux.	863
1° Loqueteaux à équerre, système Durand	863
2° Loqueteaux encloisonnés.	864
3° Loqueteaux de vasistas	865
Galets, pour portes à coulisses.	865
Différents tubes à poignées.	867
Tuyaux de chute en fonte, système A. Jacquemin.	867
Boutons de poignée de porte cochère.	869
Verrous.	870
Targettes. — Fléaux.	871
Fiches. — Entrées.	873
Cuvettes. — Charnières. — Gâches à douilles. — Chaînettes. — Boules de rampe. — Coulisseaux.	874
Sonnettes.	875
Crémones.	875
Détails des pièces d'une crémone ordinaire	876
Nouvelles clôtures fer et bois, de Youtenay (Yonne).	879

Grosses fontes pour bâtiments

Gargouilles de trottoirs.	881
Caniveaux avec plaques.	882
Grilles pour ruisseaux.	882
Regards et châssis.	883
Châssis de fosses.	883
Grilles, gratte-pieds.	883
Réchauds, barreaux de grilles.	884
Accessoires pour égouts.	884
Plaques turques pour lieux communs.	885
Cuvette à bascule pour eaux ménagères.	885
Ancres en fer et en fonte.	885

TRACÉ DES LIMONS ET CRÉMAILLÈRES DANS LES ESCALIERS EN FER.
	886

NOTE SUR LA CONSTRUCTION DES PARATONNERRES

Théorie du paratonnerre.	889
Effet des pointes.	889
Boules.	889
Protection exercée par les tiges.	889
Dispositions pratiques. — Détails d'exécution.	889
Danger d'un paratonnerre mal établi.	893
Essai de la conductibilité d'un paratonnerre, mesure de la résistance électrique du circuit métallique et de la prise de terre.	983

Tours. — Imprimerie DESLIS FRÈRES., rue Gambetta.

www.ingramcontent.com/pod-product-compliance
Lightning Source LLC
Chambersburg PA
CBHW070855300426
44113CB00008B/848